東坡先生未歸時
自種來禽與青李
五年不踏江頭路
夢逐東風泛蘋芷
江梅山杏為誰容

정본완역 소동파시집 5

정본완역

소동파시집 5

초판 1쇄 발행 2023년 7월 20일

역주자 류종목

펴낸곳 서울대학교출판문화원
주소 08826 서울 관악구 관악로 1
도서주문 02-889-4424, 02-880-7995
홈페이지 www.snupress.com
페이스북 @snupress1947
인스타그램 @snupress
이메일 snubook@snu.ac.kr
출판등록 제15-3호

ISBN 978-89-521-3181-2 94820
978-89-521-0695-7 (세트)

정본 완역

소동파시집 5

류종목 역주

서울대학교출판문화원

제5책을 내며

《정본완역 소동파시집》 제5책은 왕문고 집주본《소식시집》 권31부터 권36까지의 여섯 권에 수록되어 있는 시 349수를 번역하고 주해한 것이다.

우리 소식시독회 회원들이 이 부분을 함께 읽고 토론한 시기에 생활의 여러 분야에서 커다란 변화가 일어났다. 학계도 예외가 아니어서 대부분의 강의와 학술 토론회가 인터넷을 이용한 화상 회의 방식으로 이루어졌다. 2019년에 중국의 호북성 무한(武漢)에서 처음으로 발생하여 무서운 속도로 전 세계에 확산된 신종 감염병인 코로나19의 창궐을 억제하기 위하여 학교에서의 강의와 토론회마저도 금지되어 있었기 때문이다.

우리는 상황이 곧 호전될 것으로 기대하면서 한동안 독회를 중단하고 기다려 보았으나 몇 달이 지나도 도무지 호전될 기미가 보이지 않는지라 할 수 없이 화상 회의 방식을 채택했다. 각자 컴퓨터 앞에 앉아서 화면에 보이는 회원들의 영상을 향하여 자신의 견해를 개진하는 이 방식이 처음에는 많이 어색하기도 하고 불편하기도 했다. 그러나 새로운 방식에 적응되자 우리는 적극적으로 화상 회의의 장점을 이용하게 되었다.

우리에게 있어서 화상 회의의 가장 큰 장점은 인터넷 자료들을 자유롭게 활용할 수 있다는 점이었다. 시를 읽다가 난해한 부분이 있을 경우 독회 참석자 가운데 누군가가 먼저 컴퓨터로 관련 자료를 찾아내어 모든 참석자가 인터넷을 통하여 그것을 공유하게 할 수 있었던 것이다. 이런 방식으로 우리는 영상을 통해 소식 시에 언급되어 있는 기물·장식품·동물·식물·문구류·건축물·자연물 등의 각종 희귀물을 함께 관찰함으로써 이에 대한 이해의 폭을 넓힐 수도 있었고, 해당 시나 시어에 관한 다른 사람들의 글을 함께 읽어 봄으로써 토론을 보다 원활하게 할 수도 있었다.

코로나19로 인하여 뜻하지 않게 채택한 새로운 독회 방식 덕분에 소식 시 번역의 정확도가 상당히 제고되었을 것으로 생각된다. 그러나 그럼에도 불구하고 여전히 많은 문제점이 남아 있을 것이다. 독자 여러분의 변함없는 애정과 기탄없는 질정을 고대한다.

2022년 6월 28일

류종목

차례

卷31 古今體詩四十四首

卷32 古今體詩六十二首

卷33 古今體詩六十一首

卷34 古今體詩六十七首

卷35 古今體詩五十首

卷36 古今體詩六十五首

卷31

古今體詩四十四首

고체시 및 근체시 44수

권31에는 한림학사지제고겸시독(翰林學士知制誥兼侍讀)으로 근무 중이던 원우 4년(1089) 1월부터 용도각학사충양절서로병마검할지항주군주사(龍圖閣學士充兩浙西路兵馬鈐轄知杭州軍州事)로 근무 중이던 그해 12월까지의 시 44수가 수록되어 있다.

蘇軾

1081. 和王晉卿[1]送梅花次韻

왕진경이 매화를 보내며 지은 시에 화답하여 차운한다

東坡先生未歸時,[2][3]	동파선생 아직까지 돌아오지 않았을 때
自種來禽與青李.[4][5]	능금과 청리를 손수 심었네.
五年不踏江頭路,[6][7]	오 년 동안 강변길을 밟지 않다가
夢逐東風泛蘋芷.[8]	꿈속에 동풍 따라 네가래와 구릿대 위에 배 띄웠네.
江梅山杏爲誰容,[9]	강가의 매화와 산속의 살구꽃 누구를 위해 모양냈나?
獨笑依依臨野水.[10][11]	혼자 웃으며 하늘하늘 강가에 서 있었네.
此間風物君未識,[12]	이곳의 풍물을 그대는 모를 텐데
花浪翻天雪相激.[13][14]	꽃물결이 하늘에 쳐 눈이 서로 부딪쳤다네.
明年我復在江湖,	내년에도 내가 다시 강호에 가 있을 테니
知君對花三歎息.[15][16]	그대가 꽃을 보며 세 번 탄식할 줄 알겠네.

[해설]

왕선이 매화를 보내면서 함께 보낸 시에 차운한 것으로, 이 일을 계기로 자신이 황주에 있을 때 매화를 구경하던 일을 회상했다.

[주석]

(1) 晉卿(진경): 王詵의 字. 그는 신종 황제의 누이동생인 賢惠公主의 남편으로 북송 산수화의 대가였다.

烏臺詩案이 일어났을 때, 御史臺에서 湖州로 소식을 체포하러 간다는 소문을 가장 먼저 듣고 이 사실을 南都(지금의 하남성 商丘)에 있는 蘇轍에게 통보해 준 일과, 조정을 비판한 소식의 풍자 시문을 받고도 고발하지 않은 일로 인하여 均州(지금의 호북성 襄陽 서북쪽)로 폄적되었다.

(2) 東坡先生(동파선생): 소식 자신을 가리키는 해학적인 표현이다.

(3) 未歸時(미귀시): 조정으로 돌아오지 않은 때, 즉 유배지인 黃州(지금의 호북성 黃岡市 黃州區)에 있을 때를 가리킨다.

(4) 來禽(내금): 능금. 모양과 맛이 사과와 비슷하나 크기가 훨씬 작다. '林禽'이라고도 한다. 〈與蜀郡守朱書〉라는 王羲之의 書帖에 "청리·능금·앵두·일급·등자 등의 씨앗은 모두 주머니에 담는 것이 좋으며 상자에 넣어서 봉하면 싹이 나지 않는 경우가 많습니다. 선생이 쓰신 편지에 '이 과일은 맛이 좋아서 그대에게 씨앗을 보낼 만합니다'라고 했으니 당연히 심어야지요. 여기에는 그 호두를 심어도 모두 싹이 났답니다. 저는 과일나무 심기를 무척 좋아하는데 이제 전원에서 오로지 이것만을 일로 삼고 있는지라 멀리 선생에게 보내거니와 이 씨앗을 보내 주신 것은 매우 은혜로운 일이었습니다(青李·來禽·櫻桃·日給·藤子, 皆囊盛爲佳, 函封多不生. 足下所疏云: '此果佳, 可爲致子', 當種之. 此種彼胡桃, 皆生也. 吾篤喜種果, 今在田里, 惟以此爲事, 故遠及足下, 致此子者, 大惠也)"라고 했다.

(5) 青李(청리): 과일 이름. 자두의 일종이다.

(6) 五年(오년): 소식이 황주를 떠난 원풍 7년(1084) 4월부터 이 시를 지은 원우 4년(1089) 1월까지를 가리킨다.

(7) 江頭路(강두로): 강가에 나 있는 길.

(8) 蘋芷(빈지): 네가래와 구릿대. 이 연은 자신이 옛날에 황주에서 다니던 곳을 배를 타고 돌아보는 꿈을 꾸었다는 말이다.

(9) 容(용): 모양을 내다. 얼굴을 꾸미다. 《戰國策·趙策一》에 "남자는 자기를 알아주는 사람을 위해 목숨을 바치고, 여자는 자기를 좋아해 주는 사람을 위해 모양을 낸다(士爲知己者死, 女爲悅己者容)"라는 말이 있고, 《詩經·衛風·伯兮》에 "내 어찌 머릿기름이 없으랴마는, 누구를 위하여 모양을 내리?(豈無膏沐, 誰適爲容?)"라는 구절이 있다.

(10) 依依(의의): 나뭇가지가 가볍게 흔들리는 모양. 馮應榴의 《蘇軾詩集合注》에 "이것은 '처마를 돌며 함께 매화가 웃는 모습을 찾는다(杜甫, 〈舍弟觀赴藍田取妻子到江陵喜寄三首〉 其二)'라는 구절을 변형하여 사용한 것이다(此翻用'巡簷共索梅花笑'句也)"라고 했다. 이 연은 자신이 황주에 있을 때 찾아오는 사람도 거의 없는 호젓한 강가에 마치 웃음을 짓기라도 하는 것처럼 환하게 피어 있던 매화를 꿈속에 다시 보았다는 말이다.

(11) 野水(야수): 사람이 손을 대지 않은 천연 상태의 강.

(12) 此間(차간): 황주 일대를 가리킨다.

(13) 花浪(화랑): 꽃물결. 매화나무 가지가 바람에 흔들려서 매화꽃이 물결처럼 일렁이는 현상을 가리킨다.

(14) 雪(설): 바람에 흩날리는 매화 꽃잎을 가리킨다.

(15) 花(화): 왕선의 집에 있는, 최근에 소식에게 보낸 매화와 같은 나무의 꽃을 가리킨다.

(16) 三歎息(삼탄식): 자꾸 탄식한다는 말이다. 이 연은 내년에 다시 매화가 필 무렵이면 소식이 지방관으로 나가고 없기 때문에 왕선이 자기 집의 매화를 바라보며 자꾸 탄식할 것이라는 말이다.

1082. 次韻王晉卿(1)惠(2)花栽(3), 栽所寓張退傅(4)第(5)中

왕진경이 자신이 우거하던 장퇴부의 저택에 심었던 꽃모종을 보내 주면서 지은 시에 차운하여

坐來念念失前人,(6)(7)	본래 순식간에 앞사람이 사라지는 법
共向空中寓一塵.	다들 허공에 먼지 한 톨을 띄워 놓은 꼴이네.
若問此花誰是主,	이 꽃에게 "누가 너의 주인이냐?" 묻는다면
天敎閑客管靑春.(8)(9)(10)	"하늘이 한객에게 봄을 주관하게 했지요" 하겠네.

[해설]

옛날에 장사손이 자기 집에 꽃을 심어 놓고 감상했는데 그가 죽고 없는 최근에는 거기에 우거하고 있는 왕선이 그것을 향유했고, 왕선이 그 모종을 소식에게 보내 줌으로써 이제는 또 소식 자신이 그것을 향유하게 된 일에 대한 미묘한 감회를 노래한 것이다.

[주석]

(1) 晉卿(진경): 王詵의 字. 〈和王晉卿送梅花次韻〉(1081) 주 (1) 참조.

(2) 惠(혜): 은혜를 베풀다. 하사하다.

(3) 花栽(화재): 꽃의 모종.

(4) 退傅(퇴부): 太傅를 지내고 은퇴한 張士遜(964-1049)의 自號. 《東都事略·張士遜傳》에 "장사손은 나이가 많아 스스로 편안하다고 여기지 않았기 때문에 일곱 번이나 상소문을 올려 은퇴를 주청했으나 조정에서 그를 우대하여 태부에 제수하고 등국공에 봉했다(士遜年老不自安, 乃七上章請老, 優拜太傅, 進封鄧國公)"라고 했다.

(5) 第(제): 큰 저택.

(6) 坐來(좌래): 본래.

(7) 念念(염념): 불교에서 지극히 짧은 시간을 가리키는 말. 찰나.

(8) 教(교): ~로 하여금 ~하게 하다.

(9) 閑客(한객): 한가한 사람. 白居易의 시 〈春盡日天津橋醉吟, 偶呈李尹侍郎〉에 "洛陽은 공연히 주인이 있는 게지요, 풍경이란 한가한 사람이 주인인데요(三川徒有主, 風景屬閑人)"라는 구절이 있다.

(10) 青春(청춘): 새싹이 파랗게 돋아나는 봄.

1083. 次韻王晉卿[(1)]上元[(2)]侍宴[(3)]端門[(4)]

정월 대보름날 단문에서 임금님을 모시고 연회를 벌인 일을 노래한 왕진경의 시에 차운하여

月上九門開,[(5)]	달이 뜨자 아홉 개의 문이 열리고
星河繞露臺.[(6)]	은하수가 노천의 높은 대를 둘러쌌네.
君方枕中夢,[(7)]	그대는 한창 노생의 베개에서 꿈꾸고
我亦化人來.[(8)]	나에게도 마술사가 찾아왔다네.
光動仙毬縋,[(9)]	선구 매달린 곳에 불빛이 흔들리고
香餘步輦回.[(10)]	보련 돌아간 곳에 향내가 남아 있네.
相從穿萬馬,[(11)]	그대는 만 마리 말 사이로 따라가건만
衰病若爲陪.[(12)]	나는 늙고 병들었으니 어찌 모시고 가리?

[해설]

정월 대보름 저녁에 황궁 남쪽의 단문에서 황제를 모시고 연회를 벌였을 때 지은 왕선의 시에 차운한 것으로, 당시 황궁의 대보름 행사 장면이 비교적 잘 묘사되어 있다.

[주석]

(1) 晉卿(진경): 王詵의 字. 〈和王晉卿送梅花次韻〉(1081) 주 (1) 참조.
(2) 上元(상원): 음력 1월 15일. 정월 대보름.
(3) 侍宴(시연): 황제를 모시고 연회를 벌이다.

(4) 端門(단문): 황궁 正殿의 정남방에 있는 정문. 《石林燕語》에 "단문은 대경전의 남쪽에 있다(端門在大慶殿之南)"라고 했고, 《曲洧舊聞》에 "본조의 태종은 삼원에 야간 통행을 금지하지 않았는데, 상원(음력 1월 15일)에는 단문으로 친림하고 중원(음력 7월 15일)과 하원(음력 10월 15일)에는 동화문으로 친림했다. 그 뒤에 중원과 하원의 두 명절은 폐지했지만 상원의 구경과 놀이는 이전의 어느 시대보다 성대했다(本朝太宗, 三元不禁夜, 上元御端門, 中元·下元御東華門. 其後罷中元·下元二節, 而上元觀遊之盛, 冠於前代矣)"라고 했다.

(5) 九門(구문): 아홉 개의 宮門.

(6) 露臺(노대): 평지에 흙과 돌을 쌓아서 만든 높다란 地臺. 연회장을 가리킨다. 王十朋의 《百家註分類東坡先生詩》에 "前例에 의하면 상원절 날 단문에 높이가 10여 자 되는 노대를 쌓았는데 그 위에 광대들과 기녀들이 줄지어 늘어섰다(故事, 上元日, 端門築露臺, 高丈餘, 優人妓女皆列其上)"라고 했다.

(7) 枕中夢(침중몽): 盧生이 邯鄲의 어느 여관에서 한 도사를 만났는데 도사가 그에게 베개를 하나 주는지라 베고 누웠다가 잠이 들어 꿈속에서 몇 십 년 동안 온갖 부귀영화를 다 누렸다는 이야기(沈既濟, 〈枕中記〉 참조)에서 비롯되어 일시적인 부귀영화를 가리킨다.

(8) 化人(화인): 도술을 부리는 사람. 이 연은 연회의 분위기가 매우 황홀했다는 말이다.

(9) 仙毬(선구): 공 모양의 큰 등불. 왕십붕의 《백가주분류동파선생시》에 "정월 대보름날이면 단문에 밤이 다하도록 등불을 내거는데 채산(산 모양을 이룬 화려한 꽃등 무더기) 위에서 선구를 매달아 늘어뜨리면 천자가 보련을 타고 안으로 돌아가셨다(上元, 端門放燈, 至夜闌, 綵山上縋下仙毬, 則天子乘步輦還內)"라고 했다.

(10) 步輦(보련): 황제나 황후가 타는 가마.

(11) 相從(상종): 뒤를 따라 함께 가다. 이 구절은 단문에서의 연회가 끝난 뒤 왕선이 황제를 모시고 양쪽에 수많은 인파가 늘어선 길을 따라 다시 황궁 안으로 들어가는 모습을 묘사한 것이다.

(12) 若爲(약위): 어찌 ~할 수 있는가. 이 구절은 자신이 단문에서의 연회에만 참석하고 자기 집으로 돌아갔다는 말이다.

1084. 王鄭州[(1)]挽詞[(2)]

정주지주 왕씨를 애도하는 만사

羨君華髮起琳宮,[(3)]	선생이 흰머리로 선궁에서 기용되고
右輔初還鼓角雄.[(4)]	우보에서 막 돌아올 때 고각 소리 웅장한 게 부러웠지요.
千里農桑歌子產,[(5)(6)]	천 리에 농부와 잠부가 자산을 노래했고
一時冠蓋慕蕭嵩.[(7)(8)]	한때에 관리들이 소숭을 흠모했지요.
那知聚散舂糧外,[(9)(10)]	함께 있다 백 리 밖으로 흩어질 줄 어찌 알았으리오?
便有悲歡過隙中.[(11)(12)]	애환이 있다 해도 틈바구니를 지나가는 꼴이었네요.
京兆同僚幾人在,[(13)]	경조의 동료들 중에 몇 명이 남았나요?
猶思對案筆生風.[(14)(15)(16)]	책상을 대하면 붓에 바람이 일던 일이 아직 생각나네요.

[해설]

정주지주를 역임한 왕극신이 죽었을 때 그를 애도하여 지은 것으로, 그의 능력과 선정을 극구 칭송했다.

[주석]

(1) 王鄭州(왕정주): 정주지주를 지낸 왕씨. 施元之의 《施注蘇詩》에 "정주지주 왕씨는 이름이 극신이고 자가 자난이며 하남 사람이다.……원우 4년(1089)에 용도각직학사대중대부로 죽었으니 향년 76세였다

(王鄭州, 名克臣, 字子難, 河南人.……元祐四年, 以龍圖閣直學士大中大夫卒, 年七十六)"라고 했다.

(2) 挽詞(만사): 죽은 사람을 애도하는 글.

(3) 琳宮(임궁): 신선이 사는 궁전인 仙宮 또는 道觀을 가리킨다. 이 구절은 왕극신(1014-1089)이 늙어서 한직으로 물러나 있다가 다시 정주지주로 기용된 일을 가리키는 것으로 보인다.

(4) 右輔(우보): 원래 長安(지금의 섬서성 西安) 서쪽에 있던 고을인 右扶風을 가리키지만 여기서는 정주를 가리킨다. 《冊府元龜·牧守部》에 "한나라 때의 군현은 진나라 제도를 계승한바, 경조윤·좌풍익·우부풍을 두고 이것을 삼보라고 했는데 각각 장안성 안에 관아를 두었다(漢郡縣承秦, 置京兆尹·左馮翊·右扶風, 謂之三輔, 分治長安城中)"라고 한 것처럼, 경조윤·좌풍익·우부풍 등 한나라 때 도성을 에워싸고 있던 京畿 지역의 세 고을을 삼보라고 했는데 그 가운데 도성인 장안의 오른쪽, 즉 서쪽에 있는 우부풍을 우보라고 하고 장안의 왼쪽, 즉 동쪽에 있는 좌풍익을 좌보라고 했다. 이 시에서 정주를 우보라고 한 것은 그것이 북송의 도성인 開封의 서쪽에 있기 때문이었다. 《續資治通鑑長編》에 "원우 3년(1088) 3월 병인일에 용도각직학사 조의대부 정주지주 왕극신이 태중대부가 되었다(元祐三年三月丙寅, 龍圖閣直學士朝議大夫知鄭州王克臣爲太中大夫)"라고 한바, 이 구절은 왕극신이 정주지주로 있다가 태중대부로서 조정으로 돌아온 일을 가리키는 것으로 보인다.

(5) 農桑(농상): 농사와 양잠. 농부와 蠶婦를 가리킨다.

(6) 子産(자산): 춘추 시대 鄭나라 대부 公孫僑의 字. 많은 善政을 베풀었기 때문에 백성들이 그를 크게 칭송했다. 《左傳·襄公三十年》에 "자산이 정치에 종사한 지 3년이 되자 사람들이 '나에게 자제가 있는데 자산이 가르치고, 나에게 밭이 있는데 자산이 농사짓네. 자산이 죽는다면 누가 뒤를 이을까?' 하고 그를 칭송했다(子産從政三年, 輿人誦之曰: '我有子弟, 子産誨之; 我有田疇, 子産殖之. 子産而死, 誰其嗣之?')"라는 말이 있고, 《論語·憲問》에 "어떤 사람이 자산에 관하여 여쭈어보자 공자께서 '자혜로운 사람이다'라고 하셨다(或問子産, 子曰: '惠人也.')"라는 말이 있다. 왕극신이 鄆州(지금의 산동성 東平)의 지주로 재임할 때 전연(澶淵, 지금의 하남성 濮陽縣 서쪽)의 曹村에서 둑이 터져 黃河가 범람하는지라 왕극신이 얼른 성 곁에 제방을 쌓기 시작하자 "황하가 터진 전연은 운주에서 거리가 멀고 또 고을을 높은 곳으로 옮겨 놓아서 80년 동안 수재를 몰랐는데 어째서 이런 일을 합니까?" 하고 불만을 토로하는 사람이 있었지만 왕극신이 듣지 않고 더욱 빨리 제방을 쌓아 자칫하면 물에 잠길 뻔한 성을 지켜 냄으로써 백성들의 칭송을 들었기 때문에(《송사·왕극신전》 참조) 그를 정나라 대부 자산에 비유한 것이다.

(7) 冠蓋(관개): 관리들의 冠服과 수레. 관리를 가리킨다.

(8) 蕭嵩(소숭): 당나라 때 사람으로 太子太師로 퇴직하여 정원을 가꾸며 유유자적했는데 그의 아들 蕭華는 工部侍郎이 되고 다른 아들 蕭衡은 新昌公主와 결혼하여 駙馬都尉가 되었으며 집안 살림도 넉넉했는데(《구당서·소숭전》 참조), 《續資治通鑑長編》에 "치평 3년(1066) 4월 정축일에 둔전원외랑 왕극신의 아들 왕효장이 우둔위장군 부마도위가 되고 사약이라는 이름을 하사받았으니 덕녕공주에게 장가갔기 때문이었다(治平三年四月丁丑, 屯田員外郎王克臣子孝莊爲右屯衛將軍駙馬都尉, 賜名師約, 以尙德寧公主故也)"라고 한 바와 같이, 왕극신도 아들이 부마도위가 되었기 때문에 그를 소숭에

비유한 것이다.

(9) 聚散(취산): 모였다가 흩어지다.

(10) 舂糧外(용량외): 양식을 찧을 만한 거리의 바깥. 《莊子·逍遙遊》에 "백 리 길을 가려는 사람은 밤새 양식을 찧고, 천 리 길을 가려는 사람은 석 달 동안 양식을 모은다(適百里者, 宿舂糧; 適千里者, 三月聚糧)"라는 말에서 비롯되어 100리 바깥을 가리키는데, 정주는 개봉에서 150리 정도 떨어져 있다. 이 구절은 왕극신이 자신과 함께 있다가 정주지주로 나가는 바람에 다시 헤어지게 되었다는 말이다.

(11) 便(변): 비록 ~라고 할지라도.

(12) 過隙中(과극중): 틈바구니를 지나가다. 지속되는 시간이 지극히 짧다는 말이다. 《莊子·知北遊》에 "사람이 이 천지에 살고 있는 것은 흰 망아지가 틈바구니를 지나가는 것과 같아서 갑자기 끝나 버린다오(人生天地之間, 若白駒之過隙, 忽然而已)"라는 말이 있다. 이 구절은 왕극신이 태중대부로 다시 조정에 들어와 있었지만 얼마 안 되어서 금방 죽은 것을 가리키는 것으로 보인다.

(13) 京兆(경조): 開封府를 가리킨다.

(14) 對案(대안): 책상을 마주하다. 사무를 본다는 말이다.

(15) 同僚(동료): 소식을 비롯한 왕극신의 옛날 동료들을 가리킨다. 소식의 자주에 "나는 개봉부 막료로 있을 때 자난과 같은 청사에서 일했다(予爲開封府幕, 與子難同廳)"라고 한 것을 보면 왕극신은 소식이 開封府推官으로 재임할 때의 상관이었던 것 같다.

(16) 筆生風(필생풍): 사무 처리가 매우 신속하다는 말이다. 《漢書·趙廣漢傳》에 "경조윤이 되었을 때 일을 보면 바람이 일 정도로 신속했으며 회피하는 것이 없었다(爲京兆尹, 見事風生, 無所迴避)"라고 했다.

1085. 書王定國[(1)]所藏王晉卿[(2)]畫著色山[(3)]二首

왕정국이 소장한 왕진경의 착색한 산 그림에 쓴 시

其一

白髮四老人,[(4)]	머리 허연 네 노인은
何曾在商顏.[(5)(6)]	어찌하여 상안산에 숨어 있었나?
煩君紙上影,[(7)(8)]	그대가 그려 놓은 종이 위의 산 덕분에
照我胸中山.	내 마음속의 산을 한번 비추어 보네.
山中亦何有,	산속에는 역시나 무엇이 있나?
木老土石頑.	늙은 나무 그리고 단단한 흙과 돌이 있네.
正賴天日光,	때마침 햇빛이 비친 덕분에
澗谷紛斕斑.[(9)]	계곡이 아롱아롱 어지러이 빛나네.
我心空無物,	내 마음은 텅 비어 아무것도 없거늘
斯文何足關.[(10)(11)]	어떻게 이 문화에 관여할 수 있으리?
君看古井水,[(12)]	그대여 오래된 우물물을 보게나
萬象自往還.[(13)]	삼라만상이 절로 오락가락한다네.

其二

君歸嶺北初逢雪,[(14)(15)]	그대는 영북으로 돌아와서야 눈을 만났고

我亦江南五見春.(16)	나도 역시 강남에서 봄을 다섯 번 보았네.
寄語風流王武子,(17)	풍류 넘치는 왕무자에게 말 전하나니
三人俱是識山人.(18)	세 사람이 모두 다 산을 아는 사람이네.

[해설]

왕공이 소장한 왕선이 착색으로 그린 산수화를 보고 그 위에 쓴 시이다.

[주석]

(1) 定國(정국): 북송 초에 재상을 지낸 王旦의 손자로 소식의 절친한 친구인 王鞏의 字. 소식의 〈三槐堂銘〉에 "위국문정공은 경덕(1004-1007)·대중상부(1008-1016) 연간에 진종 황제의 재상을 지냈다(魏國文正公, 相眞宗皇帝於景德祥符之間)"라고 했고, 소식의 〈鄧公硯銘〉에 "왕공은 위국문정공의 손자이다(王鞏, 魏國文正公之孫也)"라고 했다.

(2) 晉卿(진경): 王詵의 字. 〈和王晉卿送梅花次韻〉(1081) 주 (1) 참조.

(3) 著色山(착색산): 검은색 이외의 다른 색깔로 칠한 산 그림을 가리킨다.

(4) 白髮四老人(백발사노인): 商山四皓를 가리킨다. 秦나라 말에 80세가 넘어 수염과 눈썹이 다 하얗게 센 東園公·綺里季·夏黃公·甪里先生 등 네 명의 은자는 상산(섬서성 商州의 동남쪽에 있는 산. 魏嵩山 主編, 《中國歷史地名大辭典》, 廣東教育出版社, 1995년 제1판, 1040쪽 참조)에 은거하며 한나라 고조가 불러도 나오지 않다가 나중에 고조가 태자를 폐위시키려고 할 때 呂后가 張良의 계책을 받아들여 이들을 맞이하여 태자를 보필하게 함으로써 마침내 고조로 하여금 태자 폐위에 대한 논의를 그치게 했다.(《史記·留侯世家》 참조)

(5) 何曾(하증): 어찌하여. 왜.

(6) 商顔(상안): 지금의 섬서성 大荔 북쪽에 있는 산.(위숭산 주편, 《중국역사지명대사전》, 1041쪽 참조) 상산사호가 은거했던 산을 가리킨다. 《史記·河渠書》에 "이에 이를 위해 인부 만여 명을 징발하여 도랑을 팠는데 징현에서 상안산 아래까지 낙수를 끌어왔다(於是爲發卒萬餘人穿渠, 自徵引洛水至商顔下)"라는 말이 있는데 集解에 "응소가 말하기를 '징현은 풍익에 있다'라고 하고 어떤 사람이 말하기를 '상안은 산 이름이다'라고 했다(應劭曰: '徵在馮翊.' 或曰: '商顔, 山名.')"라는 주석이 있다. 이 연은 상산사호가 은거한 상안산보다 왕선이 그린 그림 속의 산이 더욱 은거하기에 좋을 것 같다는 말이다.

(7) 煩(번): 번거롭게 하다. 성가시게 하다. 힘입다.

(8) 紙上影(지상영): 종이 위의 모습. 왕선이 그린 그림 속의 산의 모습을 가리킨다. 이 연은 왕선이 그린 산을 보고 그에 힘입어 자신이 마음속으로 은거하고 싶은 산을 떠올려 본다는 말이다.

(9) 斕斑(난반): 무늬가 아롱진 모양.

(10) 斯文(사문): 이 학문. 禮樂과 敎化 등의 유교 문화를 가리킨다.

(11) 關(관): 관여하다. 상관하다. 소식은 최근에 여러 차례 지방관으로 내보내 줄 것을 주청한바, 이 연은 자신이 세속적인 일에 마음이 없기 때문에 유교적 예교와 典章制度를 중시하는 조정에서 일하기에는 능력이 부족하다는 말인 것으로 보인다.

(12) 古井水(고정수): 오래된 우물의 물. 바람이 불어도 파도가 일지 않는 잔잔한 우물물처럼 외부적 요인에 흔들리지 않는 초연한 마음을 가리킨다. 孟郊의 시 〈列女操〉에 "정부는 남편 따라 죽는 걸 귀하게 여기나니, 목숨을 버리는 것도 이와 같지요. 파란은 맹세코 안 일어날 거여요, 제 마음은 오래된 우물물이니까요(貞婦貴殉夫, 舍生亦如此. 波瀾誓不起, 妾心古井水)"라는 구절이 있다. 이 연은 산속으로 들어가 오래된 우물의 수면처럼 흔들리지 않는 고요한 마음으로 세상을 관조하며 초연하게 살고 싶다는 말이다.

(13) 往還(왕환): 왔다 갔다 하다.

(14) 君(군): 왕공을 가리킨다.

(15) 嶺(영): 大庾嶺을 가리킨다. 이 구절은 왕공이 烏臺詩案에 연루되어 대유령 남쪽의 무더운 지방인 賓州(지금의 광서장족자치구 賓陽)로 유배 갔다가 돌아왔다는 말이다.

(16) 江南(강남): 소식이 원풍 3년(1080) 2월부터 원풍 7년(1084) 4월까지 5년 동안 유배 생활을 한 黃州(지금의 호북성 黃岡市 황주구)를 가리킨다.

(17) 武子(무자): 常山公主와 결혼한 晉나라 사람 王濟의 字. 여기서는 같은 왕씨로 賢惠公主와 결혼한 왕선을 가리킨다.

(18) 三人(삼인): 소식·왕공·왕선을 가리킨다. 王十朋의 《百家註分類東坡先生詩》에 "동파공은 황주에 5년 동안 폄적되어 있었고, 왕정국은 빈주에 3년 동안 폄적되어 있었으며, 왕진경은 균주에 3년 동안 폄적되어 있었다(公謫黃州五年, 定國賓州三年, 晉卿均州三年)"라고 했고, 施元之의 《施注蘇詩》에 "소동파는 시로 인하여 총 5년 동안 황주에 폄적되어 있었고, 정국 왕공도 이에 연루되어 감빈주염주세로 폄적되었으며 진경 왕선은 영종의 駙馬였는데 공주가 세상을 떠난 뒤 균주로 폄적되었다. 그렇기 때문에 '세 사람이 모두 다 산을 아는 사람이네'라고 한 것이다(東坡以詩謫黃州, 凡五年, 王定國鞏亦坐累謫監賓州鹽酒稅, 王晉卿詵爲英宗主壻, 主薨, 詵徙均州. 故云: '三人俱是識山人.')"라고 했다. 이 구절은 왕선·왕공·소식 세 사람이 다 궁벽한 산골에서 유배 생활을 했기 때문에 각자 이상적인 산을 그릴 줄 알고, 그 그림의 가치를 인정할 줄 알고, 그 그림을 제대로 감상할 줄 알게 되었다는 말이다.

1086. 呈定國(1)

왕정국에게

舊病應逢醫口藥,(2)(3)	내 고질병은 입 고치는 약을 만나야 할 지경인데
新粧漸畫入時眉.(4)	그대는 새 화장법으로 점점 유행하는 눈썹을 그려 가네.
信知詩是窮人物,(5)(6)	시가 사람을 궁지로 모는 물건인 줄 잘 아나니
近覺王郎不作詩.(7)	왕씨가 시를 안 짓는 줄 근래에 깨달았네.

[해설]

친구 왕공이 근래에 들어 시를 잘 안 짓는 것을 보고 우스갯소리를 한 것이다.

[주석]

(1) 定國(정국): 王鞏의 字. 〈書王定國所藏王晉卿畫著色山〉(1085) 주 (1) 참조.

(2) 舊病(구병): 묵은 병. 馮應榴의 《蘇軾詩集合注》에 "'舊病'은 유자후(柳宗元)의 〈報崔黯秀才論爲文書〉에 '사람들이 글짓기를 좋아하고 글씨 쓰기를 잘하는 것은 모두 병이다'라고 한 말을 넌지시 인용한 것이다('舊病'暗用柳子厚〈報崔黯秀才論爲文書〉: '凡人好辭工書, 皆病癖.')"라고 했는데, 여기서는 말을 참지 못하는 소식 자신의 병적인 천성을 가리키는 것으로 보인다. 蘇門四學士의 한 사람인 張耒의 《明道雜志》에 "전당(杭州) 태수로 나가게 되어 문노공(文彦博)에게 가서 작별 인사를 드렸더니 문노공이 '항주에 가거든 시를 좀 적게 짓기 바라네. 자네를 좋아하지 않는 사람들이 무고하고 비방할까 봐 두렵네' 하고 두 번 세 번 말했다(出守錢塘, 來別潞公, 公曰: '願君至杭, 少作詩. 恐爲不相喜者誣謗.' 再三言之)"라는 일화가 수록되어 있고, 소식 자신도 〈密州通判廳題名記〉에서 "나는 말을 조심하지 않아 친한 사람에게든 친하지 않은 사람에게든 가리지 않고 속에 있는 말을 뱉어 내는

성격이라 미진한 것이 있으면 마치 음식을 먹다가 걸린 것 같아서 반드시 토해 내고야 만다(余性不愼語言, 與人無親疏, 輒輸寫腑臟, 有所不盡, 如茹物不下, 必吐出乃已)"라고 했을 정도이니, 말을 참지 못하는 그의 천성이 병적인 수준이었다고 할 만하다.

(3) 醫口藥(의구약): 입병을 고치는 약이라는 뜻으로, 말하기를 좋아하는 자신의 버릇을 고치는 약을 가리킨다.

(4) 入時眉(입시미): 유행에 맞는 눈썹 모양. 朱慶餘의 시 〈近試上張籍水部〉에 "화장 끝나자 신랑에게 나직이 묻네, 눈썹 화장 농도가 유행에 맞는지 어떤지(粧罷低聲問夫壻, 畫眉深淺入時無)"라는 구절이 있다. 이 연은 소식 자신은 말이나 시를 통해 자기 생각을 다 토로하고야 마는 고질병을 지니고 있는데 왕공은 참을성이 강해서 그런 욕구를 잘 억제하며 時宜에 적응해 가고 있다는 말이다.

(5) 信知(신지): 참으로 잘 알다.

(6) 窮人物(궁인물): 사람을 궁지에 빠뜨리는 물건. 歐陽修의 〈梅聖兪詩集序〉에 "나는 세상 사람들이 시인 중에는 영달한 사람이 적고 곤궁한 사람이 많다고 하는 말을 들었다. 어째서 그럴까? 아마 세상에 전해지는 시가 대개 옛날의 곤궁한 사람의 말에서 나왔기 때문일 것이다.……곤궁할수록 시가 더 아름다워지니 시가 사람을 곤궁하게 할 수 있는 것이 아니라 곤궁한 사람이 된 뒤라야 시가 아름다워지는 것이리라(予聞世謂: 詩人少達而多窮. 夫豈然哉? 蓋世所傳詩者, 多出於古窮人之辭也.……蓋愈窮則愈工, 然則非詩之能窮人, 殆窮者而後工也)"라고 했다. 이 구절은 구양수의 이 말을 뒤집어 사용한 해학적인 표현이다.

(7) 王郎(왕랑): 왕공을 가리킨다.

1087. 寄傲軒(1)

기오헌

先生英妙年,(2)(3)	선생은 한창 젊고 재기 넘치는 나이
一掃千兎禿.(4)(5)	비질 한 번에 토끼 천 마리의 털이 다 닳아 없어지네.
仕進固有餘,	재능이 확실히 벼슬길에 나아가고도 남건만
不肯踐場屋.(6)	과거시험 치는 곳을 밟으려 하지 않네.
通闤何所傲,(7)	사람들 모여 사는 곳 어디에서 뻐기리?
傲名非傲俗.(8)	명리 앞에서 뻐기는 거지 세인들에게 뻐기는 게 아니네.
定知軒冕中,(9)(10)	초헌 타고 면류관 쓰면 영화는 누리겠지만
享榮不償辱.	그것이 능욕을 보상하지 못하는 줄 틀림없이 알 것이네.
豈無自安計,	자신을 편하게 하는 계책이 어찌 없으랴만
得失猶轉轂.	득실이란 수레바퀴가 구르는 것과 같다네.
先生獨揚揚,	선생은 홀로 의기가 양양한지라
憂患莫能瀆.(11)(12)	아무도 선생을 우환에 빠뜨리지 못하네.
得如虎挾乙,(13)	뜻을 이루면 호랑이가 호위를 지닌 것 같지만
失若龜藏六.(14)	뜻을 잃으면 거북이가 여섯 가지를 감춘 것 같네.
茅簷聊寄寓,	초가집 처마 밑에 잠시 붙어살지만
俯仰亦自足.(15)	고개를 주억이며 그래도 스스로 만족하네.
東坡無邊春,(16)	내가 일군 동파의 끝없는 봄이

方寸盡藏蓄.(17)	사방 한 치인 이곳에 모두 간직되어 있네.
醉哦旁若無,(18)	옆에 아무도 없는 것처럼 술에 취해 읊조렸나니
獨侑一樽醁.(19)	혼자서 한 동이의 술을 마셨네.
牀頭車馬道,	침대 맡에 거마가 다니는 길이 있어
殘月挂疎木.	지는 달이 앙상한 나무에 걸려 있을 때
朝客紛擾時,(20)(21)	관리들이 부산하게 수선 떨어도
先生睡方熟.	선생은 잠을 한창 깊이 자겠네.

[해설]

무호에서 은거하고 있던 이지의의 제자 위허의 기오헌에 부쳐서 지은 시로, 능력이 출중하면서도 관직에 뜻을 두지 않는 그의 초연한 인품을 극구 칭송했다.

[주석]

(1) 寄傲軒(기오헌): 李之儀의 제자로 벼슬길에 나아가지 않고 蕪湖(지금의 안휘성 무호)에서 은거한 韋許의 건물 이름. 이지의에게 〈題韋深道寄傲軒〉이라는 시가 있는데 이에 대하여 馮應榴의 《蘇軾詩集合注》에 "위심도는 이름이 허이다(深道, 名許)"라고 했다. 陶淵明의 〈歸去來辭〉에 "남쪽 창에 붙어서서 우쭐하면서, 무릎 하나 들어갈 곳이 편안함을 잘 알리라(倚南窗以寄傲, 審容膝之易安)"라는 구절이 있거니와 기오헌이라는 명칭은 여기서 따왔을 것이다.

(2) 先生(선생): 위허를 가리킨다.

(3) 英妙(영묘): 나이가 젊고 재기가 넘치다.

(4) 一掃(일소): 한 번 쓸다. 붓을 한 번 휘둘러 글씨를 쓰거나 그림을 그리는 일을 비질하는 것에 비유한 것이다. 송나라 사람 蔡絛의 《鐵圍山叢談》에 "단공 장백옥은 인종 때 사람으로 당시에 명성이 대단했는데 장백배라고도 부르고 장백편이라고도 불렀으니 한 번 마시면 술 백 잔을 마시고 한 번 쓸면 시를 백 수 지었기 때문이다(張端公伯玉, 仁廟朝人也, 名重當時, 號張百杯, 又曰張百篇, 言一飮酒百杯, 一掃詩百篇故也)"라는 말이 있다. 《御選明詩·雜體一》에 수록되어 있는 卞榮의 시 〈述懷效生肖體〉에 "한 번 쓸면 한순간에 토끼 천 마리의 털이 다 닳게 한다(一掃頓令千兎禿)"라는 구절이 있는바, 이것 역시 이런 뜻으로 쓰인 예이다.

(5) 千兎禿(천토독): 토끼 천 마리의 털이 다 닳다. 《晉書·王羲之傳》에 "자운이 근래에 나왔는데……비록 토끼 천 마리의 털로 만든 붓을 다 닳게 했지만 다 모아 봐야 추호도 筋骨이 없었다(子云近出, ……雖禿千兎之翰, 聚無一毫之筋)"라는 기록이 있다. 이 구절은 위허의 필력이 출중하다는 말이다.

(6) 場屋(장옥): 과거시험장.

(7) 通闤(통환): 사통팔달의 거리. 이 구절은 기오헌이 인적 드문 산속에 있지 않고 사람들이 많이 사는 곳에 있기 때문에 한 말인 것으로 보인다.

(8) 傲名(오명): 名利를 우습게 여기는 것을 가리킨다. 이 구절은 다른 사람에게 오만하게 굴기 때문이 아니라 명리를 가볍게 여기는 데에서 자부심을 느끼기 때문에 '기오헌'이라고 명명했다는 말이다.

(9) 定(정): 틀림없이.

(10) 軒冕(헌면): 고관들이 타는 수레인 軺軒과 고관들이 쓰는 관인 冕旒冠. 관직을 가리킨다. 이 연은 관직에 나아가면 부귀영화를 누릴 수는 있겠지만 그보다 능욕을 당하는 일이 더 많을 것이라는 말이다.

(11) 憂患(우환): 관직에 나아갔을 때 부닥치는 좌천·유배 등의 우환을 가리키는 것으로 보인다.

(12) 瀆(독): 도랑에 빠뜨려서 더러워지게 하다.

(13) 虎挾乙(호협을): 호랑이가 '乙' 字 모양의 虎威를 옆구리에 끼다. 虎威는 호랑이의 옆구리와 꼬리에 있는 한 치가량 되는 '乙' 자 모양의 뼈를 가리킨다. 관리가 이것을 몸에 지니면 벼슬길이 순탄해지고 관직이 없는 사람이 이것을 몸에 지니면 사악한 기운이 없어진다고 알려져 있다.

(14) 龜藏六(귀장륙): 거북이가 위험한 상황을 맞았을 때 머리와 꼬리 및 네 다리를 龜甲 속에 감추고 죽은 듯이 가만히 있는 것을 가리킨다. 이 연은 관직에 나아갈 경우 뜻을 이루면 호랑이가 호위를 지니고 있는 것만큼이나 기세등등하게 살 수 있지만 뜻을 잃으면 존재감이 완전히 사라질 정도로 기가 죽어서 지내야 한다는 말이다.

(15) 俯仰(부앙): 고개를 숙였다 들었다 하다. 《孟子·梁惠王上》에 "그렇기 때문에 현명한 임금은 백성들의 생활 근거를 마련해 줌에 반드시 위로 부모를 섬기기에 충분하게 하고 아래로 처자를 먹여 살리기에 충분하게 합니다(是故明君制民之産, 必使仰足以事父母, 俯足以畜妻子)"라는 말이 있는바, 여기에서 비롯되어 '俯仰'은 부모를 봉양하고 처자를 먹여 살리는 것을 가리키기도 한다.

(16) 東坡(동파): 소식이 유배 생활 중이던 원풍 4년(1081) 2월에 黃州城 동쪽에 있는 황무지를 개간하여 만든 농장. 이듬해에 그는 자신의 호를 東坡居士라고 했다.

(17) 方寸(방촌): 사방 한 치 크기라는 뜻에서 아주 작은 물건을 가리키는 바, 여기서는 자신의 심장을 가리킨다.

(18) 醉哦(취아): 취해서 읊조리다. 이 구절은 자신이 황주(지금의 호북성 黃岡市 황주구)에 있을 때 술에 잔뜩 취한 채 옆에 아무도 없는 것처럼 거리낌 없이 시를 읊조렸다는 말이다.

(19) 獨侑(독유): 혼자 술을 권하다. 자작하는 것을 가리킨다.

(20) 朝客(조객): 조정에 근무하는 관리. 여기서는 일반 관리를 가리킨다.

(21) 紛擾(분요): 소란을 피우다. 마지막 여덟 구절은 기오헌이라는 좁은 집에서 내다보이는 풍경이 꼭 자기가 황주에 있을 때 손수 개간하여 농사를 짓기도 하고 노닐기도 하던 동파 일대와 같다고 여겨져 그것을 계기로 황주에 있을 때의 일을 추억하면서 비록 유배 중이었지만 그 생활이 오히려 관직에 매여 있는 것보다 나았다고 생각하고, 아울러 벼슬길에 나아가지 않고 은거하는 위허의 생활도 그럴 것이라고 격려한 것이다.

1088. 送呂昌朝[1]知嘉州[2]

가주지주로 나가는 여창조를 전송하며

不羨三刀夢蜀都,[3][4]	꿈에 칼 세 자루를 통해 촉도를 본 것 부러워 않고
聊將八詠繼東吳.[5][6][7][8]	여덟 수의 시로 동오의 일을 뒤이으려 할 것이네.
臥看古佛淩雲閣,[9]	능운각에서 옛날 불상도 누워서 볼 것이고
勅賜詩人明月湖.[10][11][12]	임금님이 시인에게 명월호도 하사하셨네.
得句會應緣竹鶴,[13][14][15]	대나무 위의 학으로 인해 시구가 떠오를 터
思歸寧復爲蓴鱸.[16][17]	순챗국과 농어회가 아니라도 고향에 돌아가고 싶네.
橫空好在修眉色,[18][19]	허공에 뻗친 긴 눈썹은 잘 있는지
頭白猶堪乞左符.[20][21]	머리가 하얘도 아직까지 좌부를 주청할 수 있네.

[해설]

가주지주로 부임해 갈 여창조를 전송하면서 지은 시로, 가주의 대표적인 풍광을 소개하고 촉 지방의 지주로 나가고 싶은 자신의 간절한 심경을 토로했다.

[주석]

(1) 呂昌朝(여창조): 구체적인 행적이 알려져 있지 않다.

(2) 嘉州(가주): 지금의 사천성 樂山.

(3) 三刀(삼도): '刀' 字 세 개가 겹쳐진 모양인 '州'를 가리킨다. 晉나라 사람 王濬이 밤에 꿈을 꾸었는데

자기 침실의 들보 위에 칼이 세 자루 걸려 있더니 이윽고 한 자루가 늘어났다. 왕준이 놀라 일어나서 불길하게 생각하자 主簿인 李毅가 "칼 세 자루는 '州' 자인데 거기에 또 하나가 보태졌으니(益) 나리께서는 아마도 益州에 부임하시게 될 것입니다(三刀爲'州'字, 又益一者, 明府其臨益州乎!)"라고 했는데 왕준은 얼마 뒤에 과연 익주자사가 되었다.(《진서·왕준전》 참조)

(4) 蜀都(촉도): 촉나라의 도읍. 익주(지금의 사천성 成都)를 가리킨다. 이 구절은 가주에는 경치가 매우 아름답기 때문에 가주지주는 익주자사 부럽지 않은 관직이라는 말이다.

(5) 聊(요): 원하다. 즐겁게 ~하다.

(6) 將(장): ~으로

(7) 八詠(팔영): 남조 시대의 齊나라 사람 沈約이 자기가 태수로 있던 東陽(지금의 절강성 金華)에 玄昌樓(북송 때 八詠樓로 개칭)라는 누각을 세우고 〈登臺望秋月〉·〈會圃臨春風〉·〈歲暮愍衰草〉·〈霜來悲落桐〉·〈夕行聞夜鶴〉·〈晨征聽曉鴻〉·〈解佩去朝市〉·〈被褐守山東〉 등 8수의 시를 지어 주변의 풍광을 노래했는데 이것을 八詠詩라고 한다. 王十朋의 《百家註分類東坡先生詩》에 "여창조가 송복고(宋迪)의 〈팔경도〉를 얻어서 가주로 왔는데 그 제목이 〈洞庭晚靄〉·〈廬阜秋雲〉·〈平田鴈落〉·〈遠浦帆歸〉·〈雨暗江村〉·〈雪藏山麓〉·〈泉嵓古柏〉·〈石岸孤松〉이었다. '여덟 수의 시로 동오의 일을 뒤이으려 할 것이네'는 심휴문(심약)에게 일찍이 〈동오팔영〉이 있었기 때문에 한 말이다(昌朝得宋復古畫〈八景圖〉, 來嘉州, 其目曰: 〈洞庭晚靄〉·〈廬阜秋雲〉·〈平田鴈落〉·〈遠浦帆歸〉·〈雨暗江村〉·〈雪藏山麓〉·〈泉嵓古柏〉·〈石岸孤松〉. '八詠繼東吳', 則沈休文嘗有〈東吳八詠〉者也)"라고 했고, 소식(1036-1101)과 동시대 사람인 沈括(1031-1095)은 《夢溪筆談·書畫》에서 "탁지원외랑 송적은 그림을 잘 그렸거니와 특히 평원산수를 잘 그렸는데 그 가운데 득의한 것으로 〈平沙鴈落〉·〈遠浦帆歸〉·〈山市晴嵐〉·〈江天暮雪〉·〈洞庭秋月〉·〈瀟湘夜雨〉·〈煙寺晚鐘〉·〈漁村落照〉가 있으니 이를 팔경이라고 하는바, 호사가들이 이것을 많이 전파했다(度支員外郎宋迪工畫, 尤善爲平遠山水, 其得意者有〈平沙鴈落〉·〈遠浦帆歸〉·〈山市晴嵐〉·〈江天暮雪〉·〈洞庭秋月〉·〈瀟湘夜雨〉·〈煙寺晚鐘〉·〈漁村落照〉, 謂之八景, 好事者多傳之)"라고 하여 소제목이 일치하지 않는다. 그 이유가 무엇인지는 확인하기 어렵다.

(8) 東吳(동오): 삼국 시대에 오나라의 영토였던 지금의 강소성 및 절강성 동부 지역을 가리키는데, 구체적으로는 심약이 〈팔영시〉를 지은 동양을 가리키고, 더 나아가 심약이 동양에서 〈팔영시〉를 지은 일을 가리킨다. 이 구절은 가주에는 심약이 팔영시를 지은 동양 못지않게 경치 좋은 곳이 많기 때문에 여창조가 가주로 가면 심약의 팔영시에 필적할 만한 멋진 서경시를 많이 짓게 될 것이라는 말이지 송적의 〈팔경도〉와는 무관한 것으로 보인다.

(9) 淩雲閣(능운각): 왕십붕의 《백가주분류동파선생시》에 "능운각은 바로 구정사에 있는 것으로 거기에 커다란 불상이 있고, 명월호는 가주 관청 소재지의 동쪽에 있다(淩雲閣, 卽九頂寺, 有大佛之像, 明月湖在州治之東)"라고 했다. 능운산 기슭의 岷江·大渡河·青衣江 등 세 강이 만나는 지점에 지금도 樂山大佛이라고 하는 거대한 불상이 있는데, 이것은 당나라 현종 개원 원년(713)부터 덕종 정원 19년(803)까지 90년에 걸쳐 새겨진 세계 최대의 石刻彌勒坐像으로 높이가 71m나 된다고 한다.

(10) 勅賜(칙사): 임금이 상으로 하사하다.

(11) 詩人(시인): 여창조를 가리킨다.

(12) 明月湖(명월호): 가주에 있는 호수. 주 (9) 참조. 이 구절은 여창조가 가주지주로 부임하게 된 것은 황제에게 상을 받은 셈이라는 말이다.

(13) 得句(득구): 좋은 시구가 떠오르는 것을 가리킨다.

(14) 會應(회당): 반드시. 응당.

(15) 竹鶴(죽학): 馮應榴의 《蘇軾詩集合注》에 "《선화화보》에 '황전·황군보·등창우는 모두 촉지방 사람인데 〈죽학도〉가 있다'라고 했으니 아마 여창조가 송복고의 〈소상팔경도〉 이외에 소장하고 있는 다른 명화도 있었기 때문에 선생의 시에 이렇게 말했을 것이다(《宣和畫譜》: '黃筌·黃君寶·滕昌祐, 均蜀人, 有〈竹鶴圖〉.' 豈呂昌朝於宋復古〈八景〉之外, 復有收藏名畫, 故先生詩云爾耶)"라고 했다. 2002년 8월에 직접 답사해 본 바에 의하면 成都를 비롯한 사천성 일대에는 동네마다 대나무가 둘러서 있고 집집마다 담장 대신에 대나무가 심어져 있으며, 강가에도 대나무가 늘어서 있고 평평한 들판의 논두렁에도 대나무가 서 있을 정도로 대나무가 많았다. 그러므로 대나무 위에 학이 앉아 있는 모습은 굳이 이들의 그림이 아니더라도 촉지방 출신인 소식이 머릿속에 쉽게 떠올릴 수 있었을 것이다.

(16) 寧復(영부): 어찌 더 이상.

(17) 爲蓴鱸(위순로): 순챗국과 농어회 때문이다. 晉나라 때 吳郡 사람 張翰은 당시 실권자이던 齊王 司馬冏의 大司馬東曹掾을 지내고 있다가 어느 날 가을바람이 살랑살랑 불자 불현듯 고향에서 먹던 순챗국과 농어회가 그리워져서 "사람이 살아감에 있어서는 마음에 맞는 일을 귀하게 여기는 법이거늘 어찌 벼슬을 따라 수천 리 밖에 매여 있을 수 있으리오?"라고 하고는 즉시 고향으로 돌아가 버렸다. (《晉書·張翰傳》 참조)

(18) 好在(호재): 잘 있다. 주로 안부를 물을 때 쓰던 말이다. 杜甫의 시 〈送蔡希魯都尉還隴右, 因寄高三十五書記〉에 "그대를 통하여 소식 묻나니, 완원유 그 사람은 잘 있는지요?(因君問消息, 好在阮元瑜?)"라는 구절이 있다.

(19) 修眉(수미): 가늘고 긴 눈썹. 사천성에 있는 峨眉山을 가리키는 것으로 보인다.

(20) 堪(감): ~할 수 있다.

(21) 左符(좌부): 둘로 쪼갠 符節 중의 왼쪽 것. 漢나라 때 태수로 임명된 사람이 지니고 가서 그 고을에 있는 右符와 맞추어 봄으로써 자신의 신분을 입증했다. 태수직을 가리킨다. 《演繁露·左符》에 "한나라 때의 태수는 반드시 좌부를 받아 가지고 나가서 고을에 이르러 그것으로 입증해야 했다. 아마 우부는 먼저 고을에 남겨 놓았기 때문에 좌부를 우부와 맞추어 보게 했을 것이다(漢太守之官, 必得左符以出, 至郡用以爲驗. 蓋右符先以留州, 故令以左合右也)"라고 했다. 이 구절은 자신이 늙어서 다른 일은 감당하기 힘들지만 풍광이 아름다운 촉지방의 태수직은 수행할 수 있겠다는 말이다.

1089. 次韻黃魯直[(1)]寄題[(2)]郭明父[(3)]府推[(4)]潁州[(5)]西齋[(6)]二首

멀리서 곽명보 추관의 영주 서재를 읊어서 부쳐 보낸 황노직의 시에 차운하여

其一

樹頭啄木常疑客,[(7)(8)]	나무 꼭대기의 딱따구리 소리에 늘 손님이 왔나 하니
客去而嗔定不然.[(9)(10)]	손님이 떠나며 성을 내는 그런 일은 정녕 없으리.
脫轄已應生井沫,[(11)(12)(13)]	비녀장을 던져 틀림없이 우물에 거품이 생겼을 테고
解衣聊復起庖煙.[(14)(15)]	옷도 벗어 주고 웬만큼 부엌의 연기도 피우리.
平生詩酒眞相汚,[(16)]	평소에 정말 시와 술에 서로 찌들게 했는데
此去文書恐獨賢.[(17)(18)(19)]	이제 떠나면 문서 속에 홀로 고생스러울 터
早晩西湖映華髮,[(20)(21)(22)]	언제나 서호에 흰머리를 비추며
小舟翻動水中天.	작은 배 타고 물속 하늘에서 뒤뚱거리리?

其二

寂寞東京月旦州,[(23)(24)]	적막해진 동한 때의 월단주 고을
德星無復綴珠旒.[(25)(26)(27)]	덕성이라는 구슬이 더는 줄줄이 꿰이지 않았지만
莫嗟平輿空神物,[(28)(29)]	평여 땅에 신물이 없다고 한탄하지 말지니
尙有西齋接勝流.[(30)]	그래도 서재가 있어 명사들을 맞는다네.
春夢屢尋湖十頃,[(31)]	봄날의 꿈에 자주 십 경의 호수를 찾아가

家書新報橘千頭.(32)(33)	편지로 새로이 귤나무가 천 그루 있다고 알렸네.
雪堂亦有思歸曲,(34)(35)	설당에서도 망향의 노래를 불렀나니
爲謝平生馬少游.(36)	평소에 한 마소유의 말에 감사하고 있었기 때문이네.

[해설]

황정견의 시 〈곽명보가 영하의 하류에 서재를 지어 놓고 나에게 시를 지어 달라고 부탁하여(郭明父作西齋于潁尾請予賦詩二首)〉에 차운한 것이다.

[주석]

(1) 魯直(노직): 黃庭堅의 字.
(2) 寄題(기제): 멀리 있는 건축물이나 정원 따위를 현지에 가서 직접 보지 않고 들은 바에 근거하여 읊은 뒤 그것을 현지로 부쳐 보내 다른 사람에게 쓰게 하는 것을 가리킨다. 소식의 〈寄題刁景純藏春塢〉(0439), 蘇轍의 〈寄題密州新作快哉亭二首〉 등이 있다.
(3) 郭明父(곽명보): 구체적인 행적이 알려져 있지 않다.
(4) 府推(부추): 州府의 推官. 潁州推官을 가리킨다.
(5) 潁州(영주): 지금의 안휘성 阜陽.
(6) 西齋(서재): 곽명보의 書齋 이름.
(7) 啄木(탁목): 나무를 쪼다. 딱따구리가 나무를 쪼는 소리 또는 딱따구리를 가리킨다.
(8) 疑客(의객): 손님이 왔나 하고 의아하게 생각하다.
(9) 客去而嗔(객거이진): 손님이 떠나가면서 화를 내다. 韓愈의 시 〈剝啄行〉에 "빡빡 딱딱, 대문에 손님이 왔는데, 내가 나가 맞지 않아, 손님이 가며 화를 낸다(剝剝啄啄, 有客至門. 我不出應, 客去而嗔)"라는 구절이 있다.
(10) 定不然(정불연): 틀림없이 그렇지 않을 것이다. 한유의 시 〈剝啄行〉에서 말한 것처럼 손님이 문을 두드려도 반갑게 맞이하지 않음으로써 손님이 화를 내며 가 버리는 일이 결코 없을 것이라는 말이다.
(11) 脫轄(탈할): 수레바퀴의 비녀장을 뽑다. 손님이 돌아가지 못하게 꼭 붙잡는 것을 가리킨다. 한나라 사람 陳遵은 손님과 함께 술 마시는 것을 너무나 좋아하여 잔치가 벌어지는 날이면 늘 대문을 잠글 뿐만 아니라 손님들에게서 수레바퀴의 비녀장을 빼앗아 우물 속에 던져 버리기 때문에 설사 급한 일이 있어도 돌아갈 수가 없게 했다.(《한서·진준전》 참조)
(12) 已(이): 다음 구절의 '復'와 함께 '~한 데다 또 ~하기도 하다'라는 뜻을 나타낸다.
(13) 井沫(정말): 수레바퀴의 비녀장을 던짐으로 인하여 우물에 생기는 물거품.
(14) 解衣(해의): 자기 옷을 벗어서 남에게 주다. 《史記·淮陰侯傳》에 "한왕이 나에게 상장군의 관인을 주고 나에게 수만 명의 병사를 주었으며, 자기 옷을 벗어서 나에게 입히고 자기 밥을 밀어서 나에게 먹

였으며, 나의 말을 들어 주고 나의 계책을 써 주었기 때문에 내가 여기까지 올 수 있었소이다(漢王授我上將軍印, 予我數萬衆, 解衣衣我, 推食食我, 言聽計用, 故吾得以至於此)"라는 韓信의 말이 있다. 이것에서 비롯되어 남에게 의식을 베푸는 것을 解衣推食이라고 한다.

(15) 起庖煙(기포연): 부엌의 연기를 일으키다. 손님에게 대접할 음식을 만든다는 말이다.

(16) 相汚(상오): 서로 찌들게 하다. 서로 주거니 받거니 하면서 어울려 지내는 것을 가리킨다.

(17) 文書(문서): 知州가 처리해야 할 공문서를 가리킨다.

(18) 恐(공): 아마. 두보의 시 〈後出塞〉 其二에 "대장이 누구일까, 아마도 곽표요리(借問大將誰, 恐是霍嫖姚)"라는 구절이 있다.

(19) 賢(현): 고생하다. 《詩經·小雅·北山》에 "이 세상 온 천하에, 임금님 땅 아닌 것이 하나도 없고, 이 나라 온 국토에, 임금님의 신하가 아닌 사람 없건만, 대부님이 불공평해, 나만 유독 일이 많아 고생스럽네(溥天之下, 莫非王土. 率土之濱, 莫非王臣. 大夫不均, 我從事獨賢)"라고 했다. 이 연은 자신이 이제 杭州知州로 나가면 시와 술을 주고받을 허물없는 친구도 없이 공문에 치여서 고생스러운 나날을 보내게 될 것이라는 말이다.

(20) 早晩(조만): 언제.

(21) 西湖(서호): 영주 서호를 가리킨다. 고을 이름이 阜陽으로 바뀐 지금도 그곳에 있는 호수는 '潁州西湖'라고 한다.

(22) 華髮(화발): 흰머리. 이 연은 자신이 곽명보를 찾아가 영주 서호에서 함께 뱃놀이를 하기가 힘들 것이라는 말이다.

(23) 東京(동경): 원래 後漢의 도성으로 長安(지금의 섬서성 西安)의 동쪽에 위치한 洛陽을 가리키는 말이었는데 나중에는 後漢을 가리키기도 했다.

(24) 月旦州(월단주): 후한 때의 汝南郡의 별칭. 영주가 여남군에 속했기 때문에 여기서는 영주를 월단주라고 한 것이다. 《後漢書·許劭傳》에 "처음에는 허소와 사촌 형인 허정이 둘 다 높은 명성을 지니고 있어서 함께 자기 고을 인물들을 품평하기를 좋아했는데 매월 품평 대상자를 바꾸었기 때문에 여남인들 사이에 '월단평'이라는 말이 있었다(初, 劭與靖俱有高名, 好共核論鄕黨人物, 每月輒更其品題, 故汝南俗有'月旦評'焉)"라고 했고, 《記纂淵海·蔡州》에 "고을의 이름을 여남이라고도 한다.……월단리는 여양현에 있는바, 동한 사람 허소 형제가 살던 곳이기 때문에 이렇게 부른다(郡號汝南.……月旦里在汝陽縣, 東漢許劭兄弟所居, 故名)"라고 했다. 《후한서·허소전》에는 또 曹操가 아직 미천한 신분이었을 때 귀한 예물을 들고 허소를 찾아가 정중한 말투로 자기를 평가해 달라고 하자 허소가 조조를 보고 그의 인간 됨됨이를 못마땅하게 생각하여 대답을 하지 않자 조조가 틈을 보아 그를 협박하는 바람에 할 수 없이 "당신은 태평한 시절의 奸賊이요 난세의 영웅이오(君淸平之奸賊, 亂世之英雄)"라고 했다는 기록이 있다.

(25) 德星(덕성): 덕이 있는 별. 옛날 사람들은 나라에 상서로운 일이 있거나 賢人이 출현하려고 할 때 景星·歲星 따위의 덕성이 나타난다고 여겼기 때문에 현인을 비유하는 말로 쓰이는 경우가 많았는바, 여기서도 현인을 가리킨다. 《稽神異苑》에 "진실이 아들·조카와 함께 순상 부자에게 가서 토론했는데 이

때 태사가 덕성이 모였다고 아뢰었다(陳實與子姪造荀爽父子討論, 於時, 太史奏德星聚)"라고 했다.

(26) 無復(무부): 더 이상 ~하지 않다.

(27) 珠旒(주류): 면류관의 앞뒤에 늘어뜨린 구슬꿰미. 여기서는 현인의 무리를 가리킨다. 이 연은 옛날에는 월단평을 받아 명성을 얻기 위해 허소와 허정이 사는 영주 일대를 찾는 현인이 매우 많았는데 근래에는 그런 사람이 별로 없었다는 말이다.

(28) 平輿(평여): 지금의 하남성 평여. 영주를 가리킨다. 《후한서·허소전》에 "형 허건 역시 이름이 널리 알려져 있었기 때문에 여남 사람들이 평여의 연못에 두 마리의 용이 있다고 했다(兄虔亦知名, 汝南人稱平輿淵有二龍焉)"라는 말이 있다.

(29) 神物(신물): 신령스러운 물건. 허건·허소 형제처럼 용에 비유될 만한 훌륭한 인물을 가리킨다.

(30) 勝流(승류): 名流. 저명한 사람들. 이 연은 영주에 곽명보의 서재가 있기 때문에 영주를 찾아오는 사람이 있을 것이라는 말이다.

(31) 湖十頃(호십경): 호수 10경. 영주 서호를 가리킨다.

(32) 家書(가서): 집안사람끼리 주고받는 편지. 소식이 꿈속에 혼자 먼저 영주로 가서 서호 가에 귤 천 그루를 심어 놓고 자기 가족들에게 그 사실을 알리기 위해 쓴 편지를 가리킨다.

(33) 橘千頭(귤천두): 감귤나무 천 그루. 裴松之의 《三國志註》에 인용된 晉나라 習鑿齒의 《襄陽記》에 의하면, 삼국 시대 오나라 사람 李衡은 家産을 좀 마련하려고 했으나 아내가 말을 듣지 않아 나중에 몰래 사람을 보내 武陵 龍陽의 泛洲에 집을 짓고 감귤나무 천 그루를 심게 하고는 죽기 전에 아들에게 "네 어머니가 내가 가산을 좀 마련하는 것을 싫어하여 이처럼 가난하게 되었다. 그러나 우리 고을에 나무 노비 천 명이 있는데 너에게 옷과 음식을 달라고 하지도 않고 해마다 비단을 한 필씩 바칠 것이니 이것만 해도 쓰기에 모자람이 없을 것이다"라고 했다고 한다. 이 연은 소식 자신도 영주 서호 가에 가서 귤나무를 키우며 은거할 꿈을 자주 꾸어 보았다는 말이다. 소식은 杭州通判으로 부임해 가는 도중이던 희령 4년(1071) 9월에 영주에서 은거하고 있던 歐陽修를 찾아가 함께 영주 서호에서 뱃놀이를 한 적이 있었다.

(34) 雪堂(설당): 소식이 원풍 5년(1082) 2월에 자신이 개간한 농장 東坡에 지은 건물. 눈이 많이 내릴 때 완공되었기 때문에 모든 벽에 손수 설경을 그려 넣어 고개만 돌리면 눈이 보이도록 해 놓고 설당이라고 명명했다.

(35) 思歸曲(사귀곡): 소식의 詞 〈哨徧〉을 가리키는 것으로 보인다. 소식은 黃州(지금의 호북성 黃岡市 황주구)에서 유배 중이던 원풍 5년(1082) 5월에 陶淵明의 〈歸去來辭〉를 개작한 사 〈초편〉을 지은 적이 있는데, 王十朋의 《百家註分類東坡先生詩》에 "동파공은 황주에 있을 때 설당을 짓고 도연명의 〈귀거래사〉를 손질하여 망향의 노래를 지은 적이 있다(公在黃州, 葢雪堂, 嘗裁節陶淵明〈歸去來〉爲思鄕曲)"라고 했다.

(36) 平生馬少游(평생마소유): 평소에 마소유가 하던 말을 가리킨다. 後漢 사람 馬援이 交趾 지방의 반란을 진압한 공으로 新息侯에 봉해져 식읍 3천 호를 하사받고 나서 관원들에게 잔치를 베풀면서, "나의 사촌동생 마소유는 내가 비분강개하여 큰 뜻을 품고 있는 것을 평소에 늘 안타깝게 생각하여 '선

비가 한 세상 사는 데 입을 옷과 먹을 음식이 충분하고 자그마한 마차를 타고 느릿느릿한 말을 몰며 고을의 관리가 되어 선영을 지키면서 마을에서 좋은 사람이라는 소리를 들으면 그것으로 충분합니다. 차고 넘치기를 추구하기에 이르면 자신을 힘들게 할 뿐입니다'라고 했었다오. 내가 浪泊(지금의 베트남 북부)과 西里(지금의 운남성 永平縣 일대) 지방에 있을 때 적군은 아직 소탕되지 않았는데 길에는 빗물이 고여 있고 하늘에는 안개가 자욱한 채 열대지방의 독기 어린 공기가 푹푹 쪄서 하늘을 올려다보니 날아다니던 솔개가 비실비실하며 물속으로 떨어지더군요. 방에 드러누워서 가만히 생각하니 그제야 사촌동생이 평소에 늘 하던 말이 떠올랐지만 어쩔 수가 없었지요"라고 옛날 일을 회상했다. (《후한서·마원전》 참조) 소식의 시 〈山村五絶〉(0266) 其五에 "솔개가 떨어지길 더 이상 기다릴 것 없다. 바야흐로 평소의 마소유 말이 생각난다(不須更待飛鳶墮, 方念平生馬少游)"라는 구절이 있다. 이 연은 마소유가 평소에 했다는 말을 통해 크게 깨달은 바가 있어서 그에게 늘 감사하는 마음으로 살고 있기 때문에 황주에 있을 때에도 도연명의 〈귀거래사〉를 개편한 사 〈초편〉을 지어 전원으로 돌아가고 싶은 심경을 노래한 적이 있다는 뜻으로, 영주 서호 가에서 은거하고 싶은 심경을 넌지시 드러낸 것이다.

1090. 次韻秦少章[1]和錢蒙仲[2]

전몽중의 시에 화답한 진소장의 시에 차운하여

碧畦黃隴稻如京,[3][4][5] 퍼런 두둑 누런 두둑 벼가 높은 언덕 같고
歲美人和易得情. 풍년이 들고 사람이 온화해 인심을 얻기 쉬우리.
鑑裏移舟天外思,[6] 거울 속에서 배를 몰면 하늘 밖에 있는 기분이 들고
地中鳴角古來聲.[7][8] 옛날부터 있던 뿔피리 소리는 땅속에서 울리리.
山圍故國城空在,[9] 산이 옛 나라를 에워쌌으니 성이 공연히 있었던 셈인데
潮打西陵意未平.[10][11] 조수가 서릉을 쳐 마음이 평온치 않았으리.
二子有如雙白鷺,[12][13] 두 분은 마치 한 쌍의 백로와 같이
隔江相照雪衣明.[14] 눈처럼 흰한 옷을 입고 강 건너서 서로 바라보리.

[해설]

전몽중의 시에 화답한 진소장의 시에 차운한 것으로, 두 사람이 살고 있는 항주·월주 일대의 아름다운 자연환경과 그 속에서 살아가는 그들의 생활상을 상상하여 노래했다.

[주석]

(1) 少章(소장): 秦觀의 동생 秦覿 또는 秦觀의 字. 施元之의 《施注蘇詩》에는 "진소장은 이름이 적으로 진소유의 동생이다(秦少章, 名覿, 少游弟)"라고 하여 소장이 진적의 字라고 했고, 王文誥의 《蘇軾詩集》에는 "진적과 진구가 모두 진관의 동생인데 진구의 자가 소장이다.……당시 진구는 동파공을 따

라 항주로 갔다(覿·觀皆秦觀弟, 觀字少章.……時觀從公於杭)"라고 하여 소장이 진구의 자라고 했다. 黃庭堅에게 〈送少章從翰林蘇公餘杭〉이라는 시가 있고, 張耒에게 〈送秦覿從蘇杭州爲學序〉라는 문장이 있고, 진관에게 〈送少章弟赴仁和主簿〉라는 시가 있는 것으로 미루어 볼 때 진소장은 당시 소식 가까이에서 학문을 더 연마하기 위해 杭州知州로 부임한 소식을 따라 항주의 속현인 인화현의 주부로 부임해 간 것으로 보인다.

(2) 錢蒙仲(전몽중): 시원지의 《시주소시》에 "전몽중은 전목보의 아들이다(錢蒙仲, 穆父子)"라고 했고, 查愼行의 《蘇詩補註》에 "전목보가 월주지주로 재임 중이었고 전몽중도 당시에 역시 월주에 있었기 때문에 마지막 구절에서 '눈처럼 훤한 옷을 입고 강 건너서 서로 바라보리'라고 한 것이다(穆父知越州, 蒙仲時亦在越, 故結句云: '隔江相照雪衣明')"라고 했다.

(3) 碧畦(벽휴): 푸른 두둑. 곡식이 자라고 있는 논밭을 가리킨다.

(4) 黃隴(황롱): 누런 두둑. 곡식이 익었을 때의 논밭을 가리킨다.

(5) 京(경): 높은 언덕. 이 구절은 드넓은 들판에 곡식이 물결칠 것이라는 말이다.

(6) 鑑(감): 맑은 수면을 가리킨다. 王十朋의 《百家註分類東坡先生詩》에 "거울 속에서 배를 모는 것은 아마도 월주의 풍경일 것이다. 왕희지가 '매번 산음(越州, 지금의 절강성 紹興)의 길을 지나갈 때마다 맑은 거울 속을 다니는 것 같다'라고 한 것이 바로 그것이다(鑑裏移舟, 蓋越州之景. 王羲之嘗曰: '每過山陰道, 如明鏡中行', 是也)"라고 했고, 시원지의 《시주소시》에는 "감호를 말한다(謂鑑湖)"라고 하여 구체적으로 그곳에 있는 호수인 감호를 가리킨다고 했다.

(7) 角(각): 짐승의 뿔을 잘라서 만든 악기. 주로 군대에서 신호용으로 불거나 아침저녁에 시각을 알리기 위해서 불었다. 《會稽掇英總集》에 수록되어 있는 元稹의 시 〈以州宅夸於樂天〉은 白居易에게 소흥에 있는 자기 집을 자랑한 것인데 이 시에 "은하수 그림자는 처마 앞에 떨어지고, 북소리와 뿔피리 소리는 땅 밑에서 돌아 나오네(星河影向簷前落, 鼓角聲從地底迴)"라는 구절이 있고, 周紫芝의 시 〈觀潮示元龍〉은 錢塘潮를 구경한 감회를 노래한 것인데 이 시에 "조수가 처음 밀려올 땐 흰 실 한 가닥이더니, 눈빛 파도가 하늘에 뒤집혀 문득 천 자가 되네. 땅속에서 울리는 뿔피리 소리 어디서 오나? 강 위의 눈꽃을 사람들이 모르네(潮頭初來一線白, 雪浪翻空忽千尺. 地中鳴角何處來, 水上六花人不識)"라는 구절이 있는바, 이들 시 속의 뿔피리 소리는 모두 마치 땅속에서 울려 나오는 것처럼 우렁차게 들리는 전당조 소리를 가리킨다. 전당조란 錢塘江이 바다로 들어가기 직전의 위치인 절강성 海寧 부근에서 매일 두 차례씩 밀물이 들어올 때 바닷물이 강으로 밀려 올라와 강물을 역류시키는 현상을 말한다. 이러한 현상은 매년 음력 8월 15일에서 18일 사이에 가장 심하여 이때가 되면 조수가 강을 거슬러 올라가는 모습이 대단히 웅장하고 그 소리가 굉장히 우렁차다.

(8) 潮(조): 전당조를 가리킨다.

(9) 故國(고국): 옛날 나라. 五代十國 시기의 吳越國을 가리킨다. 소식의 시 〈次韻錢穆父〉(0932)에 대한 《시주소시》의 주에 "전목보는 이름이 협으로 오월국 양왕의 손자이다(穆父, 名勰, 吳越讓王諸孫)"라고 한바, 이 구절은 전협의 아들이자 오월국의 왕손인 전몽중에게 한 말로, 오월국의 영토였던 항주·소흥 일대가 사방에 산이 있어서 성을 쌓을 필요조차 없는 천혜의 땅이었다는 말이다.

(10) 西陵(서릉): 지금의 절강성 蕭山 서쪽에 있는 西興鎭.(魏嵩山 主編, 《中國歷史地名大辭典》, 廣東教育出版社, 1995년 제1판, 359쪽 참조)

(11) 意未平(의미평): 마음이 평온하지 않다. 《吳越備史》에 "후량 개평 4년(910) 8월에 전무숙(吳越國 武肅王 錢鏐)이 한해당을 만들기 시작했는데 강의 파도가 밀려오므로 무숙왕이 강력한 쇠뇌 5백 개로 조수 꼭대기를 쏘게 하니 얼마 뒤에 조수가 마침내 서릉쪽으로 나아갔다(梁開平四年八月, 錢武肅始作捍海塘, 王因江濤衝激, 命强弩五百以射潮頭, 旣而潮遂趨西陵)"라는 기록이 있고, 《北夢瑣言》에 의하면 항주에 해마다 조수가 羅刹石을 치므로 오월의 錢尙父(전류)가 조수가 밀려오기를 기다려 활로 쏘게 하자 이때부터 조수가 점점 사라지고 나찰석은 육지로 변했다고 한다. 또 〈八月十五日看潮五絶〉(0301) 其五에 대한 소식의 자주에 "오월왕은 일찍이 활로 조수의 꼭대기를 쏘며 해신과 싸운 적이 있는데 이때부터 물이 성에 가까이 오지 않았다(吳越王嘗以弓弩射潮頭, 與海神戰, 自爾水不近城)"라고 했다. 이 구절은 전당조가 밀려오는 것을 보고 오월왕의 마음이 평온하지 않았을 것이라는 뜻으로, 역시 오월국의 왕손인 전몽중에게 한 말이다.

(12) 二子(이자): 진소장과 전몽중을 가리킨다.

(13) 有如(유여): ~와 같다.

(14) 隔江相照(격강상조): 錢塘江을 사이에 두고 서로 바라보는 것을 가리킨다. 당시 진소장은 전당강 북쪽의 항주에 있고 전몽중은 전당강 남쪽의 월주(지금의 절강성 紹興)에 있었다.

1091. 次韻錢越州[1]

월주지주 전씨의 시에 차운하여

髯尹超然定逸羣,[2][3][4]	털보 부윤은 초연하기가 정녕 으뜸이리니
南遊端爲訪雲門.[5][6][7]	틀림없이 운문산을 찾기 위해 남쪽으로 갔을 것이네.
謫仙歸侍玉皇案,[8][9][10]	적선은 돌아와 옥황상제 향탁에서 시중들고
老鶴來乘刺史轓.[11][12]	늙은 학이 와서 자사의 수레를 타네.
已覺簿書哀老子,[13][14]	이미 문서가 늙은이를 슬프게 한다는 걸 깨달았기에
故知籩豆有司存.[15][16]	제사를 지내는 데 유사가 있음을 아네.
年來齒頰生荊棘,[17][18]	근래에는 입안에 가시가 돋아 말을 잘 못했는데
習氣因君又一言.[19]	그대 때문에 버릇이 도져 또 한마디 하였네.

[해설]

월주지주로 재임 중인 전협의 시에 차운한 것으로, 월주 일대의 도관을 찾아다니며 신선처럼 지내고 있을 전협의 생활을 상상하여 묘사하고, 늙은 관리의 농간을 감내해야 하는 그의 심리적 고충을 위로하면서 은연중에 그러한 당시의 현실을 개탄했다.

[주석]

(1) 錢越州(전월주): 越州知州인 전씨. 施元之의 《施注蘇詩》에 "월주지주 전씨는 전목보이다(錢越州, 穆父)"라고 한바, 원우 3년(1088) 9월에 월주지주가 된 錢勰을 가리킨다.

(2) 髥尹(염윤): 텁석부리 府尹. 전협을 가리킨다. 시원지의 《시주소시》에 "공(소식)이 이에 여러 차례 지방으로 내보내 줄 것을 주청하고 비방과 중상에 대해 극구 변론하여 원우 4년(1089) 3월에 용도각학사지항주에 임명되었는데, 전목보(전협)는 당시 京兆尹(開封府尹)으로서 獄空(수감 중인 죄수가 없음은 물론 미결 상태의 獄事도 없는 상태)을 上奏한 일에 연좌됨으로 인하여 월주지주가 되었다. 정언인 유기지가 문책이 너무 가볍다고 했다(公乃屢章乞去, 歷辯謗傷, 元祐四年三月, 除龍圖閣學士知杭州, 而穆父時以京尹坐奏獄空事, 守越. 正言劉器之謂責之太薄)"라고 했다.

(3) 定(정): 틀림없이.

(4) 逸羣(일군): 남들보다 뛰어나다. 출중하다.

(5) 南遊(남유): 전협이 남방에 있는 월주지주로 나간 것을 가리킨다.

(6) 端(단): 틀림없이.

(7) 雲門(운문): 운문산. 절강성 紹興의 남부에 있는 산. 《浙江通志·山川七》에 "운문산은 《운문지》에 '대략 소흥부성에서 남쪽으로 30리 되는 곳에 있다. 진나라 의희 2년(406)에 중서령 왕헌지가 이곳에 거주할 때 오색구름이 나타났기 때문에 운문사를 세우라는 조칙이 내려졌다(雲門山, 《雲門志》: '畧在府城南三十里. 晉義熙二年, 中書令王獻之居此, 有五色雲見, 詔建雲門寺.')"라고 했다. 이 연은 월주지주로 쫓겨났지만 운문산에서 노닐며 신선처럼 살 수 있어서 좋겠다고 전협을 위로한 것이다.

(8) 謫仙(적선): 하늘나라에서 유배 온 신선. 일반적으로 李白을 가리키는데 여기서는 전협을 가리킨다.

(9) 歸(귀): 전협은 吳越國의 왕손이고 월주는 오월국에 속했기 때문에 돌아왔다고 한 것이다.

(10) 玉皇案(옥황안): 옥황상제의 향탁. 元稹의 시 〈州宅夸於樂天〉에 "나는 옥황상제의 향탁 관리관, 속세에 폄적되어서도 여전히 봉래궁에 살 수 있네(我是玉皇香案吏, 謫居猶得住蓬萊)"라는 구절이 있는데, 王十朋의 《百家註分類東坡先生詩》에 "월주에는 봉래각이 있는데 원미지(원진)에게 월주를 노래한 시(〈州宅夸於樂天〉)가 있다(越州有蓬萊閣, 元微之有越州詩)"라고 한바, 원진 시의 '蓬萊'는 자신이 거주하는 월주의 봉래각을 三神山의 하나인 봉래산의 궁전에 빗댄 중의적 표현임을 알 수 있다. 이 구절은 전협이 월주 일대의 道觀을 찾아가서 향을 피우며 신선 같은 생활을 한다는 말인 것으로 보인다. '玉皇'이 황제를 가리키고 '香案吏'가 궁중에서 황제를 모시는 近臣을 가리키기 때문에 이 구절을 전협이 장차 황궁으로 돌아가서 황제를 모시게 될 것이라는 뜻으로 볼 수도 있으나 이 시의 전체적인 맥락과 잘 어울리지 않는다.

(11) 老鶴(노학): 《左傳·閔公二年》에 "위나라 의공은 학을 좋아했는데 학 가운데 초헌을 타는 것이 있었다. 전쟁을 하게 되었을 때 무기를 받은 백성들이 다들 '학을 부리셔요. 학이 실로 고관의 지위를 향유하고 있는데 우리가 어찌 싸울 수 있으리오?'라고 했다(衛懿公好鶴, 鶴有乘軒者. 將戰, 國人受甲者皆曰: '使鶴. 鶴實有祿位, 余焉能戰?')"라는 기록이 있다. 馮應榴의 《蘇軾詩集合注》에 "학이 초헌을 탄 일을 원용한 것은 아마 자신을 말할 것이다(用鶴乘軒事, 蓋自謂也)"라고 했으니 이것은 전협을 신선에 비유하고 자신을 신선의 반려인 학에 비유하여, 신선인 전협이 월주로 왔기 때문에 학인 자신은 그를 따라 이웃 고을인 항주로 왔다는 관점이다. 그러나 위나라 의공의 학은 능력도 없으면서 고관의 수레인 초헌을 탄 부정적 존재이므로 이 구절의 '老鶴'도 부정적 존재일 가능성이 큰바, 자질

도 제대로 갖추지 않았으면서 실세 노릇을 하는 월주지주 수하의 늙은 관리를 가리킬 가능성이 크다고 생각된다. 그렇다면 이 시는 수하의 늙은 관리들이 실세 노릇을 하고 전협을 비롯한 여러 지역의 태수들이 그들에게 정사를 일임한 채 허수아비처럼 지내야 하는 당시의 현실을 개탄한 것이 된다. 이보다 조금 뒤인 원우 9년(1094) 2월 定州知州로 재임 중이던 소식도 王光祖라는 늙은 副總管이 거만을 떨며 게으름을 피우는 탓에 河北西路 군대의 기강이 매우 해이해져 있다는 사실을 알고 거드름을 피우며 저항하는 왕광조를 조정에 보고하겠다며 준엄하게 다스림으로써 기강을 바로잡은 적이 있다.(《송사·소식전》 참조)

(12) 刺史轓(자사번): 자사, 즉 지주의 수레.

(13) 簿書(부서): 장부와 문서. 관청의 공문서를 가리킨다.

(14) 老子(노자): 늙은이. '老鶴'이 소식을 가리킬 경우 '老子'도 소식을 가리키고, '老鶴'이 전협 수하의 늙은 관리를 가리킬 경우 '老子'는 전협을 가리킨다.

(15) 籩豆(변두): 제기. 籩은 대나무로 만들어 과일 따위를 담는 데 쓰는 제기이고 豆는 나무로 만들어 밥 따위를 담는 데 쓰는 제기이다.

(16) 有司(유사): 일을 주관하는 실무 담당자. 《論語·泰伯》에 "제기를 다루는 것과 같은 전문적인 일은 실무 담당자가 있으니 그들이 알아서 처리할 것입니다(籩豆之事, 則有司存)"라는 말이 있다. 이 연은 소식(또는 전협)이 항주(또는 월주) 관아의 정사를 실무자에게 일임한다는 말이다.

(17) 齒頰(치협): 이와 뺨이 있는 부위.

(18) 荊棘(형극): 가시. 文彦博은 소식에게 "항주에 가거든 시를 좀 적게 짓기 바라네. 자네를 좋아하지 않는 사람들이 무고하고 비방할까 봐 두렵네(願君至杭, 少作詩. 恐爲不相喜者誣謗)" 하고 두 번 세 번 당부했거니와(〈呈定國〉(1086) 주 (2) 참조) 이는 소식의 시에 가시가 돋아 있었기 때문일 것이다. 안중근은 독서에 의한 인격 도야와 그것을 통한 온화한 말하기의 중요성을 설파하여 "하루라도 책을 읽지 않으면 입에 가시가 돋는다(一日不讀書, 口中生荊棘)"라고 했거니와 이 말이 소식의 이 시에서 나왔을 가능성이 있다. 안중근이 그토록 독서를 좋아했다면 소식의 시도 틀림없이 읽었을 것이기 때문이다.

(19) 君(군): 전협을 가리킨다. 이 연은 근래에 자신의 말이 부드럽지 않은 줄 알기 때문에 말을 잘 못했는데 전협으로 인하여 말하기 좋아하는 버릇이 도져서 또 시를 한 수 지었다는 말이다.

1092. 同秦仲[1]二子雨中遊寶山[2]

진씨·중씨와 함께 빗속에 보산을 유람하고

平明已報百吏散,[3]	새벽에 업무 보고를 끝내고 백관이 다 흩어지매
半日來陪二子閑.	한나절 동안 여기 와서 두 분을 모시고 한가히 지냈네.
立鵲低昂煙雨裏,[4]	서 있는 까치는 안개비 속에서 고개를 까딱이고
行人出沒樹林間.	길 가는 사람은 숲 사이로 보이다 말다 하네.

[해설]

항주지주로 부임한 지 얼마 안 된 어느 한가한 날 진적(또는 진구) 및 중천황과 함께 항주에 있는 보산에 가서 노닌 과정과 거기서 본 풍경을 노래한 것이다.

[주석]

(1) 秦仲(진중): 秦少章(秦觀의 동생 秦覿 또는 秦覯)과 仲天貺을 가리킨다. 施元之의 《施注蘇詩》에 "龍圖閣學士 황사시의 손자뻘인 황직유가 자기 선조가 가지고 있던 이 시의 석각을 施宿(시원지의 아들)에게 주었는데 그 뒤에 '원우 4년(1089) 8월 26일 우연히 중천황·진소장과 함께 보산을 유람했다'라고 씌어 있었다(黃師是龍圖諸孫直孺, 以其先世此詩石刻歸宿, 後題云: '元祐四年八月二十六日, 偶同仲天貺·秦少章來游寶山.')"라고 했다.

(2) 寶山(보산): 杭州에 있는 산. 《杭州圖經》에 "보산은 오산의 남쪽에 있다(寶山在吳山之南)"라고 했고, 《西湖志》에 "오산을 거슬러 올라 서쪽으로 가면 보월산이 있고 거기서 다시 동쪽으로 가면 나타나는 것이 천산이며 천산에서 뻗어 나온 것이 칠보산이다(遡吳山西上, 有寶月山, 又東爲淺山, 淺山之支

爲七寶山)"라고 했다.

(3) 平明(평명): 여명. 새벽.

(4) 低昂(저앙): 낮아졌다 높아졌다 하다.

1093. 去杭州[1]十五年[2], 復遊西湖[3], 用歐陽察判[4]韻

항주를 떠난 지 15년 만에 다시 서호에서 노닐다 구양찰판의 운자를 써서

我識南屛金鯽魚,[5][6] / 나는 남병산의 금붕어를 잘 아는지라
重來拊檻散齋餘.[7][8] / 다시 와서 난간에 기대 재 올리고 남은 걸 뿌린다.
還從舊社得心印,[9][10] / 다시 옛날 결사를 통해 마음의 깨달음을 얻고
似省前生覓手書.[11][12] / 전생의 일을 기억하며 친필을 찾는 것 같다.
葑合平湖久蕪漫,[13][14][15] / 그런데 호수에 줄 뿌리가 엉겨 오랫동안 황량하매
人經豐歲尙凋疎.[16] / 남들은 풍년을 맞았건만 여전히 을씨년스럽다.
誰憐寂寞高常侍,[17] / 그러니 누가 좋아하리 적막한 고상시가
老去狂歌憶孟諸.[18][19] / 늘그막에 마구 노래 부르며 맹제택을 그린 것을?

[해설]

관찰판관인 구양씨의 시에 화답한 것으로, 15년 만에 다시 항주를 찾은 감회와 한적한 곳에서 한가로이 지내고 싶은 심경을 노래했다.

[주석]

(1) 杭州(항주): 지금의 절강성 항주.
(2) 十五年(십오년): 소식이 杭州通判의 임기를 마치고 密州(지금의 산동성 諸城)로 떠난 희령 7년(1074)부터 항주지주로 부임한 원우 4년(1089)까지를 가리킨다.

(3) 西湖(서호): 항주의 서부에 있는 호수.

(4) 歐陽察判(구양찰판): 觀察判官인 구양씨. 구체적인 행적이 알려져 있지 않다.《職官分紀》에 "여러 고을의 막료직 가운데 관찰판관이 있다(諸州幕職, 有觀察判官)"라고 했다.

(5) 南屛(남병): 남병산. 항주 서호의 남쪽에 있는 산.

(6) 金鯽魚(금즉어): 금붕어. 王十朋의《百家註分類東坡先生詩》에 "서호 남병산의 흥교사에 있는 연못에 붕어 10여 마리가 있는데 모두 금색이다. 스님들이 재를 올린 뒤 다투어 난간에 기대어 먹이를 던져 주며 논다(西湖南屛山興教寺池, 有鯽魚十餘尾, 皆金色. 道人齋餘, 爭倚檻投餌爲戲)"라고 했다.

(7) 拊檻(부함): 난간을 어루만지다.

(8) 齋餘(재여): 불경을 외우고 불공을 드리며 복을 비는 데 쓰고 남은 음식, 즉 齋를 올리고 남은 음식을 가리킨다.

(9) 舊社(구사): 옛날 結社. 東晉 때 慧遠大師가 慧永·慧持·劉遺民·雷次宗 등과 함께 佛道를 닦기 위해 廬山의 東林寺에서 白蓮社를 결성한 적이 있고, 당나라 시인 白居易도 이 일을 본받아 洛陽 부근의 香山에 은거하며 그곳 스님들과 함께 香山社를 결성한 적이 있다. 그러나 소식의 경우 스님들과 함께 결사를 조직했다기보다는 杭州通判으로 재임할 때 알고 지냈던 그곳 스님들과의 만남을 가리키는 것으로 보인다.

(10) 心印(심인): 禪宗 불교에서 말하는, 글이나 말로 나타낼 수 없는 내심의 깨달음.

(11) 省前生(성전생): 전생의 일을 기억하다. 소식의 시〈過舊遊〉(0432-1)에 "전생에 이미 항주에 와 본 적이 있었는지, 가는 곳마다 언제나 옛날에 놀던 곳 같았지요(前生我已到杭州, 到處長如到舊遊)"라고 하고, 그의 편지〈答陳師仲書〉에 "한 해에 네댓 번씩 꼬박꼬박 서호로 가는 꿈을 꾸는바, 이것이 아마도 세상에서 말하는 전생의 인연이라는 것일 테지요. 항주에 있을 때 수성원에 가서 노닌 적이 있었는데 문에 들어서자마자 곧 옛날에 한 번 왔었다는 느낌이 들었습니다(一歲率常四五夢, 至西湖上, 此殆世俗所謂前緣者. 在杭州, 嘗遊壽聖院, 入門便悟曾到)"라고 한 바와 같이, 소식은 전생에 꼭 항주에 가 본 적이 있는 것 같은 느낌을 받았다고 한다.

(12) 手書(수서): 손수 쓴 글. 張方平이 전생에 쓰다 만《楞伽經》을 가리키면서, 비유적으로 소식 자신이 항주통판 시절에 절 여기저기에 써 놓은 시를 가리킨다. 장방평이 滁州知州로 재임할 때 琅琊寺에 갔다가《능가경》을 발견했는데 그 가운데 절반은 아직 미완성 상태인지라 자신이 이어서 썼더니 글씨가 원래 쓰여 있던 것과 꼭 같았다. 장방평이 이에 자기 전생의 일을 보았다며 눈물을 흘렸다.(釋惠洪,《冷齋夜話·張文定公前生爲僧》참조) 이 구절은 항주통판으로 재임할 때 있었던 옛날 일들이 기억나서 그 추억의 장소를 찾아 시간 여행을 한다는 말이다.

(13) 葑合(봉합): 줄 뿌리가 서로 엉겨 붙다. 줄은 볏과의 여러해살이풀로 높이는 2m 정도 되고 잎은 좁은 피침 모양이다. 당시 서호를 뒤덮을 정도로 줄이 많이 자라 있었기 때문에 다른 작물을 재배할 수 없었다고 한다. 소식의〈杭州乞度牒開西湖狀〉에 "항주에 서호가 있는 것은 사람에게 눈썹과 눈이 있는 것과 같습니다. 당나라 장경(821-824) 연간에 백거이가 자사로 있었는데 이때는 서호가 천여 경의 논에 물을 댔고 전씨가 오월국을 세운 뒤에는 호수를 준설하는 병사 천 명을 두어 주야로 준설했습

니다. 송나라 초부터 점점 그것을 폐지하여 호수를 관리하지 않은지라 물이 마르고 잡초가 생겨 점점 줄 밭으로 변해 갔습니다. 희령(1068-1077) 연간에 제가 항주통판으로 재임할 때에는 줄이 서로 엉겨 붙어서 호수를 덮은 것이 대략 10분의 2~3일 뿐이었는데 지금까지 겨우 16~17년 사이에 마침내 절반을 뒤덮었습니다. 노인네들이 다들 말하기를 10년 이래에 수위가 얕아지고 줄이 엉겨 붙은 것이 마치 구름이 하늘을 덮은 것과 같으니 금방 호수에 가득 찰 것이고 다시 20년이 지나면 더 이상 서호가 없을 것이라고 합니다. 만약 항주에 서호가 없다면 그것은 마치 사람에게서 눈썹과 눈을 제거한 것과 같을 것이니 어찌 더 이상 사람이라고 하겠습니까?(杭州之有西湖, 如人之有眉目, 蓋不可廢也. 唐長慶中, 白居易爲刺史, 方是時, 湖溉田千餘頃, 及錢氏有國, 置撩湖兵士千人, 日夜開浚. 自國初以來, 稍廢不治, 水涸草生, 漸成葑田. 熙寧中, 臣通判本州, 則湖之葑合, 蓋十二三耳, 至今纔十六七年之間, 遂堙塞其半. 父老皆言, 十年以來, 水淺葑合, 如雲翳空, 倏忽便滿, 更二十年, 無西湖矣. 使杭州而無西湖, 如人去其眉目, 豈復爲人乎?)"라고 했다.

(14) 平湖(평호): 孤山 남쪽 기슭에 西湖十景 중의 하나인 平湖秋月의 현장이 있다. 여기서는 서호 전체를 가리킨다.

(15) 蕪漫(무만): 황폐해져서 어수선하다.

(16) 凋疎(조소): 쇠락하여 앙상해지다.

(17) 高常侍(고상시): 당나라 시인 高適을 가리킨다. 그는 원래 渤海 사람인데 宋州(지금의 하남성 商丘)로 옮겨 가서 살았으며, 散騎常侍를 지냈기 때문에 고상시라고 불렸다.

(18) 狂歌(광가): 형식에 얽매이지 않고 거리낌 없이 마구 노래하다.

(19) 孟諸(맹제): 하남성 商丘에 있는 못. 《元和郡縣志》에 "맹제는 못 이름으로 송주 우성현 서북쪽에 있는데 둘레가 50리인바, 사람들이 맹제택이라고 부른다(孟諸, 澤名, 在宋州虞城縣西北, 周圍五十里, 俗號盟諸澤)"라고 했다. 고적이 封丘尉로 재임할 때 지은 시 〈封丘作〉에 "나는 본래 맹제의 들에서 고기 잡고 나무하던, 평생토록 유유자적하는 사람이었네. 차라리 초원에서 미친 듯이 노래하지, 어찌 티끌세상에서 관리가 될 수 있으리?(我本漁樵孟諸野, 一生自是悠悠者. 乍可狂歌草澤中, 寧堪作吏風塵下)"라고 했다. 이 연은 관직 생활을 마다하고 맹제택에서의 전원생활을 그리워한 고적을 누가 좋아할까 싶을 정도로 서호가 너무 황폐해져 있어서 걱정스럽지만 그래도 자신은 서호 가에서 은거하고 싶다는 말이다. 소식은 〈六月二十七日望湖樓醉書五絶〉(0198) 其五에서도 "내 본시 집 없거늘 더 이상 어디로 가나, 고향에는 이리 좋은 호수와 산도 없는데?(我本無家更安往, 故鄕無此好湖山)"라고 한 바와 같이 항주에서 은거하고 싶어 하는 마음이 많았다.

1094. 與莫同年(1)雨中飲湖(2)上

과거 급제 동기 막씨와 빗속에 호수에서 술 마시며

到處相逢是偶然,	여기저기 다니다가 만남은 우연
夢中相對各華顚,(3)	꿈속에서 마주 보니 둘 다 백발이구나.
還來一醉西湖雨,(4)	다시 와서 서호의 비에 취해 보나니
不見跳珠十五年.(5)(6)	진주가 튀는 것 못 본 지가 십오 년이 되었구나.

[해설]

과거 급제 동기 막군진과 함께 항주 서호에서 술을 마신 감회를 노래한 것이다. 우연히 만나서 친구의 늙은 모습을 보는 서글픈 심경과 15년 만에 다시 비 내리는 서호를 보며 술을 마시는 황홀한 기분이 동시에 드러나 있다.

[주석]

(1) 莫同年(막동년): 과거 급제 동기인 막씨. 가우 2년(1057)에 소식과 함께 진사시험에 급제한 莫君陳을 가리킨다.
(2) 湖(호): 杭州(지금의 절강성 항주) 西湖를 가리킨다.
(3) 華顚(화전): 흰머리. 백발.
(4) 一醉(일취): 한번 취하다. 술에 취하는 것을 가리키기도 하지만 비 내리는 서호의 아름다움에 취하는 것을 가리키기도 한다. 항주 서호는 맑을 경우, 비가 올 경우, 달이 떴을 경우, 눈이 왔을 경우 등 경우에 따라 각기 다른 아름다움을 보여 주는데 이에 대하여는 杜文瀾의 《憩園詞話》에 "맑을 때의 호

수는 비 올 때의 호수만 못하고, 비 올 때의 호수는 달 뜬 때의 호수만 못하고, 달 뜬 때의 호수는 눈 내린 때의 호수만 못하다(晴湖不如雨湖, 雨湖不如月湖, 月湖不如雪湖)"라는 항주 지방 속담이 인용되어 있다.

(5) 跳珠(도주): 소식의 시 〈六月二十七日望湖樓醉書五絶〉(0198) 其一에 "먹 쏟은 듯 검은 구름 산을 채 덮기 전에, 하얀 비가 진주 되어 배로 뛰어드는구나(黑雲翻墨未遮山, 白雨跳珠亂入船)"라는 구절이 있다.

(6) 十五年(십오년): 소식이 杭州通判의 임기를 마치고 항주를 떠난 희령 7년(1074)부터 항주지주가 되어 다시 항주로 간 원우 4년(1089)까지를 가리킨다.

1095. 送子由(1)使契丹(2)

사신이 되어 거란으로 가는 자유를 전송하며

雲海相望寄此身,(3)(4)	운해 너머로 보이는 아득한 곳에 이 몸을 맡기고 있거늘
那因遠適更沾巾.(5)	어찌 멀리 간다고 손수건을 더 적시리?
不辭馹騎淩風雪,(6)	역말이 풍설을 뚫는 것 마다하지 않고 가니
要使天驕識鳳麟.(7)(8)	하늘의 잘난 아들에게 봉황과 기린을 알려야 하리.
沙漠回看淸禁月,(9)	사막에서 고개 돌려 궁중의 달을 보고
湖山應夢武林春.(10)	호수와 산에서 무림의 봄을 꿈꾸어 보리.
單于若問君家世,(11)(12)	선우가 그대의 집안에 대해 물으면
莫道中朝第一人.(13)(14)(15)	중원에서 으뜸이라 말하지 말아야 하리.

[해설]

한림학사(翰林學士)로 재임 중인 소철이 요나라 황제의 탄생을 축하하는 사절로 선발되어 요나라로 들어가게 되었을 때, 동생을 멀리 다른 나라로 떠나보내는 안타까움과 동생이 무사히 다녀오기를 바라는 마음을 노래한 것이다.

[주석]

(1) 子由(자유): 소식의 동생 蘇轍의 字.
(2) 契丹(거란): 북송의 북쪽에 있던, 거란족이 세운 遼나라를 가리킨다.

(3) 雲海(운해): 구름의 바다. 바다처럼 넓게 깔린 구름을 가리킨다.

(4) 相望(상망): 소식과 소철이 멀리서 서로 바라보는 것을 가리킨다.

(5) 遠適(원적): 멀리 가다. 소철이 요나라로 가는 것을 가리킨다. 이 연은 평소에도 운해를 사이에 두고 그 너머로 바라볼 만큼 멀리 떨어져 있기 때문에 동생이 요나라로 간다고 해서 특별히 더 슬퍼할 것도 없다는 말이다.

(6) 馹騎(일기): 驛馬. 역말. 각 역참에 갖추어 두고 공문을 전달하는 사람이나 그 일대에 출장 나온 관리들에게 제공하던 말. 소철이 요나라로 갈 때 타고 가는 말을 가리킨다.

(7) 天驕(천교): '天之驕子'의 약칭으로 한나라 때 흉노족이 자신들을 가리키는 말이었는데 나중에는 강성한 오랑캐라는 뜻으로 쓰이게 되었다. 여기서는 거란족을 가리킨다. 《漢書·匈奴傳》에 "그 이듬해에 선우가 사신을 보내 한나라에 편지를 전하여 말하기를 '남쪽에는 거대한 한나라가 있고 북쪽에는 강성한 호족이 있습니다. 호족은 하느님의 자랑스러운 아들입니다'라고 했다(其明年, 單于遣使遺漢書云: '南有大漢, 北有强胡. 胡者, 天之驕子也.')"라는 기록이 있다.

(8) 鳳麟(봉린): 봉황과 기린. 각각 날짐승과 길짐승 중에서 으뜸가는 존재로, 보기 드물게 걸출한 인재를 가리킨다. 이 구절은 교만한 거란족에게 송나라에는 소철처럼 뛰어난 인재가 많다는 생각을 갖게 만들기 바란다는 말이다.

(9) 淸禁(청금): 청정한 禁中. 황궁을 가리킨다. 이 구절은 황량한 요나라의 사막 위에 뜬 달을 보며 송나라 황궁에 뜬 달을 그려 볼 것이라는 말이다.

(10) 武林(무림): 당시 소식이 知州로 있던 杭州의 다른 이름. 이 구절은 소철이 황량한 요나라의 호수와 산을 보며 형이 있는 항주의 봄을 그려 볼 것이라는 말이다.

(11) 單于(선우): 한나라 때 흉노족의 우두머리를 지칭하던 말. 여기서는 요나라 임금을 가리킨다.

(12) 家世(가세): 대대로 전해 내려오는 한 집안의 사회적 지위와 내력.

(13) 莫道(막도): 말하지 말라.

(14) 中朝(중조): 중원. 중원의 왕조.

(15) 第一人(제일인): 당나라 사람 李揆는 풍채가 준수하고 황제의 물음에 대답도 잘해 숙종 황제가 "경은 집안의 지체, 인물 됨됨이, 문학적 재능이 모두 當代의 으뜸이니 참으로 우리 조정의 보배로운 귀감이구려"라고 했다. 덕종 때 이규가 入蕃會盟使에 임명되어 吐蕃으로 갔더니 토번 추장이 "듣자니 이규라는 사람이 당나라의 제일인자라고 하던데 그대가 그 사람 아니오?" 하고 물었다. 이규가 억류될까 봐 겁이 나서 "그 이규가 어찌 오려고 했겠습니까?" 하고 둘러댔다.(《신당서·이규전》 및 《구당서·토번전》 참조) 이 연은 동생이 무사히 잘 다녀오기를 바라는 마음을 해학적으로 표현한 것이다.

1096. 次韻答劉景文(1)左藏(2)

좌장 유경문의 시에 차운하여 화답한다

我老詩壇仆鼓旗,(3)	나는 늙어 시단에서 북과 기를 눕혔는데
借君佳句發良時.(4)(5)	그대의 멋진 시를 빌려 좋은 시절을 노래하네.
但空賀監杯中物,(6)(7)	오로지 하비서감의 잔 속 물건만 비울 뿐
莫示孫郎帳下兒.(8)	손랑 막부 사람에겐 보여 주지 말 일이네.
夜燭催詩金燼落,(9)(10)	밤중의 초는 시를 재촉하느라 심지가 떨어지고
秋芳壓帽露華滋.(11)	가을꽃은 모자를 누르는데 이슬이 축축이 맺혀 있네.
故應好語如爬癢,(12)	그러니 멋진 말로 가려운 데 긁듯 해야 하는데
有味難名只自知.(13)	맛이 있건만 표현하기는 어렵고 나 혼자 알 뿐이네.

[해설]

소식의 자주에 "유미당에서 연회를 벌였을 때 유경문이 시를 지었다(有美堂燕集, 景文有詩)" 라고 한 바와 같이, 항주 오산(吳山)에 있는 유미당에서 연회를 벌여 시를 주고받을 때 유계손이 지은 시에 차운한 것이다.

[주석]

(1) 景文(경문): 劉季孫(1033-1092)의 字. 施元之의 《施注蘇詩》에 "유경문은 이름이 계손이고 개봉 상부 사람으로 장민공 유평의 막내아들이다. 처음에 우반전직으로서 감요주주세를 맡고 있었는데 왕형공

(王安石)이 강동제점형옥으로 재임할 때 관할 지역을 순시하는 도중 요주에 이르러 술에 관한 업무를 감사하려고 관아에 들렀다가 작은 병풍에 유경문이 쓴 '……'라는 절구가 있는 것을 보고 이를 크게 칭송했다. 당시 요주주학에 교수가 결원되어 유생들이 이 사실을 말하자 왕형공이 즉시 유경문에게 겸직하게 했다. 나중에 좌장고부사로서 양절병마도감이 되어 항주에 주재했는데 소동파가 태수로 부임하여 그를 한 번 보고는 국사로 대우하며 상소문을 올려서 천거했다(劉景文, 名季孫, 開封祥符人, 壯閔公平之少子. 初以右班殿直監饒州酒稅. 王荊公提點江東刑獄, 行部至饒, 按酒務, 至廳事, 見小屏間景文所題絶句云: '……' 大稱賞之. 時饒學缺教授, 士人以言, 荊公卽俾兼攝. ……後以左藏副使爲兩浙兵馬都監, 駐杭州. 東坡爲守, 一見遇以國士, 表薦之)"라고 했다.

(2) 左藏(좌장): 左藏庫使의 약칭. 여기서는 당시 左藏庫副使였던 유계손을 가리킨다.

(3) 仆鼓旗(부고기): 북과 기를 눕히다. 전쟁에서 북 치기를 중단하고 군기를 눕혀 놓는다는 뜻으로, 전쟁을 중단하는 것을 가리킨다. 여기서는 자신이 다른 사람과의 시 짓기 경쟁을 그만두었다는 말이다.

(4) 君佳句(군가구): 유계손의 훌륭한 시를 가리킨다.

(5) 發(발): 발언하다. 노래하다. 이 연은 자신이 그동안 시를 잘 안 지었는데 유계손의 시를 보고 그 시에 차운하여 한 수 지어 보았다는 말이다.

(6) 賀監(하감): 당나라 시인 賀知章을 가리킨다. 그는 秘書監을 지낸 적이 있으므로 만년에 자칭 秘書外監이라고 했다. 그는 紹興 사람으로 杜甫의 시 〈飮中八仙歌〉에 "하지장은 말을 탄 게 배를 탄 것 같은데, 눈이 침침해 우물에 떨어지면 물속에서 잔다네(知章騎馬似乘船, 眼花落井水底眠)"라고 했을 정도로 술을 좋아했다.

(7) 杯中物(배중물): 술을 가리킨다. 李白의 시 〈對酒憶賀監〉에 "옛날에는 잔 안의 물건을 좋아했는데, 지금은 소나무 밑의 흙이 되었네(昔好杯中物, 今爲松下塵)"라는 구절이 있다.

(8) 孫郎帳下兒(손랑장하아): 孫策의 막부에 있는 조무래기. 손책 막부의 제일인자 張昭와 대비되는 보통의 부하라는 뜻으로, 유계손 주위에 있는 사람을 가리킨다. 《三國志·吳志·張昭傳》에 "손권이 하얀 상복을 입고 와서 조문했다(權素服臨弔)"라는 기록이 있는데 裴松之의 주에 《典略》을 인용하여 "나는 옛날에 유형주(荊州牧 劉表)가 일찍이 편지를 써서 손백부(손책)에게 보내려고 미리 예정평(禰衡)에게 보여 주었더니 예정평이 그를 어리석다고 여기며 '이렇게 쓴 것은 손책의 부하가 읽으라는 것입니까? 장자포(장소)가 보라는 것입니까?'라고 했다는 말을 들은 적이 있다(余曩聞: 劉荊州嘗自作書, 欲與孫伯符, 以示禰正平, 正平蚩之, 言: '如是, 爲欲使孫策帳下兒讀之邪? 將使張子布見乎?')"라고 했다. 이것은 손책이 유표의 편지를 부하들에게 보여 주면 다른 부하들은 읽어 볼지 모르지만 장소는 거들떠보지도 않을 것이라고 유표의 문장을 비판한 것으로, 은연중에 장소의 능력을 극구 칭송하고 상대적으로 다른 부하를 폄하한 말이다. 이 연은 자신의 시가 너무 볼품없으니 그저 술이나 마시고 자신의 시를 주위 사람에게 보여 주지는 말라는 뜻이다.

(9) 夜燭催詩(야촉최시): 밤중의 초가 시 짓기를 재촉하다. 南齊의 竟陵王 蕭子良이 어느 날 밤에 문인들을 모아 잔치를 벌이고 律詩를 기준으로 초 한 치가 다 타기 전에 각자 한 수씩을 짓기로 한 일화가 있다.(《南史·王僧孺傳》 참조)

(10) 金燼(금신): 빨갛게 타고 있는 초의 심지.

(11) 秋芳壓帽(추방압모): 가을철에 피는 꽃이 모자에 떨어져서 묵직한 느낌을 준다는 말이다. 유계손 원시의 자주에 "이날 비가 많이 내렸다(是日大霈)"라고 했거니와, 이 연은 촛불이 거의 다 타 갈 무렵에 유미당 바깥으로 나와 보니 목부용처럼 키가 큰 가을꽃이 모자에 떨어지는데 꽃에 빗방울이 많이 맺혀 있어서 묵직하게 느껴졌다는 말이다.

(12) 爬癢(파양): 가려운 곳을 긁다.

(13) 難名(난명): 형언하기 어렵다. 이 연은 이처럼 아름다운 정취를 멋들어진 시로 노래할 수 있어야 하는데 자기 능력으로는 말로 표현해 내기가 어렵다는 말이다.

1097. 坐上復借韻[1]送嵜嵐軍[2]通判[3]葉朝奉[4]

좌중에서 다시 운자를 빌려 가람군통판인 조봉랑 섭씨를 전송한다

雲間踏白看纏旗,[5]	구름 속에서 정찰하며 뒤얽힌 깃발을 볼 터인데
莫忘西湖把酒時.[6]	서호에서 술잔 잡던 때를 잊지 마셔요.
夢裏吳山連越嶠,[7][8]	꿈속에는 오산이 월지방의 산에 이어져 있고
樽前羌婦雜胡兒.[9][10]	술동이 앞에는 오랑캐 아낙이 오랑캐 남자와 섞여 있겠지요.
夕烽過後人初醉,[11]	저녁 봉화가 지나간 뒤에 사람들이 취하기 시작하고
春雁來時雪未滋.[12][13]	봄 기러기 올 때에도 눈이 덜 녹았을 테지요.
爲問從軍眞樂不,[14][15]	그래서 묻나니 종군은 정말 즐거울까요?
書來粗遣故人知.[16][17]	편지를 보내 이 친구가 대충 알게 해 주셔요.

[해설]

앞의 시 〈좌장 유경문의 시어 차운하여 화답한다(次韻答劉景文左藏)〉(1096)와 마찬가지로 유계손이 유미당 연회에서 지은 시에 다시 한 번 차운하여 가람군통판으로 부임해 갈 예정인 섭 모 씨와의 석별의 정을 노래한 것이다.

[주석]

(1) 借韻(차운): 嚴羽의 《滄浪詩話·詩體》에 "차운이 있다(有借韻)"라고 했는데 이에 대한 原注에 "예컨대 '제7부 之'운으로 압운할 경우 '제8부 微'운 혹은 '제12부 齊'운을 차용할 수 있는 것이 그것이다

(如押'七之'韻, 可借'八微'或'十二齊'韻是也)"라고 한 바와 같이 일반적으로 五言 또는 七言의 근체시에서 제1구에 비슷한 韻部의 글자를 通押하는 것을 가리킨다. 그러나, 王十朋의《百家註分類東坡先生詩》에 "이 시는 유경문의 운자를 차용했다(此詩借劉景文韻)"라고 한 바와 같이 여기서는 엄우가《창랑시화》에서 말한 '借韻'과 달리 앞에서도 次韻한 적이 있는 유계손의 운자를 빌려 쓴다는 뜻이다.

(2) 岢嵐軍(가람군): 지금의 산서성 가람현. '軍'은 북송 때의 지방 행정 단위로 州와 같은 등급이지만 규모가 州보다 조금 작았다.

(3) 通判(통판): 각 州(또는 府·軍) 長官의 보좌관.

(4) 葉朝奉(섭조봉): 품계가 朝奉郎 또는 朝奉大夫인 섭씨. 당시 유미당 연회에 동참한 사람이었을 것으로 보이지만, 구체적인 행적은 알려져 있지 않다.

(5) 踏白(답백): 偵察하다. 先鋒에 서다. '白'이 '薄'과 같은 뜻으로 수풀이 우거져서 적군이 매복하기 쉬운 곳을 가리키기 때문에 '踏白'은 우거진 수풀을 헤치고 다니며 적이 매복해 있는지를 정찰한다는 의미이면서 동시에 고지대인 가람군에서 흰 구름 속을 걸어 다닐 것이라는 의미도 내포하고 있는 것으로 보인다. 이 구절은 섭씨가 가람군에 가서 수행하게 될 임무를 상상하여 묘사한 것이다.

(6) 西湖(서호): 杭州 서호를 가리킨다.

(7) 吳山(오산): 항주 서호 동남쪽에 있는 산. 춘추 시대 오나라의 남쪽 경계였기 때문에 오산이라고 불렀으며, 이 산 위에 伍子胥의 사당이 있기 때문에 胥山이라고도 불렀다. 지금은 城隍山이라고도 부른다.《咸淳臨安志》에 "오산은 성안에 있는데 오나라 사람들이 산 위에 오자서의 사당을 모셨기 때문에 서산이라고 한다(吳山在城中, 吳人祠子胥山上, 因名曰胥山)"라고 했다.

(8) 越嶠(월교): 항주의 동남쪽에 붙어 있는 월지방의 산. 이 구절은 섭씨가 가람군에서 항주에서 있었던 일을 그리워할 것이라는 말이다.

(9) 羌婦(강부): 오랑캐 부녀자.

(10) 胡兒(호아): 오랑캐. 이 구절은 왕십붕의《백가주분류동파선생시》에 "가람군의 일을 말한 것이다(言岢嵐軍也)"라고 한 바와 같이, 섭씨가 부임해 갈 가람군의 상황을 상상하여 묘사한 것이다.

(11) 夕烽(석봉): 저녁 봉화. 매일 저녁에 한 줄기만 피워 올려서 평안을 알리던 봉화. 平安火라고도 한다. 杜甫의 시 〈夕烽〉에 "가깝지 않은 데서 저녁 봉화가 올라와, 날마다 세상이 평안하다 알려 주네(夕烽來不近, 每日報平安)"라는 구절이 있다.

(12) 春雁(춘안): 겨울을 지내기 위해 남쪽으로 날아갔다가 봄을 맞아 다시 돌아오는 기러기.

(13) 滋(자): 눈이 녹아서 땅이 축축해지는 것을 가리킨다.

(14) 從軍(종군): 遼나라와의 접경 지역인 가람군에서 근무하는 것을 가리킨다.

(15) 不(부): 문장 끝에 붙어서 동작의 발생 여부를 묻는 의문문을 만드는 부사. '否'와 같다.

(16) 遣(견): ~로 하여금 ~하게 하다.

(17) 故人(고인): 친구. 소식 자신을 가리킨다. 이 연은 魏나라 시인 王粲의 〈從軍詩五首〉 其一에 "종군에는 괴로움과 즐거움이 있다네(從軍有苦樂)"라고 하고, 당나라 시인 李益의 시 〈暮過回樂峰〉에

"옛날에는 출정했다 돌아오는 게 즐거웠을 텐데, 오늘날은 종군했다 즐거워서 안 돌아가네(昔時征戰回應樂, 今日從軍樂未回)"라고 하는 등 종군의 즐거움을 노래한 역설적인 시가 있기 때문에 한 말이다.

1098. 始於文登[(1)]海上, 得白石數升, 如芡[(2)]實, 可作枕. 聞梅丈[(3)]嗜石, 故以遺其子子明[(4)]學士, 子明有詩, 次韻

옛날에 문등 앞바다에서 백석 몇 되를 주웠는데 꼭 가시연 열매와 같아 베개를 만들 수 있었다. 매씨 어르신께서 수석을 좋아하신다는 말을 들었기에 그의 아들인 매자명 학사에게 주었더니 매자명이 시를 지은지라 그 시에 차운한다

海隅荒怪有誰珍,(5)(6)	바닷가의 괴상한 물건이야 누가 보배로 여기랴만
零落珊瑚泣季倫.(7)(8)(9)	산호가 깨졌다고 석계륜을 향해 울었다네.
法供坐令微物重,(10)(11)	공양을 드리고 가만히 앉아 미물을 소중하게 했나니
色難歸致孝心純.(12)(13)	어려운 안색을 잘 지으며 돌아가 효심을 다하길.
只疑薏苡來交趾,(14)(15)	사람들이 교지에서 가져온 율무라고 의심할 뿐
未信蠙珠出泗濱.(16)(17)	사수 가에서 난 진주라고 믿지 않을 것이네.
願子聚爲江夏枕,(18)(19)	이 돌을 모아 강하의 베개를 만들기 바라나니
不勞揮扇自寧親.(20)	힘들여 부채질하지 않아도 부친이 절로 편할 것이네.

[해설]

매호를 통해 수석 애호가인 그의 부친에게 자신이 옛날에 등주에서 주운 백석을 주면서 해학적인 필치로 백석의 가치와 효용을 노래한 것이다.

[주석]

(1) 文登(문등): 지금의 산동성 문등. 登州의 屬縣으로 등주를 가리킨다.

(2) 芡(검): 가시연. 수련과의 한해살이풀로 줄기와 잎에 가시가 있고, 7~8월에 잎 사이의 긴 꽃대에서 자주색의 꽃이 피며 공 모양의 열매가 열린다.

(3) 梅丈(매장): 매씨 어르신. 梅灝의 부친을 가리킨다.
(4) 子明(자명): 매호의 字. 그는 당시 杭州通判이었다.
(5) 海隅(해우): 바닷가.
(6) 荒怪(황괴): 황당하고 괴이하다.
(7) 零落(영락): 깨지다.
(8) 泣(읍): 눈물을 흘리다. 王十朋의 《百家註分類東坡先生詩》에 "'泣'이 무슨 뜻인지에 대해서는 고명한 식견을 가진 사람이 나타나기를 기다려야 한다('泣'之義, 以俟明識)"라고 했으니 이는 '泣'의 의미가 모호하다는 말이다.
(9) 季倫(계륜): 晉나라 사람 石崇의 字. 석숭과 王愷는 다투어 豪奢를 부렸는데 武帝가 매번 왕개를 도와주었다. 한번은 무제가 왕개에게 높이가 두 자가량 되고 가지가 무성한, 세상에서 보기 드문 산호를 하나 주었다. 왕개가 그것을 석숭에게 보여 주었더니 석숭이 보고 나서 그것을 깨 버렸다. 왕개가 아까워하자 석숭이 "한탄할 것 없네. 내가 지금 그대에게 돌려주겠네"라고 하고는 좌우에 있는 수하들에게 산호를 다 캐어 오라고 했다. 그랬더니 그들이 온갖 멋진 산호를 다 캐어 온지라 왕개가 망연자실했다.(《世說新語·汰侈》 참조) 이 연은 왕개가 자기 산호를 깨 버린 석숭을 향해 눈물을 흘렸을 정도로 산호는 매우 진귀한 보배로 여겨지지만 자신이 등주 바닷가에서 주운 백석은 아무도 진귀하게 여기지 않는다는 말이다.
(10) 法供(법공): 공양을 드리다. 소식의 자주에 "나에게 옛날에 〈괴석 공양(怪石供)〉이 있었다(軾舊有〈怪石供〉)"라고 했다. 소식은 黃州(지금의 호북성 黃岡市 黃州區)의 강가에서 옥처럼 매끈한 데다 뛰어난 화가가 정성을 다해도 그려 낼 수 없는, 指紋처럼 정교한 무늬가 있는 붉은색·노란색·하얀색의 돌 298개를 모아 구리 쟁반에 고이 담고 물을 부어서 만든 장식물을 '괴석 공양(怪石供)'이라며 여산의 歸宗寺에 있는 了元禪師에게 보내고 〈괴석 공양(怪石供)〉이라는 글을 지어 그 내력을 설명했다.
(11) 微物(미물): 괴석을 가리킨다. 이 구절은 자신이 황주에 있을 때 요원선사에게 보내 공양을 드림으로써 괴석을 소중한 물건으로 만든 것처럼 경우에 따라서는 등주에서 주운 백석도 꽤나 소중한 물건이 될 수 있다는 말이다.
(12) 色難(색난): 안색을 짓기가 어렵다. 《論語·爲政》에 "자하가 효도에 관하여 여쭈어보자 공자께서 말씀하셨다. '부드러운 안색을 짓기가 어렵다. 일이 있으면 자식이 하고 술과 음식이 있으면 부모가 먹고, 어찌 이렇게 하는 것을 효도라고 여기느냐?'(子夏問孝, 子曰: '色難. 有事, 弟子服其勞; 有酒食, 先生饌, 曾是以爲孝乎?')"라는 말이 있거니와 이는 부모의 마음을 편하고 즐겁게 해 드리는 것이 진정한 효도라는 뜻이다.
(13) 致孝心純(치효심순): 효심의 훌륭함을 다하다. 훌륭한 효심을 다하다. 이 구절은 매자명에게 자신이 주운 백석을 수석 애호가인 그의 부친에게 드림으로써 효도를 다하라는 말이다.
(14) 薏苡(의이): 율무. 後漢 伏波將軍 馬援은 交趾에 있을 때 율무를 먹음으로써 몸을 가볍게 하고 욕심을 없애 瘴氣를 이겨 냈다. 그 때문에 교지에서 돌아올 때 율무 열매를 수레에 싣고 왔는데 사람들이 그가 남방의 진귀한 물건을 싣고 온 줄 알았다. 그러나, 그가 살아 있을 때는 그의 권세에 눌려 말을

못하다가 그가 죽고 난 뒤에 그가 明珠와 고급 무소뿔을 싣고 왔었다고 상소문을 올려 그를 참소했다.(《후한서·마원전》 참조)

(15) 交趾(교지): 지금의 광서장족자치구 남부 및 베트남 북부.

(16) 蠙珠(빈주): 진주.

(17) 泗(사): 泗水. 옛날에 진주의 생산지였던 淮河의 지류이다. 이 연은 매호가 원시에서 귀한 물건을 주어서 고맙다고 사의를 표한 것을 보고 자기가 준 백석은 진주처럼 귀한 물건이 아니라 율무처럼 하찮은 물건일 뿐이라고 겸양한 것이다.

(18) 子(자): 그대. 매자명을 가리킨다.

(19) 江夏(강하): 지금의 호북성 安陸. 後漢 사람 黃香의 고향이다. 어릴 때부터 재주가 뛰어나 "천하에 둘도 없는 강하 땅의 황동자(天下無雙, 江夏黃童)"라는 말을 들은 황향은 二十四孝의 한 사람으로 꼽힐 정도로 효심이 지극하여 더울 때는 부친을 위해 베갯머리에서 부채질을 해 드리고 추울 때는 자기 몸으로 이불을 따뜻하게 덥혀 드렸다고 한다.(《후한서·황향전》 참조) 扇枕溫衾 또는 扇枕溫席이라는 성어는 여기에서 비롯되었다. 이 구절은 자신이 준 백석으로 베개를 만들어 부친에게 드림으로써 황향이 손수 부채질해 드린 것만큼이나 베개를 시원하게 해 드리는 효과를 내라는 말이다.

(20) 自寧親(자녕친): 백석 자체가 부친을 편안하게 해 드린다는 말이다.

1099. 次韻錢越州(1)見寄(2)

월주지주 전씨가 부쳐 온 시에 차운하여

莫將牛弩射羊羣,(3)(4)	너무 강한 쇠뇌로 양 떼를 쏘지 말 일이니
臥治何妨晝掩門.(5)	대낮에 문을 닫고 누워서 다스린들 어떠리?
稍喜使君無疾病,(6)	사또께서 병이 없어 때때로 손님을 보내시매
時因送客見車轓.(7)	수레를 볼 수 있어 적이 기쁘네.
搔頭白髮秋無數,	머리를 긁노라니 백발이 가을을 맞아 무수하고
閉眼丹田夜自存.(8)	눈을 감으니 단전의 기운이 밤에 절로 쌓이네.
欲息波瀾須引去,(9)	파란을 멎게 하고 싶으면 떠나야 하리
吾儕豈獨坐多言.(10)(11)	우리가 어찌 말 많은 것만으로 이렇게 되었으리?

[해설]

월주지주로 재임 중이던 전협의 시에 차운한 것으로, 조정의 합당하지 않은 인사 정책에 대한 불만과 관직을 그만두고 전원으로 돌아가고 싶은 심경을 노래했다.

[주석]

(1) 錢越州(전월주): 越州知州인 전씨. 당시 월주지주로 재임 중이던 錢勰을 가리킨다.

(2) 見寄(견기): 나에게 부치다. '見'은 동사 앞에 쓰여서 목적어에 충당되는 일인칭 대명사의 역할을 한다. 李密의 〈陳情表〉에 "태어난 지 여섯 달 만에 자상하신 아버지가 저를 버리셨습니다(生孩六月,

慈父見背)”라고 한 것과 楊萬里의 〈次日醉歸〉에 “해 저물어 무척이나 돌아가고 싶은데, 주인이 한사코 나를 붙잡네(日晩頗欲歸, 主人苦見留)”라고 한 것은 직접목적어로 쓰인 예이고, 《南史·江淹傳》에 “내가 가지고 있던 붓이 경에게 있은 지 여러 해 되었으니 이제 나에게 돌려주어도 되겠지(吾有筆在卿處多年, 可以見還)”라고 한 것은 간접목적어로 쓰인 예이다.

(3) 將(장): ~을 가지고. ~으로.

(4) 牛弩(우노): 소의 힘줄과 뿔로 만든 강력한 쇠뇌. 이 구절은 “공자께서 무성에 가셨을 때 현악기에 맞추어 부르는 노랫소리가 들려왔다. 선생님께서 빙그레 웃으시면서 ‘닭을 잡는 데 어째서 소 잡는 칼을 쓰느냐?’라고 했다(子之武城, 聞弦歌之聲. 夫子莞爾而笑曰: ‘割雞焉用牛刀?’)”라는 《論語·陽貨》의 말을 원용한 것으로 보인다.

(5) 臥治(와치): 無爲之治를 가리킨다. 한나라 사람 汲黯이 東海(지금의 산동성 郯城)의 태수가 되었을 때 병이 많아 방에 드러누운 채 밖으로 나가지 않았더니 1년 남짓 지나자 동해 고을이 태평스러워졌다.(《사기·급암전》 참조) 이 연은 남달리 뛰어난 능력을 지닌 전협이 월주지주와 같이 조그만 직책을 맡는 것은 강력한 쇠뇌로 양을 잡는 것과 같아서 너무 적극적으로 다스리는 것보다 오히려 아무 일도 하지 않고 가만히 있는 편이 더 낫다는 말로, 은연중에 조정의 인사 정책을 비판한 것이다.

(6) 使君(사군): 태수에 대한 존칭. 월주지주인 전협을 가리킨다.

(7) 車幡(거번): 바람·먼지·흙 등이 들어오는 것을 막기 위하여 수레 양쪽에 치는 가리개. 전협의 수레를 가리킨다. 이 구절은 그 부근에서 근무하다가 다른 고을로 떠나가는 관리들을 전송하기 위해 베푸는 송별회에서 가끔 전협을 만난다는 말이다.

(8) 丹田(단전): 삼단전, 즉 양미간에 있는 상단전, 심장 밑에 있는 중단전, 배꼽 밑에 있는 하단전을 통칭하는 말이지만 일반적으로 하단전을 가리킨다. 여기서는 단전에 쌓이는 기운을 가리킨다.

(9) 引去(인거): 떠나가다. 관직에서 떠나는 것을 가리킨다. 韓愈의 시 〈剝啄行〉에 “오늘날 사람들은, 명예와 관직에 마음이 조급하니, 어르신이 관직에서 물러나지 않으시면, 저들과 함께 파란을 일으킬 것입니다(凡今之人, 急名與官. 子不引去, 與爲波瀾)”라는 구절이 있다.

(10) 坐(좌): ~에 기인하다. ~에서 비롯되다.

(11) 多言(다언): 王十朋의 《百家註分類東坡先生詩》에 “마지막 구절은 아마도 자극받은 바가 있는 것 같으니 월주지주(전협)의 첫 시에 말을 많이 하지 말기를 충고하는 내용이 있었을 것이다(末句蓋有所激, 豈越州首篇有勸莫多言之意乎)”라고 했는데, 王文誥의 《蘇軾詩集》에는 “전목보(전협)가 지방으로 나간 것도 諫官들이 공격했기 때문인바, 이 시는 바로 자신과 전목보를 함께 이야기한 것이지 전목보가 그에게 충고한 것이 아니다(穆父之出, 亦爲言者所攻, 詩乃兼穆父言之, 非穆父勸之也)”라고 했다. 蘇門四學士의 한 사람인 張耒의 《明道雜志》에 “전당(杭州) 태수로 나가게 되어 문노공(文彦博)에게 가서 작별 인사를 드렸더니 문노공이 ‘항주에 가거든 시를 좀 적게 짓기 바라네. 자네를 좋아하지 않는 사람들이 무고하고 비방할까 두렵네’ 하고 두 번 세 번 말했다(出守錢塘, 來別潞公, 公曰: ‘願君至杭, 少作詩. 恐爲不相喜者誣謗.’ 再三言之)”라는 일화가 수록되어 있고, 소식 자신도 〈密州通判廳題名記〉에서 “나는 말을 조심하지 않아 친한 사람에게든 친하지 않은 사람에게든 가리지

않고 속에 있는 말을 뱉어 내는 성격이라 미진한 것이 있으면 마치 음식을 먹다가 걸린 것 같아서 반드시 토해 내고야 만다(余性不愼語言, 與人無親疏, 輒輸寫腑臟, 有所不盡, 如茹物不下, 必吐出乃已)"라고 했을 정도이니, 소식은 과연 말을 많이 하는 사람이었던 모양이다. 이 연은 말을 조심하는 것만으로는 파란을 다 피할 수 없으니 아예 관직을 그만두고 떠나는 것이 좋다는 뜻으로, 전협과 자신 모두에게 하는 말이지만 사실상 자신을 향해서 하는 주문이라고 할 수 있다.

1100. 文登[1]蓬萊閣[2]下, 石壁千丈[3], 爲海浪所戰, 時有碎裂, 淘灑歲久, 皆圓熟可愛, 土人謂此彈子渦[4]也. 取數百枚, 以養石菖蒲[5], 且作詩遺垂慈堂老人[6]

문등의 봉래각 밑에 만 자나 되는 석벽이 있거니와 바닷물의 파도에 흔들려 때로는 깨진 것이 있는바 그것이 오랫동안 물결에 씻겨 모두 둥글둥글하고 매끈하여 귀여운데 현지인들이 이것을 탄자와라고 한다. 내가 수백 개를 가져와서 그것으로 석창포를 기르기도 하고 또 시를 지어서 시와 함께 수자당노인에게 드리기도 한다

蓬萊海上峰,[7][8]	봉래의 바닷가에 우뚝 솟은 봉우리
玉立色不改.[9]	옥처럼 선 채 색깔이 안 변했나니
孤根捍滔天,[10][11]	외로운 산뿌리는 하늘에 닿은 물을 막고
雲骨有破碎.[12]	구름의 뼈에는 깨진 조각이 있었네.
陽侯殺廉角,[13][14]	파도의 신 양후가 모서리를 깎아 주고
陰火發光彩.[15]	도깨비불이 광채를 뿜게 해 주었나니
纍纍彈丸間,[16][17]	수북하게 쌓여 있는 탄알들 틈에
瑣細或珠琲.[18]	간간이 잗다란 구슬이 섞여 있었네.
閻浮一漚耳,[19]	염부제는 하나의 거품일 따름
眞妄果安在.	진실과 거짓이 과연 어디 있으리?
我持此石歸,	내가 이 돌들을 가지고 돌아왔으니
袖中有東海.[20]	소매 안에 동해가 들어 있는 셈이었네.
垂慈老人眼,	수자당에 계시는 노인의 눈으로는
俯仰了大塊.[21][22][23]	한 번 내려다보기만 해도 큰 덩어리가 훤히 보일 터
置之盆盎中,	이것을 화분 안에 넣어 놓으면
日與山海對.	날마다 산과 바다를 마주하게 될 것이네.
明年菖蒲根,	내년이면 창포가 뿌리를 뻗어

連絡不可解. 얽히고설켜서 풀 수 없을 터
倘有蟠桃生,(24) 어쩌면 여기에서 반도가 날 수도 있으니
旦暮猶可待. 조석으로 기다려 보는 것도 괜찮겠네.

[해설]

등주의 봉래각 밑에 있는 해변에서 둥글둥글하고 매끈한 몽돌을 수백 개 주워 와서 그것을 스스로 석창포 재배에 이용하기도 하고 천경광화원에 있는 요성스님에게 주기도 한 감회를 노래한 것이다.

[주석]

(1) 文登(문등): 지금의 산동성 문등. 登州(지금의 산동성 봉래)의 屬縣으로 등주를 가리킨다.

(2) 蓬萊閣(봉래각): 산동성 봉래는 漢鍾離·張果老·呂洞賓·李鐵拐·韓湘子·曹國舅·藍采和·何仙姑 등 여덟 명의 신선이 바다를 건너갔다는 곳, 즉 八仙過海處로 알려져 있는바, 그 바닷가의 높은 언덕 위에 있는 봉래각은 중국 四大 名樓 가운데 하나로 꼽힌다.《名勝志》에 "봉래각은 봉래현성 북쪽의 단애산(해발 약 50m)에 있는데 옛날부터 전해 오는 말에 의하면 한나라 무제가 여기서 바다 안에 있는 봉래산을 바라보았다고 하는바 동서 양쪽의 석벽이 깎아지른 듯 가파르다(蓬萊閣在蓬萊縣城北丹崖山, 舊傳漢武於此望海中蓬萊山, 東西二面石壁巉巖)"라고 했다.

(3) 丈(장): 길이를 셀 때 사용하는 단위 명사로 열 자에 해당한다.

(4) 彈子渦(탄자와): 彈子窩라고도 한다.《名勝志》에 "주기암은 단애산 밑에 있는바, 석벽이 천 자나 되게 솟아 있고 물속에 작은 돌이 있어 모양이 구슬 같은데 간혹 탄알 같은 것도 있다(珠璣巖, 在丹崖山下, 石壁千尺, 水中有小石, 狀如珠璣, 或如彈丸)"라고 했고,《雲林石譜·登州石》에 "등주 해안의 모래밭에 결백하거나 투명한 돌이 나오는데 가시연 열매 같은 바탕에다 알갱이가 둥글둥글하고 매끈하며 간혹 앵두나 자두처럼 큰 것도 있다. 현지인들이 그것을 탄자와라고 하는바, 오랫동안 풍랑에 부딪히고 씻겨서 생긴 것이다(登州海岸沙土中, 出石潔白或瑩徹者, 質如芡實, 粒圓熟, 間有大者, 或如櫻李. 土人謂之彈子窩, 久因見風濤刷激而生)"라고 했다.

(5) 石菖蒲(석창포): 천남성과의 상록 여러해살이풀.

(6) 垂慈堂老人(수자당노인): 승려 了性을 가리킨다.《武林梵志》에 "수자당은 천경광화원에 있다. 요성스님은 의술에 정통하고 초서를 잘 썼기 때문에 조청헌공이 그의 불당을 수자당이라고 명명함으로써 질병을 치료하고 다른 사람을 구제하는 그의 공을 드러냈다(垂慈堂在千頃廣化院. 僧了性精於醫, 善草書, 趙淸獻公名其堂曰垂慈, 以著其療疾濟人之功)"라고 했다.

(7) 蓬萊(봉래): 등주의 속현으로 등주의 관청 소재지였다.

(8) 海上峰(해상봉): 단애산을 가리킨다.

(9) 玉立(옥립): 파르스름한 바위 절벽이 꼿꼿하게 서 있는 것을 가리킨다.

(10) 孤根(고근): 바다와 닿는 단애산의 밑부분을 가리킨다.

(11) 滔天(도천): 하늘 밖으로 넘칠 만큼 가득 차다. 수평선이 보이도록 아득히 펼쳐져 있는 바닷물을 가리킨다.

(12) 雲骨(운골): 구름에 살짝 가려서 희미하게 보이는 단애산의 석벽을 가리킨다.

(13) 陽侯(양후): 파도의 신. 파도를 가리킨다.

(14) 殺廉角(살염각): 모서리를 없애다. 뾰족하던 돌을 깎아서 둥글둥글하게 하는 것을 가리킨다.

(15) 陰火(음화): 도깨비불. 바닷속 생물들이 내뿜는 빛, 바다에 비치는 별빛, 바닷가에 날아다니는 반딧불이의 빛 등 미약하게 비치는 여러 가지 빛을 통칭하는 말인 것으로 보인다. 이 연은 몽돌이 둥글둥글한 것은 파도에 밀려다니며 모가 깎였기 때문이고 그것이 빛나는 것은 바다와 그 주변에서 나는 은은한 빛을 함유하고 있기 때문이라는 말이다.

(16) 纍纍(누누): 많이 쌓인 모양.

(17) 彈丸(탄환): 해변에 있는 몽돌을 가리킨다.

(18) 珠琲(주배): 구슬. 이 연은 큼지막한 몽돌들 틈에 작고 고운 조약돌이 섞여 있다는 말이다.

(19) 閻浮(염부): 염부나무. 여기서는 須彌山 남쪽의 인간들이 사는 대륙인 閻浮提라는 뜻으로, 인간 세상을 가리킨다. '閻浮提'는 '贍部洲'라고도 한다.

(20) 東海(동해): 중국의 동쪽 바다라는 뜻으로, 우리의 서해인 황해를 가리킨다.

(21) 俯仰(부앙): 고개를 숙였다 들다. 아주 짧은 시간을 가리킨다.

(22) 了(요): 일목요연하다.

(23) 大塊(대괴): 큰 덩어리. 떨어져 나와 몽돌로 변하기 전의 석벽을 가리킨다. 이 연은 요성스님은 모가 다 깎여 나가 둥글둥글하게 생긴 몽돌을 보면 금방 그것이 석벽에서 떨어져 나와 몽돌로 변하기까지의 과정이 눈에 선할 것이고, 나아가 그것을 통해 대자연이 조화롭게 운행되는 이치와 사람이 함께 살아가는 이치를 훤히 꿰뚫어 볼 것이라는 말이다.

(24) 蟠桃(반도): 3천 년마다 한 번씩 열매가 열린다는 仙境의 복숭아. 漢나라 무제가 瑤池로 西王母를 찾아갔더니 서왕모가 반도를 일곱 개 가져오게 해서 무제에게 네 개 주고 자신이 세 개 먹었다. 무제가 복숭아씨를 모아 두는 것을 보고 서왕모가 그 이유를 물었더니 가져가서 심으려고 한다고 했다. 그러자 서왕모가 그 복숭아는 3천 년마다 한 번씩 열매가 맺히는 데다 중국은 땅이 척박해서 심어도 나지 않는다고 했다.(《漢武帝內傳》 참조) 한나라 무제와 서왕모의 이 만남을 蟠桃勝會라고 한다. 또, 《爾雅翼·釋木·桃》에 "동해 안에 도삭산이 있는데 그 산에 커다란 복숭아나무가 있어 구불구불 삼천 리나 뻗어 있다(東海中有度朔山, 上有大桃木, 蟠屈三千里)"라는 말이 있다. 이 연은 몽돌이 신선의 고장인 봉래에서 왔다는 사실에 착안하여 석창포 뿌리가 얼키설키 뻗어 있는 모양을 반도가 멀리 뿌리를 뻗은 모양에 빗댄 해학적인 표현이다.

1101. 次韻毛滂(1)法曹(2)感雨

비에 대한 감회를 노래한 법조 모방의 시에 차운하여

江南佳公子,(3)	장강 남쪽 구주의 멋진 공자가
遺我錦繡端.(4)	나에게 수놓은 비단을 줬네.
攬之溫如春,	잡아 보니 봄날처럼 따뜻하거늘
公子焉得寒.(5)	공자가 어찌 추위를 만난 적이 있으리?
興雨自有時,(6)	비를 내리는 데는 본래 때가 있는 법
膚寸便濛靄.(7)(8)(9)	조각구름이 모이면 곧 큰비 되어 쏟아지네.
斂藏以自潤,(10)(11)	간수하여 자신을 윤택하게 할 일이지
牛斗何足干.(12)(13)(14)	우수와 두수를 찌를 필요 뭐 있으리?
空庭月與影,	인적 없는 뜨락의 달과 그림자
强結三友歡.(15)	억지로 세 친구 되어 함께 즐기네.
我豈不足歟,	내가 어찌 부족한 것이 있으리
要此淸團團.(16)(17)	이 맑고 둥근 것을 맞이했으니?
欲歡在一醉,	즐거움은 한바탕 취하는 데 있나니
常恐樽中乾.	언제나 술잔 안이 마를까 봐 걱정이네.
捨酒尙可樂,	술 말고 또 여전히 즐길 만한 건
明珠如彈丸.(18)(19)	탄알같이 동그란 아름다운 구슬이네.
但恐千仞雀,(20)	다만 하나 천 길 위의 참새를 잡으려고

悤悤發虛彈.(21)(22)	성급하게 헛 탄알을 쏠까 봐 걱정이네.
迨子閑暇時,(23)(24)	그대의 한가한 시간을 이용하여
種子田中丹.(25)	그대의 단전에 축적될 영단의 씨를 뿌리게.
一朝涉世故,(26)	하루아침에 세상사와 연관을 맺게 되면
空腹容欺謾.	빈속에 속임수를 잔뜩 받아들일 테니.
我頃在東坡,(27)	이 몸은 얼마 전에 동파에 있을 적에
秋菊爲夕餐.(28)	가을철의 국화를 저녁으로 삼았다네.
永愧坡間人,(29)	언제나 부끄럽네 동파 주변 사람들이
布褐爲我完.(30)	짧은 베옷 입고 나를 온전하게 해 준 것에.
雪堂初覆瓦,(31)	설당에 막 기와를 이었을 적에
上簟無下莞.(32)	밑에 돗자리도 깔지 않고 대자리를 깔았네.
時時亦設客,(33)	그래도 때때로 손님을 접대했는데
每醉筒輒殫.(34)(35)	취하기만 하면 매번 저금통을 다 털었네.
一笑便傾倒,(36)(37)	한바탕 웃고 나면 흉금이 다 토로되어
五年得輕安.(38)	오 년 동안 홀가분하고 편안할 수 있었네.
公子豈我徒,(39)	공자야 어찌 나와 같은 무리이랴만
衣鉢傳一簞.(40)(41)	의발로 한 도시락 밥의 즐거움을 전하리.
定非郊與島,(42)(43)	틀림없이 맹교와 가도가 아닐지니
筆勢江河寬.(44)	필세가 장강과 황하처럼 드넓으리.
悲吟古寺中,	오래된 절에서 구슬프게 범패를 읊조릴 제
穿帷雪漫漫.(45)	휘장을 뚫고 눈이 자욱이 날아들었다네.
他年記此味,(46)	언젠가 이 의미를 기억하게 될 것이네
芋火對嬾殘.(47)(48)	토란 굽는 불 앞에서 난잔을 마주했으니.

[해설]

항주법조로 재임 중인 모방이 〈향응산에서 기우제를 지낸 뒤 소동파에게 부친다(響應山禱雨寄東坡)〉라는 시를 지어 보내자 그것에 차운한 것으로, 그의 능력을 극구 칭송하면서 언젠가 그 능력을 발휘할 때가 올 것이니 성급하게 생각하지 말고 수양에 힘쓰면서 초연하게 기다리라고 충고했다.

[주석]

(1) 毛滂(모방): 北宋 衢州(지금의 절강성 구주) 사람으로 字가 澤民이었다. 施元之의 《施注蘇詩》에 "원우(1086-1093) 초 공(소식)이 한림원에 있을 때 모택민이 절강에서 경사로 들어가 문장 한 편을 가지고 자신을 소개했다. 공이 전당(항주)태수로 나갔을 때 모택민이 마침 그 수하의 관리가 되었다. 소성(1094-1097) 초에 혜주로 폄적되었을 때 모택민이 편지를 보내 안부를 묻고 또 자기가 지은 〈추흥부〉를 부쳐 보냈더니 공이 '〈추흥〉이라는 작품은 옛날 시인과 짝할 만한 면이 많구려. 때를 만나고 못 만나고는 정해진 운명이 있는데 궁지에 빠져 어찌해 볼 수 없는 상황이 아니고서야 어떻게 이처럼 기이한 생각을 토로하여 자신을 세상에 드러낼 수 있으리오?' 하고 답했다……나중에 수주지주를 지냈다. 《동당집》이 세상에 전한다(元祐初, 公在翰苑, 澤民自浙入京, 以書贄文一編自通. 公出守錢塘, 澤民適爲掾. 紹聖初, 謫惠州, 澤民以書問安否, 又寄所擬〈秋興賦〉, 公答之曰: '〈秋興〉之作, 追配騷人多矣. 遇不遇自有定數, 然非厄窮無聊, 何以發此奇思以自表於世耶?'……後知秀州. 有《東堂集》行於世)"라고 했다.

(2) 法曹(법조): 司法을 담당하던 관리.

(3) 江南佳公子(강남가공자): 강남 출신의, 재주와 덕행이 뛰어난 남의 집 귀한 자제. 구주 사람인 모방을 가리킨다.

(4) 錦繡端(금수단): 수놓은 비단 한 필. 매끈하고 아름다운 모방의 시를 수놓은 비단에 비유한 것이다. '端'은 비단의 길이를 셀 때 사용하는 단위 명사로 그 길이에 대해서는 제설이 분분한데 宋나라 사람 洪邁의 《容齋五筆·謂端爲匹》에는 "요즘 사람들은 비단 한 필을 1단이라고 하는바, 더러는 뭉뚱그려서 '단필'이라고도 한다(今人謂縑帛一匹爲壹端, 或總言'端匹')"라고 했다.

(5) 得寒(득한): 추위를 만나다. 貧寒한 처지, 즉 困境에 빠지는 것을 가리킨다. 이 연은 모방의 시를 보니 그가 아직 세상 험난한 줄을 모르고 귀하게 자란 것 같다는 말이다.

(6) 興雨(흥우): 비를 내리다.

(7) 膚寸(부촌): 길이를 셀 때 사용하는 단위 명사로, '寸'은 손가락 하나의 너비에 해당하고, '膚'는 손가락 네 개의 너비에 해당한다. 아주 작은 물건이라는 뜻으로, 비가 내리기 전에 조금씩 모여드는 구름을 가리킨다. '扶寸'과 같다.

(8) 便(변): ~하면 곧.

(9) 濛霮(몽만): 비가 많이 내리는 모양.

(10) 斂藏(염장): 거두어들여서 저장하다.

(11) 自潤(자윤): 자신을 적시다.

(12) 牛斗(우두): 牛宿와 斗宿. 晉나라 때 우수와 두수 사이에 늘 보랏빛 기운이 뻗쳐 있었는데 雷煥이 張華에게 寶劍의 정기가 하늘을 찌르는 것이라고 했다. 나중에 뇌환이 豫章郡 豐城縣의 현령이 되어

그곳 감옥 터에서 龍泉과 太阿라는 보검 두 자루를 발굴했다.(《진서·장화전》 참조)

(13) 何足(하족): 어찌 ~할 만한 가치가 있겠는가?

(14) 干(간): 범하다. 보검의 빛이 우수와 두수의 사이를 찌르는 것을 가리킨다. 이상의 네 구절은 구름 속의 수분이 때가 되면 비가 되어 한꺼번에 쏟아지는 것이 자연의 이치인 것처럼 모방도 자신의 능력을 잘 간수하고 있으면 언젠가 자연스럽게 그것을 크게 발휘할 날이 올 것이니 굳이 능력을 드러내려고 애쓸 필요가 없다는 말이다.

(15) 三友(삼우): 李白의 시 〈月下獨酌〉에 "술잔을 들어서 밝은 달을 맞이하고, 그림자를 마주하니 세 사람이 되었도다(擧杯邀明月, 對影成三人)"라는 구절이 있다. 이 연은 소식 자신이 인적 없는 뜰에서 혼자 술을 마시고 있었다는 말이다.

(16) 要(요): 맞이하다. 이백 시 중의 '邀'와 같다.

(17) 淸團團(청단단): 맑고 둥근 것. 명월을 가리킨다.

(18) 明珠(명주): 빛나는 진주. 매끈하고 아름다운 시를 가리킨다.

(19) 彈丸(탄환): 탄알. 《海錄碎事·文學部下》에 "왕균은 시를 지을 때 險韻을 잘 썼는데 사조가 늘 그를 보고 말하기를 '왕균의 시는 매끈하고 아름다워서 잘 구르는 것이 꼭 탄알과 같다'라고 했다(王筠爲詩, 能用强韻, 謝朓常見, 語曰: '筠詩圓美流轉如彈丸.')"라는 말이 있다.

(20) 千仞雀(천인작): 천 길 높이에 있는 참새. 하찮은 존재를 가리킨다. 《莊子·讓王》에 "이제 여기에 어떤 사람이 수후의 구슬을 가지고 천 길 높이에 있는 참새를 쏜다면 세상 사람들이 틀림없이 비웃을 것이다. 그것은 무엇 때문인가? 그것은 바로 그가 사용하는 것은 귀중하고 그가 잡으려는 것은 하찮은 것이기 때문이다(今且有人於此, 以隨侯之珠彈千仞之雀, 世必笑之. 是何也? 則其所用者重, 而所要者輕也)"라는 말이 있다. 이 연은 모방에게 능력을 인정받아 관직을 얻기 위하여 자신의 시문을 아무한테나 보여 주지 말라고 충고한 말인 것으로 보인다.

(21) 悤悤(총총): 바쁜 모양.

(22) 發虛彈(발허탄): 쓸데없는 탄알을 발사하다.

(23) 迨(태): ~한 때에 맞추다. 《詩經·豳風·鴟鴞》에 "아직까지 장맛비가 내리기 전에, 뽕나무 뿌리의 껍질을 가져와서, 창과 문의 빈틈을 꼭꼭 막았다(迨天之未陰雨, 徹彼桑土, 綢繆牖戶)"라는 구절이 있다.

(24) 子(자): 그대. 모방을 가리킨다.

(25) 田中丹(전중단): 丹田에 축적되는 靈丹, 즉 內丹. 이 연은 모방에게 한가할 때에 세속적인 일에 대하여 초연한 마음을 가질 수 있는 정신적 수양을 좀 해 놓으라고 충고한 것이다.

(26) 世故(세고): 세속적인 일. 世事.

(27) 東坡(동파): 소식이 원풍 4년(1081) 2월에 黃州城 동쪽에 있는 황무지를 개간하여 만든 농장. 이듬해에 그는 자신의 호를 東坡居士라고 했다.

(28) 夕餐(석찬): 저녁 식사. 〈離騷〉에 "아침에는 목란에 내린 이슬 마시고, 저녁에는 가을 국화의 떨어진 꽃잎 먹는다(朝飮木蘭之墜露兮, 夕餐秋菊之落英)"라는 구절이 있다.

(29) 坡間人(파간인): 동파 주변에 살던 황주(지금의 호북성 黃岡市 黃州區) 사람들을 가리킨다.

(30) 爲(위): ~하게 하다. 이 연은 빈천하면서도 욕심 부리지 않고 만족할 줄 알며 사는 황주 평민들의 삶이 자신을 정신적으로 온전한 사람이 되게 해 주었다는 말인 것으로 보인다.

(31) 雪堂(설당): 소식이 동파를 개간한 1년 뒤인 원풍 5년(1082) 2월에 동파에 지은 건물. 눈이 많이 내릴 때 완공되었기 때문에 모든 벽에 손수 설경을 그려 넣어 고개만 돌리면 눈이 보이도록 해 놓고 설당이라고 명명했다.

(32) 莞(완): 왕골. 왕골로 짠 돗자리를 가리킨다. 《詩經·小雅·斯干》에 "밑엔 왕골 돗자리 위엔 대자리, 여기에서 편안하게 잠을 잔다네(下莞上簟, 乃安斯寢)"라는 구절이 있다. 이 연은 자신이 황주에 있을 때 곤궁하게 지냈다는 말이다.

(33) 設客(설객): 손님에게 음식을 차려 주다.

(34) 筒(통): 저금통을 가리킨다. 소식은 제자 秦觀에게 보낸 편지 〈答秦太虛〉에서 "처음 황주에 왔을 때 봉급은 끊어지고 식구는 적지 않아 속으로 매우 걱정이 컸다오. 통렬하게 결심하여 아끼고 또 아껴서 하루에 쓰는 돈이 150전을 넘지 못하도록 하고 매월 초하룻날에 4,500전을 서른 뭉치로 나누어 천장에 매달아 놓고 아침에 끝이 갈라진 장대로 한 뭉치씩 집어 내리고는 곧 장대를 숨겨 버린다오. 또 큰 대통에다 쓰고 남은 것을 별도로 모아 두었다가 손님을 접대하고 있으니 이것은 가운로의 방법이라오(初到黃, 廩入既絶, 人口不少, 私深憂之. 但痛自節儉, 日用不得過百五十, 每月朔便取四千五百錢, 斷爲三十塊, 掛屋梁上, 平旦用畫叉挑取一塊, 卽藏去叉. 仍以大竹筒, 別貯用不盡者, 以待賓客, 此賈耘老法也)"라고 하여 황주 유배 당시의 자기 생활이 어떠했는지를 적나라하게 묘사한 적이 있다.

(35) 殫(탄): 다하다. 다 쓰다.

(36) 便(변): ~하면 곧.

(37) 傾倒(경도): 마음속에 있는 말을 다 쏟아 내다. 朱熹의 〈答王才臣書〉에 "만나서 피차간에 마음속의 말을 다 쏟아 냄으로써 의아하게 생각하는 바를 없앨 수 있다면 그처럼 다행스러운 일이 어디 있겠습니까?(若得會面, 彼此傾倒, 以判所疑, 幸何如之?)"라는 말이 있다.

(38) 五年(오년): 소식이 황주에서 유배 생활을 한 원풍 3년(1080) 2월부터 원풍 7년(1084) 4월까지를 가리킨다.

(39) 我徒(아도): 소식과 같은 부류의 사람을 가리킨다.

(40) 衣鉢(의발): 袈裟와 바리때. 선종 불교에서 후계자에게 가사와 바리때를 물려주던 일에서 비롯되어 스승이 전하는 敎法이나 불교의 깊은 뜻을 가리킨다. 《舊唐書·神秀傳》에 "옛날 후위 말기에 달마라는 승려가 있었으니 본래 천축국의 왕자로 나라를 보호하기 위해 출가했는데 남해로 들어가 선종의 묘법을 터득하고는 석가모니로부터 전수받은 것이라고 하며 가사와 바리때를 기념품으로 삼아 대대로 물려주었다(昔後魏末, 有僧達摩者, 本天竺王子, 以護國出家, 入南海, 得禪宗妙法, 云自釋迦相傳, 有衣鉢爲記, 世相付授)"라는 기록이 있다.

(41) 一簞(일단): 한 도시락. 한 도시락의 밥을 먹고 한 바가지의 물을 마시는 곤궁한 처지임에도 불구하고 항상 마음 편하게 사는 태도, 즉 안빈낙도의 처세 태도를 가리킨다. 《論語·雍也》에 "한 도시락의 밥

과 한 바가지의 물로 가난한 마을에서 살게 되면 다른 사람들은 그 근심을 견디지 못하는데 회는 그렇게 살면서도 자신의 즐거움을 바꾸지 않으니 훌륭하도다 회는(一簞食, 一瓢飮, 在陋巷, 人不堪其憂, 回也不改其樂, 賢哉回也)"이라는 말이 있다. 이 연은 모방이 소식 자신처럼 곤궁하게 살 사람은 아닌 줄 알지만 그래도 안빈낙도의 마음가짐을 견지할 필요가 있다고 충고한 것이다.

(42) 定(정): 틀림없이.

(43) 郊與島(교여도): 孟郊와 賈島. 두 사람 다 苦吟 시인으로 소식이 〈祭柳子玉文〉에서 "元稹은 경박하고 白居易는 통속적이며, 맹교는 차갑고 가도는 깡마르다(元輕白俗, 郊寒島瘦)"라고 한 바와 같이 詩境이 비교적 옹색하다는 평가를 받는다.

(44) 江河(강하): 長江과 黃河. 큰 강을 가리킨다.

(45) 漫漫(만만): 많은 모양.

(46) 此味(차미): 李泌이 明瓚스님에게 들은 충고의 의미를 가리킨다.

(47) 芋火(우화): 토란을 굽는 불. 唐나라 때 衡嶽寺의 명찬스님은 천성이 게을러서 항상 다른 스님들이 먹고 남은 밥을 먹었기 때문에 懶殘이라는 별명을 얻었다. 李泌이 일찍이 이 절에서 공부하다가 명찬이 읊조리는 梵唄 소리가 예사롭지 않은 것을 보고 보통 사람이 아니라고 여겨 밤중에 그를 찾아갔다. 그러자 그는 화롯불에 토란을 구워 먹으며 "부디 말을 많이 하지 말게. 그러면 10년 동안 재상 자리를 차지하게 될 것이네"라고 했다.(《宋高僧傳·感通篇》 참조)

(48) 嬾殘(난잔): 명찬의 별명. '懶殘'과 같다. 마지막 네 구절은 모방이, 어느 추운 겨울날 명찬스님이 이필에게 말을 많이 하지 말라고 충고한 것처럼, 여러 사람에게 자신을 알리려고 애쓰지 말고 조용히 때가 오기를 기다리라고 충고한 자신의 이 말을 수긍하는 날이 올 것이라는 말이다.

1102. 送鄧宗古[1]還鄉

고향으로 돌아가는 등종고를 전송하며

廣漢有姜子,[2][3] 촉지방의 광한 땅에 강 선생이 있었나니
孝弟行里閭.[4][5] 효성스럽고 공손하기로 마을에 소문나매
赤眉雖豺虎,[6][7] 승냥이요 호랑이인 적미군마저
弛兵過其墟.[8][9] 무기를 들지 않고 그 마을을 지나갔는데
至今空淸泉, 이제는 맑은 샘이 텅텅 비어서
無復雙鯉魚. 더 이상 한 쌍의 잉어가 안 나오네.
南鄭有李郃,[10][11] 남정에 이합이란 사람이 있었나니
妙得甘公書.[12] 감공의 책을 잘 터득한지라
夜坐指流星, 밤에 앉아 유성을 가리키면서
驚倒兩使車.[13] 두 사자의 수레가 놀라 쓰러지게 했건만
抱關不肯仕,[14][15] 빗장을 끌어안고 벼슬길에 나아가려 하지 않아
布褐蒙璠璵.[16][17] 짧은 베옷이 보배로운 옥을 감싸고 있었네.
西南固多士,[18][19] 서남쪽엔 본래 현명한 인사가 많았거니와
君得二子餘.[20][21] 그대는 두 분의 여운을 얻었거니
凜凜忠文公,[22][23] 의젓하고 당당하신 충문공께서
搜士及樵漁.[24] 나무꾼과 어부 중에서도 선비를 찾아냈네.
澗溪有幽討,[25] 깊숙이 골짜기로 찾아다닐 때에는

蘋芷眞嘉蔬.[26]	네가래와 구릿대가 참으로 좋은 채소건만
歲晩終不食,	한 해가 저물도록 끝내 먹지 않아서
心惻當何如.[27]	마음이 슬퍼지니 어떻게 해야 할까?

[해설]

고향으로 돌아가는 등종고를 전송하며 지은 것으로, 등종고의 남다른 효성과 뛰어난 재능을 강시 및 이합에 비견하며 극구 칭송했다.

[주석]

(1) 鄧宗古(등종고): 簡州(지금의 사천성 簡陽) 사람. 부친이 세상을 떠나자 스스로 흙을 쌓아 무덤을 만들고 무덤 옆에 오두막을 지어 侍墓하면서 아침저녁으로 통곡했더니 무덤 주위에 심어 놓은 나무에 甘露가 내렸으므로 마을 사람들이 등효자라고 불렀다.(《宋史·孝義傳》 참조) 《續資治通鑑長編》에 "원우 7년(1092) 2월에 성도부로전운사가 간주 고을의 진사 등종고가 마을에서 효자로 칭송받는다고 하는지라 명주 20필을 하사하라는 어명을 내렸다(元祐七年二月, 成都府路轉運司言: 簡州進士鄧宗古, 閭里稱孝, 詔賜絹二十匹)"라고 했다.

(2) 廣漢(광한): 지금의 사천성 광한.

(3) 姜子(강자): 강 선생. 二十四孝의 한 사람으로 꼽힐 정도로 효심이 지극했던 後漢 때의 광한 사람 姜詩를 가리킨다. 그와 그의 아내 龐氏가 다 모친을 극진히 잘 모신 것으로 알려져 있는바, 모친이 長江 물을 좋아하는지라 집에서 6~7리나 떨어져 있는 장강까지 가서 길어다 드리고, 모친이 생선회를 좋아하는지라 물고기를 잡아서 회를 떠 드리는 등 정성을 다해 모셨더니 그의 집 뒤에 물맛이 장강과 같은 샘이 솟고 거기서 매일 잉어가 두 마리씩 나왔다고 한다.(《後漢書·姜詩妻傳》 참조)

(4) 孝弟(효제): 부모에게 효성스럽고 형에게 공손하다.

(5) 里閭(이려): 거리. 동네.

(6) 赤眉(적미): 赤眉軍. 漢나라 말기의 눈썹을 붉게 칠한 농민 봉기군.

(7) 豺虎(시호): 승냥이와 호랑이. 흉악한 무리를 가리킨다.

(8) 弛兵(이병): 무기를 내려놓다. 《후한서·강시처전》에 "적미군은 강시의 마을을 지나갈 때 무기를 들지 않고 지나가면서 '지극한 효자를 놀라게 하면 틀림없이 귀신을 노하게 할 것이다'라고 했다(赤眉散賊經詩里, 弛兵而過, 曰: '驚大孝必觸鬼神.')"라는 말이 있다.

(9) 其墟(기허): 그 마을. 광한을 가리킨다.

(10) 南鄭(남정): 지금의 섬서성 漢中. 주 (11) 참조.

(11) 李郃(이합): 後漢 때의 남정 사람. 和帝가 각 지방으로 使者를 파견하여 微服을 하고 다니면서 民歌를 채집하게 했는데 사자 두 명이 益州(지금의 사천성 成都)로 가서 縣의 아전인 이합의 관사에 묵

게 되었다. 마침 여름 저녁이라 야외에 앉아 하늘을 보다가 이합이 별을 가리키며 말했다. "두 분이 서울을 떠나실 때 조정에서 사자 두 분을 파견한 사실을 제가 알았습니다. 어떻게 알았을까요?" 하고 물었다. 두 사자가 깜짝 놀라며 어떻게 알았느냐고 되묻자 이합이 하늘의 별을 가리키며 "사자의 별 두 개가 익주로 향하고 있었기 때문에 알았습니다"라고 했다.(《후한서·이합전》 참조)

(12) 甘公(감공): 戰國時代 齊나라 사람 甘德을 가리킨다. 그는 천문학에 매우 밝았다.(《史記·天官書》 참조)

(13) 兩使(양사): 익주로 파견되어 이합의 관사에서 묵은 두 사자를 가리킨다. 이 연은 이합이 별을 관찰하여 두 사자가 익주에 올 줄 알았다고 하여 두 사자를 깜짝 놀라게 했다는 말이다.

(14) 抱關(포관): 빗장을 끌어안고 문을 지킨다는 뜻으로, 문지기와 같은 미관말직에 만족하며 높은 관직에 연연하지 않는 것을 가리킨다.

(15) 仕(사): 높은 관직으로 나아가는 것을 가리킨다.

(16) 布褐(포갈): 거친 베로 지은 짧은 옷. 평민의 복장을 가리킨다.

(17) 璠璵(번여): 좋은 玉의 일종. 이합의 재능과 덕망을 가리킨다.

(18) 西南(서남): 촉지방을 가리킨다.

(19) 多士(다사): 賢士가 많다. 《詩經·大雅·文王》에 "현명한 선비가 북적거리니, 문왕이 이로써 편안하시리(濟濟多士, 文王以寧)"라는 구절이 있다.

(20) 君(군): 등종고를 가리킨다.

(21) 二子餘(이자여): 강시와 이합 두 사람이 남긴 여운을 가리킨다. 王十朋의 《百家註分類東坡先生詩》에 "등종고는 어버이를 섬기는 것이 효성스럽고 천문과 曆法을 연구하는 학문에 정통하기 때문에 강시와 이합 두 분의 일을 인용한 것이다(宗古事親孝, 亦精於星曆之學, 故用姜詩·李郃二子事)"라고 했다.

(22) 凜凜(늠름): 의젓하고 당당하다.

(23) 忠文公(충문공): 范鎭의 諡號. 그는 成都 華陽人으로 무리하게 신법을 추진하는 王安石 일파에게 강력하게 맞서다가 63세 때인 희령 3년(1070)에는 왕안석의 핍박으로 관직에서 물러나 있기도 했다. 관직에서 물러나 있는 동안 그는 開封의 동성 밖에 東園이라는 별장을 지어 놓고 거기서 지내다가 파직 상태가 오래가자 고향인 성도로 돌아갔다가 1년 뒤에 돌아왔다.(《宋史·范鎭傳》 및 소식의 〈范景仁墓誌銘〉 참조)

(24) 樵漁(초어): 나무하고 고기 잡는 시골 사람이라는 뜻으로, 등종고를 가리킨다. 왕십붕의 《백가주분류동파선생시》에 "충문공은 범경인을 말하는바, 등종고는 틀림없이 범경인의 문하생이었을 것이다(忠文公謂范景仁也, 宗古必景仁門生矣)"라고 했다. 이 연은 사천 사람인 범진이 고향에 머물며 후진을 가르칠 때 그 지역에서 농사를 짓고 있던 등종고를 제자로 받아들였다는 말인 것으로 보인다.

(25) 幽討(유토): 그윽한 곳으로 찾아가다. 杜甫의 시 〈贈李白〉에 "이 선생은 한림원의 학사였는데, 몸을 빼어 그윽한 곳으로 찾아다니시는군요(李侯金閨彦, 脫身事幽討)"라는 구절이 있다.

(26) 蘋芷(빈지): 네가래와 구릿대.

(27) 心惻(심측): 마음이 슬프다. 《周易·井卦》에 "우물에 진흙이 차서 그 물을 먹을 수 없고, 오래되어 나

무가 없는 우물이라 새가 앉지 않는다(井泥不食, 舊井无禽)"라고 했다. 이상의 네 구절은 사람들이 네가래와 구릿대를 먹지 않는 것에 비유하는 방식으로 조정에서 등종고처럼 유능한 인사를 등용하지 않는 것을 안타까워한 것으로 보인다.

1103. 參寥[1]上人[2]初得智果院[3], 會者十六人, 分韻[4]賦詩, 軾得'心'字

참료상인이 처음 지과원을 얻었을 때 모인 사람 열여섯 명이 운자를 나누어 시를 지었는데 나는 '心' 자를 배정받았다

漲水返舊壑,[5]	불어난 물은 옛날 골짜기로 되돌아가고
飛雲思故岑.	날아다니는 구름은 옛날 봉우리를 그리거니와
念君忘家客,[6]	생각해 보면 그대는 집을 잊은 사람인데
亦有懷歸心.	그래도 돌아오고 싶은 마음이 있었나 보네.
三間得幽寂,[7][8]	세 칸짜리 방에서 정적을 얻고
數步藏清深.[9]	몇 걸음 밖에 맑고 깊은 물이 저장되어 있고
攢金盧橘塢,[10][11][12]	노귤 밭엔 옹기종기 황금이 모여 있고
散火楊梅林.[13][14]	양매 숲엔 여기저기 불꽃이 흩어져 있네.
茶筍盡禪味,[15]	차 싹은 모두 다 참선의 맛을 내고
松杉眞法音.[16][17]	소나무와 삼나무는 참으로 법음인데
雲崖有淺井,[18]	구름 덮인 낭떠러지에 야트막한 샘이 있어
玉醴常半尋.[19][20]	옥 같은 단술이 늘 반 길쯤 고여 있네.
遂名參寥泉,[21]	마침내 그 이름을 참료천이라 했나니
可濯幽人襟.[22]	그 물은 은자의 옷깃을 씻을 만해
相攜橫嶺上,	서로 손잡고 길게 뻗은 산에 오르면
未覺衰年侵.[23]	노년이 다가오는 것도 미처 알지 못하겠네.
一眼吞江湖,[24][25]	눈 하나에 강호가 다 담겨 있고

萬象涵古今. 만상에 고금이 다 들어 있으니
願君更小築,(26) 그대여 작은 집을 한 채 더 지어 주게
歲晚解我簪.(27) 세모에 거기 가서 내 비녀를 빼려네.

[해설]

절친한 친구인 참료법사가 지과원이라는 절에 머물게 되었을 때 그곳에 모인 사람들과 함께 운자를 나누어서 지은 것으로, 지과원 주변의 쾌적한 환경을 묘사하고 그곳에 가서 쉬고 싶은 자신의 심경을 노래했다.

[주석]

(1) 參寥(참료): 절강성 於潛 출신의 승려로 어릴 때 출가하여 불경을 두루 읽었을 뿐만 아니라 시문에도 능하여 소식과 함께 지내면서 자주 시를 주고받았다. 그의 원래 이름은 曇潛이었는데 소식이 道潛으로 고쳐 주었으며 參寥는 그의 字이다. 그는 소식을 좋아하여 소식이 徐州에 있을 때 그를 방문했고, 소식이 湖州에 있을 때 松江에서 만났으며, 소식이 黃州에 유배 가 있을 때 2천 리 길을 멀다 하지 않고 찾아갔다가 1년 동안 머문 뒤 소식이 汝州로 유배지를 옮겨 갈 때 함께 廬山을 유람했고, 소식이 杭州知州로 재임할 때도 시문을 주고받았다.

(2) 上人(상인): 智德을 갖춘 고승에 대한 존칭.

(3) 智果院(지과원): 절강성 杭州에 있던 절. 《咸淳臨安志》에 "상지과원은 개운 원년(944)에 전씨가 세웠다. 원우(1086-1093) 연간에 태수 소문충공(소식)이 법당을 중건하고 들보에 쓴 글이 있다(上智果院, 開運元年, 錢氏建. 元祐中, 守蘇文忠公重建法堂, 有題梁)"라고 했고, 《武林梵志》에 "지과사는 옛날에 고산에 있었다(智果寺, 舊在孤山)"라고 했다. '寺'와 '院'에 대해서는 송나라 사람 趙彦衛의 《雲麓漫鈔》에 "수나라 때는 '도량'이라고 했고 당나라 때는 '사'라고 했으며 송나라 때는 큰 것은 '사'라고 하고 작은 것은 '원'이라고 한다(隋曰道場, 唐曰寺. 本朝則大曰寺, 次曰院)"라고 했으나 '사'와 '원'을 구분하는 엄격한 기준은 없었던 것으로 보인다.

(4) 分韻(분운): 여러 사람이 韻字를 나누어서 시를 짓다. 王十朋의 《百家註分類東坡先生詩》에 "《원각경》의 '以'·'大'·'圓'·'覺'·'爲'·'我'·'伽'·'藍'·'身'·'心'·'安'·'居'·'平'·'等'·'性'·'智'를 운자로 삼았다(用《圓覺經》'以大圓覺爲我伽藍身心安居平等性智'爲韻)"라고 했다.

(5) 舊壑(구학): 원래 있던 골짜기. 《禮記·郊特生》에 "흙은 원래 자리로 돌아가고, 물은 원래 있던 골짜기로 돌아가라(土反其宅, 水歸其壑)"라는 말이 있다.

(6) 忘家客(망가객): 세속적인 인간관계를 잊고 초연하게 사는 스님을 가리킨다. 이 연은 참료법사가 세속적인 일에서 초연해야 할 스님이면서도 자기 고향에 있는 절인 지과원으로 오게 된 것을 무척 좋아했다는 뜻인 것으로 보인다.

(7) 三間(삼간): 참료법사의 거처를 가리킨다.
(8) 幽寂(유적): 조용하고 적막한 상태.
(9) 淸深(청심): 맑고 깊은 물. 이 연은 참료법사의 거처에서 가까운 곳에 杭州 西湖가 있다는 말이다.
(10) 攢金(찬금): 금을 모으다. 노란색 비파가 많이 열려 있는 것을 가리킨다.
(11) 盧橘(노귤): '검은 귤'이라는 뜻으로, 원래 익지 않았을 때 靑黑色을 띠는 金橘을 가리키는 말이지만 지역에 따라서는 여러 면에서 금귤과 비슷한 점이 많은 枇杷를 가리키는 경우도 있다. 이에 대해서는 明나라 사람 李時珍이 《本草綱目·金橘》에서 "이 귤은 익지 않았을 때는 청흑색이고 노랗게 익으면 황금과 같기 때문에 금귤·노귤 등의 이름이 있다(此橘, 生時靑盧色, 黃熟則如金, 故有金橘·盧橘之名)"라고 했고, 宋나라 사람 朱翌이 《猗覺寮雜記》에서 "영남 지방에서는 비파를 노귤자라고 하기 때문에 소동파가 '신선한 비파와 양매가 차례대로 나오네'라고도 하고 또 '남촌의 양매와 북촌의 비파'라고도 한 것이다(嶺外以枇杷爲盧橘子, 故東坡云: '盧橘楊梅次第新.' 又'南村諸楊北村盧')"라고 했다. 같은 시기인 6~7월경에 결실하는 楊梅와 함께 언급한 것을 보면 이 시에서 말한 노귤은 비파를 가리킬 가능성이 크다.
(12) 塢(오): 사방이 높고 가운데가 낮은 지형.
(13) 散火(산화): 불을 뿌리다. 빨간 양매가 가지에 散在하는 것을 가리킨다.
(14) 楊梅(양매): 크기와 모양이 산딸기와 비슷하고 맛이 새콤달콤한 球形의 과일이다.
(15) 禪味(선미): 참선의 오묘한 맛.
(16) 杉(삼): 삼나무. 낙우송과의 상록 교목으로 높이가 40m 정도 되고 가을에 둥근 열매가 익는다.
(17) 法音(법음): 설법하거나 독경하는 소리.
(18) 雲崖(운애): 구름에 덮인 낭떠러지. 지과원의 소재지인 고산을 가리킨다.
(19) 玉醴(옥례): 甘泉. 맛이 좋은 샘물을 가리킨다.
(20) 半尋(반심): 반 길. 이 구절은 맑고 맛있는 샘물이 1尋의 절반, 즉 넉 자 깊이로 고여 있다는 말이다.
(21) 參寥泉(참료천): 항주 고산에 있던 샘. 소식의 〈參寥泉銘幷敍〉에 "智果精舍 밑에 옛날에 바위틈에서 나오는 샘이 하나 있었는데 이달에 또 바위를 뚫고 샘을 팠더니 물이 더욱 맑고 시원했다.……좌중에 있던 사람들이 다들 슬퍼하며 탄식했으니 천명을 알고 추구하지 않는다는 의미가 있었다. 이에 그것을 참료천이라고 명명하고 그것을 위해 명을 짓는다(舍下舊有泉, 出石間, 是月又鑿石得泉, 加冽.……坐人皆悵然太息, 有知命無求之意. 乃名之參寥泉, 爲之銘)"라고 했다.
(22) 幽人(유인): 은거하는 사람.
(23) 侵(침): 다가오다.
(24) 一眼(일안): 하나의 샘, 즉 참료천을 가리킨다. '眼'은 샘·우물·연못 등을 셀 때 사용하는 단위 명사이기도 하다.
(25) 江湖(강호): 참료천 주변의 산수를 가리킨다. 이 연은 맑은 참료천에 주변의 산수가 다 비쳐 있고 그 옆에 있는 갖가지 사물에 고금의 역사가 깃들어 있다는 말이다.
(26) 小築(소축): 작은 집. 여기서는 동사로 쓰였다. 杜甫의 시 〈畏人〉에 "사람이 두려워서 작은 집을 지었

더니, 편협한 천성 지닌 사람이 살기 좋구나(畏人成小築, 褊性合幽棲)"라는 구절이 있다.

(27) 簪(잠): 관리가 官帽를 고정시키기 위해 꽂는 비녀. '解簪'은 관복을 벗고 쉬는 것을 가리킨다.

1104. 哭王子立[1], 次兒子迨[2]韻三首

왕자립의 영전에서 곡한 후 아들 태의 운자에 차운하여

其一

彭城初識子,[3][4]	팽성에서 그대를 처음 알게 되었을 때
照眼白而長.[5]	눈부시게 하얗고 훤칠했었네.
異夢成先兆,[6][7]	기이한 꿈이 조짐을 이뤘다는데
淸言得未嘗.[8]	청아한 말을 일찍이 들어 본 적이 없었네.
豈惟知禮意,	어찌 예가 무엇인지 그것만 알았으리?
遂欲補詩亡.[9]	마침내 《시경》 중의 빠진 곳을 메꾸려 했네.
咄咄眞相逼,[10][11]	아아 정말 남들을 압도했나니
諸生敢雁行.[12][13]	생도들이 어찌 감히 나란히 날 수 있었으리?

其二

非無伯鸞志,[14]	양백란의 마음이 없었던 게 아니건만
獨有子雲悲.[15]	양자운의 슬픔만은 지니고 있었네.
恨子非天合,[16]	안타깝게도 그대는 나의 혈육이 아니지만
猶能使我思.	그래도 나의 그리움을 자아내는 힘이 있네.
兒曹莫淒慟,	아이들은 아무도 서럽게 울지 않는데

老眼欲枯萎.(17)	나의 늙은 눈에는 눈물이 곧 마르려 하네.
會哭皆豪傑,(18)	모여 곡하는 이들 모두 호걸이건만
誰爲感舊詩.(19)	옛 생각에 젖은 시를 누가 지을까?

其三

龍困嘗魚服,(20)(21)	용이 고기로 변해서 곤욕을 치른 적도 있고
羊儇或虎蒙.(22)(23)	양이 약삭빨라서 호랑이 가죽을 쓰기도 했나니
悤悤成鬼錄,(24)(25)	서둘러 귀신의 명부를 만들어서
憒憒到天公.(26)	멍청하게 하느님 앞으로 끌고 갔네.
偶落藩牆上,(27)	어쩌다가 울타리와 담장 위에 떨어졌지만
同遊羿彀中.(28)	우리는 함께 예의 활 앞에서 논다네.
回看十年事,(29)	십 년 동안 있었던 일을 되돌아보노라니
黃葉卷秋風.(30)	누렇게 물든 낙엽이 추풍에 말려 올라가네.

[해설]

조카사위 왕적이 죽었을 때 둘째 아들 소태가 그를 애도하는 시를 짓자 그 시에 차운하여 지은 것이다. 왕적의 위인과 재능을 칭송하고 그의 죽음에 대한 안타까운 심정을 토로했다.

[주석]

(1) 子立(자립): 蘇轍의 사위요 소식의 조카사위인 王適의 字. 소식의 〈王子立墓誌銘〉에 "왕자립은 이름이 적으로 조군 임성 사람이다. 옛날에 내가 서주를 다스릴 때 왕자립이 서주주학 생도였기 때문에 그가 어질고 문장력이 있으며, 기쁨과 분노를 겉으로 드러내지 않고, 얻었을 때든 잃었을 때든 마음이 한결같다는 사실을 알고 '이 사람은 자유(소철)와 같은 면이 있다'라고 하고 그의 딸을 왕자립에게 시집보냈다. 그의 동생 자민 왕휼과 함께 나를 따라 오흥(지금의 절강성 湖州)으로 갔는데 도를 배우는 것이 날로 진보하여 동남쪽 선비들이 그들을 칭송했다. 내가 오흥에서 죄를 짓자 친척과 친구들이 다들 깜짝 놀라서 흩어졌지만 유독 두 왕씨만은 떠나지 않고 교외까지 나와서 나를 전송했다(子立, 諱適, 趙郡臨城人也. 始予爲徐州, 子立爲州學生, 知其賢而有文, 喜怒不見, 得喪若一, 曰: '是有類子由者.' 故以其子妻之. 與其弟遹子敏, 皆從余於吳興, 學道日進, 東南之士稱之. 余得罪於吳興, 親戚故人皆驚散, 獨兩王子不去, 送余出郊)"라고 했다.

(2) 迨(태): 소식의 둘째 아들.

(3) 彭城(팽성): 지금의 강소성 徐州.

(4) 子(자): 그대. 왕적을 가리킨다.

(5) 照眼(조안): 눈이 부시게 하다.

(6) 異夢(이몽): 기이한 꿈. 소식의 자주에 "내가 밀주를 다스릴 때 아직 왕자립을 알지 못했는데 그가 갑자기 동학들에게 '내가 밀주지주의 사위가 되는 꿈을 꾸었는데 무엇 때문일까?'라고 했다. 얼마 뒤에 과연 자유(소철)의 딸을 그에게 시집보냈다(余爲密州, 子立未嘗相識, 忽告同舍生, 曰: '吾夢爲密州壻, 何也?' 已而果以子由之子妻之)"라고 했다.

(7) 先兆(선조): 前兆. 징조.

(8) 淸言(청언): 淸雅한 말. 이 구절은 왕적의 말이 일찍이 들어 본 적이 없는 청아한 말이었다는 뜻이다.

(9) 補詩亡(보시망): 〈南陔〉·〈白華〉·〈華黍〉·〈由庚〉·〈崇邱〉·〈由儀〉 등 《詩經》 중의 제목만 있고 내용이 없는 시를 보충한다는 뜻으로, 詩才가 빼어나다는 말이다. 《詩經》에 정통했던 晉나라 사람 束晳이 毛詩序에 근거하여 이 시들을 보충한 〈補亡詩〉 6수가 있다. 이 연은 소식의 자주에 "왕자립은 시를 잘 짓고 예학에도 조예가 있었다(子立能詩, 而有禮學)"라고 한 바와 같이 왕적이 시와 예에 다 밝았다는 말이다.

(10) 咄咄(돌돌): 감탄하는 소리.

(11) 相逼(상핍): 상대방을 핍박하다. 상대방을 압도하다. 晉나라 사람 桓玄·殷仲堪·顧愷之가 번갈아 가면서 아찔할 정도로 위험한 상황을 이야기했다. 환현이 "창끝으로 쌀을 일어 칼끝에서 밥을 짓네"라고 하자 은중감이 "백 살 먹은 노인이 마른 나뭇가지를 붙잡고 올라가네"라고 하고, 고개지가 "우물 위의 두레박에 어린아이가 누워 있네"라고 했다. 그때 옆에 있던 은중감의 參軍이 "맹인이 눈먼 말을 타고 밤중에 깊은 못 앞에 서 있습니다"라고 했다. 그러자 눈이 먼 은중감이 "아이구 사람을 핍박하는구나(咄咄逼人)"라고 했다.(《世說新語·排調》 참조)

(12) 諸生(제생): 서주주학의 생도들을 가리킨다.

(13) 雁行(안항): 기러기처럼 줄을 지어서 나란히 날아가다. 이 연은 왕적의 재능이 타의 추종을 불허할 만큼 압도적으로 뛰어났다는 말이다.

(14) 伯鸞志(백란지): 세속적인 일에 대하여 초연한 마음을 가리킨다. 後漢 사람 梁鴻(字 伯鸞)은 학식이 뛰어나고 절개가 높았는데 벼슬길에 나아가기를 거부하고 上林苑에서 돼지를 키우며 살다가 孟光과 결혼하여 霸陵에서 은거했다.(《후한서·양홍전》 참조)

(15) 子雲悲(자운비): 아들이 없는 슬픔을 가리킨다. 漢나라 사람 揚雄은 "길러도 싹이 나지 않는 것은 우리 집 동오로다. 아홉 살이 되었을 때 나와 함께 《太玄》을 지었도다(育而不苗者, 吾家之童烏乎! 九齡而與我《玄》文)"라고 한 바와 같이 동오라는 매우 영특한 아들이 있어 그가 《태현》을 지을 때 많은 도움을 줄 정도였으나 일찍 죽고 말았다.(양웅, 《法言·問神》 참조) 소철의 〈王子立秀才文集引〉에 "왕자립 군이 세상을 떠났을 때 딸은 어려서 말을 할 줄 몰랐고 아들 예는 아직 태어나지 않았다(君之沒, 女初未能言, 而子裔未生)"라고 했고, 소식의 〈王子立墓誌銘〉에 "딸 하나는 막 기어 다니기

시작하고 유복자 예가 있다(一女初伏, 有遺腹子裔)"라고 한 것을 보면 왕적은 생전에 아들을 보지 못했음을 알 수 있다. 이 연은 왕적이 세속적인 일에 대하여 초연했지만 아들이 없는 것에 대해서만은 슬퍼하는 마음을 지니고 있었다는 말이다.

(16) 天合(천합): 천륜으로 맺어진 관계. 부모나 형제와 같은 혈육 관계를 가리킨다. 馮應榴의 《蘇軾詩集合注》에 "《동래자》에 '인간관계로 맺어진 사람은 헤어질 때가 있지만 천륜으로 맺어진 사람은 헤어질 때가 없다'라는 말이 있다(《東萊子》: '以人合者, 有時而離; 以天合者, 無時而離.')"라고 했다. 이 구절은 왕적이 소식의 혈육은 아니고 인척 관계라는 말이다.

(17) 老眼(노안): 소식 자신의 눈을 가리킨다.

(18) 豪傑(호걸): 왕적과 가까이 지낸 명사들을 가리킨다. 소식의 자주에 "왕자립은 황노직(黃庭堅)·장문잠(張耒)·조무구(晁補之)·진소유(秦觀)·진무기(陳師道)와 다 친하게 지냈다(子立與黃魯直·張文潛·晁无咎·秦少游·陳無己, 皆友善)"라고 했다.

(19) 感舊詩(감구시): 왕적과의 옛날 일이 생각나서 짓는 시를 가리킨다. 이 연은 왕적의 죽음을 애도하러 온 사람들이 다들 뛰어난 文才를 지닌 사람이지만 왕적이 너무 일찍 죽는 바람에 돌이켜보며 시를 지을 만한 추억조차 별로 없을 것이라는 뜻인 것 같다.

(20) 龍困(용곤): 용이 곤욕을 당하다. 吳王이 백성을 따라가 술을 마시려고 하자 伍子胥가 "옛날에 白龍이 맑은 연못에 내려와 물고기로 변했는데 어부 豫且가 물고기의 눈을 쏘았습니다. 백룡이 하늘로 올라가서 천제께 하소연했더니 천제가 어부가 물고기를 쏜 것은 아무런 죄도 되지 않는다고 했습니다"라는 이야기를 들려주면서 군주가 일반 백성을 따라가 술을 마시면 곤욕을 당할 수 있다고 경고했다.(劉向, 《說苑·正諫》 참조)

(21) 魚服(어복): 물고기의 복장을 하다. 물고기 형상을 띠다. 張衡의 〈東京賦〉에 "백룡이 물고기로 변했다가 예차에게 곤욕을 당했네(白龍魚服, 見困豫且)"라는 구절이 있고, 潘岳의 〈西征賦〉에 "저 백룡이 물고기의 모습으로 변하여 예차의 촘촘한 그물에 걸렸네(彼白龍之魚服, 掛豫且之密網)"라는 구절이 있다.

(22) 羊僩(양현): 양처럼 영리하다.

(23) 虎蒙(호몽): 호랑이 가죽을 쓰다. 《揚子法言·吾子》에 "호랑이 가죽을 뒤집어쓴 양이 풀을 보면 기뻐하고 승냥이를 보면 벌벌 떠는 것은 자신의 가죽이 호랑이 것임을 잊은 것이다(羊質而虎皮, 見草而說, 見豺而戰, 忘其皮之虎也)"라는 말이 있다.

(24) 悤悤(총총): 몹시 바쁜 모양.

(25) 鬼錄(귀록): 귀신의 名簿. 죽은 사람의 명부를 가리킨다.

(26) 憒憒(궤궤): 흐리멍덩한 모양. 《晉書·天文志下》에 "근래에는 강동 지방에 별다른 변고가 없고 長江의 물길도 순탄한데 석계룡(十六國時期 後趙 武帝 石虎)이 여러 해 동안 관문을 닫고 사신을 교환하지 않으니 이것 또한 하늘이 흐리멍덩하여 흑백을 분간하지 못하는 증거입니다(比來江東無他故, 江道亦不艱難, 而石季龍頻年再閉關, 不通信使, 此復是天公憒憒, 無皁白之徵也)"라는 말이 있다. 이상의 네 구절은 용이 물고기로 오인되어 억울한 일을 당하는 경우도 있고 양이 호랑이 가죽을 쓰

고 호랑이 대접을 받는 경우도 있다는 뜻으로, 약삭빠른 사람은 떵떵거리며 잘도 사는데 왕적처럼 뛰어난 인물은 너무 일찍 죽어서 안타까울 정도로 하느님의 使者가 사리에 밝지 못하다는 말이다.

(27) 藩牆(번장): 울타리와 담장. 竟陵王 蕭子良이 손님을 대거 초청하여 연회를 벌였는데 范縝도 그 속에 끼어 있었다. 범진은 일직이 소자량을 모신 적이 있는데 소자량은 불교를 돈독하게 믿고 범진은 완강하게 배척했다. 소자량이 "그대는 인과응보를 믿지 않는데 부귀하게 될지 빈천하게 될지 어떻게 알 수 있는가?" 하고 묻자 범진이 "사람이 사는 것은 나무의 꽃이 함께 피어서 바람에 날아다니다가 발과 휘장을 스쳐 방석에 떨어지는 것도 있고 울타리와 담장을 지나 진흙탕에 떨어지는 것도 있는 것과 같습니다. 방석에 떨어지는 것은 전하이고 진흙탕에 떨어지는 것은 하급 관리입니다. 부귀와 빈천이 비록 길을 달리한다고 할지라도 인과응보가 도대체 어디에 있겠습니까?"라고 대답했다.(《南史·范縝傳》 참조)

(28) 羿(예): 夏나라 말기 有窮國의 임금으로 활을 아주 잘 쏘았다는 사람. 전설에 의하면 당시 해가 열 개 있었는데 날씨가 너무 뜨거우므로 예가 그중의 아홉 개를 활로 쏘아서 떨어뜨려 버렸다고 한다. 《莊子·德充符》에 "예의 사정거리 안에서 돌아다닐 경우 중앙은 명중하는 곳인데 그런데도 불구하고 맞지 않는 것은 천명이다(遊於羿之彀中, 中央者, 中地也, 然而不中者, 命也)"라는 말이 있다. 이 연은 왕적이 불우하게 살다가 일찍 죽은 것은 안타깝지만 사람은 누구나 언제 죽을지 모르는 운명에 처해 있다는 말로 왕적의 혼을 위로한 것이다.

(29) 十年(십년): 소식과 왕적이 서로 알고 지낸 10여 년을 가리킨다.

(30) 黃葉(황엽): 노란 낙엽. 이 구절은 인생을 추풍낙엽에 비유한 것이다.

1105. 異鵲幷敍

기이한 까치를 노래한 시와 그 서문

熙寧[1]中, 柯侯[2]仲常[3], 通守[4]漳州[5], 以救饑得民. 有二鵲, 棲其廳事[6], 訖侯之去, 鵲亦送之, 漳人異焉, 爲賦此詩.(희령 연간에 가중상이 장주통판이 되었는데 기아를 구제함으로써 민심을 얻었다. 그때 까치 두 마리가 관아에 보금자리를 틀고 살았는데 가중상이 장주를 떠날 때 까치도 그를 전송하는 것을 보고 장주 사람들이 기이하게 여겼으므로 이로 인하여 이 시를 짓는다.)

昔我先君子,[7]	옛날에 우리 집 선친께서는
仁孝行於家.[8]	집안에서 인과 효를 실천하시매
家有五畝園,[9]	집 안에 오 묘짜리 정원이 있었는데
么鳳集桐花.[10]	오동나무 꽃에 요봉이 내려앉았네.
是時烏與鵲,	이때 까마귀와 까치는 허리를 구부려서
巢鷇可俯拏.[11][12]	둥지 속의 그 새끼를 붙잡을 수 있었는데
憶我與諸兒,[13]	나와 여러 동무가 먹이를 주며
飼食觀羣呀.[14]	새끼들이 입을 짝짝 벌리는 걸 보았네.
里人驚瑞異,	마을 사람들이 상서롭고 기이하다며 놀라고
野老笑而嗟,[15]	노인들이 웃으며 감탄했는데
云此方乳哺,[16]	그러면서 말하기를 이제 한창 젖먹이라
甚畏鳶與蛇.	솔개와 뱀을 무척 두려워할 거라 했네.
手足之所及,	사람의 손과 발이 닿는 곳이라
二物不敢加.[17]	두 동물의 힘이 감히 미치지 못했나니
主人若可信,	주인이 믿을 만한 사람이라면
衆鳥不我遐.[18]	뭇 새들이 주인을 멀리하지 않는 법
故知中孚化,[19]	속마음의 미더움이 주는 감화가

可及魚與豭.　물고기와 돼지에게까지 미칠 수 있음을 알겠네.
柯侯古循吏,[20]　가중상은 옛날의 모범 관리로
悃愊眞無華.[21]　진실하여 정말 겉만 번지르르하지 않나니
臨漳所全活,[22]　장주에 가서 온전하게 살린 사람이
數等江干沙.[23][24]　강가의 모래와 그 수효가 같았네.
仁心格異族,[25][26]　어진 마음이 다른 무리를 감동시키매
兩鵲棲其衙,　까치 두 마리가 그의 관아에 보금자리 틀었는데
但恨不能言,　다만 하나 그것들이 말을 할 줄 모르기에
相對空楂楂.[27]　마주 보며 공연히 깍깍거리기만 했네.
善惡以類應,[28]　선에는 선 악에는 악 같은 종류로 보응한다는
古語良非誇.　옛날 말이 참으로 과장이 아니거늘
君看彼酷吏,　그대여 보게나 저 잔혹한 관리가
所至號鬼車.[29]　가는 곳마다 귀거조가 우는 소리를 내는 것을.

[해설]

가술이 장주통판으로 있을 때 본 기이한 새에 관한 이야기를 듣고 지은 것이다. 시원지(施元之)의 《시주소시(施注蘇詩)》에 "소동파의 〈잡설〉에 '소년 시절에 지내던 서실 앞에 대나무·측백나무와 여러 가지 꽃나무가 정원에 가득하게 총생했는데 뭇 새들이 그 위에 보금자리를 틀었다. 무양군(소식의 모친 程氏)이 살생을 싫어하셨기 때문에 아동들과 노비들이 다들 그것을 잡을 수 없었다. 몇 년 사이에 새들이 모두 나지막한 가지에 보금자리를 틀어 허리를 구부려서 그 새끼들을 들여다볼 수 있었다. 또 동화봉이 있어서 4~5일에 한 번씩 그 주위를 날아다니다가 내려앉았다. 이 새는 깃털이 아주 기이한 보기 드문 새로 길을 들일 수 있었는바 조금도 사람을 두려워하지 않아 마을 사람들이 보고 기이한 일이라고 여겼다. 이렇게 된 데에는 다른 이유가 없고 금수들에게 자기를 해치지 않는다는 진정한 신뢰를 주었기 때문이다. 한 노인이 말씀하시기를 "새들이 사람에게서 너무 멀어지면 그 새끼가 뱀·쥐·여우·살쾡이·부엉이·솔개 따위에게 잡아먹힐 우려가 있는지라 사람이 죽이지 않는다면 스스로 사람을 가까이 한다"라고 하셨으니, 아마도 이 해를 면하려고 그러는 것이리라'라는 말이 있다(東坡〈雜說〉: '少年時所居書室前, 有竹柏雜花, 叢生滿庭, 衆鳥巢其上. 武陽君惡殺生, 兒童婢僕皆不得捕

取. 數年間, 烏雀皆巢於低枝, 其鷇可俯而窺也. 又有桐花鳳, 四五日一翔集其間. 此鳥羽毛至爲奇異難見, 而能馴擾, 殊不畏人, 閭里間見之以爲異事. 此無他, 不忮之誠信於異類也. 有野老言: "烏雀去人太遠, 則其子有蛇鼠狐狸鴟鳶之憂, 人旣不殺, 則自近人." 蓋欲免此害也.')" 라고 한 바와 같이, 소식도 어린 시절에 사람을 보고도 달아나지 않는 기이한 새를 본 적이 있는지라 가술의 이야기를 통해 자신의 옛날 일을 떠올리고는 두 사람의 경험을 일반화하여 미물도 자기를 사랑한다고 믿어지는 사람에게 친근감을 보인다는 이치를 설파하고, 나아가 관리들이 사랑으로 백성을 대함으로써 그들의 신뢰를 얻을 것을 역설했다.

[주석]

(1) 熙寧(희령): 北宋 神宗의 연호(1068-1077).
(2) 侯(후): 사대부에 대한 존칭.
(3) 仲常(중상): 柯述의 字. 査愼行의《蘇詩補註》에 "가중상은 이름이 술이다(柯仲常, 名述)"라고 했고,《吳興備志》에 "가술은 자가 중상이며 남안 사람이다(柯述, 字仲常, 南安人)"라고 했다.
(4) 通守(통수): 通判. 태수의 보좌관.
(5) 漳州(장주): 지금의 복건성 장주.
(6) 廳事(청사): 관리들이 공무를 처리하던 건물. 官衙.
(7) 先君子(선군자): 돌아가신 조부 혹은 부친. 소식의 부친 蘇洵을 가리킨다.
(8) 仁孝(인효): 慈愛와 효도. 여기서는 주로 집 안에 서식하는 새들을 잘 보호해 준 자애를 가리킨다.
(9) 畝(묘): 논밭의 넓이를 셀 때 사용하는 단위 명사로 시대에 따라 다르지만 대략 200평 정도에 해당된다.《孟子·梁惠王上》에 "5묘의 택지에 뽕나무를 심으면 쉰 살 된 노인이 비단옷을 입을 수 있습니다(五畝之宅, 樹之以桑, 五十者可以衣帛矣)"라는 말이 있다.
(10) 幺鳳(요봉): 새 이름. 제비보다 작은 새로 오색 깃털이 달려 있으며 桐花鳳이라고도 한다. 王十朋의《百家註分類東坡先生詩》에 "오색 깃털이 달린 작은 새가 있는데 사람들이 그것이 봉황과 같이 생겼다고 여겨 요봉이라고 부른다. 촉지방에 다섯 가지 색깔의 새가 있는데 오동나무 꽃이 필 때 오동나무에 내려앉기 때문에 동화봉이라고 한다(有彩羽之細禽, 人謂其如鳳, 名之曰幺鳳. 蜀有禽, 五色, 桐花時, 來集於桐上, 名曰桐花)"라고 했다.
(11) 巢鷇(소구): 둥지 속의 새 새끼.
(12) 俯拏(부나): 허리를 구부려서 붙잡다.
(13) 諸兒(제아): 어린 시절에 함께 뛰놀던 소식의 친구들을 가리킨다.
(14) 呀(하): 입을 벌리다. 새 새끼가 먹이를 받아먹으려고 주둥이를 벌리는 것을 가리킨다.
(15) 野老(야로): 시골 노인. 소식의 고향에 있던 노인들을 가리킨다.
(16) 乳哺(유포): 젖을 먹여서 기르다.

(17) 二物(이물): 두 종류의 동물. 솔개와 뱀을 가리킨다.

(18) 不我遐(불아하): 나를 멀리하지 않다. 이 연은 주인이 새를 해치지 않는다는 믿음이 생기면 새들이 주인에게서 달아나지 않는다는 말이다.

(19) 中孚(중부): 《周易》의 掛 이름으로 '속이 믿음직하다'라는 뜻이다. 《周易·中孚》의 卦辭에 "속이 믿음직해서 돼지와 물고기에게도 길하다(中孚, 豚魚吉)"라고 했고 彖辭에 "속이 믿음직하다는 것은 부드러움이 속에 있으면서도 굳세어서 중용을 얻는 것이다. 다른 사람을 기쁘고 온순하게 하므로 믿음성은 바로 나라를 감화시키는 힘이다. '돼지와 물고기에게도 길하다'라는 것은 믿음이 돼지와 물고기에게까지 미치는 것이다('中孚', 柔在內而剛得中. 說而巽, 孚乃化邦也. '豚魚吉', 信及豚魚也)"라고 했는데, 소식의 《東坡易傳》에 "'中孚'는 믿음직하다는 뜻인데 그것을 '중부'라고 하는 것은 마치 새가 부화하는 것처럼 속에 무언가가 있고 난 뒤에야 부화할 수 있기 때문이다. 새가 부화하려면 반드시 속은 부드럽고 겉은 굳세어야 한다(中孚, 信也, 而謂之中孚者, 如羽蟲之孚, 有諸中而後, 能化也. 羽蟲之孚也, 必柔內而剛外)"라고 했다.

(20) 循吏(순리): 법을 잘 지키며 열심히 일하는 모범적인 관리.

(21) 悃愊(곤픽): 진실하다. 참되다.

(22) 全活(전활): 보전하여 살리다.

(23) 數等(수등): 수효가 ~와 같다.

(24) 江干(강간): 강가. 강변.

(25) 格(격): 감동시키다.

(26) 異族(이족): 다른 무리. 사람이 아닌 다른 동물이나 식물. 여기서는 까치를 가리킨다.

(27) 楂楂(사사): 까치가 우는 소리.

(28) 以類應(이류응): 같은 종류로써 보응하다. 선에는 선으로, 악에는 악으로 보응한다는 말이다.

(29) 鬼車(귀거): 鬼車鳥. 段成式의 《酉陽雜俎·羽篇》에 "귀거조는 전해 오는 말에 의하면 옛날에는 머리가 열 개로 사람의 혼을 곧잘 뺐는데 머리 하나는 개가 물어뜯어 버렸다고 한다. 진중 지방에 날씨가 흐려지면 때때로 그 소리가 들리는데 꼭 수레가 삐걱거리는 것 같다(鬼車鳥, 相傳此鳥昔有十首, 能收人魂, 一首爲犬所噬. 秦中天陰, 有時有聲, 聲如力車鳴)"라는 말이 있다. 이 연은 잔혹한 관리들이 백성을 못살게 굴고 있는 현실을 개탄한 것이다.

1106. 次韻詹適(1)宣德(2)小飮巽亭(3)

손정에서 술을 조금 마신 일을 노래한 선덕랑 첨적의 시에 차운하여

君方夢謫仙,(4)	그대는 바야흐로 꿈에 적선을 봤고
我亦弔文園.(5)	나도 역시 문원령을 생각하며 상심하네.
江上同三黜,(6)	강가로 우리 같이 세 번 쫓겨났다가
天涯共一樽.(7)	천애에서 술 한 잔을 함께 마셨네.
濤雷殷白晝,(8)(9)	파도 우레가 맑은 대낮에 우르릉대고
梅雪耿黃昏.(10)(11)	매화 눈이 누르스름한 대기를 훤히 비췄네.
歸去多情雨,(12)	그대가 돌아가자 다정스레 비 내리니
應隨御史軒.(13)	틀림없이 어사 수레를 따라왔을 것이네.

[해설]

이 시의 내용과 소식의 자주에 근거하여 당시의 상황을 유추해 보건대, 어사대주부인 첨적이 임무를 띠고 항주에 왔다가 임무를 완수하고 개봉으로 돌아가게 되었을 때 소식이 손정에서 조촐하게 송별연을 벌여 주었는데, 첨적이 개봉으로 돌아가는 길에 시를 지어 보낸지라 소식이 그것에 화답하여 이 시를 지은 것으로 보인다.

[주석]

(1) 詹適(첨적): 구체적인 행적이 알려져 있지 않다.

(2) 宣德(선덕): 宣德郎. 관직 이름.

(3) 巽亭(손정): 杭州 동남쪽에 있던 정자. 《咸淳臨安志》에 "남원의 손정은 경력 3년(1043)에 군수 장당이 봉황산의 옛날 항주부 관아 안에 지은 것으로 항주성의 동남쪽에 있기 때문에 이렇게 명명한 것이다(南園巽亭, 慶曆三年, 郡守蔣堂建在鳳皇山舊府治內, 以在郡城東南, 故名)"라고 했다. '巽'은 동남쪽을 가리킨다.

(4) 謫仙(적선): 하늘나라에서 유배 온 신선. 李白을 가리킨다. 이백이 夜郎으로 유배 가는 도중 沔州(지금의 호북성 武漢)에서 친구인 尙書郎 張謂를 만나 그 일대에 있는 몇몇 문인들과 함께 남쪽 호수에서 노닐다가 그 운치에 도취한 장위의 부탁으로 그 호수를 郎官湖라고 명명하고 〈泛沔州城南郎官湖〉라는 시를 지은 적이 있는데 소식의 자주에 "첨적이 보내온 시에 이백이 낭관호에서 노닌 일이 적혀 있었다(來詩紀李白郎官湖事)"라고 했다. 첨적은 자신이 항주에 머무는 동안 소식 및 항주에 있는 몇몇 문인들과 함께 서호 가에서 노닌 일을 이백이 장위 등과 함께 낭관호에서 노닌 것만큼이나 운치 있는 일이라고 여긴 나머지 자신의 시에서 그것을 언급한 것으로 보인다.

(5) 文園(문원): 漢나라 문제의 황릉인 孝文園의 약칭. 한나라 무제 때 孝文園令을 지낸 司馬相如를 가리킨다. 이 구절에 대하여 《史記·司馬相如傳》에 "사마상여는 말을 더듬었지만 책을 잘 지었다. 늘 소갈증이 있어서……병을 핑계로 관직에서 물러나 한가로이 지냈으며 관직에 연연하지 않았다(相如口吃而善著書. 常有消渴疾……稱病閒居, 不慕官爵)"라고 했는데, 王十朋의 《百家註分類東坡先生詩》에 "선생이 귀향할 생각을 지니고 있었기 때문에 이렇게 말한 것이다(先生有還鄕之意, 故云)"라고 했다.

(6) 江上(강상): 강가. 조정에서 멀리 떨어진 강가의 고을을 가리킨다. 范仲淹의 〈岳陽樓記〉에 "높은 조정에 있을 때는 자기 백성을 걱정하고, 먼 강호에 있을 때는 자기 임금을 걱정한다(居廟堂之高, 則憂其民; 處江湖之遠, 則憂其君)"라는 말이 있는바, '江上'은 이 글 속의 '江湖'와 같은 뜻인 것으로 보인다. 이 구절은 첨적도 소식 자신처럼 관직 생활이 순탄하지 않았다는 말이다.

(7) 天涯(천애): 조정에서 멀리 떨어진 곳이라는 뜻으로 항주를 가리킨다.

(8) 濤雷(도뢰): 파도가 내는 우렛소리. 우렁차게 역류하는 錢塘潮 소리를 가리킨다. 항주에 있는 錢塘江은 전당조, 즉 매일 두 차례씩 강물이 역류하는 현상으로 유명하거니와, 소식의 시 〈八月十五日看潮五絶〉(0301)에 "만 사람이 북을 치며 함성을 질러 오나라 군사들을 위협하는 것 같고, 늙은 아동이 배를 몰고 쳐들어오는 것 같네. 파도가 얼마나 높은지 궁금한가? 월산이 온통 물보라에 싸여 있다네(萬人鼓譟懾吳儂, 猶是浮江老阿童. 欲識潮頭高幾許, 越山渾在浪花中)"라고 했다. 〈次韻秦少章和錢蒙仲〉(1090) 주 (7) 참조.

(9) 殷(은): 우렛소리가 울리다. 《詩經·召南·殷其雷》에 "우르릉 울리는 저 우렛소리, 남산의 남쪽에 있네(殷其雷, 在南山之陽)"라는 구절이 있다.

(10) 梅雪(매설): 매화 눈. 눈처럼 하얗게 떨어지는 매화 꽃잎을 가리킨다.

(11) 黃昏(황혼): 노랗고 어스레하다. 林逋의 시 〈山園小梅〉에 "맑고 얕은 물에 성긴 모습이 비스듬히 뻗어 있고, 어스레한 달빛 아래에 은은한 향기가 풍겨 온다(疏影橫斜水淸淺, 暗香浮動月黃昏)라는 구

절이 있다.

(12) 多情雨(다정우): 顔眞卿이 監察御史로 나갔을 때 五原 지방에 오랫동안 풀리지 않은 訟事가 있었는데 안진경이 가자마자 즉시 시비를 가려서 판결해 주었다. 그때 한창 심한 가뭄이 계속되고 있는 중이었는데 판결이 끝나자 바로 비가 내린지라 고을 사람들이 그 비를 '御史雨'라고 불렀다.(《구당서·안진경전》 참조)

(13) 御史(어사): 첨적을 가리킨다. 소식의 자주에 "첨씨는 어사대 주부이다(詹爲御史臺主簿)"라고 했다. 이 연은 첨적이 항주를 떠난 뒤에 마침 단비가 내리는 것을 보고 그것을 '御史雨'에 빗대는 해학적인 필치로 법의 집행이 공정한 그를 칭송한 것이다.

1107. 東川[1]清絲[2]寄魯冀州[3], 戲贈

동천의 청사를 기주지주 노씨에게 부쳐 보내며 농담조로 지어 드린다

鵝溪清絲清如冰,[4] 아계의 청사는 얼음처럼 맑은데
上有千歲交枝藤.[5] 그 위에 천 년 묵은 등나무가 얽혀 있나니
藤生谷底飽風雪, 등나무는 계곡 바닥에 나서 풍설을 한껏 맞고
歲晚忽作龍蛇升.[6] 세밑에 갑자기 용사가 되어 올라가네.
嗟我雖爲老侍從,[7] 아아 나는 비록 늙은 시종이지만
骨寒只受布與繒. 뼈가 시려도 오로지 베와 명주만 받았나니
牀頭錦衾未還客,[8] 침대 말의 비단 이불을 손님에게 안 돌려주어
坐覺芒刺在背膺.[9][10] 등과 가슴에 까끄라기와 가시가 박힌 느낌이었네.
豈如髯卿晚乃貴,[11] 그러니 어찌 같으리 텁석부리가 만년에야 귀하게 되어
福祿正似川方增.[12] 복록이 마치 냇물이 한창 불어나는 것 같아
醉中倒著紫綺裘,[13] 술에 취해 자주색 비단 갖옷을 거꾸로 입으면
下有半臂出縹綾.[14][15] 밑에 있는 반소매에서 옥색 비단이 나오는 것과?
封題不敢妄裁剪,[16][17] 단단히 봉하고 서명한 것을 함부로 마르지 못했나니
刀尺自有佳人能.[18][19] 재고 자르는 일은 본래 잘하는 여인이 있는 법이네.
遙知千騎出清曉,[20][21] 멀리서도 알겠나니 천 마리 기마가 출동하는 새벽에
積雪未放浮塵興.[22] 눈이 쌓여 가벼운 먼지도 일어나지 않는데
白鬚紅帶柳絲下,[23] 수염이 허연 채 붉은 띠 매고 버들가지 밑에 서 있으면

老弱空巷人相登.[24]　　노약자들이 골목을 비우고 사람들이 서로 기어오를 터
但放奇紋出領袖,[25][26]　　옷깃과 소매에서 기이한 무늬가 나오게만 하면
吾髯雖老無人憎.[27]　　우리 텁석부리가 늙었다 해도 싫어하는 이 없으리.

[해설]

어떤 사람에게 검남동천에서 난 청사를 선물로 받아 그것을 기주지주로 부임해 갈 노유개에게 보내면서 해학적인 필치로 그 이유를 설명한 것이다.

[주석]

(1) 東川(동천): 劍南東川의 약칭. 지금의 사천성 梓州 일대.
(2) 淸絲(청사): 鵝溪에서 나는 비단.
(3) 魯冀州(노기주): 기주(지금의 하북성 기주)의 지주인 魯有開를 가리킨다.
(4) 鵝溪(아계): 사천성 鹽亭縣 서북쪽에 있는 시내로, 비단이 많이 나는 곳이다. 《方輿勝覽·潼川府》에 "아계는 염정현 경계 지역에 있는데 그 지역에서 비단이 난다(鵝溪在鹽亭縣境, 其地産絹)"라고 했다.
(5) 交枝藤(교지등): 가지가 서로 얽혀 있는 등나무. 馮應榴의 《蘇軾詩集合注》에 "이것은 청사에 짜 넣은 무늬가 가지가 서로 얽힌 늙은 등나무 형상을 하고 있어 구불구불하기가 마치 용이나 뱀과 같다는 말이다(此言淸絲織成之紋, 作交枝老藤, 夭矯如龍蛇也)"라고 했다.
(6) 龍蛇(용사): 크고 작은 등나무 가지를 가리킨다. 이상의 네 구절은 청사에, 마치 용과 뱀이 서로 얽혀서 하늘로 올라가는 것처럼, 세모를 맞아 잎이 다 떨어지고 가지만 남은 등나무가 얼키설키 얽혀 있는 모양의 무늬가 있다는 말이다.
(7) 老侍從(노시종): 宋代에는 翰林學士·給事中·六尙書·侍郎 등을 시종이라고 했는데 소식은 翰林學士知制誥를 역임했기 때문에 늙은 시종이라고 한 것이다.
(8) 客(객): 소식 자신에게 청사를 준 사람을 가리킨다. 杜甫의 시 〈太子張舍人遺織成褥段〉에 "손님이 저 멀리 서북쪽에서 와서, 나에게 비취색 무늬 비단을 줬네. 봉해 놓은 것을 뜯으니 풍랑이 솟구치는데, 그 안에 꼬리 흔드는 고래가 있네.……어떻게 나 같은 시골 노인이, 이렇게 큰 선물을 받을 수 있으리오? 비단 고래를 말아서 손님에게 돌려주니, 비로소 마음이 편안해지네(客從西北來, 遺我翠織成. 開緘風濤涌, 中有掉尾鯨.……奈何田舍翁, 受此厚貺情. 錦鯨卷還客, 始覺心和平)"라는 구절이 있는데, 이 시 속의 '비단 고래(錦鯨)'는 고래 무늬를 수놓은 비단으로 소식 시의 '비단 이불(錦衾)'과 뜻하는 바가 같다. 이 연은 어떤 사람이 자신에게 동천에서 난 청사를 주었을 때 그 귀한 물건을 되돌려 주지 못해서 너무나 불편한 심경을, 두보의 시를 빌려 표현한 것이다.
(9) 坐(좌): ~하기에 이르다. 白居易의 시 〈別元九後詠所懷〉에 "마음이 서로 같은 한 사람이 떠나가니, 장안이 텅텅 빈 느낌이 드네(同心一人去, 坐覺長安空)"라는 구절이 있다.

(10) 芒刺(망자): 까끄라기와 가시.

(11) 髥卿(염경): 수염쟁이. 텁석부리. 노유개를 가리킨다.

(12) 川方增(천방증): 시냇물이 막 불어나기 시작하다. 《詩經·小雅·天保》에 “냇물이 막 밀려오기 시작한 것처럼, 불어나지 않는 것이 하나도 없네(如川之方至, 以莫不增)”라는 구절이 있다.

(13) 紫綺裘(자기구): 자주색 비단을 덧댄 갖옷. 李白의 시 〈玩月金陵城西孫楚酒樓, 達曙歌吹, 日晩, 乘醉著紫綺裘·烏紗巾, 與酒客數人, 棹歌秦淮, 往石頭訪崔四侍御〉에 “오사건을 대충 매고, 자주 비단 갖옷을 거꾸로 걸쳤다(草裹烏紗巾, 倒披紫綺裘)”라는 구절이 있다.

(14) 半臂(반비): 소매가 짧은 상의. 반팔. 반소매.

(15) 縹綾(표릉): 옥색의 무늬 비단. 이상의 여덟 구절은 소식 자신에게는 청사처럼 귀한 물건이 어울리지 않고, 자주색 비단을 덧댄 갖옷를 입고 그 안에 옥색 비단으로 지은 반소매를 입어 취중에 갖옷을 잘못 입으면 옥색 비단이 보일 정도로 복록이 많아진 노유개에게나 어울리기 때문에 그것을 노유개에게 준다는 말이다.

(16) 封題(봉제): 봉하고 서명하다. 잘 포장하여 봉한 뒤 겉에 서명해 놓은 것, 즉 자신이 어떤 사람에게 받은 청사를 가리킨다.

(17) 裁剪(재전): 재단하다. 마름질하다.

(18) 刀尺(도척): 자로 치수를 재어서 가위로 자르는 것, 즉 옷을 짓는 것을 가리킨다.

(19) 自(자): 본래. 이 연은 자기 집에는 옷 잘 짓는 가인이 없으니 노유개 집안의 옷 잘 짓는 여인에게 청사 옷을 짓게 하라는 말이다.

(20) 遙知(요지): 멀리서 짐작하여 알다.

(21) 淸曉(청효): 날이 막 새기 시작하는 이른 새벽.

(22) 放(방): ~로 하여금 ~하게 하다.

(23) 柳絲(유사): 실처럼 가늘고 긴 버들가지.

(24) 相登(상등): 서로 딛고 오르다. 紀昀의 《蘇文忠公詩集》에 “구경하는 사람이 많아서 서로 밟고 밟히는 지경에 이르렀다는 말로 언어가 매우 부적합하다(言觀者衆多, 至相踐踏耳, 語殊欠妥貼)”라고 했다.

(25) 奇紋(기문): 기이한 무늬. 청사의 무늬를 가리킨다.

(26) 領袖(영수): 옷깃과 소매.

(27) 吾髥(오염): 우리 텁석부리. 노유개를 가리킨다. 이상의 여섯 구절은 노유개가 기주지주로 부임하는 모습을 상상하여 묘사한 것인 듯하다.

1108. 怡然[1]以[2]垂雲[3]新茶見餉[4], 報以大龍團[5], 仍戲作小詩

이연이 수운정에서 난 햇차를 보내 주기에 큰 용단으로 보답하고 장난삼아 짧은 시도 짓는다

妙供來香積,[6][7]	기묘한 공물은 정재소에서 보내온 것
珍烹具太官.[8][9]	진귀한 음식은 태관서에 갖추어져 있던 것
揀芽分雀舌,[10][11]	새싹만 따서 만든 작설차를 나눠 주기에
賜茗出龍團.[12]	하사받은 용단차를 끄집어냈네.
曉日雲菴暖,	그대는 새벽 해 떠서 구름 속 암자가 따스할 때 마시고
春風浴殿寒.[13]	나는 봄바람 불어서 황궁 욕실이 서늘할 때 마셨네.
聊將試道眼,[14][15]	아쉬운 대로 이것으로 도안을 시험할 일
莫作兩般看.[16]	두 가지로 구분하여 보지 말기 바라네.

[해설]

이연스님이 보암원의 수운정에서 생산된 햇차를 보내 주자 그에 대한 답례로 옛날에 황제로부터 하사받은 큰 용단차를 보내 주면서 지은 것이다. 절에서 스님들이 마시는 차나 궁중에서 황제와 고관대작들이 마시는 차나 효용은 한가지이므로 귀한 용단차를 보냈다며 부담스러워하지 말라고 해학적인 말투로 당부했다.

[주석]

(1) 怡然(이연): 杭州 지방에서 활동하던 詩僧. 査愼行의 《蘇詩補註》에 "이연은 항주 보암원의 스님으로

이름이 청순이다(怡然, 杭州寶巖院僧, 名淸順)"라고 했는데, 소식의 詞 〈減字木蘭花〉(雙龍對起)에 "전당의 서호에 시승 청순이 있는데 그가 사는 장춘오의 문 앞에 소나무 고목 두 그루가 각각 능소화에 휘감긴 채 서 있어 청순이 항상 그 밑에서 낮잠을 잔다. 당시 나는 그 고을을 다스리고 있었는데 하루는 수행원을 물리치고 혼자서 그 앞을 지나가노라니 솔바람이 솨솨 불었다. 청순이 떨어진 능소화를 가리키며 시를 지어 보라고 하기에 이것을 지었다(錢塘西湖有詩僧淸順, 所居藏春塢, 門前有二古松, 各有凌霄花絡其上, 順常晝臥其下. 時余爲郡, 一日, 屛騎從過之, 松風騷然. 順指落花求韻, 余爲賦此)"라는 서문이 붙어 있다.

(2) 以(이): 동작의 대상, 즉 직접목적어를 표시하는 전치사.

(3) 垂雲(수운): 정자 이름. 《咸淳臨安志》에 "전당의 보운암에서 생산된 것을 보운차라고 하고, 하천축산의 향림동에서 생산된 것을 향림차라고 하며, 상천축산의 백운봉에서 생산된 것을 백운차라고 한다. 또 보암원의 수운정에서도 차가 생산된다(錢塘寶雲菴産者, 名寶雲茶; 下天竺香林洞産者, 名香林茶; 上天竺白雲峯産者, 名白雲茶. 又寶巖院垂雲亭亦産茶)"라고 했다.

(4) 見餉(견향): 나에게 보내 주다. 〈次韻錢越州見寄〉(1099) 주 (2) 참조.

(5) 龍團(용단): 찻잎을 덩이 모양으로 압착하고 그 위에 용 무늬를 찍은 차. 歐陽修의 《歸田錄》에 "차의 품종 중에서 용봉차보다 귀한 것이 없으니 이것을 단차라고 한다. 경력(1041-1048) 연간에 채군모(蔡襄)가 복건로전운사가 되어서 처음으로 찻잎을 조그만 덩이로 압착하고 그 위에 용 무늬를 찍은 용차를 만들어 진상했는데 그 품질이 기가 막히게 좋았다. 이것을 소단이라고 하는바 스무 덩이의 무게가 한 근인데 그 값어치는 금 두 냥 값과 같았다(茶之品莫貴於龍鳳, 謂之團茶. 慶曆中, 蔡君謨爲福建路轉運使, 始造小片龍茶以進, 其品絶精, 謂之小團, 凡二十餠重一斤, 其價値金二兩)"라고 했다.

(6) 妙供(묘공): 기묘한 供物. 수운정에서 생산된 햇차를 가리킨다.

(7) 香積(향적): 香積廚, 즉 절의 주방인 淨齋所를 가리키는바 여기서는 보암원의 주방을 가리킨다.

(8) 珍烹(진팽): 진귀한 음식. 용단차를 가리킨다.

(9) 太官(태관): 太官署, 즉 황제의 음식과 연회를 관장하던 官署를 가리킨다.

(10) 揀芽(간아): 어린 새싹만 가려서 따다. 그렇게 해서 만든 차의 이름이기도 하다. 王十朋의 《百家註分類東坡先生詩》에 "간아와 작설은 모두 여린 차의 이름이다(揀芽·雀舌, 皆嫩茶名)"라고 했다.

(11) 雀舌(작설): 작설차. 차나무의 어린 새싹을 따서 만든 차. 찻잎이 참새의 혓바닥만 할 때 따서 만들기 때문에 이렇게 부른다. "揀芽分雀舌"은 "分揀芽雀舌"이 도치된 것이다.

(12) 賜茗(사명): 임금이 하사한 차. 이 구절은 소식이 이연스님에게 답례품으로 주기 위해 황제로부터 하사받은 용단차를 끄집어냈다는 말이다. "賜茗出龍團"은 "出賜茗龍團"이 도치된 것이다.

(13) 浴殿(욕전): 황궁 안에 있는 욕실. 소식이 한림학사 시절에 이용하던 욕실을 가리킨다.

(14) 將(장): ~으로. ~을 가지고.

(15) 道眼(도안): 참된 것과 거짓된 것을 분별할 줄 아는 통찰력 있는 안목. 이연스님의 안목을 가리킨다.

(16) 兩般(양반): 두 가지. 이 연은 이연스님이 보낸 작설차나 자신이 보내는 용단차나 효용은 마찬가지이니 너무 귀한 차를 보냈다고 부담스러워하지 말고 마음 편하게 마시라는 말이다.

1109. 次韻王忠玉[1]游虎丘[2]絶句三首

호구에서 노닌 감회를 노래한 왕충옥의 절구에 차운하여

其一

當年大白此相浮,[3][4]	당시에 여기서 대백잔으로 서로 벌주를 돌리고
老守娛賓得二丘.[5][6]	늙은 태수가 손님을 즐겁게 하느라 두 구릉을 얻었네.
白髮重來故人盡,[7]	흰머리로 다시 오니 옛 친구들 다 사라지고
空餘叢桂小山幽.[8]	작은 산에 무더기로 난 계수나무만 남아 있네.

其二

青蓋紅旗映玉山,[9][10]	푸른 일산과 붉은 깃발이 옥산을 비추는데
新詩小草落玄泉.[11][12]	작은 초서로 새 시를 쓰면 폭포가 떨어지는 모습이겠네.
風流使者人爭看,[13]	풍류 넘치는 사자를 사람들이 다투어 보았을 터
知有眞娘立道邊.[14]	그 가운데 진낭이 있어 길가에 서 있은 줄 알겠네.

其三

舞衫歌扇轉頭空,[15][16]	춤추는 소매와 노래하는 부채는 순식간에 사라지고
只有青山杳靄中.[17]	오로지 청산만이 아스라이 서 있겠네.

若共吳王鬪百草,[18][19] 서시가 오왕과 풀싸움을 했듯이 놀았다면
使君未敢借驚鴻.[20][21][22] 태수는 놀란 기러기에게 벌칙을 빚지지 못했으리.

[해설]

양절로제점형옥(兩浙路提點刑獄)으로 재임 중인 왕유가 항주에 들러 호구에 가서 노닌 감회를 읊은 시를 보여 주자 그 시에 차운한 것이다. 왕문고의 《소식시집》에 제1수에 대해서는 “이 시는 왕규보를 가리킨다(此詩指王規父)”라고 하고, 제2수에 대해서는 “이 시는 왕충옥을 가리킨다(此詩指王忠玉)”라고 하고, 제3수에 대해서는 “이 시는 여구공현을 가리킨다(此詩指閭丘公顯)”라고 한 바와 같이, 제1수는 소식이 항주통판이던 시절에 소주지주로 재임 중이었던 왕회의 옛날 일을 회상한 것이고, 제2수는 당시의 양절로제점형옥인 왕유의 일을 상상한 것이고, 제3수는 소주 사람으로서 황주지주를 역임하고 고향으로 돌아가 만년을 지낸 여구효종의 일을 회상한 것이다.

[주석]

(1) 王忠玉(왕충옥): 王十朋의 《百家註分類東坡先生詩》에 “이름이 유이며 당시 헌사였다(名瑜, 時爲憲使)”라고 했고, 馮應榴의 《蘇軾詩集合注》에 “《續資治通鑑長編》에 ‘원우 5년(1090) 8월에 양절로제점형옥 왕유가 형부원외랑이 되었다……’라고 했으므로 선생이 이 시를 지을 때는 왕충옥이 아직 절강 지방에 있었다(《續通鑑長編》: ‘元祐五年八月, 提點兩浙路刑獄王瑜爲刑部員外郎……’ 先生作詩時, 忠玉尙在浙也)”라고 했다.

(2) 虎丘(호구): 강소성 蘇州의 서북쪽에 있는 산.

(3) 大白(대백): 커다란 술잔. 《說苑·善說》에 “위나라 문후가 대부들과 함께 술을 마실 때 공승불인에게 酒令을 맡게 하자 그가 말하기를 ‘다 마시지 않는 사람은 대백으로 벌주를 내리리라’라고 하였는데 문후가 다 마시지 않으므로 공승불인이 대백을 들어 임금께 벌주를 내렸다(魏文侯與大夫飮, 使公乘不仁爲觴政, 曰: ‘飮不釂者, 浮以大白.’ 文侯不盡, 不仁擧白浮君)”라는 일화가 있다.

(4) 浮(부): 벌주를 띄워 보내다. 벌주를 먹이다.

(5) 老守(노수): 늙은 태수. 소식이 杭州通判으로서 蘇州 지역으로 시찰을 나갔을 때 蘇州知州로 재임 중이었던 王誨를 가리킨다. 소식의 자주에 “고을 사람 중에 여구공이 있었다. 태수 왕규보가 일찍이 말하기를 ‘호구를 찾거나 그렇지 않으면 여구씨를 뵙는다’라고 했는데 왕규보는 왕충옥의 백부이다(郡人有閭丘公. 太守王規父嘗云: ‘不謁虎丘, 卽謁閭丘.’ 規父, 忠玉伯父也)”라고 했다. 왕회에 대해서는 范成大의 《吳郡志》에 “왕회는 자가 규보이다. 희령 6년(1073)에 조산대부상서사훈낭중으로서 소주지주가 되었다(王誨, 字規父. 熙寧六年, 以朝散大夫尙書司勳郎中知蘇州)”라고 했다.(《和蘇州太

守王規父侍太夫人觀燈之什. 余時以劉道原見訪, 滯留京口, 不及赴此會, 二首〉(0359) 주 (2) 참조) 閭丘公은 閭丘孝終을 가리키는데 范成大의 《吳郡志》에 "여구효종은 자가 공현이며 이 고을 사람이다. 일찍이 황주태수를 지낸 적이 있으며 벼슬에서 물러난 뒤 여러 유명 인사 및 노인네들과 함께 구로회를 만들었다. 소동파는 이곳을 지나갈 때면 반드시 효종에게 들러서 시를 지으며 즐겼다(閭丘孝終, 字公顯, 郡人. 嘗守黃州, 旣掛冠, 與諸名人耆艾爲九老會. 東坡經從, 必訪孝終, 賦詩爲樂)"라고 했다.(〈蘇州閭丘·江君二家, 雨中飮酒, 二首〉(0369) 주 (1) 참조)

(6) 二丘(이구): 虎丘와 閭丘를 가리킨다.

(7) 故人(고인): 왕회·여구효종 등 옛날에 함께 놀던 사람들을 가리킨다.

(8) 叢桂(총계): 무더기로 난 계수나무. 淮南小山의 〈招隱士〉에 "깊은 산에 계수나무가 무더기로 났구나(桂樹叢生兮山之幽)"라는 구절이 있다.

(9) 靑蓋(청개): 푸른색의 수레용 日傘. 왕유의 수레용 일산을 가리킨다.

(10) 玉山(옥산): 준수한 용모를 지닌 사람을 비유하는 말로 왕유를 가리킨다. 이 구절은 왕유의 행렬을 묘사한 것이다.

(11) 小草(소초): 조그마하게 쓴 초서.

(12) 玄泉(현천): 폭포. 懸泉과 같다. 이 구절은 왕유가 빠른 속도로 시를 써 내려갈 것이라는 말이다.

(13) 使者(사자): 당시 兩浙路提點刑獄으로 재임 중이었던 왕유를 가리킨다. 주 (1) 참조.

(14) 眞娘(진낭): 당나라 때의 蘇州 名妓. 소식의 자주에 "호구로 가는 도중에 진낭의 무덤이 있다(虎丘中路有眞娘墓)"라고 했다. 이 연은 왕유가 호구로 갈 때 연도에 늘어서서 구경하는 사람들 속에 진낭도 끼어 있었겠다는 뜻으로, 왕유가 죽은 진낭도 벌떡 일어나서 구경할 만큼 매력적이라는 말이다.

(15) 舞衫歌扇(무삼가선): 舞姬가 춤을 출 때 날리는 소매와 歌妓가 노래할 때 손에 드는 부채. 무희가 춤추는 모습과 가기가 노래하는 모습을 가리킨다.

(16) 轉頭(전두): 고개를 한 번 돌리는 데 걸리는 지극히 짧은 시간.

(17) 杳靄(묘애): 멀어서 흐릿한 모양.

(18) 吳王(오왕): 춘추 시대 오나라 임금 夫差를 가리킨다. 劉禹錫의 시 〈白舍人曹長寄新詩有游宴之盛因以戲酬〉에 "서시가 만약 오왕과 풀싸움 놀이를 한다면, 실력이 못해 틀림없이 서시에게 빚지리(若共吳王鬪百草, 不如應是欠西施)"라는 구절이 있다.

(19) 鬪百草(투백초): 풀싸움. 여러 가지 화초를 채집하여 양과 질을 겨루던 옛날 놀이. 鬪草라고도 했다.

(20) 使君(사군): 태수에 대한 존칭. 黃州知州를 지낸 여구효종을 가리킨다.

(21) 借(차): 주 (18)에 인용된 유우석 시의 '欠'과 같은 뜻일 것으로 보이는바, 채집한 풀을 각자 하나씩 내밀어 맞추어 봄으로써 누가 더 많은 종류의 풀을 채집했는지 겨루는 방식의 풀싸움에서 이번에 하나를 못 내밀어 빚진 상태로 있다가 다음번에 상대방이 못 내밀면 상쇄하는 것을 가리킬 가능성도 있고, 그날의 풀싸움에서 진 사람이 훗날에 이겨서 상쇄하기로 하고 벌칙의 집행을 잠시 유예하는 것을 가리킬 가능성도 있다. 그렇다면 이 연은 옛날에 월나라 서시가 오왕 부차와 풀싸움 놀이를 했던 것처럼 여구효종 집안의 기녀가 여구효종과 풀싸움 놀이를 했다면 여구효종이 기녀에게 이길 수 없

기 때문에 기녀에게 감히 다음번에 이겨서 상쇄할 테니 기다려 달라든지, 훗날의 풀싸움에서 자기가 이기면 상쇄할 테니 벌칙 집행을 유예해 달라든지 하는 말을 못했을 것이라고 상상한 해학적인 표현이 된다. 소식의 〈蘇州閭丘·江君二家, 雨中飮酒, 二首〉(0369) 其二에도 "네 줄짜리 비파로 백거이를 즐겁게 하고, 온갖 풀을 가지고 감히 오왕과 겨뤘을 테니(曾把四絃娛白傅, 敢將百草鬪吳王)"라는 말이 있는바, 이 역시 기녀들이 풀싸움 놀이로 여구효종을 즐겁게 해 주었을 것이라고 상상한 것이다.

(22) 驚鴻(경홍): 놀라서 날아가는 기러기. 여구효종의 기녀를 가리키는 것으로 보인다.

1110. 寄蔡子華(1)

채자화에게

故人送我東來時,(2)	제가 동쪽으로 올 때 친구들이 전송하고
手栽荔子待我歸.(3)	제가 돌아오기를 기다리며 손수 여지를 심었지요.
荔子已丹吾髮白,	여지가 이미 붉어지고 저는 머리가 허옇건만
猶作江南未歸客.(4)	여전히 못 돌아간 강남 땅의 나그네가 되어 있네요.
江南春盡水如天,(5)	봄이 다 간 강남 땅에 물이 하늘과 같은데
腸斷西湖春水船.	서호의 봄 배에서 애간장이 끊어지네요.
想見青衣江畔路,(6)(7)	생각건대 청의강 강변길에는
白魚紫筍不論錢.(8)(9)(10)	뱅어와 자순이 값을 따지지 않겠지요.
霜髯三老如霜檜,(11)	서릿빛 수염의 세 노인장은 서리 맞은 노송 같은데
舊交零落今誰輩.(12)(13)	옛 친구들 다 사라져 남은 이가 없겠지요.
莫從唐擧問封侯,(14)(15)(16)	당거에게 제후에 봉해질지 묻지 말고
但遣麻姑更爬背.(17)(18)	마고에게 또 등이나 긁게 하셔요.

[해설]

고향 사람 채포의 부탁을 받고 그에게 지어 보낸 것으로 하루빨리 고향으로 돌아가고 싶은 자신의 향수를 노래하고 채포에게 노후를 인심 좋은 고향 땅에서 마음 편하게 잘 보내라고 충고했다.

[주석]

(1) 子華(자화): 소식의 고향 사람인 蔡褒의 字. 王十朋의 《百家註分類東坡先生詩》에 "채자화는 이름이 포로 미주 청신 사람이다(蔡子華, 名褒, 乃眉之靑神人也)"라고 했다.

(2) 東來(동래): 소식이 고향을 떠나 도성인 開封(지금의 하남성 개봉)으로 온 것을 가리킨다.

(3) 荔子(여자): 荔枝 나무의 열매. 여지. 소식은 惠州(지금의 광동성 혜주)에서 유배 생활을 하고 있던 소성 2년(1095) 4월에 지은 시 〈四月十一日初食荔支〉(1426)의 제목에서 그때 처음으로 여지를 먹어 보았다고 했다. 이 말에 의하면 소식의 고향인 眉山에서는 여지가 나지 않았다는 뜻이 된다. 그러나 이 시에서 소식은 또 자기가 고향을 떠나올 때 친구들이 여지를 심었다고 했다. 두 가지 사실을 종합해 보면 미산에서는 여지가 잘 자라지는 않지만 아주 안 자라는 것도 아니어서 소식이 돌아오면 함께 먹을 마음으로 친구들이 여지를 심어서 정성껏 기르며 소식이 돌아오기를 기다리겠다고 약속했던 것으로 보인다.

(4) 江南(강남): 杭州(지금의 절강성 항주)를 가리킨다.

(5) 水如天(수여천): 항주 西湖의 호숫물이 하늘처럼 푸르다는 말이다. 소식의 시 〈六月二十七日望湖樓醉書五絶〉(0198) 其一에 "바람이 땅을 쓸며 갑작스레 흩어 버리니, 망호루 밑 호수가 하늘과 같네(卷地風來忽吹散, 望湖樓下水如天)"라는 구절이 있다.

(6) 想見(상견): 추측하여 알다.

(7) 靑衣江(청의강): 사천성 寶興縣 북쪽의 邛郲山에서 발원하여 樂山에 이르러 大渡河와 만나 다시 岷江으로 들어가는 강. 平羌江이라고도 한다.

(8) 白魚(백어): 뱅어.

(9) 紫筍(자순): 차의 품종 이름.

(10) 不論錢(불론전): 값을 따지지 않고 달라는 대로 준다는 말이다. 소식의 사 〈漁父〉(漁父飮)에 "술이야 얼마가 됐든 취할 때까지 마시고, 피차간에 가격은 따지지 않네(酒無多少醉爲期, 彼此不論錢數)"라는 구절이 있다. 이 구절은 시골 상인들이 고객을 순박하게 대할 것이라는 말이다.

(11) 三老(삼로): 왕십붕의 《백가주분류동파선생시》에 "선생께서 말씀하시기를 '왕십륙 수재가 장차 촉지방으로 돌아가려고 할 때 말하기를 선덕랑이신 채자화 어르신이 나에게 시를 지어 달라고 부탁했다고 하는지라 꿈속에 네 구절을 짓고 깨어나서 완성하여 채자화 어르신께 부치고 아울러 양군소·왕경원 두 노인께도 보여 주라고 청했다. 때는 바로 원우 5년(1090) 2월 7일이다'라고 한바, 이른바 세 노인이란 이와 같다(先生曰: '王十六秀才將歸蜀, 云子華宣德蔡丈見託求詩, 夢中爲作四句, 覺而成之, 以寄子華, 仍請以示楊君素·王慶源二老人. 乃元祐五年二月七日也.' 所謂三老者如此)"라고 했다. 이 구절은 세 노인이 비록 수염은 허옇게 세었을지라도 몸은 아직 건장한 것이 마치 서리를 맞아도 잎이 떨어지지 않는 노송나무와 같겠다는 말이다.

(12) 零落(영락): 시들어 떨어지다. 죽는 것을 가리킨다.

(13) 輩(배): 무리를 이루다. 이 구절은 친구들이 다 늙어 죽어서 남아 있는 사람이 없다는 말이다.

(14) 從(종): ~에게.

(15) 唐擧(당거): 전국 시대의 유명한 관상쟁이. 전국 시대에 秦나라 재상을 지낸 蔡澤이 당거에게 가서 관상을 보며 "부귀는 내가 누리고 있으니 말할 필요 없네. 내가 알고 싶은 것은 나의 수명이네"라고 했다. 당거가 "지금으로부터 43년입니다"라고 하자 웃으면서 물러갔다. 그리고 자신의 마부에게 "임금 앞에서 읍하고 고기를 먹으며 부귀하게 지내는 것이 43년이면 족하다"라고 했다.(《사기·채택전》 참조)

(16) 封侯(봉후): 제후에 봉해지다. 높은 관직에 오르는 것을 가리킨다.

(17) 遣(견): ~으로 하여금 ~하게 하다.

(18) 麻姑(마고): 선녀의 이름. 후한 桓帝 때 신선 王遠이 蔡經의 집에 강림하여 마고선녀를 불렀더니 18~19세 된 아리따운 여인이 왔는데 손가락이 마치 새 발톱처럼 가늘고 길었다. 채경이 그것을 보고 속으로 "등이 가려울 때 이것으로 긁으면 좋겠다"라고 생각했다.(葛洪, 《神仙傳》 참조) 이 연은 채포에게 선조 중의 채택과 같은 삶을 살지 말고 채경과 같은 삶을 살라고, 즉 관직을 추구하지 말고 선녀 같은 첩과 함께 마음 편하게 살라고 충고한 것이다.

1111. 和錢四(1)寄其弟龢(2)

전씨 집안 넷째가 그의 동생 전화에게 부친 시에 화답하여

再見濤頭湧玉輪,(3)(4) 파도 꼭대기에 옥 바퀴 솟는 것 두 차례 보았나니
煩君久駐浙江春.(5) 절강의 봄에 오랫동안 머물러 달라 부탁하네.
年來總作維摩病,(6)(7)(8) 연래에는 자꾸만 유마병이 생기나니
堪笑東西二老人.(9)(10) 동쪽과 서쪽의 두 노인이 우습네.

[해설]

월주지주로 재임 중인 전협이 그의 동생 전화에게 부친 시에 화답한 것으로 관직 생활에 대한 싫증이 드러나 있다.

[주석]

(1) 錢四(전사): 당시 越州知州로 재임 중이던 錢勰을 가리킨다. 王十朋의 《百家註分類東坡先生詩》에 "전협은 자가 목보인데 형제간의 서열이 네 번째이기 때문에 목사라고도 했다(錢勰, 字穆父, 第四, 亦稱穆四)"라고 했다. 그는 원우 3년(1088) 9월에 월주지주가 되었다. 〈次韻錢越州〉(1091) 주 (1) 참조.

(2) 龢(화): 전협의 동생 전화. 왕십붕의 《백가주분류동파선생시》에 "그의 동생은 바로 전씨 집안 일곱째인 전절중이다(其弟卽錢七昰仲也)"라고 했다.

(3) 濤頭(도두): 파도 꼭대기. 錢塘潮를 가리킨다. 〈次韻秦少章和錢蒙仲〉(1090) 주 (7) 참조.

(4) 玉輪(옥륜): 옥으로 만든 수레바퀴. 달의 별칭. 전당조는 음력 8월 15일에서 18일 사이에 波高가 가장 높기 때문에 매년 이 무렵에 공식적인 觀潮 행사를 거행한다.

(5) 煩(번): 성가시게 하다. 이 연은 소식 자신이 杭州通判으로 재임할 때도 전당조를 보았고 항주지주로 재임 중인 지금도 또 보아서 아는 바와 같이 절강 지방은 참으로 살기 좋은 고장이니 자신이 항주지주로 재임하는 동안에는 조정으로 돌아가려고 애쓰지 말고 자신과 함께 이 지방에 있어 달라고 전협에게 당부한 말인 것으로 보인다.

(6) 總(총): 늘. 줄곧.

(7) 作(작): 발작하다.

(8) 維摩病(유마병): 維摩詰의 병. 《維摩經·文殊師利問疾品》에 "부처님이 毘耶離城의 庵摩羅園에 있을 때 성안에 있는 500장자의 아들들이 부처님 계시는 곳으로 가서 설법을 요청했는데 이때 거사 유마힐은 고의로 병이 났다고 핑계 대고 가지 않았다. 부처님이 舍利弗·文殊師利 등을 보내 문병하게 했다. 문수가 '거사의 이 병은 어디서 생긴 것인가요?' 하고 묻자 유마힐이 '일체 중생이 병났기 때문에 내가 병난 것이오. 만약 일체 중생이 병나지 않을 수 있다면 내 병이 사라질 것이오' 하고 대답했다(佛在毘耶離城庵摩羅園, 城中五百長者子至佛所請說法時, 居士維摩詰故意稱病不往. 佛遣舍利弗及文殊師利等問疾. 文殊問: '居士是疾何所因起?' 維摩詰答曰: '一切衆生病, 是故我病. 若一切衆生得不病者, 則我病滅.')"라는 말이 있다. 여기에서 비롯되어 '維摩病'은 불교도의 병을 가리키게 되었다. 여기서는 보통의 병을 가리키는 해학적 표현이다.

(9) 堪笑(감소): 우습다. 가소롭다.

(10) 東西二老人(동서이노인): 浙東 지역에 있는 越州의 知州 전협과 절서 지역에 있는 杭州의 지주 소식을 가리킨다. 이 연은 늙고 병이 들어서도 고향으로 돌아가지 못하는 자신들의 처지가 우습다는 말이다.

1112. 故周茂叔[1]先生濂溪[2]

고 주무숙 선생의 염계

世俗眩名實,[3][4]	세인들은 이름과 실상을 헷갈리나
至人疑有無.[5][6]	지인들은 유무를 의심한다네.
怒移水中蟹,[7]	물속의 게에게 분풀이하고
愛及屋上烏.[8]	지붕 위의 까마귀를 사랑하게 된다네.
坐令此溪水,[9]	그리하여 마침내 이 시내로 하여금
名與先生俱.[10][11]	이름이 선생과 같게 하였네.
先生本全德,	선생은 본래 덕을 온전하게 갖춘 분
廉退乃一隅.[12][13]	겸양은 바로 그중의 한 구석이네.
因抛彭澤米,[14]	그러기에 팽택령의 녹미를 포기하고
偶似西山夫.[15][16]	서산의 사나이와 꼭 같아졌네.
遂卽世所知,[17]	마침내 세상에 널리 알려져
以爲溪之呼.	시내의 이름으로 삼게 되었네.
先生豈我輩,	선생이 어찌 우리와 같은 무리이리오?
造物乃其徒.	조물주가 바로 그와 같은 무리일 것이네.
應同柳州柳,[18]	틀림없이 잠시 우계를 어리석게 한
聊使愚溪愚.[19]	유주의 유씨와 같을 것이네.

[해설]

시원지의 《시주소시》에 "주무숙 선생의 아들 주도는 자가 차원인데, 공(소식)이 항주태수로 재임할 때 주차원이 양절전운판관으로서 함께 전당(항주)에 있었기 때문에 그를 위해 이 시를 지었다(周茂叔先生子燾, 字次元, 公守杭, 次元爲兩浙轉運, 同在錢塘, 爲賦此詩)"라고 하고, 왕문고의 《소식시집》에 "주도는 바로 공(소식)이 몇 년 전에 지공거를 맡았을 때 얻은 선비로 당시 양절전운판관이었다(周燾, 乃公上年知擧所得士, 時爲兩浙轉運判官)"라고 한 바와 같이, 이 시는 자신이 지공거일 때 급제하여 당시 양절전운판관으로 재임 중이던 주돈이의 아들 주도를 위해 지은 것이다. 주돈이는 낙파(洛派)의 우두머리인 정호·정이를 거쳐 주희(朱熹)에 이르러 집대성된 송대 성리학의 원류이지만 소식은 낙파 인사들의 핍박을 많이 받았는데도 주돈이에 대한 평가가 매우 긍정적이었음을 엿보게 하는 시이다.

[주석]

(1) 茂叔(무숙): 북송 理學家 周敦頤(1017-1073)의 字. 施元之의 《施注蘇詩》에 "주무숙 선생은 도주 영도(지금의 호남성 道縣) 사람이다.……조청헌과 여정헌의 천거로 광동전운판관이 되어 형옥을 관장했다. 질병을 이유로 자청하여 남강군 태수가 되었기 때문에 여산의 연화봉 밑에 거주했다. 집 앞에 분강으로 들어가는 시내가 있는지라 영도에서 살던 집 부근의 염계를 따서 이름을 지어 주었다. 선생은 광범위하게 학습하고 힘써 행했으며 《태극도》를 저술하여 천지조화의 오묘한 이치를 궁구하고 나아가 인사의 궁극을 궁구하기에 이르렀다. 또 《통서》를 저술하여 태극의 신비를 밝혔는데 취지가 집약적이고 이치가 방대하며, 문장이 질박하고 의미가 광박하여 공자와 맹자의 근본을 터득했으니 배우는 사람들에게 공을 세웠다. 그가 처음 남안(지금의 강서성 大余)에서 하급 관리로 있을 때 정명도(程顥, 1032-1082)·정이천(程頤, 1033-1107) 두 선생이 남안군 통판인 자신들의 부친을 모시고 있었는데 부친이 그가 도를 잘 안다는 소문을 듣고 아들들로 하여금 그에게 가르침을 받게 했다. 두 정씨의 학문이 여기에서 비롯된 것이다(周茂叔先生, 道州營道人.……用淸獻及呂正獻薦, 爲廣東轉運判官, 提點刑獄. 以疾求知南康軍, 因家廬山蓮花峰下. 前有溪, 合於湓江, 取營道所居濂溪以名之. 先生博學力行, 著《太極圖》, 窮天地造化之妙, 而及於人事之終. 又著《通書》, 發明太極之秘, 旨約而道大, 文質而義博, 得孔孟之本元, 有功於學者也. 初掾南安時, 程明道·伊川二先生, 侍其父通判軍事, 聞其知道, 使受業焉. 二程之學由此起)"라고 했다.

(2) 濂溪(염계): 주돈이의 고향인 도주 영도에 있는 것과 주돈이가 남강태수로 재임할 때 거주한 여산 연화봉 밑에 있는 것 등 두 개가 있는데, 소식의 자주에 "시내가 여산 밑에 있다(溪在廬山下)"라고 했으므로 여기서는 후자를 가리킨다.

(3) 世俗(세속): 평범한 세상 사람. 世人.

(4) 眩名實(현명실): 이름과 실상을 헷갈리다. 《漢書·元帝紀》에 "변변찮은 선비들은 時務를 잘 알지 못하여 곧잘 옛날 것을 옳다고 여기고 지금 것을 그르다고 여겨서 이름과 실상을 헷갈리게 한다(俗儒不達時宜, 好是古非今, 使人眩於名實)"라는 말이 있다. 명실상부하지 않게 부른다는 뜻으로, 보통의 시내와 마찬가지로 결코 어리석지 않은 永州의 冉溪를 柳宗元이 한 번 '愚溪'라고 명명한 뒤로 세상 사람들이 그에 현혹되어 이유도 잘 모르는 채 덩달아 '우계'라고 부르는 것을 가리키는 것으로 보인다. 주 (18) 참조.

(5) 至人(지인): 사상적인 측면에서나 도덕적인 측면에서 지극히 높은 경지에 이른 사람. 《莊子·逍遙遊》에 "지인에게는 자기 자신이 없고, 신인에게는 공로가 없으며, 성인에게는 이름이 없다(至人無己, 神人無功, 聖人無名)"라고 했는데, '지인에게는 자기 자신이 없다'는 것은 지인은 자신의 존재를 의식하지 않는다는 말이다.

(6) 疑有無(의유무): 있는지 없는지에 대하여 의심을 품다. 그러한 사실이 있다고 믿지 않는다는 말이다. 이 구절은 주돈이 자신은 청렴하다는 사실을 의식하지 않고 있었는데 다른 사람들이 주돈이를 청렴하다고 생각하여 그 집 앞의 시내를 '廉溪'라고 불러 주었다는 뜻인 것으로 보인다.

(7) 水中蟹(수중해): 물속의 게. 晉나라 사람 解系는 매우 강직한 사람이었는데 氐族과 羌族이 반란을 일으켰을 때 征西將軍인 趙王 司馬倫과 함께 그들을 토벌하러 갔다. 그런데 사마윤은 간사한 사람인 孫秀의 말을 믿고 해계와 자주 의견 충돌을 일으켜 조정에 上奏했지만 조정에서 해계의 위인을 잘 아는지라 오히려 사마윤을 소환했다. 그러자 해계가 손수를 처형해야 한다는 상소문을 올렸는데 이번에는 그의 청원이 받아들여지지 않았다. 사마윤과 손수가 참소하는 바람에 해계는 관직을 파면당하고 집으로 돌아갔다. 張華와 裴頠之가 피살된 뒤에 사마윤과 손수가 옛날의 원한으로 해계 형제를 잡아들이자 梁王 司馬肜이 그들을 구제해 주었다. 그러자 사마윤이 격노하여 말하기를 "나는 물속의 게('게'라는 뜻의 '蟹'는 '解系'의 '解'와 발음이 같다)만 보아도 증오하거늘 하물며 이들 형제가 나를 경시했음에랴! 이것을 참을 수 있다면 무엇을 참지 못하리오?"라고 했다. 사마융이 힘껏 싸웠으나 뜻을 이루지 못하는 바람에 사마윤이 마침내 해계 형제는 물론 그들의 처자까지도 죽이고 말았다.(《진서·해계전》 참조)

(8) 屋上烏(옥상오): 지붕 위의 까마귀. 《說苑·貴德》에 "그 사람이 좋으면 지붕 위의 까마귀도 좋아지고, 그 사람이 미우면 그 집 벽도 미워진다(愛其人者, 兼屋上之烏; 憎其人者, 惡其餘胥)"라는 말이 있고, 杜甫의 시 〈奉贈射洪李四丈〉에 "어르신네 지붕 위의 저 까마귀여, 사람이 좋으니까 까마귀도 좋구나(丈人屋上烏, 人好烏亦好)"라는 구절이 있다.

(9) 坐(좌): ~하기에 이르다.

(10) 先生(선생): 주돈이를 가리킨다.

(11) 俱(구): 동등하다. 濂溪는 시내 이름이기도 하고 주돈이의 號이기도 하다.

(12) 廉退(염퇴): 겸양하다.

(13) 一隅(일우): 한 모퉁이. 한 측면. 一端을 가리킨다. 《論語·述而》에 "한 방면을 가르쳐 주었을 때 나머지 세 방면으로 반응을 보여 주지 않으면 나는 반복해서 그를 가르치지 않는다(擧一隅不以三隅反,

則不復也)"라는 孔子의 말이 있다.

(14) 彭澤米(팽택미): 팽택의 쌀. 陶淵明이 팽택 현령으로 재임할 때 받았다는 다섯 말의 쌀, 즉 얼마 안 되는 祿米를 가리킨다. 도연명은 팽택 현령으로 있을 때 郡에서 督郵가 나올 것이니 정중하게 맞이하라는 아전의 말을 듣고 "나는 쌀 다섯 말을 받기 위해 허리를 굽혀 정중하게 시골 소인배를 모실 수 없다"라고 하고는 당장 사직하고 고향으로 돌아갔다.(《晉書·陶潛傳》 참조) 이 구절은 주돈이가 과감하게 관직에서 물러났다는 말이다.

(15) 偶(우): 마침. 꼭.

(16) 西山夫(서산부): 武王이 자신들의 간언을 듣지 않고 殷나라를 정벌한 후 周나라를 세우자 首陽山으로 들어가 고사리를 캐 먹으며 연명하다가 마침내 굶어 죽은 伯夷와 叔弟를 가리킨다.

(17) 卽(즉): ~에 이르다. 馮應榴의 《蘇軾詩集合注》에 "하작이 말하기를 '원공이 스스로 시를 지어서 "'廉'이라고 부르며 아침저녁으로 경계했네"라고 했으니 이는 "廉溪"라는 뜻으로 이해한 것인바, 소식의 시와 같음에 틀림없다'라고 했다(何焯曰: '元公自爲詩云: "名廉朝暮箴", 則廉溪之義, 當如蘇詩.')"라고 한 바와 같이, 시내의 이름이 원래 '濂溪'였는데 소식은 '청렴한 시내'라는 뜻의 '廉溪'로 받아들였던 것으로 보인다. 그렇다면 이 연은 주돈이의 청렴한 됨됨이가 세상에 널리 알려져 세상 사람들이 청렴한 됨됨이라는 뜻에서 그 시내를 '廉溪'라고 불렀다는 말이다.

(18) 柳州柳(유주유): 유주(지금의 광서장족자치구 유주)의 刺史를 지낸 柳宗元을 가리킨다. 그는 永州(지금의 호남성 영주) 교외에서 冉溪라는 시내를 발견하고 그것이 너무 낮기 때문에 논밭에 끌어대어 농업용수로 쓰기가 어려운 데다 물살이 너무 빠르고 바위가 많아 배를 띄우기도 힘든 것이 마치 자기 자신처럼 어리석다고 생각하여 '愚溪'라고 부르며 주위에 있는 언덕·샘·도랑·연못·초당·정자·섬 등에 모두 '愚' 字를 써서 愚丘·愚泉·愚溝·愚池·愚堂·愚亭·愚島라고 명명했다.(유종원, 〈愚溪詩序〉 참조) 그는 永州司馬로 폄적되어 약 10년 동안 영주에서 지낸 뒤 잠시 조정으로 들어갔다가 금방 다시 유주자사로 폄적되어 5년 동안 유주에서 지내다가 거기서 세상을 떠났기 때문에 '柳柳州'라고 불렸다.

(19) 愚溪(우계): 영주에 있는 시내. 본래 이름이 '冉溪'였는데 유종원이 '우계'로 바꾸었다. 주 (18) 참조.

1113. 次周燾[(1)]韻幷敍

주도의 시에 차운한 시와 그 서문

周燾游天竺[(2)], 觀激水[(3)], 作詩云: "拳石[(4)]耆婆[(5)]色兩靑, 竹龍[(6)]驅水轉山鳴. 夜深不見跳珠[(7)]碎, 疑是檐間滴雨聲." 東坡[(8)]和之.(주도가 천축산을 유람하다가 격류를 보고 시를 지어서 "주먹만 한 돌과 기파 등나무는 색깔이 둘 다 파랗고, 죽룡은 물을 끌고 산을 돌며 우는데, 밤이 깊어 진주가 튀어 깨지는 모습이 안 보이니, 처마 밑에 빗방울이 떨어지는 소리 같네"라고 했기에 동파가 그것에 화답했다.)

道眼轉丹靑,[(9)(10)(11)] 도통한 사람이라 단청에서 눈을 돌려
常於寂處鳴.[(12)] 항상 한적한 데서 소리를 내네.
早知雨是水, 일찍이 알았나니 비는 물이라
不作兩般聲.[(13)] 두 가지 소리를 내지 않는 법이라네.

[해설]

주돈이의 아들 주도가 항주 천축산에 놀러 갔다가 격류의 물방울이 바위에 떨어졌다 튀어 오르는 소리를 들은 감회를 노래하자 그 시에 차운한 것이다.

[주석]

(1) 周燾(주도): 周敦頤의 아들. 史容의 《山谷外集註》에 "주염계(주돈이)는 아들이 둘 있으니 주수와 주도이다.……주도는 자가 통로였는데 나중에 차원으로 바꾸었다(濂溪二子, 壽·燾……燾, 字通老, 後改次元)"라고 했다.

(2) 天竺(천축): 절강성 杭州의 靈隱山 남쪽에 있는 산. 상천축산·중천축산·하천축산이 있는데 여기서는 하천축산을 가리킨다. 《咸淳臨安志》에 "하천축산의 영산교사는 수나라 개황(581-600) 연간에 건립한 것으로, 그 안에 곡수정이 있는데 일명 유배정이라고도 한다. 물가의 누대를 받쳐 주는 반석이 있어서 주차원과 소동파가 화답한 시를 새겨 놓았다(下天竺靈山敎寺, 隋開皇中建, 中有曲水亭, 一曰流杯亭. 有水臺盤石, 刻周次元與東坡和詩)"라고 했다.

(3) 激水(격수): 빠르고 세차게 흐르는 물. 激流.

(4) 拳石(권석): 주먹만 한 돌. 작은 돌을 가리킨다.

(5) 耆婆(기파): 紀昀의 《蘇文忠公詩集》에 "사신행의 《초백암시평》권중에 '기파는 등나무 이름이다'라는 말이 있다(査愼行《初白庵詩評》卷中: '耆婆, 藤名.')"라고 했다.

(6) 竹龍(죽룡): 물을 끌어들이기 위해 여러 그루의 대나무를 용처럼 길게 연결해 놓은 것을 가리킨다.

(7) 跳珠(도주): 어떤 물체에 떨어졌다가 튀어 올라서 부서지는 물방울을 진주에 비유한 것으로, 돌에 맞고 튀어 오르는 천축산 격류의 물방울을 가리킨다. 소식의 시 〈六月二十七日望湖樓醉書五絶〉(0198) 其一에 "먹 쏟은 듯 검은 구름 산을 채 덮기 전에, 하얀 비가 진주 되어 배로 마구 뛰어든다(黑雲翻墨未遮山, 白雨跳珠亂入船)"라는 구절이 있다.

(8) 東坡(동파): 소식이 '동파'라는 호를 써서 자신을 가리켰다고 보기는 어렵다. 그러기에 기윤의 《소문충공시집》에는 이 시의 서문에 대하여 "후세 사람이 기록한 말이지 서문이 아니다(後人紀錄之語, 非引也)"라고 했다.

(9) 道眼(도안): 진리를 가려내는 통찰력 있는 안목.

(10) 轉(전): 방향을 전환하다.

(11) 丹靑(단청): 붉은색과 푸른색. 현란한 색채. 단청이 칠해진 佛堂을 비롯하여 절 부근의 아름다운 풍경을 두루 가리킨다. 이 구절은 주도가 도안을 지닌 사람이기 때문에 아름다운 풍경에나 관심을 기울이는 일반인들과 달리 물방울 튀는 소리에 관심을 기울인다는 말이다.

(12) 寂處鳴(적처명): 보통 사람들이 관심을 기울이지 않는 곳에 관심을 기울이고 자기 생각을 토로한다는 말이다. 韓愈의 〈送孟東野序〉에 "대체로 사물이란 평형 상태를 유지하지 못하면 운다.……맹동야는 처음으로 그의 시로써 울었다(大凡物不得其平則鳴.……東野始以其詩鳴)"라고 했다.

(13) 兩般聲(양반성): 두 가지 소리. 이 연은 바위에 맞고 튀어 오르는 격류의 물방울 소리와 처마에서 떨어지는 빗방울 소리가 서로 다르지 않다는 뜻으로, 두 가지 소리를 구분하기 어려울 뿐만 아니라 굳이 구분할 필요도 없다는 말이다.

1114. 送南屛[(1)]謙師[(2)]幷引

남병산의 겸사를 전송하며 지은 시와 그 서문

南屛謙師妙於茶事, 自云: "得之於心, 應之於手, 非可以言傳學到者." 十二月二十七日, 聞軾游落星[(3)], 遠來設茶, 作此詩贈之.(남병산의 겸사는 차 끓이는 일에 뛰어난데 스스로 말하기를 "마음속으로 터득하여 손으로 상응하는 것이지 말로써 전하거나 배워서 이를 수 있는 것이 아닙니다"라고 했다. 12월 27일에 내가 낙성에서 노닌다는 소문을 듣고 멀리까지 와서 차를 끓여 주는지라 이 시를 지어서 그에게 준다.)

道人曉出南屛山,[(4)]	도인께선 새벽에 남병산에서 나와
來試點茶三昧手.[(5)(6)(7)]	차 끓이기 삼매경의 솜씨를 보여 줬네.
忽驚午盞兎毛斑,[(8)(9)]	한낮 찻잔의 토끼털 무늬를 보고 깜짝 놀랐나니
打作春甕鵝兒酒.[(10)(11)]	봄날 독의 아황주를 만들어 놨네.
天台乳花世不見,[(12)(13)]	천태산의 젖빛 꽃도 세상에 안 보이고
玉川風腋今安有.[(14)]	옥천자 겨드랑이에 바람 일으킨 그 차도 이제 없네.
先生有意續茶經,[(15)(16)]	선생에게 《다경》의 속편을 지을 뜻이 있나니
會使老謙名不朽.[(17)(18)]	늙은 겸사의 이름이 영원히 남게 하리.

[해설]

항주 서호 남쪽의 남병산에서 수도하는 겸사가 소식이 노닐고 있는 낙성사로 찾아와서 차를 끓여 주고 떠날 때 그를 전송하면서 지은 시이다.

[주석]

(1) 南屛(남병): 항주 서호 남쪽에 있는 산. 이 산 기슭에 淨慈寺라는 절이 있다.
(2) 謙師(겸사): 구체적인 행적이 알려져 있지 않다.
(3) 落星(낙성): 절 이름인 것으로 보인다. 王文誥의 《蘇軾詩集》〈校勘記〉에 "《東坡七集》에는 '落星'이 '壽星寺'로 되어 있다(《七集》, '落星'作'壽星寺')"라고 했는데 《西湖遊覽志》에 의하면 수성사(즉 壽星

院)는 서호 북쪽의 葛嶺에 있었다고 한다. 〈臥病彌月, 聞垂雲花開, 順闍黎以詩見招, 次韻答之〉(1116) 주 (2) 참조.

(4) 道人(도인): 도사나 스님처럼 道行이 높은 사람. 겸사를 가리킨다.

(5) 試(시): 시도하다.

(6) 點茶(점차): 차를 끓이다.

(7) 三昧(삼매): 잡념에 사로잡히지 않고 오로지 하나의 대상에만 정신을 집중하는 경지.

(8) 午盞(오잔): 낮에 끓인 차를 담은 잔을 가리킨다.

(9) 兎毛班(토모반): 토끼털 무늬. 송나라 때의 고급 찻잔으로 兎毫盞·鷓鴣斑盞·木葉盞·貼花盞·玳瑁盞 등이 있었는데, 토호잔은 宋代 8大 名窯 가운데 하나로 建陽(지금의 복건성 南平市 건양)에 위치한 建窯의 대표적 瓷器로 검은색 유약을 바르고 구워 표면에 가는 토끼털 모양의 줄무늬가 생기게 한 최고급 찻잔이었다고 한다.(《百度百科》〈宋盞〉·〈兎毫盞〉·〈建窯〉 참조) 蔡襄의 《茶錄·茶盞》에 "차의 색깔이 흰 것은 검은색 잔으로 마셔야 하는데 建安(지금의 복건성 남평시 建甌)에서 만든 것은 감색을 띤 흑색으로 토끼털 같은 무늬가 있다. 그 잔은 조금 두꺼워서 불로 데우면 잘 식지 않고 오랫동안 따뜻하여 가장 쓰기 좋다. 다른 곳에서 나는 것은 얇거나 보라색이라 모두 이것에 못 미친다(茶色白, 宜黑盞, 建安所造者, 紺黑, 紋如兎毫. 其杯微厚, 熁之, 久熱難冷, 最爲要用. 出他處者, 或薄, 或色紫, 皆不及也)"라고 했는데, 건양과 건안은 인접 지역으로 송나라 때는 둘 다 建州에 속했고 지금은 둘 다 남평시에 속하므로 채양이 말한 '건안에서 만든 것(建安所造者)'은 바로 建窯에서 만든 것을 가리키는 것으로 보인다.

(10) 打作(타작): ~으로 만들다. 제조하여 ~이 되게 하다.

(11) 鵝兒酒(아아주): 거위의 깃털처럼 노르스름한 고급 술. 鵝黃酒라고도 한다. 杜甫의 시 〈舟前小鵝兒〉에 "거위는 깃털이 술과 같이 노랗나니, 술잔 들고 햇거위 보며 귀여워한다(鵝兒黃似酒, 對酒愛新鵝)"라는 구절이 있다. 이 연은 겸사가 최고급 찻잔인 토호잔에다 아황주처럼 노르스름하고 향긋한 차를 따라 온 것을 보고 놀랐다는 말이다.

(12) 天台(천태): 천태산. 절강성 동쪽에 있는 산. 《天台記》에 "단구에서 커다란 찻잎이 나는데 그것을 먹으면 날개가 돋힌다(丹丘出大茗, 服之生羽翼)"라는 말이 있다.

(13) 乳花(유화): 젖빛 꽃. 차를 끓일 때 생기는, 젖처럼 흰 꽃 모양의 거품을 가리킨다.

(14) 玉川(옥천): 玉川子. 당나라 시인 盧仝의 호. 그는 차를 무척 좋아했는데 그의 시 〈走筆謝孟諫議寄新茶〉에 "한 사발을 마시니 목과 입술이 촉촉해지고, 두 사발을 마시니 외로움과 번민이 사라지고, 세 사발을 마시니 메마른 창자를 뒤지는데, 오로지 오천 권의 문자밖에 없으며, 네 사발을 마시니 가벼운 땀이 나서, 평소의 불만스럽던 여러 가지 일들이, 털구멍을 통하여 깡그리 발산되고, 다섯 사발 마시니 온몸이 서늘하고, 여섯 사발 마시니 신선이 된 듯하며, 일곱 사발은 아무래도 다 마실 수 없는 일, 겨드랑이에서 솔솔 청풍이 이는 걸 느낄 뿐이네(一碗喉吻潤, 兩碗破孤悶. 三碗搜枯腸, 唯有文字五千卷. 四碗發輕汗, 平生不平事, 盡向毛孔散. 五碗肌骨淸, 六碗通仙靈, 七碗吃不得也, 唯覺兩腋習習淸風生)"라는 구절이 있다. 이 연은 천태산의 단구에서 난 차나 노동이 마신 차처럼 좋은

차는 지금 다 없어졌기 때문에 겸사가 끓여 준 이 차가 가장 좋은 차라는 말이다.

(15) 先生(선생): 소식 자신을 가리키는 해학적인 표현이다.

(16) 茶經(다경): 茶聖이라고 불릴 정도로 차에 관하여 조예가 깊었던 당나라 사람 陸羽가 지은 책.

(17) 會(회): 틀림없이.

(18) 老謙(노겸): 늙은 겸사. 이 연은 겸사의 차 끓이는 법이 기록으로 남겨서 길이 보존할 가치가 있을 만큼 소중하다는 말이다.

1115. 次韻子由(1)使契丹(2)至涿州(3)見寄(4)四首

사신이 되어 거란으로 가는 길에 탁주에 이르러 나에게 부친 자유의 시에 차운하여

其一

老人癡鈍已逃寒,(5)(6)	이 늙은이가 어리석고 둔해 이미 추위를 피했으니
子復辭行理亦難.(7)(8)	자네가 또 사절하기는 도리상 역시 어려웠으리.
要到盧龍看古塞,(9)(10)(11)	노룡에 이를 무렵 옛날 요새를 보고
投文易水弔燕丹.(12)(13)	역수에 글을 던져 연 태자 단을 애도하리.

其二

胡羊代馬得安眠,(14)(15)(16)	오랑캐 양과 대주 말 속에 편히 잘 수 있겠는가?
窮髮之南共一天.(17)	털 없는 곳의 남쪽에서 하늘을 함께하겠네.
又見子卿持漢節,(18)(19)	한나라의 부절을 든 소자경 모습을 다시 보고
遙知遺老泣山前.(20)	유민들이 산 앞에서 눈물 흘릴 줄 알겠네.

其三

氈毳年來亦甚都,(21)(22)	털옷 입는 이들도 연래에는 퍽 우아해져
時時鴂舌問三蘇.(23)(24)	때때로 뱁새 혀로 삼소에 대해 물으리.

那知老病渾無用, 나는 늙고 병들어 전혀 쓸모가 없는지라
欲向君王乞鏡湖.(25) 임금님께 경호를 달라고 빌 예정인 줄 어찌 알리?

其四

始憶庚寅降屈原,(26)(27) 경인일에 굴원이 난 일이 막 생각나는가 싶더니
旋看蠟鳳戱僧虔.(28)(29) 밀랍 봉황을 만들며 왕승건이 노는 걸 이내 봤네.
隨翁萬里心如鐵,(30) 늙은이 따라 만 리를 갈 만큼 마음이 무쇠 같으니
此子何勞爲買田.(31) 이 아들이야 어찌 밭을 사 주려고 애쓸 필요 있으리?

[해설]

동생 소철이 요나라 황제의 탄생을 축하하는 사절로 선발되어 요나라로 들어가는 도중 탁주에 이르러 〈신수관에서 자첨 형에게 부치는 절구 네 수(神水館寄子瞻兄四絶)〉라는 시를 지어 보내자 그것에 차운하여 지은 것이다.

[주석]

(1) 子由(자유): 소식의 동생 蘇轍의 字.
(2) 契丹(거란): 북송의 북쪽에 있던, 거란족이 세운 遼나라를 가리킨다.
(3) 涿州(탁주): 지금의 하북성 탁주. 북쪽으로 北京과 연접해 있는데 당시에는 遼나라에 속했다.
(4) 見寄(견기): 나에게 부치다. 〈次韻錢越州見寄〉(1099) 주 (2) 참조.
(5) 老人(노인): 소식 자신을 가리킨다. 소식의 자주에 "나는 옛날에 사신이 되어 북방으로 가는 것을 면하게 해 달라고 주청했다(余昔年辭免使北)"라고 했다.
(6) 逃寒(도한): 추위에서 벗어나다. 사신이 되어 추운 지방으로 가지 않은 일을 가리킨다.
(7) 子(자): 자네. 소철을 가리킨다.
(8) 辭行(사행): 길 가기를 사절하다. 이 연은 소식 자신이 이미 한 번 사절한 적이 있기 때문에 도리상 동생이 또 그러기는 어려웠을 것이라는 말이다.
(9) 要(요): 곧 ~하려고 하다.
(10) 盧龍(노룡): 지금의 하북성 盧龍縣. 당시 요나라 영토였다.
(11) 古塞(고새): 盧龍塞를 가리킨다.
(12) 易水(역수): 하북성 易縣에서 발원하여 동남쪽으로 흐르는 강. 戰國時代 말기에 秦나라가 六國을 차례대로 멸망시켜 나갈 때 진나라 군사가 역수에 다가오자 비밀리에 장사 20명을 배양해 온 燕나라

태자 丹이 荊軻로 하여금 진나라 시황제를 암살하게 했는데 형가가 실패하는 바람에 연나라 왕이 태자 단을 죽여서 진나라에 바치고 화의를 요청했다.(《史記·燕召公世家》 참조)

(13) 燕丹(연단): 연나라 태자 단.

(14) 胡羊(호양): 오랑캐의 양. 거란족의 양을 가리킨다.

(15) 代馬(대마): 代州(지금의 산서성 代縣)에서 나는 좋은 말. 널리 북방에서 나는 명마를 가리킨다.

(16) 得(득): 할 수 있다.

(17) 窮髮(궁발): 대지의 털인 초목이 없는 땅이라는 뜻으로, 북쪽 끝에 있는 不毛地를 가리킨다. '窮髮之南'은 그보다는 조금 남쪽인 요나라 땅을 가리킨다. 이 연은 머나먼 이국땅의 낯선 사람들 틈에서 불편하게 지낼 소철의 모습을 상상해 본 것이다.

(18) 子卿(자경): 한나라 사람 蘇武의 字. 그는 흉노 땅에 사신으로 나갔다가 억류되었는데 흉노족이 온갖 회유와 협박으로 투항하라고 하는데도 불구하고 한나라의 符節을 움켜쥔 채 19년 동안 꿋꿋하게 절개를 지키다가 나중에 한나라와 흉노족이 화친을 맺음으로써 마침내 한나라로 돌아갔다.(《漢書·蘇武傳》 참조) 여기서는 姓이 같은 소철을 가리킨다.

(19) 漢節(한절): 한나라 조정에서 신분 증명용으로 준 符節.

(20) 遺老(유로): 망하여 없어진 나라의 백성이 된 늙은이. 요나라 치하에 있는 漢族 늙은이를 가리킨다. 五代 때 石敬瑭이 지금의 하북성 북부와 산서성 북부에 있는 幽州·薊州·瀛州·莫州·涿州·檀州·順州·新州·嬀州·儒州·武州·雲州·應州·寰州·朔州·蔚州 등 16개의 주를 거란족에게 바치고 그들의 힘을 빌려 後晉을 세움으로써 그 지역 백성들이 요나라 백성으로 바뀌었는데 소철은 그 지역을 거쳐 요나라 도성으로 들어갔다.

(21) 氈毳(전취): 짐승의 털이나 새의 깃털로 만든 모직물. 일반적으로 북방 민족을 가리키는바 여기서는 거란족을 가리킨다.

(22) 都(도): 우아하다. 高雅하다. 이 구절은 거란족도 요즘은 문화 수준이 많이 높아졌다는 말이다.

(23) 鴂舌(결설): 뱁새의 혀. 알아듣기 어려운 말을 가리킨다.

(24) 三蘇(삼소): 蘇洵·蘇軾·蘇轍의 삼부자를 가리킨다. 소식의 자주에 "나와 자유가 서울로 들어갔을 때 북방 사신이 이미 소재지를 물었고 나중에 내가 館伴使가 되었을 때 북방 사신이 여러 차례 삼소의 문장을 암송했다(余與子由入京時, 北使已問所在, 後余館伴, 北使屢誦三蘇文)"라고 했다.

(25) 鏡湖(경호): 절강성 紹興에 있는 호수. 鑑湖라고도 한다. 당나라 시인 賀知章은 천보(742-755) 초에 병이 들어 꿈속에 옥황상제의 거처에서 노닐다가 며칠 뒤에 깨어나 경호 옆에 있는 고향으로 돌아가 도사로 살게 해 달라고 주청하여 허락을 받았다.(《신당서·하지장전》 참조) 이 연은 하지장이 경호로 가서 은거한 것처럼 자신도 전원으로 돌아가 은거하고 싶어 하는 줄을 거란족들이 모를 것이라는 말이다.

(26) 庚寅(경인): 庚寅日. 屈原의 〈離騷〉에 "호랑이의 해인 바로 그해 정월의, 경인일에 내가 태어났네(攝提貞於孟陬兮, 惟庚寅吾以降)"라고 했다.

(27) 屈原(굴원): 戰國時代의 楚나라 시인.

(28) 旋(선): 금방.

(29) 僧虔(승건): 王僧虔. 南北朝 시대의 宋나라 사람. 《南齊書·王僧虔傳》에 "왕담수 형제가 자손들을 한 자리에 모아 놓았더니 왕홍(왕담수의 형)의 아들 왕승달은 땅바닥에서 펄쩍펄쩍 뛰면서 놀고 왕승건은 몇 살밖에 안 되었는데 혼자 단정하게 앉아서 초로 봉황을 만들었다. 그러자 왕홍이 '이 아이는 아무래도 큰 놈이 되겠다'라고 했다(曇首兄弟集會諸子孫, 弘子僧達下地跳戲, 僧虔年數歲, 獨正坐采蜡燭珠爲鳳凰. 弘曰: '此兒終當爲長者.')"라는 일화가 있다. 이 연은 태어난 지 얼마 안 된 것 같은 조카 蘇遲가 어느새 비범한 면모를 보였다는 말이다.

(30) 翁(옹): 늙은이. 소지의 老父인 소철을 가리킨다. 소식의 자주에 "당시 조카 지가 모시고 갔다(時猶子遲侍行)"라고 했다.

(31) 買田(매전): 논밭을 사 주다. 한나라 사람 陸賈는 好畤(지금의 섬서성 乾縣 동쪽의 好畤村)에서 은거하기로 하고 아들 다섯 명에게 각자 200금씩 나누어 주어 생업을 마련하게 하고, 이후 자기가 번갈아 가면서 찾아가면 극진히 모시라고 했다.(《사기·육가전》 참조) 이 연은 조카 소지가 육가의 아들들처럼 생업을 마련해 줄 필요가 없을 정도로 강인한 정신력을 지니고 있다고 칭찬한 것이다.

卷32

古今體詩六十二首

고체시 및 근체시 62수

권32에는 용도각학사충양절서로병마검할지항주군주사(龍圖閣學士充兩浙西路兵馬鈐轄知杭州軍州事)로 근무 중이던 원우 5년(1090) 1월부터 그해 12월까지의 시 62수가 수록되어 있다.

蘇軾

1116. 臥病彌月[1], 聞垂雲[2]花開, 順[3]闍黎[4]以詩見招[5], 次韻答之

한 달 꼬박 병상에 누워 있다가 수운정에 꽃이 피었다는 말을 들었는데 청순스님이 시로써 나를 부르기에 차운하여 화답한다

道人心似水,[6] 도인은 마음이 물과 같아서
不礙照花妍.[7] 고운 꽃이 마음속에 잘 비쳤으리.
宴座春强半,[8][9] 가만히 앉은 채로 봄을 다 보냈는데
淸陰月屢遷.[10][11] 달이 맑은 그림자를 몇 번이고 옮겼으리.
平生無起滅,[12] 평생토록 생멸이 없는가 하면
一念有陳鮮.[13][14] 한순간에 신진대사가 이루어지기도 하리.
嫋嫋風枝擧,[15] 바람 맞은 가지가 하늘하늘 위로 들리고
離離日萼蔫.[16][17][18] 햇빛 받은 꽃잎이 축축 아래로 처지리.
病吟終少味, 병이 들어 시를 읊어도 끝내 맛이 별로 없고
老醉不成顚.[19] 늙어서 술을 마셔도 광기를 부리지 못하리.
何必遨頭出,[20] 놀이의 우두머리가 나갈 필요 뭐 있으리
湖中有散仙.[21] 호수 안에 한가한 신선이 계시는데?

[해설]

한 달 동안 병석에 누워 있을 때 청순이 시를 지어 보내 수운정에 꽃이 피었으니 놀러 오라고 하자 그의 시에 차운하여 청순의 초청을 완곡하게 사절한 것이다.

[주석]

(1) 彌月(미월): 만 1개월.

(2) 垂雲(수운): 정자 이름. 《西湖遊覽志》에 "수운정은 갈령의 수성원에 있다(垂雲亭, 在葛嶺壽星院)"라고 했는데 갈령은 杭州 西湖의 바로 북쪽에 있다. 〈怡然以垂雲新茶見餉, 報以大龍團, 仍戲作小詩〉(1108) 주(3) 참조.

(3) 順(순): 淸順스님. 査愼行의 《蘇詩補註》에 "순사리는 바로 청순이다(順闍黎卽淸順)"라고 했다. 〈怡然以垂雲新茶見餉, 報以大龍團, 仍戲作小詩〉(1108) 주 (1) 참조.

(4) 闍黎(사리): 梵語 阿闍梨의 약칭으로 고승이라는 뜻이다. '闍梨'로 쓰기도 한다.

(5) 見招(견초): 나를 부르다. 〈次韻錢越州見寄〉(1099) 주 (2) 참조.

(6) 道人(도인): 도사나 스님처럼 道行이 높은 사람. 청순을 가리킨다.

(7) 不礙(불애): 방해받지 않다. 상관없다. 이 연은 청순의 마음이 물처럼 맑기 때문에 꽃이 다른 사람보다 더 잘 보였을 것이라는 말이다. 청순의 원시에 꽃의 아름다움을 찬양하는 세부적인 묘사가 있었을 것으로 보인다.

(8) 宴座(연좌): 한가로이 앉아 있다.

(9) 强半(강반): 過半. 대부분.

(10) 淸陰(청음): 달빛에 의해서 생긴 얇은 그림자를 가리킨다. 이 연은 달이 위치를 옮김에 따라 계속 방향을 바꾸는 꽃 그림자를 보고 있는 청순의 모습을 상상하여 묘사한 것으로, 역시 청순의 원시에 언급되어 있었을 것으로 보인다.

(11) 遷(천): 위치를 옮기다.

(12) 起滅(기멸): 생겨나는 것과 소멸되는 것. 生滅.

(13) 一念(일념): 한 번 생각하다. 불교에서 생각이 한 번 스쳐 가는 지극히 짧은 시간을 가리킨다.

(14) 陳鮮(진선): 오래된 것과 신선한 것. 먼저 핀 꽃이 지고 새로운 꽃이 피는 현상을 가리키는 것으로 보인다. 소식은 〈赤壁賦〉에서 "손님도 저 물과 달을 아시오? 물이 이처럼 밤낮없이 흐르지만 한 번도 가 버린 적이 없고, 달이 저처럼 찼다가 기울지만 끝내 없어지거나 자라지 않았다오. 변한다는 관점에서 볼라치면 천지는 한순간도 변하지 않을 수 없지만, 변하지 않는다는 관점에서 볼라치면 만물과 내가 모두 끝이 없다오(客亦知夫水與月乎? 逝者如斯, 而未嘗往也; 盈虛者如彼, 而卒莫消長也. 蓋將自其變者而觀之, 則天地曾不能以一瞬; 自其不變者而觀之, 則物與我皆無盡也)"라고 했거니와, 이 연은 변하지 않는다는 관점에서 보면 새로 생겨나는 것도 없고 소멸되는 것도 없으며, 변한다는 관점에서 보면 한순간도 쉬지 않고 변한다는 말이다.

(15) 嫋嫋(요뇨): 가볍게 흔들리는 모양.

(16) 離離(이리): 맥이 없는 모양. 아래로 처진 모양.

(17) 日萼(일악): 햇살을 받은 꽃받침. 햇살 아래 서 있는 꽃을 가리킨다.

(18) 蔫(언): 시들다. 시들어서 아래로 처지다. 이 연은 '陳鮮'의 예를 제시한 것이다.

(19) 顚(전): 미치광이. 술을 많이 마시고 광기를 부리는 사람을 가리킨다. 이 연은 소식 자신이 병이 들어

서 시를 잘 지을 수도 없고 술을 많이 마실 수도 없다는 말이다.

(20) 遨頭(오두): 유람의 우두머리라는 뜻으로, 송나라 때 成都 지방에서 태수를 일컫던 말이다. 여기서는 촉지방 출신의 杭州知州인 소식 자신을 가리킨다. 陸游의《老學庵筆記》에 "4월 19일을 성도에서는 浣花日이라고 하는데 태수가 두자미(杜甫) 초당의 창랑정에서 노닐고 온 성내 사람들이 다 나와 수놓은 비단옷 입은 사람들이 길 양쪽에 늘어선다. 연초부터 놀기 시작하여 이날에 이르러 그치기 때문에 어느 때보다도 성황을 이룬다. 나는 촉지방에서 여러 해 동안 나그네 생활을 한지라 이 모임에 여러 번 갔는데 날씨가 맑지 않은 적이 없었다. 그러기에 촉지방 사람들이 '백발을 뒤집어쓴 노인도 완화일에 비가 내리는 것을 본 적이 없다'고 한다(四月十九日, 成都謂之浣花, 遨頭宴於杜子美草堂滄浪亭, 傾城皆出, 錦繡夾道. 自開歲宴遊, 至是而止, 故最盛於他時. 予客蜀數年, 屢赴此集, 未嘗不晴. 蜀人云: '雖戴白之老, 未嘗見浣花日雨也.')"라는 기록이 있다.

(21) 散仙(산선): 직책을 맡지 않은 신선. 세속적인 일에 구애되지 않고 자유분방하게 사는 사람을 가리키는바, 여기서는 청순을 가리킨다. 마지막 네 구절은 몇몇 사람이 함께하는 꽃놀이에서 청순이 주도적인 역할을 잘할 것이기 때문에 늙고 병들어서 술도 잘 못 마시고 시도 잘 못 짓는 소식 자신이 억지로 나갈 필요가 없겠다는 말이다.

1117. 雪後, 便[1]欲與同僚尋春[2], 一病彌月[3], 雜花都盡, 獨牡丹在爾, 劉景文[4]左藏[5]和順[6]闍黎[7]詩見贈[8], 次韻答之

눈이 내린 뒤에 곧 동료들과 함께 봄놀이를 가려고 했는데 한 번 병이 난 뒤로 꼬박 한 달이 걸려 그사이에 여러 가지 꽃이 다 지고 오로지 모란만 남아 있을 뿐일 때 좌장고부사인 유경문이 청순스님의 시에 화답하여 나에게 주는지라 차운하여 화답한다

殘花怨久病,	꽃이 시들어 오랫동안 앓은 것이 원망스러운데
剩雨泣餘妍.[9][10]	넘치는 비에 남은 꽃이 눈물 흘리네.
不見雙旌出,[11]	한 쌍의 기가 나오는 건 보이지 않고
空令九陌遷.[12]	아홉 갈래 큰길만 옮겨 가게 하였네.
知君苦寂寞,	그대가 몹시도 적막한 탓에
妙語嚼芳鮮.[13][14]	묘한 말로 맛있고 신선한 걸 씹은 줄 알겠네.
淺紫從爭發,[15][16]	연보라색 꽃들이 다투어 피어나게 하고
浮紅任蚤蔫.[17][18][19]	연홍색 꽃들이 일찍이 시들게 하였네.
天葩尙青萼,[20]	그런데 하늘이 내린 꽃은 꽃받침이 아직 파랗나니
國色待華顚.[21][22]	경국지색이 머리 허연 이 사람을 기다리네.
載酒邀詩將,[23]	술을 싣고 시의 장수를 맞이하나니
臞儒不是仙.[24]	이 선비는 여위지만 신선은 아니라네.

[해설]

유계손이 청순스님의 시에 화답하여 지은 시를 소식에게 주자 다시 그 시에 차운한 것으로, 바로 앞의 시와 운자가 같다.

[주석]

(1) 便(변): ~하자마자 곧.
(2) 尋春(심춘): 봄빛을 찾아가다. 봄놀이하다.
(3) 彌月(미월): 만 1개월.
(4) 景文(경문): 당시 兩浙兵馬都監으로서 杭州에 주재한 劉季孫의 字. 〈次韻答劉景文左藏〉(1096) 주 (1) 참조.
(5) 左藏(좌장): 左藏庫使의 약칭. 유계손은 당시 左藏庫副使로서 양절병마도감을 맡아 항주에 주재하고 있었다.
(6) 順(순): 淸順스님. 〈臥病彌月, 聞垂雲花開, 順闍黎以詩見招, 次韻答之〉(1116) 주 (3) 참조.
(7) 闍黎(사리): 梵語 阿闍梨의 약칭으로 고승이라는 뜻이다. '闍梨'로 쓰기도 한다.
(8) 見贈(견증): 나에게 주다. 〈次韻錢越州見寄〉(1099) 주 (2) 참조.
(9) 剩雨(잉우): 남아도는 비. 필요 이상으로 많이 내리는 비를 가리킨다. 杜甫의 시 〈陪鄭廣文遊何將軍山林十首〉 其五에 "남는 물로 만든 못은 강을 뚫어서 끌어왔고, 호수 속의 쇠잔한 假山은 갈석산을 파서 가져왔네(剩水滄江破, 殘山碣石開)"라는 구절이 있다.
(10) 餘姸(여연): 남아 있는 고운 꽃을 가리킨다.
(11) 雙旌(쌍정): 한 쌍의 기. 태수의 儀仗을 가리킨다.
(12) 九陌(구맥): 漢나라 때 長安城 안에 있던 아홉 갈래의 길에서 비롯되어 도성의 큰길 또는 대도시의 시가지를 가리킨다. 여기서는 항주 시내를 가리킨다. 소식의 자주에 "정원을 개방할 때면 성내 사람들이 다 들어갔다(開園時, 市井皆入)"라고 한바, 이 연은 知州인 자기 자신을 제외한 모든 항주 백성들이 다 꽃구경을 갔기 때문에 항주 시내가 텅텅 비었다는 말이다.
(13) 妙語(묘어): 훌륭한 시어. 청순이 유계손에게 보낸 시 또는 유계손이 소식에게 보낸 시를 가리킨다.
(14) 芳鮮(방선): 향기롭고 신선한 것. 꽃을 가리킨다. 이 구절은 멋들어진 시어로 향기롭고 생기 있는 꽃을 노래했다는 말이다.
(15) 淺紫(천자): 옅은 보라색의 꽃을 가리킨다.
(16) 從(종): ~하게 놓아두다.
(17) 浮紅(부홍): 옅은 홍색. '浮絳'이라고도 한다. 이 연은 일찍 피었다 시든 꽃도 있었고 조금 늦게 피어서 자태를 뽐낸 꽃도 있었다는 말이다.
(18) 任(임): ~하게 놓아두다.
(19) 蚤蔫(조언): 일찍 시들다.
(20) 天葩(천파): 하늘이 내린 비범한 꽃. 모란을 가리킨다.
(21) 國色(국색): 傾國之色. 모란을 가리킨다.
(22) 華顚(화전): 흰머리. 소식 자신을 가리킨다.
(23) 詩將(시장): 詩壇의 영웅. 시의 대가. 詩伯. 여기서는 '시 짓는 장수'라는 뜻을 겸하여 좌장고부사로서 양절병마도감이라는 武官을 맡고 있으면서 시도 잘 지은 유계손을 가리킨다.

(24) 臞儒(구유): 여위어서 신선처럼 보이는 선비. 소식 자신을 가리킨다. 《漢書·司馬相如傳》에 "사마상여는 신선들이 산천에 사는데 모습이 매우 수척하다고 여겼다(相如以爲列仙之儒居山澤間, 形容甚臞)"라는 말이 있다. 유계손이 원시에서 소식을 신선에 빗댄 것으로 보인다.

1118. 仲天貺(1)·王元直(2)自眉山(3)來見余錢塘(4), 留半歲, 旣行, 作絶句五首送之

중천황과 왕원직이 미산에서 나를 만나러 전당으로 왔다가 반년 동안 머물고 떠나게 된지라 절구 다섯 수를 지어서 전송한다

其一

仲君豈弟多學,(5)	중 군은 온화하고 학문이 깊고
王子淸修寡言.(6)	왕 선생은 청아하고 말이 적은데
病後空驚鶴瘦,	앓고 난 뒤엔 공연히 학처럼 여윔에 놀라거니와
時來或作鵬騫.(7)	때가 되면 한 번씩 대붕처럼 비상하네.

其二

海角煩君遠訪,(8)	번거롭게 바닷가로 멀리 찾아오게 했으니
江源與我同來.(9)	장강의 발원지에서 나와 같은 길로 왔겠지.
剩作數詩相送,(10)	시 몇 수를 더 지어 전송해야지
莫敎萬里空回.(11)	만 리 길을 빈손으로 돌아가게 하지 말고.

其三

三人一旦同行,(12)	세 사람이 하루아침에 함께 길을 떠나며
留下高齋月明.(13)	고재의 밝은 달을 내버려 두네.

遙想扁舟京口,[14]	멀리서도 알겠나니 일엽편주로 경구에 가도
尙餘孤枕潮聲.[15]	귀에 아직 외로운 베개의 조수 소리가 남아 있을 것이네.

其四

更欲留君久住,	오랫동안 머물도록 더 붙잡고 싶지만
念君去國彌年.[16][17]	생각해 보니 고향을 떠난 지 한 해가 다 되었네.
空使犀顱玉頰,[18]	공연히 무소뿔 이마와 옥 빰을 지닌 아이들에게
長懷髯舅凄然.[19]	텁석부리 외숙을 늘 그리며 쓸쓸하게 하겠네.

其五

爲余遠致殷勤,[20][21]	나를 위해 은근한 정을 멀리까지 보내 주신
瑞草橋邊老人.[22][23]	서초교 다리 가의 노인께서는
紅帶雅宜華髮,[24][25]	우아한 붉은 띠가 흰머리와 잘 어울려
白醪光泛新春.[26]	막걸리 하얀빛에 새봄이 떠 있겠네.

[해설]

소식의 고향에 사는 중천황이라는 사람과 소식의 처남 왕잠이 소식을 찾아 항주까지 왔다가 돌아갈 때 그들을 전송하면서 지은 것이다.

[주석]

(1) 仲天貺(중천황): 구체적인 행적이 알려져 있지 않다. 평소에 소식을 흠모하고 있던 王箴의 동향인으로 왕잠이 소식을 만나러 간다는 사실을 알고 동행한 것 같다.

(2) 元直(원직): 소식의 두 번째 부인 王閏之의 동생 왕잠의 字. 그가 죽은 뒤 소식의 막내아들 蘇過가 쓴 〈王元直墓碑〉에 "서촉 땅에 왕원직이라는 은군자가 계셨으니 우리 어머니 동안군의 동생이셨다. 나는 태어난 지 20년이 되도록 외가를 몰랐는데 전당에서 양친을 모시고 있을 때 외숙부가 촉지방에서 와서 우리 선친을 뵈었다(西蜀有隱君子王元直者, 吾母同安君之弟也. 過生二十年, 不識外家, 侍二親錢塘, 舅氏自蜀來, 見吾先君子)"라고 했고, 施元之의 《施注蘇詩》에 "왕잠은 자가 원직으로 소동파의 부인 동안군의 동생이다(王箴, 字元直, 東坡夫人同安君之弟也)"라고 했다.

(3) 眉山(미산): 眉州 眉山縣(지금의 사천성 미산). 여기서는 眉州의 중심 지역인 '眉山'으로 미주 전체를 가리키며 구체적으로는 소식의 고향인 미주 미산현이 아니라 왕잠의 고향인 미주 靑神縣을 가리킨다.

(4) 錢塘(전당): 지금의 절강성 杭州.

(5) 豈弟(개제): 용모가 단아하고 기상이 화평하다. '愷悌'와 같다.

(6) 淸修(청수): 맑고 우아하다.

(7) 鵬騫(붕건): 大鵬의 飛上. 《莊子·逍遙遊》에 "《齊諧》의 기록에 '대붕이 남쪽 바다로 옮겨 갈 때에는 물을 쳐서 3천 리나 튀어 오르게 하며 회오리바람을 타고 9만 리나 올라가 6개월 동안 날아간 뒤에 쉰다'라고 했다(《諧》之言曰: '鵬之徙於南冥也, 水擊三千里, 摶扶搖而上者九萬里, 去以六月息者也.')"라는 말이 있다. 이 연은 중천황과 왕잠이 학처럼 고고한 자태와 대붕처럼 비범한 능력을 지니고 있다는 말이다.

(8) 海角(해각): 바다 안으로 삐죽이 들어간 땅. 흔히 바닷가에 있는 벽지를 가리키는데 여기서는 항주를 가리킨다.

(9) 江源(강원): 강의 발원지. 長江의 발원지에서 멀지 않은 미산을 가리킨다.

(10) 剩(잉): 더.

(11) 莫敎(막교): ~로 하여금 ~하게 하지 말라.

(12) 三人(삼인): 중천황·왕잠 및 秦觀의 동생 秦覿(또는 秦覯)을 가리킨다. 소식의 자주에 "두 사람은 진소장과 함께 고재에 우거하고 있었는데 또 같은 배를 타고 북쪽으로 갔다(二子與秦少章, 同寓高齋, 復同舟北行)"라고 했다. 〈次韻秦少章和錢蒙仲〉(1090) 주 (1) 참조.

(13) 高齋(고재): 杭州知州 公館의 이름. 《咸淳臨安志》에 "고재는 당나라 때 군수 공관의 이름이다(高齋, 唐時郡齋名)"라고 했다.

(14) 京口(경구): 지금의 강소성 鎭江. 大運河와 長江이 만나는 지점이다. 중천황과 왕잠은 대운하를 따라 북상한 후 여기에서 배를 갈아탈 예정이었던 것 같다.

(15) 潮聲(조성): 錢塘潮 소리를 가리킨다. 〈次韻秦少章和錢蒙仲〉(1090) 주 (7) 참조. 역대의 많은 시인이 전당조의 웅장한 경관을 구경한 후 그 감회를 시와 詞로 노래했으니, 북송 詞人 潘閬은 〈酒泉子〉(長憶觀潮)라는 사를 지어 "언제나 생각하네 조수 구경하던 일을, 온 성 사람 다투어 강가에서 보았었지. 바닷물이 깡그리 밀려오는 것 같고, 여기저기 북소리는 요란하게 울렸었지(長憶觀潮, 滿郭人爭江上望. 來疑滄海盡成空, 萬面鼓聲中)"라고 했고, 소식도 〈八月十五日看潮五絶〉(0301)이라는 다섯 수의 시를 지었다. 이 연은 중천황과 왕잠이 진적(또는 진구)의 배웅을 받으며 멀리 경구까지 가도 고향을 떠나 항주에서 외로이 지낼 때 들은 전당조의 웅장한 소리가 귀에 쟁쟁할 것이라는 말이다.

(16) 去國(거국): 고향을 떠나다.

(17) 彌年(미년): 만 1년. 이 시의 제목에는 '반년 동안 머물렀다(留半歲)'라고 했고 소과의 〈王元直墓碑〉에는 "한 해 내내 머물다가 고향으로 돌아가셨다(留卒歲而歸)"라고 한 것으로 미루어보건대 반년은 넘고 1년은 좀 안 되게 항주에 머물렀던 것으로 보인다.

(18) 犀顱玉頰(서로옥협): '무소뿔처럼 불룩하게 튀어나온 이마와 옥처럼 고운 뺨'이라는 뜻으로, 소식의

아들들을 가리킨다. 소식의 시 〈贈上天竺辯才師〉(0291)에 "나에게는 키가 삐죽한 아들이 하나 있는데, 빰은 각지고 이마에는 옥이 우뚝 솟아 있지(我有長頭兒, 角頰峙犀玉)"라고 했고, 시원지의 《시주소시》에 "'무소뿔 이마와 옥 빰'은 동파가 자기 아들들을 말한 것이다('犀顱玉頰', 東坡自謂諸子)"라고 했다.

(19) 髯舅(염구): 수염쟁이 외숙부. 시원지의 《시주소시》에 "텁석부리 외숙부는 왕원직을 말한다(髯舅謂元直)"라고 했다.

(20) 遠致(원치): 멀리 보내다.

(21) 殷勤(은근): 겉으로 드러나지는 않지만 속정이 깊고 간절하다. '慇懃'과 같다. 王慶源이 왕잠 편에 보낸 선물을 가리키는 것으로 보인다. 주 (23) 참조.

(22) 瑞草橋(서초교): 청신에 있던 다리. 《益州記》에 "서초교는 청신현 서쪽에 있다(瑞草橋, 在靑神縣西)"라고 했고, 馮應榴의 《蘇軾詩集合注》에 "《익도방물약기》에 '서초는 촉지방 사람들이 정원 울타리 옆에 많이 심는데 덩굴이 서너 자나 뻗어 나간다'라고 한바, 다리 이름이 이 때문에 생겼을 것이다(《益都方物略記》: '瑞草, 蜀人多種之庭檻, 蔓延長三四尺.' 按, 橋當以此名也)"라고 했다. 〈慶源宣義王丈以累舉得官, 爲洪雅主簿·雅州戶掾……〉(1044) 주 (9) 참조.

(23) 老人(노인): 소식의 자주에 "노인은 왕경원이다(老人, 王慶源也)"라고 했는데, 소과의 〈王元直墓碑〉에 "옛날에 (왕잠의) 막내 숙부 왕경원이 홍아현에서 관직 생활을 했는데 논사가 서로 맞지 않아 장관의 노여움을 샀다(初季父慶源, 官於洪雅, 以論事不合, 取長官怒)"라고 한 것을 보면 왕경원은 왕잠과 왕윤지의 막내 숙부이기도 하고 왕윤지의 사촌 언니로 소식의 첫째 부인이었던 王弗의 막내 숙부이기도 했음을 알 수 있다. 〈寄蔡子華〉(1110) 주 (11) 참조.

(24) 紅帶(홍대): 왕경원의 부탁을 받고 소식이 구하여 보내 준 허리띠를 가리킨다. 〈慶源宣義王丈以累舉得官, 爲洪雅主簿·雅州戶掾……〉(1044) 詩題 참조.

(25) 華髮(화발): 흰머리.

(26) 白醪(백료): 막걸리.

1119. 次韻劉景文(1)·周次元(2)寒食同游西湖(3)

유경문과 주차원이 한식날 함께 서호에서 노닌 일을 읊은 시에 차운하여

絮飛春減不成年,(4)(5)	버들개지 날면 봄기운이 시들지 일 년 내 있지 않는지라
老境同乘下瀨船.(6)	노경에 함께 여울을 내려가는 배를 탔네.
藍尾忽驚新火後,(7)(8)	새 불 붙일 때가 지난 뒤라 술 마시다 깜짝 놀랐나니
遨頭要及浣花前.(9)(10)	유람의 우두머리도 완화일 이전에 놀아야겠네.
山西老將詩無敵,(11)	산서 지방의 노장은 시에 적수가 없고
洛下書生語更姸.(12)	낙양 지방의 서생은 말이 더욱 아름답네.
共向北山尋二士,(13)(14)	함께 북산으로 두 현자를 찾아갔으니
畫橈鼉鼓聒淸眠.(15)(16)(17)	눈 감고 쉬는데 노와 북으로 시끄럽게 굴었겠네.

[해설]

한식날 유계손과 주도가 함께 항주 서호의 북쪽에 있는 청순과 도잠을 찾아가 노닌 일을 읊은 시에 차운한 것으로, 그들이 두 스님을 찾아가 노닌 과정을 상상하여 묘사하고 그들의 시를 칭송했다.

[주석]

(1) 景文(경문): 당시 兩浙兵馬都監으로서 杭州에 주재한 劉季孫의 字. 〈次韻答劉景文左藏〉(1096) 주 (1) 참조.

(2) 次元(차원): 周敦頤의 아들 周燾의 字. 〈次周燾韻幷敍〉(1113) 주 (1) 참조.

(3) 西湖(서호): 杭州 서호를 가리킨다.

(4) 絮飛春減(서비춘감): 柳絮가 날아서 봄빛이 줄어들다. 杜甫의 시 〈曲江二首〉 其一에 "꽃잎이 하나만 날아도 봄빛이 줄어들거늘, 바람에 만 잎이 날리니 정말 근심스럽다(一片花飛減却春, 風飄萬點正愁人)"라는 구절이 있다.

(5) 成年(성년): 1년 내내 지속되다.

(6) 下瀨船(하뢰선): 여울을 따라 내려가는 작은 배. 여기서는 유람선을 가리킨다. 소식의 시 〈和宋肇遊西池次韻〉(1037)에 "자애롭고 검소한 임금님께서 변경을 개척하지는 않았지만, 그래도 여울을 내려가는 배 천 척은 가르쳤네(漢皇慈儉不開邊, 尙敎千艘下瀨船)"라는 구절이 있다. 이 연은 유계손과 주도가 함께 항주 서호에서 뱃놀이했다는 말이다.

(7) 藍尾(남미): 藍尾酒. 婪尾酒. 술을 가리킨다. 소식의 자주에 "백낙천의 시 〈한식〉에 '남미주 석 잔에, 교아당 한 접시'라는 구절이 있다(白樂天〈寒食〉詩: '三杯藍尾酒, 一碟膠牙餳.')"라고 했는데, 술이 한 순배 도는 것을 '藍' 또는 '婪'이라고 하고 末席까지 돌아간 술을 '藍尾酒' 또는 '婪尾酒'라고 했다.

(8) 新火(신화): 한식을 맞아 껐다가 한식이 지난 뒤에 다시 일으킨 불을 가리킨다. 이 구절은 유계손과 주도의 시를 통해 벌써 한식이 지났다는 사실을 알고 놀랐다는 말이다.

(9) 遨頭(오두): 유람의 우두머리라는 뜻으로, 송나라 때 成都 지방에서 태수를 일컫던 말이다. 여기서는 촉지방 출신의 杭州知州인 소식 자신을 가리킨다. 소식의 자주에 "성도태수는 1월 2일부터 나가 노는바 그를 오두라고 하는데 4월 19일 완화일에 이르러서야 그친다(成都太守, 自正月二日出遊, 謂之遨頭, 至四月十九日浣花乃止)"라고 했다. 〈臥病彌月, 聞垂雲花開, 順闍黎以詩見招, 次韻答之〉(1116) 주 (20) 참조.

(10) 浣花(완화): 浣花日. 成都 지방에서 음력 4월 19일을 가리키던 말이다. 〈臥病彌月, 聞垂雲花開, 順闍黎以詩見招, 次韻答之〉(1116) 주 (20) 참조.

(11) 山西老將(산서노장): 左藏庫副使로서 兩浙兵馬都監의 직책을 맡고 있던 유계손을 가리킨다. 《漢書·趙充國傳》에 "진나라 한나라 이래로 산동 지방에서는 재상이 나오고 산서 지방에서는 장군이 나왔다(秦漢以來, 山東出相, 山西出將)"라는 말이 있다.

(12) 洛下書生(낙하서생): 낙양 땅의 서생. 주도를 가리킨다. 王十朋의 《百家註分類東坡先生詩》에 "'洛下書生'으로써 주차원을 말한 것이다(以言周次元)"라고 했다. 東晉 때의 재상 謝安은 낙양 발음으로 시 읊기, 즉 '洛下書生詠'을 잘하여 당시 그를 흠모한 많은 서생이 그것을 배우고자 했으나 배우기가 쉽지 않았다. 사안은 비염이 있어 콧소리를 잘 냈는데 급기야 코를 붙잡고 콧소리를 냄으로써 사안의 소리를 모방하는 사람이 생기기에 이르렀다.(《진서·사안전》 및 《世說新語·雅量》 참조) 이 일로 인하여 '洛下書生詠'은 다른 사람의 시에 대한 미칭이 되었다.

(13) 北山(북산): 왕십붕의 《백가주분류동파선생시》에 "위나라 승려 법도와 법소가 북산에서 유학하며 삼장법사의 영험하고 기이한 사적을 두루 배웠는데 세상 사람들이 다들 그 사실을 보거나 듣고 북산이성이라고 불렀다(魏僧法度·法紹, 游學北山, 綜習三藏靈迹異事, 世皆見聞, 世號曰北山二聖)"라고

했다. 여기서는 항주 서호의 북쪽에 있는 산으로 청순이 수도하던 葛嶺을 가리킨다. 〈臥病彌月, 聞垂雲花開, 順闍黎以詩見招, 次韻答之〉(1116) 주 (2) 및 〈參寥上人初得智果院, 會者十六人, 分韻賦詩, 軾得心字〉(1103) 주 (3) 참조.

(14) 二士(이사): 두 賢者. 《維摩經》에 "두 현자가 함께 앉아 이야기를 나누면 틀림없이 묘법을 이야기할 것이다(二士共談, 必說妙法)"라는 말이 있는데, 왕십붕의 《백가주분류동파선생시》에 "두 현자란 청순과 도잠(參寥)을 말한다(二士, 言淸順·道潛也)"라고 했다.

(15) 鼉鼓(타고): 악어가죽으로 만든 북.

(16) 聒(괄): 시끄럽게 굴다.

(17) 淸眠(청면): 잠이 들지 않은 상태로 침대에 누워서 쉬는 것을 가리킨다.

1120. 連日與王忠玉[1]·張全翁[2]游西湖[3], 訪北山[4]淸順[5]·道潛[6]二詩僧, 登垂雲亭[7], 飮參寥泉[8], 最後過唐州[9]陳使君[10]夜飮, 忠玉有詩, 次韻答之

며칠 동안 연달아 왕충옥·장전옹과 함께 서호에서 노닌바, 북산의 청순·도잠 두 시승을 찾아가 수운정에 올라갔다가 참료천의 물을 마신 뒤 마지막으로 당주태수 진씨에게 들러 밤에 술을 마셨는데, 왕충옥에게 이 일을 읊은 시가 있는지라 차운하여 화답한다

北山非自高,[11]	북산은 본래부터 높은 것이 아닌데
千仞付我足.[12]	천 길이 내 발밑에 붙어 있었네.
西湖亦何有,	서호 역시 대단할 게 무엇 있으리?
萬象生我目.	삼라만상이 모두 자기 눈에서 생긴다네.
雲深人在塢,[13]	구름이 깊은데 오목한 곳에 사람이 있고
風靜響應谷.	바람이 자는데 메아리가 계곡에 울려 퍼졌네.
與君皆無心,[14][15]	그대들과 함께 모두 욕심이 없이
信步行看竹.[16]	발길 닿는 대로 가서 대나무를 구경했네.
竹間逢詩鳴,[17]	대밭에서 시 읊는 사람들을 만났더니
眼色奪湖淥.[18]	맑디맑은 눈빛이 호수의 기운을 뺏었었네.
百篇成俯仰,[19]	눈 깜짝할 사이에 시 백 편을 짓느라
二老相追逐.[20]	늙은이 두 사람이 서로 쫓고 쫓겼네.
故應千頃池,[21][22]	본래부터 천 경의 못이라야만
養此一雙鵠.[23]	이 한 쌍의 고니를 길러 낼 수 있으리.
山高路已斷,	산이 너무 높아서 길이 이미 끊어지고
亭小膝更促.[24]	정자가 작아 무릎이 더욱 바짝 붙었네.
夜尋三尺井,[25]	밤중에 석 자짜리 우물을 찾아가서

渴飮半甌玉.[26]	목마른 김에 반 사발의 옥을 마셨네.
明朝鬧絲管,[27]	이튿날은 현악기와 관악기가 요란하여
寒食雜歌哭.	한식날에 노랫소리와 울음소리가 뒤섞였네.
使君坐無聊,[28]	태수는 앉아서 무료함을 달랬는데
狂客來不速.[29]	광객들은 오는 것이 너무 느렸네.
載酒有鴟夷,[30]	가죽 부대가 있어 술을 실어 놓았는데
扣門非啄木.[31]	문을 두드리는 게 딱따구리가 아니었네.
浮蛆灩金盌,[32]	떠다니는 구더기가 금 주발에서 일렁이고
翠羽出華屋.[33][34]	물총새의 깃털이 화려한 집에서 나왔네.
須臾便陳迹,[35][36]	잠깐 사이에 바로 묵은 자취가 될 터
覺夢那可續.	꿈이 깨면 어떻게 그걸 이을 수 있으리?
及君未渡江,[37]	그대가 아직 강을 건너기 전에
過我勤秉燭.[38]	나에게 들러 부지런히 촛불을 잡으세나.
一笑換人爵,[39]	벼슬이 바뀌는 건 한 번 웃어 버릴 일
百年終鬼錄.[40]	백 년이 지나면 결국 귀신 명부에 오른다네.

[해설]

왕유·장숙과 함께 며칠에 걸쳐 항주 서호 일대에 있는 청순·도잠 및 진사석을 찾아가 노닌 과정과 그 감회를 노래한 것이다. 먼저 갈령에 있는 수성원으로 가서 청순과 도잠을 만나서 함께 놀고, 다음으로 도잠과 함께 고산에 가서 참료천의 물을 마시며 놀고, 마지막으로 당주지주로 부임할 예정인 진사석을 찾아가 함께 술을 마시며 논 것으로 보인다.

[주석]

(1) 忠玉(충옥): 당시 兩浙路提點刑獄으로 재임 중이던 王瑜의 字. 〈次韻王忠玉游虎丘絶句三首〉(1109) 주 (1) 참조.

(2) 全翁(전옹): 당시 兩浙轉運判官으로 재임 중이던 張璹의 字. 馮應榴의 《蘇軾詩集合注》에 "《속자치통감장편》에 '원우 5년(1090) 7월에 시어사 손승언과 양절전운판관 장숙이 법을 어기고 개인적인 욕심을 추구하여 별도의 직무를 부여하라는 조칙이 내려졌다'라고 했으므로 선생이 이 시를 지을 때 장숙은 바로 절강 지방에 있었다(《續通鑑長編》: '元祐五年七月, 侍御史孫升言, 兩浙轉運判官張璹, 違

法狗私, 詔別與差遣.' 先生作詩, 璹正在浙也)"라고 했다.

(3) 西湖(서호): 杭州 서호를 가리킨다.

(4) 北山(북산): 항주 서호의 북쪽에 있는 산으로 淸順스님이 수도하던 葛嶺의 壽星院을 가리킨다. 〈次韻劉景文·周次元寒食同游西湖〉(1119) 주 (13) 참조.

(5) 淸順(청순): 항주 지방에서 활동하던 詩僧 怡然의 본명. 〈怡然以垂雲新茶見餉, 報以大龍團, 仍戲作小詩〉(1108) 주 (1) 참조.

(6) 道潛(도잠): 소식의 절친한 친구로 字가 參寥였다. 당시 孤山의 智果院에서 수도하고 있었는데 소식 일행이 수성원으로 갔을 때 그가 먼저 가서 청순과 함께 있었던 것으로 보인다. 〈參寥上人初得智果院, 會者十六人, 分韻賦詩, 軾得心字〉(1103) 주 (1) 참조.

(7) 垂雲亭(수운정): 갈령의 수성원에 있던 정자. 〈臥病彌月, 聞垂雲花開, 順闍黎以詩見招, 次韻答之〉(1116) 주 (2) 참조.

(8) 參寥泉(참료천): 항주 고산에 있던 샘. 〈參寥上人初得智果院, 會者十六人, 分韻賦詩, 軾得心字〉(1103) 주 (21) 참조.

(9) 唐州(당주): 지금의 하남성 唐河縣.

(10) 使君(사군): 태수에 대한 존칭. '陳使君'은 陳師錫을 가리킨다. 王文誥의 《蘇軾詩集》에 "진사석은 자가 백수로 건안 사람이다. 옛날에 소경군장서기로 있을 때 동파공이 그에게 의지하여 정사를 돌보았다. 烏臺詩案의 발발로 공이 체포되었을 때 진사석만이 혼자 나와서 공을 전송했다. 원우(1086-1093) 연간에 공이 여러 차례 조정에 천거했는데 당시 마침 항주에 있었으니 이 사람이 바로 진태수이다(陳師錫, 字伯修, 建安人. 初爲昭慶軍掌書記, 公倚以爲政. 及被逮, 師錫獨出餞之. 元祐中, 公屢薦於朝, 時方在杭, 則陳使君也)"라고 했다. 진사석은 당시 唐州知州로 임명된 상태였던 것으로 보인다.

(11) 非自高(비자고): 본래 높은 것이 아니다.

(12) 仞(인): 길이를 셀 때 사용하는 단위 명사. 일반적으로 여덟 자에 해당한다. '千仞'은 지극히 높거나 깊은 것을 가리킨다. 첫 네 구절은 북산이 사실상 그다지 높은 산이 아닌데도 자신이 올라가서 보니 아찔할 정도로 높게 느껴진 것처럼 서호도 보는 사람의 관점에 따라 크게 보일 수도 있고 작게 보일 수도 있다는 뜻인 것으로 보인다.

(13) 塢(오): 사방이 높고 가운데가 낮은 지형. 사방에 산이 둘러서 있고 가운데가 오목한 항주 고을을 가리킨다. 이 연은 북산에서 멀리 내려다보니 항주 고을이 아련하게 보이고 가까운 계곡에서는 메아리 울리는 소리가 들렸다는 말이다.

(14) 君(군): 왕유와 장숙을 가리킨다.

(15) 無心(무심): 욕심이 없다. 특별히 무엇을 꼭 보겠다고 욕심을 부리지 않았다는 말이다.

(16) 信步(신보): 발걸음이 가는 대로 생각 없이 걷다.

(17) 詩鳴(시명): 시로써 울다. 韓愈의 〈送孟東野序〉에 "생존하여 그 아래에 있는 사람 중에서는 동야 맹교가 처음으로 자기 시로써 울었다(其存而在下者, 孟郊東野, 始以其詩鳴)"라고 한 바와 같이 시를 통하여 자기 속마음을 토로하는 것, 즉 시를 읊는 것을 가리킨다. 여기서는 王十朋의 《百家註分類東

坡先生詩》에 "두 시승을 말한다(言二詩僧也)"라고 한 바와 같이 시로써 속마음을 토로한 청순과 도잠을 가리킨다.

(18) 眼色(안색): 눈빛. 이 연은 청순과 도잠의 눈빛이 서호의 물빛처럼 더할 나위 없이 맑았다는 말이다.

(19) 俯仰(부앙): 고개를 한 번 숙였다 드는 짧은 시간을 가리킨다.

(20) 二老(이로): 청순과 도잠을 가리킨다. 왕십붕의 《백가주분류동파선생시》에는 "왕충옥과 장전옹을 말한다(言王忠玉·張全翁也)"라고 했으나 문맥과 부합하지 않는다.

(21) 故(고): 본래. 李白의 시 〈白頭吟〉에 "새삼은 본래부터 정이 없는 것이라, 바람 따라 제멋대로 이리저리 쓰러진다(兎絲故無情, 隨風任傾倒)"라는 구절이 있다.

(22) 千頃池(천경지): 천 경에 달하는 넓은 못. 서호를 가리킨다.

(23) 一雙鵠(일쌍곡): 한 쌍의 고니. 청순과 도잠을 가리킨다.

(24) 亭(정): 수운정을 가리킨다. 이 구절은 정자가 너무 작아서 서로 바짝 붙어 앉아 놀았다는 말이다.

(25) 三尺井(삼척정): 깊이가 석 자인 우물. 참료천을 가리킨다.

(26) 玉(옥): 참료천의 물을 가리킨다.

(27) 絲管(사관): 현악기와 관악기. 악기 또는 풍악을 가리킨다.

(28) 使君(사군): 진사석을 가리킨다.

(29) 狂客(광객): 세속적인 일에 얽매이지 않고 자유분방하게 사는 사람. 소식 일행을 가리킨다. 이 연은 진사석이 마침 무료하게 지내고 있던 터라 소식 일행이 온다는 소식을 듣고 반가운 마음으로 애타게 기다렸다는 말이다.

(30) 鴟夷(치이): 가죽으로 만든 술 부대. 술 담는 그릇을 가리킨다.

(31) 啄木(탁목): 啄木鳥. 딱따구리. 이 연은 진사석이 소식 일행과 함께 놀러 갈 준비를 다해 놓고 있자니 과연 딱따구리처럼 대문을 두들기며 그들이 왔다는 말이다.

(32) 浮蛆(부저): 동동 떠다니는 구더기. 술의 표면에 떠다니는 밥알을 가리킨다.

(33) 翠羽(취우): 물총새의 깃털. 미인의 눈썹을 가리킨다. 宋玉의 〈登徒子好色賦〉에 "눈썹이 물총새 깃털 같다(眉如翠羽)"라는 말이 있다.

(34) 華屋(화옥): 화려한 집. 이 구절은 진사석이 기녀들을 불러냈다는 말이다.

(35) 須臾(수유): 잠시.

(36) 便(변): ~하자마자 곧.

(37) 渡江(도강): 長江을 건너 唐州로 부임해 가는 것을 가리킨다.

(38) 秉燭(병촉): 촛불을 들고 밤을 도와 놀다. 이 연은 진사석에게 임지로 떠나기 전에 자기한테 와서 좀 더 놀자고 제의한 것이다.

(39) 人爵(인작): 사람이 주는 벼슬이라는 뜻으로, 公·卿·大夫 등의 爵位를 가리킨다. 《孟子·告子上》에 "맹자께서 말씀하시기를 '천작이 있고 인작이 있다. 인·의·충·신과 지치지 않고 선을 좋아하는 것은 천작이고, 공·경·대부는 인작이다'라고 하셨다(孟子曰: '有天爵者, 有人爵者. 仁·義·忠·信, 樂善不倦, 此天爵也; 公·卿·大夫, 此人爵也.')"라는 말이 있다.

(40) 鬼錄(귀록): 귀신의 명부. 이 연은 인생이 지극히 짧고 허망하다고 말함으로써 당주지주로의 부임을 별로 탐탁하게 여기지 않는 진사석을 위로한 말인 것으로 보인다.

1121. 新茶送簽判[1]程朝奉[2], 以饋[3]其母, 有詩相謝, 次韻答之

첨판인 조봉랑 정씨에게 햇차를 주어 그의 모친께 드리게 했더니 시를 지어 감사하기에 차운하여 화답한다

縫衣付與溧陽尉,[4][5]	모친이 옷을 지어 준 율양의 현위
舍肉懷歸潁谷封.[6][7]	고기를 남겨 품고 돌아간 영곡의 봉인
聞道平反供一笑,[8][9]	판결을 바로잡아 어머니를 웃게 했다 들었나니
會須難老待千鍾.[10][11][12]	오래 살아 아들의 녹봉이 천 종에 이르기를 기다릴 일이네.
火前試焙分新胯,[13][14][15]	한식 전의 시제품인 신과차를 나누어 준 것은
雪裏頭綱輟賜龍.[16][17]	눈 속에 나는 첫물 용단차의 하사품이 없기 때문이네.
從此升堂是兄弟,[18]	이제부터 대청에 올라가 어머니께 절하는 형제 사이
一甌林下記相逢.[19][20]	나중에 만나 숲속에서 한잔하기로 한 걸 기억하세.

[해설]

자신의 막료인 정준언의 어머니께 햇차를 드렸더니 정준언이 감사하는 시를 지은지라 그것에 차운하여 지은 것이다. 역대의 유명한 효자들에 빗대어 정준언의 효성을 칭송한 후 그와 함께 은거하며 형제처럼 지내고 싶은 심경을 토로했다.

[주석]

(1) 簽判(첨판): 지방 장관의 보좌관인 簽書判官廳公事의 약칭.

(2) 程朝奉(정조봉): 朝奉郎 정씨. 施元之의 《施注蘇詩》에 "조봉랑 정씨는 이름이 준언이고 자가 지소이

다. 진사시험에 급제하여 첨서항주절도판관을 지냈다. 문장력과 업무처리 능력이 다 볼 만했으며, 모친을 모시는 것이 효성스럽고 공손하여 남다른 면이 있었다. 소동파의 막부에서 2년 동안 재임한 후 담당자가 교체되어 도성으로 돌아갈 때 시를 지어서 대궐로 들어가는 그를 전송했다. 동파공이 다시 한림원으로 들어갔을 때 조정에 그를 천거하여 종정승에 발탁되었다(程朝奉, 名遵彦, 字之邵. 擧進士, 簽書杭州節度判官. 文學吏事, 皆有可觀, 事母孝謹, 有絶人者. 在東坡幕府二年, 替還, 有詩送赴闕. 公再入翰林, 薦之於朝, 擢宗正丞)"라고 했다. 이름이 之邵이고 字가 懿叔인 소식의 외사촌 동생(〈送程七表弟知泗州〉(1054) 주 (1) 참조)과는 서로 다른 사람이지만 같은 집안사람이었던 것으로 보인다.

(3) 饋(궤): 윗사람에게 음식을 드리다. 소식이 이로부터 1년 반 뒤인 원우 6년(1091) 7월에 翰林學士承旨로 재임하면서 정준언을 천거하기 위해 쓴 〈乞擢用程遵彦狀〉에 "전 첨서항주절도판관청공사인 좌조산랑 정준언은 업무처리가 용의주도하고 민첩하며, 학문이 해박하고, 문장이 고아한바, 이 세 가지가 모두 볼 만한 데가 있습니다. 그리고 모친을 효성스럽고 공손하게 모시는 것도 남다른 데가 있습니다. 그의 모친은 성품이 너무 엄격한 나머지 정준언이 자기 아내와 너무 화목하게 지내는 것을 좋아하지 않는지라 정준언이 아내를 쫓아냈습니다. 그의 아내는 쫓겨난 뒤에도 시어머니에 대한 효심과 경애심이 줄어들지 않아 세시나 명절에 시어머니를 모시는 것이 쫓겨나지 않았을 때와 같았습니다. 그러나 모친이 끝내 그녀를 좋아하지 않는지라 정준언은 재취도 하지 않은 채 15년 동안 몸소 종들이 할 일을 하면서 모친을 모셨으니 비록 옛날 사서에 전하는 효성스럽고 우애 있는 사람이라고 할지라도 그를 능가하지는 못할 것입니다. 저는 그와 2년 동안 동료로 지냈기 때문에 실정을 다 잘 알고 있습니다만 이제 담당자가 교체되어 도성으로 돌아왔는데 아직까지 직책이 없어 뭇 사람들 틈에 끼여 빈둥빈둥 지내면서도 다른 사람에게 요구한 적이 없으므로 속으로 은근히 애석하게 생각하고 있습니다(伏見左朝散郎前僉書杭州節度判官廳公事程遵彦, 吏事周敏, 學問該洽, 文詞雅麗, 三者皆有可觀. 而事母孝謹, 有絶人者. 母性甚嚴, 遵彦甚宜其妻, 而母不悅, 遵彦出之. 妻旣被出, 孝愛不衰, 歲時伏臘所以事姑者, 如未出. 而母卒不悅, 遵彦亦不再娶, 十五年矣. 身爲僕妾之役, 以事其母, 雖前史所傳孝友之士, 殆不能過. 臣與之同僚二年, 備得其實, 今替還都下, 未有差遣, 碌碌衆中, 未嘗求人, 臣竊惜之)"라고 했다. 이것을 보면 소식이 준 차를 정준언이 스스로 고향에 계시는 자기 모친께 보내 드린 것이 아니라 소식이 정준언을 통해 함께 사는 그의 모친께 드린 것임을 알 수 있다.

(4) 付與(부여): 주다.

(5) 溧陽尉(율양위): 唐나라 시인 孟郊를 가리킨다. 그는 평생 곤궁하게 살다가 50세 때 비로소 진사시험에 급제하여 율양(지금의 강소성 율양) 縣尉라는 말단 관직에 부임했는데(《新唐書·孟郊傳》 참조) 이때 그가 지은 시 〈遊子吟〉에 "인자하신 어머니의 손 안의 실이, 길 떠나는 아들의 포근한 옷이 되네. 떠나기 전에 촘촘하게 깁고 또 깁는 것은, 돌아올 날 늦어질까 걱정하는 마음이네. 그 누가 말했던가 한 치짜리 짧은 풀이, 석 달간의 봄빛에 보답할 수 있다고?(慈母手中線, 遊子身上衣. 臨行密密縫, 意恐遲遲歸. 誰言寸草心, 報得三春暉?)"라고 했다. 이 구절은 맹교의 모친에 비유함으로써 정준언 모친의 자애로움을 칭송한 것이다.

(6) 舍肉(사육): 고기를 먹지 않고 남겨 두다.

(7) 潁谷封(영곡봉): 潁谷의 封人. 潁考叔을 가리킨다. 영고숙은 춘추 시대 鄭나라 사람으로 潁谷의 封人(국경을 경비하는 관직)을 지냈는데 효성이 지극한 것으로 유명하다. 정나라 莊公 22년(기원전 722) 동생 共叔段이 반란을 일으켰을 때 어머니가 동생을 지지하자 장공은 어머니를 城潁에 안치하고 맹세하기를 "황천에 이르기 전에는 다시는 어머니를 보지 않겠다(不及黃泉, 無相見也)"라고 했다. 그 뒤 그는 금방 자신의 행동을 뉘우쳤지만 어머니를 만날 명분이 없어 고민하고 있었다. 이때 영고숙이 이 사실을 알고 장공을 찾아갔다. 장공이 영고숙에게 음식을 대접했더니 영고숙이 고기를 먹지 않고 남겨 두는지라 장공이 그 이유를 물었다. 영고숙이 어머니께 드리고 싶어서 그런다고 하자 장공이 자신의 일을 이야기하면서 부러워했다. 영고숙이, 땅을 파 들어가다가 샘물이 나오는 데에 이르러 굴 속에서 서로 만난다면 그것이 바로 黃泉相見이 아니겠느냐고 했더니 장공이 좋은 방법이라고 여겨 그의 말대로 함으로써 마침내 모자관계를 복원했다.(《左傳·隱公元年》 참조) 이 구절은 영고숙에 비유함으로써 정준언의 효성을 칭송한 것이다.

(8) 聞道(문도): ~라고 하는 말을 듣다.

(9) 平反(평반): 뒤집힌 판결을 바로잡아 공평하게 하다. 漢나라 사람 雋不疑가 지방을 순시하며 재판 상황을 살펴보고 돌아오면 그의 어머니가 매번 "뒤집힌 판결을 바로잡은 것이 있느냐? 그래서 억울한 사형수를 몇 명이나 살렸느냐?" 하고 물었다. 만약 전불의가 뒤집힌 판결을 바로잡아 살려 준 사람이 많으면 어머니가 즐겁게 이야기하며 식사를 잘했고, 그렇지 않으면 화를 내며 식사를 하지 않았다. 그렇기 때문에 전불의는 관직 생활이 근엄하면서도 잔인하지 않았다.(《한서·전불의전》 참조)

(10) 會須(회수): 응당 ~해야 하다.

(11) 難老(난로): 늙기 어렵다. 長壽하는 것을 가리킨다. 《詩經·魯頌·泮水》에 "맛있는 술을 마시니, 영원히 장수를 내리시겠네(既飲旨酒, 永錫難老)"라는 구절이 있다.

(12) 千鍾(천종): 지극히 많은 녹봉을 가리킨다. 《莊子·寓言》에 "증자는 두 번 벼슬에 나아갔는데 두 번의 마음이 각각 달랐다. 그가 말하기를 '나는 부모님이 살아 계실 때 벼슬에 나아가서는 녹봉이 3부밖에 안 되었어도 즐거웠는데, 나중에 벼슬에 나아가서는 녹봉이 3천 종이나 되었지만 부모님이 살아 계시지 않아 마음이 슬펐다'라고 했다(曾子再仕, 而心再化. 曰: '吾及親仕, 三釜而心樂; 後仕, 三千鍾而不洎, 吾心悲.')"라는 말이 있다. 이 연은 정준언의 모친에게 오래오래 살아서 아들의 영달을 누릴 뿐만 아니라 효성스러운 아들도 기쁘게 해 줄 것을 기원한 것이다.

(13) 火前(화전): 불 피우는 것을 금하기 이전, 즉 寒食 이전.

(14) 焙(배): 찻잎을 솥에 넣고 덖어서 차를 만드는 것을 가리킨다. '試焙'는 시험 삼아 덖는다는 뜻인데 그해 들어 처음으로 차를 만드는 일을 가리키기도 한다. 北宋 사람 黃儒의 《品茶要錄》에 "차를 만드는 일은 경칩 전에 시작하는데 처음 만드는 것을 시배라고도 하고 일화라고도 하며 그 다음으로 만드는 것을 삼화라고 한다(茶事起於驚蟄前, 其初造曰試焙, 又曰一火, 其次曰三火)"라고 했다.

(15) 新胯(신과): 차의 품종 이름. 淸나라 사람 陸廷燦의 《續茶經·附錄》에 "이에 백차가 마침내 으뜸이 되었으며 또 삼색세아와 시신과·공신과를 만들었는데 삼색세아가 나온 뒤로 서운상룡은 또 등급이 낮

아지게 되었다(於是白茶遂爲第一, 旣又製三色細芽及試新銙·貢新銙, 自三色細芽出, 而瑞雲翔龍又下矣)"라고 했다.

(16) 頭綱(두강): 첫물. 그해 들어 처음으로 만든 차를 가리킨다. '綱'은 대량의 물건을 셀 때 사용하는 단위 명사이다. 洪咨夔의 詞 〈漢宮春〉(南極仙翁)에 "흐뭇하게 취한 뒤에, 아이 불러 끓여 본다, 첫물의 작은 봉단차를(歡醉後, 呼兒烹試, 頭綱小鳳團茶)"이라는 구절이 있고, 姚寬의 《西溪叢語》에 "차는 열 물이 있는데 첫물과 둘째 물은 너무 여리고 셋째 물이 가장 좋다(茶有十綱, 第一·第二綱太嫩, 第三綱最妙)"라는 말이 있다.

(17) 賜龍(사룡): 하사받은 龍團茶. 시원지의 《시주소시》에 "《茶錄》에 '……본조의 관례에 의하면 첫물의 덩이차가 들어오면 가까운 신하들에게 나누어 주셨다'라는 말이 있다(《茶錄》: '……國朝故事, 第一綱團茶至, 卽分賜近臣.')"라고 했고, 歐陽修의 《歸田錄》에 "차의 품등은 용봉차보다 고귀한 것이 없다(茶之品, 莫貴於龍鳳)"라고 했다. 이 연은 조정을 떠나 있는 소식 자신에게 하사받은 용단차가 없기 때문에 용단차 대신 한식 전에 만든 신과차를 정준언에게 나누어 주었다는 말이다.

(18) 升堂(승당): '升堂拜母'의 약칭으로 상대방의 어머니를 찾아뵙고 문후 드릴 정도로 절친한 친구 사이라는 말이다. 後漢 사람 范式은 張劭와 절친한 사이였는데 함께 관직에서 물러나 고향으로 돌아갔다. 이때 범식이 장소에게 "2년 뒤에 가서 자네 부모님도 뵙고 아이들도 만나 보겠네"라고 했다. 2년 뒤에 장소가 그의 어머니에게 범식을 맞이할 준비를 해 달라고 부탁하자 어머니가 "2년이나 헤어져 있었을 뿐만 아니라 천 리나 떨어진 사람들끼리 한 약속인데 너는 어찌 그리도 굳게 믿느냐?"라고 했다. 그러자 장소가 "범식은 신의가 있는 사람이기 때문에 틀림없이 약속을 지킬 것입니다"라고 했다. 기일이 되자 범식이 과연 찾아와 대청에 올라가서 어머니께 절하고 술을 마셨다.(《후한서·범식전》 참조) 소식의 시 〈潘推官母李氏挽詞〉(0973)에 "대청에 올라가 절하고 술 마실 훗날의 약속이 아직 있는데, 흙을 져다 새 산소를 만들게 될 줄 어찌 알았으리?(尙有升堂他日約, 豈知負土一阡新?)"라는 구절이 있다. 소식은 차를 가지고 정준언의 집으로 가서 그에게 건네준 뒤 고향 어른이기도 한 그의 모친에게 절을 올리며 인사를 드린 것으로 보인다.

(19) 一甌(일구): 차 한 사발을 가리킨다.

(20) 林下(임하): 숲속. 일반적으로 은거하기 좋은 전원을 가리키는바, 여기서는 소식과 정준언의 고향인 眉山을 가리킨다. 馮應榴의 《蘇軾詩集合注》에 "정씨는 동파선생과 같은 현 사람이기 때문에 마지막 구절에서 이렇게 말한 것이다(程爲先生同縣人, 故末句云然)"라고 했다.

1122. 次韻林子中[(1)]·王彥祖[(2)]唱酬

임자중과 왕언조가 창화한 시에 차운하여

早知身寄一漚中,[(3)]	거품에 몸을 맡기고 있는 줄 일찍이 알았지만
晚節尤驚落木風.[(4)]	만년에 나뭇잎 떨구는 바람에 더욱 놀랐네.
昨夢已論三世事,[(5)]	어젯밤 꿈에 이미 삼세의 일을 논했는데
歲寒猶喜五人同.[(6)(7)]	세한에도 아직 다섯 사람이 함께 있어 기쁘네.
雨餘北固山圍座,[(8)]	비 온 뒤의 북고산엔 산이 자리를 감쌌겠고
春盡西湖水映空.[(9)]	봄이 다 간 서호에는 물에 하늘이 비쳤네.
差勝四明狂監在,[(10)(11)]	사명광감이 있던 곳은 조금 나았을 텐데
更將老眼犯塵紅.[(12)(13)]	다시 노안을 먼지로 붉어지게 하겠네.

[해설]

이 시는 왕분이 명주지주로 재임 중 비서감에 임명되어 도성으로 돌아가는 길에 윤주에서 임희를 만나 두 사람이 주고받은 시에 차운한 것이다.

[주석]

(1) 子中(자중): 林希의 字. 그는 소식의 開封府試 급제 동기요 直史館 동료이며, 나중에 杭州知州로 부임하여 소식이 항주지주 시절에 서호를 준설하고 쌓은 제방에 '蘇公堤'라는 이름을 붙여 준 사람이다. 《송사·임희전》에 "사신으로 삼아 고려로 보내려고 하자 두려운 안색을 하며 거절했다. 이에 신종

이 화가 나서 그 책임을 물어 감항주누점무로 내보내 버렸다(遣使高麗, 懼形於色, 辭行. 神宗怒, 責監杭州樓店務)"라는 기록이 있다. 施元之의 《施注蘇詩》에 "임자중은 이름이 희인데 당시 潤州(지금의 강소성 鎭江)의 태수로 재임 중이었다(林子中, 名希, 時守潤)"라고 했다.

(2) 彦祖(언조): 王汾의 字. 시원지의 《시주소시》에 "왕언조는 이름이 분으로 왕우칭의 손자이다(王彦祖, 名汾, 禹偁孫)"라고 했다. 그러나 소식의 〈王元之畫像贊幷敍〉에 "공(王元之, 즉 王禹偁)의 증손자 왕분(公之曾孫汾)"이라고 했고, 《東都事略》에도 "왕분은 바로 왕우칭의 증손자이다(王汾乃禹偁曾孫)"라고 했다. 馮應榴의 《蘇軾詩集合注》에 "《續資治通鑑長編》에 '원우 4년(1089) 2월에 왕분이 명주지주가 되었다가 11월에 비서감이 된지라 왕자연을 명주지주로 삼았다'라고 했으니 그가 임자중(임희)과 창화한 것은 당연히 북쪽으로 돌아가는 도중 윤주를 지날 때의 일이었을 것이다(《續通鑑長編》: '元祐四年二月, 王汾知明州, 十一月爲秘書監, 而以王子淵知明州.' 則其與林子中唱酬, 當是北歸過潤州時事)"라고 했다.

(3) 一漚(일구): 하나의 거품. 무상하고 허망한 이 세상을 가리킨다.

(4) 落木(낙목): 나뭇잎을 떨어뜨리다. 소식의 자주에 "근래에 손신로(孫覺)와 이공택(李常)이 다 세상을 떠났다는 소문을 들었기 때문에 이 구절을 읊었다(近聞莘老·公擇皆逝, 故有此句)"라고 한 바와 같이 이 구절은 친구들이 죽은 것을 마음 아파한 것이다.

(5) 三世(삼세): 불교에서 말하는 前世·現世·來世.

(6) 歲寒(세한): 한 해 중에서 가장 추운 때.

(7) 五人(오인): 소식·임희·왕분·顧臨·胡宗愈를 가리킨다. 소식의 자주에 "나는 임자중·왕언조·고자돈·호완부와 함께 경덕사에서 擧人試를 보았는데 지금 다들 건재하다(軾與子中·彦祖·子敦·完夫同試擧人景德寺, 今皆健)"라고 했다.

(8) 北固(북고): 북고산. 진강 북부의 長江 가에 있는 산. 이 연은 임희와 왕분이 북고산에 에워싸인 연회석에서 함께 논 일을 상상한 것이다.

(9) 西湖(서호): 항주 서호를 가리킨다.

(10) 差勝(차승): 조금 낫다.

(11) 四明狂監(사명광감): 唐나라 시인 賀知章을 가리킨다. 그는 매우 호방하고 자유분방한 성격의 소유자로 越州(지금의 절강성 紹興)에서 명주(지금의 절강성 寧波)에 걸쳐 있는 사명산에 집이 있고 秘書監이라는 관직을 역임했기 때문에 자칭 四明狂客 또는 秘書外監이라고 했는데 소식이 두 가지를 합쳐서 사명광감이라고 부른 것이다. 여기서는 최근에 명주지주를 역임하고 다시 비서감에 임명된 왕분을 가리킨다.

(12) 將(장): ~을 가지고

(13) 犯塵紅(범진홍): 먼지를 맞아서 붉어지다. 이 연은 왕분이 명주지주로서 사명산 기슭에 있을 때는 그래도 지내기가 좀 나았을 테지만 비서감이 되어서 도성으로 들어가면 노안이 먼지 때문에 충혈되는 등 지내기가 불편해지겠다는 말이다.

1123. 壽星院[(1)]寒碧軒[(2)]

수성원의 한벽헌

淸風肅肅搖窗扉,[(3)]	청풍이 솨솨 불어 창문을 흔드는데
窗前修竹一尺圍.	창문 앞의 키 큰 대는 둘레가 한 자로다.
紛紛蒼雪落夏簟,[(4)(5)(6)]	분분한 푸른 눈이 여름 대자리에 떨어지고
冉冉綠霧沾人衣.[(7)(8)]	아련한 초록 안개가 옷을 적신다.
日高山蟬抱葉響,[(9)]	해 높이 뜬 곳에 매미가 이파리를 안고 울고
人靜翠羽穿林飛.[(10)]	인적 없는 곳에 물총새가 숲을 뚫고 날아간다.
道人絶粒對寒碧,[(11)(12)(13)]	도인께선 곡기 끊은 채 차고 푸른 걸 보시니
爲問鶴骨何緣肥.[(14)(15)(16)]	학의 뼈가 무슨 수로 살찌겠어요?

[해설]

항주 서호 북쪽의 수성원 안에 있는 한벽헌이라는 건물 주변의 대나무에 휩싸인 운치 있는 풍경과 밥 먹듯이 그것을 즐기는 그곳 스님의 고아한 인품을 노래한 것이다.

[주석]

(1) 壽星院(수성원): 杭州 西湖 북쪽의 葛嶺에 있던 절. 《咸淳臨安志》에 "수성원은 갈령에 있다(壽星院在葛嶺)"라고 했고, 《西湖遊覽志》에 "보운산 서쪽이 갈령인데 산 아래에 수성원이 있고 절 안에 배천·영천·한벽헌이 있다(寶雲山之西爲葛嶺, 嶺下有壽星院, 院中有杯泉·靈泉·寒碧軒)"라고 했다.

(2) 寒碧軒(한벽헌): 수성원 안에 있던 건물.
(3) 肅肅(숙숙): 바람이 부는 소리.
(4) 紛紛(분분): 어지러운 모양.
(5) 蒼雪(창설): 푸른색 댓잎을 가리킨다.
(6) 夏簟(하점): 여름철에 까는 대자리.
(7) 冉冉(염염): 흐릿하여 분간이 잘 안 되는 모양.
(8) 綠霧(녹무): 초록 안개. 대밭에 서려 있는 파르스름한 기운을 가리킨다. 이 연은 '寒碧'의 구체적인 모습을 묘사한 것이다.
(9) 山蟬(산선): 산에 사는 매미. 竹蟬을 가리키는 것으로 보인다.
(10) 翠羽(취우): 물총새의 깃털. 물총새를 가리킨다.
(11) 道人(도인): 도사나 스님처럼 道行이 높은 사람. 수성원의 스님을 가리킨다.
(12) 絶粒(절립): 穀氣를 끊다.
(13) 寒碧(한벽): 차고 푸른 것. 대나무를 가리킨다.
(14) 爲問(위문): 묻다.
(15) 鶴骨(학골): 수성원 스님의 수척한 몸을 가리킨다.
(16) 何緣(하연): 무엇에 연유하여. 어떻게.

1124. 書劉景文[1]左藏[2]所藏王子敬[3]帖[4]

좌장 유경문이 소장하고 있는 왕자경 서첩에 쓴다

家雞野鶩同登俎,[5][6]	집닭과 들오리가 함께 제사상에 오르고
春蚓秋蛇總入奩.[7][8]	봄 지렁이와 가을 뱀이 모두 상자에 들어가지만
君家兩行十二字,[9]	그대 집에 소장된 두 줄의 열두 자는
氣壓鄴侯三萬籤.[10][11]	그 기세가 업후의 책 삼만 권을 압도하네.

[해설]

좌장고부사 유계손이 소장하고 있는 왕헌지 서첩을 보고 그 소감을 읊어서 서첩에다 써 놓은 것이다.

[주석]

(1) 景文(경문): 당시 兩浙兵馬都監으로서 杭州에 주재한 劉季孫의 字. 〈次韻答劉景文左藏〉(1096) 주 (1) 참조.

(2) 左藏(좌장): 左藏庫使의 약칭. 유계손은 당시 左藏庫副使로서 兩浙兵馬都監을 맡아 항주에 주재하고 있었다.

(3) 子敬(자경): 東晉 때의 서예가 王獻之의 字. 王羲之의 아들이다.

(4) 帖(첩): 書帖. 빼어난 글씨를 모아서 만든 서예 작품집.

(5) 家雞野鶩(가계야목): 집닭과 들오리. 풍격은 서로 다르지만 수준이 매우 높은 두 종류의 글씨를 가리킨다. 庾翼은 젊을 때 자신의 서예 솜씨가 왕희지 못지않다고 생각했는데 아이들이 다들 왕희지의

글씨를 배우는 것을 보고는 자신의 글씨를 집에서 기르는 닭에 비유하고 왕희지의 글씨를 야생 꿩에 비유하여 아이들이 집닭을 천시하고 들꿩을 좋아한다고 못마땅해 했다.(《南史·王僧虔傳》 및 何法盛, 《晉中興書》 참조) 이리하여 '家雞野雉' 또는 '家雞野鶩'이라는 말이 생겼다.

(6) 登俎(등조): 祭器에 오르다. 이 구절은 풍격이 다를지라도 훌륭한 글씨는 어느 것이나 다 같이 귀한 대접을 받는다는 말이다.

(7) 春蚓秋蛇(춘인추사): 봄철의 지렁이와 가을철의 뱀. 서투르고 힘이 없는 글씨를 가리킨다. 《晉書·王羲之傳論》에 "蕭子雲은 최근에 출현하여 강남 지방에서 이름을 날리지만 겨우 글자를 만들 줄 알 뿐이지 대장부의 기개가 없어 한 줄 한 줄이 봄철의 지렁이가 기어가는 것 같고, 한 자 한 자가 가을철의 뱀이 똬리를 틀고 있는 것 같다(子云近出, 擅名江表, 然僅得成書, 無丈夫之氣, 行行若縈春蚓, 字字如綰秋蛇)"라고 했다.

(8) 入奩(입렴): 상자에 넣다. 이 구절은 졸렬한 글씨도 모두 애호가들이 소장한다는 말인 것으로 보인다.

(9) 君家(군가): 유계손의 집을 가리킨다.

(10) 鄴侯(업후): 鄴縣(지금의 하남성 臨漳)의 제후. 唐나라 사람 李泌을 가리킨다. 그는 中書侍郎·同中書門下平章事를 역임하고 鄴縣侯에 봉해졌는데 집안에 장서가 매우 많았기 때문에 周密의 《齊東野語·書籍之厄》에 "사대부 집안에 소장된 책으로 말할 것 같으면 옛날의 장화 같은 사람은 수레 30대에 실을 정도였고, 두겸은 책을 만 권이나 모았으며, 위술은 책을 2만 권 모았고, 업후는 3만 권을 서가에 꽂아 놓았다.……모두 장서의 부자로 불린다(若士大夫之家所藏, 在前世如張華載書三十車, 杜兼聚書萬卷, 韋述蓄書二萬卷, 鄴侯插架三萬卷.……皆號藏書之富)"라고 했다.

(11) 籤(첨): 書籤. 찌지. 찌. 書名을 써서 책의 한쪽 끝에 달아 놓는 작은 대나무 조각 혹은 책의 표지에 붙여 놓는 종이쪽지나 비단 조각. 책을 가리킨다.

1125. 書劉景文[1]所藏宗少文[2]一筆畫[3]

유경문이 소장하고 있는 종소문의 일필화에 쓴다

宛轉回文錦,[4][5]	구불구불한 것이 회문시를 짠 비단이요
縈盈連理花.[6][7]	빙글빙글 도는 것이 연리지의 꽃이로다.
何須郭忠恕,[8]	어찌 꼭 곽충서가
匹素畫繅車.[9][10]	한 필의 흰 비단에 얼레를 그려야 하리?

[해설]

유계손이 소장하고 있는 종병의 일필화를 보고 그 감회를 읊어서 그림에 써 놓은 것으로, 붓을 떼지 않고 한 줄로 죽 이어서 그린 일필화를 비단에 회문시를 짜 넣은 모습, 연리지에 꽃이 핀 모습, 아이가 연을 날리는 모습 등에 비유하여 재미있게 묘사했다.

[주석]

(1) 景文(경문): 당시 兩浙兵馬都監으로서 杭州에 주재한 劉季孫의 字. 〈次韻答劉景文左藏〉(1096) 주 (1) 참조.

(2) 少文(소문): 남북조 시대 宋나라 화가 宗炳의 字. 王十朋의 《百家註分類東坡先生詩》에 "종병은 자가 소문이며 남양군 저양 사람으로 서화에 능했다(宗炳, 字少文, 南陽沮陽人, 善書畫)"라고 했다.

(3) 一筆畫(일필화): 붓을 멈추지 않고 단숨에 그린 그림. 郭若虛의 《圖畫見聞志》에 "오직 왕헌지만이 일필서를 쓸 줄 알고 육탐미만이 일필화를 그릴 줄 안다(惟王獻之能爲一筆書, 陸探微能爲一筆畫)"라는 말이 있다.

(4) 宛轉(완전): 구불구불하다.

(5) 回文(회문): 회문시. 바로 읽어도 뜻이 통하고 거꾸로 읽어도 뜻이 통하는 시. 晉나라 사람 竇滔가 멀리 流沙 지방에서 관직 생활을 할 때 고향에 있던 아내 蘇蕙가 비단 천에다 절절한 그리움을 담은 회문시를 짜 넣어서 보냈다고 한다.(《晉書·竇滔妻蘇氏傳》 참조) 여기서는 그림 그리는 붓이 끊이지 않고 왔다 갔다 한 것을 가리킨다.

(6) 縈盈(영영): 날렵하게 빙빙 돌다.

(7) 連理(연리): 連理枝. 두 나무의 가지가 서로 맞닿아서 결이 서로 통한 것. 여기서는 그림의 맥이 끊이지 않고 하나로 연결되어 있는 것을 가리킨다. 이 연은 종병의 일필화가 회문시나 연리지처럼 끊이지 않고 이어져 있다는 말이다.

(8) 郭忠恕(곽충서): 북송 초기의 화가. 곽약허의 《도화견문지》에 "곽충서는 자가 서선이며 낙양 사람이다. 그림을 잘 그렸는데 흰색 비단을 준비해 놓고 그림을 그려 달라고 하는 사람이 있으면 꼭 화를 내면서 가 버리지만 흥이 나면 스스로 그렸다. 기 지방에 한 부자가 있었는데 그 아들이 그림을 좋아하여 날마다 책상과 비단과 좋은 종이를 준비해 놓고 자꾸만 간절하게 그림을 그려 달라고 했다. 곽충서가 종이 수십 장을 갖다 붙여서 먼저 머리를 두 갈래로 땋은 한 아이가 얼레를 쥐고 있는 모습을 그린 다음 종이 끄트머리에 연을 그리고 거기서 실을 한 가닥 뽑아냈는데 길이가 수십 자(尺)나 되었다. 부잣집 아들이 멋있다고 여기지 않아 마침내 그림 그려 주는 것을 사절했다(郭忠恕, 字恕先, 洛陽人. 善畫, 有設紈素求爲圖畫者, 必怒而去, 乘興卽自爲之. 岐有富人, 子喜畫, 日設几案絹素好紙, 屢以情言. 忠恕取紙數十番, 首畫一丱角小童持線車, 紙窮處, 作風鳶, 中引一線, 長數丈. 富家子不以爲奇, 遂謝絶)"라고 했다.

(9) 匹素(필소): 한 필의 흰색 비단.

(10) 繅車(소거): 일반적으로 고치를 켜서 실을 뽑는 기구인 물레를 가리키지만 여기서는 연줄을 감는 데 쓰는 기구인 얼레를 가리킨다.

1126. 次韻送張山人(1)歸彭城(2)

팽성으로 돌아가는 장산인을 전송한 시에 차운하여

羨君飄蕩一虛舟,(3)(4)	빈 배 타고 물결 따라 정처 없이 떠돌다가
來作錢塘十日游.(5)	전당에 와서 열흘 동안 노니는 게 부럽네.
水洗禪心都眼淨,(6)	물이 선심을 씻어 온통 눈이 깨끗하고
山供詩筆總眉愁.(7)	산이 시 쓰는 붓을 주어 온통 눈썹에 근심이네.
雪中乘興眞聊爾,(8)(9)	눈 속에 흥을 탄 건 정말 일시적 기분
春盡思歸却罷休.(10)(11)	봄이 다 가 돌아가고 싶자 그만두어 버리네.
何日五湖從范蠡,(12)(13)	언제나 오호로 범려를 좇아가서
種魚萬尾橘千頭.(14)(15)	물고기 만 마리 키우고 귤 천 그루 심을까?

[해설]

서주지주 시절에 교유하던 도사 장천기가 항주로 왔다가 서주로 돌아갈 때 다른 사람이 먼저 지은 송별시에 차운한 것으로, 장천기와 헤어지는 아쉬운 심경과 장천기처럼 매인 데 없이 자유로이 살고 싶은 심경을 함께 토로했다.

[주석]

(1) 山人(산인): 승려나 도사처럼 산속에 사는 사람. 張山人은 徐州 雲龍山에 은거하던 도사 張天驥를 가리킨다. 그에 관해서는 소식의 시 〈過雲龍山人張天驥〉(0490)에 잘 묘사되어 있다.

(2) 彭城(팽성): 지금의 강소성 서주.

(3) 飄蕩(표탕): 물결치는 대로 정처 없이 떠돌아다니다.

(4) 虛舟(허주): 정처 없이 떠돌아다니는 배를 가리킨다.

(5) 錢塘(전당): 지금의 절강성 杭州.

(6) 洗禪心(세선심): 선심을 씻다. 禪定에 든 마음을 씻어서 더욱 청정하게 해 준다는 말이다.

(7) 供詩筆(공시필): 시 쓰는 붓을 제공하다. 이 구절은 산을 보고 일어난 詩興을 시로 승화시키기 위해 눈썹을 찌푸리고 고심한다는 말이다.

(8) 雪中乘興(설중승흥): 東晉 사람 王徽之는 남의 눈치를 보지 않고 자기 기분대로 사는 사람이었다. 일찍이 山陰(지금의 절강성 紹興)에 살 때 눈이 막 개어 휘영청 밝은 달빛 아래 사방이 은빛 천지를 이룬 가운데 혼자 시를 읊조리다가 문득 剡縣(지금의 절강성 嵊縣 서남쪽 曹娥江 북쪽)에 사는 친구 戴逵가 보고 싶어져서 밤새도록 배를 저어 문 앞까지 갔다가 그냥 돌아왔다. 왜 그랬느냐는 사람들의 물음에 그는 "기분이 내켜서 갔는데 문 앞에 도착하니 기분이 식어 버려서 굳이 만날 필요가 없었소"라고 대답했다.(《진서·왕휘지전》 참조)

(9) 聊爾(요이): 잠시 이렇게 하다. 일시적이다. 晉나라 때는 7월 7일에 옷을 걸어 말리는 풍속이 있었다. 숙부 阮籍과 함께 竹林七賢의 한 사람으로서 세속적인 삶을 거부한 阮咸은 숙부와 함께 길 남쪽에 살고 다른 완씨들은 길 북쪽에 살았는데 북쪽에 사는 완씨들은 부유하고 남쪽에 사는 완씨들은 가난했다. 7월 7일 날 풍속에 따라 북쪽의 완씨들이 대거 옷을 말리는데 다들 휘황찬란한 비단옷이었다. 완함은 장대에 삼베로 만든 커다란 쇠코잠방이를 걸어 마당에 세워 놓았다. 누군가가 괴이하게 생각하여 그 까닭을 묻자 "아직까지 세속적인 풍속에서 벗어나지 못해서 잠시 이렇게 해 보는 것일 뿐이오(未能免俗, 聊復爾耳)"라고 대답했다.(《진서·완함전》 참조)

(10) 却(각): ~하자 곧.

(11) 罷休(파휴): 그만두다. 이 연은 장천기가 잠시 항주에 머물다가 금방 돌아가는 것을 왕휘지의 고사에 빗댄 것으로, 그와 헤어지는 아쉬움을 토로한 것이다.

(12) 五湖(오호): 太湖를 가리킨다. 《南徐記》에 "무석의 서쪽에는 기다란 도랑이 있고 남쪽에는 오호가 있으며 그 남쪽에 또 소오호가 있는바, 《주례》에서 말한 오호가 아니다(無錫西有長渠, 南有五湖, 向南又有小五湖, 非《周禮》所云五湖也)"라고 했고, "과연 군사를 일으켜 오나라를 정벌하느라 오호에서 싸웠다(果興師而伐吳, 戰於五湖)"라는 《國語·越語》의 기록에 대한 韋昭의 주에 "오호는 지금의 태호이다(五湖, 今太湖)"라고 했다.

(13) 范蠡(범려): 춘추 시대 越나라의 대부. 그는 浣紗溪에서 빨래하던 미인 西施를 교육시켜 吳王 夫差에게 보내는 미인계를 씀으로써 월왕 勾踐으로 하여금 會稽之恥를 설욕하게 한 후 서시를 데리고 五湖에 배를 띄워 어딘가로 사라졌다.(《國語·越語》 참조) 《北戶雜錄》에 "도주공(범려)의 《양어법》에 '물고기를 기르려면 매년 2월 첫 번째 庚日에 알을 밴 잉어를 잡아서 연못 속에 풀어 놓는다'라는 말이 있다(陶朱公《養魚法》: '凡種魚, 每二月上庚日, 取鯉魚懷子者投池中.')"라고 했다.

(14) 種魚(종어): 물고기를 기르다.

(15) 橘千頭(귤천두): 귤 천 그루. 裴松之의 《三國志註》에 인용된 晉나라 習鑿齒의 《襄陽記》에 의하면 李衡은 家産을 좀 마련하려고 했으나 아내가 말을 듣지 않아 나중에 몰래 사람을 보내 武陵 龍陽의 氾洲에 집을 짓고 감귤나무 천 그루를 심게 하고는 죽기 전에 아들에게 "네 어머니가 내가 가산을 좀 마련하는 것을 싫어하여 이처럼 가난하게 되었다. 그러나 우리 고을에 나무 노비 천 명이 있는데 너에게 옷과 음식을 달라고 하지도 않고 해마다 비단을 한 필씩 바칠 것이니 이것만 해도 쓰기에 모자람이 없을 것이다"라고 했다고 한다.

1127. 眞覺院[1]有洛花[2], 花時不暇往, 四月十八日, 與劉景文[3]同往賞枇杷[4]

진각원에 낙양의 꽃이 있는데 그것이 꽃을 피웠을 때는 가 볼 겨를이 없어서 4월 18일에 유경문과 함께 가서 비파를 감상하고

綠暗初迎夏,	녹음이 어둑어둑 막 맞이한 초여름
紅殘不及春.	봄철에 못 왔더니 붉은 꽃이 시들었네.
魏花非老伴,[5][6]	위화는 나의 오랜 벗이 아니고
盧橘是鄕人.[7][8]	노귤이야말로 나의 동향인이네.
井落依山盡,[9][10]	마을은 산 밑에 이어지다 시야에서 사라지고
巖崖發興新.	바위 벼랑은 새로운 흥취를 일으키네.
歲寒君記取,[11][12]	그대여 기억하게 날씨가 추워진 뒤
松雪看蒼鱗.[13][14]	소나무에 눈 쌓일 때 푸른 비늘을 보게 될 것이네.

[해설]

모란꽃이 다 져 버린 원우 5년(1090) 4월 18일에 유계손과 함께 항주 옥주산의 진각원에 피어 있는 비파를 보고 반가운 마음을 노래한 것이다.

[주석]

(1) 眞覺院(진각원): 杭州의 玉廚山에 있던 절. 《西湖遊覽志》에 "용산의 조금 북쪽에 옥주산이 있는데 옛날에 그곳에 진각원이 있었다(龍山稍北爲玉廚山, 舊有眞覺院)"라고 했다.

(2) 洛花(낙화): '洛陽花'의 약칭으로 하남성 洛陽의 명산물인 牡丹을 가리킨다. 《長公外紀》에 "당나라

때는 항주에 모란이 없었다. 장경(821-824) 연간에 개원사의 스님 혜징이 도성에서 한 그루 얻어 와서는 그것을 낙화라고 했다(牡丹, 唐時杭州無此種. 長慶中開元寺僧惠澄, 自都下乍得一本, 謂之洛花)"라는 말이 있다.

(3) 景文(경문): 당시 兩浙兵馬都監으로서 항주에 주재한 劉季孫의 字. 〈次韻答劉景文左藏〉(1096) 주 (1) 참조.

(4) 枇杷(비파): 장미과의 상록 교목인 비파나무의 열매. 비파나무는 10~11월에 원추 화서로 흰 꽃이 피고, 이듬해 6월에 구형 또는 타원형의 누런 열매가 익는다. 주 (7) 참조.

(5) 魏花(위화): 모란의 품종 이름. 魏紫라고도 한다. 歐陽修의 《洛陽牡丹記·花釋名》에 "전사공이 '모란은 꽃 중의 왕이라고들 하는데 이제 보니 요황이 참으로 왕이고 위화는 왕후이다'라고 말한 적이 있다(錢思公嘗曰: '人謂牡丹花王, 今姚黃眞可爲王, 而魏花乃后也.')"라는 말이 있다.

(6) 老伴(노반): 오래 사귄 친구.

(7) 盧橘(노귤): '검은 귤'이라는 뜻으로, 익지 않았을 때 靑黑色을 띠는 金橘의 별명이기도 하고 여러 면에서 금귤과 비슷한 점이 많은 枇杷의 별명이기도 하다. 여기서는 진각원에 있는 비파를 보며 자기 고향에서 많이 나는 금귤을 떠올리고는 그것을 노귤이라고 부른 것 같다.

(8) 鄕人(향인): 同鄕人. 《齊民要術·橙》에 "곽박이 말하기를 '촉지방에 급객등(금귤의 별명)이 있는데 귤과 비슷하지만 귤보다 작고, 유자와 같지만 향기가 있다. 여름과 가을에 꽃이 피었다 지고 과일이 맺히는데 어떤 것은 탄알과 같고 어떤 것은 손가락과 같다. 1년 내내 먹으며 노귤이라고도 한다'라고 했다(郭璞曰: '蜀中有給客橙, 似橘而小, 若柚而芳香. 夏秋華實相繼, 或如彈丸, 或如手指. 通歲食之, 亦名盧橘.')"라는 설명이 있다. 이 연은 모란꽃은 자신을 기다려 주지 않고 벌써 져 버렸는데 촉지방, 즉 자기 고향에서 많이 나는 금귤은 자신이 갈 때까지 기다려 주어서 마치 동향인을 만난 것처럼 반가웠다는 말이다.

(9) 井落(정락): 村落. 마을.

(10) 依山盡(의산진): 산을 따라 길게 이어지다가 산이 굽이짐에 따라 시야에서 사라지는 모습을 가리키는 것으로 보인다. 王之渙의 시 〈登鸛雀樓〉에 "하얀 해는 반짝반짝 산 너머로 사라지고, 황하는 아스라이 바다로 흘러간다(白日依山盡, 黃河入海流)"라는 구절이 있다.

(11) 歲寒(세한): 한 해 중에서 가장 추운 때. 《論語·子罕》에 "날씨가 추워진 뒤에야 소나무와 잣나무가 다른 나무보다 나중에 시드는 줄 안다(歲寒, 然後知松柏之後彫也)"라는 말이 있다.

(12) 記取(기취): 기억하다. '取'는 의미 없는 助字이다.

(13) 松雪(송설): 소나무에 눈이 쌓이다.

(14) 蒼鱗(창린): 겨울에도 시들지 않고 푸르름을 자랑하는 비파나무의 잎을 가리킨다.

1128. 叉和景文(1)韻

다시 유경문의 시에 화답하여

牡丹松檜一時栽,(2) 모란과 송백을 동시에 심어 놓고
付與春風自在開.(3) 봄바람에 맡겨서 마음대로 피게 하면
試問壁間題字客,(4) 벽에다 글씨 쓰는 사람들 중에
幾人不爲看花來.(5) 꽃구경 오지 않은 이가 몇이나 될까?

[해설]

제목에서 유계손의 시에 화답한 것이라고 했으나 유계손의 어느 시에 화답한 것인지 확인하기 어렵다. 지조 높은 송백의 자태보다 화사한 모란꽃을 더 좋아하는 세태에 대한 개탄이 깃들여져 있는 것으로 보인다.

[주석]

(1) 景文(경문): 당시 兩浙兵馬都監으로서 杭州에 주재한 劉季孫의 字. 〈次韻答劉景文左藏〉(1096) 주 (1) 참조.
(2) 松檜(송회): 소나무와 편백나무. '松柏'과 같은 뜻이다.
(3) 付與(부여): 주다. 맡기다.
(4) 題字客(제자객): 벽에다 시나 자기 이름 따위를 쓰는 상춘객을 가리킨다.
(5) 看花(간화): 劉禹錫의 시 〈元和十一年自朗州召至京, 戲贈看花諸君子〉에 "도성 교외에 흙먼지가 얼굴을 스치는데, 꽃구경하고 돌아온다고 말하지 않는 사람이 없네(紫陌紅塵拂面來, 無人不道看花

回)"라는 구절이 있다. 이 연은 꿋꿋한 송백의 자태를 보고 싶어 하는 사람은 별로 없고 화사한 모란꽃을 보고 싶어 하는 사람이 대부분이라는 말이다.

1129. 西湖(1)壽星院(2)此君軒(3)

서호 가의 수성원에 있는 차군헌

臥聽謖謖碎龍鱗,(4)(5)	사각사각 용 비늘이 찢기는 소리 누워서 듣고
俯看蒼蒼立玉身.(6)	푸릇푸릇 옥 몸뚱이가 서 있는 모습 굽어본다.
一舸鴟夷江海去,(7)	배 한 척 타고 치이자피는 강과 바다로 떠났지만
尙餘君子六千人.(8)	군자군 육천 명은 아직도 남아 있다.

[해설]

항주 서호 북쪽의 수성원이라는 절에 있는 차군헌에 갔다가 주위에 푸른 대나무가 수없이 많이 서 있는 모습을 보고 그 감회를 노래한 것이다.

[주석]

(1) 西湖(서호): 杭州 서호를 가리킨다.

(2) 壽星院(수성원): 항주 서호 북쪽의 葛嶺에 있던 절. 〈壽星院寒碧軒〉(1123) 주 (1) 참조.

(3) 此君軒(차군헌): 수성원에 있던 건물. 《西湖遊覽志》에 "갈령의 수성원에 차군헌이 있다(葛嶺壽星院有此君軒)"라고 했다. 《晉書·王徽之傳》에 "한때 빈집을 빌려서 산 적이 있는데 즉시 대나무를 심으라고 했다. 어떤 사람이 그 까닭을 묻자 왕휘지가 휘파람만 불고 있다가 대나무를 가리키며 말하기를 '어찌 하루라도 이 군자가 없을 수가 있겠느냐?'라고 했다(嘗寄居空宅中, 便令種竹. 或問其故, 徽之但嘯詠, 指竹曰: '何可一日無此君邪?')"라는 일화가 있는바, 이로 인하여 '此君'은 대나무의 별명이 되었다.

(4) 謖謖(속속): 댓잎이 서로 부딪쳐서 나는 소리.

(5) 龍鱗(용린): 대나무 잎을 가리킨다.

(6) 玉身(옥신): 기다란 벽옥을 세워 놓은 것처럼 맑고 푸른 대나무를 가리킨다.

(7) 鴟夷(치이): '鴟夷子皮'의 약칭. 춘추 시대의 越나라 대부 范蠡는 吳王 夫差에게 西施를 보내 미인계를 씀으로써 越王 勾踐으로 하여금 오나라를 대파하게 해 준 뒤, 구천이 힘든 시기는 함께할 수 있어도 평안한 시기는 함께할 위인이 못 된다고 생각하여 자신을 치이자피라 부르며 서시와 함께 배를 타고 멀리 떠나 버렸다.

(8) 君子(군자): 춘추 시대에 월왕 구천이 자기 심복으로 조직한 군대인 君子軍을 가리킨다. 《國語·吳語》에 "자기 私兵인 군자 6천 명을 중군으로 삼았다(以其私卒君子六千人爲中軍)"라고 했는데 韋昭의 주에 "사병인 군자란 월왕이 가까이하는, 지조와 행실이 있는 사람으로 오나라의 이른바 현량이라는 것 및 제나라의 이른바 士라는 것과 같다(私卒君子, 王所親近有志行者, 猶吳所謂賢良, 齊所謂士)"라고 했고, 《史記·越王世家》에 "이에 물에 익숙한 사람 2천 명, 훈련된 사병 4만 명, 군자군 6천 명, 軍務員 천 명을 징발하여 오나라를 쳤다. 오나라 군사가 패배하자 마침내 오나라 태자를 죽였다(乃發習流二千人, 教士四萬人, 君子六千人, 諸御千人, 伐吳. 吳師敗, 遂殺吳太子)"라고 했다. 이 연은 차군헌에 있는 수많은 대나무를 보면서 군자를 떠올리고 다시 월왕 구천의 군자군을 떠올린 것이다.

1130. 觀臺[(1)]

관대

三界無所住,[(2)] 중생이 사는 삼계에는 안주할 곳이 없지만
一臺聊自寧.[(3)] 이 누대에선 그런대로 자신을 편안케 하겠네.
塵勞付白骨,[(4)(5)] 속세의 번뇌를 백골관에 맡기면
寂照起黃庭.[(6)(7)] 황정에서 잔잔한 관조가 일어날 것이네.
殘磬風中嫋,[(8)] 힘없는 풍경 소리는 바람 속에 가냘프고
孤燈雪後青. 외로운 등불은 눈 온 뒤라 더 파랗네.
須防童子戲, 아이들이 노는 것을 막아야만 할 것이니
投瓦犯清泠.[(9)] 기와를 던져 맑고 시원한 물을 범할 것이네.

[해설]

'관조하는 누대'라는 뜻을 지니고 있는 항주 수성원의 관대를 보고 떠오른 불교적 세계관을 노래한 것이다.

[주석]

(1) 觀臺(관대): 杭州 壽星院에 있던 누대로, '觀照하는 누대'라는 뜻을 지니고 있다. 《西湖遊覽志》에 "갈령의 수성원에 관대가 있다(葛嶺壽星院有觀臺)"라고 했고, 《止觀經》에 "멈추면 즐거움을 버릴 수 있고, 관조하면 고통에서 벗어날 수 있다. 멈추는 것이 안정된 상태와 같게 된 뒤에 고요해질 수

있고 관조는 사려를 거친 뒤에 얻을 수 있다(止能捨樂, 觀能離苦. 止如定而後能靜, 觀則慮而後能得也)"라고 했다.

(2) 三界(삼계): 欲界·色界·無色界 등 중생이 왕래하는 세 가지 세계.

(3) 聊(요): 아쉬운 대로.

(4) 塵勞(진로): 紅塵 속의 勞苦. 속세의 번뇌를 가리킨다.

(5) 白骨(백골): 白骨觀. 백골을 응시함으로써 인생무상을 체득하는 수행법.

(6) 寂照(적조): 고요하고 평온한 마음으로 觀照하는 것.

(7) 黃庭(황정): 道家에서 사람의 腦中·心中·脾中, 혹은 자연계의 天中·人中·地中을 일컫는 말로 흔히 中央을 가리키는데 여기서는 마음속을 가리킨다. 《上淸黃庭內景經·釋題》에 "노란색은 중앙의 색깔이고 뜰은 사방의 중앙이다. 밖으로는 천중·인중·지중을 가리키고, 안으로는 뇌중·심중·비중을 가리킨다(黃者, 中央之色也; 庭者, 四方之中也. 外指事卽天中·人中·地中, 內指事卽腦中·心中·脾中)"라는 말이 있다. 이 연은 백골관을 통하여 속세의 번뇌에서 벗어나면 마음속으로 속세의 덧없음을 관조할 수 있다는 말이다.

(8) 殘磬(잔경): 사그라져 가는 풍경 소리.

(9) 淸泠(청령): 맑고 시원한 물을 가리킨다. 《楞嚴經》에 "월광동자가 물에 익숙해지는 觀法을 수행하느라 방 안에서 조용히 앉아 참선하고 있었다. 한 제자가 창으로 방 안을 엿보았더니 오로지 맑은 물만 보였다. 무지한 어린아이가 기와 조각을 하나 주워 물속으로 던졌더니 물을 치며 소리를 냈는데 참선을 끝내자 심장에 통증이 느껴졌다(月光童子修習水觀, 室中安禪. 有弟子窺窗觀室, 唯見淸水. 童稚無知, 取一瓦礫, 投於水內, 激水作聲, 出定心痛)"라고 했다.

1131. 遊中峯[1]杯泉[2]

중봉의 배천에 가서 노닐고

石眼杯泉擧世無,[3][4] 바위 위에 샘구멍이 있는 배천은 세상에 없을 터
要知杯渡是凡夫.[5][6] 배도도 범부임을 알아야 하리
可憐狡獪維摩老,[7][8] 귀엽게도 재치 있는 유마 노인이
戲取江湖入鉢盂.[9][10] 장난으로 강과 호수를 바리때에 넣었으니.

[해설]

갈령의 중봉에 있는 배천을 구경하고 난 뒤 불교적 깨달음을 노래한 것이다. 모양과 크기가 잔과 비슷해서 배천이라고 불리는 이 샘은 늘 물이 샘, 즉 잔에서 넘쳐흐르기 때문에 병 하나에 다 담을 수 있다는 큰 바다 네 개의 물보다도 많다고 생각하고 해학적인 필치로 이 시를 지은 것 같다.

[주석]

(1) 中峯(중봉): 杭州 西湖 북쪽의 葛嶺에 있는 봉우리. 《咸淳臨安志》에 "수성원은 갈령에 있는데 그 안에 한벽헌·차군헌·관대·배천이 있는바 소동파에게는 이것들을 읊은 시가 다 있다(壽星院在葛嶺, 中有寒碧軒·此君軒·觀臺·杯泉, 東坡皆有詩)"라고 했다.
(2) 杯泉(배천): 수성원 안에 있던 샘.
(3) 石眼(석안): 바위 위에 있는 샘구멍.
(4) 擧世(거세): 온 세상.

(5) 杯渡(배도): 晉나라 때의 승려. 《高僧傳》에 "진나라의 배도는 성명이 무엇인지는 모르고 늘 나무 잔을 타고 강을 건넜기 때문에 그렇게 부른다(晉杯渡者, 不知其姓名, 常乘木杯渡河, 因名焉)"라고 했다.

(6) 凡夫(범부): 평범한 사람. 속인. 이 구절은 큰 바다 네 개의 물도 병 하나에 다 들어갈 정도로 적은 양이므로 그런 관점에서 보면 배도가 잔을 타고 건넜다는 강의 물은 그야말로 시시하기 짝이 없다는 말이다.

(7) 狡獪(교회): 기민하다.

(8) 維摩老(유마로): 대승 불교의 경전인 유마경의 주인공으로 俗家에서 보살 行業을 닦은 석가모니의 在家 제자 維摩詰을 가리킨다. 《法苑珠林》에 "가령 큰 바다 네 개의 물을 이 병 속에 집어넣는다고 할지라도 속을 꽉 채우지 못할 것이다(假使四大海水內此瓶中, 猶不能滿中)"라는 말이 있고 《後漢書·西域傳》 주에 인용된 《維摩經》에 "큰 바다 네 개의 물을 하나의 모공에 넣는다고 해도 물고기·자라 따위를 놀라게 하지 않고 저 큰 바다도 옛날처럼 본래 모습 그대로이다(以四大海水, 入一毛孔中, 不撓魚鼈等, 而彼大海本相如故)"라고 했다.

(9) 江湖(강호): 강과 호수의 물.

(10) 鉢盂(발우): 바리때. 나무나 놋쇠 따위로 대접처럼 만들어 안팎에 칠을 한 승려의 공양 그릇.

1132. 贈善相(1)程傑(2)

홀륭한 관상쟁이 정걸에게

心傳異學不謀身,(3)(4)(5)	마음으로 이단의 학문을 터득해 일신의 영달을 안 꾀하고
自要淸時閱搢紳.(6)(7)	스스로 맑은 시절에 관리의 관상을 보려고 하네.
火色上騰雖有數,(8)(9)	불과 같은 안색을 지녀 급승진할 운명이 있을지라도
急流勇退豈無人.(10)	급류에서 용퇴하는 사람이 어떻게 없으리오?
書中苦覓原非訣,	책에서 애써 진리를 찾는 건 원래 비결이 아니요
醉裏微言却近眞.	취중의 하찮은 소리가 오히려 진리에 가깝다네.
我似樂天君記取,(11)(12)	내가 백낙천 같다는 걸 그대여 기억하게
華顚賞遍洛陽春.(13)(14)(15)	흰머리로 낙양의 봄을 두루두루 즐기려네.

[해설]

정걸이라는 용한 관상쟁이에게 지어 준 것이다. 정걸이 소식에게 관운이 트일 관상이라고 하자 그렇다고 할지라도 일찌감치 관직을 버리고 전원으로 돌아가고 싶다고 자신의 심경을 토로했다.

[주석]

(1) 善相(선상): 관상을 잘 보다.
(2) 程傑(정걸): 관상쟁이의 이름. 구체적인 행적이 알려져 있지 않다.

(3) 心傳(심전): 말이나 문자에 의지하지 않고 마음에서 마음으로 전하다. 以心傳心하다.

(4) 異學(이학): 이단의 학문. 儒學과 다른 학문이라는 뜻으로, 여기서는 관상학을 가리킨다.

(5) 謀身(모신): 자기 한 몸의 부귀영달을 꾀하다.

(6) 淸時(청시): 淸平한 시절. 태평성세를 가리킨다.

(7) 搢紳(진신): 긴 띠에 笏을 꽂은 사람. 옛날에 고위 관리들이 기다란 허리띠에 笏을 꽂던 일에서 비롯되어 고위 관리를 가리킨다. 이 연은 정걸이 학식이 뛰어남에도 불구하고 관직에 나아가 부귀영화를 누리려고 하지 않고 스스로 터득한 관상학 지식에 의거하여 관리들의 관상이나 보아 주며 살기를 원한다는 말이다.

(8) 火色(화색): 불꽃처럼 붉은 顔色. 빠른 속도로 승진할 관상을 가리킨다. 《舊唐書·馬周傳》에 "나는 마군이 일에 대하여 논하는 것을 많이 보았네.……그러나 솔개의 어깨를 가지고 있고 얼굴에 붉은빛이 감돌고 있으니 승진이 틀림없이 빠를 것이네(吾見馬君論事多矣.……然鳶肩火色, 騰上必速)"라고 했다.

(9) 有數(유수): 미리 정해진 운수가 있다.

(10) 急流勇退(급류용퇴): 급류에서 용퇴하다. 관리가 한창 잘나갈 때 관직에서 물러나는 것을 가리킨다. 북송 사람 錢若水가 擧子일 때 華山에서 陳希夷를 만났는데 진희이가 "내일 다시 와야 되겠네"라고 했다. 이튿날 전약수가 다시 찾아갔더니 한 노승이 진희이와 함께 앉아 있다가 "급류에서 용퇴할 사람이군" 했다. 전약수는 나중에 樞密副使까지 올라갔다가 겨우 40세일 때 벼슬에서 물러났다.(《邵氏聞見錄》 참조) 이 연은 官運이 좋은 관상을 지녔을지라도 과감하게 관직에서 물러나는 사람이 있는 법이라는 뜻으로, 정걸이 소식의 관상을 보고 나서 빠른 속도로 승진하겠다고 하자 설사 그렇다고 할지라도 일찌감치 관직에서 물러나고 싶다고 자신의 심경을 밝힌 것이다.

(11) 樂天(낙천): 白居易의 字. 王十朋의 《百家註分類東坡先生詩》에 "백낙천은 은퇴한 후 20여 년 동안 洛陽에서 노년기를 보냈다(白樂天退老洛中二十餘年)"라고 했다.

(12) 君(군): 정걸을 가리킨다.

(13) 華顚(화전): 백발.

(14) 賞遍(상편): 두루 欣賞하다. 두루 즐기다.

(15) 洛陽(낙양): 지금의 하남성 낙양. 이상의 네 구절은 醉吟先生이라고 불린 백거이처럼 일찌감치 관직을 버리고 전원으로 돌아가서 책마저 멀리한 채 술이나 마시며 살고 싶다는 말이다.

1133. 次韻林子中[(1)]蒜山亭[(2)]見寄[(3)]

임자중이 산산정에서 부쳐 온 시에 차운하여

奇逸多聞老敬通,[(4)(5)]	기이하고 초연하고 견문이 넓어 늙은 풍경통인데
何人慷慨解憐翁.[(6)(7)]	누가 비분강개하며 이 늙은이를 좋아할 줄 알리?
十年簿領催衰白,[(8)(9)]	십 년 동안 공문서로 노쇠해지고 머리가 세었으니
一笑江山發醉紅.[(10)]	한 번 웃고 강산에서 취하여 얼굴을 붉히게나.
聞道賦詩臨北固,[(11)(12)]	북고산에 올라가서 시 읊는다 들었나니
未應擧扇向西風.[(13)(14)]	서풍을 향해 부채를 들지는 않았으리.
叩頭莫喚無家客,[(15)(16)]	머리를 조아리며 집 없는 사람을 부르지 말게나
歸掃岷峨一畝宮.[(17)(18)]	돌아가서 아미산의 일 묘짜리 집을 쓸려 하니.

[해설]

당시 윤주지주로 재임 중이던 개봉부시 급제 동기 임희의 시에 차운한 것으로, 능력을 인정받지 못해 지방관으로 나와 있는 임희를 위로하면서 고향으로 돌아가 은거하고 싶은 자신의 심경을 넌지시 드러냈다.

[주석]

(1) 子中(자중): 소식의 開封府試 급제 동기로 당시 潤州(지금의 강소성 鎭江)知州로 재임 중이었던 林希의 字. 〈次韻林子中·王彦祖唱酬〉(1122) 주 (1) 참조.

(2) 蒜山亭(산산정): 진강에 있는 산산의 꼭대기에 있던 정자. 《嘉定鎭江志》에 "부옥산의 승려가 산산 꼭대기에 정자를 지었는데 단양(지금의 강소성 단양으로 남송 때 鎭江府에 속했음)의 신구 태수 자중 임희와 차공 양걸이 가장 먼저 올라갔기 때문에 이옹정이라고 한다(浮玉僧建亭蒜山之頂, 丹陽新舊太守林子中希·楊次公傑首登之, 因名二翁)"라고 했다.

(3) 見寄(견기): 나에게 부치다. 〈次韻錢越州見寄〉(1099) 주 (2) 참조.

(4) 奇逸(기일): 기이하고 초연하다.

(5) 敬通(경통): 後漢 사람 馮衍의 字. 어릴 때부터 기이한 재주가 있어 아홉 살 때 벌써 《詩經》을 다 외웠고 스무 살 때에는 여러 책에 두루 정통했기 때문에 그를 천거하는 사람이 많았지만 다 사절하고 관직에 나아가려고 하지 않았다.(《후한서·풍연전》 참조)

(6) 解(해): ~할 줄 알다.

(7) 翁(옹): 임희를 가리킨다.

(8) 簿領(부령): 관공서의 장부나 문서. 공문서.

(9) 衰白(쇠백): 몸이 노쇠해지고 머리카락이 희어지다.

(10) 醉紅(취홍): 취기로 안하여 얼굴에 생긴 홍조. 酒暈.

(11) 聞道(문도): ~라고 하는 말을 듣다.

(12) 北固(북고): 북고산. 강소성 진강 북부의 長江 가에 있는 산.

(13) 未應(미응): 응당 ~하지 않았을 것이다.

(14) 擧扇向西風(거선향서풍): 서풍을 향해 부채를 들다. 庾亮은 외지로 나가 있을 때에도 조정의 권세를 쥐고 있었기 때문에 권세를 좇는 사람들이 다들 그에게 귀의했다. 그러나 王導는 심기가 편할 수 없었는데 한번은 서풍이 불어 먼지가 일어나자 부채로 먼지를 막으면서 "유량의 먼지가 사람을 다 더럽히는구나!"라고 했다.(《晉書·王導傳》 참조) 이 구절은 임희가 정적을 원망하는 마음도 없을 정도로 정치적으로 매우 초연해져 있을 것이라는 뜻인 것으로 보인다.

(15) 叩頭(고두): 상대방에게 존경의 뜻을 표하거나 애원하기 위해 무릎을 꿇고 앉아 이마가 땅에 닿도록 머리를 조아리는 것을 말한다.

(16) 無家客(무가객): 소식 자신을 가리킨다. 소식의 시 〈蒜山松林中可卜居, 余欲僦其地, 地屬金山, 故作詩與金山元長老〉(0841)에 "산산에 다행히도 노는 땅이 있어서, 집은 없고 방 하나 있는 이 사람을 부르네(蒜山幸有閑田地, 招此無家一房客)"라는 구절이 있다.

(17) 岷峨(민아): 岷山과 峨眉山을 가리키는 경우도 있고, 민산 남쪽에 있는 산인 아미산을 가리키는 경우도 있는데, 어느 경우이든 여기서는 소식의 고향을 뜻한다.

(18) 畝(묘): 땅의 넓이를 셀 때 사용하는 단위 명사. 사방 다섯 자가 1步이고 240보가 1묘이다. 이 구절은 아미산 밑에 있는 자기 고향 집을 청소하여 은거하겠다는 말이다.

1134. 再和幷答楊次公[1]

다시 화운하면서 아울러 양차공에게도 화답한다

毘盧海上妙高峯,[2][3]	비로자나 바닷가의 묘고봉에서
二老遙知說此翁.[4][5]	두 노인이 이 노인을 얘기하는 줄 알겠네.
聊復艤舟尋紫翠,[6]	잠시 또 배 대 놓고 고운 산을 찾게 됐으니
不妨持節散陳紅.[7][8]	부절 들고 묵은 곡식 푸는 것도 괜찮으리.
高懷却有雲門興,[9][10][11]	고상한 회포는 확실히 불문에 대한 흥취가 있고
好句眞傳雪竇風.[12]	멋진 시구는 참으로 설두선사의 기풍을 전하네.
唱我三人無譜曲,[13][14]	악보 없는 우리 셋의 노래를 부르노라면
馮夷亦合舞幽宮.[15][16]	풍이도 깊숙한 용궁에서 춤추리.

[해설]

소식은 이에 앞서 임희가 보내온 시에 차운한 〈임자중이 산산정에서 부쳐 온 시에 차운하여(次韻林子中蒜山亭見寄)〉(1133)를 지었는데, 형식상 임희의 이 시에 다시 한 번 차운하면서 내용상 양걸의 시에 화답한 것이다.

[주석]

(1) 次公(차공): 楊傑의 字. 潤州知州를 역임하고 당시 兩浙提點刑獄으로서 杭州에 주재하고 있었으며, 그로부터 얼마 뒤인 원우 5년(1090) 7월에 禮部員外郎이 되었다. 施元之의 《施注蘇詩》에 "양차공은

당시 양절제점형옥으로 재임했다(次公時提點兩浙刑獄)"라고 했고, 《續資治通鑑長編》에 "원우 5년(1090) 7월에 양걸이 예부원외랑이 되었다(元祐五年七月, 楊傑爲禮部員外郎)"라고 했다. 〈次韻林子中蒜山亭見寄〉(1133) 주 (2) 참조.

(2) 毘盧海(비로해): 비로자나해. 불경에 나오는 바다의 이름. 《華嚴經》에 "세계해가 있는데 이름을 비로자나해라고 한다(有世界海, 名毘盧遮那海)"라고 했다.

(3) 妙高峯(묘고봉): 산봉우리 이름. 《華嚴經》에 "문수사리가 선재동자에게 말하기를 '남방에 한 나라가 있으니 이름을 승낙이라고 하며, 그 나라에 산이 있으니 이름을 묘고봉이라고 한다'라고 했다(文殊師利告善財童子, 言: '南方有一國土, 名爲勝樂, 其國有山, 名曰妙高峰.')"라는 말이 있다. 윤주(지금의 강소성 鎭江)에 있는 金山의 정상을 묘고봉이라고 하는바(魏嵩山 主編, 《中國歷史地名大辭典》, 廣東教育出版社, 1995년 제1판, 592쪽 참조), 이 구절은 윤주의 묘고봉을 불경 속의 묘고봉으로 간주한 것이다.

(4) 二老(이로): 윤주지주 林希와 금산사 주지 了元禪師를 가리킨다. 馮應榴의 《蘇軾詩集合注》에 "두 노인은 임자중과 원장로를 가리킨다(二老指林子中及元長老)"라고 했다.

(5) 此翁(차옹): 이 노인장. 양걸을 가리킨다. 이 연은 임희와 요원선사가 묘고봉에서 만나 얼마 전까지 윤주지주로 재임한 양걸에 대하여 이야기를 나누고 있을 것이라는 말이다.

(6) 紫翠(자취): 보랏빛과 푸른빛. 울긋불긋한 산을 가리킨다. 이 구절은 양걸이 또 조정에서 나와 지방에 머물면서 틈틈이 아름다운 산천을 찾아다니는 것을 가리킨다.

(7) 節(절): 符節. 양걸이 양절지점형옥의 신분을 증명하기 위해서 들고 다니는 부절을 가리킨다.

(8) 陳紅(진홍): 오래 묵혀서 불그스름해진 곡식을 가리킨다. 《漢書·賈捐之傳》에 "효무 황제(武帝) 원수 6년(기원전 117)이 되자 태창의 곡식이 불그스름하게 썩어서 먹을 수 없게 되었다(至孝武皇帝元狩六年, 太倉之粟, 紅腐而不可食)"라는 말이 있다. 이 구절은 양걸에게 관청 창고에 비축되어 있는 묵은 곡식을 방출하여 굶주리는 백성을 좀 구휼하라고 충고한 것이다.

(9) 高懷(고회): 고상한 회포.

(10) 却(각): 확실히.

(11) 雲門(운문): 구름 속에 있는 山門. 佛門을 가리킨다. 杜甫의 시 〈惠義寺送王少尹赴成都〉에 "구름 속의 푸른 산문이 적적하게 서 있을 터, 이렇게 헤어지며 못 따라가는 게 애석하네(雲門青寂寂, 此別惜相從)"라는 구절이 있다.

(12) 雪竇(설두): 절강성 奉化 서쪽에 있는 四明山의 봉우리 이름으로, 절 이름이나 승려의 이름으로도 쓰였다. 王十朋의 《百家註分類東坡先生詩》에 "설두선사는 문집이 세상에 전해 오고 있다. 설두선사는 이름이 중현, 자가 은지로 수주 이씨의 아들이다. 나중에 출가하여 시주를 받았으며 고향 마을에서 불경을 공부하고 업을 논했다. 만년에는 수주의 지문조화상을 뵙고 총림을 두루 돌아다니다가 사명산의 설두봉으로 옮겨 갔다. 이리하여 불문의 도가 다시 강소 지방과 절강 지방에 떨쳐지게 되었다(雪竇禪師有集行於世.……師諱重顯, 字隱之, 遂州李氏子. 後出家, 受供, 學經論業於鄕里. 晚參隨州智門祚和尙, 遍遊叢林, 遷四明之雪竇. 由是雲門之道, 復振於江浙)"라고 했고, 시원지의 《시주소

시》에 "양차공에게 〈雪竇語錄序〉가 있다(次公有〈雪竇語錄序〉)"라고 했다.

(13) 我三人(아삼인): 소식·임희·양걸을 가리킨다.

(14) 無譜曲(무보곡): 악보 없는 곡조. 세 사람이 지은 시를 가리킨다.

(15) 馮夷(풍이): 黃河의 신. 河伯. 보통의 水神을 두루 가리키는바, 수신의 궁전, 즉 용궁을 풍이궁이라고 한다. 司馬相如의 〈大人賦〉에 "女媧에게 슬을 연주하게 하여 풍이가 춤추게 한다(使靈媧鼓瑟而舞馮夷)"라는 말이 있다.

(16) 合(합): 틀림없이.

1135. 次韻劉景文[(1)]送錢蒙仲[(2)]三首

전몽중을 전송한 유경문의 시에 차운하여

其一

誰識天閑老驥,[(3)(4)]	천자 마구간의 늙은 명마를 그 누가 알아주리
不爭日暮長途.[(5)]	저물녘의 먼 길 달리기를 다투지도 않는데?
送盡靑雲九子,[(6)(7)]	청운의 뜻을 품은 아홉 아들 다 보내고
歸去扁舟五湖.[(8)]	입엽편주를 타고 오호로 돌아가리.

其二

寄語竹林社友,[(9)]	대밭에 함께 있던 벗들에게 전해 주게
同書桂籍天倫.[(10)(11)]	급제자 명부에 형제가 함께 이름을 올렸다고.
王郎獨爲鬼錄,[(12)(13)]	왕랑만 혼자 귀신의 명부에 이름을 올렸네
世間無此玉人.[(14)]	세상에 이렇게 옥 같은 사람이 없었는데.

其三

五字古原春草,[(15)]	들판의 봄풀을 읊은 다섯 자짜리 시요
千金漢殿長門.[(16)]	한나라 궁전의 천금짜리 〈장문부〉인데

經緯尙餘三策,[17][18]	나라 다스릴 세 가지 대책이 아직 남아 있나니
典刑留與諸孫.[19][20]	손자들에게 본보기를 남겨 주셨네.

[해설]

왕십붕의 《백가주분류동파선생시》에 "이때 전목보가 월주에 있었는데 전절중과 전몽중이 둘 다 전당으로 왔다. 전몽중이 과거시험에 응시하러 가려고 하는지라 유경문이 시로써 전송했다(是時穆父在越州, 岊仲·蒙仲皆來錢塘. 蒙仲欲往赴擧, 景文以詩送之)"라고 한 바와 같이, 유계손의 운자를 써서 과거시험을 보러 가는 전협의 아들 전몽중을 전송한 것이다.

[주석]

(1) 景文(경문): 당시 兩浙兵馬都監으로서 杭州에 주재한 劉季孫의 字. 〈次韻答劉景文左藏〉(1096) 주 (1) 참조.

(2) 錢蒙仲(전몽중): 당시 越州知州로 재임 중이던 錢勰의 아들. 施元之의 《施注蘇詩》에 "전몽중은 바로 전목보 내한의 아들인데 당시 전목보가 월주태수로 재임 중이었기 때문에 전몽중으로 하여금 소동파에게 배우게 했다(錢蒙仲乃穆父內翰之子, 時穆父守越, 遣蒙仲從東坡學)"라고 했다. 〈次韻秦少章和錢蒙仲〉(1090) 주 (2) 참조.

(3) 天閑(천한): 천자의 마구간.

(4) 老驥(노기): 늙은 천리마. 전몽중의 부친 전협을 가리킨다.

(5) 長途(장도): 杜甫의 시 〈江漢〉에 "예로부터 늙은 말을 버리지 않는 것은, 꼭 먼 길을 잘 달리기 때문만은 아니라네(古來存老馬, 不必取長途)"라고 한바, 이는 늙은 말이 비록 달리는 힘은 좀 부족할지 몰라도 길을 잘 찾아가는 지혜를 지니고 있다는 말이다. 이 연은 전협이 세속적인 일로 경쟁하기를 좋아하지 않고 초연하게 굴었기 때문에 능력을 인정받지 못하고 월주지주로 밀려났다는 말이다.

(6) 青雲(청운): 높은 지위나 벼슬.

(7) 九子(구자): 시원지의 《시주소시》에 "전목보는 아들이 아홉 명이었기 때문에 소동파가 매번 그를 놀려서 아들 아홉 둔 어머니의 남편이라고 했다. 그렇기 때문에 '청운의 뜻을 품은 아홉 아들 다 보내고'라고 한 것이다(穆父九男子, 東坡每戲穆父爲九子母丈夫. 故云: '送盡青雲九子')"라고 했다.

(8) 五湖(오호): 太湖를 가리킨다. 춘추 시대 越나라의 대부 范蠡는 미인 西施를 吳王 夫差에게 보내는 미인계를 씀으로써 월왕 勾踐으로 하여금 會稽之恥를 설욕하게 한 후 서시를 데리고 오호에 배를 띄워 어딘가로 사라졌다.(《國語·越語》 참조) 〈次韻送張山人歸彭城〉(1126) 주 (12)(13) 참조.

(9) 社友(사우): 한 마을에 사는 친구. 뜻을 같이하는 친구. 과거에 응시하러 가지 않고 고향에 남아 있는 전몽중의 친구들을 가리킨다.

(10) 桂籍(계적): 과거급제자 명부.

(11) 天倫(천륜): 형제를 가리킨다. 《穀梁傳·隱公元年》에 "형제는 천륜이다(兄弟, 天倫也)"라고 했는데, 范寧의 주에 "형이 앞서고 동생이 뒤따르는 것은 하늘이 정한 순서이다(兄先弟後, 天之倫次)"라고 했다. 이 연은 형제가 나란히 과거에 급제했다는 기쁜 소식을 시골에 있는 친구들에게 알려 달라는 말이다.

(12) 王郎(왕랑): 蘇轍의 사위 王適을 가리킨다. 시원지의 《시주소시》에 "자유의 사위 왕자립이 막 세상을 떠났기 때문에 '왕랑만 혼자 귀신의 명부에 이름을 올렸네'라고 한 것이다(子由壻王子立新逝, 故云: '王郎獨爲鬼錄')"라고 했다.

(13) 鬼錄(귀록): 귀신의 명부. 죽은 사람의 명부를 가리킨다.

(14) 玉人(옥인): 옥처럼 수려한 사람. 이 연은 재주가 빼어난 왕적이 죽고 없음을 안타까워한 것이다.

(15) 五字(오자): 오언시를 가리킨다. 白居易가 16세 되던 해에 長安으로 가서 著作郎 顧況을 만났더니 고황이 백거이의 이름을 보고는 대뜸 "쌀값이 한창 비싸서 지내는 것도 쉽지 않을 것일세(米價方貴, 居亦不易)"라고 했다. 그러나 백거이가 자신이 지은 시 〈賦得古原草送別〉을 보여 주자 혀를 내두르면서 "이런 시를 지을 수 있다면 지내기가 쉽겠네(道得箇語, 居卽易矣)"라고 했다. 이 시에 "불을 질러 태워도 안 없어지고, 봄바람이 불어오니 또다시 돋아나네(野火燒不盡, 春風吹又生)"라는 구절이 있는데 고황은 특히 이 구절을 보고 탄복했다고 한다.(王讜, 《唐語林·賞譽》 참조) 이 구절은 전몽중의 시가 백거이의 〈賦得古原草送別〉만큼 훌륭하다고 칭송한 것이다.

(16) 長門(장문): 司馬相如의 〈長門賦〉를 가리킨다. 한나라 무제의 황후인 陳皇后는 은총을 잃고 장문궁에 유폐되어 있을 때 사마상여의 文才가 빼어나다는 소문을 듣고 황금 100근을 들고 그를 찾아가 자신의 심경을 대변하는 글을 지어 달라고 부탁했다. 이에 사마상여가 〈장문부〉를 지어 무제를 깨우침으로써 진황후가 은총을 회복했다.(〈長門賦序〉 참조) 이 구절은 전몽중의 부가 사마상여의 〈장문부〉만큼 훌륭하다고 칭송한 것이다.

(17) 經緯(경위): 다스리다.

(18) 三策(삼책): 황제가 친히 실시하는 과거인 制科의 답안으로 작성하는 對策들을 가리킨다. 王十朋의 《百家註分類東坡先生詩》에 "전씨의 선조인 전이와 전순로는 모두 제거(제과)에 응시했는데 답안으로 작성한 대책이 매우 훌륭했다(錢氏先世, 易與醇老, 皆應制擧, 答策甚工)"라고 했다.

(19) 典刑(전형): 본보기로 삼을 만한 훌륭한 前例. '典型'과 같다.

(20) 諸孫(제손): 여러 손자. 선조의 관점에서 본 전몽중 등의 손자들을 가리킨다. 이 연은 전몽중이 대책도 잘 지을 것이라고 격려한 것이다.

1136. 菩提寺[(1)]南漪堂[(2)]杜鵑花[(3)]

보리사 남의당의 진달래꽃

南漪杜鵑天下無,	남의당의 두견화는 천하에 다시 없나니
披香殿上紅氍毹.[(4)(5)]	피향전에 깔아 놓은 새빨간 담요로다.
鶴林兵火眞一夢,[(6)(7)]	학림사의 병화는 정말 한바탕의 꿈
不歸閬苑歸西湖.[(8)(9)]	낭원으로 안 돌아가고 서호로 돌아왔네.

[해설]

항주에 있는 보리사라는 절의 남의당이라는 불당 주위에 두견화가 유난히 흐드러지게 핀 모습을 보고 해학적인 필치로 노래한 것이다.

[주석]

(1) 菩提寺(보리사): 《咸淳臨安志》에 "보리원은 태평흥국 2년(977)에 세운 것으로 본래 이름이 혜엄원이었는데 태평흥국 7년(982)에 다시 지금의 편액을 하사했다. 거기에 佛堂이 두 개 있으니 남의당·영춘당이라고 한다(菩提院, 太平興國二年建, 本名惠嚴, 七年改賜今額. 有堂二, 曰南漪·迎春)"라고 했다.

(2) 南漪堂(남의당): 杭州 보리사에 있던 불당.

(3) 杜鵑花(두견화): 진달래꽃. 《함순임안지》에 "전당문 밖의 보리사는 두견화가 가장 흐드러지게 피는 곳이다(錢塘門外菩提寺, 杜鵑花最盛)"라고 했다.

(4) 披香殿(피향전): 한나라 때 長安(지금의 섬서성 西安)에 있던 궁전. 白居易의 시 〈紅線毯〉에 "물들인 붉은 실 꽃보다 더 붉은데, 베로 짜서 피향전의 담요 만드네(染爲紅線紅於花, 織作披香殿上毯)"라는

구절이 있다.

(5) 氍毹(구유): 담요.

(6) 鶴林(학림): 학림사. 강소성 鎭江 남쪽의 黃鵠山에 있던 절. 일명 竹林寺라고도 했다. 周寶가 浙西 지방을 다스릴 때 殷七七이 갑자기 학림사로 왔다. 학림사에는 한 길이 좀 넘는 두견화가 있었는데 어느 날 주보가 은칠칠에게 "학림사의 이 꽃은 천하의 명물인데 그대는 제철이 아니라도 꽃을 피울 수 있다고 하니 다가오는 9월 9일에 이 꽃이 피게 할 수 있겠소?"라고 했다. 은칠칠은 그러겠다고 약속하고 사흘 앞당겨 두견화가 있는 곳으로 갔다. 밤중에 한 여자가 와서 은칠칠에게 말하기를 "저는 하느님의 명을 받은 사람으로 이 꽃을 관장하고 있는데 이것이 인간 세상에 있은 지 백 년이 넘었으니 곧 閬苑으로 돌려보낼 것인즉 이제 그대와 함께 이 꽃을 한 번 피우지요"라고 하고는 홀연히 어딘가로 사라졌다. 그리고 9월 9일이 되자 두견화가 흐드러지게 피어서 마치 봄이 온 것 같았다. 그 뒤 전쟁이 일어나서 절은 불타 버리고 나무는 흔적도 없어졌다.(《續仙傳》 참조)

(7) 兵火(병화): 전쟁의 불길.

(8) 閬苑(낭원): 신선이 산다는 전설상의 동산.

(9) 西湖(서호): 항주 서호를 가리킨다. 이 연은 학림사에 있다가 사라져 버린 두견화가 낭원으로 돌아간 것이 아니라 서호 가에 있는 보리사로 돌아온 것 같다는 해학적인 표현이다.

1137. 寒具[1]

산자

纖手搓來玉數尋,[2][3]	섬섬옥수로 비벼 만든 백옥 여러 길
碧油輕蘸嫩黃深.[4][5][6]	맑은 기름에 살짝 담가 연황색이 짙어졌네.
夜來春睡濃於酒,	밤이 되자 술보다 진한 봄잠에 취해
壓褊佳人纏臂金.[7][8]	가인의 전비금을 납작하게 눌러 놨네.

[해설]

산자라는 음식을 노래한 것으로 그것의 제조 과정과 생김새를 해학적인 필치로 묘사했다.

[주석]

(1) 寒具(한구): 饊子. 찹쌀가루나 밀가루를 반죽한 후 기름에 튀겨서 만든 음식으로 국수를 동그랗게 사려 놓은 모양이다. 소식의 자주에 "바로 염두로 韋絢의 《劉賓客嘉話錄》에서 나왔다(乃捻頭, 出《劉禹錫嘉話》)"라고 했다. 이 음식에 관하여 송나라 사람 莊季裕의 《雞肋編》에 "음식물 가운데 산자라는 것이 있는데 환병이라고도 한다. 어떤 사람은 이것이 바로 옛날의 한구라고 한다(食物中有饊子, 又名環餅. 或曰卽古之寒具也)"라고 했고, 명나라 사람 李時珍의 《本草綱目·穀部·寒具》에 "환병은 동그란 팔찌 모양이다(環餅, 象環釧形也)"라고 했다. 〈次韻米黻二王書跋尾二首〉(1018) 주 (23) 참조.

(2) 搓(차): 비비다. 반죽한 가루를 비벼서 길게 늘이는 것을 가리킨다.

(3) 玉數尋(옥수심): 옥 몇 길. 국수처럼 가늘고 길게 뽑아서 사려 놓은, 희고 윤기 있는 반죽을 가리킨다. 1尋은 8자에 해당하는 길이이다.

(4) 碧油(벽유): 산자를 튀길 때 쓰는, 파르스름한 기운이 감돌 정도로 맑고 깨끗한 식용유를 가리킨다.

(5) 蘸(잠): 담그다.

(6) 嫩黃(눈황): 옅은 황색. 이 구절은 반죽하여 길게 뽑아 놓은 밀가루(또는 찹쌀가루) 가락을 파르스름한 기운이 감도는 식용유에 살짝 담갔다 끄집어냈더니 신기하게도 약간 노르스름하던 밀가루 가락이 샛노란 색깔로 변했다는 말이다.

(7) 壓褊(압편): 눌러서 납작하게 하다.

(8) 纏臂金(전비금): '팔에 얽어매는 금'이라는 뜻으로, 옛날 여자들이 팔에 차던 용수철 모양의 노란색 팔찌. 이 연은 산자를 잠결에 실수로 납작하게 눌러 버린 전비금에 비유한 것이다.

1138. 題[1]楊次公[2]〈春蘭〉

양차공의 〈춘란〉에 쓴 시

春蘭如美人,	춘란은 미인 같아 남이 따지 않으면
不采羞自獻.[3]	자신을 드러내기를 수줍어하네.
時聞風露香,[4][5]	때때로 바람 불어 향기가 날 뿐
蓬艾深不見.	쑥대가 깊어서 모습은 안 보이네.
丹靑寫眞色,[6][7]	단청으로 그것의 진면목을 그려서
欲補離騷傳.[8]	〈이소전〉에 빠진 것을 보충하려 하였네.
對之如靈均,[9]	그것을 대하기를 감히 함부로 하지 않고
冠佩不敢燕.[10]	모자로 쓰고 패물로 찬 영균처럼 하였네.

[해설]

왕십붕(王十朋)의 《동파시집주(東坡詩集註)》(사고전서본)는 제화시(題畫詩) 작품들을 권27 〈서화(書畫)〉에 수록했는데 이 시는 권25 〈화목(花木)〉에 수록했으니 이는 이 시가 춘란 그림을 읊은 것이 아니라 실제 춘란을 읊은 것이라고 본 것이다. 그러나 손소원(孫紹遠)은 이 시를 당송 때의 제화시를 모아 편찬한 《성화집(聲畫集)》(사고전서본)에 수록해 놓았으니 이는 이 시가 양걸이 그린 춘란 그림을 읊은 것이라고 본 것이다. 이처럼 이 시는 실물을 읊은 것인지 그림을 읊은 것인지 분명하지 않지만 시의 내용으로 볼 때 그림을 읊은 것일 가능성이 더 커 보인다. 그렇다면 이 시는 남이 알아주기를 바라지 않고 조용히 자신의 고고한 자태를 견지하는 춘란의 진면목을 우회적인 방법으로 잘 그려 낸 양걸의 춘란 그림을 칭송한 것이 된다.

[주석]

(1) 題(제): 주로 그림이나 건축물 따위에 쓰는 것을 가리키지만 어떤 사물을 제재로 삼아 시를 짓는 것을 가리키는 경우도 있다. 杜甫는 〈哭李尙書〉에 이어 다시 한 수를 더 지어서 〈重題〉라고 했으니 이는 〈哭李尙書〉와 마찬가지로 이상서를 애도하는 시를 다시 한 수 더 지었다는 뜻인바, 이는 후자의 예에 속한다. 그리고 黃巢의 〈題菊花〉도 후자의 예인 것으로 보인다. 소식의 이 시가 춘란 그림을 읊은 것이라면 전자의 뜻이 되고 춘란 자체를 읊은 것이라면 후자의 뜻이 된다.

(2) 次公(차공): 楊傑의 字. 〈再和幷答楊次公〉(1134) 주 (1) 참조.

(3) 獻(헌): 바치다. 드러내다. 《左傳·昭公二十七年》에 "음식을 바치는 사람은 몸을 드러내고 문 밖에서 옷을 갈아입었다(羞者獻體改服於門外)"라는 말이 있는데 이에 대한 杜預의 주에 "몸을 드러내는 것은 옷을 벗는 것이다(獻體, 解衣)"라고 했다.

(4) 聞(문): 냄새를 맡다. 杜甫의 시 〈秋行官張望督促東渚耗稻向畢, 淸晨遣女奴阿稽·豎子阿段往問〉에 "동쪽 물가 마을에 이제 비가 흠뻑 내려, 우두커니 서 있으니 벼에서 향기 난다(東渚雨今足, 佇聞粳稻香)"라는 구절이 있다.

(5) 風露香(풍로향): 바람에 날아온 이슬에 배어 있는 춘란의 향기를 가리킨다.

(6) 丹靑(단청): 그림 그릴 때 사용하는 여러 가지 색깔의 안료.

(7) 眞色(진색): 本色. 본래의 빛깔과 생김새.

(8) 離騷傳(이소전): 한나라 때 劉安이 屈原의 초사 작품인 〈이소〉에 대하여 해설한 글. 《漢書·淮南王傳》에 "회남왕 유안은 책 읽기와 거문고 타기를 좋아하고 개와 말을 몰고 다니며 사냥하는 것을 좋아하지 않았으며, 음덕을 펼쳐 백성을 위무함으로써 명예를 얻고자 했다.……그에게 〈이소전〉을 짓게 했더니 아침에 어명을 받았는데 점심 식사 때쯤 받들어 올렸다(淮南王安爲人好書, 鼓琴, 不喜弋獵狗馬馳騁, 亦欲以行陰德拊循百姓, 流名譽.……使爲〈離騷傳〉, 旦受詔, 日食時上)"라고 했다. 〈이소〉에는 "강리와 벽지를 허리띠로 두르고, 가을 난초 꼬아서 패물로 삼네(扈江離與辟芷兮, 紉秋蘭以爲佩)"처럼 향초에 관한 묘사가 많은바, 이 연은 양걸이 춘란의 진면목을 잘 그려 냄으로써 〈이소전〉의 부족한 부분을 그림으로 보완했다는 말이다.

(9) 靈均(영균): 굴원의 字. 〈이소〉에 "나에게 정칙이란 이름을 지어 주고, 나에게 영균이란 자를 지어 주셨네(名予曰正則兮, 字予曰靈均)"라는 구절이 있다.

(10) 燕(연): 함부로 대하다. 이 연은 양걸이 춘란의 고고한 자태가 잘 드러나게 그렸다는 말이다. 만약 이 시가 실제 춘란을 읊은 것이라면 후반 네 구절은 소식 자신이 그렇게 하겠다는 말이 된다.

1139. 題[1]楊次公[2]〈蕙〉[3]

양차공의 〈혜초〉에 쓴 시

蕙本蘭之族,	혜초는 본래 난초의 겨레붙이라
依然臭味同,[4]	아련한 향기가 난초와 같네.
曾爲水仙佩,[5]	일찍이 수중 신선이 몸에 찼나니
相識楚辭中.	초사를 통해서 이 사실을 알게 됐네.
幻色雖非實,[6][7]	기묘한 생김새야 본래 실체가 아니지만
眞香亦竟空.	진정한 향기 역시 결국 공허한 것인데
云何起微馥,[8][9]	어찌하여 은은한 향기를 풍기는지
鼻觀已先通.[10]	콧구멍이 이미 먼저 뚫려 버렸네.

[해설]

왕십붕(王十朋)의 《동파시집주(東坡詩集註)》(사고전서본)는 제화시(題畫詩) 작품들을 권27 〈서화(書畫)〉에 수록했는데 이 시는 권25 〈화목(花木)〉에 수록했으니 이는 이 시가 혜초 그림을 읊은 것이 아니라 실제 혜초를 읊은 것이라고 본 것이다. 그러나 손소원(孫紹遠)은 이 시를 당송 때의 제화시를 모아 편찬한 《성화집(聲畫集)》(사고전서본)에 수록해 놓았으니 이는 이 시가 양걸이 그린 혜초 그림을 읊은 것이라고 본 것이다. 이처럼 이 시는 실물을 읊은 것인지 그림을 읊은 것인지 분명하지 않지만 시의 내용으로 볼 때 그림을 읊은 것일 가능성이 더 커 보인다. 그렇다면 이 시는 난초와 마찬가지로 은은한 향기를 풍기는 혜초의 진면목을 잘 그려 낸 양걸의 혜초 그림을 칭송한 것이 된다.

[주석]

(1) 題(제): 주로 그림이나 건축물 따위에 쓰는 것을 가리키지만 어떤 사물을 제재로 삼아 시를 짓는 것을 가리키는 경우도 있다. 소식의 이 시가 혜초 그림을 읊은 것이라면 전자의 뜻이 되고 혜초 자체를 읊은 것이라면 후자의 뜻이 된다. 〈題楊次公春蘭〉(1138) 주 (1) 참조.

(2) 次公(차공): 楊傑의 字. 〈再和幷答楊次公〉(1134) 주 (1) 참조.

(3) 蕙(혜): 혜초. 零陵香. 콩과의 두해살이 香草로 여름에 작은 나비 모양의 꽃이 피며 약제로 쓴다. 査愼行의 《蘇詩補註》에 "황산곡(黃庭堅)이 '줄기 하나에 꽃이 한 송이 피는 것이 난초이고 줄기 하나에 꽃이 5~7송이 피는 것이 혜초이다'라고 말했다(黃山谷云: '一幹一花爲蘭, 一幹五七花爲蕙.')"라고 했다.

(4) 依然(의연): 그리워하거나 잊지 못하는 모양. 이 연은 혜초가 난초와 같은 종류의 향초이기 때문에 매우 흡사한 향기를 풍긴다는 말이다.

(5) 水仙(수선): 물속의 신선이라는 뜻으로, 屈原을 가리킨다. 王嘉의 《拾遺記》에 "굴원은 충성을 다하다가 배척당해 沅水·湘江 일대에 숨어 살았다……왕에게 쫓겨나 맑은 물속으로 뛰어들었는데 초나라 사람들이 그를 사모하여 수선이라고 불렀다(屈原以忠見斥, 隱於沅湘……被王逼逐, 乃赴淸冷之淵, 楚人思慕謂之水仙)"라고 했다.

(6) 幻色(환색): 기묘한 생김새. 신기한 모양.

(7) 雖(수): 본래.

(8) 云何(운하): 어찌. 어떻게.

(9) 微馥(미복): 미세한 향기.

(10) 鼻觀(비관): 콧구멍. 후반 네 구절은 아무리 혜초를 잘 그린다고 할지라도 실제의 생김새일 수 없고 실제의 향기가 있을 수 없는데 양걸의 그림을 보니 웬일인지 자신도 모르게 혜초의 향내가 느껴지는 것 같다는 말로, 혜초의 그림 솜씨를 한껏 칭송한 것이다.

1140. 次韻曹輔[(1)]寄壑源[(2)]試焙[(3)]新芽[(4)]

학원에서 시제품으로 만든 햇차를 부쳐 보내며 지은 조보의 시에 차운하여

仙山靈草濕行雲,[(5)(6)(7)]	신선 산의 영초가 떠가는 구름에 젖어
洗遍香肌粉未匀.[(8)(9)]	향긋한 살갗을 두루 씻었는데 분 바른 게 고르지 않네.
明月來投玉川子,[(10)(11)]	명월이 와서 옥천자에게 몸을 던지자
淸風吹破武林春.[(12)(13)(14)]	청풍이 불어서 무림의 봄을 열었네.
要知冰雪心腸好,[(15)(16)]	빙설은 속이 좋은 것인 줄 알아야만 하나니
不是膏油首面新.[(17)(18)]	겉에 기름을 발라 신선하게 한 게 아니라네.
戲作小詩君一笑,	장난으로 시를 지었으니 한 번 웃으시기를
從來佳茗似佳人.	옛날부터 좋은 차는 미인과 닮았다네.

[해설]

복건전운판관으로 재임 중인 조보가 복건 지방의 유명한 차 제조지인 학원에서 만든 햇차를 부쳐 보내면서 동봉해 온 시에 차운한 것으로, 모양은 별로 아름답지 않지만 맛은 아주 좋은 학원의 햇차를 외모보다 내면이 아름다운 미인에 비유하여 해학적으로 노래했다.

[주석]

(1) 曹輔(조보): 海陵(지금의 강소성 泰州) 사람으로 字가 子方이고 호가 靜常이다. 흔히 〈後六客詞〉라고 불리는 소식의 사 〈定風波〉(月滿苕溪照夜堂)의 서문에 "나는 옛날에 장자야·유효숙·이공택·진영

거·양원소와 오흥에서 만났는데 당시 장자야가 〈육객사〉를 지어 그 마지막 장에서 '현인들이 오 땅에 모였다고들 하는데, 어디 한번 물어보자, 그 옆에 노인성도 있어야 되겠는지'라고 했다. 15년이 지난 지금 다시 오흥에 들르니 다섯 사람은 이미 없어졌다. 장중모와 조자방·유경문·소백고·장병도가 좌객이 되었는데 장중모가 나에게 〈후육객사〉를 지을 것을 청했다(余昔與張子野·劉孝叔·李公擇·陳令擧·楊元素會於吳興. 時子野作〈六客詞〉, 其卒章: '盡道賢人聚吳分. 試問. 也應旁有老人星.' 凡十五年, 再過吳興, 五人者皆已亡矣. 時張仲謀與曹子方·劉景文·蘇伯固·張秉道爲坐客, 仲謀請作〈後六客詞〉)"라고 한 바와 같이, 조보는 소식이 杭州知州로 부임해 가는 도중이던 원우 4년(1089) 6월 湖州에서 만나 함께 노닐었던 이른바 後六客 가운데 한 사람이다. 施元之의 《施注蘇詩》에 "조씨는 당시 복건전운판관이었다(曹時爲閩漕)"라고 했다. 〈送曹輔赴閩漕〉(1055) 주 (1) 참조.

(2) 壑源(학원): 北苑(지금의 복건성 建甌 동쪽)과 인접한 차 생산지. 북송 사람 黃儒의 《品茶要錄》에 "학원은 건계(武夷山에서 발원하여 복건성 경내를 흐르는 강) 일대에 있다(壑源在建溪)"라고 했고, 남송 사람 胡仔의 《苕溪漁隱叢話·東坡九》에 "북원은 官營 製茶場이다.……학원은 민영 제다장이다.……두 제다장은 3～4리 떨어져 있다(北苑, 官焙也.……壑源, 私焙也.……二焙相去三四里間)"라고 했다.

(3) 焙(배): 찻잎을 솥에 넣고 덖어서 차를 만드는 것을 가리킨다. '試焙'는 시험 삼아 덖는다는 뜻인데 그해 들어 처음으로 차를 만드는 일을 가리키기도 한다. 〈新茶送簽判程朝奉, 以饋其母, 有詩相謝, 次韻答之〉(1121) 주 (14) 참조.

(4) 新芽(신아): 그해에 새로 돋아난 잎. 그것으로 만든 햇차를 가리킨다.

(5) 仙山(선산): 신선이 사는 깊은 산. 학원을 가리킨다.

(6) 靈草(영초): 영험한 효능이 있는 초목이라는 뜻으로, 차나무를 가리킨다.

(7) 行雲(행운): 떠다니는 구름.

(8) 香肌(향기): 향긋한 살갗. 찻잎의 표면을 가리킨다.

(9) 粉(분): 가루. 찻잎 표면에 붙어 있는 흰색 가루를 가리킨다. 이 연은 차나무가 구름·이슬·비 등을 맞으며 자란 것을 미인이 세수하고 화장하는 일에 비유한 것으로, 마치 외모를 별로 중시하지 않는 미인이 얼굴에 분을 고르게 바르기 위해 최선을 다하지 않은 것처럼 찻잎 표면의 흰색 가루가 어떤 부분에는 진하고 어떤 부분에는 연하다는 말인 것으로 보인다.

(10) 明月(명월): 보름달처럼 동그란 月團茶. 조보가 소식에게 보낸 학원의 햇차를 가리킨다. 盧仝의 시 〈走筆謝孟諫議寄新茶〉에 "손으로 월단차 삼백 덩이를 살펴보네(手閱月團三百片)"라는 구절이 있다.

(11) 玉川子(옥천자): 노동의 號. 소식 자신을 가리킨다.

(12) 淸風(청풍): 노동의 시 〈走筆謝孟諫議寄新茶〉에 "일곱 사발은 아무래도 다 마실 수 없는 일, 겨드랑이에서 솔솔 청풍이 이는 걸 느낄 뿐이네. 봉래산이 어디 있나? 옥천자는 이 청풍을 타고 돌아가고 싶구나(七碗吃不得也, 唯覺兩腋習習淸風生. 蓬萊山, 在何處, 玉川子, 乘此淸風欲歸去)"라는 구절이 있다.

(13) 破(파): 열다. 개시하다. 秦觀의 사 〈水龍吟〉(小樓連遠橫空)에 "따스함을 열어 주는 가벼운 바람, 화

창하게 맑은 날을 희롱하는 보슬비, 없어지려 하다가 다시 생긴다(破暖輕風, 弄晴微雨, 欲無還有)" 라는 구절이 있고, 楊奐의 시 〈宿南石橋〉에 "언덕 위의 버들은 아직 얼음을 머금고 있는데, 개울가의 꽃은 봄을 열려고 한다(岸柳猶含凍, 溪花欲破春)"라는 구절이 있다.

(14) 武林(무림): 杭州의 다른 이름. 항주보다 훨씬 남쪽인 학원 지방에서 첫물 차를 만드는 시기는 항주에 아직 봄이 채 오기 전일 가능성이 큰바, 이 연은 조보가 보내 준 차를 마시고 나니 노동이 그랬던 것처럼 몸에서 청풍이 이는 느낌이 드는 것이 마치 항주에 봄이 앞당겨 온 것 같다는 말인 것으로 보인다.

(15) 冰雪(빙설): 눈처럼 하얀 학원의 새싹 차를 가리킨다. 주 (18) 참조.

(16) 心腸(심장): 마음속. 내면의 바탕을 가리킨다.

(17) 膏油(고유): 기름을 바르다. 기름이나 송홧가루 등을 발라서 차의 표면을 보기 좋게 꾸미는 것을 가리킨다. 王十朋의 《百家註分類東坡先生詩》에 "차를 만드는 사람은 차에 기름을 발라서 차를 모르는 사람을 속인다. 《다품요록》에 '사계의 차 재배 농민들이 간혹 송홧가루를 섞어서 겉모양을 보기 좋게 꾸미는데 처음에는 선명하고 희지만 오래가지 못한다'라는 말이 있고, 《다록》에 '차의 색깔은 흰 것을 귀하게 여기기 때문에 떡차는 진귀한 기름를 표면에 바르는 경우가 많은데 차를 잘 감별하는 사람은 내면의 바탕이 실하고 윤택한 것을 귀중하게 여긴다'라는 말이 있다(造茶者, 以膏油塗之, 以欺不知茶者. 《茶品要錄》云: '沙溪之園民, 或雜以松黃, 飾其首面, 試時雖鮮白, 而不能久.' 《茶錄》云: '茶色貴白, 而餅茶多以珍膏油其面, 善別茶者, 以肉理實潤者爲重.')"라고 했다.

(18) 首面(수면): 아름다운 머리카락과 아름다운 얼굴. 외면을 가리킨다. 《瀛奎律髓》에 "이것은 학원의 새싹 차는 옥설과 같아서 떡차나 덩이차가 겉에 기름을 바른 것처럼 기름진 것과 같지 않다는 말이다. 그렇기 때문에 '좋은 차는 미인과 닮았다'라고 한 것이다(此謂壑源新芽白如玉雪, 不似餅茶·團茶外若膏油之沃也. 故云: '佳茗似佳人.')"라고 했다.

1141. 次韻袁公濟[1]謝芎椒[2]

궁궁이와 산초를 준 것에 감사한 원공제의 시에 차운하여

燥吻時時著酒濡,[3]	마른 입술을 때때로 술을 묻혀 적시며
要令臥疾致文殊.[4]	와병 중인 사람에게 문수가 오게 하려 했네.
河魚潰腹空號楚,[5][6][7]	배탈이 났을 땐 초나라 대부만 부르면 될 일인데
汗水流骹始信吳.[8][9][10]	땀이 정강이에 줄줄 흘러야 비로소 오씨를 믿네.
自笑方求三歲艾,[11][12]	삼 년 묵은 약쑥을 한창 찾고 있는 것은
不如長作獨眠夫.[13]	항상 혼자 자는 것만 못하다고 스스로 웃는데
羨君淸瘦眞仙骨,	맑고 여위어 진정한 선골인 그대가 부럽거니와
更助飄飄鶴背軀.[14][15]	학 등에 탄 몸이 훨훨 나는 데도 도움이 될 것이네.

[해설]

원곡이 병이 난 것을 알고 소식이 그에게 궁궁이와 산초를 가져다주자 원곡이 감사하는 마음을 전하는 시를 지은지라 그 시에 차운한 것이다.

[주석]

(1) 公濟(공제): 당시 杭州通判으로 재임 중이던 袁轂의 字. 施元之의 《施注蘇詩》에 "원공제는 이름이 곡으로 사명 사람이다. 당시에는 항주통판이었으며 나중에 처주지주를 지냈다(袁公濟, 名轂, 四明人. 時倅杭, 後知處州)"라고 했다.

(2) 芎(궁): 궁궁이. 山鞠窮. 《本草》에 "궁궁이는 일명 산국궁이라고도 한다. 이 약은 위로 올라가서 머리의 병을 전문적으로 치료하며 아울러 습기도 막아 준다. 관중에서 나는 것은 서궁이고 사천에서 나는 것은 천궁이다(芎藭, 一名山鞠窮. 此藥行上, 專治頭腦之疾, 兼禦濕氣. 出關中者爲西芎, 出四川者爲川芎)"라고 했다.

(3) 燥吻(조문): 건조한 입술. 陸機의 〈文賦〉에 "처음엔 마른 입술에서 말이 뱅뱅 돌지만, 마침내 젖은 붓끝에서 유창한 글이 나오네(始躑躅於燥吻, 終流離於濡翰)"라는 구절이 있다. 이 구절은 원곡이 소식에게 자신의 근황을 설명한 말인 것으로 보인다.

(4) 文殊(문수): 文殊師利. 문수보살. 四菩薩의 하나로 諸佛의 지혜를 맡은 보살이다. 《維摩經》에 "문수사리가 부처님의 뜻을 받들어 유마힐에게 가서 문병했다. 여러 보살과 대제자가 다들 '이제 문수사리와 유마힐이 함께 이야기하면 틀림없이 묘법을 말할 것이다'라는 생각을 했다(文殊奉佛旨, 詣維摩詰問疾. 諸菩薩·大弟子, 咸作是念: '今二大士文殊師利·維摩詰共談, 必說妙法.')"라는 말이 있다. 이 구절은 원곡이 의도한 바는 아니지만 그가 와병 중이라는 사실이 소식으로 하여금 궁궁이와 산초를 들고 가서 문병하지 않을 수 없게 하는 요인이 되었다는 말인 것으로 보인다.

(5) 河魚潰腹(하어궤복): 강에서 자란 물고기가 배탈이 난다는 뜻으로, 배탈이 나는 것을 가리킨다. 강에서 자란 물고기는 배부터 부패하기 때문에 배탈이 나는 것을 '河魚腹疾'이라고 한다.

(6) 空(공): 다만. 단지.

(7) 號楚(호초): 초나라 대부 申叔展을 부르는 것을 가리킨다. 楚나라 莊王이 蕭나라의 성을 포위하자 위기의식을 느낀 소나라 대부 還武社가 친한 친구인 초나라 대부 신숙전을 불렀는데 신숙전도 비록 적이지만 친한 친구인 선무사를 구해 주고 싶어서 은어로 대화를 시도했다. 신숙전이 선무사에게 "엿기름이 있는가?" 하고 묻자 선무사가 "없네" 하고 대답했다. "산국궁(궁궁이)이 있는가?" 하고 묻자 "없네"라고 했다. 엿기름과 궁궁이는 모두 몸이 차가워지는 현상을 막아 주는 식품이다. 신숙전이 "몸이 차가워져서 배탈이 나면 어쩌려고 그러는가?" 하고 묻자 선무사가 신숙전의 뜻을 알아차리고 '그러면 마른 우물에서 구해 주게'라고 했다. 이에 신숙전이 "우물 위에 띠풀을 덮어 두면 될 것이네"라고 했다. 이튿날 신숙전이 띠풀에 덮인 마른 우물을 찾아 그를 구해 주었다.(《左傳·宣公十二年》 참조)

(8) 汗水(한수): 물이 흐르는 것처럼 많이 흐르는 땀. 소식의 자주에 "《오진군복초법》에 '산초를 반년만 복용하면 다리 중앙에 땀이 물 흐르듯 한다'라는 말이 있다(《吳眞君服椒法》云: '半年脚心汗如水.')"라고 했다.

(9) 骹(교): 정강이. 발회목(복사뼈 위의 잘록하게 들어간 부분).

(10) 吳(오): 吳眞君을 가리킨다. 주 (8) 참조. 이 연은 배탈이 났을 때는 몸을 따뜻하게 해 주는 궁궁이와 산초가 특효약인데 사람들이 이 사실을 잘 안 믿는다는 말인 것으로 보인다. 그러나 紀昀이 "제3~4구는 무슨 말일까?(三四是何等語?)"라고 했을 정도로 의미가 모호하다.

(11) 方(방): 바야흐로. 한창.

(12) 三歲艾(삼세애): 3년 묵은 약쑥. 효능 있는 약을 가리킨다. 《孟子·離婁上》에 "오늘날의 왕이 되려고 하는 자는 7년 묵은 병을 고치려고 3년 묵은 약쑥을 구하는 것과 같다. 미리 모아 놓지 않으면 평생

얻지 못할 것이다. 인에 뜻을 두지 않는다면 평생 걱정하고 능욕당하다가 죽음의 구렁텅이에 빠질 것이다(今之欲王者, 猶七年之病求三年之艾也. 苟爲不畜, 終身不得. 苟不志於仁, 終身憂辱, 以陷於死亡)"라고 했다.

(13) 作獨眠夫(작독면부): 혼자 자는 남자가 되다. 《神仙傳》에 "팽조가 채녀에게 '그렇기 때문에 상사는 다른 침대에서 자고 중사는 다른 이불을 덮고 자는 일이 있는 것이다. 약 100첩을 먹는 것이 혼자 자는 것만 못하다'라고 가르쳤다(彭祖教采女云: '故有上士別牀, 中士異被. 服藥百裹, 不如獨臥.')"라고 했다.

(14) 飄飄(표표): 나는 모양. 초탈한 모양.

(15) 鶴背軀(학배구): 학의 등을 탄 몸. 신선이 되어서 학을 타고 날아다니는 원곡의 몸을 가리킨다. 이상의 네 구절은 궁궁이와 산초를 먹으면 몸이 더욱 가벼워질 것이라며, 약을 먹을 필요가 없다는 생각을 밝힌 원곡을 설득한 말인 것으로 보인다.

1142. 次韻楊次公(1)惠(2)徑山(3)龍井(4)水

경산에 있는 용정의 물을 주며 지은 양차공의 시에 차운하여

漏盡雞號厭夜行,(5)(6)	물시계 물이 다하고 닭 울도록 밤길 실컷 다녔는데
年來小器溢缾罌.(7)	연래에는 그릇이 작아 병이 넘치네.
棄官縱未歸東海,(8)	비록 관직을 버리고 동해로 돌아가진 못했지만
罷郡猶堪作水衡.(9)(10)(11)	군수직을 그만두고 수형도위는 아직 될 수 있네.
幻色將空眼先暗,(12)(13)	환상이 곧 사라질 참에 눈이 먼저 어두워졌으니
勝遊無礙脚殊輕.(14)	멋진 유람에 장애가 없어 다리가 무척 가벼울 텐데
空煩遠致龍淵水,(15)	공연히 번거롭게 용연수를 멀리 보내고
寧復臨池似伯英.(16)	어찌 또 장백영처럼 연못가에도 나갔나?

[해설]

양걸이 경산에서 병든 눈을 씻으면 효험이 있다는 용정의 물을 보내며 함께 보낸 시에 차운한 것이다.

[주석]

(1) 次公(차공): 楊傑의 字. 〈再和幷答楊次公〉(1134) 주 (1) 참조.

(2) 惠(혜): 은혜를 베풀다. 하사하다.

(3) 徑山(경산): 李照의 《徑山山門事狀》에 "경산은 바로 천목산 동북쪽 봉우리로 중간에 오솔길이 있어

서 천목산으로 통하기 때문에 경산이라고 한다(徑山乃天目東北峰也, 中有徑路, 以通天目, 故謂之徑山)"라고 했다. 〈遊徑山〉(0203) 주 (1) 참조.

(4) 龍井(용정): 경산에 있던 우물. 소식의 자주에 "용정의 물은 병든 눈을 씻으면 효험이 있다(龍井水, 洗病眼有效)"라고 했다.

(5) 漏盡(누진): 更漏, 즉 밤 시간을 잴 때 쓰던 물시계의 물이 다 떨어지다. 밤이 다 샜다는 뜻으로, 노년을 가리킨다. 삼국 시대 魏나라 사람 田豫는 조정에서 간곡하게 붙잡는데도 불구하고 "나이가 70세가 넘도록 관직을 차지하고 있는 것은 비유하자면 종이 울리고 물시계의 물이 다 떨어지는 날 샐 녘까지 그치지 않고 계속 밤길을 가는 것과 같은바 이 사람은 죄인입니다"라고 하고는 마침내 병이 심하다는 핑계를 대고 관직에서 물러났다.(《삼국지·위지·전예전》 참조)

(6) 雞號(계호): 닭이 울다. 날이 새는 것을 가리킨다. 이 구절은 소식 자신이 야간 통행금지 규정을 어기고 밤새도록 돌아다니는 것처럼 늙어 빠질 때까지 관직 생활을 했다는 말이다.

(7) 小器(소기): 자신의 器量이 작다는 말이다. 이 구절은 자신의 器量이 너무 작아서 공무를 수행하기에 벅차다는 말이다.

(8) 東海(동해): 지금의 산동성 郯城. 한나라 사람 疏廣과 疏受의 고향으로 널리 고향을 가리킨다. 한나라 때의 청백리였던 두 사람은 나이가 많아 벼슬을 그만두고 고향인 동해군으로 돌아갔는데 東都門 바깥에서 거행된 송별연에 참석한 사람들의 수레가 수백 대에 달했다.(《한서·소광전》 참조) 이 구절은 자신이 완전한 은거를 이루지 못했다는 말이다.

(9) 罷郡(파군): 군수직을 그만두다.

(10) 堪(감): ~할 수 있다.

(11) 水衡(수형): 水衡都尉. 한나라 때 황실 동산인 上林苑의 관리와 조세 징수 및 화폐 주조를 담당하던 관직. 龔遂가 渤海太守로 나가 선정을 쌓고 돌아오자 황제가 너무 늙어서 중임을 맡기기는 어렵다고 판단하고 그를 수형도위에 임명했다.(《한서·공수전》 참조) 이 구절은 자신이 한직을 맡을 수는 있다는 말이다.

(12) 幻色(환색): 실제로 존재하지 않는 물체가 마치 실제로 존재하는 것처럼 느껴지는 환각 현상. "색이 곧 공이요 공이 곧 색이다(色卽是空, 空卽是色)"라는 불교적 관점에서 본 有形的 존재를 가리킨다. 《楞嚴經》에 "색채는 본래 무늬가 없다……갖가지 물체는 모두 幻相과 같아서 비록 나타났을지라도 진정한 실체가 없다(彩色本無文……種種皆如幻, 雖現無眞實)"라는 말이 있다.

(13) 將(장): 장차. 곧. 이 구절은 자신이 곧 죽을 것이고 그렇게 되면 어차피 아무것도 볼 수 없을 텐데 죽을 때가 다 되어 가는 마당에 눈이 먼저 어두워졌다는 말인 것으로 보인다.

(14) 無礙(무애): 원래 불교에서 막히거나 거치는 것이 없음을 가리키는 말인데 여기서는 공무 수행에 대한 부담이 없음을 가리킨다. 이 연은 눈이 어두워진 나머지 더 이상 공무를 수행하기 어려운 상황인바, 만약 공무에서 물러난다면 가벼운 발걸음으로 멋진 경관을 찾아다니며 놀 수 있어서 좋을 것이라는 말이다.

(15) 龍淵(용연): 용정을 가리킨다. 이 구절은 자신은 차라리 눈이 계속 어둡기를 바라는데 양걸이 공연히

눈병에 효험이 있다는 용정수를 보냈다는 해학적인 표현이다.

(16) 伯英(백영): 漢나라 서예가 張芝의 字. 초서를 잘 써서 草聖이라고 불렸다. 《晉書·衛瓘傳》에 "한나라가 흥기한 뒤에 초서가 생겼는데 만든 사람의 성명은 모른다. 장제 때에 제나라 재상 두도가 이것을 잘 쓴다는 소리를 들었고 나중에 최원과 최식 역시 솜씨가 뛰어나다는 소리를 들었다.……홍농의 장백영은 이들의 필법을 물려받았는데 글씨가 더욱 정교해져서 대단히 아름다웠다. 그는 집에 있는 옷이란 옷에 꼭 글씨를 쓴 뒤에 씻었고 연못가에 나가서 글씨를 배운지라 연못물이 온통 새까맣게 물들었다(漢興而有草書, 不知作者姓名. 至章帝時, 齊相杜度號善作篇, 後有崔瑗·崔寔, 亦皆稱工.……弘農張伯英者, 因而轉精甚巧. 凡家之衣帛, 必書而後練之, 臨池學書, 池水盡黑)"라고 했다. 이 구절은 양걸이 붓으로 시를 쓴 것을 장지가 연못가에 나가 글씨를 쓴 일에 비유한 것이다.

1143. 次京師韻[1]送表弟程懿叔[2]赴夔州[3]運判[4]

경사에서 지은 시에 차운하여 기주로전운판관으로 부임해 가는 외사촌 동생 정의숙을 전송한다

與子甥舅氏,[5][6]	내외종 사이인 자네와 내가
摧頹各蒼顏.[7]	노쇠해져 제각각 얼굴이 창백한데
並爲東諸侯,[8]	우리 둘이 다 함께 동방 제후가 되어
長此佳江山.[9]	아름다운 이 강산을 다스렸었네.
寒松無時花,	차가운 소나무는 꽃 필 때가 없거늘
安得揷髻鬟.[10][11]	어떻게 머리에 꽂을 수가 있으랴만
惟將老不死,[12]	오로지 늙어도 죽지 않음으로써
一笑榮枯間.[13]	영고성쇠를 일소에 부쳐 버리네.
我甚似樂天,[14]	나는 참 백낙천과 많이도 닮았는데
但無素與蠻.[15]	번소와 소만이 없을 뿐이니
挂冠及未耄,[16][17]	망령이 들기 전에 관을 벗어 걸어 놓고
當獲一紀閑.[18]	한 십 년은 한가하게 살아야겠네.
子亦拙進取,[19]	그대도 출셋길을 찾는 데는 서툴고
才高命堅頑.[20]	재주는 뛰어나나 운명이 기구하여
譬如萬斛舟,[21]	비유컨대 만 섬들이 커다란 배가
行此九折灣.	아홉 번 굽은 이 굽이를 지나가는 것 같네.
仲氏新得道,[22]	그대의 중씨는 새로이 득도하여

一漚目塵寰.(23)　　이 세상을 하나의 거품으로 간주하니
歲晩家鄕路,(24)　　만년의 고향으로 돌아가는 길목에
莫遣生榛菅.(25)　　잡목과 잡초가 자라게 하지 말길.

[해설]

소식은 개봉에서 한림학사로 재임 중이던 원우 3년(1088) 9월에 사주지주로 부임해 가는 외사촌 동생 정지소를 전송하기 위해 〈외사촌 동생인 정씨 집안 일곱째가 사주지주로 나가는 것을 전송하며(送程七表弟知泗州)〉(1054)라는 시를 지은 적이 있는데, 이제 다시 이 시의 운자를 사용하여 기주전운판관으로 부임해 가는 도중에 잠시 항주에 들렀다가 다시 길을 떠나는 그를 전송한 것이다. 외사촌 동생을 위로하면서 동시에 고향으로 돌아가고 싶은 자신의 심경을 토로했다.

[주석]

(1) 京師韻(경사운): 경사, 즉 開封에 있을 때 지은 시의 韻字라는 뜻으로, 원우 3년(1088) 9월에 개봉에서 지은 〈送程七表弟知泗州〉(1054)의 운자를 가리킨다.
(2) 懿叔(의숙): 소식의 외사촌 동생 程之邵의 字. 《續資治通鑑長編》에 "원우 6년(1091) 12월에 기주로 전운판관 정지소가 도대관구성도부이주로다사가 되었다(元祐六年十二月, 夔州路轉運判官程之邵, 爲都大管勾成都府利州路茶事)"라고 했다.
(3) 夔州(기주): 夔州路. 기주(지금의 重慶市 奉節) 일대를 관할하던 행정 구역.
(4) 運判(운판): 轉運判官의 약칭.
(5) 子(자): 자네. 그대. 정지소를 가리킨다.
(6) 甥舅氏(생구씨): 원래 '생질과 외삼촌'이라는 뜻이지만 널리 外戚을 가리키기도 하는바, 여기서는 정지소의 고종사촌인 소식과 소식의 외사촌 동생인 정지소의 관계, 즉 內外從 관계를 가리킨다.
(7) 摧頹(최퇴): 망가지다. 몸이 노쇠해지는 것을 가리킨다.
(8) 諸侯(제후): 태수를 가리킨다. 《南史·循吏傳序》에 "옛날 역사책에도 '지금의 군수는 옛날의 제후이다'라고 했다(前史亦云: '今之郡守, 古之諸侯也.')"라는 말이 있다. 이 구절은 정지소와 소식이 둘 다 고향인 촉지방의 동쪽 지역에서 태수를 역임했다는 말이다.
(9) 長(장): 다스리다. 管掌하다.
(10) 安得(안득): 어찌 ~할 수 있는가.
(11) 髻鬟(계환): 상투와 쪽. 머리를 가리킨다.
(12) 將(장): ~을 가지고.

(13) 榮枯(영고): 번성하는 것과 마르는 것. 榮枯盛衰. 이상의 네 구절은 소나무는 사람들의 찬탄을 받을 만한 아름다운 꽃을 피우지는 못하지만 사시사철 잎이 마르지 않음으로써 절개 곧은 나무로 칭송받는다는 말이다.

(14) 樂天(낙천): 白居易의 字.

(15) 素與蠻(소여만): 백거이의 시녀인 樊素와 小蠻. 孟棨의 《本事詩》에 "백거이 상서의 첩 번소는 노래를 잘 부르고 기녀 소만은 춤을 잘 추었다. 그는 언젠가 시를 지어 '앵두로다 번소의 입, 버들이로다 소만의 허리'라고 했다(白尙書姬人樊素善歌, 妓人小蠻善舞. 嘗爲詩曰: '櫻桃樊素口, 楊柳小蠻腰')"라는 말이 있다.

(16) 挂冠(괘관): 관리가 官帽를 벗어서 성문에 건다는 뜻으로, 벼슬에서 물러나는 것을 가리킨다. 《東觀漢記》에 "왕망이 섭정할 때 아들 왕우가 왕망에게 간언을 올리자 왕망이 그를 죽여 버렸다. 봉맹이 이를 보고 친구에게 말하기를 '삼강이 무너졌으니 떠나지 않으면 화를 당할 것이네'라고 하고는 즉시 관모를 벗어서 동문에 걸어 두고 떠나 버렸다(王莽居攝, 子宇諫莽, 而莽殺之. 逢萌謂友人曰: '三綱絶, 不去, 禍將及人.' 卽解冠挂東門而去)"라는 말이 있다.

(17) 耄(모): 망령된 말을 할 나이인 여든 살이나 아흔 살까지 사는 것을 가리킨다. 《詩經·大雅·板》의 "내 말이 늙어서 망령된 게 아닌데, 그대들은 나를 자꾸 놀리는구나(匪我言耄, 爾用憂謔)"에 대하여 毛傳에 "여든 살을 '모'라고 한다(八十曰耄)"라고 했고, 《禮記·曲禮上》에 "여든 살 아흔 살을 '모'라고 한다(八十九十曰耄)"라고 했다.

(18) 一紀(일기): 원래 목성의 공전 주기인 12년을 가리키는데, 여기서는 10여 년에 달하는 상당히 긴 시간을 가리킨다.

(19) 進取(진취): 나아가서 얻다. 적극적으로 덤벼들어 높은 관직을 얻는 것을 가리킨다. 《史記·叔孫通傳》에 "대체로 유생들이란 함께 나아가서 천하를 쟁취하기는 어렵고 이미 손에 넣은 성취를 함께 지킬 수는 있습니다(夫儒者難與進取, 可與守成)"라는 말이 있다.

(20) 堅頑(견완): 험난하다. 기구하다.

(21) 萬斛舟(만곡주): 곡식 만 섬을 실을 수 있는 큰 배.

(22) 仲氏(중씨): 정지소의 여섯 번째 형인 程之元을 가리킨다. 〈送表弟程六知楚州〉(0946) 주 (3) 참조. 소식의 자주에 "정군의 형 정덕유(정지원)는 스스로 근래에 불법에 대해서 터득한 바가 있다고 했다(君之兄德孺, 自云近於佛法有得)"라고 했다. 소식의 〈跋送表弟程懿叔赴夔州運判詩後〉에 "당시 정덕유는 영남 지방에 있었는데 마침 심부름꾼이 항주로 왔기에 당장 이 시 초록한 것을 보여 주었다. 정덕유가 보내온 편지에서 스스로 불법을 배워 깨달은 바가 있다며 게송 10여 편을 부쳐 왔기 때문에 나의 이 시에 '새로이 득도했다'라는 말이 있는 것이다(時德孺在嶺外, 適有使至杭, 當錄本示之. 德孺書中自言學佛有所悟入, 寄偈頌十數篇來, 故有'新得道'之語)"라고 한 것을 보면 심부름꾼이 가져온 정지원의 편지와 게송을 보고 난 뒤에 이 구절을 수정한 것으로 보인다.

(23) 塵寰(진환): 티끌세상. 속세.

(24) 家鄕路(가향로): 고향으로 가는 길. 기주는 미산으로 가는 도중에 있기 때문에 '家鄕路'라고 했다.

(25) 榛菅(진관): 덤불을 이룬 초목. 마지막 네 구절은 정지소의 형 정지원도 세속적인 욕심을 버리고 관직에서 물러나 고향으로 돌아갈 것 같으니 그를 맞이할 준비를 하는 것이 좋겠다는 말이다.

1144. 次韻劉景文[1]〈登介亭[2]〉

유경문의 〈개정에 올라〉에 차운하여

澤國梅雨餘,[3][4]	물나라에 매우가 내리고 난 뒤
衰年困蒸溽.[5][6]	늙은 몸이 무더위로 괴롭힘을 당하는데
高堂磨新磚,[7][8]	고당에서 새 벽돌을 갈고 있으면
頗覺利腰足.[9]	허리와 발에는 이롭다는 느낌이 많이 드네.
松根百尺井,	솔뿌리가 얽혀 있는 백 자 깊이 우물에서
兩綆飛淨淥.[10]	두레박 줄 두 가닥에 맑은 물이 날게 하여
流觴聚兒童,[11][12]	술잔을 띄워 보내 아이들을 모으니
一笑爲捧腹.[13]	한바탕 웃음을 터뜨리며 배를 붙잡네.
淸風信可御,[14]	청풍이 참으로 타고 다닐 만하고
剛氣在巖麓.[15][16]	세찬 공기가 바위로 된 산기슭에 있으매
始知共此世,	비로소 이 세상에 함께 있어도
物外無三伏.[17][18]	세상 밖인 듯 삼복더위가 없는 줄을 알겠네.
長歌入雲去,	길게 뽑는 노래가 구름 속으로 들어가니
不待絃管逐.[19]	현악기 관악기 소리가 뒤따를 필요도 없고
西湖眞西子,[20][21]	서호는 참으로 월나라 서시인데
烟樹點眉目.[22]	안개에 덮인 나무들이 미목을 더욱 돋보이게 하네.
濤江少醞藉,[23]	파도치는 강물은 포용력이 없는 모습

高浪翻雪屋.[24]	높은 파도는 눈 덮인 집이 춤추는 모습
俯仰拊四海,[25][26]	고개를 숙였다 드는 사이에 사해를 한 바퀴 돌고
百世飛鳥速.	백 세대가 나는 새처럼 후딱 지나가 버리네.
遠追錢氏餘,[27]	아득히 전씨 집안 후손을 추억하고
近弔祖侯躅.[28]	가까이 조 선생의 발자취를 애도하나니
吾生如寄耳,	우리 인생은 기숙 생활 같을 뿐이라
寸晷輕尺玉.[29][30]	일촌광음이 한 자짜리 옥보다 귀하다네.
誰似劉將軍,[31]	그 누가 유장군을 닮았으리오?
逸韻謝邊幅.[32][33][34]	운치는 빼어나고 겉모양은 꾸미지 않았는데
千言一揮手,[35]	천 마디도 손 한 번 휘두르면 다 지어지고
五車不再讀.[36][37]	다섯 수레의 책도 다시 읽을 필요가 없네.
春巖彩雞舞,[38]	그대는 봄 바위에서 오색 닭이 춤추고
月峽哀猿哭.[39]	명월협에서 애달픈 원숭이가 울 듯이
朝先啼鴂起,[40]	아침에 두견에 앞서 노래하기 시작하고
暮與寒螿續.[41]	저녁에 쓰르라미 소리와 이어지는데
我老廢吟哦,[42]	나는 늙어 시 읊기를 그만뒀다가
賴君時擊觸.[43]	그대 덕에 때때로 서로 부딪쳐 보네.
從今事遠覽,	이제부터 먼 유람을 일삼고 싶어
發軔此幽谷.[44]	이 깊숙한 계곡에서 출발하려 하거니와
淸游得三昧,	청아한 유람이 삼매경에 이르면
至樂謝五欲.[45]	지극한 즐거움이 오욕을 물리칠 테니
莫作狂道士,[46]	모쪼록 미치광이 도사가 되어
氣壓劉師服.[47]	기세가 유사복을 압도하지 말길 바라네.

[해설]

유계손이 항주 서남쪽의 봉황산에 있는 개정에 올라가서 주위를 내려다본 감회를 노래하자 그 시에 차운한 것이다. 소식에게 〈개정에서 차공 양걸을 전송하며(介亭餞楊傑次公)〉(1146)라는 시가 있는 것을 보면 소식·유계손 등 항주에 있던 명사들이 함께 개정에 올라가서 양걸을 위해 전별연을 벌였던 것으로 보인다.

[주석]

(1) 景文(경문): 당시 兩浙兵馬都監으로서 杭州에 주재한 劉季孫의 字. 〈次韻答劉景文左藏〉(1096) 주 (1) 참조.

(2) 介亭(개정): 항주 서남쪽의 鳳凰山에 있던 정자. 《咸淳臨安志》에 "치평 4년(1067) 조무택이 우간의 대부 용도각학사의 품계로 항주지주로 나갔을 때 봉황산에다 개정을 지었다(治平四年, 祖無擇以右諫議大夫龍圖閣學士出知杭州, 作介亭於鳳凰山)"라고 했다. 〈初自徑山歸, 述古召飮介亭, 以病先起〉(0314) 주 (3) 참조.

(3) 澤國(택국): 물이 많은 고장. 水國. 水鄕. 항주를 가리킨다.

(4) 梅雨(매우): 중국의 남부 지방에서 매실이 익을 무렵인 초여름에 오랫동안 내리는 장맛비.

(5) 衰年(쇠년): 노쇠한 나이.

(6) 蒸溽(증욕): 푹푹 찌는 무더위.

(7) 高堂(고당): 높고 큰 집. 소식이 정사를 돌보는 항주 관아를 가리킨다.

(8) 磨新磚(마신전): 새 벽돌을 갈다. 당나라 개원(713-741) 연간에 道一이라는 승려가 傳法院에 머물면서 늘 좌선을 하자 慧能大師가 쓸 만한 인재라고 생각하고 "大德께서는 무엇 하려고 좌선을 하시오?" 하고 물었다. 도일이 "부처가 되려고 합니다" 하고 대답하자 혜능대사가 벽돌을 하나 가지고 와서 돌에다 대고 갈기 시작했다. 도일이 "대사님은 무엇을 하시는 겁니까?" 하고 묻자 혜능대사가 "갈아서 거울을 만들려고 하오"라고 했다. 도일이 "벽돌을 갈아서 어떻게 거울을 만들 수 있겠습니까?"라고 하자 혜능대사가 "좌선을 해서 어떻게 부처가 될 수 있겠소?"라고 했다.(《傳燈錄·慧能大師》 참조) 여기서는 참기 힘든 무더위 속에서 몸을 움직여 일하는 것을 가리키는 것으로 보인다.

(9) 利腰足(이요족): 허리와 발을 이롭게 하다. 이상의 네 구절은 매우가 내린 뒤에 사무실에 앉아 있으면 허리와 다리는 편안하지만 한증막에서 벽돌을 갈고 있는 것만큼이나 무덥다는 뜻으로, 여름날 항주 관아에서의 일상을 묘사한 것인 듯하다.

(10) 淨淥(정록): 깨끗하고 맑은 물을 가리킨다. 이 구절은 백 자 밑의 우물에 있는 물을 두레박으로 높이 길어 올린다는 말이다.

(11) 流觴(유상): 술잔을 흘려 보내다. 굽이진 물길에다 술잔을 띄워 보내 술잔이 자기 앞에 도착하면 술을 마시던 옛날 놀이, 즉 流觴曲水를 가리킨다.

(12) 兒童(아동): 이 구절은 더위를 잊기 위해 우물물을 길어 붓고 유상곡수 놀이를 하노라니 인근의 아동들이 몰려와서 구경한다는 말인 것으로 보인다.

(13) 捧腹(봉복): 배를 붙잡고 크게 웃다.

(14) 御(어): 몰다. 타고 다니는 것을 가리킨다. 《莊子·逍遙遊》에 "열자는 바람을 타고 다니는데 날렵하게 다니는 것이 매우 흐뭇해 보였다(列子御風而行, 泠然善也)"라는 말이 있다.

(15) 剛氣(강기): 세찬 공기. 차가운 공기를 가리킨다. 《抱朴子·雜應》에 "위로 40리를 올라가면 태청(하늘)이라고 하는 곳인데 태청에는 공기가 매우 세차서 사람을 못 견디게 할 수 있다(上昇四十里, 名爲太淸, 太淸之中, 其氣甚剛, 能勝人)"라는 말이 있다.

(16) 巖麓(암록): 바위로 이루어진 산기슭. 산기슭을 가리킨다.

(17) 物外(물외): 세상의 바깥. 仙境을 가리킨다.

(18) 三伏(삼복): 1년 중에서 가장 더운 시기인 초복·중복·말복을 가리킨다. 《陰陽書》에 "하지 이후 세 번째 庚日이 초복이고, 네 번째 경일이 중복이며, 입추 이후 첫 번째 경일이 말복인바 이것을 삼복이라고 한다(從夏至後第三庚爲初伏, 第四庚爲中伏, 立秋後初庚爲末伏, 謂之三伏)"라고 했다. 이상의 네 구절은 개정에는 맑은 바람이 불고 공기가 서늘하여 속세이면서도 속세가 아닌 것처럼 시원하다는 말이다.

(19) 絃管逐(현관축): 현악기와 관악기를 비롯한 각종 악기 소리가 노랫소리를 뒤따라 울리는 것을 가리킨다.

(20) 西湖(서호): 항주 서호를 가리킨다.

(21) 西子(서자): 춘추 시대 越나라의 미인 西施를 가리킨다. 소식은 杭州通判으로 재임 중일 때 지은 시 〈飮湖上初晴後雨二首〉(0259) 其二에서도 항주 서호를 서시에 비유하여 "서호를 월서시에 비유한다면, 옅은 화장 짙은 분 아무래도 어울리는 것과 같네(若把西湖比西子, 淡粧濃抹總相宜)"라고 한 적이 있었다.

(22) 點(점): 點綴하다. 사물이 더욱 아름답게 보이도록 하기 위하여 뒤를 받쳐 주거나 장식해 주는 것을 가리킨다.

(23) 醞藉(온자): 포용하다.

(24) 雪屋(설옥): 눈에 덮인 집. 둥그스름하고 거대한 파도를 가리킨다. 이 연은 錢塘潮의 거세고 웅장한 경관을 묘사한 것이다. 〈次韻秦少章和錢蒙仲〉(1090) 주 (7) 참조.

(25) 俯仰(부앙): 고개를 한 번 숙였다 드는 짧은 시간. 《莊子·在宥》에 "그것(마음)의 빠르기는 고개를 한 번 숙였다 드는 사이에 사해의 바깥을 두 바퀴 돈다(其疾, 俯仰之間, 而再撫四海之外)"라는 말이 있다.

(26) 拊(부): 어루만지다. 돌다. '撫'와 같은 뜻이다.

(27) 錢氏餘(전씨여): 전씨의 후예. 항주를 도성으로 삼은 五代十國 시기 吳越國의 왕을 가리킨다. 王十朋의 《百家註分類東坡先生詩》에 "오월왕 전씨를 가리킨다(指言吳越王錢氏也)"라고 했다.

(28) 祖侯(조후): 조 선생. 개정의 창건자인 祖無擇을 가리킨다. '侯'는 사대부에 대한 경칭이다.

(29) 寸晷(촌구): 寸陰. 一寸光陰. 아주 짧은 시간을 가리킨다.

(30) 輕尺玉(경척옥): 한 자나 되는 큰 옥을 가볍게 여기다. 《淮南子·原道訓》에 "성인은 한 자짜리 옥을 귀중하게 여기지 않고 일촌광음을 귀중하게 여기나니 시간이란 얻기는 어렵고 잃기는 쉽기 때문이다(聖人不貴尺之璧, 而重寸之陰, 時難得而易失也)"라는 말이 있다.

(31) 劉將軍(유장군): 유계손을 가리킨다. 그는 당시 左藏庫副使로서 兩浙兵馬都監을 맡아 항주에 주재하고 있었다. 〈次韻答劉景文左藏〉(1096) 주 (2) 참조.

(32) 逸韻(일운): 빼어난 운치. 개정에 오른 감회를 노래한 유경문의 원시를 가리킨다.

(33) 謝(사): 사절하다. 물리치다.

(34) 邊幅(변폭): 布帛의 가장자리. 외모.

(35) 千言(천언): 천 마디의 말. 이 구절은 유계손이 아주 긴 글도 손 한 번 휘두르는 사이에 다 짓는다는 말이다.

(36) 五車(오거): 아주 많은 책을 가리킨다. 《莊子·天下》에 "혜시는 박식하여 그가 지은 책이 다섯 수레나 된다(惠施多方, 其書五車)"라고 했고, 杜甫의 시 〈題柏學士茅屋〉에 "남자는 반드시 다섯 수레의 책을 읽어야 한다(男兒須讀五車書)"라고 했다.

(37) 不再讀(불재독): 기억력이 좋아서 한 번 읽으면 바로 외울 수 있기 때문에 다시 읽을 필요가 없다는 말이다. 韓愈의 시 〈送諸葛覺往隨州讀書〉에 "본 것을 잘 기억하는 위인인지라, 눈이 한 번 스쳐 간 건 다시 읽지 않는다네(爲人强記覽, 過眼不再讀)"라는 구절이 있다.

(38) 彩雞舞(채계무): 오색 닭이 춤추다. 《異苑》에 "산계는 자기 깃털을 좋아하여 그것이 물에 비치면 춤을 춘다(山雞愛其毛, 映水則舞)"라고 했다.

(39) 月峽(월협): 明月峽. 사천성 巴縣에 있는 협곡. 협곡 첫머리의 남쪽에 40丈이나 되는 절벽이 있는데 그 절벽에 보름달처럼 둥근 구멍이 있기 때문에 명월협이라고 한다. 馮應榴의 《蘇軾詩集合注》에 "이 두 구절은 그의 시의 화려하고도 처량한 면모를 묘사한 것이다(二句狀其詩之華麗淒淸也)"라고 했다.

(40) 啼鴂(제계): '鶗鴂'로 된 판본도 있는바, '鶗鴂'는 두견을 가리킨다.

(41) 寒螿(한장): 쓰르라미. 이 연은 유계손이 두견도 울기 전인 이른 아침부터 쓰르라미가 우는 저녁까지 쉬지 않고 시를 읊조린다는 말이다.

(42) 吟哦(음아): 읊다. 시를 짓는 것을 가리킨다.

(43) 擊觸(격촉): 서로 치고받고 부딪치다. 서로 시 짓기를 경쟁한다는 말이다. 이 구절은 유계손의 시에 화답하느라고 자신도 시를 짓게 된다는 말이다.

(44) 發軔(발인): 바퀴 고임목을 뽑아서 수레를 출발시키다. '軔'은 바퀴가 굴러가지 않게 괴는 나무토막이다.

(45) 五欲(오욕): 五慾. 불교에서 말하는 財慾·色慾·食慾·名譽慾·睡眠慾 등의 다섯 가지 욕망.

(46) 狂道士(광도사): 한유의 〈石鼎聯句序〉에 언급되어 있는 시 잘 짓는 도사 軒轅彌明을 가리킨다. 施元之의 《施注蘇詩》에 "한퇴지의 〈석정연구서〉에 '미치광이 도사 헌원미명은 유사복 진사와 서로 아는 사이인데 유씨와 후희가 석정(차를 끓이는 데 쓰는 도자기로 만든 솥)을 노래하는 시구를 번갈아 가며 지을 때 헌원미명이 마치 메아리처럼 응대했다. 두 사람은 생각이 고갈되어 더 이상 이어나갈 수 없게 된지라 일어나서 "선생님께서는 이 세상 사람이 아니십니다. 저희들이 졌습니다. 제자가 되기를 원하오며 감히 다시는 시를 논하지 않겠습니다" 하고 사죄했다'라는 말이 있다(韓退之〈石鼎聯句序〉: '狂道士軒轅彌明也, 與劉師服進士相識, 劉與侯喜聯石鼎句, 彌明應之如響. 二子思竭不能續, 因起謝曰: "尊師非世人也. 某等伏矣. 願爲弟子, 不敢更論詩."')"라고 했다.

(47) 劉師服(유사복): 유계손을 가리킨다. 주 (46) 참조. 이상의 네 구절은 자신이 경치 좋은 곳을 찾아다니며 유람하노라면 시흥이 많이 일어서 유계손보다 시를 더 잘 지을 수도 있으니 자신에게 시를 보내 자신으로 하여금 시를 짓게 하지 말라고 우스갯소리를 한 것이다.

1145. 袁公濟[1]和劉景文[2]〈登介亭[3]〉詩, 復次韻答之

원공제가 유경문의 시 〈개정에 올라〉에 화답한지라 다시 차운하여 그것에 화답한다

昏昏墮醉夢,[4][5]	취한 듯 꿈꾸는 듯 몽롱한 상태에 떨어지나니
奈此六月溽.	유월의 이 무더위를 어떻게 하리?
君詩如清風,[6]	이럴 때 온 그대 시는 청풍과 같아
吹我朝睡足.	내 아침잠을 날려 버리기에 충분하였네.
登臨得佳句,[7]	높은 데서 굽어보고 멋진 시구를 얻었나니
江白照湖淥.	흰 강물이 맑은 호수를 비추었기 때문인데
袖手獨不言,	팔짱 낀 채 그대 혼자 말을 하지 않았지만
默稿已在腹.[8]	소리 없는 원고가 이미 뱃속에 들어 있었네.
是時風雨過,	이때 마침 비바람이 지나가면서
靄靄雲歸麓.[9][10]	자욱한 구름이 산으로 돌아오니
疎星帶微月,[11]	성긴 별이 초승달에 띠를 두르고
金火爭見伏.[12][13]	금기와 화기가 다투어 나타났다 사라졌네.
惜哉此清景,	이 맑은 경치가 변화하고 사라지는 걸
變滅不可逐.[14]	쫓아갈 수 없어서 애석했는데
歸來讀君詩,	돌아와서 그대의 시를 읽으니
耿耿猶在目.[15]	아직도 또렷또렷 눈에 선하네.
却思少年日,[16]	한창 젊은 시절을 다시 생각해 보면

聲價爭場屋.(17)	과거시험장에서 성가를 다투었나니
文如翻水成,(18)	물 쏟은 듯 문장이 이루어지고
賦作叉手速.(19)	팔짱 끼는 사이에 부가 금세 지어졌네.
秋風起鴻雁,	추풍에 기러기가 날아오르고
我亦繼華躅.(20)	나도 그 화려한 발자취를 이었는데
那知君蹭蹬,(21)	어떻게 알았으리 그대가 실족하여
獨泣荊山玉.(22)	형산의 옥을 안고 혼자 울 줄을?
相見南新道,(23)	남신의 길에서 둘이 서로 만났을 때
青衫垂破幅.(24)(25)	푸른 적삼에 해진 변폭이 드리워져 있었나니
早知事大謬,	일이 크게 잘못될 줄 일찍 알았으면서
恨不十年讀.(26)	십 년 동안 책을 읽지 않은 것을 한탄했네.
莫嫌馮唐老,(27)	풍당이 늙었다고 싫어하지 말지니
終勝賈誼哭.(28)	결국 가의의 통곡을 이길 것이고
今年復爲僚,(29)	금년에는 또 나의 동료가 되었으니
舊好許重續.	옛날의 우호를 다시 이을 수 있겠네.
升沈何足道,(30)	관직의 부침이야 말할 것도 없는 것
等是蠻與觸.(31)	마찬가지로 만씨요 촉씨일 따름이니
共爲湖山主,	우리 함께 호수와 산의 주인이 되어
出入窮澗谷.	들락날락 온 골짝을 다 구경해 보세나.
衆馳君不爭,(32)	사람들이 달려가도 그대는 안 다투고
人棄我所欲.(33)	남이 버리는 것은 내가 바라는 바니
何時神武門,(34)	언제나 신무문에 관과 옷을 걸거나?
相約挂冠服.(35)	우리 얼른 떠나기로 약속하세나.

[해설]

가우 원년(1056) 가을에 실시된 개봉부시에 함께 급제한 친구로 당시 항주통판으로 재임 중이던 원곡이 유계손의 시 〈개정에 올라(登介亭)〉에 차운하는 시를 짓자 그것에 화답한 것이다. 형식상으로는 유계손의 시 〈개정에 올라(登介亭)〉에 차운하고 내용상으로는 원곡의 시에 화답한 셈이다. 소식 시의 내용으로 미루어 보건대 원곡도 소식·유계손 등과 함께 개정에 올라가서 놀았으나 그 자리에서는 시를 짓지 않고 있다가 개정에서 내려와 집으로 돌아간 뒤에 시를 지어 이튿날 아침에 소식에게 보낸 것으로 보인다.

[주석]

(1) 公濟(공제): 당시 杭州通判으로 재임 중이던 袁轂의 字. 〈次韻袁公濟謝芎椒〉(1141) 주 (1) 참조.

(2) 景文(경문): 당시 兩浙兵馬都監으로서 항주에 주재한 劉季孫의 字. 〈次韻答劉景文左藏〉(1096) 주 (1) 참조.

(3) 介亭(개정): 항주 서남쪽의 鳳凰山에 있던 정자. 〈次韻劉景文登介亭〉(1144) 주 (2) 참조.

(4) 昏昏(혼혼): 어두운 모양. 정신이 혼미한 모양.

(5) 醉夢(취몽): 술에 취하거나 꿈을 꾸는 것처럼 정신이 몽롱한 상태를 가리킨다.

(6) 君詩(군시): 원곡의 시를 가리킨다.

(7) 登臨(등림): 높은 곳에 올라가서 내려다보다.

(8) 默稿(묵고): 아직 붓으로 쓰지는 않았지만 머릿속으로는 이미 구상이 끝나 있는 상태인 詩想을 가리킨다. 《新唐書·王勃傳》에 "왕발은 글을 지을 때 처음에는 정교하게 생각하지 않은 채 우선 먹물을 몇 되 갈아 놓고는 얼큰하게 술을 마신 뒤 얼굴에 이불을 뒤집어쓰고 누워 있다가 일어나 붓을 잡고 단숨에 완성해 버리는데 그러고는 한 자도 고치지 않았다. 당시 사람들이 왕발을 '복고'라고 했다(勃屬文, 初不精思, 先磨墨數升, 則酣飮, 引被覆面臥, 及寤, 援筆成篇, 不易一字. 時人謂勃爲'腹稿')"라는 기록이 있다. 이상의 네 구절은 원곡이 비록 개정에서 시를 써내지는 않았지만 머릿속으로는 이미 시상이 떠올랐고 또 그것을 다 정리해 놓고 있었다는 뜻으로, 원곡을 위해 그가 개정에서 시를 짓지 않고 나중에야 지어 보낸 일을 해명해 준 것이다.

(9) 靄靄(애애): 구름이나 안개가 짙게 낀 모양.

(10) 雲歸麓(운귀록): 구름이 산기슭으로 돌아오다. 옛날 중국 사람들은 구름이 아침에 산에서 나왔다가 저녁에 산으로 돌아간다고 생각했다. 陶淵明의 〈歸去來辭〉에 "구름이 무심하게 산봉우리에서 나온다(雲無心以出岫)"라고 하고, 歐陽修의 〈醉翁亭記〉에 "구름이 돌아가서 바위틈이 어둑하다(雲歸而巖穴暝)"라고 한 것은 이 때문이다. 이 구절은 저녁 시간이 되었다는 말이다.

(11) 微月(미월): 초승달. 이 구절은 초승달 주위에 작은 별이 줄지어 떠 있는 모습을 형용한 것이다.

(12) 金火(금화): 五行 중의 金氣와 火氣. 시원한 기운과 더운 기운을 가리킨다. 《曆忌釋》에 "복날이란 무엇인가? 金氣(가을 기운)가 땅에 납작 엎드려 숨어 있는 날이다. 사시는 번갈아 교체하는데 모두 오행 상생의 방법으로 한다. 입춘이 되면 木이 水에 대체되나니 水가 木을 낳고, 입하가 되면 火가 木에 대체되나니 木이 火를 낳으며, 입동이 되면 水가 金에 대체되나니 金이 水를 낳고, 입추가 되면 金으로 火를 대체하는데 金은 火를 두려워하기 때문에 庚日이 되면 꼭 땅에 납작 엎드린다. '庚'이 바로 '金'이기 때문이다(伏者何也? 金氣伏藏之日也. 四時代謝, 皆以相生. 立春木代水, 水生木; 立夏

火代木, 木生火; 立冬水代金, 金生水; 至於立秋, 以金代火, 金畏於火, 故至庚日必伏. 庚者金故也)" 라고 했다. 〈次韻劉景文登介亭〉(1144) 주 (18) 참조.

(13) 見伏(현복): 출현하기도 하고 잠복하기도 하다. 隱現하다. 《隋書·天文志上》에 "해와 달이 뜨고 지는 것을 보고 오성이 나타났다 숨었다 하는 것을 살핀다(覩日月之升降, 察五星之見伏)"라고 했다. 이 구절은 비바람이 치는 정도에 따라 더워졌다 시원해졌다 했다는 말이다.

(14) 變滅(변멸): 변화하고 소멸하다.

(15) 耿耿(경경): 선명한 모양. 이상의 네 구절은 개정에서 바라본 변화무쌍한 풍경을 하나하나 다 떠올릴 수 없다가 원곡의 시를 보니 눈에 선하게 떠올랐다는 뜻으로, 그의 시가 매우 형상적이고 생동감 있게 잘 지어졌다는 말이다.

(16) 却(각): 다시.

(17) 場屋(장옥): 과거시험장. 科場.

(18) 翻水(번수): 물을 쏟다. 이 구절은 원곡이 물이 쏟아져 나오는 것처럼 문장을 술술 잘 짓는다는 말이다. 韓愈의 시 〈寄崔二十六立之〉에 "문장이 물 쏟은 듯 이뤄지나니, 워낙에 생각을 하지도 않네(文如翻水成, 初不用意爲)"라는 구절이 있다.

(19) 叉手(차수): 팔짱을 끼다. 《全唐詩話·溫庭筠》에 "온정균은 남다른 재치가 있어서 짧은 부를 잘 지었는데 시험장에 들어가 관운을 써서 부를 지을 때마다 팔짱을 여덟 번 끼면 여덟 운이 완성되었기 때문에 당시 사람들이 '온팔차'라고 불렀다(庭筠才思豔麗, 工於小賦, 每入試, 押官韻作賦, 凡八叉手而八韻成, 時號'溫八叉')"라고 했다.

(20) 華躅(화촉): 화려한 발자취. 원곡이 開封府試에 수석으로 급제한 일을 가리킨다. 馮應榴의 《蘇軾詩集合注》에 "원섭이 〈先公墓表〉를 지어서 '증조부께서는 광록대부에 추증되셨는데 휘가 곡이시다. 옛날에 광록대부께서 개봉부시에 응시하셨을 때 실은 수석으로 선발되시고 소동파 공이 2등으로 선발되었다. 나중에 항주통판을 지내실 때 동파 공이 지주가 되었는데 서로 마음이 잘 맞아 매우 즐겁게 지내셨다. 개정에서 화답한 시에 "추풍에 기러기와 고니가 날아오르고, 나도 그 화려한 발자취를 이었다"라는 말이 있는 것은 옛날 일을 기록한 것이다'라고 했다. 주석가들이 함께 館職 선발 시험을 쳤다고 여겼으나 사실상 이런 일이 없었다(袁燮作〈先公墓表〉云: '曾祖贈光祿大夫, 諱轂. 初, 光祿公秋試開封, 實爲首選, 而東坡蘇公第二. 後通守錢塘, 坡公作牧, 相得懽甚. 介亭和篇有曰'秋風起鴻鵠, 我亦繼華躅', 識前事也. 而註家以爲同試館職, 實無是事)"라고 했다. 이 구절은 개봉부시에서 원곡이 수석으로 급제하고 그 뒤로 여러 사람이 뒤를 이은 일을 기러기의 행렬에 비유한 것이다.

(21) 蹭蹬(층등): 실족하다. 곤경에 처하다. 원곡의 벼슬길이 순탄하지 않은 일을 가리킨다. 원곡은 가우 원년(1056) 가을의 개봉부시에서 수석으로 급제했지만 진사시험은 소식이 制科에 급제한 해인 가우 6년(1061)에야 급제했다.

(22) 荊山玉(형산옥): 호북성 南漳縣 西部에 있는 형산의 옥. 和氏璧을 가리킨다. 楚나라 사람 卞和가 楚山(즉 형산)에서 옥석을 주워 厲王에게 바쳤는데 여왕이 옥공에게 감정해 보라고 하자 옥공이 돌이라고 하므로 여왕이 변화의 왼발을 베어 버렸다. 여왕이 죽고 武王이 즉위했을 때 변화가 또 그 옥석

을 무왕에게 바쳤는데 무왕이 옥공에게 감정해 보라고 하자 옥공이 또 돌이라고 하므로 무왕이 그의 오른발을 베어 버렸다. 무왕이 죽고 文王이 즉위했을 때 변화가 그 옥석을 안고 초산 밑에서 울었다. 이에 문왕이 옥공에게 그것을 가공하게 하여 마침내 寶玉을 얻었으니 이것이 이른바 和氏璧이다. (《韓非子·和氏》 참조)

(23) 南新(남신): 지금의 절강성 臨安 서남쪽에 있던 鎭. 당시 杭州知州로 재임 중이었던 소식은 원곡이 항주통판으로 부임한다는 소문을 듣고 남신까지 마중 나갔던 것으로 보인다.

(24) 靑衫(청삼): 당나라 때 8품·9품의 하급 문관이 입던 관복.

(25) 幅(폭): 옷의 가장자리에 덧대 놓은 천. 邊幅.

(26) 十年(십년): 원곡의 관직 생활 기간을 가리키는 것이 아니라 《南史·沈攸之傳》의 표현을 인용한 것이다. 《남사·심유지전》에 "심유지는 만년에 책 읽기를 좋아하여 손에서 책을 놓지 않은지라 《史記》와 《漢書》에 기재되어 있는 역사적 사실을 많이 기억했다. 그는 항상 '곤궁과 영달이 운명에 달려 있는 줄을 일찍이 알았거늘 십 년 동안 책을 읽지 않은 것이 한스럽다' 하고 개탄했다(攸之晩好讀書, 手不釋卷, 史漢事多所記憶. 常歎曰: '早知窮達有命, 恨不十年讀書.')"라고 했다. 이 연은 관직 생활이 순탄하지 않을 줄 일찌감치 예상했으면서도 미련을 버리지 못하고 관직에 나아간 것이 한탄스럽다는 뜻으로, 원곡이 원시에서 한 말인 것 같다.

(27) 馮唐(풍당): 漢나라 때 安陵 사람으로 효행이 매우 뛰어났다. 늙은 몸으로 中郞署長이라는 하위 관직을 맡고 있는 것을 보고 文帝가 안쓰럽게 여겼다.(《史記·馮唐傳》 참조) 王勃의 〈滕王閣序〉에 "시운은 고르지 못하고 운명은 어그러지는 경우가 많은 법이라 풍당은 벼슬이 높아지기 전에 늙었고 이광은 공을 세우고도 제후에 봉해지기 어려웠지(時運不齊, 命途多舛. 馮唐易老, 李廣難封)"라고 했다.

(28) 賈誼(가의): 한나라 때 洛陽 사람으로 문제의 총애를 듬뿍 받았으나 대신들의 시기를 받아 마침내 조정에서 쫓겨나 長沙王太傅·梁王太傅 등을 지내고 33세라는 젊은 나이에 죽었다. 그는 일찍이 문제에게 상소문을 올려 "제가 가만히 정세를 생각해 보니 그것 때문에 통곡할 만한 일이 한 가지 있고, 눈물 흘릴 만한 일이 두 가지 있으며, 장탄식할 만한 일이 여섯 가지 있습니다(臣竊惟事勢, 可爲痛哭者一, 可爲流涕者二, 可爲長太息者六)" 하고 당시의 정세에 대하여 의견을 피력한 적이 있었다. (《한서·가의전》 참조) 이 연은 늙도록 하위 관직에 머문 풍당이 일찍부터 황제의 총애를 듬뿍 받은 가의보다 낫다는 말이다.

(29) 爲僚(위료): 동료가 되다. 원곡이 항주통판으로 부임한 것을 가리킨다.

(30) 升沈(승침): 관직 생활에 있어서의 浮沈을 가리킨다.

(31) 蠻與觸(만여촉): 달팽이의 두 뿔 위에 있었다는 아주 작은 나라인 만씨와 촉씨. 《莊子·則陽》에 "달팽이의 왼쪽 뿔에 나라를 가진 자가 있었으니 촉씨라고 하고 달팽이의 오른쪽 뿔에 나라를 가진 자가 있었으니 만씨라고 했습니다. 마침 서로 땅을 차지하려고 전쟁을 일으켜 쓰러져 누운 시체가 수만을 헤아렸으며 패주하는 자들을 쫓아갔다가 15일 뒤에 돌아왔습니다(有國於蝸之左角者, 曰觸氏; 有國於蝸之右角者, 曰蠻氏. 時相與爭地而戰, 伏尸數萬, 逐北, 旬有五日而後反)"라는 우화가 있는바, 아주 보잘것없는 일로 다투는 부질없는 짓을 가리킨다.

(32) 衆馳(중치): 사람들이 너도나도 名利를 추구하는 것을 가리킨다.

(33) 人棄(인기): 소식 자신이 조정으로부터 버림받는 것을 가리킨다.

(34) 神武門(신무문): 남조 때 建康(지금의 강소성 南京)에 있던 황궁의 西門. 남조 시대에 梁나라 사람 陶弘景은 자신의 官帽와 官服을 벗어서 신무문에 걸어 놓은 뒤 사직 상소를 올리고 관직에서 물러났다.(《南史·陶弘景傳》 참조)

(35) 冠服(관복): 관리들이 착용하는 官帽와 官服을 가리킨다.

1146. 介亭[1]餞[2]楊傑次公[3]

개정에서 차공 양걸을 전송하며

籃輿西出登山門,[4][5]	남여 타고 서쪽으로 나가 산문으로 올라서
嘉與我友尋仙村.[6][7]	흐뭇하게 벗과 함께 신선의 마을을 찾노라니
丹靑明滅風篁嶺,[8][9]	풍황령에 붉은빛과 푸른빛이 명멸하고
環珮空響桃花源.[10][11]	도화원에 공연히 패옥 소리 울렸다오.
前朝欲上已蠟屐,[12][13]	일전에도 오르려고 나막신에 밀랍을 칠했다가
黑雲白雨如傾盆.[14][15]	먹구름 속의 하얀 비가 물동이 엎은 것 같아 못 올랐으니
今晨積霧卷千里,[16]	오늘 새벽엔 자욱한 안개가 천 리를 덮었지만
豈畏觸熱生病根.[17][18]	더위 먹어 병나는 걸 어찌 두려워했으리오?
在家頭陀無爲子,[19][20]	재가의 행각승인 무위자께선
久與靑山爲弟昆.	오랫동안 청산과 형제였나니
孤峯盡處亦何有,[21]	외로운 봉우리 끝난 곳에 또 무엇이 있나요?
西湖鏡天江抹坤.[22][23]	서호가 하늘을 비추고 강이 땅에 흰 칠 하지요.
臨高揮手謝好住,[24][25]	높은 데서 손 흔들며 "잘 계시오" 인사하면
淸風萬壑傳其言.	청풍이 골짝마다 그 말을 전할 텐데
風迴響答君聽取,	바람에 돌아오는 메아리치는 대답을 들어 보면
我亦到處隨君軒.[26]	우리도 가는 곳마다 그대의 수레를 따를 게요.

[해설]

항주 서남쪽의 봉황산에 있는 개정에 올라가서 양걸을 위해 전별연을 벌여 줄 때 그를 떠나 보내는 안타까운 마음을 노래함과 동시에 떠나기를 아쉬워하는 그를 위로한 것이다.

[주석]

(1) 介亭(개정): 杭州 서남쪽의 鳳凰山에 있던 정자. 〈次韻劉景文登介亭〉(1144) 주 (2) 참조.
(2) 餞(전): 餞送하다. 餞別宴을 베풀다.
(3) 次公(차공): 楊傑의 字. 〈再和并答楊次公〉(1134) 주 (1) 참조.
(4) 籃輿(남여): 대나무로 만든, 앉는 자리만 있고 벽과 지붕이 없는 소형 가마.
(5) 山門(산문): 산의 어귀.
(6) 嘉(가): 기뻐하다.
(7) 仙村(선촌): 신선이 사는 마을. 개정이 있는 마을을 가리킨다.
(8) 丹青(단청): 붉은색과 푸른색이 어우러진 산색을 가리킨다.
(9) 風篁嶺(풍황령): 鳳凰嶺, 즉 봉황산. 이 산에 개정이 있었다. 이 구절은 지형에 따라 남여가 흔들리고 그에 따라 울긋불긋한 초목이 보이다 말다 했다는 말이다.
(10) 環珮(환패): 여자들이 장식용으로 차는 옥. 봉황산 계곡의 물소리를 가리킨다.
(11) 桃花源(도화원): 개정 일대를 武陵桃源에 빗댄 것이다. 소식의 자주에 "고을 사람들이 개정이 있는 산의 기슭을 도원로라고 불렀다(郡人謂介亭山下爲桃源路)"라고 했다.
(12) 前朝(전조): 이전.
(13) 蠟屐(납극): 나막신에 밀랍을 칠하다. 《世說新語·雅量》에 "어떤 사람이 阮孚를 찾아갔다가 그가 스스로 불을 불어 가며 밀랍을 녹여서 나막신에 바르다가 '평생에 나막신을 몇 켤레나 신게 될지 모르겠네' 하고 탄식하는 것을 보았다(或有詣阮, 見自吹火蠟屐, 因歎曰: '未知一生當著幾量屐!')"라는 말이 있고, 《南史·謝靈運傳》에 "항상 나막신을 신고 다녔는데 산에 오를 때는 나막신의 앞굽을 없애고 산에서 내려올 때는 뒷굽을 없앴다(常著木屐, 上山則去其前齒, 下山去其後齒)"라는 말이 있는바, 여기서의 '蠟屐'은 이 두 가지 고사를 활용하여 산에 올라갈 준비를 다했다고 말한 것이다.
(14) 黑雲白雨(흑운백우): 검은 구름에서 나온 하얀 비. 소식의 시 〈六月二十七日望湖樓醉書五絶〉(0198)에 "먹 쏟은 듯 검은 구름 산을 채 덮기 전에, 하얀 비가 진주 되어 배로 뛰어들었네(黑雲翻墨未遮山, 白雨跳珠亂入船)"라는 구절이 있다.
(15) 傾盆(경분): 물동이를 기울여서 물이 세차게 쏟아지는 것을 가리킨다. 이 연은 이전에도 개정에 올라가서 송별연을 거행하려고 했으나 비가 너무 많이 와서 실행하지 못했다는 말이다.
(16) 卷(권): 휘말다. 에워싸다.
(17) 觸熱(촉열): 열기를 만나다. 杜甫의 시 〈貽華陽柳少府〉에 "만약에 새벽에 찾아가지 않으면, 더위를 먹어서 병이 나리라(自非曉相訪, 觸熱生病根)"라는 구절이 있다.

(18) 病根(병근): 질병의 근원. 질병을 가리킨다. 이 연은 안개가 많아 무더울 것으로 예상되었지만 병에 걸리는 것도 두려워하지 않고 송별연을 강행했다는 말이다.

(19) 在家頭陀(재가두타): 在家僧. 出家하지 않고 俗家에서 불도를 닦는 승려. '頭陀'는 속세의 온갖 티끌과 번뇌를 씻는다는 뜻의 범어 dhūta를 음역한 것으로 행각승을 가리키기도 하고 일반 승려를 가리키기도 한다.

(20) 無爲子(무위자): 무위(지금의 안휘성 무위) 사람인 양걸의 自號. 王十朋의 《百家註分類東坡先生詩》에 "양차공은 호가 무위자였다(次公, 號無爲子)"라고 했다.

(21) 孤峯(고봉): 홀로 우뚝 솟아 있는 봉우리. 전별연을 벌이고 있는 봉황산을 가리킨다.

(22) 西湖鏡天(서호경천): 서호가 하늘을 비추다. 항주 서호에 하늘이 비쳐 있는 모습을 형용한 것이다.

(23) 江抹坤(강말곤): 강이 땅에다 기다랗게 색칠하다. 錢塘江이 하얀빛을 번득이며 대지를 가로질러 가는 모습을 형용한 것이다. 杜牧의 시 〈池州送孟遲先輩〉에 "장강이 하늘을 삼키며 지나가니, 흰 명주 한 줄기가 대지에 가로로 칠해지네(大江吞天去, 一練橫坤抹)"라는 구절이 있고, 秦觀의 사 〈滿庭芳〉(山抹微雲)에 "산에는 옅은 구름이 칠해져 있고, 하늘에는 시든 풀이 붙어 있구나(山抹微雲, 天黏衰草)"라는 구절이 있다. 이상의 네 구절은 마치 행각승처럼 각지의 청산을 두루 돌아다닌 양걸이 이제 또다시 봉황산 밑에 있는 서호와 錢塘江을 비롯한 수많은 청산을 지나다니겠다는 말인 것으로 보인다.

(24) 謝(사): 작별을 고하다.

(25) 好住(호주): 잘 있으라. 길 떠나는 사람이 남아 있는 사람에게 하는 인사말. 이 연은 양걸이 떠나가면서 소식 일행에게 큰 소리로 인사를 하면 그 소리가 계곡에 메아리쳐서 몇 번이고 울릴 것이라는 말이다.

(26) 軒(헌): 초헌. 大夫 이상의 고위 관리가 타던 고급 수레. 양걸의 수레를 가리킨다. 이 연은 양걸의 인사에 호응하여 소식 일행이 양걸에게 외치는 "잘 가시오"라는 말 역시 계곡에 메아리칠 것임은 물론 그 뒤로도 계속 양걸을 따라다닐 것이라는 뜻, 즉 양걸이 어디로 가든 자신들의 마음이 늘 양걸과 함께할 것이니 너무 서운해하지 말라는 뜻이다.

1147. 葉教授(1)和漊字韻詩(2), 復次韻爲戱, 記龍井(3)之遊

섭교수가 '漊' 자 운을 쓴 시에 화답해 왔기에 다시 차운하여 농담으로 용정에서 노닌 일을 기록한다

先生魯諸儒,(4)	선생은 옛날의 노나라 유생이라
飮食淸不漊.(5)	마시고 먹는 것이 깔끔하고 담백한데
空腸出秀句,	빈속에서 나오는 멋진 시구는
吟嚼五味足.(6)	다섯 가지 맛을 다 보기에 충분하네.
華堂鬧絲管,(7)(8)	화려한 전당에 풍악 소리 요란하고
眸子漲春淥.(9)	눈동자에 봄철의 맑은 물이 넘치지만
先生疾走避,	선생은 그런 것을 도망치듯 피하나니
面冷毒在腹.(10)(11)	얼굴이 냉담하여 속에 독이 든 것 같네.
歸來煮瓠葉,(12)	집으로 돌아와서 박 잎을 삶노라면
弟子歌旱麓.(13)	제자들이 〈한록〉을 노래하는데
聲淫及靈臺,(14)(15)	노랫소리 이어져 〈영대〉에 이르면
中有麀鹿伏.(16)	그 안에 암사슴과 수사슴이 엎드리고 있겠네.
功名一走兎,(17)	공명이란 뛰어가는 토끼 한 마리거늘
何用千人逐.	천 사람이 좇아갈 필요가 뭐 있으리?
故應容我輩,	그러니 우리가 담담하게 앉아 있다
淸坐時閉目.(18)(19)	때때로 눈 감는 걸 당연히 허용했네.
高亭石排衙,(20)(21)	높다란 정자 앞엔 바위들이 조회하고

木杪挂飛屋.[22]　나뭇가지 끝에는 나는 지붕이 걸렸는데
我來無時節,[23]　내가 찾아오는 데 시절이 따로 없고
客亦不待速.[24][25]　손님 역시 초청받을 필요가 없네.
似聞雪髯叟,[26]　수염이 눈과 같이 흰 늙은이도
西嶺訪遺躅.[27][28]　서령에서 옛사람의 유적을 찾았는데
朝陽入潭洞,　아침 햇살 받으며 못가의 동굴로 들어가니
金碧涵水玉.[29][30]　알록달록한 게 수정에 잠겨 있었다 한 듯하네.
泉扉夜不扃,[31]　샘 가에 친 문을 밤에도 안 닫은 채
雲袂本無幅.[32][33]　본래 가선이 없는 구름 소매의 옷을 입고
慈皇付寶偈,[34][35]　자비롭고 위대한 분이 주신 보배로운 게송을
神侶得幽讀.[36][37][38]　정신적 반려자들이 한가로이 읽을 수 있네.
訥菴有老人,[39][40]　눌암이란 암자에 한 노인이 있어서
宴坐天魔哭.[41][42]　가만히 앉아 참선하면 천마가 울 정도인데
時來獻瓔珞,[43]　때마침 신도들이 와서 영락을 바치매
法供燈相續.[44][45]　불공으로 등불이 길게 이어져 있네.
吾儕詩酒汚,　우리는 시와 술로 더럽혀져 있으니
欲往無乃觸.[46][47]　가고 싶지만 그것은 곧 심기를 거스르는 일이 아니리?
齋廚費晨炊,[48][49]　정재에서 새벽 내내 밥 짓는 것을 보니
車騎滿山谷.[50]　수레와 말이 골짜기에 가득하도록 찾아오겠네.
願聞第一義,[51]　우리가 원하는 건 제일의를 듣는 것
缽飯非所欲.[52]　바리때에 담긴 밥은 원하는 바가 아니네.
便投切雲冠,[53][54]　제일의를 들었다면 절운관을 던졌을 것이네
予幼好奇服.[55]　어릴 때부터 기이한 복장을 좋아했으니.

[해설]

섭교수가 소식의 〈유경문의 〈개정에 올라〉에 차운하여(次韻劉景文〈登介亭〉)〉(1144)에 화답하자 다시 그 시에 차운하여 섭교수를 데리고 용정원으로 변재법사를 찾아간 일을 노래한 것이다. 변재법사가 좌선 중임을 이유로 소식 일행을 만나 주지 않음으로써 그에게 좋은 말씀

을 듣고자 했던 계획이 어그러짐에 따른 아쉬운 심정을 해학적인 필치로 노래했다.

[주석]

(1) 葉教授(섭교수): 杭州州學의 교수였던 것으로 보인다. 구체적인 행적이 알려져 있지 않다.

(2) 溽字韻詩(욕자운시): 〈次韻劉景文登介亭〉(1144)을 가리킨다.

(3) 龍井(용정): 《咸淳臨安志》에 "진소유(秦觀)의 〈용정기〉에 대략 '용정은 서호의 서쪽이요 절강의 북쪽으로 풍황령 위에 있다'라고 했다.……원풍 2년(1079)에 변재법사가 이 산의 수성원으로 물러나서 쉬고 있었으니 용정에서 1리 떨어져 있었다(秦少游〈龍井記〉畧云: '龍井當西湖之西, 浙江之北, 風篁嶺之上.'……元豐二年, 辯才退休於此山之壽聖院, 去龍井一里)"라고 했다.

(4) 魯諸儒(노제유): 노나라의 여러 儒生. 儀禮에 정통한 학자를 가리킨다. 漢나라 초기에 叔孫通이 秦나라 때의 儀禮를 폐지하고 새로운 의례를 제정하기 위해 高祖에게 "일반적으로 유생들은 함께 나아가 쟁취하기는 어렵지만 이미 성취한 것을 함께 지킬 수는 있습니다. 노나라의 유생들을 불러서 저의 제자들과 함께 조정의 의례를 제정하기를 원합니다(夫儒者難與進取, 可與守成. 臣願徵魯諸生, 與臣弟子共起朝儀)" 하고 건의했다.(《史記·叔孫通傳》 참조)

(5) 溽(욕): 맛이 농후하다. 《禮記·儒行》에 "그들(유생들)의 거처는 사치스럽지 않고, 그들의 음식은 담백하여 느끼하지 않다(其居處不淫，其飮食不溽)"라는 말이 있다.

(6) 吟嚼(음작): 음미하다. 맛보다. 이상의 네 구절은 섭교수의 식성은 담백한 음식만 좋아하지만 시는 여러 가지 맛을 다 지니고 있다는 말이다.

(7) 華堂(화당): 크고 화려한 집.

(8) 絲管(사관): 현악기와 관악기. 악기를 두루 가리키기도 하고 더 나아가 풍악을 가리키기도 한다.

(9) 春淥(춘록): 봄철의 맑은 물. 歌妓들이 은근히 보내는 눈길을 가리킨다.

(10) 面冷(면랭): 생김새가 냉랭하다. 표정이 냉담하고 엄숙한 것을 가리킨다. 《清異錄》에 "부소원은 차를 좋아하지 않아서 '이것은 생김새가 냉엄하여 조금도 온화한 자태가 없으니 냉면초라고 할 수 있겠다'라고 했다(符昭遠不喜茶, 曰: '此物面目冷嚴, 了無和美之態, 可謂冷面草也')"라는 말이 있다.

(11) 毒在腹(독재복): 배 안에 독이 있다. 이상의 네 구절은 많은 사람이 기녀들의 가무를 곁들여 가면서 호화롭게 놀기를 좋아하는데 꼬장꼬장하기 짝이 없는 선비인 섭교수는 무서울 정도로 근엄한 표정을 지으며 그런 자리를 피한다는 말이다.

(12) 瓠葉(호엽): 박 잎. 소박한 술안주를 가리킨다. 《詩經·小雅·瓠葉》에 "펄럭이는 박 잎을, 따 와서 삶네. 군자에게 술 있으매, 따라 주어 맛보게 하네(幡幡瓠葉, 采之亨之. 君子有酒, 酌言嘗之)"라는 구절이 있다.

(13) 旱麓(한록): '한산의 기슭'이라는 뜻으로 《詩經·大雅》의 篇名이다. 이 시에 "저 한산의 기슭을 보니, 개암나무와 싸리나무가 즐비하구나. 점잖으신 군자는, 점잖게 녹을 받으며 지내는구나(瞻彼旱麓, 榛楛濟濟. 豈弟君子, 干祿豈弟)"라는 구절이 있다.

(14) 聲淫(성음): 노랫소리가 끊이지 않고 계속되다.

(15) 靈臺(영대): 《시경·대아》의 편명. 이 시에 "임금님이 훌륭한 동산에 계시는데, 암사슴과 수사슴이 엎드려 노네. 암사슴과 수사슴은 살이 쪄서 윤이 나고, 백조는 깃털이 깨끗하고 하얗네. 임금님이 훌륭한 못가에 계시는데, 못 안에 가득히 고기가 뛰네(王在靈囿, 麀鹿攸伏. 麀鹿濯濯, 白鳥翯翯. 王在靈沼, 於牣魚躍)"라는 구절이 있는데, 毛詩序에 "〈영대〉는 백성들이 따르기 시작한 것을 노래했다. 문왕이 천명을 받자 백성들이 그분에게 훌륭한 덕이 있어 조수와 곤충에게까지 미치는 것을 좋아했다(〈靈臺〉, 民始附也. 文王受命, 而民樂其有靈德, 以及鳥獸昆蟲焉)"라고 했다.

(16) 麀鹿(우록): 암사슴과 수사슴. 이상의 네 구절은 섭교수가 제자들과 함께 검소하고 소박하게 살면서 성인의 덕을 기리는, 진정한 군자의 삶을 산다는 말이다.

(17) 走兎(주토): 뛰어가는 토끼. 《愼子》에 "토끼 한 마리가 들판에 있으면 백 사람이 좇아가지만, 한 사람이 붙잡으면 탐하던 사람들이 다들 멈추는바, 그것은 몫이 정해졌기 때문이다(一兎在野, 百人逐之, 一人得之, 貪者悉止, 分定故也)"라고 했고, 《說苑》에 "토끼 한 마리가 거리에서 뛰어가면 만 사람이 그것을 좇아가지만 한 사람이 붙잡으면 만 사람이 더 이상 좇아가지 않는다. 몫이 아직 정해지지 않았을 때에는 토끼 한 마리가 뛰어가는 것이 만 사람의 마음을 어지럽게 하지만 몫이 이미 정해지고 나면 비록 그것을 탐하던 사람일지라도 멈출 줄 아는 것이다(一兎走於街, 萬人追之, 一人得之, 萬人不復走. 分未定, 則一兎走, 使萬人擾; 分已定, 則雖貪夫知止)"라고 했다.

(18) 淸坐(청좌): 느긋한 마음으로 가만히 앉아 있다.

(19) 閉目(폐목): 눈을 감고 조용히 기도하거나 명상에 잠기는 것을 가리킨다. 이상의 네 구절은 섭교수가 공명이란 추구할 가치가 없는 허망한 것임을 잘 알기 때문에 함께 변재법사가 있는 용정원에나 갔다 오자고 한 소식의 제의를 받아들였다는 말이다.

(20) 高亭(고정): 용정원에 있는 정자를 가리킨다.

(21) 排衙(배아): 관아에 중요한 儀式이나 典禮가 있을 때 儀仗을 배치한 후 관리들이 長官의 양쪽에 늘어서서 장관을 배알하던 일. 施元之의 《施注蘇詩》에 "백낙천의 시 〈雨雪放朝因懷微之〉에 '모르겠네 눈이 내린 강릉부에도, 오늘의 조회를 면할 수 있었는지'라는 구절이 있다. 지금 정자에 바위가 있는데 마치 검과 창이 대치하고 있는 것 같기 때문에 그것을 배아석이라고 한다(白樂天〈懷微之〉詩: '不知雨雪江陵府, 今日排衙得免無.' 按今亭有石, 如劍戟對峙, 謂之排衙石)"라고 했다.

(22) 飛屋(비옥): 날아가는 것처럼 높이 솟은 집을 가리킨다.

(23) 無時節(무시절): 시절을 따지지 않는다는 말이다.

(24) 待(대): 필요로 하다.

(25) 速(속): 부르다. 초청하다. 이 연은 누구나 오고 싶으면 언제든지 자유로이 용정원을 찾아올 수 있다는 말이다.

(26) 雪髥叟(설염수): 눈처럼 하얀 수염을 지닌 늙은이. 劉季孫(1033-1092)을 가리킨다. 馮應榴의 《蘇軾詩集合注》에 "'雪髥叟'는 유경문을 가리키는 것 같다. 유경문은 수염이 아름다웠기 때문에 '수염쟁이 유씨'라고 불렀다('雪髥叟', 疑指劉景文. 景文髥美, 謂之'髥劉')"라고 했다.

(27) 西嶺(서령): 항주의 서쪽에 있는 풍황령을 가리킨다.

(28) 遺躅(유촉): 遺跡.

(29) 金碧(금벽): 황금색과 파란색. 울긋불긋한 절 건물을 가리킨다.

(30) 水玉(수옥): 水晶. 수정처럼 맑고 깨끗한 물을 가리킨다.

(31) 泉扉(천비): 샘 주위에 친 울타리에 달아 놓은 문.

(32) 雲袂(운메): 승복의 소매를 가리킨다.

(33) 幅(폭): 의복의 가장자리에 다른 헝겊을 이용하여 장식용으로 두른 선. 가선.

(34) 慈皇(자황): 자비롭고 위대하다. 그런 사람을 가리킨다.

(35) 寶偈(보게): 보배로운 偈頌. 게송이란, 부처의 공덕이나 가르침을 찬송하는 노래로 대개 네 구절로 이루어져 있으며 한 구절의 글자 수는 3자·4자·5자·6자·7자 등으로 일정하지 않다. 북송 인종 황제가 지은 〈贊僧賦〉에 게송이 들어 있으므로 〈찬승부〉를 가리킬 가능성이 있다.

(36) 神侶(신려): 정신적 修行의 반려자. 승려들을 가리킨다.

(37) 得(득): 할 수 있다.

(38) 幽讀(유독): 조용한 곳에서 한가로이 읽는 것을 가리킨다.

(39) 訥菴(눌암): 변재법사가 거처하던 항주 龍井院에 딸린 암자. 王十朋의 《百家註分類東坡先生詩》에 "눌암은 변재법사의 거처를 말한다(訥菴, 謂辯才法師也)"라고 하고, 蘇轍의 〈杭州龍井院訥齋記〉에 "진태허(진관)가 그(변재법사)의 거처를 눌재라고 명명했다(秦太虛名其所居曰訥齋)"라고 한 것을 보면, 소식이 말한 눌암과 소철 및 진관이 말한 눌재가 같은 암자인 것으로 보이고, 소철이 말한 용정원과 진관이 말한 수성원(주 (3) 참조)이 같은 절인 것으로 보인다.

(40) 老人(노인): 변재법사를 가리킨다.

(41) 宴坐(연좌): 한가롭게 앉아 있다. 坐禪하는 것을 가리킨다.

(42) 天魔(천마): 천마. 불교에서 말하는 四魔 가운데 하나로, 善人이나 수행자가 자신의 궁전과 권속을 없앨 것이라 하여 正法의 수행을 방해하는 마왕을 이른다. 석가모니가 보리수 아래에서 成道할 때에도 이것의 방해를 받아 먼저 慧定에 들어 마왕을 굴복시킨 다음 大覺을 이루었다고 한다.

(43) 瓔珞(영락): 옥을 꿰어서 만든 장식품. 주로 목을 장식하는 데 쓴다. 《南史·林邑國傳》에 "그 나라의 국왕은 법복을 입고 영락을 차는바, 마치 불상을 장식하는 것과 같다(其王者著法服, 加瓔珞, 如佛像之飾)"라고 했다. 여기서는 신도들이 부처님에게 바친 귀중품을 두루 가리키는 것으로 보인다.

(44) 法供(법공): 佛供. 부처님께 불공을 드리는 일.

(45) 燈(등): 《維摩詰經·菩薩品》에 "무진등이라는 중생제도 방법이 있으니 너희들은 당연히 배워야 한다. 무진등이란 비유하자면 한 개의 등이 백 개 천 개의 등에 불을 붙임으로써 어두운 곳이 모두 밝아져 밝은 상태가 끝내 사라지지 않는 것과 같다(有法門名無盡燈, 汝等當學. 無盡燈者, 譬如一燈燃百千燈, 冥者皆明, 明終不盡)"라고 했다. 그러나 여기서는 귀중품을 시주한 신도들을 위해 절에서 달아 준 등을 가리키는 것으로 보인다. 그렇다면 이 연은 귀중품을 시주한 신도가 매우 많아서 여러 개의 등이 기다랗게 이어져 있다는 뜻이 된다. 석가모니가 장차 成佛할 것임을 예언한 燃燈佛의 생일인

음력 8월 22일은 燃燈佛聖誕이라고 하여 불교에서 중시하는 날인바, 소식 일행이 용정원을 찾아갔던 때가 마침 이날이라 절에서 성대한 기념행사를 거행했고 그에 따라 신도들이 많이 찾아갔을 가능성이 있다.

(46) 無乃(무내): 바로 ~이 아닌가. 아마도 ~일 것이다.

(47) 觸(촉): 저촉하다. 범하다. 변재법사의 심기를 거스른다는 말이다. 이 연은 자신들이 세속적인 일에 물든 사람인 줄 잘 알기 때문에 변재법사가 좌선하고 있는 눌암에 가 보지 못했다는 말인 것으로 보인다.

(48) 齋廚(재주): 절의 주방. 淨齋. 淨齋所.

(49) 費晨炊(비신취): 새벽 시간을 다 써서 밥을 짓는다는 뜻으로, 밥을 매우 많이 짓는 것을 가리키고 그것은 다시 찾아올 신도가 매우 많다는 말이다.

(50) 車騎(거기): 낮에 절을 찾아올 신도들의 수레와 말을 가리킨다.

(51) 第一義(제일의): 불교에서 至高至上의 현묘한 이치를 가리키는 말이다. 杜甫의 시 〈謁文公上方〉에 "으뜸가는 현묘한 이치를 듣고, 고개 돌려 초심을 향하고 싶네(願聞第一義, 迴向心地初)"라는 구절이 있다.

(52) 缽飯(발반): 바리때에 담긴 밥. 절에서 신도들에게 주는 밥을 가리킨다.

(53) 便(변): ~하면 곧.

(54) 切雲冠(절운관): 모자의 이름으로 '구름에 닿을 정도로 높은 모자'라는 뜻이다. 권위를 추구하는 세속적인 복장을 가리킨다.

(55) 奇服(기복): 기이한 복장. 고결한 지조와 행실을 지닌 사람의 복장을 가리킨다. 屈原의 초사 〈涉江〉에 "나는 어릴 때부터 이 기이한 복장을 좋아했는데, 이젠 이미 늙었건만 그 마음이 식지 않았네. 번쩍이는 장검을 허리에 차고, 우뚝 솟아 구름에 닿는 모자를 쓰네(余幼好此奇服兮, 年既老而不衰. 帶長鋏之陸離兮, 冠切雲之崔嵬)"라는 구절이 있다. 마지막 네 구절은 변재법사에게 좋은 말을 들으러 갔다가 변재법사가 좌선 중이라 그를 만나지는 못하고 맛있는 음식이나 얻어 먹게 된 자신들의 아쉬운 심정을 해학적으로 표현한 것이다.

1148. 次韻林子中(1)見寄(2)

임자중이 부쳐 온 시에 차운하여

飄零洛社數遺民,(3)(4)(5)	쇠락해 버린 낙사의 몇 명뿐인 사원들
詩酒當年困惡賓.(6)	시와 술로 그 옛날에 고약한 손님에게 시달렸지.
元亮本無適俗韻,(7)	도원량은 본래 세속에 적응하는 멋이 없었고
孝章要是有名人.(8)	성효장은 한 마디로 유명한 사람이었지.
蒜山小隱雖爲客,(9)(10)	산산에서 은거하면 비록 나그네일지라도
江水西來亦帶岷.(11)(12)	서쪽에서 오는 장강이 역시 민강 물을 지니고 있지.
卷却西湖千頃葑,(13)(14)(15)	천 경에 달하는 서호의 줄 뿌리를 다 걷어 낼 것이니
笑看魚尾更莘莘.(16)	고기 꼬리가 더 팔팔한 걸 웃으면서 보시기를.

[해설]

소식의 개봉부시 급제 동기로 당시 윤주지주로 재임한 임희가 지어 보낸 시에 차운한 것이다.

[주석]

(1) 子中(자중): 소식의 開封府試 급제 동기로 당시 潤州(지금의 강소성 鎭江)知州로 재임 중이었던 林希의 字. 〈次韻林子中·王彦祖唱酬〉(1122) 주 (1) 참조.

(2) 見寄(견기): 나에게 부치다. 〈次韻錢越州見寄〉(1099) 주 (2) 참조.

(3) 飄零(표령): 나부끼며 떨어지다. 쇠락하다.

(4) 洛社(낙사): 歐陽修·梅堯臣 등이 낙양에 있을 때 조직한 詩社. 구양수의 시 〈酬孫延仲龍圖〉에 "낙사

는 그 옛날에 더할 데 없이 번성하여, 낙양의 늙은이들 지금까지 자랑하네(洛社當年盛莫加, 洛陽耆老至今誇)"라고 했다.

(5) 遺民(유민): 후예. 후대. 낙사에 동참한 社員들 가운데 아직까지 살아 있는 사람을 가리킨다. 王十朋의 《百家註分類東坡先生詩》에 "백련사에 유유민이 있었다(白蓮社中有劉遺民)"라고 했으나, 유유민이라는 특정인을 가리키는 것은 아닌 것 같다.

(6) 惡賓(악빈): 고약한 손님. '惡客'과 같은 뜻으로, 술을 아주 많이 마시는 사람을 가리킨다. 명나라 사람 陳繼儒의 《群碎錄》에 "원결은 술 못 마시는 사람을 고약한 손님이라고 여겼지만 후인들은 술을 아주 많이 마시는 사람을 고약한 손님이라고 여겼다(元結以不飮者爲惡客, 後人以痛飮者爲惡客)"라고 했는데, 소식은 그의 시 〈答王鞏〉(0561)에서 "그러기에 예로부터 팽성 땅의 태수는, 고약한 손님을 겁낸 적이 없다네(古來彭城守, 未省怕惡客)"라고 했고, 〈岐亭五首幷敍〉(0791) 其四에서 "삼 년 동안 내가 벌써 네 번이나 왔으니, 해마다 고약한 손님을 만났구나(三年已四至, 歲歲遭惡客)"라고 했으므로 소식은 술을 아주 많이 마시는 사람을 고약한 손님이라고 한 것임을 알 수 있다. 이 연은 소식과 임희가 옛날에 낙사 사원들을 붙잡고 술을 많이 마신 일을 회상한 것인 듯하다.

(7) 元亮(원량): 陶淵明의 字. 그의 시 〈歸園田居五首〉 其一에 "젊을 때부터 세속에 적응하는 멋이 없고, 천성이 본래부터 구릉과 산을 좋아하네(少無適俗韻, 性本愛丘山)"라는 구절이 있다. 이 구절은 소식 자신이 세상에 적응하는 능력을 지니고 있지 않다는 말이다.

(8) 孝章(효장): 삼국 시대 오나라 사람 盛憲의 字. 《會稽典錄》에 "성헌은 자가 효장이다. 평소에 명성이 높았는데 손책은 그를 매우 싫어했다(盛憲, 字孝章. 素有高名, 孫策深忌之)"라고 했다. 임희가 오나라에 속한 윤주의 지주였기 때문에 소식이 얼른 성헌을 떠올렸을 것으로 보인다. 이 구절은 임희가 세상 사람들 사이에 능력이 널리 알려져 있을 정도로 세상을 슬기롭게 잘 헤쳐 나간다는 말이다.

(9) 蒜山(산산): 강소성 鎭江에 있는 산. 算山이라고도 한다. 소식은 汝州로 유배지를 옮겨 갈 때 산산을 임차하여 은거할 생각을 한 적이 있었다. 〈蒜山松林中可卜居, 余欲僦其地, 地屬金山, 故作詩與金山元長老〉(0841) 참조.

(10) 小隱(소은): 벼슬을 버리고 산림 속에 은거하는 것을 가리킨다. 白居易의 시 〈中隱〉에 "대은은 조정과 시가지에 사는 것, 소은은 구릉과 울타리 안에 드는 것. 구릉과 울타리 안은 너무나 쓸쓸하고, 조정과 시가지는 너무나 시끄럽네. 그러니 차라리 중은이나 하여서, 관직 속에 은거하는 게 더욱 좋겠네(大隱住朝市, 小隱入丘樊. 丘樊太冷落, 朝市太囂諠. 不如作中隱, 隱在留司官)"라고 했고, 소식의 시 〈六月二十七日望湖樓醉書五絶〉(0198) 其五에 "소은을 못 이루고 중은이나 하나니, 늘 한가하게 지낼 수 있다면 잠시 한가함보다 나으리(未成小隱聊中隱, 可得長閑勝暫閑)"라는 구절이 있다.

(11) 江水(강수): 長江.

(12) 岷(민): 민강. 장강의 상류로 소식의 고향인 眉山(지금의 사천성 미산)을 지나간다. 이 연은 임희가 원시에서 소식이 옛날에 산산에서의 은거를 시도했던 일을 상기시키며 자기가 있는 윤주로 오라고 한 말에 호응하여 긍정적으로 대답한 말인 것으로 보인다.

(13) 卷却(권각): 말아 버리다. '却'은 동사 뒤에 붙어서 동작의 완성을 표시한다.

(14) 西湖(서호): 항주 서호를 가리킨다.

(15) 葑(봉): 줄 뿌리. 줄은 볏과의 여러해살이풀로 높이가 2m 정도 되고 잎은 좁은 피침 모양이며 못이나 물가에 뭉쳐나는데, 열매와 어린싹은 식용하고 잎은 도롱이·차양·자리 등을 만드는 데에 쓴다. 소식은 항주지주로 재임하는 동안 서호를 뒤덮고 있던 줄 뿌리를 걷어 내고 호수 밑에 쌓여 있던 토사를 긁어내어 호수의 범람을 막았다. 이때 서호의 준설로 생긴 흙을 호수 서쪽에 한 줄로 길게 쌓음으로써 제방이 하나 생겼는데 이 제방은 소식이 항주를 떠난 뒤 그의 후임으로 부임해 온 임희가 蘇公堤라는 이름을 붙여 준 이후 줄곧 소공제 또는 소제로 불리게 되었다. 그러나 이 시가 지어질 때에는 아직 임희가 소식의 뒤를 이어 항주지주로 부임할 줄 몰랐을 가능성이 매우 크다. 그러므로, 이 연은 임희에게 항주로 한번 놀러 와서 자신이 서호를 준설하고 줄 뿌리를 다 걷어 내어 물고기들이 활기차게 헤엄치고 다니는 멋진 모습을 좀 구경하라고 권유한 말일 가능성이 크다.

(16) 莘莘(신신): 기운이 왕성한 모양.

1149. 安州老人(1)食蜜歌

안주노인이 꿀 먹는 것을 읊은 노래

安州老人心似鐵,	안주 노인은 심장이 무쇠 같나니
老人心肝小兒舌.(2)	노인의 심장과 간에 어린아이의 혀를 지니고 있네.
不食五穀惟食蜜,	그래서 오곡은 먹지 않고 꿀만 먹나니
笑指蜜蜂作檀越.(3)	웃음 띠고 꿀벌을 가리키며 시주라 하네.
蜜中有詩人不知,	사람들은 모르지만 꿀 속에 시가 있나니
千花百草爭含姿.(4)	천 가지 꽃과 백 가지 풀이 다투어 자태를 뽐내네.
老人咀嚼時一吐,(5)	노인은 꿀을 씹다가 때때로 한 번씩 토해
還引世間癡小兒.(6)	세간의 어리석은 아이들을 끌어들이기도 하네.
小兒得詩如得蜜,	아이들은 시를 얻은 게 꿀을 얻은 것과 같나니
蜜中有藥治百疾.(7)	꿀 속에 약이 있어 온갖 병을 다 고치네.
正當狂走捉風時,(8)	한창 미친 듯이 달려 바람을 붙잡으려 할 때
一笑看詩百憂失.	웃으며 그의 시를 보면 온갖 근심이 사라지네.
東坡先生取人廉,(9)	동파선생은 사람의 청렴함을 취했나니
幾人相歡幾人嫌.	몇 사람을 좋아하고 몇 사람을 싫어했나?
恰似飮茶甘苦雜,	마치 차를 마시면 단맛과 쓴맛이 섞여 있어
不如食蜜中邊甛.(10)	속과 겉이 모두 단 꿀을 먹는 것만 못한 것과 같네.
因君寄與雙龍餠,(11)	그대가 쌍룡병 차를 부쳐 보냈기에

鏡空一照雙龍影.(12)	적막한 거울에 쌍룡의 모습을 비춰 보네.
三吳六月水如湯,(13)	삼오 땅의 유월에는 물이 끓는 듯한데
老人心似雙龍井.(14)(15)	노인의 마음은 쌍룡정의 물처럼 시원하네.

[해설]

안주 사람으로서 당시 항주에 머물고 있던 중수스님이 유달리 꿀 먹기를 좋아한 일을 해학적인 필치로 노래한 것이다. 중수스님이 고급 차를 소식에게 보내 주자 그것을 계기로 이 시를 지은 것 같다.

[주석]

(1) 安州老人(안주노인): 안주(지금의 호북성 安陸) 출신 승려인 仲殊를 가리킨다. 소식의 자주에 "중수스님께 드린다(贈僧仲殊)"라고 했고, 施元之의《施注蘇詩》에 "승려 중수는 안주 사람인데 전당에 거주했다. 시를 짓는 것이 재빨라서 금방 완성했으며 솜씨가 다른 사람보다 훨씬 뛰어났다. 그는 곡식을 먹지 않고 항상 꿀을 먹었다(僧仲殊, 安州人, 居錢塘. 爲詩敏捷立成, 而工妙絶人遠甚. 殊辟穀, 常啖蜜)"라고 했다. 시원지의《시주소시》에는 또 陸游의 말을 인용하여 "백부뻘 되는 집안 아저씨 육언원 님께서 말씀하시기를 '젊을 때 중수 장로를 알게 되었는데 소동파가 그를 위해〈安州老人食蜜歌〉를 지었다. 하루는 손님 몇 명과 함께 그에게 들렀더니 그가 먹는 것이 모두 꿀이었다. 두부·국수·우유 같은 것을 모두 꿀에 절여서 먹는지라 손님들이 대부분 젓가락을 대지 못했는데 오로지 소동파만은 천성이 역시 꿀을 무척 좋아하는지라 그와 함께 배불리 먹을 수 있었다'라고 하셨다(族伯父彦遠言: '少時識仲殊長老, 東坡爲作〈安州老人食蜜歌〉者. 一日與數客過之, 所食皆蜜也. 豆腐·麵筋·牛乳之類, 皆漬蜜食之, 客多不能下筯, 惟東坡性亦酷嗜蜜, 能與之共飽.')"라고 했다.

(2) 心肝(심간): 심장과 간. 心志, 즉 속마음을 가리킨다. 이 연은 중수스님이 마음은 노인처럼 굳세지만 식성은 어린아이처럼 단것을 좋아한다는 말이다.

(3) 檀越(단월): 施主. 자비심으로 조건 없이 절이나 승려에게 물건을 베풀어 주는 사람. 檀那라고도 한다.

(4) 含姿(함자): 자태를 지니다. 자태를 드러내다. 이 연은 중수스님이 꿀을 먹으면서 시를 술술 잘 읊조린다는 말이다.

(5) 吐(토): 꿀을 먹다가 벌집 부스러기를 뱉어 내는 것과 시를 읊는 것을 동시에 가리킨다.

(6) 癡小兒(치소아): 어리석은 속인을 가리킨다.

(7) 百疾(백질): 온갖 질병. 이 연은 어린아이가 꿀을 먹으면 온갖 아픔을 다 잊어버릴 수 있는 것처럼 어리석은 속인이 중수스님의 시를 들으면 깨달음을 얻어서 갖가지 근심 걱정을 다 잊을 수 있다는 말이다.

(8) 捉風(착풍): 바람을 붙잡다. 이루기 힘든 일을 한다는 말이다. 이 연은 여기저기로 마구 쫓아다니며

이루기 힘든 일을 이루려고 고심할 때 중수스님의 시를 보면 근심 걱정이 다 사라진다는 말이다.

(9) 東坡先生(동파선생): 소식 자신을 가리키는 해학적인 표현이다. 이 연은 자신이 포용력이 부족하여 청렴한 품성을 지닌 사람은 좋아하고 그렇지 않은 사람은 싫어했다는 말이다.

(10) 中邊甛(중변첨): 안과 겉이 다 달다. 시종일관 단맛이 난다는 말이다. 소식의 자주에 "부처가 말하기를 '내 말은 비유하자면 꿀을 먹으면 안과 겉이 다 단 것과 같다'라고 말했다(佛云: '吾言譬如食蜜, 中邊皆甛.')"라고 했다. 이 연은 쓴맛과 단맛을 다 지니고 있는 차를 좋아하는 것은 단맛만 지니고 있는 꿀을 좋아하는 것만 못하다는 뜻으로, 어떤 사람은 좋아하고 어떤 사람은 싫어하는 자신이 모든 사람을 다 포용하는 중수스님만 못하다는 말이다.

(11) 雙龍餠(쌍룡병): 표면에 용 두 마리를 찍어 놓은 고급스러운 덩이차를 가리킨다. 歐陽修의《歸田錄》에 "차의 품종 중에서 용봉차보다 귀한 것이 없으니 이것을 단차라고 한다. 경력(1041-1048) 연간에 채군모(蔡襄)가 복건로전운사가 되어서 처음으로 찻잎을 조그만 덩이로 압착하고 그 위에 용 무늬를 찍은 용차를 만들어 진상했는데 그 품질이 기가 막히게 좋았다. 이것을 소단이라고 하는데 스무 덩이의 무게가 한 근이며 그 값어치는 금 두 냥 값과 같았다(茶之品, 莫貴於龍鳳, 謂之團茶. 慶曆中, 蔡君謨爲福建路轉運使, 始造小片龍茶以進, 其品絶精. 謂之小團, 凡二十餠重一斤, 其價値金二兩)"라고 했다. 〈和錢安道寄惠建茶〉(0337) 주 (20) 참조. 이 연은 중수스님이 선물로 받은 쌍룡병 차를 꿀만 먹는 자신에게는 필요가 없다며 차를 좋아하는 소식에게 보내 주자 소식이 매우 기뻐했다는 말인 것으로 보인다.

(12) 影(영): 거울에 비친 모습을 가리킨다.

(13) 三吳(삼오): 오지방의 세 고을. 시대에 따라 가리키는 바가 달라 晉나라 때에는 吳興·吳郡·會稽를 가리켰고, 唐나라 때에는 吳興·吳郡·丹陽을 가리켰으며, 宋나라 때에는 蘇州·常州·湖州를 가리켰다. 長江 하류 지역을 두루 가리키기도 하는바, 여기서는 항주를 가리킨다.

(14) 老人(노인): 안주노인, 즉 중수스님을 가리킨다.

(15) 雙龍井(쌍룡정): 쌍룡정의 물, 즉 깊은 우물의 맑고 시원한 물을 가리킨다. 이 연은 쓴맛도 있고 단맛도 있는 차를 마시지 않고 단맛만 있는 꿀만 먹는 중수스님의 마음, 즉 모든 사람을 다 포용하는 중수스님의 마음이 오뉴월에 마시는 한 잔의 청량음료처럼 시원한 느낌을 준다는 말이다.

1150. 次韻錢穆父[1]紫薇花[2]二首

배롱나무꽃을 읊은 전목보의 시에 차운하여

其一

虛白堂前合抱花,[3][4]	허백당 앞의 둘레가 한 아름이나 되는 꽃
秋風落日照橫斜.[5]	가을바람에 지는 해가 비스듬히 뻗은 걸 비춘다.
閱人此地知多少,[6]	본 사람이 이곳에 얼마나 될까?
物化無涯生有涯.[7][8]	사물의 변화엔 끝이 없고 인생엔 끝이 있으니.

其二

折得芳蕤兩眼花,[9][10]	아름다운 꽃을 꺾자 두 눈이 부실 정도라
題詩相報字傾斜.[11]	시를 써서 보답하는데 글자가 비뚜름하다.
篋中尙有絲綸句,[12]	상자 속에 아직도 〈배롱나무꽃〉 시가 있어
坐覺天光照海涯.[13][14][15]	하늘빛이 바닷가에 비치는 느낌이 든다.

[해설]

항주 관아의 허백당이라는 건물 앞에 커다란 배롱나무가 두 그루 있었는데 월주지주 전협이 그 꽃을 읊은 시를 짓자 그것에 차운한 것이다.

[주석]

(1) 穆父(목보): 錢勰의 字. 〈次韻錢穆父〉(0932)에 대한 《施注蘇詩》의 주석에 "전목보는 이름이 협으로 오월국 양왕의 손자뻘 되는 사람이다.……원우(1086-1093) 초에 중서사인에 임명되었다(穆父, 名勰, 吳越讓王諸孫.……元祐初拜中書舍人)"라고 했다.

(2) 紫薇花(자미화): 배롱나무꽃. 木百日紅.

(3) 虛白堂(허백당): 옛날 杭州(지금의 절강성 항주) 관아에 있던 전당. 《杭州圖經》에 "허백당은 옛날 관청에 있다(虛白堂在舊治)"라고 했고, 《咸淳臨安志》에 "허백당은 봉황산의 옛날 관청 안에 있다(虛白堂, 在鳳凰山舊府治中)"라고 했다.

(4) 合抱(합포): 한 아름. 나무의 둘레가 한 아름이라는 뜻이다.

(5) 橫斜(횡사): 가로로 비스듬히 뻗다. 가지가 가로로 비스듬하게 뻗어 있는 배롱나무를 가리킨다. 林逋의 시 〈山園小梅〉에 "맑고 얕은 물에 성긴 모습이 비스듬히 뻗어 있고, 어스레한 달빛 아래에 은은한 향기가 풍겨 온다(疏影橫斜水清淺, 暗香浮動月黃昏)"라는 구절이 있다.

(6) 閱人(열인): 사람을 보다. 배롱나무가 자신을 구경하러 온 사람을 본다는 말이다.

(7) 物化(물화): 사물의 변화. 배롱나무꽃이 졌다가 다시 피는 것을 가리킨다. 《莊子·刻意》에 "성인이 사는 것은 자연이 운행하는 것이고 성인이 죽는 것은 사물이 변화하는 것이다(聖人之生也天行, 其死也物化)"라고 했다.

(8) 生有涯(생유애): 사는 데에 끝이 있다. 《莊子·養生主》에 "나의 삶에는 끝이 있는데 앎에는 끝이 없다(吾生也有涯, 而知也无涯)"라는 말이 있다. 소식의 자주에 "허백당 앞의 배롱나무 두 그루는 사람들이 말하기를 백낙천이 심은 것이라고 한다(虛白堂前紫薇兩株, 俗云樂天所種)"라고 한 바와 같이, 이 연은 얼마나 많은 구경꾼이 다녀갔는지 모를 정도로 배롱나무가 오랫동안 졌다가 피기를 반복했다는 말이다.

(9) 芳蕤(방유): 아름다운 꽃.

(10) 花(화): 침침하다. 미혹되다. 이 구절은 배롱나무꽃이 너무나 화려해서 눈이 부실 정도라는 말이다.

(11) 相報(상보): 시를 지어 꽃의 아름다움을 찬양하는 것을 가리킨다. 陳與義의 시 〈雨晴〉에 "약간의 서늘함 다 거두어 편안한 잠 대주니, 새로운 시구를 급히 찾아 막 갠 날씨에 보답한다(盡取微凉供穩睡, 急搜奇句報新晴)"라는 구절이 있다. 이 연은 눈이 부셔서 글씨를 바로 쓸 수 없을 정도로 배롱나무꽃이 화사하다는 말이다.

(12) 絲綸句(사륜구): 철종 황제가 친필로 써서 소식에게 하사한 것으로, '絲綸閣下文章靜'으로 시작하는 白居易의 시 〈紫薇花〉를 가리킨다. 소식의 자주에 "백낙천 시에 '조서 쓰는 전각 밑에는 문서가 조용하고, 종루와 고루 안에는 물시계 소리가 길네 나네. 황혼에 홀로 앉아 있나니 나의 짝이 누구인가? 자미화가 자미랑을 마주 보고 서 있네'라고 했는데 황상께서 이것을 써서 나에게 주신 적이 있다(樂天詩云: '絲綸閣下文章靜, 鐘鼓樓中刻漏長. 獨坐黃昏誰是伴? 紫微花對紫微郎.' 上嘗書此以賜軾)"라고 했다. 〈九月十五日, 邇英講《論語》, 終篇, 賜執政講讀史官燕於東宮. 又遣中使就賜御書詩各一首, 臣軾得〈紫薇花〉絶句……〉(1022) 주 (5) 참조.

(13) 坐(좌): ~하기에 이르다.

(14) 天光(천광): 하늘빛. 천자에게서 나는 빛을 가리킨다.

(15) 海涯(해애): 바닷가. 해변. 바닷가 고을인 항주를 가리킨다. 이 연은 황제가 친필로 써 준 시가 있어서 위안이 된다는 말이다.

1151. 送張嘉州(1)

가주지주 장씨를 전송하며

少年不願萬戶侯,(2)	젊을 때는 만호후를 바라지도 않았고
亦不願識韓荊州.(3)	한형주를 아는 것도 원치 않았네.
頗願身爲漢嘉守,(4)	몹시 바란 건 이 몸이 한가태수가 되어
載酒時作凌雲遊.(5)	술을 싣고 때때로 능운산에서 노니는 것이었네.
虛名無用今白首,	헛된 명예는 쓸모없는데 이제 백발이 되었으니
夢中却到龍泓口.(6)(7)	꿈속에 다시금 용홍구로 간다네.
浮雲軒冕何足言,(8)	뜬구름 같은 초헌과 관이야 어찌 말할 가치가 있으리?
惟有江山難入手.	오로지 강산만이 손에 넣기 어렵네.
峨眉山月半輪秋,(9)	아미산 위의 달이 반쯤 둥근 이 가을에
影入平羌江水流.(10)	그림자가 평강강의 흐르는 물에 들어 있다는
謫仙此語誰解道,(11)(12)	이적선의 이 말을 그 누가 이해하리?
請君見月時登樓.	그대여 달을 보면 때맞춰 누각에 오르소서.
笑談萬事眞何有,	만사가 정말 뭐 있느냐고 웃으며 얘기하고
一時付與東巖酒.(13)(14)	일시에 동암의 술에다 맡기소서.
歸來還受一大錢,(15)	돌아올 때는 역시 큰 돈 하나씩을 받아서
好意莫違黃髮叟.(16)	머리 누런 노인들의 호의를 저버리지 마소서.

[해설]

가주지주로 부임해 갈 예정인 장 모 씨를 전송하면서 지은 것으로, 벽지인 가주로 부임해 가게 되어 의기소침해 있는 장씨를 위로했다.

[주석]

(1) 嘉州(가주): 지금의 사천성 樂山. 가주지주 장씨는 구체적인 행적이 알려져 있지 않다.

(2) 萬戶侯(만호후): 만 호짜리 식읍을 가진 제후. 고관대작을 가리킨다.

(3) 韓荊州(한형주): 荊州長史를 지낸 韓朝宗을 가리킨다. 그는 젊은 인재를 잘 천거했기 때문에 李白이 그에게 보낸 편지 〈與韓荊州書〉에 "저 이백은 천하의 말 잘하는 사람들이 모여서 '태어나서 만호후는 필요 없고 다만 한형주나 한 번 사귀기를 바란다'라고 하는 것을 들었습니다(白聞天下談士相聚而言曰: '生不用萬戶侯, 但願一識韓荊州.')"라는 말이 있다. 이 구절은 명사의 천거를 받아 관직에 나아가기를 원하지 않았다는 말이다.

(4) 漢嘉(한가): 가주의 다른 이름.

(5) 作凌雲遊(작능운유): 능운산 유람을 하다. '凌雲'은 낙산에 있는 능운산을 가리키면서 동시에 구름 위로 올라가는 것, 즉 높은 산에 올라가는 것을 가리키기도 한다.

(6) 却(각): 다시.

(7) 龍泓口(용홍구): 王十朋의 《百家註分類東坡先生詩》에 "용홍구는 능운산 위에 있는바, 현지인들은 그것을 용암이라고 한다(龍泓口, 在凌雲之上, 土人謂之龍嵓)"라고 했다.

(8) 軒冕(헌면): 대부 이상의 고관들이 타던 수레인 軺軒과 그들이 쓰던 禮冠. 고관대작을 가리킨다.

(9) 峨眉山(아미산): 낙산 서남쪽에 있는 산.

(10) 平羌江(평강강): 岷江의 지류인 青衣江의 옛날 이름. 낙산에서 大渡河 및 민강 본류와 합류한다. 이백의 시 〈峨眉山月歌〉에 "아미산 위의 달이 반쯤 둥근 이 가을에, 그림자가 평강강의 흐르는 물에 들어 있다(峨眉山月半輪秋, 影入平羌江水流)"라는 구절이 있다.

(11) 謫仙(적선): 하늘나라에서 유배 온 신선이라는 뜻으로 이백을 가리킨다. 이백의 시 〈對酒憶賀監二首并序〉에 "태자빈객이신 하공이 장안의 자극궁에서 나를 한 번 보시고는 유배 온 신선이라고 부르시며 허리에 찬 황금 거북이를 풀어 그것을 술로 바꾸어서 즐기셨다(太子賓客賀公, 於長安紫極宮一見余, 呼余爲謫仙人, 因解金龜, 換酒爲樂)"라고 했다.

(12) 解道(해도): 알다. 이해하다. 이 구절은 아미산과 그 위에 떠 있는 반달이 함께 평강강에 비쳐 있는 모습이 직접 보지 않은 사람은 잘 알 수 없을 정도로 아름답다는 말이다.

(13) 付與(부여): 주다. 넘겨주다.

(14) 東巖(동암): 소식의 자주에 "불협에 있는 민가의 백주는 옛날부터 이름이 나 있었다(佛峽人家白酒舊有名)"라고 했는데, 《蜀中名勝記》에 "《방여기》에 '동암은 가주성 동쪽의 불협에 있다'라는 기록이 있다(《方輿記》: '東巖在嘉州城東佛峽.')"라고 했다. 민강·대도하·청의강이 합류하는 능운산 기슭에 당

나라 현종 개원 원년(713)부터 덕종 정원 19년(803)까지 90년에 걸쳐 새겨진 세계 최대의 石刻彌勒坐像으로 높이가 71m나 된다는 樂山大佛이 있으므로 불협은 바로 낙산대불이 있는 그 골짜기일 것으로 보인다. 이 연은 장씨에게 세속적인 일에서 초탈하여 술이나 즐기라고 충고한 것이다.

(15) 大錢(대전): 금액이 큰 돈. 後漢 사람 劉寵은 매우 어진 관리였는데 그가 會稽(지금의 절강성 紹興) 태수를 지낼 때 선정을 베푼 결과 백성들의 생활이 매우 평화로워졌다. 그가 다시 조정으로 들어가게 되었을 때 山陰縣에 사는 머리 허연 노인 대여섯 명이 각자 손에 돈 백 전씩을 들고 若邪山에서 나와 그를 전송했다. 유총이 "어르신들이 무엇 하러 힘들여 여기까지 오셨습니까?"라고 하자 노인들이 "옛날에는 관리들이 밤낮없이 마을에 와서 세금을 거두고 재물을 빼앗아 갔기 때문에 밤새도록 개가 짖어 댔는데 나리께서 부임하신 뒤로는 밤에 개가 안 짖고 백성들이 관리를 만날 일이 없게 되었습니다" 하고 그의 선정을 칭송하며 자신들의 성의를 받아 달라고 하는지라 유총이 각 노인에게서 큰 돈 하나씩만 받았다.(《후한서·유총전》 참조)

(16) 黃髮(황발): 하얗게 변했다가 시간이 더 지나면 다시 누렇게 변하는 아주 장수한 노인의 머리카락을 가리킨다. 이 연은 장씨에게 선정을 베풀어 달라고 당부한 말이면서 동시에 가주에는 순박하고 인심 좋은 사람들이 많다고 그를 위로한 말이기도 하다.

1152. 絶句
절구

春來濯濯江邊柳,(1)　　봄이 오면 반짝이는 강가의 버들
秋後離離湖上花.(2)　　가을 든 뒤 하늘대는 호숫가의 꽃
不羨千金買歌舞,　　천금으로 가무 사는 것 안 부럽나니
一篇珠玉是生涯.(3)(4)　　한 편의 주옥이 나의 재산이라네.

[해설]

이 시의 제목이 〈서호를 읊은 절구(西湖絶句)〉로 되어 있는 판본도 있다는 사실로 미루어 보건대, 철마다 다른 운치가 있는 항주 서호의 아름다움을 노래한 시인 것으로 추측된다. 후반부는 임포(林逋)의 시 〈산속 정원의 작은 매화(山園小梅)〉 마지막 연인 "다행히 나직이 읊으며 친하게 지낼 수 있으니, 박달나무 박판과 금 술동이는 필요하지 않다네(幸有微吟可相狎, 不須檀板共金尊)"를 연상케 한다.

[주석]

(1) 濯濯(탁탁): 밝게 빛나는 모양.
(2) 離離(이리): 흔들리는 모양.
(3) 珠玉(주옥): 주옥같이 아름다운 시를 가리키는바, 시 안에 杭州 西湖의 주옥같이 아름다운 풍경이 묘사되어 있기 때문에 자신의 시를 '주옥'이라고 부른 것으로 보인다.
(4) 生涯(생애): 재산. 張耒의 시 〈勞歌〉에 "문득 가엾네 한길에서 무거운 짐 지는 이들, 힘줄과 뼈대가

늘 큰 쇠뇌를 당기는 모습, 반쯤 기운 등거리가 그들의 재산, 체력으로 돈을 벌어 아들딸 먹여 살리네(忽憐長街負重民, 筋骸長彀十石弩. 半衲遮背是生涯, 以力受金飽兒女)"라는 구절이 있다. 이 연은 시를 읊으며 조용히 서호의 아름다운 풍경을 감상하는 것이 번듯하게 잔치를 벌이고 요란하게 풍악을 울리며 노는 것보다 낫다는 말이다.

1153. 九日(1)袁公濟(2)有詩, 次其韻

9월 9일에 원공제가 시를 지었기에 그 시에 차운한다

古來靜治得清閑,(3)(4) 예로부터 조용한 정치는 맑고 한가했나니
我愧眞長也一斑.(5)(6) 이 점은 내가 역시 유진장에게 약간 부끄럽네.
擧酒東榮挹江海,(7)(8) 동쪽 처마 밑에서 술을 들며 강과 바다에 읍하고
回樽落日勸湖山. 석양 밑에서 술동이 돌려 호수와 산에게 권하네.
平生傾蓋悲歡裏,(9) 평생토록 애환 속에서 수레를 기울여 왔는데
早晚抽身簿領間.(10) 이제는 조만간에 공문 틈에서 몸을 뺄 것이네.
笑指西南是歸路,(11) 웃으며 서남쪽을 가리키나니 이것이 내가 돌아갈 길
倦飛弱羽久知還.(12) 날기에 지친 약한 새도 오래되면 돌아갈 줄 안다네.

[해설]

원우 5년(1090) 중양절에 항주통판인 원곡이 중양절을 맞은 소감을 읊자 그 시에 차운한 것이다.

[주석]

(1) 九日(구일): 9월 9일, 즉 중양절을 가리킨다.
(2) 公濟(공제): 당시 杭州通判으로 재임 중이던 袁轂의 字. 〈次韻袁公濟謝芎椒〉(1141) 주 (1) 참조.
(3) 靜治(정치): 조용히 다스리다. 덕이 지극히 커서 아무 일을 하지 않고 가만히 있어도 천하가 저절로

잘 다스려지는 것, 즉 無爲之治를 가리킨다.

(4) 淸閑(청한): 청정하고 한가하다.

(5) 眞長(진장): 東晉 사람 劉惔(345 전후)의 字. 그는 어릴 적부터 王導(276-339)에게 재주를 인정받기 시작하여 마침내 荀粲(210-238)에 비견되기에 이르렀다.(《진서·유담전》 참조) 王羲之의 아들 王獻之(344-386)가 어릴 때 부친의 문하생들이 樗蒲 놀이를 하는 것을 보고 "남풍이 약하네"라고 하자 문하생이 "이 도련님도 대롱으로 표범을 엿보고는 때때로 반점 하나는 보는군" 했다. 그러자 왕헌지가 "나는 멀리로는 荀奉倩(순찬)에게 부끄럽고 가까이로는 유진장에게 부끄럽구나" 하고 자탄했다.(《진서·왕헌지전》 참조)

(6) 一斑(일반): 무늬 하나. 아주 작은 일부분을 가리킨다. 이 연은 원곡이 원시에서 소식은 爲政이 너무 번거롭지 않아서 좋다고 치켜세우자, 일을 벌이지 않는다는 측면에서 보면 상당한 정도로 수긍할 만하다고 인정한 것인 듯하다.

(7) 東榮(동영): 동쪽 곁채의 처마. 중양절을 맞아 연회를 벌이는 정자를 가리키는 것으로 보인다.

(8) 挹(읍): 읍하다. 예를 갖춘다는 뜻이다. '揖'과 같다.

(9) 傾蓋(경개): 수레용 日傘을 기울이다. 수레를 바짝 붙이고 잠시 이야기를 나눈다는 뜻으로, 처음 만나 교유하는 것을 가리킨다. 《史記·鄒陽傳》에 "속담에 '머리가 허옇게 되도록 사귀어도 처음 사귀는 것 같은 사람이 있고, 지나가다가 수레용 일산을 기울여 붙이고 잠시 이야기를 나누어도 오래 사귄 친구 같은 사람이 있다'라고 했습니다. 어째서 그렇겠습니까? 서로가 상대방을 잘 아느냐 모르느냐의 차이입니다(諺曰: '有白頭如新, 傾蓋如故.' 何則? 知與不知也)"라고 했다. 이 구절은 평생에 걸쳐 부임해 간 곳마다 새로 만난 사람들과 잠깐씩 교유하며 그들과 고락을 함께해 왔다는 말이다.

(10) 簿領(부령): 장부와 문서. 공무 수행에 필요한 공문서를 가리킨다.

(11) 西南(서남): 소식의 고향인 촉지방을 가리킨다.

(12) 弱羽(약우): 빈약한 깃털. 깃털이 적어서 잘 날지 못하는 연약한 새를 가리킨다.

1154. 次韻蘇伯固[(1)]主簿[(2)]重九[(3)]

중양절을 노래한 소백고 주부의 시에 차운하여

雲間朱袖拂雲和,[(4)(5)(6)]	구름 속의 붉은 소매가 금슬을 스쳤다니
知是長松挂女蘿.[(7)]	큰 소나무에 여라가 걸린 모습이었음을 알겠네.
髻重不嫌黃菊滿,	상투가 무거워도 국화가 가득한 걸 마다하지 않고
手香新喜綠橙搓.[(8)]	손이 향긋해 푸른 등자로 비비는 걸 새로이 좋아했겠네.
墨翻衫袖吾方醉,	적삼 소매에 먹이 쏟아졌으니 나는 한창 취했고
紙落雲烟子患多.[(9)]	종이에 운연이 떨어졌으니 그대는 걱정이 많았겠네.
只有黃雞與白日,	노랑 닭과 백일이 있기만 하면
玲瓏應識使君歌.[(10)(11)]	영롱이가 틀림없이 태수의 노래를 알 것이네.

[해설]

중양절을 맞은 감회를 노래한 소견의 시에 차운한 것이다.

[주석]

(1) 伯固(백고): 蘇堅의 字. 施元之의 《施注蘇詩》에 "소백고는 이름이 견이며 학식이 넓고 시를 잘 지었다. 동파공은 한림학사로부터 항주지주로 나갈 때 오흥(지금의 절강성 湖州)을 지나갔는데 소백고가 임복현 주부로서 항주 성내의 영업세를 감독하고 있다가 항주에서 오흥으로 와서 모임에 참석했기 때문에 동파공이 〈후육객사〉를 지을 때 소백고도 거기에 끼여 있었다. 한창 서호 준설 공사를 처리하고 있을 때 소백고가 고금의 선례를 참작하여 어느 한쪽으로 치우치지 않는 중정의 계책을 써야 한

다고 건의했다. 서호의 준설이 성공적으로 끝난 데에는 그의 힘이 컸다. 그로부터 1년 뒤에는 또 동파공을 따라 광릉(지금의 강소성 揚州)으로 갔고……동파공이 해남도에서 돌아올 때에는 소백고가 南華寺에서 그를 기다렸다(蘇伯固, 名堅, 博學能詩. 公自翰林守杭, 道吳興, 伯固以臨濮縣主簿監杭州在城商稅, 自杭來會, 作〈後六客詞〉, 伯固與焉. 方經理開西湖, 伯固建議, 謂當參酌古今而用中策. 湖成, 其力爲多. 後一歲, 又相從於廣陵.……公歸自海南, 伯固在南華相待)"라고 했다.

(2) 主簿(주부): 문서를 관리하던 관리.

(3) 重九(중구): 9월 9일. 중양절.

(4) 雲間(운간): 등고 행사가 벌어진 높은 곳을 가리키는 것으로 보인다.

(5) 朱袖(주수): 붉은 소매. 琴瑟 연주자의 소매를 가리킨다.

(6) 雲和(운화): 운화산. 이곳에서 금슬이 많이 생산되었기 때문에 널리 금슬 등의 악기를 가리킨다. 李白의 시 〈寄遠十二首〉 其一에 "멀리서도 알겠네 옥 창 안에서, 곱디고운 손으로 금슬을 타면, 연주하는 곡조에 깊은 뜻이 있어서, 푸른 솔에 여라가 얽혀 있는 모양임을(遙知玉窗裏, 纖手弄雲和. 奏曲有深意, 青松交女蘿)"이라고 했다.

(7) 女蘿(여라): 이끼의 일종으로 광택이 나는 줄기가 실과 같이 가늘고 긴데 나무를 타고 올라간다. 이 연은 소견의 원시에 杜甫의 시 〈暮寒〉 가운데 "붉은 소매가 금슬을 스쳤다(朱袖拂雲和)"라는 구절을 그대로 써서 歌妓들이 중양절 행사를 위해 높은 곳에서 금슬을 연주하는 모습을 묘사해 놓은 것을 보고, 소식이 다들 음악에 도취된 그 장면을 상상하여 소나무와 여라가 한데 어우러져 있는 것처럼 매우 조화로운 분위기였겠다고 생각한 것인 듯하다.

(8) 綠橙(녹등): 향내를 맡기 위해서 손으로 만지작거리는, 덜 익은 상태의 橙子를 가리킨다. 이 구절은 이제 막 나오기 시작한 덜 익은 등자를 만지작거리며 향내를 맡았겠다는 말이다.

(9) 雲烟(운연): 뭉게뭉게 피어나는 구름과 안개라는 뜻으로, 소견이 거침없이 줄줄 쓴 시를 가리킨다. 두보의 시 〈飮中八仙歌〉에 "장욱은 석 잔 마시고 써서 초성이라 전하나니, 모자 벗어 머리 내놓고 왕공 앞에 나섰는데, 붓 휘둘러 종이에 닿으면 구름과 안개 같았네(張旭三杯草聖傳, 脫帽露頂王公前, 揮毫落紙如雲烟)"라고 했다. 이 구절은 소견이 근심이 많기 때문에 시흥이 풍부하고 따라서 종이에 붓을 대면 시가 거침없이 줄줄 써졌겠다는 말이다.

(10) 玲瓏(영롱): 白居易의 歌妓. 백거이의 시 〈醉歌示妓人商玲瓏〉에 "호금 연주 끝내고, 진슬도 덮고, 영롱이가 재배하고 노래도 막 끝났네. 사또가 노래를 모른다고 누가 말했나, 노랑 닭과 백일을 듣고 부를 줄 아는데? 노랑 닭은 새벽을 재촉하느라 축시에 울고, 백일은 한 해를 재촉하느라 유시 이전에 넘어가네. 허리에 찬 붉은 인끈은 단단치 않고, 거울 속의 홍안은 이미 사라져 버렸네. 영롱아 영롱아 늙음을 어쩔거나? 사또가 노래를 다 불렀으니 네가 계속 부르려무나(罷胡琴, 掩秦瑟, 玲瓏再拜歌初畢. 誰道使君不解歌, 聽唱黃雞與白日. 黃雞催曉丑時鳴, 白日催年酉前沒. 腰間紅綬繫未穩, 鏡裏朱顏看已失. 玲瓏玲瓏奈老何, 使君歌了汝更歌)"라고 했다.

(11) 使君(사군): 태수에 대한 존칭. 백거이를 가리킨다. 이 연은 닭이 이른 새벽에 울고 해가 일찍 지는 것을 보면 늙음을 한탄한 백거이의 시를 영롱이가 잘 이해하게 될 것이라는 뜻으로, 소견의 원시에

호응하여 한 말일 터인데 원시의 내용을 모르는 상태에서는 문맥과 어울리지 않는 엉뚱한 말로 들린다. 중양절을 계기로 세월이 너무 빨리 가는 것에 대한 근심을 노래한 소견의 시를 보고 그의 歌妓들이 그의 심경을 잘 이해할 것이라는 말인 것 같다.

1155. 和公濟[1]飮湖上

호수에서 술 마신 일을 읊은 원공제의 시에 화답하여

昨夜醉歸還獨寢,	어젯밤에 취해 돌아가 여전히 혼자 자고
曉來宿雨鳴孤枕.[2]	새벽 되자 밤새 내린 비가 외로운 베개를 울렸겠네.
扁舟小棹截湖來,	조각배 타고 작은 노 저어 호수를 가로질러 올 때
正見靑山駁雲錦.[3][4]	청산에 알록달록한 구름무늬가 보였겠네.
須知老人興不淺,[5]	이 늙은이의 흥이 얕지 않음을 알아야 하나니
莫學公榮不共飮.[6]	유공영과 함께 안 마신 것을 본받지 말 일이네.
與君歌鼓樂豐年,[7]	그대와 함께 노래하고 북 치며 풍년을 즐기도록
喚取千夫食陳廩.[8][9][10]	천 사람을 불러서 묵은 창고의 곡식을 먹일 일이네.

[해설]

항주통판 원곡이 서호에서 술 마신 일을 노래한 시에 차운한 것이다.

[주석]

(1) 公濟(공제): 당시 杭州通判으로 재임 중이던 袁轂의 字. 〈次韻袁公濟謝芎椒〉(1141) 주 (1) 참조.
(2) 宿雨(숙우): 밤새 내린 비. 이 연은 원곡이 전날 자기 집으로 돌아가서 누워 잔 일을 상상한 것이다.
(3) 駁(박): 여러 가지 색깔이 뒤섞이다.
(4) 雲錦(운금): 구름무늬를 수놓은 비단. 구름을 가리킨다. 이 연은 원곡이 그날 서호로 술 마시러 올 때의 모습을 상상한 것이다.

(5) 老人(노인): 소식 자신을 가리킨다.

(6) 公榮(공영): 晉나라 사람 劉昶의 字. 그는 성격이 소탈하고 술을 매우 좋아하여 지위의 고하를 따지지 않고 아무하고나 함께 마셨다. 그러면서 자기보다 주량이 센 사람과도 안 마실 수 없고 자기보다 주량이 약한 사람과도 안 마실 수 없다고 얘기하고 다녔다. 하루는 阮籍이 王戎의 방문을 받아 함께 술을 마시다가 유창도 불렀다. 완적이 유창을 놀리려고 지금 술이 두 말뿐이어서 유창에게 줄 술이 없다며 왕융하고만 대작했다 나중에 다른 사람이 완적에게 유창을 어떻게 그렇게 대할 수 있느냐고 묻자 완적이 유창의 표현을 빌려 "나는 유창보다 주량이 센 사람과 안 마실 수도 없고 유창보다 주량이 약한 사람과 안 마실 수도 없소. 오로지 유창하고만 안 마실 수 있소"라고 했다.(《世說新語·簡傲》 참조) 이 연은 원곡이 소식 자신을 부르지 않은 일에 대하여 섭섭한 심경을 토로한 것이다.

(7) 君(군): 원곡을 가리킨다.

(8) 喚取(환취): 부르다. '取'는 의미 없는 助字이다.

(9) 千夫(천부): 많은 백성을 가리킨다.

(10) 陳廩(진름): 묵은 곡식을 쌓아 놓은 창고. 소식의 시 〈送王伯敭守虢〉(0948)에 "산붕 도적이 흩어져 버려 사람들이 편히 자고, 소를 사라 권하며 묵은 창고를 열리(山棚盜散人安寢, 勸買耕牛發陳廩)"라는 구절이 있다. 歐陽修의 〈醉翁亭記〉에 "사람들은 태수를 따라다니며 노는 즐거움은 알지만 태수가 그들이 즐거워하는 곳을 보고 즐거워하는 줄은 모른다(人知從太守游而樂, 不知太守之樂其樂也)"라는 말이 있거니와, 이 연은 항주지주인 소식 자신과 항주통판인 원곡이 항주 관아의 곡식 창고를 열어 항주 백성들에게 술과 음식을 먹여 놓고 함께 그 모습을 즐기자고 제의한 것이다.

1156. 次韻景文[1]山堂[2]聽箏[3]三首

산장에서 쟁 소리를 듣고 지은 유경문의 시에 차운하여

其一

忽憶韓公二妙姝,[4][5]	문득 한공의 두 미인이 생각나나니
琵琶箏韻落空無.[6][7]	비파와 쟁의 운치 아무것도 없지만
猶勝江左狂靈運,[8][9]	강동 땅의 광기 어린 사령운이 부질없이
空鬪東昏百草鬚.[10][11]	동혼후에게 수염 잘라 가 풀싸움하게 한 것보다 낫네.

其二

馬上胡琴塞上姝,[12]	말 위의 호금과 그것을 타는 변새의 미인
鄭中丞後有人無.[13]	정중승 이후로 저만 한 사람이 있었을까?
詩成樺燭飄金燼,[14][15]	시가 다 되자 초에서 깜부기불이 일렁거려
八尺英公欲燎鬚.[16]	여덟 자짜리 영공의 수염을 태울 뻔했네.

其三

荻花楓葉憶秦姝,[17]	갈대꽃과 단풍잎을 보자 진지방 미인이 생각나나니
切切么絃細欲無.[18][19]	가는 줄 소리는 소곤소곤 작아서 끊기려 했다네.

莫把胡琴挑醉客,[20] 호금을 들고 취객을 유혹하려고
回看霜戟褚公鬚.[21][22] 서리 맞은 창과 같은 저공의 수염을 돌아보지 마라.

[해설]

쟁을 타는 모습을 보고 지은 유계손의 시에 차운한 것으로, 풍응류(馮應榴)의 《소식시집합주(蘇軾詩集合注)》에 "유경문은 수염이 멋졌기 때문에 세 수 다 옛날 일을 가지고 그를 놀린 것이다(景文美髯, 故三首皆用舊事戲之)"라고 한 바와 같이, 세 수 다 후반부에서 수염과 관련된 고사를 인용하여 해학적인 필치로 유계손의 수염을 노래했다.

[주석]

(1) 景文(경문): 당시 兩浙兵馬都監으로서 杭州에 주재한 劉季孫의 字. 〈次韻答劉景文左藏〉(1096) 주 (1) 참조.
(2) 山堂(산당): 산속에 있는 집. 산장.
(3) 箏(쟁): 瑟과 비슷하게 생긴 현악기의 일종. 옛날 것은 5현·12현·13현·16현짜리가 있었고, 오늘날 것은 18현·21현·25현짜리가 있다
(4) 韓公(한공): 당나라 때의 시인 韓愈를 가리킨다.
(5) 二妙姝(이묘주): 두 명의 빼어난 미인. 《唐語林》에 "한퇴지에게 두 명의 侍妾이 있었으니 하나는 강도라고 하고 하나는 유지라고 했다(韓退之有二妾, 一曰絳桃, 一曰柳枝)"라는 말이 있다.
(6) 琵琶箏韻(비파쟁운): 비파의 운치와 쟁의 운치.
(7) 落空(낙공): 공허하게 되다. 이 연은 유계손이 원시에서 한 말에 호응하여 한 말로, 유계손에게는 한유처럼 비파와 쟁을 잘 타는 가기가 없다는 사실을 시인한 것인 듯하다.
(8) 江左(강좌): 江東. 長江이 안휘성 蕪湖로부터 강소성 南京 사이의 구간에서 동북북 방향으로 흐르기 때문에 그 하류의 강남 지역을 강동 또는 강좌라고 한다.
(9) 靈運(영운): 남조 시대 宋나라 시인 謝靈運(385-433). 사령운은 수염이 매우 아름다웠기 때문에 《晉陽秋》에 "사령운은 수염이 아름다웠는데 사형에 처해지게 되었을 때 그것을 보시하여 남해 기원사에 있는 유마힐 상의 수염으로 삼게 했다. 제나라 동혼후(483-501)가 궁인들과 풀싸움(누가 더 많은 종류의 풀을 뜯었는지를 겨루는 놀이)을 하다가 사령운의 수염을 잘라 갔다(謝靈運鬚美, 臨刑, 因施作南海祇洹寺維摩詰像鬚. 齊東昏侯與宮人鬪百草, 剔取靈運鬚去)"라는 말이 있는데, 동혼후는 사령운이 죽고 난 뒤에 태어났기 때문에 살아 있는 사령운의 수염을 직접 잘라 갈 수는 없었다. 劉禹錫의 《佳話錄》에 "사령운의 수염은 보시하여 기원사에 있는 유마힐 상의 수염으로 삼게 했는데 그 절의 스님이 보물처럼 아껴 조금도 훼손하지 않았다. 중종 때 안락공주(684-710)가 단오절에 풀싸움을 하다가 풀의 종류를 다양하게 하기 위해 말을 타고 달려가서 그것을 가져오게 하고 다른 사람이 가져

갈까 봐 나머지를 잘라 버리게 했다(謝靈運鬚, 施爲祇洹寺維摩像鬚, 寺僧寶惜, 初不虧損. 中宗朝, 安樂公主五日鬥百草, 欲廣其物色, 令馳驛取之, 又恐爲他所得, 因剪棄其餘)"라고 한 것을 보면, 동혼후도 기원사의 유마힐 상에 붙어 있는 사령운의 수염을 잘라 갔음을 알 수 있다.

(10) 東昏(동혼): 東昏侯. 남조 시대 齊나라의 여섯 번째 황제로 梁나라 武帝에게 나라를 빼앗기고 동혼후에 봉해졌다.

(11) 百草鬚(백초수): '鬪百草', 즉 풀싸움에 쓰인 사령운의 수염을 가리킨다. 이 구절은 '부질없이 겨룬 동혼후의 풀싸움용 수염'이라는 뜻이다. 그리고 이 연은 유계손의 수염이 몰상식하게 사용된 사령운의 수염보다 낫다는 말이다.

(12) 胡琴(호금): 琵琶·忽雷 등 북방과 서북방에서 들어온 현악기를 두루 가리킨다. 《釋名》에 "비파는 본래 오랑캐 땅에서 나온 것으로 말 위에서 탄다. 손을 밀어서 앞으로 가며 내는 소리를 '琵'라고 하고 손을 당겨서 뒤로 물러나며 내는 소리를 '琶'라고 한다(琵琶本出於胡中, 馬上所鼓也. 推手前曰'琵', 引手却曰'琶')"라고 했다.

(13) 鄭中丞(정중승): 《樂府雜錄·琵琶》에 "문종 때 궁녀 정중승이 호금을 잘 탔다(文宗朝, 有內人鄭中丞, 善胡琴)"라고 했다.

(14) 樺燭(화촉): 자작나무 껍질로 싸서 만든 초. 초를 가리킨다.

(15) 金燼(금신): 깜부기불. 거의 다 타고 조금 남은 촛불이나 등불.

(16) 英公(영공): 당나라 사람으로 英國公에 봉해진 李勣을 가리킨다. 《신당서·이적전》에 "이적은 선천적으로 우애가 깊어 자기 누나가 병들었을 때 몸소 죽을 끓이다가 수염을 태운 적이 있었다(勣性友愛, 其姊病, 嘗自爲粥而燎其鬚)"라는 말이 있는데, 소식의 시 〈次韻劉貢父所和韓康公憶持國二首〉 其二 제3구에 대한 소식의 자주에 "영공은 자기 누나를 위해 죽을 끓이다가 수염을 태웠는데 '저와 누님이 둘 다 늙었으니 몇 번이나 죽을 바칠 수 있겠소?' 했다(英公爲其姊作粥, 燎鬚. 曰: '吾與姊皆老矣, 能幾進之.')"라고 했다.

(17) 秦姝(진주): 진지방의 미인. 白居易가 만난 長安(지금의 섬서성 西安) 출신의 비파 연주자를 가리킨다. 백거이의 시 〈琵琶行〉은 그가 九江에 있을 때 밤에 비파 타는 소리를 듣고 지은 것인데 이 시의 서문에 그때 비파를 탄 여인이 "본래 장안의 기녀(本長安倡女)"라고 했다. 그리고 이 시의 첫머리에 "심양강 어귀에서 밤에 손님 보내자니, 단풍잎과 갈대꽃이 가을을 맞아 부스럭댔네(潯陽江頭夜送客, 楓葉荻花秋瑟瑟)"라는 구절이 있다.

(18) 切切(절절): 가는 비파 줄이 약하게 울리는 소리. 백거이의 〈비파행〉에 "굵은 줄은 주룩주룩 소나기가 쏟아지는 것 같고, 가는 줄은 소곤소곤 밀어를 속삭이는 것 같네(大弦嘈嘈如急雨, 小弦切切如私語)"라는 구절이 있다.

(19) 幺絃(요현): 가는 줄.

(20) 胡琴(호금): 여기서는 유계손의 가기가 연주한 箏을 가리킨다.

(21) 霜戟(상극): 서리 맞은 창. 차고 빳빳한 수염을 가리킨다.

(22) 褚公(저공): 남조 시대 宋나라 사람 褚彦回를 가리킨다. 송나라의 山陰公主는 매우 음란하고 방자한

사람이었는데 한번은 저언회를 훔쳐보고 그를 좋아하게 되어 자기 마음을 황제에게 털어놓았다. 이리하여 황제가 저언회에게 10일 동안 황궁에서 묵게 하고 산음공주에게 그의 숙소로 찾아가라고 했다. 저언회가 밤새도록 조금도 자세를 흩뜨리지 않는지라 산음공주가 "그대는 수염이 창과 같은데 어찌 대장부의 의기가 없습니까?" 하고 물었다. 그러자 저언회가 "제가 비록 불민하지만 어찌 감히 먼저 화근을 만들겠습니까?"라고 했다.(《南史·褚彦回傳》 참조) 이 연은 유계손의 가기에게 한 말로, 자신의 가기가 쟁을 잘 못 타서 심드렁한 유계손을 산음공주의 유혹에 넘어가지 않은 저언회에 비유하여 우스갯소리를 한 것이다.

1157. 贈劉景文[1]

유경문에게

荷盡已無擎雨蓋,[2]	연꽃은 말라 비 올 때 쓸 우산이 이미 없고
菊殘猶有傲霜枝.[3]	국화는 시들어도 오상고절의 가지가 아직 있네.
一年好景君須記,	한 해 중의 좋은 경치를 기억해야 하나니
最是橙黃橘綠時.[4][5]	등자 노랗고 귤 파란 때가 으뜸이라네.

[해설]

연은 진흙탕 속에서 나고 자라면서도 잎과 꽃이 더없이 깨끗하고, 국화는 서리가 내려도 시들지 않을 정도로 꿋꿋하지만, 초겨울이 되면 연은 말할 것도 없고 오상고절을 자랑하던 국화마저도 생기를 잃고 만다. 그러나 등자와 귤은 겨울에도 생기가 넘쳐 주렁주렁 열매를 드리우고 있으니 이들이야말로 국화를 넘어 송백과 맞먹는 꿋꿋한 기상의 소유자라고 할 수 있다. 왕문고의 《소식시집》에 "이것은 명편으로 유경문이 아니고는 이것에 해당하기에 충분하지 않다. 유경문은 충신의 후예로 형이 여섯 명 있었는데 다 죽었기 때문에 이 시를 지어 준 것이다(此是名篇, 非景文不足以當之. 景文忠臣之後, 有兄六人皆亡, 故贈此詩)"라고 했지만, 그의 형들의 죽음과는 별로 관계가 없는 것 같고 만년에 이르도록 관운이 트이지 않은 유계손(1033-1092)을 등자와 귤에 비유하여 그의 꿋꿋한 기상이 곧 빛을 볼 날이 올 것이라고 위로한 것인 듯하다.

[주석]

(1) 景文(경문): 당시 兩浙兵馬都監으로서 杭州에 주재한 劉季孫의 字. 〈次韻答劉景文左藏〉(1096) 주 (1) 참조.

(2) 擎雨蓋(경우개): 비 올 때 받치는 우산. 연잎을 가리킨다.

(3) 傲霜枝(오상지): 서리 앞에서도 굴하지 않고 꿋꿋한 기상을 자랑하는 국화의 가지를 가리킨다.

(4) 最(최): 으뜸가는 것.

(5) 橙(등): 橙子. 오렌지. 이 연은 1년 중에서 경치가 가장 좋은 때는 아직 지나가지 않았다는 뜻으로, 유계손에게도 곧 전성기가 찾아올 것이라고 위로한 것이다.

1158. 送李陶(1)通直(2)赴淸溪(3)

청계현으로 부임해 가는 통직랑 이도를 전송하며

忠文文正二大老,(4)(5)	충문공과 문정공 두 원로가 사우였고
蘇李廣平三舍人.(6)(7)(8)(9)	소씨 이씨 광평 등 세 사인의 후예네.
喜見通家賢子弟,(10)(11)	세교 집안의 어진 자제를 기쁘게 보았나니
自言得邑少風塵.(12)(13)	스스로 고을을 얻어 풍진이 적겠다고 말했네.
從來勢利關心薄,(14)	종래에 권세와 이익엔 관심이 적었으니
此去溪山琢句新.	이제 떠나면 산천에서 새롭게 시구를 다듬겠네.
肯向西湖留數月,(15)(16)	서호에서 몇 달을 머물기로 한지라
錢塘初識小麒麟.(17)(18)	전당에서 처음으로 작은 기린을 알게 됐네.

[해설]

목주 청계현으로 부임해 가는 이도를 전송하면서 지은 것으로, 그의 집안과 교우, 욕심 없는 인품 등을 칭송했다.

[주석]

(1) 李陶(이도): 王十朋의 《百家註分類東坡先生詩》에 "이대림의 아들이다. 이대림은 자가 재원이다(大臨之子. 大臨字才元)"라고 했고, 査愼行의 《蘇詩補註》에 "이도는 서주통판을 지낸 적이 있다. 아들이 있는데 시를 잘 지은바, 마지막 구절의 '작은 기린'은 그의 아들을 가리킨다. 통직랑은 이도의 관

직 이름이다(陶曾爲徐州通判. 有子, 能詩, 結句'小麒麟', 指其子. 通直, 陶之官號也)"라고 했다.

(2) 通直(통직): 通直郎.

(3) 淸溪(청계): 지금의 절강성 淳安. 睦州의 속현이었다.

(4) 忠文(충문): 蜀郡公에 봉해진 范鎭의 謚號. 소식의 자주에 "사마온공과 범촉공이 이도 군의 사우였다(司馬溫公·范蜀公, 君之師友)"라고 했다.

(5) 文正(문정): 溫國公에 追封된 司馬光의 시호.

(6) 蘇(소): 蘇頌을 가리킨다.

(7) 李(이): 이도의 부친 李大臨을 가리킨다.

(8) 廣平(광평): 소식의 자주에 "소자용(소송)·송차도(송민구) 및 이도의 선친이신 재원(이대림) 어르신은 희령(1068-1077) 연간에 이정(1028-1087)을 監察御史裏行 署理에 제수한다는 詔書의 요지를 되돌려 보낸 일이 있었는데 천하 사람들이 이들을 삼사인이라고 불렀다(蘇子容·宋次道與先公才元丈, 熙寧中封還李定詞頭, 天下謂之三舍人)"라고 했으므로 '廣平'은 송민구를 가리킴을 알 수 있다.

(9) 三舍人(삼사인): 소송·이대림·송민구를 가리킨다. 施元之의 《施注蘇詩》에 "희령 초에 대신이 수주군 사판관 이정을 천거한지라 천자가 불러서 만나 보신 후 태자중윤에 발탁하고 감찰어사이행을 서리하게 했는데, 지제고 송민구가 이정이 너무 빠른 속도로 막료직에서 조정으로 올라와 법의 집행을 맡는 것은 전례에 있는 일이 아니라고 여겼다. 소송과 이대림이 이어받아서 역시 조서의 요지를 되돌려 보내고 조서를 기초하지 않았다(熙寧初, 大臣薦秀州軍事判官李定, 召見, 擢太子中允, 守監察御史裏行. 知制誥宋敏求, 以定驟自幕職而升朝, 著任執法, 非故事. 蘇頌·李大臨相繼封還詞頭, 不草制)"라고 했다.

(10) 通家(통가): 대대로 교유해 온 집안. 世交. 삼사인 중의 이도가 이대림의 아들이고 소식이 소송과 같은 성이기 때문에 한 말이다.

(11) 賢子弟(현자제): 이도를 가리킨다.

(12) 得邑(득읍): 고을을 얻다. 지방관으로 임명되는 것을 가리키는바, 여기서는 이도가 청계현으로 부임해 가는 것을 가리킨다.

(13) 風塵(풍진): 바람에 날리는 먼지. 세상에서 일어나는 번거로운 일이나 시련을 가리킨다.

(14) 勢利(세리): 권세와 이익.

(15) 向(향): ~에서.

(16) 西湖(서호): 杭州 서호를 가리킨다.

(17) 錢塘(전당): 지금의 절강성 항주.

(18) 小麒麟(소기린): 이도의 아들을 가리킨다. 주 (1) 참조.

1159. 辯才[1]老師[2]退居龍井[3], 不復出入, 余往見之, 嘗出至風篁嶺[4]. 左右驚曰: "遠公[5]復過虎溪[6]矣." 辯才笑曰: "杜子美[7]不云乎: '與子成二老[8], 來往亦風流.'" 因作亭嶺上, 名曰過溪, 亦曰二老, 謹次辯才韻賦詩一首

늙은 변재법사는 용정으로 물러나 살며 더 이상 바깥출입을 하지 않았는데 내가 그분을 뵈러 갔더니 밖으로 나와 풍황령까지 배웅했었다. 좌우에서 깜짝 놀라 "원공께서 또 호계를 지나셨군요"라고 하자 변재법사가 웃으면서 "두자미가 '그대와 더불어 두 늙은이 되어서, 왕래하면 이 또한 풍류 있는 일이리라'라고 하지 않았던가?"라고 했다. 이 일로 인하여 풍황령 위에 정자를 지어 과계정이라고도 부르고 이로정이라고도 부르는지라 삼가 변재법사의 시에 차운하여 시를 한 수 읊는다

日月轉雙轂,	해와 달이 두 바퀴를 굴리는 것은
古今同一丘.[9]	옛날이나 지금이나 마찬가진데
惟此鶴骨老,[10]	오로지 이 뼈대가 학 같은 늙은이만
凜然不知秋.[11]	늠연하여 세월이 가는 줄을 몰랐네.
去住兩無礙,	떠나고 머무는 것 둘 다 거리낌 없어
人天爭挽留.	사람과 하늘이 다투어 만류했네.
去如龍出山,	떠날 때는 마치 용이 산에서 나가
雷雨卷潭湫.[12]	뇌우가 못을 말아 올리는 것 같았고
來如珠還浦,[13]	올 때는 진주조개가 개펄로 돌아오매
魚鼈爭駢頭.[14]	물고기와 자라가 다투어 머리를 맞대는 것 같았네.
此生暫寄寓,	이생은 잠시 동안 붙어사는 것
常恐名實浮.[15]	명실이 상부하지 않을까 늘 두렵나니
我比陶令愧,[16]	나는 도현령과 비교하면 부끄럽지만
師爲遠公優.[17]	법사는 원공보다 우위에 계시는데
送我還過溪,[18]	나를 배웅하느라 또 개울을 지났으니
溪水當逆流.[19]	개울이 역류하는 것도 당연한 현상이네.

聊使此山人,[20]	그런대로 이 산에 사는 이로 하여금
永記二老游.	두 노인의 유람을 길이 기억하게 할 테고
大千在掌握,[21][22]	드넓은 대천세계가 손안에 들어 있거늘
寧有別離憂.	이별의 근심이 어찌 있으리?

[해설]

용정에 거주하며 바깥으로 나가지 않던 변재법사가 자신을 배웅하기 위하여 풍황령까지 나온 일과 거기에 정자를 지어 과계정 또는 이로정이라고 부르게 된 일을 계기로 변재법사의 시에 차운한 것으로, 변재법사의 초탈한 인품과 탈속적인 생활을 칭송했다.

[주석]

(1) 辯才(변재): 杭州 於潛 출신의 승려로 속명은 徐元淨(1011-1091)이고 字는 無象이다. 그는 막 태어났을 때 왼쪽 어깨에 가사 끈 모양으로 살갗이 불룩하게 솟아 있다가 81일이 지난 뒤에 없어졌는데 그는 여든한 살까지 살았다. 그는 태어난 지 10년 만에 출가하여 스물다섯 살 때 자주색 법의와 변재라는 법호를 하사받았다.(蘇轍, 〈龍井辯才法師塔碑〉 참조) 施元之의 《施注蘇詩》에 "변재법사는 천축사에서 17년 동안 지냈는데 문첩이라는 승려가 그의 재물을 탐내는지라 전운사가 빼앗아서 문첩에게 주었다. 이에 변재법사가 어잠으로 돌아갔다. 문첩이 죽은 뒤에 이 일이 조정에 알려져 재물을 다시 변재법사에게 주었다. 3년 동안 머문 뒤에 마침내 버리고 떠나 남산의 용정에서 늙고 싶어 하며 띠풀과 대나무로 스스로 지붕을 덮자 오월 사람들이 다투어 그를 위해 집을 지어 주었으니 금빛과 파란빛의 벽돌과 기와로 금방 완성했다. 3년이 지난 뒤에 또 태수 등온백의 청으로 남병산에서 1년 동안 지냈다. 그러다가 등온백이 떠나자 용정으로 돌아가 거기서 임종했다. 그렇기 때문에 '떠나는 건 용이 산에서 나가는 것 같았고, 오는 것은 진주조개가 개펄로 돌아오는 것 같았다'라는 구절이 있는 것이다. 원우 6년(1091) 9월에 병도 없이 세상을 떠났다(辯才住天竺十七年, 有僧文捷利其富, 轉運使奪以與捷. 師歸於潛. 捷敗, 事聞朝廷, 復以畀師. 留三年, 終欲捨去, 老於南山龍井之上, 以茅竹自覆, 吳越人爭爲築室, 甓瓦金碧, 咄嗟而就. 三年, 復爲太守鄧溫伯請, 居南屛一年. 鄧去, 乃歸龍井終焉. 故有'去如龍出山, 來如珠還浦'之句. 元祐六年九月, 無疾而逝)"라고 했다. 〈贈上天竺辯才師〉(0291) 주 (2) 참조.

(2) 老師(노사): 늙은 法師.

(3) 龍井(용정): 《咸淳臨安志》에 "진소유(秦觀)의 〈용정기〉에 대략 '용정은 서호의 서쪽이요 절강의 북쪽으로 풍황령 위에 있다'라고 했다.……원풍 2년(1079)에 변재법사가 이 산의 수성원으로 물러나서 쉬고 있었으니 용정에서 1리 떨어져 있었다(秦少游〈龍井記〉畧云: '龍井當西湖之西, 浙江之北, 風篁嶺之上.'……元豐二年, 辯才退休於此山之壽聖院, 去龍井一里)"라고 했다. 〈葉敎授和溽字韻詩, 復次

韻爲戲, 記龍井之遊〉(1147) 주 (3) 참조.

(4) 風篁嶺(풍황령): 鳳凰嶺, 즉 봉황산. 항주 서호의 서쪽에 있는 산.

(5) 遠公(원공): 晉나라의 고승 慧遠大師를 가리킨다. 그는 廬山 기슭의 東林寺에 있을 때 동림사 바로 앞에 있는 虎溪 건너편까지 손님을 전송해 준 적이 없었다. 한번은 마음이 잘 맞는 陶淵明과 陸修靖을 전송했는데 이야기에 정신이 팔려 무심코 호계를 건너다가 호랑이가 으르렁거리는 바람에 문득 깨닫고는 크게 웃었다.(《廬山記》 참조) 〈佛日山榮長老方丈五絶〉(0296) 주 (5) 참조.

(6) 虎溪(호계): 여산의 동림사 바로 앞에 있는 개울. 혜원대사가 이 개울을 건너가면 호랑이가 포효했다고 한다.

(7) 子美(자미): 杜甫의 字.

(8) 二老(이로): 속세를 떠나 은거하는 두 늙은이라는 뜻으로, 姜太公과 伯夷, 백이와 叔齊, 老子와 老萊子 등을 가리킨다. 두보의 이 시는 제목이 〈寄贊上人〉인바, 두보는 찬상인과 두보 자신을 가리켰고, 변재법사는 소식과 변재법사 자신을 가리켰다.

(9) 同一丘(동일구): 변함이 없다는 말이다. 《漢書·楊惲傳》에 "옛날이나 지금이나 나쁜 사람들은 한 구릉의 오소리와 같다(古與今, 如一丘之貉)"라는 말이 있다. 이 연은 고금을 막론하고 세월이 끊임없이 흘러간다는 말이다.

(10) 鶴骨老(학골로): 학처럼 앙상하면서도 해맑은 노인. 변재법사를 가리킨다.

(11) 凜然(늠연): 늠연하다. 위엄이 있고 당당하다. 이 연은 변재법사가 나이를 먹지 않은 것 같다는 말이다.

(12) 潭湫(담추): 깊은 못. 이 연은 변재법사가 산을 떠나야 할 때에는 과단성 있게 미련 없이 떠났다는 말이다.

(13) 珠還浦(주환포): 진주조개가 合浦로 돌아온다는 뜻으로, 사라졌던 것이 되돌아오는 것을 뜻한다. '珠還合浦'라고도 한다. 後漢 때 합포(지금의 광서장족자치구 합포)에는 곡식이 나지 않고 진주조개가 많이 났는데 태수들이 탐욕을 부려 백성들에게 진주조개를 잡아 오게 한지라 백성들이 다투어 진주조개를 잡았기 때문에 진주조개가 모두 이웃 고을인 交阯로 달아나 버렸다. 孟嘗이 합포태수로 부임하여 이러한 폐단을 바로잡고 백성들에게 선정을 베풀자 1년도 채 안 되어 달아났던 진주조개가 다시 돌아와 백성들이 안심하고 생업에 종사할 수 있게 되었다.(《후한서·맹상전》 참조) 지금의 廉州中學 교정에 있는 海角亭이라는 정자는 후인들이 피폐해진 진주 생산을 정상화해 준 맹상의 공덕을 기리기 위해서 세운 것이다. 소식 문학의 창작 현장을 답사하는 중이던 2019년 2월 11일에 해각정에서 본 〈海角亭簡介〉에 의하면 해각정의 창건 연대는 알 수 없지만 분명한 것은 북송 원부 3년(1100)에 소식이 이 정자에서 노닌 뒤 '萬里瞻天'이라는 네 글자를 써 놓은 사실이라고 했다.

(14) 駢頭(변두): 머리를 나란히 하다. 이 연은 변재법사가 원래의 자기 자리인 산으로 돌아오면 인근에 있는 사람들이 그를 보기 위해 몰려드는 모습을, 물고기와 자라가 진주조개 껍데기 안에 알을 낳기 위해 떼를 지어 몰려오는 것에 비유한 것으로 보인다.

(15) 名實浮(명실부): 명분과 실제가 浮動하다. 명분과 실제가 서로 맞아떨어지지 않는 것, 즉 자신이 늘 은거가 중요하다고 생각하고 또 주장하면서 그것을 실행하지 못하는 것을 가리키는 것으로 보인다.

이 연은 인생이란 부질없는 것인지라 세속적인 욕심을 버리고 은거하겠다고 늘 말하면서 막상 그것을 실행하지 못할까 봐 두려워하고 있다는 말이다.

(16) 陶令(도령): 彭澤縣令으로 재임하다가 〈歸去來辭〉를 읊고 과감하게 고향으로 돌아간, 즉 소식 자신과 달리 은거를 단행한 도연명을 가리킨다. 이 구절은 자신이 은거를 단행하지 못해서 부끄럽다는 뜻으로, 위의 두 구절을 수렴한 것이다.

(17) 遠公優(원공우): 원공의 윗길. 이 구절은 변재법사가 소식을 풍황령까지 배웅한 것이 혜원대사가 도연명과 육수정을 호계 너머까지 배웅한 것보다 더 높은 경지라는 말이다.

(18) 過溪(과계): 변재법사가 소식을 풍황령까지 배웅한 일을 가리킨다.

(19) 逆流(역류): 변재법사가 소식을 배웅해 준 풍황령 일대에 개울이 굽이져서 반대 방향으로 흐르는 구간이 있었던 것으로 보인다.

(20) 此山人(차산인): 변재법사가 퇴거하고 있는 산의 기슭에 거주하는 마을 사람들을 가리키는 것으로 보인다.

(21) 大千(대천): 대천세계. 불교에서 끝없이 넓은 세계를 가리키는 말이다.

(22) 掌握(장악): 手中. 이 연은 변재법사의 깨달음이 더할 나위 없이 높은 경지에 이르렀다는 말이다.

1160. 問淵明[1]

도연명에게 묻는다

子知神非形,[2][3]	그대는 정신이 육체가 아닌 줄 알았으니
何復異人天.[4]	어찌 더 이상 사람과 천지를 달리 보았으리오?
豈惟三才中,[5]	어찌 삼재 가운데 중간자만 그러하리오?
所在靡不然.[6][7]	어디 가나 그러하지 않은 곳이 없다오.
我引而高之,[8]	내가 이걸 끌어다 높은 곳에다 두면
則爲日星懸.	해와 별이 되어서 하늘에 걸려 있고
我散而卑之,	내가 이걸 흩어서 낮은 곳에다 두면
寧非山與川.[9]	어떻게 산과 강이 아니 되리오?
三皇雖云沒,[10]	그대는 삼황이 없어졌다 했지만
至今在我前.	오늘날에 이르도록 내 앞에 있고
八百要有終,[11]	팔백 살을 살지라도 끝날 때가 있는 법
彭祖非永年.[12][13]	팽조도 영원히 살지는 못했다오.
皇皇謀一醉,[14]	허둥지둥 한바탕 술에 취하여
發此露槿姸.[15]	무궁화의 아름다움을 발산하려 하나니
有酒不辭醉,[16]	술 있으면 취하는 걸 사양치 않고
無酒斯飮泉.[17]	술 없으면 샘물을 퍼마신다오.
立善求我譽,[18]	나는 선행을 쌓아서 명예를 얻고자 하나니

飢人良饞涎.[19] 배고픈 사람이 참으로 군침을 흘리는 꼴
委運憂傷生,[20] 운명에 맡기면 근심이 삶을 해치고
憂去生亦還. 근심이 사라지면 삶도 돌아올 것이오.
縱浪大化中,[21][22] 자연의 위대한 조화 속에 방랑하는 것
正爲化所纏. 그게 바로 조화에 얽매이는 것이거늘
應盡便須盡,[23][24] "다해야만 한다면 다해야 한다"고 한
寧復事此言.[25] 이 말을 어찌 또 실천하리오?

[해설]

도연명이 그의 시 〈형체와 그림자와 정신(形影神三首)〉에서 밝혀 놓은 인생관에 대하여 소식이 자신의 관점을 밝힌 것이다. 소식의 자주에 "어떤 사람이 말하기를 '소동파의 이 시는 도연명과 상반된다'라고 했는데 이것은 잘 아는 사람의 말이 아니다. 역시 끌어다가 길가에서 지어낸 말일 것이다. 나는 도연명을 비난한 적이 없다. 원우 5년 10월 14일(或曰: '東坡此詩, 與淵明反.' 此非知言也. 蓋亦相引以造於道者, 未始相非也. 元祐五年十月十四日)"이라고 했으니 이 시는 원우 5년(1090) 10월 14일 이전에 이미 다른 사람들에게 알려져서 논의의 대상이 되었음을 알 수 있다. 소식은 도연명과 같은 관점을 취하기도 하고 다른 관점을 취하기도 했으니, 도연명이 인생을 운명에 맡기고 대자연에 순응해야 한다는 숙명론적 관점을 취한 데 반해 소식은 사람이 천지의 주재자로서 운명을 주도해 나가야 한다는 적극적인 관점을 취했다.

[주석]

(1) 淵明(연명): 東晉 때의 시인 陶淵明.
(2) 子(자): 도연명을 가리킨다.
(3) 形(형): 形體. 肉身. 도연명은 〈形影神三首〉라는 시를 지었는데 이 시에서 그는 사람의 형체(육신)와 그림자와 정신이 각기 다른 존재라고 생각하는 관점을 취했다.
(4) 異人天(이인천): 사람과 하늘을 다르게 보다. 三才인 天·地·人, 즉 하늘·땅·사람 중의 사람과 하늘, 나아가 사람과 천지를 다르게 본다는 뜻이다. 이 연은 도연명이 사람의 형체(육신)와 그림자와 정신을 구분하여 〈形影神三首〉라는 시를 지었으니 삼재 가운데 하나인 사람에게 정신과 형체가 있는 것처럼 하늘과 땅에도 정신과 형체가 있다고 여겼을 것이라는 말이다.
(5) 三才中(삼재중): 三才 가운데 하늘과 땅의 중간에 위치하는 존재라는 뜻으로, 사람을 가리킨다. 도연명의 시 〈形影神三首〉 가운데 〈神釋〉에 "사람이 삼재 중의 중간자가 된 것이, 어떻게 나 때문이 아

니겠는가?(人爲三才中, 豈不以我故)"라는 구절이 있다.

(6) 所在(소재): 도처. 곳곳.

(7) 靡(미): 없다.

(8) 之(지): 정신을 가리킨다. 이 연은 높은 곳에다 정신을 불어넣으면 하늘의 형체인 해와 별이 모습을 드러낸다는 말이다.

(9) 山與川(산여천): 도연명의 시 〈形影神三首〉 가운데 〈形贈影〉에 "하늘과 땅은 영원히 없어지지 아니하고, 산과 내는 모습을 바꾸는 때가 없다(天地長不沒, 山川無改時)"라는 구절이 있다. 이 연은 낮은 곳에다 정신을 불어넣으면 땅의 형체인 산과 내가 모습을 드러낸다는 말이다.

(10) 三皇(삼황): 전설상의 세 임금. 伏羲·神農·黃帝를 가리키는 경우, 伏羲·神農·女媧를 가리키는 경우, 伏羲·神農·燧人을 가리키는 경우, 伏羲·神農·祝融을 가리키는 경우, 天皇·地皇·泰皇을 가리키는 경우, 天皇·地皇·人皇을 가리키는 경우 등이 있다. 도연명의 시 〈形影神三首〉 가운데 〈神釋〉에 "삼황은 위대한 성인이지만, 지금은 더 이상 어디에 있나?(三皇大聖人, 今復在何處)"라는 구절이 있다. 이 연은 삼황의 형체(육신)는 없어졌지만 그들의 정신은 아직까지 남아 있다는 말이다.

(11) 要(요): 요컨대. 어쨌든.

(12) 彭祖(팽조): 양생술에 능하여 800세까지 살았다고 하는 전설상의 인물.

(13) 永年(영년): 영원한 나이. 도연명의 시 〈形影神三首〉 가운데 〈神釋〉에 "팽조는 영원히 살기를 좋아하여, 머물고자 했지만 그럴 수가 없었네(彭祖愛永年, 欲留不得住)"라는 구절이 있다. 이 연은 사람의 형체(육신)는 영원할 수 없다는 말이다.

(14) 皇皇(황황): 급한 모양. '遑遑'과 같다.

(15) 露槿(노근): 무궁화. 무궁화는 아침에 피었다가 저녁에 지는데 이슬처럼 쉽게 사라지기 때문에 이런 이름이 생겼다. '露槿姸'은 짧디짧은 인생의 아름다움을 가리킨다.

(16) 不辭醉(불사취): 도연명의 시 〈形影神三首〉 가운데 〈形贈影〉에 "원컨대 그대는 내 말을 듣고, 술 생길 때 구차하게 사양하지 말기를(願君取吾言, 得酒莫苟辭)"이라는 구절이 있다.

(17) 斯(사): ~하면 곧. 이상의 네 구절은 짧은 인생을 최대한 멋지게 살고자 하는 자신의 삶의 태도를 밝힌 것이다.

(18) 立善(입선): 선을 행하다. 도연명의 시 〈形影神三首〉 가운데 〈影答形〉에 "선을 행하면 추앙받는 덕행이 남는 법이거늘, 어떻게 자기 힘을 다하지 않을 수 있으리?(立善有遺愛, 胡可不自竭?)"라는 구절이 있다.

(19) 饞涎(참연): 침을 흘리다. 이 연은 선행을 쌓아서 명예를 얻고자 하는 자신의 마음이 굶주린 사람이 음식을 보고 군침을 흘리는 것만큼이나 간절하다는 뜻인 것으로 보인다.

(20) 委運(위운): 운명에 맡기다. 천명을 따르다. 도연명의 시 〈形影神三首〉 가운데 〈神釋〉에 "심하게 염려하면 우리 삶을 해치니, 진정으로 운명에 맡겨 버려야 하리(甚念傷吾生, 正宜委運去)"라는 구절이 있다.

(21) 縱浪(종랑): 방랑하다. 도연명의 시 〈形影神三首〉 가운데 〈神釋〉에 "위대한 조화 속에 방랑하면서,

기뻐하지도 않고 두려워하지도 않네(縱浪大化中, 不喜亦不懼)”라는 구절이 있다.

(22) 大化(대화): 위대한 조화. 대자연의 조화를 가리킨다. 이 연은 대자연의 조화에 따르는 것을 대자연에 구속되는 것이라고 본 것이다.

(23) 應盡(응진): 응당 다해야 하다. 죽어야 한다는 말이다. 도연명의 시 〈形影神三首〉 가운데 〈神釋〉에 “죽어야 할 때가 되면 마땅히 죽어야지, 더 이상 혼자 근심 많이 하지 말기를(應盡便須盡, 無復獨多慮)”이라는 구절이 있다.

(24) 便(변): ~하면 곧.

(25) 事(사): 종사하다. 실행하다. 《論語·顔回》에 “제가 비록 불민하지만 모쪼록 이 말씀을 실행하겠습니다(回雖不敏, 請事斯語矣)”라는 말이 있다. 이 연은 도연명의 숙명론적 관점을 부정한 것이다.

1161. 偶於龍井[(1)]辯才[(2)]處得歙硯[(3)], 甚奇, 作小詩

우연히 용정의 변재법사 거처에서 흡연을 얻었는데 매우 기이한지라 짧은 시를 짓는다

羅細無紋角浪平,[(4)]	얇은 깁에 무늬 없고 모서리의 물결이 잔잔하더니
半丸犀璧浦雲泓.[(5)(6)(7)(8)]	반 조각의 무소뿔 벽으로 개펄에 구름이 흔들리네.
午窗睡起人初靜,	창문 밑에서 낮잠 깨니 사람들은 막 조용해지고
時聽西風拉瑟聲.[(9)]	때때로 서풍이 거문고 퉁기는 소리가 들려왔네.

[해설]

변재법사에게 갔다가 흡연이라는 기이한 벼루를 얻게 되었을 때의 감회를 읊은 것이다.

[주석]

(1) 龍井(용정): 《咸淳臨安志》에 "진소유(秦觀)의 〈용정기〉에 대략 '용정은 서호의 서쪽이요 절강의 북쪽으로 풍황령 위에 있다'라고 했다.……원풍 2년(1079)에 변재법사가 이 산의 수성원으로 물러나서 쉬고 있었으니 용정에서 1리 떨어져 있었다(秦少游〈龍井記〉畧云: '龍井當西湖之西, 浙江之北, 風篁嶺之上.'……元豐二年, 辯才退休於此山之壽聖院, 去龍井一里)"라고 했다. 〈葉教授和溽字韻詩, 復次韻爲戲, 記龍井之遊〉(1147) 주 (3) 참조.

(2) 辯才(변재): 항주 於潛 출신의 승려로 속명은 徐元淨(1011-1091)이고 字는 無象이다. 그는 막 태어났을 때 왼쪽 어깨에 가사 끈 모양으로 살갗이 불룩하게 솟아 있다가 81일이 지난 뒤에 없어졌는데 그는 여든한 살까지 살았다. 그는 태어난 지 10년 만에 출가하여 스물다섯 살 때 자주색 법의와 변재라는 법호를 하사받았다.(蘇轍, 〈龍井辯才法師塔碑〉 참조) 〈辯才老師退居龍井, 不復出入……〉(1159) 주 (1) 참조.

(3) 歙硯(흡연): 강서성 歙州 婺源縣의 歙溪에서 나는 벼루. 광동성 高要縣 동남쪽의 端溪에서 나는 端硯과 맞먹는 좋은 벼루로, 婺源硯·龍尾硯이라고도 한다.

(4) 羅(나): 깁. 가는 명주실로 성기게 짠 얇은 비단. 《硯箋》에 "남당 원종 때 흡주태수가 벼루를 바치고 아울러 벼루 장인 이소미를 천거하여 벼루 담당 관리로 삼았다. 그 벼루는 나문갱에서 나는 것, 미자갱에서 나는 것, 금성갱에서 나는 것의 구별이 있었다(南唐元宗時, 歙守獻硯, 並薦硯工李少微, 擢硯官. 其硯有羅紋坑·眉子坑·金星坑之別)"라고 했고, 《歙州硯譜》에 "나문산은 부용계라고도 하는데 벼루가 나는 갱 10여 군데가 모두 산의 앞뒤로 계곡을 따라가며 늘어서 있다. 수궐갱은 나문산 서북쪽에 있는데 돌의 결이 물결무늬와 같다(羅紋山, 亦曰芙蓉溪, 硯坑十餘處, 皆山前後沿溪所生. 水蕨坑, 在羅紋山西北, 石理如浪紋)"라고 했다. 이 구절은 표면에 깁 모양의 줄무늬만 있고 다른 무늬가 없는 흡연의 외관과 먹으로 갈기 위해 담아 놓은 물의 모습을 묘사한 것인 듯하다.

(5) 丸(환): 공처럼 둥글게 생긴 물건을 셀 때 사용하는 단위 명사. 여기서는 먹을 세는 단위 명사로 쓰였다.

(6) 犀璧(서벽): 무소뿔로 만든 璧(둥글납작하게 생긴 옥) 모양의 장식품. 먹의 미칭이다.

(7) 浦雲(포운): 개펄의 구름. 벼루의 물을 가리킨다.

(8) 泓(홍): 流動하다. 이 구절은 먹으로 갈 때의 흡연의 모습을 묘사한 것인 듯하다.

(9) 拉瑟聲(납슬성): 瑟의 현을 퉁기는 소리. 벼루에 먹을 가는 소리를 가리키는 것으로 보인다. 이 연은 소식이 변재법사의 거처에서 낮잠을 자고 난 뒤 흡연에 먹을 가는 낭랑한 소리를 들었다는 뜻으로, 이것을 계기로 변재법사에게 흡연을 자신에게 달라고 부탁했을 것으로 보인다.

1162. 送程之邵[1]簽判[2]赴闕

대궐로 가는 정지소 첨판을 전송하며

夜光不自獻,[3]	야광주는 자신을 드러내지 아니하고
天驥良難知.	천리마는 참으로 알아보기 어렵네.
從來一狐腋,[4]	종래에 여우 한 마리의 겨드랑이 털가죽이
或出五羖皮.[5]	숫양 다섯 마리의 가죽보다 나은 때가 있었네.
賢哉江東守,[6]	강동 땅의 태수는 현명하기도 하여
收此幕中奇.[7]	막부 안의 기재였던 이 사람을 받아들였네.
無華豈易識,[8]	재주가 없다면 어찌 쉽게 알아보았으랴만
既得不自隨.[9]	얻어 놓고도 자신을 따르게 하지 않았네.
留君望此府,[10][11]	그대를 남겨 둔 건 이 관아를 중시한 것이고
助我憐其衰.	그대가 나를 도운 건 늙은 걸 가엽게 여긴 것이네.
二年促膝語,[12][13]	두 해 동안 무릎 맞대고 얘기했는데
一旦長揖辭.	하루아침에 길게 읍하고 하직 인사를 하네.
林深伏猛在,[14]	숲이 깊으면 숨은 맹수가 있는 법이고
岸改潛珍移.[15]	언덕이 바뀌면 물속의 보배가 옮겨 가는 법이네.
去此當安從,	여기서 떠나면 내가 누구의 의견을 따르리오?
失君徒自悲.[16]	그대를 잃게 되어 스스로 슬퍼할 뿐이네.
念君瑚璉質,[17]	그러나 호련 같은 그대의 자질을 생각하면

當今臺閣宜.(18)(19) 이제는 대각이 그대에게 적합하네.
去矣會有合,(20) 떠나가도 틀림없이 만날 날이 있을 터
豈當懷其私.(21) 어찌 사사로운 감정을 품을 수가 있으리?

[해설]

2년 동안 항주 관아에 있다가 조정으로 들어가게 된 정준언을 전송하면서 지은 것으로, 그의 능력을 극구 칭송하고 그가 조정으로 들어가게 된 일을 경하했다.

[주석]

(1) 之邵(지소): 程遵彦의 字. 熊伯通이 杭州知州로 재임할 때 그를 자신의 막부로 불러들였는데 江寧府知府로 옮겨 갈 때 그를 데리고 가지 않고 항주에 두고 갔기 때문에 그 뒤 2년 동안 소식의 막부에 있었다. 〈新茶送簽判程朝奉, 以饋其母, 有詩相謝, 次韻答之〉(1121) 주 (2) 참조.

(2) 簽判(첨판): 査愼行의 《蘇詩補註》에 "정지소는 당시 첨서항주절도판관청공사였다(之邵時簽書杭州節度判官廳公事)"라고 했다.

(3) 自獻(자헌): 자신을 드러내다. 이 구절은 어두운 곳에서 빛을 내는 夜光珠는 보통 때는 자신의 모습을 드러내지 않는다는 뜻으로, 유능한 인재는 자신을 잘 드러내지 않는다는 말이다.

(4) 狐腋(호액): 여우의 겨드랑이. 狐裘의 재료로 쓰이는 여우의 겨드랑이 털가죽을 가리킨다.

(5) 羖(고): 검은색 숫양. 널리 숫양을 가리킨다.

(6) 江東(강동): 長江의 동부. 안휘성 蕪湖로부터 강소성 南京까지의 구간에서 장강이 북북동 방향으로 흐르기 때문에 이 이하의 장강 이남 지역을 강동이라고 한다. 여기서는 강녕부(지금의 강소성 南京)를 가리킨다. 施元之의 《施注蘇詩》에 "원우 3년(1088) 6월에 원소 양회가 항주에서 세상을 떠나 용도각대제 웅백통이 본래 월주에서 항주로 옮겼는데 다시 항주에서 강녕으로 바뀌는 바람에 동파선생이 그 뒤를 이었다. 정지소는 아마도 웅백통이 자기 막부로 불러들인 것 같다. 그렇기 때문에 '강동 땅의 태수는 현명하기도 하여, 막부 안의 기재였던 이 사람을 받아들였네'라는 구절이 있을 것이다(元祐三年六月, 楊元素繪卒於杭, 龍圖閣待制熊伯通, 本自越移杭, 自杭改江寧, 而先生繼之. 之邵蓋是伯通羅致幕府, 故有'賢哉江東守, 收此幕中奇'之句)라고 했다. '江東守'는 강녕부지부 웅백통을 가리킨다.

(7) 幕中(막중): 웅백통의 막부, 즉 강녕부 관아를 가리킨다.

(8) 無華(무화): 꽃이 없다. 才華가 없다.

(9) 自隨(자수): 자신을 따르게 하다. 이 연은 웅백통이 뛰어난 인재인 정지소를 얻어 놓고도 강녕으로 갈 때 데리고 가지 않았다는 말이다.

(10) 留君(유군): 정지소를 항주에 남겨 둔 것을 가리킨다.

(11) 望此府(망차부): 이 官府를 우러러보다. 항주 관아를 중시하는 것을 가리킨다. 이 연은 웅백통이 정지소를 강녕으로 데리고 가지 않은 것은 항주 관아에 뛰어난 인재가 필요하다고 생각했기 때문이고 정지소가 웅백통을 따라 강녕으로 가지 않은 것은 노쇠한 소식을 도와주고 싶었기 때문이라는 말이다.

(12) 二年(이년): 정지소가 소식의 막부에서 재임한 기간을 가리킨다.

(13) 促膝(촉슬): 무릎을 바짝 붙이다. 서로 바짝 다가앉는 것을 가리킨다.

(14) 伏猛(복맹): 숨어 있는 맹수. 호랑이를 가리킨다. 王十朋의 《百家註分類東坡先生詩》에 "숨어 있는 맹수란 호랑이를 말한다(伏猛以言虎)"라고 했다.

(15) 潛珍(잠진): 물속에 잠겨 있는 보배. 용을 가리킨다. 왕십붕의 《백가주분류동파선생시》에 "잠겨 있는 보배란 용을 말한다(潛珍以言龍)"라고 했다. 이 연은 정지소처럼 뛰어난 인재는 큰물에서 놀아야 한다는 말이다.

(16) 徒(도): 한갓. 단지.

(17) 瑚璉(호련): 종묘에서 黍稷을 담던 제기. 훌륭한 인재를 가리킨다. 《論語·公冶長》에 "자공이 '저는 어떤 사람입니까?' 하고 여쭈어보자 공자께서 '너는 그릇이다'라고 하셨다. '무슨 그릇입니까?'라고 하자 '호련이다'라고 하셨다(子貢問曰: '賜也何如?' 子曰: '女器也.' 曰: '何器也?' 曰: '瑚璉也.')"라는 말이 있다.

(18) 當今(당금): 지금. 이제.

(19) 臺閣(대각): 누대와 殿閣. 漢나라 때에는 尙書臺를 가리켰으며 나중에는 널리 조정의 기구를 가리켰다.

(20) 會(회): 틀림없이.

(21) 豈當(기당): 어찌 ~하는 것이 합당하겠는가. 이 구절은 사사로운 감정으로 정지소를 붙잡아 둘 수 없다는 말이다.

1163. 寄題[1]梅宣義[2]園亭[3]

멀리서 선의랑 매씨의 정원에 지은 정자를 읊어서 부쳐 보낸다

仙人子眞後,[4]	선의랑 매씨는 신선 매자진의 후예로
還隱吳市門.[5][6]	역시 오현 시장의 문에 은거하시네.
不惜十年力,	십 년에 걸쳐서 힘을 아끼지 않고
治此五畝園.	오 묘짜리 이 정원을 가꾸어 왔네.
初期橘爲奴,[7]	처음에는 감귤이 종이 될 것으로 기대했고
漸見桐有孫.[8]	차츰 오동나무에 손자가 생기는 걸 보게 됐네.
清池壓丘虎,[9]	맑은 연못은 언덕 위의 호랑이에 눌려 있고
異石來湖黿.[10]	기이한 돌은 태호의 원산에서 가져온 것이겠네.
敲門無貴賤,[11]	문 두드리는 사람에 귀천의 차별이 없나니
遂性各琴樽.[12][13]	성격에 따라 제각기 거문고 타고 술 마시겠네.
我本放浪人,	나는 본래 여기저기 떠도는 사람인데
家寄西南坤.[14]	서남쪽 땅에다 집을 두었네.
敝廬雖尙在,	허물어진 오두막은 비록 아직 있지만
小圃誰當樊.[15]	조그만 채마밭에 누가 울을 치리오?
羨君欲歸去,	선생이 부러워서 돌아가고 싶건만
柰此未報恩.	이렇게 황은을 못다 갚은 걸 어찌하리오?
愛子幸僚友,[16][17]	사랑하는 아드님이 다행히 동료인데

久要疑弟昆.(18)(19)	오래 함께 지낸지라 형제 같지요.
明年過君西,(20)	내년에 선생의 서쪽으로 지나가면
飮我空瓶盆.(21)	제게 술을 먹이느라 병과 동이를 비우겠군요.

[해설]

항주통판 매호의 부친으로 선의랑이라는 관직을 지낸 매 모 씨가 자기 고향인 오군에 지어 놓은 정자를 읊어서 현지에 있는 다른 사람이 대신 쓰도록 부쳐 보낸 시이다.

[주석]

(1) 寄題(기제): 멀리 있는 건축물이나 정원 따위를 현지에 가서 직접 보지 않고 들은 바에 근거하여 읊은 뒤 그것을 현지로 부쳐 보내 다른 사람에게 쓰게 하는 것을 가리킨다. 소식의 〈寄題刁景純藏春塢〉(0439), 蘇轍의 〈寄題密州新作快哉亭二首〉 등이 있다.

(2) 梅宣義(매선의): 宣義郎 매씨. 施元之의 《施注蘇詩》에 "매선의는 오군(지금의 강소성 蘇州) 사람 매자명(梅灝)의 부친이다. 매자명은 항주통판으로 재임할 때 소동파와 동료였는데 소동파가 일찍이 매자명에게 백석을 주어서 그의 부친을 받들도록 한 적이 있다(梅宣義者, 吳郡人子明之父. 子明爲杭州通判, 與東坡同僚, 嘗以白石遺子明以奉其父)"라고 했다. 〈始於文登海上, 得白石數升, 如芡實, 可作枕. 聞梅丈嗜石, 故以遺其子子明學士, 子明有詩, 次韻〉(1098) 주 (3)(4) 참조.

(3) 園亭(원정): 정원에 지은 정자.

(4) 子眞(자진): 한나라 사람 梅福의 字. 九江郡 壽春(지금의 안휘성 壽縣) 사람으로 젊을 때 南昌縣尉를 지낸 적이 있으나 王莽이 정권을 전횡하자 즉시 관직을 버리고 고향으로 돌아가 은거했는데 전하는 바에 의하면 신선이 되었다고 한다. 어떤 사람이 會稽(지금의 절강성 紹興)에서 그를 본 적이 있는데 그는 성명을 바꾸고 吳縣 시장의 문지기로 있었다고 한다.(《한서·매복전》 참조)

(5) 吳(오): 吳縣. 지금의 강소성 蘇州로 한나라 때에는 회계군에 속했다.

(6) 市門(시문): 시장의 출입문. 이 연은 오현 시장의 문지기를 맡으며 은거한 매복처럼 선의랑 매씨도 오군에 은거하고 있다는 말이다.

(7) 橘爲奴(귤위노): 習鑿齒의 《襄陽記》에 의하면 丹陽太守 李衡은 家産을 좀 마련하려고 했으나 아내가 싫어하는지라 나중에 몰래 사람을 보내 武陵 龍陽의 泛洲에 집을 짓고 감귤나무 천 그루를 심게 하고는 죽기 전에 아들에게 "네 어머니가 내가 가산을 좀 마련하는 것을 싫어하여 이처럼 가난하게 되었다. 그러나 우리 고을에 나무 노비 천 명이 있는데 너에게 옷과 음식을 달라고 하지도 않고 해마다 비단을 한 필씩 바칠 것이니 이것만 해도 쓰기에 모자람이 없을 것이다"라고 했다고 한다.(《三國志·吳志·孫休傳》에 대한 裴松之 註 참조)

(8) 桐有孫(동유손): 가지가 또 가지를 쳐서 오동나무가 무성해진다는 말이다. 이 연은 매씨가 정원에 귤

나무와 오동나무를 심었다는 말이다.

(9) 丘虎(구호): 《吳越春秋》에 "합려는 나라의 서쪽에 장사 지냈는데 큰 고을 다섯 곳의 장사 10만 명을 징발하여 무덤을 만들었는바 3중의 구리 관에 넣고 수은으로 연못을 만들고 금과 옥으로 물오리와 기러기를 조각하고 扁諸劍을 3천 자루 넣었으니 반영·어장 같은 검이 그 속에 포함되어 있었다. 장사를 지낸 뒤 사흘째 되는 날 太白星의 기운이 위로 솟아올라 호랑이가 되어서는 그의 무덤에 웅크리고 앉았으므로 호구라고 불렀다(闔閭葬國西, 發五都之士十萬人作冢, 銅椁三重, 水銀爲池, 金玉爲鳧雁, 扁諸之劍三千, 槃郢·魚腸在焉. 葬後三日, 金精之氣上揚, 化爲虎, 踞其墳, 故號虎丘)"라고 했다. 秦始皇이 호구에서 吳王 闔閭의 보검을 찾으려고 돌아다니다가 이곳에 호랑이가 웅크리고 있어서 호랑이를 향해 검을 던졌다. 그러나 호랑이는 맞지 않고 검이 바위에 꽂힌 채 빠지지 않았다. 그 자리에 못을 파서 '劍池'라고 했다.(《吳地記》 참조) 이 구절은 매씨의 연못이 호구 바로 밑에 있다는 뜻이거나, 매씨가 자기 정원에 연못을 만들고 연못 안의 假山에 호랑이 형상을 조각하여 세워 놓았다는 뜻인 것 같다.

(10) 湖黿(호원): 太湖의 黿山. 《吳郡志》에 "태호석은 호수 안의 원산에서 나는데 맑고 깨끗하여 거울로 삼을 만하며 금석처럼 단단하고 윤기가 난다(太湖石出湖中之黿山, 瑩潔可鑑, 堅潤如金石)"라고 했고, 《洞庭湖山記》에 "원두산은 자라가 기어가려고 하는 것과 같은 형상으로 눈과 코가 있다. 이 산에서 나는 단단한 돌은 고을 사람들이 쪼아서 기물을 만든다(黿頭山, 形如黿欲行狀, 有眼鼻. 山中所出貞石, 郡人琢以爲器)"라고 했다.

(11) 敲門(고문): 대문을 두드리다. 매씨의 집으로 찾아오는 것을 가리킨다.

(12) 遂性(수성): 본성을 따르다.

(13) 琴樽(금준): 거문고와 술 단지. 거문고를 연주하거나 술을 마시는 것을 가리킨다.

(14) 西南坤(서남곤): 八卦 중에서 서남쪽을 상징하는 '坤卦'의 방위. 소식의 고향인 촉지방을 가리킨다.

(15) 樊(번): 울타리를 치다. 이 구절은 채마밭에 울타리를 쳐 놓고 그것을 관리할 사람이 없기 때문에 자신이 고향으로 돌아가서 관리해야 한다는 말이다.

(16) 愛子(애자): 선의랑 매씨의 아들 매호를 가리킨다.

(17) 僚友(요우): 동료. 매호는 당시 항주통판이었다.

(18) 久要(구요): 오랫동안 교유하다. 曹植의 〈箜篌引〉에 "오래 사귄 친구는 잊을 수가 없는 법, 박정하게 끝내면 의리 없다 탓한다네(久要不可忘, 薄終義所尤)"라는 구절이 있다.

(19) 疑(의): ~인 것 같다. 李白의 시 〈靜夜思〉에 "침상 앞의 밝은 달빛, 땅 위의 서리 같다(牀前明月光, 疑是地上霜)"라는 구절이 있다.

(20) 君西(군서): 오군에 있는 매씨 집의 서쪽을 가리킨다. 施元之의 《施注蘇詩》에 "아마도 오군은 임기가 만료되어 돌아가는 길에 있는 고을일 것이다(蓋吳郡爲滿去歸途也)"라고 했다.

(21) 甁盆(병분): 술병과 술동이를 가리킨다. 이 연은 자신이 항주지주의 임기를 마치고 開封으로 돌아가는 도중에 매씨의 집에 들러 함께 술 마실 일을 상상한 것이다.

1164. 滕達道[(1)]挽詞[(2)]二首

등달도를 애도하는 만사

其一

先帝知公早,[(3)]	선제께서 일찍이 공을 알아보시고
虛懷第一人.[(4)]	누구보다 허심탄회하게 대하셨는데
至今詩禮將,[(5)]	지금까지는 시와 예를 아는 장수로
獨數武宣臣.[(6)]	무제와 선제의 신하만을 꼽았었네.
材大雖難用,	재목이 크면 비록 쓰이기 어렵지만
時來亦少信.[(7)]	때가 오면 그래도 재주를 좀 펼치는 법
高平風烈在,[(8)]	고평 사람 범중엄의 기풍이 있고
威敏典刑新.[(9)(10)]	손위민공이 보인 본보기가 새로이 나타났네.
空試乘邊策,[(11)]	변방 수비 계책을 괜히 시험했을 정도였지만
寧留相漢身.[(12)]	한나라 승상이 될 몸을 어찌 잡을 수 있었으리?
淒涼舊部曲,[(13)]	선생이 거느리던 옛날 부대가 처량하고
淚濕冢前麟.[(14)]	눈물로 무덤 앞의 기린이 축축하리.

其二

雲夢連江雨,[(15)]	운몽택엔 장강까지 이어진 비가 내리고

樊山落木秋.(16)	번산에는 낙엽 지는 가을이 왔지.
公方占賈鵬,(17)	공은 한창 가의처럼 올빼미로 점을 쳤고
我正買龔牛.(18)	나는 마침 공수가 말한 소를 사서 밭 갈았지.
共有江湖樂,	우리 함께 강호의 즐거움을 누렸지만
俱懷畎畝憂.(19)	논밭에서도 임금에 대한 걱정을 품고 있었지.
荊溪欲歸老,(20)	형계로 돌아가서 늙으려 할 때
浮玉偶同游.(21)	부옥산에서 우연히 함께 놀았지.
骯髒儀刑在,(22)(23)	우뚝하고 꼿꼿한 본보기는 남아 있는데
驚呼歲月遒.(24)	세월이 다 갔음에 놀라서 소리치네.
回頭雜歌哭,	돌아보며 노래와 곡을 한데 섞은지라
挽語不成謳.(25)	애도사가 제대로 된 만가가 되지 못하네.

[해설]

소식이 황주에서 여주로 유배지를 옮겨 가는 도중이던 원풍 7년(1084) 8월에 의흥에서 은거하는 일을 상의하기도 하고, 원풍 8년(1085) 5월에 왕공(王鞏)으로부터 소식이 사면되었다는 편지를 받고 사람을 보내 그것을 소식에게 전해 주기도 하는 등 소식과 매우 절친한 사이였던 등보의 죽음을 애도하여 지은 만사이다.

[주석]

(1) 達道(달도): 滕甫의 字. 《宋史·滕元發傳》에 "등원발은 처음에 이름을 보라고 하고 자를 원발이라고 했는데 고로왕의 이름을 피하기 위해 자를 이름으로 삼고 새로운 자를 달도라고 했다. 동양(지금의 절강성 金華) 사람이다(滕元發初名甫, 字元發, 以避高魯王諱, 改字爲名, 而字達道. 東陽人)"라고 했고, 施元之의 《施注蘇詩》에 "정시에서 3등으로 급제했다. 일찍이 범문정공(范仲淹)에게 인정받았으며 위민공 손면이 한 번 보고는 그를 기이하게 여겨 '기이한 인재로다. 나중에 틀림없이 훌륭한 장수가 될 것이다'라고 했다.……영종이 그의 성명을 써서 궁중에 보관했으나 등용하지는 못했다. 신종이 즉위한 후 그를 불러서 천하가 잘 다스려지는 이유와 잘 다스려지지 않는 이유를 물어보고 어사중승·한림학사·개봉윤 등의 관직에 임명했다(廷試第三. 早受知於范文正公, 而孫威敏沔一見異之, 曰: '異材也. 後當爲賢將.'……英宗書姓名藏禁中, 未及用. 神宗卽位, 召問天下所以治亂, 擢御史中丞·翰林學士·尹開封)"라고 했으며, 查愼行의 《蘇詩補註》에 "변방을 다스리는 것이 위엄 있고 당당하여 그 위세가 서북 지방에 널리 떨쳤으니 당시 사람들이 명장이라고 불렀다. 일흔한 살 때 힘써 회

남 지방을 맡겨 달라고 청원하여 양주지주가 되었는데 임지에 도착하기 전에 죽었으니 원우 5년(1090) 10월 24일이었을 것이다(治邊凜然, 威行西北, 號稱名將. 年七十一, 力求淮南, 乃以知揚州. 未至而薨, 蓋元祐五年十月二十四日也)"라고 했다.

(2) 挽詞(만사): 죽은 사람을 애도하는 글.

(3) 先帝(선제): 선대의 황제. 선황제. 신종을 가리킨다.

(4) 虛懷(허회): 마음을 비우다. 허심탄회하게 대하다.

(5) 詩禮將(시례장): 시와 예를 아는 장수. 문무를 겸비한 뛰어난 장수를 가리킨다.

(6) 武宣(무선): 한나라의 전성기였던 무제와 선제의 시대를 가리킨다. 王十朋의 《百家註分類東坡先生詩》에 "이때에 명장이 가장 많았으니 무제 때의 명장으로는 衛靑·霍去病 등이 있고, 선제 때의 명장으로는 조충국 등이 있다(是時最有名將, 武之名將, 則衛·霍之屬; 宣之名將, 則趙充國之屬)"라고 했다. 이 연은 등보가 한나라 무제와 선제 시대의 장수들에 비견할 수 있을 만큼 문무를 겸비한 뛰어난 장수였다는 말이다.

(7) 信(신): 펴다. 펼치다. '伸'과 같다.

(8) 高平(고평): 縣 이름. 범중엄을 가리킨다. 馮應榴의 《蘇軾詩集合注》에 "《철망산호》에 범문정공(범중엄)이 쓴 〈伯夷頌〉을 수록해 놓았는데 표제에 '고평 범중엄 씀'이라고 했다(《鐵網珊瑚》載范文正公書〈伯夷頌〉, 題云: '高平范仲淹書')"라고 했으니, 범중엄은 고평 사람으로 자처했음을 알 수 있다. 소식의 자주에 "등공은 젊을 때 범희문(범중엄)과 손원규(孫沔)에게 능력을 인정받았다(公少受知於范希文·孫元規)"라고 했고, 《揮塵後錄》에 "등원발은 범문정공의 외손이다(元發, 范文正外孫也)"라고 했다.

(9) 威敏(위민): 손면의 시호. 《東都事略》에 "손면은 자가 원규이며 회계(지금의 절강성 紹興) 사람이다. 위인이 명민하고 과감했으며 관문전학사로 벼슬살이를 마감했다. 시호가 위민공이다(孫沔字元規, 會稽人. 爲人明敏果敢, 仕終觀文殿學士. 謚威敏)"라고 했다.

(10) 典刑(전형): 본보기. '典型'과 같다. 이 구절은 손면이 보여 준 본보기를 등보가 다시 보여 주었다는 말이다.

(11) 乘邊(승변): 변방을 지키다. 《漢書·高帝紀》에 "관중 지방의 병졸을 징발하여 변새를 지켰다(興關中卒乘邊塞)"라고 했다. 이 구절은 등도가 시험해 볼 필요도 없을 정도로 뛰어난 변방 수비 계책을 지니고 있었다는 말이다.

(12) 相漢身(상한신): 한나라에서 승상이 될 몸. 한나라 승상 王商은 여덟 자가 넘는 키에 위엄이 넘치는 당당한 용모를 지녔다. 흉노족의 單于가 한나라 황제를 朝見하러 왔을 때 왕상은 未央宮에 있었다. 흉노족의 선우가 앞으로 나아가 왕상에게 절을 하려고 하자 왕상이 자리에서 일어나 이야기를 나누었다. 선우가 고개를 들어서 왕상의 용모를 올려다보고는 매우 두려워하며 뒷걸음질 쳐서 물러났다. 황제가 소문을 듣고 "이 사람이야말로 진정한 한나라 승상이로다!" 하고 찬탄했다.(《한서·왕상전》 참조) 杜甫의 시 〈上韋左相二十韻〉에 "위현이 갓 한나라의 승상이 되고, 범숙이 이미 진나라로 돌아간 것과 같네(韋賢初相漢, 范叔已歸秦)"라는 구절이 있다. 이 구절은 왕상처럼 뛰어난 인재인 등보를 오랫동안 붙잡아 두고 싶었지만 그가 죽지 않게 할 방도가 없었다는 말이다.

(13) 部曲(부곡): 옛날 군대 편제의 단위. 군대를 가리킨다.

(14) 冢前麟(총전린): 등보의 무덤 앞에 세워진 기린의 석상을 가리킨다.

(15) 雲夢(운몽): 雲夢縣 또는 雲夢澤을 가리킨다. 王文誥의 《蘇軾詩集》에 "'운몽……'이라는 구절은 등원발이 安州知州에서 물러날 무렵을 가리키고, '번산……'이라는 구절은 자신이 제안(황주)에 폄적되어 있을 때를 말한다('雲夢'句指元發罷安州之時, '樊山'句自謂在齊安謫籍)"라고 했는데, 안주는 지금의 호북성 安陸 일대로 동남쪽에 黃州(지금의 호북성 黃岡市 황주구)가 있었으며 경내에 운몽현이 있었다. 운몽택은 洞庭湖를 중심으로 지금의 호남성과 호북성에 걸쳐 있던 커다란 늪으로 안주의 남쪽이었다. 이 구절은 옛날에 등보가 재임한 안주의 모습을 묘사한 것이다.

(16) 樊山(번산): 호북성 鄂州에 있는 산. 長江을 사이에 두고 황주와 마주 보는 위치에 있다. 이 구절은 소식이 황주에서 유배 생활을 할 때의 일을 회상한 것이다.

(17) 占賈鵩(점가복): 賈誼의 鵩鳥로 점을 치다. 한나라 사람 가의가 長沙王의 太傅로 폄적되어 있을 때 올빼미의 일종으로 불길한 새라고 알려져 있는 복조가 방으로 날아드는지라 〈鵩鳥賦〉를 지어서 감회를 토로했다. 이 구절은 당시에 등보가 자신의 앞날에 대하여 불길한 예감을 가졌었다는 말이다.

(18) 買龔牛(매공우): 龔遂의 소를 사다. 한나라 사람 공수가 渤海 태수로 부임하여 백성들이 칼을 차고 다니는 것을 보고 "어찌하여 소와 송아지를 차고 다니는가?"라고 하며 큰 칼을 팔아 소를 사고 작은 칼을 팔아 송아지를 사게 했다.(《한서·공수전》 참조) 여기서는 소식이 東坡를 개간하여 몸소 농사지은 일을 해학적으로 표현한 것이다. 査愼行의 《蘇詩補註》에 "내 생각에 의하면, 소동파는 황주에 폄적되어 있을 때 등원발과 주고받은 편지가 매우 많았으니 바로 등원발이 낙직하여 지주(지금의 안휘성 貴池)태수로 있을 때일 것이다. 그렇기 때문에 첫 네 구절에서 이렇게 말했을 것이다(案: 東坡謫黃州, 與元發往還尺牘甚多, 正元發落職守池州時也. 故起四句云然)"라고 했지만, 제1구와 제3구는 등보가 안주지주로 재임할 때의 일을 회상한 것이고, 제2구와 제4구는 소식 자신이 황주에 유배되어 있을 때의 일을 회상한 것인 듯하다. 주 (15) 참조.

(19) 畎畝憂(견무우): 논밭에서의 걱정. 농사를 지으면서도 임금과 백성을 걱정하는 것을 가리킨다. 《漢書·劉向傳》에 "충신은 비록 논밭에 있을지라도 여전히 임금을 잊지 못한다(忠臣雖在畎畝, 猶不忘君)"라는 말이 있다. 이 연은 등보와 소식이 조정을 떠나 지방관 생활과 유배 생활을 하면서도 임금과 백성을 늘 걱정했다는 말이다.

(20) 荊溪(형계): 강소성 宜興을 지나 太湖로 들어가는 강. 소식이 잠시 은거한 의흥을 가리킨다.

(21) 浮玉(부옥): 부옥산. 강소성 鎭江에 있는 金山의 다른 이름. 소식은 黃州에서 汝州로 유배지를 옮겨가는 도중이던 원풍 7년(1084) 8월에 등보를 만나 함께 금산을 유람했다. 소식은 이때 등보와 상의하여 의흥에서 은거하기로 작정하고 〈상주 거주를 청원하는 상소문(乞常州居住表)〉을 올렸다.

(22) 骯髒(항장): 꼿꼿하게 우뚝 솟은 모양. 기개가 매우 높은 것을 가리킨다. 馮應榴의 《蘇軾詩集合注》에 "《노학암필기》에 '왕형공(왕안석)이 등원발을 좋아하지 않아 滕屠(등 백정이라는 뜻)라고 불렀다'라고 했으니 이 시의 '骯髒'에 대한 방증이 될 수 있다(《老學菴筆記》: '王荊公不樂元發, 目爲滕屠.' 與此詩'骯髒', 可以互證)"라고 했다.

(23) 儀刑(의형): 본보기.

(24) 遒(주): 다하다. 끝나다. 이 연은 등보가 후인들에게 좋은 본보기만 남겨 놓고 세상을 떠나 버린 것을 안타까워한 것이다.

(25) 挽語(만어): 애도하는 말. 소식 자신의 이 挽詞를 가리킨다.

1165. 元祐五年十二月十二日, 同景文(1)·義伯(2)·聖途(3)·次元(4)·伯固(5)·蒙仲(6)遊七寶寺(7), 題竹上

원우 5년(1090) 12월 12일에 경문·의백·성도·차원·백고·몽중과 함께 칠보사를 유람하고 대나무 위에 쓴 시

結根豈殊衆,(8)	뿌리를 내린 거야 어찌 다른 대나무와 다르랴만
修柯獨出林.	기다란 가지가 유독 숲 밖으로 나왔네.
孤高不可恃,(9)	홀로 높이 솟아 있어 의지할 데 없구나
歲晚霜風侵.	세밑이라 서릿바람이 침범하는데.

[해설]

항주의 칠보사에 놀러 갔다가 유난히 키가 큰 대나무를 보고 그 감회를 읊어서 대나무 위에다 써 놓은 것이다.

[주석]

(1) 景文(경문): 당시 兩浙兵馬都監으로서 杭州에 주재한 劉季孫의 字. 〈次韻答劉景文左藏〉(1096) 주 (1) 참조.

(2) 義伯(의백): 查愼行의 《蘇詩補註》에 "의백은 어떤 사람인지 고찰할 수 없다(義伯無可考)"라고 했다.

(3) 聖途(성도): 사신행의 《소시보주》에 "성도는 장천기의 자이다(聖途, 張天驥字)"라고 했다. 장천기는 徐州 서남쪽의 雲龍山에 은거하던 도사로 소식이 徐州知州로 재임할 때 가까이 지냈던 사람이다. 〈過雲龍山人張天驥〉(0490) 주 (3) 참조.

(4) 次元(차원): 周敦頤의 아들 周燾의 字. 〈次周燾韻幷敍〉(1113) 주 (1) 참조.

(5) 伯固(백고): 蘇堅의 字. 〈次韻蘇伯固主簿重九〉(1154) 주 (1) 참조.

(6) 蒙仲(몽중): 당시 越州知州로 재임 중이던 錢勰의 아들. 〈次韻劉景文送錢蒙仲三首〉(1135) 주 (2) 참조.

(7) 七寶寺(칠보사): 《咸淳臨安志》에 "칠보원은 관교 동쪽에 있다. 옛날에는 칠보산에 있었다. 정명 7년(921)에 전씨가 세운 것으로 옛날 이름은 상방다복사였는데 대중상부(1008-1016) 초에 지금의 편액으로 바꾸었다(七寶院在盥橋東. 舊在七寶山. 貞明七年錢氏建, 舊名上方多福, 大中祥符初改今額)"라고 했다.

(8) 結根(결근): 뿌리를 내리다. 〈古詩十九首〉에 "하늘대는 연약한 외로운 대나무가, 태산의 비탈에 뿌리를 내리기를(冉冉孤生竹, 結根泰山阿)"이라는 구절이 있다.

(9) 孤高(고고): 홀로 높이 솟다.

1166. 熙寧[1]中, 軾通守[2]此郡[3], 除夜, 直都廳[4]. 囚繫皆滿, 日暮不得返舍, 因題一詩於壁, 今二十年矣. 衰病之餘, 復忝[5]郡寄[6], 再經除夜, 庭事[7]蕭然[8], 三圄皆空. 蓋同僚之力, 非拙朽所致. 因和前篇[9], 呈公濟[10]·子侔[11]二通守

희령(1068-1077) 연간에 나는 이 고을에서 통판을 지냈는데 제야에 도청에서 숙직했다. 감방마다 죄수가 가득하여 해가 저물어도 관사로 돌아갈 수 없었던 것인데 이때 벽에다 시를 한 수 써 놓았는바 이제 20년이 되었다. 늙고 병든 뒤에 과분하게도 또 군수가 되어 다시 제야를 지내게 되었는데 공무가 별로 없고 감방 세 칸이 모두 비어 있었다. 아마도 동료들의 힘이지 서투르고 늙어 빠진 내가 이룬 상황이 아닐 것이다. 이로 인해 이전의 시에 화답하여 공제·자모 두 통판에게 준다

前詩

이전 시

除日當早歸,	제야라 일찍 집에 돌아가야 하는데
官事乃見留.[12][13]	관아의 일이 이처럼 나를 붙잡네.
執筆對之泣,	붓을 들고 바라보며 눈물을 흘리나니
哀此繫中囚.	구속 중인 이 죄수들이 참 안쓰럽네.
小人營餱糧,[14][15]	어린 백성이 양식을 구하려고 한 것이라
墮網不知羞.[16]	법망에 떨어져도 부끄러운 줄 모르네.
我亦戀薄祿,[17]	나도 역시 박봉에 연연하여서
因循失歸休.[18][19]	미적거리다 돌아가서 쉴 기회를 잃었네.
不須論賢愚,[20]	현명한 사람이든 어리석은 사람이든
均是爲食謀.	모두 먹고살기 위해 꾀하는 것이라네.
誰能暫縱遣,[21]	누가 잠시 저들을 풀어 줄 수 있을까?
閔默愧前修.[22][23]	딱해서 말이 안 나오나니 옛날 현인께 부끄럽네.

[해설]

항주통판으로 재임 중이던 희령 4년(1071) 제야에 지은 것이다. 생계유지를 위해 분투하다가 자신도 모르게 생계형 범죄를 저질러 감옥에 갇히게 된 죄수들에게 오히려 연민의 정을 표하고, 위정자의 한 사람으로서 그들을 그런 지경에 빠지게 한 책임을 통감하며 부끄러워했다. 당시 소식은 신법을 강행하던 왕안석(王安石)으로 인해 조정에서 밀려나 있었던 만큼 이면에 신법 시행의 문제점에 대한 비판의 칼날이 숨겨져 있는 것으로 보인다.

[주석]

(1) 熙寧(희령): 북송 신종의 연호(1068-1077).
(2) 通守(통수): 通判. 지위가 태수 바로 아래인 지방관이다.
(3) 此郡(차군): 杭州를 가리킨다.
(4) 都廳(도청): 총괄 廳舍. 《咸淳臨安志》에 "항주에는 통판북청·동청·남청이 있고 또 도청도 있었다(杭州有通判北廳·東廳·南廳, 又有都廳)"라고 했다.
(5) 忝(첨): 과분하다. 외람되다.
(6) 郡寄(군기): 군에 寄居하다. 군수가 되는 것을 가리킨다.
(7) 庭事(정사): 관청의 일.
(8) 蕭然(소연): 적다. 별로 없다.
(9) 前篇(전편): 희령 4년(1071) 제야에 지은 시, 즉 〈前詩〉를 가리킨다. 王文誥의 《蘇文忠公詩編注集成總案》〈熙寧四年辛亥〉에 "제야에 도청에서 숙직했다. 감방마다 죄수가 가득하여 해가 저물어도 관사로 돌아갈 수 없었던 것인데 이때 벽에다 시를 한 수 써 놓았다(除夕值都廳. 囚繫皆滿, 日暮不得返舍, 題壁間詩)"라고 했다.
(10) 公濟(공제): 당시 항주통판으로 재임 중이던 袁轂의 字. 〈次韻袁公濟謝芎椒〉(1141) 주 (1) 참조.
(11) 子侔(자모): 구체적인 행적이 알려져 있지 않다.
(12) 乃(내): 이처럼.
(13) 見留(견류): 나를 붙잡다. 〈次韻錢越州見寄〉(1099) 주 (2) 참조.
(14) 小人(소인): 평민. 소시민.
(15) 營餱糧(영후량): 양식 얻기를 꾀하다. 생계유지를 도모한다는 말이다.
(16) 墮網(타망): 法網에 떨어지다. 법률을 위반하여 체포되는 것을 가리킨다.
(17) 薄祿(박록): 적은 俸祿. 박봉.
(18) 因循(인순): 미적거리다.
(19) 歸休(귀휴): 관직을 그만두고 고향으로 돌아가서 은거하는 것을 가리킨다.
(20) 不須論(불수론): 따질 필요가 없다.

(21) 縱遣(종견): 석방하다.
(22) 閔默(민묵): 가엽게 여겨서 말을 못하다.
(23) 前修(전수): 이전의 현인. 前賢.

今詩
지금 시

山川不改舊,	산천은 옛 모습을 안 바꾸지만
歲月逝肯留.(1)	세월이야 흘러가지 어찌 머물리?
百年一俯仰,(2)	백 년도 고개 한 번 숙였다 드는 시간인데
五勝更王囚.(3)(4)	오행이 서로 이겨 흥망이 교체하네.
同僚比岑范,(5)(6)	동료들은 잠질과 범방에 비견될 정도라
德業前人羞.(7)(8)	덕망이나 업적이나 이전 사람이 부끄럽네.
坐令老鈍守,(9)	마침내 늙고 둔한 이 태수로 하여금
嘯諾獲少休.	휘파람 불며 결재하고 휴식을 좀 얻게 하네.
却思二十年,(10)	스무 해를 돌이켜 생각해 보니
出處非人謀.(11)(12)	나가고 머문 것이 꾀한 일이 아니었네.
齒髮付天公,(13)	이와 머리카락은 하느님께 맡길 일
缺壞不可修.(14)	빠지고 망가지면 고칠 수가 없다네.

[해설]

희령 4년(1071) 제야에 지은 자신의 시에 차운한 것으로, 항주통판 시절의 자신과 비교함으로써 두 현직 항주통판의 인품과 능력을 한껏 칭송했다.

[주석]

(1) 肯(긍): 어찌.
(2) 俯仰(부앙): 고개를 한 번 숙였다 드는 짧은 시간을 가리킨다.

(3) 五勝(오승): 물이 불을 이기고, 불이 쇠를 이기고, 쇠가 나무를 이기고, 나무가 흙을 이기고, 흙이 물을 이긴다(水勝火, 火勝金, 金勝木, 木勝土, 土勝水)고 하는 五行相勝, 즉 五行相剋을 가리킨다. 흥망성쇠가 번갈아 일어나는 현상을 가리킨다.

(4) 王囚(왕수): 음양오행설에서 흥망성쇠를 뜻한다. '王'은 '旺盛'이라는 뜻이고 '囚'는 '구속'이라는 뜻으로 '쇠퇴'를 가리킨다.

(5) 同僚(동료): 공제(원곡)와 자모를 가리킨다.

(6) 岑范(잠범): 岑晊과 范滂. 후한 때 汝南太守 宗資는 功曹 범방에게 일을 일임하고 南陽太守 成瑨은 功曹 잠질에게 일을 일임했기 때문에 두 고을에 "여남태수는 범방이라 종자는 결재나 하고, 남양태수는 잠질이라 성진은 앉아서 휘파람이나 분다"라는 말이 퍼졌다.(《後漢書·黨錮傳》 참조) 태수가 일을 일임할 수 있을 정도로 유능한 보좌관을 가리킨다.

(7) 德業(덕업): 덕망과 업적. 항주통판인 원곡과 자모의 덕망과 업적을 가리킨다.

(8) 前人(전인): 이전에 항주통판을 지낸 소식 자신을 가리킨다. 이 연은 원곡·자모 두 통판이 인품도 훌륭하고 정치적 업적도 많기 때문에 이전의 항주통판이었던 자신이 그들 보기에 부끄럽다는 뜻으로, 두 통판의 인품과 능력을 한껏 칭송한 것이다.

(9) 坐(좌): 마침내.

(10) 却思(각사): 돌이켜 생각하다. 李白의 시 〈對酒憶賀監〉에 "금 거북이를 술로 바꿔 마시던 곳을, 돌이켜 생각하니 눈물이 수건을 적신다(金龜換酒處, 却憶淚沾巾)"라는 구절이 있다.

(11) 出處(출처): 원래 出仕와 隱居를 가리키지만 여기서는 지방으로 나가게 된 것과 조정에 남아 있게 된 것을 가리킨다.

(12) 人謀(인모): 사람이 도모한 일. 이 구절은 자신이 지방으로 쫓겨난 것이나 조정에 남아 있었던 것이나 다 사람이 꾀한 일이 아니라 하늘의 뜻에 의하여 이루어진 일이었다는 말이다.

(13) 齒髮(치발): 이와 머리카락.

(14) 缺壞(결괴): 없어지고 파괴되다. 이 연은 두 통판이 이가 빠지거나 머리가 센 일로 울적해하는 것을 보고 그런 일은 하늘에 맡기고 초연하게 살라고 충고한 말인 것으로 보인다.

卷33

古今體詩六十一首

고체시 및 근체시 61수

권33에는 용도각학사충양절서로병마검할지항주군주사(龍圖閣學士充兩浙西路兵馬鈐轄知杭州軍州事)로 근무 중이던 원우 6년(1091) 1월부터 한림학사승지(翰林學士承旨)를 거쳐 다시 용도각학사지영주군주사(龍圖閣學士知潁州軍州事)에 임명되어 도성을 떠나기 직전까지의 시 61수가 수록되어 있다.

蘇軾

1167. 次韻楊公濟[1]奉議[2]梅花十首

매화를 읊은 봉의랑 양공제의 시에 차운하여

其一

梅梢春色弄微和,[3][4]	매화나무 꼭대기에 봄빛이 살짝 도는데
作意南枝剪刻多.[5][6]	특별히 남쪽 가지에 많이 오리고 꾸며 놨네.
月黑林間逢縞袂,[7]	달이 침침한 숲속에서 흰 소매의 선녀를 만나
霸陵醉尉誤誰何.[8][9]	취한 패릉위가 실수로 수하하겠네.

其二

相逢月下是瑤臺,[10]	달밤에 우리가 만난 곳은 바로 요대
藉草淸樽連夜開.[11]	풀밭에 앉아 술동이를 밤새도록 열고 있네.
明日酒醒應滿地,	내일 아침 술이 깨면 온 땅에 가득하여
空令飢鶴啄莓苔.[12]	공연히 배고픈 학에게 이끼를 쪼게 하겠네.

其三

綠髮尋春湖畔回,[13][14]	머리 검을 때 호숫가에서 봄놀이하고 돌아왔는데
萬松嶺上一枝開.[15]	만송령 위에 한 가지가 피어 있었네.

而今縱老霜根在,[16]	이제 비록 늙었지만 서리 맞고도 꿋꿋한 뿌리가 있으니
得見劉郎又獨來.[17][18]	유랑이 또 혼자 온 걸 볼 수 있겠네.

其四

月地雲階漫一樽,[19]	달나라의 구름 섬돌에서 마음껏 마셨나니
玉奴終不負東昏.[20][21]	옥노는 끝까지 동혼후를 저버리지 않았건만
臨春結綺荒荊棘,[22]	임춘각과 결기각이 황폐해져 가시밭이 되었나니
誰信幽香是返魂.[23]	그 누가 믿었으리 그윽한 향기라야 회생한다고?

其五

日出冰凘散水花,[24][25]	해 나오자 얼음 조각에서 물보라가 뿌려지고
野梅官柳漸攲斜.[26]	들매화나무와 버드나무가 점점 비스듬히 기울어지는 이때
西郊欲就詩人飲,[27]	서쪽 교외로 시인을 찾아가 술을 마시고 싶다
黃四娘東子美家.[28][29]	황사낭 집 동쪽에 있는 두자미의 집에서.

其六

君知早落坐先開,[30]	먼저 피었기 때문에 일찍 지는 줄 잘 아실 테니
莫著新詩句句催.	새 시를 지어 구구절절 재촉하지 마시길.
嶺北霜枝最多思,[31]	고개 북쪽의 서리 맞은 가지는 그리움이 가장 많아
忍寒留待使君來.[32]	추위를 참고 남아서 사또가 오기를 기다리리.

其七

冰盤未薦含酸子,[33][34][35]	얼음 쟁반에 시큼한 열매를 바치기 전에
雪嶺先看耐凍枝.	눈 덮인 고개에서 추위 견딘 가지를 먼저 보라.
應笑春風木芍藥,[36]	봄바람 앞의 목작약은 살이 많고 뼈대가 약해

豐肌弱骨要人醫.　　사람에게 치료를 받아야 한다고 틀림없이 웃으리라.

其八

寒雀喧喧凍不飛,[37][38]　　참새가 짹짹대며 추워서 날지는 못하고
遶林空啅未開枝.　　숲을 맴돌며 꽃이 덜 핀 가지나 쪼아 보네.
多情好與風流伴,[39]　　다정하게도 걸출한 사람과 짝하기를 좋아하나
不到雙雙燕語時.　　쌍쌍이 제비들이 조잘댈 때까지는 안 있네.

其九

鮫綃剪碎玉簪輕,[40][41][42]　　교인의 생사가 잘려 나가 옥비녀가 가벼운데
檀暈粧成雪月明.[43][44]　　연홍색 단장이 완성되고 명월이 밝다.
肯伴老人春一醉,[45]　　봄에 취하는 노인의 짝이 되어 주려 하니
懸知欲落更多情.[46]　　떨어지려 할 무렵에 더욱 다정한 줄 알겠다.

其十

縞裙練帨玉川家,[47][48][49]　　흰 치마 입고 명주 수건 찼다는 옥천자의 집
肝膽清新冷不邪.[50][51]　　간담이 맑고 산뜻한 게 차가워서 사악하지 않다 했나니
穠李爭春猶辦此,[52][53][54]　　흐드러진 자두꽃이 봄빛을 뽐내도 이랬거늘
更教踏雪看梅花.[55]　　더욱이나 눈을 밟고 매화를 보게 함에랴!

[해설]

항주통판인 양반이 매화를 읊은 시를 10수 짓자 이 시들에 차운하여 지은 것이다.

[주석]

(1) 公濟(공제): 楊蟠의 字. 《宋史·楊蟠傳》에 "양반은 자가 공제이며 장안(지금의 절강성 臨海) 사람이다. 진사 시험에 급제하여 밀주와 화주의 추관이 되었다. 구양수가 그의 시를 칭송했는데, 소식이 항

주지주로 재임할 때 양반이 항주통판의 일을 맡고 있어서 소식과 창화한 것이 다수를 차지했다. 평생에 지은 시가 수천 편이다(楊蟠, 字公濟, 章安人也. 擧進士, 爲密·和二州推官. 歐陽修稱其詩, 蘇軾知杭州, 蟠通判州事, 與軾倡酬居多. 平生爲詩數千篇)"라고 했다.

(2) 奉議(봉의): 奉議郞. 관직 이름.

(3) 弄(농): 드러내다. 보이다.

(4) 微和(미화): 경미한 온화함.

(5) 作意(작의): 고의로. 특별히.

(6) 剪刻(전각): 가위로 오려서 아름답게 꾸미다. 봄빛이 대지를 곱게 물들이는 것을 가리킨다. 范成大의 시 〈次韻宣州西園〉에 "동군이 오려서 꾸밀 필요도 없이, 상공의 필력이 봄을 되돌려 놓았군요(不待東君能剪刻, 相公筆力挽回春)"라는 구절이 있다.

(7) 縞袂(호메): 하얀 명주옷의 소매. 흰옷을 입은 매화의 화신을 가리킨다. 수나라 개황(581-600) 연간에 趙師雄이 羅浮山 지역으로 폄적되었는데 하루는 숲속에서 쉬고 있자니 흰옷을 입고 옅게 화장한 여인이 나와서 맞이했다. 조사웅은 그 여인과 함께 술을 마시다가 그만 잠이 들었다. 한참이 지난 뒤에 일어나 보니 자신이 커다란 매화나무 밑에 있었다.(柳宗元, 〈龍城錄〉 참조)

(8) 霸陵醉尉(패릉취위): 술에 취한 霸陵縣尉. 한나라 장군 李廣은 藍田에 있는 종남산 밑에 은거하면서 사냥을 즐겼는데 어느 날 밤에 기마병 한 사람을 데리고 산으로 나가 일반인들과 한데 어울려 밭에서 술을 마셨다. 초소로 돌아오자 霸陵尉가 술에 취해 이광에게 야단을 치며 앞을 막았다. 이광의 기마병이 "옛날의 이 장군이시오"라고 하자 패릉위가 "지금의 장군도 야간 통행을 할 수 없는데 무슨 일이오?"라고 하며 이광의 앞을 막아 초소 밑에서 자게 했다. 얼마 안 지나 다시 右北平太守로 기용되었을 때 이광은 패릉위의 목을 베어 버렸다.(《漢書·李廣傳》 참조)

(9) 誰何(수하): 수하하다. 군사 용어로, 주위가 너무 어두워서 상대방의 정체를 식별하기 어려울 때 경비병이 "누구야!" 하고 아군끼리 약속한 암호를 확인하는 등의 방법으로 상대방의 정체를 확인하는 것을 가리킨다. '何'는 '呵'와 같이 큰 소리로 따져 묻는 것을 가리킨다. 이 구절은 술에 취해 이광을 못 알아본 그 옛날의 패릉위가 있다면 매화나무를 흰옷 입은 사람으로 착각하고 "누구야!"라고 하겠다는 말이다.

(10) 瑤臺(요대): 신선이 사는 옥으로 지은 누대. 仙境을 가리킨다. 《拾遺記·崑崙山》에 "그 옆에 옥으로 지은 누대가 열두 채 있는데 각각 너비가 천 보이며 모두 오색 옥을 기초로 삼았다(傍有瑤臺十二, 各廣千步, 皆五色玉爲臺基)"라고 했다.

(11) 藉(자): 깔고 앉다. 이 연은 소식과 양반이 풀밭에 앉아서 매화를 감상하며 밤새도록 술을 마시는 모습이 꼭 신선 같다는 말이다.

(12) 莓苔(매태): 이끼. 이 연은 배고픈 학이 먹을거리라도 되는 줄 알고 괜히 이끼 위에 떨어진 매화꽃을 쪼아 보겠다는 말이다.

(13) 綠髮(녹발): 검푸른 머리카락. 젊은 사람의 머리카락을 가리키는바, 항주통판 시절의 소식 자신의 머리카락을 가리킨다.

(14) 尋春(심춘): 경치 좋은 곳을 찾아가서 봄빛을 즐기다.

(15) 萬松嶺(만송령): 항주 西湖 동남쪽에 있는 산. 《咸淳臨安志》에 "만송령은 화녕문 밖의 서령에 있는바, 옛날에 길 양쪽에 소나무를 심어 놓았다(萬松嶺在和寧門外西嶺上, 舊夾道栽松)"라고 했다. 《中國歷史地名大辭典·萬松嶺》(魏嵩山 主編, 廣東教育出版社, 1995년 제1판, 60쪽)에 "일명 봉령이라고도 한다. 지금의 절강성 항주시 서남쪽에 있다(一名鳳嶺. 在今浙江杭州市西南)"라고 하고, 《百度漢語·鳳嶺》에 "바로 봉황산이다. 지금의 절강성 항주시 동남쪽에 있다. 북쪽으로 서호와 가깝고 남쪽으로 전당강 강변과 붙어 있다. 모양이 날아가는 봉황과 같기 때문에 이렇게 부른다. 송나라 사람 소식의 시 〈贈別〉에 '은근하게 헤어지던 곳 잊지 말게나, 호수의 동쪽이요 봉령의 서쪽이라네'라는 구절이 있다(卽鳳凰山. 在今浙江省杭州市東南. 北近西湖, 南接江濱. 形若飛鳳飛, 故名. 宋 蘇軾〈贈別〉詩: '慇懃莫忘分携處, 湖水東邊鳳嶺西.')"라고 한 것을 보면 지금의 봉황산이 바로 옛날의 만송령임을 알 수 있는데, 百度地圖를 보면 봉황산 부근에 萬松嶺路·萬松嶺停車場·萬松嶺隧道·萬松嶺公交站·萬松書院 등이 있다. 이 연은 항주통판 시절에 만송령에서 매화를 구경한 일을 회상한 것이다.

(16) 霜根(상근): 서리를 맞아서 하얀 뿌리. 서리를 맞고도 시들지 않는 뿌리를 가리킨다.

(17) 得(득): 할 수 있다.

(18) 劉郎(유랑): 劉禹錫을 가리킨다. 유우석의 시 〈再游玄都觀〉에 "복숭아나무 심은 도사는 어디로 갔나, 지난번의 유랑은 지금 다시 왔는데?(種桃道士歸何處, 前度劉郎今又來)"라고 했는데, 이 시의 서문에 "나는 정원 21년(805)에 둔전원외랑이 되었는데 이때 이 道觀에는 아직 꽃나무가 없었다. 이해에 連州刺史로 나갔다가 얼마 뒤에 낭주사마로 폄적되었다. 거기서 10년 동안 지낸 뒤에 경사로 불려 들어오니 사람마다 다들 어느 도사가 손수 복숭아나무를 심었다고 하는데 온 도관이 붉은 노을 같은지라 마침내 전편(〈元和十一年自朗州召至京戲贈看花諸君子〉)을 지어서 한때의 일을 기록했다. 얼마 안 지나서 또 자사로 나갔다가 14년이 지난 지금 다시 주객낭중이 되었다. 다시 현도관에 가서 노닐었더니 마치 쓸어 버린 것처럼 더 이상 한 그루도 남아 있지 않고 오로지 새삼과 귀리만이 봄바람에 흔들리고 있었다. 이로 인하여 다시 스물여덟 자를 써 놓고 훗날의 유람을 기다린다(余貞元二十一年爲屯田員外郎, 時此觀未有花木. 是歲, 出牧連州, 尋貶朗州司馬. 居十年, 召至京師, 人人皆言有道士手植仙桃, 滿觀如紅霞, 遂有前篇以志一時之事. 旋又出牧, 於今十有四年, 復爲主客郎中. 重游玄都, 蕩然無復一樹, 唯兔葵燕麥動於春風耳. 因再題二十八字, 以俟後游)"라고 했다. 이 연은 소식 자신이 항주에 와서 다시 매화를 보게 된 일을 유우석이 복숭아꽃을 보기 위해 다시 현도관에 간 일에 빗댄 것이다.

(19) 月地雲階(월지운계): 달나라의 구름 섬돌이라는 뜻으로 仙境을 가리키는바, 여기서는 높은 곳에 섬돌이 있는 齊나라의 높다란 궁전을 가리킨다.

(20) 玉奴(옥노): 매화의 별칭으로, 남조 시대 제나라 東昏侯의 貴妃 潘玉兒를 가리키기도 한다. 洪邁의 《容齋隨筆·續筆》에 "옥노는 바로 양귀비가 자신을 일컬은 말이고 반비는 이름이 옥아였다(玉奴乃楊貴妃自稱, 潘妃則名玉兒也)"라고 했고, 吳幵의 《優古堂詩話》에 "옥아는 潘妃의 어릴 적 이름으로 소동파가 이것을 두 번 썼는데 '兒'를 '奴'로 쓴 것은 오류지만 멋진 구절을 이루는 데 방해가 되지는

않는다(玉兒, 妃小字, 東坡蓋兩用此, 而以'兒'爲'奴'者, 誤也. 然不害爲佳句)"라고 했다. 그러나 王文誥의 《蘇軾詩集》에 "'奴'를 사람과 사물의 호칭으로 쓴 경우는 일일이 열거할 수 없을 만큼 많다(凡人與物呼以'奴'者, 不可悉數)"라고 했다. 梁나라 武帝가 제나라를 정벌한 뒤 경국지색인 반씨를 자기 궁중에 남겨 두고 싶어서 王茂에게 물었더니 왕무가 "제나라를 멸망하게 한 사람이 바로 이 사람입니다. 궁중에 남겨 두면 비난을 초래할까 두렵습니다"라고 하는지라 할 수 없이 포기했다. 그러자 主將인 田安이 자기한테 달라고 했다. 그랬더니 반씨가 눈물을 흘리면서 "한때 임금님의 총애를 받았는데 어찌 그보다 못한 사람의 배필이 되겠습니까? 죽으면 죽었지 의리상 능욕을 당할 수는 없습니다"라고 했다.(《南史·王茂傳》 참조) 여기서는 중의적인 표현으로 매화를 가리키면서 동시에 반옥아를 가리키기도 한다. 李綱의 시 〈葉夢授送家園梅花且以絶句十五章見示次其韻〉 其十五에도 '玉奴'를 중의적으로 사용하여 "초목이 다 얼어 죽은 산속 마을에, 오로지 매화만이 다시 살아날 줄 아네. 연약한 뿌리가 눈서리 앞에 도도하니, 옥노가 끝까지 동혼후를 저버리지 않은 모습이네(草木凍死山中村, 惟有梅花解返魂. 弱植孤根傲霜霰, 玉奴終不負東昏)"라고 했다.

(21) 東昏(동혼): 동혼후. 제나라의 여섯 번째 황제로 반비를 데리고 황음무도한 짓을 일삼다가 宦官에게 살해당하고 동혼후라는 시호를 얻었다. 이 구절은 반옥아가 양나라 主將 전안에게 시집가지 않은 일을 가리키면서 비유적으로 매화가 매화 애호가의 기대를 저버리지 않고 해마다 다시 피는 것을 가리킨다.

(22) 臨春結綺(임춘결기): 임춘각과 결기각. 남조 시대의 陳나라 後主가 세운 누각. 진나라 후주가 지덕 2년(584)에 光照殿 앞에 임춘각·결기각·望仙閣 등 세 채의 누각을 지었는데 높이가 몇십 자에 달하고 방이 수십 칸이었으며, 창·난간·문틀 등에 모두 沈香木을 사용했기 때문에 바람이 불면 몇 리 밖에까지 향기가 났다. 그 뒤로 후주는 임춘각에 거처하고 장귀비(張麗華)는 결기각에 거처했다.(《陳書·張貴妃傳》 참조)

(23) 返魂(반혼): 回生하다. 부활하다. 漢나라 무제 때 서역의 月氏國에서 반혼향을 바쳤는데 이 향을 피우면 죽은 사람을 되살릴 수 있었다고 한다.(《海內十洲記》 참조) 1년에 두 번 피는 매화 또는 보통 매화의 향을 반혼향이라고 한다. 이 연은 임춘각과 결기각이 침향목으로 지어졌기 때문에 매우 향기로웠지만 그곳에 거처한 진나라 후주와 장려화가 부활하지 못한 것은 그 향이 매화 향처럼 은은하지 않고 너무 짙었기 때문인데 그 이치를 아는 사람이 없었다는 말이다.

(24) 冰澌(빙시): 유빙. 반쯤 녹아서 물 위에 떠다니는 얼음장.

(25) 水花(수화): 물보라. 이 구절은 매화나무에 서려 있던 안개가 가지에 얼어붙어 있다가 해가 뜨자 녹아서 여기저기 물방울이 떨어지는 모습을 묘사한 것인 듯하다.

(26) 官柳(관류): 관아에서 심은 버드나무. 대로변에 심은 버드나무. 이 구절은 매화나무에는 꽃이 점점 많이 피고 버드나무에는 잎이 점점 많이 돋아서 그 무게 때문에 가지가 조금씩 처진다는 말이다.

(27) 詩人(시인): 양반을 가리킨다.

(28) 黃四娘(황사낭): 杜甫의 시 〈江畔獨步尋花七絶句〉 其六에 "황사낭의 집에는 꽃이 길을 메웠는데, 천 송이 만 송이가 가지를 나직이 누르네(黃四娘家花滿蹊, 千朶萬朶壓枝低)"라는 구절이 있다.

(29) 子美(자미): 두보의 字. 이 연은 양반이 원시에서 자기 이웃집에 매화가 많이 피었다고 하자 소식이 그 이웃집을 황사낭 집에 비유하고 양반을 두보에 비유한 것인 듯하다.

(30) 坐(좌): ~에 기인하다. ~에서 비롯되다.

(31) 嶺北(영북): 고개의 북쪽.

(32) 使君(사군): 태수에 대한 존칭. 杭州知州인 소식 자신을 가리킨다. 이 연은 음지인 고개 북쪽의 매화가 고개 남쪽의 매화보다 늦게 피는 것을 자신을 기다리느라 늦게 핀다고 해학적으로 표현한 것이다.

(33) 冰盤(빙반): 얼음처럼 희고 깨끗한 쟁반.

(34) 薦(천): 바치다.

(35) 含酸子(함산자): 신맛을 지니고 있는 열매. 매실을 가리킨다.

(36) 木芍藥(목작약): 작약의 일종. 《松窗雜錄》에 "개원(713-741) 연간에 궁중에서 처음으로 목작약을 중시하기 시작했으니 바로 지금의 모란이다(開元中, 禁中初重木芍藥, 卽今牡丹也)"라고 한 바와 같이 모란을 가리키기도 했다. 이 연은 꽃송이가 크고 두꺼운 반면 가지가 너무 가늘어서 연약하기 짝이 없어 보이는 목작약과 비교함으로써 매화나무의 꿋꿋하고 강인한 기질을 칭송한 것이다.

(37) 寒雀(한작): 추운 계절의 참새.

(38) 喧喧(훤훤): 시끄럽게 우짖는 모양. 이 연은 아직 날씨가 풀리지 않아 벌레들이 나오지 않기 때문에 참새들이 멀리 날아가서 먹이를 찾지는 못하고 매화나무에 앉아 아직 덜 핀 꽃봉오리나 쪼고 있다는 뜻으로, 추위를 무릅쓰고 일찍 피는 매화의 속성을 묘사한 것이다.

(39) 風流(풍류): 걸출한 사람. 이 연은 매화가 기상이 높고 절개가 곧은 사람들의 사랑을 많이 받지만 제비가 돌아올 무렵이면 다 져 버린다는 뜻으로, 따뜻한 곳만 찾아다니는 철새들의 생태를 못마땅하게 생각한 것이다.

(40) 鮫綃(교초): 교인의 生絲. 남해 바깥에 鮫人들이 사는데 이들은 생사를 잘 짠다고 한다. 여기서는 흰색 매화를 가리킨다.

(41) 剪碎(전쇄): 가위로 잘라서 부수다. 매화가 떨어지는 것을 가리킨다.

(42) 玉簪(옥잠): 옥처럼 매끈하고 가는 매화나무의 가지를 가리킨다.

(43) 檀暈(단훈): 옅은 홍색. 소식의 시 〈紅梅三首〉(0734) 其一에 "일부러 불그레한 복숭아꽃과 살구꽃 색을 내 보지만, 아직도 눈서리의 고고한 자태가 남았구나(故作小紅桃杏色, 尙餘孤瘦雪霜姿)"라는 구절이 있다.

(44) 雪月(설월): 눈처럼 희고 밝은 달. 명월. 이 연은 백매가 지고 홍매가 피었다는 말이다.

(45) 老人(노인): 소식 자신을 가리킨다.

(46) 懸知(현지): 미루어 알다. 추측하다. 이 연은 자신이 매화나무 밑에서 술을 마시는 동안 떨어질 때가 다 된 매화가 떨어져 버리지 않고 붙어 있어 주었다는 말이다.

(47) 縞裙(호군): 흰색 비단 치마. 흰 매화를 가리킨다.

(48) 練帨(연세): 삶아서 희고 부드럽게 된 명주 수건. 흰 매화를 가리킨다.

(49) 玉川(옥천): 玉川子. 당나라 시인 盧仝의 호. 韓愈의 시 〈李花二首〉 其二에 "밤에 장철을 데리고 노

동의 집에 가니, 구름을 타고 함께 옥황상제 집에 간 듯, 키다리 첩과 향내 나는 아내가 사방에 늘어섰는데, 흰 치마와 누인 수건이 다르지 않네(夜領張徹投盧仝, 乘雲共至玉皇家. 長姬香御四羅列, 縞裙練帨無等差)"라는 구절이 있다.

(50) 肝膽(간담): 간과 쓸개. 몸의 내부 기관 또는 속마음을 가리킨다. 한유의 시 〈李花二首〉 其二에 "맑고 찬 기운이 뼈를 씻어 간담이 맑아지니, 일생토록 생각이 사악할 수 없겠네(淸寒瑩骨肝膽醒, 一生思慮無由邪)"라는 구절이 있다.

(51) 不邪(불사): 사악하지 않다. 《論語·爲政》에 "《시경》의 시 300편을 한마디로 개괄한다면 생각에 사악함이 없다고 하겠다"(《詩》三百, 一言以蔽之, 曰思無邪)"라고 한 孔子의 말이 있다. 이 구절에 대하여 紀昀의 《蘇文忠公詩集》에 "두 번째 구절은 말이 되지 않는다(次句不成語)"라고 했다.

(52) 爭春(쟁춘): 봄을 맞아 다투어 아름다움을 뽐내는 것을 가리킨다.

(53) 猶(유): 오히려.

(54) 辦此(판차): 이 상태를 이루다.

(55) 教(교): ~로 하여금 ~하게 하다. 이 연은 한유가 자두꽃만 보아도 생각에 사악함이 없어질 지경이라고 했는데 소식 자신은 지금 눈 속에 핀 고결한 매화를 보고 있으니 더욱이나 생각에 사악함이 없다는 말이다.

1168. 謝關景仁[1]送紅梅栽二首

관경인이 홍매 묘목을 보내 준 것에 감사하여

其一

年年芳信負紅梅,[2]	해마다 꽃 소식 오면 홍매에게 빚진 마음인데
江畔垂垂又欲開.[3]	강가에 조금씩 또 피려고 하네.
珍重多情關令尹,[4]	진중하게 여기나니 영윤 관씨가 정이 많아
直和根撥送春來.[5][6][7]	뿌리와 줄기를 붙인 채 곧장 봄을 보내 줬네.

其二

爲君栽向南堂下,[8][9]	그대를 위하여 남당 밑에 심어 두고
記取他年著子時.[10]	훗날 열매 맺힐 때에 기억하겠네.
酸釅不堪調衆口,[11][12]	너무 시면 여러 사람의 입에 맞을 수 없지만
使君風味好攢眉.[13][14]	태수는 눈썹이 찌푸려지는 맛을 좋아한다네.

[해설]

관경인이 홍매 묘목을 보내 주자 그 일에 감사하는 마음을 표하기 위하여 지은 것이다.

[주석]

(1) 關景仁(관경인): 越州(지금의 절강성 紹興) 또는 錢塘(지금의 절강성 杭州) 사람으로 字가 子開 또는 彦長이다. 《會稽續志》에 "관경인은 월주 사람이다. 유휘가 장원 급제자였던 가우 4년(1059)의 진사 시험에 급제했다(關景仁, 越州人. 嘉祐四年劉煇榜進士)"라고 했고, 《夷堅志》에 "자개 관경인은 전당 사람이다(關景仁子開, 錢塘人)"라고 했으며, 《宋詩紀事》에 "관경인은 자가 언장으로 전당 사람이며 관로의 아들이다(景仁字彦長, 錢塘人, 魯之子)"라고 했다.

(2) 負(부): 빚진 마음이 들다. 이 구절은 홍매를 묘사하는 시를 많이 짓지 못해서 홍매에게 빚을 진 것처럼 미안하다는 말이다.

(3) 垂垂(수수): 점점. 조금씩. 杜甫의 시 〈和裴迪登蜀州東亭送客逢早梅相憶見寄〉에 "강가의 한 그루가 조금씩 피어, 조석으로 재촉하매 절로 머리가 희어지네(江邊一樹垂垂發, 朝夕催人自白頭)"라는 구절이 있다.

(4) 關令尹(관령윤): 函谷關의 관문지기 윤씨 또는 令尹 관씨라는 뜻으로, 관경인을 가리킨다. 《列仙傳》에 "노자가 서쪽으로 유람을 떠났을 때 함곡관의 관문지기 윤희가 보랏빛 기운이 함곡관 위에 떠 있는 것을 보았는데 노자가 과연 푸른 소를 타고 지나갔다(老子西遊, 關令尹喜望見有紫氣浮關, 而老子果乘青牛而過也)"라고 했고, 《名勝志》에 "수경대는 봉상성 남쪽에 있고 숭성관은 그 옆에 있다. 윤희가 노자를 만나 《도덕경》을 전수 받고 물러나 이곳에 거주했다(授經臺, 在鳳翔城南, 崇聖觀在其側. 尹喜既見老子, 授五千言, 退而居此)"라고 했다. 소식은 묘사 대상 인물을 姓이 같은 이전의 名人에 비유하는 경우가 많은데, 이에 대하여 張道의 《蘇亭詩話》에 "소동파는 각종 전적에 두루 통달하여 여기저기서 종횡무진으로 거리낌 없이 전고를 취했는데 전고의 사용이 극도로 정교하여 마치 힘을 들이지 않은 것 같다. 특히 《사기》·《한서》·六朝史·唐史·《장자》·《열자》, 그리고 《능엄경》·《황정경》 등의 여러 경전과 李白·杜甫·韓愈·白居易의 시에 정통하여 마치 만 섬이나 되는 샘물이 도처에서 땅을 뚫고 마구 솟아오르는 것 같은바, 전고가 없는 곳이 없다. 그러나 그도 역시 몇 군데 잘못 쓴 곳이 있으니 예를 들면, '진중하게 여기나니 영윤 관씨가 정이 많아'에서 윤희를 관씨로 여긴 것이 그것이다. 소동파가 어찌 책을 읽지 않아서 이렇게 착오를 일으켰으리오? 다만 즉각적으로 얼른 응수하다 보니 점검할 겨를이 없었을 따름일 것이다. 이것은 신중하지 않은 병폐지만 역시 이 몇 구절에나 보일 뿐이다(東坡博極群籍, 左抽右取, 縱橫恣肆, 隸事精切, 如不著力. 尤熟于《史》·《漢》·六朝·唐史·《莊》·《列》·《楞嚴》·《黄庭》諸經及李·杜·韓·白詩, 故如萬斛泉源, 隨地噴湧, 未有無故實者. 然亦有數語記誤處, 如'珍重多情關令尹', 以尹喜爲關姓. 東坡豈不讀書, 繆舛如此? 特一時應酬迅疾, 不暇點檢耳. 此率之病也, 然亦纔見此數句)"라고 했다. 소식이 '關令尹'이 함곡관의 관문지기 윤희를 가리킨다는 사실을 몰랐을 리가 없으므로 성이 관씨인 관경인을 '關令尹'이라고 한 것은 세속적인 욕심을 버리고 초연하게 산 윤희에 빗댐으로써 관경인의 인품을 칭송하는 동시에 해학적인 맛도 더하려는 의도였을 것으로 보인다. 즉, 당시 관경인이 어느 고을의 令尹(지방 장관)으로 재임하고 있었기 때문에 중의적인 표현을 썼을 것으로 보인다.

(5) 和(화): 섞다. 합치다.

(6) 根撥(근발): 뿌리와 줄기.

(7) 春(춘): 곧 피려고 하는 홍매의 꽃봉오리를 가리킨다. 친구 范曄에게 매화를 보내면서 지은 陸凱의 시 〈贈范曄〉에 "강남에는 아무것도 보낼 것이 없는지라, 한 가지의 봄이나마 보내 드리네(江南無所有, 聊贈一枝春)"라는 구절이 있다. 이 구절은 관경인이 곧 꽃이 피려고 하는 홍매나무를 꽃이 필 때까지 기다리지 않고 곧장 통째로 보냈다는 말이다.

(8) 向(향): ~에.

(9) 南堂(남당): 查愼行의 《蘇詩補註》에 "선생의 시에는 '南堂'이 모두 두 번 보이는바, 하나는 황주에 있었으니 이른바 '남당만은 저 홀로 서남향이라, 얕은 시내에 돛대 천 개가 내려오는 것 누워서 본다'(〈南堂五首〉(0765) 其一)라고 한 것이고, 하나는 혜주의 백학봉 새집에 있었으니 '남당에는 이제 막 도끼 소리 끊어졌다'(〈次韻惠循二守相會〉(1482))라고 한 것이다. 이 시는 항주에서 지었으니 바로 군청이 있는 곳의 중화당을 가리킨다(先生詩中, '南堂'凡二見: 一在黃州, 所謂'南堂獨有西南向, 臥看千帆落淺溪'者也; 一在惠州白鶴峰新居, 所謂'南堂初絶斧斤音'者也. 此詩作於杭州, 卽府治之中和堂也)"라고 했다. 중화당은 항주 서호에 있었다.(魏嵩山 主編, 《中國歷史地名大辭典》, 廣東教育出版社, 1995년 제1판, 151쪽 참조)

(10) 記取(기취): 기억하다. '取'는 의미 없는 助字이다. 이 연은 관경인의 정성에 보답하기 위하여 홍매나무를 중요한 곳에 심어 놓겠으며, 또 매실이 열리면 그가 홍매를 보내 준 사실을 기억하겠다는 말이다.

(11) 酸釅(산엄): 신맛이 진하다.

(12) 調(조): 조화를 이루다. 입에 맞다.

(13) 使君(사군): 태수에 대한 존칭. 항주지주인 소식 자신을 가리킨다.

(14) 攢眉(찬미): 눈썹을 찌푸리다. 매우 시다는 말이다.

1169. 次韻劉景文[1]路分[2]上元

정월 대보름의 감회를 읊은 노분도감 유경문의 시에 차운하여

華燈閟艱歲,[3]	화려한 등불로 어려웠던 한 해를 마감하고
冷月挂空府.[4]	차가운 보름달이 빈 관아에 걸려 있는데
三吳重時節,[5][6]	삼오에선 명절을 중요시하는지라
九陌自歌舞.[7]	구맥에서 스스로 노래하고 춤추었네.
云從月幾望,[8][9]	달이 보름에 가까운 정월 열나흘부터
遂至一百五.[10]	마침내 백오 일째 되는 날까지 가는데
嘉辰可屈指,	좋은 때가 손꼽아 헤아려 볼 수 있고
樂事相繼武.[11]	즐거운 일들이 잇따라 있네.
今宵掃雲陣,[12]	오늘 밤엔 바람이 구름을 쓸어 내어
極目淨天宇.[13]	맑디맑은 하늘을 한껏 멀리 바라보며
嬉遊各忘歸,	즐겁게 노느라 다들 돌아가길 잊었나니
闐咽頃未睹.[14]	길을 메운 그 모습이 근래에 못 보던 것이었네.
飛毬互明滅,[15]	날아다니는 공이 번갈아 명멸하며
激水相呑吐.[16]	파도치는 물과 서로 삼켰다 토했다 했기에
老去反兒童,	늘그막에 어린애로 돌아갔는데
歸來尚鐃鼓.	돌아와서도 여전히 징과 북을 울렸네.
新年消暗雪,[17]	새해 들어 숨어 있던 잔설이 녹고

舊歲添絲縷.(18)	작년보다 실 한 올만큼 하루해가 길어졌나니
何時九江城,(19)	언제나 구강성에서
相對兩漁父.(20)	두 어부가 마주 볼까?

[해설]

이 시는 소식과 유계손이 함께 항주의 정월 대보름 정경을 구경하고 각자 집으로 돌아간 뒤에 유계손이 먼저 시를 지어 보내자 그것에 차운하여 지은 것인 듯하다. 끝부분에서 넌지시 전원으로 돌아가고 싶은 심경을 내비쳤다.

[주석]

(1) 景文(경문): 당시 兩浙兵馬都監으로서 杭州에 주재한 劉季孫의 字. 〈次韻答劉景文左藏〉(1096) 주 (1) 참조.

(2) 路分(노분): 路分都監의 약칭. 유계손의 관직인 兩浙兵馬都監을 가리킨다. 査愼行의 《蘇詩補註》에 "《직관분기》에 '노분도감'·'감압검할' 등의 이름이 있는데 모두 무인의 관직이다(《職官分紀》有'路分都監'·'監押鈐轄'之名, 皆武職也)"라고 했다.

(3) 閟(비): 닫다. 끝내다. 이 구절은 대보름의 흥겨운 분위기가 지난해의 힘들었던 일들을 다 잊게 해 준다는 말이다.

(4) 空府(공부): 인적 없는 杭州 관아를 가리킨다.

(5) 三吳(삼오): 오지방의 세 고을. 시대에 따라 가리키는 바가 달라 晉나라 때에는 吳興·吳郡·會稽를 가리켰고, 唐나라 때에는 吳興·吳郡·丹陽을 가리켰으며, 宋나라 때에는 蘇州·常州·湖州를 가리켰다. 長江 하류 지역을 두루 가리키기도 하는바, 여기서는 항주를 가리킨다.

(6) 時節(시절): 명절.

(7) 九陌(구맥): 長安城 안에 있던 아홉 갈래의 큰길. 널리 성안의 큰길을 가리키기도 하는바, 여기서는 항주의 큰길을 가리킨다.

(8) 云(운): 의미 없는 조사이다.

(9) 幾望(기망): '보름에 가깝다'는 뜻으로 음력 매월 14일을 가리킨다. 여기서는 대보름 전야인 1월 14일을 가리킨다.

(10) 一百五(일백오): 동지로부터 105일째인 寒食을 가리킨다. 이 연은 동지부터 시작된 연말연시 분위기가 한식날까지 죽 이어지는데 그중에서도 대보름 분위기는 1월 14일부터 시작된다는 말이다. 옛날에는 추수가 끝난 이때가 농한기였기 때문에 농민들이 풍요와 휴식을 누리며 즐겁게 지냈다.

(11) 繼武(계무): 뒤를 잇다. '武'는 足跡을 가리킨다.

(12) 雲陣(운진): 구름의 떼. 떼구름. 아주 많이 모여 있는 구름을 가리킨다.

(13) 極目(극목): 시력을 다하여 한껏 바라보다.

(14) 闐咽(전열): 가득 차다. 메우다.

(15) 飛毬(비구): 물 위에 떠다니는 공 모양의 등불을 가리킨다.

(16) 相吞吐(상탄토): 물 위에 떠 있는 등불과 일렁이는 파도가 번갈아 가며 보이다 말다 하는 것을 가리킨다. 王十朋의 《百家註分類東坡先生詩》에 "물 위에 띄운 등불을 말한다(謂水燈也)"라고 했다.

(17) 暗雪(암설): 바위 따위에 가려서 잘 안 보일 정도로 조금밖에 남아 있지 않은 殘雪을 가리킨다.

(18) 絲縷(사루): 실. 杜甫의 시 〈至日遣興奉寄北省舊閣老兩院故人〉에 "가난으로 근심하는 때를 누가 생각해 주리오, 조금씩 길어지는 해를 따라 근심도 날마다 늘어나는데?(何人却憶窮愁日, 日日愁隨一線長?)"라는 구절이 있는데, 이에 대하여 仇兆鰲의 《杜詩詳註》에 인용된 《歲時記》에는 "위진 시기에는 궁중에서 붉은 실을 가지고 해그림자를 쟀는데 동지가 지난 뒤에는 해그림자가 실 하나만큼씩 늘어났다(魏晉間, 宮中以紅線量日影, 冬至後日影添長一線)"라고 했고, 蔡夢弼의 《杜工部草堂詩箋》에 인용된 《唐雜錄》에는 "당나라 궁중에서는 여공으로 하여금 해의 길이를 재게 하고 동지가 지난 뒤 해그림자가 점점 길어지면 평소보다 실 하나만큼의 일을 더 하게 했다(唐宮中以女工揆日之長短, 冬至後日晷漸長, 比常日增一線之工)"라고 한바, 해시계에서 그림자가 나타나는 부분의 길이, 즉 낮의 길이가 하루에 실 한 가닥의 굵기만큼 길어지는 시간을 '一線'이라고 했음을 알 수 있다.

(19) 九江(구강): 지금의 강서성 구강으로 廬山의 북쪽이다. 소식의 자주에 "나는 옛날에 여산에 은거하려고 했고 유경문은 근래에 강주(구강)에 집을 사 두었다(予舊欲卜居廬山, 景文近買宅江州)"라고 했다.

(20) 兩漁父(양어부): 소식과 유계손을 가리킨다. 구강은 북쪽에 長江이 있고 남쪽에 鄱陽湖가 있어서 고기잡이하기 좋은 곳이다.

1170. 遊寶雲寺[1], 得唐彦猷[2]爲杭州[3]日送客舟中手書一絶句云: “山雨霏微[4]不滿空, 畫船來往疾輕鴻. 誰知獨臥[5]朱簾裏, 一榻無塵四面風?” 明日, 送彦猷之子坰[6]赴鄂州[7], 舟中遇微雨, 感歎前事, 因和其韻, 作兩首送之, 且歸其書唐氏

보운사에서 노닐다가 당언유가 항주를 다스릴 때 배 안에서 손님을 전송하며 손수 쓴 “부슬부슬 산비는 하늘 가득 차지 않고, 채색 배엔 오락가락 날렵한 기러기가 잽싸다. 누가 알리 붉은 발 안에 혼자 누워 있노라면, 먼지 없는 사방의 바람이 평상에 가득히 부는 줄을?”이라는 절구 한 수를 발견했는데, 이튿날 악주로 부임해 가는 당언유의 아들 당경을 전송하다가 배 안에서 가랑비를 만났기에 이전의 일에 감탄하며 그 시의 운자에 화답하여 두 수를 지어 그를 전송하고 또 그 글씨를 당씨에게 돌려주었다

其一

二妙凋零筆法空,[8][9]	두 묘수가 가신 뒤로 필법이 없어졌는데
忽驚雲海戲羣鴻.[10]	구름과 바다에 기러기 떼가 노는 것에 깜짝 놀랐네.
淸詩不敢私囊篋,[11][12]	청아한 시를 내가 감히 사사로이 가질 수 없는 것은
人道黃門有父風.[13][14][15]	황문랑에게 부친의 풍도가 있다고들 하기 때문이네.

其二

出處榮枯一笑空,[16][17]	지방으로 나가는 것과 조정에 남아 있는 것 번영하는 것과 쇠락하는 것을 공허하다 일소에 부치고
十年社燕與秋鴻.[18]	추사에 가는 제비와 가을에 오는 기러기처럼 십 년 동안 언뜻언뜻 만났다가 헤어졌네.
誰知白首長河路,[19]	누가 알았으리 백발이 된 채 장하언의 둑길에서
還臥當時送客風.[20]	나그네 보낸 당시의 바람 앞에 다시 눕게 될 줄을?

[해설]

악주로 부임해 갈 당경을 전송하기로 한 날 하루 전에 보운사로 놀러 갔다가 공교롭게도 그의 부친 당순이 비바람 속에 손님을 전송한 감회를 읊어 손수 쓴 절구를 발견하고 당경에게 주기 위해 가지고 왔는데 이튿날 그를 전송할 때에도 옛날처럼 비바람이 치는 것을 보고 당순의 시에 차운하여 지은 것이다.

[주석]

(1) 寶雲寺(보운사): 《咸淳臨安志》에 "북산의 보운사는 건덕 2년(964)에 전씨가 세웠다. 옛날에는 천광왕사라고 불렀는데 옹희 2년(985)에 지금의 편액으로 바꾸었다(北山寶雲寺, 乾德二年錢氏建. 舊名千光王寺, 雍熙二年改今額)"라고 했다.

(2) 彦猷(언유): 唐詢의 字. 《事實類苑》에 "언유 당순은 마음이 청정하고 욕심이 적어 세속적인 일을 마음에 두지 않았다. 공무가 끝나면 쓸쓸한 방에서 오로지 시를 읊고 글씨를 쓰고 차를 끓이고 먹을 시험하며 세월을 보낼 뿐이었다(唐彦猷詢, 淸簡寡欲, 不以世務爲意. 公退, 一室蕭然, 惟吟詩臨書, 烹茶試墨, 以此度日)"라고 했다.

(3) 杭州(항주): 지금의 절강성 항주.

(4) 霏微(비미): 눈이나 비가 가늘게 내리는 모양.

(5) 獨臥(독와): 손님을 보내고 난 뒤에 쓸쓸하게 혼자 누워 있는 것을 가리킨다.

(6) 坰(경): 당순의 아들로 字가 林夫였다. 소식의 시 〈孫莘老寄墨四首〉(0863)에 "근자에 당 선생이, 멀리까지 검은 옥결을 갖다주었다(近者唐夫子, 遠致烏玉玦)"라고 했는데 이에 대한 소식의 자주에 "당임부가 장우가 만든 먹 반 개를 주었다(唐林夫寄張遇墨半丸)"라고 했고, 施元之의 《施注蘇詩》에 "당임부는 이름이 경이며 희령(1068-1077) 연간에 동지간원을 지낸 적이 있다(林夫, 名坰. 熙寧間嘗同知諫院)"라고 했다. 또 董其昌의 〈書硯銘〉에 "소동파가 〈唐林夫惠硯〉을 써서 '사주에 이르렀을 때 채경번(蔡承禧)을 만났더니 당임부에게 편지를 부쳐 나에게 단주에서 만든 벼루 한 개와 장우가 만든 먹 반 개를 주게 했다'라고 했다(東坡書〈唐林夫惠硯〉云: '行至泗州, 見蔡景繁, 附唐林夫書信, 與余端硯一枚, 張遇墨半螺.')"라는 말도 있다.

(7) 鄂州(악주): 지금의 호북성 악주.

(8) 二妙(이묘): 두 사람의 妙手. 晉나라 사람 衛瓘과 索靖은 둘 다 草書를 잘 썼는데 위관은 尙書令이고 삭정은 尙書郎이었기 때문에 당시 사람들이 '一臺二妙'라고 불렀다.(《진서·위관전》 참조) 나중에는 같은 관아에 있는 두 사람의 명인을 두루 가리키게 되었다. 査愼行의 《蘇詩補註》에 "문형의 《옥호청화》에 '언유 당순과 동생인 언범 당조는 둘 다 한때의 재주꾼이라는 이름을 떨쳤다. 당언유는 글씨를 잘 알고 옛날 것을 좋아했으며, 당언범은 문장의 기개와 품격이 고상하고 간결하기 짝이 없었으며 특히 글씨에 정통했다……'라고 한바, 이에 의하면 시에서 말한 '두 사람의 묘수'는 바로 당언유

형제를 가리킨다(文瑩《玉壺淸話》: '唐彦猷詢, 與弟彦範詔, 具擅一時才雅之譽. 彦猷知書好古; 彦範文章氣格, 高簡不群, 尤精翰墨.……' 據此, 則詩中'二妙'乃指彦猷兄弟也)"라고 했다.

(9) 凋零(조령): 영락하다. 죽다.

(10) 雲海(운해): 구름과 바다. 王十朋의 《百家註分類東坡先生詩》에 "양나라 무제가 글씨를 평하여 '종요의 글씨는 구름 속의 학이 하늘에서 노니는 것 같고, 큰 기러기 떼가 바다에서 노는 것 같다'라고 말했다(梁武帝評書曰: '鍾繇書若雲鶴遊天, 羣鴻戲海.')"라고 했다. 이 구절은 갑자기 당언유의 글씨를 발견하고 놀랐다는 말이다.

(11) 淸詩(청시): 당순의 시를 가리킨다.

(12) 囊篋(낭협): 원고를 담는 주머니와 상자. 당순이 손수 쓴 시의 원고를 가리킨다.

(13) 道(도): 말하다.

(14) 黃門(황문): 黃門郎. 소식의 자주에 "황문랑은 위항이다(黃門, 衛恒也)"라고 한 바와 같이 원래 위관의 아들 위항을 가리키는데, 여기서는 당순의 아들 당경을 가리킨다. 《진서·위관전》에 "(위관의) 아들 위항은 황문랑이었는데 초서와 예서를 잘 썼다(子恒爲黃門郎, 善草隸書)"라고 했다.

(15) 父風(부풍): 아버지의 풍도. 《晉書·張禕傳》에 "장의는 자가 언중인데 학문을 좋아하는 데다 겸허하고 공손하여 아버지의 풍도가 있었다(禕字彦仲, 好學, 謙敬, 有父風)"라고 했다. 사신행의 《소시보주》에 "황산곡(黃庭堅)의 〈跋唐林夫帖〉에 '나는 당씨 자제의 집에서 당임부(당경)가 구양순의 서첩을 임모한 것을 보았는데 필치가 굳세고 수려했으니 이것은 당임부의 득의한 글씨였다'라고 했고, 이단숙(李之儀) 역시 발문을 지어서 '근래에 필묵을 일로 삼은 사람들 가운데 당언유와 같은 사람이 없었는데 그의 아들 당경의 필법에는 부친의 필법이 없고 채군모(蔡襄)와 비슷했지만 역시 좋아할 만했다'라고 했다. 두 분의 말을 보면 당언유 부자의 글씨가 동시에 이처럼 중시되었음을 알 수 있다(山谷〈跋唐林夫帖〉云: '余於唐家子弟處, 得林夫臨摹歐陽詢書帖, 筆勁而秀潤, 此林夫得意書也.' 李端叔亦有跋云: '近時以筆墨爲事者, 無如唐彦猷, 其子坰行筆無家法, 而類蔡君謨, 亦自可喜.' 觀二公之言, 彦猷父子書法, 爲同時推重如此)"라고 한 것을 보면 당경도 아버지 당순처럼 서예에 조예가 깊었음을 알 수 있는바, 이 연은 그렇기 때문에 당순이 손수 쓴 시를 소식이 가지고 갈 수 없었다는 말이다.

(16) 出處(출처): 지방으로 나가는 것과 조정에 남아 있는 것을 가리킨다.

(17) 榮枯(영고): 번성하는 것과 쇠락하는 것.

(18) 社燕(사연): 제비. 제비는 春社(입춘 후 다섯 번째 戊日로 춘분 전후이다) 무렵에 왔다가 秋社(입추 후 다섯 번째 戊日로 추분 전후이다) 무렵에 돌아가기 때문에 '社燕'이라고 한다. 《禮記·月令》에 "음력 8월이면 기러기는 오고 제비는 돌아간다(仲秋之月, 鴻雁來, 玄鳥歸)"라고 한 바와 같이 제비와 기러기는 함께 머무는 시간이 매우 짧기 때문에 흔히 만났다가 금방 다시 헤어지는 사이를 비유한다.

(19) 長河路(장하로): 長河堰이라는 방죽 위의 길. 시원지의 《시주소시》에 "항주의 조거에 장하언이 있다(杭州漕渠有長河堰)"라고 했다.

(20) 送客風(송객풍): 나그네를 전송하는 바람. 《全唐詩》에 "긴 강에는 바람이 나그네를 전송하고, 외로운 여관에는 비가 사람을 붙잡는다(長江風送客, 孤館雨留人)"라는 賈島의 殘句가 있다. 이 구절은 옛

날에 당순이 그랬던 것처럼 소식 자신도 당경을 보낸 뒤에 쓸쓸한 마음으로 누워 있게 되겠다는 말이다.

1171. 送江公著[1]知吉州[2]

길주지주로 부임해 가는 강공저를 전송하며

三吳行盡千山水,[3][4]	삼오에서 천 군데의 산수를 다 가 봤건만
猶道桐廬更淸美.[5][6]	그래도 동려가 특히 맑고 아름답다고 했네.
豈惟濁世隱狂奴,[7]	어찌 혼탁한 세상에 미치광이가 은거할 뿐이리?
時平亦出佳公子.[8][9]	태평성대에 훌륭한 공자가 나오기도 한다네.
初冠惠文讀城旦,[10][11]	처음에는 혜문관을 쓴 채 법전을 읽고
晩入奉常陪劍履.[12][13]	만년에는 봉상에 들어 칼 차고 신 신은 이와 함께 다녔네.
方將華省起彈冠,[14][15][16]	한창 영화로운 관청을 좇아 일어나 갓을 털었는데
忽憶釣臺歸洗耳.[17][18]	문득 낚시터를 떠올리고는 돌아가 귀를 씻으려 했네.
未應良木棄大匠,[19]	좋은 목재가 훌륭한 목수에게 버려질 리 없는 법
要使名駒試千里.[20]	명마에게 천 리를 달려 보게 하려 했네.
奉親官舍當有擇,[21]	관사에서 양친을 모시는 건 자신이 선택한 일일 터
得郡江南差可喜.[22][23][24]	강남의 고을을 다스리게 된 건 비교적 기뻐할 만하네.
白粲連檣一萬艘,[25]	돛과 돛이 이어진 백미 배가 만 척이고
紅粧執樂三千指.[26][27]	악기를 든 홍장 미인의 손가락이 삼천 개리.
簿書期會得餘閑,[28][29]	공문서를 제때 처리해 여가를 얻게 되면
亦念人生行樂耳.[30]	역시 인생을 생각하며 즐거움을 추구하리.

[해설]

태상박사로 재임 중이던 강공저가 길주지주로 부임해 가는 도중 항주에 들렀다 다시 떠날 때 그를 전송하는 자리에서 지은 것이다.

[주석]

(1) 江公著(강공저): 施元之의 《施注蘇詩》에 "강공저는 자가 회숙으로 동려(지금의 절강성 동려) 사람이다(江公著, 字晦叔, 桐廬人)"라고 했고, 《宋詩紀事》에 "회숙은 목주 건덕(지금의 절강성 건덕) 사람으로 치평 4년(1067)에 진사가 되었다(晦叔, 睦州建德人, 治平四年進士)"라고 했다.

(2) 吉州(길주): 지금의 강서성 吉安.

(3) 三吳(삼오): 오지방의 세 고을. 시대에 따라 가리키는 바가 달라 晉나라 때에는 吳興·吳郡·會稽를 가리켰고, 唐나라 때에는 吳興·吳郡·丹陽을 가리켰으며, 宋나라 때에는 蘇州·常州·湖州를 가리켰다. 長江 하류 지역을 두루 가리키기도 한다.

(4) 行盡(행진): 다 다니다.

(5) 道(도): 말하다.

(6) 桐廬(동려): 지금의 절강성 동려. 강공저의 고향으로 漢나라 때의 은자 嚴光이 낚시하며 은거한 곳이기도 하다.

(7) 狂奴(광노): 미치광이처럼 거리낌 없이 행동하는 사람. 엄광을 가리킨다. 엄광은 後漢 光武帝와 함께 수학했는데 광무제가 즉위한 후 자취를 감추어 버렸다. 광무제가 백방으로 찾은 결과 마침내 찾아냈으나 엄광이 부름에 응하지 않다가 세 번 만에야 도성으로 들어갔다. 엄광과 친한 사이였던 司徒 侯霸가 엄광의 숙소로 심부름꾼을 보내 편지를 전하며 자기한테 오라고 하자 엄광이 심부름꾼에게 거절하는 내용의 답장을 받아쓰게 했다. 후패가 심부름꾼이 가져온 답장을 보고 나서 광무제에게 보여주자 광무제가 웃으며 "미치광이의 구태로군(狂奴故態也)"이라고 하고는 그날로 수레를 타고 엄광의 숙소를 찾아갔으나 엄광은 누워서 일어나지도 않았다.(《후한서·엄광전》 참조)

(8) 時平(시평): 시절이 태평하다.

(9) 佳公子(가공자): 훌륭한 공자. 《史記·平原君傳》에 "평원군은 의젓한 것이 혼탁한 세상의 훌륭한 공자였다(平原君, 翩翩濁世之佳公子也)"라는 말이 있다. 이 연은 강공저의 고향인 동려는 엄광 같은 사람이 난세를 피해 은거하는 곳일 뿐만 아니라 태평성대에 강공저처럼 훌륭한 인물이 나는 곳이기도 하다는 말이다.

(10) 惠文(혜문): 惠文冠. 刑獄을 담당하던 관리가 쓰던 관.

(11) 城旦(성단): 4년 동안 성을 쌓아야 하는 형벌의 일종. 나중에는 형법 책을 가리키기도 했다. 王十朋의 《百家註分類東坡先生詩》에 "성단은 형법 책이다(城旦, 刑書)"라고 했다. 이 구절은 강공저가 提點湖南刑獄을 역임한 일을 말한 것이다.

(12) 奉常(봉상): 秦나라 九卿의 하나로 宗廟와 儀禮를 관장했다. 한나라 景帝 때 太常으로 개칭했다.

(13) 劍履(검리): 검을 차고 신을 신다. 임금의 특별 허락을 받아 칼을 차고 신을 신은 채로 궁전에 들어가 임금을 배알하는 영예를 누리는 것을 가리킨다. '劍履上殿'과 같다. 한나라가 천하를 평정한 뒤에 공적을 따져 보니 蕭何가 으뜸인지라 그에게 칼을 차고 신을 신은 채로 궁전에 들어가는 특권을 주었다.(《史記·蕭相國世家》 참조) 여기서는 대신들을 가리킨다. 이 구절은 강공저가 太常博士가 되어 대신들과 함께 다닌 일을 말한 것이다.

(14) 將(장): 좇다. 따르다.

(15) 華省(화성): 영화로운 官署. 中書省·尙書省·門下省 등 고관대작의 관청을 가리킨다.

(16) 彈冠(탄관): 갓의 먼지를 털다. 의관을 갖추고 관직에 나아가는 것을 가리킨다. 顔之推의 시 〈古意〉에 "열다섯 살 때 《시경》과 《서경》을 좋아하고, 스무 살 때 갓을 털고 벼슬길에 나아갔네(十五好詩書, 二十彈冠仕)"라는 구절이 있다. 施元之의 《施注蘇詩》에 "원우(1086-1093) 초에 근신의 천거로 진주통판을 지내고 조정으로 들어가 태학박사와 태상박사가 되었다가 여릉태수(길주지주)로 나갔기 때문에 시에서 '만년에는 봉상에 들어 칼 차고 신 신은 이와 함께 다녔네'라고 한 것이다(元祐初, 以近臣薦, 通判陳州, 入爲太學太常博士, 出守廬陵, 故詩云: '晚入奉常陪劍履')"라고 했다.

(17) 釣臺(조대): 동려 富春山 기슭에 있는, 엄광이 낚시하며 은거한 곳을 가리킨다.

(18) 洗耳(세이): 요임금이 許由에게 천하를 넘겨주려고 하자 허유가 귀를 더럽혔다며 潁水 가에 가서 귀를 씻었다. 그때 친구 巢父가 송아지에게 물을 먹이러 왔다가 그 말을 듣고 그 물을 송아지에게 먹일 수 없다며 더 높은 곳으로 가서 먹였다.(皇甫謐, 《高士傳·許由》 참조) 이상의 네 구절은 강공저가 관직에 나아가 제점호남형옥·태상박사 등의 관직을 맡으며 순탄하게 관직 생활을 하다가 갑자기 고향으로 돌아가 양친을 봉양하며 은거하고 싶어져서 사직을 주청했다는 말인 것으로 보인다.

(19) 大匠(대장): 훌륭한 목수. 韓愈의 시 〈送張道士〉에 "훌륭한 목수는 버리는 목재가 없나니, 여덟 자짜리 한 자짜리 각기 쓸데가 있다네(大匠無棄材, 尋尺各有施)"라는 구절이 있다.

(20) 名駒(명구): 명마.

(21) 有擇(유택): 자신이 선택했다는 말이다.

(22) 得郡(득군): 군을 얻어서 다스리다. 태수로 임명되는 것을 가리킨다.

(23) 江南(강남): 길주를 가리킨다.

(24) 差(차): 비교적. 그래도. 이상의 네 구절은 조정에서 강공저의 능력을 아까워하여 그의 사직 청원을 받아들이지 않고 대신 길주지주로 내보내 주겠다고 하자 길주가 고향에서 그다지 멀지 않은 고을이기 때문에 조정의 제안을 수락하고 양친을 임지로 모시고 가서 봉양하기로 한 일을 서술한 후 고향으로 돌아가려는 자신의 뜻을 완전히 관철시키지는 못한 그를 위로한 말인 것으로 보인다.

(25) 白粲(백찬): 백미. 남조 시대 송나라 사람 何子平은 어머니에 대한 효성이 지극했는데 그가 揚州從事史로 재임할 때 봉록으로 쌀을 받으면 매번 시장에 내다 팔아 좁쌀과 보리로 바꾸었다. 어떤 사람이 "그래 봐야 별 이익도 없는데 번거로운 짓을 할 필요가 뭐 있는가?"라고 하자 하자평이 "동쪽에 계시는 연로하신 어머니께 제가 쌀도 못 구해 드리는데 어찌 저 혼자 백미를 먹을 수 있겠습니까?" 하고 대답했다. 그리고 누가 신선한 야채나 고기를 보내 줄 경우 고향 집으로 부칠 수 없는 상황이면

받지 않았다.(《南史·何子平傳》 참조)

(26) 紅粧(홍장): 붉게 단장한 미인을 가리킨다.

(27) 三千指(삼천지): 300명을 가리킨다. 이 연은 길주가 경제적으로 풍요롭고 미인이 많아 살기 좋은 고장이라는 말로 강공저를 위로한 것이다.

(28) 簿書(부서): 장부와 문서. 관청의 공문서를 가리킨다.

(29) 期會(기회): 기한을 정하여 만나다. 기한을 가리키기도 하고 정해진 기한 안에 政令을 시행하는 것을 가리키기도 한다.

(30) 耳(이): '~할 뿐이다'라는 어감을 표시하는 어기조사. 소식의 자주에 "두 개의 '耳'는 뜻이 서로 다르기 때문에 중복해서 쓸 수 있다(二'耳'義不同, 故得重用)"라고 한바, 이는 제8구에서도 '耳' 자로 압운하고 이 구절에서도 '耳' 자로 압운한 일을 해명한 것이다. 이 연은 강공저가 길주에서 아등바등 살지 않고 인생이 덧없음을 생각하며 틈틈이 행락을 추구할 것이라는 말이다.

1172. 聞錢道士[1]與越守[2]穆父[3]飮酒, 送二壺

전 도사와 월주지주 전목보가 술을 마신다는 소문을 듣고 두 병을 보내 주며

龍根爲脯玉爲漿,[4][5][6]	용 같은 뿌리를 포로 삼고 옥을 음료로 삼았으니
下界寒醅亦漫嘗.[7][8]	하계의 찬술도 마음껏 한번 맛보셔요.
一紙鵝經逸少醉,[9][10][11]	《도덕경》 한 부 써 주고 왕일소가 취했고
他年鵬賦謫仙狂.[12][13][14]	그 옛날에 〈대붕부〉 읊으며 적선이 광기를 부렸지요.
金丹自足留衰鬢,[15]	금단이 살짝 세는 것을 멎게 하기에 스스로 족하거늘
苦淚何須點別腸.[16][17]	쓰라린 눈물을 이별한 심장에 떨어뜨릴 것 뭐 있으리오?
吳越舊邦遺澤在,[18][19]	오월국 옛 나라에 베푼 은택이 남아 있으니
定應符竹付諸郎.[20][21][22]	틀림없이 대나무 부절을 도령들에게 줄 테지요.

[해설]

오월 국왕의 후손인 도사 전자연과 역시 오월 국왕의 후손으로 월주지주에서 영주지주로 옮겨 가는 도중 잠시 항주에 들른 전협이 함께 술을 마시고 있을 때 그들에게 술을 두 병 보내 주면서 함께 보낸 시이다.

[주석]

(1) 錢道士(전도사): 査愼行의 《蘇詩補註》에 "전 도사는 이름이 자연이고 호가 통교대사이다. 전목보와 마찬가지로 오월국 왕의 후예이기 때문에 마지막 구절에서 이렇게 말한 것이다(錢道士名自然, 號通

敎大師. 與穆父同爲吳越之裔, 故結句云然)"라고 했다.

(2) 越守(월수): 越州(지금의 절강성 紹興)知州.

(3) 穆父(목보): 錢勰의 字. 당시 월주지주에서 물러나 항주에 와 있었다. 王文誥의 《蘇軾詩集》에 "이때 전목보는 이미 월주태수에서 물러났기 때문에 항주에 와 있었다(是時穆父已罷越守, 故至杭也)"라고 했다. 〈次韻錢穆父紫薇花二首〉(1150) 주 (1) 참조.

(4) 龍根(용근): 용 모양의 풀뿌리. 어떤 巴邛 사람의 귤밭에 서리가 내린 뒤 큰 귤이 두 개 남아 있었는데 쪼개 보니 귤 안에 두 노인이 마주 보고 앉아서 장기를 두고 있었다. 한 노인이 "배가 고파서 용근포를 먹어야겠다"라고 하더니 소매에서 용처럼 생긴 풀뿌리를 하나 꺼내어 껍질을 벗기고 먹었다. 다 먹고 난 뒤에 물을 뿜자 용이 되었다.(《玄怪錄》 참조)

(5) 脯(포): 얇게 저민 고기나 과일 따위를 말려서 만든 음식.

(6) 漿(장): 음료. 《十洲記》에 "영주에 옥석이 있어 술과 같은 샘물이 나오는지라 옥주라고 하는데 이것을 마시면 곧 취하며 사람을 장생하게 한다(瀛洲有玉石, 出泉如酒, 名曰玉酒, 飮之輒醉, 令人長生)"라는 말이 있고, 《武帝內傳》에 "상원부인이 무제에게 '천고를 울리고 옥장을 마시셔요'라고 했다(上元夫人謂帝曰: '鳴天鼓, 飮玉漿.')"라는 말이 있다. '玉漿'은 원래 신선들이 마시는 음료를 가리키는 말인데 비유적으로 맑은 샘물이나 맛있는 술을 가리키기도 한다. 여기서는 전 도사와 전협이 함께 마신 술을 가리킨다.

(7) 下界(하계): 속인들이 사는 세상을 이르는 말이다.

(8) 寒醅(한배): 겨울에 담가서 봄에 먹는 술. 소식 자신이 보내 준 술 두 병을 가리킨다.

(9) 一紙(일지): 한 장의 종이. 책 1部를 가리킨다.

(10) 鵝經(아경): 王羲之가 거위를 얻기 위하여 써 준 《道德經》을 가리킨다. 왕희지는 거위를 매우 좋아했는데 山陰(지금의 절강성 紹興)에 사는 한 도사가 거위를 잘 기른다는 소문을 듣고 찾아가서 보고는 너무나 좋아서 자기한테 좀 팔라고 간곡하게 부탁했다. 그러자 도사가 《도덕경》을 한 번 써 주면 자기 거위를 다 주겠다고 하여 그렇게 했다고 한다.(《진서·왕희지전》 참조) 이 구절은 왕희지가 《도덕경》을 써 주었을 때 그 도사가 왕희지에게 술을 마음껏 마시게 했을 것이라는 전제하에 소식이 전 도사에게 흠뻑 취하도록 마음껏 마시라고 권한 것인 듯하다.

(11) 逸少(일소): 왕희지의 字.

(12) 他年(타년): 그 옛날.

(13) 鵬賦(붕부): 李白이 지은 〈大鵬賦〉를 가리킨다.

(14) 謫仙(적선): 하늘나라에서 유배 온 신선이라는 뜻으로 이백을 가리킨다. 이백의 시 〈對酒憶賀監二首幷序〉에 "태자빈객이신 하공이 장안의 자극궁에서 나를 한 번 보시고는 유배 온 신선이라고 부르시며 허리에 찬 황금 거북이를 풀어 그것을 술로 바꾸어서 즐기셨다(太子賓客賀公, 於長安紫極宮一見余, 呼余爲謫仙人, 因解金龜, 換酒爲樂)"라고 했다. 이 구절은 두 사람에게 〈대붕부〉를 읊조리며 자재로이 노닌 이백처럼 거리낌 없이 놀면서 호탕하게 마시라는 말인 듯하다.

(15) 金丹(금단): 도사들이 金石을 단련하여 만드는 丹藥. 먹으면 장생불사한다고 하는 靈藥이다.

(16) 點(점): 점을 찍듯이 눈물을 뚝뚝 떨어뜨리는 것을 가리킨다.

(17) 別腸(별장): 이별한 사람의 창자. 惜別의 정을 가리킨다. 馮應榴의 《蘇軾詩集合注》에 "《續資治通鑑長編》에 '원우 5년(1090) 10월에 월주지주 전협이 영주(지금의 하북성 河間)지주가 되었다'라고 했는데 당시 곧 출발할 예정이었기 때문에 이 구절에서 이렇게 말한 것이다(《續通鑑長編》: '元祐五年十月, 知越州錢勰知瀛州.' 時將啓行, 故此句云然)"라고 했다. 이 연은 비록 전협과 헤어지더라도 전자연 도사가 단련한 금단을 먹으면 오래오래 살 수 있어서 다시 만날 날이 있을 것이기 때문에 눈물을 흘릴 필요가 없다는 해학적인 표현이다.

(18) 吳越(오월): 五代十國時代의 오월국. 항주를 도읍으로 삼았다. 전자연 도사와 전협은 다 오월국 武肅王 錢鏐의 후손이었다.

(19) 遺澤(유택): 남겨진 은택. 태평흥국 3년(978)에 오월국의 忠懿王 錢俶이 국토를 송나라에 바치고 귀순했기 때문에 송나라 태종에게 "충효로써 사직을 보전했다(以忠孝而保社稷)"라는 칭송을 들었으며 그 뒤로 그의 후손들이 송나라로부터 관직을 받았다.(《송사·전숙전》 참조)

(20) 定應(정응): 틀림없이.

(21) 符竹(부죽): 대나무 부절. 한나라 때 황제가 태수에게 대나무로 만든 符節을 주었기 때문에 태수를 가리키기도 한다.

(22) 諸郎(제랑): 여러 도령. 전씨 집안의 도령들을 두루 가리키지만 주로 당시 소식의 문하생이던 전협의 아들 錢蒙仲을 가리키는 것으로 보인다. 〈次韻劉景文送錢蒙仲三首〉(1135) 주 (2) 참조.

1173. 再和楊公濟[1]梅花十絶

매화를 읊은 양공제의 절구 열 수에 다시 화답하여

其一

一枝風物便淸和,[2]	한 가지만 피면 풍물이 곧 맑고 화창해지는데
看盡千林未覺多.[3]	숲 천 개를 다 보아도 많다는 느낌이 안 든다.
結習已空從著袂,[4][5]	번뇌가 이미 없어졌지만 소매에 붙게 놔두나니
不須天女問云何.[6][7]	천녀에게 뭣 때문인지 물을 필요가 없다.

其二

天敎桃李作輿臺,[8][9]	하늘이 복숭아 자두를 천한 것이 되게 하려고
故遣寒梅第一開.[10][11]	일부러 매화에게 가장 먼저 피게 하는데
憑仗幽人收艾蒳,[12][13][14]	은자가 이끼를 받아들이는 바람에
國香和雨入靑苔.[15]	국향이 비에 섞여 푸른 이끼로 들어가네.

其三

白髮思家萬里回,	백발이 된 채 집이 그리워 만 리 밖으로 돌아가니
小軒臨水爲花開.	물가의 작은 창이 꽃을 향해 열려 있었네.

故應剩作詩千首,	그러니 시 천 수를 물리도록 지어야 하네.
知是多情得得來.[16]	정이 많아 특별히 찾아온 것인 줄 잘 안다네.

其四

人去殘英滿酒樽,[17]	사람들은 떠나고 시든 꽃은 술잔에 가득한데
不堪細雨濕黃昏.	황혼 녘에 꽃이 가랑비에 젖는 것을 못 참겠다.
夜寒那得穿花蝶,[18]	추운 밤에 어찌 꽃 사이를 뚫고 다니는 나비를 만나리?
知是風流楚客魂.[19]	풍류스러운 초나라 사람의 넋인 줄을 알겠다.

其五

春入西湖到處花,[20]	봄이 서호에 들어오자 도처에 꽃이 피고
裙腰芳草抱山斜.[21]	치마허리의 방초가 산을 비슷이 안고 있네.
盈盈解佩臨烟浦,[22]	잔뜩 패물을 풀어 놓은 채 안개 낀 물가에 임해 있고
脈脈當壚傍酒家.[23][24]	은근히 목로를 마주하려고 술집에 다가서 있네.

其六

莫向霜晨怨未開,	서리 내린 새벽에게 매화 안 피웠다 원망 마라
白頭朝夕自相催.[25]	조석으로 스스로 흰머리를 재촉하고 있으니.
斬新一朵含風露,[26]	갓 피어난 한 송이가 바람과 이슬을 머금은 모습
恰似西廂待月來.[27]	서쪽 결채에서 달 뜨기를 기다릴 때와 꼭 같네.

其七

洗盡鉛華見雪肌,[28][29][30]	하얀 분을 다 씻고 눈 같은 살결 드러내듯
要將眞色鬪生枝.[31]	참모습을 가지고 생생한 가지에서 다투려 하는데
檀心已作龍涎吐,[32][33]	연홍색 화심은 이미 용연향을 만들어 토하고

玉頰何勞獺髓醫.[34][35]	옥 같은 뺨이야 어찌 수달의 골수로 고치려 애쓰리?

其八

湖面初驚片片飛,	호수 위에 조각조각 날려 막 놀라기 시작했는데
樽前吹折最繁枝.[36]	술 단지 앞에 바람 불어 가장 번성한 가지를 꺾네.
何人會得春風意,[37]	그 누가 봄바람의 마음을 알리?
怕見梅黃雨細時.[38]	가랑비 속에 매실 익는 때를 보는 게 두려운 것이라네.

其九

長恨漫天柳絮輕,[39][40]	늘 한탄하네 온 하늘에 가벼운 버들개지가
只將飛舞占清明.[41]	날아다니며 춤추는 것만으로 청명한 시절을 차지하는 걸.
寒梅似與春相避,[42]	매화가 봄과 서로 피해 다니는 것 같지만
未解無私造物情.[43]	사심 없는 조물주의 마음을 잘 모르는 것이네.

其十

北客南來豈是家,[44]	북쪽 사람 남으로 왔으니 어찌 자기 집이리?
醉看參月半橫斜.[45][46]	술에 취해 삼성과 달 아래 반쯤 비스듬한 것을 본다.
他年欲識吳姬面,[47]	훗날에 오지방 미인의 얼굴을 알고 싶으면
秉燭三更對此花.	촛불 들고 삼경에 이 꽃을 보길.

[해설]

항주통판인 양반이 매화를 읊은 절구를 10수 짓자 소식이 〈매화를 읊은 봉의랑 양공제의 시에 차운하여(次韻楊公濟奉議梅花十首)〉를 지은 적이 있는데, 이 시는 양반의 시에 다시 차운하여 지은 것이다.

[주석]

(1) 公濟(공제): 당시 杭州通判으로 재임 중이던 楊蟠의 字. 〈次韻楊公濟奉議梅花十首〉(1167) 주 (1) 참조.

(2) 便(변): ~하면 곧.

(3) 看盡(간진): 다 보다. 이 구절은 매화는 아무리 많이 보아도 싫증이 나지 않는다는 말이다.

(4) 結習(결습): 고치기 어려울 정도로 굳어진 습관. 불교에서 번뇌를 가리킨다. 《維摩詰經·觀衆生品》에 "그때 유마힐의 방에 천녀가 한 명 있어 여러 대인(부처님)을 보고 그들이 설하는 불법을 들은 뒤에 곧 자기 몸을 드러내어 여러 보살과 대제자에게 하늘나라의 꽃을 뿌렸는데 여러 보살에게 뿌려진 꽃은 모두 떨어져 내렸지만 대제자에게 뿌려진 꽃은 달라붙어서 떨어지지 않았다……번뇌가 다 소멸되지 않으면 꽃이 몸에 달라붙고˙번뇌가 다 소멸되면 꽃이 달라붙지 않는다(時維摩詰室有一天女, 見諸大人, 聞所說法, 便現其身, 卽以天華散諸菩薩·大弟子上, 華至諸菩薩, 卽皆墮落, 至大弟子便著不墮.……結習未盡, 華著身耳, 結習盡者, 華不著也)"라고 했다.

(5) 從著袂(종착몌): 소매에 달라붙도록 내버려 두다.

(6) 天女(천녀): 불교에서 하늘을 날아다니며 下界 사람과 왕래한다고 하는 여자 仙人.

(7) 云何(운하): 무엇 때문에. 왜. 이 연은 매화가 떨어져 옷에 달라붙는 것을 조금도 싫어하지 않고 내버려 둔다는 말이다.

(8) 教(교): ~로 하여금 ~하게 하다.

(9) 輿臺(여대): 신분이 천한 사람. 하인.

(10) 遣(견): ~로 하여금 ~하게 하다.

(11) 寒梅(한매): 매화. 추운 계절에 피기 때문에 이렇게 부른다.

(12) 憑仗(빙장): 의지하다. 힘입다.

(13) 幽人(유인): 隱者. 매화나무를 가리킨다.

(14) 艾蒳(애납): 소나무나 매화나무에 돋는 이끼. 여기서는 매화나무에 돋은 이끼를 가리킨다. '艾納'과 같다. 《廣志》에 "소나무 껍질 위의 이끼이다. 여러 가지 향과 섞어서 태우면 연기가 한데 어우러진다(松樹皮上綠衣. 合和諸香燒之, 其烟團聚)"라고 했고, 周密의 《浩然齋雅談》에 "소동파의 매화를 읊은 시에 '은자가 이끼를 받아들이는 바람에, 국향이 비에 섞여 푸른 이끼로 들어가네'라고 했는데 '艾納'은 매화나무 가지 위의 이끼이다(東坡梅詩云: '憑仗幽人收艾納, 國香和雨入莓苔.' '艾納', 梅枝上苔也)"라고 했다.

(15) 國香(국향): 전국에서 으뜸가는 향기. 매화 향을 가리킨다. 이 연은 매화나무가 가지에 이끼가 돋는 것을 용납하기 때문에 복숭아꽃이나 자두꽃도 압도하는 최고의 향기인 매화의 향기가 빗물을 타고 하찮은 존재인 이끼 속으로 스며든다는 말이다.

(16) 得得(득득): 특별히. '特地'와 같다. 《五代史補》에 "그 스님은 이름을 관휴라고 하는데 촉나라로 들어가 왕건에게 '물병 하나 바리때 하나로 조금씩 늙어 가자니, 강 만 개 산 천 개가 특별히 다가오네'라는 시를 바치자 왕건이 크게 기뻐했기 때문에 그를 득득화상이라고 불렀다(僧名貫休, 入蜀, 獻王建

詩曰: '一瓶一鉢垂垂老, 萬水千山得得來.' 建大悅, 因號得得和尙)"라고 했다.

(17) 殘英(잔영): 시든 매화를 가리킨다. 이 연은 매화나무 밑에서 술을 마시다가 비가 오자 다른 사람들은 다들 비를 맞지 않기 위해 매화나무를 떠났는데 소식 자신은 매화꽃을 안쓰러워하며 계속 매화나무 밑에서 서성였다는 말이다.

(18) 穿花蝶(천화접): 꽃 사이를 뚫고 다니는 나비. 이 구절은 떨어지는 매화 꽃잎이 날아다니는 나비와 같아 보였다는 말이다.

(19) 楚客魂(초객혼): 전국 시대 초나라 사람 屈原의 넋을 가리킨다. 王十朋의 《百家註分類東坡先生詩》에 "송옥이 〈초혼〉을 지어 굴원의 넋을 불렀으니 이것을 일러 초나라 나그네의 넋이라고 할 수 있겠다(宋玉有〈招魂〉, 以招屈原之魂, 則可謂之楚客魂)"라고 했다.

(20) 西湖(서호): 항주 서호를 가리킨다.

(21) 裙腰(군요): 치마허리. 허리에 두르는, 치마의 맨 윗부분. 산의 꼭대기 부분을 가리킨다. 白居易의 시 〈杭州春望〉에 "호수의 절 서남쪽 길 누가 닦았나? 풀이 푸른 치마허리에 비스듬히 뻗어 있네(誰開湖寺西南路, 草綠裙腰一道斜)"라는 구절이 있는데 자주에 "고산사 앞길은 호수 안의 섬에 있는데 풀이 푸를 때 멀리서 바라보면 치마허리와 같다(孤山寺路在湖洲中, 草綠時, 望如裙腰)"라고 했다.

(22) 盈盈(영영): 가득 쌓아 놓은 모양. 이 구절은 매화나무가 온 나무에 매화꽃을 피운 채 서호 가에 서 있는 모습을 형용한 것이다.

(23) 脈脈(맥맥): 말없이 눈빛으로 속정을 전하는 모양.

(24) 當壚(당로): 목로를 마주하다. 목로 앞에 앉아서 술을 파는 것을 가리킨다. '壚'는 술집에서 술동이를 놓는, 약간 높직한 곳이다. 이 구절은 매화나무가 술집 옆에 바짝 붙어 서서 목로를 향해 가지를 뻗고 있는 모습을 형용한 것이다.

(25) 白頭(백두): 머리를 희어지게 하다. 杜甫의 시 〈和裴迪登蜀州東亭送客逢早梅相憶見寄〉에 "강가의 한 그루가 조금씩 피어, 조석으로 재촉하매 절로 머리가 희어지네(江邊一樹垂垂發, 朝夕催人自白頭)"라는 구절이 있다. 여기서는 두보의 표현을 빌려 매화가 계속 피고 있는 모습을 묘사한 것이다.

(26) 斬新(참신): 아주 새롭다.

(27) 西廂(서상): 몸채의 서쪽에 있는 곁채. 元稹의 〈會眞記〉에 "서쪽 곁채에서 달 뜨기를 기다리자니, 바람이 불어 방문이 반쯤 열렸네. 담장을 스치며 꽃 그림자 움직여, 고운 임이 오시는 것만 같았네(待月西廂下, 迎風戶半開. 拂牆花影動, 疑是玉人來)"라는 崔鶯鶯의 시가 있다.

(28) 洗盡(세진): 다 씻어 내다.

(29) 鉛華(연화): 분. 얼굴에 바르는 화장품.

(30) 雪肌(설기): 눈처럼 새하얀 살결.

(31) 將(장): ~을 가지고, ~을. 이 연은 미인들이 화장에 의지하지 않고 누가 더 타고난 살결이 희고 고운지를 다투는 것처럼, 하얀 매화꽃들이 누구의 꽃잎이 더 희고 깨끗한지를 다툰다는 말이다.

(32) 檀心(단심): 연홍색 花心. 화심은 꽃 한가운데의 꽃술이 있는 부분이다.

(33) 龍涎(용연): 용연향. 향유고래에서 채취하는 송진 비슷한 고급 향. 沈立之의 《香譜》에 "용연향은 대

식국에서 난다. 현지인들이 숲 위에 색다른 새가 빙빙 돌다가 내려앉거나 물고기가 떼를 지어 헤엄쳐 다니면 틀림없이 엎드려 있던 용이 침을 토하여 그것이 물 위로 떠오르는 것을 보게 된다. 뱃사공이 어쩌다가 이것을 주우면 큰 부자가 된다. 그 침은 아교와 같은데 한 냥의 값어치가 금과 같다(龍涎香, 出大食國. 土人見鳥林上有異禽翔集, 群魚游泳, 則必有伏龍吐涎, 浮於水上. 舟人或得之, 則爲巨富. 其涎如膠, 每兩如金等)"라고 했다.

(34) 玉頰(옥협): 매화의 하얀 꽃잎을 가리킨다.

(35) 獺髓(달수): 수달의 골수. 삼국 시대 오나라 사람 孫和는 鄧夫人을 좋아하여 늘 무릎 위에 앉혔는데 한번은 수정 如意를 들고 춤을 추다가 실수로 등부인의 뺨에 상처를 내는 바람에 등부인의 뺨에서 피가 줄줄 흘러내렸다. 손화가 太醫에게 약을 조제하라고 했더니 태의가 흰 수달의 골수를 얻어서 옥 및 琥珀 가루와 섞어서 바르면 상처가 없어질 것이라고 했다.(王嘉의 《拾遺記》 참조) 이 연은 용연향처럼 생긴 매화의 화심은 아름다운 향을 내뿜고 미인의 뺨처럼 하얀 매화의 꽃잎은 상처 난 데 하나 없이 깨끗하다는 말이다.

(36) 繁枝(번지): 번성한 가지. 꽃이 많이 피어서 무거운 가지를 가리킨다. 韓愈의 시 〈游城南十六首·風折花枝〉에 "봄바람도 정이 많아, 번성한 가지를 골라 그대에게 꺾어 주네(春風也是多情思, 故揀繁枝折贈君)"라는 구절이 있다.

(37) 會得(회득): 알다. 이해하다.

(38) 梅黃雨細(매황우세): 매실이 노랗게 익고 비가 가늘게 내리다. 중국의 강남 지방에는 매실이 노랗게 익는 초여름이면 오랫동안 가랑비가 내리는데 이것을 梅雨라고 한다. 이 연은 봄바람에 매화나무 가지가 꺾인 것을 보고, 매실이 익으면 매화의 일생이 끝나 버리기 때문에 그것을 보는 것이 안쓰러워서 봄바람이 일부러 꽃이 피어 있을 때 매화나무 가지를 꺾었다고 우스갯소리를 한 것인 듯하다.

(39) 漫天(만천): 하늘에 가득하다.

(40) 柳絮(유서): 버드나무의 꽃. 버들개지.

(41) 將(장): ~을 가지고. ~으로. 이 연은 봄이 깊어지면 매화는 다 떨어져 버리고, 향기롭지 않음은 물론 아름답지도 않은 버들개지만 날아다닌다는 말이다.

(42) 春(춘): 무르익은 봄을 가리킨다. 이 구절은 매화가 봄이 무르익기 전에 피었다가 봄이 무르익으면 져 버리는 자연 현상을 매화가 일부러 봄을 피하는 것에 빗댄 것이다.

(43) 造物情(조물정): 조물주의 심정. 이 연은 버들개지가 흩날릴 때면 매화가 다 져 버리지만 그것은 조물주가 매화를 싫어해서 그러는 것이 아니라 각 계절마다 특색 있는 운치를 안배하기 위해서 그러는 것이라는 말이다.

(44) 北客(북객): 소식 자신을 가리키는 것으로 보인다.

(45) 參(삼): 삼성. 이십팔수 가운데 스물한 번째 별자리의 별들. 오리온자리에 있으며, 중앙에 나란히 있는 세 개의 큰 별을 '삼형제별'이라 한다.

(46) 橫斜(횡사): 가로로 비스듬히 뻗다. 매화나무를 가리킨다. 林逋의 시 〈山園小梅〉에 "맑고 얕은 물에 성긴 모습이 비스듬히 뻗어 있고, 어스레한 달빛 아래에 은은한 향기가 풍겨 온다(疏影橫斜水淸淺,

暗香浮動月黃昏)"라는 구절이 있다. 이 연은 술을 들고 매화를 감상하며 향수를 달랜다는 말이다.

(47) 吳姬(오희): 李白의 시 〈對酒〉에 "포도주에, 금술잔에, 열다섯 살 오지방 미인이 작은 말을 타고 왔네(蒲萄酒, 金叵羅, 吳姬十五細馬馱)"라는 구절이 있다. 이 연은 매화가 얼굴빛이 하얀 오지방의 미인처럼 희고 청순하다는 말이다.

1174. 次韻曹子方(1)運判(2)雪中同游西湖(3)

눈 속에 함께 서호를 유람한 일을 읊은 전운판관 조자방의 시에 차운하여

詞源灩灩波頭展,(4)(5)(6)	글의 원천이 출렁출렁 파도가 펴져 나가는 모습
淸唱一聲巖谷滿.	맑은 노래 한 곡조가 바위 골짜기에 가득하다.
未容雪積句先高,	눈이 쌓이기도 전에 시구가 높이 울렸거늘
豈獨湖開心自遠.(7)	어찌 펼쳐진 호수만으로 마음이 절로 트였으리?
雲山已作歌眉淺,(8)	구름 속의 산은 이미 미인의 옅은 눈썹이 되고
山下碧流淸似眼.(9)	산 아래의 푸른 물은 눈동자처럼 맑다.
樽前侑酒只新詩,(10)	술동이 앞에서 술맛 돋우는 건 새로 지은 시뿐이니
何異書魚餐蠹簡.(11)(12)	헌책이나 갉아먹는 좀과 어찌 다르리?

[해설]

복건로전운판관의 임기를 마치고 돌아가는 도중 항주에 들른 조보와 함께 서호 일대의 설경을 구경한 감회를 노래한 것이다. 그들은 당시 서호와 전당강이 동시에 내려다보이는 서호 옆의 어느 계곡에서 술을 마시며 설경을 즐긴 것으로 보인다.

[주석]

(1) 子方(자방): 曹輔의 字. 馮應榴의 《蘇軾詩集合注》에 "당시 조자방은 민(복건)지방에서 돌아가는 길에 전당(항주)을 지나갔다(時子方自閩歸道錢塘)"라고 했다. 〈次韻曹輔寄壑源試焙新芽〉(1140) 주

(1) 참조.

(2) 運判(운판): 轉運判官의 약칭. 査愼行의 《蘇詩補註》에 "임연의 황산곡(黃庭堅) 시 주에 인용된 《실록》에 '원우 3년(1088) 9월에 태복시승 조보가 권발견복건로전운판관이 되었다'라는 말이 있다(任淵註山谷詩引《實錄》云: '元祐三年九月, 太僕寺丞曹輔權發遣福建路轉運判官.')"라고 했다.

(3) 西湖(서호): 항주 서호를 가리킨다.

(4) 詞源(사원): 글이 나오는 원천.

(5) 灩灩(염염): 물이 가득 차서 일렁이는 모양.

(6) 波頭(파두): 파도 꼭대기. 이 구절은 파도가 출렁대며 멀리멀리 퍼져 나가는 것처럼 시가 막힘없이 줄줄 잘 나온다는 말이다.

(7) 湖(호): 항주 서호를 가리킨다. 이 연은 조보가 눈이 쌓이기도 전에 먼저 아름다운 설경을 상상하여 노래했기 때문에 드넓게 펼쳐진 서호를 보는 것에 더하여 그것 역시 소식 자신의 생각이 멀리까지 미치게 하는 요인이 되었다는 말인 것으로 보인다.

(8) 歌眉淺(가미천): 노래 부르는 미인의 눈썹이 옅은 모습. 《西京雜記》에 "탁문군의 눈썹은 눈썹먹을 칠하지 않아 항상 멀리 보이는 산과 같았다(文君眉不加黛, 常如遠山)"라고 했다. 이 구절은 구름 속의 높은 산이 이미 눈에 덮여서 淡青色으로 변했다는 말이다.

(9) 碧流(벽류): 푸른색을 띠고 흐르는 물. 錢塘江을 가리키는 것으로 보인다. 이 구절은 강물이 눈동자처럼 맑고 푸르다는 말이다.

(10) 侑酒(유주): 주흥을 돋우다. 이 구절은 오로지 새로 지은 시를 안주 삼아 술을 마실 뿐이라는 말이다.

(11) 書魚(서어): 좀. 몸은 납작하고 몸길이는 11～13mm이며, 등은 약간 광택이 나는 은회색 비늘로 덮여 있고, 배는 은백색의 비늘로 덮여 있다. 이 때문에 서양에서는 실버피시(silverfish)라고 부른다. '衣魚'·'蠹魚'라고도 한다.

(12) 蠹簡(두간): 좀 먹은 竹簡. 낡은 책을 가리킨다.

1175. 次韻仲殊[1]雪中遊西湖[2]二首

눈 속에 서호에서 노닌 감회를 읊은 중수스님의 시에 차운하여

其一

夜半幽夢覺,[3]	밤중에 어렴풋한 꿈에서 깨니
稍聞竹葦聲.	대와 갈대에서 나는 소리가 나직이 들리기에
起續凍折絃,[4]	일어나서 꽁꽁 얼어 끊어진 줄을 이어
爲鼓一再行.[5][6]	거문고 한두 곡을 연주해 봤네.
曲終天自明,	곡조가 다 끝나자 날이 절로 새어서
玉樓已峥嶸.[7][8]	백옥 같은 누각이 이미 우뚝 솟아 있는지라
有懷二三子,[9]	우리 친구 두세 명을 보고 싶은 마음에
落筆先飛霙.[10][11]	눈이 날아가 버리기 전에 먼저 붓을 놀려서
共爲竹林會,[12]	다 함께 대밭 속의 연회를 가졌는데
身與孤鴻輕.[13]	그대는 짝 잃은 기러기마냥 몸이 무척 가벼웠네.
秀語出寒餓,	춥고 배고픔 속에서 빼어난 말이 나오고
身窮詩乃亨.[14][15]	몸이 곤궁해야 시가 잘 지어지는 법이거늘
禪老復何爲,[16]	참선하는 노인은 또 무엇 때문에
笑指孤烟生.	한 가닥 연기 생기는 걸 웃으며 가리키나?
我獨念粲者,[17]	나는 홀로 고운 임을 생각하나니

誰與予目成.[18] 누가 나와 눈빛으로 마음이 통하려나?

其二

寶雲樓閣鬧千門,[19][20] 보운사 누각은 천 개의 문에서 시끌벅적 요란한데
林靜初無一鳥喧.[21] 고요한 숲에 새 한 마리도 아예 울지 않는다.
閉戶莫敎風掃地,[22] 문을 닫아 바람이 땅을 쓸게 하지 말 일이요
卷簾疑有月臨軒.[23] 발을 걷으면 추녀에 달이 떠 있을 것 같다.
水光瀲灩猶浮碧,[24] 반짝이는 물빛은 여전히 푸르름을 띄우고
山色空蒙已斂昏. 어둑하던 산색은 이미 침침한 기운을 거두었다.
乞得湯休奇絶句,[25][26] 탕휴의 기이하고 절묘한 구절을 받고 보니
始知鹽絮是陳言.[27] 비로소 소금과 솜이 진부한 말인 줄 알겠다.

[해설]

눈이 내리는 것을 보고 몇몇 친구를 불러 함께 항주 서호 북쪽에 있는 보운사에서 설경을 즐길 때 중수스님이 지은 시에 차운한 것이다.

[주석]

(1) 仲殊(중수): 安州(지금의 호북성 安陸) 출신 승려로 당시 杭州에 거주했다. 〈安州老人食蜜歌〉(1149) 주 (1) 참조.
(2) 西湖(서호): 정확히 말하자면 항주 서호 북쪽에 있는 寶雲寺를 가리킨다. 주 (19) 참조.
(3) 幽夢(유몽): 생생하지 않고 희미한 꿈. 이 연은 자다가 깨니 댓잎과 갈댓잎에 쌓여 있던 눈이 떨어지는 나직한 소리가 운치 있게 들려왔다는 말이다.
(4) 凍折絃(동절현): 얼어서 끊어진 줄. 賈島의 시 〈朝飢〉에 "앉아서 서쪽 받침대의 거문고 소리 듣노라니, 얼어서 두세 줄이 끊어지누나(坐聞西牀琴, 凍折兩三絃)"라는 구절이 있다.
(5) 鼓(고): 연주하다.
(6) 行(행): 곡조. 《史記·司馬相如傳》에 "술자리가 한창 무르익었을 때 임공현령이 앞으로 나아가 거문고를 연주하면서 '듣자니 사마장경(사마상여)이 거문고 연주를 좋아한다고 하던데 한번 즐겨 주시기 바랍니다'라고 했다. 그러자 사마상여가 감사를 표하고 그에게 한두 곡 연주해 주었다(酒酣, 臨邛令前奏琴曰: '竊聞長卿好之, 願以自娛.' 相如辭謝, 爲鼓一再行)"라는 일화가 기록되어 있다. 이 구절은

다른 사람을 위하여 연주해 주었다는 말이 아니라 스스로 흥에 겨워서 연주했다는 뜻인데, 《사기·사마상여전》의 표현을 그대로 인용함으로써 해학적인 맛을 더했다.

(7) 玉樓(옥루): 눈에 덮인 누각을 가리킨다.

(8) 崢嶸(쟁영): 높이 솟은 모양.

(9) 二三子(이삼자): 두세 사람. 몇 사람. 《論語·述而》에 "너희들은 내가 숨긴다고 생각하느냐?(二三子以我爲隱乎?)"라는 孔子의 말이 있고, 韓愈의 시 〈山石〉에 "아아 우리 동지 두세 명이여, 어찌 늙도록 더 이상 안 돌아갈 수 있으리오?(嗟哉吾黨二三子, 安得至老不更歸?)"라는 구절이 있다.

(10) 落筆(낙필): 종이에 붓을 대다. 종이에 쓰는 것을 가리킨다.

(11) 霙(영): 싸락눈. 눈송이. 이 연은 쌓인 눈이 날아가 버리기 전에 얼른 함께 아름다운 설경을 구경하자고 친구들에게 제안했다는 말이다.

(12) 竹林會(죽림회): 대밭 속에서의 회합. 이 구절은 자신들의 모임을 지극히 탈속적이고 초연했던 竹林七賢의 모임에 빗댄 것이다.

(13) 孤鴻(고홍): 외로운 기러기. 이 구절은 속세를 떠나 외롭게 사는 중수스님의 여위고 날렵한 자태를 묘사한 것인 듯하다.

(14) 身窮(신궁): 몸이 곤궁한 처지에 빠지다. 歐陽修의 〈梅聖兪詩集序〉에 "나는 세상 사람들이 시인은 영달한 사람이 적고 궁지에 빠진 사람이 많다고 하는 말을 들었거니와 그것이 어째서 그렇겠는가? 아마도 세상에 전하는 시 가운데 궁지에 빠진 옛날 사람의 말에서 나온 것이 많기 때문일 것이다(予聞世謂詩人少達而多窮, 夫豈然哉? 蓋世所傳詩者, 多出於古窮人之辭也)"라고 했다.

(15) 乃(내): 비로소.

(16) 禪老(선로): 참선하는 늙은이. 중수스님을 가리킨다. 王文誥의 《蘇軾詩集》에 "중수는 처음 儒生으로서 아름다운 말을 잘 구사했는데 출가한 뒤에도 번뇌를 떨쳐 버리지 못했기 때문에 그를 놀린 것이다(仲殊初爲諸生, 工綺語, 雖出家而結習未忘, 故戲之也)"라고 했다. 이 연은 세속적인 생각에서 완전히 초탈하지 못한 중수스님이 자기 절에서 나는 저녁연기를 가리키며 겸연쩍은 표정으로 자신이 그 절에서 외롭게 산다고 말하는 것을 보고 그의 태도에 대하여 아쉬운 심경을 드러낸 것인 듯하다.

(17) 粲者(찬자): 고운 임. 미인. 《詩經·唐風·綢繆》에 "오늘 저녁은 무슨 좋은 저녁이기에, 이 고운 우리 임을 만나게 됐나?(今夕何夕, 見此粲者?)"라는 구절이 있다.

(18) 目成(목성): 눈이 맞다. 마음이 맞다. 屈原의 〈九歌·少司命〉에 "전당에 가득한 게 미인들인데, 홀연히 홀로 나와 눈이 맞았네(滿堂兮美人, 忽獨與余兮目成)"라는 구절이 있다. 이 연은 중수스님이 자신과 의기투합하는 벗이 되어 주기를 바란 것이다.

(19) 寶雲(보운): 보운사. 항주 北山에 있던 절. 馮應榴의 《蘇軾詩集合注》에 "《무림범지》에 뒤의 한 수만 수록해 놓았는데 제목에 〈雪中遊寶雲寺〉라고 되어 있다(《武林梵志》止採後一首, 題云: 〈雪中遊寶雲寺〉)"라고 했다. 〈遊寶雲寺, 得唐彦猷爲杭州日送客舟中手書一絶句云……〉(1170) 주 (1) 참조.

(20) 鬧(요): 시끌벅적하다.

(21) 初(초): 전적으로. 아예. 워낙. 柳宗元의 시 〈江雪〉에 "이 산 저 산 어디에도 새 한 마리 날지 않고,

길마다 사람 자취 다 사라졌다(千山鳥飛絶, 萬徑人蹤滅)"라는 구절이 있다. 이 연은 보운사에 누각이 매우 많아서 평소에는 무수한 사람이 요란하게 왕래하는데, 지금은 쥐 죽은 듯 고요하다는 말이다.

(22) 教(교): ~로 하여금 ~하게 하다. 이 구절은 쌓인 눈이 바람에 날아가 버릴까 봐 걱정스럽다는 말이다.

(23) 疑(의): ~인 것 같다.

(24) 瀲灩(염염): 물결이 반짝반짝 빛나는 모양. '瀲灩'과 같다. 소식의 시 〈飮湖上初晴後雨二首〉(0259) 其二에 "물빛이 반짝반짝 맑을 때가 좋더니, 산색이 어둑어둑 비가 와도 멋지네(水光瀲灩晴方好, 山色空濛雨亦奇)"라는 구절이 있다. 이 연은 호수 주변의 눈이 갠 모습을 묘사한 것이다.

(25) 乞得(걸득): 요구하여 얻다.

(26) 湯休(탕휴): 남조 시대의 宋나라 승려 惠休의 속명. 중수를 가리킨다. 《宋書·徐湛之傳》에 "당시에 승려 석혜휴이 글을 잘 지어 문사가 아름다웠는데 서담지가 그와 매우 가까이 지냈다. 세조가 그에게 명하여 환속하게 했으니 본래의 성이 탕씨였다. 벼슬이 양주종사사에 이르렀다(時有沙門釋惠休, 善屬文, 辭采綺艶, 湛之與之甚厚. 世祖命使還俗, 本姓湯. 位至揚州從事史)"라고 했다.

(27) 鹽絮(염서): 소금과 솜. 눈을 비유하는 말들이다. 이 연은 중수스님의 원시가 매우 참신한 시어를 구사하여 눈을 소금이나 솜에 비유한 이전의 시에 비해 훨씬 더 멋지게 설경을 묘사했다고 칭송한 것이다.

1176. 次韻參寥(1)詠雪

눈이 내린 광경을 읊은 참료법사의 시에 차운하여

朝來處處白氈鋪,	아침 되자 곳곳에 흰 담요가 깔려 있고
樓閣山川盡一如.	누각과 산천이 온통 하나같구나.
總是爛銀幷白玉,	이 모두가 빛나는 은이요 백옥인데
不知奇貨有誰居.(2)	이 진기한 물건을 누가 사 둘지 모르겠구나.

[해설]

참료법사의 시에 차운하여 온 천지가 눈에 덮인 진기한 모습을 그린 것이다.

[주석]

(1) 參寥(참료): 절강성 於潛 출신의 승려로 어릴 때 출가하여 불경을 두루 읽었을 뿐만 아니라 시문에도 능하여 소식과 함께 지내면서 자주 시를 주고받았다. 〈參寥上人初得智果院, 會者十六人, 分韻賦詩, 軾得心字〉(1103) 주 (1) 참조.

(2) 居(거): 사 두다. 《史記·呂不韋傳》에 "여불위는 양적의 큰 상인으로 이곳저곳을 오가며 쌀 때 사 두었다가 비쌀 때 팔아 집 안에 천금이 쌓여 있었다.……여불위가 한단에서 장사할 때 그(秦나라의 인질로 당시 趙나라에 붙잡혀 있던 태자 子楚)를 보고 가련히 여겨서 말하기를 '이 진기한 물건은 사 둘 만하다'라고 했다(呂不韋者, 陽翟大賈人也. 往來販賤賣貴, 家累千金.……呂不韋賈邯鄲, 見而憐之, 曰: '此奇貨可居.')"라는 말이 있다. 이 연은 눈이 은이나 백옥처럼 진기하지만 간수하기가 너무 힘들기 때문에 쉬이 녹아 없어질 것이라는 말이다.

1177. 與葉淳老[1]·侯敦夫[2]·張秉道[3]同相視[4]新河[5], 秉道有詩, 次韻二首

섭순로·후돈부·장병도와 함께 새 운하 건설할 곳을 시찰한 뒤 장병도가 시를 지었기에 이에 차운한다

其一

君不見	그대는 보지 못했는가
元帥府前羅萬戟,[6]	원수부 앞에 창 만 자루를 줄지어 세워 놓고
濤頭未順千弩射.[7][8]	파도가 안 순해지자 쇠뇌 천 개로 쏘는 것을?
至今鳳皇山下路,[9]	그 덕분에 지금까지 봉황이 산 밑의 길에서
長借一箭開兩翼.[10]	언제나 화살에 힘입어 두 날개를 펴고 있는 것을?
我鑿西湖還舊觀,[11]	내가 서호를 파내어 옛 경관을 되찾으매
一眼已盡西南碧.	서남쪽의 푸르름을 이미 한눈에 보게 됐는데
又將回奪浮山險,[12][13]	또 부산의 험준함도 평탄하게 바꾸어
千艘夜下無南北.	남쪽 북쪽 할 것 없이 배 천 척이 밤에 내려가게 하리.
坐陳三策本人謀,[14][15]	앉아서 세 가지 대책을 말한 사람은 이 사람들
惟留一諾待我畫.[16]	승낙할 일만 남겨 놓고 나의 계획을 기다리네.
老病思歸眞暫寓,	늙고 병들어 돌아가려 하며 정말 잠시 붙어 있나니
功名如幻終何得.	공명은 허깨비 같거늘 끝내 어찌 얻으리?
從來自笑畫蛇足,[17][18]	뱀 발이나 그렸다고 지금까지 스스로 웃었는데
此事何殊食雞肋.[19][20]	이 일인들 닭갈비를 먹는 것과 어찌 다르리?

憐君嗜好更迂闊,(21)(22) 그대는 기호가 더욱 우활해서 좋은데
得我新詩喜折屐.(23)(24) 내 새 시를 받으면 기뻐서 나막신 굽이 부러지리.
江湖麤了我徑歸,(25)(26) 강과 호수의 일 대충 끝나면 나는 곧 돌아갈 터
餘事後來當潤色.(27)(28) 남은 일은 후임자가 반짝반짝 윤을 내리.
一菴閑臥洞霄宮,(29) 동소궁에서 한 암자에 한가히 누워 있을 텐데
井有丹砂水長赤.(30) 거기는 우물에 단사가 있어 물이 항상 붉으리.

其二

荊溪父老愁三害,(31)(32)(33) 형계 가의 노인장이 세 가지 해악을 걱정하자
下斬長蛟本無賴.(34) 강으로 내려가 긴 교룡을 죽인 건 본래 무뢰한이었고
平生倔强韓退之,(35)(36) 평생 동안 강경하여 굽힐 줄 몰랐던 한퇴지는
文字猶爲鱷魚戒.(37) 오히려 문자로 악어를 징계하는 글을 지었네.
石門之役萬金耳,(38) 석문의 운하 공사는 만금이 들 따름인데
首鼠不爲吾已隘.(39)(40) 쥐처럼 머뭇거리며 못했으니 내가 너무 소심한 것
江湖開塞古有數,(41)(42) 강과 호수를 파거나 막는 데는 예로부터 징조가 있었나니
兩鵠飛來告成壞.(43)(44) 고니 두 마리가 날아와서 만들지 허물지 일러 줬네.
勸農使者非常人,(45) 권농사자는 범상한 사람이 아닌지라
一言已破黎民駭.(46) 한마디로 이미 백성들의 놀람을 없애 버렸고
上饒使君更超軼,(47)(48) 상요 땅의 태수는 더욱 뛰어나
坐睨浮山如累塊. 흙무더기 보듯이 앉아서 부산을 보네.
髯張乃我結襪生,(49)(50) 텁석부리 장씨는 나의 버선 끈을 매 주는 사람인데
詩酒淋漓出狂怪.(51)(52) 활기차게 시 짓고 술 마시며 광기 어린 태도를 내놓으니
我作水衡生作丞,(53)(54) 나는 수형도위가 되고 그대는 수형승이 되어
他日歸朝同此拜.(55) 훗날 조정에 돌아가 이 임명을 함께하겠네.

[해설]

후림의 건의에 따라 항주 일대에 새 운하를 건설하기로 하고 섭온수·후림·장필과 함께 현장

을 시찰하고 난 뒤 장필이 지은 시에 차운하여 지은 것이다.

[주석]

(1) 淳老(순로): 당시 兩浙轉運使였던 葉溫叟의 字.

(2) 敦夫(돈부): 새 운하의 건설을 건의한 侯臨의 字. 施元之의 《施注蘇詩》에 "전 신주지주 후림이 양친을 항주의 남탕에 장사 지내느라 왔다 갔다 하면서 지형을 시찰하고 반복적으로 조사한 후 절강 상류의 석문이라는 곳에서 산을 따라 동쪽으로 가며 파서 운하를 만들 것을 건의했는데……사람들이 다들 편리하겠다고 여겼다(前知信州侯臨, 葬親杭之南蕩, 往來相視地形, 反覆講求, 建議自浙江上流地名石門, 並山而東, 鑿爲運河,……人皆以爲便)"라고 했고, 王文誥의 《蘇軾詩集》에 "공의 시에 '앉아서 세 가지 대책을 말한 사람은 이 사람들'이라고 하고 또 '상요 땅의 태수는 더욱 뛰어나, 흙무더기 보듯이 앉아서 부산을 보네'라고도 했으므로 건의한 바가 후씨에게서 나왔음을 알 수 있다. 조정에 청원하여 이미 윤허를 받았으나 공이 한림학사승지가 되어 조정으로 들어가는 바람에 임자중이 대신했다(公詩'坐陳三策本人謀', 又云: '上饒使君更超軼, 坐睨浮山如累塊', 知所議出於侯也. 乞於朝, 已得請, 而公入爲翰林承旨, 林子中爲代)"라고 했다.

(3) 秉道(병도): 항주 사람 張弼의 字. 소식이 湖州에서 흔히 後六客詞라고 불리는 〈定風波〉 詞를 지을 때 함께 있었던 여섯 명 가운데 한 사람이다.

(4) 相視(상시): 시찰하다.

(5) 新河(신하): 당시에 새로 건설하려고 하던 운하.

(6) 元帥府(원수부): 天下兵馬都元帥를 역임한 吳越國의 창건자 武肅王 錢鏐의 官府를 가리킨다. 《舊五代史·錢鏐傳》에 "동광(923-926) 연간에 천하병마도원수가 되었다(同光中, 爲天下兵馬都元帥)"라고 했다.

(7) 濤(도): 錢塘潮를 가리킨다.

(8) 千弩射(천노석): 쇠뇌 천 개로 쏘아서 맞히다. 쇠뇌는 여러 대의 화살을 연달아 쏠 수 있게 되어 있는 강력한 활이다. 《吳越備史》에 "후량 개평 4년(910)에 무숙왕 전씨가 처음으로 한해당을 쌓았다……강의 파도가 밤낮으로 모래 언덕을 치는지라 두 줄로 판자를 세우고 그 사이에 흙을 채워 넣는 방법으로 담을 쌓으려고 했으나 목적을 이루지 못했기 때문에 강력한 쇠뇌 500개로 파도 꼭대기를 쏘아서 파도를 잠재우라고 명했다(梁開平四年, 武肅王錢氏始築捍海塘.……江濤晝夜衝激沙岸, 版築不能就, 因命强弩五百, 以射濤頭)"라고 했다.

(9) 鳳皇(봉황): 봉황산을 봉황새에 비유한 것인 듯하다. 봉황산은 西湖의 동남쪽, 錢塘江의 북쪽에 있다. 《輿地紀勝·臨安府》에 "봉황산은 臨安府城 안에 있다(鳳凰山, 在城中)"라고 했고, 《西湖遊覽志》에 "청파문에서 방향을 꺾어 동남쪽으로 가면 봉황산이다(自淸波門折而東南, 爲鳳凰山)"라고 했다.

(10) 一箭(일전): 한 번의 활쏘기, 즉 '千弩射'을 가리킨다. 이상의 네 구절은 오월국의 무숙왕이 화살로 파도를 쏘아 잠재운 덕분에 봉황산 기슭이 전당강의 파도에 침식되지 않고 지금까지 건재하다는 우스

갯소리인 것으로 보인다.

(11) 鑿西湖(착서호): 서호를 파다. 소식이 서호를 준설한 일을 가리킨다. 소식은 항주지주로 재임 중이던 원우 5년(1090) 4월부터 그해 8월까지 서호 바닥에 쌓여 있던 토사를 파냄과 동시에 호수의 수면을 뒤덮고 있던 줄풀을 걷어 내어 황폐해져 있던 서호의 옛 모습을 되찾았다.

(12) 回奪(회탈): 태도를 바꾸다.

(13) 浮山(부산): 《杭州圖經》에 "부산은 옛날 전당(지금의 절강성 항주) 관아에서 동남쪽으로 40리 되는 곳에 있다(浮山, 在錢塘舊治東南四十里)"라고 했고, 소식의 〈乞相度開石門河狀〉에 "조수가 河口에서 밀려올 때면 그 기세가 천둥 치는 것 같은데 강 안에 부산이 솟아 있기 때문에……조수를 어지럽게 만듭니다(潮水自海門東來, 勢若雷霆, 以浮山峙於江中,……以亂潮水)"라고 했다. 이 구절은 새 운하를 건설함으로써 부산 부근의 錢塘潮의 기세를 완화시키겠다는 말이다.

(14) 三策(삼책): 漢나라 哀帝 때 사람 賈讓은 黃河를 다스리는 세 가지 대책, 즉 황하의 물길을 인도하여 북쪽으로 흐르게 하는 상책, 물길을 몇 개 더 뚫어서 물살을 분산시키는 중책, 제방을 수선하여 더 높게 만드는 하책을 건의했다.(《漢書·溝洫志》 참조) 査愼行의 《蘇詩補註》에 "선생이 항주지주로 재임할 때 수리 사업을 일으킨 것이 총 세 번이었는데 모두 중론을 채택하여 완성했다. 염교하와 모산하라는 두 강을 준설한 것은 감세 소견의 제창으로 인화현령 황선이 현장을 조사하고 사업을 주관했으며, 서호 준설 공사를 제창한 사람은 전당현위 허돈인이었고, 새 운하를 파서 부산의 험난한 기세를 피할 것을 제의한 사람은 후돈부였다. 그렇기 때문에 '앉아서 세 가지 대책을 말한 사람은 이 사람들'이라고 한 것이다(先生守杭時, 開興水利凡三, 皆采衆議而成者. 浚鹽橋·茅山二河, 創自監稅蘇堅, 而驗視董成, 則仁和知縣黃僎也; 西湖之役創議者, 錢塘縣尉許敦仁也; 議鑿新河以避浮山之險者, 侯敦夫也. 故云: '坐陳三策本人謀.')"라고 했다.

(15) 本人(본인): 이 사람들. 侯臨 등 수리 사업의 대책을 건의한 사람들을 가리킨다.

(16) 畫(획): 계획.

(17) 從來(종래): 이전부터 지금까지.

(18) 畫蛇足(화사족): 畫蛇添足을 뜻한다. 이 구절은 자신이 지금까지 불필요한 일을 해 왔다는 말이다.

(19) 此事(차사): 새 운하의 건설을 가리키는 것으로 보인다.

(20) 雞肋(계륵): 닭갈비. 실효성에 비해 노력과 비용이 너무 많이 들기 때문에 새 운하의 건설을 닭갈비에 비유한 것으로 보인다.

(21) 君(군): 장필을 가리킨다.

(22) 迂闊(우활): 현실과 동떨어지다.

(23) 新詩(신시): 소식의 이 시를 가리킨다.

(24) 折屐(절극): 나막신 굽이 부러지다. 東晉의 謝玄 등이 前秦의 苻堅을 격파했다는 편지가 왔을 때 謝安은 손님과 바둑을 두고 있었는데 편지를 한 번 보고는 조금도 기쁜 내색을 하지 않고 책상 위에 던져두었다. 손님이 무슨 일이냐고 묻자 담담하게 "애들이 적을 물리쳤다는군요"라고만 했다. 그러다가 손님이 간 뒤 문지방에 걸려 나막신 굽이 부러지는 줄도 모를 정도로 너무너무 기뻐하며 안방으

로 들어갔다. 그는 이처럼 자신의 감정을 잘 억제하여 겉으로 드러내지 않았다.(《진서·사안전》 참조)

(25) 江湖(강호): 전당강의 조수를 약하게 하기 위해 운하를 건설하는 일과 서호를 준설하는 일을 가리킨다.

(26) 徑歸(경귀): 곧 돌아가다. 翰林學士承旨에 임명되어 곧 조정으로 돌아가는 것을 가리킨다. 왕문고의 《소식시집》에 "공(소식)은 시찰하러 갔을 때 이미 조정으로 소환될 것이라는 소식을 들었다. 다만 아직 어명이 내려오지 않았을 뿐이다. 그러므로 시에 '늙고 병들어 돌아가려 하며' 이하의 네 운이 있는 것이다. 그가 올린 상소문에도 후림을 공사 감독으로 천거했지 더 이상 그 직책을 자임하지 않았다(公往相視, 已聞召還之耗, 特命未下耳. 故詩有'老病思歸'以下四韻. 其奏狀亦惟擧侯臨督役, 不復自任其責也)"라고 했다.

(27) 後來(후래): 뒤에 오는 사람, 즉 소식의 후임으로 올 차기 杭州知州를 가리킨다.

(28) 潤色(윤색): 광채를 더하다. 손질하여 더욱 완전하게 하는 것을 가리킨다.

(29) 洞霄宮(동소궁): 항주 餘杭縣에 있던 도교 사원. 사신행의 《소시보주》에 "선생이 '한 암자에 한가히 누워 있을 텐데'라고 한 것은 장차 도교 사원 관리를 맡겨 달라고 주청하여 떠나겠다는 말이다. 동소궁은 여항의 대척산에 있다(先生'一菴閑臥'云云, 謂將乞宮觀而去也. 洞霄宮在餘杭大滌山)"라고 했다.

(30) 丹砂(단사): 수은으로 이루어진 황화 광물로 빛깔이 진홍색이다. 도교에서 장생불사의 영약으로 여긴다.

(31) 荊溪(형계): 강소성 宜興을 지나 太湖로 들어가는 강.

(32) 父老(부로): 노인에 대한 존칭.

(33) 三害(삼해): 세 가지 해악. 晉나라 때 의흥 사람인 周處는 못된 짓을 많이 하고 다녔기 때문에 마을 사람들에게 미움을 샀다. 나이가 든 뒤 마을의 노인장에게 요즘 마을의 걱정거리가 무엇이냐고 묻자 남산에 있는 이마 하얀 맹수와 長橋 밑에 있는 교룡과 주처 등의 세 가지 해악이 없어지지 않는 것이라고 했다. 주처는 자기가 그것을 없애겠다고 말한 후 남산으로 들어가서 맹수를 쏘아 죽이고 물속으로 뛰어 들어가서 사흘 밤낮을 싸운 끝에 교룡을 죽이고 돌아왔다. 그리고 자신도 뜻을 세워 학업에 매진했다.(《진서·주처전》 참조)

(34) 無賴(무뢰): 無賴漢. 예의와 염치를 모르고 불량한 짓을 하며 돌아다니는 사람. 주처를 가리킨다.

(35) 倔强(굴강): 강경하여 굽힐 줄 모르다.

(36) 退之(퇴지): 唐나라 사람 韓愈의 字. 《舊唐書·李逢吉傳》에 "한유는 성격이 고집스럽고 강직하여 마침내 말이 겸손하지 못하고 조정에서 큰 소리로 자기주장을 내세우기에 이르렀다(愈性木强, 遂至語辭不遜, 喧論於朝)"라고 했다.

(37) 鱷魚戒(악어계): 악어에 대한 징계. 한유가 潮州刺史로 부임했을 때 조주 지역에 악어가 자주 나타나 가축을 잡아먹는 등 백성들에게 해악을 끼치는지라 한유가 양 한 마리와 돼지 한 마리를 던져 주며 징계하자 그 뒤로 악어가 사라졌다.(《신당서·한유전》 및 한유의 〈祭鰐魚文〉 참조) 이상의 네 구절은 주처처럼 단순하거나 한유처럼 강경해야 큰일을 잘 해낼 수 있다는 말인 것으로 보인다.

(38) 石門(석문): 사신행의 《소시보주》에 "석문은 용산의 서쪽에 있다(石門在龍山之西)"라고 했다.

(39) 首鼠(수서): 구멍에서 머리를 내밀고 나갈까 말까 망설이는 쥐라는 뜻으로, 선뜻 결단을 내리지 못하고 머뭇거리는 것을 가리킨다. '首施'·'首鼠兩端'이라고도 한다.

(40) 已隘(이애): 너무 좁다. 자신의 도량이 좁다는 말이다.

(41) 開塞(개색): 파거나 막는 일을 가리킨다.

(42) 有數(유수): 구체적인 表象. 징조.

(43) 兩鵠(양곡): 汝南 고을에 鴻隙陂라는 큰 못이 있어서 고을 사람들의 생활이 풍요로웠는데 漢나라 때 翟方進이 못을 헐어서 물을 흘려보내 버렸다. 그 뒤로 날이 자주 가물어 고을 사람들이 적방진을 원망했는데 이때 아이들 사이에 "누가 못을 헐었나? 적자위(적방진)라네. 우리한테 콩밥과 토란국을 먹게 하네. 세상의 모든 일은 돌고 도는 것, 홍극피도 당연히 다시 파야 한다네. 이런 말을 누가 했나? 노랑 고니 두 마리네(壞陂誰? 翟子威. 飯我豆食羹芋魁. 反乎覆, 陂當復. 誰言者? 兩黃鵠)"라는 동요가 유행했다.(《한서·적방진전》 참조) 이에 대한 顔師古의 주에 "신령이 와서 일러 주었음을 빗대어 말한 것이다(託言有神來告之)"라고 했다.

(44) 成壞(성괴): 이루는 것과 파괴하는 것.

(45) 勸農使者(권농사자): 권농사. 농사를 장려하는 직책을 맡은 관리. 당시 兩浙轉運使였던 섭온수를 가리킨다. 사신행의 《소시보주》에 "《직관분기》에 '경덕 2년(1005)에 각 도의 전운사·전운부사 및 지주·소경감 이상이 勸農使를 겸하고 그 밖에 지군·통판 등도 勸農事를 겸하라는 조칙이 내려졌다'라고 했다. 내 생각에 의하면 섭온수는 당시 전운사였다. 순로는 섭온수의 자이다(《職官分紀》: '景德二年, 詔諸道轉運使·副使及知州·少卿監以上並兼勸農使, 其餘知軍·通判等並兼勸農事.' 按葉溫叟時爲轉運使. 淳老, 溫叟字也)"라고 했다.

(46) 黎民駭(여민해): 백성들의 놀람. 전당조의 험난한 기세에 놀라는 것을 가리키는 것으로 보인다.

(47) 上饒使君(상요사군): 상요(信州) 고을의 태수. 신주지주 侯臨을 가리킨다.

(48) 超軼(초일): 탁월하다. 뛰어나다.

(49) 髥張(염장): 수염쟁이 장씨. 장필을 가리킨다.

(50) 我結襪生(아결말생): 나의, 버선 끈을 매어 주는 사람. 漢나라 경제(기원전 157-141 재위) 때 사람 王生은 黃老思想에 밝은 처사였는데 한때 조정으로 불려 들어가 거기서 기거했다. 한번은 대신들이 모여 있는 자리에서 늙은 왕생이 자기 버선 끈이 풀린 것을 보고 廷尉인 張釋之를 돌아보며 "내 버선 끈을 좀 매 주세요"라고 했다. 왕생에게 은혜를 입은 일이 있는 장석지가 땅바닥에 꿇어앉아서 버선 끈을 매어 주었다. 이것을 본 어떤 사람이 왕생에게 "어떻게 조정에서 장정위를 이처럼 모욕할 수 있소?"라고 하며 그를 나무랐다. 그러자 왕생이 "저는 나이가 많고 지위가 낮아 끝내 장정위에게 도움을 줄 수 없을 것 같아서 그랬습니다. 장정위는 지금 천하의 명신이기 때문에 제가 저를 위해 버선 끈을 매어 주게 함으로써 그분을 높여 주고 싶었습니다"라고 했다. 이에 대신들이 왕생을 현명하다고 여기고 장석지를 존중했다.(《한서·장석지전》 참조) 이 연은 장필을 同姓人인 장석지에 비유하여 그가 소식 자신처럼 보잘것없는 사람도 깍듯이 대해 줄 정도로 훌륭한 인품을 지니고 있는 자신의 친구라는 말이다.

(51) 淋漓(임리): 기세가 넘치는 모양.

(52) 狂怪(광괴): 거침없고 괴이한 언행.

(53) 水衡(수형): 水衡都尉. 한나라 때 황실 동산인 上林苑의 관리와 조세 징수 및 화폐 주조를 담당하던 관직. 龔遂가 渤海太守로 나가 선정을 쌓고 다시 조정으로 불려 들어가게 되었을 때 공수의 부하로 議曹를 맡고 있던 王生이 따라가고 싶어 했다. 주위에서 주정뱅이인 왕생을 데리고 가는 것은 마땅치 않다고 말렸으나 공수는 그의 청을 거절할 수 없었다. 경성으로 들어간 뒤 왕생은 매일 술이나 마실 뿐 공수를 거들떠보지도 않았다. 공수가 부름을 받아 황궁으로 들어가게 되었을 때 왕생을 만났더니 왕생이 술에 잔뜩 취한 채 "천자께서 어떻게 발해를 잘 다스렸느냐고 물으시거든 '전적으로 성군의 덕이지 저의 힘이 아닙니다'라고 대답하셔요"라고 했다. 공수가 왕생의 말대로 대답했더니 선제(기원전 74-49 재위)가 흐뭇해하며 그를 수형도위에 임명하고 왕생을 水衡丞에 임명했다. 공수는 너무 늙어서 중임을 맡기기 어렵다고 판단하여 그를 近臣인 수형도위에 임명한 것이다.(《한서·공수전》 참조)

(54) 生(생): '先生'의 약칭으로 재주와 학문이 깊은 사람을 가리킨다. 여기서는 장필을 가리킨다.

(55) 此拜(차배): 이 관직에의 임명. 이상의 두 구절은 시와 술을 좋아하고 거침없이 행동하는 장필을 공수의 부하였던 왕생에 비유하여 나중에 조정에서 함께 일할 기회가 있을 것이라고 격려한 것으로, 자신이 조정으로 들어간 뒤에 장필을 적극적으로 천거해 주겠다는 의미를 내포하고 있는 것으로 보인다.

1178. 椶筍[1]幷敍

종려나무 꽃봉오리를 읊은 시와 그 서문

椶筍, 狀如魚, 剖之得魚子, 味如苦筍[2]而加甘芳. 蜀[3]人以饌佛[4], 僧甚貴之, 而南方不知也. 筍生膚毳[5]中, 蓋花之方孕者. 正二月間, 可剝取, 過此, 苦澀不可食矣. 取之無害於木, 而宜於飮食, 法當[6]蒸熟, 所施畧與筍同. 蜜煮酢浸, 可致千里外. 今以餉殊長老[7].(종려나무 꽃봉오리는 모양이 물고기와 같고 그것을 쪼개 보면 물고기 알처럼 생긴 것이 나오는데 맛이 고죽의 순에다 단맛과 방향을 더한 것 같다. 촉지방 사람들은 이것으로 부처님을 공양하는데 그러면 승려들이 매우 귀하게 여기지만 남방 사람들은 모른다. 종려나무 꽃봉오리는 목피의 솜털에서 생기는데 아마도 꽃이 막 생기기 시작하는 상태일 것이다. 1~2월 사이에 껍질을 벗겨서 채취할 수 있으며 이때가 지나면 쓰고 떫어서 먹을 수 없다. 이것은 채취해도 나무에 해가 되지 않고 다른 음식과 잘 어울리는데 당연히 쪄서 익혀야 하는바 조리 방법이 대체로 죽순과 같다. 꿀에 넣고 삶아서 초에 절여 놓으면 천 리 밖까지 보낼 수 있다. 이제 이것을 중수스님께 보낸다.)

贈君木魚三百尾,[8][9]	그대에게 나무 물고기 삼백 마리를 드리나니
中有鵝黃子魚子.[10][11]	그 안에 노르스름한 숭어 알이 들었다오.
夜叉剖癭欲分甘,[12][13][14]	야차가 혹을 갈라 단맛을 나눠 주려 하나니
籜龍藏頭敢言美.[15]	탁룡이 머리를 감추고 감히 맛있다고 말하리오?
願隨蔬果得自用,[16]	채소와 과일을 따라 자신을 쓸 수 있기를 바라나니
勿使山林空老死.	산림에서 헛되이 늙어 죽게 하지 마시오.
問君何事食木魚,	그대는 무슨 일로 나무 물고기를 먹나요?
烹不能鳴固其理.[17]	삶아도 못 우는 게 본래 그 이치니까요.

[해설]

중수스님에게 물고기처럼 생긴 종려나무 꽃봉오리를 보내면서 지은 것이다. 종려나무 꽃봉오리의 모양과 맛이 잘 묘사되어 있다.

[주석]

(1) 椶筍(종순): 종려나무의 꽃봉오리. 종려나무는 야자과의 상록 교목으로 높이가 3~7m이며 잎은 줄기 끝에 뭉쳐나는데 부채 모양이다. 종려나무 꽃봉오리는 모양이 물고기처럼 생기고 안에 물고기 알처럼 생긴 노르스름한 잔꽃이 있기 때문에 椶魚라고도 한다. '椶'은 '棕'과 같다.

(2) 苦筍(고순): 대나무의 일종인 苦竹의 순.

(3) 蜀(촉): 지금의 사천성 일대.

(4) 饌佛(찬불): 부처에게 차려 주다. 부처를 공양하다.

(5) 膚毳(부취): 나무껍질에 있는 솜털.

(6) 法當(법당): 응당 ~해야 하다.

(7) 殊長老(수장로): 仲殊스님을 가리킨다. 〈安州老人食蜜歌〉(1149) 주 (1) 참조.

(8) 木魚(목어): 물고기처럼 생긴 종려나무 꽃봉오리를 가리킨다.

(9) 尾(미): 물고기를 셀 때 사용하는 단위 명사.

(10) 鵝黃(아황): 거위 새끼의 깃털처럼 노르스름한 색깔을 가리킨다.

(11) 子魚子(자어자): 숭어의 알. '鯔魚子'와 같다.

(12) 夜叉(야차): 흉악하게 생긴 귀신의 일종. 종려나무를 가리킨다. 梵語 'yakṣa'의 음역으로 '野叉'·'藥叉'라고도 한다. 李群玉이 王璘과 聯句를 지을 때 이군옥이 먼저 "작약은 꽃이 피어 보살의 얼굴이요(芍藥花開菩薩面)"라고 하자 왕린이 즉시 "종려는 잎이 갈라져 야차의 머리로다(芍藥花開菩薩面, 椶櫚葉散夜叉頭)"라고 응수했다.(阮閱, 《詩話總龜·警句門下》 참조)

(13) 癭(영): 혹. 종려나무 꽃봉오리를 가리킨다.

(14) 分甘(분감): 단것을 나누어 주다. 《晉書·王羲之傳》에 "근래에 동쪽에서 돌아와 뽕나무와 과실나무를 심었는데 이제 무성해져서 꽃을 피우는지라 아들들을 데리고 유약한 손자를 안은 채 그 사이에서 노닐며 구경하는데 단맛이 나는 과일이 있으면 쪼개어 나누어 먹음으로써 목전의 즐거움을 취합니다(頃東遊還, 修植桑果, 今盛敷榮, 率諸子, 抱弱孫, 遊觀其間, 有一味之甘, 割而分之, 以娛目前)"라는 말이 있다.

(15) 籜龍(탁룡): 죽순의 별칭. 죽순을 용에 비유한 것이다. 이 연은 종려나무 꽃봉오리가 고죽의 순에다 단맛과 방향을 더한 것과 같기 때문에 죽순보다 훨씬 더 맛있다는 말이다.

(16) 得(득): 할 수 있다. 이 구절은 종려나무 꽃봉오리가 채소나 과일처럼 식용되기를 바란다는 뜻으로, 남방 사람들이 종려나무 꽃봉오리를 먹을 줄 모르는 것을 안타까워한 것이다.

(17) 烹不能鳴(팽불능명): 삶아도 울지 않다. 이 연은 자신이 중수스님에게 묻고 중수스님이 그 물음에 대답하는 형식으로, 종려나무 꽃봉오리가 물고기와 같이 생기기는 했지만 실제로는 물고기가 아니기 때문에 스님이 먹어도 된다는 해학적인 말이다.

1179. 送小本禪師[1]赴法雲[2]

법운사로 가는 소본선사를 전송하며

寓形天宇間,[3][4]	천지간에 육신을 맡기고 있노라면
出處會有役.[5][6][7]	출사하든 은거하든 힘든 일이 있기 마련
澹然都無營,[8][9][10]	담담하여 아무것도 추구하는 게 없다면
百年何由畢.[11][12]	백 년을 어떻게 잘 마칠 수 있으리?
山林等憂患,	산림 속에 살아도 똑같이 걱정이 있고
軒冕亦戲劇.[13][14]	초헌 타고 면류관 쓰는 것도 재미있는 놀이이리.
我未卽歸休,	나도 아직 즉시 돌아가 쉴 수 없거늘
師寧便安逸.[15]	선사께서 어찌 벌써 편안할 수 있으리?
王城滿豪傑,[16]	왕성에는 호걸들이 득실거리며
議論紛黑白.[17]	설왕설래 의론하여 옳고 그름을 다툴 텐데
聖諦第一義,[18][19]	신성한 진리 중의 으뜸가는 이치를
對面誰不識.	그대 얼굴을 보고도 모르는 사람이 누구리?
師來亦何事,[20][21]	선사께서 오셔서 또 무슨 일을 해야 하리?
孤月挂空碧.	푸른 하늘에 걸려 있는 외로운 달이면 되리.
是身如浮雲,[22]	이 몸은 떠다니는 구름 같거늘
安得限南北.[23]	어떻게 남과 북을 한정할 수 있으리?
出岫本無心,[24]	구름은 본래 무심하게 동굴에서 나오는 것

旣雨歸亦得.(25)(26)	비를 다 내리고 나면 돌아갈 수도 있을 터
珠泉有舊約,(27)	샘 가에서 은거하자 한 옛날 약속이 있는데
何年挂瓶錫.(28)	어느 해에나 바리때와 석장을 걸리?

[해설]

항주 정자사의 주지로 있다가 개봉에 있는 법운사의 주지로 옮겨 가게 된 소본선사를 전송하며 지은 것이다. 당시 소본선사가 개봉으로 가는 것을 좋아하지 않아 소식이 그런 그를 격려해 준 것으로 보인다.

[주석]

(1) 小本禪師(소본선사): 大通禪師 善本을 가리킨다. 杭州에 두 사람의 本長老가 있었으니 한 사람은 圓照禪師 宗本으로 성이 管氏인데 희령(1068-1077) 연간에 항주 淨慈寺의 주지를 지냈고, 한 사람은 大通禪師 선본으로 성이 董氏인데 원우(1086-1093) 초에 역시 정자사의 주지를 지냈다.(《續燈錄》 참조) 세상에서 그들을 각각 대본·소본으로 불렀다. 《咸淳臨安志》에 "선본은 개봉 사람이다. 열심히 공부하여 경사에서 진사 시험에 합격했다. 나중에 《화엄경》을 입수했는데 책을 펼치자마자 금방 깨달음이 생기는 것이 자신의 생각과 그대로 부합했다. 원조선사가 항주 정자사의 주지로 있을 때 그를 초청하여 상석에 앉혔다(善本, 開封人. 力學, 擧進士於京師. 得《華嚴經》, 開卷恍然, 歷歷與心契. 圓照禪師住杭之淨慈, 招師居上座)"라고 했다. 〈病中獨遊淨慈, 謁本長老, 周長官以詩見寄, 仍邀遊靈隱, 因次韻答之〉(0293) 주 (2) 참조.

(2) 法雲(법운): 개봉에 있던 절. 《釋氏稽古略》에 "철종 원우 5년(1090) 8월에 변경 법운사의 법수선사가 입적한지라 항주 정자사의 선본선사를 모셔서 그의 뒤를 이어 주지를 맡게 하고 대통선사라는 법호를 하사했다. 선본선사는 원조선사 종본의 법통을 이었기 때문에 세상에서 그들을 대본·소본이라고 불렀다(哲宗元祐五年八月, 汴京法雲寺法秀禪師入寂, 詔杭州淨慈寺善本禪師繼席住持, 賜號大通禪師. 師嗣圓照禪師宗本, 世謂之大小本焉)"라고 했다.

(3) 寓形(우형): 형체를 맡기다. 몸을 의탁하고 사는 것을 가리킨다. 陶淵明의 〈歸去來辭〉에 "천지간에 몸 맡기고 살날이 또 얼마이리?(寓形宇內復幾時?)"라는 구절이 있다.

(4) 天宇(천우): 천하.

(5) 出處(출처): 出仕와 隱居.

(6) 會(회): 응당. 틀림없이.

(7) 役(역): 江淹의 〈陶徵君潛田居〉에 "묻노니 그대는 또 무슨 짓을 하는가? 인생 백 년에 힘든 일이 있기 마련이라네(問君亦何爲, 百年會有役)"라는 구절이 있다. 이 시는 《文選》에 강엄의 〈雜體詩〉 30수 가운데 하나로 수록되어 있고 강엄의 문집인 《梁江文通文集》에도 수록되어 있으나, 소식은 이 시

를 도연명의 〈歸園田居〉 其六으로 보고 〈和陶歸園田居六首〉(1416)라는 제목의 和陶詩 여섯 수를 지었다. 일반적으로 이 시를 제외한 다섯 수가 도연명의 〈歸園田居〉라고 본다.

(8) 澹然(담연): 욕심이 없어 마음이 편안한 모양.

(9) 都(도): 전적으로.

(10) 無營(무영): 추구하는 바가 없다.

(11) 百年(백년): 사람의 한평생을 가리킨다.

(12) 何由(하유): 무엇을 통하여. 어떻게. 이 연은 지나치게 초연하여 아무 일도 하지 않는다면 너무 따분해서 어떻게 한평생을 보낼 수 있겠느냐는 뜻으로, 법운사 주지로 가는 것을 좋아하지 않는 소본선사를 격려해 준 말이다.

(13) 軒冕(헌면): 고관대작들이 타던 수레인 軺軒과 帝王·諸侯·卿大夫들이 쓰던 예모인 冕旒冠. 고관대작을 가리킨다.

(14) 戲劇(희극): 놀이. 이 구절은 법운사 주지라는 僧職을 수행하는 것도 그 나름대로 재미있는 일일 것이라고 격려한 것이다.

(15) 便(변): 벌써. 이 구절은 소식 자신처럼 별로 쓸모없는 사람도 아직까지 隱逸이 허락되지 않는데 자신보다 유능한 소본선사가 어떻게 벌써 자유의 몸이 되어 편안하게 지낼 수 있겠느냐는 말이다.

(16) 豪傑(호걸): 불교계의 호걸, 즉 고승들을 가리킨다.

(17) 紛黑白(분흑백): 옳고 그름을 다투다. 이 연은 불교의 교리를 두고 개봉에 있는 고승들 사이에 의론이 분분할 것이라는 말이다.

(18) 聖諦(성체): 신성한 진리. 불교 교리를 가리킨다.

(19) 第一義(제일의): 불교에서 말하는 가장 뛰어나고 참된 이치. 이 연은 소본선사의 표정만 보아도 신성한 진리 중의 가장 뛰어난 이치를 알게 될 것이라는 말이다.

(20) 來(내): 翰林學士承旨에 임명되어 먼저 개봉으로 들어가 있을 소식 자신의 관점에서 소본선사가 항주에서 개봉으로 가는 것을 말한다.

(21) 何事(하사): 무엇을 일삼는가. 무슨 일을 하는가. 이 연은 달이 하늘에 걸려 있기만 해도 온 천지에 밝은 빛을 뿌리는 것처럼 소본선사가 법운사에 가서 가만히 있기만 해도 충분히 존재 가치를 발휘할 수 있다는 말이다.

(22) 是身(시신): 이 몸. 雲水라고 불리기도 하는 승려인 소본선사를 가리킨다.

(23) 安得(안득): 어떻게 ~할 수 있는가.

(24) 岫(수): 산속의 동굴. 陶淵明의 〈歸去來辭〉에 "구름은 무심하게 동굴에서 나오고, 새는 날다 지치면 돌아올 줄을 안다(雲無心以出岫, 鳥倦飛而知還)"라는 구절이 있다.

(25) 旣雨(기우): 《易經·小畜卦》에 "이미 비가 내리고 이미 그쳤다(旣雨旣處)"라는 말이 있다.

(26) 得(득): 할 수 있다. 이 연은 소본선사를 구름에 비유하여 개봉에 가서 임무를 마치고 나면 歸休할 수 있을 것이라는 말이다.

(27) 珠泉(주천): 샘. '泉'의 미칭으로 '林泉', 즉 은거하기 좋은 곳을 가리킨다.

(28) 甁錫(병석): 스님들이 출타할 때 들고 다니는 밥그릇인 바리때와 그들의 지팡이인 錫杖. 돌아다니다가 어느 절에 묵게 되면 거기에 석장을 걸어 놓기 때문에 스님이 한곳에 정착하여 편안하게 지내는 것을 '挂錫'이라고 한다. 이 연은 소본선사가 주어진 임무를 완수하고 자신과 함께 은거할 날이 기다려진다는 뜻으로, 그와의 석별의 정을 토로한 것이다.

1180. 次韻曹子方[1]龍山[2]眞覺院[3]瑞香[4]花

용산 진각원의 서향화를 읊은 조자방의 시에 차운하여

幽香結淺紫,	그윽한 향기가 연보랏빛에 맺혀 있나니
來自孤雲岑.[5]	외로운 구름 속의 산봉우리에서 온 것
骨香不自知,[6]	뼛속에서 향기가 나는지라 자신은 알지 못하고
色淺意殊深.[7]	색깔은 옅어도 내심은 무척 깊네.
移栽靑蓮宇,[8]	푸른 연꽃 피는 집에 옮겨 심어 놨더니
遂冠薝蔔林.[9]	마침내 치자 숲에서 으뜸이 되었나니
紉爲楚臣珮,[10]	꼬여서 초나라 신하의 패물이 되고
散落天女襟.[11]	흩뿌려져 천녀의 옷깃에 떨어지겠네.
君持風霜節,[12]	그대는 바람과 서리 앞에서도 꿋꿋한 절개를 지녀
耳冷歌笑音.[13]	노랫소리 웃음소리엔 귀를 기울이지 않는데
一逢蘭蕙質,[14]	난초와 혜초의 자질을 한 번 만나자
稍回鐵石心.[15]	철석같은 마음이 좀 돌아섰네.
置酒要姸暖,[16]	술자리를 벌이려면 고운 경치와 따뜻한 날씨가 필요하고
養花須晏陰.[17]	꽃을 기르려면 약간 흐린 날씨가 필요한데
及此陰晴間,[18]	이 흐린 날씨와 맑은 날씨의 중간에 이르렀으니
恐致慳嗇霖.[19][20]	인색의 비를 몰고 올까 봐 겁이 나네.
彩雲知易散,[21]	채색 구름이 쉬 흩어지는 줄을 알기에

鸛鵯憂先吟.(22) 두견이가 금방 울까 걱정되나니
明朝便陳迹,(23) 내일 아침이면 바로 묵은 자취가 될 터
試著丹青臨.(24)(25) 단청을 칠하여 한번 그려 볼 일이네.

[해설]

항주 용산의 진각원에 술자리를 마련하고 서향화를 감상하며 놀다가 조보가 지은 시에 차운한 것이다.

[주석]

(1) 子方(자방): 曹輔의 字. 〈次韻曹子方運判雪中同游西湖〉(1174) 주 (1) 참조.

(2) 龍山(용산): 杭州의 玉廚山 조금 남쪽에 있는 산.

(3) 眞覺院(진각원): 항주의 용산과 옥주산 사이에 있던 절. 《西湖遊覽志》에 "용산의 조금 북쪽에 옥주산이 있는데 옛날에 그곳에 진각원이 있었다(龍山稍北爲玉廚山, 舊有眞覺院)"라고 했다. 〈眞覺院有洛花, 花時不暇往, 四月十八日, 與劉景文同往賞枇杷〉(1127) 주 (1) 참조.

(4) 瑞香(서향): 상록 관목으로 봄에 赤紫色 또는 백색의 꽃이 피는데 향이 매우 진하다.

(5) 雲岑(운잠): 구름 속으로 솟아 있는 높은 봉우리. 廬山을 가리킨다. 陶穀의 《淸異錄·花事門》에 "여산의 서향화는 옛날에 한 스님이 반석 위에서 낮잠을 자노라니 꿈속에 형언할 수 없을 정도로 몹시 강렬한 꽃향기가 나는지라 깨어나서 향기를 좇아가서 찾아내어 睡香이라고 부른 데서 비롯되었다. 사방에서 이것을 기이하게 생각하여 꽃 중에서도 상서로운 꽃이라며 마침내 '睡' 자를 '瑞' 자로 바꾸었다(廬山瑞香花, 始緣一比丘晝寢磐石上, 夢中聞花香酷烈不可名, 旣覺, 尋香求之, 因名睡香. 四方奇之, 謂乃花中祥瑞, 遂以瑞易睡)"라고 했고, 陳舜俞의 《廬山記》에 "서향은 꽃이 보라색이고 향기가 강렬하여 다른 꽃들에 비할 바가 아닌데 처음에는 대개 이 산에서 났다(瑞香花紫而香烈, 非群芳之比, 其始蓋出此山)"라고 했다.

(6) 骨香(골향): 뼛속이 향기롭다. 뼛속에서 나는 것처럼 향기가 깊다는 말이다.

(7) 色淺(색천): 색깔이 옅다. 꽃이 연보라색을 띠고 있다는 말이다.

(8) 靑蓮宇(청련우): 때가 묻지 않은 청정한 자태 때문에 불교에서 숭상하는 푸른 연꽃이 피어 있는 집이라는 뜻으로 절을 가리킨다.

(9) 薝蔔(담복): 치자나무. 초여름에 하얀 꽃이 피는데 꽃잎이 여섯 개씩이다.

(10) 楚臣(초신): 전국 시대 초나라 시인 屈原을 가리킨다. 굴원의 〈離騷〉에 "강리와 벽지를 허리띠로 두르고, 가을 난초 꼬아서 패물로 삼네(扈江離與辟芷兮, 紉秋蘭以爲佩)"라는 구절이 있다.

(11) 天女(천녀): 불교에서 하늘을 날아다니며 下界 사람과 왕래한다고 하는 여자 仙人. 《維摩詰經·觀衆生品》에 "그때 유마힐의 방에 천녀가 한 명 있어 여러 대인(부처님)을 보고 그들이 설하는 불법을 들

은 뒤에 곧 자기 몸을 드러내어 여러 보살과 대제자에게 하늘나라의 꽃을 뿌렸는데 여러 보살에게 뿌려진 꽃은 모두 떨어져 내렸지만 대제자에게 뿌려진 꽃은 달라붙어서 떨어지지 않았다.……번뇌가 다 소멸되지 않으면 꽃이 몸에 달라붙고 번뇌가 다 소멸되면 꽃이 달라붙지 않는다(時維摩詰室有一天女, 見諸大人, 聞所說法, 便現其身, 卽以天華散諸菩薩·大弟子上, 華至諸菩薩, 卽皆墮落, 至大弟子便著不墮.……結習未盡, 華著身耳, 結習盡者, 華不著也)"라고 했다.

(12) 風霜節(풍상절): 바람이 불고 서리가 내려도 꺾이지 않는 꿋꿋한 절개.

(13) 耳冷(이랭): 귀가 냉담하다. 귀 기울여 듣지 않는 것을 가리킨다. 이 구절은 조보가 歌妓들의 노래와 담소에 관심을 두지 않는다는 말이다.

(14) 蘭蕙質(난혜질): 대표적 향초인 난초와 혜초의 자질. 서향화를 가리킨다.

(15) 鐵石心(철석심): 쇠나 돌처럼 단단한 마음.

(16) 姸暖(연난): 아름다운 경치와 따뜻한 날씨.

(17) 晏陰(안음): 약간 흐린 날씨. 釋仲休의 《花品》에 "모란이 피는 달이 되면 그때마다 가벼운 구름이 일고 가랑비가 내리는 경우가 많은데 이것을 꽃을 기르는 날씨라고 한다(每至牡丹開月, 多有輕雲微雨, 謂之養花天)"라고 했다.

(18) 陰晴間(음청간): 흐린 날씨와 맑은 날씨의 사이. '晏陰'을 가리킨다.

(19) 致(치): 불러오다. 초치하다.

(20) 慳嗇霖(간색림): 인색하게 굴어서 내리는 비. 《文酒淸話》에 "동경 사람 주묵은 손님을 초청하여 주인 노릇을 해 본 적이 없었다. 어느 날 손님을 초청했더니 당시 오랫동안 가뭄이 지속되는 중이었는데 갑자기 비바람이 번갈아 쳐서 연회를 열 수 없게 되었다. 송온이 시를 지어 '뜨거운 해가 심술부려 이미 재앙을 내렸지만, 잔치를 연 주수재 덕분에 해갈되었네. 하늘이 감응이 없다고 말하지 마라, 이렇게 비바람이 한꺼번에 치게 하는걸!' 하고 농담했다. 이래서 속담에 '쩨쩨하게 굴면 바람을 만나고, 인색하게 굴면 비를 만난다'는 말이 있을 것이다(東京周默未嘗作東道. 一日, 請客, 時久旱, 忽風雨交作. 宋溫以詩戲之曰: '驕陽爲戾已成災, 賴有開筵周秀才. 莫道上天無感應, 故敎風雨一齊來.' 蓋諺有'慳値風, 嗇値雨'之說也)"라는 일화가 있다. 놀이를 방해하는 비를 가리킨다. 이상의 네 구절은 서향화를 위해서는 약간 흐린 날씨가 필요하지만 화창한 날씨 속에 술을 마시며 놀고 싶은 욕심에 비가 올까 봐 걱정스럽기도 한 심리적 갈등이 생긴다는 말이다.

(21) 彩雲(채운): 채색 구름. 白居易의 시 〈簡簡吟〉에 "대체로 좋은 물건은 단단하지 않아서, 채색 구름은 쉬 흩어지고 유리는 쉽게 깨진다(大都好物不堅牢, 彩雲易散琉璃脆)"라는 구절이 있다.

(22) 鶗鴂(제규): 두견이. 子規. 밤에 우는 새는 소쩍새이지 두견이가 아니라고 하는데 옛날부터 시인들이 다들 두견이가 밤에 우는 것으로 착각했으니, 당나라 시인 李白은 〈蜀道難〉에서 "또 자규가 밤중의 달을 보고 울면서, 텅 빈 산을 걱정하는 소리도 들려온다(又聞子規啼夜月, 愁空山)"라고 했고, 고려 시인 金富軾은 〈大興寺聞子規〉에서 "속인인 나는 꿈길이 이미 끊어졌는데, 자규는 아직도 목이 메게 울어 댄다(俗客夢已斷, 子規啼尙咽)"라고 했으며, 우리나라 현대 시인 김영랑은 〈두견〉에서 "울어 피를 뱉고 뱉은 피 도로 삼켜, 평생을 원한과 슬픔에 지친 작은 새……달빛 너무도 황홀하여 호젓

한 이 새벽을, 송기한 네 울음 천 길 바다 밑 고기를 놀래이고, 하늘가 여린 별들 버르르 떨리겠구나" 라고 했다. 이 연은 저녁노을이 금방 사라지고 두견이가 우는 밤이 되어서 자신들이 더 이상 놀지 못하게 되는 것이 걱정스럽다는 말이다.

(23) 便(변): ~하면 곧.

(24) 著丹靑(착단청): 단청을 칠하다.

(25) 臨(임): 臨摸하다. 서향화를 그리는 것을 가리킨다.

1181. 書〈渾令公(1)燕魚朝恩(2)圖〉

〈혼령공이 어조은에게 연회를 베푸는 그림〉에 쓴 시

咸寧英氣似汾陽,(3)(4)	함녕군왕은 영기가 분양군왕과 비슷한데
夜飮軍容出紅粧.(5)(6)	밤에 군용사에게 술 먹이며 홍장 미인을 내놓았네.
不須纏頭萬匹錦,(7)	전두로 비단을 만 필이나 줄 필요는 없었나니
知君未辦作呂强.(8)(9)(10)	그대가 여강이 될 수는 없었는 줄 알겠네.

[해설]

당나라 사람 혼감이 어조은에게 연회를 베푸는 광경을 그린 그림에 쓴 제화시이다. 풍응류(馮應榴)의 《소식시집합주(蘇軾詩集合注)》에 "시의 의미가 '전두를 만 필이나 주는 사치스러운 짓을 할 필요가 없기 때문에 비로소 (전두를 만 필이나 준) 어조은이 여강처럼 청렴하고 충성스러울 수 없다는 사실을 안다'고 말하는 것 같다. 하작은 '이 시는 (당시의 환관인) 이헌으로 인하여 지은 것이 아닌가 의심스럽다'라고 했는데 확실하지는 않은 것 같다(詩意似云: '不必有纏頭萬匹之奢, 方知朝恩之不能如呂强淸忠也.' 至何焯曰: '此詩疑爲李憲而發', 似未確)"라고 했다.

[주석]

(1) 渾令公(혼령공): 당나라 때의 名將으로 檢校尙書左僕射·同平章事·侍中·中書令 등의 관직을 역임하고 咸寧郡王에 봉해진 渾瑊(736-800)을 가리킨다. 朱景玄의 《唐朝名畫錄》에 "〈혼시중연회도〉는 바

로 주방이 그린 것이다(〈渾侍中宴會圖〉, 乃周昉所畫)"라고 했는데, 〈혼시중연회도〉는 바로 이 시에서 말한 〈혼령공이 어조은에게 연회를 베푸는 그림(渾令公燕魚朝恩圖)〉인 것으로 보인다.

(2) 魚朝恩(어조은): 당나라 현종·숙종·대종 때의 宦官(722-770). 환관 신분으로 정권을 전횡하기 시작함으로써 중당·만당 시기에 환관들이 정권을 전횡하는 단초를 제공했다.

(3) 咸寧(함녕): 함녕군왕에 봉해진 혼감을 가리킨다.

(4) 汾陽(분양): 朔方節度使가 되어 安史之亂을 평정하는 데 으뜸가는 공을 세우고 汾陽郡王에 봉해진 郭子儀를 가리킨다.

(5) 軍容(군용): 軍容使를 역임한 어조은을 가리킨다. 《구당서·어조은전》에 "광덕 원년(763)에 서번(吐蕃)이 경기 지방에 침입하자 대종(762-779 재임)이 陝州로 갔다. 당시 금군은 모이지 않고 흩어져 있던 군사나 불러들여 화음에 이르자 어조은이 이끌고 있던 대군이 급히 와서 맞이하고 받들어 모신 덕분에 천자의 군대인 육사가 비로소 기세를 떨쳤다. 이 때문에 더욱 총애가 깊어져 천하관군용선위처치사로 전임했다(廣德元年, 西蕃入犯京畿, 代宗幸陝. 時禁軍不集, 征召離散, 比至華陰, 朝恩大軍遽至迎奉, 六師方振. 由是深加寵異, 改爲天下觀軍容宣慰處置使)"라고 했다.

(6) 紅粧(홍장): 붉게 한 화장. 미인을 가리킨다.

(7) 纏頭(전두): 공연이 끝난 뒤 공연한 歌妓나 악공의 재주를 칭찬하여 그들의 머리에 감아 주던 비단. 나중에는 비단뿐만 아니라 그렇게 주는 돈이나 물건도 다 전두라고 했다.

(8) 君(군): 어조은을 가리킨다.

(9) 未辦(미판): ~할 수 없다.

(10) 呂强(여강): 강직하고 충성스럽기로 소문난 後漢 때의 宦官. 이 연은 엄청나게 많은 비단을 전두로 줄 만큼 사치스러운 어조은의 행위를 비판한 것이다.

1182. 次韻劉景文[1]西湖[2]席上

서호의 연회석에서 지은 유경문의 시에 차운하여

二老長身屹兩峯,[3]	키가 큰 두 노인은 우뚝 솟은 두 봉우리
常撞大呂應黃鐘.[4][5]	언제나 대려를 쳐서 황종에 호응했네.
將辭鄴下劉公幹,[6][7]	이제 곧 업하 땅의 유공간과 작별하고
却見雲間陸士龍.[8][9]	또다시 운간 땅의 육사룡을 보게 됐네.
白髮憐君畧相似,	그대의 백발이 나와 거의 같아서 안쓰럽나니
青山許我定相從.[10][11]	청산이 나를 받아 준다면 꼭 그대를 따를 것이네.
我今官已六百石,[12]	나는 지금 관직이 이미 육백 석이라
慚愧當年邴曼容.[13]	그 옛날의 병만용에게 부끄럽다네.

[해설]

왕십붕의 《백가주분류동파선생시》에 "선생이 조정으로 소환되어 한림학사승지를 맡게 됨에 따라 곧 항주를 떠나게 되었을 때 유경문과 함께 서호에서 술을 마셨는데 이때 유경문이 시를 지은지라 선생이 그것에 화답했다(先生召還爲翰林承旨, 將離杭, 而同景文飮於西湖, 景文有詩, 而先生和之也)"라고 한 것처럼 항주를 떠나기 직전에 유계손과 함께 항주 서호에서 술 마신 감회를 읊은 것이다.

[주석]

(1) 景文(경문): 당시 兩浙兵馬都監으로서 杭州에 주재한 劉季孫(1033-1092)의 字. 〈次韻答劉景文左藏〉(1096) 주 (1) 참조.

(2) 西湖(서호): 杭州 서호를 가리킨다.

(3) 二老(이로): 두 노인. 杜甫의 시 〈寄贊上人〉에 "그대와 더불어 두 늙은이 되어서, 왕래하면 이 또한 풍류 있는 일이리라(與子成二老, 來往亦風流)"라고 한바, 찬상인과 두보 자신을 가리킨다. 여기서는 누구를 가리키는지 분명하지 않은데 문맥을 보면 서호에서 함께 술을 마신 유계손과 소식 자신을 가리킬 가능성이 큰 것으로 보인다.

(4) 大呂(대려): 동양 음악에서 黃鐘·大呂·太簇·夾鐘·姑洗·仲呂·蕤賓·林鐘·夷則·南呂·無射·應鐘 등 높이가 다른 열두 가지 소리를 十二律이라고 하는데 이 가운데 陽의 소리인 황종·태주·고선·유빈·이칙·무역 등의 여섯 가지 소리를 六律이라고 하고 陰의 소리인 대려·협종·중려·임종·남려·응종을 六呂라고 한다. 대려는 십이율 가운데 두 번째로 낮은 소리이고 육려 가운데 가장 낮은 소리이다. '撞大呂'는 타악기를 두드려서 대려음을 내는 것을 가리킨다.

(5) 黃鐘(황종): 黃鐘音. 육률 중에서는 물론 십이율 중에서도 가장 낮은 소리이다. 이 연은 유계손과 소식이 동그마니 앉아서 서로 번갈아 가며 나직하게 시를 읊조리는 것을 가리킨다.

(6) 鄴下(업하): 鄴城. 지금의 하북성 臨漳. 後漢 헌제 건안(196-220) 연간에 曹操가 할거한 지역으로 建安七子의 주요 활동 무대였으며 나중에 魏나라의 도성이 되기도 했다. 다음 구절의 '雲間'과 대우를 이룰 수 있도록 方位詞가 들어가면서 劉氏 성을 가진 名士와 관련이 있는 지명을 선택한 것으로 보인다.

(7) 公幹(공간): 건안칠자의 한 사람인 劉楨(180-217)의 字. 同姓人인 유계손을 가리킨다.

(8) 雲間(운간): 지금의 강소성 松江. 晉나라 사람 陸機(261-303)·陸雲(262-303) 형제의 고향이다.

(9) 士龍(사룡): 육기의 동생 육운의 字. 王十朋의 《百家註分類東坡先生詩》에 "육사룡은 자유를 가리켜서 말한 것이다. 당시는 원우 6년(1091) 3월로 선생이 조정으로 소환되고 자유도 이해 봄에 상서우승에 임명되었기 때문에 유계손과 작별하고 자유와 만나게 된 것이다(陸士龍, 指言子由. 時元祐六年三月, 先生召還, 而子由是春除尚書右丞, 所以別劉而見子由也)"라고 했다.

(10) 定(정): 틀림없이. 꼭.

(11) 相從(상종): 소식이 유계손을 따라 청산에 은거하는 것을 가리킨다. 이 구절은 여건이 허락된다면 유계손과 함께 은거하고 싶다는 말이다.

(12) 六百石(육백석): 1년에 600석의 봉록을 받는 관직이라는 뜻으로, 그다지 높지 않은 관직을 가리킨다. 漢나라 때 琅琊 사람 邴漢은 인품이 고결했기 때문에 조정의 부름을 받아 京兆尹·太中大夫 등의 관직을 역임했는데 王莽이 정권을 전횡하자 관직을 버리고 고향으로 돌아갔다. 형의 아들 邴曼容 역시 인품이 훌륭한 사람이라 관직에 나아가서 600석이 넘는 봉록을 받지 않겠다고 결심하고 600석이 넘자 곧 관직을 버리고 떠났기 때문에 명성이 병한을 능가할 정도가 되었다.(《漢書·龔勝龔舍傳》 참조)

(13) 邴曼容(병만용): 주 (12) 참조.

1183. 次前韻[1]答馬忠玉[2]

앞 시의 운자에 차운하여 마충옥에게 화답한다

坡陀巨麓起連峯,[3]	울퉁불퉁한 큰 산기슭에서 연이은 봉우리가 솟는 법
積累當年慶自鍾.[4][5]	그 옛날에 조상이 덕을 쌓아 경사가 저절로 모였으리.
靈運子孫俱得鳳,[6]	사령운의 자손은 다 봉황의 기를 받았고
慈明兄弟孰非龍.[7]	순자명의 형제 중에 용 아닌 이 그 누구리?
河梁會作看雲別,[8][9][10]	다리에서 틀림없이 구름을 보며 작별할 테니
詩社何妨載酒從.[11]	시사로 술을 싣고 따라온들 어떠리?
祇有西湖似西子,[12][13]	오로지 서호만이 서시와 같은지라
故應宛轉爲君容.[14][15]	간드러지게 그대 위해 모양을 내리.

[해설]

이 시는 유계손이 소식과 함께 서호에서 술을 마시다가 시(〈서호의 연회석에서 지은 유경문의 시에 차운하여(次韻劉景文西湖席上)〉(1182)의 원시)를 지어서 소식에게 보여 주기도 하고 마감에게 보내기도 했는데 마감이 그 시에 차운하여 유계손과 소식이 함께 술을 마시고 있는 서호로 보내자 소식이 그것에 차운하여 지은 것인 듯하다.

[주석]

(1) 前韻(전운): 앞 시의 韻字. 〈次韻劉景文西湖席上〉(1182)의 운자를 가리킨다.

(2) 忠玉(충옥): 馬瑊의 字. 《咸淳臨安志》에 "원우 5년(1090) 8월에 선덕랑 마감이 회남서로제점형옥에서 양절로제점형옥으로 옮겼다(元祐五年八月, 宣德郎馬瑊自提點淮南西路刑獄, 改兩浙路提刑)"라고 했다.

(3) 坡陀(파타): 평탄하지 않고 기복이 심한 모양.

(4) 積累(적루): 덕을 쌓는 것을 가리킨다. 《易經·坤卦》의 〈文言傳〉에 "착한 일을 많이 한 집안에는 반드시 남아돌아서 자손에게까지 미치는 경사가 있다(積善之家, 必有餘慶)"라고 했다.

(5) 鍾(종): 모이다. 이 연은 산기슭이 넓고 크면 봉우리가 많이 솟는 것처럼 조상이 착한 일을 많이 하면 후손에게 복이 온다는 말로, 마감 집안의 옛날 조상을 칭송한 것이다.

(6) 靈運(영운): 남조 시대 송나라 시인 謝靈運을 가리킨다. 사령운의 아들 謝鳳과 손자 謝超宗이 모두 학문을 좋아하고 문장력이 뛰어났다.(《南史·謝靈運傳》 참조)

(7) 慈明(자명): 後漢 사람 荀爽의 字. 후한 사람 荀淑에게는 순상 등 여덟 명의 아들이 있었는데 한결같이 비범한지라 荀氏八龍이라 불렸다. 그중에서도 순상이 특히 빼어나 "순씨팔룡 중에서도 자명은 견줄 사람이 없다(荀氏八龍, 慈明無雙)"라는 말이 있었다.(《후한서·순숙전》 참조) 이 연은 사령운의 자손들이나 순숙의 아들들처럼 마감을 비롯한 마씨 집안의 여러 후손이 다들 뛰어나다는 말이다.

(8) 河梁(하량): 강에 놓인 다리. 李陵의 시 〈與蘇武〉 其三에 "손을 잡고 다리 위로 올라가나니, 나그네는 저물녘에 어디로 가려는가?……떠날 사람 오래도록 붙잡기도 어려워, 늘 그리워할 거라고 각자 말하네(攜手上河梁, 游子暮何之?……行人難久留, 各言長相思)"라는 구절이 있기 때문에 '河梁'은 이별의 장소를 가리키는 경우가 많다.

(9) 會(회): 틀림없이.

(10) 雲(운): 훌쩍 떠나는 존재를 가리킨다. 李白의 시 〈送友人〉에 "떠다니는 구름은 떠나는 이의 마음이요, 지는 해는 이 친구의 심정이로다(浮雲遊子意, 落日故人情)"라는 구절이 있고, 杜甫의 시 〈苦戰行〉에 "힘들게 싸우다가 전사하신 마장군, 복파장군 후손이라 스스로 말했었지.……헤어질 적 외로운 구름 지금은 안 나는데, 때때로 홀로 구름을 보며 눈물이 가슴에 흥건하네(苦戰身死馬將軍, 自云伏波之子孫.……別時孤雲今不飛, 時獨看雲淚橫臆)"라는 구절이 있다. '看雲別(구름을 보며 하는 이별)'은 마감이 곧 항주를 떠나 조정으로 돌아갈 소식과 작별하는 모습을 상상한 것이다.

(11) 詩社(시사): 함께 시를 짓는 시인들의 모임. 서호에서 함께 술을 마시며 시를 짓고 있는 소식과 유계손의 모임을 가리킨다.

(12) 西湖(서호): 항주 서호를 가리킨다.

(13) 西子(서자): 춘추 시대 越나라의 미인 西施를 가리킨다. 월왕 勾踐은 會稽山 전투에서 패배한 수치를 씻기 위해 와신상담하던 끝에 范蠡의 계책을 받아들여 오왕 夫差에게 서시를 바쳐 미인계를 씀으로써 마침내 설욕했다. 소식은 〈飮湖上初晴後雨二首〉(0259) 其二에서도 "서호를 월서시에 비유한다면, 옅은 화장 짙은 분 아무래도 어울리는 것과 같네(若把西湖比西子, 淡粧濃抹總相宜)"라고 하여 항주 서호를 서시에 비유한 적이 있다.

(14) 宛轉(완전): 아리땁고 다정한 모양.

(15) 容(용): 모양을 내다. 꾸미다. 《戰國策·趙策一》에 "남자는 자기를 알아주는 사람을 위해 목숨을 바치고, 여자는 자기를 좋아하는 사람을 위해 모양을 낸다(士爲知己者死, 女爲悅己者容)"라는 말이 있다. 이상의 네 구절은 마감에게 술을 들고 자신들이 있는 곳으로 와서 아름다움을 뽐내는 서호를 감상하며 함께 마시자고 제의한 것이다.

1184. 予去杭十六年(1)而復來，留二年(2)而去．平生自覺出處(3)老少(4)，麤(5)似樂天(6)．雖才名相遠，而安分寡求，亦庶几(7)焉．三月六日，來別南北山諸道人(8)，而下天竺(9)惠淨師(10)以醜石贈行(11)，作三絶句

나는 항주를 떠난 지 16년 만에 다시 와서 2년 동안 머물다가 떠난다. 나는 평소 지방관으로 나간 때와 조정에 머문 때의 나이가 대략 백낙천과 비슷하다고 느껴 왔다. 비록 재주와 명성은 서로 차이가 많이 나지만 주어진 분수를 편안하게 받아들이고 추구하는 바가 적은 점은 역시 서로 비슷하다. 3월 6일에 남산과 북산의 여러 도인과 작별하러 왔는데 하천축사의 혜정법사가 못생긴 돌을 작별 기념으로 주는지라 절구 세 수를 짓는다

其一

當年衫鬢兩青青,(12)	당시에는 적삼도 살쩍도 푸른빛이었기에
强說重臨慰別情.(13)(14)	다시 올 거라 강변하며 이별의 아쉬움을 달랬는데
衰髮祇今無可白,(15)(16)	쇠잔한 머리가 이제는 더 희게 할 여지도 없으니
故應相對話來生.	마주 보고 앉아 내생이나 이야기해야 했네.

其二

出處依稀似樂天,(17)	나가고 들어온 게 백낙천과 대략 비슷하여
敢將衰朽較前賢.(18)(19)	감히 쇠락한 몸을 이전의 현인과 비교해 본다.
便從洛社休官去,(20)(21)	백낙천이 낙사를 위해 사직하고 떠난 때부터 치더라도
猶有閑居二十年.	한가로이 지낼 날이 아직 이십 년 남았다.

其三

在郡依前六百日,(22)(23)(24)	예전처럼 이 고을에 육백 일 동안 있으며
山中不記幾回來.	산속에 온 게 몇 번인지 기억이 안 날 지경인데

還將天竺一峯去,(25)(26) 게다가 천축산의 봉우리도 하나 가지고 가서
欲把雲根到處栽.(27)(28)(29) 구름의 뿌리를 도처에 심으려 하네.

[해설]

한림학사승지(翰林學士承旨)에 임명되어 항주를 떠나기 직전에 하천축사의 혜정법사가 작별 기념으로 못생긴 돌을 하나 주자 그것에 감사하는 마음을 노래한 것으로, 자신의 처지를 백거이에 빗댐으로써 위안을 얻으려고 했다.

[주석]

(1) 去杭十六年(거항십륙년): 杭州通判의 임기를 마치고 항주를 떠난 희령 7년(1074)부터 항주지주로 임명되어 다시 항주로 온 원우 4년(1089)까지를 가리킨다.
(2) 二年(이년): 항주지주로 재임한 원우 4년부터 원우 6년까지를 가리킨다.
(3) 出處(출처): 벼슬길에 나가는 것과 재야에 머무는 것. 여기서는 지방관으로 나가는 일과 조정에 머무는 일을 가리킨다.
(4) 老少(노소): 나이를 먹은 정도.
(5) 麤(추): 대략.
(6) 樂天(낙천): 당나라 시인 白居易의 字.
(7) 庶几(서기): 가깝다. 비슷하다.
(8) 道人(도인): 도사나 스님처럼 道行이 높은 사람.
(9) 下天竺(하천축): 하천축사를 가리킨다. 항주 서호 서쪽에 天竺山이 있는데 이 산에 상천축사·중천축사·하천축사라는 절이 있다. 이것을 천축삼사라고 한다.
(10) 惠淨師(혜정사): 혜정법사. 구체적인 행적이 알려져 있지 않다.
(11) 贈行(증행): 작별을 기념하기 위하여 길 떠나는 사람에게 주다.
(12) 當年(당년): 杭州通判의 임기를 마치고 항주를 떠날 때를 가리킨다. 이 구절은 당시에는 옷도 하급 문관의 관복인 靑衫을 입었고 머리카락도 검푸른 색이었다는 말이다.
(13) 强說(강설): 억지로 말하다. 强辯하다.
(14) 重臨(중림): 다시 오다. 이 연은 당시에는 아직 젊었기 때문에, 확신할 수는 없지만 훗날 다시 항주에 올 수 있을 것이라고 생각하며 이별의 아쉬움을 달랠 수 있었다는 말이다.
(15) 祇今(지금). 지금. '只今'과 같다.
(16) 無可白(무가백): 희게 할 수 있는 것이 없다. 이미 완전히 다 희어졌다는 말이다. 이 연은 이제 늙을 대로 늙어서 더 이상 다시 올 것을 기대할 수 없다는 말이다.
(17) 依稀(의희): 대략적으로.

(18) 將(장): ~을 가지고. ~을.

(19) 前賢(전현): 이전의 현인. 백거이를 가리킨다.

(20) 便從(변종): 설령 ~라고 할지라도. '便縱'과 같다. 柳永의 詞 〈雨林鈴〉에 "천 가지의 사랑하는 감정이 있다 할지라도, 더 이상 누구에게 말을 하리오?(便縱有·千種風情, 更與何人說)"라는 구절이 있다.

(21) 洛社(낙사): 낙양에서 조직한 結社. 백거이가 관직에서 물러나 洛陽 일대에서 은거하며 如滿스님과 함께 결성한 香火社, 즉 불교도들의 결사를 가리킨다. 王十朋의 《百家註分類東坡先生詩》에 "백낙천은 관직을 그만두고 낙양으로 가서 자기가 거처하는 이도리에 못을 파고 나무를 심으며 향산에 석루를 짓고 팔절탄을 파 놓은 뒤 자호를 취음선생이라고 했다. 만년에 여만스님과 함께 향화사를 결성하여 글과 술로 20년 동안 즐겼다(樂天休官於洛, 所居履道里, 疏沼種樹, 構石樓於香山, 鑿八節灘, 自號醉飮先生. 晩與僧如滿結香火社, 文酒娛樂二十年)"라고도 하고, "백낙천은 관직을 그만두고 6년 만에 죽었으니 나이가 75세였다. 이제 동파선생은 조정으로 소환되어 56세에 관직을 그만두는 흥취를 일으켰으니 백낙천에 비하면 어찌 20년이 남은 것이 아니겠는가?(樂天致仕六年而卒, 年七十五. 今先生召還, 年五十六, 而起致仕之興, 則比樂天豈非餘二十年乎?)"라고도 했다. 이 연은 자신의 나이가 56세이기 때문에 백거이가 관직을 그만두고 낙양에서 향화사를 결성하여 한가로이 지내기 시작한 때부터 계산하더라도 한가로이 지낼 수 있는 시간이 아직 20년 정도 남았다고 자신을 위로한 것이다.

(22) 在郡(재군): 항주의 군수로 재임한 것을 가리킨다.

(23) 依前(의전): 예전처럼. 전례에 따라.

(24) 六百日(육백일): 백거이의 시 〈留題天竺靈隱兩寺〉에 "이 고을에 있은 지 육백 일 동안, 산에 들어간 것이 열두 번이네(在郡六百日, 入山十二回)"라고 했으니 杭州刺史로 재임한 기간이 약 600일이었음을 알 수 있는데, 소식도 원우 4년(1089) 7월부터 원우 6년(1091) 2월까지 약 600일 동안 항주지주로 재임했다.

(25) 將(장): 지니다. 휴대하다.

(26) 天竺一峯(천축일봉): 천축산의 한 봉우리. 혜정법사가 준 못생긴 돌을 가리킨다.

(27) 把(파): ~을.

(28) 雲根(운근): 깊은 산의 구름이 생기는 근원지라는 뜻으로, 산속의 돌을 가리킨다.

(29) 栽(재): 돌을 '雲根'이라고 했기 때문에 이에 호응하여 '栽'라고 한 것이다. 이 연은 하천축사의 혜정법사가 선물로 준 돌을 자신이 가는 곳마다 들고 다니며 내보임으로써 준 사람의 성의에 보답하겠다는 말이다.

1185. 和林子中(1)待制(2)

임자중 대제의 시에 화답하여

兩翁留滯各皤然,(3)(4)(5)	두 늙은이 길 막힌 채 각자 백발이 성성한데
人笑迂疎老更堅.(6)	현실과 거리가 먼 게 늙어서 더 심하다고 웃음을 사네.
共把鵝兒一樽酒,(7)	거위 새끼의 깃털처럼 노르스름한 술 한 잔을 함께 드나니
相逢卵色五湖天.(8)(9)	새알 같은 오호의 하늘 밑에서 만났네.
江邊遺愛啼斑白,(10)(11)(12)	강가에서 베푼 덕정이 반백 노인들을 울렸겠고
海上先聲入管絃.(13)(14)(15)	바닷가에 미리 난 명성이 관현으로 들어갔네.
早晩淵明賦歸去,(16)(17)	언제쯤 도연명은 돌아가자고 읊조린 뒤
浩歌長嘯老斜川.(18)(19)	노래하고 휘파람 불며 사천에서 늙으려나?

[해설]

한림학사승지에 임명되어 항주를 떠나기 직전에 자신의 뒤를 이어 항주지주로 부임해 온 임희의 시에 화답한 것이다.

[주석]

(1) 子中(자중): 소식의 뒤를 이어 杭州知州로 부임한 林希의 字. 그는 소식의 開封府試 급제 동기요 直史館 동료이며, 소식이 杭州 서호를 준설하고 쌓은 제방에 '蘇公堤'라는 이름을 붙여 준 사람이다. 《송사·임희전》에 "사신으로 삼아 고려로 보내려고 하자 두려운 안색을 하며 거절했다. 신종이 화가

나서 그 책임을 물어 감항주누점무로 내보내 버렸다(遣使高麗, 懼形於色, 辭行. 神宗怒, 責監杭州樓店務)"라는 기록이 있다. 〈林子中以詩寄文與可及余, 與可旣歿, 追和其韻〉(0652) 주 (1) 참조.

(2) 待制(대제): 天章閣待制를 가리킨다. 査愼行의 《蘇詩補註》에 "《함순임안지》에 '원우 6년(1091) 2월에 소식을 소환하여 한림학사승지로 삼고 이달 계사일에 천장각대제 임희가 윤주(지금의 강소성 鎭江)에서 항주지주로 옮겼다'라고 했으니 이 시가 지어진 때는 바로 두 사람이 교대할 때였다(愼按《咸淳臨安志》: '元祐六年二月, 召軾爲翰林承旨, 是月癸巳, 天章閣待制林希自潤州移知杭州.' 此詩之作正交代時也)"라고 했다.

(3) 兩翁(양옹): 소식 자신과 임희를 가리킨다.

(4) 留滯(유체): 곤경에 처하다. 관직 생활이 순탄하지 않은 것을 가리킨다.

(5) 皤然(파연): 늙어서 머리가 허옇게 센 모양.

(6) 迂疎(우소): 迂遠하고 疎闊하다. 현실과 거리가 멀다.

(7) 鵝兒(아아): 거위 새끼. 거위 새끼의 깃털처럼 노르스름한 술인 鵝黃酒를 가리키기도 한다.

(8) 卵色(난색): 새알의 껍데기처럼 파르스름한 색깔.

(9) 五湖(오호): 일반적으로 太湖를 가리키지만 洞庭湖를 가리키는 경우, 태호 및 그 부근에 있는 네 개의 호수를 가리키는 경우, 태호 부근에 있는 다섯 개의 호수를 가리키는 경우, 강남 지방에 있는 다섯 개의 호수를 가리키는 경우 등이 있고, 강남 지방에 있는 다섯 개의 호수도 가리키는 바가 일정하지 않은데 《史記·三王世家》 중의 "옛사람에게 '장강 남쪽, 오호 일대에는 사람들의 마음이 경박하다'라는 말이 있다(古人有言曰: '大江之南, 五湖之間, 其人輕心.')"라는 기록에 대한 司馬貞의 索隱에 "오호란 구구호·조격호·팽려호·청초호·동정호가 그것이다(五湖者, 具區·洮滆·彭蠡·青草·洞庭是也)"라고 했다. '五湖天'은 항주를 포함하는 강남 지방 다섯 호수 일대의 하늘을 가리키는 것으로 보인다.

(10) 江邊(강변): 長江 가에 있는 고을인 윤주를 가리킨다.

(11) 遺愛(유애): 후세에 남긴 덕망 또는 그런 덕망을 지닌 인물. 임희가 윤주에서 베푼 德政 또는 윤주에서 덕정을 베푼 임희를 가리킨다. 《左傳·昭公二十年》에 "자산이 죽자 공자가 소문을 듣고 눈물을 흘리면서 '옛날의 덕망 높은 인물이었다'라고 했다(及子産卒, 仲尼聞之, 出涕曰: '古之遺愛也.')"라는 기록이 있다.

(12) 斑白(반백): 검은 머리와 흰머리가 섞인 노인. 임희가 지주를 지낸 윤주의 노인들을 가리킨다.

(13) 海上(해상): 황해 가에 있는 고을인 항주를 가리킨다.

(14) 先聲(선성): 부임하기 전에 미리 떨친 명성을 가리킨다.

(15) 管絃(관현): 관악기와 현악기. 이 연은 윤주 노인들이 임희와의 작별을 아쉬워했을 것이고 항주 사람들이 연회를 벌여 임희의 명성을 미리 칭송했다는 말이다.

(16) 早晩(조만): 언제.

(17) 淵明(연명): 陶淵明. 東晉 때의 시인으로 41세에 彭澤縣令이 되었는데 부임한 지 80여 일 만에 사직하고 〈歸去來辭〉를 읊으며 고향으로 돌아간 후 다시는 관직에 나아가지 않았다. 여기서는 소식 자신을 가리킨다. 소식은 〈江城子〉(夢中了了醉中醒)이라는 詞를 지어 "꿈속에도 또렷이 보이고 취중에

도 정신이 드는 이는, 오로지 도연명 한 분뿐이니, 그분이 바로 나의 전생이렷다(夢中了了醉中醒, 只淵明, 是前生)"라며 도연명이 자신의 전신이라고 천명한 적이 있다.

(18) 浩歌(호가): 고성방가를 하다.

(19) 斜川(사천): 강서성 星子縣과 都昌縣에 걸쳐 흐르는 시내. 한갓지고 평화로운 산수를 가리킨다. 도연명은 융안 5년(401) 1월 5일에 이웃 사람들과 함께 이곳에 가서 노닐며 〈遊斜川〉이라는 시를 지었는데, 소식은 〈江城子〉(夢中了了醉中醒) 서문에서 "도연명은 1월 5일 사천에 가서 놀았는데 냇물에 임하여 줄지어 앉아서는 남쪽 언덕을 돌아보고 증성의 홀로 빼어남을 좋아하여 〈遊斜川〉이라는 시를 지었거니와 그것은 지금도 그곳을 짐작해 보게 한다. 원풍 연간의 임술년(1082) 봄에 나는 동파에서 몸소 농사를 짓고 설당을 지어서 그곳에 거처했는데 그곳은 남쪽으로 사망정의 뒷 언덕을 가까이 하고 서쪽으로는 북산의 작은 샘과 인접해 있었기에 격앙된 목소리로 '이것 역시 사천에서의 유람이로다'라며 감탄하고는 장단구를 지어서 〈강성자〉에 맞추어 노래했다(陶淵明以正月五日遊斜川, 臨流班坐, 顧瞻南阜, 愛曾城之獨秀, 乃作〈斜川〉詩, 至今使人想見其處. 元豐壬戌之春, 余躬耕於東坡, 築雪堂居之. 南挹四望亭之後丘, 西控北山之微泉, 慨然而歎: '此亦斜川之遊也.' 乃作長短句, 以〈江城子〉歌之)"라고 했을 정도로 사천을 좋아했다.

1186. 次韻答黃安中(1)兼簡林子中(2)

차운하여 황안중에게 화답하고 아울러 임자중에게 부친다

老去心灰不復然,(3) 늙어 감에 마음이 재가 되어 다시는 불타지 않으매
一麾江海意方堅.(4) 기 하나 들고 강해로 나갈 마음이 한창 굳었었네.
那堪黃散付子度,(5)(6) 황문시랑과 산기상시를 채자도에게 어찌 맡길 수 있으리?
空羨蘇杭養樂天.(7)(8) 소주 항주가 백낙천을 부양하는 것이나 부러워했네.
病肺一春難白酒,(9)(10) 봄철 내내 폐를 앓아 술 마시기 어렵지만
別腸三夜繞朱絃.(11)(12) 석별의 정으로 사흘 밤을 붉은 현에 감겨 있었네.
羣仙正欲吾歸去,(13)(14) 신선들이 지금 우리가 돌아가기를 바라고 있으니
共把淸風借玉川.(15)(16) 우리 함께 옥천자에게 청풍을 빌려 탑시다.

[해설]

한림학사승지에 임명되어 조정으로 들어가는 도중 소주에 이르러 소주지주로 재임 중이던 황리를 만나 회포를 풀 때 황리의 시에 차운하여 지은 것이다.

[주석]

(1) 安中(안중): 黃履의 字. 철종 때 翰林學士로 재임하며 蔡確·章惇·邢恕와 가까이 지냈는데 劉安世가 그의 죄를 고발함으로써 越州知州로 나갔다. 舒州·洪州·蘇州·鄂州·青州의 知州와 江寧府·應天府·潁昌府의 知府 및 御史中丞·尙書右丞 등의 중앙 관직을 역임했다.(《송사·황리전》 참조) 王文誥의

《蘇軾詩集》에 "소식의 문집을 살펴보면 황리는 윤주에서 소주로 옮겨 갔음을 알 수 있는데 《송사》에는 기록되어 있지 않다(考本集, 黃履由潤州徙蘇州, 《宋史》失載)"라고 했고, 馮應榴의 《蘇軾詩集合注》에 "《續資治通鑑長編》에 '원우 6년(1091) 6월에 소주지주 황리가 강녕부지부가 되었다'라고 했으니 당시 황리는 소주에 있었다(《續通鑑長編》: '元祐六年六月, 知蘇州黃履知江寧府.' 時黃履正在蘇州也)"라고 했다.

(2) 子中(자중): 소식의 뒤를 이어 杭州知州로 부임한 林希의 字. 〈和林子中待制〉(1185) 주 (1) 참조.

(3) 心灰(심회): 마음이 식은 재처럼 냉담해졌다는 말로, 마음이 세속적인 일에 대해 매우 초연해진 것을 가리킨다.

(4) 麾(휘): 군사를 지휘할 때 쓰던 기. 태수가 행차할 때 들고 가던 의전용 기를 가리킨다. 杜牧의 시 〈將赴吳興登樂游原一絶〉에 "기 하나 들고 강해로 나가고 싶어, 낙유원에 올라가서 소릉을 바라본다(欲把一麾江海去, 樂遊原上望昭陵)"라는 구절이 있다.

(5) 黃散(황산): 黃門侍郎과 散騎常侍. 徐羨之가 蔡廓에게 선발을 일임할 수 있다고 한 黃門郎 이하의 관리와 그에게 선발을 일임할 수 없다고 한 그 이상의 관리를 아울러서 지칭한 것으로 보인다. 주 (6) 참조.

(6) 子度(자도): 남조 시대 宋나라 사람 채곽의 字. 채곽이 매우 강직하다고 생각하여 송나라 武帝가 그를 御史中丞으로 삼았더니 채곽이 부정한 관리를 엄중하게 탄핵하므로 관리들이 바짝 긴장했다. 당시 中書令으로 재임 중이던 傅亮은 막중한 임무를 맡은 데다 학문이 한 시대를 풍미한 사람이었지만 조정의 예의와 제도에 관한 일은 모두 채곽에게 자문하여 결정했다. 채곽은 나중에 吏部尙書에 임명되었을 때 관리의 선발에 관한 일을 모두 자기에게 맡겨 주면 부임하고 그렇지 않으면 부임하지 않겠다고 부량에게 통보했다. 부량이 이 사실을 담당관인 錄尙書 서선지에게 이야기했더니 서선지가 黃門郎 이하의 관리는 모두 채곽에게 선발을 일임할 수 있지만 그 이상의 관리는 관계자들이 상의해서 결정해야 한다고 했다. 이 말을 들은 채곽이 "나는 서선지를 위해 문서의 말미에 서명할 수 없다"라고 하며 부임하지 않았다. 당시의 제도에 의하면 관리의 선발에 관한 문서는 녹상서와 이부상서가 차례로 서명하게 되어 있었던 것이다.(《南史·蔡廓傳》 참조) 〈蔡景繁官舍小閣〉(0850) 주 (9) 참조.

(7) 蘇杭(소항): 蘇州와 杭州. 白居易의 〈吳郡詩石記〉에 "정원(785-805) 연간에 위응물은 소주목이 되고 방유복은 항주목이 되었는데 위응물은 시를 좋아하고 방유복은 술을 좋아했기 때문에 오중 사람들이 그들을 시와 술의 신선이라고 불렀다. 나는 이제 중서사인으로부터 두 주를 다스리러 나가는바, 저기서 취하기도 하고 또 여기서 읊조리기도 할 것인즉 소주·항주의 풍경과 위응물·방유복의 시와 술을 다 가지게 된 것이다(貞元中, 韋應物爲蘇州牧, 房孺復爲杭州牧, 韋嗜詩, 房嗜酒, 吳中目爲詩酒仙. 予今自中書舍人間領二州, 旣醉於彼, 又吟於此, 則蘇杭之風景, 韋房之詩酒, 兼有之矣)"라고 했다.

(8) 樂天(낙천): 백거이의 字. 소식은 정쟁의 소용돌이에 휘말리는 것을 싫어하여 기회만 있으면 지방관으로 내보내 달라고 주청했거니와 한림학사승지에 임명되어 조정으로 돌아가게 되었을 때에도 한림학사승지의 명을 거두고 지방관으로 임명해 달라는 상소문을 여러 차례 올렸다. 이상의 네 구절은 자신이 오만한 관리가 많은 조정에서 지내는 것을 싫어하고 지방관으로 지내는 것을 좋아했다는 말이다.

(9) 病肺(병폐): 폐를 앓다. 杜甫의 시 〈寄薛三郎中璩〉에 "봄철에 또 폐병을 앓게 됐나니, 이 병은 아마 원인이 있을 것이네. 일찍이 蘇源明 鄭虔과 함께, 통음하며 정이 서로 깊어졌다네(春復加肺氣, 此病蓋有因. 早歲與蘇鄭, 痛飮情相親)"라는 구절이 있다.

(10) 白酒(백주): 빛깔이 흰 술. 탁주를 가리킨다. 《三國志·魏志·徐邈傳》에 "평소 취객들이 술 중에서 맑은 것을 성인이라고 하고 탁한 것을 현인이라고 합니다(平日醉客謂酒淸者爲聖人, 濁者爲賢人)"라는 말이 있는데, 《太平御覽·飮食部二·酒中》에는 "《위략》에 '태조 때 금주령이 내려져서 사람들이 몰래 마셨기 때문에 술이라고 말하기 어려웠다. 그래서 흰 술을 현인이라고 하고 맑은 술을 성인이라고 했다'라는 말이 있다(《魏略》曰: '太祖時禁酒, 而人竊飮之, 故難言酒. 以白酒爲賢人, 淸酒爲聖人.')"라고 하여 '濁者'를 '白酒'로 바꾸어 놓았다.

(11) 別腸(별장): 이별을 아쉬워하는 마음.

(12) 朱絃(주현): 삶은 명주실로 만든 거문고 줄. 널리 현악기를 가리킨다.

(13) 吾(오): 제목으로 미루어 볼 때 소식 자신과 황리는 물론 임희까지 포함하는 것으로 보인다.

(14) 歸去(귀거): 소식은 신선으로 불리는 경우가 많거니와 스스로도 늘 자신이 천상에서 내려왔다는 생각을 가지고 있었던 것으로 보인다. 그가 密州知州로 재임 중일 때 지은 詞 〈水調歌頭〉(明月幾時有)에서 "바람을 잡아타고 돌아가고 싶건만, 한편으론 구슬로 지은 멋진 그 집이, 너무 높아 추위를 못 이길까 두렵다(我欲乘風歸去, 又恐瓊樓玉宇, 高處不勝寒)"라고 한 것도 이런 의식이 반영된 것이라고 볼 수 있다.

(15) 把(파): ~을.

(16) 玉川(옥천): 玉川子. 당나라 시인 盧仝의 字. 노동의 시 〈走筆謝孟諫議寄新茶〉에 "일곱 사발은 아무래도 다 마실 수 없는 일, 겨드랑이에서 솔솔 청풍이 이는 걸 느낄 뿐이네. 봉래산이 어디 있나? 옥천자는 이 청풍을 타고 돌아가고 싶구나. 산 위의 신선들이 속세를 맡고 있는데, 위치가 맑고 높아 비바람의 너머에 있구나(七碗吃不得也, 唯覺兩腋習習淸風生. 蓬來山, 在何處? 玉川子, 乘此淸風欲歸去. 山上群仙司下土, 地位淸高隔風雨)"라는 구절이 있다. 이 연은 바람을 타고 신선 세계로 올라가자는 뜻의 해학적인 표현이다.

1187. 留別[1]蹇道士拱辰[2]

건공진 도사와 작별하며

黑月在濁水,[3][4]	검은 달이 혼탁한 물에 있은들
何曾不淸明.	어찌 맑고 밝지 않은 적이 있던가?
寸田滿荊棘,[5]	한 치짜리 마음 밭에 형극이 가득하면
梨棗無從生.[6][7]	교리와 화조가 생겨날 길이 없네.
何時返吾眞,[8]	언제나 나의 참된 모습으로 돌아갈까
歲月今崢嶸.[9]	세월이 요즈음 예사롭지 않으니?
屢接方外士,[10]	여러 차례 방외사와 접촉한지라
早知俗緣輕.[11]	속연이 얕은 줄을 일찌감치 알았지만
庚桑託雞鵠,[12][13]	경상초는 닭과 고니에 빗대어 말하면서
未肯化南榮.[14]	남영주를 교화하려 들지 않았었는데
晩識此道師,[15]	늘그막에 이 도사와 알게 됐더니
似有宿世情.[16]	전생에 맺은 정이 있는 것처럼
笑指北山雲,	웃음 띠고 북산의 구름을 가리키며
訶我不歸耕.[17]	돌아가서 밭을 갈지 않는 나를 꾸짖었네.
仙人漢陰馬,[18]	한나라 선인 음장생과 마명생이 되어서
微服方地行.[19][20]	미복하고 온 천지를 돌아다니는지라
咫尺不往見,	지척에 있는데도 가서 뵙지 못하고

煩子通姓名.(21)(22) 번거롭게 성명을 통보하게 하였네.
願持空手去, 원하건대 그대는 빈손으로 가셔서
獨控横江鯨.(23) 강을 가로지르는 고래를 혼자 모소서.

[해설]

한림학사승지로 부임하기 위해 조정으로 돌아가는 도중 건공진이라는 도사를 만났다가 헤어지며 지은 것이다.

[주석]

(1) 留別(유별): 떠나는 사람이 남아 있는 사람과 작별하다.
(2) 蹇道士(건도사): 〈送蹇道士歸廬山〉(1059)에 대한 査愼行의 주에 "이름이 공진이고 자가 익지이다(名拱辰, 字翊之)"라고 했다. 〈送蹇道士歸廬山〉(1059) 주 (1) 참조.
(3) 黑月(흑월): 음력 한 달 가운데 달이 차츰 이지러져서 캄캄해지는 16일 이후의 반달. '黑分'이라고도 한다. 여기서는 차츰 이지러져 가는 달을 가리킨다. 15일 이전의 반달은 '白月' 또는 '白分'이라고 한다.
(4) 濁水(탁수): 흐린 물. 《莊子·山木》에 "나는 외형에 마음을 빼앗겨 나 자신을 잊었고, 흐린 물을 보느라 맑은 못을 몰라보았다(吾守形而忘身, 觀於濁水而迷於淸淵)"라는 장자의 말이 있다.
(5) 寸田(촌전): 心田. 마음. 한 치 크기의 심장, 즉 마음속에 들어 있는 선악의 씨앗이 점점 자라기 때문에 마음을 밭에 비유한 것이다.
(6) 梨棗(이조): 交梨와 火棗. 도교에서 말하는, 먹으면 날아다닐 수 있게 된다는 仙果.
(7) 無從(무종): ~할 길이 없다.
(8) 吾眞(오진): 나의 眞面目. 세속적인 명리의 추구를 싫어하고 욕심 없이 초연하게 살기를 좋아하는 자신의 모습을 가리킨다.
(9) 崢嶸(쟁영): 산이 높고 험준한 모양. 예사롭지 않은 상태를 가리킨다.
(10) 方外士(방외사): 승려나 도사처럼 세속를 떠나 초연하게 사는 사람.
(11) 俗緣(속연): 속세와의 인연.
(12) 庚桑(경상): 老子의 제자인 庚桑楚. 《장자·경상초》에 "경상자가 말하기를 '말은 다 끝났네. 덩치가 작은 땅벌은 덩치가 큰 콩잎벌레를 부화시키지 못하고, 덩치가 작은 월지방의 닭은 덩치가 큰 고니의 알을 품지 못하지만 덩치가 큰 노지방의 닭은 참 잘할 수 있네. 월지방의 닭과 노지방의 닭이 기능이 다른 것은 아닌데 하나는 할 수 있고 하나는 할 수 없는 것은 본래 재주에 대소가 있기 때문이네. 이제 나는 재주가 작아서 자네를 교화할 수 없네. 자네는 왜 남쪽으로 가서 노자를 뵙지 않는가?'라고 했다. 그러자 남영주가 양식을 짊어지고 7일 밤낮을 걸어가서 노자가 있는 곳에 이르렀다(庚桑子曰:

'辭盡矣. 奔蜂不能化藿蠋, 越鷄不能伏鵠卵, 魯鷄固能矣. 鷄之與鷄, 其德非不同也, 有能與不能者, 其才固有巨小也. 今吾才小, 不足以化子. 子胡不南見老子?' 南榮趎贏糧, 七日七夜, 至老子之所)"라고 했다.

(13) 託雞鵠(탁계곡): 닭과 고니에 기탁하여 설명하는 것을 가리킨다.

(14) 南榮(남영): 경상초의 제자 南榮趎를 가리킨다.

(15) 道師(도사): 修道의 경지가 높은 사람에 대한 敬稱. 제7구에서 말한 '方外士'들보다 높은 경지에 이른 건공진을 가리킨다.

(16) 宿世(숙세): 前世. 前生.

(17) 訶我(가아): 건공진이 이전에 만났던 방외사들과 달리 초탈한 삶의 가치를 적극적으로 설파하며 소식에게 전원으로 돌아갈 것을 권유했다는 말인 것으로 보인다.

(18) 陰馬(음마): 後漢 때의 신선 陰長生과 馬鳴生을 가리키는바, 여기서는 천하를 주유한 도사 건공진을 가리킨다. 《神仙傳》에 "마명생은 그의 스승이 《태청신단경》 세 권을 주었는데 승천하기를 좋아하지 않아서 丹藥 반 제만 먹고 지상의 신선이 되었다. 음장생은 마명생을 섬겼는데 그에게도 《태청신단경》을 전수했더니 단약을 조제하여 반 제를 먹은 뒤 즉시 승천하지 않고 천하를 두루 돌아다녔다(馬鳴生, 其師授以《太淸神丹經》三卷, 不樂昇天, 但服半劑, 爲地仙. 陰長生事馬鳴生, 亦授《太淸神丹經》, 合丹服半劑, 不卽昇天, 周行天下)"라고 했다.

(19) 微服(미복): 신분을 감추고 남의 주목을 피하기 위해 보통 사람의 옷을 입다.

(20) 方地(방지): 大地.

(21) 煩子(번자): 그대를 번거롭게 하다.

(22) 通姓名(통성명): 성명을 통보하다. 통성명하다. 趙汝鐩의 시 〈訪山中友〉에 "가시나무 헤치고 바위 밟으며 산속의 친구를 찾아가니, 인기척에 산새가 놀라 버드나무 고목에서 왁자했네. 목동이 나를 위해 성명을 통보해 준 덕에, 머리가 학처럼 흰 노인을 웃으면서 맞았네(披荊踏石訪山友, 野鳥驚人鬧枯柳. 牧童爲我通姓名, 一笑相迎鶴髮叟)"라는 구절이 있다. 건공진이 소식의 숙소로 찾아왔다가 소식이 부재중이라 만나지 못하고 돌아가면서 자신이 왔다 갔다는 사실을 알려 달라고 부탁한 일을 가리키는 것으로 보인다.

(23) 控橫江鯨(공횡강경): 큰 고래를 탄다는 뜻으로, 신선이 되어서 거리낌 없이 돌아다니는 것을 가리킨다. 杜甫의 시 〈送孔巢父謝病歸遊江東, 兼呈李白〉에 "남쪽으로 우혈을 찾아가 이백을 만나거든, 요즘 어떻게 지내는지 두보가 묻더라 말해 주오(南尋禹穴見李白, 道甫問訊今何如)"라는 구절이 있는데 仇兆鰲의 주에 "'남쪽으로 우혈을 찾아가 이백을 만나거든(南尋禹穴見李白)'이라는 구절은 '고래를 타고 다니는 이백을 만나거든(若逢李白騎鯨魚)'으로 된 판본도 있다('南尋'句, 一作'若逢李白騎鯨魚')"라고 했다.

1188. 元祐六年六月, 自杭州[1]召還, 汶公[2]館我於東堂[3], 閱舊詩卷, 次諸公韻三首

원우 6년(1091) 6월 항주에서 조정으로 소환되었을 때 혜문공이 나를 동당에 묵게 했는데 여기서 옛날 시집을 보고 여러 공의 시에 차운한다

其一

半熟黃粱日未斜,[4]	기장밥이 익어 가고 해가 아직 덜 기울고
玉堂陰合手栽花.[5][6]	옥당에 손수 심은 꽃이 살며시 오므라들 제
却尋三十年前味,[7]	삼십 년 전의 맛을 다시 음미해 보나니
未飯鐘時已飯茶.[8]	식사 종이 울리기 전에 이미 밥 먹고 차 마셨네.

其二

夢覺還驚屧響廊,[9]	꿈에서 깨도 나막신이 낭하를 울려 놀랐나니
故人來炷影前香.[10][11]	친구가 와서 화상 앞의 향을 피운 것이었네.
鬢鬚白盡成何事,	살쩍과 수염이 다 세도록 무슨 일을 이루었나?
一帖空存老遂良.[12][13]	늙은 저수량의 서첩이 공연히 남아 있네.

其三

尺一東來喚我歸,[14][15]	조서가 동쪽으로 와서 돌아오라고 나를 불렀지만
衰年已迫故山期.[16]	노쇠한 때라 이미 고향 갈 날이 촉박하네.

文章曹植今堪笑,(17)　　문장가인 조식이 지금 참 우습게도
却卷波瀾入小詩.(18)　　오히려 파란을 말아 짧은 시에 집어넣네.

[해설]

한림학사에 임명되어 개봉으로 돌아갔을 때 흥국사 욕실원의 법진대사 혜문이 소식에게 욕실원 동당에 묵으라고 했는데 이때 그곳에 옛날에 여러 사람이 써 놓은 시가 있는 것을 보고 그중의 세 수에 차운한 것이다. 사신행(査愼行)의 《소시보주(蘇詩補註)》에 제1수는 황정견(黃庭堅)의 시에 차운한 것이고 제2수는 진관의 시에 차운한 것이며 제3수는 누구의 시에 차운한 것인지 분명하지 않다고 했다.

[주석]

(1) 杭州(항주): 지금의 절강성 항주.

(2) 汶公(문공): 開封에 있던 興國寺 浴室院의 慧汶스님을 가리킨다. 소식의 〈觀音贊幷引〉에 "흥국사 욕실원의 법진대사 혜문이 선월대사 관휴가 그린 십륙대아라한을 전가의 보물로 삼아 왔는데 좌조산랑·집현교리 구양비가 자기 딸로서 우리 며느리가 된 사람을 위하여 입던 옷과 사용하던 물건을 희사하여 새롭게 표구했다(興國浴室院法眞大師慧汶, 傳寶禪月大師貫休所畫十六大阿羅漢, 左朝散郎·集賢校理歐陽棐爲其女爲軾子婦者, 捨所服用, 裝新之)"라고 했다.

(3) 東堂(동당): 흥국사 욕실원에 있던 殿堂.

(4) 黃粱(황량): 공명심이 많은 선비 盧生이 邯鄲의 여관에서 도사 呂翁을 만나 그가 주는 베개를 베고 금세 잠이 들어 온갖 부귀영화를 다 누리다가 깨어났더니 아직까지 주인이 짓고 있던 기장밥이 다 익지 않았더라는 이야기가 있다.(沈旣濟, 〈枕中記〉 참조)

(5) 玉堂(옥당): 옥으로 장식한 전당. 翰林院의 별칭이다. 소식은 옛날에 한림학사로 재임할 때 한림원에 손수 꽃을 심은 적이 있다. 〈玉堂栽花, 周正孺有詩, 次韻〉(0974) 참조.

(6) 陰合(음합): 살그머니 오므라들다. 이 연은 각 가정에서 저녁밥을 짓는 중이고 꽃이 살그머니 오므라들고 있는 때, 즉 퇴청 시간이 되었다는 말이다.

(7) 三十年前(삼십년전): 소식 형제는 30여 년 전인 가우 원년(1056) 5월에 開封府試에 응시하기 위해 개봉으로 가서 興國寺 浴室院에 머물렀다.

(8) 飯鐘(반종): 절에서 승려들에게 식사 시간을 알리기 위해서 치는 종. 당나라 재상 王播는 어릴 때 집안이 가난하여 揚州 惠照寺 木蘭院에서 지냈는데 오래 지나자 스님들이 그를 미워하게 되어 미리 식사를 끝내고 난 뒤에 식사 시간을 알리는 종을 쳤다.(王定保, 《唐摭言》 참조) 이 연은 제때에 식사를 할 수 없었던 자신의 젊은 시절을 왕파에 빗댄 것으로 보인다.

(9) 屧(섭): 신창. 나막신.

(10) 故人(고인): 王十朋의 《百家註分類東坡先生詩》에는 "선생의 화상이 욕실원 안에 있었기 때문에 한 말이다(先生有畫像在院中故也)"라는 趙次公의 말을 소개했는데, 王文誥의 《蘇軾詩集》에는 이에 대하여 "시의가 욕실원에 노승 덕향의 畫像이 있었다는 뜻인바, 이분은 바로 공이 科擧에 응시할 때의 주지승으로 혜문의 스승이다. '故人'은 공이 자신을 두고 한 말이다. 조차공의 말은 옳지 않다(詩意, 院有老僧德香遺像, 乃公應擧時之主僧, 卽惠汶之師也. '故人', 公自謂也. 次公之說非是)"라고 했다. 조차공의 견해에 의하면 이 구절은 소식의 친구가 소식의 화상 앞에 가서 향을 피웠다는 뜻이 되고, 왕문고의 견해에 의하면 소식 자신이 덕향스님의 화상 앞에서 그를 추모하며 향을 피운다는 뜻이 되는데 이는 내용상 다른 구절들과 어울리지 않는다. 이 시의 원시인 秦觀 시의 제목이 〈元祐三年, 予被召至京師, 從翰林蘇先生過興國浴室院, 始識汶師, 後二年復來, 閱諸公詩, 因次韻〉이므로 이를 통하여 진관이 원우 3년(1088)에 소식을 따라 흥국사 욕실원에 왔다가 처음으로 혜문스님을 알게 되었고 그로부터 2년 뒤인 원우 5년(1090)에 다시 왔다가 다른 사람들이 써 놓은 시를 보고 그 가운데 한 수에 차운했음을 알 수 있다. 그리고 이 시 제3~4구에 "백발의 도인은 아직 기억하실까, 재작년에 병든 현량이 떠나간 일을?(白髮道人還省記, 前年引去病賢良?)"이라고 한 것을 보면 진관이 자신의 스승으로서 鳳翔府簽判 시절에 동료들에게 늘 蘇賢良으로 불린 소식을 그리워하며 그곳에 있는 소식의 화상 앞에서 향을 피웠을 가능성이 크다. 그러므로 이 연은 자신이 옛날에 꿈을 꾸다가 누군가가 찾아오는 것 같은 느낌이 들어서 깨곤 했지만 그 이유가 무엇인지 몰랐는데 흥국사 욕실원에 와서 거기에 걸려 있는 자신의 화상과 진관이 쓴 시를 보니 진관이 자신의 화상 앞에서 향을 피웠기 때문에 꿈자리가 수상했음을 알았다는 말인 것으로 보인다.

(11) 影前香(영전향): 화상 앞에 있는 향을 가리킨다.

(12) 帖(첩): 書帖. 法帖.

(13) 遂良(수량): 唐나라 때의 서예가 褚遂良을 가리킨다. 소식의 자주에 "법첩 중에 저수량의 글씨가 있는데 거기에 '근래에 나 저수량의 수염과 머리가 온통 하얘졌다'라는 말이 있었다(法帖中, 有褚遂良書云: '卽日, 遂良鬚髮盡白.')"라고 했다. 이 연은 그러지 않아도 이루어 놓은 것 없이 다른 사람의 추앙만 받아서 울적한데 저수량이 남겨 놓은 말을 보고 나니 괜히 더욱 울적해진다는 말이다.

(14) 尺一(척일): 한 자 한 치. 漢나라 때 詔書의 길이가 한 자 한 치였기 때문에 천자의 조서를 가리키게 되었으며 나아가 보통의 편지를 가리키기도 한다.

(15) 東來(동래): 동쪽으로 오다. 개봉의 동남쪽에 있는 항주로 오는 것을 가리킨다.

(16) 故山(고산): 옛날 산. 고향을 가리킨다.

(17) 文章曹植(문장조식): 문장에 뛰어난 조식. 왕문고의 《소식시집》에 "공은 이에 앞서 변방 수비를 맡겨 달라고 주청했다가 윤허받지 못했는데 조정으로 들어가 뵙고는 선인태후의 의지를 되돌릴 수 없다는 것을 알고 할 수 없이 합문으로 가서 어명을 받고 다시 한림원으로 들어갔으며 이영각강독을 겸했다. 그렇기 때문에 자신을 '문장가 조식'에 비유했으니 다음 구절을 통하여 더욱 분명하게 알 수 있다(公先乞戍邊不允, 及入見, 知宣仁意不可回, 不得已赴閤門拜命, 再入翰林, 兼邇英講讀. 故以'文章曹植'爲喩, 下句尤顯然可見)"라고 했다. 歐陽修의 詞 〈朝中措〉(平山闌檻倚晴空)에 "문장가인 이 태수

는, 붓을 한 번 휘두르면 만 자를 쓰고, 술잔을 한 번 들면 천 잔을 마셨었지(文章太守, 揮毫萬字, 一飮千鍾)"라는 말이 있다.

(18) 波瀾(파란): 장활한 파도. 杜甫의 시 〈追酬故高蜀州人日見寄〉에 "문장 짓기는 조식이라 드넓은 파란이 일고, 단약 먹기는 유안이라 덕업이 우뚝하네(文章曹植波瀾闊, 服食劉安德業尊)"라는 구절이 있다. 왕십붕의 《백가주분류동파선생시》에 "이제 선생은 자신이 군색해져서 큰 재주를 억제하고 짧은 시나 짓는 것을 스스로 비웃기 때문에 그것으로 자신을 비유한 것이다(今先生自笑其窘, 束大才而爲小詩, 故以自比也)"라고 했다.

1189. 破琴詩幷敍

깨어진 거문고를 읊은 시와 그 서문

舊說, 房琯[1]開元[2]中嘗宰盧氏[3], 與道士邢和璞[4]出遊, 過夏口村[5], 入廢佛寺, 坐古松下. 和璞使人鑿地, 得甕中所藏婁師德[6]與永禪師[7]書. 笑謂琯曰: "頗憶此耶?" 琯因悵然, 悟前生之爲永師也. 故人柳子玉[8]寶此畫[9], 云是唐本, 宋復古[10]所臨者. 元祐六年三月十九日, 予自杭州[11]還朝, 宿吳淞江[12], 夢長老[13]仲殊[14]挾琴過余, 彈之有異聲. 就視, 琴頗損, 而有十三弦. 予方歎息不已, 殊曰: "雖損, 尙可修." 曰: "奈十三弦何?" 殊不答, 誦詩云: "度數[15]形名[16]本偶然, 破琴今有十三弦. 此生若遇邢和璞, 方信秦箏[17]是響泉[18]." 予夢中了然, 識其所謂, 旣覺而忘之. 明日, 晝寢, 復夢, 殊來理前語, 再誦其詩. 方驚覺而殊適至, 意其非夢也, 問之殊, 蓋不知. 是歲六月, 見子玉之子子文[19]京師[20], 求得其畫, 乃作詩幷書所夢其上. 子玉, 名瑾, 善作詩及行草書; 復古, 名迪, 畫山水草木, 蓋妙絶一時; 仲殊本書生, 棄家學佛, 通脫[21]無所著, 皆奇士也.(옛날부터 전해 오는 이야기에 의하면 방관은 개원(713-741) 연간에 노씨현의 현령을 지낸 적이 있는데 이때 도사 형화박과 함께 유람을 나가 하구촌을 지나가다가 황폐해진 절에 들어가 소나무 고목 밑에 앉았다. 형화박이 사람에게 시켜서 땅을 파게 했더니 독 안에 보관되어 있는 누사덕이 영선사에게 보낸 편지가 나왔다. 형화박이 웃으면서 방관에게 "이것을 잘 기억하고 계시지요?"라고 하자 방관이 이로 인해 서글퍼지며 자신이 전생에 영선사였음을 깨달았다. 친구 유자옥이 이것을 그린 그림을 보배로 여기며 당나라 때의 판본을 송복고가 임모한 것이라고 했다. 원우 6년(1091) 3월 19일에 나는 항주에서 조정으로 돌아오다가 오송강에서 잤는데 꿈에 중수스님이 옆구리에 거문고를 끼고 나를 찾아와서 뜯자 기이한 소리가 났다. 다가가서 보았더니 거문고가 많이 깨어져 있고 줄이 열세 개였다. 내가 한창 탄식을 연발하고 있자니 중수스님이 "비록 깨어졌지만 아직은 수리할 수 있습니다"라고 했다. 내가 "줄이 열세 개인 것을 어떻게 합니까?"라고 하자 중수스님이 대답을 하지 않고 시를 읊어서 "수량과 형체와 이름은 본래 우연히 정해지는 것, 깨어진 거문고에 지금 열세 줄이 있구나. 이생에서 만약에 형화박을 만난다면, 비로소 믿으리 진쟁이 곧 향천금임을"이라고 했다. 내가 꿈속에서는 분명하게 그가 말하는 바를 알았는데 깨어나서는 그만 잊어버렸다. 이튿날 낮잠을 자다가 또 꿈을 꾸었는데 중수스님이 와서 전에 했던 말을 정리하여 다시 그 시를 읊었다. 막 놀라 깨어났을 때 중수스님이 마침 왔기에 그것이 꿈이 아니라고 생각했는데 중수스님에게 꿈속의 일에 대해서 물었더니 잘 몰랐다. 이해 6월에 도성에서 유자옥의 아들 유자문을 만나 그 그림을 좀 달라고 부탁하여 손에 넣었기에 시도 짓고 그 위에 꿈에 본 일을 쓰기도 했다. 유자옥은 이름이 근으로 시도 잘 짓고 행서와 초서도 잘 썼으며, 송복고는 이름이 적으로 산수와 초목을 잘 그려 한 시대의 으뜸이었고, 중수스님은 본래 서생이었는데 가정을 버리고 불학을 배워 집착하는 데 없이 초탈하였으니 모두 기이한 사람들이었다.)

破琴雖未修, 깨어진 거문고가 수리되지 않았는데
中有琴意足. 그 안에 거문고의 정취가 가득하네.
誰云十三弦,[22] 그 누가 십삼현이라고 했나
音節如佩玉.[23] 그 소리가 패옥처럼 중후하거늘?
新琴空高張,[24][25] 신형 거문고는 공연히 줄이 아주 팽팽해
絲聲不附木.[26][27] 줄에서 나는 소리가 나무와 어우러지지 않으매
宛然七絃箏,[28][29] 마치 꼭 일곱 줄짜리 쟁과 같아서
動與世好逐.[30][31] 언제나 세상의 기호를 좇네.
陋矣房次律,[32] 비루하다 방차율이
因循墮流俗.[33][34] 경박하게 시속에 떨어진 것이.
懸知董庭蘭,[35][36] 알겠도다 동정란이
不識無絃曲.[37] 줄 없는 곡조의 묘미를 몰랐음을.

[해설]

원우(1086-1093) 연간에는 조정에 정이(程頤)·주광정(朱光庭)·가이(賈易)가 중심을 이룬 낙당(洛黨)과 소식·여도(呂陶)가 중심을 이룬 촉당(蜀黨), 그리고 사마광(司馬光)의 문하생인 유지(劉摯)·유안세(劉安世)·왕암수(王巖叟)가 중심을 이룬 삭당(朔黨)이 정립하고 있었다. 이들은 사마광이 살아 있을 때는 사마광을 중심으로 신법을 폐지하고 신당을 쫓아내는 데 뜻을 같이 하였으나 신당이 쫓겨나고 사마광이 세상을 떠난 뒤에는 자기들끼리 서로 정쟁을 일삼았다. 처음에는 낙당이 촉당을 상대로 비방과 모함을 거듭하다가 양당이 모두 큰 상처를 입은 가운데 촉당의 승리가 확실해지자 그동안 양당의 싸움을 지켜보기만 하던 삭당이 그제야 나서서 먼저 낙당을 공격한 후 다시 방향을 바꾸어 기력이 쇠진해 가는 촉당을 공격하기 시작했다. 말하자면 소식이 낙당과 삭당 모두에게 차례로 견제와 질시를 받는 형국이었다. 왕문고는 이

시가 당나라 재상 방관에 빗대는 형식으로, 처음에는 함께 신법파에 저항하는 동지였다가 나중에는 소식을 비방하는 쪽으로 방향을 바꾼 유지를 비판한 것으로 보았다. 그러나 풍자적 의미를 배제하고, 사람이 전생에는 영선사처럼 초연했지만 금생에는 방관처럼 통속적으로 변할 수 있는 것과 마찬가지로 악기와 같은 사물도 시대에 따라 모양과 소리가 달라질 수 있다는 이치를 설파한 철리시(哲理詩)라고 보아도 좋을 것 같다.

[주석]

(1) 房琯(방관): 唐나라 때의 河南(지금의 하남성 偃師) 사람으로 字가 次律이며 현종 때 재상을 역임했다. 거문고 명인 董庭蘭의 감미로운 거문고 소리를 즐겨 들었다.
(2) 開元(개원): 당나라 현종의 연호. 713-741.
(3) 盧氏(노씨): 지금의 하남성 三門峽市에 속하는 현. 방관은 이 현의 현령을 역임했다.
(4) 邢和璞(형화박): 당나라 때의 도사.
(5) 夏口村(하구촌): 지금의 하남성 安養市 蕩陰縣 索下扣村.
(6) 婁師德(누사덕): 당나라 때의 鄭州 原武(지금의 하남성 原陽) 사람.
(7) 永禪師(영선사): 智永和尙. 王羲之의 7대손이요 王徽之의 6대손으로, 유명한 서예가였다.
(8) 子玉(자옥): 丹徒 사람 柳瑾의 字. 그의 아들 柳仲遠은 소식의 백부인 蘇渙의 사위가 되었으므로 소식의 사촌 매제이다. 〈次韻柳子玉見寄〉(0142) 주 (1) 참조.
(9) 此畫(차화): 방관의 전생을 그린 그림을 가리킨다.
(10) 復古(복고): 북송 화가 宋迪의 字. 그는 瀟水와 湘江 일대의 명승 여덟 군데를 그린 〈瀟湘八景圖〉로 유명하다.
(11) 杭州(항주): 지금의 절강성 항주.
(12) 吳淞江(오송강): 松江의 다른 이름. 太湖에서 발원하여 上海에서 黃浦江과 합류한 후 황해로 들어가는 강으로 지금은 蘇州河라고도 한다.
(13) 長老(장로): 나이가 많고 학덕이 높은 고승을 높여 부르는 말.
(14) 仲殊(중수): 安州(지금의 호북성 安陸) 출신 승려로 당시 항주에 거주했다. 〈安州老人食蜜歌〉(1149) 주 (1) 참조.
(15) 度數(도수): 사물의 수량.
(16) 形名(형명): 형체와 명칭. 이 연은 지금 자기가 가지고 있는 깨어진 거문고는 줄이 열세 개로 외형상 쟁이지만 사실상 거문고 소리가 나므로 줄의 수효는 중요하지 않다는 말이다.
(17) 秦箏(진쟁): 진지방(지금의 섬서성 일대)에서 유래한 쟁의 일종으로 瑟과 비슷하며 진나라 사람 蒙恬이 처음 만든 것으로 알려져 있다. 넓은 의미에서는 쟁도 거문고의 일종이라고 할 수 있다.
(18) 響泉(향천): 거문고의 이름. 《唐語林·補遺二》에 "汧國公 李勉(717-788)은 선무 지방을 鎭守할 때 거

문고와 서예를 좋아했다. 스스로 거문고를 만들었으니 새 오동나무 목재와 오래된 오동나무 목재를 가져와서 두드려 보고 음률에 잘 맞는 것을 잘라 아교로 붙였다. 가지고 있는 거문고 두 개는 아주 절묘했는데 그 이름이 '향천'·'운경'이었다(李汧公鎭宣武, 好琴書. 自造琴, 取新舊桐材扣之, 合律者裁而膠綴. 所蓄二琴殊絶, 其名'響泉'·'韻磬'者也)"라고 했다. 이 연은 전생에는 영선사처럼 초연했던 사람이 금생에는 방관처럼 통속적인 사람으로 변하는 것과 마찬가지로 높고 낭랑한 소리를 내는 오늘날의 진쟁도 낮고 중후한 소리를 내는 향천금에서 비롯되었다는 뜻이다.

(19) 子文(자문): 유근의 아들이요 소식의 사촌 매제인 유중원의 字.

(20) 京師(경사): 북송의 도성인 지금의 하남성 開封을 가리킨다.

(21) 通脫(통탈): 초탈하여 작은 일에 얽매이지 않다.

(22) 十三弦(십삼현): 箏의 별칭. 王十朋의《百家註分類東坡先生詩》에 "진나라 함양궁의 쟁은 열세 줄이었는데, 동파선생은 깨어진 거문고가 쟁과 같으면서도 여전히 거문고 소리를 내기 때문에, 줄은 비록 일곱 개지만 쟁 소리를 내는 세상의 거문고와 같지 않다고 여긴 것이다(秦咸陽宮中箏, 十三絃, 先生以爲破琴如箏而琴音尙在, 非若世之琴雖七絃而聲則箏也)"라고 했다.

(23) 音節(음절): 소리와 節奏. 소리와 리듬. 王文誥의《蘇軾詩集》에는 "이 단락은 자신을 거문고와 닮은 쟁에 빗댄 것으로 희령(1068-1077)·원풍(1078-1085) 연간부터 원우(1086-1093) 연간까지 누차 공격받아 쫓겨나서 비록 깨어진 거문고 꼴이 되었지만 옛날 그대로 소리는 바뀌지 않은 것을 말한다(此節以箏似琴自喩, 謂自熙豐至元祐, 屢被攻逐, 雖破琴, 如故而音節則不改也)"라고 했다.

(24) 新琴(신금): 왕문고는 '破琴'을 수리하여 새롭게 만든 것을 가리키는 것으로 보았으나(주 (31) 참조), '破琴'과 같은 옛날 형식의 거문고가 아니라 당시 사람들이 애용하던 신형 거문고를 가리킬 가능성도 있다.

(25) 高張(고장): 줄의 장력을 높이다. 줄을 팽팽하게 죄는 것을 가리킨다.

(26) 絲聲(사성): 줄에서 나는 소리.

(27) 不附木(불부목): 나무에 붙지 않다. 줄에서 나는 소리가 나무로 이루어진 울림통을 울려서 공명하지 못하는 것을 가리킨다.

(28) 宛然(완연): 흡사하다.

(29) 七絃箏(칠현쟁): 줄이 일곱 개르 외형상으로는 거문고지만 사실상 쟁과 비슷한 소리를 내는 당시의 거문고를 얕잡아 부른 것이다.

(30) 動(동): 툭하면. 늘.

(31) 世好(세호): 세상 사람들이 좋아하는 것. 세상의 기호. 왕문고의《소식시집》에 "이 단락은 劉摯를 쟁과 닮은 거문고에 빗댄 것으로, 동일한 옛날의 깨어진 거문고를 지금 비록 새롭게 만들었다고 할지라도 본질을 잃어버려서 자기와 다른 길을 달리고 있는 것을 말한 것이다(此節以琴似箏喩摯, 謂向者同一破琴, 今雖新之, 而喪其本質, 故與我分馳也)"라고 했다.

(32) 次律(차율): 방관의 자.

(33) 因循(인순): 경박하다.

(34) 流俗(유속): 유행. 時俗.

(35) 懸知(현지): 짐작하여 알다. 추측하다.

(36) 董庭蘭(동정란): 당나라 때의 유명한 거문고 연주자로 방관의 門客이었다. 방관은 재상으로 재임할 때 劉秩 등과 함께 고담준론을 나누는 경우 이외에는 늘 동정란의 거문고 소리를 감상했다. 그렇기 때문에 동정란은 재물을 많이 모았다.(《구당서·방관전》 참조)

(37) 無絃曲(무현곡): 거문고를 타지 않고 마음으로 듣는 곡조를 가리킨다. 《晉書·陶潛傳》에 "천성이 음악을 잘 몰랐지만 집에 허름한 거문고를 하나 가지고 있었는데 줄도 제대로 갖추어져 있지 않아서 친구들과 술자리를 벌일 때마다 그것을 어루만지며 말하기를 '거문고의 흥취만 알면 되지 어찌 줄에서 나는 소리를 들으려고 수고하랴!'라고 했다(性不解音, 而畜素琴一張, 弦徽不具, 每朋酒之會, 則撫而和之, 曰: '但識琴中趣, 何勞弦上聲!')"라고 했다. 이상의 네 구절은 방관이 도연명처럼 줄 없는 거문고를 즐길 줄 모르고 동정란이 연주하는 거문고의 감미로운 선율만 즐길 줄 알았다는 말이다. 왕문고의 《소식시집》에는 "이 단락은 유지를 재상이 된 뒤 본래의 면목을 망각한 방관에 빗대고, 賈易와 朱光庭이 시종일관 낙당의 관점을 가지고 나를 공격해서는 안 된다고 비난했으며, 궁극적으로 동정란이 자기 스승을 팔고 자신을 팔아 이익을 취했으니 이 또한 새 거문고이지 깨어진 거문고가 아니라고 여기고 싶어 한 것이다(此節以琯爲相忘却本來面目喻摯, 而譏易·光庭不能始終以洛黨攻我, 乃甘心爲庭蘭賣其師, 而自售取利, 是亦新琴, 非破琴也)"라고 하여 풍자적 의미가 있는 것으로 보았다.

1190. 書破琴[1]詩後幷敍

깨어진 거문고를 읊은 시의 뒤에 쓴 시와 그 서문

余作〈破琴詩〉, 求得宋復古[2]畫邢和璞[3]於柳仲遠[4], 仲遠以此本託王晉卿[5]臨寫[6]爲短軸, 名爲〈邢房[7]悟前生圖〉, 作詩題其上.(나는 〈깨어진 거문고를 읊은 시〉를 지은 후 유중원에게 부탁하여 송복고가 형화박을 그린 그림을 손에 넣었는데 유중원이 왕진경에게 이 판본을 임모하여 짧은 화폭으로 만들어 달라고 부탁하여 〈형씨와 방씨가 전생을 깨달은 그림〉이라고 명명했기에 시를 지어서 그 위에 쓴다.)

此身何物不堪爲,[8]	우리 몸이 무엇인들 되지 못하리?
逆旅浮雲自不知.[9]	여관이 될지 구름이 될지 스스로 알지 못하네.
偶見一張閑故紙,[10]	우연히 내버려 둔 낡은 종이 한 장을 보곤
便疑身是永禪師.[11][12]	자기 몸이 영선사 아니었나 의심했네.

[해설]

왕문고의 《소식시집》에는 "원풍(1078-1085) 말에 사마광이 유지를 힘껏 끌어들여 그를 이용하여 왕안석을 공격했다. 사마광이 죽자 마침내 정권을 잡았고 이때에 이르러 재상이 되었다. 그러나 유지는 삭당을 결성한 이래로 더 이상 이전의 유지가 아니었는데 선인태후가 승진시켜 마지않은 것은 주로 사마광의 말에 따른 것이었다. 이것은 모두 앞 시의 내력으로, 앞에서 말하지 않은 것은 후세 사람들이 그 까닭을 다 알지 못할까 봐 또 이 시를 보충해서 쓴 것이다(元豐末, 司馬光力引劉摯, 以其攻安石也. 及光沒, 遂執政, 至是入相. 然摯自結黨以來, 非復前之爲摯, 而宣仁進之不已, 則主光言也. 此皆前詩之來歷, 而前所不道, 蓋恐後之人未能盡通其故, 又補題此詩也)"라고 하여 앞 시의 뒤를 이어 계속 유지의 문제점을 비판한 것이라고 보았다. 그러나 풍자적 의미를 배제하고, 전생에는 영선사처럼 초연하던 사람이 금생에는 방관처럼 통속적인 사람으로 변할 수 있는 것처럼 사람은 무엇이든 다 될 수 있다는 이치를 설파한 철리시(哲理詩)라고 보아도 좋을 것 같다.

[주석]

(1) 破琴詩(파금시): 바로 앞의 시를 가리킨다.
(2) 復古(복고): 북송 화가 宋迪의 字. 〈破琴詩幷敍〉(1189) 주 (10) 참조.
(3) 邢和璞(형화박): 당나라 때의 도사. 〈破琴詩幷敍〉(1189) 주 (4) 참조.
(4) 柳仲遠(유중원): 소식의 사촌 매제. 〈破琴詩幷敍〉(1189) 주 (19) 참조.
(5) 晉卿(진경): 신종 황제의 누이동생인 賢惠公主의 남편으로 북송 산수화의 대가였던 王詵의 字. 〈和王晉卿送梅花次韻〉(1081) 주 (1) 참조.
(6) 臨寫(임사): 臨摸하다.
(7) 邢房(형방): 형화박과 房琯.
(8) 此身(차신): 사람의 몸을 가리킨다.
(9) 逆旅(역려): 여관. 《莊子·知北遊》에 "슬프도다! 세상 사람들이란 단지 외물의 여관일 뿐이다(悲夫! 世人直爲物逆旅耳)"라고 했다. 이 연은 사람의 몸이란 무엇이든 다 될 수 있다는 말이다.
(10) 閑故紙(한고지): 방치해 둔 낡은 종이. 옛날에 婁師德이 永禪師에게 보낸 편지를 가리킨다. 〈破琴詩幷敍〉(1189) 서문 참조.
(11) 便(변): ~하자마자 곧.
(12) 永禪師(영선사): 智永和尙. 〈破琴詩幷敍〉(1189) 주 (7) 참조.

1191. 次韻子由[1]書王晉卿[2]畫山水一首而晉卿和二首

자유가 왕진경이 그린 산수화에 한 수를 쓰자 왕진경이 이에 화답하여 지은 두 수에 차운하여

其一

誤點故教同子敬,[3][4]	점을 잘못 찍어 일부러 왕자경같이 되게 하고
雜篇眞欲擬湯休.[5][6]	잡편을 지어 참으로 탕휴를 본뜨고 싶어 했네.
隴雲寄我山中信,[7]	언덕 위의 구름 밑에서 산속의 편지를 내게 부쳤으니
雪月追君溪上舟.[8]	눈 내린 달밤에 개울 위의 그대 배를 쫓아가리.
會看飛仙虎頭篋,[9][10]	고호두의 상자에서 신선이 되어 날아가는 걸 볼 테지만
却來顚倒拾遺裘.[11]	다시 오면 두습유네 옷이 거꾸로 뒤집혀 있으리.
王孫辦作玄眞子,[12][13][14]	왕손께선 현진자 행세를 하시나니
細雨斜風不濕鷗.[15]	가랑비와 산들바람엔 갈매기 날개가 젖지 않으리.

其二

此境眼前聊妄想,[16][17][18]	이 경지는 지금 잠시 망상해 볼 수 있을 뿐
幾人林下是眞休.[19]	몇 명이 숲속에서 정말로 쉬는 사람이리?
我今心似一潭月,	나는 지금 마음이 못에 비친 달 같은데
君已身如萬斛舟.[20]	그대는 이미 몸이 만 섬들이 배 같으리.
看畫題詩雙鶴鬢,[21]	그림을 보고 시를 쓰는 학 같은 두 살쩍이

歸田送老一羊裘.[22]	양 갖옷 하나 입고 논밭에서 늙으리.
明年兼與士龍去,[23]	내년에 육사룡과 함께 떠나려 하나니
萬頃蒼波沒兩鷗.[24]	만경창파 너머로 갈매기 두 마리 사라지리.

[해설]

소철이 왕선이 그린 산수화에 제화시를 한 수 쓰자 왕선이 이에 화답하는 시를 두 수 지었다. 이 시는 소식이 왕선의 시에 차운하여 지은 것이다.

[주석]

(1) 子由(자유): 소식의 동생 蘇轍의 字.

(2) 晉卿(진경): 王詵의 字. 〈和王晉卿送梅花次韻〉(1081) 주 (1) 참조.

(3) 教(교): ~로 하여금 ~하게 하다.

(4) 子敬(자경): 東晉 때의 서예가 王獻之의 字. 《진서·왕헌지전》에 "환온이 한번은 왕헌지에게 부채에 글씨를 쓰라고 했는데 붓을 잘못 댄지라 흰색 털과 검은색 털이 섞여 얼룩덜룩한 암소를 그렸더니 아주 절묘했다(桓溫嘗使書扇, 筆誤落, 因畫作烏駁牸牛, 甚妙)"라는 말이 있다. 이 구절은 왕선의 산수화가 왕헌지의 그림처럼 절묘하다는 말이다.

(5) 雜篇(잡편): 擬古詩의 본보기로 평가되는 江淹의 〈雜體詩三十首〉를 가리킨다. 이 가운데 마지막 시인 〈休上人怨別〉은 湯惠休의 시를 模擬하여 지은 것이다.

(6) 湯休(탕휴): 남조 시대의 宋나라 승려 탕혜휴. 이 구절은 왕선의 시가 강엄의 시만큼 훌륭하다는 말이다.

(7) 山中信(산중신): 왕선이 소식에게 보낸 시를 가리킨다. 왕선의 시에 구름이 떠 있는 한갓진 산속 풍경이 묘사되어 있었던 것으로 보인다. 남조 시대 사람 陶弘景이 梁나라 무제의 간곡한 청에도 불구하고 산속에서 나오지 않자 무제가 그에게 편지를 보내 그 이유를 물었다. 이에 도홍경이 〈詔問山中何所有賦詩以答〉이라는 시를 지어 "산속에 무엇이 있느냐고요? 산 위에 흰 구름이 많이 있지요. 스스로 즐길 수가 있을 뿐이지, 임금님께 가져다 드릴 수가 없지요(山中何所有, 嶺上多白雲. 只可自怡悅, 不堪持贈君)"라고 대답했다.

(8) 君(군): 왕선을 가리킨다. 동진 사람 王徽之는 남의 눈치를 보지 않고 자기 기분대로 사는 사람이었다. 일찍이 山陰(지금의 절강성 紹興)에 살 때 눈이 막 개어 휘영청 밝은 달빛 아래 사방이 은빛 천지를 이룬 가운데 혼자 시를 읊조리다가 문득 剡縣(지금의 절강성 嵊縣 서남쪽 曹娥江 북쪽)에 사는 친구 戴逵가 보고 싶어져서 밤새도록 배를 저어 문 앞까지 갔다가 그냥 돌아왔다. 왜 그랬느냐는 사람들의 물음에 그는 "기분이 내켜서 갔는데 문 앞에 도착하니 기분이 식어 버려서 굳이 만날 필요가 없었소"라고 대답했다.(《진서·왕휘지전》 참조) 이 연은 산수에 묻혀 사는 즐거움을 노래한 왕선의 시

를 보니 소식 자신도 왕선을 따라 산수 속에서 기분 내키는 대로 살고 싶어진다는 말이다.

(9) 會(회): 틀림없이.

(10) 虎頭(호두): 六朝四大家의 한 사람으로 꼽히는 東晉 때의 화가 顧愷之의 어릴 적 이름. 《名畫記》에 "진나라 사람 고개지는 자가 장강이고 어릴 적 이름이 호두이다(晉顧愷之, 字長康, 小字虎頭)"라고 했다. 고개지가 한번은 자기가 애지중지하는 그림 한 궤짝을 桓玄 집에 맡겼다. 궤짝에 종이를 붙여서 봉하고 그 위에 글씨를 써서 열지 못하게 해 놓았는데 환현이 몰래 궤짝 뒤편을 열어서 그림을 빼낸 후 원래와 꼭 같이 해 놓았다. 고개지는 궤짝은 원래대로 있는데 그림만 없어진 것을 보고 오묘한 그림이다 보니 마치 사람이 신선이 되어 하늘로 올라가듯 변화를 부려서 사라진 모양이라고 했을 뿐 조금도 원망하는 기색을 보이지 않았다.(《진서·고개지전》 참조) 이 구절은 왕선의 그림이 몰래 훔쳐 가고 싶을 정도로 훌륭하다고 극찬한 것이다.

(11) 拾遺裘(습유구): 左拾遺를 역임한 杜甫의 어린 딸이 입었던 옷을 가리킨다. 두보의 시 〈北征〉에 "침대 앞에 앉아 있는 어린 두 딸은, 깁고 꿰맨 옷이 겨우 무릎이나 가렸는데, 바다를 그린 그림에는 파도가 갈라지고, 낡아 빠진 수에는 무늬가 뒤틀려서, 물의 신 천오와 자주색 봉황이, 위아래가 뒤집힌 채 짧은 베옷에 매달려 있네(床前兩小女, 補綴才過膝. 海圖拆波濤, 舊繡移曲折. 天吳及紫鳳, 顚倒在短褐)"라는 구절이 있다. 이 구절은 왕선의 그림이 천오와 자주색 봉황에 비견될 정도로 고귀하기 때문에 원본은 누군가가 훔쳐 가 버려서 자취를 감추고 그것을 좋아한 다른 사람들이 여러 다리를 거쳐 가며 臨摸한 그림만 원본과 많이 달라진 엉뚱한 모습으로 남아 있을 것이라는 말인 듯하다.

(12) 王孫(왕손): 상대방에 대한 존칭. 왕선을 가리킨다.

(13) 辦作(판작): ~로 분장하다. ~로 가장하다.

(14) 玄眞子(현진자): 당나라 시인 張志和의 호. 그의 詞 〈漁歌子〉에 "푸른 삿갓을 쓰고, 초록 도롱이 입었으니, 비낀 바람 가랑비엔 돌아갈 필요 없다(青箬笠, 綠蓑衣, 斜風細雨不須歸)"라는 구절이 있다.

(15) 鷗(구): 갈매기. 도롱이를 걸친 왕선을 갈매기에 비유한 것이다.

(16) 此境(차경): 이 경지. 왕선의 그림과 시에 묘사되어 있는 仙境과 같은 경지를 가리킨다.

(17) 眼前(안전): 당장. 현재.

(18) 妄想(망상): 실현 가능성이 없는 생각을 하다.

(19) 林下(임하): 山水를 가리킨다. 唐나라 승려 靈澈의 시 〈東林寺酬韋丹刺史〉에 "만나면 다 사직하는 게 좋다 했지만, 숲속에서 만난 사람 한 명도 없네(相逢盡道休官好, 林下何曾見一人)"라는 구절이 있다. 이 연은 왕선이 그림으로 그리기도 하고 시로 읊기도 한 선경 같은 곳에서의 은거를 동경하는 사람은 많지만 그것을 실행할 수 있는 사람은 몇 명 안 된다는 말이다.

(20) 萬斛舟(만곡주): 만 섬을 실을 수 있는 큰 배. 이 연은 자신의 마음은 물결이 칠 때마다 흔들거리는 못물 위의 달빛과 같은데 왕선의 몸은 커다란 배처럼 동요가 없을 것이라는 말이다.

(21) 雙鶴鬢(쌍학빈): 학의 깃털처럼 하얗게 센 양쪽 살쩍. 머리가 허옇게 센 왕선을 가리킨다.

(22) 羊裘(양구): 양의 털가죽으로 만든 갖옷. 은자의 복식을 가리킨다. 《後漢書·嚴光傳》에 "한 남자가 양 갖옷을 걸친 채 못에서 낚시질을 하고 있습니다(有一男子, 披羊裘釣澤中)"라는 말이 있

다. 이 연은 머리가 허옇게 센 왕선이 은자의 옷을 입고 전원에서 사는 모습을 상상한 것이다.

(23) 士龍(사룡): 晉나라 사람 陸機의 동생 陸雲의 字. 소식의 동생 소철을 가리킨다. 〈次韻劉景文西湖席上〉(1182) 주 (9) 참조.

(24) 兩鷗(양구): 떠나보내는 사람의 관점에서 본 소식·소철 형제를 가리킨다.

1192. 次韻子由[1]書王晉卿[2]畫山水二首

왕진경의 산수화에 쓴 자유의 시에 차운하여

其一

老去君空見畫,[3][4]	그대도 늙어 가며 그림이나 보았고
夢中我亦曾遊.	나도 역시 꿈에서나 노닌 적 있네.
桃花縱落誰見,	복숭아꽃 떨어진들 그 누가 보리
水到人間伏流.[5][6]	물이 인간 세상에선 땅 밑으로 흐르는데?

其二

山人昔與雲俱出,[7]	산사람이 옛날에 구름과 함께 산에서 나가 버린 뒤로
俗駕今隨水不回.[8]	속인의 수레가 이제 물을 따라가 안 돌아온다.
賴我胸中有佳處,[9]	내 가슴에 아름다운 곳이 있는 덕분에
一樽時對畫圖開.[10]	때때로 술 한잔을 대하면 그 그림이 펼쳐지리.

[해설]

소철이 왕진경의 산수화에 써 놓은 제화시에 차운한 것이다. 이 산수화는 〈자유가 왕진경이 그린 산수화에 한 수를 쓰자 왕진경이 이에 화답하여 지은 두 수에 차운하여(次韻子由書王晉卿畫山水一首而晉卿和二首)〉(1191)에서 말한 것과는 다른 그림인 것으로 보인다.

[주석]

(1) 子由(자유): 소식의 동생 蘇轍의 字.

(2) 晉卿(진경): 王詵의 字. 〈和王晉卿送梅花次韻〉(1081) 주 (1) 참조.

(3) 君(군): 소철을 가리킨다.

(4) 見畫(견화): 그림 속의 仙境을 본다는 말이다. 杜甫의 시 〈觀李固請司馬弟山水圖三首〉 其二에 "방장산은 사방이 바닷물에 싸여 있고, 천태산은 깡그리 구름에 덮여 있어, 속세에서 언제나 그림이나 보았나니, 늙어 가며 듣기나 하는 것이 한스럽다(方丈渾連水, 天台總映雲. 人間長見畫, 老去恨空聞)"라는 구절이 있다. 이 구절로 미루어 보건대 소철이 원시에서 실제 선경에는 가지 못하고 왕선이 그린 그림 속의 선경이나 보고 있는 자신의 신세를 한탄했던 것으로 보인다.

(5) 人間(인간): 이 세상. 속세.

(6) 伏流(복류): 땅 밑으로 흐르다. 이 연은 자기가 사는 開封에서는 하천이 覆蓋되어 땅 밑으로 흐르기 때문에 비록 물 위에 복숭아꽃이 떨어져 있다고 할지라도 눈에 보이지 않는다는 뜻으로, 武陵桃源과 같은 선경을 볼 수 없는 안타까움을 해학적으로 표현한 것이다.

(7) 山人(산인): 산사람. 산속에 은거하는 사람. 孔稚珪의 〈北山移文〉에 "혜초 장막 텅텅 비어 밤에 고니가 원망하고, 산사람이 떠나 버려 새벽에 원숭이가 놀란다(蕙帳空兮夜鵠怨, 山人去兮曉猿驚)"라고 한바, 이 '산사람'은 북산에 은거하다가 조정의 부름을 받고는 즉시 북산을 떠나 버린 周顒을 가리킨다.

(8) 俗駕(속가): 속인이 탄 수레. 공치규의 〈북산이문〉에 "때로는 나뭇가지를 휘날려 수레바퀴를 부수려 하고, 갑자기 가지를 낮춰 자국을 쓸어 버리려 한다. 모쪼록 속된 인사의 수레를 돌리시라, 북산의 山君을 위해 도망간 사람을 사절한다(或飛柯以折輪, 乍低枝而掃跡. 請廻俗士駕, 爲君謝逋客)"라고 했다. 이 연은 왕선의 그림 속에 선경 같은 산수만 그려져 있고 사람이 전혀 그려져 있지 않은 것을 해학적으로 표현한 것이다.

(9) 賴(뇌): 힘입다.

(10) 畫圖開(화도개): 자신이 마음속으로 상상하고 있는 아름다운 산수가 그림처럼 눈앞에 펼쳐진다는 말이다.

1193. 又書王晉卿[1]畫四首

또 왕진경의 그림에 쓴 시

1193-1. 山陰[2]陳迹[3]

산음의 옛날 자취

當年不識此淸眞,[4][5]	옛날에는 이 맑고 참된 사람을 모르고
强把先生擬季倫.[6][7][8]	억지로 왕선생을 석계륜에 빗대었네.
等是人間一陳迹,[9]	다 같이 이 세상의 옛날 자취이지만
聚蚊金谷本何人.[10][11]	금곡원에 모기를 모은 이는 본래 어떤 이였나?

[해설]

왕선이 동진(東晉) 목제 영화 9년(353) 봄에 그 일대 명사 42명이 산음의 난정(蘭亭)에 모여서 곡수유상을 즐긴 일을 그린 〈산음의 옛날 자취(山陰陳迹)〉라는 제목의 그림에 쓴 제화시이다.

[주석]

(1) 晉卿(진경): 王詵의 字. 〈和王晉卿送梅花次韻〉(1081) 주 (1) 참조.
(2) 山陰(산음): 지금의 절강성 紹興. 王羲之 등 그 일대 명사 42명이 모여 曲水流觴을 즐긴 蘭亭을 가리킨다.
(3) 陳迹(진적): 묵은 자취. 옛날 자취. 王羲之의 〈蘭亭集序〉에 "영화 9년(353) 계축년 3월 초에 회계군

산음현의 난정에 모여 禊祭祀를 지냈다.……조금 전에 흔쾌하게 생각하던 것이 순식간에 이미 옛날 자취가 되어 버린다(永和九年, 歲在癸丑, 暮春之初, 會於會稽山陰之蘭亭, 修禊事也.……向之所欣, 俛仰之間, 已爲陳迹)"라고 했다.

(4) 當年(당년): 당시. 옛날. 주 (8) 참조.

(5) 淸眞(청진): 마음이 깨끗하고 진실하다. 李白의 시 〈王右軍〉에 "왕우군(왕희지)은 본래 깨끗하고 진실한 사람, 소탈하고 초연하여 속세를 벗어났네(右軍本淸眞, 瀟灑出風塵)"라고 했고, 소식의 〈書黃魯直畫跋後三首〉 중의 〈右軍斫鱠圖〉에 "금곡원에서의 연회에 참석한 사람들은 모두 수레의 먼지를 보고 절하는 아첨꾼들이었다. 석계륜은 왕일소(왕희지)와 비교하면 솔개와 고니의 차이라 노예가 되기에도 오히려 부족한데 스스로를 그에게 빗대다니! 틀림없이 진나라·송나라 무렵의 망령된 말일 것이다. 사관 허경종은 참으로 노예 근성이 있는 사람이라 석계륜에게 금이 많은 것을 보고 그가 왕일소보다 낫다고 여긴 것이다(金谷之會, 皆望塵之友也. 季倫之於逸少, 如鴟鳶之鴻鵠, 尙不堪作奴, 以自比! 決是晉宋間妄語. 史官許敬宗, 眞人奴也, 見季倫金多, 以爲賢於逸少)"라고 했다.

(6) 把(파): ~을.

(7) 先生(선생): 왕희지를 가리킨다.

(8) 季倫(계륜): 晉나라 때의 巨富 石崇의 字. 그는 河陽(지금의 하남성 洛陽)에 金谷園이라는 별장을 지어 놓고 극도로 사치스러운 생활을 했는데, 원강 6년(293)에 석숭이 금곡원에 蘇紹·潘岳 등 30명의 명사를 초청하여 연회를 벌이고 詩酒를 즐겼다. 《진서·왕희지전》에 "어떤 사람이 반악의 〈금곡시서〉를 그의 글(왕희지의 〈난정집서〉)에 빗대고 왕희지를 석숭에 빗대었는데 왕희지가 듣고 매우 기뻐했다(或以潘岳〈金谷詩序〉方其文, 羲之比於石崇, 聞而甚喜)"라고 했다.

(9) 人間(인간): 이 세상. 속세.

(10) 聚蚊(취문): 떼를 지어 날아다니는 모기. 韓愈의 시 〈醉贈張秘書〉에 "장안의 수많은 부자들께선, 쟁반에 고기 요리 늘어놨지만, 시문을 지으면서 술 마실 줄은 모르고, 오직 붉은 치마 입은 여인에게 취할 줄만 아니, 즐거운 시간을 좀 가진다 해도, 떼로 날아다니는 모기와 같네(長安衆富兒, 盤饌羅羶葷. 不解文字飮, 惟能醉紅裙. 雖得一餉樂, 有如聚飛蚊)"라고 했다. 王文誥의 《蘇軾詩集》에 "느닷없이 모기떼를 금곡원에다 끌어 붙였으니 속에 기탁이 있음을 알 수 있다(無端以聚蚊牽合金谷, 可見中有寄託也)"라고 했다.

(11) 金谷(금곡): 금곡원. 주 (8) 참조.

1193-2. 雪溪乘興(1)

눈 내린 개울에서의 감흥

溪山雪月兩佳哉,	개울가의 산과 눈 위의 달이 둘 다 아름다우니
賓主談鋒夜轉雷.(2)(3)	주객의 얘기가 밤에 우레로 변했을 줄 알았는데
猶言不見戴安道,(4)	오히려 대안도를 안 만났다 하기에
爲問適從何處來.(5)(6)	그렇다면 어디 갔다 왔느냐고 물어보네.

[해설]

산음에 살던 왕휘지가 눈이 개어 달빛이 휘영청한 밤에 문득 친구 대규가 보고 싶어서 밤새 배를 저어 그의 문 앞까지 갔다가 갑자기 감흥이 식어 버려서 만나지 않고 그냥 돌아온 고사를 그린 왕선의 그림에 쓴 제화시이다. 소식의 시로 미루어 보건대 왕선의 그림에는 먼 곳에 산이 있고 산 위에 달이 떠 있으며 강에는 배가 한 척 떠 있는데 배 위의 사람과 강둑 위의 사람이 대화를 나누는 모습이 그려져 있었을 것으로 추측된다. 그리고 소식은 그 그림을 보면서, 강둑의 사람이 왕휘지가 지금쯤 대규를 만나 회포를 풀고 있을 것으로 알았다가 왕휘지가 벌써 돌아온 것을 보고 깜짝 놀라서 그렇다면 어디에 갔다가 왔느냐고 묻는 익살스러운 상황을 상상한 것으로 보인다.

[주석]

(1) 雪溪乘興(설계승흥): 눈 내린 개울에서 흥을 타다. 山陰(지금의 절강성 紹興)에 살던 王徽之가 눈이 갠 달밤에 배를 타고 친구 戴逵를 찾아갔다가 문 앞에서 그냥 돌아온 고사를 그린 그림이다. 〈次韻子由書王晉卿畫山水一首而晉卿和二首〉(1191) 주 (8) 참조.

(2) 賓主(빈주): 왕휘지와 대규를 가리킨다. 이 구절은 왕휘지가 대규를 찾아갔으니 밤중에 두 사람이 목청을 돋우어 회포를 푸느라 그 소리가 우레처럼 크게 들릴 것이라고 생각했다는 말이다.

(3) 談鋒(담봉): 이야기의 銳鋒. 대화의 기세.

(4) 安道(안도): 대규의 字.

(5) 爲問(위문): 이로 인하여 묻다.

(6) 適從(적종): 말미암다. 좇다. 唐나라 사람 武儒衡이 中書舍人으로 재임할 때 元稹이 內官의 지지에 힘입어 知制誥가 되었는데 무유형이 그를 매우 천시했다. 마침 함께 관아에서 참외를 먹고 있는데 파리가 참외 위에 앉는지라 무유형이 부채를 흔들어 파리를 쫓으면서 "어디서 와 가지고 갑자기 여

기에 앉는 거야?(適從何處來, 而遽集於此?)"라고 했다. 옆에 있던 동료들이 아연실색했지만 무유형은 태연자약한 표정이었다.(《구당서·무유형전》 참조)

1193-3. 四明狂客[1]
사명광객

毫端偶集一微塵,[2]	터럭 끝에 어쩌다가 먼지 하나 앉았나니
何處溪山非此身.[3]	어느 곳의 개울과 산이 이 몸에 안 맞으리?
狂客思歸便歸去,[4]	사명광객은 돌아가고 싶으면 곧 돌아갈 일이지
更求敕賜枉天眞.[5]	더 이상 임금의 허락을 구한 건 천진을 왜곡한 짓이네.

[해설]

하지장이 은거하는 모습을 그린 왕선의 그림을 보고 지은 제화시로, 태황태후가 자꾸 만류하는 바람에 은거를 결행하지 못하는 자신에 대한 불만이 깃들여져 있는 것 같다.

[주석]

(1) 四明狂客(사명광객): 당나라 시인 賀知章을 가리킨다. 그는 매우 호방하고 자유분방한 성격의 소유자로 越州(지금의 절강성 紹興)에서 명주(지금의 절강성 寧波)에 걸쳐 있는 사명산에 집이 있고 秘書監이라는 관직을 역임했기 때문에 자칭 四明狂客 또는 秘書外監이라고 했다.

(2) 微塵(미진): 지극히 미미한 존재를 가리킨다. 韓愈의 〈雜詩〉에 "우임금의 구주를 내려다보니, 먼지 한 톨이 터럭 끝에 앉아 있는 모습이네(下視禹九州, 一塵集豪端)"라는 구절이 있다.

(3) 此身(차신): 소식 자신을 포함하는 인간이라는 존재 전체를 가리킨다. 王文誥의 《蘇軾詩集》에 "이것은 돌아갈 집이 없기 때문에 돌아가지 못할 곳이 없다는 말이다(此因無家可歸, 故云無處不可歸也)"라고 했다. 소식은 〈六月二十七日望湖樓醉書五絶〉(0198) 其五에서도 "내 본시 집 없거늘 더 이상 어디로 가나, 고향에는 이리 좋은 호수와 산도 없는데?(我本無家更安往, 故鄕無此好湖山)"라고 했다. 이 연은 사람이 털끝에 앉은 먼지와 같은 존재이고 대지가 다 흙으로 이루어져 있기 때문에 어느 곳에 가나 다 잘 적응할 수 있다는 말이다.

(4) 便(변): ~하자마자 곧.

(5) 敕賜(칙사): 임금의 下賜. 하지장이 현종에게 고향으로 돌아가 도사로 살게 해 달라고 주청하자 현종

이 이를 허락한 일을 가리킨다. 하지장은 천보(742-755) 초에 병이 들어 꿈속에 옥황상제의 거처에서 노닐다가 며칠 뒤에 깨어나 경호 옆에 있는 고향으로 돌아가 도사로 살게 해 달라고 주청하여 허락을 받았다.(《신당서·하지장전》 참조) 이 연은 은연중에 은거를 결행하지 못하는 자신에 대한 불만을 토로한 것인 듯하다.

1193-4. 西塞[1]風雨

서새산의 비바람

斜風細雨到來時,[2]	비낀 바람 산들 불고 가랑비가 내릴 때
我本無家何處歸.[3]	나는 본래 집 없거늘 어디로 돌아가리?
仰看雲天眞箬笠,[4]	구름 뜬 하늘을 올려다보니 참으로 대나무 삿갓이라
旋收江海入蓑衣.[5][6]	곧 강해를 거두어 도롱이 안에 넣으리.

[해설]

서새산 밑에서 비바람 속에 삿갓을 쓰고 도롱이를 걸친 채 고기잡이를 하며 은거하는 장지화의 모습을 그린 왕선의 그림에 쓴 제화시로, 어디든 가서 은거하고 싶은 자신의 염원을 담고 있다.

[주석]

(1) 西塞(서새): 절강성 湖州 교외에 있는 산. 唐나라 때 張志和가 고기잡이를 하며 은거한 곳이다.

(2) 斜風(사풍): 비껴 부는 바람. 초목이 비스듬하게 기울어질 정도로 약하게 부는 바람을 가리킨다. 장지화의 詞 〈漁歌子〉에 "푸른 삿갓을 쓰고, 초록 도롱이 입었으니, 비낀 바람 가랑비엔 돌아갈 필요 없다(青箬笠, 綠蓑衣, 斜風細雨不須歸)"라는 구절이 있다.

(3) 無家(무가): 꼭 돌아가야 할 정해진 집이 없다는 뜻으로, 그렇기 때문에 어디든지 다 갈 수 있다는 뜻을 내포한다. 소식의 시 〈六月二十七日望湖樓醉書五絶〉(0198) 其五에 "내 본시 집 없거늘 더 이상 어디로 가나, 고향에는 이리 좋은 호수와 산도 없는데?(我本無家更安往, 故鄉無此好湖山)"라는 구절이 있다.

(4) 箬笠(약립): 대나무로 만든 삿갓. 半球形인 하늘을 삿갓에 비유한 것이다. 馮應榴의 《蘇軾詩集合注》

에 "이것은 하늘의 형태가 삿갓과 같다는 의미를 아울러 사용한 것이다(此兼用天形如笠之意)"라고 했다.

(5) 旋(선): 곧. 머지않아.

(6) 蓑衣(사의): 도롱이. 초목에 덮여 있는 네모꼴의 大地를 가리킨다. 이 연은 자신이 하늘을 삿갓으로 삼고 땅을 도롱이로 삼아 구름과 강해를 지근거리에 두고 유유자적하겠다는 말이다.

1194. 題王晉卿(1)畫後

왕진경의 그림 뒤에 쓴 시

醜石半蹲山下虎,(2)(3)	못생긴 바위가 반쯤 쭈그린 건 산 밑의 호랑이요
長松倒臥水中龍.(4)	키 큰 소나무가 쓰러져 누운 건 물속의 용이로구나.
試君眼力看多少,(5)	그대의 시력이 얼마나 볼 수 있나 시험해 보게나.
數到雲峰第幾重.(6)	구름 속의 몇 번째 봉우리까지 셀 수 있나?

[해설]

호랑이가 쭈그리고 앉아 있는 것처럼 생긴 바위와 거의 땅에 닿을 정도로 심하게 기울어져 있는 키 큰 소나무가 있고 그 뒤로 몇 겹인지 알 수 없는 산봉우리가 있는 왕선의 그림 속 풍경을 묘사한 것이다.

[주석]

(1) 晉卿(진경): 王詵의 字. 〈和王晉卿送梅花次韻〉(1081) 주 (1) 참조.

(2) 醜石(추석): 못생긴 돌. 漢나라 李廣 장군이 사냥을 나갔다가 풀숲의 바위를 호랑이로 오인하여 화살로 쏘았더니 화살이 그만 바위에 박혀 버렸다는 일화가 있을 정도로(《史記·李將軍傳》 참조) 바위와 호랑이는 유사성이 크다.

(3) 半蹲(반준): 약간 기울어진 채 서 있는 모습을 가리킨다.

(4) 長松(장송): 키 큰 소나무.

(5) 君(군): 그림을 보는 불특정의 다른 사람을 가리킨다.

(6) 數到(수도): ~까지 세다. 이 연은 왕선의 그림에 산봉우리가 아주 여러 겹으로 그려져 있는데 가장 멀리 있는 것은 보일락 말락 할 정도로 작고 흐릿하게 그려져 있는 것을 보고 시력이 아주 좋은 사람이나 볼 수 있을 것 같다고 우스갯소리를 한 것이다.

1195. 聽武道士(1)彈〈賀若(2)〉

무 도사가 〈하약〉을 타는 것을 듣고

淸風終日自開簾,	청풍이 하루 종일 스스로 발을 열더니
涼月今宵肯挂簷.(3)	시원한 달이 오늘 밤에 쾌히 처마에 걸려 있다.
琴裏若能知賀若,	거문고 소리 중에서 〈하약〉을 알아볼 줄 안다면
詩中定合愛陶潛.(4)(5)(6)	시에서 틀림없이 도잠을 사랑할 것이다.

[해설]

무 도사라는 사람이 겉으로 보기에는 선율이 별로 아름다워 보이지 않고 찬찬히 음미해 보아야만 비로소 깊은 맛을 느낄 수 있는 〈하약〉이라는 금곡을 잘 연주하는 것을 보고 거문고에 대한 그의 조예를 높이 평가했다.

[주석]

(1) 武道士(무도사): 구체적인 행적이 알려져 있지 않다.

(2) 賀若(하약): 琴曲 이름. 王十朋의 《百家註分類東坡先生詩》에 "〈하약〉은 금곡 이름이다. 당나라 선종 때 대조 하약이 지은 것으로 지은 사람을 따라 이런 이름을 얻었다(〈賀若〉, 琴操名. 唐宣宗時, 待詔賀若所製, 因人而得名也)"라고 했고, 施元之의 《施注蘇詩》에 "《속상산야록》에 '태종 황제가 구현금과 칠현완을 만들었다. 그는 궁중에서 연주하는 곡조 가운데 짧은 곡조 열 곡을 지극히 좋아했으니 바로 수나라 사람 하약필이 지은 것이다. 그 가운데 하나가 가장 우아하고 고풍스러운데 이름이 없는지라 거문고 전문가들이 단지 〈하약〉이라고만 불렀다'라는 기록이 있다(《續湘山野錄》: '太宗皇帝作

九絃琴·七絃阮. 酷愛宮調中十小調子, 乃隋賀若弼所撰. 其一最優古而亡其名, 琴家祗命曰〈賀若〉.')"
라고 했다.

(3) 肯(긍): 기꺼이 ~하다.

(4) 定(정): 틀림없이.

(5) 合(합): ~할 것이다.

(6) 陶潛(도잠): 東晉 때의 시인 陶淵明의 다른 이름. 《猗覺寮雜記》에 "소동파의 시에 '거문고 소리 중에서 〈하약〉을 알아볼 줄 안다면……'이라고 한 것은 하약을 도잠에 빗댄 것이니 틀림없이 고상한 사람이지 하약필을 말하는 것이 아닐 것이다(東坡詩'琴裏若能知賀若'云云, 以賀若比陶潛, 必高人, 非謂賀若弼也)"라고 했다. 이 연은 〈하약〉이라는 금곡의 풍격이 도연명의 시와 비슷하다는 뜻인데, 蘇轍의 〈追和陶淵明詩引〉에 인용된 소식의 말에 "도연명은 시를 지은 것이 많지 않지만 그의 시는 겉으로 보기에는 질박하면서도 사실은 아름답고 겉으로 보기에는 여위었으면서도 사실은 살져서 曹植·劉楨·鮑照·謝朓·李白·杜甫 이래의 여러 시인이 모두 그에게 미치지 못했다(吾於詩人無所甚好, 獨好淵明之詩. 淵明作詩不多, 然其詩質而實綺, 癯而實腴, 自曹·劉·鮑·謝·李·杜諸人, 皆莫及也)"라고 한 것을 보면, 도연명의 시풍이란 겉으로 보기에는 메마르고 맛이 없는 것 같지만 오래 음미해 보면 속에서 깊은 맛이 우러나는 풍격을 말하는 것임을 알 수 있다.

1196. 感舊詩幷敍

옛날 일에 대한 감회를 읊은 시와 그 서문

嘉祐[(1)]中, 予與子由[(2)]同擧制策[(3)], 寓居懷遠驛[(4)], 時年二十六, 而子由二十三耳. 一日, 秋風起, 雨作, 中夜翛然[(5)], 始有感慨離合之意. 自爾宦遊四方, 不相見者, 十嘗七八[(6)]. 每夏秋之交, 風雨作, 木落草衰, 輒悽然有此感, 蓋三十年矣. 元豐[(7)]中, 謫居黃岡[(8)], 而子由亦貶筠州[(9)], 嘗作詩[(10)]以紀其事. 元祐六年, 予自杭州[(11)]召還, 寓居子由東府[(12)], 數月復出領汝陰[(13)], 時予年五十六矣. 乃作詩, 留別[(14)]子由而去.(가우(1056-1063) 연간에 나는 자유와 함께 제과 시험을 보았는데 이때 회원역에 우거한바, 당시 내가 스물여섯 살이고 자유가 스물세 살이었다. 하루는 가을바람이 일고 비가 내렸는데 한밤중이 되자 풍우가 세차지는지라 처음으로 헤어짐과 만남에 감개하는 마음이 생겼다. 이로부터 벼슬을 따라 사방으로 돌아다니느라 십중팔구는 서로 보지 못했다. 매번 여름과 가을이 교차할 때가 되어 비바람이 일고 초목이 쇠락하면 문득 서글퍼지면서 이런 감회가 드는바, 대략 30년이 되었다. 원풍(1078-1085) 연간에 나도 황강에서 유배 생활을 하고 자유도 균주에 폄적되어 있었는데 그때 시를 지어서 그 일을 기록한 적이 있었다. 원우 6년(1091)에 나는 항주에서 조정으로 소환되어 자유의 동부에 우거하다가 몇 달 뒤에 다시 나가 여음을 다스리게 되었는데 이때 내 나이 쉰여섯 살이었다. 이에 시를 지어서 자유와 작별하고 떠난다.)

牀頭枕馳道,[(15)]	침상 머리가 찻길을 베고 있어서
雙闕夜未央.[(16)(17)]	도성에 밤이 다 새기도 전에
車轂鳴枕中,[(18)]	수레바퀴 소리가 베개를 울려 댔으니
客夢安得長.[(19)(20)]	나그네의 꿈이 어찌 길 수가 있었으리?
新秋入梧葉,	첫가을이 오동나무 잎으로 들어가서
風雨驚洞房.[(21)]	비바람이 깊숙이 있는 안방을 놀라게 할 때
獨行殘月影,	새벽달 그림자 밟으며 혼자 길을 가노라면
悵焉感初涼.[(22)(23)]	슬픔 속에 첫 추위가 느껴지기 시작하리.
筮仕記懷遠,[(24)]	회원역에서 벼슬길을 가늠해 보던 일 기억나고
謫居念黃岡.	황강에서 폄적 생활 하던 일이 생각나나니

一往三十年,(25)(26)	한 번 나가 서른 해가 지나갔건만
此懷未始忘.(27)	이때의 회포를 잊은 적 없네.
扣門呼阿同,(28)	대문을 두드리며 동숙을 불렀더니
安寢已太康.(29)	편히 자며 이미 매우 태평하고 안락했는데
靑山映華髮,(30)	푸른 산에 희끗희끗한 머리카락 비추려고
歸計三月糧.(31)	돌아갈 계책 세우고 석 달 동안 양식을 준비했네.
我欲自汝陰,	나는 여음 땅에서
徑上潼江章.(32)	동강으로 보내 달라는 상소문을 곧장 올리려 하나니
想見冰盤中,(33)(34)	얼음 같은 쟁반에
石蜜與柿霜.(35)(36)	석청과 곶감을 담아 내올 것이네.
憐子遇明主,(37)	가련하게도 그대는 성명하신 임금을 만났으면서
憂患已再嘗.(38)	우환을 이미 두 번 맛보았나니
報國何時畢,(39)	나라 은혜 갚는 일 언제나 끝나려나
我心久已降.(40)	내 마음은 오래전에 이미 차분해졌는데?

[해설]

한림학사승지로 재임하다가 다시 영주지주로 나가게 되었을 때 계속하여 조정에 남아 있을 동생과 작별하며 지은 것이다. 마침 비바람이 세차게 몰아치는지라 이로 인해 30년 전에 회원역에서 함께 제과 시험을 준비하던 일과 그동안에 있었던 고단한 관직 생활을 회상하며, 자신은 먼저 고향으로 돌아가려고 하지만 동생은 나라를 위해 더 많은 일을 해야 하니 그것이 끝나는 대로 돌아오기를 바라는 심경을 토로했다. 이때 소식은 외지로 내보내 달라고 간청하여 윤허를 받았고 소철은 자기도 외직으로 내보내 달라는 상소문을 올렸지만 태황태후의 윤허를 받지 못했다. 소식은 조정에 있는 것이 위험천만이라고 판단되어 외직으로 내보내기로 했지만 소철은 소식만큼 위험하지는 않다고 생각되었기 때문에 계속하여 상서우승(尙書右丞)으로 조정에 붙잡아 두고 싶은 것이 태황태후의 심정이었던 것이다.

[주석]

(1) 嘉祐(가우): 북송 인종의 연호. 1056-1063.

(2) 子由(자유): 소식의 동생 蘇轍의 字.
(3) 制策(제책): 制科. 특출한 인재를 발굴하기 위하여 황제가 특명을 내려 친히 시행하는 특별 시험으로 반드시 대신의 추천을 받아야 응시할 수 있었는데 소식은 歐陽修의 추천을 받고 소철은 楊畋의 추천을 받아 가우 6년(1061)의 제과에 응시하여 둘 다 급제했다.
(4) 懷遠驛(회원역): 開封의 汴河 남쪽에 있던 역참. 소식 형제는 제과 시험을 준비하는 동안 여기서 우거했다.
(5) 翛然(소연): 빠른 모양.
(6) 十嘗七八(십상칠팔): 십상팔구. 십중팔구. 십상. '十常七八'과 같다.
(7) 元豐(원풍): 북송 신종의 연호. 1078-1085.
(8) 黃岡(황강): 黃州(지금의 호북성 黃岡市 黃州區)를 가리킨다.
(9) 筠州(균주): 지금의 강서성 高安.
(10) 作詩(작시): 소식은 황주에서 유배 생활을 할 때 〈初秋寄子由〉(0768)라는 시를 지어 "오로지 옛날 일을 생각하는 마음만은, 여전히 그 옛날의 그곳에서 맴도네. 그 옛날에 우리는 회원역에서, 가을 더위 속에서 대문을 닫아건 채, 명아줏국 먹고 나서 책을 읽으며, 그대와 둘이 함께 땀을 뿌렸지(惟有宿昔心, 依然守故處. 憶在懷遠驛, 閉門秋暑中. 藜羹對書史, 揮汗與子同)"라고 회상했다.
(11) 杭州(항주): 지금의 절강성 항주.
(12) 東府(동부): 唐宋 때의 丞相府.
(13) 汝陰(여음): 지금의 안휘성 阜陽. 潁州의 屬縣으로, 영주 관아 소재지였기 때문에 영주를 가리킨다.
(14) 留別(유별): 떠나는 사람이 남아 있는 사람과 작별하다.
(15) 馳道(치도): 車馬가 달리는 길. 찻길. 한길. 王十朋의 《百家註分類東坡先生詩》에 "동부는 찻길 옆에 있었다(東府在馳道旁)"라고 했다.
(16) 雙闕(쌍궐): 궁전·사당·능묘 등의 출입문 양쪽에 하나씩 세우는 두 채의 높은 누대. 궁문 또는 도성을 가리킨다.
(17) 未央(미앙): 다하지 않다. 끝나지 않다.
(18) 車轂(거곡): 수레의 바퀴통. 바퀴의 축이 꿰이고 바큇살이 그 주위에 꽂히는 바퀴의 중앙 부분. 수레바퀴를 가리킨다.
(19) 客(객): 소식 자신을 가리킨다.
(20) 安得(안득): 어찌 ~할 수 있겠는가. 이상의 네 구절은 소식이 소철의 관사인 동부에 우거한 최근의 일을 회상한 것이다.
(21) 洞房(동방): 깊숙한 곳에 있는 안방. 그 안에 있는 사람을 가리킨다. 이 구절은 깊숙한 안방에 있는 사람이 놀랄 정도로 비바람이 세차게 친다는 말인 것으로 보인다.
(22) 悵焉(창언): 실의에 젖어 슬퍼하는 모양. '悵然'과 같다.
(23) 初涼(초량): 그해 들어 처음으로 찾아오는 시원함. 이상의 네 구절은 자신이 영주지주로 부임해 가는 모습을 상상한 것이다.

(24) 筮仕(서사): 관직에 나아가기 전에 미리 길흉을 점치다. 제과 시험에 급제하면 관직 생활이 훨씬 순조로워질 것이기 때문에 제과 시험에 응시하는 것을 점치는 일에 비유한 것이다.

(25) 一往(일왕): 벼슬길에 나아간 것을 가리킨다.

(26) 三十年(삼십년): 소식은 인종 가우 6년(1061) 8월에 제과에 급제하여 그해 12월에 鳳翔府簽判으로 부임했으니 이 시를 지은 원우 6년(1091)까지 꼭 30년이 지났다.

(27) 未始(미시): ~한 적이 없다.

(28) 阿同(아동): 소철에 대한 애칭. '阿'는 姓이나 이름 앞에 붙어서 친근감을 나타내는 접두사이다. 소식의 자주에 "자유는 자를 동숙이라고도 한다(子由, 一字同叔)" 했다.

(29) 太康(태강): 태평하고 강녕하다. 《詩經·唐風·蟋蟀》에 "지나치게 태평하게 지내지 말고, 자기가 할 일도 생각해야 한다네(無已太康, 職思其居)"라는 구절이 있다. 이 연은 소식이 杭州에서 開封으로 돌아왔을 때 동부에 우거하기 위해 소철을 찾아갔더니 소철이 매우 편안한 마음으로 잘 지내고 있었다는 말인 것으로 보인다.

(30) 華髮(화발): 희끗희끗한 머리.

(31) 三月糧(삼월량): 석 달 동안 양식을 모으다. 《莊子·逍遙遊》에 "백 리 길을 가려는 사람은 밤새 양식을 찧어서 준비하고, 천 리 길을 가려는 사람은 석 달 동안 양식을 모아 준비한다(適百里者, 宿舂糧; 適千里者, 三月聚糧)"라는 말이 있다. 이 연은 소식 자신이 동생과 달리 고향으로 돌아가고 싶은 마음이 간절하여 동부에 우거하는 동안에 계속 돌아갈 준비를 하고 있었다는 말이다.

(32) 潼江章(동강장): 동강으로 내보내 달라고 주청하는 상소문. 동강은 梓州(지금의 사천성 三台. 소식의 고향인 眉州의 동북쪽에 있다)를 지나가는 강으로, 재주를 가리킨다.

(33) 想見(상견): 추측하여 알다.

(34) 冰盤(빙반): 얼음처럼 희고 깨끗한 쟁반.

(35) 石蜜(석밀): 산속의 나무나 돌 사이에 석벌이 모아 놓은 질이 좋은 꿀. 석청.

(36) 柿霜(시상): 곶감의 거죽에 생긴 하얀 가루. 곶감을 가리킨다. 소식의 자주에 "나는 동천 땅으로 보내주기를 주청하여 돌아가려고 한다. 두 가지 물건은 모두 동천(재주. 唐나라 때 이곳에 劍南東川節度使를 설치했다)에서 나는 것이다(予欲請東川而歸. 二物皆東川所出)"라고 했다. 이상의 네 구절은 영주에 도착한 후 바로 상소문을 올려 윤허를 받고 고향 부근의 고을로 부임하게 되었을 때의 일을 상상한 것이다.

(37) 明主(명주): 어린 철종을 대신하여 섭정한 宣仁太后를 가리킨다. 王文誥의 《蘇軾詩集》에 "'성명하신 임금을 만났다'는 것은 선인태후가 소철을 발탁하여 정사를 처리하는 곳인 조정에 앉힌 일을 가리키지 여러 조정을 두루 말하는 것이 아니다('遇明主'指宣仁擢居政地, 非泛言累朝也)"라고 했다.

(38) 再嘗(재상): 왕문고의 《소식시집》에 "자유는 막 상서우승의 자리에 오르자마자 바로 나가서 대죄했고 이어서 또 간신들의 뱀처럼 간교하고 돼지처럼 포악한 공격을 받았기 때문에 '우환을 두 번 맛보았다'라고 한 것이다(子由甫登右轄, 卽出待罪, 繼又有奸臣蛇豕之攻, 故云: '憂患再嘗'也)"라고 했다. 이 연은 소철이 태황태후의 신임을 많이 받았음에도 불구하고 정적들의 시기와 모함을 심하게 받은

일을 가리킨다.

(39) 報國(보국): 태황태후를 보필하여 막중한 국사를 처리함으로써 그동안에 받은 태황태후의 은혜에 직접적으로 보답하는 일을 가리키는 것으로 보인다. 소철도 이때 상소문을 올려 외직으로 내보내 달라고 간청했지만 태황태후가 윤허하지 않았다.

(40) 降(항): 가라앉다. 차분해지다. 《詩經·召南·草蟲》에 "뵙게만 된다면, 만나게만 된다면, 내 마음이 차분하게 가라앉으리(亦旣見止, 亦旣覯止, 我心則降)"라는 구절이 있다. 이 연은 자신은 이미 마음이 차분해져서 나라를 위해 적극적으로 일하려는 열정마저도 식어 버렸지만 동생은 아직 나라를 위해 적극적으로 일해야 하니 할 수 있을 때까지 다한 뒤에 돌아오기를 희망한다는 말이다.

卷34

古今體詩六十七首

고체시 및 근체시 67수

권34에는 용도각학사지영주군주사(龍圖閣學士知潁州軍州事)로 근무 중이던 원우 6년(1091) 8월부터 지영주군주사에서 물러나 용도각학사충회남동로병마검할지양주군주사(龍圖閣學士充淮南東路兵馬鈐轄知揚州軍州事)로 옮기게 된 원우 7년(1092) 3월까지의 시 67수가 수록되어 있다.

1197. 西湖(1)秋涸, 東池魚窘甚, 因會客, 呼網師(2)遷之西池, 爲一笑之樂. 夜歸, 被酒不能寐, 戱作放魚一首

서호가 가을을 맞아 물이 마르는 바람에 동쪽 못의 고기들이 심히 군색해진지라 손님들을 모으고 어부를 불러 그것들을 서쪽 못으로 옮기게 하여 한 번 웃는 즐거움으로 삼았다. 밤에 집으로 돌아가니 술기운으로 잠을 잘 수 없는지라 장난삼아 고기를 방생한 일을 읊은 시를 한 수 짓는다

東池浮萍半黏塊,(3)(4)	동쪽 못에는 부평초가 반쯤 땅에 들러붙어
裂碧跳靑出魚背.(5)(6)	푸른 걸 쪼개고 파란 것 위로 고기 등이 나오는데
西池秋水尙涵空,	서쪽 못에는 가을 물이 아직 허공을 담고 있어
舞闊搖深吹荇帶.(7)	넓게 춤추고 깊이 흔들리며 마름의 띠를 보내오네.
吾僚有意爲遷居,	우리 동료들이 고기를 위해 옮겨 줄 마음이 있거늘
老守縱饞那忍膾.(8)(9)	늙은 태수가 식탐이 있은들 어찌 차마 회를 치리?
縱橫爭看銀刀出,(10)	여기저기서 은장도가 나오는 것을 다투어 보고
瀺灂初驚玉花碎.(11)(12)	절써덕대며 옥 꽃이 부서짐에 처음 놀랐네.
但愁數罟損鱗鬣,(13)(14)	촘촘한 그물이 비늘과 지느러미를 해칠까 걱정일 뿐
未信長堤隔濤瀨.(15)	긴 둑이 고기를 물에서 떼어 놓을 수 있다고 믿지 않나니
濊濊發發須臾間,(16)(17)(18)	잠깐 사이에 철썩철썩 그물을 던져 건져 내자 팔딱팔딱 꼬리 쳤지만
圉圉洋洋尋丈外.(19)(20)(21)	처음에는 비실비실 맥을 추지 못하더니 나중에는 의기양양 한 길 밖으로 헤엄쳐 갔네.
安知中無蛟龍種,(22)(23)	이 가운데 교룡의 종자가 없는 줄 어찌 알리?
尙恐或有風雲會.(24)	아직 어쩌면 풍운의 기회가 있을지도 모르는 법

明年春水漲西湖,	내년에 서호에 봄물이 불어나거든
好去相忘渺淮海.(25)(26)(27)	잘 가서 잊고 살아라 드넓은 회하와 바다에서.

[해설]

영주 서호의 동쪽 못이 바닥을 드러낼 정도로 심하게 말라 버린 나머지 그곳에 있던 물고기들이 살기 힘들어하는 것을 보고 물고기들을 건져서 서쪽 못으로 옮겨 준 뒤 그 과정과 그때의 감회를 노래한 것이다.

[주석]

(1) 西湖(서호): 潁州(지금의 안휘성 阜陽) 서호를 가리킨다. 《名勝志》에 "영주에서 서쪽으로 2리 되는 곳에 호수가 있는데 길이가 10리이고 너비가 2리인데 나무가 우거져서 한 고을의 명승이다(潁州西二里有湖, 袤十里, 廣二里, 翳然林木, 爲一邦之勝)"라고 했다.

(2) 網師(망사): 그물을 쳐서 고기를 잡는 어부.

(3) 浮萍(부평): 부평. 개구리밥. 개구리밥과의 여러해살이 水草. 몸은 둥글거나 타원형의 광택이 있는 세 개의 葉狀體로 이루어져 있는데 겉은 풀색이고 안쪽은 자주색이다.

(4) 黏塊(점괴): 흙에 들러붙다. 물이 말라서 부평초가 바닥에 들러붙는 것을 가리킨다.

(5) 碧(벽): 동쪽 못 안의 부평초를 가리키는 것으로 보인다.

(6) 青(청): 동쪽 못 안의 부평초를 가리키는 것으로 보인다.

(7) 荇(행): 마름. 마름과의 한해살이풀. 진흙 속에 뿌리를 박고, 줄기는 물속에서 가늘고 길게 자라 물 위로 나오며 깃털 모양의 물뿌리가 있다. 잎은 줄기 꼭대기에 뭉쳐나고 삼각형이며, 잎자루에 공기가 들어 있는 불룩한 浮囊이 있어서 물 위에 뜬다. 여름에 흰 꽃이 피고 열매는 核果로 식용한다.

(8) 老守(노수): 늙은 태수. 영주지주인 소식 자신을 가리킨다.

(9) 饞(참): 음식을 탐하다. 食貪을 내다.

(10) 銀刀(은도): 은으로 만든 칼. 물고기를 가리킨다. 이 구절은 '爭看縱橫銀刀出'이 도치된 것으로, 동쪽 못의 물고기가 그물에 끌려 올라오는 모습을 묘사한 것이다.

(11) 瀺㵐(참착): 물이 물고기에 부딪혀서 나는 소리를 가리키는 것으로 보인다.

(12) 玉花(옥화): 옥으로 만든 꽃. 물보라를 가리키는 것으로 보인다. 이 구절은 '初驚瀺㵐玉花碎'가 도치된 것으로, 동쪽 못의 물고기가 그물에 갇혀 절써덕절써덕하며 파닥거리는 바람에 물보라가 생겼다가 사라지는 모습을 묘사한 것인 듯하다.

(13) 數罟(촉고): 촘촘한 그물.

(14) 鱗鬣(인렵): 비늘과 지느러미.

(15) 濤瀨(도뢰): 파도와 급류. 이 구절은 동쪽 못과 서쪽 못 사이의 긴 둑이 물고기를 물에서 격리하지는

못한다는 말, 즉 둑이 가로막고 있어도 물고기는 물을 찾아가게 되어 있다는 말이다.

(16) 濊濊(활활): 그물이 물로 들어가는 소리. 《詩經·衛風·碩人》에 "철썩철썩 그물을 던져 넣으면, 철갑상어와 다랑어가 팔딱거렸네(施罛濊濊, 鱣鮪發發)"라는 구절이 있다.

(17) 發發(발발): 물고기가 꼬리를 치는 소리.

(18) 須臾間(수유간): 잠시 동안.

(19) 圉圉(어어): 물고기가 힘이 빠져서 맥을 못 추는 모양.

(20) 洋洋(양양): 기력이 왕성한 모양.

(21) 尋丈(심장): 여덟 자 또는 열 자. 한 길을 가리킨다.

(22) 安知(안지): 어떻게 알겠는가.

(23) 蛟龍種(교룡종): 교룡으로 변할 만큼 비범한 물고기를 가리킨다.

(24) 風雲會(풍운회): 풍운의 기회. 교룡으로 변할 수 있는 좋은 기회를 말한다. 陸機의 시 〈塘上行〉에 "강리가 인적 없는 섬에서 자라, 은은한 향기를 못 풍겼는데, 풍운의 기회를 만난 덕분에, 아름다운 연못가로 옮겨졌도다(江蘺生幽渚, 微芳不足宣. 被蒙風雲會, 移居華池邊)"라는 구절이 있다.

(25) 好去(호거): 잘 가다. 떠나는 사람에게 하는 인사말이다. 白居易의 시 〈放魚〉에 "그것들이 제자리를 못 찾은 게 가련하여, 남호로 옮겨서 풀어 주었네. 남호는 서강과 붙어 있으니, 모쪼록 잘 가거라 머뭇거리지 말고(憐其不得所, 移放於南湖. 南湖連西江, 好去勿踟躕)"라는 구절이 있다.

(26) 相忘(상망): 서로의 존재를 잊는 것을 가리킨다. 《莊子·大宗師》에 "샘이 마르면 물고기들이 땅 위에 함께 있으면서 서로 습기를 뿜어 주고 서로 거품으로 적셔 주지만 이것은 강이나 호수에서 서로를 잊고 사는 것만 못하다(泉涸, 魚相與處於陸, 相呴以濕, 相濡以沫, 不如相忘於江湖)"라는 말이 있다.

(27) 淮海(회해): 淮河와 그것이 흘러드는 黃海를 가리킨다. 이상의 네 구절은 서호에 물이 불어날 때 강을 따라 회하로 갔다가 다시 바다로 들어가 교룡이라도 될 만큼 잘 살라고 축원해 준 것이다.

1198. 復次放魚韻[1]答趙承議[2]·陳教授[3]

물고기를 방생한 시에 다시 차운하여 승의랑 조씨와 진 교수에게 화답한다

擾擾萬生同大塊,[4][5][6]　얼키설키 만물이 대지를 함께하니
搶榆不羨培風背.[7][8]　느릅나무에나 오른다 해도 바람 타는 것 안 부러워한다.
青丘已呑雲夢芥,[9][10][11]　청구가 운몽이란 초개를 삼켰을 뿐 아니라
黃河復繚天門帶.[12][13]　황하가 천문에다 띠를 두르기도 했다.
長譏韓子隘且陋,[14]　한 선생이 편협하고 비루하다고 늘 탓하나니
一飽鯨鯢何足膾.[15][16]　한 번 배불리 먹는 데 고래를 회 칠 게 뭐 있으리?
東坡也是可憐人,[17]　동파거사도 역시 훌륭한 사람
披抉泥沙收細碎.[18][19]　진흙과 모래 파헤치고 잔챙이를 거두어 주었다.
逝將歸修八節灘,[20][21]　맹세코 돌아가서 팔절탄도 팔 것이고
又欲往釣七里瀨.[22]　또 칠리뢰로 가서 고기도 낚고 싶다.
正似此魚逃網中,　하지만 그건 이 고기들이 그물에서 도망쳐도
未與造物遊數外.[23]　조물주와 천도 밖에서 놀지는 않는 것과 같다.
且將新句調二子,[24][25][26]　잠시 새 시구로 두 분과 농담하려 하거니와
湖上秋高風月會.[27]　호수 위에 가을 하늘 높으니 풍월을 즐깁시다.
爲君更喚木腸兒,[28]　그대들을 위해 다시 목석같은 사람을 불러
脚扣兩舷歌小海.[29]　발로 두 뱃전을 치며 〈소해창〉을 부르게 하리다.

[해설]

바로 앞의 시에 다시 차운하여 조영치와 진사도에게 화답한 것으로, 큰 것이나 작은 것이나 모두 그 나름대로의 존재 가치를 지니고 있다는 철리를 설파했다.

[주석]

(1) 放魚韻(방어운): 물고기를 방생한 일을 읊은 시. 바로 앞의 시를 가리킨다.

(2) 趙承議(조승의): 趙令畤를 가리킨다. 그는 원우 6년(1091)에 承議郞으로서 潁州(지금의 안휘성 阜陽) 簽判의 직책을 맡아 潁州知州인 소식과 교유했는데 소식이 景貺이라는 그의 字를 德麟으로 고쳐 줄 정도로 절친한 사이가 되었다.(소식, 〈趙德麟字說〉 참조)

(3) 陳敎授(진교수): 蘇門六君子의 한 사람으로 徐州州學 敎授를 역임하고 당시 영주주학 교수로 재임 중이었던 陳師道를 가리킨다.

(4) 擾擾(요요): 어수선한 모양.

(5) 萬生(만생): 衆生. 만물.

(6) 大塊(대괴): 대지. 대자연.

(7) 搶楡(창유): 느릅나무에 이르다. 매미나 작은 비둘기를 두고 하는 말이다. 《莊子·逍遙遊》에 "북쪽 바다에 물고기가 있으니 그 이름이 곤이다. 곤의 크기는 몇 천 리나 되는지 모른다. 곤이 변하여 새가 되면 그 이름을 대붕이라고 한다……《齊諧》의 기록에 '대붕이 남쪽 바다로 옮겨 갈 때에는 물을 쳐서 3천 리나 튀어 오르게 하며 회오리바람을 타고 9만 리나 올라가 6개월 동안 날아간 뒤에 쉰다'라고 했다……그러므로 9만 리를 올라가면 바람이 그 아래에 있게 되는바, 그런 뒤에야 이제 바람을 타게 된다……매미와 작은 비둘기가 비웃으며 '우리는 펄쩍 뛰어 일어나 날아올라도 느릅나무나 다목에 이르며 때로는 거기에도 못 미치고 땅에 떨어지기도 한다. 무엇 때문에 9만 리나 올라가 남쪽으로 가는가?'라고 했다(北冥有魚, 其名爲鯤. 鯤之大, 不知其幾千里也. 化而爲鳥, 其名爲鵬……《諧》之言曰: '鵬之徙於南冥也, 水擊三千里, 摶扶搖而上者九萬里, 去以六月息者也.'……故九萬里, 則風斯在下矣, 而後乃今培風……. 蜩與學鳩笑之曰: '我決起而飛, 搶楡枋而止, 時則不至而控於地而已矣. 奚以之九萬里而南爲?')"라는 말이 있다.

(8) 培風背(배풍배): 바람의 등을 타다. 붕새를 두고 하는 말이다. 주 (7) 참조.

(9) 靑丘(청구): 大海 동쪽 300리 되는 곳에 있다는 나라. 司馬相如의 〈子虛賦〉에 "가을에는 청구에서 수렵하고 바다 밖에서 노닙니다. 우리 齊나라는 운몽택과 같은 것 여덟 개나 아홉 개를 가슴에 삼켜도 걸린 적이 없습니다(秋田乎靑丘, 彷徨乎海外. 呑若雲夢者八九於其胸中, 曾不蔕芥)"라고 했다.

(10) 已(이): 다음 구절의 '復'와 결합하여 '~한 데다 ~하기도 하다'라는 뜻의 관용구를 이룬다.

(11) 雲夢芥(운몽개): 운몽택이라는 草芥. 〈자허부〉의 표현을 차용하여 운몽택을 하나의 미물에 비유한 것이다.

(12) 黃河(황하): 길이가 5,464km에 달하는, 중국에서 두 번째로 긴 강. 靑海省에 있는 靑藏高原에서 발

원하여 青海省·四川省·甘肅省·寧夏回族自治區·內蒙古自治區·陝西省·山西省·河南省·山東省 등 아홉 개의 성 또는 자치구를 경유하여 渤海灣으로 들어간다.

(13) 天門帶(천문대): 천문의 띠. 泰山 아래로 지나가는 황하를 가리킨다. 태산에는 동천문·서천문·남천문·북천문이 있기 때문에 태산을 천문이라고 하는데 황하는 태산에서 멀지 않은 곳으로 지나간다.《漢官儀》에 "황하는 태산에서 300여 리 떨어져 있는데 사당이 있는 곳에서 황하를 보면 마치 띠와 같다(黃河去泰山三百餘里, 於祠所, 瞻黃河如帶)"라는 말이 있다. 이 연은 제1구에서 말한 '大塊'의 형상을 구체적으로 묘사한 것인 듯하다.

(14) 韓子(한자): 韓愈를 가리킨다. 한유의 시 〈贈劉師服〉에 "큰 낚시로 동쪽에서 낚을 수만 있다면, 그대와 함께 고래 회를 배불리 먹으리라(巨緡東釣儻可期, 與子共飽鯨魚膾)"라는 구절이 있다.

(15) 鯨鯢(경예): 고래. 수컷을 '鯨'이라고 하고 암컷을 '鯢'라고 한다.

(16) 足(족): ~할 만한 가치가 있다. 이 연은 한 번 배불리 먹는 데에 고래처럼 큰 고기가 필요하지는 않다는 말이다.

(17) 可憐人(가련인): 좋아할 만한 사람. 훌륭한 사람. 杜甫의 시 〈雨過蘇端〉에 "소 선생은 자주 찾아갈 수 있는데, 기뻐하며 갈 때마다 정성을 기울이네. 이분 역시 훌륭한 사람인지라, 아이를 불러서 배와 대추 내오라네(蘇侯得數過, 歡喜每傾倒. 也復可憐人, 呼兒具梨棗)"라는 구절이 있다. 姓이 같은 소단으로 소식 자신을 가리킨다. 이 구절은 소단이 두보에게 온정을 베푸는 훌륭한 사람이었던 것처럼 소식 자신도 물고기에게 온정을 베푸는 훌륭한 사람이라는 해학적인 표현이다.

(18) 披抉(피결): 파헤치다.

(19) 細碎(세쇄): 잘다. 작은 물고기를 가리킨다.

(20) 逝(서): 맹세하다. '誓'와 같다. 發語辭로 보기도 한다.《詩經·魏風·碩鼠》에 "맹세코 너를 떠나, 저 낙원에 가리라(逝將去女, 適彼樂土)"라는 구절이 있다.

(21) 八節灘(팔절탄): 白居易가 洛陽의 香山에 판 여울. 〈予去杭十六年而復來, 留二年而去. 平生自覺出處老少, 麤似樂天……〉(1184) 주 (21) 참조.

(22) 七里瀨(칠리뢰): 後漢 사람 嚴光이 낚시하며 은거한 곳으로 嚴陵瀨라고도 한다. 절강성 桐廬의 富春江 가에 있다.

(23) 數(수): 曆數. 天道. 자연의 이치. 이상의 네 구절은 자신이 관직에서 빠져나가 은거하면 마치 동쪽 못에서 숨을 헐떡이며 힘들게 살던 물고기가 서쪽 못에 가서 자유자재로 헤엄쳐 다니는 것처럼 몸이 자유롭고 마음이 편하겠지만 그래도 자연의 섭리를 벗어날 수는 없고 또 그러기를 바랄 필요도 없다는 말이다.

(24) 將(장): ~을 가지고. ~으로.

(25) 調(조): 희롱하다. 농담하다.

(26) 二子(이자): 두 분. 조영치와 진사도를 가리킨다.

(27) 風月會(풍월회): 청풍명월을 즐기는 모임.

(28) 木腸兒(목장아): 목석같은 사람. 夏統을 가리킨다. 주 (29) 참조.

(29) 小海(소해): 小海唱. 곡조 이름. 《晉書·夏統傳》에 "하통이 '……오자서가 오왕에게 간언했다가 간언이 받아들여지지 않고 살해당해 바다에 던져지자 나라 사람들이 그의 충렬을 애통한 나머지 그를 위해 〈소해창〉을 지었습니다. 이제 제가 그것을 한번 불러 보려고 합니다'라고 하자. 그 자리에 있던 사람들이 다들 '좋습니다'라고 했다. 하통이 이에 발로 뱃전을 차며 목청을 돋우어 노래를 부르자 감정이 격앙되고 비분강개해졌다.……또 기녀들에게 고운 옷을 입고 황금 장식과 비취 장식을 번쩍이며 하통의 배를 세 바퀴 돌게 했으나 하통은 꿈쩍 않고 반듯이 앉아 있어 마치 아무 소리도 못 들은 것 같았다. 賈充 등이 각자 흩어지면서 '이 오지방 사람(하통)은 나무로 만든 사람이요 돌로 만든 심장이구먼'이라고 했다. 하통이 회계로 돌아간 뒤로는 마침내 종말을 모른다(統曰: '……伍子胥諫吳王, 言不納用, 見戮投海, 國人痛其忠烈, 爲作〈小海唱〉. 今欲歌之.' 衆人僉曰: '善.' 統於是以足叩船, 引聲喉囀, 淸激慷慨……又使妓女之徒服袿襹, 炫金翠, 繞其船三匝, 統危坐如故, 若無所聞. 充等各散曰: '此吳兒是木人石心也.' 統歸會稽, 竟不知所終)"라는 기록이 있다. 이 연은 기녀를 동반하지 않은, 소박하지만 격조 높은 자신들의 모임에서 자신이 하통처럼 뱃전을 두드리며 노래를 부르겠다고 우스갯소리를 한 것이다.

1199. 九月十五日, 觀月聽琴西湖[1]示坐客

9월 15일에 서호에서 달을 보며 거문고 연주를 듣고 지어서 좌객에게 보인다

白露下衆草,	흰 이슬은 우거진 풀에 소리 없이 내리고
碧空卷微雲.[2]	푸른 하늘은 옅은 구름을 말아 치워 버렸나니
孤光爲誰來,	외로운 저 달은 누구를 위해 올라올까?
似爲我與君.	나와 그대들을 위해 올라오는 것 같다.
水天浮四座,[3]	물속의 하늘이 사방의 자리를 띄우고
河漢落酒樽.[4]	은하수가 술잔에 떨어져 있어
使我冰雪腸,[5]	얼음 같고 눈 같은 내 창자로 하여금
不受麴糵醺.[6]	취기를 안 받아들이게 한다.
尙恨琴有絃,	거문고에 현이 있어 고기가 나오게 해
出魚亂湖紋.[7][8]	호수의 파문을 어지럽힌다고 오히려 한탄하나니
哀彈奏舊曲,[9]	애절하게 연주하여 옛 곡조를 타는데
妙耳非昔聞.[10][11]	절묘하여 옛날에 듣던 것이 아니다.
良時失俯仰,[12]	좋은 때는 순식간에 사라지는 법
此見寧朝昏.[13]	어찌 조석으로 이렇게 볼 수 있으리오만
懸知一生中,[14]	짐작컨대 한세상 살아가는 동안에
道眼無由渾.[15][16]	도안이 흐려질 수가 없으리.

[해설]

영주지주로 재임한 원우 6년(1091) 9월 보름날 친구들과 함께 서호로 나가 달을 구경하면서 거문고 연주를 감상한 감회를 노래한 것이다.

[주석]

(1) 西湖(서호): 潁州(지금의 안휘성 阜陽) 서호를 가리킨다.
(2) 卷(권): 말아서 치우다. 收去하다.
(3) 四座(사좌): 사방의 자리. 이 구절은 사방이 호수에 에워싸여 있고 호수에 하늘이 비쳐 있어서 마치 모든 자리가 다 하늘에 떠 있는 것 같다는 말이다. 당시 그들은 서호 안의 섬에 있었던 것으로 보인다.
(4) 河漢(하한): 은하수.
(5) 冰雪腸(빙설장): 얼음과 눈으로 이루어진 창자.
(6) 麴糵醺(국얼훈): 누룩이 빚어내는 醉氣. 이상의 네 구절은 서늘한 늦가을 밤에 아름다운 호수 안에서 술을 마시니 취기가 잘 안 오른다는 말이다.
(7) 出魚(출어): 《荀子·勸學》에 "옛날에는 호파가 슬을 타면 물속에 있던 물고기가 나와서 경청했고 백아가 거문고를 타면 임금의 수레를 끄는 여섯 마리의 말이 머리를 들고 거문고 소리를 들으며 꼴을 먹었다(昔者瓠巴鼓瑟, 而流魚出聽; 伯牙鼓琴, 而六馬仰秣)"라는 말이 있다.
(8) 亂湖紋(난호문): 물고기가 수면 위로 올라오면서 잔잔하던 호수의 파문을 어지럽게 한다는 말이다. 이 연은 거문고 연주 솜씨가 물속의 물고기가 들으러 나올 정도로 뛰어나다고 칭송한 것이다.
(9) 哀彈(애탄): 슬프게 연주하다.
(10) 妙耳(묘이): 귀에 절묘하다. 듣기에 절묘할 만큼 아름답다는 말이다.
(11) 非昔聞(비석문): 옛날에 들은 것이 아니다. 옛날에 들어 본 적이 없는 아름다운 소리라는 말이다.
(12) 俯仰(부앙): 고개를 한 번 숙였다 드는 짧은 시간을 가리킨다.
(13) 此見(차견): 이렇게 보다. 이 구절은 '어찌 아침저녁으로 이렇게 보겠는가?'라는 뜻의 '寧朝昏此見'이 도치된 것으로, 지금 이렇게 바라보는 아름다운 경치는 항상 볼 수 있는 것이 아니라는 말이다.
(14) 懸知(현지): 추측하다. 예상하다.
(15) 道眼(도안): 사물의 원래 모습을 꿰뚫어 보는 마음의 눈을 가리킨다.
(16) 無由(무유): ~할 길이 없다. ~할 방법이 없다. 이 연은 자신이 세속적인 욕심을 버리고 대자연 속에서 살며 대자연을 사랑하는 마음을 견지할 것이기 때문에 마음속에 늘 이 아름다운 경치를 간직하게 될 것이라는 뜻인 듯하다

1200. 復次韻謝趙景貺[1]·陳履常[2]見和[3], 兼簡歐陽叔弼[4]兄弟[5]

다시 차운하여 조경황과 진이상이 내 시에 화답한 것에 감사하고 아울러 구양숙필 형제에게도 부친다

能詩李長吉,[6]	시를 잘 짓기로는 이장길이요
識字揚子雲.[7]	기자를 잘 알기로는 양자운인데
端能望此府,[8][9]	때마침 이 관아를 바라볼 수 있었기에
坐嘯獲兩君.[10][11]	앉아서 휘파람이나 불며 두 사람을 얻었도다.
逝將江湖去,[12]	강호로 떠나가서 나의 다섯 섬들이
浮我五石樽.[13]	요주를 띄우려고 맹세했건만
眷焉復少留,[14][15]	미적미적 또 이렇게 잠시 머물며
尙爲世所醺.[16]	아직도 세상일에 취해 있도다.
或勸莫作詩,[17]	어떤 분이 시를 짓지 말라고 충고하며
兒輩工織紋.[18][19]	아이들이 무늬를 잘 짠다고 했는데
朱絃寄三歎,[20]	붉은 현의 반주에 세 사람의 찬탄이 깃들였으니
未害俗耳聞.[21]	속된 귀가 들어도 무방하겠다.
共尋兩歐陽,[22]	우리 함께 두 분의 구양씨를 찾아가면
伐薪照黃昏.	베어 놓은 땔나무에 황혼이 비칠 텐데
是家有甘井,	이 집에 물맛 좋은 우물이 있나니
汲多終不渾.[23]	많이 길어도 끝내 혼탁해지지 않으리.

[해설]

자신의 시에 화답한 조영치와 진사도의 시에 다시 차운하여 지은 것으로, 이들처럼 시도 잘 짓고 글씨도 잘 쓰는 뛰어난 인재를 만나 함께 시를 짓고 읊조리는 기쁨을 노래하고 아울러 함께 구양비의 집으로 찾아가겠다고 구양비 형제에게 통보했다.

[주석]

(1) 景貺(경황): 趙令畤의 字. 그는 원우 6년(1091)에 承議郎으로서 潁州(지금의 안휘성 阜陽)簽判의 직책을 맡아 潁州知州인 소식과 교유했는데 소식이 景貺이라는 그의 字를 德麟으로 고쳐 주었다. 〈復次放魚韻答趙承議·陳教授〉(1198) 주 (2) 참조.

(2) 履常(이상): 陳師道의 字. 그는 蘇門六君子의 한 사람으로 徐州州學 教授를 역임했으며 당시 潁州州學 교수로 재임했다.

(3) 見和(견화): 나에게 화답하다. 〈次韻錢越州見寄〉(1099) 주 (2) 참조.

(4) 叔弼(숙필): 歐陽修의 셋째 아들 歐陽棐의 字. 그의 딸이 소식의 둘째 아들 蘇迨의 부인이 되었다.

(5) 兄弟(형제): 구양수의 셋째 아들 구양비와 넷째 아들 歐陽辯을 가리킨다. 施元之의 《施注蘇詩》에 "구양숙필은 이름이 비이고 구양계묵은 이름이 변인데……모두 영주에 거주했다(歐陽叔弼, 名棐; 季默, 名辯.……皆居于潁)"라고 했다. 당시는 구양수 부인의 삼년상이 끝나지 않은 때라 아들들이 모두 영주에서 복상하고 있었다.

(6) 長吉(장길): 당나라 시인 李賀의 字. 《구당서·이하전》에 "붓 놀리는 솜씨가 뛰어났는데 특히 시가에 뛰어났다. 그의 글은 구성과 기세가 높은 바위나 가파른 절벽이 만 길이나 되게 우뚝 솟아 있는 것 같아서 당시의 문사들이 그를 본받으려고 했으나 비슷하게 따라갈 수 있는 사람이 없었다(手筆敏捷, 尤長於歌篇. 其文思體勢, 如崇岩峭壁, 萬仞崛起, 當時文士從而效之, 無能仿佛者)"라고 했다.

(7) 子雲(자운): 한나라 辭賦家 揚雄의 字. 六體의 하나인 奇字를 잘 알았다. 《漢書·揚雄傳》에 "유분은 일찍이 양웅에게 기자를 배운 적이 있다(劉棻嘗從雄學作奇字)"라고 했고, 두보의 시 〈醉時歌〉에 "사마상여는 재주가 빼어났어도 친히 그릇을 씻었고, 양자운은 기자를 잘 알고도 끝내 누각에서 몸을 던졌네(相如逸才親滌器, 子雲識字終投閣)"라는 구절이 있다.

(8) 端(단): 때마침. 공교롭게.

(9) 此府(차부): 이 官府. 영주 관아를 가리킨다.

(10) 坐嘯(좌소): 앉아서 휘파람 불다. 후한 때 汝南太守 宗資는 功曹 范滂에게 일을 일임하고 南陽太守 成瑨은 功曹 岑晊에게 일을 일임했기 때문에 두 고을에 "여남태수는 범방이라 종자는 결재나 하고, 남양태수는 잠질이라 성진은 앉아서 휘파람이나 분다"라는 말이 퍼졌다.(《後漢書·黨錮傳》 참조)

(11) 兩君(양군): 조영치와 진사도를 가리킨다. 이 연은 마침 여건이 허락되어 소식 자신이 영주지주로 부임할 수 있었기 때문에 조영치와 진사도처럼 훌륭한 인물을 만나게 되었다는 말이다.

(12) 逝(서): 맹세하다. '誓'와 같다. 發語辭로 보기도 한다. 《詩經·魏風·碩鼠》에 "맹세코 너를 떠나, 저 낙원에 가리라(逝將去女, 適彼樂土)"라는 구절이 있다.

(13) 樽(준): 腰舟. 옛날 사람들이 허리에 차고 강을 건너던 표주박. 《莊子·逍遙遊》에 "혜자가 장자에게 '위왕이 나에게 큰 박의 씨앗을 주기에 심어서 길렀더니 다섯 섬들이 열매가 맺혔소. 여기에 물이나 음료를 넣어 보니 너무 물렁물렁해서 들 수가 없고, 쪼개어서 바가지를 만들었더니 펑퍼짐하고 납작해서 담을 것이 없었소. 덩그러니 크지 않은 것은 아니지만 나는 그것이 쓸모없다고 생각하여 부숴 버렸소'라고 하자 장자가 '그대는 참으로 큰 것을 쓰는 데 서툴군요……지금 그대가 다섯 섬들이 박을 가지고 있다면 어찌하여 그것을 요주로 삼아 강호에 떠다닐 생각을 하지 않고, 그것이 펑퍼짐하고 납작해서 담을 것이 없다고 걱정하시오? 그러니 그대는 아직도 편협한 마음을 지니고 있는 것이라오!'라고 했다(惠子謂莊子曰: '魏王貽我大瓠之種, 我樹之, 成而實五石. 以盛水漿, 其堅不能自擧也; 剖之以爲瓢, 則瓠落無所容. 非不呺然大也, 吾爲其無用而掊之.' 莊子曰: '夫子固拙於用大矣……今子有五石之瓠, 何不慮以爲大樽而浮乎江湖, 而憂其瓠落無所容?' 則夫子猶有蓬之心也夫!')"라는 말이 있다. 이 연은 자신이 관직을 버리고 강호에 가서 유유자적하려고 생각했다는 말이다.

(14) 眷焉(권언): 돌아보는 모양.

(15) 少留(소류): 잠시 머물다. 王粲의 〈登樓賦〉에 "참으로 아름답지만 내 고향이 아니니, 어찌 잠시라도 머무를 만하리오?(雖信美而非吾土兮, 曾何足以少留?)"라는 구절이 있다.

(16) 醺(훈): 취하다. 물들다. 이 연은 자신이 관직에서 떠나지 못하고 영주지주로 재임 중인 것을 자탄한 자조적 표현이다.

(17) 或(혹): 王文誥의 《蘇軾詩集》에 "공이 항주로 부임해 갈 때 문언박이 시를 짓지 말라고 간절하게 충고했는데 항주에서 돌아와 끝내 賈易와 趙君錫의 무고를 받게 되었으니 아마도 문언박을 가리킬 것이다(公赴杭州, 文彦博苦勸弗作詩, 及歸, 遂有易·君錫之誣, 其意蓋指彦博也)"라고 했다. 소식은 유배지를 黃州에서 汝州로 옮겨 가는 도중이던 원풍 8년(1085) 2월에 常州居住의 윤허를 받고 宜興으로 돌아가는 길에 揚州에 있는 竹西寺에 들렀다가 〈歸宜興, 留題竹西寺〉라는 시를 세 수 지었다. 이 시 其三에서 그는 "산사로 돌아오다 좋은 말을 들었나니, 들꽃도 우는 새도 기쁨이 넘치누나(山寺歸來聞好語, 野花啼鳥亦欣然)"라고 읊었다. 이 시 중의 '좋은 말'은 철종 황제의 즉위를 기뻐한 양주 농민들의 말을 가리키는데 이로부터 6년 뒤인 원우 6년(1091) 8월 한창 소식의 흠을 찾느라 혈안이 되어 있던 가이·조군석 등이 이것을 신종의 서거를 가리킨다고 모함하여 소식을 탄핵함으로써 소식으로 하여금 맡은 지 반 년도 채 안 된 한림학사승지의 직을 그만두고 다시 영주지주로 나가게 만들었다.

(18) 兒輩(아배): 소인배를 가리킨다.

(19) 織紋(직문): 무늬를 짜다. 讒言을 꾸며 내는 것을 가리킨다.

(20) 三歎(삼탄): 한 사람이 노래하면 겨우 세 사람이 찬탄하며 따라 부를 정도로 고상한 노래라는 뜻으로, 고상하고 함축적인 조영치와 진사도의 시를 칭송한 말이다. 《禮記·樂記》에 "청묘에서 연주하는 슬은 현이 붉은색이고 밑바닥의 구멍으로 소통하여 소리가 완만한데 이 슬의 반주에 맞추어 한 사람이 노

래하면 세 사람이 찬탄하는바 넘쳐흐르는 여운이 있다(淸廟之瑟, 朱絃而疏越, 一唱而三歎, 有遺音者矣)"라고 했고, 《荀子·禮論》에 "청묘의 노래는 한 사람이 부르면 세 사람이 찬탄한다(淸廟之歌, 一唱而三歎也)"라고 했다. 이 구절은 소식의 시에 화답한 조영치와 진사도의 시가 붉은 현의 슬에 맞추어 한 사람이 노래하면 겨우 세 사람이 찬탄할 정도로 고상하고 함축적이라는 말이다.

(21) 俗耳(속이): 앞에서 말한 '兒輩'의 귀를 가리킨다. 이 연은 조영치와 진사도의 시가 정적들의 귀에도 거슬리지 않겠다는 말이다.

(22) 兩歐陽(양구양): 구양비와 구양변을 가리킨다. 査愼行의 《蘇詩補註》에 "구양숙필과 구양계묵은 당시 모친상을 당해 영주에 거주하고 있었다(歐陽叔弼·季默, 時丁母艱居潁)"라고 했다.

(23) 汲多(급다): 두보의 시 〈示從孫濟〉에 "쌀 씻을 때 물을 조금 길어야 한다, 많이 길으면 우물물이 혼탁해진다(淘米少汲水, 汲多井水渾)"라는 구절이 있다. 이상의 네 구절은 자신들이 구양비 형제를 찾아가면 쌓여 있는 땔나무와 물맛 좋은 우물물로 맛있는 음식을 많이 만들어 달라는 뜻인바, 해학적인 말투로 자신들이 구양비 형제를 찾아가겠다고 통보한 것이다.

1201. 送歐陽主簿[1]赴官韋城[2]四首

위성으로 부임해 가는 주부 구양씨를 전송하며

其一

鳳雛驥子日相高,[3]	봉황 새끼와 천리마 새끼가 날마다 서로를 높이니
白髮蒼顔笑我曹.	흰머리와 창백한 얼굴의 우리를 비웃겠네.
讀遍牙籤三萬軸,[4][5]	책을 삼만 권이나 독파했는데
却來小邑試牛刀.[6][7][8]	오히려 작은 고을로 불러 소 칼을 시험하게 하네.

其二

出處年來恨不齊,[9]	연래에 나가고 머무는 게 같지 않아 한스럽나니
一樽臨水記分攜.[10]	한잔 술로 강가에서 헤어지던 일 기억하게.
江湖咫尺吾將老,[11][12]	강호의 지척에서 나는 늙으려 하고
汝潁東流子却西.[13]	여수 영하는 동으로 흐르는데 그대는 외려 서쪽으로 가네.

其三

白馬津頭春水來,[14]	백마진 나루터에 봄 강물이 흘러와
白魚猶喜似江淮.[15][16]	흰 고기가 오히려 장강과 회하인 양 기뻐하겠네.

使君已復冰堂酒,[17][18] 태수가 빙당주를 이미 복원했으니
更望重新畫舫齋.[19] 화방재도 새로이 중수하길 바라네.

其四

道傍垂白定沾巾,[20][21] 길가에서 백발을 드리우고 수건을 흠뻑 적시리
正似當年綠髮新.[22] 검은 머리가 산뜻하던 당시의 구양수와 꼭 같다고.
故國依然喬木在,[23] 여전히 교목이 서 있는 옛 고을에서
典刑復見老成人.[24][25] 전형을 통해 다시 노성한 사람을 보리.

[해설]

구양수의 손자요 구양발의 아들인 구양헌이 옛날에 구양수가 통판을 역임한 적이 있는 활주의 속현 위성의 주부로 부임해 가는 것을 전송하며 지은 것이다.

[주석]

(1) 歐陽主簿(구양주부): 歐陽修의 장남인 歐陽發의 아들 歐陽憲을 가리킨다. 施元之의 《施注蘇詩》에 "구양헌은 문충공의 손자이다(憲, 文忠公孫)"라고 했고, 蘇轍의 〈薛夫人墓志〉에 "손자 여섯 명이 있는데 구양헌은 원우(1086-1093) 연간에 활주 위성현주부에 임명되었다(有孫六人, 憲, 元祐中授滑州韋城縣主簿)"라고 했다.

(2) 韋城(위성): 滑州의 속현으로 開封에서 동북쪽으로 70㎞가량 떨어져 있었다. 나중에 鎭으로 강등되어 白馬縣에 편입되었다.(魏嵩山 主編, 《中國歷史地名大辭典》, 廣東教育出版社, 1995년 제1판, 139쪽 참조)

(3) 鳳雛驥子(봉추기자): 봉황의 새끼와 천리마의 새끼. 재주가 빼어난 구양수의 자손들을 가리킨다. 杜甫의 시 〈入奏行贈西山檢察使竇侍御〉에 "시어사 두씨는, 천리마의 새끼요, 봉황의 새끼로다(竇侍御, 驥之子, 鳳之雛)"라는 구절이 있다. 이 구절은 구양헌을 비롯한 구양수의 훌륭한 자손들이 서로 다른 사람에게 빼어난 모습을 보여 주어 상대방을 분발하게 함으로써 서로를 더욱 빼어나게 한다는 말이다.

(4) 牙籤(아첨): 상아나 뼈를 납작하게 다듬어서 만든 책갈피. 책을 가리킨다. '牙簽'이라고도 한다.

(5) 三萬軸(삼만축): 두루마리로 된 책 삼만 권. 당나라 사람 李泌은 정원 3년(787)에 鄴縣侯에 봉해졌는데 집에 장서가 매우 많았으므로 나중에 장서가 많은 사람을 '鄴侯'라고 부르게 되었다. 周密의 《齊東野語·書籍之厄》에 "사대부의 집에 소장한 것으로 말하자면 예전에 장화는 30대의 수레에 실었고,

두겸은 1만 권을 모았으며, 위술은 2만 권을 쌓아 두었고, 업후는 서가에 3만 권을 꽂아 두었다(若士大夫之家所藏, 在前世如張華載書三十車, 杜兼聚書萬卷, 韋述蓄書二萬卷, 鄴侯插架三萬卷)"라고 했고, 韓愈의 시 〈送諸葛覺往隨州讀書〉에 "업후의 집에는 책이 많아서, 서가에 삼만 권이 꽂혀 있다네. 하나하나 책갈피를 꽂아 놨는데, 손을 대지 않은 듯 산뜻하다네(鄴侯家多書, 插架三萬軸. 一一懸牙簽, 新若手未觸)"라는 구절이 있다.

(6) 來(내): 오게 하다. 초치하다.

(7) 小邑(소읍): 韋城을 가리킨다.

(8) 牛刀(우도): 소를 잡는 데 쓰는 칼. 빼어난 능력의 소유자를 가리킨다. 《論語·陽貨》에 "닭을 잡는 데 어째서 소 잡는 칼을 쓰는가?(割鷄焉用牛刀?)"라는 말이 있다.

(9) 出處(출처): 潁州(지금의 안휘성 阜陽)에서 나가는 것과 영주에 머무는 것을 가리킨다. 이 구절은 구양헌이 영주에 있을 때에는 소식이 아직 영주에 가지 않았고 소식이 영주에 갔을 때에는 구양헌이 위성으로 가기 위해 영주를 떠남으로써 함께 있지 못하는 것을 한탄한 것이다.

(10) 分攜(분휴): 헤어지다.

(11) 江湖(강호): 조정이 아닌 지방을 가리킨다.

(12) 咫尺(지척): 여덟 자나 열 자의 거리. 아주 가까운 거리를 가리킨다. 이 구절은 자신이 완전한 은거를 달성하지 못하고 영주라는 지방의 지주로 재임하며 늙어 가게 생겼다는 말이다.

(13) 汝潁(여영): 汝水(지금의 北汝河)와 潁河. 여수는 동남쪽으로 흘러 영하와 합류하고 영하는 동남쪽으로 흘러 淮河와 합류한다. 구양헌이 부임해 갈 위성은 영주의 서북쪽이었다. 이 구절은 구양헌이 영하와 여수를 거슬러 올라가서 위성으로 가려고 한다는 말이다.

(14) 白馬津(백마진): 지금의 하남성 滑縣 동북쪽에 있던 나루. 王十朋의 《百家註分類東坡先生詩》에 "취옹(구양수)은 활주에서 관직 생활을 한 적이 있는데 백마진은 활주의 땅이다(醉翁嘗官滑州, 白馬津, 滑州之地也)"라고 했다.

(15) 白魚(백어): 특정 물고기를 가리키는 것이 아니라 비늘이 흰 물고기를 두루 가리키는 것으로 보인다.

(16) 江淮(강회): 長江과 淮河. 드넓은 물을 가리킨다.

(17) 使君(사군): 태수에 대한 존칭. 현임 활주지주를 가리킨다.

(18) 冰堂酒(빙당주): 구양수가 滑州通判으로 재임할 때 양조한 술. 왕십붕의 《백가주분류동파선생시》에 "취옹이 활주지주로 재임할 때 빙당주 양조법을 개발했고 화방재를 지었다. 이제 동파 선생이 말한 태수란 현임 태수를 가리키는바, 그가 비록 빙당주는 다시 양조했을지라도 화방재는 아직 중수하지 않았을 테니 태수에게 그 유적을 중수하라고 권고한 것이다(醉翁知滑州, 有冰堂酒法, 作畫舫齋. 今先生之意, 所謂使君, 指見任之太守, 雖已復造冰堂酒, 而未修畫舫齋, 勸太守更修其遺迹也)"라고 했다. 그러나 구양수는 활주지주가 아니라 활주통판에 임명되어 경력 2년(1042) 10월에 부임했으며, 소식이 화방재를 중수하라고 권고한 사람도 현임 활주지주가 아니라 구양헌인 것으로 보인다.

(19) 畫舫齋(화방재): 구양수가 활주통판으로 재임할 때 살던 집. 구양수의 〈畫舫齋記〉에 "나는 활주에 도착하고 석 달 뒤에 州學 동쪽에 있는 집을 거처로 삼고 화방재라고 명명했다(予至滑州之三月, 卽其

序東偏之室爲燕居, 名曰畫舫齋)”라고 했다.

(20) 垂白(수백): 백발을 드리우다. 노인을 가리킨다.

(21) 定(정): 틀림없이.

(22) 綠髮(녹발): 검푸른 머리카락. 활주통판으로 재임한 젊은 시절의 구양수의 머리카락을 가리킨다.

(23) 故國(고국): 원래 오래된 나라라는 뜻이지만 여기서는 옛날 고을, 즉 구양수가 옛날에 통판으로 재임한 활주를 가리킨다. 《孟子·梁惠王下》에 “이른바 오래된 나라란 교목이 있는 나라를 말하는 것이 아니라 대대로 공훈을 세워 온 신하가 있는 나라를 말합니다(所謂故國者, 非謂有喬木之謂也, 有世臣之謂也)”라는 말이 있다.

(24) 典刑(전형): 본보기. 구양헌이 계승한, 구양수가 남긴 본보기를 가리킨다. 《詩經·大雅·蕩》에 “노련하고 성숙한 사람은 없지만, 그래도 따를 만한 본보기는 있구나(雖無老成人, 尙有典刑)”라는 구절이 있다. ‘典型’과 같다.

(25) 老成人(노성인): 노련하고 성숙한 사람. 이 구절은 구양헌을 통해 구양수의 모습을 볼 것이라는 뜻으로, 구양헌도 구양수만큼 노성할 것이라는 말이다.

1202. 泛潁[1]

영하에 배 띄우고

我性喜臨水,	나는 천성이 물가에 나가기를 좋아하매
得潁意甚奇.[2]	영주를 얻게 되어 속으로 무척 기이해하며
到官十日來,	관아에 도착한 뒤 열흘 동안에
九日河之湄.	아흐레는 강가에 나가 있었네.
吏民笑相語,[3]	아전들과 주민들이 웃으면서 말하네
使君老而癡.[4][5]	사또가 늙어서 철부지가 되었다고.
使君實不癡,	사실은 이 사또가 철없는 게 아니라
流水有令姿.[6]	흐르는 강물이 고와서라네.
遶郡十餘里,	고을을 감싸 안고 십여 리를 흐르는데
不駛亦不遲.[7]	너무 빠르지도 않고 너무 느리지도 않고
上流直而淸,	상류는 강줄기가 곧고 맑으며
下流曲而漪.	하류는 굽이지고 물결이 이네.
畫船俯明鏡,[8][9]	배 위에서 맑은 거울 내려다보며
笑問汝爲誰.[10]	"그대는 누구시오?" 웃으면서 묻노라니
忽然生鱗甲,[11]	홀연히 비늘과 등딱지가 생겨서
亂我鬚與眉.	내 수염과 눈썹을 헝클어 놓네.

散爲百東坡,[12] 흩어져서 백 명의 소동파가 되었다가
頃刻復在玆.[13] 어느 사이 또다시 이곳으로 와 있나니
此豈水薄相,[14] 이게 어찌 물이 나를 희롱하는 것이리?
與我相娛嬉.[15] 나와 함께 서로를 즐겁게 해 주는 것이라네.
聲色與臭味,[16][17] 소리와 색깔 그리고 냄새와 맛은
顚倒眩小兒.[18] 넘어지도록 아이들을 현혹하지만
等是兒戲物,[19] 아이들의 놀잇감이긴 마찬가지일지라도
水中少磷緇.[20] 물속에서는 닳거나 검게 물들 일이 적다네.
趙陳兩歐陽,[21] 조씨 진씨 그리고 두 구양씨는
同參天人師.[22] 다 같이 천인사께 참배드리는지라
觀妙各有得,[23] 오묘한 것을 보고 각자 터득한 게 있어
共賦泛潁詩. 영하에 배 띄운 시를 함께 읊었네.

[해설]

영주지주로 부임한 직후인 원우 6년(1091) 9월 조영치·진사도·구양비·구양변과 함께 그 고을을 지나가는 영하에 나가 담담한 심경으로 뱃놀이한 감회를 노래한 것이다.

[주석]

(1) 潁(영): 영주를 지나가는 潁河를 가리킨다.
(2) 得潁(득영): 영주지주로서 영주를 다스리게 된 일을 가리킨다.
(3) 吏民(이민): 하급 관리와 일반 백성.
(4) 使君(사군): 태수에 대한 존칭. 영주지주인 소식 자신을 가리킨다.
(5) 癡(치): 유치하다. 천진난만하다. 이 구절은 소식이 나이에 어울리지 않게 유치하게 군다는 말이다.
(6) 令姿(영자): 아름다운 자태.
(7) 駛(사): 빠른 속도로 달리다.
(8) 畫船(화선): 화려하게 장식한 유람선.
(9) 明鏡(명경): 거울처럼 맑은 수면을 가리킨다.
(10) 汝(여): 물에 비친 소식 자신의 모습을 가리킨다.
(11) 鱗甲(인갑): 물고기의 비늘과 악어·거북 따위의 등딱지. 비늘과 등딱지 모양의 물결을 가리킨다.
(12) 東坡(동파): 수면에 비친 소식 자신의 모습을 가리킨다.

(13) 頃刻(경각): 경각간. 눈 깜빡할 사이.

(14) 薄相(박상): 희롱하다. 가지고 놀다.

(15) 娛嬉(오희): 즐기다. 즐겁게 하다.

(16) 聲色(성색): 고운 소리와 아름다운 색깔을 가리킨다.

(17) 臭味(취미): 향긋한 냄새와 훌륭한 맛을 가리킨다.

(18) 小兒(소아): 어린아이. 수양이 깊지 않은 보통 사람을 얕잡아 부르는 말이다.

(19) 等是(등시): 마찬가지로 ~이다.

(20) 磷緇(인치): 외부의 영향으로 닳거나 검게 물들다. 《論語·陽貨》에 "'워낙 견고하면 갈아도 닳지 않는다'고 하지 않더냐? '워낙 희면 검은 물을 들여도 검어지지 않는다'고 하지 않더냐?(不曰: '堅乎磨而不磷'? 不曰: '白乎涅而不緇'?)"라는 孔子의 말이 있는바, 이 말에서 비롯되어 외부의 영향으로 변하는 것을 '磷緇'라고 한다. 王十朋의 《百家註分類東坡先生詩》에 "물가에 나간 일을 말하면서, 물에서 노는 것이 고운 소리와 아름다운 색깔, 향긋한 냄새와 훌륭한 맛을 향유하며 노는 것보다 낫다고 주장한 것이다(因言臨水, 乃論玩水之好, 賢於聲色臭味之好也)"라고 했다. 이상의 네 구절은 감관을 즐겁게 하는 물질을 향유하며 노는 것보다 사람의 본성을 해치지 않는 대자연을 벗삼아 노는 것이 더 좋다는 말이다.

(21) 趙陳兩歐陽(조진양구양): 같은 시기에 지은 시 〈復次韻謝趙景貺·陳履常見和, 兼簡歐陽叔弼兄弟〉(1200)의 제목에 나타나 있는, 趙令畤와 陳師道 및 歐陽修의 아들인 歐陽棐·歐陽辯 형제를 가리킨다.

(22) 天人師(천인사): 天人, 즉 하늘과 사람의 스승이라는 뜻으로, 석가모니의 별칭이다. 이 구절은 네 사람이 다 불교를 믿고 있다는 말이다.

(23) 觀妙(관묘): 오묘한 것을 보다. 《老子》에 "그러므로 항상 욕심이 없어야 오묘한 것을 본다(故常無欲, 以觀其妙)"라는 말이 있다. 이 연은 네 사람이 영하에서 뱃놀이하며 본 오묘한 자연 현상을 통하여 불교의 교리를 터득하고 그것을 시로 읊었다는 말이다.

1203. 六觀堂[1]老人[2]草書

육관당 노인의 초서

物生有象象乃滋,[3][4]	만물은 생겨야 모습이 있고 모습이 있어야 불어나는데
夢幻無根成斯須.[5]	꿈과 환상은 뿌리도 없건만 순식간에 이루어지고
方其夢時了非無,[6]	한창 꿈꾸고 있을 때는 분명히 없지 않으며
泡影一失俯仰殊.[7]	거품과 그림자는 사라지면 순식간에 모습이 달라지고
淸露未晞電已徂,	이슬이 채 마르기 전에 번개는 이미 가고 없나니
此滅滅盡乃眞吾.[8]	이런 것들이 다 사라져야 비로소 참된 자기라네.
云如死灰實不枯,[9]	마음이 식은 재 같다고들 하나 사실은 안 메말라
逢場作戲三昧俱.[10]	기회가 오면 되는 대로 하며 삼매경에 빠지나니
化身爲醫忘其軀,[11]	신분을 바꿔 의사가 되어 자신을 잊은 채 치료하고
草書非學聊自娛.	초서를 배운 건 아니지만 그런대로 스스로 즐기네.
落筆已喚周越奴,[12]	붓을 대면 이미 주월을 불러 하인으로 삼나니
蒼鼠奮髯飮松腴,[13][14]	파르스름한 쥐의 떨친 수염이 소나무 기름을 마시고
剡藤玉版開雪膚.[15][16][17]	섬계의 등으로 만든 옥판이 눈 같은 피부를 펼치면
遊龍天飛萬人呼,[18][19]	노니는 용이 하늘을 날매 만인이 환호하니
莫作羞澁羊氏姝.[20]	수줍어하고 어색해하는 양씨의 아리따움은 짓지 말길.

[해설]

육관당을 지어서 삼라만상을 꿈·환상·거품·그림자·이슬·번개와 같이 허망하기 짝이 없는 것으로 인식하고, 세속적인 욕심에서 벗어나 초연하게 사는 요성스님이 주위 사람들에게 의술을 베풀기도 하고 초서를 쓰면서 스스로 즐거운 시간을 갖기도 하는 모습을 보고 지은 것이다.

[주석]

(1) 六觀堂(육관당): 꿈·환상·거품·그림자·이슬·번개 등의 사물에서 취한 건물 이름. 소식의 자주에 "육관은 《금강경》에서 말한 꿈·환상 등 여섯 가지 물건의 의미를 취한 것이다. 노인은 요성스님으로 의술에 정통하고 초서를 잘 써서 붓을 대면 심원한 운치가 있는데 사람들이 아무도 귀한 줄을 모르는지라 이 시를 짓는다(六觀, 取《金剛經》夢·幻等六物也. 老人, 僧了性, 精於醫而善草書, 下筆有遠韻, 而人莫知貴, 故作此詩)"라고 했다. 소식의 侍妾 朝雲은 惠州에 있을 때 비구니 義沖에게 불법을 좀 배워서 죽기 직전까지 《金剛經·應化非眞分》에 나오는 "이 세상에 존재하는 삼라만상은, 꿈 같고 환상 같고 거품 같고 그림자 같고, 이슬과도 같으며 번개와도 같나니, 마땅히 이렇게 보아야만 한다네(一切有爲法, 如夢幻泡影. 如露亦如電, 當作如是觀)"라는 게송을 즐겨 암송했기 때문에 그녀가 죽은 뒤에 혜주 棲禪寺의 希固스님이 그녀의 인품을 기리기 위해 무덤 앞에 정자를 하나 세우고 六如亭이라고 명명했다.

(2) 老人(노인): 了性스님을 가리킨다.

(3) 物生有象(물생유상): 사물은 생겨나야 형상이 있다. 《左傳·僖公十五年》에 "거북이 등딱지는 형상으로 길흉을 보여 주고 점대는 수효로 길흉을 보여 줍니다. 만물은 생겨나야 형상이 있고 형상이 있고 난 뒤에 불어나며 불어난 뒤에 수효가 있습니다(龜, 象也; 筮, 數也. 物生而後有象, 象而後有滋, 滋而後有數)"라는 말이 있다.

(4) 乃(내): ~해야 비로소.

(5) 斯須(사수): 지극히 짧은 시간. 순식간.

(6) 了非無(요비무): 분명히 없지 않다. 분명히 있다. 《圓覺經》에 "마치 꿈속의 사람이 꿈을 꿀 때는 없는 것이 아니지만 깨고 나면 기억에 남는 것이 전혀 없는 것과 같다(如夢中人, 夢時非無, 及至於醒, 了無所得)"라는 말이 있다.

(7) 俯仰(부앙): 고개를 한 번 숙였다 드는 짧은 시간. 이 연은 꿈속에서 보이던 모습은 꿈속에서는 선명하지만 깨고 나면 생각나지 않고 거품이나 그림자는 사라지면 금방 모습이 달라지는 허망한 존재라는 말이다.

(8) 此滅滅盡(차멸멸진): 이렇게 소멸할 것이 다 소멸하다. 꿈·환상·거품·그림자·이슬·번개 등이 다 사라지는 것을 가리킨다.

(9) 死灰(사회): 완전히 꺼져 버린 재. 《莊子·齊物論》에 "육체는 본래 마른 나무처럼 되도록 할 수 있으며 마음은 본래 식은 재처럼 되게 할 수 있습니까?(形固可使如枯木, 而心固可使如死灰乎?)"라는 말

이 있다.

(10) 逢場作戲(봉장작희): 광대가 공연할 만한 장소를 만나면 곧 공연을 펼친다는 뜻으로, 기회가 생기면 때와 장소를 가리지 않고 노는 것을 가리킨다. 이 연은 요성스님이 마음이 메마르지 않아서 다른 사람을 치료할 기회가 오면 치료에 전념하기도 하고 초서를 쓸 기회가 오면 초서 쓰기에 몰두하기도 한다는 말이다.

(11) 忘其軀(망기구): 자기 몸을 돌보지 않고 다른 사람을 치료한다는 말이다.

(12) 周越(주월): 북송 때의 유명한 서예가. 魏泰의 《東軒筆錄》에 "상서랑 주월은 천성(1023-1032)·경우(1034-1038) 연간에 서예로 명성이 대단했다(尙書郎周越以書名盛行於天聖·景祐間)"라고 했다.

(13) 蒼鼠奮髥(창서분염): 파르스름한 쥐의 떨친 수염. 王十朋의 《百家註分類東坡先生詩》에 "'파르스름한 쥐의 떨친 수염'은 서수필(쥐의 수염으로 만든 붓)을 말한다. 왕희지는 〈蘭亭集序〉를 쓸 때 서수필과 송유묵을 썼다('蒼鼠奮髥', 言鼠須筆也. 王羲之寫〈蘭亭記〉, 以鼠須筆·松腴墨也)"라고 했다.

(14) 松腴(송유): 소나무에서 나오는 기름기. 일반적으로 소나무를 태워서 그 그을음으로 만든 먹을 가리키는데, 여기서는 그 먹을 갈아서 만든 먹물을 가리킨다.

(15) 剡藤(섬등): 종이의 원료로 유명한 剡溪의 등나무.

(16) 玉版(옥판): 고급 종이의 이름. 왕십붕의 《백가주분류동파선생시》에 "'섬계의 등으로 만든 옥판'은 종이를 말하는바, 섬계의 등나무를 사용하여 종이를 만드는데 그 가운데 훌륭한 것을 옥판이라고 한다('剡藤玉版'言紙, 用剡溪之藤作紙, 其佳者名玉版也)"라고 했다.

(17) 雪膚(설부): 눈처럼 새하얀 피부. 왕십붕의 《백가주분류동파선생시》에 "'눈처럼 새하얀 피부'는 종이가 흰 것을 말한다('雪膚'言紙之白)"라고 했다.

(18) 遊龍天飛(유룡천비): 노니는 용이 하늘에서 날다. 자연스럽고 호방한 筆勢를 가리킨다. 《晉書·王羲之傳》에 "더욱이나 예서에 뛰어나 고금의 으뜸이었다. 논자들이 그의 필세를 칭송하여 날렵하기가 떠다니는 구름과 같고 강건하기가 놀란 용과 같다고 여겼다(尤善隸書, 爲古今之冠. 論者稱其筆勢, 以爲飄若浮雲, 矯若驚龍)"라고 했다.

(19) 萬人呼(만인호): 杜甫의 시 〈送蔡希魯都尉還隴右因寄高三十五書記〉에 "몸이 가벼워 새 한 마리가 지나가는 듯하고, 창 놀림이 빨라서 만인이 환호하네(身輕一鳥過, 槍急萬人呼)"라는 구절이 있다.

(20) 羊氏(양씨): 東晉 때의 서예가 羊欣을 가리킨다. 韋續의 《書訣墨藪》에 "양나라 무제가 양흔의 글씨를 평하여 '마치 대갓집 하녀가 마님이 되어 지위가 높아지고 대우가 좋아졌지만 수줍어하고 어색해 하는 행동거지를 하여 끝내 마님 같지 않은 것과 같다'라고 했다(梁武帝評羊欣書: '如大家婢爲夫人, 雖加位遇, 而擧止羞澁, 終不近似.')"라는 말이 있다. 이 연은 요성스님에게 남의 시선 때문에 위축되지 말고 자신이 지닌 훌륭한 솜씨를 마음껏 발휘하며 초서 쓰기를 즐기라는 말이다.

1204. 次韻劉景文[(1)]見寄[(2)]

유경문이 부쳐 온 시에 차운하여

淮上東來雙鯉魚,[(3)(4)]	동쪽에서 회수 가로 온 잉어 한 쌍이
巧將詩信渡江湖.[(5)(6)(7)]	솜씨 있게 시 편지를 가지고 강과 호수를 건넜네.
細看落墨皆松瘦,[(8)(9)]	자세히 보자 붓놀림이 다 노송처럼 여위나니
想見掀髯正鶴孤.[(10)(11)]	수염을 치켜든 그대 모습이 바로 외로운 학인 줄 알겠네.
烈士家風安用此,[(12)]	열사의 가풍이거늘 이것이 무슨 소용이랴만
書生習氣未能無.	서생의 습성이 없을 수가 없으리.
莫因老驥思千里,[(13)]	늙은 천리마가 천 리 밖을 생각하느라
醉後哀歌缺唾壺.[(14)]	취하여 슬피 노래하며 타구를 깨지 말아야 하리.

[해설]

영주지주로 재임 중이던 원우 6년(1091) 9월에 양절병마도감으로서 항주에 주재하고 있던 유계손이 부쳐 보낸 시에 차운한 것이다.

[주석]

(1) 景文(경문): 당시 兩浙兵馬都監으로서 杭州에 주재한 劉季孫의 字. 〈次韻答劉景文左藏〉(1096) 주 (1) 참조.

(2) 見寄(견기): 나에게 부치다. 〈次韻錢越州見寄〉(1099) 주 (2) 참조.

(3) 淮上(회상): 淮水 가. 회하의 상류인 潁河의 가, 즉 영주를 가리킨다.

(4) 鯉魚(이어): 잉어. 편지 전달 수단을 가리킨다. 漢나라 사람 蔡邕의 시 〈飮馬長城窟行〉에 "멀리서 온 손님이, 나에게 잉어를 한 쌍 주었네. 아이를 불러서 잉어를 삶았더니, 배 안에 한 자짜리 비단에 쓴 편지가 있네(客從遠方來, 遺我雙鯉魚. 呼童烹鯉魚, 中有尺素書)"라는 구절이 있다.

(5) 將(장): ~을 가지고.

(6) 詩信(시신): 시로 쓴 편지. 유계손이 부쳐 온 시를 가리킨다.

(7) 江湖(강호): 유계손이 거주하는 항주에서 소식이 거주하는 영주까지 편지가 배달되는 과정에 있는 大運河·長江·洪澤湖·淮河 등의 물길을 가리킨다.

(8) 落墨(낙묵): 落筆.

(9) 松瘦(송수): 늙은 소나무처럼 가늘면서도 힘이 있다.

(10) 想見(상견): 짐작하여 알다.

(11) 掀髯(흔염): 수염을 치켜들다. 유계손은 수염이 아름다웠기 때문에 당시 사람들이 그를 '수염쟁이 유씨(髯劉)'라고 불렀다. 〈葉教授和溽字韻詩, 復次韻爲戲, 記龍井之遊〉(1147) 주 (26) 및 〈喜劉景文至〉(1224) 주 (5) 참조.

(12) 烈士(열사): 나라를 위하여 절의를 굳게 지키며 충성을 다하여 싸운 사람. 《東都事略》에 "유평은 자가 사형으로 상부 사람인데 의협심이 강하고 활쏘기와 말타기를 잘했다. 진사시험에 급제하여 어사가 된 뒤 상소문을 올려서 정사를 논하다가 정위의 미움을 받았다. 진종이 그의 재능을 알아보고 그를 중용하려고 하자 정위가 '유평은 장수 집안의 자손이라 병법을 잘 아니 서북쪽에서 군대를 통솔하게 하면 오랑캐를 제압할 수 있을 것입니다'라고 했다. 나중에 상의고사로 바뀌고 빈주지주가 되었는데 이원호가 반란을 일으키자 延州知州 범옹이 유평을 보안으로 불러 석원손과 연합하게 했다. 유평이 토문으로 달려가 여기저기로 옮겨 다니며 3일 동안 싸우다가 붙잡혀서 죽음을 당했다(劉平, 字士衡, 祥符人, 爲人任俠善弓馬. 擧進士, 爲御史, 上書言事, 爲丁謂所惡. 眞宗知其才, 將用之, 丁謂曰: '平, 將家子, 知兵, 若使將西北, 可以制戎狄.' 後改尙衣庫使, 知邠州, 元昊反, 延帥范雍召平至保安, 與石元孫合. 平趨土門, 轉鬪三日, 被執見殺)"라고 했고, 曾鞏의 《隆平集》에 "유평은 경덕 3년(1006)에 진사가 되어 보원(1038-1040) 초에 연주에서 순직했다.……아들 경손·의손·창손·이손·효손·계손이 모두 관직을 하사받았다(劉平, 景德三年進士, 寶元初死事延州.……子慶孫·宜孫·昌孫·貽孫·孝孫·季孫, 咸賜官)"라고 했다. 이 연은 유계손은 열사의 후손이기 때문에 서생의 습성을 지니고 있을 필요가 없지만 그의 시와 글씨를 보니 서생의 습성도 겸비하고 있을 것임에 틀림없다고 칭송한 것이다.

(13) 老驥(노기): 늙은 천리마. 杜甫의 시 〈贈韋左丞丈濟〉에 "늙은 천리마는 천 리 밖으로 달려갈 생각을 하고, 굶주린 매는 불러 주길 기다립니다(老驥思千里, 飢鷹待一呼)"라는 구절이 있다.

(14) 唾壺(타호): 침이나 가래를 뱉는 그릇. 타구. 《晉書·王敦傳》에 "매번 술을 마신 뒤면 '늙은 천리마는 마구간에 엎드려 있어도, 천 리 밖에 뜻이 있고, 열사는 만년에도, 장대한 그 뜻이 없어지지 않는다네' 하고 위나라 무제의 악부를 읊조렸는데 여의로 타구를 두드리며 박자를 맞추는 바람에 타구 가장

자리가 다 깨졌다(每酒後輒詠魏武帝樂府歌曰: '老驥伏櫪, 志在千里. 烈士暮年, 壯心不已.' 以如意打唾壺爲節, 壺邊盡缺)"라는 말이 있다. 이 연은 유계손에게 문무를 겸비한 그가 곧 重用될 것임에 틀림없으니 왕돈처럼 신세타령하지 말라고 충고한 것이다.

1205. 贈朱遜之[1]幷引

주손지에게 주는 시와 그 서문

元祐六年九月, 與朱遜之會議於潁[2]. 或言洛[3]人善接花, 歲出新枝, 而菊品尤多, 遜之曰: "菊當以黃爲正, 餘可鄙也." 昔叔向[4]聞鬷蔑[5]一言, 知其爲人, 予於遜之亦云[6].

(원우 6년(1091) 9월 영주에서 주손지를 만나 논의했다. 어떤 사람이 낙양 사람들은 꽃에 접붙이기를 잘하여 해마다 새로운 꽃가지가 나오는데 국화의 품종이 특히 많다고 하자 주손지가 말하기를 "국화는 노란색을 정통으로 쳐야 하며 나머지는 천시해도 됩니다"라고 했다. 옛날에 숙향이 종멸의 말 한마디를 듣고 그의 위인을 알았거니와 나도 주손지에 대해서 이와 같다.)

黃花候秋節,[7][8]	노란 꽃이 가을에 문후드린다는 말
遠自夏小正.[9]	멀리 〈하소정〉에서 비롯됐는데
坤裳有正色,[10][11]	노란색 치마는 정색을 띠고 있으니
鞠衣亦令名.[12][13]	'국의'라는 이름도 고운 이름이로다.
一從人僞勝,[14][15]	사람이 키운 가짜가 기승을 부린 뒤로
遂與天力爭.[16]	마침내 천연의 꽃과 다투게 되었나니
易姓寓非族,[17][18]	성을 바꿔 이족에게 얹혀살면서
改顏隨所令.[19][20]	명령하는 바에 따라 낯을 바꾼다.
新奇旣易售,	새롭고 기이하여 잘 팔리지만
粹駁宜相傾.[21][22][23]	순색과 잡색은 서로 배척하기 마련
疾惡逢伯厚,[24][25]	악을 미워하기는 주백후를 만난 듯하고
識眞似淵明.[26]	참을 알아보기는 도연명 같다.
君言我所印,[27][28]	그대 말은 내가 옳다고 여기는 바거니와
世論誰敢評.[29]	세상에서 누가 감히 이러쿵저러쿵하리?
願君爲霜風,	아무쪼록 그대가 서릿바람이 되어
一掃紫與赬.[30]	보라색과 연홍색을 싹 쓸어버리기를.

[해설]

주발이라는 사람이 팔장구(八丈溝)라는 도랑을 파는 일에 대해서 논의하기 위해 소식을 만났는데 그가, 새로 개발된 이색적인 국화를 아름답다고 여기며 중시하는 일반인들과 달리, 노란색 국화가 정통이므로 그것을 중시해야 한다는 말을 듣고 진짜보다 더 그럴듯해 보이는 가짜가 판치는 당시의 개탄스러운 세태를 풍자한 것이다.

[주석]

(1) 遜之(손지): 朱勃의 字. 馮應榴의 《蘇軾詩集合注》에 "주손지는 이름이 발이라는 사실이 《東坡志林》에 보인다(遜之, 名勃, 見《志林》)"라고 했고, 王文誥의 《蘇軾詩集》에 "주발과 모여서 논의한 것이란 바로 진주에 팔장구를 판 일이다(朱勃會議, 乃陳州開八丈溝事)"라고 했다.
(2) 潁(영): 潁州. 지금의 안휘성 阜陽.
(3) 洛(낙): 洛陽. 지금의 하남성 낙양.
(4) 叔向(숙향): 춘추 시대 晉나라 대부 羊舌肹의 字.
(5) 鬷蔑(종멸): 춘추 시대 鄭나라 대부. 《左傳·昭公二十八年》에 "옛날에 숙향이 정나라에 갔을 때 종멸이라는 추악하게 생긴 사람이 숙향을 한번 보고 싶어서 술상을 든 하인을 따라가 대청 밑에 서서 말을 한마디 했는데 그 말이 훌륭한지라 숙향이 술을 마시려고 하다가 그 말을 듣고는 '틀림없이 종명(종멸)일 것이다'라고 하며 내려가 그의 손을 잡고 올라와서 '……지금 그대는 나이가 어리고 용모가 빼어나지 못하기 때문에 만약 그대가 말을 하지 않았다면 내가 그대를 놓칠 뻔했다. 말을 하지 않으면 안 되는 것이 이와 같구나'라고 했다. 그러고는 마침내 오래 사귄 친구와 같이 되었다(昔叔向適鄭, 鬷蔑惡, 欲觀叔向, 從使之收器者而往, 立於堂下, 一言而善, 叔向將飮酒, 聞之曰: '必鬷明也.' 下執其手以上, 曰: '……今子少不颺, 子若無言, 吾幾失子矣. 言不可以已也如是.' 遂如故知)"라는 말이 있다.
(6) 云(운): 이와 같다. 그러하다. 말 한마디를 듣고 그의 위인을 알 수 있다는 말이다.
(7) 黃花(황화): 노란 꽃. 국화를 가리킨다.
(8) 候(후): 문후하다. 꽃이 피는 것을 가리킨다.
(9) 夏小正(하소정): 《大戴禮》의 篇名. 王十朋의 《百家註分類東坡先生詩》에 "〈하소정〉은 《대대례》의 편명이다. 벌레와 물고기, 풀과 나무로 열두 달 절후의 표준을 설정했는데 하후씨 때 시작되었기 때문에 '하소정'이라고 했다(〈夏小正〉, 《大戴禮》篇名. 以蟲魚·草木正十二月之節候, 起於夏后氏, 故曰'夏小正')"라고 했는데, 〈하소정〉에 "9월에는 국화가 만발한다(九月榮鞠)"라는 말이 있다.
(10) 坤裳(곤상): 옛날 여자들이 입던 노란색 치마. 《易經·繫辭傳上》에 "하늘의 도는 남성을 이루고 땅의 도는 여성을 이룬다(乾道成男, 坤道成女)"라고 한 바와 같이 '坤'은 여성을 가리키는데, 《易經·坤卦》의 象辭에 "노란색 치마가 크게 길하다(黃裳元吉)"라는 말이 있다.

(11) 正色(정색): 다른 색깔이 섞이지 않은 순수한 색깔. 青色·黃色·赤色·白色·黑色을 가리킨다.

(12) 鞠衣(국의): 옛날에 王后들이 입던 여섯 가지 옷 가운데 하나. 《周禮·天官·內司服》에 "왕후의 여섯 가지 옷인 위의·유적·궐적·국의·전의·연의를 관장한다(掌王后之六服: 褘衣·揄狄·闕狄·鞠衣·展衣·緣衣)"라는 말이 있는데 이에 대한 鄭玄의 注에 "정사농이 '국의는 노란색 옷이다'라고 한 바와 같이 국의는 노란 뽕잎과 같은 옷이다. 색깔이 누룩곰팡이와 같아서 뽕잎이 막 돋아나는 것과 비슷하다(鄭司農云: '鞠衣, 黃衣也.' 鞠衣, 黃桑服也. 色如鞠塵, 象桑葉始生)"라고 했다. 소식이 이렇게 말한 것은 국화의 색깔을 정색인 노란색으로 보고 '鞠衣'를 '국화색 옷'이라는 뜻으로 받아들였기 때문일 것으로 보인다.

(13) 令名(영명): 아름다운 이름.

(14) 一從(일종): 한 번 ~하고 나서부터.

(15) 人僞(인위): 사람이 만든 가짜. 인공적으로 개발한 다른 품종의 국화를 가리킨다.

(16) 天力(천력): 천연적으로 생긴 본래의 국화를 가리킨다.

(17) 易姓(역성): 임금의 성이 바뀐다는 뜻으로, 왕조가 바뀌는 것을 가리키는데 여기서는 국화가 다른 품종으로 바뀌는 것을 가리킨다.

(18) 非族(비족): 자신과 같지 않은 종족. 異族. 국화가 접붙여지는 다른 꽃을 가리킨다.

(19) 改顏(개안): 국화가 색깔을 달리하는 것을 가리킨다.

(20) 所令(소령): 명령하는 바. 국화를 재배하는 사람이 원하는 바를 가리킨다.

(21) 粹駁(수박): 순수한 것과 다른 색이 섞인 것. 순수한 노란색 국화와 다른 색이 섞인 국화를 가리킨다.

(22) 宜(의): 응당. 아마.

(23) 傾(경): 쓰러뜨리다. 배척하다. 이 연은 순수한 색깔인 노란색 국화는 자기가 정통이라고 주장하고 다른 색의 국화는 자기가 더 아름다워서 잘 팔린다고 주장한다는 말이다.

(24) 疾惡(질악): 악을 미워하다.

(25) 伯厚(백후): 후한 사람 朱震의 字. 《後漢書·陳蕃傳》에 "악을 미워하는 것이 바람이 싹 쓸어버리는 것과 같은 주백후(疾惡如風朱伯厚)"라는 말이 있다.

(26) 淵明(연명): 東晉 때의 시인. 그의 시 〈飮酒二十首〉 其五에 "동쪽 울타리 밑에서 국화꽃을 따다가, 고개 드니 저 멀리 남산이 보이는데, 산색은 저녁을 맞아 한결 더 아름답고, 새들은 짝을 지어 둥지로 돌아오네. 이 속에 사람 사는 참 의미가 있는데, 무어라고 말하려다 그만 말을 잊었네(採菊東籬下, 悠然見南山. 山氣日夕佳, 飛鳥相與還. 此中有眞意, 欲辨已忘言)"라는 구절이 있다. 이 연은 주발의 인품을 칭송한 것이다.

(27) 君言(군언): "국화는 노란색을 정통으로 쳐야 하며 나머지는 천시해도 됩니다"라고 한 주발의 말을 가리킨다.

(28) 印(인): 옳다고 여기다. 동의하다.

(29) 世論(세론): 세상 사람들의 논평.

(30) 紫與赬(자여정): 정통이 아닌 보라색 국화와 연홍색 국화를 가리킨다. 이 연은 정통인 황색 국화와

달리 정통이 아닌 間色 국화는 추위에 약하니 날씨를 춥게 하여 그것들을 다 쓸어버렸으면 좋겠다는 말이다.

1206. 次韻趙景貺(1)督兩歐陽(2)詩, 破陳(3)酒戒(4)

조경황의 시에 차운하여 두 구양씨에게 시 짓기를 독촉하고 진씨의 금주를 깨뜨린다

商也哀未忘,(5)(6)(7)	복상은 아직 슬픔이 가시지 않았는데
歲月忽已秋.(8)	세월은 빨라서 이미 가을이 되었네.
祥琴雖未調,(9)	대상 날의 거문고가 아직 조율되지 않을지라도
餘悲不敢留.	가시지 않는 슬픔을 감히 남겨 둘 수 없네.
矧此乃韻語,(10)(11)	더구나 이건 바로 운문인지라
未入金石流.(12)	금석으로 들어가서 울리지 않는다네.
羲之生五子,(13)(14)	왕희지가 아들을 다섯 명 낳았는데
總角出銀鉤.(15)(16)	그들은 총각 시절에 은 갈고리를 내밀었고
吾家有二許,(17)	우리 집안에 두 명의 허국공이 있었는데
下筆兩不休.	붓을 대면 두 명 다 쉬지를 않았다네.
君言不能詩,	그대들은 시를 짓지 못한다고 하는데
此語人信不.(18)	이 말을 사람들이 과연 믿을까?
千鍾斯爲堯,(19)(20)	천 잔을 마시면 요임금이 될 것이고
百榼斯爲丘.(21)	백 통을 마시면 공구가 될 것이네.
陋矣陶士衡,(22)	비루하다 도사형은
當以大白浮.(23)(24)	그에게 큰 술잔을 띄워 보냈어야 했네.
酒中那有失,	술 속에 어떻게 잘못이 있으리오?

醉則不驚鷗.(25)　　취하면 갈매기가 놀라지 않는다네.
明當罰二子,(26)　　분명히 두 분에게도 벌을 줘야 할 것 같아
已洗兩玉舟.(27)　　이미 옥 배 두 척을 씻어 놨다네.

[해설]

조영치의 시에 차운하여 지은 것으로, 어머니의 삼년상이 막 끝났기 때문에 아직까지 시를 읊지 않으려고 하는 구양비 형제에게 시를 지으라고 권유하고 술을 마시지 않겠다는 진사도에게 술을 마시라고 권유했다.

[주석]

(1) 景貺(경황): 趙令畤의 字. 〈復次韻謝趙景貺·陳履常見和, 兼簡歐陽叔弼兄弟〉(1200) 주 (1) 참조.

(2) 兩歐陽(양구양): 歐陽棐와 歐陽辯을 가리킨다. 〈復次韻謝趙景貺·陳履常見和, 兼簡歐陽叔弼兄弟〉(1200) 주 (22) 참조.

(3) 陳(진): 陳師道를 가리킨다. 〈復次韻謝趙景貺·陳履常見和, 兼簡歐陽叔弼兄弟〉(1200) 주 (2) 참조.

(4) 酒戒(주계): 禁酒令.

(5) 商(상): 孔子의 제자로 字가 子夏인 卜商을 가리킨다. 여기서는 구양비와 구양변을 가리킨다. 《禮記·檀弓上》에 "자하가 삼년상을 마친 뒤에 공자를 뵈었더니 공자가 그에게 거문고를 주는지라 자하가 거문고를 조율해 보았으나 조율이 되지 않고 거문고를 연주해 보았으나 가락을 이루지 못했다. 자하가 일어나서 '슬픔이 아직 가시지 않았구나. 그러나 선왕이 상례에 관한 제도를 제정해 놓았으니 감히 탈상 기일을 넘길 수는 없지'라고 했다(子夏既除喪而見, 予之琴, 和之而不和, 彈之而不成聲, 作而曰: '哀未忘也. 先王制禮而弗敢過也.')"라는 말이 있고, 《禮記·喪服四制》에 "상은 3년을 넘기지 않는다(喪不過三年)"라는 말이 있다. 옛날에는 부모가 돌아가시면 세 번째 해까지 만 2년 동안 服喪해야 했지만 만 2년 되었을 때 大祥을 지내고 삼년상이 끝나면 곧 일상으로 돌아가야지 무작정 오랫동안 슬픔에만 빠져 있어서도 안 되는 것이 예법이었음을 알 수 있다.

(6) 也(야): 음절을 조정하고 어기를 고르는 어기조사.

(7) 忘(망): 사라지다.

(8) 秋(추): 이 시가 지어진 원우 6년(1091) 윤8월을 가리킨다.

(9) 祥琴(상금): 大祥, 즉 2週忌에 슬픔을 절제하기 위해 연주하던 장식 없는 거문고. 《예기·상복사제》에 "대상 날에는 장식이 없는 수수한 거문고를 탄다(祥之日, 鼓素琴)"라고 했다. 이 연은 거문고를 연주하기 힘들 정도로 슬픔이 아직 남아 있다고 할지라도 이제는 슬픔을 털어 버리고 일상으로 돌아가야 하는 것이 예법이라는 말이다.

(10) 矧(신): 하물며.

(11) 韻語(운어): 운율에 맞는 글. 주로 詩나 詞를 가리키는데 여기서는 시를 가리킨다.

(12) 金石(금석): 鐘·石磬·壎 등의 금속이나 돌로 만든 악기를 가리킨다. 이 연은 시는 운문일 뿐 가사가 아니기 때문에 악기의 반주에 맞추어 가창될 염려가 없으니 마음 놓고 지어도 된다는 말이다.

(13) 羲之(희지): 東晉 서예가 王羲之를 가리킨다.

(14) 五子(오자): 《진서·왕희지전》에 "일곱 명의 아들이 있었는데 이름이 알려져 있는 사람이 다섯 명이다(有七子, 知名者五人)"라고 했다. 소식이 아들 다섯을 낳았다고 한 것은 착오이다.

(15) 總角(총각): 머리 위에 두 갈래로 묶어 놓던 옛날 미성년 남녀의 뿔처럼 생긴 머리카락. 어린 시절을 가리킨다. 杜甫의 시 〈醉歌行〉에 "어릴 때 초서 쓰는 것도 신기할 정도로 빨랐나니, 세상 아이들 많아 봐야 쓸데없었네(總角草書又神速, 世上兒子徒紛紛)"라는 구절이 있다.

(16) 銀鉤(은구): 은 갈고리. 자연스럽고 매끈한 초서의 필세를 가리킨다.

(17) 二許(이허): 두 허공. 허국공에 봉해진 蘇瓌와 그것을 세습한 蘇頲을 가리킨다. 王十朋의 《百家註分類東坡先生詩》에 "두 허공은 대허공 소괴와 소허공 소정이다(二許, 大許公蘇瓌·小許公蘇頲)"라고 했고, 馮應榴의 《蘇軾詩集合注》에 "《구당서》에 의하면 소괴가 허국공에 봉해졌고 아들 소정이 아버지의 작위인 허국공을 세습했다(《舊唐書》: 蘇瓌封許國公, 子頲襲父爵許國公)"라고 했다. 이 시의 문맥으로 볼 때 소정도 부친 소괴를 닮아서 글을 잘 짓고 잘 썼던 것으로 보인다.

(18) 信不(신부): 믿을까 안 믿을까. '不'는 與否를 묻는 말로 '否'와 같다. 이상의 여섯 구절은 왕희지의 아들과 소괴의 아들이 다 부친의 재주를 물려받았던 것처럼 구양비와 구양변도 부친 구양수의 재주를 물려받아서 시를 잘 지을 것이라는 말이다.

(19) 斯(사): ~하면 곧.

(20) 堯(요): 중국 고대 전설상의 聖君. 《孔叢子·儒服》에 "평원군이 자고와 함께 술을 마실 때 자고에게 술을 강권하며 '세상에 "요임금과 순임금은 천 잔을 마셨고, 공자는 백 잔을 마셨으며, 수다쟁이 자로도 열 통을 마셨다"라는 말이 있거니와 옛 성현들은 술을 마실 줄 모르는 사람이 없었는데 선생은 어찌하여 사양하시오?'라고 했다(平原君與子高飮, 强子高酒, 曰: '有諺云: "堯·舜千鍾, 孔子飮百觚, 子路嗑嗑, 尙飮十榼." 古之賢聖, 無不能飮, 子何辭焉?')"라는 말이 있다.

(21) 丘(구): 孔子의 본명.

(22) 士衡(사형): 동진 때의 名將 陶侃의 字. 《진서·도간전》에 "도간은 술을 마실 때마다 한도를 정해 놓고 마셨는데 항상 흥이 다 풀리기 전에 한도가 다하는지라 殷浩 등이 조금 더 마시라고 권했더니 도간이 오랫동안 슬픔에 빠져 있다가 말하기를 '젊을 때 술 먹고 실수한 적이 있었는데 이때 선친께서 나에게 당부하셨기 때문에 감히 한도를 넘을 수 없다네'라고 했다(侃每飮酒有定限, 常歡有餘而限已竭, 浩等勸更少進, 侃淒懷良久曰: '年少曾有酒失, 亡親見約, 故不敢逾.')"라는 기록이 있다.

(23) 以(이): 동작의 대상, 즉 직접목적어를 표시하는 전치사.

(24) 大白(대백): 큰 술잔. 《說苑·善說》에 "위나라 문후가 대부들과 함께 술을 마실 때 공승불인에게 酒令을 맡게 하자 그가 말하기를 '다 마시지 않는 사람은 대백으로 벌주를 내리리라'라고 했다(魏文侯與大夫飮, 使公乘不仁爲觴政, 曰: '飮不釂者, 浮以大白.')"라는 일화가 있다.

(25) 驚鷗(경구): 갈매기를 놀라게 하다. 옛날에 바닷가에 사는 한 청년이 갈매기를 매우 좋아하고 갈매기도 그를 좋아하여 매일 아침 그가 바다로 나갈 때 그의 배에 앉아서 그와 스스럼없이 지냈다. 그러던 어느 날 그의 부친이 갈매기를 몇 마리 잡아 오라고 하는지라 부친의 말씀을 받들기로 하고 다음 날 아침 일찍 바닷가로 나갔더니 그의 표정을 본 갈매기들이 낌새를 채고 한 마리도 가까이 오지 않았다.(《列子·黃帝》 참조) 이 연은 술에는 아무 문제가 없을 뿐만 아니라 술에 취하여 순수하고 자연친화적인 마음을 가지면 갈매기하고도 친하게 지낼 수 있다는 뜻으로, 진사도에게 술을 마시라고 권한 것이다.

(26) 二子(이자): 두 분. 구양비와 구양변을 가리킨다.

(27) 玉舟(옥주): 배 모양으로 생긴 옥 술잔을 가리킨다. 이 연은 구양비와 구양변도 시를 짓지 않으면 벌주를 내릴 수밖에 없다고 우스갯소리를 한 것이다.

1207. 叔弼[1]云: 履常[2]不飮, 故不作詩, 勸履常飮

구양숙필이 진이상이 술을 안 마시기 때문에 시를 안 짓는다고 하기에 진이상에게 술을 마시라고 권한다

我本畏酒人,[3]	나는 본래 술 마시길 겁내는 사람인데
臨觴未嘗訴.[4]	술잔 앞에 앉으면 하소연한 적이 없네.
平生坐詩窮,[5]	평생토록 시로 인해 궁지에 빠졌지만
得句忍不吐.	시구가 떠오르는데 안 토하고 견디리?
吐酒茹好詩,[6]	술을 토해 버리고 좋은 시를 삼키면
肝胃生滓汚.[7]	간과 위에 찌꺼기와 오물이 생긴다네.
用此較得喪,[8][9]	이것을 가지고 득실을 비교해 보면
天豈不足付.[10]	어찌 하늘에 맡기기에 충분하지 않으리?
吾儕非二物,[11][12]	우리가 이 두 가지를 좋지 않게 여긴다면
歲月誰與度.	세월을 누구와 함께 보내리?
悄然得長愁,[13]	우울하게도 긴 근심을 만나고 나면
爲計已大誤.	계략을 짜도 이미 크게 잘못됐으리.
二歐非無詩,	두 구양씨에게 시가 없는 게 아니라
恨子不飮故.	그대가 안 마시는 걸 탓하는 것이라네.
强爲釂一酌,[14][15]	억지로 두 분을 위해 한 잔을 들이켜게
將非作愁具.	근심을 일으키는 도구는 아닐 것이네.
成言如皦日,[16][17]	그리고 밝은 해를 두고 맹세했으니

援筆當自賦. 붓을 당겨 스스로 시를 읊을 것이네.
他年五君詠,(18) 또 훗날에 누군가가 〈오군영〉을 읊을 때
山王一時數.(19)(20) 산도와 왕융을 동시에 비판할 것이네.

[해설]

소식·조영치·진사도·구양비·구양변 등 다섯 사람이 모인 자리에서 진사도가 술을 마시지 않으려고 하고 막 모친상을 마친 구양비 형제가 시를 짓지 않으려고 하자 그들에게 술을 마시고 시를 지으라고 설득하기 위해 지은 것이다.

[주석]

(1) 叔弼(숙필): 歐陽修의 셋째 아들 歐陽棐의 字. 〈復次韻謝趙景貺·陳履常見和, 兼簡歐陽叔弼兄弟〉(1200) 주 (4) 참조.

(2) 履常(이상): 陳師道의 字. 〈復次韻謝趙景貺·陳履常見和, 兼簡歐陽叔弼兄弟〉(1200) 주 (2) 참조.

(3) 畏酒(외주): 주량이 약한 것을 가리킨다. 소식은 〈書東皐子傳後〉에 "나는 하루 종일 술을 마셔도 다섯 홉(반 되)을 넘기지 못하니 천하의 술 못 마시는 사람들 가운데 나보다 더 못 마시는 사람이 없다.……한가로이 지낼 때면 하루도 손님이 없는 날이 없는데 손님이 오면 술상을 차리지 않은 적이 없으니 천하의 술 마시기 좋아하는 사람들 가운데 나보다 더 좋아하는 사람도 없다(予飮酒終日, 不過五合, 天下之不能飮, 無在予下者.……閑居未嘗一日無客, 客至, 未嘗不置酒, 天下之好飮, 亦無在予上者)"라고 하여 자신의 주량이 극도로 약하다는 사실을 천명했다.

(4) 訴(소): 술을 못 마신다고 하소연하는 것을 가리킨다. 韋莊의 사 〈菩薩蠻〉에 "봄밤이 짧은 것을 걱정해야지, 금 술잔이 가득 찼다 하소연하지 마라(須愁春漏短, 莫訴金杯滿)"라는 구절이 있다.

(5) 坐(좌): ~에 기인하다. ~에서 비롯되다.

(6) 茹(여): 먹다. 토해 내지 않고 삼켜 버린다는 뜻이다.

(7) 滓汚(재오): 찌꺼기와 오물. 이 구절은 술을 마시지 않고 시를 읊지 않으면 몸에 해로운 물질이 생긴다는 말이다.

(8) 此(차): 술을 마시지 않는 것과 시를 읊지 않는 것을 가리킨다.

(9) 得喪(득상): 얻는 것과 잃는 것. 득실.

(10) 付(부): 넘겨주다. 맡기다. 白居易의 시 〈思舊〉에 "술잔 속에 있는 것이나 마시고 볼 일, 나머지는 모두 다 하늘에 맡기세나(且進杯中物, 其餘皆付天)"라는 구절이 있다. 이 연은 술을 마시지 않고 시를 짓지 않음으로써 얻는 것과 잃는 것을 비교해 보면 역시 술이나 마시고 시나 지으며 나머지 일은 모두 하늘에 맡기는 것이 좋음을 알 수 있다는 말이다.

(11) 非(비): 그르다고 여기다. 싫어하다.

(12) 二物(이물): 술과 시를 가리킨다.

(13) 悄然(초연): 근심하는 모양.

(14) 釂(조): 남기지 않고 다 마시다.

(15) 酌(작): 술잔. '爵'과 같다.

(16) 成言(성언): 약속. 맹세. 진사도가 술을 마시면 자신들이 시를 짓겠다고 한 구양비 형제의 약속을 가리킨다. 《左傳·襄公二十七年》에 "임술일에 초나라 공자 흑굉이 먼저 와서 진나라에 맹세했다(壬戌, 楚公子黑肱先至, 成言於晉)"라는 말이 있다.

(17) 皎日(교일): 밝은 해. 《詩經·王風·大車》에 "만약 내가 미덥지 않다고 하면, 저 밝은 해를 두고 맹세하겠네(謂予不信, 有如皎日)"라는 구절이 있다. 이 연은 진사도가 술을 마시면 구양비 형제가 시를 짓겠다고 한 약속을 틀림없이 지킬 것이니 빨리 술을 마시라고 독촉한 것이다.

(18) 五君詠(오군영): 竹林七賢 중의 阮籍·嵇康·劉伶·阮咸·向秀 등 다섯 사람을 노래한 顔延之의 시. 山濤·王戎 등 나머지 두 사람은 나중에 벼슬길로 나아갔기 때문에 吟詠 대상에서 제외했다. 여기서는 훗날에 누군가가 지을, 이 자리에 모인 다섯 사람의 일을 읊은 시를 가리킨다.

(19) 山王(산왕): 안연지의 〈五君詠〉에서 제외된 산도와 왕융을 가리킨다.

(20) 數(수): 꼬치꼬치 따지며 나무라다. 비판하다. 이 연은 세속적인 일을 이유로 술을 마시지 않으면 훗날에 누군가가 이날의 모임을 소재로 안연지의 〈五君詠〉과 같은 시를 지을 때 비판의 대상이 될 것이라는 말이다.

1208. 臂痛謁告[1], 作三絶句示四君子[2]

팔이 아파 휴가를 내고 절구 세 수를 지어 네 군자에게 보인다

其一

公退清閑如致仕,[3][4] 공무가 없어지니 사직한 듯 한가하고
酒餘歡適似還鄉.[5] 술을 한잔 마셨더니 고향에 온 듯 흐뭇하다.
不妨更有安心病,[6] 마음 편하게 해 주는 병은 더 있어도 괜찮나니
臥看縈簾一炷香.[7] 발을 맴도는 향 연기를 누워서 바라본다.

其二

心有何求遣病安,[8][9] 마음속에 바라는 게 없어 병을 편안하게 해 주나니
年來古井不生瀾.[10] 연래에는 오래된 우물이라 물결이 안 일었네.
秖愁戲瓦閑童子,[11] 한 가지 걱정은 장난으로 기와 조각을 던진 한가한 아이가
却作泠泠一水看.[12][13] 다시 퐁당 소리를 내는 물을 만들어 놓고 보는 것이네.

其三

小閣低窗臥宴溫,[14] 맑고 따스한 날 작은 누각의 낮은 창 밑에 누웠나니
了然非默亦非言.[15] 말이 없는 것도 분명 아니고 말을 하는 것도 아니네.

維摩示病吾眞病,(16) 유마힐은 병을 빙자했지만 나는 정말 병들었나니
誰識東坡不二門.(17) 동파의 불이법문을 누가 알리오?

[해설]

팔이 아파 관청에 나가지 않고 집에서 쉬고 있을 때, 팔의 통증 때문에 오히려 마음이 편안해졌다고 역설적으로 생각하게 된 달관의 경지를 노래한 것이다.

[주석]

(1) 謁告(알고): 휴가를 내다.
(2) 四君子(사군자): 趙令畤·陳師道·歐陽棐·歐陽辯을 가리킨다. 王文誥의 《蘇軾詩集》에 "바로 진씨·조씨 및 두 구양씨이다(卽陳·趙·兩歐陽也)"라고 했다.
(3) 公退(공퇴): 공무가 물러가다. 공무가 없어지다. 휴가를 얻어 집에서 지내는 것을 가리킨다.
(4) 致仕(치사): 관직에서 사퇴하다.
(5) 歡適(환적): 기쁘고 쾌적하다.
(6) 安心病(안심병): 마음을 편안하게 해 주는 병. 공무에서 벗어나 마음 편하게 지낼 수 있게 해 준 팔의 통증을 가리킨다.
(7) 炷(주): 가늘고 긴 향을 셀 때 사용하는 단위 명사. '一炷香'은 하나의 가늘고 긴 향에서 나는 연기를 가리킨다.
(8) 何求(하구): 무슨 요구.
(9) 遣(견): ~로 하여금 ~하게 하다. 이 구절은 아무것도 바라지 않는 무욕의 심리 상태가 병든 사람을 편안하게 해 준다는 말이다.
(10) 不生瀾(불생란): 마음의 동요가 없는 상태라는 말이다. 孟郊의 시 〈列女操〉에 "정부는 남편 따라 죽는 걸 귀하게 여기나니, 목숨을 버리는 것도 이와 같지요. 파란은 맹세코 안 일어날 거여요, 제 마음은 오래된 우물물이니까요(貞婦貴殉夫, 舍生亦如此. 波瀾誓不起, 妾心古井水)"라는 구절이 있다.
(11) 戱瓦(희와): 기와 조각으로 장난하다. 《楞嚴經》에 "월광동자가 수행을 통해 水觀을 익히느라 방 안에서 조용히 앉아 참선하고 있었다. 한 제자가 창으로 방 안을 엿보았더니 오로지 맑은 물만 보였다. 어리고 무지한 그 아이가 기와 조각을 하나 주워 물속으로 던졌더니 물을 치며 퐁당 하고 소리를 냈는데 참선을 끝내자 심장에 통증이 느껴졌다(月光童子修習水觀, 室中安禪. 有弟子窺窗觀室, 唯見淸水. 童稚無知, 取一瓦礫, 投於水內, 激水作聲, 出定心痛)"라고 했다. 이 고사는 월광동자의 수행이 완벽한 경지에 이르기에는 조금 부족한 상태여서 외부의 자극이 없으면 고요한 상태를 유지하지만 외부의 자극이 있으면 약간 동요했음을 뜻한다.
(12) 却(각): 다시.

(13) 作泠泠一水看(작영령일수간): 찰랑찰랑 소리를 내는 한 줄기의 물을 만들어 놓고 바라보다. 이 연은 어린아이가 월광동자뿐만 아니라 자신에게도 기와 조각을 던져서 물결이 일게 할까 봐 걱정이라는 뜻으로, 자신의 심리 상태가 매우 고요한 경지에 이르기는 했지만 아직까지 완벽한 상태에 이른 것은 아니기 때문에 어떤 외부적 요인에 의하여 자신의 고요한 심경이 또 동요하게 될까 봐 걱정이라는 말이다.

(14) 宴溫(연온): 날씨가 맑고 따스하다. '晏溫'과 같다. 《史記·孝武本紀》에 "중산 땅에 이르자 날씨가 맑고 따스한데 누런 구름이 하늘을 덮고 있었다(至中山, 晏溫, 有黃雲蓋焉)"라는 말이 있다.

(15) 了然(요연): 분명하다. 또렷하다. 白居易의 시 〈睡起晏坐〉에 "이때의 마음을 잘도 알건만, 비유하여 깨우쳐 줄 물건이 없네(了然此時心, 無物可譬喩)"라는 구절이 있다. 이 구절은 자신이 혼자 생각에 젖어 중얼거리는 것을 가리킨다.

(16) 維摩(유마): 維摩詰. 《維摩經·文殊師利問疾品》에 "부처님이 毘耶離城의 庵摩羅園에 있을 때 성안에 있는 500장자의 아들들이 부처님 계시는 곳으로 가서 설법을 요청했는데 이때 거사 유마힐은 고의로 병이 났다고 핑계 대고 가지 않았다. 부처님이 舍利弗·文殊師利 등을 보내 문병하게 했다. 문수가 '거사의 이 병은 어디서 생긴 것인가요?' 하고 묻자 유마힐이 '일체 중생이 병났기 때문에 내가 병난 것이오. 만약 일체 중생이 병나지 않을 수 있다면 내 병이 사라질 것이오' 하고 대답했다(佛在毘耶離城庵摩羅園, 城中五百長者子至佛所請說法時, 居士維摩詰故意稱病不往. 佛遣舍利弗及文殊師利等問疾. 文殊問: '居士是疾何所因起?' 維摩詰答曰: '一切衆生病, 是故我病. 若一切衆生得不病者, 則我病滅.')"라는 말이 있다.

(17) 不二門(불이문): 不二法門. 色과 空처럼 대립적인 두 존재가 본질적으로 서로 다르지 않아 色이 곧 空이고 空이 곧 色이라(色卽是空, 空卽是色)고 설파함으로써 중생을 열반에 들게 하는 문, 즉 부처의 가르침이라는 뜻으로, 여기서는 자신이 팔에 병이 났지만 마음은 그것 때문에 오히려 더 편안해졌기 때문에 병이 난 상태와 멀쩡한 상태가 서로 다르지 않다고 생각하는 달관한 인생관을 가리킨다.

1209. 到潁[1]未幾, 公帑[2]已竭, 齋廚[3]索然[4], 戲作

영주에 부임한 지 얼마 안 되었을 때 관고가 이미 고갈되어 주방이 썰렁한지라 장난삼아 짓는다

我昔在東武,[5]	이 몸이 옛날에 동무 땅에 있을 때
吏方謹新書.[6]	아전들이 한창 새 문서를 엄격히 시행했네.
齋空不知春,[7]	주방이 비어 봄이 얼마나 왔는지 알지 못했고
客至先愁予.	손님이 오면 먼저 나를 걱정스럽게 했네.
采杞聊自誑,[8]	구기자를 캐어서 자기 배를 속이고
食菊不敢餘.	국화를 먹을 때는 감히 남기지 못했네.
歲月今幾何,	세월이 이제 얼마나 지나갔는가?
齒髮日向疎.	이와 머리가 날마다 엉성해지네.
幸此一郡老,[9][10]	처음에는 이 고을에서 늙기를 바랐는데
依然十年初.[11]	이제 보니 십 년 전의 옛날과 다름없네.
夢飮本來空,[12]	꿈속에 마시는 거야 본래 공허하다지만
眞飽竟亦虛.[13]	정말 배불리 먹어도 결국 또 배가 고프다네.
尙有赤脚婢,[14]	아직은 맨발의 하녀가 있어
能烹赬尾魚.[15]	꼬리 붉은 고기를 삶을 수 있네.
心知皆夢耳,	세상사 모두가 꿈일 뿐인 줄 아나니
愼勿歌歸歟.[16]	모쪼록 돌아가자 노래하지 말 일이네.

[해설]

영주 관아의 재정 상태가 극도로 악화되어 난감한 상황이 되었을 때 현명하게 이에 대처하고자 하는 자신의 초연한 마음가짐을 노래한 것이다.

[주석]

(1) 潁(영): 영주. 지금의 안휘성 阜陽.
(2) 公帑(공탕): 관청 창고. 官庫.
(3) 齋廚(재주): 주방.
(4) 索然(삭연): 텅텅 빈 모양.
(5) 東武(동무): 密州(지금의 산동성 諸城)의 속현인 제성의 옛날 이름. 밀주를 가리킨다. 《輿地廣記》에 "밀주 제성현은 본래 한나라 동무현 땅이었다(密州諸城縣, 本漢東武縣地)"라고 했다.
(6) 新書(신서): 새로운 문서. 王文誥의 《蘇軾詩集》에 "새로운 문서란 신법에서 왕래하는 관리들을 접대하는 데 드는 공금의 감축을 시행하라는 문서를 말한다(新書, 言新法行減公使庫錢也)"라고 했다.
(7) 不知春(부지춘): 봄이 깊어진 정도를 모르다. 이 구절은 들고 나가 함께 먹을 음식이 없기 때문에 봄놀이를 할 수 없고 따라서 봄이 어느 정도 깊어졌는지 알 수 없었다는 말이다.
(8) 自誑(자광): 자신을 속이다. 구기자로 배를 채우고는 밥을 먹은 것으로 여겼다는 말이다.
(9) 幸(행): 바라다. 희망하다.
(10) 此一郡(차일군): 이 하나의 고을. 영주를 가리킨다. 처음 영주지주로 부임했을 때에는 자신도 스승 구양수가 관직에서 물러난 후 죽을 때까지 살았을 정도로 살기 좋은 고장인 영주에서 만년을 보내고 싶었다는 말이다.
(11) 十年初(십년초): 10년 전의 옛날. 자신이 밀주지주로 재임한 10여 년 전을 개략적인 숫자로 말한 것이다.
(12) 夢飮(몽음): 꿈속에서 마시다. 《寶積經》에 "먹는 것을 입으로 말하는 사람은 필경 배가 불러지지 않고 꿈속에서 배불리 먹는 사람은 필경 얻는 것이 없다(說食者竟無所飽, 夢飽者竟無所得)"라는 말이 있다.
(13) 虛(허): 공허하다. 이 구절은 배불리 먹는다고 할지라도 시간이 지나면 다시 허기가 진다는 뜻이면서, 물질적 욕구를 충족시킨다고 할지라도 정신적으로는 여전히 허기를 채우기 어렵다는 뜻도 내포하고 있는 것으로 보인다.
(14) 赤脚婢(적각비): 맨발로 다니는 하녀. 가난한 집의 늙은 하녀를 가리킨다. 韓愈의 시 〈寄盧仝〉에 "옥천선생 노동은 낙양성 안에, 허물어진 집이 몇 칸 있을 뿐이네. 수염이 긴 종놈은 두건을 쓰지 않고, 맨발로 다니는 하녀는 늙어서 이가 없네(玉川先生洛城裏, 破屋數間而已矣. 一奴長鬚不裹頭, 一婢赤脚老無齒)"라는 구절이 있다.
(15) 赬尾魚(정미어): 꼬리가 붉은 물고기. 《詩經·周南·汝墳》의 "방어의 붉은 꼬리(魴魚赬尾)"에 대하여

《十三經注疏正字》에는 "정중은 물고기가 살찌면 꼬리가 붉어진다고 여겼다(鄭衆以爲魚肥則尾赤)" 라고 했고, 《毛傳》에는 "물고기가 지치면 꼬리가 붉어진다(魚勞則尾赤)"라고 했다. 소식이 〈西湖秋涸, 東池魚窘甚, 因會客, 呼網師遷之西池, 爲一笑之樂. 夜歸, 被酒不能寐, 戲作放魚一首〉(1197)에서 "동쪽 못에는 부평초가 반쯤 땅에 들러붙어, 푸른 걸 쪼개고 파란 것 위로 고기 등이 나온다(東池浮萍半黏塊, 裂碧跳青出魚背)"라고 했을 정도로 당시 영주 서호가 심하게 고갈되었기 때문에 지친 물고기를 가리킬 가능성이 크다. 그리고 그렇게 보는 편이 맥락도 더 잘 닿는다.

(16) 歸歟(귀여): 돌아가자꾸나. 현재 있는 곳이 마음에 들지 않아서 고향이나 도성처럼 더 나은 곳으로 돌아가고 싶다는 말이다. 전국 시대에 馮諼이 孟嘗君의 식객이 되었는데 며칠이 안 지나서 검을 두드리며 "검아 돌아가자꾸나 식사에 생선도 없으니"라고 하는지라 맹상군이 생선을 주었다. 얼마 뒤에 또 "검아 돌아가자꾸나 다닐 때 수레도 없으니"라고 하는지라 맹상군이 수레를 주었다. 얼마 뒤에 또 "검아 돌아가자꾸나 살 집도 없으니"라고 하는지라 맹상군이 집을 주었다.(《戰國策·齊策四》 참조) 또 《論語·公冶長》에 "공자가 진나라에 계실 때 '돌아가자꾸나! 돌아가자꾸나! 우리 고향 마을의 젊은이들은 뜻이 큰 반면에 치밀하지 못하고, 겉모양이 찬란하게 문채를 이루었으나 일을 재량할 줄 모르니'라고 했다(子在陳曰: '歸與! 歸與! 吾黨之小子狂簡, 斐然成章, 不知所以裁之.')"라는 말이 있다. 마지막 네 구절은 물질적 풍요를 귀하게 여기지 않고 극도로 궁핍한 영주 관아의 재정 상태를 낙관적으로 받아들이려는 초연한 마음가짐을 노래한 것이다.

1210. 景晛[1]·履常[2]屢有詩, 督叔弼[3]·季默[4]倡和, 已許諾矣, 復以此句挑之

조경황과 진이상이 여러 차례 시를 짓고 나서 구양숙필과 구양계묵에게 창화하기를 독촉하자 이미 허락했기에 다시 이 시구로 자극한다

君家文律冠西京,[5][6][7]	그대 집안 조상은 문장력이 서경에서도 으뜸이라
旋築詩壇按酒兵.[8][9][10]	금방 시 장수의 단을 쌓고 술이라는 무기를 안배했네.
袖手莫輕眞將種,[11][12]	팔짱 끼고 있다고 참 장수의 후예를 경시하지 않나니
致師須得老門生.[13][14][15]	싸움을 거는 데 늙은 문생이 나서야만 되겠네.
明朝鄭伯降誰受,[16]	내일 아침에 정나라 임금의 항복을 누가 받으리?
昨夜條侯壁已驚.[17]	어젯밤에 조후의 벽이 이미 놀라 동요했네.
從此醉翁天下樂,[18]	이제부터 취옹이 말한 천하가 즐거운 상황이니
還應一擧百觴傾.[19]	역시 일거에 백 잔을 기울여야 되겠네.

[해설]

구양비·구양변 형제가 조영치·진사도의 독촉을 받아들여 시를 짓기로 한 것을 반가워하며 그들을 더욱 독려하기 위하여 지은 시이다.

[주석]

(1) 景晛(경황): 趙令畤의 字. 〈復次韻謝趙景晛·陳履常見和, 兼簡歐陽叔弼兄弟〉(1200) 주 (1) 참조.
(2) 履常(이상): 陳師道의 字. 〈復次韻謝趙景晛·陳履常見和, 兼簡歐陽叔弼兄弟〉(1200) 주 (2) 참조.
(3) 叔弼(숙필): 歐陽修의 셋째 아들 歐陽棐의 字. 〈復次韻謝趙景晛·陳履常見和, 兼簡歐陽叔弼兄弟〉

(1200) 주 (4) 참조.

(4) 季默(계묵): 구양수의 넷째 아들 歐陽辯의 字. 〈復次韻謝趙景貺·陳履常見和, 兼簡歐陽叔弼兄弟〉(1200) 주 (5) 참조.

(5) 君家(군가): 구양비·구양변의 집안. 구양수를 가리킨다.

(6) 文律(문률): 문장의 율격. 작문의 율격을 엄정하게 잘 지키며 글을 짓는 능력, 즉 뛰어난 문장력을 가리킨다.

(7) 西京(서경): 長安(지금의 섬서성 西安). 장안에 도읍한 西漢을 가리킨다. 蘇軾의 〈六一居士集敍〉에 "구양선생은 대도를 논하는 것이 한유와 같고, 일을 논하는 것이 육지와 같고, 일을 기록하는 것이 사마천과 같고, 시부가 이백과 같다. 이는 내가 하는 말이 아니라 천하 사람들이 다 하는 말이다(歐陽子, 論大道似韓愈, 論事似陸贄, 記事似司馬遷, 詩賦似李白. 此非余言也, 天下之言也)"라고 했고, 王十朋의 《百家註分類東坡先生詩》에 "'서경에서도 으뜸이라'라는 말은 전한에서 으뜸이라는 말이다('冠西京', 言前漢也)"라고 했다. 이 구절은 구양수가 전한 때의 문인들 중에서도 따를 자가 없을 정도로 율격에 맞는 우수한 글을 잘 지었다는 말이다.

(8) 旋(선): 오래지 않아. 미구에.

(9) 詩壇(시단): 시의 장수가 올라서서 병사를 지휘하는 단. 시 짓기 경쟁을 전쟁에 비유하고 시인을 장수에 비유한 것이다. 구양수의 시 〈答梅聖兪寺丞見寄〉에 "문단에서는 외람되게도 내가 맹주 노릇하고, 시단에서는 그대를 장수로 추대하네(文會忝予盟, 詩壇推子將)"라는 구절이 있다. 그러나 구양수가 말한 '詩壇'은 '시인들의 사회'라는 뜻으로, 소식이 이 시에서 말한 '詩壇'과는 뜻이 좀 다르다.

(10) 按酒兵(안주병): 술이라는 무기를 안배하다. '兵'은 詩興을 자극하는 수단을 가리킨다. 이 연은 구양수가 술의 힘을 빌려 가며 시를 잘 지었다는 말이다.

(11) 袖手(수수): 손을 소매에 넣고 팔짱을 끼다. 서둘러 시를 짓지 않고 미적거리는 것을 가리킨다.

(12) 將種(장종): 장수의 후예. 시의 장수에 비유된 구양수의 두 아들을 가리킨다. 왕십붕의 《백가주분류동파선생시》에 "장수의 후예는 두 구양씨를 가리켜서 한 말이다(將種指言兩歐陽也)"라고 했다.

(13) 致師(치사): 싸움을 걸다. 도전하다.

(14) 須得(수득): 반드시 ~을 필요로 하다.

(15) 老門生(노문생): 늙은 문하생. 가우 2년(1057)의 禮部試에서 知貢擧 구양수에게 발탁된 소식 자신을 가리킨다. 과거 급제자는 지공거에 대하여 자기 자신을 '門生'이라고 했다. 이 구절은 구양비·구양변이 조영치·진사도의 권유에 못 이겨 창화하기로 해 놓고도 얼른 시를 짓지 않는지라 소식 자신이 나서서 더욱 독촉하지 않을 수 없다는 뜻으로, 제목에서 말한 "다시 이 시구로 자극한다(復以此句挑之)"에 해당한다.

(16) 鄭伯(정백): 춘추 시대의 정나라 임금. 시 짓기 경쟁에서 질 조영치·진사도·소식을 가리킨다. 魯나라 宣公 12년 봄에 楚나라 임금이 정나라를 포위하자 정나라 임금이 3개월 만에 항복하고 초나라에 선처를 빌었다.(《左傳·宣公十二年》 참조)

(17) 條侯(조후): 가만히 성을 지키고 있다가 마침내 오나라 군사와 싸워서 이긴 前漢 사람 周亞夫의 封號. 시 짓기 경쟁에서 이길 구양비·구양변을 가리킨다. 《史記·吳王濞傳》에 "오나라 군사가 서쪽으로 진격하려니 양나라의 성곽이 견고하게 지키고 있어 서쪽으로 진격할 수가 없는지라 조후의 군사를 쫓아가 하읍에서 만났다. 교전하려고 하자 조후가 성벽을 치고 굳게 지키며 맞붙어 싸우려고 하지 않았다. 오나라 군대는 양식이 떨어져 병사들이 굶주리는 상황에서 몇 차례나 싸움을 걸어 마침내 밤에 조후의 성벽으로 달려가 동남쪽을 놀라서 동요하게 했다. 그때 조후는 오히려 서북쪽 공격에 대비하게 했는데 오나라 군사가 과연 서북쪽을 통해 들어왔다. 오나라 군대가 대패하여 병사들 가운데 굶어 죽거나 등 돌리고 가 버리는 사람이 많았다(吳兵欲西, 梁城守堅, 不敢西, 卽走條侯軍, 會下邑. 欲戰, 條侯壁, 不肯戰. 吳糧絶, 卒饑, 數挑戰, 遂夜奔條侯壁, 驚東南. 條侯使備西北, 果從西北入. 吳大敗, 士卒多饑死, 乃畔散)"라는 기록이 있다. 이 구절은 決戰의 시간이 다가왔다는 말이다.

(18) 醉翁(취옹): 구양수의 自號.

(19) 一擧百觴(일거백상): 소식의 자주에 "문충공(구양수)이 소씨(蘇舜欽)와 매씨(梅堯臣)에게 준 시(〈讀聖兪蟠桃詩寄子美〉)에 '나도 용기를 북돋우는 데 도움을 주고 싶어, 북 치고 깃발 흔들며 그 옆에서 소리쳤네. 통쾌하도다 천하가 다 즐거우니, 한 번에 백 잔을 마셔야 하리'라는 구절이 있다(文忠公贈蘇梅詩云: '我亦願助勇, 鼓旗譟其傍. 快哉天下樂, 一釂宜百觴.')"라고 했다. '一擧'는 한 번의 행위를 가리킨다. 이 연은 구양비·구양변이 시 짓기 경쟁에 동참하기로 했기 때문에 다들 즐거운 마음으로 술을 실컷 마시게 되었다는 말이다.

1211. 贈月長老[1]

월장로에게

天形倚一笠,[2][3] 하늘의 모양은 삿갓처럼 생겼고
地水轉兩輪.[4][5] 땅을 둘러싼 물에는 두 바퀴가 도나니
五伯之所運,[6] 다섯 명의 패자가 운용한 것은
毫端棲一塵.[7] 터럭 끝에 붙어 있는 한 톨의 먼지였네.
功名半幅紙,[8] 공명이란 반 폭짜리 종이라고 할지라도
兒女浪苦辛.[9] 남녀가 부질없이 고생하는데
子有折足鐺,[10][11] 그대에겐 발 부러진 낡은 솥이 하나 있어
中容五合陳.[12][13] 그 안에 묵은 곡식 다섯 홉이 들어가네.
十年此中過, 십 년 동안 이 안에서 지내 왔건만
却是英特人. 오히려 영특한 사람이 되었나니
延我地爐坐,[14] 우리를 맞이하여 화롯가에 앉게 하고
語軟意甚眞. 부드럽게 말했지만 뜻은 매우 진실했네.
白灰如積雪, 눈이 쌓인 것처럼 하얀 잿더미
中有紅麒麟.[15] 그 안에 들어 있는 시뻘건 기린
勿觸紅麒麟, 시뻘건 그 기린을 건드리지 말지니
作灰維那瞋.[16] 무너져서 재가 되면 총무 스님이 화낼 것이네.
拱手但默坐,[17] 두 손을 맞잡고 말없이 앉아 있기만 해도

牆壁徒諄諄.(18)(19)(20)	담과 벽이 마침내 간곡히 설법할 텐데
今宵恨客多,	오늘 밤엔 한스럽게도 손님이 많아
汚子白氎巾.(21)	그대의 흰 수건을 더럽히겠네.
後夜當獨來,(22)	언젠가 훗날 밤에 응당 나 혼자 와서
不須主與賓.	주인과 손님을 구분할 필요 없이
蒲團坐紙帳,(23)(24)	돗자리를 깔아 놓고 종이 장막 밑에 앉아
自要觀我身.(25)	스스로 내 몸을 관조해야 되겠네.

[해설]

영주의 월장로라는 스님에게 지어 준 것으로, 우주의 위대함과 인간 존재의 미미함을 깨달아 세속적인 욕심을 버리고 초연하게 살아가는 월장로의 청빈한 삶과 고고한 인품을 노래했다.

[주석]

(1) 月長老(월장로): 王文誥의 《蘇軾詩集》에 "월장로는 바로 영주(지금의 안휘성 阜陽)의 스님으로 일찍이 동파공에게 〈法施堂銘〉을 지어 달라고 부탁했다. 동파공이 나중에 양주에 있을 때 조덕린(조영치)에게 보낸 편지에서 '월장로도 안부를 물었는데 내가 열이 심하게 나고 병이 많아 〈法施堂銘〉을 지을 겨를이 없었다네'라고 했으니 이 사실을 증명할 수 있다(月長老, 乃潁州僧也. 嘗求公作〈法施堂銘〉. 公後在揚州, 與趙德麟書云: '月老亦致意.. 熱甚, 又多病, 未暇作〈法施堂銘〉.' 此可證也)"라고 했다.

(2) 倚(의): 따르다. 본뜨다.

(3) 一笠(일립): 王十朋의 《百家註分類東坡先生詩》에 "우홍의 〈궁천론〉에 '하늘의 형상은 삿갓과 같아서 땅의 표면을 덮고 있다'라고 말했다(虞洪〈穹天論〉曰: '天形如笠, 而冒地之表.')"라고 했다.

(4) 地水(지수): 땅을 둘러싸고 있는 물. 葛洪이 인용한 《渾天儀注》에 의하면 하늘과 땅의 모양은 계란과 같아서 안에 노른자에 해당하는 땅이 있고 바깥에 흰자에 해당하는 하늘이 그것을 둘러싸고 있는데 하늘은 물로 이루어져 있는바, '地水'는 땅을 둘러싸고 있는, 물로 이루어진 하늘을 가리킨다. 《晉書·天文上》에 "蓋天說 신봉자가 말하기를 '하늘은 수레용 일산을 편 것처럼 둥글고 땅은 장기판처럼 네모났다. 하늘의 운행이 맷돌을 돌리는 것과 같이 왼쪽으로 움직이기 때문에 해와 달이 오른쪽으로 움직여도 하늘을 따라 왼쪽으로 돈다. 그렇기 때문에 해와 달이 사실은 동쪽으로 움직이지만 하늘이 끌어서 서쪽으로 지게 한다. 개미가 맷돌 위에서 움직이는 것에 비유하자면 맷돌은 왼쪽으로 돌고 개미는 오른쪽으로 가는데 맷돌은 빨리 돌고 개미는 느리게 움직이기 때문에 맷돌을 따라서 왼쪽으로 돌지 않을 수 없다'라고 했다(《周髀》家云: '天員如張蓋, 地方如棋局. 天旁轉如推磨而左行, 日月右行,

隨天左轉, 故日月實東行, 而天牽之以西沒. 譬之於蟻行磨石之上, 磨左旋而蟻右去, 磨疾而蟻遲, 故不得不隨磨以左回焉.')"라는 말도 있고, "한나라 사람 왕중임이 개천설에 근거하여 혼천의를 반박하기를 '……해는 불의 정수요 달은 물의 정수이다. 물과 불은 땅에 있을 때는 둥글지 않은데 하늘에 있을 때는 무엇 때문에 둥글까?'라고 했다. 그러므로 단양 사람 갈홍이 해석하여 말하기를 '《혼천의주》에 "하늘은 계란과 같고 땅은 계란 속의 노른자와 같아서 외로이 하늘 안에 있으니 하늘은 크고 땅은 작다. 하늘에는 안과 밖에 물이 있어서 하늘과 땅이 각각 기운에 편승하여 존립하고 물에 실려서 운행한다. 하늘을 일주하면 365와 4분의 1도이며 또 가운데를 가르면 반은 땅 위를 덮고 있고 반은 땅 밑을 감싸고 있으므로 28수가 반은 보이고 반은 안 보인다. 천체의 운행은 수레바퀴가 돌아가는 것과 같다"라고 했다'라고 한 것이다(漢王仲任據蓋天之說, 以駁渾儀云: '……日, 火之精也; 月, 水之精也. 水火在地不員, 在天何故員?' 故丹陽葛洪釋之曰: '《渾天儀注》云: "天如鷄子, 地如鷄中黃, 孤居於天內, 天大而地小. 天表裏有水, 天地各乘氣而立, 載水而行. 周天三百六十五度四分度之一, 又中分之, 則半覆地上, 半繞地下, 故二十八宿半見半隱. 天轉如車轂之運也."')"라는 말도 있다.

(5) 兩輪(양륜): 두 바퀴. 해와 달을 가리킨다.

(6) 五伯(오백): 다섯 명의 霸者. 五霸. 施元之의 《施注蘇詩》에 "응소의 《풍속통의》에 '춘추 시대의 제나라 환공, 진나라 문공, 진나라 목공, 송나라 양공, 초나라 장왕, 이들이 오백이다'라는 기록이 있다(應劭《風俗通義》: '春秋齊桓·晉文·秦繆·宋襄·楚莊, 是爲五伯.')"라고 했다. 《莊子·秋水》에 "오제가 운용한 것과 삼왕이 다툰 것, 어진 사람이 근심하는 것과 유능한 사람이 수고하는 것이 모두 이렇게 하찮은 것일 뿐이오(五帝之所運, 三王之所爭, 仁人之所憂, 任士之所勞, 盡此矣)"라고 했는데, 查慎行의 《蘇詩補註》(四庫全書本)에는 이 구절이 '五帝之所運'으로 되어 있다. '五伯'이든 '五帝'든 그들이 손아귀에 쥐고 운용한 것은 그들이 다스리는 나라 또는 그것을 다스리는 王權이라고 할 수 있다.

(7) 一塵(일진): 아주 하찮은 존재를 가리킨다. 韓愈의 시 〈雜詩〉에 "우임금의 구주를 내려다보니, 먼지 한 톨이 터럭 끝에 앉아 있는 모습이네(下視禹九州, 一塵集豪端)"라는 구절이 있다. 이상의 네 구절은 거대한 우주와 대비해 보면 인간은 지극히 미미한 존재이므로 악을 쓰며 살아가는 것이 참으로 가소로운 짓이라는 말이다.

(8) 半幅紙(반폭지): 반 폭짜리 종이에 쓴 詔書를 가리킨다. 《舊唐書·裴度傳》에 "이에 앞서 감군사 유승해가 총애를 믿고 절도사 유오를 능욕한지라 삼군의 병사들이 격분하여 아주 떠들썩하게 소리 지르며 유승해를 잡아서 죽이려고 했다.……배도가 말하기를 '폐하께서는 틀림없이 충성스럽고 정의로운 마음을 얻어 천하의 武臣들로 하여금 폐하를 위해 절개를 지키다 목숨을 바치게 하고 싶으실 텐데 그러시다면 반 폭짜리 조서를 내려서 감군사를 잘못 임명하여 유승해가 이처럼 국법을 문란하게 하기에 이르렀다고 말하시고 유오에게 명하여 삼군의 병사를 모아 그를 참수하게 하시기만 하면 됩니다'라고 했다(先是, 監軍使劉承偕恃寵凌節度使劉悟, 三軍憤發大噪, 擒承偕, 欲殺之.……度曰: '陛下必欲收忠義之心, 使天下戎臣爲陛下死節, 唯有下半紙詔書, 言任使不明, 致承偕亂法如此, 令悟集三軍斬之.')"라는 기록이 있다. 이 구절은 공명을 이루어 봐야 남는 것은 반 폭짜리 종이에 쓴 임명장 한 장뿐이라는 말이다.

(9) 兒女(아녀): 널리 남자와 여자를 가리킨다. 이 구절은 남자가 부질없는 공명을 추구함으로 인하여 그의 부인도 함께 고생한다는 말이다.

(10) 子(자): 월장로를 가리킨다.

(11) 折足鐺(절족쟁): 발이 부러진 솥. 낡아 빠진 솥을 가리킨다. '折脚鐺'과 같다. 《傳燈錄·汾州大達無業國師》에 "띠로 지붕을 인 석실에서 20년 30년 동안 발이 부러진 솥에 밥을 지어 먹으며 명예와 이익에 마음이 흔들리지 않고 재물과 보배를 염두에 두지 않으며 속세를 까맣게 잊고 바위틈에서 은거했다(茅茨石室, 向折脚鐺子裏煮飯喫過三十二十年, 名利不干懷, 財寶不爲念, 大忘人世, 隱跡巖叢)"라고 했다.

(12) 合(홉): 홉. 부피를 셀 때 사용하는 단위 명사로 한 되의 10분의 1에 해당한다.

(13) 陳(진): 묵은 것. 묵은 곡식을 가리킨다. 《史記·平準書》에 "태창의 곡식은 묵은 것이 잔뜩 쌓여 있다(太倉之粟, 陳陳相因)"라는 말이 있다. 이 연은 월장로가 다 깨진 솥에서 묵은 곡식 다섯 홉으로 지은 밥을 하루 동안 먹으며 청빈하게 지낸다는 말이다.

(14) 地爐(지로): 땅을 파고 그 위에 불을 지핀 대형 화로.

(15) 紅麒麟(홍기린): 붉은 기린. 화로 안에서 벌겋게 달아 있는 기린 모양의 숯불을 가리킨다. 이 절의 총무 스님이 월장로와 소식 일행을 위하여 특별히 귀한 숯을 내놓은 것으로 보인다. 《晉書·羊琇傳》에 "양수는 성격이 호화로운 것을 좋아하고 사치스러워서 비용이 얼마가 들든 한도를 두지 않았거니와, 숯을 빻아 반죽한 후 짐승 모양으로 빚어서 그것으로 술을 데웠다. 洛陽의 호사스러운 귀족들이 다들 다투어 그를 본받았다(琇性豪侈, 費用無復齊限, 而屑炭和作獸形以溫酒. 洛下豪貴咸競效之)"라는 기록이 있다.

(16) 維那(유나): 절 안의 일을 총괄하는 스님.

(17) 拱手(공수): 왼손을 오른손 위에 놓고 두 손을 마주 잡아 공경의 뜻을 나타내다.

(18) 牆壁(장벽): 담과 벽. 《전등록》에 "담과 벽의 기와와 자갈도 설법을 할 줄 안다(牆壁瓦礫, 亦能說法)"라는 말이 있다.

(19) 徒(도): 마침내.

(20) 諄諄(순순): 정성스럽고 간곡한 모양.

(21) 白氎巾(백첩건): 올이 가는 흰색 무명으로 만든 수건. 이상의 네 구절은 그날은 여러 사람이 함께 갔기 때문에 참선할 수 없었다는 말이다.

(22) 後夜(후야): 훗날 밤.

(23) 蒲團(포단): 부들로 둥그렇게 짠 돗자리. 좌선용 돗자리를 가리킨다.

(24) 紙帳(지장): 종이 장막. 종이처럼 납작하게 편 등나무 껍질이나 누에고치 따위를 기워 붙여서 만든 장막.

(25) 觀我身(관아신): 자기 몸을 觀照하며 참선하는 것을 가리킨다.

1212. 次韻答錢穆父[(1)], 穆父以僕得汝陰[(2)], 用杭越酬唱韻[(3)]作詩見寄[(4)]

내가 여음 땅을 얻은 일을 가지고 항주와 월주에서 수창한 시의 운자를 써서 지어 보낸 전목보의 시에 차운하여 화답한다

大耿疲勞已離羣,[(5)]	피로한 대경은 이미 무리를 떠나왔고
小馮慈愛且當門.[(6)(7)]	자애로운 소풍군은 잠시 문을 지키고 있네.
玉堂不著扶犂手,[(8)(9)(10)]	옥당에는 쟁기 잡던 내 손이 필요 없고
霜鬢偏宜畫鹿轓.[(11)]	서리 맞은 그대 살쩍은 사슴 그림 수레에 잘 어울리네.
豪傑雖無兩王繼,[(12)]	호걸스러운 두 왕씨의 후계자는 없지만
風流猶有二歐存.[(13)]	그래도 풍류스러운 두 구양씨가 있다네.
清詩已入新歌舞,[(14)]	청신한 시가 이미 새 가무에 들어갔나니
要使邦人識雅言.[(15)(16)]	고을 사람들에게 고아한 말을 알게 하려는 것이네.

[해설]

친구 전협이 옛날에 자신이 월주지주로 재임하고 소식이 항주지주로 재임할 때 주고받은 시에 차운하여 소식이 영주지주로 부임한 일을 읊은 시를 지어 보내자 그 시에 차운한 것이다.

[주석]

(1) 穆父(목보): 錢勰의 字. 越州(지금의 절강성 紹興)知州를 역임했다. 王文誥의 《蘇軾詩集》에 "당시 전목보는 영주(지금의 하북성 河間)지주로 재임 중이었다(時錢穆父知瀛州)"라고 했다.

(2) 汝陰(여음): 지금의 안휘성 阜陽. 潁州의 屬縣으로 영주 관아 소재지였기 때문에 영주를 가리킨다.

(3) 杭越酬唱韻(항월수창운): 항주와 월주에서 주고받은 시의 韻字. 당시에 소식은 〈次韻錢越州〉(1091)·〈次韻錢越州見寄〉(1099) 등의 시를 지었다.

(4) 見寄(견기): 나에게 부치다. 〈次韻錢越州見寄〉(1099) 주 (2) 참조.

(5) 大耿(대경): 원래 耿況의 장남인 耿弇을 가리키는 말인데 여기서는 蘇洵의 장남인 소식 자신을 가리킨다. 《後漢書·耿弇傳》에 "경엄이 이에 군중에 명령을 내려 함부로 劇縣城을 공략하지 말고 장보가 오기를 기다렸다가 그를 붙잡음으로써 장보를 격노하게 하라고 했다. 장보가 듣고 크게 웃으면서 '우래·대동의 10여 만 군사도 내가 모두 그 병영으로 가서 격파했다. 이제 대경(경엄)의 병사는 저들보다 적고 또 다들 지쳐 있으니 어찌 두려워할 만하랴!'라고 했다(弇乃令軍中無得妄掠劇下, 須張步至乃取之, 以激怒步. 步聞大笑曰: '以尤來·大彤十餘萬衆, 吾皆卽其營而破之. 今大耿兵少於彼, 又皆疲勞, 何足懼乎!')"라고 했는데, 이에 대한 李賢의 주에 "경엄은 경황의 장남이기 때문에 대경이라고 불렀다(弇, 況之長子, 故呼爲大耿)"라고 했다. 蘇轍의 시 〈五月一日同子瞻轉對〉에 "대경의 공명은 원래 경이롭나니, 중모산에서 복식하자고 옛날에 나를 초청했네(大耿功名元自異, 中茅服食舊相要)"라는 구절이 있다.

(6) 小馮(소풍): 小馮君. 원래 馮野王의 동생 馮立을 가리키는 말로 남의 동생을 가리키는 경우가 많은데 여기서는 소철을 가리킨다. 한나라 사람 馮奉世의 아들인 풍야왕과 풍립은 청렴결백하고 인정을 많이 베풀어 백성들의 칭송을 많이 들었는바, 《한서·풍립전》에 "아전들과 백성들이 풍야왕과 풍립이 번갈아 가며 태수가 된 일을 칭송하여 '대풍군과, 소풍군은, 형제가 대를 이어 태수가 되어, 총명하고 어질게 아전과 백성에게 은혜 베풀매, 정치가 노나라 위나라 같아 덕화가 고루 미쳤나니, 주공과 강숙이 이 두 분과 같았겠네' 하고 노래했다(吏民嘉美野王·立相代爲太守, 歌之曰: '大馮君, 小馮君, 兄弟繼踵相因循, 聰明賢知惠吏民, 政如魯衛德化鈞, 周公康叔猶二君.')"라는 기록이 있다. 소식의 시 〈和陶飮酒二十首幷敍〉(1269) 其十四에 "우리 집 소풍군은, 천성이 매우 순박하네. 술도 마시지 않고 가만히 앉아 있지만, 내가 취하는 것을 받아들일 줄 아네(我家小馮君, 天性頗醇至. 淸坐不飮酒, 而能容我醉)"라는 구절이 있다.

(7) 當門(당문): 문을 지키다. 소식의 자주에 "나는 본래 동생과 가까이 있으면 친족들이 사사로이 부당한 짓을 한다는 혐의를 받을까 봐 군수로 내보내 달라고 주청한 것이었다(軾本以舍弟親嫌請郡)"라고 했다. 이 연은 자신은 조정을 떠나왔고 소철은 아직 조정에서 요직을 맡고 있다는 말이다. 소철은 당시 尙書右丞으로 재임 중이었다.

(8) 玉堂(옥당): 옥으로 장식한 전당. 翰林院의 별칭이다. 소식은 영주지주로 부임하기 전에 翰林學士承旨로 재임했다. 歐陽修의 시 〈出郊, 見田家蠶麥已成, 慨然有感〉에 "옥당에서 붓 놀리던 손을 거두어, 차라리 남쪽 밭을 찾아 호미와 쟁기를 잡으리(收取玉堂揮翰手, 却尋南畝把鋤犁)"라는 구절이 있다. 이 구절은 쟁기를 잡고 농사를 짓던 자신의 손으로 붓을 들고 한림원에서 근무하는 것이 타당하지 않다는 말이다.

(9) 不著(불착): 필요로 하지 않다.

(10) 扶犁手(부려수): 쟁기를 잡은 손. 직접 농사를 짓던 손이라는 뜻으로, 소식 자신의 손을 가리킨다.

(11) 畫鹿幡(화록번): 사슴을 그려 놓은 수레의 바람막이. 삼공의 수레를 가리킨다. 謝承의《後漢書》에 "정홍이 임회태수가 되어 봄 순시를 나갔는데 흰 사슴 두 마리가 수레바퀴를 끼고 따라오는지라 정홍이 괴이하게 여기고 주부 황국에게 '사슴은 길조인가 흉조인가?' 하고 물었더니 황국이 축하하여 말하기를 '삼공의 수레 바람막이에 사슴을 그려 놓는다고 들었으니 사또께서는 틀림없이 재상이 되실 것입니다'라고 했다. 정홍은 나중에 과연 태위가 되었다(鄭弘爲臨淮太守, 行春, 有二白鹿隨車, 夾轂而行, 弘怪問主簿黃國: '鹿爲吉凶?' 賀曰: '聞三公車幡畫作鹿, 明府當爲宰相.' 弘後果爲太尉.')"라는 기록이 있다. 이 연은 자신은 한림학사가 되기에 자질이 부족하고 전목보는 만년에 삼공의 지위에 오를 것이라는 말이다.

(12) 兩王(양왕): 두 왕씨. 소식의 자주에 "왕자직과 왕심보를 말한다(謂子直·深父)"라고 했는데 施元之의《施注蘇詩》에 "왕자직은 이름이 향이고 동생 왕심보는 이름이 회이며 하남 사람이다. 복주의 후관으로 이주하여 삼대를 지냈다. 병부의 관리였던 아버지를 영주의 여음에 장사한 후 마침내 여음 사람이 되었다. 모두 진사시에 급제했으며 재학과 품행이 한 시대에 우뚝했다.……구양문충공(구양수)은 영주지주로 재임할 때 매번 왕심보와 상종하며 의심스러운 점에 대해서 물어보았다(王子直名向, 弟深父名回, 河南人. 徙居福之侯官, 歷三世. 父兵部, 葬潁之汝陰, 遂爲汝陰人. 皆第進士, 文學行義, 卓然一時.……歐陽文忠公守潁, 每從深父質疑問惑)"라고 했다. 曾鞏의 〈王深父文集序〉에 "왕심보는 복주 후관현 사람인데 지금은 집이 영주에 있다.……치평 2년(1065) 7월 28일에 죽었으니 향년 43세였다(深父, 福州侯官縣人, 今家于潁……卒于治平二年之七月二十八日, 年四十有三)"라고 했다.

(13) 二歐(이구): 두 구양씨. 소식의 자주에 "구양숙필과 구양계묵을 말한다(謂叔弼·季默)"라고 한 바와 같이 구양수의 아들인 歐陽棐·歐陽辯 형제를 가리킨다.

(14) 淸詩(청시): 전협이 부쳐 온 시를 가리킨다. 이 구절은 전협의 시에 곡조를 붙여 노래를 부르고 그 가락에 맞추어 춤을 춘다는 말이다.

(15) 邦人(방인): 고을 사람. 영주 사람을 가리킨다.

(16) 雅言(아언): 우아한 말. 전협의 시를 가리킨다.

1213. 韓退之[1]孟郊[2]墓銘[3]云: '以昌[4]其詩', 擧此問王定國[5]: '當昌其身耶, 抑[6]昌其詩也?' 來詩[7]下語未契, 作此答之

한퇴지의 맹교 묘지명에 '그것으로 자기 시를 창성케 했네'라고 했기에 이것을 들어 왕정국에게 자기 몸을 창성하게 해야 하는지 그렇지 않으면 자기 시를 창성하게 해야 하는지 물었는데 보내온 시에서 한 말이 맞지 않는지라 이것을 지어서 답한다

昌身如飽腹, 몸을 창성하게 하는 것은 배를 불리는 것과 같은데
飽盡還當飢. 배는 불려도 다시 고파지는 게 당연하네.
昌詩如膏面, 시를 창성하게 하는 것은 얼굴에 기름칠하는 것처럼
爲人作容姿. 남을 위해 용모와 자태를 짓네.
不如昌其氣, 그러니 차라리 기를 창성하게 하여
鬱鬱老不衰.[8] 힘이 솟아 늙어도 쇠약해지지 않는 게 낫겠네.
雖云老不衰, 그러나 비록 늙도록 쇠약해지지 않는다 해도
劫壞安所之.[9][10] 세계가 무너지면 어디로 가리?
不如昌其志, 그러니 의지를 창성하게 하는 것만 못하나니
志壹氣自隨.[11] 의지가 한결같으면 기가 절로 따른다네.
養之塞天地, 그것을 기르면 천지에 가득 차나니
孟軻不吾欺.[12] 맹가가 결코 나를 속이지 않았다네.
人言魏勃勇,[13] 사람들이 위발이 용감하다 하더니
股栗向小兒.[14] 다리를 떨면서 어린애를 쳐다봤네.
何如魯連子,[15] 그러니 어찌 노련자가
談笑却秦師.[16] 담소로 진나라 군사를 물리친 것과 같으리?
愼勿怨謗讒,[17] 부디 비방과 참소를 원망하지 말지니

乃我得道資. 바로 우리가 득도하는 밑천이라네.
淤泥生蓮花,(18) 진흙 속에서 청아한 연꽃이 피어나고
糞壤出菌芝.(19) 썩은 흙에서 불로초인 영지가 나온다네.
賴此善知識,(20) 이 빼어난 지식 덕에
使我枯生荑.(21) 나로 하여금 고목에서 새싹이 나게 하겠네.
吾言豈須多, 내 말이 어찌 많을 필요 있으리
冷暖子自知. 찬지 따뜻한지는 그대가 스스로 알 텐데?

[해설]

한유가 맹교를 위해 지은 〈정요선생묘지명〉에서 맹교가 자기 재주로 자기 시를 창성하게 했다고 칭송했는데 소식이 이것을 들어서 왕공에게 재주를 가지고 자기 몸을 창성하게 해야 하는지 자기 시를 창성하게 해야 하는지 물었더니 왕공이 이에 대답하는 내용의 시를 지어 보냈는데 그것이 이치에 부합하지 않는다고 생각하여 이 시로써 자신의 생각을 밝힌 것이다. 소식은 재주를 가지고 자신의 의지를 창성하게 해야 한다고 주장했다.

[주석]

(1) 退之(퇴지): 韓愈의 字.
(2) 孟郊(맹교): 당나라 때의 시인.
(3) 墓銘(묘명): 묘지명. 죽은 사람의 사적을 새겨서 무덤 앞에 세워 놓은 석각. 한유의 이 묘지명은 정식 제목이 〈貞曜先生墓誌銘〉으로 말미에 "아아 정요선생은, 찬란한 재주를 지녔는데도, 벼슬길에 나가기를 바라지 않아, 끝끝내 재주를 펼치지 않고, 그것으로 자기 시를 창성케 했네(於戲貞曜, 維執不猗, 維出不訾, 維卒不施, 以昌其詩)"라는 銘이 있다.
(4) 昌(창): 창성하게 하다. 빛나게 하다.
(5) 定國(정국): 王鞏의 字. 〈書王定國所藏王晉卿畫著色山二首〉(1085) 주 (1) 참조.
(6) 抑(억): 혹은. 그렇지 않으면.
(7) 來詩(내시): 왕공이 소식의 물음에 답하여 보내온 시를 가리킨다.
(8) 鬱鬱(울울): 왕성한 모양.
(9) 劫壞(겁괴): 불교에서 세계가 생겨났다 없어질 때까지의 네 시기인 成劫·住劫·壞劫·空劫을 四劫이라고 하는데 이 가운데 壞劫은 세계가 무너져 멸망하는 기간을 가리킨다. 그러므로 '劫壞'는 세계가 무너진다는 뜻임을 알 수 있다.

(10) 安所(안소): 어디.

(11) 志壹(지일): 의지가 한결같다. 《孟子·公孫丑上》에 "(공손추가) "'의지가 생기면 기가 따라서 생긴다" 라고도 하시고 또 "자기 의지를 견지하고 자기 기를 드러내지 말라"라고도 하셨는데 무엇 때문입니까?' 하고 묻자, 맹자가 '의지가 한결같으면 기를 움직이고, 기가 한결같으면 의지를 움직인다. 이제 걸어가다가 걸려서 넘어지려고 하면 뛰게 되는 것, 이것은 기 때문이지만 그것이 도리어 자기 마음을 움직이네' 하고 대답했다. '감히 여쭈어보겠습니다만, 선생님께서는 무엇에 뛰어나십니까?' 하고 묻자, '나는 다른 사람의 말을 잘 이해하고, 나의 호연지기를 잘 기르네' 하고 대답했다. '감히 여쭈어보겠습니다만, 무엇이 호연지기입니까?' 하고 묻자, '말로 표현하기 어렵네. 그 기의 됨됨이는 지극히 크고 지극히 군세어서 정당한 방법으로 기르고 상해를 가하지 않는다면 천지 사이에 가득 차게 될 것이네' 라고 대답했다('旣曰: "志至焉, 氣次焉." 又曰: "持其志, 無暴其氣者", 何也?' '志壹則動氣, 氣壹則動志也. 今夫蹶者趨者, 是氣也, 而反動其心.' '敢問夫子惡乎長?' 曰: '我知言, 我善養吾浩然之氣.' '敢問何爲浩然之氣?' 曰: '難言也. 其爲氣也, 至大至剛, 以直養而無害, 則塞於天地之間.')"라는 말이 있다.

(12) 軻(가): 맹자의 본명. 《맹자》의 저자이다. 이상의 네 구절은 의지가 있으면 기가 절로 생기기 때문에 의지를 잘 기르면 호연지기가 천지에 가득해진다는 말이다.

(13) 魏勃(위발): 前漢 때의 名將. 한나라 초기의 장군 灌嬰이 滎陽에 있을 때 위발이 齊王을 부추겨 呂氏들을 죽인 뒤에 제나라 군사를 퇴각시키게 했다는 말을 듣고 위발을 불러서 문책했더니 위발이 "집에 불이 났다면 어느 겨를에 가장에게 알리고 불을 끄겠습니까?" 하고 물러나 서 있는데 다리를 후들후들 떨며 두려워서 더 이상 말을 하지 못했다. 관영이 빤히 보다가 웃으면서 "위발이 용감하다고들 하던데 변변치 못한 사람이구나. 무슨 일을 할 줄 알겠는가!"라고 했다.(《史記·齊悼惠王世家》 참조)

(14) 小兒(소아): 어린아이. 관영을 가리킨다. 주 (13) 참조.

(15) 魯連子(노련자): 전국 시대 齊나라 사람 魯連, 즉 魯仲連에 대한 존칭. 그가 趙나라에 갔을 때 마침 秦나라가 조나라를 포위하고 있었는데 魏나라 장수 辛垣衍이 조나라로 하여금 진나라 제후를 帝王으로 받들게 하려고 한다는 소문을 듣고 신원연에게 그렇게 하는 경우의 문제점을 잘 이해시켜서 그러지 못하게 했다. 진나라 장수가 이 사실을 전해 듣고 군사를 50리나 후퇴시켰다.(《戰國策·趙策三》 참조)

(16) 秦師(진사): 진나라 군사. 주 (15) 참조.

(17) 謗讒(방참): 施元之의 《施注蘇詩》에 "왕정국은 정헌공 오충 및 문간공 풍경과 평소에 잘 지내고 소동파를 스승 같은 친구로 대했다. 서단 무리가 두 공(왕공과 소식)을 쓰러뜨리려고 소동파의 오대시안에 왕정국을 얽어 넣는 바람에 마침내 남쪽 만 리 밖으로 유배 갔다가 3년 뒤에 돌아왔다. 사마온공(사마광)이 국정을 맡게 되었을 때 왕정국이 그 논의에 참여한지라 그를 매우 높이 평가하여 종정승에 발탁했으며 또 장차 더욱 중용하려고 했다. 마침 사마온공이 세상을 떠나 소동파가 그를 충직한 말을 해 줄 신하로 갖추어 둘 만하다고 천거했다. 그러나 간관들이 그의 작은 잘못을 집어내는 바람

에 서경통판에 임명했다가 소자유(소철)가 상소문을 올려 강력하게 천거한 덕분에 숙주지주에 임명했다.……그러나 두 공(소식과 소철)의 천거가 지극했음에도 불구하고 간관들의 배척이 더욱 강력하여 부리(宿州 관청 소재지)로 가라는 어명도 얼마 안 지나서 취소되었다. 이 시 중의 '부디 비방과 참소를 원망하지 말지니, 바로 우리가 득도하는 밑천이라네' 이하의 네 연은 왕정국을 위해서 말한 것임에 틀림없다(王定國與吳正憲充·馮文簡京素善, 而師友東坡. 舒亶輩欲傾二公, 因坡詩獄羅織定國, 遂南行萬里, 三年而歸. 司馬溫公當國, 定國預其議論, 深器遇之, 擢宗正丞, 復將進用. 會溫公物故, 東坡薦其可備獻納. 言官捃其微過, 除西京通判. 子由上章力薦, 除知宿州.……然二公推挽雖至, 而言者排損愈力, 符離之命, 未幾亦報罷. 此詩自'愼勿怨謗讒, 乃我得道資'以下四聯, 端爲定國發也)" 라고 했다. 이 연은 비방과 참소를 참고 견디다 보면 달관한 경지에 이르게 된다는 뜻이다.

(18) 淤泥(어니): 진흙. 《維摩詰經》에 "비유하자면 고원이나 육지에는 연꽃이 나지 않고 낮고 습한 진흙 속이라야 이 꽃이 나는 것과 같다(譬如高原陸地, 不生蓮華, 卑濕淤泥, 乃生此華)"라고 했다. 周敦頤의 〈愛蓮說〉에 "나는 연꽃이 진흙 속에서 나왔으면서도 더러운 것에 물들지 않는 것을 유독 좋아한다(予獨愛蓮之出淤泥而不染)"라고 했다.

(19) 菌芝(균지): 영지버섯. 불로초과의 버섯으로 삿갓이 심장 모양 또는 원형이며 적갈색 또는 자갈색의 윤이 난다.

(20) 善知識(선지식): 세상 돌아가는 이치를 훤히 꿰뚫어 보는 빼어난 지식.

(21) 荑(제): 띠의 싹. 초목의 싹을 두루 가리킨다.

1214. 送歐陽推官[1]赴華州[2]監酒[3]

화주감주로 부임해 가는 구양 추관을 전송하며

我觀文忠公,[4]	내가 구양문충공의 집안을 보니
四子皆超越.[5]	아들 넷이 모두 다 출중하고 탁월한데
仲也珠徑寸,[6][7][8]	둘째는 직경이 한 치인 구슬이라
照夜光如月.	밤에 빛나면 그 빛이 달과 같았네.
好詩眞脫兎,[9]	멋진 시는 참으로 달아나는 토끼요
下筆先落鶻.[10]	붓을 대면 송골매가 먼저 내려오는 데다
知音如周郞,[11]	주랑처럼 음악에도 조예가 깊고
議論亦英發.[12]	논리를 전개하는 데도 재주가 뛰어났네.
文章乃餘事,[13][14]	글을 짓는 건 부수적인 일일 뿐이고
學道探玄窟.[15]	도를 배우려고 성인들의 동굴을 찾아다녔으니
死爲長白主,[16]	죽어서 장백산의 주인이 되어
名字書絳闕.[17][18]	이름이 붉은 대궐에 쓰여 있을 터
傷心淸潁尾,[19]	가슴 아프게도 물 맑은 영수의 하류에서
已伴白鷗沒.[20]	이미 갈매기와 짝하여 자취를 감추었네.
喜見三少年,[21]	세 소년이 모두 다 천리마의 뼈대를
俱有千里骨.[22]	갖춘 모습 보아서 참 기쁘지만
千里不難到,	천 리를 어렵지 않게 갈 수 있을지라도

莫遣歷塊蹶.(23)(24)	흙 한 덩이를 지나가듯 빨리 가게 하지 말길.
臨分出苦語,	이별에 임하여 쓴소리를 한 것이니
願子書之笏.(25)	그대여 홀에다 적어 놓기 바라네.

[해설]

화주감주로 부임해 갈 예정인 구양수의 손자 구양서를 전송하며 지은 것으로 구양서의 부친 구양혁의 인품과 능력을 칭송하고 구양서에게 너무 빨리 가기를 추구하지 말라고 충고했다.

[주석]

(1) 歐陽推官(구양추관): 歐陽修의 둘째 아들인 歐陽奕의 아들로 雄州防禦推官을 역임한 歐陽恕를 가리킨다. 蘇轍의 〈歐陽文忠公夫人薛氏墓誌銘〉에 "손자가 여섯 명인데……구양서는 웅주방어추관을 역임했다(孫男六人……恕, 雄州防禦推官)"라고 했다.

(2) 華州(화주): 지금의 섬서성 華縣 일대.

(3) 監酒(감주): 양조 업무를 감독하는 관리.

(4) 文忠公(문충공): 구양수의 시호.

(5) 四子(사자): 구양수의 아들 가운데 성인이 될 때까지 생존한 네 명을 가리킨다. 소철의 〈구양문충공부인설씨묘지명〉에 "아들이 여덟 명인데 구양발은 옛날 승의랑으로 소부감승을 역임했고, 구양혁은 옛날 광록시승으로 감진주양료원을 역임했으며, 구양비는 조산랑으로 상서직방원외랑충집현교리를 역임했고, 구양변은 선덕랑으로 감의주하북주세를 역임했다. 그 가운데 네 명은 이름도 짓기 전에 죽었고 딸 세 명은 모두 시집을 가기 전에 죽었다(子男八人: 發, 故承議郎, 少府監丞; 奕, 故光祿寺丞, 監陳州粮料院; 棐, 朝散郎, 尙書職方員外郎充集賢校理; 辯, 宣德郎, 監宜州河北酒稅. 其四人皆未名而卒, 女三人皆未及嫁而卒)"라고 했다.

(6) 仲(중): 형제 중에서 두 번째인 사람. 구양수의 둘째 아들 구양혁을 가리킨다.

(7) 也(야): 음절을 조정하고 어기를 고르는 어기조사. 《論語·公冶長》에 "회는 하나를 들으면 그것으로 미루어 열을 알고 저 사는 하나를 들으면 그것으로 미루어 둘을 압니다(回也聞一以知十, 賜也聞一以知二)"라는 말이 있다.

(8) 徑寸(경촌): 직경이 한 치인 구슬 隋侯之珠를 가리킨다. 춘추 시대에 수후가 길을 가다가 허리가 끊어진 뱀을 보고 약을 발라서 고쳐 주었더니 나중에 뱀이 하얀 구슬을 하나 물고 와서 보답했다. 직경이 한 치쯤 되는 그 구슬은 밤에도 빛을 내어 방을 훤하게 밝혔다. 隋侯珠·靈蛇珠·明月珠라고도 한다.

(9) 脫兎(탈토): 달아나는 토끼. 송골매의 시야에서 벗어나려고 필사적으로 달아나는 토끼처럼 빠르다는 말이다.

(10) 落鶻(낙골): 송골매가 하늘을 선회하다가 달아나는 토끼를 보고 잽싸게 땅으로 내려가 덮치는 것을 가리킨다. 소식의 〈文與可畫篔簹谷偃竹記〉에 "대나무를 그릴 때는 반드시 마음속에 완성된 상태의 대나무를 구상한 다음, 붓을 잡고 오랫동안 그것을 응시하다가 그리고 싶은 부분이 보이면 얼른 일어나 붓을 휘둘러 단숨에 끝내야 한다. 자기가 본 것을 좇기를 마치 토끼가 나타난 것을 보고 매가 덮치듯 해야지, 조금이라도 늦추면 그리려는 대상이 사라져 버린다(畫竹必先得成竹於胸中, 執筆熟視, 乃見其所欲畫者, 急起從之, 振筆直遂, 以追其所見, 如兎起鶻落, 少縱則逝矣)"라고 했고, 그의 시 〈百步洪二首〉(0588) 其一에 "우리 배는 토끼가 뛰자 송골매가 덮치듯, 천 길의 내리막에 준마가 달려가듯(有如兎走鷹隼落, 駿馬下注千丈坡)"이라는 구절이 있다. 이 연은 구양혁이 엄청나게 빠른 속도로 시상을 떠올릴 뿐만 아니라 그것이 머릿속에서 사라지기 전에 더 빠른 속도로 쓴다는 말이다.

(11) 周郎(주랑): 삼국 시대 오나라 장수 周瑜를 가리킨다. 《三國志·周瑜傳》에 "주유는 젊을 때 음악에 정성을 기울여 술을 서너 잔 마신 뒤에도 곡조에 잘못된 것이 있으면 반드시 알아차렸으며 알아차리면 반드시 돌아보았기 때문에 당시 사람들이 '곡조에 잘못이 있으면, 주랑이 돌아보네' 하고 노래했다(瑜少精意於音樂, 雖三爵之後, 其有闕誤, 瑜必知之, 知之必顧, 故時人謠曰: '曲有誤, 周郎顧.')"라고 했다.

(12) 英發(영발): 재주가 빼어나다.

(13) 乃(내): 단지. 다만.

(14) 餘事(여사): 여분의 일. 중요하지 않은 일. 부수적인 일.

(15) 玄窟(현굴): 玄聖, 즉 위대한 도가의 성인들이 집으로 삼은 동굴. 孫綽의 〈遊天台山賦〉에 "천태산은 산악 가운데 신령스럽고 빼어난 것이다. 바다를 건너면 방장산과 봉래산이 있고, 육지로 오르면 사명산과 천태산이 있으니 모두 위대한 성인들이 다니며 교화하던 곳이고 신령스러운 선인들이 동굴 집으로 삼던 곳이다(天台山者, 蓋山嶽之神秀也. 涉海則有方丈·蓬萊, 登陸則有四明·天台, 皆玄聖之所遊化, 靈仙之所窟宅)"라고 했다.

(16) 長白(장백): 장백산. 소식의 자주에 "희령(1068-1077) 말에 중순보(구양혁)가 경성의 동쪽에서 나를 보더니 '도사가 임명장을 가지고 와서 저에게 주며 "상제가 그대에게 장백산 주인이 되라고 명하셨소"라고 하는 꿈을 꾸었습니다. 이게 무슨 조짐일까요?'라고 했다. 이듬해에 중순보가 죽었다(熙寧之末, 仲純父見僕於京城之東, 曰: '吾夢道士持告身授吾曰: "上帝命汝爲長白山主." 此何祥也?' 明年, 仲純父歿)"라고 했다.

(17) 名字(명자): 이름과 字. 성명을 가리킨다. 《禮記·檀弓上》에 "어릴 때는 이름을 부르고 관례를 치른 뒤에는 자를 부르며 쉰 살이 되면 형제의 서열인 백중으로 부르고 죽으면 시호를 부르는 것이 주나라의 관습이었다(幼名, 冠字, 五十以伯仲, 死謚, 周道也)"라고 했다.

(18) 絳闕(강궐): 붉은색 대궐. 신선이 사는 대궐을 가리킨다. 소식의 사 〈水龍吟〉(古來雲海茫茫)에 "옛날에 사자연이 바다를 건너 봉래산에 가서 스승을 찾으려고 했다. 바다 가운데에 이르렀을 때 어떤 사람이 사자연에게 '봉래산은 약수 너머 30만 리나 되는 곳에 있기 때문에 갈 수가 없습니다. 천태산에 사마자미라는 사람이 있는데 몸은 적성에 있지만 신선의 붉은 대궐에 이름이 올라 있으므로 찾아가

서 스승으로 삼을 만합니다'라고 했다(昔謝自然欲過海求師蓬萊. 至海中, 或謂自然: '蓬萊隔弱水三十萬里, 不可到. 天台有司馬子微, 身居赤城, 名在絳闕, 可往從之.')"라는 題序가 붙어 있다.

(19) 清潁尾(청영미): 물 맑은 潁水의 하류. 구양혁이 거주하던 영주를 가리킨다.

(20) 白鷗(백구): 杜甫의 시 〈奉贈韋左丞丈二十二韻〉에 "갈매기가 아득히 먼 곳으로 사라지면, 만 리 밖에서 누가 길들일 수 있으리오?(白鷗沒浩蕩, 萬里誰能馴?)"라는 구절이 있다. 이연은 구양혁의 죽음을 안타까워한 것이다.

(21) 三少年(삼소년): 구양혁의 아들들을 가리킨다.

(22) 千里骨(천리골): 천리마의 뼈대.

(23) 遣(견): ~하여금 ~하게 하다.

(24) 歷塊蹶(역괴궐): 흙 한 덩이를 지나가는 것만큼 빠르다. 《漢書·王褒傳》에 "도성을 지나고 나라를 넘어가는데 빠르기가 흙덩이를 지나가는 것 같다(過都越國, 蹶歷塊)"라는 말이 있는데 이에 대한 顔師古의 주에 "흙 한 덩이를 지나가는 것 같다는 뜻으로, 몹시 빠르다는 말이다(如經歷一塊, 言其疾之甚)"라고 했다. 이 구절은 구양서에게 너무 빨리 가기를 촉구하지 말라고 주위 사람들에게 당부하는 형식으로 구양서에게 충고한 것이다.

(25) 笏(홀): 관리가 임금을 뵐 때 손에 들던 길쭉하고 납작한 물건. 여기서는 보통의 필기구를 가리킨다. 이 연은 자신의 말을 잊지 말고 명심하라는 말이다.

1215. 十月十四日以病在告[1]獨酌

10월 14일에 병으로 휴가를 얻어 혼자 술을 따르며

翠柏不知秋,	푸른 측백나무는 가을을 몰라
空庭失搖落.	인적 없는 정원에서 잎이 지지 않는지라
幽人得嘉蔭,[2]	숨어 사는 사람이 멋진 그늘을 얻어
露坐方獨酌.[3]	한데에 앉아 한창 혼자 술을 따른다.
月華稍澄穆,[4]	달빛은 점점 더 휘영청 밝아지고
霧氣尤淸薄.	안개 기운은 더욱 맑고 옅어지는데
小兒亦何知,[5]	아이들이야 역시 무엇을 알리?
相語翁正樂.[6]	늙은이가 한창 즐거워한다고 서로 이야기한다.
銅爐燒柏子,	구리 화로에 측백나무 열매를 굽고
石鼎煮山藥.[7][8]	돌로 만든 솥으로 마를 삶는데
一杯賞月露,[9]	한 잔 마시고 달빛 어린 이슬 한 번 감상하며
萬象紛酬酢.[10][11][12]	만물에게 자주자주 잔을 건넨다.
此生獨何幸,	이내 삶에 유독 무슨 행운이 있었는지
風纜欣初泊.[13]	바람 속의 닻줄을 막 매어서 기쁜데
誓逃顏跖網,[14]	맹세하노니 안회와 도척의 그물에서 벗어나
行赴松喬約.[15][16]	적송자나 왕자교와의 약속을 지키련다.
莫嫌風有待,[17]	바람에 의지한다 싫어하지 말지니

漫欲戲寥廓.(18) 드넓은 하늘에서 마음껏 놀고 싶다.
泠然心境空,(19) 시원하고 산뜻하게 마음이 비었으니
彷佛來笙鶴.(20)(21) 생학이 날 태우러 올 것만 같다.

[해설]

몸이 아파 집에서 쉬며 혼자 술을 마신 감회를 노래한 것으로, 세상사의 구속에서 벗어나 초연하게 도가적인 삶을 살고 싶은 염원이 강하게 드러나 있다.

[주석]

(1) 在告(재고): 휴가 중에 있다.
(2) 幽人(유인): 어지러운 세상을 피하여 조용한 곳에 숨어 사는 사람. 은자. 소식 자신을 가리킨다.
(3) 露坐(노좌): 노천에 앉다.
(4) 澄穆(징목): 淸和하다.
(5) 小兒(소아): 아이. 소식 집에서 일하는 아이를 가리킨다.
(6) 翁(옹): 늙은이. 소식 자신을 가리킨다.
(7) 石鼎(석정): 韓愈의 시 〈石鼎聯句〉에 "석정으로 어찌 선약을 삶을 수 있으리오?(豈能煮仙藥?)"라는 구절이 있다.
(8) 山藥(산약): 마. 王安石의 시 〈寄育王山長老常坦〉에 "밤에 측백나무 열매를 굽고 마를 삶으며, 여기를 그리며 쉬지 않고 동쪽으로 바라보리(夜燃柏子煮山藥, 憶此東望無時休)"라는 구절이 있다.
(9) 月露(월로): 달빛을 받으며 떨어지는 이슬.
(10) 萬象(만상): 만물. 李白이 〈月下獨酌〉에서 술벗으로 삼았다는 달·그림자 따위의 삼라만상을 가리킨다. 이 구절은 삼라만상을 벗 삼아 혼자 술을 마신다는 말이다.
(11) 紛(분): 많다.
(12) 酬酢(수작): 술잔을 서로 주고받다.
(13) 風纜(풍람): 바람 속의 닻줄. 풍랑을 만나 걷잡을 수 없을 정도로 빨리 달리는 배를 가리킨다. 한유의 시 〈秋懷詩十一首〉 其七에 "바람을 받아 질주하는 배를 탄 것과 같이, 한 번 띄웠다 하면 닻줄을 맬 수 없네(有如乘風船, 一縱不可纜)"라는 구절이 있다. 이 연은 자신이 풍랑을 만난 것처럼 험난한 벼슬길에서 막 안식을 얻게 되어 다행스럽다는 말이다.
(14) 顔跖網(안척망): 顔回와 盜跖의 그물. 세속적인 가치관에서 비롯되는 정신적 구속을 가리킨다. 안회는 학문을 좋아하고 안빈낙도하여 孔子가 제자들 중에서 가장 총애했지만 일찍 죽었고, 도척은 수천 명의 무리를 거느리고 천하를 횡행한 큰 도적이었지만 천수를 다 누렸다. 《史記·伯夷傳》에 "어떤 사람이 말하기를 '천도는 공정하여 사사로움이 없고 항상 선량한 사람을 돕는다'라고 하던데 백이·숙제

같은 사람은 선량한 사람이라고 할 수 있는가 없는가? 인덕을 쌓고 결백하게 행동한 것이 이와 같았는데 오히려 굶어 죽다니! 또 칠십 제자 가운데 중니(공자)는 유독 안연(안회)이 학문을 좋아한다고 소개했다. 그러나 안회는 여러 번 밥그릇이 비어 지게미나 겨를 먹는 것을 마다하지 않았는데도 불구하고 결국 일찍 죽었다. 하늘이 선량한 사람에게 내린 보답이 어떠한가? 도척은 날마다 죄 없는 사람을 죽여서 사람의 고기를 먹었으며 잔악하고 방자하게 굴며 무리를 수천 명 모아 천하를 휩쓸고 다녔는데도 결국 천수를 다하고 죽었다. 이것은 무슨 덕을 쌓았기 때문인가?(或曰: '天道無親, 常與善人.' 若伯夷·叔齊, 可謂善人者非邪? 積仁潔行如此而餓死! 且七十子之徒, 仲尼獨薦顔淵爲好學. 然回也屢空, 糟糠不厭, 而卒蚤夭. 天之報施善人, 其何如哉? 盜蹠日殺不辜, 肝人之肉, 暴戾恣睢, 聚黨數千人橫行天下, 竟以壽終. 是遵何德哉?)"라는 말이 있다. 이 구절은 세속적인 삶에서 탈피하겠다는 말이다.

(15) 行(행): 장차.

(16) 赴松喬約(부송교약): 松喬는 신선인 赤松子와 王子喬를 가리키고 '赴約'은 약속을 지킨다는 뜻이다. 王褒의 〈聖主得賢臣頌〉에 "어찌 꼭 팽조처럼 고개를 숙였다 들었다 하고 몸을 굽혔다 폈다 하거나 왕자교와 적송자처럼 숨을 내쉬었다 들이쉬었다 하면서 아득히 속세와의 인연을 끊고 멀리 떠날 필요가 있으리오!(何必偃仰詘信若彭祖, 呴噓呼吸如喬松, 眇然絶俗離世哉!)"라는 말이 있다. 이 구절은 도가적인 삶을 추구하고 싶다는 말이다.

(17) 風有待(풍유대): 바람에 의지하는 면이 있다. 바람이 생기기를 기다렸다가 그것을 타고 다닌다는 뜻으로, 완전히 자유자재하지는 않다는 말이다. 《莊子·逍遙遊》에 "저 열자는 바람을 타고 다녀 시원하고 좋았다.……이것은 비록 걸어다니는 것은 면했다고 할지라도 아직도 의지하는 바가 있는 것이다(夫列子御風而行, 泠然善也.……此雖免乎行, 猶有所待者也)"라고 했다.

(18) 寥廓(요확): 막힌 데가 없이 툭 트이고 넓다. 넓고 먼 하늘을 가리킨다.

(19) 泠然(영연): 시원하다. 산뜻하다.

(20) 彷佛(방불): 마치 ~와 같다.

(21) 笙鶴(생학): 신선이 타는 학을 가리킨다. 周나라 靈王의 태자인 왕자교는 笙을 잘 불어 봉황의 울음소리를 낼 줄 알았다. 伊水와 洛水 일대에서 노닐다가 浮丘公을 따라 嵩山으로 들어갔는데 30년 뒤에 신선이 되어 학을 타고 緱氏山 꼭대기로 와서 가족들과 작별하고 하늘로 올라갔다.(《列仙傳·王子喬》 참조) 이 구절은 자신이 마치 신선이 된 것 같다는 말이다.

1216. 獨酌試藥玉[1]滑盞, 有懷諸君子. 明日望夜, 月庭佳景不可失, 作詩招之

혼자 술을 따라 마시며 약옥으로 만든 매끈한 술잔이 어떤지 시험해 보다가 여러 군자가 생각났다. 내일이 보름밤이기 때문에 달빛 비친 정원의 아름다운 경치가 놓쳐서는 안 될 정도라 시를 지어서 그들을 초대한다

鎔鉛煮白石,	납을 녹여 거기에 백석을 삶아
作玉眞自欺.	옥을 만들어 참으로 자신을 기만했네.
琢削爲酒杯,	쪼고 깎아 술잔을 만들었는데
規摹定州瓷.[2][3]	생김새가 정주요의 도자기를 본떴네.
荷心雖淺狹,[4]	연잎의 가운데는 비록 얕고 좁아도
鏡面良渺瀰.[5][6]	거울 같은 표면은 참으로 넓디넓네.
持此壽佳客,[7]	이것으로 귀한 손님에게 장수를 빌 터인데
到手不容辭.[8]	잔이 손에 이를 때 사양해선 안 되네.
曹侯天下平,[9]	조공은 천하의 공평한 사람
定國豈其師.[10][11]	우정국이 아마도 그의 스승일 것 같네.
一飮至數石,[12]	한 번 마셨다 하면 여러 섬을 마시지만
溫克頗似之.[13]	온화하고 공손한 게 그와 많이 닮았네.
風流越王孫,[14]	풍류가 넘치는 월왕 후손은
詩酒屢出奇.[15]	시와 술이 범상치 않은 때가 많았네.
喜我有此客,	기쁘게도 나에게 이런 손님들이 있으니
玉杯不徒施.[16]	옥 술잔을 주어도 헛되지 않네.
請君詰歐陳,[17][18]	그대여 구양씨와 진씨에게 물어보게

問疾來何遲.[19] 문병하러 오는 것이 어찌 이리 늦은지.
呼兒掃月榭, 아이 불러 달빛 비친 정자를 쓸어 놓고
扶病及良時.[20][21] 아픈 몸을 이끌고 좋은 때에 맞추어 즐기려네.

[해설]

혼자 약옥으로 만든 납작한 술잔에 술을 따라 마시다가 달밤의 경치가 놓치기 아까울 정도로 아름다운지라 친구들과 함께 즐기고 싶은 마음에 보름달이 뜨는 다음 날 밤에 함께 마시자고 제의한 것이다.

[주석]

(1) 藥玉(약옥): '돌에 약품을 넣고 삶아서 색깔이 옥과 비슷하고 광택이 나는 물질'이 사전적 의미이다. 그러나 이 시의 첫 연에 의하면 백석을 끓는 납 속에 넣고 삶음으로써 백석 성분과 납 성분이 한데 섞인 물질인 것으로 보인다.

(2) 規摹(규모): 본뜨다.

(3) 定州瓷(정주자): 宋代 五大名窯 중의 하나인 定州窯에서 구운 도자기.

(4) 荷心(하심): 연잎의 중심. 연잎의 중심은 깔때기처럼 생겨 술잔으로 사용할 수 있는데 이것을 荷葉杯라고 한다. '藥玉滑盞'이 하엽배처럼 생겼음을 알 수 있다.

(5) 鏡面(경면): 연잎에 담긴 술의 표면을 가리킨다.

(6) 渺瀰(묘미): 아득하게 넓다. 이 연은 하엽배 같은 약옥 술잔이 아래는 좁다랗고 위는 매우 넓다는 말이다.

(7) 壽(수): 장수를 빌다. 祝壽하다.

(8) 到手(도수): 술잔이 자기 앞으로 오는 것을 가리킨다. 歐陽修의 시 〈送梅堯臣赴潮州〉에 "잔이 돌다 앞에 오면 취했다 사양 말게, 내일이면 동남쪽에서 노를 젓고 있을 테니(杯行到手莫辭醉, 明日擧棹天東南)"라는 구절이 있다.

(9) 曹侯(조후): 曹公. '侯'는 사대부에 대한 존칭이다. 제목에서 말한 '諸君子' 가운데 한 사람인 것으로 보인다. 王十朋의 《百家註分類東坡先生詩》에 "같은 시기의 조씨 성을 가진 사람을 가리켜서 한 말이다. 아마도 대리(즉 廷尉)의 관직을 지낸 사람이리라!(指言同時姓曹人也. 豈官大理者乎!)"라고 했다.

(10) 定國(정국): 한나라 사람 于定國을 가리킨다. 《한서·우정국전》에 "그는 의심스러운 일을 판결할 때 법 적용을 공평하게 했다. 조정에서 그를 칭송하여 '장석지가 정위일 때는 천하에 억울한 백성이 없더니 우정국이 정위일 때는 백성들이 스스로 억울하지 않다고 여기네'라고 했다(其決疑平法.……朝廷稱之曰: '張釋之爲廷尉, 天下無冤民; 于定國爲廷尉, 民自以不冤.')"라는 기록이 있다.

(11) 豈(기): 아마도.

(12) 數石(수석): 여러 섬. 한 섬은 열 말이다. 《한서·우정국전》에 "우정국은 술을 몇 섬이나 마셔도 자세가 흐트러지지 않았거니와 겨울철에 판결을 요청할 경우 술을 마시면 더욱 정확하고 공명했다(定國食酒至數石不亂, 冬月治請讞, 飮酒益精明)"라는 기록이 있다.

(13) 溫克(온극): 온화하고 공손하다. 《詩經·小雅·小宛》에 "사람이 현명하고 지혜로우면, 술을 마신 뒤에도 온화하고 공손하다(人之齊聖, 飮酒溫克)"라는 구절이 있다.

(14) 越王孫(월왕손): 趙令畤를 가리킨다. 왕십붕의 《백가주분류동파선생시》에 "조경황을 가리켜서 한 말이다. 그는 월왕의 후손이요 화원공의 아들이다(指言景貺也. 乃越王之孫, 華原公之子)"라고 했다. 조영치는 송나라 태조 趙匡胤의 차남 趙德昭의 玄孫이다. 조덕소는 죽은 뒤 魏王·吳王·越王 등에 추봉되었다.

(15) 出奇(출기): 특출하고 기이하다.

(16) 徒施(도시): 헛되이 베풀다. 좋아하지도 않는 사람에게 술을 따라 주는 것을 말한다. 이 구절은 曹侯와 조영치가 다 술을 좋아하기 때문에 술을 따라 주는 보람이 있다는 말이다.

(17) 君(군): 최근에 자주 歐陽棐·歐陽辯·陳師道와 더불어 소식을 모시고 함께 술을 마신 조영치를 가리키는 것으로 보인다.

(18) 歐陳(구진): 구양비·구양변과 진사도를 가리킨다. 〈景貺·履常屢有詩, 督叔弼·季默倡和, 已許諾矣, 復以此句挑之〉(1210) 주 (2)(3)(4) 참조.

(19) 問疾(문질): 문병하다. 병이 난 소식 자신에게 와서 함께 술을 마시는 것을 가리킨다.

(20) 扶病(부병): 병든 몸을 지탱하다.

(21) 良時(양시): 좋은 때. 보름날을 가리킨다.

1217. 歐陽季默[1]以油烟墨[2]二丸[3]見餉[4], 各長寸許[5], 戲作小詩

구양계묵이 길이가 각각 한 치가량 되는 유연묵 두 개를 나에게 주기에 장난삼아 짧은 시를 짓는다

書窗拾輕煤,[6][7]	서재의 창문에서 얇은 그을음을 긁어모으고
佛帳掃餘馥.[8][9]	부처님의 휘장에서 남은 향을 쓸어 모았네.
辛勤破千夜,[10]	천 밤 동안 부지런히 모으고 모아
收此一寸玉.[11]	한 치짜리 이 옥을 손에 넣었네.
癡人畏老死,[12]	어리석은 이 사람은 늙어 죽어서
腐朽同草木.	초목처럼 썩는 것을 두려워했네.
欲將東山松,[13][14]	그래서 동산의 소나무를 가지고
涅盡南山竹.[15][16]	남산의 대를 모두 검게 물들이려 했네.
墨堅人苦脆,[17]	그런데 먹은 단단하고 사람은 매우 취약하니
未用歎不足.	부족하다고 한탄할 필요가 없네.
且當注蟲魚,[18][19]	그래도 벌레와 물고기에 주석이나 달아야지
莫草三千牘.[20][21]	삼천 개의 목간에 상소문을 쓰지는 말 일이네.

[해설]

구양변에게 조그만 먹을 두 개 받았을 때의 감회를 해학적인 필치로 노래하여 구양변을 놀린 것이다.

[주석]

(1) 季默(계묵): 구양수의 넷째 아들 歐陽辯의 字. 〈復次韻謝趙景貺·陳履常見和, 兼簡歐陽叔弼兄弟〉(1200) 주 (5) 참조.

(2) 油烟墨(유연묵): 기름을 태워서 얻은 그을음으로 만든 먹. 먹의 이름이기도 하다. 소나무를 태워서 얻은 그을음으로 만든 먹은 송연묵이라고 한다.

(3) 丸(환): 공처럼 둥글게 생긴 물건을 셀 때 사용하는 단위 명사. 옛날에는 먹이 둥글게 생겼기 때문에 '丸'으로 수량을 표시했다.

(4) 見餉(견향): 나에게 주다. 〈次韻錢越州見寄〉(1099) 주 (2) 참조.

(5) 寸許(촌허): 한 치가량. 송나라 때는 한 치가 3.072㎝였다.

(6) 書窗(서창): 서재의 창.

(7) 輕煤(경매): 얇게 앉은 그을음.

(8) 佛帳(불장): 불상을 모셔 놓은 방의 휘장.

(9) 餘馥(여복): 불상 앞에 있는 향의 그을음이 휘장에 쌓인 것을 가리킨다.

(10) 破(파): 쓰다. 소모하다.

(11) 一寸玉(일촌옥): 구양변이 준 먹을 가리킨다.

(12) 癡人(치인): 어리석은 사람. 이하의 네 구절은 소식 자신이 옛날에 존재감 없이 죽는 것을 두려워하여 글을 많이 쓰려고 했다는 말이다.

(13) 將(장): ~을 가지고.

(14) 東山松(동산송): 동산의 소나무로 만든 먹을 가리킨다. 《墨經·松》에 "옛날에는 소나무 그을음을 사용했다……연주·기주·등주·밀주 일대의 산을 모두 동산이라고 했다……옛날부터 동산의 소나무는 색깔이 곱고 광택이 나며 기름기가 많고 성질이 중후하여 품질이 상의 상이었다(古用松煙……兗·沂·登·密之間山, 總謂之東山……自昔東山之松, 色澤肥膩, 性質沈重, 品惟上上)"라고 했다.

(15) 涅盡(열진): 다 검게 물들이다. 먹으로 글씨를 다 쓴다는 말이다. '盡'은 동사 뒤에 붙어서 동작의 완료를 나타낸다.

(16) 南山竹(남산죽): 남산의 대나무로 만든 竹簡, 즉 종이를 가리킨다. 《梁書·元帝本紀》에 "남산의 대나무로 만든 죽간으로 그 죄를 다 말하기에 부족하고 서산의 토끼털로 만든 붓으로 그 죄를 다 쓰기에 부족하다(南山之竹, 未足言其愆; 西山之兎, 不足書其罪)"라는 말이 있다.

(17) 人苦脆(인고취): 사람이 참으로 취약하다. 사람이 오래 살지 못하고 죽는 것을 가리킨다. 陶淵明의 〈祭從弟敬遠文〉에 "술잔을 어루만지며 말하노니 사물은 오래가고 사람은 취약하다(撫杯而言, 物久人脆)"라는 말이 있고, 소식의 시 〈次韻答舒教授觀余所藏墨〉(0549)에 "이 먹이 삼십 년은 족히 버틸 것인즉, 풍상이 머리와 이에 스며들까 걱정이오(此墨足支三十年, 但恐風霜侵髮齒)"라는 구절이 있다. 이 연은 자신이 언제 죽을지 모르기 때문에 먹이 그다지 많이 필요하지 않다는 말이다.

(18) 且當(차당): 반드시 ~해야 하다.

(19) 注蟲魚(주충어): 벌레와 물고기에 대하여 註解하다. 韓愈의 시 〈讀皇甫湜公安園池詩書其後〉에 "《이

아》는 벌레와 물고기에 대해 주해했으니, 대범한 사람은 분명 아닐 것이다(爾雅注蟲魚, 定非磊落人)"라는 구절이 있다.

(20) 草(초): 起草하다. 쓰다.

(21) 三千牘(삼천독): 3천 개의 簡牘. 《史記·滑稽傳》에 "東方朔은 처음으로 장안에 들어갔을 때 公車를 찾아가 상소문을 올렸는데 모두 3천 개의 간독을 썼다. 공거에서 두 사람에게 그 상소문을 들게 하여 겨우 옮길 수 있었다. 임금님이 상방에 가서 상소문을 읽다가 휴식할 때마다 표시를 해 가며 두 달 동안 읽고 나서야 끝났다(朔初入長安, 至公車上書, 凡用三千奏牘. 公車令兩人共持擧其書, 僅然能勝之. 人主從上方讀之, 止, 輒乙其處, 讀之二月乃盡)"라고 했다. 王文誥의 《蘇軾詩集》에 "먹이 작기 때문에 겨우 벌레와 물고기나 주해할 수 있다는 말이다(謂墨小僅可注蟲魚也)"라고 한 바와 같이, 이 연은 구양변이 준 먹이 작아도 너무 작기 때문에 동방삭처럼 3천 개의 간독에 상소문을 쓸 수는 없다는 뜻의 우스갯소리이면서 동시에 자신이 더 이상 정치적인 일에 관심을 두지 않겠다는 뜻도 내포하고 있는 것으로 보인다.

1218. 明日復以大魚爲饋, 重二十斤[1], 且求詩, 故復戲之

이튿날 또 무게가 스무 근이나 되는 커다란 물고기를 보내고 또 시를 지어 달라고 하는지라 다시 그를 놀린다

漢廷九尺人,[2]	한나라 조정의 아홉 자 되는 사람
誰似老方朔.	그 누가 이 늙은 동방삭과 같으리오?
那將一寸金,[3][4]	그런데 어떻게 한 치짜리 보물로
令足三冬學.[5]	삼 년 동안 공부하기에 충분하게 하리오?
餉魚欲自洗,[6]	고기를 보내 자신의 불명예를 씻으려는데
鱗尾光卓犖.[7]	비늘과 꼬리가 유난히도 빛나네.
我是騎鯨手,[8]	그러나 나는 고래를 타고 다니는 사람이라
聊堪充鹿角.[9][10]	아쉬운 대로 녹각으로나 칠 수 있겠네.

[해설]

구양변에게 한 치짜리의 작디작은 먹을 받고 해학적인 말투로 그를 놀리는 시를 지어 보내자 구양변이 그것을 보고 약이 올라 다시 스무 근이나 되는 엄청나게 큰 물고기를 보냈는데 소식이 이것에 대해서도 우스갯소리를 한 것이다. 두 사람이 얼마나 허물없는 사이였는지를 엿보게 하는 시이다.

[주석]

(1) 二十斤(이십근): 약 12kg에 해당한다. 송나라 때는 한 근이 596.82g이었다.

(2) 九尺人(구척인): 키가 아홉 자인 사람. 東方朔을 가리킨다. 한나라 때는 한 자가 22.5㎝였다. 《한서·동방삭전》에 "난쟁이들은 키가 석 자 남짓일 뿐인데 봉록이 곡식 한 주머니와 돈 240전이고, 저는 키가 아홉 자가 넘는데도 역시 봉록이 곡식 한 주머니와 돈 240전입니다. 난쟁이들은 배가 불러서 죽을 지경이고 저는 배가 고파서 죽을 지경입니다(朱儒長三尺餘, 奉一囊粟, 錢二百四十; 臣朔長九尺餘, 亦奉一囊粟, 錢二百四十. 朱儒飽欲死, 臣朔飢欲死)"라는 말이 있다.

(3) 將(장): ~을 가지고. ~으로.

(4) 一寸金(일촌금): 한 치짜리 보물. 앞의 시에서 말한 '一寸玉'과 마찬가지로 歐陽辯이 준 작은 먹을 가리킨다.

(5) 三冬(삼동): 3년을 가리킨다. 《한서·동방삭전》에 "저는 열세 살 때 공부를 하기 시작했는데 3년 만에 문서와 記事를 이용할 수 있게 되었습니다(年十三學書, 三冬文史足用)"라고 했다. 이 연은 자신이 동방삭처럼 공부를 많이 하는 사람이기 때문에 조그만 먹으로는 충분하지 않다고 우스갯소리를 한 것이다.

(6) 自洗(자세): 어제 너무 작은 먹을 줌으로써 생긴 자신의 불명예를 씻는다는 말이다.

(7) 卓犖(탁락): 출중하게 뛰어나다.

(8) 騎鯨手(기경수): 고래를 타고 다니는 통이 큰 사람.

(9) 充(충): 충당하다. 간주하다.

(10) 鹿角(녹각): 조그만 물고기의 이름. 이 구절은 무게가 20근이나 되는 큰 물고기도 자신에게는 피라미에 불과하다고 우스갯소리를 한 것이다.

1219. 和趙景貺[1]栽檜

조경황이 노송나무를 심고 나서 지은 시에 화답하여

汝陰多老檜,[2]	여음 땅에는 늙은 노송나무가 많아
處處屯蒼雲.[3][4]	곳곳에 푸른 구름이 진 치고 있네.
地連丹砂井,[5][6]	그 땅이 단사정에 붙어 있어서
物化青牛君.[7][8]	나무가 화하여 푸른 소로 바뀌네.
時有再生枝,[9]	때때로 죽었다가 다시 난 가지도 있고
還作左紐紋.[10][11]	왼쪽으로 틀어진 무늬도 이루었네.
王孫有古意,[12][13]	왕손께선 예스러운 멋이 있어서
書室延淸芬.[14][15]	서실에 맑은 향을 맞아들이네.
應憐四孺子,[16]	틀림없이 어린아이 네 명을 사랑하여
不墮凡木羣.	평범한 나무들 틈에 떨어뜨리지 않으리.
體備松柏姿,[17]	몸통이 소나무와 측백의 자태를 갖추고
氣含芝朮薰.[18]	기운이 영지와 삽주의 향을 머금으리.
初扶鶴立骨,	처음에는 서 있는 학의 뼈대를 부지하여
未出龍纏筋.[19]	용이 얽힌 힘줄을 드러내지 않으리.
巢根白蟻亂,[20]	뿌리에 집을 지은 흰개미가 어지럽고
網葉秋蟲紛.[21]	잎사귀에 그물을 친 가을벌레가 분분하리.
乃知蔽芾初,[22]	그래서 알겠나니 잎이 보드라운 초기에

甚要封殖勤.(23)	참으로 힘을 다해 길러야 하리.
他年皮三寸,(24)	훗날에 껍질이 세 치나 되면
狐鼠了不聞.(25)	여우 소리 쥐 소리가 조금도 안 들리리.

[해설]

조영치가 노송나무를 심고 나서 지은 시에 화답한 것이다. 영주는 노송나무가 자라기에 좋은 환경적 요인을 갖추고 있으니 어린 노송나무를 정성껏 잘 길러서 거목으로 만들라고 충고했다.

[주석]

(1) 景貺(경황): 趙令畤의 字. 〈復次韻謝趙景貺·陳履常見和, 兼簡歐陽叔弼兄弟〉(1200) 주 (1) 참조.

(2) 汝陰(여음): 지금의 안휘성 阜陽. 潁州의 屬縣으로 영주 관아 소재지였기 때문에 영주를 가리킨다.

(3) 屯(둔): 진을 치다. 모이다.

(4) 蒼雲(창운): 널찍하게 퍼져 있는 노송나무 숲을 가리킨다.

(5) 地(지): 북쪽으로 亳州와 경계를 맞대고 있는 영주를 가리킨다. 주 (6) 참조.

(6) 丹砂井(단사정): 단사가 묻혀 있다는 전설상의 우물. 이 우물의 물을 마시면 장수한다는 전설이 있었다. 王十朋의 《百家註分類東坡先生詩》에 "영주의 동쪽은 박주와 경계가 맞닿아 있는데 박주의 노군관에 단사정이 있다. 그 옆에 노송나무가 있는데 그 무늬는 왼쪽으로 틀어져 있고 그 가지는 말랐다가 다시 살아났다(潁州之東, 與亳州接境, 亳州老君觀, 有丹砂井. 旁有檜, 其文左紐, 其枝枯而再生)"라고 했다.

(7) 物(물): 노송나무를 가리킨다.

(8) 青牛君(청우군): '青牛'에 대한 존칭. 《玄中記》에 "천 년 묵은 나무는 그 정기가 화하여 푸른 양이 되고 만 년 묵은 나무는 그 정기가 화하여 푸른 소가 된다. 진시황이 커다란 나무를 베라고 했더니 그 안에서 푸른 소가 뛰어나와 풍수로 들어갔다(千歲之樹精化爲青羊, 萬歲之樹精化爲青牛. 秦始皇使人伐大樹, 有青牛躍出, 走入豐水)"라고 했고, 《嵩山記》에 "숭산에 커다란 소나무가 있었는데 천 년이 지나자 푸른 소로 화하기도 하고 엎드린 거북이로 화하기도 했다(嵩山有大松樹, 千歲化爲青牛, 或爲伏龜)"라고 했다. 이 연은 조영치가 심은 노송나무도 단사를 섭취하여 아주 오래 살 것이라는 말이다.

(9) 再生枝(재생지): 소식의 자주에 "영주의 영단관에 죽었다가 다시 살아난 노송나무가 있다(潁之靈壇觀, 有再生檜)"라고 했다.

(10) 還(환): 또.

(11) 左紐紋(좌뉴문): 왼쪽으로 틀어진 무늬. 매우 오래된 노송나무 줄기의 껍질이 이룬 무늬를 가리키는 것으로 보인다. 주 (6) 참조.

(12) 王孫(왕손): 조영치를 가리킨다. 그는 송나라 태조 趙匡胤의 차남 趙德昭의 玄孫이다. 〈獨酌試藥玉滑盞, 有懷諸君子. 明日望夜, 月庭佳景不可失, 作詩招之〉(1216) 주 (14) 참조.

(13) 古意(고의): 예스러운 풍취를 좋아하는 마음.

(14) 延(연): 맞아들이다. 끌어들이다.

(15) 淸芬(청분): 맑은 향기. 노송나무의 향기를 가리킨다.

(16) 孺子(유자): 어린아이. 조영치가 심은 노송나무의 묘목을 가리킨다. 《管子·小問》에 "싹이 막 나왔을 때에는 보들보들한 것이 얼마나 어린아이 같은가!(苗始其少也, 眗眗乎, 何其孺子也!)"라는 말이 있다.

(17) 松柏姿(송백자): 소나무와 측백나무의 자태. 《爾雅·釋木》에 "노송나무는 측백나무 잎에 소나무 몸통이다(檜, 柏葉松身)"라고 했다.

(18) 芝朮(지출): 靈芝와 삽주. 삽주는 국화과의 여러해살이풀로 어린잎은 식용하고 뿌리는 약용한다.

(19) 龍纏筋(용전근): 용이 얽혀 있는 것 같은 힘줄. 여기저기로 왕성하게 뻗어 나간 노송나무의 뿌리를 가리킨다.

(20) 白蟻(백의): 흰개미. 개미와 비슷한데 몸통은 흰색이고 머리는 검은 갈색이다. 땅에 묻힌 나무 속에서 나무를 갉아먹고 산다.

(21) 秋蟲(추충): 가을벌레. 羅隱의 〈秋蟲吟序〉에 "가을벌레는 거미이다. 몸을 맡기는 곳도 그물이고 배를 채우는 곳도 그물이다(秋蟲, 蜘蛛也. 致身羅網間, 實腹亦羅網間)"라고 했다. 그러나 여기서는 나은이 말한 거미나 일반적으로 말하는 귀뚜라미에 국한 되는 것이 아니라, 그물로 집을 지어 월동을 준비하는 각종 가을벌레를 두루 가리키는 것으로 보인다. 이 연은 노송나무가 어릴 때에는 각종 벌레가 꼬여서 나무를 해칠 것이라는 말이다.

(22) 蔽芾(폐비): 잎이 막 돋아나는 모양. 어려서 보들보들한 모양. 《詩·小雅·我行其野》에 "저 들판을 가노라니, 가죽나무 어린잎이 보들보들 돋아나네(我行其野, 蔽芾其樗)"라는 구절이 있다.

(23) 封殖(봉식): 북을 돋우어 주며 기르다.

(24) 皮三寸(피삼촌): 《漢書·晁錯傳》에 "저 북방 오랑캐의 땅은 음산한 기운이 쌓인 곳으로 나무껍질이 세 치나 되고 얼음의 두께가 여섯 자나 됩니다(夫胡貉之地, 積陰之處也. 木皮三寸, 冰厚六尺)"라고 한바, 이는 북방의 나무가 추위에 대비하기 위하여 껍질이 두꺼워진다는 말이다. 여기서는 껍질의 두께가 세 치나 될 정도로 나무가 엄청나게 굵어지는 것을 가리킨다.

(25) 了不(요불): 전혀 ~하지 않다. 이 연은 노송나무가 거목이 되고 나면 목질이 단단할 뿐만 아니라 거슬리는 향내도 나기 때문에 짐승들이 함부로 다가와 해치지 못할 것이라는 말이다.

1220. 葉待制[1]求先墳[2]永慕亭[3]詩

섭 대제가 선영의 영모정을 읊은 시를 부탁하여

靈區有異產,[4][5]	신성한 지역에는 기이한 물건이 있고
化國無潛珍.[6][7]	교화가 있는 나라에는 숨은 보배가 없는 법
承平百年間,[8][9]	태평성대를 이루었던 백 년 동안에
簪纓半齊民.[10][11]	비녀 꽂고 갓끈 맨 사람의 반은 평민이었네.
建溪富奇偉,[12]	건계 일대엔 기이하고 위대한 사람이 많은데
葉氏初隱淪.[13]	섭씨도 처음에는 세상에 나가지 않았네.
森然見喬木,[14]	우뚝우뚝 솟아 있는 교목들이 보이는데
其下維德人.[15][16]	그 아래에 덕망 높은 사람이 있네.
佳哉鬱葱葱,[17]	울울창창한 모습이 아름답나니
氣若鳳與麟.	그분들의 기세가 봉황이나 기린 같았네.
聯翩出儒將,[18][19]	끊임없이 선비 같은 장수가 나왔나니
豈惟十朱輪.[20]	어찌 바퀴 붉은 수레가 열 대에 그쳤으리?
新松無鹿觸,[21]	새로 심은 소나무는 건드리는 사슴이 없고
舊柏有烏馴.[22]	옛날의 측백에는 길든 까마귀가 있으리.
待公歸上冢,[23]	공이 돌아가 산소를 찾아갈 때면
淚葉乃肯春.[24][25]	눈물이 잎에 떨어질 테니 어찌 봄빛이 돌려 하리.

[해설]

박주지주 섭강직의 부탁을 받아 섭강직이 자기 조상의 선영에 정자를 지은 일을 읊은 것이다.

[주석]

(1) 葉待制(섭대제): 施元之의 《施注蘇詩》에 "섭 대제는 이름이 강직이고 자가 경온으로 건주(지금의 복건성 建甌) 사람이다.……직용도각에서 대제로 승진했다. 섬서도전운사로 재임할 때 박주를 맡겨 달라고 주청했으며 조정으로 불려 들어가 병부시랑이 되었다가 죽었다(葉待制, 名康直, 字景溫, 建州人.……自直龍圖閣進待制. 陝西都轉運使, 請亳州, 召爲兵部侍郎, 卒)"라고 했고, 馮應榴의 《蘇軾詩集合注》에 "《續資治通鑑長編》에 '원우 6년(1091) 5월에 섭강직이 박주지주로 나갔다'라고 했으니 선생이 이 시를 지은 것은 바로 그가 박주에서 관직 생활을 할 때였다(《續通鑑長編》: '元祐六年五月, 葉康直知亳州.' 先生作詩, 正其官亳時也)"라고 했다.

(2) 先墳(선분): 조상의 무덤. 仙塋.

(3) 永慕亭(영모정): 영구적으로 조상을 추모하기 위하여 산소 주변에 지은 정자.

(4) 靈區(영구): 신령스러운 구역. 聖域.

(5) 異産(이산): 기이한 산물.

(6) 化國(화국): 교화가 잘 시행되어 태평한 나라. 《後漢書·王符傳》에 수록된 왕부의 《潛夫論·愛日》에 "교화된 나라의 해는 느릿하고 길기 때문에 그 백성들이 한가하고 여력이 있으며 어지러운 나라의 해는 급하고 짧기 때문에 그 백성들이 고단하고 여력이 없다'라고 했다(化國之日舒以長, 故其民閑暇而力有餘; 亂國之日促以短, 故其民困務而力不足.')"라고 했다.

(7) 潛珍(잠진): 숨어 있는 보배. 세상에 나가지 않고 초야에 묻혀서 지내는 뛰어난 인재를 가리킨다. 《論語·泰伯》에 "천하에 도가 있으면 나타나고 도가 없으면 숨어 버린다. 나라에 도가 있는데 빈천한 것도 수치이고, 나라에 도가 없는데 부귀한 것도 수치이다(天下有道則見, 無道則隱. 邦有道, 貧且賤焉, 恥也; 邦無道, 富且貴焉, 恥也)"라는 말이 있다.

(8) 承平(승평): 태평하다.

(9) 百年(백년): 송나라 개국 이후의 약 130년을 개략적인 숫자로 말한 것이다.

(10) 簪纓(잠영): 고관들이 사용하던 비녀와 갓끈. 고관대작을 가리킨다.

(11) 齊民(제민): 평민. 이 연은 송나라 개국 이후 지금까지 평민도 능력만 있으면 고관대작이 될 수 있는 태평성대였다는 말이다.

(12) 建溪(건계): 建陽溪라고도 한다. 섭강직의 고향인 건주를 지나 閩江으로 합류한다.

(13) 隱淪(은륜): 몸을 숨기다. 은거하다.

(14) 森然(삼연): 높이 솟아 있는 모양.

(15) 維(유): 의미 없는 조사이다. 《詩經·小雅·鶴鳴》은 毛詩序에서 周나라 宣王에게 초야에 숨어 있는 현인을 찾아 등용할 것을 권고한 시라고 했는데 이 시에 "즐겁구나 저 동산, 그곳에 박달나무가 심어져

있고, 그 아래에는 또 닥나무가 서 있구나(樂彼之園, 爰有樹檀, 其下維穀)"라는 구절이 있다.

(16) 德人(덕인): 덕망이 높은 사람. 무덤 속에 있는 섭씨 집안의 조상을 가리킨다.

(17) 鬱葱葱(울총총): 울울총총하다. 울울창창하다.

(18) 聯翩(연편): 새가 떼를 지어 날아가는 것처럼 끊임이 없는 모양.

(19) 儒將(유장): 박학하고 문아하여 선비의 풍도가 있는 장수.

(20) 朱輪(주륜): 봉록이 2,000석에 달할 정도인 고관대작들이 타던 수레. 붉은색을 칠한 바퀴가 달려 있었다. 《漢書·楊惲傳》에 "양운의 집안이 한창 융성할 때는 붉은 바퀴 달린 수레를 탄 사람이 열 명이었지요(惲家方隆盛時, 乘朱輪者十人)"라는 말이 있다.

(21) 鹿觸(녹촉): 사슴이 건드리다. 晉나라 효자 許孜는 양친이 돌아가셨을 때 아내를 떠나 시묘살이를 했다. 그는 산소 옆에 5~6리나 되게 소나무와 측백나무를 심어 놓았는데 사슴이 와서 소나무 묘목을 뜯어 먹는지라 "사슴아 너는 내 걱정을 안 하느냐?" 하고 탄식했다. 그랬더니 맹수가 사슴을 죽여 소나무 묘목 밑에 놓아 두었다.(《진서·허자전》 참조) 또 당나라 사람 褚无量이 시묘살이를 할 때 사슴이 소나무와 측백나무를 뜯어 먹는지라 저무량이 울면서 "산에 갖가지 풀이 많이 있는데 어째서 우리 선영의 나무를 뜯어 먹느냐?"라고 하고는 밤새도록 지켰더니 이윽고 사슴들이 길들여져서 나무를 해치지 않았다. 이로 인하여 저무량은 죽을 때까지 사슴 고기를 먹지 않았다.(《구당서·저무량전》 참조)

(22) 烏馴(오순): 北齊 사람 蕭放이 시묘살이를 할 때 까마귀 두 마리가 날아와 각자 나무 한 그루씩을 차지하고 둥지를 틀어 오전에는 길들여진 것처럼 정원에서 얌전하게 물을 먹거나 모이를 쪼고 오후에는 더 이상 나무에서 내려오지 않았다. 그리고 일정한 때가 되면 날개를 펴고 슬프게 우는 것이 마치 곡을 하는 것 같았다.(《북제서·소방전》 참조)

(23) 上冢(상총): 산소를 찾아가다. 성묘하다.

(24) 淚葉(누엽): 잎에 눈물을 떨구다. 晉나라 사람 王裒는 부친 王儀가 司馬昭에게 참수된 것에 원한을 품어 조정에서 아무리 불러도 출사하지 않고 부친의 산소 옆에 오두막을 지어 놓고 거기서 지내며 아침저녁으로 늘 산소에 가서 절했다. 그가 측백나무를 붙잡고 슬프게 통곡하는 바람에 눈물이 나무에 떨어져 나무가 다 말라 죽었다.(《진서·왕부전》 참조) 이 구절은 섭강직이 눈물을 너무 많이 떨굼으로 인하여 선영에 심어 놓은 측백나무가 생기를 잃고 말라 죽을 지경이 되겠다는 뜻으로, 섭강직의 효심을 칭송한 것이다.

(25) 乃(내): 어찌.

1221. 與趙[1]·陳[2]同過歐陽叔弼[3]新治小齋[4], 戲作

조씨·진씨와 함께 구양숙필이 새로 지은 작은 서재에 들러 장난삼아 짓는다

江湖渺故國,[5][6]	강과 호수 저 너머의 아득히 먼 내 고향
風雨傾舊廬.	비바람이 낡은 오두막을 쓰러뜨리겠구나.
東來三十年,[7]	고향을 떠나 동쪽으로 온 지 벌써 서른 해
愧此一束書.[8]	이 한 묶음의 책에게 부끄럽구나.
尺椽亦何有,[9][10]	한 자짜리 서까래도 갖고 있지 않건만
而我常客居.	그런데도 나는 늘 객지에서 사는구나.
羡君開此室,[11]	부럽게도 그대는 이 집을 지었으니
容膝眞有餘.[12]	두 무릎을 들여놓기엔 정말 여유가 있겠구나.
拊牀琴動搖,[13]	평상을 톡톡 치면 거문고가 흔들리고
弄筆窗明虛.[14]	붓을 놀리면 창이 마치 없는 듯이 밝겠구나.
後夜龍作雨,[15]	한밤중이 지나자 용이 비를 만들더니
天明雪塡渠.[16]	날이 밝자 눈이 도랑을 가득 메웠네.
夢回聞剝啄,[17]	꿈길에서 돌아오자 똑똑 소리 들렸나니
誰乎趙陳予.	누가 초대받았나 조씨 진씨 나였네.
添丁走沽酒,[18]	첨정은 달려가서 술을 사 오고
通德起挽蔬.[19]	통덕은 일어나서 채소를 뽑아 왔네.
主孟當啗我,[20][21][22]	주맹은 또 우리한테

玉鱗金尾魚.	옥 비늘과 황금 꼬리의 고기 먹이는 걸 맡았네.
一醉忘其家,	한바탕 취해서는 자기 집을 잊어버려
此身自籧篨.(23)	이 몸이 자신을 대자리로 만들겠네.

[해설]

구양비가 식재라는 서재를 하나 지어 놓고 소식과 조영치·진사도를 초대하자 함께 가서 마음껏 즐긴 감회를 노래한 것이다.

[주석]

(1) 趙(조): 趙令畤를 가리킨다. 〈復次韻謝趙景貺·陳履常見和, 兼簡歐陽叔弼兄弟〉(1200) 주 (1) 참조.

(2) 陳(진): 陳師道를 가리킨다. 〈復次韻謝趙景貺·陳履常見和, 兼簡歐陽叔弼兄弟〉(1200) 주 (2) 참조.

(3) 叔弼(숙필): 歐陽修의 셋째 아들 歐陽棐의 字. 〈復次韻謝趙景貺·陳履常見和, 兼簡歐陽叔弼兄弟〉(1200) 주 (4) 참조.

(4) 小齋(소재): 息齋를 가리킨다. 陳師道에게 소식의 이 시에 차운한 시 〈次韻蘇公題歐陽叔弼息齋〉가 있다.

(5) 江湖(강호): 강과 호수. 杜甫의 시 〈哭韋大夫之晉〉에 "그곳의 관아에는 여름 더위가 한창일 텐데, 이곳의 강과 호수엔 갠 하늘이 아득히 떠 있네요(城府深朱夏, 江湖渺霽天)"라는 구절이 있다. 이 구절은 강과 호수가 자기 고향을 아득히 멀게 한다는 뜻으로, 자기 고향이 강과 호수 너머 아득히 먼 곳에 있다는 말이다.

(6) 故國(고국): 고향. 이 연은 관리하는 사람이 없는 자신의 고향 집이 비바람에 쓰러질 지경이 되었겠다는 말이다.

(7) 三十年(삼십년): 자신이 고향을 떠나 開封으로 간 가우 원년(1056)부터 이 시를 지을 때까지의 약 30년을 가리킨다.

(8) 一束書(일속서): 고향을 떠날 때 자신이 가지고 온 책을 가리킨다. 韓愈의 시 〈示兒〉에 "옛날에 내가 서울로 올라올 때엔, 손에 책 한 묶음만 들고 왔을 뿐이다. 서른 해 동안 부지런히 노력한 끝에, 비로소 이 집을 갖게 되었다. 이 집이야 어떻게 번듯하다 하랴만, 나에게는 이만하면 차고 넘친다(始我來京師, 止攜一束書. 辛勤三十年, 以有此屋廬. 此屋豈爲華, 於我自有餘)"라고 했다.

(9) 尺椽(척연): 한 자짜리 서까래. 아주 작은 집을 가리킨다. 曹植의 〈毁故殿令〉에 "진나라가 멸망하자 아방궁에는 한 자짜리 서까래도 남은 것이 없었다(秦之滅也, 則阿房無尺椽)"라고 했다.

(10) 何有(하유): 어디에 있겠는가. 어디에도 없다는 말이다. 이 연은 타향에 작은 집 한 채조차 마련하지

못한 주제이면서도 귀향을 결행하지 못하는 자신을 탓한 것이다.

(11) 開(개): 짓다.

(12) 容膝(용슬): 장소가 극도로 좁은 것을 가리킨다. 陶淵明의 〈歸去來辭〉에 "남쪽 창에 붙어서서 우쭐하면서, 무릎 하나 들어갈 곳이 편안함을 잘 알리라(倚南窗以寄傲, 審容膝之易安)"라는 구절이 있다.

(13) 琴動搖(금동요): 거문고가 흔들리다. 이 구절은 구양비가 거문고를 즐겨 타는데 방이 좁기 때문에 대개 평상 위에 얹어 둔다는 뜻인 것으로 보인다.

(14) 弄筆(농필): 붓을 놀리다. 붓으로 글씨를 쓰는 것을 가리킨다. 이 연은 구양비가 햇빛이 환하게 비쳐 드는 창문 밑에서 글씨를 쓸 것이라는 말이다. 이상의 열 구절은 구양비의 식재를 보고 생긴 감회를 서술한 것이다.

(15) 後夜(후야): 한밤중 이후.

(16) 雪塡渠(설전거): 눈이 도랑을 메우다. 소식의 자주에 "당시에 막 용사에서 기우제를 지냈는데 이 구절을 지을 때는 별이 찬란하게 빛나더니 4경이 되자 비바람이 크게 일고 이튿날 마침내 눈이 내렸다(時方禱雨龍祠, 作此句時, 星斗燦然, 四更風雨大至, 明日乃雪)"라고 했다. 이 연과 자주는 원고를 수정·보완하는 과정에서 추가한 것으로 초고에는 없었을 것으로 보인다.

(17) 剝啄(박탁): 문을 두드리는 소리. 이하의 여덟 구절은 구양비의 초대를 받아 식재에 가서 극진한 대접을 받은 과정과 상황을 서술한 것이다.

(18) 添丁(첨정): 당나라 시인 盧仝의 아들. 韓愈의 시 〈寄盧仝〉에 "작년에 아들을 낳아 첨정이라 불렀네(去歲生兒名添丁)"라는 구절이 있다. 여기서는 구양비의 아들을 가리킨다.

(19) 通德(통덕): 한나라 사람 伶元의 첩 樊通德. 여기서는 구양비의 첩을 가리킨다.

(20) 主孟(주맹): 춘추 시대 사람 里克의 부인. 여기서는 구양비의 부인을 가리킨다.

(21) 當(당): 담당하다.

(22) 啗(담): 먹이다.

(23) 籧篨(거저): 굵은 대오리로 짠 자리. 대자리. 여기서는 동사로 쓰여 자신을 대자리로 만들었다는 뜻이다. 《方言》에 "대자리 중에서 굵은 대로 짠 것을 '거저'라고 한다(簟, 其粗者謂之籧篨)"라고 했다. 이 연은 술에 잔뜩 취한 나머지 자기 집으로 돌아갈 것을 잊어버리고 식재에 드러누워 마치 돌돌 말아 놓은 대자리처럼 이리 뒹굴 저리 뒹굴 했다는 말인 것으로 보인다.

1222. 聚星堂[(1)]雪幷引

취성당의 눈을 노래한 시와 그 서문

元祐六年十一月一日，禱雨張龍公[(2)]，得小雪，與客會飮聚星堂．忽憶歐陽文忠公[(3)]作守時, 雪中約客賦詩, 禁體物語[(4)], 於艱難[(5)]中特出奇麗. 爾來[(6)]四十餘年, 莫有繼者. 僕以老門生[(7)]繼公後, 雖不足追配[(8)]先生, 而賓客之美, 殆不減當時, 公之二子[(9)], 又適在郡[(10)], 故輒擧前令[(11)], 各賦一篇.(원우 6년(1091) 11월 1일에 장룡공에게 비를 내려 달라고 기도하여 눈을 조금 얻었기에 취성당에서 손님들과 한데 모여 술을 마셨다. 문득 구양문충공이 태수를 지내실 때 눈이 내리는 가운데 손님들과 시를 짓되 사물의 형상을 묘사하는 말을 사용하지 않기로 약속했는데 까다로운 조건 속에서도 마침내 기이하고 아름다운 시가 나왔던 일이 생각났다. 이후 40여 년이 지나도록 이 일을 계승한 사람이 없었다. 나는 늙은 문생으로서 공의 뒤를 이었으니 비록 선생과 필적하기에는 부족하지만, 빈객들의 훌륭함은 아마도 당시에 뒤지지 않을 것이고 공의 두 아들도 마침 이 고을에 있으므로 즉시 이전의 시령에 따라 각각 한 편씩 읊었다.)

窗前暗響鳴枯葉,[(12)]	창문 앞에 마른 잎 울리는 소리 희미하게 들리며
龍公試手初行雪.[(13)(14)]	장룡공이 솜씨를 시험하여 처음으로 눈을 내렸네.
映空先集疑有無,[(15)]	허공을 비추며 처음 내릴 땐 있는지 없는지 의아하더니
作態斜飛正愁絶.[(16)]	자태를 갖추고 비슷이 날 땐 한창 근심 중일 때였네.
衆賓起舞風竹亂,	손님들이 일어나 춤을 추는 건 바람 맞은 대나무가 어지러이 흔들리는 모습이요
老守先醉霜松折.[(17)]	늙은 태수가 먼저 취해 쓰러지는 건 서리 맞은 소나무가 부러지는 모습이었네.
恨無翠袖點橫斜,[(18)(19)]	푸른 소매에 매화가 점 찍히는 모습은 없고
祇有微燈照明滅.[(20)(21)]	희미한 등불에 비쳐 명멸하는 모습만 있어 한스러웠네.
歸來尙喜更鼓永,[(22)]	돌아와서도 여전히 길게 울리는 경고 소리에 기뻐하다
晨起不待鈴索掣.[(23)(24)]	설렁 줄 당기기를 안 기다리고 새벽에 일어났네.
未嫌長夜作衣稜,[(25)]	긴 밤에 옷에 모가 나는 것은 싫지 않고

却怕初陽生眼纈.(26)	오히려 아침 햇살에 눈이 부실까 두려웠네.
欲浮大白追餘賞,(27)(28)	큰 술잔 띄우며 못다 본 것 마저 구경하려는데
幸有回飆驚落屑,(29)(30)	마침 회오리바람이 불어 가루가 놀라 떨어지네.
模糊檜頂獨多時,	노송나무 꼭대기의 아렴풋한 것만 오래가고
歷亂瓦溝裁一瞥.(31)(32)	기왓고랑에서 번쩍이는 것은 순식간에 사라질 것이네.
汝南先賢有故事,(33)(34)(35)	여남 땅의 선현에게 선례가 있었건만
醉翁詩話誰續說.(36)(37)	취옹의 시 이야기 누가 이어 거론했나?
當時號令君聽取,(38)	그 당시의 시령을 들어 보시오
白戰不許持寸鐵.(39)(40)	백전이라 한 치짜리 무기도 들 수 없었다오.

[해설]

원우 6년(1091) 11월 1일에 용의 화신인 장룡공에게 비를 내려 달라고 기도하여 눈이 조금 내리자 취성당에서 손님들과 함께 술을 마시다가 옛날에 구양수가 눈을 묘사하는 글자를 사용하지 않고 눈을 읊은 시를 짓게 한 일을 떠올리고 손님들과 함께 그 선례에 따라 시를 지어 본 것이다. 눈이 많이 내려서 오랜 가뭄이 해소되기를 간절하게 바라는 영주태수로서의 소식의 심경이 잘 나타나 있다.

[주석]

(1) 聚星堂(취성당): 歐陽修가 潁州(지금의 안휘성 阜陽)知州로 재임할 때 영주에 지은 건물. 《名勝志》에 "구양문충공이 영주태수로 재임할 때 영주 관아 소재지에 취성당을 세웠다(歐陽文忠公守潁時, 於州治起聚星堂)"라고 했다.

(2) 張龍公(장룡공): 隋唐 시대의 영주 사람으로 이름이 路斯였다. 구양수의 《集古錄·張龍公碑》에 "오른쪽의 〈장룡공비〉는 조경이 지었는데 여기에 '군은 이름이 노사이고 영상현 백사촌 사람이다. 수나라(581-618) 초에 명경과에 급제하여 경룡(707-710) 연간에 선성 현령이 되었다. 부인 관주 석씨가 아들 아홉 명을 낳았다. 공은 현령직을 그만두고 돌아와 매일 저녁에 외출하여 술시(오후 7～9시까지)부터 축시(오전 1～3시)까지 있다가 돌아왔는데 늘 몸이 차고 축축한지라 석씨가 이상하게 여기고 그에게 물었더니 공이 "나는 용이오"라고 말했다'라고 했다(右〈張龍公碑〉, 趙耕撰, 云: '君諱路斯, 潁上百社人也. 隋初明經登第, 景龍中爲宣城令. 夫人關州石氏, 生九子. 公罷令歸, 每夕出, 自戌至丑歸, 常體冷且濕, 石氏異而詢之, 公曰: "吾, 龍也."')" 라는 기록이 있다.

(3) 文忠公(문충공): 구양수의 諡號.
(4) 體物語(체물어): 사물의 형상을 묘사하는 말.
(5) 艱難(간난): 시 짓기의 어려움을 가리킨다.
(6) 爾來(이래): 이후.
(7) 門生(문생): 문하생. 과거시험에 급제한 사람은 자신을 발탁해 준 시험관을 스승으로 여겼는데 소식은 구양수가 知貢擧를 맡았던 가우 2년(1057)의 진사시험에 급제했기 때문에 구양수를 깍듯이 스승으로 섬겼다.
(8) 追配(추배): 죽은 사람과 짝하다.
(9) 公之二子(공지이자): 구양수의 두 아들 歐陽棐와 歐陽辯을 가리킨다. 〈復次韻謝趙景貺·陳履常見和, 兼簡歐陽叔弼兄弟〉(1200) 주 (22) 참조.
(10) 郡(군): 영주를 가리킨다.
(11) 前令(전령): 이전의 詩令, 즉 작시 규칙. 구양수의 시 〈雪〉에 "당시 영주에서 지었다. '玉(옥)'·'月(달)'·'梨(배꽃)'·'梅(매화)'·'練(명주)'·'絮(버들개지)'·'白(희다)'·'舞(춤추다)'·'鵝(거위)'·'鶴(학)'·'銀(은)' 등의 글자는 모두 쓰지 말 것을 요청했다(時在潁州作. '玉'·'月'·'梨'·'梅'·'練'·'絮'·'白'·'舞'·'鵝'·'鶴'·'銀'等字, 皆請勿用)"라는 자주가 달려 있다.
(12) 暗響(암향): 들릴 듯 말 듯 희미하게 나는 소리. 눈이 마른 나뭇잎에 떨어지는 소리를 가리킨다.
(13) 試手(시수): 솜씨를 시험하다.
(14) 行(행): 주다. 《漢書·高帝紀》에 "법령에서 공로가 있는 사람에게 논밭과 집을 주게 되어 있는데 이제 하급 관리들 중에 종군한 적이 없는 사람은 만족하는 사람이 많고 공이 있는 사람은 도리어 얻지 못했다(法以有功勞行田宅, 今小吏未嘗從軍者多滿, 而有功者顧不得)"라고 했다.
(15) 集(집): 내리다. 《淮南子·說山訓》에 "비가 내릴 때는 대지를 적시지 못하고 비가 그친 뒤에야 대지를 적실 수 있다(雨之集, 無能霑, 待其止而能有濡)"라는 말이 있다.
(16) 愁絶(수절): 근심이 절정에 달하다. 극도로 근심스럽다. 이 구절은 눈이 너무 적게 내려서 극도로 근심하고 있을 때에야 비로소 눈이 제대로 내리기 시작했다는 말이다.
(17) 老守(노수): 늙은 태수. 영주지주인 소식 자신을 가리킨다.
(18) 翠袖(취수): 푸른 소매. 일반적으로 미인의 옷 또는 미인을 가리킨다. 杜甫의 시 〈佳人〉에 "날씨가 추운데도 푸른 소매가 얇고, 날이 저물어 가는데 키 큰 대나무에 기대섰다(天寒翠袖薄, 日暮倚修竹)"라는 구절이 있다.
(19) 橫斜(횡사): 가로로 비스듬히 뻗다. 가로로 뻗어 비스듬히 기울어진 매화나무의 꽃을 가리키고 나아가 하얀 매화에 비유된 큼지막한 눈송이를 가리킨다. 林逋의 시 〈山園小梅〉에 "맑고 얕은 물에 성긴 모습이 비스듬히 뻗어 있고, 어스레한 달빛 아래에 은은한 향기가 풍겨 온다(疏影橫斜水淸淺, 暗香浮動月黃昏)"라는 구절이 있다. 이 구절은 푸른색 옷에 얼룩을 지울 정도로 커다란 눈송이가 뚝뚝 떨어졌으면 좋겠는데 그러지 않고 옷에 닿기도 전에 벌써 녹아 버릴 정도로 적게 내려서 아쉽다는 말이다.

(20) 微燈(미등): 宴席의 등을 가리킨다.

(21) 明滅(명멸): 눈이 너무 적게 내려서 불빛에 비치다 말다 하는 것을 가리킨다.

(22) 更鼓(경고): 初更·이경·삼경·사경·오경 등의 밤 시각을 알리기 위해 관아에서 치던 북. 이 구절은 밤이 깊도록 눈이 그치지 않는 모습을 기쁜 마음으로 바라보았다는 말이다. 이하의 여덟 구절은 나중에 초고를 수정·보완하는 과정에서 추가한 것으로 초고에는 없었을 것으로 보인다.

(23) 鈴索(영삭): 설령에 매단 줄. 위급한 상황이 발생했을 때나 손님이 주인을 부를 때 이 줄을 당겨 설령을 울림으로써 상대방에게 알렸다. 《戎幕閑話》에 "한림원에 설령이 달려 있어 한밤중의 위급한 상황에 대비했으니, 문서가 오갈 때면 줄을 당겨서 부르는 일을 대신했다(翰林院有懸鈴, 以備中夜警急, 文書出入則引索以代呼)"라는 말이 있고, 韓偓의 시 〈雨後月中玉堂閑坐〉에 "밤 깊을 때 갑자기 설령 줄이 흔들리더니, 옥당의 서쪽에서 띵똥 하고 울리네(夜久忽聞鈴索動, 玉堂西畔響丁東)"라는 구절이 있다. 또 王十朋의 《百家註分類東坡先生詩》에 "태수에게는 설령을 달아 놓은 누각이 있었다(太守有鈴閣也)"라고 한 것과 소식 시의 이 구절로 유추해 보면 당시 태수에게는 설령을 당겨서 기상 시각을 알려 주는 사람이 있었던 것으로 보인다.

(24) 掣(철): 당기다. 이 구절은 눈이 얼마나 많이 내렸는지 너무 궁금한 나머지 보통 때보다 일찍 일어났다는 말이다.

(25) 衣稜(의릉): 옷에 생기는 모. 눈이 많이 내린 나머지 습기가 많아지고 기온이 내려감으로써 옷의 접힌 부분이 뻣뻣하게 어는 현상을 가리킨다.

(26) 眼纈(안힐): 눈 위에 햇빛이 비쳐 눈에 불꽃 같은 것이 어른거리는 현상을 가리킨다.

(27) 大白(대백): 큰 술잔.

(28) 追餘賞(추여상): 남은 구경거리를 추구하다. 눈이 내려 대지의 갈증을 해소해 준 아름다운 모습을 계속해서 즐기는 것을 가리킨다.

(29) 幸(행): 때마침.

(30) 落屑(낙설): 가루가 떨어지다. 높은 곳에 쌓여 있던 눈가루가 떨어지는 것을 가리킨다.

(31) 歷亂(역란): 찬란하게 빛나다.

(32) 裁(재): 없어지다. 사라지다.

(33) 汝南(여남): 영주를 가리킨다.

(34) 先賢(선현): 옛날 현인. 영주지주를 지내기도 하고 영주에서 만년을 보내기도 한 구양수를 가리킨다.

(35) 故事(고사): 선례. 구양수가 '玉(옥)'·'月(달)'·'梨(배꽃)'·'梅(매화)'·'練(명주)'·'絮(버들개지)'·'白(희다)'·'舞(춤추다)'·'鵝(거위)'·'鶴(학)'·'銀(은)' 등 눈을 묘사하는 글자를 쓰지 않고 시를 짓게 한 선례를 가리킨다.

(36) 醉翁(취옹): 구양수의 自號.

(37) 詩話(시화): 눈을 묘사하는 글자를 쓰지 않고 시를 지은 일화를 가리킨다.

(38) 號令(호령): 눈을 묘사하는 글자를 쓰지 않고 시를 짓게 한 詩令을 가리킨다.

(39) 白戰(백전): 무기를 들지 않고 맨손으로 하는 싸움.

(40) 寸鐵(촌철): 한 치밖에 안 되는 아주 작은 무기.

1223. 歐陽叔弼(1)見訪(2), 誦(3)陶淵明(4)事, 歎其絶識, 旣去, 感慨不已, 而賦此詩

구양숙필이 나를 찾아와 도연명의 일을 칭송하는지라 그의 뛰어난 식견에 탄복했는데 그가 떠난 뒤에도 감개가 사라지지 않아 이 시를 짓는다

淵明求縣令,	도연명이 현령직을 원했던 것은
本緣食不足.	본래 양식이 넉넉지 못했기 때문이니
束帶向督郵,(5)(6)	관복의 띠를 매고 독우를 향해
小屈未爲辱.	허리 조금 굽히는 건 치욕이랄 것도 없었네.
翻然賦歸去,(7)(8)	그런데 훌쩍 떠나며 돌아가자고 읊었나니
豈不念窮獨.	어찌 가난과 고독을 걱정하지 않았으랴만
重以五斗米,(9)(10)	쌀 다섯 말 때문에 허리를 굽혀
折腰營口腹.(11)	입과 배를 위하는 일에 신중을 기했던 것이네.
云何元相國,(12)(13)	그렇거늘 어찌하여 당나라 재상 원씨는
萬鍾不滿欲.(14)	만 종으로도 욕심을 채우지 못하였나?
胡椒銖兩多,(15)	후추는 일 수나 한 냥만 해도 많거늘
安用八百斛.(16)	팔백 섬이나 되는 것을 어디에 쓰리?
以此殺其身,(17)	이것으로 자신을 죽게 했으니
何啻鵲抵玉.(18)(19)	어찌 까치에게 옥을 던진 정도일 따름이리?
往者不可悔,(20)	지난 일은 후회해도 어쩔 수가 없는 것
吾其反自燭.(21)(22)	나는 이 일을 되돌아보며 나 자신을 비추리.

[해설]

구양비에게서 도연명에 관한 이야기를 듣고, 지나치게 탐욕을 부리다가 패가망신한 당나라 재상 원재의 일을 떠올리며 자신의 의지를 다진 것이다.

[주석]

(1) 叔弼(숙필): 歐陽修의 셋째 아들 歐陽棐의 字. 〈復次韻謝趙景貺·陳履常見和, 兼簡歐陽叔弼兄弟〉(1200) 주 (4) 참조.
(2) 見訪(견방): 나를 방문하다. 〈次韻錢越州見寄〉(1099) 주 (2) 참조.
(3) 誦(송): 칭송하다. '頌'과 같다.
(4) 陶淵明(도연명): 東晉 때의 시인. 41세에 彭澤縣令이 되었는데 부임한 지 80여 일 지났을 때 郡에서 팽택현을 감찰하기 위해 督郵를 파견하자 팽택현의 아전들이 도연명에게 의관을 정제하고 허리 굽혀 절하며 정중하게 독우를 맞이하라고 했다. 도연명은 쌀 다섯 말을 위해 시골 소인배에게 허리를 굽힐 수 없다며 즉시 사직하고 〈歸去來辭〉를 읊으며 고향으로 돌아간 후 다시는 관직에 나가지 않았다.(《晉書·陶潛傳》 참조)
(5) 束帶(속대): 관복의 띠를 매는 것, 즉 의관을 정제하는 것을 가리킨다.
(6) 督郵(독우): 태수의 보좌관.
(7) 翻然(번연): 새가 높이 날아가는 모양.
(8) 賦歸去(부귀거): 〈歸去來辭〉를 읊은 것을 가리킨다.
(9) 重(중): 신중하게 하다. 신중을 기하다. 《荀子·議兵》에 "용병을 신중하게 하는 사람은 강해지고 용병을 경솔하게 하는 사람은 약해진다(重用兵者强, 輕用兵者弱)"라는 말이 있다.
(10) 五斗米(오두미): 도연명이 받은 祿米를 가리킨다. 주 (4) 참조.
(11) 口腹(구복): 입과 배. 먹고사는 일을 가리킨다.
(12) 云何(운하): 왜. 어찌.
(13) 元相國(원상국): 원 재상. 재상을 지낸 당나라 사람 元載를 가리킨다. 《신당서·원재전》에 "이리하여 원재에게 자진을 명했다.……그의 가산을 몰수했더니 종유석이 500냥이라 중서성·문하성·대성 등의 관리들에게 나누어 주도록 했다. 후추가 800섬에 달하고 다른 물건도 이와 비등했다(乃下詔賜載自盡.……籍其家, 鍾乳五百兩, 詔分賜中書·門下·臺省官. 胡椒至八百石, 它物稱是)"라는 기록이 있다.
(14) 萬鍾(만종): 아주 많은 봉록을 가리킨다. '鍾'은 열 섬 또는 여섯 섬 네 말에 해당하는 용량이다.
(15) 銖兩(수량): 1수 또는 1냥. 1냥은 16분의 1斤으로 37.5g에 해당하고 1수는 24분의 1냥이다. 아주 적은 양을 가리킨다.
(16) 斛(곡): 石. 섬. 열 말에 해당하는 용량이다.
(17) 殺其身(살기신): 원재가 공물을 횡령한 죄로 자진하게 된 일을 가리킨다.
(18) 何啻(하시): 어찌 ~일 뿐이랴.

(19) 鵲抵玉(작저옥): 까치에게 옥을 던지다. 《鹽鐵論·崇禮》에 "중국에서는 귀한 물건을 외국에서는 천시한다. 남월 지방에서는 공작의 깃털을 문에 꽂아 장식하고 곤륜산 부근에서는 까마귀나 까치에게 옥을 던진다(中國所鮮, 外國賤之. 南越以孔雀珥門戶, 崑山之旁以玉璞抵烏鵲)"라는 말이 있다.

(20) 往者(왕자): 지나간 일. 과거에 잘못한 일을 가리킨다.

(21) 其(기): 장차. 《書經·商書·微子》에 "이제 은나라가 장차 멸망할 것입니다(今殷其淪喪)"라는 말이 있고, 소식의 〈賜宰相呂公著上第一表乞致仕不許批答〉에 "고작 다듬고 깎는 일에 부지런하여 갑자기 기술자로 바뀐다면 사람들이 뭐라고 하겠소?(若方勤於樸斲, 而遽易於工師, 人其謂何?)"라는 말이 있다.

(22) 自燭(자촉): 자신을 비추다. 이 연은 지나고 나면 후회해도 소용없으니 원재의 일을 거울로 삼아 잘못을 저지르지 않겠다는 말이다.

1224. 喜劉景文[1]至

유경문이 온 것이 기뻐서

天明小兒更傳呼,[2][3][4]	날이 밝자 아이들이 잇달아 큰 소리로 외치기를
髯劉已到城南隅.[5]	수염쟁이 유씨가 이미 성 남쪽 모퉁이에 왔다 했네.
尺書眞是髯手迹,[6][7]	한 자짜리 편지가 정말 수염쟁이의 글씨였나니
起坐熨眼知有無.[8][9]	일어나서 눈 비비고 있는지 없는지 알아봤었네.
今人不作古人事,[10]	요즘 사람은 옛사람의 일을 하지 않는데
今世有此古丈夫.	요즘 세상에 이런 옛날 장부가 다 있었네.
我聞其來喜欲舞,	그가 왔다는 말을 듣자 기뻐서 춤추고 싶었나니
病自能起不用扶.	병 들어도 혼자 일어날 수 있어 부축할 필요가 없었네.
江淮旱久塵土惡,[11]	장강과 회하에 가뭄이 심해 흙먼지가 심하더니
朝來淸雨濯鬢鬚.	아침에 비가 내려 살쩍과 수염을 씻어 줬네.
相看握手了無事,[12]	마주 보며 손잡으니 아무 일도 없는데
千里一笑毋乃迂.[13][14]	천 리를 와서 한 번 웃으니 순진한 사람이 아닌가?
平生所樂在吳會,[15]	나는 평생 좋아한 곳이 오군과 회계에 있어
老死欲葬杭與蘇.[16]	늙어 죽으면 항주와 소주에 묻히기를 원하네.
過江西來二百日,[17]	장강을 건너 서쪽으로 온 지 이백 일이 되었나니
冷落山水愁吳姝.[18][19]	산수를 썰렁하게 하고 오지방 미인을 근심스럽게 했네.
新隄舊井各無恙,[20][21][22]	새 제방과 옛날 우물은 모두 탈 없이 잘 있을 테고

參寥六一豈念吾.(23)(24)(25)　　참료천과 육일천은 나를 그리워하겠지?
別後新詩巧摹寫,(26)　　헤어진 뒤 새 시를 솜씨 있게 지었을 터
袖中知有錢塘湖.(27)(28)　　소매 안에 전당호가 들어 있는 줄 알겠네.

[해설]

소식의 천거로 습주지주에 임명된 유경문이 항주에서 습주로 가는 길에 영주에 들러 소식에게 인사를 드리자 그때의 반가운 마음을 노래하고 자신이 항주지주로 재임했을 때의 일을 추억한 것이다.

[주석]

(1) 景文(경문): 劉季孫(1033-1092)의 字. 소식이 杭州知州로 재임할 때 兩浙兵馬都監으로서 항주에 주재하며 소식과 가까이 지냈다. 王文誥의 《蘇軾詩集》에 "공이 이미 유경문을 천거했기 때문에 이로부터 유경문이 문관의 신분으로 바뀔 수 있어 습주(지금의 산서성 습현)의 지주에 임명되었다. 당시에 유경문은 습주로 부임해 가는 길에 공에게 들렀다(公旣薦劉景文, 由是得換文資, 除知隰州. 時景文赴隰州任, 因過公也)"라고 했다.

(2) 小兒(소아): 자기 아들에 대한 겸칭으로 소식의 둘째 아들 蘇迨와 셋째 아들 蘇過를 가리킨다. 왕문고의 《소식시집》에 "이제 시의를 상세하게 음미해 보면 이때 공은 아직 일어나지 않았는데 온 집안이 떠들썩했던 것 같으며 이 '아이'는 태와 과를 가리킨다(今詳玩詩意, 是時公尙未起, 而擧家轟成一片, 此'小兒'指迨與過也)"라고 했다.

(3) 更(경): 뒤를 잇다.

(4) 傳呼(전호): 소리를 전하여 외친다는 뜻으로, 큰 소리로 외치는 것을 가리킨다.

(5) 髥劉(염류): 아름다운 수염을 가진 유계손을 가리킨다. 〈葉敎授和溽字韻詩, 復次韻爲戲, 記龍井之遊〉(1147) 주 (26) 참조.

(6) 尺書(척서): 길이가 한 자 정도 되는 문서. 편지를 가리킨다. 《漢書·韓信傳》에 "그런 뒤에 사신을 한 명 파견하여 짧은 문서를 받들고 연나라로 가게 하면 연나라가 틀림없이 말을 듣지 않을 수 없을 것입니다(然後發一乘之使, 奉咫尺之書, 以使燕, 燕必不敢不聽)"라는 말이 있는데 이에 대한 顔師古의 주에 "여덟 치를 '咫'라고 한다. '咫尺'이란 간독이 1咫 길이이거나 1尺 길이인 것을 말하는바 정당한 격식을 갖추지 않고 약식으로 간편하게 하는 것을 비유한다. 지금 세상 사람들이 '尺書'라고 하거나 '尺牘'이라고 하는 것은 아마도 여기서 비롯된 말일 것이다(八寸曰咫. 咫尺者, 言其簡牘或長咫, 或長尺, 喩輕率也. 今俗言尺書, 或言尺牘, 蓋其遺語耳)"라고 했다.

(7) 手迹(수적): 친필로 쓴 글씨.

(8) 熨眼(위안): 눈을 문지르다.

(9) 知有無(지유무): 글씨에 유계손의 書風이 있는지 없는지를 알아보았다는 뜻인 것으로 보인다. 왕문고의 《소식시집》에 "이 연은 바로 그가 왔다는 말도 듣고 그의 편지도 보았지만 그래도 오히려 꿈이 아닌가 의심스럽다는 뜻으로, 모두 기쁨이 극에 달했을 때의 말이다(此聯乃既聞其至, 復見其書, 而反疑是夢, 皆喜極之詞也)"라고 했다. 이 연은 유계손의 글씨가 맞는지 어떤지 세밀하게 살펴본 결과 정말로 그의 필적이 맞았다는 뜻이다.

(10) 古人事(고인사): 옛날 사람이 하던 일. 먼 데까지 찾아가서 예를 갖추는 일을 가리킨다.

(11) 江淮(강회): 長江과 淮河 일대. 영주를 가리킨다. 영주를 지나가는 潁河는 회하의 지류이다.

(12) 了無(요무): 전혀 없다. 조금도 없다. 이 구절은 손을 잡고 그간의 안부를 물어보니 예를 갖추는 일 이외에 찾아올 이유가 아무것도 없었다는 말이다.

(13) 毋乃(무내): 바로 ~이 아닌가.

(14) 迂(우): 迂闊하다. 사리에 어둡고 세상 물정을 잘 모르다. 약삭빠르지 않은 것을 가리킨다.

(15) 吳會(오회): 吳郡과 會稽郡. 秦나라와 前漢 때의 회계군을 후한 때 둘로 나누어 남반부는 그대로 회계군이라고 하고 북반부는 오군이라고 했다.

(16) 杭與蘇(항여소): 항주와 소주. 둘 다 오군에 속했다.

(17) 二百日(이백일): 원우 6년(1091) 2월에 항주지주에서 물러나 開封으로 들어갔다가 그해 8월에 다시 나와 潁州(지금의 안휘성 阜陽)知州로 재임 중인 당시까지의 약 200일을 가리킨다. 개봉과 영주는 둘 다 항주의 서북쪽에 있기 때문에 '西來'라고 했다.

(18) 冷落(냉락): 쓸쓸하다. 썰렁하다.

(19) 吳姝(오주): 오지방의 미인. 이 구절은 자신이 그동안 항주 지방의 산수를 찾아가지도 못하고 항주 지방의 미인과 함께 놀지도 못했다는 말이다.

(20) 新隄(신제): 소식이 항주지주로 재임하면서 서호를 준설할 때 나온 토사를 쌓음으로써 만들어진 기다란 제방을 가리킨다. 그 뒤 그 제방은 蘇公堤 또는 蘇堤라고 불리게 되었는데 西湖十景 중에 蘇堤春曉가 들어 있을 정도로 유명한 제방이다. 施元之의 《施注蘇詩》에 "새 제방은 자신이 축조한 소공제를 말하고 옛날 우물은 자신이 보수한 당나라 때의 육정을 말한다(新隄謂所築蘇公堤, 舊井謂所治唐六井)"라고 했다.

(21) 舊井(구정): 錢塘六井을 가리킨다. 항주는 지대가 낮기 때문에 우물에 바닷물이 스며들어서 물맛이 매우 짰다. 당나라 천보(742-755) 말에 항주자사 李泌이 심각한 식수 문제를 해결하기 위해 항주성 안에 여섯 개의 담수 저장 시설을 만들어 여기에 서호의 물을 끌어들여 저장해 두었다가 주민들에게 공급했다. 그 뒤 장경(821-824) 연간에 백거이가 항주자사로 재임할 때 전당육정을 준설한 적이 있었고, 소식도 항주지주로 재임할 때 못 쓰게 된 채 버려져 있던 전당육정을 보수한 적이 있었다.

(22) 無恙(무양): 병이 없다. 우환이 없다.

(23) 參寥(참료): 항주 孤山에 있던 參寥泉을 가리킨다. 〈參寥上人初得智果院, 會者十六人, 分韻賦詩, 軾得心字〉(1103) 주 (21) 참조. 王十朋의 《百家註分類東坡先生詩》에 "참료와 육일은 두 샘의 이름이다(參寥·六一, 二泉名)"라고 했다. 소식은 〈參寥泉銘〉과 〈六一泉銘〉을 지었다.

(24) 六一(육일): 항주 고산에 있던 六一泉을 가리킨다. 소식이 항주지주로 재임할 때 구양수를 추념하기 위하여 그의 호를 따서 명명했다.(소식, 〈육일천명〉 참조)

(25) 豈(기): 아마도. '其'와 같다. 이 연은 '冷落山水'를 구체적으로 부연한 것이다.

(26) 摹寫(모사): 묘사하다. 시로 읊는 것을 가리킨다.

(27) 袖(수): 문서·詩稿 따위를 넣어서 다닐 수 있는 도포의 소매를 가리킨다.

(28) 錢塘湖(전당호): 항주 서호의 다른 이름. 항주 서호를 묘사한 유계손의 시를 가리킨다.

1225. 禱雨張龍公[1], 既應, 劉景文[2]有詩, 次韻

장룡공에게 비를 내려 달라고 기도하여 감응이 있자 유경문에게 이 일을 읊은 시가 있으므로 그것에 차운한다

張公晩爲龍,	장공은 만년에 용이 되었나
抑自龍中來.[3][4]	그렇지 않으면 본래 용에서 나왔나?
伊昔風雲會,[5][6]	옛날에 풍운의 기회를 만나
咄嗟潭洞開.[7][8]	숨 한 번 쉬는 사이에 못의 동굴이 열렸네.
精誠苟可貫,[9]	정성이 참으로 마음을 꿰뚫을 수 있게 되어
賓主眞相陪.[10]	손님과 주인이 진정으로 서로를 모셨네.
洞簫振羽舞,[11]	퉁소 소리에 맞추어 깃을 흔들며 우무를 추고
白酒浮雲罍.[12][13][14]	구름무늬 술독에서 탁주를 실컷 마셨네.
言從關州妃,[15]	관주비를 따라서 가야 한다며
遠去焦氏臺.[16]	초씨대를 떠나서 저 멀리 갔네.
傾倒甁中雨,[17]	병 속에 들어 있는 비를 기울여
一洗麥上埃.	보리 위의 먼지를 단번에 씻어 냈네.
破旱不論功,[18]	가뭄을 물리친 뒤 자기 공을 논하지 않고
乘雲却空回.[19]	구름을 타고 다시 돌아갔을 따름이네.
嗟龍與我輩,	아아 용과 우리의
用意豈遠哉.[20]	마음 씀씀이가 어찌 크게 다르리!
使君今子義,[21][22]	사또는 오늘날의 태사자의라

英風冠東萊.(23) 영걸한 풍모가 동래에서 으뜸이네.
笑說龍爲友,(24) 웃으면서 용이 자기 친구라는데
幽明莫相猜.(25) 이승에도 저승에도 싫어하는 이가 없네.

[해설]

장룡공에게 기우제를 지낸 뒤 효과가 나타나자 유계손이 먼저 시를 지었으므로 그 시에 차운하여 지은 것이다. 장룡공의 공을 치하하고 유계손의 위인을 칭송했다.

[주석]

(1) 張龍公(장룡공): 隋唐 시대의 영주 사람으로 이름이 路斯였다. 〈聚星堂雪幷引〉(1222) 주 (2) 참조.
(2) 景文(경문): 劉季孫의 字. 〈喜劉景文至〉(1224) 주 (1) 참조.
(3) 抑(억): 그렇지 않으면.
(4) 自(자): 본래. 애당초. 이 연은 기우제를 지내면 금방 비를 내려 주는 장룡공의 비상한 신통력을 찬탄하여 한 말이다.
(5) 伊昔(이석): 옛날.
(6) 風雲會(풍운회): 풍운의 기회. 교룡으로 변할 수 있는 좋은 기회를 말한다. 陸機의 시 〈塘上行〉에 "강리가 인적 없는 섬에서 자라, 은은한 향기를 못 풍겼는데, 풍운의 기회를 만난 덕분에, 아름다운 연못가로 옮겨졌도다(江蘺生幽渚, 微芳不足宣. 被蒙風雲會, 移居華池邊)"라는 구절이 있다.
(7) 咄嗟(돌차): 탄식하다. 숨을 한 번 들이쉬었다가 내쉬는 짧은 시간을 가리킨다. 杜甫의 시 〈山寺〉에 "공이 이에 빈객들과 수종들을 돌아보고, 탄식을 하시며 보시하셨네(公爲顧賓從, 咄嗟檀施開)"라는 구절이 있다.
(8) 潭洞開(담동개): 못 속의 동굴이 열리다. 물속에 살던 용이 물에서 나와 하늘로 올라가는 것을 가리키는 것으로 보인다.
(9) 精誠(정성): 《莊子·漁父》에 "진실한 것이란 정성이 지극한 것입니다. 정성스럽지 못하면 다른 사람을 감동시킬 수 없습니다(眞者, 精誠之至也. 不精不誠, 不能動人)"라는 말이 있다. 이 구절은 소식이 정성껏 기우제를 지냄으로써 장룡공의 마음을 움직일 수 있었다는 말인 것으로 보인다.
(10) 賓主(빈주): 기우제를 받은 장룡공과 음식을 차려 놓고 기우제를 올린 소식을 가리키는 것으로 보인다. 이 구절은 소식이 기우제를 올린 일과 장룡공이 비를 내려 준 일을 말하는 것으로 보인다.
(11) 羽舞(우무): 새의 깃털을 들고 추는 춤.
(12) 白酒(백주): 빛깔이 흰 술. 탁주를 가리킨다. 〈次韻答黃安中兼簡林子中〉(1186) 주 (10) 참조.
(13) 浮(부): 실컷 마시다.
(14) 雲罍(운뢰): 구름무늬가 있는 술독.

(15) 關州妃(관주비): 관주 부인. 관주 사람으로 昭靈侯에 추봉된 장룡공의 부인 石氏를 가리킨다. 歐陽修의 《集古錄·張龍公碑》에 "부인 관주 석씨가 아들 아홉 명을 낳았다(夫人關州石氏, 生九子)"라고 했고, 査愼行의 《蘇詩補註》에 "희령(1068-1077) 연간에 사봉낭중 장휘가 주청하여 작호를 내려 달라고 하자 조서를 내려 소령후에 봉했다(熙寧中, 司封郎中張徽奏乞爵號, 詔封昭靈侯)"라고 했다.

(16) 焦氏臺(초씨대): 장룡공이 낚시하던 곳. 소식의 〈昭靈侯廟碑〉에 "소령후 남양 장공은 이름이 노사이다.……선성에서 관직을 그만두고 돌아와서 늘 초씨대 북쪽에서 낚시질했다.……경룡(707-710) 이래로 영주 사람들이 대대로 초씨대에서 그에게 제사를 지냈다(昭靈侯南陽張公, 諱路斯.……自宣城罷歸, 常釣於焦氏臺之陰.……自景龍以來, 潁人世祠之於焦氏臺)"라고 했다. 이 연은 장룡공이 관주비를 대동하고 소식이 초씨대에서 지낸 기우제에 왔다가 떠나가는 모습을 상상하여 한 말인 것으로 보인다.

(17) 甁中雨(병중우): 潁河 북쪽에 있는 어느 마을 里長이 술에 취해 少夷廟라는 사당의 문 앞에서 자는데 어떤 사람이 비를 내리라며 그에게 병을 하나 주었다. 그러고는 병이 기울어지지 않게 반듯이 들고 다니라고 했다. 당시 그가 살던 고을이 오랫동안 가문 상태였기 때문에 그는 병을 기울여 그 안에 들어 있는 비를 모두 거기에 쏟아 버렸다. 나중에 자기 집으로 돌아가 보니 집이 물에 떠내려가고 사람들이 다 죽어 있었다. 그가 병을 기울였기 때문이었다.(戴孚, 《廣異記·潁陽里正》 참조)

(18) 破旱(파한): 가뭄 상태를 타파하다. 장룡공이 비를 내려 가뭄을 해소한 것을 가리킨다.

(19) 却(각): 다시. 이 연은 장룡공이 비를 내려 준 뒤 자기 공치사를 하지 않고 자취를 감추었다는 말이다.

(20) 用意(용의): 비가 내려서 가뭄이 해소되기를 바라는 마음을 가리킨다.

(21) 使君(사군): 태수에 대한 존칭. 隰州知州로 부임해 가는 유계손을 가리킨다.

(22) 子義(자의): 삼국 시대 오나라 사람 太史慈의 字. 《三國志·吳書·太史慈傳》에 "태사자는 자가 자의이며 동래군 황현 사람이다.……태사자는 키가 일곱 자 일곱 치이고 수염이 아름다우며 원숭이 같은 팔로 활을 잘 쏘아 한 번 쏘았다 하면 헛방이 없었다(太史慈, 字子義, 東萊黃人也.……慈長七尺七寸, 美鬚髯, 猨臂善射, 弦無虛發)"라고 했다. 수염이 아름답고 무인의 풍모가 있는 유계손을 태사자에 비유한 것이다.

(23) 東萊(동래): 지금의 산동성 萊州. 태사자의 출신지이다.

(24) 龍爲友(용위우): 용이나 그의 벗이 될 수 있다는 말이다. 《漢書·禮樂志》에 수록된 〈天馬歌〉에 "지금 무엇을 짝하는가? 용이 그의 벗이라네(今安匹? 龍爲友)"라고 했다.

(25) 幽明(유명): 저승과 이승. 저승에 있는 사람과 이승에 있는 사람, 즉 장룡공과 소식 일행을 가리킨다. 이 연은 유계손이 〈천마가〉의 표현을 빌려 자기가 장룡공처럼 습주 백성들에게 좋은 일을 많이 하겠다고 우스갯소리처럼 한 말에 대하여 아무도 이의를 제기하지 않았다는 뜻인 것으로 보인다.

1226. 劉景文(1)家藏樂天(2)〈身心問答三首(3)〉, 戱書一絶其後

유경문이 집에 백낙천의 〈몸과 마음의 문답〉을 소장하고 있기에 장난삼아 그 뒤에 절구 한 수를 쓴다

淵明形神自我,(4)(5)(6)	도연명의 몸과 마음은 각자 자기가 옳다고 했고
樂天身心相物.(7)	백낙천의 몸과 마음은 각자 서로를 경시했는데
而今月下三人,(8)(9)	이제 여기에 달 아래의 세 사람이 있다면
他日當成幾佛.(10)	훗날 몇 분의 부처가 되어야 할까?

[해설]

도연명의 시 〈몸과 그림자와 정신(形影神三首)〉에서는 몸과 마음이 각자 자기가 옳다고 했고, 백거이의 시 〈자신을 희롱하여 지은 절구 세 수(自戱三絶句)〉에서는 몸과 마음이 각자 상대방을 경시했지만, 도연명과 백거이는 결국 몸과 마음이 별개의 것이라는 동일한 관점을 취했다. 이에 대하여 소식은 몸과 마음은 분리하여 생각할 수 없다는 관점에서 이 시를 지었다.

[주석]

(1) 景文(경문): 劉季孫의 字. 〈喜劉景文至〉(1224) 주 (1) 참조.
(2) 樂天(낙천): 당나라 시인 白居易의 字.
(3) 身心問答三首(신심문답삼수): 백거이의 시 〈自戱三絶句〉를 가리킨다. 이 시는 〈心問身〉·〈身報心〉·〈心重答身〉의 3수로 이루어져 있는데 각각 마음이 몸에게 묻고, 몸이 마음에게 답하고, 마음이 다시 몸에게 답하는 형식으로 읊은 것으로, 〈形贈影〉·〈影答形〉·〈神釋〉의 3수로 이루어진 陶淵明의 〈形影神三首〉를 본뜬 것이다. 도연명의 〈形贈影〉은 몸의 입장에서 인생무상을 전제로 及時行樂을 주장했

고 〈影答形〉은 그림자(명예를 비유함)의 입장에서 현생은 무상한 것이므로 善行을 통해 후세에 이름을 남길 것을 주장했으며, 〈神釋〉은 정신의 입장에서 자연에 순응하여 마음 편하게 살 것을 주장했다. 그리고 백거이의 〈心問身〉은 마음이 몸에게 하는 일 없이 너무 편안하게 지낸다고 비판했고, 〈身報心〉은 몸이 마음에게 마음은 몸의 주재자이지만 몸은 마음의 집이기 때문에 몸을 소중히 여겨야 한다고 반박했으며, 〈心重答身〉은 다시 마음이 몸에게 자기 덕분에 편안한 줄 알라고 농담했다. 백거이의 이 시는 제목에서 "자신을 놀리다(自戲)"라고 하고 서문에서 "한가로이 누워서 혼자 읊었나니 화답하는 사람 없이 잠시 몸과 마음이 서로 놀리는 형식으로 이리저리 조합하다 보니 어쩌다 세 수가 완성되었다(閑臥獨吟, 無人酬和, 聊假身心相戲, 往復偶成三章)"라고 한 바와 같이 몸과 그림자가 서로 농담하는 형식으로 자신의 처지를 戲畫化한 것이다.

(4) 淵明(연명): 도연명. 東晉 때의 시인.

(5) 形神(형신): 形骸와 精神. 몸과 마음.

(6) 自我(자아): 자신을 옳게 여기다. 陸機의 〈豪士賦序〉에 "대체로 내가 자신을 옳게 여기는 것은 지혜로운 사람일지라도 그 폐해에 얽매이며 사물이 서로를 경시하는 것은 곤충도 다 이런 감정을 지니고 있다(夫我之自我, 智士猶嬰其累; 物之相物, 昆蟲皆有此情)"라고 했는데, 이에 대한 呂延濟의 주에 "'自我'는 스스로 자기가 옳다고 말한다는 말이고 '相物'은 사물이 다 서로를 경시한다는 말이다('自我'謂自說己是, '相物'謂物皆相輕)"라고 했다. 자기가 옳다고 하는 것과 상대방을 경시하는 것은 결국 뜻하는 바가 같다.

(7) 相物(상물): 서로를 물건으로 여기다. 서로 상대방을 경시하는 것을 가리킨다. 이 연은 도연명의 〈形影神三首〉에서는 '形神'으로 표현된 몸과 마음이 각자 자기 생각이 옳다고 했고 백거이의 〈自戲三絶句〉에서는 '心身'으로 표현된 몸과 마음이 각자 상대방을 경시했지만 몸과 마음을 별개의 것으로 보았다는 점에서는 양자가 다르지 않다는 말이다.

(8) 而今(이금): 지금. 이제.

(9) 月下三人(월하삼인): 달 아래의 세 사람. 李白이 〈月下獨酌〉에서 말한 이백 자신·달·그림자의 셋을 가리킨다.

(10) 幾佛(기불): 몇 명의 부처. 이 연은 이백이 〈月下獨酌〉에서 "술잔을 들어서 밝은 달을 맞이하고, 그림자를 마주하니 세 사람이 되었도다(擧杯邀明月, 對影成三人)"라고 하여 자신·달·그림자를 '세 사람'이라고 했지만 成佛할 때에는 한 분의 부처님이 될 수밖에 없는 것처럼 몸과 마음이 성불할 때에도 두 분의 부처님이 될 수는 없다고 말한 것이다. 《楞嚴經》에 "네 눈이 이미 안다고 해도 몸은 틀림없이 깨닫지 못할 것이다. 굳이 네가 네 말에 집착하여 몸과 눈이 둘 다 깨닫는다고 한다면 반드시 두 개의 지각이 있어야 하는바 그렇게 되면 네 한 사람이 두 분의 부처님이 되어야 할 것이다(汝眼已知, 身合非覺. 必汝執言, 身眼兩覺, 應有二知, 卽汝一身, 應成兩佛)"라는, 부처님이 阿難에게 한 말씀이 있다. 그리고 "세존이시여! 저는 또 부처님께서 문수보살 등의 여러 법왕자와 함께 실상을 이야기하실 때 세존께서 '마음은 안에 있지도 않고 밖에 있지도 않다'라고도 하셨다는 말을 들었습니다(世尊! 我亦聞: 佛與文殊等諸法王子, 談實相時, 世尊亦言: '心不在內, 亦不在外.')"라는 아난의 말도 있다.

1227. 西湖(1)戲作一絶

서호에서 장난삼아 지은 절구 한 수

一士千金未易償,(2)	선비 한 명은 천금으로도 얻기가 어려운데
我從陳趙兩歐陽.(3)(4)	나에게는 진씨와 조씨 그리고 두 구양씨가 있네.
擧鞭拍手笑山簡,(5)(6)	채찍을 든 산간을 보고 박수치며 웃었는데
只有并州一葛强.(7)(8)	그에게도 병주의 갈강 한 명뿐이었네.

[해설]

진사도·조영치·구양비·구양변과 함께 영주 서호에서 노닐다가 늘 자신의 곁을 지켜 주는 그들에게 감사하는 마음을 노래한 것이다.

[주석]

(1) 西湖(서호): 潁州(지금의 안휘성 阜陽) 서호를 가리킨다.

(2) 一士(일사): 《後漢書·李陳龐陳橋傳》에 "논하건대……'자공이 말하기를 "천금을 잃을지언정 선비의 마음은 잃지 않는다"라고 했다'(論曰:……'子貢曰: "寧喪千金, 不失士心.")"라는 말이 있다.

(3) 從(종): 따르게 하다.

(4) 陳趙兩歐陽(진조양구양): 陳師道·趙令畤·歐陽棐·歐陽辯을 가리킨다.

(5) 拍手(박수): 李白의 시 〈襄陽歌〉에 "양양의 아이들이 일제히 박수치며, 길을 막고 다투어 〈백동제〉를 노래하네. 옆 사람이 무슨 일로 웃느냐고 물으니, 산공이 곤드레만드레 취한 것이 우스워 죽겠다 하네(襄陽小兒齊拍手, 攔街爭唱白銅鞮. 旁人借問笑何事, 笑殺山公醉似泥)"라는 구절이 있다.

(6) 山簡(산간): 晉나라 사람으로 荊州都督으로서 襄陽을 鎭守할 때 자주 習家池에 가서 술을 마시고 놀며 그곳을 高陽池라고 불렀다. 《진서·산간전》에 "산간은 밖으로 나가서 놀 때면 대개 연못가로 가서 술자리를 벌이고는 곧장 취했는데 그 연못을 고양지라고 불렀다. 당시에 한 아동이 '산공은 어디로 나가시는가? 고양의 연못으로 나가신다네. 저녁이면 수레에 거꾸로 실려 돌아가는데, 곤드레만드레 아무것도 모르네. 때때로 덜 취하여 말을 탈 수 있을 때는, 백접리 모자를 거꾸로 쓰고 가네. 채찍을 들어서 갈강에게 묻기를, "병주 아이들에 비하면 어떤가?" 하네' 하고 노래했다. 갈강은 집이 병주에 있으며 산간이 총애하는 장수였다(簡每出嬉遊, 多之池上, 置酒輒醉, 名之曰高陽池. 時有童兒歌曰: '山公出何許, 往至高陽池. 日夕倒載歸, 酩酊無所知. 時時能騎馬, 倒着白接䍦. 擧鞭問葛彊, 何如幷州兒?' 彊家在幷州, 簡愛將也)"라는 기록이 있다.

(7) 幷州(병주): 지금의 산서성 太原.

(8) 葛强(갈강): 산간이 총애한 장수 葛彊을 가리킨다. '强'은 '彊'과 같다. 이 연은 그토록 호쾌하게 술을 마신 산간에게도 총애한 사람이 갈강 한 명뿐이었는데 소식 자신에게는 진사도·조영치·구양비·구양변 등의 여러 명이 있다는 말이다.

1228. 送歐陽季默(1)赴闕(2)

대궐로 가는 구양계묵을 전송하며

先生豈止一懷祖,(3)(4)	선생이 어찌 일개 왕회조에 그쳤으리오?
郎君不減王文度.(5)(6)	그리고 낭군도 왕문도보다 못하지 않네.
膝上幾日今白鬚,(7)	무릎에 앉은 지 며칠 됐다고 이제 수염이 허연데
今我眼中見此父.(8)	지금 나의 눈에는 이분의 모습이 보이네.
汝南相從三晦朔,(9)(10)	여남에서 상종한 뒤 그믐과 초하루가 세 번씩인데
君去苦早我來暮.	그대는 너무 일찍 떠나고 나는 너무 늦게 왔네.
霜風淒緊正脫木,	서릿바람은 싸늘하여 한창 낙엽이 지고 있고
潁水淸淺可立鷺.(11)	영수는 맑고 얕아 백로가 서 있을 수 있네.
莫辭白酒瀉香泉,(12)(13)	탁주가 맛있는 샘물을 쏟아 내는 걸 사양치 말지니
已覺扁舟掠新渡.(14)	벌써 조각배가 신도사를 스쳐 가는 느낌이 드네.
坐看士衡執別手,(15)	앉아서 육사형이 이별의 손 잡는 걸 보고
更遣夢得出奇句.(16)	다시 유몽득에게 기이한 시구를 토하게 했네.
郎君可是莞庫人,(17)(18)	낭군이 어찌 창고 관리인이나 될 수가 있으리오?
乃使騄驥隨蹇步.(19)(20)	이건 바로 녹기에게 절름발이를 따르게 한 것이오.
置之行矣無足道,(21)	따지지 말고 가시오 말할 가치가 없다오
賢愚豈在遇不遇.	잘나고 못난 게 어찌 때를 만나고 못 만난 데 달렸으리오?

[해설]

모친상이 끝난 뒤 자신이 맡을 직책을 협의하기 위해 대궐로 들어가는 구양수의 넷째 아들 구양변을 전송하며 지은 것으로, 재능에 걸맞은 관직을 얻지 못한 구양변을 위로했다.

[주석]

(1) 季默(계묵): 구양수의 넷째 아들 歐陽辯의 字. 〈復次韻謝趙景貺·陳履常見和, 兼簡歐陽叔弼兄弟〉(1200) 주 (5) 참조.

(2) 赴闕(부궐): 王文誥의 《蘇軾詩集》에 "구양계묵은 모친상을 끝냈을 때 대궐로 가서 자신이 원하는 직책을 지정했다(季默終母喪時, 赴闕指射差遣)"라고 했다.

(3) 先生(선생): 구양수를 가리킨다. 王十朋의 《百家註分類東坡先生詩》에 "'선생'은 구양영숙을 가리킨다('先生'指言歐陽永叔也)"라고 했다.

(4) 懷祖(회조): 東晉 사람 王述의 字. 王羲之가 會稽內史로 재임할 때 회계군수로 재임 중이던 왕술이 명성을 얻어 왕희지와 어깨를 나란히 했는데 왕희지가 그를 매우 경멸했기 때문에 두 사람은 감정이 좋지 않았다. 왕술이 회계에서 모친상을 당했을 때 왕희지가 한 번밖에 문상을 가지 않아 왕술이 매우 언짢게 여기고 있었다. 나중에 왕술이 揚州刺史가 되어 경내를 두루 순시할 때 왕희지의 집에는 들르지 않다가 떠날 때에야 한 번 들러서 작별 인사를 했다. 이에 앞서 왕희지는 자신의 지위가 왕술보다 낮다는 사실을 부끄럽게 여겨 아들들을 불러 놓고 말하기를 "내가 왕술보다 못하지 않은데 지위와 대우가 그에 훨씬 못 미치는 것은 너희들이 王坦之(왕술의 아들)만 못하기 때문임에 틀림없다"라고 했다. 나중에 왕술이 회계군을 감사하러 나갔을 때 왕희지가 왕술에게 감사받는 것을 매우 부끄럽게 생각하여 마침내 병을 핑계로 관직에서 물러났다.(《진서·왕희지전》 참조) 왕술과 구양수는 둘 다 어릴 때 아버지를 여의고 편모슬하에서 자랐다.

(5) 郎君(낭군): 남의 아들을 높여 부르는 말. 왕십붕의 《백가주분류동파선생시》에 "'낭군'은 구양계묵을 가리킨다('郎君'指言季默也)"라고 했다.

(6) 文度(문도): 왕탄지의 字. 이 연은 왕술·왕탄지 부자보다 구양수·구양변 부자가 더 뛰어나다는 말이다.

(7) 膝上(슬상): 왕탄지의 아버지 왕술은 아들 탄지를 너무나 사랑하여 아들이 다 큰 뒤에도 무릎 위에 앉히곤 했다.(《진서·왕술전》 참조)

(8) 此父(차보): 이 사람. 구양수를 가리킨다. 남조 때의 宋나라 사람 王彧은 당시 사람들의 칭송을 많이 들었다. 袁粲이 그를 보고 "景文(왕욱)은 풍류가 대단할 뿐만 아니라 먹고 마시는 품도 아주 볼 만하구나" 하고 찬탄했다. 그러자 젊을 때 謝混을 만난 적이 있는 어떤 사람이 "경문은 사숙원(사혼)과 비교하면 촌사람입니다(景文方謝叔源, 則爲野父矣)"라고 했다. 원찬이 그 말을 듣고 "눈에 이 사람을 보지 못하는 것이 한스럽구나(恨眼中不見此人)"라고 했다.(《南史·王彧傳》 참조) 이 연은 수염이 허옇게 센 구양변의 모습이 구양수와 닮았다는 말이다.

(9) 汝南(여남): 潁州(지금의 안휘성 阜陽)를 가리킨다.

(10) 晦朔(회삭): 그믐과 초하루. 한 달을 가리킨다.

(11) 潁水(영수): 潁河. 영주를 지나가는 강이다.

(12) 白酒(백주): 빛깔이 흰 술. 탁주를 가리킨다.

(13) 香泉(향천): 맛있는 샘물. 술 이름이기도 하다. 여기서는 중의적으로 쓰였다. 구양수의 〈醉翁亭記〉에 "샘물을 빚어서 술을 만드는데 샘물이 맛있어서 술이 시원하다(釀泉爲酒, 泉香而酒冽)"라는 구절이 있고, 소식의 시 〈次韻趙景貺春思, 且懷吳越山水〉(1235)의 "흰 술은 참으로 제군까지 가지만(白酒眞到齊)"이라는 구절에 대한 자주에 "술은 아직 향천 한 병이 남아 있었지만 낙전선생의 복중이기 때문에 풍악을 울리지는 않았다(酒尙有香泉一壺, 爲樂全先生服, 不作樂也)"라고 했다.

(14) 新渡(신도): 절 이름. 지금의 안휘성 阜陽 부근일 것으로 추정되나 정확한 위치는 알려져 있지 않다. (魏嵩山 主編, 《中國歷史地名大辭典》, 廣東教育出版社, 1995년 제1판, 1196쪽 참조) 이 연은 이별이 임박했으니 사양하지 말고 마시라는 말이다.

(15) 士衡(사형): 晉나라 사람 陸機의 字. 육기가 동생 陸雲과 헤어질 때 동생에게 지어 준 시 〈於承明作與士龍〉에 "전별연 자리에 어찌 他姓 사람이 있었으리? 모두가 친척의 동생과 형이었네(飮餞豈異族, 親戚弟與兄)"라는 구절이 있다. 이 구절은 형 歐陽棐가 동생 구양변의 손을 잡는 것을 보았다는 말이다.

(16) 夢得(몽득): 당나라 시인 劉禹錫의 字. 성이 같고 시를 잘 짓는 劉季孫을 가리킨다.

(17) 可(가): 어찌.

(18) 筦庫人(관고인): 창고 관리인. 監澶州酒稅의 관직을 지낸 구양변을 가리킨다. 王文誥의 《蘇軾詩集》에 "계묵은 선덕랑으로서 감전주주세를 지낸 적이 있다(季默嘗以宣德郎監澶州酒稅)"라고 했다.

(19) 乃(내): 바로 ~이다.

(20) 騄驥(녹기): 준마의 이름.

(21) 置之(치지): 置之度外하다. 마음에 두지 않다. 이 연은 구양변이 능력에 걸맞은 관직을 얻지 못해 안타깝지만 그것이 곧 능력이 없다는 뜻은 아니라고 위로한 것이다.

1229. 用前韻[1]作雪詩留景文[2]

앞 시의 운자로 눈을 읊은 시를 지어 유경문을 붙잡는다

萬松嶺上黃千葉,[3][4]	만송령에 천 겹짜리 노란 꽃이 필 때면
載酒年年踏松雪.[5]	술을 싣고 해마다 소나무 사이의 눈을 밟았네.
劉郎去後誰復來,[6]	유랑이 떠난 뒤에 누가 또 올까?
花下有人心斷絶.	꽃 밑에 애간장이 끊기는 사람 있겠네.
東齋夜坐搜雪句,	밤에 동쪽 서재에 앉아 눈을 읊은 시구를 찾자니
兩手龜坼霜鬚折.[7]	두 손은 쩍쩍 갈라지고 서리 맞은 수염은 부러지네.
無情豈亦畏嘲弄,[8]	정이 없거늘 어찌 또 조롱을 두려워하리?
穿簾入戶吹燈滅.	발을 뚫고 문으로 들어와 등불을 끄네.
紛紛兒女爭所似,[9]	아이들은 분분히 무엇 같은지 다투고
碧海長鯨君未掣.[10]	푸른 바다의 큰 고래는 그대도 끌어내지 못했네.
朝來雲漢接天流,[11]	아침 되어 은하수가 하늘에 닿아 흐를 때
顧我小詩如點纈.[12]	나의 짧은 시를 보면 점무늬 비단 같겠네.
歐陽趙陳在戶外,[13]	구양씨와 조씨와 진씨가 문밖에서
急掃中庭鋪木屑.	마당을 급히 쓸고 톱밥을 뿌리겠네.
交游雖似雪柏堅,	우리의 교유가 눈 속의 측백처럼 굳을지라도
聚散行作風花瞥.[14][15]	상봉과 이별은 꽃잎 날 듯 갑작스러울 것이네.
晴光融作一尺泥,	맑은 날의 해가 비치면 한 자 깊이의 진흙이 될 텐데

歸有何事眞無說. 돌아가 할 일이 무엇인지 참으로 말하지 않네.
泥乾路穩放君去, 진흙이 말라 길이 굳으면 그대를 가게 놔줄 테니
莫倚馬蹄如踏鐵.(16) 쇠를 밟아 부술 듯한 말발굽을 믿지 말길.

[해설]

눈 속에 길을 떠나려는 유계손을 붙잡기 위하여 자신의 시 〈취성당의 눈을 노래한 시와 그 서문(聚星堂雪幷引)〉(1222)에 차운하여 지은 것이다.

[주석]

(1) 前韻(전운): 〈聚星堂雪幷引〉(1222)의 운자를 가리킨다.
(2) 景文(경문): 劉季孫의 字. 〈喜劉景文至〉(1224) 주 (1) 참조.
(3) 萬松嶺(만송령): 杭州 西湖 동남쪽에 있는 산. 〈次韻楊公濟奉議梅花十首〉(1167) 주 (15) 참조. 査愼行의 《蘇詩補註》에 "《장공외기》에 의하면 원우 5년(1090)에 소동파가 전당태수로 재임했다. 유경문이 동남 지방의 무관이 되어 공이 서호를 준설하는 일을 돕느라 날마다 만송령에서 새 제방까지 갔기 때문에 영주에서 지은 화시에서 그 일을 언급한 것이다(按《長公外紀》, 元祐五年, 東坡守錢塘. 景文爲東南將領, 佐公開西湖, 日由萬松嶺以至新堤, 故在穎州和詩及之)"라고 했다.
(4) 千葉(천엽): 천 겹의 꽃잎으로 이루어진 꽃. '黃千葉'은 납매의 꽃을 가리킨다. 납매는 매화의 일종으로 황매라고도 하는데 눈이 내리는 음력 12월에 노란색 꽃이 핀다. 〈蠟梅一首贈趙景貺〉(1238)에 "그대는 보지 못했는가 만송령에 천 겹짜리 노란 꽃이 필 때면, 옥 꽃술과 붉은 화심이 둘 다 절묘한 것을?(君不見萬松嶺上黃千葉, 玉蕊檀心兩奇絶)"이라는 구절이 있다.
(5) 松雪(송설): 만송령 가는 길가의 소나무 사이에 쌓인 눈을 가리킨다.
(6) 劉郞(유랑): 흔히 劉禹錫을 가리키지만 여기서는 성이 같고 시를 잘 짓는 유계손을 가리킨다. 유우석의 시 〈元和十年自朗州召至京戲贈看花諸君子〉에 "현도관 안에 있는 복숭아나무 천 그루, 모두 유랑이 떠난 뒤에 심은 것이네(玄都觀裏桃千樹, 盡是劉郞去後栽)"라는 구절이 있다. 이 연은 유계손이 떠나고 난 뒤에 소식 자신이 영주에 핀 납매꽃을 보면서 슬픔에 겨워할 것이라는 말이다.
(7) 龜坼(균탁): 거북이의 등껍질처럼 갈라지다.
(8) 嘲弄(조롱): 여러 가지 표현으로 읊조리면서 감상하는 것을 가리킨다. 이 구절은 눈은 감정이 없기 때문에 사람들이 이러쿵저러쿵하는 것을 개의치 않는다는 말이다.
(9) 兒女(아녀): 아들과 딸. 東晉 사람 謝安이 집안사람들을 모아 놓고 이야기를 나누고 있는데 함박눈이 펑펑 쏟아졌다. 사안이 "흰 눈이 흩날리는 모양이 무엇 같으냐?(白雪紛紛何所似)"라고 하자 형의 아들 謝朗이 "하늘에 소금을 뿌리는 것에 비겨 볼 수 있겠습니다(撒鹽空中差可擬)"라고 했다. 이 말을 들은 형의 딸 謝道韞이 "버들개지가 바람에 흩날린다고 하는 편이 더 낫겠습니다(未若柳絮因風起)"

라고 했다.(《晉書·王凝之妻謝氏傳》 참조)

(10) 碧海長鯨(벽해장경): 필력이 웅장하고 기상이 호쾌한 시를 가리킨다. 杜甫의 시 〈戲爲六絶句〉 其四에 "어쩌다가 난초꽃 위의 비취새는 보겠지만, 창해에서 고래를 끌어내지는 못할 것이네(或看翡翠蘭苕上, 未掣鯨魚碧海中)"라는 구절이 있다. 이 구절은 유계손에게 서둘러 떠나지 말고 며칠 더 머물면서 보다 웅장하고 호쾌한 시를 좀 지어 주어야 한다는 명분을 내세우며 그를 만류한 말인 것으로 보인다.

(11) 雲漢(운한): 은하수.

(12) 點纈(점힐): 점 모양의 무늬가 있는 비단. 이 구절은 자신의 시가 미사여구만 나열한 보잘것없는 시라는 뜻인 것으로 보인다.

(13) 歐陽趙陳(구양조진): 歐陽棐·趙令畤·陳師道를 가리킨다.

(14) 行(행): 장차. 곧. 陸游의 시 〈沈園二首〉 其二에 "이 몸은 곧 회계산의 흙이 되련만, 아직도 발자취 애도하며 한바탕 눈물을 흘린다(此身行作稽山土, 猶弔遺蹤一泫然)"라는 구절이 있다.

(15) 瞥(별): 매우 갑작스럽게 나타나는 현상.

(16) 踣鐵(복철): 쇠를 밟아 부수다. 매우 견고하다는 말이다. 이 구절은 비록 말발굽이 매우 튼튼할지라도 눈길을 가는 것은 위험하니 눈이 녹을 때까지 좀 더 머물라고 만류한 것이다.

1230. 和劉景文(1)見贈(2)

유경문이 나에게 지어 준 시에 화답하여

元龍本志陋曹吳,(3)(4)	진원룡은 본래 조씨와 오나라를 얕보는 마음을 지녔는데
豪氣崢嶸老不除.(5)(6)	드높은 그 호기가 늙도록 식지 않았네.
失路今爲噲等伍,(7)	길을 잃어 지금은 번쾌 따위의 벗이 되었지만
作詩猶似建安初.(8)	시 짓는 건 오히려 건안 초기와 같네.
西來爲我風黧面,(9)(10)	나를 위해 서쪽으로 오느라 바람에 얼굴이 검누런데
獨臥無人雪縞廬.	사람 없이 나 혼자 누웠으면 눈이 오두막을 하얗게 덮으리.
留子非爲十日飮,(11)	그대를 붙잡는 건 열흘 동안 술이나 마시자는 게 아니라
要令安世誦亡書.(12)	장안세에게 잃어버린 책을 낭송하게 하려는 것이네.

[해설]

유계손이 소식에게 지어 준 시에 화답한 것으로, 유계손의 회재불우한 신세를 위로하고 그의 호방한 기개와 빼어난 시재, 두터운 우정, 깊은 학식 등을 칭송했다.

[주석]

(1) 景文(경문): 劉季孫의 字. 〈喜劉景文至〉(1224) 주 (1) 참조.
(2) 見贈(견증): 나에게 주다. 〈次韻錢越州見寄〉(1099) 주 (2) 참조.
(3) 元龍(원룡): 삼국 시대 魏나라 사람 陳登의 字. 劉備와 許汜가 荊州牧 劉表 앞에서 천하의 인물들을

논하고 있었다. 허사가 "진원룡은 강호에 묻혀 살 사람이라 거칠고 도도한 기상이 없어지지 않았습니다(陳元龍湖海之士, 豪氣不除)"라고 했다. 유비가 유표에게 허사의 말이 옳은지 그른지 물었더니 유표가, 그르다고 하자니 허사가 덕망 있는 사람이라 허튼소리를 할 리가 없을 것 같고, 옳다고 하자니 진원룡이 천하에 이름난 사람이라 그렇게 말하기도 어렵다고 했다. 유비가 허사에게 진등이 거칠고 도도하다고 평하는 근거가 무엇이냐고 물었더니 허사가, 예전에 자기가 진등을 찾아간 적이 있었는데 진등이 오랫동안 한마디도 말을 건네지 않을 뿐만 아니라 저녁에 누워 잘 때 자기는 위층의 크고 좋은 침대에 올라가서 자고 손님인 허사는 아래층 침대에서 자게 하더라고 했다. 이 말을 들은 유비가 "그대는 國士라는 명성을 얻은 사람입니다. 지금 천하가 너무 어지러워서 황제께서 황제 노릇을 못하게 된지라 그대가 집안을 잊은 채 나라를 걱정하고 세상을 구제해 주기를 바라고 계시는데 그대는 은거할 땅과 집을 알아보기나(求田問舍) 하고 말은 들을 만한 게 없으니 이것이 진원룡이 그대를 싫어한 까닭입니다"라고 했다.(《三國志·魏志·陳登傳》 참조)

(4) 曹吳(조오): 조씨의 나라인 위나라와 오나라. 치열한 각축 끝에 세운 나라들을 두루 가리키는 것으로 보인다.

(5) 豪氣(호기): 씩씩하고 호방한 기상.

(6) 崢嶸(쟁영): 높이 솟아 우뚝한 모양. 이 연은 천하를 차지하기 위해 수단과 방법을 가리지 않는 정치적 야심가들을 하찮게 봄은 물론, 더 나아가 자신의 영달을 위해 아첨과 굴종을 마다하지 않는 정치적 소인배들과도 유를 달리하는 진등에 빗대어 유계손의 고고한 기상을 칭송한 것이다.

(7) 噲(쾌): 漢나라의 개국 공신 樊噲를 가리킨다. 韓信은 漢王 劉邦이 자신의 능력을 두려워하여 시기하는 줄 알게 된 뒤로는 늘 병이 났다는 핑계로 조회에 나가지도 않고 수행하지도 않았다. 그는 밤낮없이 원망과 번민 속에서 지내며 絳侯·灌嬰과 같은 반열에 속하는 것을 수치스럽게 여겼다. 그런 한신이 어느 날 번쾌 장군을 찾아갔더니 번쾌가 무릎을 꿇고 예를 갖출 뿐만 아니라 스스로 신하라고 칭하며 "대왕께서 臣의 집에 왕림하시다니요!"라고 했다. 한신은 대문을 나설 때 웃으면서 말하기를 "평생 번쾌 따위하고나 한패가 되어야겠다(生乃與噲等爲伍)"라고 했다.(《史記·淮陰侯傳》 참조) 이 구절은 유계손이 정치적으로 뜻을 이루지 못해 소식처럼 대단치 않은 사람들하고나 어울린다는 말이다.

(8) 建安(건안): 後漢 헌제의 연호(196-220). 이 시기의 시는 어지러운 사회 현실과 민중의 고난을 잘 반영하여 강개하고 웅건한 작풍이 주류를 이루었다. 이것을 건안 風骨이라고 한다. 이 구절은 유계손이 시를 잘 짓는다는 말이다.

(9) 西來(서래): 유계손이 杭州에서 그 서북쪽에 있는 潁州(지금의 안휘성 阜陽)로 온 것을 가리킨다.

(10) 風黧面(풍려면): 바람이 얼굴을 검누르게 하다.

(11) 十日飮(십일음): 《史記·范雎傳》에 "진나라 소왕이 위제가 평원군 집에 있다는 소문을 듣고는 범저를 위해 꼭 복수를 해 주고 싶어서 자상하게 우호적인 편지를 써서 평원군에게 보내 '과인은 그대의 높은 인의에 대해서 듣고 그대와 포의지교가 되기를 바라오. 그대가 만약 과인에게 들러 준다면 과인이 그대와 열흘 동안 술을 마시고 싶소'라고 했다(秦昭王聞魏齊在平原君所, 欲爲范雎必報其仇, 乃詳爲好書遺平原君曰: '寡人聞君之高義, 願與君爲布衣之友. 君幸過寡人, 寡人願與君爲十日之飮.')"라는

기록이 있다.

(12) 安世(안세): 한나라 사람 張安世를 가리킨다. 황제가 河東 지방으로 행차하다가 책을 세 상자 잃어버렸다. 어명을 내려 아는 사람을 찾아보았으나 아무도 알지 못했는데 장안세가 잃어버린 책의 내용을 모두 기록했다. 나중에 책을 구하여 대조해 보니 잘못된 곳이 한 군데도 없었다.(《한서·장안세전》 참조) 이 연은 단순히 함께 술이나 마시기 위해서가 아니라 박학다식한 유계손에게서 자신이 미처 얻지 못한 지식도 얻고 그것을 활용하여 지은 시도 듣기 위해서 그를 붙잡는 것이라는 말이다.

1231. 和劉景文[1]雪

눈을 읊은 유경문의 시에 화답하여

占雨又得雪,[2]	비가 올 점괘를 얻어 또 눈을 얻었나니
龜寧欺我哉.[3]	거북이가 어찌 나를 속였으리오?
似知吾輩喜,	눈은 마치 우리가 기뻐할 줄 알아서
故及醉中來.	일부러 우리가 취했을 때 오는 것 같네.
童子愁冰硯,[4]	동자는 벼룻물이 얼까 봐 걱정하고
佳人苦膠杯.[5]	가인은 술잔이 바닥에 붙을까 고민하네.
那堪李常侍,[6]	어찌 견디리 이 상시가
入蔡夜銜枚.[7][8]	채주로 들어가려고 밤중에 하무 물리던 이 상황을?

[해설]

유계손의 시에 차운하여 눈이 내린 일을 기뻐한 것이다.

[주석]

(1) 景文(경문): 劉季孫의 字. 〈喜劉景文至〉(1224) 주 (1) 참조.
(2) 占雨(점우): 비가 올 것으로 점치다. 비가 올 것이라는 점괘를 얻는 것을 가리킨다.
(3) 龜(귀): 거북의 등딱지를 태워서 생긴 점괘를 가리킨다. 이 연은 비가 올 것이라는 점괘를 통해 예측했던 대로 과연 눈이 왔다는 말이다.
(4) 冰硯(빙연): 벼루를 얼게 하다. 벼룻물을 얼리는 것을 가리킨다.

(5) 膠杯(교배): 잔을 달라붙게 하다. 잔에 달라붙다. 눈이 내리는 것을 기뻐하며 술을 많이 마신 나머지 술독에 술이 얼마 남지 않아 술잔을 술독에 놓으면 그것이 바닥에 달라붙을 지경이 된다는 뜻으로, 술이 부족하게 되는 것을 가리킬 가능성이 크지만, 술이 얼어서 술잔에 엉겨 붙는 것을 가리킬 수도 있고, 술자리가 끝난 뒤에 씻어서 넣어 둔 술잔이 찬장 바닥에 얼어붙는 것을 가리킬 수도 있을 것으로 보인다. 《莊子·逍遙遊》에 "물이 고인 것이 깊지 못하면 큰 배를 띄울 힘이 없다. 한 잔의 물을 구덩이에 부어 놓으면 겨자씨는 배가 되겠지만 거기에 잔을 놓으면 바닥에 달라붙는바, 이는 물은 얕고 배는 크기 때문이다(且夫水之積也不厚, 則其負大舟也無力. 覆杯水於坳堂之上, 則芥爲之舟, 置杯焉則膠, 水淺而舟大也)"라고 했다.

(6) 李常侍(이상시): 당나라의 명장으로 左散騎常侍를 역임한 李愬를 가리킨다. 그는 눈 내리는 밤에 군사를 이끌고 살그머니 蔡州를 기습하여 반군 수령 吳元濟를 토벌했다.(《구당서·이소전》 참조)

(7) 蔡(채): 채주. 지금의 하남성 汝南. 동쪽으로 潁州(지금의 안휘성 阜陽)와 경계를 접하고 있었다.

(8) 枚(매): 하무. 군대가 행진할 때 병사들이 떠들지 못하도록 입에 물리던 젓가락처럼 가늘고 긴 나무 막대기. 陸游의 시 〈雪中作〉에 "부를 지으며 양원에서 놀던 일은 이미 잊고, 하무 물려 채주로 들어간 일만 기억난다(已忘作賦遊梁苑, 但憶銜枚入蔡州)"라는 구절이 있고, 蔡戡의 시 〈觀雪〉에 "오원제를 포박하러, 밤중에 하무 물려 채주로 들어가는 게 어떤가?(何如縛取吳元濟, 夜半銜枚入蔡州?)"라는 구절이 있다. 이 연은 이소가 군사를 이끌고 오원제를 토벌하러 간 그날처럼 눈이 자욱이 내린 이 밤의 정취에 겨워 詩酒를 즐기지 않을 수 없다는 말이다.

1232. 次前韻[1]送劉景文[2]

앞의 시에 차운하여 유경문을 전송한다

白雲在天不可呼,[3]	흰 구름은 하늘에 있어 불러올 수 없거니와
明月豈肯留庭隅.	명월이 어찌 마당 귀퉁이에 머물려 하리?
怪君西行八百里,[4]	기이하게도 그대가 서쪽으로 팔백 리를 가면서
淸坐十日一事無.[5][6]	열흘이나 아무 일 없이 한가롭게 앉아 있었네.
路人不識呼尙書,[7]	행인들이 몰라보고 상서라고 불렀으니
但見凜凜雄千夫.[8]	늠름하여 뭇 장부들 중에서 걸출한 점만 본 것이네.
豈知入骨愛詩酒,[9]	어찌 알았으리 사무치게 시와 술을 좋아하고
醉倒正欲蛾眉扶.[10][11]	취해 쓰러지면 참으로 미인이 부축해 주길 바라는 줄을?
一篇向人寫肝肺,[12][13]	시 한 편으로 사람들에게 간과 폐를 쏟아 내어
四海知我霜鬢鬚.[14]	천하가 내 살쩍과 수염이 서리 맞은 줄 알게 됐네.
歐陽趙陳皆我有,[15]	구양씨 조씨 진씨를 다 내가 곁에 두고 있는데
豈謂夫子駕復迂.[16][17][18]	선생의 수레가 또 돌아서 갈 줄을 어찌 알았으리?
爾來又見三黜柳,[19][20]	근래에 또 세 번 쫓겨난 유씨를 보았나니
共此煖熱餐氈蘇.[21][22]	이들과 함께 담요 뜯어 먹은 소씨를 따뜻하게 해 주었네.
酒肴酸薄紅粉暗,[23][24]	술과 안주 변변찮고 연지와 분 바른 얼굴 어두운데
祇有潁水淸而姝.[25]	오로지 영하만이 맑고도 아름답네.
一朝寂寞風雨散,[26][27]	하루아침에 적막하게 비바람이 흩어지면

對影誰念月與吾.[28] 그림자 보며 누가 그리움에 빠지리 달과 나뿐이겠네.
何時歸帆泝江水,[29] 돌아가는 배가 언제 장강을 거슬러 올라갈까?
春酒一變甘棠湖.[30][31] 그렇게 되면 감당호가 봄술로 변할 것이네.

[해설]

유계손을 전송하는 자리에서 자신의 시 〈유경문이 온 것이 기뻐서(喜劉景文至)〉(1224)에 차운하여 지은 것으로, 유계손이 자신을 찾아 준 것에 감사하고 그가 떠나고 난 뒤에 맛보게 될 외로움과 그리움을 노래했다.

[주석]

(1) 前韻(전운): 〈喜劉景文至〉(1224)의 운자를 가리킨다.
(2) 景文(경문): 劉季孫의 字. 〈喜劉景文至〉(1224) 주 (1) 참조.
(3) 白雲在天(백운재천): 《穆天子傳》에 "목천자가 요지에서 서왕모에게 술을 권하자 서왕모가 목천자를 위해 '흰 구름이 하늘에 있네, 산에서 절로 나왔네. 길이 아득히 먼데, 산과 내가 가로막네. 그대가 죽지 않는다면, 다시 올 수 있으리라' 하고 노래했다(天子觴西王母于瑤池之上, 西王母爲天子謠曰: '白雲在天, 山陵自出. 道里悠遠, 山川間之. 將子無死, 尙能復來.')"라는 말이 있다.
(4) 八百里(팔백리): 潁州(지금의 안휘성 阜陽)에서 隰州(지금의 산서성 습현)까지의 거리를 가리킨다.
(5) 淸坐(청좌): 한가롭게 앉아 있다.
(6) 十日(십일): 유계손이 소식의 집에 머문 시간을 가리킨다. 이상의 네 구절은 구름이나 달처럼 늘 옮겨 다니기 때문에 한자리에 붙잡아 둘 수 없는 사람인 유계손이 자신을 찾아와 10일 동안이나 머물러 준 것은 아주 이례적인 일로 매우 고맙다는 말이다.
(7) 尙書(상서): 소식의 자주에 "유 선생은 말 한 마리와 하인 두 명을 거느리고 간편한 행색으로 찾아왔다. 여관에서 상서라고 부르는 사람이 많았으니 유 선생이 두령이라고 여겼던 것이다(君一馬兩僕, 率然相訪. 逆旅多呼尙書, 意謂君都頭也)"라고 했고, 청나라 사람 宋長白의 《柳亭詩話》에 "소동파가 유경문을 전송한 시에 '행인들이 몰라보고 상서라고 불렀으니'라고 하고 자주에 '유 선생이 간편한 행색으로 찾아오자 여관에서 상서라고 부르는 사람이 많았으니 유 선생이 두령이라고 여겼던 것이다'라고 했다. 송나라 때의 호칭은 도무지 이해할 수가 없다(東坡送劉景文詩: '路人不識呼尙書, 但見凜凜雄千夫.' 自注云: '君率然相訪, 逆旅多呼尙書, 意君爲都頭也.' 宋時稱謂, 卒不可解)"라고 했다.
(8) 雄(웅): 걸출하다. 이 연은 유계손에게 武人의 면모가 많다는 말이다. 유계손은 左藏庫副使로서 兩浙兵馬都監을 역임했다. 〈次韻答劉景文左藏〉(1096) 주 (1) 참조.
(9) 入骨(입골): 뼈에 사무치다. 정점에 달하다.

(10) 正(정): 참으로.

(11) 蛾眉(아미): 누에나방의 촉수처럼 가늘고 길게 굽은 미인의 눈썹. 미인을 가리킨다. 이 연은 유계손에게 文弱한 면도 다분히 있다는 말이다.

(12) 寫(사): 쏟아 내다. 발산하다. 《詩經·邶風·泉水》에 "수레 타고 나가 놀며, 이내 근심 쏟아 내리(駕言出遊, 以寫我憂)"라는 구절이 있다.

(13) 肝肺(간폐): 간과 허파. 내심을 가리킨다.

(14) 霜鬢鬚(상염수): 서리를 맞은 것처럼 하얀 살쩍과 수염. 소식의 자주에 "유 선생이 이전에 나에게 부쳐 온 시에 '서리 맞은 수염 가득한 줄 천하가 다 아나니, 중양절에 국화꽃을 꽂으셨나요?'라는 구절이 있다(君前有詩見寄云: '四海共知霜鬢滿, 重陽曾挿菊花無?')"라고 했다.

(15) 歐陽趙陳(구양조진): 歐陽棐·趙令畤·陳師道를 가리킨다.

(16) 謂(위): ~라고 여기다. 예상하다.

(17) 夫子(부자): 유계손을 가리킨다.

(18) 迂(우): 돌아가다. 둘러 가다. 유계손이 隰州知州로 부임해 가는 길에 소식이 있는 영주에 들른 것을 가리킨다. 이 연은 영주에 친구가 많이 있는 데다 유계손까지 들러 주어서 기쁘다는 말이다.

(19) 爾來(이래): 근래.

(20) 三黜柳(삼출류): 세 번 쫓겨난 유씨. 柳戒之를 성이 같고 인품이 올곧은 柳下惠에 빗댄 것이다. 《論語·微子》에 "유하혜는 사사가 되었다가 세 번이나 쫓겨났다. 사람들이 '당신은 여기를 떠나 버릴 수 없었습니까?'라고 하자 '도를 바르게 하여 남을 섬긴다면 어디에 간들 세 번 쫓겨나지 않겠소? 도를 굽혀서 남을 섬길 양이면 어찌 부모의 나라를 떠날 필요가 있겠소?'라고 했다(柳下惠爲士師, 三黜. 人曰: '子未可以去乎?' 曰: '直道而事人, 焉往而不三黜? 枉道而事人, 何必去父母之邦?')"라는 말이 있고, 王十朋의 《百家註分類東坡先生詩》에 "유계지를 말한다(言柳戒之也)"라고 했다.

(21) 煖熱(난열): 따뜻하게 하다. 마음을 따뜻하게 위로해 주는 것을 가리킨다.

(22) 餐氈蘇(찬전소): 흉노족에게 억류되어 담요를 뜯어 먹으며 어렵게 연명한 漢나라 사람 蘇武를 가리키는데 여기서는 성이 같고 관직 생활이 험난한 소식 자신을 가리킨다. 이 연은 유계지도 와서 다른 사람들과 함께 소식의 마음을 훈훈하게 해 주었다는 말이다.

(23) 酸薄(산박): 조촐하다. 보잘것없다.

(24) 紅粉(홍분): 연지와 분을 바른 미인을 가리킨다.

(25) 潁水(영수): 潁河. 영주를 지나가는 강이다.

(26) 一朝(일조): 하루아침. 별안간.

(27) 風雨(풍우): 부산하고 왁자하게 노는 분위기를 가리킨다. 庾信의 시 〈歲晚出橫門〉에 "내일 아침 비바람이 다 흩어지면, 어디에서 다시금 서로 찾으리?(明朝風雨散, 何處更相尋?)"라는 구절이 있다. 소식의 자주에 "군에서 날마다 구양숙필·조경황·진이상과 함께 놀았는데 유경문도 오고 며칠 안 지나서 유계지도 나에게 들렀다. 손님이 근래에 유례가 없었을 정도로 많았다. 그러나 그로부터 며칠 안 지나서 구양숙필·유경문·유계지가 다 떠나갔다(郡中, 日與歐陽叔弼·趙景貺·陳履常相從, 而景文復

至, 不數日, 柳戒之亦見過. 賓客之盛, 頃所未有. 然不數日, 叔弼·景文·戒之皆去矣)"라고 했다.

(28) 月與吾(월여오): 李白의 시 〈月下獨酌〉에 "술잔을 들어서 밝은 달을 맞이하고, 그림자를 마주하니 세 사람이 되었도다(擧杯邀明月, 對影成三人)"라는 구절이 있는바, 이 구절은 소식 자신이 달 및 그림자와 함께 유계손을 그릴 것이라는 말인 듯하다.

(29) 江水(강수): 長江을 가리킨다.

(30) 春酒(춘주): 이백의 시 〈襄陽歌〉에 "멀리 한강의 오리 머리같이 푸르스름한 물을 바라보니, 포도가 막 발효하기 시작하는 것 같네. 이 강이 변하여 봄 술이 되면, 쌓인 누룩이 지게미 언덕에 누대를 지으리라(遙看漢水鴨頭綠, 恰似葡萄初醱醅. 此江若變作春酒, 壘麴便築糟丘臺)"라는 구절이 있다.

(31) 甘棠湖(감당호): 강서성 九江에 있는 호수. 景星湖라고도 한다.(魏嵩山 主編, 《中國歷史地名大辭典》, 廣東教育出版社, 1995년 제1판, 232쪽 참조) 소식의 자주에 "유경문은 근래에 구강에 은거지를 정했는데 감당호에 가깝다(景文近卜居九江, 近甘棠湖)"라고 했다. 이 연은 유계손이 감당호 부근에서 은거하고 있으면 자신이 고향으로 돌아가는 길에 들러서 감당호 물을 다 길어다 술을 빚어야 할 정도로 한없이 많은 술을 그와 함께 마시고 싶다는 말이다.

1233. 以[1]屛山[2]贈歐陽叔弼[3]

구양숙필에게 병산을 주며

漫郎天骨淸,[4][5]	만랑은 타고난 풍골이 맑아
生與世俗異.	태어나면서부터 속인들과 달랐네.
學道新有得,	도를 배워 새로이 터득한 게 있지만
爲貧聊復仕.	가난 때문에 잠시 또 벼슬을 했네.
每於紅塵中,[6]	매양 붉은 먼지 속에 있으면서도
常起靑霞志.[7]	항상 푸른 노을 속에 살려는 뜻을 세우네.
屛山輟贈子,[8]	병산을 거두어 그대에게 주나니
莫遣汚簪珥.[9]	비녀와 귀걸이로 더럽히지 마시게.
寓目紫翠間,[10][11]	보랏빛과 비췻빛에 눈길을 주시게
安眠本非睡.[12]	편안히 누워 쉴 뿐 본래 자는 게 아닐 때.
夢中化爲鶴,[13]	그러다가 꿈속에 학으로 화해
飛入長松寺.[14]	키 큰 솔이 우거진 절로 날아드시게.

[해설]

자신이 사용하고 있던 병산을 구양비에게 주면서 함께 지어 준 것으로, 구양비의 도인적 기질을 칭송하고 앞으로도 그런 삶을 견지해 주기를 당부했다.

[주석]

(1) 以(이): 동작의 대상, 즉 직접목적어를 표시하는 전치사.

(2) 屛山(병산): 병풍처럼 침대맡에 두는 산 모양의 장식물.

(3) 叔弼(숙필): 歐陽修의 셋째 아들 歐陽棐의 字. 〈復次韻謝趙景貺·陳履常見和, 兼簡歐陽叔弼兄弟〉(1200) 주 (4) 참조.

(4) 漫郎(만랑): 원래 당나라 때의 道家 학자 元結의 별명이었는데 나중에는 세속적인 일에 얽매이지 않고 자유로이 돌아다니는 사람을 가리키게 되었다. 여기서는 구양비를 가리킨다.

(5) 天骨(천골): 천부의 風骨.

(6) 紅塵(홍진): 거마가 일으키는 먼지. 번화가 또는 속세를 가리킨다.

(7) 青霞志(청하지): 높고 원대한 뜻. 대체로 은거 혹은 修道의 뜻을 가리킨다.

(8) 輟(철): 철거하다. '撤'과 같다. 자신의 침실에서 들어내는 것을 가리킨다.

(9) 簪珥(잠이): 비녀와 귀걸이. 여자들의 장식품을 가리킨다. 이 구절은 병산을 침실에 두지 말고 修道用으로 쓰라는 말인 것으로 보인다.

(10) 寓目(우목): 눈길을 주다. 보다.

(11) 紫翠(자취): 푸른 나무와 자줏빛 노을이 그려져 있는 병산 속의 모습을 가리키는 것으로 보인다.

(12) 安眠(안면): 활동을 중지하고 편안하게 드러누워서 쉬는 것을 가리킨다. 王十朋의 《百家註分類東坡先生詩》에 "'편안히 누워 쉴 뿐 본래 자는 게 아닐 때'는 편안하게 누워서 쉬는 것일 뿐 보통 사람들이 자는 것과는 같지 않다는 말이다('安眠本非睡', 言但安眠而已, 不同尋常人睡也)"라고 했다. 이 연은 구양비가 눈을 감지 않고 편안하게 누워서 쉴 때 병산을 감상하라는 말이다.

(13) 化爲鶴(화위학): 화하여 학이 되다. 《搜神後記》에 "정영위는 본래 요동 사람인데 영허산에서 도를 배웠다. 나중에 학으로 화하여 요동으로 돌아가서 성문의 망주석에 내려앉았다(丁令威, 本遼東人, 學道於靈虛山. 後化鶴歸遼, 集城門華表柱)"라고 했다.

(14) 長松寺(장송사): 키 큰 소나무 속에 있는 절. 병산 속의 절인 것으로 보인다. 馮應榴의 《蘇軾詩集合注》에는 "장송사는 어디에 있는지 분명하지 않다(長松寺未詳何在)"라고 하여 절 이름으로 보았다. 이상의 네 구절은 구양비에게 병산을 바라보며 무념무상의 경지에 이르고 그러다가 잠이 들어 병산 속의 절로 날아드는 학이 되는 꿈을 꾸라는 말로, 병산이 구양비의 도가적 삶에 도움이 되기를 바란다는 뜻인 것으로 보인다.

1234. 新渡寺[1]席上, 次趙景貺[2]·陳履常[3]韻, 送歐陽叔弼[4]. 比來諸君唱和, 叔弼但袖手傍睨[5]而已, 臨別, 忽出一篇, 頗有淵明[6]風致, 坐皆驚歎

신도사에서 벌인 연회석에서 조경황·진이상의 시에 차운하여 구양숙필을 전송한다. 근래에 여러 사람이 창화할 때 구양숙필은 수수방관만 하더니 작별할 때가 되자 갑자기 한 수를 내놓았는데 도연명의 풍치가 매우 많은지라 좌중에 있던 사람들이 다들 경탄했다

神屠不目全,[7]	신통한 백정은 소 전체를 보지 않고
妙額惟粧半.[8][9]	얼굴이 고운 이는 절반만 화장하네.
更刀乃族庖,[10][11]	칼을 바꾸는 이는 바로 보통 백정들이요
倚市必醜悍.[12]	장사하는 사람은 틀림없이 못나고 사나울 것이네.
平生魏公籌,[13]	평생토록 위공처럼 기획이나 하다가
忽斲郢人墁.[14]	갑자기 영지방 사람 코의 흙을 깎아 냈네.
詩書亦何用,[15]	《시경》과 《서경》이야 역시 어디에 쓰랴만
適道須此館.[16][17]	대도에 이르려면 여기에 묵어야 하네.
多言雖數窮,[18]	말이 많으면 자주 궁지에 빠진다 해도
微中或排難.[19][20]	완곡하고 사리에 맞아 어려움을 없애 주기도 하네.
子詩如淸風,	그대의 시는 마치 맑은 바람과 같아
翏翏發將旦.[21]	아침이 되려 할 때 윙윙하고 불어오네.
胡爲久閉匿,[22]	뭣 때문에 오래도록 입을 열지 않았나?
綺語眞自患.[23]	고운 말은 스스로 참 싫어하기 때문이네.
許時笑我癡,[24][25]	그대는 이즈음에 내가 어리석다고 웃었나니
隔屋相詠歎.[26]	이웃에 살면서 서로 읊고 찬탄했네.
竟識彦道不,[27]	도대체 원언도를 알았는가 몰랐는가?

絶叫呼百萬.	소리를 질러 대며 백만 전을 불렀네.
淸朝固多士,(28)	맑은 조정엔 본래 훌륭한 인사가 많지만
人門子皆冠.(29)	인품과 문벌 모두 그대가 으뜸이네.
莫言淸潁水,(30)	물 맑은 영하라고 하지 말지니
從此隔河漢.	이제부터 은하수를 사이에 두게 됐다네.
異時我獨來,	언젠가 내가 혼자 여기에 오면
得魚楊柳貫.	물고기를 잡아서 버들가지에 꿰리.
持歸不忍食,	가지고 돌아가서 차마 먹지 못할지니
尺素解凄斷.(31)(32)	한 자짜리 비단이 처량한 마음을 풀어 주리.
中有淸圓句,(33)	그 안에 맑고 고운 시구가 있어
銅丸飛柘彈.(34)(35)	구리 탄알이 산뽕나무 탄궁에서 날아가리.
春愁結凌澌,(36)	봄 근심이 맺혀서 유빙이 되었어도
正待一笑泮.(37)(38)	한 번 웃기만 하면 모두 풀리리.
百篇倘寄我,(39)	나에게 시 백 편을 부쳐 주시면
呻吟鄭人緩.(40)	열심히 읊조리는 정나라 사람 완이 되리.

[해설]

구양수의 셋째 아들 구양비가 영주를 떠날 때 조영치·진사도 등과 함께 신도사에서 전별연을 벌여 주며 지은 것이다. 구양비의 시재를 극구 칭송하면서 그가 그동안 시를 짓지 않은 일을 옹호하고 앞으로 멋진 시를 많이 지어 부침으로써 자신의 처량한 마음을 위로해 줄 것을 당부했다.

[주석]

(1) 新渡寺(신도사): 절 이름. 〈送歐陽季默赴闕〉(1228) 주 (14) 참조.

(2) 景貺(경황): 趙令畤의 字. 〈復次韻謝趙景貺·陳履常見和, 兼簡歐陽叔弼兄弟〉(1200) 주 (1) 참조.

(3) 履常(이상): 陳師道의 字. 〈復次韻謝趙景貺·陳履常見和, 兼簡歐陽叔弼兄弟〉(1200) 주 (2) 참조.

(4) 叔弼(숙필): 歐陽修의 셋째 아들 歐陽棐의 字. "《續資治通鑑長編》에 '원우 7년(1092) 정월에 우조청랑 구양비가 예부원외랑이 되었다(元祐七年正月, 右朝請郎歐陽棐爲禮部員外郎)'"라고 했다. 〈復次韻謝趙景貺·陳履常見和, 兼簡歐陽叔弼兄弟〉(1200) 주 (4) 참조.

(5) 袖手傍睨(수수방예): 수수방관하다. 시 짓기에 참여하지 않고 옆에서 보고만 있는 것을 가리킨다.

(6) 淵明(연명): 東晉 때의 시인 陶淵明을 가리킨다.

(7) 神屠(신도): 신통한 재주를 지닌 백정. 《莊子·養生主》에 "백정이 문혜군을 위해 소를 잡을 때 손이 닿는 곳과 어깨가 기대는 곳과 발이 밟는 곳과 무릎이 누르는 곳에 툭툭 소리가 나고 칼을 놀리는 소리가 사각사각 나는데 음률에 맞지 않는 것이 하나도 없었으니 〈상림〉의 춤에 부합하고 〈경수〉의 가락에 맞았다. 문혜군이 '아! 훌륭하도다! 기술이 어떻게 이런 경지에 이르렀는가?'라고 하자 백정이 칼을 놓고 대답하기를 '제가 좋아하는 것은 도입니다. 그것은 기술에 앞섭니다. 처음에 제가 소를 잡을 때에는 보이는 것 가운데 소의 전체 모습이 아닌 것이 없었습니다. 3년이 지난 뒤에는 소의 전체 모습이 보인 적이 없습니다. 지금 저는 정신으로 소를 대하지 눈으로 보지 않습니다. 감각 기관의 지각이 멈추고 정신이 작용합니다'라고 했다(庖丁爲文惠君解牛, 手之所觸, 肩之所倚, 足之所履, 膝之所踦, 砉然嚮然, 奏刀騞然, 莫不中音. 合於〈桑林〉之舞, 乃中〈經首〉之會. 文惠君曰: '譆! 善哉! 技蓋至此乎?' 庖丁釋刀對曰: '臣之所好者道也. 進乎技矣. 始臣之解牛之時, 所見无非全牛者. 三年之後, 未嘗見全牛也. 方今之時, 臣以神遇, 而不以目視, 官知止而神欲行.')"라는 말이 있다. 이 구절은 구양비가 작시의 요체를 터득하여 힘들이지 않고도 시를 잘 짓는다는 말이다.

(8) 妙額(묘액): 아름다운 이마. 미인을 가리킨다.

(9) 粧半(장반): 반쪽만 화장하다. 여기서는 엷게 화장하는 것을 가리킨다. 梁나라 元帝의 徐妃는 원제가 애꾸눈이라는 이유로 원제가 자신을 찾아올 것으로 예상되면 매번 얼굴 반쪽만 화장하고 기다렸다. 그러면 원제가 와서 보고는 대노하여 나가 버렸다.(《南史·梁元帝徐妃》 참조) 이 구절은 구양비의 시가 미사여구를 즐겨 쓰지 않았지만 멋지다는 말이다.

(10) 更刀(경도): 칼을 바꾸다. 《장자·양생주》에 "뛰어난 백정은 1년에 한 번씩 칼을 바꾸니 이는 살과 뼈를 분해하기 때문이고, 수많은 보통의 백정은 한 달에 한 번씩 칼을 바꾸니 이는 살을 자르기 때문입니다. 이제 저의 칼은 19년이 되었고 잡은 소가 수천 마리지만 칼날이 숫돌에서 막 갈아 내놓은 것 같습니다. 소의 뼈마디에는 틈이 있고 칼날에는 두께가 없는데 두께가 없는 것을 틈이 있는 곳에 넣으니 널찍널찍하여 칼날을 놀리기에 반드시 여지가 있습니다(良庖歲更刀, 割也; 族庖月更刀, 折也. 今臣之刀十九年矣, 所解數千牛矣, 而刀刃若新發於硎. 彼節者有間, 而刀刃者無厚, 以無厚入有間, 恢恢乎其於遊刃, 必有餘地矣)"라는 말이 있다.

(11) 族庖(족포): 뭇 백정. 보통의 백정들을 가리킨다.

(12) 倚市(의시): 시장에서 물건을 팔다. 《史記·貨殖傳》에 "가난한 상태에서 부유한 상태를 추구함에는 농업이 공업만 못하고 공업이 상업만 못하며 자수를 놓는 것이 시장에서 물건을 파는 것만 못하다(夫用貧求富, 農不如工, 工不如商, 刺繡文不如倚市門)"라고 한 것에서 비롯된 말로 상업을 경영하는 것 또는 기녀가 웃음을 파는 일을 가리킨다. 이 연은 제1연을 부연하여 서술한 것이다.

(13) 魏公(위공): 晉나라 사람 魏舒를 가리킨다. 위서는 後將軍 鍾毓의 長史가 되어 종육이 부하들과 활쏘기를 할 때 그것을 기획하는 일이나 담당했다. 한번은 사람이 부족하여 머릿수를 채우기 위해 위서

에게 활을 쏘게 했다. 백발백중인 위서의 활 솜씨를 보고 좌중에 있던 사람들이 다들 놀랐다.(《진서·위서전》 참조)

(14) 郢(영): 지금의 호북성 江陵 서북쪽으로 춘추 시대 초나라의 도성이었다. 《莊子·徐無鬼》에 "어느 영지방 사람이 자기 코끝에 파리 날개만큼 얇게 흰 흙을 발라 놓고 석수에게 깎아 내게 했다. 석수가 도끼를 휘둘러 바람을 일으키는데도 그가 깎아 내도록 맡겨 두었다. 흰 흙을 다 깎아 냈는데도 코는 다치지 않았으며 영지방 사람은 가만히 선 채로 얼굴색 하나 변하지 않았다(郢人堊漫其鼻端, 若蠅翼, 使匠石斲之. 匠石運斤成風, 聽而斲之. 盡堊而鼻不傷, 郢人立不失容)"라는 말이 있다. 이 연은 구양비가 그동안 다른 사람이 시 짓는 것을 지켜보기만 하다가 갑자기 훌륭한 시를 지었다는 말이다.

(15) 詩書(시서): 《시경》과 《서경》. 널리 책을 가리킨다.

(16) 適道(적도): 大道에 이르다. 《論語·子罕》에 "함께 공부할 수 있어도 그것만으로는 아직 함께 대도에 이를 수 있는 것이 아니고, 함께 대도에 이를 수 있어도 그것만으로는 아직 함께 굳건하게 설 수 있는 것이 아니다(可與共學, 未可與適道; 可與適道, 未可與立)"라는 말이 있다.

(17) 此館(차관): 여기에 寓居하다 '詩書' 학습 과정을 거치는 것을 가리킨다. 이 연은 시를 지을 때 학식을 갖추어야 하는 것이 아니라고 생각하는 것도 일리가 있지만 학식을 바탕으로 지은 구양비의 시를 보니 수준이 높아 보인다는 뜻인 것으로 보인다.

(18) 數窮(삭궁): 자주 궁지에 빠지다. 《老子》에 "말을 많이 하면 자주 궁지에 빠지게 되니 담담한 심경을 고수하며 가만히 있는 것만 못하다(多言數窮, 不如守中)"라는 말이 있다.

(19) 微中(미중): 말이 완곡하고 사리에 맞다.

(20) 排難(배난): 어려움을 없애다. 이 연은 그 자리에 있는 사람들이 함께 시를 많이 지어 자신들을 궁지에 빠뜨릴 가능성도 많지만 개중에는 구양비의 시처럼 완곡하고 사리에 맞아 어려움을 해소해 주는 것도 있다는 말이다.

(21) 翏翏(요료): 바람이 부는 소리. 이 연은 구양비의 시가 새벽에 부는 맑은 바람처럼 청량감을 준다는 말이다.

(22) 閉匿(폐닉): 말을 하지 않고 입을 닫아서 속마음을 숨기다.

(23) 綺語(기어): 비단같이 고운 말. 시를 짓는 데에 기본적으로 필요한 문학적 修辭, 즉 辭藻를 가리킨다. 韓愈와 孟郊의 시 〈城南聯句〉에 "고운 말은 갠 날의 눈에 씻은 모습이고, 아리따운 말은 꾀꼬리 새끼가 지저귀는 소리네(綺語洗晴雪, 嬌辭哢雛鶯)"라는 구절이 있다.

(24) 許時(허시): 이즈음. 소식이 구양비와 함께 영주에서 지낸 최근 몇 개월을 가리킨다.

(25) 癡(치): 어리석다. 세상 물정에 어두운 것을 가리킨다. 《晉書·顧愷之傳》에 "의희(405-418) 초에 산기상시가 되어 사첨과 같은 관서에 있었다. 밤에 달빛 아래에서 길게 시를 읊조리면 그때마다 사첨이 오랫동안 칭찬하는지라 고개지가 더욱 노력하며 피로를 잊었다. 사첨이 자러 가려고 다른 사람에게 자신의 역할을 대신하게 했는데 고개지가 상황이 달라졌다는 사실을 깨닫지 못하고 마침내 아침이 되어서야 그쳤다.……처음 고개지가 환온의 막부에 있을 때 항상 '고개지는 몸 안에 어리석음과 영리함이 각각 절반씩 들어 있으므로 종합해서 말하면 정확히 평형을 이룬다'라고 했다. 그러므로 고개지

에게는 才絶·畫絶·癡絶 등 삼절이 있었다고 세상에 전한다(義熙初, 爲散騎常侍, 與謝瞻連省. 夜於月下長詠, 瞻每遙贊之, 愷之彌自力忘倦. 瞻將眠, 令人代己, 愷之不覺有異, 遂申旦而止.……初, 愷之在桓溫府, 常云: '愷之體中癡黠各半, 合而論之, 正得平耳.' 故俗傳愷之有三絶: 才絶·畫絶·癡絶)"라는 말이 있다.

(26) 隔屋(격옥): 이웃하다. 이 연은 소식이 '癡絶'이라고 불린 고개지처럼 너무 어리석어서 세상 물정은 잘 모르지만 시는 참 잘 짓는다고 찬탄했다는 말이다.

(27) 彦道(언도): 東晉 사람 袁耽의 字. 원탐은 도박을 아주 잘하는 사람으로 이름이 나 있었다. 桓溫이 도박에서 돈을 많이 잃었을 때 원탐에게 도움을 청했다. 원탐은 복상 중이었지만 선뜻 변복을 하고 삼베 두건을 품속에 감춘 채 환온을 따라 도박장으로 갔다. 상대방이 "당신이 원언도가 된 것은 아니겠지요?"라고 했다. 도박이 시작되어 원탐이 한 번에 10만 전을 걸다가 100만 전까지 올리고 방약무인으로 소리를 질러 대며 도박을 하여 마침내 돈을 다 땄다. 그제야 원탐이 상대방에게 "당신은 도대체 원언도를 아는 거요 모르는 거요?(汝竟識袁彦道不?)"라고 했다.(《世說新語·任誕》 참조) 이 연은 구양비가 모친상 중이라서 시 짓기를 자제한 것일 뿐 능력이 도박계에 있어서의 원탐처럼 뛰어났는데 자신들이 그것을 잘 몰랐다는 말이다.

(28) 多士(다사): 훌륭한 인사가 많다. 《詩經·大雅·文王》에 "북적북적 훌륭한 인사가 많아, 문왕께서 그 덕분에 편안히 지내시네(濟濟多士, 文王以寧)"라는 구절이 있다.

(29) 人門(인문): 인품과 門閥.

(30) 潁水(영수): 潁河. 潁州(지금의 안휘성 阜陽)를 지나가는 강이다. 이 연은 구양비가 영하를 건너 영주를 떠나고 나면 두 사람이 은하수를 사이에 둔 견우와 직녀처럼 서로 만나기 힘들 것이기 때문에 영하가 두 사람을 갈라놓는 은하수로 보일 것이라는 말이다.

(31) 尺素(척소): 한 자 길이의 흰 비단. 거기에 쓴 편지를 가리킨다. 漢나라 사람 蔡邕의 시 〈飮馬長城窟行〉에 "멀리서 온 손님이, 나에게 잉어를 한 쌍 주었네. 아이를 불러서 잉어를 삶았더니, 배 안에 한 자짜리 비단에 쓴 편지가 있네(客從遠方來, 遺我雙鯉魚. 呼童烹鯉魚, 中有尺素書)"라는 구절이 있다.

(32) 淒斷(처단): 매우 처량하다. 이상의 네 구절은 자신이 영하에서 물고기를 많이 잡을지라도 그 속에 구양비가 보낸 편지가 들어 있을 가능성이 크기 때문에 선뜻 먹어 버리지 못할 것이라는 말이다.

(33) 淸圓(청원): 청신하고 매끈하다.

(34) 銅丸(동환): 구리로 만든 탄알. 청신하고 매끈한 시구를 가리킨다. 孔平仲의 《孔氏談苑·作詩貴圓熟》에 "사조가 말하기를 '좋은 시는 매끈하고 아름다워서 탄알처럼 굴러간다'라고 했다. 그러므로 소동파가 '그 안에 맑고 고운 시구가 있어, 구리 탄알이 산뽕나무 탄궁에서 날아가리'라고 한 것은 아마도 시에 있어서 매끈하고 숙성된 것을 귀하게 여긴 것일 것이다(謝朓云: '好詩圓美流轉如彈丸.' 故東坡云: '中有淸圓句, 銅丸飛柘彈.' 蓋詩貴圓熟也)"라고 했다.

(35) 柘彈(자탄): 산뽕나무로 만든 탄궁. 탄궁은 탄알을 발사하는 활이다.

(36) 凌澌(능시): 流氷. 물 위에 떠내려가는 얼음덩이.

(37) 正待(정대): ~하기만 하면.

(38) 泮(반): 얼음이 녹다. 《詩經·邶風·匏有苦葉》에 "총각이 아내를 데려오려면, 얼음이 다 녹지 않았을 때 해야 하네(士如歸妻, 迨冰未泮)"라는 구절이 있다.

(39) 倘(당): 만약 ~한다면.

(40) 呻吟(신음): 읊조리다. 낭송하다. 《莊子·列禦寇》에 "정나라 사람 완이 구씨의 땅에서 책을 낭송했다. 단지 3년 만에 완이 儒學者가 되니 황하가 9리의 땅을 촉촉이 적셔 주듯 덕택이 삼족에게 두루 미쳤다(鄭人緩也, 呻吟於裘氏之地. 祇三年而緩爲儒, 河潤九里, 澤及三族)"라는 말이 있다.

1235. 次韻趙景貺[1]春思, 且懷吳越[2]山水

봄을 맞은 감회를 노래한 조경황의 시에 차운하여 잠시 오월 지방의 산수를 그린다

歲華來無窮,
세월은 끊임없이 흘러가는데

老眼久已靜.[3]
노련한 안목이 오래전에 이미 없어졌네.

春風如繫馬,[4]
봄바람은 매어 놓은 말과 같아서

未動意先騁.
움직이기도 전에 마음이 먼저 달리네.

西湖忽破碎,[5]
서호의 수면이 갑자기 부서지는 건

鳥落魚動鏡.[6]
새가 내려와 고기가 거울을 흔든 탓이네.

縈城理枯瀆,[7]
그대는 성을 돌며 마른 도랑을 손질하고

放閘起膠艇.[8]
갑문을 열어 달라붙은 배를 띄웠네.

願君營此樂,[9]
그대가 이 즐거움 도모하기 바라나니

官事何時竟.[10]
관아의 일이야 언제 끝나리?

思吳信偶然,[11]
오 땅이 그리워진 건 참으로 우연

出處付前定.[12][13]
나가고 머무는 건 운명에 맡길 일이네.

飄然不繫舟,
배를 매어 두지 않고 훌쩍 떠나가나니

乘此無盡興.
끝없는 감흥이 인 이때를 놓치지 않네.

醉翁行樂處,[14]
취옹께서 즐겁게 노시던 곳엔

草木皆可敬.
풀과 나무가 모두 존경스럽네.

明朝游北渚,[15]
내일은 북쪽의 물가에서 놀려고

急掃黃葉徑.	누런 낙엽에 덮인 길을 얼른 쓸어 놓네.
白酒眞到齊,(16)(17)	흰 술은 참으로 제군까지 가지만
紅裙已放鄭.(18)(19)	붉은 치마 입은 미인의 정나라 음악을 이미 내쳤네.

[해설]

봄을 맞이한 감회를 읊은 조영치의 시에 차운한 것으로, 영주 지방의 봄 풍경을 묘사하고 그 속에서 술을 마시며 봄놀이하는 정취를 노래했다.

[주석]

(1) 景貺(경황): 趙令畤의 字. 〈復次韻謝趙景貺·陳履常見和, 兼簡歐陽叔弼兄弟〉(1200) 주 (1) 참조.

(2) 吳越(오월): 五代 때의 十國 가운데 하나로 杭州를 도성으로 삼았다. 자신이 태수로 재임한 항주 일대를 가리킨다.

(3) 老眼(노안): 사리를 잘 판단하거나 사람을 잘 알아보는 노련한 안목. 杜甫의 시 〈送惠二歸故居〉에 "하늘에게 노련한 안목이 없어, 이 사람이 빈 계곡에 빠져 있게 하는구나(皇天無老眼, 空谷滯斯人)"라는 구절이 있다. 이 구절은 조정의 안목이 제대로 작동하지 않은 지 오래되어 조영치처럼 훌륭한 인물을 알아보지 못한다는 말이다.

(4) 繫馬(계마): 묶여 있는 말. 이 연은 봄이 채 되기 전에 벌써 봄기운이 태동한다는 말이다.

(5) 西湖(서호): 潁州(지금의 안후이성 阜陽) 서호를 가리킨다.

(6) 鏡(경): 수면을 가리킨다. 이 연은 새가 수면으로 내려오는 바람에 물고기가 깜짝 놀라 달아나면서 거울처럼 잔잔한 호수에 물결을 일으키는 것을 가리킨다.

(7) 枯瀆(고독): 마른 도랑. 겨울 동안 말라 있던 영주성의 해자를 가리킨다.

(8) 膠艇(교정): 수위가 낮아서 강바닥에 달라붙은 배를 가리킨다. 朱熹의 시 〈觀書有感〉 其二에 "어젯밤에 강가에 봄물이 생기더니, 커다란 배가 깃털처럼 가볍게 떴다(昨夜江邊春水生, 艨艟巨艦一毛輕)"라는 구절이 있다.

(9) 此樂(차락): 조영치가 원시에서 '詩酒를 즐기며 노는 것'을 가리켜 한 말인 것으로 보인다.

(10) 官事(관사): 공무. 소식의 자주에 "청하와 서호의 세 갑문은 조영치 군을 독려하여 완성하게 한 것이다(淸河西湖三閘, 督君成之)"라고 했다. 이 연은 조영치가 원시에서 관아의 공무가 끝나면 시주를 즐기며 놀고 싶다고 한 것에 대하여 관아의 공무는 끝날 날이 없을 것이니 알아서 틈틈이 즐기라고 충고한 것인 듯하다.

(11) 吳(오): 오월국의 도성이었던 항주를 가리킨다. 소식은 杭州知州로 재임할 때 茅山河와 鹽橋河라는 두 운하와 항주 서호를 준설하고 六井을 보수하는 등 여러 가지 치수 사업을 했다. 이 구절은 조영치가 마른 도랑을 손질하고 갑문을 여는 등 물을 관리하는 일을 하는 것을 보니 문득 옛날에 자신이

항주에서 치수 사업을 했던 일이 떠오른다는 말이다.

(12) 出處(출처): 벼슬길에 나가는 것과 재야에 남아 있는 것. 지방으로 나가는 것과 조정에 남아 있는 것을 가리키기도 한다.

(13) 前定(전정): 미리 정해져 있는 것. 운명을 가리킨다. 이 연은 자신이 항주지주로 재임하다가 뜻하지 않게도 조정으로 불려 들어가 翰林學士承旨가 되었던 것처럼 조영치도 언젠가 조정으로 불려 들어갈 날이 있을 것이니 관직의 이동은 운명에 맡기고 초연하게 지내라고 충고한 말인 것으로 보인다.

(14) 醉翁(취옹): 歐陽修의 호.

(15) 明朝(명조): 내일.

(16) 白酒(백주): 빛깔이 흰 술. 탁주를 가리킨다. 소식의 자주에 "술은 아직 향천 한 병이 남아 있었지만 낙전선생의 복중이기 때문에 풍악을 울리지는 않았다(酒尚有香泉一壺, 爲樂全先生服, 不作樂也)"라고 했다. 소식 형제에게 아버지와 같은 사람이었던 장방평은 원우 6년(1091) 말에 85세를 일기로 세상을 떠났다. 소식은 이때 석 달 동안 상복을 입었다.

(17) 到齊(도제): 齊郡까지 가다. 술이 맛있다는 말이다. 《世說新語·術解》에 "환공에게는 술을 잘 감별하는 주부가 한 사람 있어 술이 생기면 매번 그로 하여금 먼저 맛을 보게 했는데 그는 좋은 술을 '청주종사'라고 하고 나쁜 술을 '평원독우'라고 했다. 청주에는 齊郡이 있고 평원에는 鬲縣이 있는바, '청주종사'란 '臍(배꼽)'까지 간다는 말이고 '평원독우'란 '鬲(횡경막)' 위에 머물러 있다는 말이다(桓公有主簿, 善別酒, 有酒輒令先嘗, 好者謂'青州從事', 惡者謂'平原督郵'. 青州有齊郡, 平原有鬲縣, '從事'言到'臍', '督郵'言在'鬲'上住)"라는 일화가 있다. 이는, 청주종사는 임무를 수행하기 위해 제군까지 가고 평원독우는 임무를 수행하기 위해 격현에 거주하기 때문에 환공의 주부가 '齊郡'의 '齊'와 배꼽이라는 뜻의 '臍'가 같은 발음이고, '鬲縣'의 '鬲'과 횡경막이라는 뜻의 '膈'이 같은 발음이라는 사실을 이용하여 우스갯소리를 한 것으로, 좋은 술은 배꼽까지 내려가지만 나쁜 술은 횡경막에 걸려서 더 이상 안 내려간다는 뜻이다.

(18) 紅裙(홍군): 붉은 치마. 미인을 가리킨다.

(19) 放鄭(방정): 정나라의 음악을 내치다. 《論語·衛靈公》에 "정나라의 음악을 내치고 말 잘하는 사람을 멀리한다. 정나라의 음악은 음란하고 말 잘하는 사람은 위태롭다(放鄭聲, 遠佞人. 鄭聲淫, 佞人殆)"라는 말이 있다. 이 구절은 풍악을 울리지는 않았다는 말이다. 주 (16) 참조.

1236. 次韻陳履常[1]張公[2]龍潭[3]

장룡공의 용지를 읊은 진이상의 시에 차운하여

明經宣城宰,[4]	경전에 밝았던 선성현령은
家此百尺瀾.	백 척의 이 물결을 자기 집으로 삼았네.
鄭公不量力,[5]	정공이 자기 힘을 헤아리지 못하고
敢以非意干.[6][7]	고약한 심보로 감히 심기를 거슬렀네.
玄黃雜兩戰,[8]	검누른 피를 흘리며 엉겨 붙어 둘이 싸울 때
絳青表雙蟠.[9][10]	붉은색과 푸른색으로 두 마리의 용을 표시했네.
烈氣斃强敵,[11]	세찬 기세로 강적을 쓰러뜨리고
仁心惻饑寒.	어진 마음으로 춥고 배고픈 이를 측은하게 여겼네.
精誠禱必赴,[12]	정성껏 기도하면 반드시 가서 구해 주고
苟簡求亦難.[13]	소홀하게 대충 하면 구해도 얻기 어려웠네.
蕭條麥麰枯,[14]	시들시들 밀과 보리 말라 가는데
浩蕩日月寬.[15]	까마득히 해와 달은 널리 비쳤네.
念子無吏責,[16][17]	그대는 관리의 책무도 없으면서
十日勤征鞍.[18]	열흘 동안 부지런히 말을 타고 다녔네.
春蔬得雨雪,	봄 채소가 비와 눈을 맞은 덕분에
少助先生盤.[19]	선생의 쟁반에 적이 도움을 주네.
龍不憚往來,	용도 오고 가는 것을 꺼리지 않았는데

而我獨宴安.[20]	나만 유독 즐겁고 편안하였네.
閉閣默自責,[21]	누각을 닫고 말없이 자신을 나무라며
神交淸夜闌.[22][23]	정신적 교유를 하노라니 맑은 밤이 새려 하네.

[해설]

용지에서 기우제 지낸 일을 노래한 진사도의 시에 차운한 것으로, 장룡공의 능력과 덕을 칭송하고 기우제를 위해 수고한 진사도의 공을 치하했다.

[주석]

(1) 履常(이상): 陳師道의 字. 〈復次韻謝趙景貺·陳履常見和, 兼簡歐陽叔弼兄弟〉(1200) 주 (2) 참조.

(2) 張公(장공): 張龍公. 隋唐 시대의 潁州(지금의 안휘성 阜陽) 사람으로 이름이 路斯였다. 〈聚星堂雪幷引〉(1222) 주 (2) 참조.

(3) 龍潭(용담): 龍池를 가리킨다. 査愼行의 《蘇詩補註》에 인용된 《潁州志》에 "장노사가 승천한 곳은 이름을 용지라고 하는데 영상현 관청 소재지에서 서남쪽으로 40리 되는 곳의 회윤향에 있다(張路斯蛻骨處, 名龍池, 在潁上縣治西南四十里淮潤鄕)"라고 했고, 歐陽修의 《集古錄·張龍公碑》에 "내가 일찍이 일이 있어서 백사촌(지금의 안휘성 阜陽市 潁上縣에 속한 마을)에 간 적이 있었는데 그의 사당 밑을 지나가다가 그곳의 나무가 무성하고 연못 물이 깊숙한 것을 보았다(余嘗以事至百社村, 過其祠下, 見其林樹陰蔚, 池水窈然)"라고 했다.

(4) 明經宣城宰(명경선성재): 경전에 밝은 선성현령. 장룡공을 가리킨다. 구양수의 《집고록·장룡공비》에 "수나라(581-618) 초에 명경과에 급제하여 경룡(707-710) 연간에 선성현령이 되었다(隋初明經登第, 景龍中爲宣城令)"라고 했다.

(5) 鄭公(정공): 鄭祥遠을 가리킨다. 구양수의 《집고록·장룡공비》에 "석씨가 이상하게 여기고 그에게 물었더니 공이 '나는 용이오. 蓼縣 사람 정상원 역시 용인데 흰 소를 타고 내 연못을 점거하고는 스스로 정공지라고 하고 있소. 내가 여러 차례 그와 싸웠으나 이기지 못했소. 내일 결판을 낼 것이니 우리 아들들에게 활과 화살을 끼고 와서 그를 쏘라고 하시오. 푸른색 생사로 갈기를 묶은 사람이 정씨이고 붉은색 생사로 갈기를 묶은 사람이 나요'라고 했다. 아들들이 마침내 푸른색 생사를 쏘아 맞혔다. 정씨가 화를 내며 동북쪽으로 떠나갔다(石氏異而詢之, 公曰: '吾龍也. 蓼人鄭祥遠亦龍也, 騎白牛, 據吾池, 自謂鄭公池. 吾屢與戰, 未勝. 明日取決, 可令吾子挾弓矢射之. 繫鬣以靑綃者, 鄭也; 絳綃者, 吾也.' 子遂射中靑綃. 鄭怒, 東北去)"라고 했다.

(6) 非意(비의): 악의. 任昉의 〈齊竟陵文宣王行狀〉에 "다른 사람이 부족한 점을 지니고 있으면 자신으로 미루어 용서하였고, 악의로 거슬리는 짓을 한 경우에는 매번 이치로써 복종시켰다(人有不及, 內恕諸己, 非意相干, 每爲理屈)"라고 했다.

(7) 干(간): 거스르다.

(8) 玄黃(현황): 검누르다. 검붉은색의 피가 노란색 흙에 스며들어서 변색된 상태를 가리킨다. 《易經·坤卦》의 爻辭에 "용들이 들판에서 싸우니 그 피가 검누르다(龍戰于野, 其血玄黃)"라고 했는데 이에 대한 高亨의 주에 "용 두 마리가 들판에서 치고받고 싸워서 흐른 피가 흙을 물들여서 푸른색과 누런색이 혼합된 색이 된 것이다(二龍搏鬪於野, 流血染泥土, 成青黃混合之色)"라고 했다.

(9) 絳青(강청): 붉은색과 푸른색. 소식의 자주에 "이 일은 〈장룡공비〉에 보인다(事見〈龍公碑〉)"라고 했다. 주 (5) 참조.

(10) 雙蟠(쌍반): 두 마리의 서린 것. 장룡공과 정상원이라는 두 마리의 용을 가리킨다.

(11) 強敵(강적): 정상원을 가리킨다.

(12) 赴(부): 가서 구제하다.

(13) 苟簡(구간): 소홀하고 간략하다.

(14) 蕭條(소조): 여윈 모양.

(15) 浩蕩(호탕): 넓고 먼 모양.

(16) 子(자): 그대. 진사도를 가리킨다.

(17) 吏責(이책): 관리로서의 책무. 진사도는 당시 潁州州學 교수로 재임했다.

(18) 征鞍(정안): 길 가는 사람이 타는 말의 안장이라는 뜻으로, 진사도가 기우제를 지내거나 준비하기 위해 타고 다닌 말을 가리킨다. 소식의 〈祈雨迎張龍公祝文〉에 "삼가 주학 교수 진사도에게 청하고 또 승무랑 소태에게도 시켜서 술과 음식을 차려 감히 소령후 장공의 혼령께 알리도록 하나이다(謹請州學教授陳師道, 幷遣承務郎迨, 以淸酌庶羞之奠, 敢昭告于昭靈侯張公之神)"라는 말이 있다.

(19) 先生(선생): 소식 자신을 가리키는 해학적 표현이다.

(20) 宴安(연안): 안락하다. 이 연은 용에게 기우제를 지내기 위해 준비하느라 바빴던 진사도는 물론이고 장룡공도 인간 세상을 오고 가며 비를 내려 주느라 수고했는데 자신만 하는 일 없이 편안하게 지냈다는 말이다.

(21) 自責(자책): 정무 처리의 책무가 없는 진사도에게 너무 많은 일을 시켰다고 자책한 것을 가리키는 것으로 보인다.

(22) 神交(신교): 정신적으로 교유하다.

(23) 闌(난): 곧 끝나려고 하다. 이 구절은 밤새도록 마음속으로 진사도(1053-1101)와 장룡공을 생각했다는 뜻인 것으로 보인다.

1237. 小飮西湖(1), 懷歐陽叔弼兄弟(2), 贈趙景貺(3)·陳履常(4)

서호에서 술을 조금 마시고 구양숙필 형제를 생각하며 조경황과 진이상에게 준다

歲暮自急景,(5)(6)	세모는 본래 급하게 지나가는 시간인데
我閑方緩觴.	나는 한가해서 이제야 천천히 술잔을 드네.
歡飮西湖晚,	서호의 저녁나절에 기쁘게 술 마시고
步轉北渚長.	걸어서 기다란 북쪽 섬을 돌았네.
地坐略少長,(7)(8)	젊은이 늙은이 다 모여서 땅바닥에 앉아 있다
意行無澗岡.(9)	골짜기 등성이 할 것 없이 기분 내키는 대로 다녔네.
久知薺麥青,	냉이와 보리 파란 줄은 안 지 오래됐지만
稍喜楡柳黃.(10)	느릅나무 버드나무 노란 줄은 이제야 알고 기뻐했네.
盎盎春欲動,(11)	넘실넘실 봄기운이 동하려는데
瀲瀲夜未央.(12)	느릿느릿 이 밤이 끝나지 않네.
水天鷗鷺靜,(13)	물과 하늘 만나는 곳엔 갈매기 해오라기 고요하고
月露松檜香.(14)	달빛 어린 이슬에선 소나무 노송나무 향내가 나네.
撫景方晼晚,(15)(16)	경치를 즐기고 있노라니 마침 해가 저무는데
懷人重凄涼.	사람이 그리워서 다시 처량해지네.
豈無一老兵,(17)	늙은 병사 한 명이야 어찌 없으라마는
坐念兩歐陽.(18)	구양씨 두 분이 그립기 때문이네.
我意正麋鹿,(19)(20)	내 뜻은 오직 사슴에 있을 뿐인데

君材亦珪璋.(21)	그대들의 재주는 역시 옥 그릇이네.
此會不可再,(22)	이 모임은 또다시 있을 수 없고
此歡不可忘.(23)	이 기쁨은 잊을 수 없을 것이네.

[해설]

봄기운이 감도는 원우 6년(1091) 12월의 어느 날 영주 서호에서 술을 마시다가 구양비·구양변 형제가 그리워져서 지은 것이다.

[주석]

(1) 西湖(서호): 潁州(지금의 안휘성 阜陽) 서호를 가리킨다.

(2) 歐陽叔弼兄弟(구양숙필형제): 歐陽修의 셋째 아들 歐陽棐와 넷째 아들 歐陽辯을 가리킨다. 四庫全書本 《東坡全集》과 《東坡詩集註》에는 제목이 〈竹間亭小酌, 懷歐陽叔弼·季默, 呈趙景貺·陳履常〉으로 되어 있다.

(3) 景貺(경황): 趙令畤의 字. 〈復次韻謝趙景貺·陳履常見和, 兼簡歐陽叔弼兄弟〉(1200) 주 (1) 참조.

(4) 履常(이상): 陳師道의 字. 〈復次韻謝趙景貺·陳履常見和, 兼簡歐陽叔弼兄弟〉(1200) 주 (2) 참조.

(5) 自(자): 본래.

(6) 急景(급경): 급하게 지나가는 시간.

(7) 畧(약): 다 모으다. 망라하다.

(8) 少長(소장): 젊은이와 늙은이. 王羲之의 〈蘭亭集序〉에 "여러 현인이 다 오고 젊은이와 늙은이가 다 모였다(羣賢畢至, 少長咸集)"라는 말이 있다.

(9) 意行(의행): 마음 내키는 대로 다니다.

(10) 稍(초): 이제 막. 이 연은 냉이와 보리는 꽤 오래전에 이미 파랗게 싹이 났지만 느릅나무와 버드나무는 이제야 노르스름한 잎이 나기 시작한다는 말이다.

(11) 盎盎(앙앙): 가득 찬 모양.

(12) 瀲瀲(염렴): 조금씩 느리게 나아가는 모양.

(13) 水天(수천): 물과 하늘. 일반적으로 물과 하늘이 만나는 곳을 가리킨다.

(14) 月露(월로): 달빛을 받은 이슬.

(15) 撫景(무경): 경치를 감상하다.

(16) 畹晩(원만): 해가 저물다.

(17) 老兵(노병): 謝奕이 桓溫에게 술을 먹이려고 하자 환온이 南康공주의 집으로 피신했다. 사혁이 할 수 없이 환온의 부하 장수를 한 명 불러서 함께 마시면서 "늙은 병사 한 명을 잃고 늙은 병사 한 명을 얻었으니 탓할 것이 무엇이리?(失一老兵, 得一老兵, 亦何所怪?)"라고 했다.(《晉書·謝奕傳》 참조)

(18) 坐(좌): ~에 기인하다. ~에서 비롯되다. 이상의 네 구절은 비록 술친구가 없지 않지만 구양씨 형제가 그리워서 마음이 처량하다는 말이다.

(19) 正(정): 겨우. 단지.

(20) 麋鹿(미록): 순록과 사슴. 산야에 묻혀서 세속적인 구속을 받지 않고 자유롭게 사는 사람을 가리킨다. 孟郊의 시 〈隱士〉에 "호랑이와 표범은 길에 나오기를 꺼리고, 순록과 사슴은 몸을 숨길 줄 안다(虎豹忌當道, 麋鹿知藏身)"라는 구절이 있다.

(21) 珪璋(규장): 옥으로 만든 禮器. 걸출한 인재를 가리킨다.

(22) 此會(차회): 근래에 영주에서 구양비·구양변·조영치·진사도 등과 함께한 모임을 가리킨다.

(23) 此歡(차환): 구양비·구양변·조영치·진사도 등과 함께 논 기쁨을 가리킨다.

1238. 蠟梅[1]一首贈趙景貺[2]

납매를 읊은 시 한 수를 조경황에게 준다

天工點酥作梅花,[3][4]	하늘이 연유 방울을 떨어뜨려 매화를 만드시매
此有蠟梅禪老家.[5]	여기 참선하는 노인의 집에 납매가 있네.
蜜蜂采花作黃蠟,	꿀벌이 꽃에서 따 노란 밀랍을 만들었는데
取蠟爲花亦其物.[6]	밀랍을 가져다 꽃을 만들었으니 역시 그것이겠네.
天工變化誰得知,[7]	하늘이 부린 변화를 누가 알 수 있으리?
我亦兒嬉作小詩.	나는 역시 애들 장난으로 짧은 시나 짓고 있네.
君不見	그대는 보지 못했는가
萬松嶺上黃千葉,[8][9]	만송령에 천 겹짜리 노란 꽃이 필 때면
玉蕊檀心兩奇絶.[10]	옥 꽃술과 붉은 화심이 둘 다 절묘한 것을?
醉中不覺度千山,[11]	나는 취중에 나도 모르게 천 첩 산을 넘어갔다
夜聞梅香失醉眠.[12]	밤에 매화의 향기를 맡고 취중의 잠을 깼네.
歸來却夢尋花去,[13]	돌아왔다 다시 꿈꾸어 꽃을 찾아가노라니
夢裏花仙覓奇句.[14]	꿈속에 화신이 멋진 시를 요구했네.
此間風物屬詩人,[15]	이곳의 풍광은 시인에게 속하는데
我老不飮當付君.	나는 늙어 못 마시니 그대에게 부탁해야겠네.
君行適吳我適越,[16][17]	그대는 오지방에 가고 나는 월지방에 갈 것이니
笑指西湖作衣鉢.[18][19]	웃음 띠고 서호를 가리키며 그 꽃을 의발로 삼으시게.

[해설]

음력 선달의 추운 날씨에 꽃을 피우는 납매의 신비로운 모습을 읊은 것으로, 여러 겹의 꽃잎으로 이루어진 납매의 아름다운 자태와 빛깔, 진한 향기 등을 노래했다.

[주석]

(1) 蠟梅(납매): 매화나무의 일종. 음력 섣달에 蜜蠟처럼 노란 꽃이 피기 때문에 臘梅라고도 하고 黃梅라고도 한다. 우리나라의 황매는 죽도화의 별칭으로 중국의 납매와 전혀 다르다.

(2) 景貺(경황): 趙令畤의 字. 〈復次韻謝趙景貺·陳履常見和, 兼簡歐陽叔弼兄弟〉(1200) 주 (1) 참조.

(3) 天工(천공): 천연의 솜씨. 조물주의 솜씨를 가리킨다.

(4) 點酥(점수): 煉乳를 방울방울 떨어뜨리다.

(5) 禪老(선로): 늙은 禪僧. 자신을 늙은 선승에 비유한 것일 수도 있다.

(6) 其物(기물): 그 물건. 밀랍을 가리킨다. 이 구절은 납매가 밀랍으로 이루어져 있을 것이라는 말이다.

(7) 得知(득지): 알 수 있다. 이 구절은 하늘이 하는 일이 변화막측이라는 말이다.

(8) 萬松嶺(만송령): 杭州 西湖 동남쪽에 있는 산. 〈次韻楊公濟奉議梅花十首〉(1167) 주 (15) 및 〈用前韻作雪詩留景文〉(1229) 주 (3) 참조.

(9) 黃千葉(황천엽): 여러 겹의 꽃잎으로 이루어진 납매의 꽃을 가리킨다.

(10) 檀心(단심): 연홍색 花心. 화심은 꽃 한가운데의 꽃술이 있는 부분이다.

(11) 度千山(도천산): 천 개의 산을 넘어 가다. 영주와 항주 사이에 있는 수많은 산을 넘어 만송령으로 찾아가는 것을 가리킨다.

(12) 聞(문): 냄새를 맡다. 이 연은 자신이 醉眠 중에 만송령으로 가서 그곳에 있는 황매의 향기를 맡으며 감상하는 꿈을 꾸다가 지금 자기 옆에 있는 실제의 황매 향기에 잠이 깼다는 말이다.

(13) 却(각): 다시.

(14) 花仙(화선): 花神. 꽃을 관장하는 신선.

(15) 此間風物(차간풍물): 황매가 탐스럽게 피어 있는 만송령 일대의 풍경을 가리킨다. 이 연은 술을 마시고 취해서 꿈을 꾸어야 만송령으로 가서 황매가 만발한 풍경을 감상하고 그것을 시로 묘사해 낼 수 있는데 자신은 노쇠하여 취할 정도로 술을 많이 마시기가 힘드니 조영치가 자기 대신 만송령의 풍경을 감상한 후 그것을 읊은 시를 지어 화신의 요구를 들어 주라고 부탁한 것이다.

(16) 行(행): 장차. 곧.

(17) 越(월): 월주. 지금의 절강성 紹興. 王十朋의 《百家註分類東坡先生詩》에 "선생은 회계로 보내 달라고 주청할 예정이었다(先生將有會稽之請)"라고 했다. 조영치도 곧 항주로 옮길 예정이었던 것으로 보인다.

(18) 西湖(서호): 항주 서호를 가리킨다.

(19) 衣鉢(의발): 스님의 옷인 袈裟와 식기인 바리때. 불교에서 스승이 제자에게 물려주는 물건이기 때문

에 스승이 전해 주는 사상·학문·기능 따위를 가리킨다. 이 연은 조영치에게 항주에 가면 만송령에 올라가 서호를 내려다보며 그곳의 황매를 납매의 표본인 줄 알고 감상한 후 시를 지으라고 충고한 것이다.

1239. 送王竦[1]朝散[2]赴闕

대궐로 들어가는 조산대부 왕송을 전송하며

我家衡山公,[3]	우리 소씨 집안의 형산공께선
淸而畏人知.[4]	청렴하여 사람들이 아는 것을 겁냈네.
臧否不出口,[5]	남의 좋은 점과 나쁜 점을 입 밖에 내지 않고
默識如蓍龜.[6][7]	시초와 거북이 껍데기처럼 속으로만 알고 계셨네.
擢子拱把中,[8]	그런데 한두 뼘짜리일 때 그대를 발탁하고
云有驥騄姿.[9]	천리마의 자태가 있다 하셨네.
胡爲三十載,	그렇거늘 무엇 때문에 서른 해 동안
尙作窮苦詞.	아직도 궁상맞은 글이나 짓고 계시나?
丈人不妄語,[10]	백부님은 허튼 말씀을 안 하셨거늘
未效此何疑.[11]	아직 입증되지 않았지만 이 말씀을 어찌 의심하리?
揭來淸潁上,[12][13]	그대는 이 물 맑은 영하 가로 왔다가
淚濕中郎詩.[14]	우리 숙부님 시를 보고 눈물에 젖었겠네.
怪我一年長,	괴이하게도 내가 겨우 한 살 많은데
而作十年衰.	십 년은 더 노쇠한 모습을 하고 있네.
同時幾人在,	같은 때에 난 사람 중에 몇 명이나 남아 있나?
豈敢怨白髭.	그러니 어찌 감히 수염이 희다고 원망하리?
願言指松柏,[15]	간절히 바라나니 송백을 가리키며

永與霜雪期.[16]　　　　길이길이 눈서리에도 꿋꿋하길 기약하세.

[해설]

백부 소환의 부하였던 왕송이 대궐로 들어갈 때 지어 준 송별시로, 백부를 회상하는 마음과 왕송의 건강을 축원하는 마음을 노래했다.

[주석]

(1) 王竦(왕송): 구체적인 행적이 알려져 있지 않다.

(2) 朝散(조산): 문관의 품계 가운데 하나인 朝散大夫 또는 朝散郞의 약칭. 일반적으로 조산대부를 가리킨다.

(3) 衡山公(형산공): 형산의 남쪽에 있는 衡州 耒陽縣(지금의 호남성 뇌양)의 知縣을 역임한 소식의 백부 蘇渙(1000-1062)을 가리킨다. 蘇轍의 〈伯父墓表〉에 "공은 휘가 환이다……형주 뇌양현 지현을 지냈는데……형주 사람들이 공을 신이라고 여겼다(公諱渙……知衡州耒陽,……衡人以公爲神)"라고 했고, 소식의 자주에 "백부께서 형산 일대를 다스릴 때 왕송 군과 알게 되었기 때문에 그를 송별하며 지은 시가 있다(伯父爲衡山日, 與君相知, 有送行詩)"라고 했다. 소식의 할아버지 蘇序에게는 蘇澹·蘇渙·蘇洵 등 세 아들이 있었는데 장남인 소담이 일찍 죽어 소환이 장남 역할을 했기 때문에 소식 형제는 소환을 백부라고 불렀다.

(4) 淸(청): 청렴하다. 《世說新語·德行》에 인용된 《晉陽秋》에 "호위가 서주를 다스릴 때 세조가 호위에게 '그대의 청렴은 부친과 비교하면 누가 더 나은가?'라고 하자 호위가 대답하기를 '제가 못합니다. 제 아버지는 다른 사람이 자신의 청렴을 알까 봐 걱정이었고 저는 자신의 청렴을 다른 사람이 알아주지 않을까 봐 걱정입니다'라고 했다(胡威爲徐州, 世祖謂威曰: '卿淸孰與父?' 對曰: '臣不如也. 臣父淸, 畏人知; 臣淸, 畏人不知.')"라는 일화가 있다.

(5) 臧否(장부): 선악. 훌륭한 점과 나쁜 점. 선악에 대한 평가를 가리킨다.

(6) 默識(묵식): 말없이 마음속으로 알다.

(7) 蓍龜(시귀): 점을 칠 때 사용하는 蓍草와 거북이 껍데기. 점을 가리킨다.

(8) 拱把(공파): 둘레가 두 뼘 또는 한 뼘밖에 안 되는 작은 나무라는 뜻으로, 젊은 시절의 왕송을 가리킨다. 《孟子·告子上》에 "두 뼘이나 한 뼘 되는 오동나무와 가래나무도 사람이 살리려고 하면 모두 기르는 방법을 안다(拱把之桐梓, 人苟欲生之, 皆知所以養之者)"라고 했는데 楊伯俊의 주에 "조기의 주에 '"拱"은 두 손을 합친 것이고 "把"는 한 손으로 잡는 것이다'라고 한바, 여기서는 나무가 아직 작다는 말이다(趙岐注云: '"拱", 合兩手也; "把", 以一手把之也.' 此言樹之尙小)"라고 했다.

(9) 驥騄(기록): 명마. 천리마. 이 연은 다른 사람의 훌륭한 점과 나쁜 점을 잘 알고 있으면서도 좀처럼 남에게 말하지 않는 소환이 왕송만은 크게 칭송하면서 젊을 때 벌써 발탁했다는 말이다.

(10) 丈人(장인): 친척 어른에 대한 존칭. 소환을 가리킨다.

(11) 未效(미효): 입증되지 않다. 왕송이 아직까지 요직에 오르지 못한 것을 가리킨다.

(12) 朅來(걸래): 왕래하다. 가는 것을 가리키는 경우도 있고 오는 것을 가리키는 경우도 있는데 여기서는 오는 것을 가리킨다.

(13) 潁(영): 潁河. 潁州(지금의 안휘성 阜陽)를 지나가는 강.

(14) 中郎(중랑): 차남. 원래 소서의 차남이었던 소환을 가리킨다. 晉나라 사람 謝奕의 딸 謝道韞은 王凝之에게 시집갔는데 친정으로 돌아와서 매우 울적한 기분이 되었다. 숙부 謝安이 "왕랑은 王羲之의 아들로 괜찮은 사람인데 너는 무엇을 한탄하느냐?" 하고 묻자 사도온이 "집안에 큰숙부님이나 작은 숙부님 같은 숙부님도 계시고 封·胡·羯·末 같은 사촌 형제들도 있는지라 천지간에 王郎 같은 사람이 있을 줄은 생각지도 못했습니다(一門叔父則有阿大·中郎, 群從兄弟復有封·胡·羯·末, 不意天壤之中乃有王郎)"라고 했다.(《晉書·列女傳》 참조)

(15) 願言(원언): 간절하게 바라는 모양. 《詩經·衛風·伯兮》에 "임에 대한 그리움 간절도 하여, 내 마음이 병들어 괴롭게 하네(願言思伯, 使我心痗)"라는 구절이 있다. 이 연은 소나무와 측백나무를 두고 눈서리 속에서도 서로 꿋꿋하게 견디어 낼 것을 약속하자는 말이다.

(16) 與(여): ~을. 杜牧의 시 〈過魏文貞〉에 "씽 씽 매미야 어찌 눈서리를 기약하리오?(蟪蛄寧與雪霜期?)"라는 구절이 있다. '與霜雪期'는 눈서리를 이겨 낼 것을 기약한다는 뜻의 비약적인 표현이다.

1240. 次韻致政[1]張朝奉[2]仍[3]招晚飮

벼슬에서 물러난 조봉랑 장씨의 시에 차운하고 또 저녁 술자리에 초대한다

掃白非黃精,[4][5]	백발을 없애는 게 황정이 아니거늘
輕身豈胡麻.[6][7]	몸을 가볍게 하는 것인들 어찌 깨리오?
怪君仁而壽,[8][9]	놀랍게도 그대는 어질어서 오래 살아
未覺生有涯.[10]	삶에 끝이 있는 줄 알지 못하네.
曾經丹化米,[11][12]	단사로 변한 쌀을 일찍이 맛보았고
親授棗如瓜.[13][14]	신선이 참외 같은 대추를 손수 주었네.
雲蒸作霧楷,[15]	구름이 이니 그대는 안개를 피우는 장해요
火滅噀雨巴.[16]	불이 꺼지니 그대는 비를 뿜는 난파네.
自此養鉛鼎,[17]	이제부터 단정에서 단사를 잘 배양하면
無窮走河車.[18]	끝없이 하거가 달려가겠네.
至今許玉斧,[19]	지금에 이르도록 허옥부께서
猶事蕚綠華.[20]	아직도 악록화를 섬기고 있네.
我本三生人,[21]	나는 본래 삼생에 걸쳐 살 사람인데
疇昔一念差.[22][23]	옛날에 한순간 실수하였네.
前生或草聖,[24]	전생에 혹시 초서의 대가였는지
習氣餘驚蛇.[25]	습성이 남아서 뱀을 놀라게 하네.
儒臞謝赤松,[26][27]	유생이라 여위어도 적송자에게 사절당하고

佛縛慚丹霞.[28][29]	부처의 속박을 받으니 단하선사에게 부끄럽네.
時時一篇出,	때때로 한 편의 시가 나오면
擾擾四座譁.[30][31]	왁자지껄 사방이 떠들썩하네.
淸詩得可驚,	맑은 시가 놀랍다는 평을 받는데
信美辭多夸.[32][33]	정말 아름답지만 말이 너무 번지르르하네.
回車入官府,[34]	수레를 돌려서 관부로 들어갔지만
治具隨貧家.[35]	연회를 벌일 때는 가난한 집을 따르네.
萍虀與豆粥,[36]	맑은대쑥나물과 콩죽이라면
亦可成咄嗟.[37]	나도 역시 순식간에 만들 수 있네.

[해설]

벼슬에서 물러나 영주에서 한가로이 지내고 있는 조봉랑 장씨의 시에 차운하여 그를 자신의 술자리에 초대한 것이다.

[주석]

(1) 致政(치정): 관직에서 물러나다. 致仕하다.

(2) 張朝奉(장조봉): 품계가 조봉랑 또는 조봉대부인 장씨. 구체적인 행적이 알려져 있지 않다.

(3) 仍(잉): 또.

(4) 掃白(소백): 백발을 쓸어 내다.

(5) 黃精(황정): 약초 이름. 嵇康의 〈與山巨源絶交書〉에 "삽주와 황정은 사람을 장수하게 한다(餌朮·黃精, 令人久壽)"라는 말이 있는데 이에 대한 李善의 주에 "《본초경》에 말하기를 '삽주와 황정은 오래 복용하면 몸을 가볍게 하고 수명을 늘려 준다'고 했다(《本草經》曰: '朮·黃精, 久服輕身延年.')"라고 했다.

(6) 輕身(경신): 몸을 가볍게 하다. 몸을 건강하게 해 주는 것을 말한다. 주 (5) 참조.

(7) 胡麻(호마): 참깨. 《本草經》에 "참깨는 맛이 달고 밋밋하며 독성이 없다.……오래 복용하면 몸을 가볍게 하고 늙지 않게 하고 귀와 눈을 밝게 하고 기갈을 견딜 수 있게 하고 수명을 늘려 준다(胡麻, 味甘平, 無毒.……久服輕身不老, 明耳目, 耐饑渴, 延年)"라고 했다. 이 연은 귀한 약초나 좋은 음식을 먹어야 오래 사는 것이 아니라는 말이다.

(8) 怪(괴): 경이롭다.

(9) 仁而壽(인이수): 어질어서 오래 살다. 《論語·雍也》에 "지혜로운 사람은 물을 좋아하고 어진 사람은 산을 좋아하며, 지혜로운 사람은 동적이고 어진 사람은 정적이며, 지혜로운 사람은 즐겁게 살고 어진

사람은 오래 산다(知者樂水, 仁者樂山; 知者動, 仁者靜; 知者樂, 仁者壽)"라는 말이 있다.

(10) 生有涯(생유애): 삶에 끝이 있다. 《莊子·養生主》에 "우리의 삶에는 끝이 있으나 앎에는 끝이 없다(吾生也有涯, 而知也無涯)"라는 말이 있다.

(11) 經(경): 경험하다. 겪다.

(12) 丹化米(단화미): 단사로 변한 쌀. 외견상으로는 보통의 쌀과 다르지 않지만 사실상 이미 단사로 변해 있어서 먹으면 오래 사는 쌀을 가리킨다. 麻姑가 蔡經의 집에 갔더니 마침 채경의 제수가 막 아이를 낳은지라 쌀을 조금 달라고 하여 땅에다 뿌리며 쌀로써 더러운 것을 제거하는 것이라고 했다. 그 쌀을 보니 모두 단사가 되어 있었다.(《神仙傳·王遠》 참조)

(13) 棗如瓜(조여과): 참외 같은 대추. 《史記·封禪書》에 "저는 옛날에 바다 위에서 노닐다가 안기생을 보았는데 그는 참외만큼 큰 대추를 먹고 있었습니다(臣嘗游海上, 見安期生, 安期生食巨棗, 大如瓜)"라고 했다.

(14) 親授(친수): 친히 주다. 何仙姑가 장씨에게 직접 주었다는 말인 것으로 보인다. 소식의 자주에 "장군은 일찍이 永州의 하선고를 만나서 仙藥을 얻어먹었기 때문에 사람들이 그가 이로 인해 장수하는 것이라고 생각했다. 그래서 '단사로 변한 쌀'·'악록화' 등의 구절이 있는바, 모두 선녀들의 일이다(君曾見永州何仙姑, 得藥餌之, 人疑其以此壽也. 故有'丹化米'·'萼綠華'之句, 皆女仙事也)"라고 했다. 이 연은 장씨가 단사와 대추를 먹었기 때문에 오래 산다는 말이다.

(15) 楷(해): 後漢 사람 張楷를 가리킨다. 《후한서·장해전》에 "천성이 도술을 좋아하여 5리에 달하는 안개를 피울 수 있었다. 당시에 관서 사람 배우 역시 3리에 달하는 안개를 피울 수 있었는데 스스로 장해만 못하다고 여겨 그를 따라다니며 배우려고 했으나 장해가 피해 다니며 그를 만나려고 하지 않았다(性好道術, 能作五里霧. 時關西人裴優亦能爲三里霧, 自以不如楷, 從學之, 楷避不肯見)"라고 했다.

(16) 巴(파): 후한 사람 欒巴를 가리킨다. 정월 초하룻날 황제가 신하들을 모아 연회를 벌였는데 난파가 술을 입에 머금고 일어나 서남쪽을 향해 내뿜는 불경한 짓을 했다. 그러고는 "제 고향 成都에 불이 나서 껐습니다"라고 했다. 황제가 驛馬를 타고 달려가서 알아보게 했더니 정월 초하룻날 불이 났을 때 마침 동북쪽에서 비가 몰려와서 불을 껐는데 그 비가 모두 술로 변했다고 했다.(《신선전·난파》 참조) 이 연은 장씨가 단사를 단련하기 위해 단정에 불을 땜으로써 갑자기 연기가 피어올랐다 금방 꺼졌다 하는 모습에 대한 해학적인 묘사인 것으로 보인다.

(17) 鉛鼎(연정): 丹砂를 넣고 단련하는 솥. 丹鼎.

(18) 河車(하거): 煉丹의 원료인 납. 이름에 '수레'라는 뜻의 '車'가 들어 있기 때문에 '走河車'라고 했다. 이 연은 단정에서 단사를 단련하여 불로장생하겠다는 말이다.

(19) 許玉斧(허옥부): 도사의 이름. 《太平御覽·道部五·地仙》에 陶弘景의 《眞誥》를 인용하여 "허원유의 셋째 아들은 이름이 홰, 자가 도상이고, 어릴 적 이름이 옥부이다(許遠遊第三男名翽, 字道翔, 小名玉斧)"라고 했다.

(20) 萼綠華(악록화): 九疑山에서 도를 터득했다는 전설상의 선녀. 도홍경의 《眞誥·運象》에 "악록화는 자칭 남산인이라고 했는데 남산이 어느 산인지는 모른다. 여자로 나이가 대략 스무 살쯤 되었다. 푸른

옷을 입고 있었으며 표정이 조금도 흐트러지지 않았다. 진나라 목제 승평 3년(359) 11월 10일 밤에 양권의 집에 내려왔다(萼綠華者, 自云是南山人, 不知是何山也. 女子, 年可二十上下. 靑衣, 顔色絶整. 以晉穆帝升平三年十一月十日夜, 降羊權家)"라고 했다. 이 연은 허옥부가 악록화를 섬겼듯이 장씨가 하선고를 섬긴다는 뜻이다. 주 (14) 참조.

(21) 三生(삼생): 전생·금생·내생. 과거·현재·미래. 三世. 황제의 시종 한 명이 華嚴寺에 갔다가 꿈에 푸르스름한 바위 아래로 갔더니 한 노승 앞에 아주 가느다란 향 연기가 피어오르고 있었다. 노승이 "시주님께서는 이 향이 다 타기도 전에 이미 삼생이 지났군요"라고 했다. "제가 삼생 동안 무슨 관직을 역임했습니까?" 하고 묻자 "첫 번째 생은 玄宗 때로 劍南安撫巡官이었고 두 번째 생은 憲宗 때로 西蜀書記였고, 세 번째 생은 바로 금생입니다"라고 했다.(《樹萱錄》 참조)

(22) 一念(일념): 한 번 생각하다. 불교에서 생각이 한 번 스쳐가는 지극히 짧은 시간을 가리킨다.

(23) 差(차): 잘못하다. 실수하다. 이 연은 자신도 본래 장씨처럼 도를 닦아서 오래오래 살 사람인데 한순간의 잘못된 판단으로 관직에 발을 들여놓는 바람에 그러지 못하게 되었다는 말인 것으로 보인다.

(24) 草聖(초성): 草書의 솜씨가 지극히 뛰어난 서예가에 대한 미칭. 한나라 때의 서예가 張芝, 당나라 때의 서예가 張旭 등이 초성이라고 불렸다.

(25) 驚蛇(경사): 뱀을 놀라게 하다. 이 구절은 자신에게 뱀이 놀라 달아나는 것처럼 능숙하고 힘 있는 필치로 초서를 쓰는 버릇이 있다는 말이다.

(26) 儒(유): 儒學을 연마하는 선비. 儒生. 《漢書·司馬相如傳》에 "사마상여는 신선들이 산천에 사는데 모습이 매우 수척하다고 여겼다(相如以爲列仙之儒居山澤間, 形容甚臞)"라고 한 바와 같이, 유생을 가리키는 것이 아니라 어느 분야에 전문적인 지식과 기술을 가진 사람을 가리키는 경우가 많은데, 소식의 경우 다음 구절의 '佛'과 대비되는 유생으로 받아들였다. 이 구절은 자신이 철저한 도가사상의 소유자가 되지 못하고 유가사상도 많이 지니고 있기 때문에 신선의 경지에 이르지 못했다는 말이다.

(27) 赤松(적송): 赤松子. 上古 시대 신선의 이름.

(28) 佛縛(불박): 부처의 속박. 《維摩詰經·文殊師利問疾品》에 "참선의 맛을 탐하는 것은 보살에게 속박되는 것이다(貪著禪味, 是菩薩縛)"라는 말이 있다.

(29) 丹霞(단하): 丹霞禪師를 가리킨다. 하남성 南召에 있는 丹霞寺에서 오랫동안 수도했기 때문에 단하선사 또는 丹霞天然禪師라고도 불리는 이 스님이 慧林寺에 있을 때 날이 너무 추운지라 나무 불상을 가져다 불을 땠다. 이것을 본 어떤 사람이 단하선사를 나무라자 단하선사가 "이것을 태워서 사리를 얻으려고 그러는 것이오"라고 했다. 그를 나무란 사람이 "나무 안에 무슨 사리가 들어 있단 말이오?" 하자 "그렇다면 어찌하여 나를 나무라는 것이오?"라고 했다.(《傳燈錄·吉州淸原山行思禪師法嗣》 참조) 나무 불상을 일개 나무토막으로 취급한 단하선사의 도통한 면모를 보여 주는 일화이다. 이 구절은 자신이 단하선사처럼 도통한 경지에 이르지 못하고 불교의 교리에 많이 얽매인다는 뜻으로, 자신이 불가사상에도 철저하지 못하다는 말이다. '丹霞'를 도교 10대 洞天의 하나인 '丹霞洞'으로 보면 이 구절은 자신이 철저한 도가사상의 소유자가 되지 못하고 불가사상도 많이 지니고 있기 때문에 신선의 경지에 이르지 못했다는 말이 된다.

(30) 擾擾(요요): 어지러운 모양.

(31) 四座(사좌): 사방의 자리에 앉아 있는 사람을 가리킨다.

(32) 信(신): 참으로.

(33) 夸(과): 실속은 없고 겉만 화려하다.

(34) 入官府(입관부): 관청으로 들어가다. 王十朋의 《百家註分類東坡先生詩》에 "〈방사원(龐統) 전〉에서 '관부에 들어간 적이 없었다'라고 한 말을 본뜬 것이다(倣〈龐士元傳〉云: '未嘗入官府也.')"라고 했다. 이 구절은 자신이 맨 처음 관직에 나아간 것 또는 잠시 宜興에 은거하다가 조정의 부름을 받아 다시 관직 생활을 하게 된 것을 가리킨다.

(35) 治具(치구): 연회를 마련하다. 이 구절은 자신이 비록 벼슬살이를 하고 있기는 하지만 연회는 매우 조촐하게 연다는 말이다.

(36) 萍虀(평제): 맑은대쑥나물. '萍'은 '苹'·'蓱'과 같다.

(37) 咄嗟(돌차): 숨을 내쉬었다 들이쉬는 사이라는 뜻으로, 아주 짧은 시간을 가리킨다. 西晉 때의 巨富 石崇은 손님이 오면 금방 콩죽을 끓여 주었다. 王愷가 석숭의 측근에게 뇌물을 주고 그 비법을 물어 보았더니 콩은 익히는 데 시간이 아주 많이 걸리기 때문에 미리 볶아서 가루로 만들어 놓았다가 손님이 오면 죽만 끓인 다음 익힌 콩가루를 넣는다고 했다.(《世說新語·汰侈》 참조)

1241. 閻立本[1]〈職貢圖[2]〉

염립본의 〈직공도〉

貞觀之德來萬邦,[3]	정관 시절의 덕화는 만방을 다가오게 했나니
浩如滄海呑河江.	강물을 다 삼킨 창해처럼 드넓었네.
音容傖獰服奇厖,[4][5][6]	말과 용모가 천하고 흉한 데다 옷이 기이하고 현란한데
橫絶嶺海逾濤瀧.[7][8]	영남 지방을 가로지르고 파도와 급류를 넘어왔네
珍禽瑰產爭牽扛,[9][10]	진기한 새와 진귀한 물건을 다투어 가져오고
名王解辮却蓋幢.[11][12][13]	유명한 왕이 변발을 풀고 일산과 기를 치워 버렸네.
粉本遺墨開明窗,[14][15]	초벌 그림의 유묵을 밝은 창 앞에서 펼쳐 보고
我喟而作心未降,[16][17]	마음이 흐뭇하지 않아 한숨 쉬며 일어나나니
魏徵封倫恨不雙.[18][19]	위징과 봉륜이 짝을 이루지 못한 것이 한스럽네.

[해설]

당나라 태종 때 사방에 있는 오랑캐 나라에서 다투어 조공을 바쳐 오자 염립본이 〈직공도(職貢圖)〉를 그려 그들의 특이한 복식과 용모를 묘사해 놓았다. 이 시는 소식이 그 그림을 보고 그때의 감회를 노래한 것이다.

[주석]

(1) 閻立本(염립본): 당나라 때 사람으로 벼슬이 右相에까지 이른 고관대작이었지만 오히려 그림을 잘

그리는 것으로 이름이 났다. 《唐朝名畫錄》에 "염립본은 지위가 재상의 자리에 있어 형 염립덕과 함께 나란히 이름을 날렸다(立本位居宰相, 與兄立德齊名)"라고 했고, 《歷代名畫記》에 "염립덕의 동생 염립본은 현경(656-660) 초에 염립덕을 대신하여 공부상서가 되고 총장 원년(668)에 우상에 임명되었으며 박릉현남에 봉해졌다(立德弟立本, 顯慶初代立德爲工部尙書, 總章元年, 拜右相, 封博陵縣男)"라고 했다. 대표적인 작품으로 〈太宗步輦圖〉와 〈淩烟閣二十四功臣圖〉가 있다.

(2) 職貢圖(직공도): 당나라 태종의 명을 받아 염립본이 그린 그림. 《玉海·唐東謝蠻入朝王會圖職貢圖》에 "정관 3년(629)에……이때 먼 곳에 있는 여러 나라 중에서 조공을 바치는 나라가 아주 많았는데 복식이 괴이했다. 안사고가 그림으로 그려서 후세에 보여 주자고 주청하여 〈왕회도〉를 그려서 그의 뜻을 따랐고 그 뒤에 또 사방의 오랑캐들이 조공을 바쳤기 때문에 염립본에게 명하여 그들의 의복과 생김새를 그려서 〈직공도〉를 만들게 했다(貞觀三年……是時, 遠方諸國來朝貢者甚衆, 服章詭異. 顔師古請圖以示後, 作〈王會圖〉從之, 其後又因四夷來朝, 令閻立本寫其衣服形貌爲〈職貢圖〉)"라고 했다.

(3) 貞觀(정관): 당나라 태종의 연호. 627-649. 태종은 房玄齡 등의 명신을 등용하여 율령을 체계화하고 군정을 정비하고 학예를 장려하는 등 많은 선정을 폄으로써 국세를 크게 떨쳤다. 이것을 貞觀의 治라고 한다.

(4) 音容(음용): 말과 용모.

(5) 傖獰(창녕): 말이 고상하지 않고 용모가 흉악하다.

(6) 奇厖(기방): 모양이 기이하고 색깔이 현란하다.

(7) 嶺海(영해): 북쪽의 五嶺과 남쪽의 바다 사이에 있는 영남 지방을 가리킨다.

(8) 濤瀧(도롱): 파도와 급류.

(9) 瑰產(괴산): 진귀한 產物.

(10) 牽扛(견강): 끌기도 하고 들기도 하다.

(11) 名王(명왕): 변방 국가의 왕들 중에서 명망이 있는 사람.

(12) 解辮(해변): 변발을 풀다. 자기 나라의 전통적인 머리 모양을 버리고 당나라 머리 모양으로 바꾼 것을 가리킨다.

(13) 却蓋幢(각개당): 수레용 일산과 의장용 旗를 물리치다. 왕으로서의 의장을 하지 않았다는 말이다.

(14) 粉本(분본): 그림의 초고. 초벌 그림. 《韻語陽秋》에 "〈직공도〉는 염립본이 그린 것이라고 세상에 전해 온다……내가 살펴본 바에 의하면 주경현의 《唐朝名畫錄》에 그의 동생 염립덕이 그린 것이며 염립본이 그린 것은 여러 나라 왕의 초벌 그림일 뿐이라고 했다(世傳〈職貢圖〉乃閻立本所畫.……按朱景玄《畫錄》謂其弟立德所作, 立本所畫, 諸國王粉本爾)"라고 했다.

(15) 遺墨(유묵): 남아 있는 墨跡. 염립본이 그린 초벌 그림을 가리킨다.

(16) 作(작): 일어나다. 《論語·鄕黨》에 "자로가 꿩을 잡아 가지고 구워서 바쳤더니, 세 번 냄새를 맡아 보고는 일어나셨다(子路共之, 三嗅而作)"라는 말이 있다.

(17) 降(항): 흐뭇하다. 기쁘다. 《詩經·召南·草蟲》에 "보기만 한다면, 만나기만 한다면, 내 마음이 흐뭇하

리(亦旣見止, 亦旣覯止, 我心則降)"라는 구절이 있고, 張祜의 시 〈投常州從兄中丞〉에 "사대부는 정치로 인해 즐거워지고, 학자는 시 얘기로 흐뭇해지네(士因爲政樂, 儒爲說詩降)"라는 구절이 있다.

(18) 魏徵(위징): 당나라 때의 재상. 일찍이 태종(598-649)이 탄식하며 "지금은 대란이 있은 뒤니 나라를 잘 다스리기가 어렵겠지요?"라고 하자 위징(580-643)이 "대란이 있은 뒤에 나라를 잘 다스리기가 쉽습니다. 비유하자면 굶주린 사람에게 배부르게 먹이기가 쉬운 것과 같습니다"라고 했다. 태종이 "옛사람이 말하기를 '善人이 백 년 동안 나라를 다스린 뒤에야 잔악함을 억누르고 살육을 없앨 수 있다'라고 하지 않았소?"라고 하자 "이것은 성인이나 철인을 두고 한 말이 아닙니다. 성인이나 철인이 나라를 다스리는 것은 소리가 나면 즉시 반응이 있는 것과 같아서 1년이면 효과가 나타납니다. 어렵지 않을 것입니다" 하고 대답했다. 封倫(568-627)이 "그렇지 않습니다. 夏·商·周 삼대 이후로 경박한 짓과 속이는 일이 날로 심해져 秦나라 때에는 법률에 일임하고 한나라 때에는 霸道를 혼용했는데 잘 다스리고 싶었지만 그럴 수 없었습니다. 잘 다스릴 수 있는데 원하지 않은 것이 아닙니다. 위징은 서생이라 허황한 말을 좋아하여 나라를 어지럽게 할 뿐이니 들을 것이 못 됩니다"라고 했다. 위징이 역사적인 사실을 예시하며 논리 정연하게 반론을 제기하자 봉륜이 더 이상 대답하지 못했다. 황제가 의심 없이 위징의 말을 받아들였다. 태종(626-649 재위)이 즉위한 지 4년 만에 천하가 아주 잘 다스려져 오랑캐의 君長들이 당나라 복식을 하고 칼을 찬 채 밤에 황궁을 지키고, 국토가 동쪽으로 바닷가에 이르고 남쪽으로 五嶺 너머에까지 이르렀다. 이에 황제가 신하들에게 "이것은 위징이 나에게 仁義를 실행하라고 충고하여 그것이 효과를 나타낸 것이오. 이것을 封德彝(봉륜)에게 보여 줄 수 없는 것이 애석하오"라고 했다.(《신당서·위징전》 참조)

(19) 封倫(봉륜): 당나라 때의 재상으로 字가 德彝이다. 이 구절은 위징과 봉륜이 힘을 합쳐 함께 황제를 보필하고 국사를 논의했다면 더욱 큰 태평성세를 이룰 수 있었을 텐데 그러지 못해서 한탄스럽다는 뜻으로, 政派 간의 반목과 질시가 심했던 당시의 조정 상황을 안타까워한 것인 듯하다.

1242. 次韻王滁州(1)見寄(2)

저주지주 왕씨가 보내온 시에 차운하여

斯人何似似春雨,(3) 이 사람이 무엇 같은고 하니 봄비와 같아
歌舞農夫怨行路.(4) 농부는 노래하며 춤추고 행인은 원망하네.
君看永叔與元之,(5)(6) 그대여 보게나 구양영숙과 왕원지가
坎軻一生遭口語.(7)(8) 구설수에 올라 평생 동안 궁지에 빠져 있었던 것을.
兩翁當年鬢未絲,(9) 두 노인장은 그 옛날 살쩍이 아직 안 세었을 때
玉堂揮翰手如飛.(10) 옥당에서 붓을 휘둘렀는데 손이 나는 듯했네.
教得滁人解吟詠,(11) 저주 사람 교화하여 읊조릴 줄 알게 하매
至今里巷嘲輕肥.(12) 지금도 마을에서 가벼운 갖옷과 살진 말을 비웃네.
君家聯翩盡卿相,(13)(14) 그대 집안은 연이어 다 경상을 지냈는데
獨來坐嘯溪山上.(15) 홀로 가서 산천에 앉아 휘파람이나 불겠네.
笑捐浮利一雞肋,(16)(17) 닭갈비 하나일 뿐이라고 웃으며 명리를 버리고
多取清名幾熊掌.(18)(19)(20) 청백리의 명성을 많이 얻고 곰 발바닥을 원했네.
丈夫自重貴難售,(21) 장부는 자중하여 잘 안 팔리는 걸 귀하게 여기는 법
兩翁今與青山久.(22) 두 노인장 지금은 청산과 함께 영구하네.
後來太守更風流,(23) 나중에 온 태수는 더욱 풍류가 넘치니
要伴前人作詩瘦.(24) 옛사람과 짝해 시 짓다가 여위기를 바라겠네.
我倦承明苦求出,(25) 나는 한림원이 싫증 나기에 애써 나오길 청하여

到處遺踪尋六一.(26)	도처에서 육일거사의 발자취를 찾고 있네.
憑君試與問琅邪,(27)(28)(29)	그대여 나 대신 낭야산에 물어봐 주게
許我來游莫難色.	난색을 표하지 않고 내가 가서 노는 것을 허락할지.

[해설]

저주지주로 재임 중인 왕조가 보내온 시에 화답한 것으로, 저주지주로 좌천되었던 구양수와 왕우칭의 사례를 통해 유능하고 청렴결백함에도 불구하고 뜻을 얻지 못한 그를 위로함과 동시에 그에게 초연한 마음가짐으로 그곳에서 산수를 즐기며 시나 지으라고 충고했다.

[주석]

(1) 王滁州(왕저주): 滁州(지금의 안휘성 저주)知州 王詔를 가리킨다. 그는 저주지주로 재임할 때 歐陽修의 〈醉翁亭記〉를 돌에 새겨 취옹정에 세우기 위해 소식에게 써 달라고 부탁했다. 査愼行의 《蘇詩補註》에 "저주지주 왕씨는 이름이 조이고 자가 경유이다. 소식 문집 중의 〈跋醉翁亭記後〉에 '〈취옹정기〉 초각은 글자가 좁고 얕아 오래가지 못할까 봐 걱정스러우므로 저주 사람들이 그것을 크게 만들고자 했다. 내가 영주(지금의 안휘성 阜陽)를 다스리고 있던 원우 6년(1091)에 저주태수 왕조 군의 청이 있기에 결국 사절하지 못하고 써 주었다'라는 말이 있다(王滁州, 名詔, 字景猷. 本集〈跋醉翁亭記後〉云: '〈醉翁亭記〉初刻, 字褊淺, 恐不能遠, 滁人欲大之. 元祐六年, 軾爲潁州, 因滁守王君詔之請, 遂不能辭.')"라고 했다.

(2) 見寄(견기): 나에게 부치다. 〈次韻錢越州見寄〉(1099) 주 (2) 참조.

(3) 春雨(춘우): 농부에게는 고마운 존재이지만 행인에게는 귀찮은 존재를 뜻한다. 馮應榴의 《蘇軾詩集合注》에 "'당나라 태종이 허경종에게 "짐이 보기에는 여러 경 중에서 경이 가장 현명한데 경의 잘못을 말하는 사람이 있는 것은 무엇 때문이오?"라고 하자 허경종이 "봄비는 기름과 같아 농부는 그것의 촉촉한 점을 좋아하지만 행인은 그것의 질퍽거리는 점을 싫어합니다" 하고 대답했다'라는 가기해의 말이 있다(柯其楷云: '太宗謂許敬宗曰: "朕觀諸卿中惟卿最賢, 有人言卿之過者, 何也?" 敬宗對曰: "春雨如膏, 農人喜其潤澤, 行人惡其泥濘."')"라고 했다.

(4) 行路(행로): 길 가는 사람. 행인. 이 연은 많은 사람이 왕조를 좋아하고 칭송하지만 조정의 대신들은 그를 싫어하여 중용하지 않는다는 말이다.

(5) 永叔(영숙): 구양수의 字. 저주지주로 재임할 때 자주 琅邪山 기슭에 있는 취옹정에 가서 노닌 후 〈醉翁亭記〉를 지었다.

(6) 元之(원지): 王禹偁의 字. 王十朋의 《百家註分類東坡先生詩》에 "구양영숙과 왕원지는 둘 다 저주지주를 지낸 적이 있다(歐陽永叔·王元之幷曾知滁州)"라고 했다.

(7) 坎軻(감가): 평탄하지 않은 모양. 뜻을 이루지 못하여 곤궁한 처지에 빠진 것을 가리킨다.

(8) 口語(구어): 구설수. 비방.
(9) 絲(사): 실처럼 하얗게 되다.
(10) 玉堂(옥당): 옥으로 장식한 전당. 翰林院의 별칭이다.
(11) 得(득): 동사 뒤에 쓰여서 동작의 완료를 나타낸다. 劉禹錫의 〈答東陽于令涵碧圖詩〉에 "동양은 본래 산수가 아름다운데, 게다가 일찍이 심은후께서, 백성을 교화하여 읊조릴 줄 알게 하매, 지금은 현령도 풍류가 넘침에랴!(東陽本是佳山水, 何況曾經沈隱侯. 化得邦人解吟詠, 如今縣令亦風流!)"라는 구절이 있고, 董解元의 《西廂記諸宮調》에 "포주로 들어가 번성한 경물을 보았다(入得蒲州, 見景物繁盛)"라는 구절이 있다.
(12) 輕肥(경비): 가벼운 갖옷과 살진 말. 여기서는 고관대작을 가리킨다.
(13) 聯翩(연편): 죽 이어지는 모양.
(14) 卿相(경상): 六卿과 三相. 집정 대신을 가리킨다.
(15) 坐嘯(좌소): 앉아서 휘파람 불다. 한직으로 쫓겨나 한가롭게 지내는 것을 가리킨다. 후한 때 汝南太守 宗資는 功曹 范滂에게 일을 일임하고 南陽太守 成瑨은 功曹 岑晊에게 일을 일임했기 때문에 두 고을에 "여남태수는 범방이라 종자는 결재나 하고, 남양태수는 잠질이라 성진은 앉아서 휘파람이나 분다"라는 말이 퍼졌다.(《後漢書·黨錮傳》 참조)
(16) 浮利(부리): 뜬구름같이 허망한 利祿.
(17) 雞肋(계륵): 닭의 갈비. 버리기는 아깝지만 별로 소용이 없는 것을 가리킨다.
(18) 淸名(청명): 청렴결백하다는 명성.
(19) 幾(기): 바라다. 희망하다.
(20) 熊掌(웅장): 곰의 발바닥으로 만든 요리. 팔진미의 하나로 꼽힐 만큼 맛있는 요리로 알려져 있다. 보다 가치 있는 것을 가리킨다. 《孟子·告子上》에 "물고기도 내가 바라는 것이고 곰 발바닥도 내가 바라는 것인데 두 가지를 다 가질 수 없다면 나는 물고기를 버리고 곰 발바닥을 택하겠다. 사는 것도 내가 바라는 것이고 정의로운 것도 내가 바라는 것인데 두 가지를 다 가질 수 없다면 나는 사는 것을 버리고 정의로운 것을 택하겠다(魚, 我所欲也; 熊掌, 亦我所欲也. 二者不可得兼, 舍魚而取熊掌者也. 生, 亦我所欲也; 義, 亦我所欲也. 二者不可得兼, 舍生而取義者也)"라는 말이 있다.
(21) 難售(난수): 팔기 어렵다. 자신의 능력을 인정받아 중용되는 것이 어렵다는 말이다.
(22) 兩翁(양옹): 구양수와 왕우칭을 가리킨다.
(23) 後來太守(후래태수): 왕조를 가리킨다.
(24) 前人(전인): 杜甫를 가리킨다. 李白의 시 〈戲贈杜甫〉에 "헤어진 뒤 너무나 여위신 것은, 모두 여태 시 짓느라 힘든 탓이겠지요?(借問別來太瘦生, 總爲從前作詩苦?)"라는 구절이 있다.
(25) 承明(승명): 明堂의 뒤에 붙어 있는 천자의 正寢. 여기서는 翰林院을 가리킨다. 이 구절은 자신이 翰林學士承旨로 있다가 외직을 자청하여 潁州知州가 되었다는 말이다.
(26) 六一(육일): 구양수의 호.
(27) 憑(빙): 요구하다. 청하다. 이백의 시 〈金陵酒肆留別〉에 "동쪽으로 흘러가는 강물에게 물어봐 주게,

석별의 정과 강물 중에서 어느 게 짧고 어느 게 긴지(請君試問東流水, 別意與之誰短長)"라는 구절이 있다.

(28) 與(여): ~을 위하여. ~을 대신하여. 뒤에 '我'가 생략되어 있다. 《孟子·離婁上》에 "그곳의 백성을 얻는 데에 방법이 있으니 그들의 마음을 얻으면 곧 백성을 얻게 된다. 그들의 마음을 얻는 데에 방법이 있으니 그들이 원하는 것은 그들을 위해 모아 주고 그들이 싫어하는 것은 시키지 않으면 된다(得其民有道, 得其心, 斯得民矣. 得其心有道, 所欲, 與之聚之, 所惡, 勿施爾也)"라는 말이 있다.

(29) 琅邪(낭야): 저주에 있는 산. 이 연은 자신도 구양수가 노닐고 난 뒤에 〈醉翁亭記〉를 지은 낭야산에 가서 노닐고 싶다는 말이다.

1243. 趙景貺[(1)]以詩求東齋[(2)]榜銘[(3)], 昨日聞都下[(4)]寄酒來, 戲和其韻, 求分一壺作潤筆[(5)]也

조경황이 시로 동재의 목패에 새길 명문을 부탁했는데 어제 도성에서 그에게 술을 보내왔다는 소문을 들었기에 장난삼아 그의 시에 화운하여 윤필료 조로 한 병을 나누어 줄 것을 요구한다

王孫天麒麟,[(6)(7)]	왕손은 천상의 기린인지라
眸子奧而澈.	눈동자가 참으로 깊고 해맑네.
囊空學逾富,	주머니는 비었지만 학식은 갈수록 넓어지고
屋陋人更傑.	집은 누추하지만 인품은 갈수록 훌륭해지네.
我老書益放,	나는 늙었지만 글씨가 더 호방해져
筆落座爭掣.	붓이 종이에 닿으면 좌중에서 다투어 가져가네.
欲求東齋銘,	동재에 새길 명문을 부탁하려면
要飮西湖雪.[(8)]	서호의 눈 속에 한잔 마시게 해 줘야 하네.
長瓶分未到,[(9)]	긴 병에 나누어 준 것이 아직 오지 않으매
小硯乾欲裂.[(10)]	작은 벼루가 말라서 갈라질 지경이네.
不似淳于髡,[(11)]	이 몸은 순우곤이 한 섬이나 마시며
一石要燭滅.[(12)]	촛불이 꺼지기를 바란 것과 같지 않네.

[해설]

조영치가 자신의 서재에 걸 편액의 명문을 좀 써 달라고 부탁하는 시를 지어 보내자 그 시에 화답하여 그에 대한 사례로 술을 좀 나누어 달라고 우스갯소리를 한 것이다.

[주석]

(1) 景晛(경황): 趙令畤의 字. 〈復次韻謝趙景晛·陳履常見和, 兼簡歐陽叔弼兄弟〉(1200) 주 (1) 참조.

(2) 東齋(동재): 조영치 집의 동쪽에 있던 서재를 가리키는 것으로 보인다.

(3) 榜銘(방명): 木牌에 새기는 銘文.

(4) 都下(도하): 도성.

(5) 潤筆(윤필): 潤筆料. 원래 글을 쓰거나 그림을 그리기 전에 붓을 물에 적셔 부드럽게 하는 일을 가리켰는데 나중에는 글을 쓰거나 그림을 그려 준 것에 대한 사례금을 가리키게 되었다.

(6) 王孫(왕손): 송나라 태조 趙匡胤의 차남 趙德昭의 현손인 조영치를 가리킨다. 〈獨酌試藥玉滑盞, 有懷諸君子. 明日望夜, 月庭佳景不可失, 作詩招之〉(1216) 주 (14) 참조.

(7) 麒麟(기린): 몸이 사슴과 같고 머리에 뿔이 있으며, 꼬리가 소와 같고 온몸에 비늘이 있는 전설상의 동물로, 옛날 사람들에게 어질고 상서로운 동물로 인식되었다. 소식은 〈和趙德麟送陳傳道〉(1256)에서도 조영치를 '簷雲麟'이라고 한 것처럼 조영치가 천상의 기린과 같다는 생각을 많이 가진 나머지 景晛이라는 그의 字를 德麟으로 고쳐 주었다.

(8) 西湖(서호): 潁州(지금의 안휘성 阜陽) 서호를 가리킨다. 문장 구조상으로는 '西湖雪'이 술을 가리킨다고 볼 수도 있지만 이 술을 눈에 비유하는 것, 더구나 서호의 눈에 비유하는 것은 타당해 보이지 않는다. 이 시를 지은 것이 원우 6년(1091) 12월이기 때문에 '西湖雪'은 '서호의 눈 속'을 가리킬 가능성이 크다.

(9) 長瓶分(장병분): 긴 병에 담긴 몫. 소식에게 나누어 줄 몫을 가리킨다.

(10) 乾欲裂(건욕렬): 말라서 갈라지려고 하다. 날씨가 너무 추울 때는 물이 얼어 버려서 물로 먹을 갈 수가 없는데 南宋 시인 張鎡의 시 〈戲題〉에 "시 짓기 바쁜데 벼루가 말라 술로써 먹을 간다(詩忙渴硯酒磨墨)"라고 한 바와 같이 시를 짓다가 물이 얼면 물 대신 술로 먹을 가는 경우가 왕왕 있었던 것으로 보인다. 알코올은 물보다 빙점이 훨씬 낮은데 술에는 알코올 성분이 함유되어 있기 때문에 그런 일이 가능했을 것이다. 이 연은 실제로 조영치가 보내 주는 술로 먹을 갈겠다는 말이 아니라 빨리 술을 보내 달라고 우스갯소리를 한 것이다.

(11) 淳于髡(순우곤): 전국 시대 제나라 사람. 제나라 威王이 후궁에 술상을 차려 놓고 순우곤을 불러 술을 주면서 "선생은 얼마나 마시면 취하오?" 하고 물었다. 순우곤이 "한 말을 마셔도 취하고 한 섬을 마셔도 취합니다"라고 하자 위왕이 "한 말을 마셔도 취한다면 어떻게 한 섬을 마실 수 있소?" 하고 물었다. 그러자 순우곤이 "임금님 앞에서 법을 집행하는 관리가 옆에 있고 어사가 뒤에 있는 가운데 공포에 질린 채 엎드려서 마시면 한 말을 안 마셔도 취합니다. 그러나 해가 저물고 술 기운이 거나할 때 술동이를 한데 모아 놓고 남자와 여자가 한자리에 앉아 신발은 뒤죽박죽으로 섞여 있고 술잔과 쟁반은 어지러이 널려 있으며 방에는 촛불이 꺼져 있는 상태에서 주인이 다른 손님들을 다 보낸 뒤 저만 붙잡아 둔 채 옷깃을 풀어헤치고 은은한 향기를 맡으면서 마시면 기분이 더없이 좋아서 한 섬을 마실 수 있습니다" 하고 대답했다.(《사기·순우곤전》 참조)

(12) 石(석): 섬. 부피를 셀 때 사용하는 단위 명사로 열 말에 해당한다. 이 연은 자신이 순우곤처럼 술을 많이 마시려는 것이 아니니 조금만 나누어 주면 된다고 우스갯소리를 한 것이다.

1244. 洞庭春色[1]幷引

동정춘색을 읊은 시와 그 서문

安定郡王[2], 以黃甘[3]釀酒, 謂之洞庭春色, 色香味三絶. 以餉其猶子[4]德麟[5], 德麟以飮余, 爲作此詩. 醉後信筆, 頗有沓拖[6]風氣[7].(안정군왕이 황감으로 술을 빚어 동정춘색이라고 했는데 색깔·향기·맛 등 세 가지가 다 절묘했다. 그것을 그의 조카 조덕린에게 보내 주었는데 조덕린이 그것을 나에게 마시게 해 주는지라 그를 위해 이 시를 짓는다. 술에 취한 채 붓이 가는 대로 써서 깔끔하지 않은 면이 많다.)

二年洞庭秋,[8]	두 해 동안 동정산에 가을이 오면
香霧長噀手.[9]	향기로운 안개가 항상 손에 뿜어졌네.
今年洞庭春,[10]	올해는 동정산의 봄 정기를 보았는데
玉色疑非酒.	하도 고운 옥색이라 술이 아니라 의심했네.
賢王文字飮,[11][12]	현능하신 왕께서 술 마시며 시를 짓노라면
醉筆蛟龍走.[13]	취중의 글씨라서 교룡이 달렸겠네.
旣醉念君醒,[14]	취하고 나니 그대의 안 취한 모습이 생각나
遠餉爲我壽.	멀리 보내자 그대가 나를 위해 축수하네.
甁開香浮座,	술병이 열려 향기가 좌중에 떠다니고
盞凸光照牖.	술잔이 불룩해 술 빛이 창문을 환히 비추네.
方傾安仁醽,[15][16]	지금 한창 반안인의 맛난 술을 기울이나니
莫遣公遠嗅.[17]	나공원이 냄새 맡지 못하게 할 일이네.
要當立名字,[18][19]	이 술에 이름을 지어 줘야 하는데
未用問升斗.[20]	얼마나 마셔야 할지 따질 필요가 없네.
應呼釣詩鉤,[21]	시를 낚는 낚시라고도 불러야 하고
亦號掃愁帚.[22]	근심을 쓰는 비라고도 불러야겠네.
君知蒲萄惡,[23]	그대는 포도주가 안 좋은 줄 알 텐데

正是嫫母黝.(24)(25)	그건 바로 모모가 가무스름한 것이네.
須君灔海杯,(26)	바닷물이 출렁이는 그대의 큰 잔으로
澆我談天口.(27)(28)	고담준론하는 내 입에 술을 부어야 되겠네.

[해설]

조덕린에게서 동정춘색이라는 좋은 술을 얻어 마시고 취한 상태에서 지은 것으로, 동정춘색을 얻게 된 경위와 그것의 좋은 점을 노래했다.

[주석]

(1) 洞庭春色(동정춘색): 술 이름.

(2) 安定郡王(안정군왕): 施元之의 《施注蘇詩》에 "안정군왕은 이름이 세준이고 자가 군평이다(安定郡王, 名世準, 字君平)"라고 했다.

(3) 黃甘(황감): 黃柑. 잘 익어서 황금빛이 나는 홍귤.

(4) 猶子(유자): 조카.

(5) 德麟(덕린): 趙令畤의 字. 그의 자는 원래 景貺이었는데 소식이 潁州(지금의 안휘성 阜陽)知州로 재임할 때 德麟으로 고쳐 주었다. 시원지의 《시주소시》에 "조덕린은 옛날 자가 경황이었는데 소동파가 〈趙德麟字說〉을 지어서 그를 위해 자를 덕린으로 바꾸어 주었다. '德麟'이라는 자가 시에 보인 것은 이 시로부터 시작된다(趙德麟舊字景貺, 坡著〈字說〉, 爲改字德麟. '德麟'字見於詩者, 自此篇始)"라고 했다.

(6) 沓拖(답타): 깔끔하지 않다.

(7) 風氣(풍기): 시문이나 서화의 풍격이나 기운.

(8) 洞庭(동정): 동정산. 太湖는 일명 동정호라고도 하는데 그 호수의 안과 가에 각각 산이 하나씩 있는 바, 호수 안에 있는 섬을 서동정산이라고 하고 반도 모양의 호반에 있는 산을 동동정산이라고 한다. 王十朋의 《百家註分類東坡先生詩》에 "'洞庭秋'는 감귤을 말한다. 태호의 동정산에 맛있는 감귤이 난다(洞庭秋, 言柑也. 太湖洞庭山上出美柑)"라고 했다.

(9) 香霧(향무): 감귤의 껍질을 벗길 때 뿜어져 나오는 과즙을 가리킨다. 이 연은 자신이 杭州知州로 재임한 원우 4년(1089)과 원우 5년(1090) 가을에 동정산에서 가져온 감귤을 많이 먹었다는 뜻인 것으로 보인다.

(10) 洞庭春(동정춘): 조영치가 소식에게 나누어 준 洞庭春色이라는 술을 가리킨다.

(11) 賢王(현왕): 덕행이 뛰어난 왕. 안정군왕을 가리킨다.

(12) 文字飮(문자음): 시문을 지으면서 술을 마시다. 韓愈의 시 〈醉贈張秘書〉에 "시문을 지으면서 술 마실 줄은 모르고, 오직 붉은 치마 입은 여인에게 취할 줄만 아네(不解文字飮, 惟能醉紅裙)"라는 구절

이 있다.

(13) 醉筆(취필): 취한 상태에서 쓴 글씨. 안정군왕이 동정춘색이라는 술을 마시고 쓴 글씨를 가리킨다.

(14) 君(군): 조영치를 가리킨다. 이 연은 직접적으로 소식에게 술을 나누어 준 사람은 조영치지만 사실상 안정군왕이 보내 준 것과 마찬가지라는 말이다.

(15) 安仁(안인): 晉나라 사람 潘岳의 字. 소식의 자주에 "반악의 〈생부〉에 '노란 껍질을 벗겨서 감귤을 주고, 옥 도자기 기울여 맛난 술을 따른다'라는 구절이 있다(潘岳〈笙賦〉: '披黃苞以授柑, 傾縹瓷以酌醽.')"라고 했다.

(16) 醽(영): 맛있는 술. '醽'과 같다.

(17) 公遠(공원): 당나라 때의 도사 羅公遠을 가리킨다. 소식의 자주에 "명황(당나라 현종)이 감귤을 먹는데 천 개가 넘는 것이 다 한 조각씩 모자랐다. 감귤을 바친 사자에게 물었더니 '도중에 어떤 도사가 냄새를 맡은 적이 있는데 아마 나공원인 것 같습니다'라고 대답했다(明皇食柑, 凡千餘枚, 皆缺一瓣. 問進柑使者, 云: '中塗嘗有道士嗅之, 蓋羅公遠也.')"라고 했다. 이 구절은 나공원이 감귤로 만든 동정춘색이 있다는 사실을 알고 와서 냄새를 맡음으로써 술이 줄어들까 봐 두렵다는 말이다.

(18) 要當(요당): 응당 ~해야 하다.

(19) 名字(명자): 이름과 字. 이름. 명칭.

(20) 問升斗(문승두): 음주량이 몇 되 또는 몇 말인지 따져 묻는 것을 가리킨다. 杜甫의 시 〈遭田父泥飮美嚴中丞〉에 "달이 떠도 나를 막고 못 가게 붙잡으며, 여전히 화를 내며 얼마나 마셨는지 따져 묻네(月出遮我留, 仍嗔問升斗)"라는 구절이 있다. 이 연은 이 술이 워낙 특이해서 군이 많이 마시지 않더라도 금방 이름을 지을 수 있다는 말이다.

(21) 釣詩鉤(조시구): 시를 낚는 낚시. 시흥을 자아내는 수단을 가리킨다. 唐彦謙의 시 〈索蝦〉에 "시를 낚아 올리는 낚시라고도 부르고, 시를 끌어당기는 갈고리라고도 한다(旣名釣詩釣, 又作鉤詩鉤)"라는 구절이 있다.

(22) 掃愁帚(소수추): 근심을 쓸어 내는 빗자루. 王十朋의 《百家註分類東坡先生詩》에 "이후주의 시 〈中酒〉에 '술맛이 나쁘다고 말하지 마라, 빗자루로 추위와 근심을 쓸어 내니'라는 구절이 있다(李後主〈中酒〉詩: '莫言滋味惡, 一篲掃寒愁.')"라고 했다.

(23) 蒲萄(포도): 포도. '葡萄'와 같다. 포도주를 가리킨다.

(24) 嫫母(모모): 黃帝의 네 번째 왕비. 《列女傳》에 "황제의 왕비 모모는 네 명의 왕비 가운데 하급에 속했는데 외모는 아주 못생겼지만 가장 어질었다(黃帝妃嫫母於四妃之班居下, 貌甚醜而最賢)"라고 했다.

(25) 黝(유): 검푸르다. 살결이 곱지 않아 못생긴 것을 가리킨다. 이 연은 포도주는 색깔이 곱지 않은 대신 맛이 좋아서 상당히 괜찮은 술이라고 할 수 있는 정도지만, 동정춘색은 이 시의 서문에 "색깔·향기·맛 등 세 가지가 다 절묘했다(色香味三絶)"라고 한 바와 같이 맛도 아주 좋고 색깔도 아주 고운 최상급의 술이라는 말이다.

(26) 灩海杯(염해배): 바닷물이 출렁거리는 것처럼 술이 많이 담긴 커다란 술잔.

(27) 澆(요): 물을 대다. 술을 마시는 것을 말한다.
(28) 談天(담천): 고담준론하다. 언변이 좋다.

1245. 送路都曹[1]幷引

노도조를 전송하며 지은 시와 그 서문

乖崖[2]公在蜀[3], 有錄曹參軍[4], 老病廢事. 公責之, 曰: "胡不歸?" 明日, 參軍求去, 且以詩留別[5]. 其略曰: "秋光都似宦情[6]薄, 山色不如歸意濃." 公驚謝之, 曰: "吾過矣. 同僚有詩人而我不知." 因留而慰薦之. 予幼時聞父老言, 恨不問其姓名. 今都曹路公以小疾求致仕, 予誦此詩留之, 不可. 乃采前人意, 作詩送之, 幷邀趙德麟[7]·陳履常[8]同賦一篇.
(괴애공이 촉지방에 있을 때 한 녹조참군이 늙고 병들어서 직무를 유기했다. 괴애공이 "어째서 귀향하지 않으시오?" 하고 그를 책망하자 이튿날 참군이 떠나기를 청하고는 곧 시로써 작별 인사를 했는데 대략 "가을빛은 온통 벼슬살이하고픈 심정처럼 엷고, 산색은 귀향하려는 마음처럼 진하지 않다"라는 말이었다. 공이 깜짝 놀라 사죄하여 말하기를 "내가 잘못했소이다. 동료 중에 시인이 있었는데 내가 몰랐소이다"라고 했다. 이로 인해 그를 만류하며 따뜻하게 위로했다. 나는 어릴 때 어르신들이 하시는 말씀을 들었는데 그의 성명을 물어보지 않은 것이 한스럽다. 이제 도조인 노공이 작은 병으로 관직을 그만두려고 하므로 내가 이 시를 읊조리며 만류했으나 붙잡을 수 없었다. 이에 옛날 사람의 뜻을 취해 시를 지어서 그를 전송하고 아울러 조덕린과 진이상에게도 함께 한 편씩 짓기를 청한다.)

積雪困桃李,	쌓인 눈이 복숭아나무와 자두나무를 힘들게 하니
春心誰爲容.[9][10]	춘심이 있다 한들 누구를 위해 모양내리?
淮光釀山色,[11][12]	회하의 물빛에 산색이 빚어져 가는데
先作歸意濃.	그대는 먼저 진한 귀향의 뜻을 세웠네.
我亦倦游者,[13]	나도 역시 돌아다니는 데 지친 사람이지만
君恩繫疎慵.[14]	임금님의 은혜로 몸이 매여 게으름을 피우네.
欲留耿介士,[15]	강직한 사람을 붙잡아 두어
伴我衰遲踪.[16]	내 만년의 자취를 함께하게 하고 싶네.
吏課升斗積,[17][18]	말단 관리의 일을 하고 쥐꼬리만큼 모았는데
崎嶇等鉛舂.[19][20]	힘들기는 납 공이로 절구질하는 것 같았네.
那將露電身,[21][22]	어떻게 이슬 같고 번개 같은 몸으로

坐待收千鍾.[23]　앉아서 천 종을 모으기를 기다리리?
結髮空百戰,[24]　머리를 묶고 나서부터 공연히 백 번이나 싸워
市人看先封.[25][26]　사람들이 남 먼저 고관에 오를 것으로 보았네.
誰能搔白首,　그 누가 흰머리를 긁을 때까지
抱關望夕烽.[27][28]　관문이나 지키며 저녁 봉화를 바라볼 줄 알리?
子意諒已成,[29]　그대의 마음이 참으로 이미 정해졌으니
我言寧復從.　어떻게 더 이상 내 말을 따르리?
恨無乖崖老,　괴애 노인이 없는 것이 한스럽구나
一洗芥蒂胸.[30]　답답한 가슴을 확 씻어 내 줄 텐데.
我田荊溪上,[31][32]　나도 형계 가에서 농사를 지을 거라
伏臘亦麤供.[33][34]　복제와 납제에 제물을 좀 바칠 수 있을 것이네.
懷哉江南路,[35]　그립구나 강남의 길
會作林下逢.[36][37][38]　틀림없이 숲속에서 만날 날이 있겠지.

[해설]

녹사참군인 노씨가 병으로 사직하려고 했을 때 옛날에 장영이 한 늙은 녹조참군의 사직을 만류한 일을 예로 들어 그를 만류해 보았다가 실패한 일을 노래한 것이다.

[주석]

(1) 路都曹(노도조): 도조인 노씨. 구체적인 행적이 알려져 있지 않다. 查愼行의 《蘇詩補註》에 “노도조는 이름이 규이고 단양 사람이다. 《진후산집》에 보인다(路都曹, 名糺, 丹陽人. 見《陳後山集》)”라고 했다. 《宋史·職官志》에 “군과 주의 屬官들 중에서 녹사참군이 가장 높은 지위를 차지하고 있기 때문에 도조라고 한다(軍·州諸曹官, 錄事參軍居首, 稱都曹)”라고 했고, 《容齋三筆·過稱官品》에 “사대부들이 분수에 넘치고 망령스럽게 서로 높여 부르는 것이 날이 갈수록 더욱 심해지고 있다……녹사참군을 도조라고 부르고 현령을 장관이라고 부른다(士大夫僭妄相尊, 日以益甚.……錄事參軍稱都曹, 縣令稱長官)”라고 했다.

(2) 乖崖(괴애): 張詠의 自號. 《송사·장영전》에 “장영은 자가 복지이며 복주 견성 사람이다.……익주지주로 나갔다.……자호를 괴애라고 했으니 ‘乖’는 뭇사람과 어긋나는 것이고 ‘崖’는 만물을 이롭게 하지 못하는 것이라고 여겼다(張詠, 字復之, 濮州鄄城人.……出知益州.……自號乖崖, 以爲‘乖’則違衆, ‘崖’不利物)”라고 했고, 韓琦의 〈故樞密直學士禮部尙書贈左右僕射張公神道碑銘〉에 “자호를 괴애자

라고 했다.……‘乖’는 뭇사람과 어긋나는 것이고 ‘崖’는 만물을 이롭게 하지 못하는 것이다. ‘괴애’라는 이름으로 어느 정도 자신의 덕을 나타내고 있다(自號乖崖子.……‘乖’則違衆, ‘崖’不利物. ‘乖崖’之名, 聊以表德)”라고 했다. ‘崖’는 원래 爲人이 孤高한 것을 가리킨다.

(3) 蜀(촉): 지금의 사천성 일대.

(4) 錄曹參軍(녹조참군): 관직 이름. 四庫全書本《東坡詩集註》에는 ‘錄事參軍’으로 되어 있다.

(5) 留別(유별): 떠나는 사람이 남아 있는 사람과 작별하다.

(6) 宦情(환정): 벼슬살이를 하고자 하는 심정.

(7) 德麟(덕린): 趙令畤의 字. 〈復次放魚韻答趙承議·陳敎授〉(1198) 주 (2) 참조.

(8) 履常(이상): 陳師道의 字. 〈復次韻謝趙景貺·陳履常見和, 兼簡歐陽叔弼兄弟〉(1200) 주 (2) 참조.

(9) 春心(춘심): 봄을 맞은 감회.

(10) 容(용): 모양내다. 꾸미다. 《戰國策·趙策一》에 “남자는 자기를 알아주는 사람을 위해 목숨을 바치고 여자는 자기를 좋아하는 사람을 위해 모양을 낸다(士爲知己者死, 女爲悅己者容)”라는 말이 있다.

(11) 淮光(회광): 淮河의 물빛. 潁州(지금의 안휘성 阜陽)를 지나가는 潁河 일대의 풍광을 가리킨다. 영하는 영주 동남쪽에서 회화와 합류한다.

(12) 釀(양): 빚다. 조금씩 형체를 이루다. 이 구절은 회하의 수면에 점점 짙어 가는 영주 일대 산들의 아름다운 봄 景色이 비치고 있다는 말이다.

(13) 倦游(권유): 돌아다니는 데에 지치다. 벼슬을 따라 여기저기로 떠돌아다니는 것에 지치는 것을 가리킨다.

(14) 疎慵(소용): 게으르다. 이 구절은 황제에게 입은 은혜가 크기 때문에 황제의 만류를 뿌리치지 못해서 게으르게 일하고 있다는 말이다.

(15) 耿介士(경개사): 강직한 사람. 노도조를 가리킨다.

(16) 衰遲(쇠지): 노쇠한 만년.

(17) 吏課(이과): 관리의 일과.

(18) 升斗(승두): 한 되 또는 한 말. 얼마 안 되는 녹봉을 가리킨다.

(19) 崎嶇(기구): 힘들다. 고통스럽다.

(20) 鉛舂(연용): 납 공이로 절구를 찧다. 《漢書·江都易王劉非傳》에 “궁인·희첩·팔자 가운데 잘못을 저지른 사람이 있으면 나체로 서서 북을 치게 하기도 하고, 나무 위에 올려놓은 뒤 길게는 30일이 지나야 옷을 주기도 하고, 머리를 깎고 칼을 씌운 채 납 공이로 절구질을 하게 했다가 기한을 어기면 회초리로 때리기도 했다(宮人·姬·八子有過者, 輒令裸立擊鼓, 或置樹上, 久者三十日乃得衣; 或髡鉗以鉛杵舂, 不中程, 輒掠)”라고 했다. 이 연은 노도조가 말단 관리로서의 직무를 수행하느라 고생만 하고 재물은 별로 모으지 못했다는 말이다.

(21) 將(장): ~을 가지고. ~으로.

(22) 露電(노전): 금방 말라 버리는 이슬과 순식간에 사라지는 번개. 《金剛經·應化非眞分》에 “이 세상에 존재하는 삼라만상은, 꿈 같고 환상 같고 거품 같고 그림자 같고, 이슬과도 같으며 번개와도 같나니,

마땅히 이렇게 보아야만 한다네(一切有爲法, 如夢幻泡影. 如露亦如電, 當作如是觀)"라는 말이 있다.

(23) 千鍾(천종): 아주 많은 곡식을 가리킨다. 1鍾은 64말에 해당한다는 설, 80말에 해당한다는 설, 100말에 해당한다는 설이 있다. 이 연은 인생이 너무 짧기 때문에 얼마 안 되는 봉록을 가지고 많은 재물을 모을 수 없다는 말이다.

(24) 結髮(결발): 성년이 되는 것을 가리킨다.

(25) 市人(시인): 市井의 백성. 평범한 시민을 가리킨다.

(26) 封(봉): 제후에 봉하다. 높은 관직에 오르는 것을 가리킨다.

(27) 抱關(포관): 관문을 지키다. 미관말직에 종사하는 것을 가리킨다.

(28) 夕烽(석봉): 변새에서 저녁마다 올려 평안함을 알리는 봉화. 杜甫의 시 〈夕烽〉에 "저녁 봉화가 가깝지 않은 곳에서 와서, 날마다 평안함을 알리는구나(夕烽來不近, 每日報平安)"라는 구절이 있다. 이 연은 일반인들의 경우 백발이 되도록 미관말직에 머물러 있는 것을 감내하지 못한다는 말이다.

(29) 成(성): 확정하다. 《禮記·王制》에 "죄상이 뚜렷하지 않아 죄의 유무를 판명하기 어려운 옥사는 널리 대중의 의견을 듣고 대중이 의심할 경우에는 용서한다. 반드시 크고 작은 유사 사건의 판례를 살펴보고 확정해야 한다(疑獄, 氾與衆共之, 衆疑, 赦之. 必察小大之比以成之)"라는 말이 있다.

(30) 芥蒂(개대): 작은 장애물. 마음속의 원한이나 불만을 가리킨다. 이 연은 괴애공이 있으면 녹사참군인 노씨를 잘 위로해 줄 텐데 자신에게는 그럴 능력이 없어서 한스럽다는 말이다.

(31) 田(전): 경작하다.

(32) 荊溪(형계): 강소성 宜興을 지나 太湖로 들어가는 강. 원풍 8년(1085)에 소식은 이곳에 농지를 마련하여 잠시 은거한 적이 있었다.

(33) 伏臘(복랍): 여름에 지내는 伏祭와 겨울에 지내는 臘祭. 복제와 납제에 쓸 물건을 가리키기도 하고 더 나아가 일상생활에 필요한 물건을 두루 가리키기도 한다.

(34) 麤供(추공): 소략하게 바치다. 이 연은 의흥에서 농사지어 얻은 농산물로 제사를 지내며 그럭저럭 먹고살 만할 것이니 놀러 오라는 말이다.

(35) 江南(강남): 의흥을 가리킨다.

(36) 會(회): 틀림없이. 李白의 시 〈淸平調詞三首〉 其一에 "군옥산 꼭대기에서 본 것이 아니라면, 틀림없이 요대의 달 아래에서 만났으리(若非群玉山頭見, 會向瑤臺月下逢)"라는 구절이 있다.

(37) 作(작): 일이나 행위를 하다.

(38) 林下(임하): 은거지를 가리킨다.

1246. 生日，蒙劉景文(1)以古畫〈松鶴〉爲壽(2)，且貺佳篇，次韻爲謝(3)

생일날 유경문이 〈송학도〉라는 옛날 그림으로 축수해 주고 또 멋진 시도 지어 주는 은혜를 입은지라 그의 시에 차운하여 사례한다

問子一室間,(4)	그대에게 묻나니 한 칸짜리 방에다
寧有千里廓.(5)	어떻게 천 리나 되는 넓은 곳을 갖고 있었나?
塵心洗長松,(6)(7)	먼지 앉은 마음이 키 큰 솔에 씻기고
遠意發孤鶴.(8)	원대한 생각이 외로운 학에서 나오네.
生朝得此壽,(9)(10)	생일날 이 축수를 받게 됐으니
死籍疑可落.(11)(12)	염라대왕 명부에서 빠질 수 있을 것 같네.
微言在參同,(13)(14)	도교의 미묘한 말은 《참동계》에 적혀 있고
妙契藏九籥.(15)(16)	신통한 연단법은 대나무 통에 보관돼 있네.
故人有奇趣,(17)	친구는 기이한 취미를 갖고 있어
逸想寄幽壑.(18)(19)	초탈한 생각이 그윽한 계곡에 깃들게 했네.
霜枝謝寒暑,(20)(21)	서리 맞은 가지는 추위와 더위를 모르고
雲翮無前却.(22)(23)	구름 속의 새는 움직이지 않고 제자리에 떠 있네.
何須構明堂,(24)	명당을 지을 필요가 어디 있으리?
未羨巢阿閣.(25)	높은 누각에 보금자리 트는 것도 부럽지 않네.
緬懷別時語,(26)	헤어질 때 한 말을 돌이켜 생각하곤
復作數日惡.(27)	또 며칠 마음이 즐겁지 않네.
詩腴固堪餐,(28)(29)	시가 살져 참으로 음미해 볼 만하고

字瘦還可愕.[30]	글자가 여윈 것도 놀랄 만하네.
高標忽在眼,[31]	빼어난 그대 시가 홀연 눈앞에 있어
淸夢了如昨.[32]	꿈속에 만난 일이 어제처럼 또렷하네.
君今噲等伍,[33]	그대는 지금 번쾌 따위의 무리이지만
志與湛輩各.[34][35]	그대의 뜻은 추담과 각자 다르리.
豈待相願言,[36][37]	어찌 서로 간절히 그리워해야
方爲不朽托.[38]	비로소 영원히 의지할 사람이 되리.
子雲老執戟,[39][40]	양자운은 늘그막에 창을 들고 있지만
長孺終主爵.[41][42]	급장유는 마침내 봉작을 주관하리.
吾當追松喬,[43]	나는 응당 적송자와 왕교를 좇아갈 것이고
子亦鄙衛霍.[44]	그대도 역시 위청과 곽거병을 경시하리.

[해설]

소식의 생일을 맞아 유계손이 〈송학도〉라는 그림을 선물로 주고 아울러 시도 한 수 지어 주자 그것에 감사하는 마음을 노래한 것으로, 유계손의 능력을 칭송하고 그의 순탄한 미래를 축원해 주었다.

[주석]

(1) 景文(경문): 劉季孫의 字. 〈喜劉景文至〉(1224) 주 (1) 참조.
(2) 爲壽(위수): 만수무강을 빌다. 축수하다.
(3) 爲謝(위사): 謝禮로 삼다. 사례를 하다.
(4) 子(자): 그대. 유계손을 가리킨다.
(5) 千里廓(천리확): 천 리에 달하는 광활한 것. 그림 속의 풍경을 말한다.
(6) 塵心(진심): 먼지가 쌓인 마음. 명리를 추구하는 세속적인 마음을 가리킨다.
(7) 長松(장송): 그림 속의 소나무를 가리킨다.
(8) 遠意(원의): 高遠한 생각. 속세에서 멀리 떠나고 싶은 초탈한 마음을 가리킨다.
(9) 生朝(생조): 생일.
(10) 壽(수): 祝壽. 축수하는 의미로 주는 선물인 〈송학도〉를 가리킨다.
(11) 死籍(사적): 사망할 시기를 적어 놓은 장부. 어떤 사람을 언제 저승으로 데리고 갈지를 기록해 놓은 장부를 가리킨다. 《抱朴子內篇·金丹》에 "이것을 백 일 동안 복용하면 피부와 골격이 튼튼해지고 천

일 동안 복용하면 생명을 관장하는 신이 사망 시기 명부에서 삭제한다(服之百日, 肌骨强堅, 千日, 司命削去死籍)"라는 말이 있다.

(12) 疑(의): ~이 아닌가 의아하다. ~인 것 같다.

(13) 微言(미언): 깊은 뜻이 담겨 있는 미묘한 말.

(14) 參同(참동): 《參同契》. 後漢 사람 魏伯陽이 지은 도교 경전의 하나로 煉丹의 원리와 방법을 서술한 최초의 책이다. 《周易參同契》라고도 한다.

(15) 妙契(묘계): 신묘한 符合. 신묘하게 꼭 들어맞음.

(16) 九籥(구약): 도교의 경전을 보관하는 대나무 통. 鮑照의 〈升天行〉에 "영지를 따는 다섯 가지 방법이 金丹 製造記에 실려 있고, 대나무 통엔 연단술의 경전이 보관되어 있다(五圖發金記, 九籥隱丹經)" 라고 했는데 이에 대한 李善의 주에 "정현의 《역위주》에 '제지방과 노지방 일대의 명문가에서는 책을 보관하는 대나무 통을 "籥"이라고 하며 거기에 경전을 보관하는데 단약은 아홉 번 단련하기 때문에 "九籥"이라고 한다'라는 말이 있다(鄭玄《易緯注》曰: '齊魯之間, 名門戶及藏書之管曰"籥", 以藏經, 而丹有九轉, 故曰"九籥"也.')"라고 했다.

(17) 故人(고인): 친구. 유계손을 가리킨다.

(18) 逸想(일상): 세속을 초월한 초연한 생각.

(19) 幽壑(유학): 깊숙하여 아늑하고 고요한 계곡.

(20) 霜枝(상지): 서리에 덮인 나뭇가지. 그림 속의 소나무를 가리킨다.

(21) 謝寒暑(사한서): 추위와 더위를 받아들이지 않다. 추운 줄도 모르고 더운 줄도 모른다는 말이다.

(22) 雲翮(운핵): 구름 속으로 날아가는 새의 깃촉. 높이 날아가는 그림 속의 학을 가리킨다.

(23) 無前却(무전각): 앞으로 나아감과 뒤로 물러남이 없다.

(24) 明堂(명당): 임금이 政敎를 베풀던 正殿. 白居易의 〈和答詩十首〉 중의 〈和松樹〉에 "자신을 죽여서 제자리를 찾아서, 임금님을 위하여 명당을 짓네(殺身獲其所, 爲君構明堂)"라는 구절이 있다.

(25) 阿閣(아각): 사방에 다 처마가 있는 누각. 높고 멋진 누각을 가리킨다. 《玉海·黃帝群瑞》에 "낙수 가에 봉황이 내려앉았는데 어떤 것은 황제의 동쪽 정원에 머물고 어떤 것은 사방에 처마가 있는 누각에 보금자리를 틀었다(洛水之上, 有鳳凰集, 或止帝之東園, 或巢阿閣)"라고 했다. 이 연은 그림 속의 소나무는 굳이 궁전을 짓는 데 쓰일 필요가 없다고 생각하고, 그림 속의 학은 높고 멋진 누각에 깃들여 사는 봉황을 부러워하지 않는다는 말이다.

(26) 緬懷(면회): 지나간 일을 돌이켜 생각하다. 추념하다.

(27) 作數日惡(작수일악): 며칠 동안 유쾌하지 않은 마음을 갖다. 《世說新語·言語》에 "사태부(謝安)가 왕우군(王羲之)에게 말하기를 '중년이 되니까 슬픈 일이나 즐거운 일이 있으면 감상에 빠지게 되고 친구와 이별하면 며칠 동안 마음이 안됐습니다'라고 하자 왕우군이 '해가 서산에 걸리면 자연히 이런 지경에 이르게 되는 법이니 악기의 힘을 빌려 근심 걱정을 제거하는데 아이들이 깨어서 이 즐거움을 훼손할까 봐 늘 두려워하지요'라고 했다(謝太傅語王右軍曰: '中年傷於哀樂, 與親友別, 輒作數日惡.' 王曰: '年在桑榆, 自然至此, 正賴絲竹陶寫, 恒恐兒輩覺, 損欣樂之趣.')"라는 일화가 수록되어 있다.

(28) 詩腴(시유): 시가 살지다. 蘇轍의 〈追和陶淵明詩引〉에 소식의 말을 인용하여 "나(소식)는 시인들 중에 특별히 좋아하는 사람이 없는데 유독 도연명의 시만은 좋아한다. 도연명은 시를 지은 것이 많지 않지만 그의 시는 겉으로 보기에는 질박하면서도 사실은 아름답고 겉으로 보기에는 여위었으면서도 사실은 살져서 曹植·劉楨·鮑照·謝朓·李白·杜甫 이래의 여러 시인들이 모두 도연명에게 미치지 못했다(吾於詩人無所甚好, 獨好淵明之詩. 淵明作詩不多, 然其詩質而實綺, 癯而實腴, 自曹·劉·鮑·謝·李·杜諸人, 皆莫及也)"라고 하여 '겉으로 보기에는 질박하면서도 사실은 아름답고 겉으로 보기에는 여위었으면서도 사실은 살진(質而實綺, 癯而實腴)' 시를 높이 평가했다.

(29) 堪餐(감찬): 먹을 만하다. 陸機의 시 〈日出東南隅行〉에 "말쑥한 살결 얼마나 윤이 나는가! 수려한 용모와 표정은 깨물 만하네(鮮膚一何潤, 秀色若可餐)"라는 구절이 있다.

(30) 字瘦(자수): 유계손의 글씨가 가늘고 꼿꼿한 것을 가리킨다. 杜甫의 시 〈李潮八分小篆歌〉에 "글씨는 여위고 꼿꼿한 게 귀하나니 그래야만 신통해질 수 있다네(書貴瘦硬方通神)"라고 했는데 소식은 그의 시 〈次韻劉景文見寄〉(1204)에서 "자세히 보자 붓놀림이 다 노송처럼 여위나니, 수염을 치켜든 그대 모습이 바로 외로운 학인 줄 알겠네(細看落墨皆松瘦, 想見掀髯正鶴孤)"라고 하여 유계손 글씨의 소나무처럼 가늘고 꼿꼿한 면을 칭송했다.

(31) 高標(고표): 높이 솟은 나뭇가지. 품격 높은 유계손의 시를 가리킨다.

(32) 淸夢(청몽): 단꿈. 이 연은 얼마 전에 꿈속에서 유계손과 만난 적이 있는데 그의 시를 보니 그것이 어제의 일처럼 또렷하게 다시 떠오른다는 말이다.

(33) 噲等伍(쾌등오): 漢나라의 개국 공신 樊噲 따위의 무리. 〈和劉景文見贈〉(1230) 주 (7) 참조. 이 구절은 유계손이 정치적으로 뜻을 이루지 못해 소식처럼 대단치 않은 사람들하고나 어울린다는 말이다.

(34) 湛(담): 晉나라 사람 鄒湛을 가리킨다. 晉나라 사람 羊祜는 산수를 좋아하여 양양을 鎭守할 때 경치 좋은 계절이 되면 꼭 峴山에 올라가 술을 마시며 시를 짓곤 했는데 한번은 從事中郎 鄒湛 등의 주위 사람들을 돌아보면서 "우주가 생기면서 바로 이 산이 있었고 그 뒤로 어질고 통달한 저명인사들 가운데 여기에 올라와서 나와 그대들처럼 멀리 바라본 사람들이 많았을 텐데 모두 흔적도 없이 사라져 버리고 이름이 없으니 우리를 슬프게 하는구려. 만약 백 년 뒤에도 나를 알아주는 사람이 있다면 나의 혼백이 여전히 이 산에 오를 것이오(自有宇宙, 便有此山, 由來賢達勝士, 登此遠望, 如我與卿者多矣, 皆湮滅無聞, 使人悲傷. 如百歲後有知, 魂魄猶應登此山也)"라고 했다. 그러자 추담이 "공께서는 덕이 천하에서 으뜸이고 도가 옛날 현철의 뒤를 이으니 명망이 틀림없이 이 산과 함께 전해질 것입니다. 저 추담 같은 무리는 바로 공의 말씀과 같이 될 것입니다(公德冠四海, 道嗣前哲, 令聞令望, 必與此山俱傳. 至若湛輩, 乃當如公言耳)"라고 했다.(《진서·양호전》 참조)

(35) 各(각): 각자 서로 다르다. 이 구절은 유계손이 추담과 달리 원대한 포부를 지니고 있다는 말이다.

(36) 待(대): 해야 하다.

(37) 願言(원언): 간절하게 그리워하다. 〈送王竦朝散赴闕〉(1239) 주 (15) 참조.

(38) 不朽托(불후탁): 불후의 의탁. 불후의 의탁처, 즉 영원히 의지할 수 있는 사람을 가리킨다. 이 연은 유계손이 원시에서 소식에 대한 간절한 그리움을 토로하며 소식에게 의지하고 싶은데 너무 멀리 떨

어져 있어서 그럴 수 없다고 안타까워하자 멀리 떨어져 있을지라도 초연하게 지내며 서로 마음의 의지가 되어 줄 수 있을 것이라고 위로한 말인 듯하다.

(39) 子雲(자운): 蜀郡 사람인 揚雄의 字. 같은 촉지방 사람인 소식 자신을 가리킨다.

(40) 執戟(집극): 창을 들다. 曹植의 〈與楊德祖書〉에 "옛날의 양자운은 창이나 들고 임금님을 호위하는 이전 왕조의 신하였을 뿐입니다(昔揚子雲, 先朝執戟之臣耳)"라고 했는데 이에 대한 李善의 주에 "《한서》에 '양웅은 〈우렵부〉를 바쳐서 낭관이 되었다'라고 했다. 그러나 낭관은 다 창을 들고 임금님을 모신다(《漢書》曰: '揚雄奏〈羽獵賦〉, 爲郎.' 然郎皆執戟而侍也)"라고 했다. 이 구절은 자신이 늙도록 높은 관직에 오르지 못했다는 말이다.

(41) 長孺(장유): 汲黯의 字. 그가 東海 태수로 부임하여 1년 남짓 지나자 그 고을이 잘 다스려져서 칭송을 받았다. 이에 황제가 그를 불러 封爵을 주관하는 관리로서 九卿의 반열에 드는 主爵都尉로 삼았다.(《사기·급암전》 참조)

(42) 主爵(주작): 봉작을 주관하다. 주작도위가 되는 것을 가리킨다. 이 구절은 유계손이 장차 높은 관직에 오를 것이라는 말이다.

(43) 松喬(송교): 신선인 赤松子와 王喬를 가리킨다. 이 구절은 자신이 장차 도가적인 삶을 추구할 것이라는 말이다.

(44) 衛霍(위곽): 한나라 때의 명장인 衛青과 霍去病을 가리킨다. 《後漢書·馮緄傳》에 "위청과 곽거병은 북방을 정벌하여 그 공이 나란히 금석에 새겨져 있다(衛·霍北征, 功列金石)"라는 말이 있다. 이 구절은 자신의 천거로 무관에서 문관으로 바뀐 유계손도 이제 무관으로서의 삶에 연연하지 않고 문관으로서의 삶을 추구할 것이라는 말이다. 〈喜劉景文至〉(1224) 주 (1) 참조.

1247. 次韻陳履常[1]雪中

눈 속의 정경을 읊은 진이상의 시에 차운하여

可憐擾擾雪中人,[2]	가련하게도 눈 속에 오고 가는 사람들
飢飽終同寓一塵.[3]	배고프나 배부르나 결국은 같이 먼지 한 톨에 붙어사네.
老檜作花眞强項,[4]	늙은 편백은 꽃을 피워 참으로 굳세 보이고
凍鳶儲肉巧謀身.[5][6]	언 솔개는 고기를 모아 교묘하게 일신을 도모하네.
忍寒吟詠君堪笑,	추위를 참으며 읊조리는 게 그대는 우습겠지만
得暖讙呼我未貧.[7]	온기를 얻어 환호하니 나는 가난하지 않네.
坐聽屐聲知有路,[8]	나막신 소리 들리기에 길이 있는 줄 알고
擁裘來看玉梅春.[9]	갖옷을 끌어안고 와서 매화꽃 핀 봄을 보네.

[해설]

진사도의 시 〈연일 대설이 내리는 가운데 병이 나서 문밖으로 나가지 않고 있다가 소공이 조덕린과 함께 여랑대에 올랐다는 말을 듣고(連日大雪, 以疾作不出, 聞蘇公與德麟同登女郎臺)〉에 차운하여 온 세상이 눈에 덮인 모습을 그린 것이다.

[주석]

(1) 履常(이상): 陳師道의 字. 〈復次韻謝趙景貺·陳履常見和, 兼簡歐陽叔弼兄弟〉(1200) 주 (2) 참조.

(2) 擾擾(요요): 어지러운 모양.

(3) 一塵(일진): 한 톨의 먼지. 지극히 보잘것없는 공간을 가리킨다.

(4) 强項(강항): 목을 빳빳하게 하다. 바르고 곧아서 타인의 위세에 굴하지 않는 것을 가리킨다. 이 구절은 눈을 맞은 늙은 편백나무가 추위에 굴하지 않고 하얀 꽃을 피운 것 같다는 말이다.

(5) 凍鳶(동연): 추위로 몸이 언 솔개.

(6) 謀身(모신): 자신의 생존을 도모하다. 이 구절은 온 천지가 눈에 덮여 먹이를 찾을 수 없는 상황이지만 솔개는 둥지 안에서 미리 모아 둔 먹이를 먹으며 잘 지내고 있다는 말이다.

(7) 讙呼(환호): 歡呼하다.

(8) 坐(좌): ~에 기인하다. ~에서 비롯되다.

(9) 玉梅春(옥매춘): 백옥같이 하얀 매화가 핀 봄. 나무가 눈에 덮여 있는 모습을 매화가 만발한 봄 풍경에 빗댄 것이다.

1248. 二鮮于君[1]以詩文見寄[2], 作詩爲謝[3]

두 선우 군이 나에게 시문을 보내왔기에 시를 지어 사례한다

我懷元祐初,[4] 원우 초기 시절이 생각나나니
圭璋滿清班.[5][6] 귀중한 옥기가 청아한 반열에 가득한데
維時南隆老,[7][8] 당시에 남륭의 늙은이께선
奉使獨未還.[9] 사명을 받들고 갔다 돌아오지 않았네.
迂叟向我言,[10] 우수께서 나에게 말씀하시길
青齊歲方艱.[11] 청주 제주 지역에 시절이 한창 어려운데
斯人乃德星,[12][13] 이 사람은 다름 아닌 덕성이기 때문에
遣出虛危間.[14] 허수와 위수 일대로 나가게 한다 했네.
召用既晚矣,[15] 불러서 쓰는 것이 이미 늦었는 데다
天命良復慳. 천명이 참으로 인색하기도 하여
一朝失老驥, 하루아침에 늙은 준마를 잃어버리고 말았으니
寂寞空帝閑.[16] 임금님의 마구간이 텅텅 비어 적막했네.
至今清夜夢, 지금에 이르도록 고요한 밤의 꿈으로
枕衾有餘潸. 베개와 이불에 눈물이 흥건한데
喜聞二三子,[17] 기쁜 소식 들었나니 두 아드님이
結髮師閔顏.[18][19] 머리를 묶은 뒤로 민씨와 안씨를 사사하여
高論逼河漢, 고명한 논리가 은하수에 가 닿고

淸詩鳴珮環.	맑은 시가 옥 패물이 울리는 소리를 낸다네.
遙知三日雪,	멀리서도 알겠나니 사흘 동안 눈이 내려
積玉坦崧山.(20)	쌓인 옥이 숭산을 평퍼짐하게 했겠네.
誰念此幽桂,(21)	누가 생각했으리 이 깊숙한 곳의 계수나무가
坐蒙榛與菅.(22)	잡목과 골풀에 덮이는 지경에 이를 줄을?
故人在潁尾,(23)(24)	이 친구가 영하의 꼬리에 있으니
投詩淸泠灣.(25)	청령의 물굽이에 시를 던져 주겠네.

[해설]

동향인인 선우신의 두 아들이 시문을 지어 보내자 그것에 감사하기 위해 지은 것으로, 빼어난 재능을 지니고 있으면서도 끝내 뜻을 이루지 못하고 죽은 선우신을 그리워하고 애도하는 마음을 노래했다.

[주석]

(1) 二鮮于君(이선우군): 鮮于侁의 두 아들을 가리킨다. 施元之의 《施注蘇詩》에 "두 선우 군은 바로 간의대부 선우자준(선우신)의 아들이다(二鮮于君, 乃諫議大夫子駿之子)"라고 했고, 査愼行의 《蘇詩補註》에 "《회해집·선우자준행장》에 '아들이 다섯 명 있었는데 선우복은 일찍 죽었고, 선우힐은 언사현위이고, 선우군은 봉주사법참군이고, 鮮于綽은 승무랑이고, 鮮于焯은 출사하지 않았다. 모두 학식과 덕망이 있었지만 선우힐이 특히 자립적이어서 사대부들이 칭송했다'라고 했는데 두 선우 군이 누구인지는 분명하지 않다(《淮海集·鮮于子駿行狀》: '男五人, 復, 早卒; 頡, 偃師縣尉; 群, 鳳州司法參軍; 綽, 承務郎; 焯, 未仕. 皆有學行, 而頡尤自立, 士大夫稱之.' 二君未詳孰是)"라고 했다.

(2) 見寄(견기): 나에게 부치다. 〈次韻錢越州見寄〉(1099) 주 (2) 참조.

(3) 爲謝(위사): 謝禮로 삼다. 사례를 하다.

(4) 元祐(원우): 북송 철종의 연호. 1086-1093.

(5) 圭璋(규장): 예식 때 사용하는 귀중한 옥 장식품. 유능한 인재를 가리킨다.

(6) 淸班(청반): 청아한 관리의 반열. 문장에 뛰어난 侍從官을 가리킨다.

(7) 維(유): 의미 없는 조사.

(8) 南隆(남륭): 隆州. 지금의 사천성 閬中. 王十朋의 《百家註分類東坡先生詩》에 "남륭은 낭중인데 선우자준은 낭중 사람이다(南隆, 閬中也. 鮮于子駿, 閬中人)"라고 했다. '南隆老'는 남륭 사람인 선우신을 가리킨다.

(9) 奉使(봉사): 사명을 받들다. 어명을 받들고 외국이나 지방으로 나가는 것을 가리킨다. 선우신

(1018-1087)은 陳州(지금의 하남성 淮陽)知州로 재임하는 도중에 세상을 떠났다.

(10) 迂叟(우수): 司馬光의 호. 소식의 자주에 "사마온공(사마광)이 나에게 '선우자준은 복성이라네. 경동 사람들이 심한 곤경에 빠져 있으니 잠시 그를 그곳으로 가게 하는 것이네'라고 말씀하셨다(司馬溫公謂軾曰: '子駿, 福星也. 京東人困甚, 且令彼往.')"라고 했다.

(11) 青齊(청제): 青州(지금의 산동성 益都)와 齊州(지금의 산동성 濟南). 京東路轉運使 선우신이 관할하던 지역이다. 《송사·선우신전》에 "경동서로로 옮겼을 때 전연에서 황하의 둑이 터졌다.……〈議河書〉를 지어 올리자 신종께서 가납하셨다. 나중에 두 路를 하나로 합치고 선우신을 전운사로 삼았다(徙京東西路, 河決澶淵.……作〈議河書〉上之, 神宗嘉納. 後兩路合爲一, 以侁爲轉運使)"라고 했다.

(12) 斯人(사인): 선우신을 가리킨다.

(13) 德星(덕성): 景星·歲星 등의 별을 덕성이라고 하는데, 나라에 道가 있거나 현인이 나타나면 덕성이 나타났다고 한다. 《史記·天官書》에 "하늘이 맑으면 경성이 나타난다. 경성은 덕성으로 그 형상이 일정하지 않으며 항상 도가 있는 나라에 나타난다(天精而見景星. 景星者, 德星也. 其狀無常, 常出於有道之國)"라고 했고, 白居易의 시 〈旅次華周贈袁右丞〉에 "덕성은 사람들에게 복을 내리고, 제때에 내리는 비는 풍년이 드는 데 도움을 준다(德星降人福, 時雨助歲功)"라는 구절이 있다. 소식은 "선우자준은 복성이다(子駿, 福星也)"라고 한 사마광의 말을 살짝 바꾸어 선우신을 덕성이라고 부른 것이다.

(14) 虛危(허위): 二十八宿 중의 虛宿와 危宿라는 뜻으로 청주·제주 일대를 가리킨다. 《사기·천관서》에 "허수와 위수는 청주이다(虛·危, 青州)"라고 했고, 《漢書·地理志》에 "제지방은 허수와 위수에 상응하는 지역이다(齊地, 虛·危之分野也)"라고 했다.

(15) 召用(소용): 선우신을 중용한 일을 가리킨다. 이 구절은 선우신이 뒤늦게 중용되었는데 불운하게도 중용되고 얼마 안 지나서 곧 세상을 떠났다는 말이다.

(16) 帝閑(제한): 황제의 말을 기르는 마구간.

(17) 二三子(이삼자): 두어 명의 아들. 제목에서 말한 선우신의 두 아들을 가리킨다.

(18) 結髮(결발): 머리를 묶다. 冠禮를 치를 때 상투를 틀거나 쪽을 찌는 것으로, 성인이 되는 것을 가리킨다.

(19) 閔顏(민안): 민씨와 안씨. 孔子의 수제자인 閔損과 顏回을 가리킨다. 이 연은 선우신의 두 아들이 성인이 되면서부터 儒學을 공부했다는 말이다.

(20) 崧山(숭산): 嵩山. 하남성 登封의 북쪽에 있는 산으로 五嶽 가운데 中嶽에 해당한다. 秦觀의 〈鮮于子駿行狀〉에 "영창부 양적현(지금의 하남성 禹州) 대유향 고촌의 평원에 매장했다(葬於潁昌府陽翟縣大儒鄕高村之原)"라고 했는데, 查愼行의 《蘇詩補註》에 "숭산은 양적현 경계 지역에 있는데 그의 아들들이 틀림없이 여기에 거처를 정하고 살았을 것이다(按, 崧山在陽翟縣界, 其諸子必家於此)"라고 했다.

(21) 幽桂(유계): 깊숙한 곳에 있어서 잘 안 보이는 계수나무. 선우신을 가리킨다. 韓愈의 시 〈雪後寄崔二十六丞公〉에 "재능이 많은지 적은지 엄밀히 평가해야 했나니, 계수나무가 잡목과 골풀 속에 버려져 있다고 어찌 생각했으리?(稱多量少鑒裁密, 豈念幽桂遺榛菅?)"라는 구절이 있다.

(22) 坐(좌): ~하기에 이르다.

(23) 故人(고인): 소식 자신을 가리킨다.

(24) 潁尾(영미): 영하의 하류인 영주 지역을 가리킨다.

(25) 淸泠(청령): 연못 이름. 선우신의 무덤이 있는 숭산 기슭의 영창부 양적현을 가리킨다. 《莊子·讓王》에 "순임금이 천하를 자기 친구 북인무택에게 넘겨주려고 하자 북인무택이 '이상하도다 임금님의 사람 됨됨이여!……나는 그를 보는 것이 부끄럽다'라고 하고는 청령의 연못에 자기 몸을 던졌다(舜以天下讓其友北人无擇, 北人无擇曰: '異哉后之爲人也.……吾羞見之.' 因自投淸泠之淵)"라는 말이 있고, 嵇康의 《高士傳》에 "허유는 실의에 빠져 의기소침해 있다가 청령의 물을 만나 자기 귀를 씻고 자기 눈을 닦았다(許由悵然不自得, 乃遇淸泠之水, 洗其耳, 拭其目)"라는 말이 있다. 이 연은 자신이 선우신의 무덤에서 멀지 않은 곳에 있으니 그의 영전에 시를 지어 바치겠다는 말이다.

1249. 次韻趙德麟[1]雪中惜梅且餉柑酒[2]三首

조덕린이 눈 속에서 대화를 안타까워하는 시도 짓고 감귤 술을 보내는 감회를 읊은 시도 지었기에 그 시에 차운하여

其一

千花未分出梅餘,[3][4][5]	온갖 꽃 아직 안 나눠 주고 매화꽃만 피운 뒤에
遣雪摧殘計已疎.[6]	눈에게 매화를 손상케 했지만 계책이 너무 허술했네.
臥聞點滴如秋雨,[7]	누워 있자니 가을비처럼 방울방울 떨어지는 소리 들리니
知是東風爲掃除.[8][9][10]	동풍이 매화를 위해 쓸어 내는 것인 줄 알겠네.

其二

閬苑千葩映玉宸,[11][12][13]	선경에는 온갖 꽃이 옥 궁궐을 비출 텐데
人間只有此花新.[14]	인간 세상엔 오직 이 꽃만 새로 피었네.
飛霙要欲先桃李,[15]	흩날리는 눈꽃이 복숭아꽃 자두꽃보다 앞서려고
散作千林火迫春.[16]	흩어져서 천 개의 숲에 때아닌 봄기운을 짓네.

其三

蹀躞嬌黃不受鞿,[17][18][19]	요리조리 피하며 노란 것이 굴레를 받지 않더니
東風暗與色香歸.[20]	동풍이 넌지시 색깔과 향기가 돌아오게 하였네.

偶逢白墮爭春手,(21)(22) 우연히 유백타의 봄기운 다투는 솜씨를 만나
遣入王孫玉斝飛.(23)(24) 왕손의 옥 술잔에 들어가 날아다니게 하네.

[해설]

조영치가 매화꽃 위에 눈이 내리는 것을 안타까워하는 시도 짓고 감귤 술을 보내는 감회를 읊은 시도 지어서 소식에게 보내자 그 시에 차운한 것이다. 제1수는 눈이 내렸다 녹는 모습을 묘사한 것이고, 제2수는 천지에 오직 매화꽃만 피어 있는 상태에서 수많은 나무에 눈이 내려 그것 역시 하얀 꽃처럼 보이는 아름다운 광경을 묘사한 것이며, 제3수는 감귤 술을 묘사한 것이다.

[주석]

(1) 德麟(덕린): 趙令畤의 字. 〈復次放魚韻答趙承議·陳教授〉(1198) 주 (2) 참조.
(2) 柑酒(감주): 감귤로 빚은 술. 洞庭春色을 가리킨다. 〈洞庭春色幷引〉(1244) 서문 참조.
(3) 千花(천화): 매화 이외의 여러 가지 다른 꽃을 가리킨다.
(4) 分(분): 나누어 주다. 봄의 신이 인간 세상에 봄꽃을 나누어 주는 것을 가리킨다.
(5) 餘(여): ~한 뒤. 이 구절은 봄의 신이 其二에서 말한 '閬苑千葩' 가운데 다른 꽃은 아직 인간 세상에 나누어 주지 않고 매화만 내놓은 상태라는 말이다.
(6) 遣雪摧殘(견설최잔): 눈으로 하여금 훼손하게 하다. 이 구절은 봄이 되는 것을 싫어하는 겨울의 신이 눈을 뿌려서 매화가 손상되게 했지만 제3~4구에 묘사되어 있는 바와 같이 눈이 금방 녹아 버렸기 때문에 계략이 소용없게 되어 버렸다는 말이다.
(7) 點滴(점적): 점을 찍듯이 한 방울씩 떨어지는 것을 가리킨다.
(8) 東風(동풍): 봄바람을 가리킨다.
(9) 爲(위): 위하여. 뒤에 목적어로서 매화를 가리키는 말이 생략되어 있다.
(10) 掃除(소제): 쓸어 내다. 매화꽃에 쌓인 눈을 녹여 없애는 것을 가리킨다.
(11) 閬苑(낭원): 신선의 거처. 仙境.
(12) 葩(파): 꽃.
(13) 玉宸(옥환): 天上의 궁궐.
(14) 人間(인간): 이 세상. 속세.
(15) 飛霙(비영): 흩날리는 눈꽃.
(16) 火迫春(화박춘): 火急하게 촉진한 봄기운. 武則天의 시 〈臘日宣詔幸上苑〉에 "내일 아침에 상림원에서 노닐 것이니, 화급히 봄에게 알릴지어다. 꽃을 꼭 밤새도록 피워야 할 일, 새벽바람 불기를 기다리지 말지어다(明朝遊上苑, 火急報春知. 花須連夜發, 莫待曉風吹)"라고 했다. 이 연은 수없이 많은 숲

속의 나무에 눈이 덮인 모습이 꼭 하얀 꽃이 흐드러지게 핀 봄 풍경 같다는 말이다.

(17) 蹀躞(접섭): 좁은 보폭으로 걷다. 오락가락 배회하다.

(18) 嬌黃(교황): 연노랑. 감귤을 가리킨다.

(19) 鞿(기): 고삐. 굴레. 신체적 속박을 가리킨다. 이 구절은 높은 가지에 달린 감귤이 바람에 자꾸 흔들려서 채에 담아 따지 못했다는 말인 것으로 보인다.

(20) 與(여): 허여하다. 허락하다. 이 구절은 동풍이 불어 감귤이 땅에 떨어짐으로써 그것의 색깔과 향기를 다시 즐길 수 있게 되었다는 말인 것으로 보인다.

(21) 白墮(백타): 《洛陽伽藍記·城西》에 "하동 사람 유백타는 술을 잘 빚었다. 여름 햇볕이 뜨겁게 내리쬐는 6월에 술을 단지에 담아 햇빛에 쬐기를 열흘 동안 하자 그 술이 잠잠해졌다. 그 술을 마셔 보았더니 향기롭고 맛있었는데 그것을 마시고 취하자 한 달이 지나도록 깨지 않았다(河東人劉白墮善能釀酒. 季夏六月, 時暑赫晞, 以甖貯酒, 暴於日中, 經一旬, 其酒不動. 飲之香美, 醉而經月不醒)"라고 했다.

(22) 爭春手(쟁춘수): 누가 봄기운을 더 잘 빚어내는지를 다투는 솜씨. 마시면 봄을 맞은 것처럼 마음이 훈훈해지고 기분이 좋아지는 술을 잘 빚는 솜씨를 가리킨다.

(23) 王孫(왕손): 송나라 태조 趙匡胤의 차남 趙德昭의 현손인 조영치를 가리킨다. 〈獨酌試藥玉滑盞, 有懷諸君子. 明日望夜, 月庭佳景不可失, 作詩招之〉(1216) 주 (14) 참조.

(24) 玉斝(옥가): 옥 술잔. 이 구절은 봄기운을 자아내는 감귤 술이 담긴 술잔이 오간다는 말이다.

1250. 和陳傳道[1]雪中觀燈[2]

눈 속에 등불을 구경한 감회를 읊은 진전도의 시에 화답하여

新年樂事歎何曾,	언제 신년의 즐거운 일이 있었던가 탄식하나니
閉閣燒香一病僧.	누각을 닫고 향을 피우는 병든 스님 꼴이었네.
未忍便傾澆別酒,[3]	이제 곧 이별주를 기울일 것을 참지 못해
且來同看照愁燈.[4]	잠시 와서 근심하는 사람 비추는 등불을 함께 보네.
潁魚躍處新亭近,[5][6][7]	영주의 물고기 뛸 때면 신정이 가까울 테고
湖雪消時畫舫升.[8][9]	호수의 눈이 녹을 때면 오색 배가 뜰 것이네.
祇恐樽前無此客,	술잔 앞에 이 손님이 없는 것이 두려울 뿐
淸詩還有士龍能.[10]	해맑은 시는 그래도 육사룡이 있어 잘 지을 것이네.

[해설]

눈이 내린 뒤에 관등놀이를 하다가 진사도의 형 진사중이 지은 시에 화답한 것으로, 진사중과의 석별의 정을 노래했다.

[주석]

(1) 傳道(전도): 陳師道의 형 陳師仲의 字. 施元之의 《施注蘇詩》에 "진전도는 이름이 사중으로 진이상(진사도)의 형인데 집이 팽성에 있었다. 진이상이 영주에 있기 때문에 진전도가 그를 찾아온 것이다. 얼마 안 있어서 소동파가 유양(지금의 강소성 揚州)으로 태수 자리를 옮기고 진전도도 돌아가게 되

어 마침내 조덕린(趙令畤) 시의 운자에 화답하여 그를 전송했다. 진전도는 이때 관직이 창고 관리인이었다(陳傳道, 名師仲, 履常之兄, 家居彭城. 履常在潁, 傳道來訪. 未幾, 東坡移守維揚, 而傳道亦歸, 遂和趙德麟韻送之. 傳道是時仕爲莞庫)"라고 했다.

(2) 觀燈(관등): 정월 대보름 밤에 여러 가지 꽃등을 달아 놓고 구경하던 옛날 풍속을 말한다. 歐陽修의 詞 〈生查子〉(去年元夜時)에 "지난해의 정월 대보름 밤엔, 꽃등 시장 등불이 대낮 같았네(去年元夜時, 花市燈如晝)"라는 구절이 있다.

(3) 澆別酒(요별주): 이별할 사람에게 따라 주는 술. 이별주. 진사중에게 따라 줄 이별주를 가리킨다.

(4) 照愁燈(조수등): 근심하는 모습을 비추는 등. 진사중과 소식 자신을 비추어 주는 등불을 가리킨다.

(5) 潁(영): 潁州. 지금의 안휘성 阜陽.

(6) 處(처): 때.

(7) 新亭(신정): 진사중이 徐州로 돌아가는 길목에 있는 영주 교외의 정자인 것으로 보인다. 이 구절은 날이 풀려 영주의 물고기가 쿨 위로 뛰어오를 때쯤이면 진사중이 이미 영주를 벗어나 신정께에 가 있겠다는 말이다.

(8) 湖(호): 영주 서호를 가리킨다.

(9) 畫舫(화방): 울긋불긋하게 장식한 유람선. 이 구절은 눈이 녹아 호수의 수위가 높아지면 유람선이 덩그렇게 뜰 것이라는 말이다. 紀昀의 《蘇文忠公詩集》에 "물이 불어나서 배가 높아진다는 말인데 적절하지 않다(意謂水長船高耳, 然不妥)"라고 했다.

(10) 士龍(사룡): 陸機의 동생 陸雲의 字. 王十朋의 《百家註分類東坡先生詩》에 "'사룡'은 진이상을 말한다(士龍, 以言履常也)"라고 했다. 이 연은 함께 술 마실 진사중이 없어서 아쉽겠지만 불행 중 다행으로 시를 잘 짓는 그의 동생 진사도가 있어서 시를 주고받으며 노는 데는 문제가 없을 것이라는 말이다.

1251. 閱世堂[(1)]詩贈任仲微[(2)]

임중미에게 주는 열세당을 읊은 시

任公鎭西南,[(3)(4)]	임공께서 서남쪽을 다스리실 때
嘗贈繞朝策.[(5)]	일찍이 요조의 계책을 드렸나니
當時若盡用,	당시에 그 계책을 다 채택했다면
善陣無赫赫.[(6)(7)]	진을 잘 쳐 혁혁한 공이 없는 꼴이 됐을 것이네.
凄涼十年後,[(8)]	처량하게 십 년이 지나고 나자
邪正久已白.	그릇된 것과 바른 것이 벌써 명백해졌는데
却留封德彝,[(9)]	오히려 봉덕이를 붙잡아 두었으니
天意眇難測.	하늘의 뜻은 아득하여 헤아리기 어렵네.
象賢眞驥種,[(10)]	부친의 현덕을 닮은 진짜 천리마 종자라
號訴甘百謫.[(11)]	백 번의 폄적을 감수하며 읍소했나니
豈云報私仇,	어찌 사적인 원수를 갚은 것이라 하리?
禍福指絡脈.[(12)(13)]	화와 복의 맥락을 따진 것이네.
高才食舊德,[(14)]	높은 재주를 지니고도 옛날 은덕을 먹고살지만
但恐里門窄.[(15)]	마을 문이 좁을까 봐 겁날 뿐일 것인데
傷心千騎歸,[(16)]	가슴 아프게도 천 기를 거느리고 돌아가
贈印黃壤隔.[(17)(18)]	관인을 추증해도 황토 너머에 있겠네.
惟有庭前檜,	오로지 뜰 앞의 노송나무만

閱世不改色.(19) 대대손손 모습을 바꾸지 않고
千年與井在, 천 년 동안 우물과 함께 있어서
記此王粲宅.(20) 사람들이 이 왕찬의 집을 기억하겠네.

[해설]

소식의 동향인인 임급은 채주 신식현령으로 재임할 때 선정을 많이 베푼 덕분에 그곳 백성들의 경애를 듬뿍 받게 되어 열세당이라는 집을 짓고 그곳에 살았다. 이 시는 임급이 생전에 억울한 일을 당한 일과 그의 아들 임대방이 세 차례나 조정에 억울함을 호소한 일 등 열세당에 얽힌 이야기를 읊어서 임대방에게 준 것이다.

[주석]

(1) 閱世堂(열세당): 眉州 眉山(지금의 사천성 미산) 사람인 任伋이 蔡州 新息縣(지금의 하남성 息縣)의 縣令으로 재임할 때 지은 집. 신식은 소식의 임지인 潁州(지금의 안휘성 阜陽)에서 서남쪽으로 약 120㎞ 떨어져 있었다. 施元之의 《施注蘇詩》에 "임사중(임급)이 채주 신식현령이었을 때 베푼 은혜가 홀아비와 과부에게까지 디쳐 고을 사람들이 그를 경애했으므로 마침내 거기에 살게 되었다. 집 앞에 노송나무가 있었는데 싱싱하여 곧은 줄기가 새파랬기 때문에 '閱世'라고 명명했다(師中嘗爲蔡州新息令, 惠給鰥寡, 邑人愛之, 遂居焉. 堂前有檜, 直幹蒼然, 乃以'閱世'名其堂)"라고 했다.

(2) 仲微(중미): 임급의 아들인 任大防의 字. 시원지의 《시주소시》에 "임중미는 이름이 대방이다(任仲微, 名大防)"라고 했다.

(3) 任公(임공): 임급을 가리킨다

(4) 西南(서남): 임급이 知州를 지낸 瀘州(지금의 사천성 노주)를 가리킨다.

(5) 繞朝策(요조책): 요조의 채찍. 요조의 계책. 선견지명이 있는 계책을 가리킨다. 춘추 시대의 晉나라 대부 士會가 秦나라로 망명하자 秦나라에서 그를 등용할까 봐 걱정되므로 魏壽餘를 보내 그를 다시 晉나라로 돌아오도록 회유하게 했다. 사회가 다시 晉나라로 돌아가려고 할 때 秦나라 대부 요조가 눈치채고 그에게 채찍을 하나 주며 "그대는 秦나라에 인물이 없다고 여기지 마시오. 공교롭게도 나의 계책이 채용되지 않았을 뿐이오"라고 했다.(《左傳·文公十三年》 참조)

(6) 善陣(선진): 진을 잘 치다. 《五禮通考·軍禮八》에 "진을 잘 치면 싸우지 않는다(善陣者不戰)"라고 했는데 이에 대한 주에 "군진이 엄정하면 적이 그것을 바라보고는 두려워하여 아무도 감히 싸우려고 하지 않는다(軍陣嚴整, 敵望而畏之, 莫敢與戰)"라고 했다.

(7) 赫赫(혁혁): 뚜렷하고 성대한 모양. 《東都事略·儒學傳》에 "손자가 말하기를 '군사를 잘 부리면 혁혁한 공이 없다'라고 했다(孫子曰: '善用兵者, 無赫赫之功.')"라는 말이 있다. 이 연은 당시에 만약 임급의 계책을 다 채택했더라면 문제가 조용히 잘 해결되었을 것이라는 말이다.

(8) 十年(십년): 임급(1018-1081)이 죽은 이후의 시간을 가리킨다.

(9) 德彝(덕이): 封倫의 字. 임급을 무고한 程之才를 가리킨다. 施元之의 《施注蘇詩》에 "임중미의 부친 임사중은 이름이 급이다. 진소유(秦觀)가 지은 임사중의 묘표에 '원풍(1078-1085) 연간에 공이 노주 지주로 재임하면서 사자의 불법 사실을 기록했는데 사자가 즉시 무고하는 상소문을 올렸다.……집정자가 공이 이미 세상을 떠났기 때문에 사자의 땅으로 간주하자 공의 아들 임대방이 세 번 대궐로 가서 상소문을 올려 억울함을 아뢰었으나 감히 송사의 결과를 바꿀 수가 없어 사자가 결국 죄를 면했다'라고 했다(任仲微父任師中, 名伋. 按秦少游作任師中墓表: '元豐中, 公知瀘州, 錄使者不法事, 而使者卽誣奏.……當途者以公旣沒, 爲使者地, 公之子大防三詣闕上書, 陳寃狀, 獄不敢變, 使者竟免.')"라고 하고, 또 "《국사》에 '원풍 5년(1082) 11월에 재주로전운판관 정지재가 좌천되어 전 노주지주 임급과 다투는지라 상부에 보고했으나 실효를 거두지 못했다'라고 했으니 진소유가 말한 사자는 바로 정지재이다. 시에서 '오히려 봉덕이를 붙잡아 두었으니'라고 한 것은 정지재를 가리킨다(按《國史》, 元豐五年十一月, 梓州路轉運判官程之才衝替, 坐與前知瀘州任伋交訟, 報上不實. 少游所謂使者, 卽之才也. 詩云: '却留封德彝', 意指之才)"라고 했다.

(10) 象賢(상현): 前人의 賢德을 닮다. 부친의 현덕을 이어받은 자식을 칭송하는 말이다.

(11) 號訴(호소): 號哭하며 呼訴하다. 이 구절은 임대방이 대궐로 가서 부친의 억울함을 호소했다는 말이다.

(12) 指(지): '稽'와 통용되어 '따지다'라는 뜻이다.

(13) 絡脈(낙맥): 經脈에서 갈라져 나와 전신의 각 부위로 퍼진 가지.

(14) 舊德(구덕): 조상의 은덕. 《易經·訟卦》의 爻辭에 "옛날 덕택을 누리니 점괘가 사납지만 끝내는 길하다(食舊德, 貞厲, 終吉)"라고 했다.

(15) 里門(이문): 마을로 들어가는 문. 이 연은 임대방이 빼어난 재주를 지니고 있으면서도 아직까지는 부친의 음덕으로 얼마 안 되는 봉록을 받으며 지내고 있지만 앞으로는 마을 문이 비좁게 느껴질 정도로 자손이 번창하고 찾아오는 사람이 많을 것이라는 말이다.

(16) 千騎歸(천기귀): 말을 탄 부하 천 명을 거느리고 돌아가다. 금의환향하는 것을 말한다.

(17) 贈印(증인): 官印을 주다.

(18) 黃壤(황양): 누런 흙. 임급 무덤의 흙을 가리킨다. 이 연은 임대방이 높은 관직에 오름으로써 부친 임급에게 관직이 추증될 텐데 임급이 이미 무덤 속에 있어서 안타깝겠다는 말이다.

(19) 閱世(열세): 여러 세대를 지나다.

(20) 王粲(왕찬): 後漢 말기의 문인으로 字가 仲宣이며 建安七子의 한 사람이다. 여기서는 임급을 가리킨다. 《襄沔記》에 "왕찬의 집은 양양현에서 서쪽으로 20리 되는 곳의 현산 비탈 밑에 있고 집 앞에 우물이 있는데 사람들이 중선정이라고 한다(王粲宅在襄陽縣西二十里峴山坡下, 宅前有井, 人呼爲仲宣井)"라고 했는데, 杜甫의 시 〈一室〉에 "왕찬의 집과 같이, 현산 앞에 우물을 남겨 둬야 하리라(應同王粲宅, 留井峴山前)"라는 구절이 있다. 이 연은 뜰 앞에 싱싱한 노송나무가 있고 그 옆에 우물이 있기 때문에 열세당이 왕찬의 집과 마찬가지로 천 년 동안 기억될 것이라는 말이다.

1252. 新渡寺(1)送任仲微(2)

신도사에서 임중미를 전송하며

春陰欲落雪,	봄철의 음기가 눈을 내리려 하고
野氣方升雲.	들판의 기운이 한창 구름을 피울 때
我游清潁尾,(3)	나는 맑은 영하의 꼬리에서 노닐며
想見翠被君.(4)(5)	비취새 깃털 배자를 걸친 초나라 임금을 생각해 본다.
古來聚散地,(6)	예로부터 사람들이 모이고 흩어지던 이곳에서
與子復言分.	그대와 또 이렇게 이별을 얘기한다.
倦游安稅駕,(7)(8)	나는 떠돌기에 지쳐 수레 세우고 쉬는 게 편안한데
瘦田失歸耘.(9)	척박한 땅에 돌아가 김맬 때를 놓쳤다.
獨宿古寺中,	오래된 절에서 외로이 잠을 자노라니
荒雞亂鳴羣.(10)	황당한 닭이 마구 울어 떼를 이룬다.
送子以曉角,(11)	새벽 뿔피리 소리에 그대를 보내려 했는데
幽幽醒時聞.(12)	아련한 그 소리를 깨어나 있을 때 듣는다.

[해설]

동향인인 임급의 아들 임대방이 영주로 왔다가 돌아갈 때 신도사까지 가서 그를 전송한 감회를 노래한 것이다.

[주석]

(1) 新渡寺(신도사): 절 이름. 〈送歐陽季默赴闕〉(1228) 주 (14) 참조.

(2) 仲微(중미): 任伋의 아들인 任大防의 字. 〈閱世堂詩贈任仲微〉(1251) 주 (2) 참조.

(3) 潁尾(영미): 영하의 하류인 영주 지역을 가리킨다.

(4) 想見(상견): 짐작하여 알다.

(5) 翠被君(취피군): 비취새의 깃털로 만든 褙子(추울 때에 저고리 위에 덧입는, 주머니나 소매가 없는 옷)를 걸친 임금. 사냥을 나갔다가 영하 하류 지역에 군사를 주둔시킨 춘추 시대 초나라의 임금을 가리킨다. 《左傳·昭公十二年》에 "초나라 임금이 주래에서 사냥을 하다가 영하의 하류에 군사를 주둔시킨 후 탕후·반자·사마독·효윤오·능윤희 등에게 군사를 이끌고 가서 서나라를 포위함으로써 오나라를 위협하게 하고, 초나라 임금 자신은 건계에 머물며 그들을 지원했다. 이때 눈이 내리는지라 초나라 임금은 가죽 모자와 진나라에서 보낸 갖옷과 비취새의 깃털로 만든 배자와 표범 가죽으로 만든 신을 착용한 채 손에 채찍을 들고 나갔다(楚子狩于州來, 次于潁尾, 使蕩侯·潘子·司馬督·囂尹午·陵尹喜帥師圍徐以懼吳, 楚子次于乾谿, 以爲之援. 雨雪, 王皮冠, 秦復陶, 翠被, 豹舃, 執鞭以出)"라는 말이 있다.

(6) 聚散地(취산지): 사람들이 모였다 흩어졌다 하는 곳. 杜甫의 시 〈別贊上人〉에 "예로부터 사람들이 모이고 헤어지던 곳에, 어느새 가시나무가 더부룩이 자랐네(古來聚散地, 宿昔長荊棘)"라는 구절이 있다.

(7) 倦游(권유): 관직을 따라 돌아다니기에 지친 것을 가리킨다.

(8) 稅駕(탈가): 수레를 풀다. 수레를 세우다. 관직을 그만두고 전원으로 돌아가 은거하는 것을 가리킨다. '稅'은 '脫'과 같다.

(9) 瘦田(수전): 척박한 땅.

(10) 荒雞(황계): 황당한 닭. 삼경이 되기 전에 앞당겨 우는 닭을 가리킨다. 닭이 실제로 일찍 운 것이 아니라 임대방과 헤어지는 것이 너무 아쉬워서 '저놈의 닭이 왜 벌써 우느냐?' 하고 원망한 말인 것으로 보인다.

(11) 曉角(효각): 새벽을 알리는 뿔피리 소리.

(12) 幽幽(유유): 멀어서 희미한 모양. 이 연은 새벽 뿔피리 소리가 울릴 때 일어나서 작별하기로 했는데 닭 우는 소리에 잠이 깬 뒤로 다시 잠을 이루지 못하고 깨어 있는 상태에서 뿔피리 소리를 들었다는 뜻인 것 같다.

1253. 送運判[1]朱朝奉[2]入蜀[3]

전운판관을 맡고 있는 조봉랑 주씨가 촉지방으로 들어가는 것을 전송하며

靄靄青城雲,[4][5]	뭉게뭉게 솟아나는 청성산의 구름과
娟娟峨嵋月.[6][7]	곱디고운 아미산의 밝은 달이여!
隨我西北來,[8]	나를 따라 서북쪽으로 왔는가 하면
照我光不滅.	나를 비춰 주느라 빛이 사라지지 않았네.
我在塵土中,[9]	내가 먼지와 흙 속에 있을 때에는
白雲呼我歸.	흰 구름이 나를 불러 돌아오라 하였고
我游江湖上,	내가 강과 호수에서 노닐 때에는
明月濕我衣.	밝은 달이 내 옷을 흠뻑 적셔 주었네.
岷峨天一方,[10][11]	민산과 아미산은 하늘 끝에 있지만
雲月在我側.	구름과 달은 항상 내 곁에 있었나니
謂是山中人,	나는 산속 사람이라 말하거니와
相望了不隔.[12]	바라보면 떨어져 있는 느낌이 전혀 안 들었네.
夢尋西南路,[13]	꿈속에 서남쪽으로 가는 길을 찾아서
默數長短亭.[14]	묵묵히 장정과 단정을 헤아리니
似聞嘉陵江,[15]	가릉강의 솟구치는 파도 소리가
跳波吹枕屛.[16]	머리맡의 병풍으로 들려오는 듯했네.
送君無一物,	그대를 보내면서 드릴 선물이 없어

清江飮君馬. 맑은 강물이나 그대의 말에게 먹이나니
路穿慈竹林,[17] 자죽나무 숲을 뚫고 지나가는 길에 서서
父老拜馬下.[18] 어르신들이 그대 말 밑에서 절할 것이네.
不用驚走藏, 깜짝 놀라며 달아나 숨을 필요 없나니
使者我友生.[19] 지금 가는 이 사자는 나의 벗으로
聽訟如家人,[20] 가족을 대하듯이 송사를 처리하고
細說爲汝評. 상세한 말로 그대들에게 논평해 줄 것이네.
若逢山中友, 만약에 산속의 내 벗들을 만났을 때
問我歸何日. 내가 언제 돌아오나 물어보거든
爲話腰脚輕,[21] 허리와 다리가 가벼운지라
猶堪踏泉石.[22][23] 아직은 샘과 바위를 밟을 수 있다 말해 주길.

[해설]

전운판관의 직책을 맡고 있는 주경이 업무 수행을 위해 촉지방으로 들어가게 되었을 때 그를 전송한 일을 계기로 고향에 대한 진한 향수를 토로하고 아울러 백성들을 대하는 주경의 자상한 인품을 칭송했다.

[주석]

(1) 運判(운판): 轉運判官의 약칭.
(2) 朱朝奉(주조봉): 품계가 朝奉郎인 주씨. 施元之의 《施注蘇詩》에 "건안본에는 〈送朱世昌使蜀〉이라고 했다(建安本云〈送朱世昌使蜀〉)"라고 한 것을 통하여 朱京(字 世昌)을 가리킨다는 사실을 알 수 있다.
(3) 蜀(촉): 지금의 사천성 일대.
(4) 靄靄(애애): 구름이 많이 끼어 있는 모양.
(5) 青城(청성): 청성산. 成都 서북쪽의 都江偃市 서남쪽에 있는 산으로 도교의 명승지이다.
(6) 娟娟(연연): 밝고 아름다운 모양.
(7) 峨嵋(아미): 峨眉山. 성도 서남쪽의 아미산시 서남쪽에 있는 산으로 불교의 명승지이다. 李白의 시 〈峨眉山月歌〉에 "아미산의 달님이 반쯤 둥근 이 가을, 달그림자가 평강강의 물에 들어가 흐른다(峨眉山月半輪秋, 影入平羌江水流)"라는 구절이 있다.
(8) 西北來(서북래): 가우 원년(1056)에 소식이 開封府試에 응시하기 위해 북송 영토의 서북부를 거쳐

육로를 통해 개봉으로 들어간 일을 가리키는 것으로 보인다.

(9) 塵土(진토): 먼지와 흙. 속세를 가리킨다.

(10) 岷峨(민아): 민산과 아미산. 여기서는 민산의 남부에 있는 청성산과 아미산을 가리킨다.

(11) 天一方(천일방): 하늘의 한쪽 끝. 天涯.

(12) 了(요): 전혀. 조금도.

(13) 西南路(서남로): 자신의 고향으로 가는 길을 가리킨다.

(14) 長短亭(장단정): 장정과 단정. 길 가는 사람들이 쉬어 갈 수 있도록 큰길가에 지어 놓은 정자. 《白孔六帖·館驛》에 "10리마다 장정이 하나씩 있고 5리마다 단정이 하나씩 있다(十里一長亭, 五里一短亭)"라고 했다.

(15) 嘉陵江(가릉강): 사천성을 북쪽에서 남쪽으로 관통하여 重慶에서 長江과 합류하는 강.

(16) 枕屛(침병): 머리맡에 치는 작은 병풍. 머릿병풍.

(17) 慈竹(자죽): 대나무 이름. 成都의 平原에 많이 나는 대나무로 義竹·慈孝竹·子母竹이라고도 한다. 새로 난 것과 묵은 것이 서로 바짝 붙어 있고 큰 것과 작은 것이 서로 기대 있는 모습이 노소가 서로 의지하는 것 같기 때문에 이런 이름이 생겼다.

(18) 父老(부로): 연로한 사람에 대한 존칭. 어르신. 주경이 부임해 갈 촉지방의 노인들을 가리킨다.

(19) 友生(우생): 친구. 《詩經·小雅·常棣》에 "형제가 있다 해도, 벗만 못하네(雖有兄弟, 不如友生)"라는 구절이 있다.

(20) 聽訟(청송): 訟事를 듣고 처리하다. 재판하는 것을 가리킨다. 《舊唐書·陽城傳》에 "도주에 있을 때 가족을 대하는 방법으로 아전들을 대하여 벌을 주어야 할 사람에게는 벌을 주고 상을 주어야 할 사람에게는 상을 주었다(在道州, 以家人法待吏人, 宜罰者罰之, 宜賞者賞之)"라고 했다. 이 구절은 주경이 재판을 공정하되 무섭지 않게 할 것이라는 말이다.

(21) 爲(위): ~을 위해. ~에게. 뒤에 목적어로서 '我' 또는 '山中友'를 가리키는 말이 생략되어 있다.

(22) 堪(감): ~할 수 있다.

(23) 泉石(천석): 샘과 바위. 산수를 가리킨다. 이 연은 자신의 은퇴가 늦어지기는 했지만 그래도 아직까지 친구들과 함께 산수 자연을 찾아다니며 놀 수 있다는 말이다.

1254. 病中夜讀朱博士[1]詩

병중의 어느 날 밤에 주 박사의 시를 읽고

病眼亂燈火,	병든 눈에 등불이 어른어른하는지라
細書數塵沙.[2]	잔글씨를 먼지 속에 세는 것 같았는데
君詩如秋露,	그대의 맑은 시는 가을 이슬과 같아
淨我空中花.[3]	내 눈에 핀 허공의 꽃을 씻어 주었네.
古語多妙寄,[4]	예스러운 말에 묘하게 깃든 뜻이 많아서
可識不可誇.	속으로 알 뿐 남에게 자랑할 수 없나니
巧笑在瓶頰,[5]	아리따운 웃음이 옥 같은 뺨에 있고
哀音餘摻撾.[6][7]	구슬픈 가락이 〈어양참과〉를 능가하네.
曾坑一掬春,[8]	증갱에 어린 봄빛 한 움큼이면
紫餅供千家.[9]	보라색 떡차를 천 집에 댈 수 있지만
懸知貴公子,[10]	추측컨대 귀공자들의 취한 눈에는
醉眼無眞茶.	참으로 좋은 차가 없을 것이네.
崎嶇爛石上,[11][12]	울퉁불퉁 험악한 돌 부스러기 위에서
得此一寸芽.[13]	한 치짜리 이 차 싹을 얻게 됐으니
緘封勿浪出,[14]	봉해 놓고 함부로 내놓지 말 일
湯老客未嘉.[15]	그리고 물이 쇠면 손님이 안 좋아한다네.

[해설]

주발의 시를 읽고 그 감회를 서술한 것으로, 깃든 뜻과 정취가 많아 함축미가 넘치는 주발의 시를 오래도록 맛이 우러나는 좋은 차에 비유하여 극구 칭송하고 그 시의 진가를 알 만한 사람에게만 보여 주되 그 경우에도 장황하게 설명하지는 않겠다는 의지를 천명했다.

[주석]

(1) 朱博士(주박사): 朱勃을 가리킨다. 査愼行의 《蘇詩補註》에 "주박사는 바로 주손지(주발)이다(朱博士, 卽朱遜之)"라고 했다. 〈贈朱遜之幷引〉(1205) 주 (1) 참조.

(2) 細書(세서): 작은 글씨.

(3) 空中花(공중화): 눈이 침침하여 물체가 마치 허공에 꽃이 떠 있는 것처럼 흐릿하게 보이는 증상. 眼花. 이 연은 주발이 시를 반듯한 필체로 또박또박 써서 눈이 피로한 줄 모르고 읽을 수 있었다는 말일 수도 있고, 시의 내용이 매우 淸雅해서 눈이 침침하다는 사실을 잊고 흥미롭게 읽을 수 있었다는 말일 수도 있다.

(4) 妙寄(묘기): 교묘한 寄託. 시어 속에 교묘하게 깃들어 있는 뜻이나 정취를 가리킨다. 이 연은 주발의 시를 읽으면 스스로 훌륭한 점을 감지할 수는 있지만 그것을 남에게 자랑하듯 말해 주기는 어려울 정도로, 주발의 시에 오묘한 면이 많이 있다는 말이다.

(5) 瓶頰(병협): 옥 같은 뺨. 홍조를 띠어 빛나는 미인의 뺨을 가리킨다.

(6) 餘(여): 넘치다. 초과하다.

(7) 摻撾(참과): 鼓曲 〈漁陽摻撾〉를 가리킨다. 《世說新語·言語》에 "예형은 위나라 무제에 의해 북 치는 관리로 강등되어 정월 중순에 북을 쳐 보았다. 예형이 북채를 들고 〈어양참과〉를 연주하자 동동 하고 금석 소리를 내는지라 좌중에 있던 사람들이 이로 인해 모두 안색을 바꾸었다(禰衡被魏武謫爲鼓吏, 正月半, 試鼓. 衡揚枹爲〈漁陽摻撾〉, 淵淵有金石聲, 四坐爲之改容)"라는 말이 있는데 이에 대한 劉孝標의 주에 "《전략》에 '……예형이 북을 쳐서 〈어양참과〉를 연주하자……북소리가 매우 구슬프고 음률이 아주 오묘한지라 좌객들이 다들 격앙되어 틀림없이 예형이 연주했을 것이라고 짐작했다'라는 말이 있다(《典略》曰: '……衡擊鼓爲〈漁陽摻撾〉……鼓聲甚悲, 音節殊妙, 坐客莫不忼慨, 知必衡也.')"라고 했다. 이 연은 주발의 시가 웃음 짓는 미인처럼 아름답고 구슬픈 음악처럼 비감을 자아낸다는 말이다.

(8) 曾坑(증갱): 지명. 송나라 때 建州 建安縣(지금의 복건성 建甌)에 있던 유명한 차 생산지인 北苑 중의 蘇氏園 안에 있었다. 거기서 생산된 차의 이름이기도 했다. 《東溪試茶錄》에 "불령 동남쪽이 증갱인바 지금 북원에 속한다. 거기서 나는 차는 단맛이 적고 쓴맛이 많으며 색깔도 매우 혼탁하다(佛嶺東南曰曾坑, 今屬北苑. 茶少甘而多苦, 色亦重濁)"라고 했고, 《避暑錄話》에 "북원 차를 정규적으로 생산하는 곳은 증갱인데 이것을 정배라고 하고, 증갱이 아닌 생산지는 사계인데 이것을 외배라고 한다. 두 지역은 거리가 멀지 않지만 차의 종류는 현격하게 다르다. 사계는 색깔이 증갱보다 희지만 맛

이 깊지 않고 약간 떫어서 차를 아는 사람이 한 번 마셔 보면 경수와 위수처럼 분명하게 구별된다(北苑茶正所産爲曾坑, 謂之正焙; 非曾坑爲沙溪, 謂之外焙. 二地相去不遠而茶種懸絶. 沙溪色白, 過於曾坑, 但味短而微澀, 識茶者一啜, 如別涇渭也)"라고 한 것을 보면, 증갱에서 나는 차는 색깔이 칙칙한 대신 맛이 매우 깊었음을 알 수 있다.

(9) 紫餠(자병): 보라색 餠茶. 보라색 떡차. 찻잎을 압착하여 떡 모양으로 만든 뒤 표면에 진귀한 기름을 발라 보라색이 나게 한 것. 이 연은 증갱에서 나는 차가 수없이 많이 우려먹을 수 있을 정도로 맛이 깊다는 말이다.

(10) 懸知(현지): 추측하여 알다. 이 연은 취중의 귀공자들이 맛은 깊지만 색깔은 칙칙한 증갱 차의 진가를 알지 못할 것이라는 말이다.

(11) 崎嶇(기구): 지세가 울퉁불퉁하여 험악하다.

(12) 爛石(난석): 돌 부스러기. 《茶經·茶之源》에 "상품은 돌 부스러기에서 나고 중품은 자갈땅에서 나고 하품은 황토에서 난다(上者生爛石, 中者生櫟壤, 下者生黃土)"라고 했다.

(13) 一寸芽(일촌아): 한 치 크기의 어린 찻잎. 어린 찻잎으로 만든 것일수록 품질이 좋은 차이다. 주발의 좋은 시를 가리킨다.

(14) 緘封(함봉): 봉함하다. 봉하다.

(15) 湯老(탕로): 탕수가 쇠다. 찻물을 너무 오래 끓임으로써 물속에 함유되어 있던 여러 가지 성분이 날아가 버려 맛이 없어지는 것을 가리킨다. 이 연은 소식 자신에게 당부한 말로, 주발 시의 진가를 알 만한 사람이 아니면 보여 주지 말고 보여 주는 경우에도 장황설을 늘어놓지 말라는 뜻이다.

1255. 趙德麟[1]餞飲湖上舟中對月

조덕린이 호수 위에서 전별연을 벌여 주기에 배 안에서 달을 보며

老守惜春意,[2]	봄 가는 게 아쉬운 늙은 태수의 마음
主人留客情.[3]	손님을 붙잡고픈 주인의 심정.
官餘閑日月,	공무가 끝난 뒤의 한가한 시간
湖上好清明.[4]	호수 위에서 쇠는 멋진 청명절.
新火發茶乳,[5][6]	새로이 피운 불이 차 거품을 일으키고
溫風散粥餳.[7]	따스한 바람이 단 죽을 일그러지게 했네.
酒闌紅杏闇,	살구꽃이 자욱한 데서 술자리가 파해 갈 때
日落大隄平.	큰 제방 평평한 곳에 석양이 졌네.
清夜除燈坐,	맑은 밤에 등불을 켜지 않고 앉아서
孤舟擘岸撐.[8][9]	외로운 배를 호수 안으로 밀어 넣었네.
逮君幘未墮,[10][11]	그대의 두건이 떨어지지 않았을 때
對此月猶橫.	아직 하늘을 가로지르고 있는 이 달을 보네.

[해설]

소식이 양주지주에 임명되어 영주를 떠나게 되었을 때 조영치가 영주 서호에 배를 띄우고 전별연을 벌여 주었다. 이 시는 이때의 감회를 노래한 것이다.

[주석]

(1) 德麟(덕린): 趙令畤의 字. 〈復次放魚韻答趙承議·陳敎授〉(1198) 주 (2) 참조.

(2) 老守(노수): 늙은 태수. 소식 자신을 가리킨다.

(3) 主人(주인): 전별연을 벌여 준 조영치를 가리킨다.

(4) 淸明(청명): 청명절. 24절기의 하나로 양력 4월 5일경에 든다.

(5) 新火(신화): 청명절 1～2일 전이 한식인데 옛날에는 한식이 되면 불씨를 껐다가 한식이 지난 뒤에 다시 나무에 구멍을 뚫은 뒤 나무 막대기를 넣고 비벼서 새 불을 피운바, 이것을 신화라고 했다.

(6) 茶乳(다유): 차를 끓일 때 표면에 생기는 하얀 거품을 가리킨다.

(7) 粥餳(죽당): 단 죽. 엿을 넣어서 달게 만든 죽. 옛날에는 한식날 이 죽을 먹는 풍습이 있었으니 이것을 한식죽이라고 했다. 이 구절은 평평하던 죽의 표면이 바람에 일그러지는 것을 가리키는 것으로 보인다.

(8) 擘岸(벽안): 언덕에서 떨어지다. 소식의 시 〈與秦太虛·參寥會於松江, 而關彦長·徐安中適至, 分韻得風字二首〉(0629) 其二에 "평소에 잠이 충분한데 강에 가득 비마저 내리고, 온종일 배가 뒹굴더니 급기야 거센 바람이 부네(平生睡足連江雨, 盡日舟橫擘岸風)"라는 구절이 있는데, 王十朋의 《百家註分類東坡先生詩》에 "남중 지역에서는 바람이 불어서 배가 언덕에 부딪치는 것을 '엄안'이라고 하고 바람이 불어서 배가 언덕에서 멀어지는 것을 '개안'이라고 한다. '벽안'은 바로 '개안'이라는 뜻이다(南中, 風吹舟拍岸, 謂之'罨岸'; 風吹舟離岸, 謂之'開岸'. '擘岸'乃'開岸'之義也)"라고 했다.

(9) 撐(탱): 상앗대로 배를 밀다. 이 연은 달이 잘 보이게 하기 위해 등불도 켜지 않은 채 상앗대로 배를 밀어 호숫가에서 안으로 들어간다는 말이다.

(10) 逮(체): ～할 때에 맞추어.

(11) 幘(책): 두건. 모자. 이 연은 술이 덜 취했을 때 달을 구경한다는 말이다.

1256. 和趙德麟[(1)]送陳傳道[(2)]

진전도를 전송하며 지은 조덕린의 시에 화답하여

二陳旣妙士,[(3)(4)]	진씨 형제 두 사람이 빼어난 인물인 데다
兩歐惟德人.[(5)(6)]	구양씨 형제 두 사람도 덕망 높은 사람이네.
王孫乃龍種,[(7)(8)]	그리고 왕손은 바로 용의 후예이시니
世有籋雲麟.[(9)]	속세에 구름 위의 기린이 있는 셈이네.
五君從我游,[(10)]	다섯 사람이 나를 따라 함께 노닐며
傾寫出怪珍.[(11)(12)]	기이하고 진귀한 걸 쏟아 내었네.
俗物敗人意,[(13)]	속물은 사람의 마음을 잡치는데
玆游實淸醇.[(14)(15)]	이번 유람은 실로 깨끗하고 순수했네.
那知有聚散,[(16)]	그런데 어찌 알았으리 헤어질 때가 있어
佳夢失欠伸.[(17)(18)]	하품 한 번에 단꿈이 사라질 줄을?
我舟下淸淮,[(19)]	나의 배가 물 맑은 회하로 내려가면
沙水吹玉塵.[(20)(21)]	모래와 물에 온통 옥 먼지가 흩날리리.
君行踏曉月,[(22)]	새벽 달빛 밟으며 그대가 떠나가면
踈木挂寸銀.[(23)]	앙상한 나무에 한 치짜리 은 갈고리가 걸리리.
尙寄別後詩,	이별한 뒤에 지은 시도 부칠 터인데
剪刻淮南春.[(24)(25)]	회남 땅의 봄빛을 새겨 보내리.

[해설]

동생을 만나기 위해 영주로 왔다가 다시 서주로 떠나가는 진사중을 전송하는 자리에서 조영치가 지은 시에 화답하는 형식으로 즐거웠던 자신의 영주 생활을 전반적으로 되돌아보고 진사중과의 이별을 아쉬워했다.

[주석]

(1) 德麟(덕린): 趙令畤의 字. 〈復次放魚韻答趙承議·陳教授〉(1198) 주 (2) 참조.
(2) 傳道(전도): 陳師道의 형 陳師仲의 字. 〈和陳傳道雪中觀燈〉(1250) 주 (1) 참조.
(3) 二陳(이진): 진사중과 그의 동생 진사도를 가리킨다.
(4) 妙士(묘사): 재주와 덕망이 빼어난 사람.
(5) 兩歐(양구): 歐陽修의 셋째 아들 歐陽棐와 넷째 아들 歐陽辯을 가리킨다. 〈復次韻謝趙景貺·陳履常見和, 兼簡歐陽叔弼兄弟〉(1200) 주 (5) 참조.
(6) 惟(유): 이다.
(7) 王孫(왕손): 송나라 태조 趙匡胤의 차남 趙德昭의 현손인 조영치를 가리킨다. 〈獨酌試藥玉滑盞, 有懷諸君子. 明日望夜, 月庭佳景不可失, 作詩招之〉(1216) 주 (14) 참조.
(8) 龍種(용종): 용의 후예. 제왕의 후손을 가리킨다.
(9) 躡雲麟(섭운린): 구름을 밟고 있는 기린. 천상의 기린이라는 뜻이다. 〈趙景貺以詩求東齋榜銘, 昨日聞都下寄酒來, 戲和其韻, 求分一壺作潤筆也〉(1243)에서 소식은 조영치를 '天麒麟'이라고 했다.
(10) 五君(오군): 조영치·진사중·진사도·구양비·구양변 등의 다섯 사람을 가리킨다. 顔延之가 〈五君詠〉에서 阮籍·嵇康·劉伶·阮咸·向秀 등 竹林七賢 가운데 나중에 높은 관직에 오른 山濤와 王戎을 제외한 다섯 사람을 '오군'이라고 한 표현을 차용함으로써 이들에게 관직에 연연하지 않고 강호에서 유유자적하는 사람이라는 의미를 부여했다. 王文誥의 《蘇軾詩集》에 "'다섯 사람'이라고 말한 것은 영주에 있을 때의 일을 통틀어 계산한 것이다. 공이 영주를 떠날 무렵에는 진씨 두 명과 조씨 한 명만 있었다(言'五君', 乃統計在潁事. 公瀕行, 僅有二陳一趙在)"라고 했다.
(11) 傾寫(경사): 그릇을 기울여 안에 들어 있는 것을 쏟아 낸다는 뜻으로 가슴속의 감정과 생각을 토로하는 것을 가리킨다.
(12) 怪珍(괴진): 기이하고 진귀한 것. 멋진 시를 가리키는 것으로 보인다.
(13) 俗物(속물): 속된 물건이나 사람. 《世說新語·排調》에 "혜씨·완씨·산씨·유씨가 대밭에서 거나하게 마시고 있는데 왕융이 뒤늦게 왔다. 완보병(완적)이 '속물이 또 와서 남의 기분을 잡치는군'이라고 하자 왕융이 웃으면서 '그대들의 기분도 잡칠 수 있는가?'라고 했다(嵇·阮·山·劉在竹林酣飮, 王戎後往. 步兵曰: '俗物已復來敗人意.' 王笑曰: '卿輩意亦復可敗邪?')"라는 일화가 있다.
(14) 茲游(자유): 이번 유람. 영주에서 지낸 일을 가리킨다. 소식은 海南島 儋州에서의 유배 생활을 무사히 마치고 瓊州海峽을 건너 육지로 돌아가면서 지은 시 〈六月二十日夜渡海〉(1570)에서도 "남방 황

무지에서 구사일생했어도 한탄하지 않나니, 이번 유람이 내 평생에 가장 멋진 것이라네(九死南荒吾不恨, 茲游奇絶冠平生)"라고 하여 담주에서의 유배 생활을 유람이라고 했다.

(15) 清醇(청순): 清純하다. 깨끗하고 순수하다. 이 연은 친구 다섯 명이 다 높은 관직 따위의 세속적인 가치에 연연하지 않고 초연했기 때문에 자신의 영주 생활에 담담한 즐거움이 많았다는 말이다.

(16) 有聚散(유취산): 만남과 헤어짐이 있다. 만남이 있으면 헤어짐이 있다는 말이다.

(17) 佳夢(가몽): 아름다운 꿈. 영주에서 지낸 즐거웠던 시간을 가리킨다.

(18) 欠伸(흠신): 하품하다. 盧生이 邯鄲의 길을 가다가 여관에서 도사 呂翁을 만나 뜻을 이루지 못한 자신의 신세를 한탄했더니 여옹이 그에게 베개를 하나 주었다. 노생이 그것을 베고 잠이 들었는데 꿈속에 벼슬이 재상에 이르러 온갖 부귀영화를 다 누렸다. 그러다가 하품을 하며 잠이 깨니 여관 주인이 짓고 있던 기장밥이 아직 익지도 않았다.(沈既濟, 〈枕中記〉 참조)

(19) 淮(회): 회하. 潁州(지금의 안휘성 阜陽) 남쪽에서 潁河와 합류한다.

(20) 沙水(사수): 모래와 물. 杜甫의 시 〈送覃二判官〉에 "그대 배가 사라지면 나는 넋이 나가고, 추운 날에 모래와 물은 맑으리(魂斷航舸失, 天寒沙水清)"라는 구절이 있다.

(21) 玉塵(옥진): 옥 먼지. 하얀 꽃잎을 가리킨다. 張籍의 시 〈同嚴給事聞唐昌觀玉蕊近有仙過因成絶句〉에 "천 가지의 꽃에서 옥 먼지가 나는 모습, 서왕모의 궁중에서도 보기 드물리(千枝花裏玉塵飛, 阿母宮中見亦稀)"라는 구절이 있다.

(22) 君行(군행): 진사중이 徐州로 가는 것을 가리킨다.

(23) 寸銀(촌은): 한 치짜리 은갈고리. 아주 작은 초승달을 가리킨다.

(24) 剪刻(전각): 아로새기다. 묘사하다.

(25) 淮南(회남): 회하 남쪽 지역. 소식이 부임해 가는 揚州를 가리킨다. 이 연은 소식 자신이 앞으로도 계속 시를 지어 보내겠다고 말함으로써 석별의 정을 표시한 것이다.

卷35

古今體詩五十首

고체시 및 근체시 50수

권35에는 용도각학사충회남동로병마검할지양주군주사(龍圖閣學士充淮南東路兵馬鈐轄知揚州軍州事)에 임명되어 영주를 떠나 양주로 부임해 가는 도중이던 원우 7년(1092) 3월부터 용도각학사수병부상서차충남교노부사(龍圖閣學士守兵部尙書差充南郊鹵簿使)에 임명되어 도성으로 들어가는 도중이던 그해 9월까지의 시 50수가 수록되어 있다.

蘇軾

1257. 上巳日(1), 與二子迨(2)·過(3)遊塗山(4)·荊山(5), 記所見

상사일에 두 아들 태·과와 함께 도산·형산에서 노닐고 본 바를 기록한다

此生終安歸,	이내 인생 마침내 어디로 갈까?
還軫天下半.(6)	천하를 절반이나 돌아다녔다.
朅來乘樏廟,(7)(8)	산악 가마 탄 분의 사당에 와서
復作微禹歎.(9)(10)	'우임금이 없었다면' 하는 찬탄을 다시 한다.
從祀及彼呱,(11)(12)	배향하는 사람 중에 으앙으앙 울던 그 아이도 있고
像設偶此粲.(13)(14)	화상을 걸어서 이 빛나는 사람도 짝지었다.
秦祖當侑坐,(15)(16)	진나라 조상도 당연히 우임금을 모시고 있고
夏郊亦薦祼.(17)(18)	하나라 교사 때 배향된 분에게도 제사 지낸다.
可憐淮海人,(19)(20)	사랑스러운 회하와 바다 사이의 사람들
尙記弧矢旦.(21)	아직도 우임금의 생일을 기억한다.
荊山碧相照,	형산이 푸르름을 서로 비추는
楚水淸可亂.(22)(23)	초수는 맑아서 건널 만하다.
刖人有餘坑,(24)(25)	두 발 잘린 사람이 남긴 갱이 있는데
美石肖溫瓚.(26)	고운 돌이 따스한 옥을 닮았다.
龜泉木杪出,(27)	귀천이 나무 우듬지 위에서 솟아 나와
牛乳石池漫.(28)	우유가 돌 연못에 흘러넘친다.
小兒强好古,(29)	아이들은 옛것을 좋아하려 애쓰고

侍史笑流汗.(30)　　　시사는 웃으며 땀을 흘린다.
歸時蝙蝠飛,(31)　　　돌아갈 때에는 박쥐가 날아다니는데
炬火記遠岸.(32)(33)　　　횃불을 켜 놓고 외진 언덕에서 기록한다.

[해설]

영주에서 양주로 옮겨 가는 도중이던 원우 7년(1092) 3월 3일 상사절에 소태·소과 두 아들을 데리고 도산과 형산에 가서 노닌 감회를 노래한 것이다.

[주석]

(1) 上巳日(상사일): 上巳節. 삼짇날. 漢나라 이전에는 음력 3월의 첫 번째 巳日을 상사일이라고 했으나 魏晉 이후로는 巳日 여부와 관계없이 3월 3일을 상사일이라고 했다. 액운을 떨쳐 버리기 위해 이날 물가에 나가 禊祭祀를 지내고 曲水流觴을 즐기는 풍속이 있었다. 곡수유상 중에서 東晉 영화 9년(353)에 王羲之 등의 명사 42명이 會稽 山陰(지금의 절강성 紹興)의 蘭亭에서 거행한 것이 가장 유명하다.

(2) 迨(태): 소식의 둘째 아들.

(3) 過(과): 소식의 셋째 아들.

(4) 塗山(도산): 안휘성 懷遠縣 남쪽의 淮河 남쪽 언덕에 있는 산으로 회하를 사이에 두고 荊山과 마주 보고 있으며 일명 當塗山이라고도 한다.(魏嵩山 主編, 《中國歷史地名大辭典》, 廣東教育出版社, 1995년 제1판, 960쪽 참조) 우임금의 왕비가 살던 곳이다.

(5) 荊山(형산): 안휘성 회원현 서남쪽의 회하 북쪽 언덕에 있는 산.(위숭산 주편, 《중국역사지명대사전》, 757쪽 참조)

(6) 還軫(환진): 수레를 빙빙 돌리다. 수레를 타고 여기저기 돌아다니는 것을 가리킨다.

(7) 朅來(걸래): 오고 가다. 가는 것을 가리키는 경우도 있고 오는 것을 가리키는 경우도 있는데 여기서는 오는 것을 가리킨다.

(8) 乘欙廟(승류묘): 등산용 가마를 탄 사람의 사당. 禹임금의 사당을 가리킨다. 《書經·虞書·益稷》에 "우가 말하기를 '……저는 네 가지의 탈것을 탔습니다'라고 했다(禹曰: '……予乘四載.')"라는 말이 있는데 이에 대한 孔安國의 傳에 "탄 것이 네 가지라는 것은 물에서는 배를 타고, 육지에서는 수레를 타고, 진흙에서는 진흙 썰매를 타고, 산에서는 등산용 가마를 탄 것을 말한다(所載者四, 謂水乘舟, 陸乘車, 泥乘輴, 山乘欙)"라고 했다.

(9) 復(부): 다시. 소식의 자주에 "옛날에 황하 하류에 있는 開封(지금의 하남성 개봉)에서 항주(지금의 절강성 항주)로 갈 때에도 이곳에 들렀는데 대략 22년이 되었다(昔日自南河赴杭州過此, 蓋二十二年矣)"라고 한 바와 같이, 杭州通判으로 부임해 가는 도중이던 희령 4년(1071)에도 이곳에 들른 적이

있기 때문에 '다시'라고 했다.

(10) 微(미): 없다. 《左傳·昭公元年》에 "주나라 천자가 유정공을 보내 영하에서 조맹을 위로하게 하는지라 두 사람이 함께 낙예의 여관에 투숙했다. 유정공이 '훌륭하도다 우임금의 공이여! 밝은 덕이 멀리까지 미치도다. 우임금이 없었다면 우리는 아마도 고기밥이 되었으리라!……'라고 했다(天王使劉定公勞趙孟於潁, 館於雒汭. 劉子曰: '美哉禹功! 明德遠矣. 微禹, 吾其魚乎!……')"라는 말이 있다. 이 연은 우임금이 治水를 잘해 준 덕분에 자신과 같은 후손들이 잘살고 있다는 말이다.

(11) 從祀(종사): 配享하다. 곁들여서 함께 제사 지내다.

(12) 彼呱(피고): 으앙으앙 울던 그 아이. 우임금의 아들 啓를 가리킨다. 《서경·우서·익직》에 "우가 말하기를 '……저는 이런 것을 훈계로 삼아 도산으로 장가갔으나 辛日·壬日·癸日·甲日의 4일밖에 집에 있지 못했으며 아들 계가 으앙으앙 울어도 저는 아들로서 귀여워하지 못하고 오직 흙을 쌓아 치수하는 데에만 힘썼습니다'라고 했다(禹曰: '……予創若時, 娶于塗山, 辛壬癸甲, 啓呱呱而泣, 予弗子, 惟荒度土功.')"라는 말이 있다. 소식의 자주에 "계의 사당이 있다(有啓廟)"라고 했다.

(13) 像設(상설): 형상이 마련되다. 죽은 사람의 초상화나 조각상을 설치하는 것을 말한다. 《楚辭·招魂》에 "그대 방에 그대 형상 마련했으니, 조용하고 느긋하게 편히 쉬소서(像設君室, 靜閒安些)"라는 말이 있는데 이에 대한 朱熹의 集註에 "형상이란, 아마도 초나라 풍속에 사람이 죽으면 방에 그의 형상을 마련해 놓고 제사를 지냈는데 그것을 가리키는 것 같다(像, 蓋楚俗, 人死則設其形貌於室而祠之也)"라고 했다.

(14) 此粲(차찬): 이 빛나는 사람. "오늘 저녁은 무슨 좋은 저녁이기에, 이 고운 우리 임을 만나게 됐나? (今夕何夕, 見此粲者?)"라는 《詩經·唐風·綢繆》의 구절에서 비롯되어 '此粲'은 미인을 가리킨다. 소식의 자주에 "도산씨(우임금의 왕비)를 말한다(謂塗山氏)"라고 했으므로 여기서는 우임금의 왕비를 가리킨다.

(15) 秦祖(진조): 진나라 조상. 소식의 자주에 "백예를 말한다(謂柏翳)"라고 했다. 《史記·秦本紀》에 "진나라의 조상은 전욱씨의 후예인 여수를 말한다. 여수가 베를 짜고 있을 때 제비가 알을 떨어뜨리는지라 여수가 그것을 삼킨 뒤에 아들 대업을 낳았다. 대업이 소전의 딸을 아내로 맞이했으니 이름을 여화라고 했다. 여화가 대비를 낳았는데 대비는 우와 함께 물과 흙을 다스렸다. 치수가 성사되자 순임금이 우에게 검은 옥으로 만든 홀을 하사했다. 그러자 우가 받으면서 '제가 혼자서 성사시킬 수 있었던 것이 아니라 역시 대비가 도와주었기 때문입니다'라고 했다. 순임금이 '아! 그대 대비여! 우의 일을 도와 성공하게 했으니 깃발에 다는 검은색 띠를 하사하노라. 그대의 후손이 크게 번창할 것이다'라고 했다. 이리하여 그에게 성이 요씨인 고운 여자를 아내로 맞이하게 했다. 대비가 절하며 받고 나서 순임금을 도와 새와 짐승을 길들였는데 새와 짐승이 대부분 길이 잘 들었으니 이 사람이 바로 백예(대비의 다른 이름)이다. 순임금이 그에게 영씨라는 성을 하사했다(秦之先, 帝顓頊之苗裔孫曰女修. 女修織, 玄鳥隕卵, 女修呑之, 生子大業. 大業取少典之子, 曰女華. 女華生大費, 與禹平水土. 已成, 帝錫玄圭. 禹受曰: '非予能成, 亦大費爲輔.' 帝舜曰: '咨爾費, 贊禹功, 其賜爾皁游. 爾後嗣將大出.' 乃妻之姚姓之玉女. 大費拜受, 佐舜調馴鳥獸, 鳥獸多馴服, 是爲柏翳. 舜賜姓嬴氏)"라는 기록이 있다. 그의 후

손이 세운 秦나라는 始皇帝 嬴政에 이르러 마침내 중국 천하를 통일했다.

(16) 侑坐(유좌): 모시고 앉다. 이 구절은 백예의 위패도 우임금의 사당에 안치되어 있다는 말이다.

(17) 夏郊(하교): 하나라의 郊祀. 하나라의 교사 때 배향된 우임금의 아버지 鯀을 가리킨다. 《禮記·祭法》에 "하후씨 역시 禘祭를 지낼 때 황제를 배향하고 郊祀를 지낼 때 곤을 배향했다(夏后氏亦禘黃帝而郊鯀)"라고 했다. 소식의 자주에 "곤의 사당이 이 있다(有鯀廟)"라고 한바, 이 구절은 塗山 사람들이 당시까지 하나라 때의 교사에 배향되었던 곤에게도 제사를 올리고 있었다는 말이다.

(18) 薦祼(천라): 임금이 조상에게 제사를 지내는 것을 가리킨다.

(19) 可憐(가련): 좋아할 만하다.

(20) 淮海(회해): 회하와 바다 사이에 있는 고을인 揚州를 가리킨다. 《書經·夏書·禹貢》에 "회하와 바다 사이는 양주이다(淮海惟揚州)"라고 했는데 이에 대한 孔安國의 傳에 "북쪽으로 회하에 의거하고 남쪽으로 바다와 통한다(北據淮, 南距海)"라고 했다.

(21) 弧矢旦(호시단): 활과 화살의 날. 우임금의 생일을 가리킨다. 《禮記·內則》에 "임금의 세자가 태어나면……활 쏘는 관리가 뽕나무 활과 쑥대 화살 여섯 개로 하늘과 땅, 그리고 동서남북의 사방을 쏜다(國君世子生,……射人以桑弧蓬矢六, 射天地四方)"라고 했고, 《禮記·射義》에도 "그러므로 아들이 태어나면 뽕나무 활과 쑥대 화살로 하늘과 땅, 그리고 동서남북의 사방을 쏜다(故男子生, 桑弧蓬矢六, 以射天地四方)"라고 했다. 소식의 자주에 "회하 남쪽 사람들 사이에 우임금이 6월 6일에 태어났다고 전해 오기 때문에 이날이 되면 수만 명이 산 위에서 만난다. 옛날 기록에는 기재되어 있지 않지만 이와 같이 전해 온다(淮南人相傳, 禹以六月六日生, 是日, 數萬人會山上. 雖傳記不載, 然相傳如此)"라고 했다.

(22) 楚水(초수): 옛날 초나라의 강이라는 뜻으로 회하를 가리킨다.

(23) 亂(난): 가로로 건너다.

(24) 刖人(월인): 발을 자르는 형벌을 당한 사람. 卞和를 가리킨다. 초나라 사람 변화가 楚山(즉 荊山)에서 옥석을 주워 厲王에게 바쳤다. 여왕이 옥공에게 그것을 감정해 보게 했더니 옥공이 돌이라고 했다. 여왕이 변화의 왼발을 자르게 했다. 여왕이 죽고 武王이 즉위했을 때 변화는 또 무왕에게 옥석을 바쳤다가 돌로 판명되는 바람에 오른발을 잘렸다. 무왕이 죽고 文王이 즉위했을 때 변화는 荊山 밑에서 옥석을 안고 3일 밤낮을 통곡했다. 문왕이 그 소문을 듣고 감정해 보게 한 결과 진짜 옥석임이 밝혀졌다. 이에 문왕이 옥공에게 그것을 가공하게 하여 마침내 寶玉을 얻었으니 이것이 이른바 和氏璧이다.(《韓非子·和氏》 참조)

(25) 坑(갱): 광물을 파내기 위하여 땅속으로 파 들어간 굴. 구덩이.

(26) 溫瓚(온찬): 빛깔이 따스한 느낌을 주는 옥석. 소식의 자주에 "형산 밑에 변씨가 옥을 캐낸 갱이 있는데 돌의 색깔이 옥과 같고 단단하여 끌로 새길 수 없었다. 산 밑에서 들어내었더니 금방 색깔이 변하여 더 이상 따스한 느낌을 주는 빛깔이 없었다(荊山下有卞氏採玉坑, 石色如玉, 不受鐫刻. 取出山下, 輒變色不復溫瑩)"라고 했다.

(27) 龜泉(귀천): 소식의 자주에 "귀천은 형산 밑에 있는데 색깔이 희고 맛이 달며 참으로 육우가 돌 연못

에 넘쳐흐른다고 한 것과 같았다. 돌에 '당나라 정원(785-804) 연간에 흰 거북이를 따라 흘러나왔다' 라는 말이 새겨져 있었다(龜泉, 在荊山下, 色白而甘, 眞陸羽所謂石池漫流者. 有石記云: '唐貞元中, 隨白龜流出.')"라고 했고, 《名勝志》에 "백귀천은 형산의 동남쪽에 있다(白龜泉, 在荊山東南)"라고 했다. 이 구절은 귀천이 나무 우듬지보다 더 높은 곳에서 흘러나온다는 말이다.

(28) 牛乳(우유): 흰색 샘물을 가리킨다.

(29) 小兒(소아): 어린 아들. 소식의 두 아들을 가리킨다.

(30) 侍史(시사): 좌우에서 시중들며 문서를 담당하던 사람.

(31) 蝙蝠(편복): 박쥐. 주로 밤에 활동하는 야행성 동물이다. 이 구절은 밤이 되어서 돌아갔다는 말이다.

(32) 記(기): 기록하다. 제목에서 말한 '記所見'을 가리킨다.

(33) 遠岸(원안): 인가에서 멀리 떨어져 있는 회하의 언덕을 가리킨다.

1258. 次韻晁无咎[1]學士相迎[2]

나를 마중하며 지은 조무구 학사의 시에 차운하여

少年獨識晁新城,[3]	젊을 때 나 혼자 신성 현령 조씨를 알았나니
閉門却掃卷旆旌.[4][5]	대문 닫아 길 안 쓸고 깃발을 말아 두었는데
胸中自有談天口,[6][7]	그의 가슴속에는 애당초부터 뛰어난 언변을 지닌 입이 들어 있어
坐却秦軍發墨守.[8][9][10]	가만히 앉아서 진나라 군사를 물리치고 묵적이 지키는 성을 무너뜨렸네.
有子不爲謀置錐,[11]	송곳 꽂을 땅조차 마련해 주지 못한 아들이 있어
虹霓呑吐忘寒飢.	무지개를 삼키고 토하며 춥고 배고픈 걸 잊으니
端如太史牛馬走,[12][13]	반듯하기가 태사공의 마부 사마천 면전에서
嚴徐不敢連尻脽.[14][15]	엄안과 서락이 감히 엉덩이를 못 붙인 것과 같네.
徘回未用疑相待,[16][17]	쓰이지 못하고 전전하는 게 뭔가를 기다리는 듯하니
枉尺知君有家戒.[18][19]	한 자를 굽히는 데에도 가훈이 있는 줄 알겠는데
避人聊復去瀛洲,[20]	사람을 피해 잠시 또 영주를 떠나
伴我眞能老淮海.[21][22]	나와 짝하게 되었으니 참으로 회해에서 늙을 수 있겠네.
夢中仇池千仞巖,[23]	꿈속에 구지산의 천 길짜리 바위가
便欲攬我青霞幨.[24]	은거하는 내 옷을 잡아당기려 했기에
且須還家與婦計,	일단 집에 돌아가 아내와 함께 따져 봐야 했네

我本歸路連西南.[25]	나는 본래 귀로가 서남쪽으로 이어져 있으니까.
老來飮酒無人佐,	늙어서는 술 마실 때 권하는 사람 없으니
獨看紅藥傾白墮.[26][27]	홀로 붉은 작약을 보며 술잔을 기울일 텐데
每到平山憶醉翁,[28][29]	내가 평산당에 갈 때마다 취옹을 추억했으니
懸知他日君思我.[30]	훗날에 그대도 나를 생각할 줄 알겠네.
路傍小兒笑相逢,	길가의 아이들이 웃으며 만나
齊歌萬事轉頭空.[31]	만사가 순간에 헛되어진다 일제히 노래할 테지만
賴有風流賢別駕,[32][33]	풍류가 넘치는 어진 통판이 있는 덕에
猶堪十里卷春風.[34][35]	십 리 주렴이 봄바람에 말려 올라가는 정취를 볼 만하겠네.

[해설]

소식이 양주 부근에 이르렀을 때 양주통판인 조보지가 마중을 나와 〈동파선생이 광릉태수로 옮겨 오시는지라 시를 가지고 나가서 마중한다. 선생이 회남 지방의 가뭄으로 인하여 편지에서 호랑이 머리를 놓고 기우제 지내는 방법을 가르쳐 주셔서 비로소 여러 사당을 쫓아다닌 결과 즉시 단비를 얻었기에 이 일을 축하한다(東坡先生移守廣陵, 以詩往迎. 先生以淮南旱, 書中敎虎頭祈雨法, 始走諸祠, 卽得甘澤, 因爲賀)〉라는 자신의 시를 보여 주자 그것에 차운한 것이다.

[주석]

(1) 无咎(무구): 蘇門四學士 가운데 한 사람인 晁補之의 字. 그는 당시 揚州通判으로 재임 중이었다.

(2) 相迎(상영): 조보지가 소식을 맞이한 것을 가리킨다.

(3) 晁新城(조신성): 新城 縣令 조씨. 新城은 杭州의 속현인데 소식이 杭州通判으로 재임 중이던 희령 4년(1071)에서 희령 7년(1074) 사이에 조보지의 아버지 晁端友(1029-1075)가 이곳 현령을 역임했다. 소식의 〈晁君成詩集敍〉에 "옛날에 내가 항주에서 관직 생활을 할 때 이름이 단우인 항주 신성현 현령 조군성 선생이 군자의 면모를 지닌 사람이었다. 나는 그와 3년 동안 교유했는데 그가 군자인 줄은 알았지만 그가 문장과 시에 능한 줄은 몰랐고 선생도 이에 관한 말을 한마디도 한 적이 없었다(乃者官於杭, 杭之新城令晁君君成諱端友者, 君子人也. 吾與之游三年, 知其爲君子, 而不知其能文與詩, 而君亦未嘗有一語及此者)"라고 했다. 이 구절은 조단우가 사람들에게 별로 알려지지 않았다는 말이다.

(4) 却掃(각소): 대문 앞 쓸기를 그만두다. 손님을 맞지 않는 것을 가리킨다.

(5) 卷旆旌(권패정): 깃발을 말다. 이 구절은 조단우가 다른 사람을 만나서 자신을 과시하려고 들지 않았다는 말이다.

(6) 自(자): 본래.

(7) 談天口(담천구): 언변이 뛰어난 입.

(8) 却秦軍(각진군): 진나라 군사를 물리치다. 전국 시대 齊나라 사람 魯仲連이 趙나라에 갔을 때 마침 조나라가 秦나라에 포위되어 있었는데 魏나라 장수 辛垣衍이 조나라로 하여금 진나라 제후를 帝王으로 받들게 하려고 한다는 소문을 듣고 노중련이 신원연에게 그리하는 경우의 문제점을 잘 이해시켜서 그리하지 못하게 했다. 진나라 장수가 이 사실을 전해 듣고 군사를 50리나 후퇴시켰다.(《戰國策·趙策三》 참조) 左思의 〈詠史八首〉 其三에 "나는 노중련을 흠모하나니, 뛰어난 언변으로 진나라 군사를 물리쳤네(吾慕魯仲連, 談天却秦軍)"라는 구절이 있다.

(9) 發(발): 發掘하다. 파헤치다. 무너뜨리다.

(10) 墨守(묵수): 墨翟처럼 성을 굳게 지키다. 《墨子·公輸》에 "공수반이 아홉 번 성을 공격할 계략을 짜냈지만 묵자 선생님이 아홉 번 그것을 막아 내셨다. 공수반의 공격 수단은 다 고갈되었지만 묵자 선생님의 수비 수단에는 여유가 있었던 것이다(公輸盤九設攻城之機變, 子墨子九距之. 公輸盤之攻械盡, 子墨子之守圉有餘)"라고 했다. 또 《後漢書·鄭玄傳》에 "당시 임성 사람 하휴가 공양학을 좋아하여 마침내 《공양묵수》를 짓자……鄭玄이 《묵수》의 문제점을 파헤쳤다.……하휴가 보고 탄식하며 말하기를 '강성(정현)이 내 방에 들어와서 내 창을 들고 나를 치는구나!'라고 했다(時任城何休好公羊學, 遂著《公羊墨守》……, 玄乃發《墨守》……. 休見而歎曰: '康成入吾室, 操吾矛, 以伐我乎!')"라는 말이 있는데, '公羊墨守'에 대한 李賢의 주에 "《公羊傳》은 의미가 심원하여 반박하거나 비난할 수 없는 것이 마치 묵적이 성을 지키는 것과 같다는 말이다(言《公羊》義理深遠, 不可駁難, 如墨翟之守城也)"라고 했다. 그러므로 '發墨守'는 정현이 하휴가 지은 《公羊墨守》의 문제점을 파헤친 일을 가리키기도 하고 정현이 지은 그 책의 이름이기도 하지만, 이 시의 '發墨守'는 이 표현을 빌리되 묵적이 굳게 지키는 성을 무너뜨린다는 뜻으로 씀으로써 해학적인 맛을 더한 것으로 보인다.

(11) 置錐(치추): 置錐之地, 즉 송곳 하나를 꽂을 수 있을 정도의 지극히 좁은 땅을 가리킨다. 《莊子·盜跖》에 "요임금과 순임금은 천하를 가졌지만 그들의 자손에게는 송곳 하나 꽂을 땅조차 없었다(堯舜有天下, 子孫無置錐之地)"라는 말이 있다.

(12) 太史(태사): 太史公. 司馬遷의 아버지 司馬談을 가리킨다.

(13) 牛馬走(우마주): 소나 말을 관리하는 마부. 원래 사마천이 자신을 가리킨 말인데 여기서는 조단우의 아들 조보지를 가리킨다. 사마천의 〈報任少卿書〉에 "태사공(사마담)의 마부인 사마천이 재배하고 아뢥니다(太史公牛馬走, 司馬遷再拜言)"라고 했다.

(14) 嚴徐(엄서): 한나라 사람 嚴安과 徐樂을 가리킨다. 한나라 무제 때 조정에 유능한 인재가 많았는데 무제가 東方朔에게 "公孫丞相·兒大夫·董仲舒……嚴安·徐樂·司馬遷 등이 모두 언변이 뛰어나고 재주가 넘치고 글을 술술 잘 짓는데 선생은 스스로 누구와 비견할 만하다고 보시오?" 하고 묻자 동방삭이 "저는 그들이 가래(臿) 같은 이와 나무껍질 같은 뺨을 지니고 입술을 드러내고 목을 길게 뽑은

채 다리를 꼬고 꽁무니를 붙이고 앉아 있다가 구불구불한 발자국을 남기며 구부정하게 걸어가는 모습을 보았습니다. 제가 비록 못났지만 그래도 이 몇 명의 장점을 겸비하고 있습니다(臣觀其臿齒牙, 樹頰胲, 吐脣吻, 擢項頤, 結股脚, 連脽尻, 遺蛇其跡, 行步偊旅. 臣朔雖不肖, 尙兼此數子者)" 하고 대답했다.(《한서·동방삭전》 참조)

(15) 尻脽(고수): 꽁무니. 이 연은 조보지를 엄안이나 서락이 따라갈 수 없을 정도로 인품이 반듯했던 사마천에 비유한 것이다.

(16) 徘回(배회): 배회하다. 미관말직에서 벗어나지 못하고 그 주위를 맴도는 것을 가리킨다. 이 구절은 조보지가 요직에 重用되지 못하고 미관말직을 전전하는 것이 마치 무언가를 기다리는 것 같다는 말이다.

(17) 未用(미용): 쓰이지 않다. 조보지가 重用되지 못한 것을 말한다.

(18) 枉尺(왕척): 한 자를 굽히다. 《孟子·滕文公下》에 "진대가 말하기를 '제후를 만나지 않으시면 선생님께서 도량이 좁으신 것 같을 것입니다. 이제 제후를 한 번 만나시면 크게는 그를 王者로 만들고 작게는 그를 霸者로 만들 것입니다. 또 옛날 기록에 "한 자를 굽혀서 여덟 자를 곧게 한다"라는 말도 있으니 해 보실 만한 것 같습니다'라고 했다(陳代曰: '不見諸候, 宜若小然. 今一見之, 大則以王, 小則以霸. 且志曰: "枉尺而直尋." 宜若可爲也.')"라는 말이 있다.

(19) 家戒(가계): 집안의 훈계. 가훈. 이 구절은 조보지가 정당한 사유가 없으면 몸을 굽히지 않는 것이 아버지의 薰陶 때문이라는 말이다.

(20) 瀛洲(영주): 전설상의 선경인 三神山의 하나. 당나라 태종이 훌륭한 인재를 초치하기 위해 文學館을 설립하고 杜如晦·房玄齡 등 18명의 문관을 學士라고 부르며 閻立本에게 이들의 화상을 그리고 褚亮에게 畫像贊을 짓게 하여 〈十八學士寫眞圖〉라고 하자 당시 사람들이 그들을 흠모하며 '영주에 올랐다(登瀛洲)'라고 했다. 나중에는 선비가 특별한 영예를 얻는 것을 仙境에 들어간 것에 비유하여 '登瀛洲'라고 했다.

(21) 伴我(반아): 나를 짝하다. 조보지가 揚州通判으로서 양주지주인 소식을 보좌하게 된 것을 가리킨다.

(22) 淮海(회해): 淮河와 바다 사이에 있는 고을인 양주를 가리킨다. 〈上巳日, 與二子迨·過遊塗山·荊山, 記所見〉(1257) 주 (20) 참조

(23) 仇池(구지): 지금의 감숙성 西和縣 남쪽의 구지산 위에 있는 못. 넓이가 100頃 정도 되기 때문에 百頃池라고도 한다. 여기서는 구지산을 가리킨다. 소식의 시 〈雙石幷敍〉(1268)에 "양주에 와서 돌 두 개를 얻었다. 그 가운데 하나는 초록색인데 산봉우리가 구불구불 길게 뻗어 있고 동굴이 뒤편까지 이어져 있으며, 하나는 순백색인데 거울로 삼을 만하기에 대야의 물에 담가서 탁자 사이에 두었다. 문득 영주에 있을 때 꿈에 어떤 사람이 '구지'라는 편액이 붙은 관아에서 묵게 했는데 깨어나서 '만고를 이어 온 구지산의 동혈이, 땅속으로 가만히 소유천과 통한다'라는 두자미의 시를 낭송한 일이 생각났다. 이에 장난삼아 짧은 시를 지어 동료들의 한바탕 웃음거리로 삼는다(至揚州, 獲二石. 其一, 綠色, 岡巒迤邐, 有穴達於背; 其一, 正白可鑑. 漬以盆水, 置几案間. 忽憶在潁州日, 夢人請住一官府, 榜曰'仇池', 覺而誦杜子美詩曰: '萬古仇池穴, 潛通小有天.' 乃戲作小詩, 爲僚友一笑)"라고 했다.

(24) 靑霞幨(청하첨): 고상한 뜻을 품고 은거하는 사람의 옷깃을 가리킨다.

(25) 西南(서남): 소식의 고향인 촉지방을 가리킨다. 이상의 네 구절은 구지산의 동혈이 소유천과 통하는 것처럼 양주의 蜀岡도 촉지방과 지맥이 통하니 양주에서 계속 사는 것도 괜찮을지 어떨지를 따져 보며 아내와 상의해야 했다는 말인 것으로 보인다.

(26) 紅藥(홍약): 붉은색 芍藥. 양주에는 작약이 많아 瘦西湖 가에 觀芍亭이라는 정자가 있고 姜夔의 사 〈揚州慢〉(淮左名都)에 "다리 가에 피어 있는 붉은 작약은, 누굴 위해 해마다 피고 또 필까?(念橋邊紅藥, 年年知爲誰生?)"라는 구절이 있다.

(27) 白墮(백타): 술을 잘 담근 사람의 이름으로, 맛있는 술을 가리키기도 한다. 〈次韻趙德麟雪中惜梅且餉柑酒三首〉(1249) 주 (21) 참조.

(28) 平山(평산): 평산당. 歐陽修가 지은 殿堂으로 지금의 강소성 양주시 서북쪽에 있는 瘦西湖 북쪽의 蜀岡 위에 있다.

(29) 醉翁(취옹): 구양수의 自號.

(30) 懸知(현지): 짐작하여 알다. 추측하다.

(31) 轉頭(전두): 고개를 한 번 돌리는 짧은 시간을 가리킨다. 소식은 黃州에서 汝州로 유배지를 옮겨 가는 도중이던 원풍 7년(1084) 10월에 양주에서 지은 사 〈西江月〉(三過平山堂下) 下片에서 "문장가인 태수를 애도하려고, 여전히 '버들에 부는 봄바람'을 불러 보네. 세상만사 고개만 돌리면 공허해진다 할 것 없나니, 고개도 돌리기 전에 이미 한바탕 꿈이라네(欲弔文章太守, 仍歌楊柳春風. 休言萬事轉頭空. 未轉頭時皆夢)"라고 노래한 적이 있다. 아이들이 부를 것이라는 노래는 바로 이 사일 것으로 보인다.

(32) 賴(뇌): 힘입다. 의지하다.

(33) 別駕(별가): 태수의 보좌관. 양주통판인 조보지를 가리킨다.

(34) 堪(감): 堪當하다. 해내다.

(35) 十里卷春風(십리권춘풍): 杜牧의 시 〈贈別〉 其一에 "야들야들 간들간들 이제 겨우 열서너 살, 이월 초의 육두구 우듬지와 같구나. 십 리 길 양주로에 봄바람 불어, 주렴을 다 걷어도 모두 너만 못하구나(娉娉嫋嫋十三餘, 豆蔻梢頭二月初. 春風十里揚州路, 卷上珠簾總不如)"라고 했다. 이 연은 조보지가 있어서 그래도 양주에서의 풍류 생활을 어느 정도 즐길 수 있겠다는 말이다.

1259. 淮上(1)早發

회하에서 아침에 출발하며

澹月傾雲曉角哀,(2)(3)	빛 잃은 달이 구름으로 기울고 새벽 뿔피리 구슬픈데
小風吹水碧鱗開.(4)(5)	산들바람이 수면에 불어 푸른 비늘이 퍼져 나간다.
此生定向江湖老,(6)(7)	이내 인생 아무래도 강호에서 늙으려는 듯
默數淮中十往來.(8)	속으로 세어 보니 회하 일대에 열 번 왔도다.

[해설]

양주지주로 부임해 가는 도중 회하 가에서 묵고 아침 일찍 떠날 때 일어난 감회를 노래한 것이다.

[주석]

(1) 淮(회): 淮河.

(2) 傾雲(경운): 구름으로 기울다. 달이 산등성이 위의 구름 속으로 들어간다는 뜻으로 달이 곧 지려고 하는 것을 가리킨다.

(3) 曉角(효각): 새벽을 알리는 뿔피리 소리.

(4) 碧鱗(벽린): 푸른 비늘. 푸른 수면 위의 물결을 가리킨다.

(5) 開(개): 展開되다. 물결이 점점 더 멀리 퍼져 나가는 것을 가리킨다.

(6) 定(정): 틀림없이. 정녕.

(7) 向(향): ~에서. 李白의 시 〈淸平調詞三首〉 其一에 "군옥산 꼭대기에서 본 것이 아니라면, 틀림없이

요대의 달 아래에서 만났으리(若非群玉山頭見, 會向瑤臺月下逢)"라는 구절이 있다.

(8) 淮中(회중): 淮河 일대. 蘇舜欽에게 〈淮中晩泊犢頭〉라는 시가 있다.

1260. 次韻徐仲車(1)

서중거의 시에 차운하여

惡衣惡食詩愈好,(2)	옷과 음식이 안 좋을수록 시가 더욱 좋아지나니
恰是霜松囀春鳥.	서리 맞은 소나무에서 우는 봄 새 바로 그것이네.
蒼蠅莫亂遠雞聲,(3)(4)	쉬파리야 먼 곳의 닭 울음소리를 어지럽히지 마라
世上誰如公覺早.	세상에 누가 서공처럼 일찍 깨달았으리!
八年看我走三州,(5)(6)	팔 년 사이에 내가 세 고을로 가는 것을 보았을 텐데
月自當空水自流.	달은 절로 하늘에 뜨고 물은 절로 흐르네.
人間擾擾眞螻蟻,(7)(8)	세상에서 어지러이 사는 것은 정말 땅강아지와 개미라
應笑人呼作鬪牛.(9)	어떤 사람이 싸움소라 부른 것을 비웃겠네.

[해설]

양주지주로 부임해 가는 도중 관직에 뜻을 두지 않는 시골 선비 서중거의 초연한 모습을 보고 지은 것이다.

[주석]

(1) 徐仲車(서중거): 소식의 자주에 "중거는 귀가 먹었다(仲車, 耳聾)"라고 했다. 王十朋의 《百家註分類東坡先生詩》에 "중거는 고생스럽게 공부하며 어머니 봉양에 힘을 다하느라 마흔 살이 되도록 결혼도 하지 않고 벼슬도 하지 않았다. 그렇게 오랫동안 지내다가 마을 사람들의 독려로 과거에 응시하기

위해 서울로 들어갔는데, 이때 수레에 어머니를 태우고 몸소 밀고 갔다. 갈포 적삼을 입고 짚신을 신은지라 길 가는 사람들이 알아보지 못했다. 치평 4년(1067)의 과거에 급제했는데 관직에 보임되기 전에 어머니가 돌아가셨기 때문에 마침내 다시는 관직에 나아가지 않았다. 집이 산양에 있었는데 옷과 음식을 자급하지 못했다(仲車苦學, 養母盡力, 行年四十, 不婚不仕. 久之, 鄉人迫令就擧, 逮應入京, 則以隻輪載母, 躬自推行, 葛衫草屨, 行道之人不能辨也. 登治平四年第, 未調官, 母亡, 遂不復仕. 家居山陽, 衣食不給)"라고 했다.

(2) 詩愈好(시유호): 歐陽修의 〈梅聖兪詩集序〉에 "아마도 세상에 전해지는 시는 옛날의 곤궁한 사람에게서 나온 말이 많은 것 같다.……아마도 곤궁할수록 시가 더욱 공교해지는 것 같다. 그러니 시가 사람을 곤궁하게 할 수 있는 것이 아니라 곤궁한 사람이 된 뒤에야 시가 공교해지는 것 같다(蓋世所傳詩者, 多出於古窮人之辭也.……蓋愈窮則愈工. 然則非詩之能窮人, 殆窮者而後工也)"라고 했다. 이 연은 서중거의 시를 칭송한 것이다.

(3) 蒼蠅(창승): 쉬파리. 名利를 추구하는 소인배를 가리킨다. 《詩經·齊風·雞鳴》에 "닭이 우는 게 아니라, 쉬파리 소리라네(匪雞則鳴, 蒼蠅之聲)"라는 구절이 있다.

(4) 遠雞聲(원계성): 멀리서 들려오는 닭 울음소리. 高遠한 이상을 지닌 대인군자의 소리를 가리킨다.

(5) 走(주): 나아가다.

(6) 三州(삼주): 登州(지금의 산동성 蓬萊)·杭州(지금의 절강성 항주)·揚州(지금의 강소성 양주)의 세 고을을 가리킨다. 소식의 자주에 "원풍 8년(1085)에 나는 등주로 부임해 갔고 원우 4년(1089)에 항주로 부임해 갔으며 이제(1092) 양주로 부임해 가는데 매번 중거를 보았다(元豐八年, 予赴登州, 元祐四年赴杭州, 今赴揚州, 皆見仲車)"라고 했다. 이 연은 자연은 늘 그대로인데 자신의 인생에는 우여곡절이 많았다는 말이다.

(7) 人間(인간): 이 세상. 속세.

(8) 擾擾(요요): 어지러이 움직이는 모양. 사람들이 세상에서 아등바등 살아가는 모양을 가리킨다.

(9) 鬪牛(투우): 싸우는 소. 《晉書·殷仲堪傳》에 "은중감의 부친은 일찍이 耳鳴症을 앓은 적이 있는데 침대 밑에 개미 기어가는 소리를 듣고 소가 싸우는 것이라고 했다(仲堪父嘗患耳聰, 聞床下蟻動, 謂之牛鬪)"라는 말이 있다. 이 연은 사람이란 땅강아지나 개미처럼 지극히 하찮은 존재일 뿐이기 때문에 사람이 대단한 존재라고 여기는 것은 우스운 일이라는 뜻이다. 서중거는 이명증에 걸린 것이 아니라 귀가 먹은 것이기 때문에 소리가 잘 안 들릴 것임을 전제로, 사람의 한평생을 하찮은 것으로 여기고 좋은 관직을 얻기 위한 아귀다툼에 동참하지 않는 그의 초연한 마음가짐을 칭송한 해학적인 표현이다.

1261. 次韻林子中(1)春日新隄(2)書事見寄(3)

임자중이 봄날 새 제방에서 있었던 일을 적어 보낸 시에 차운하여

東都寄食似浮雲,(4)	동도에서 기식한 일 뜬구름만 같았나니
襆被眞成一宿賓.(5)(6)	짐 꾸리는 게 참으로 하룻밤 손님이었네.
收得玉堂揮翰手,(7)(8)	옥당에서 붓 휘두르던 손을 거두어
却爲淮月弄舟人.(9)(10)(11)	다시 회하의 달빛 아래 뱃놀이하는 사람이 됐네.
羨君湖上齋搖碧,(12)(13)	호수 위의 그대 집이 창파에 흔들리는 게 부럽나니
笑我花時甑有塵.(14)	꽃 필 때의 내 시루에 먼지 앉은 걸 비웃겠네.
爲報年來殺風景,(15)(16)(17)	몇 년 만의 살풍경에 대한 대가를 치르느라
連江夢雨不知春.(18)(19)	강에 가득 보슬비 내려도 봄이 온 줄 모르겠네.

[해설]

양주지주로 부임한 이후 항주지주로 재임 중인 임희가 소식이 항주지주로 재임할 때 서호를 준설하여 생긴 제방에서 있었던 일을 읊어서 보내자 옛날 일을 회상하면서 지금의 생활을 노래한 것이다.

[주석]

(1) 子中(자중): 林希의 字. 그는 소식의 후임으로 杭州(지금의 절강성 항주)知州로 부임하여 소식이 서호를 준설할 때 만들어진 제방에 '蘇公堤'라는 팻말을 붙였다. 施元之의 《施注蘇詩》에 "동파는 원우

6년(1091) 3월에 항주에서 조정으로 소환되었는데 모두 일곱 번이나 상소문을 올려 떠나게 해 달라고 청원했다. 8월에 한림학사승지에서 영주지주로 나갔기 때문에 '동도에서 기식한 일 뜬구름만 같았나니, 짐 꾸리는 게 참으로 하룻밤 손님이었네'라고 했다. 원우 7년(1092) 7월에 공은 양주지주로 바뀌었고 임자중이 공의 뒤를 이어 항주지주가 되었다. 공이 항주에 있을 때 서호를 준설하여 쌓아 놓은 줄풀의 뿌리가 긴 제방이 되었는데 임자중이 항주 사람들의 뜻에 따라 '소공제'라는 방을 붙였다. '새 제방에서 있었던 일을 적었다'라고 한 것은 아마도 소공제일 것이다(東坡以元祐六年三月, 從杭州召還, 凡七上章丐去. 八月, 自翰林承旨出知潁州, 故詩云: '東都寄食似浮雲, 襆被眞成一宿賓.' 七年正月, 改知揚州, 子中繼公守杭. 公在杭開西湖, 以所積葑爲長堤, 子中因杭人之意, 爲榜曰: '蘇公堤'. '新堤書事', 蓋蘇公堤也)"라고 했다.

(2) 新隄(신제): 항주 서호에 있는 蘇堤(일명 蘇公堤)를 가리킨다.

(3) 見寄(견기): 나에게 부치다. 〈次韻錢越州見寄〉(1099) 주 (2) 참조.

(4) 東都(동도): 북송의 도성 開封(지금의 하남성 개봉)을 가리킨다.

(5) 襆被(복피): 이불을 보따리에 싸다. 짐을 싸다.

(6) 一宿賓(일숙빈): 하룻밤만 묵고 떠나는 손님. 이 연은 자신이 잠깐씩 개봉에 머물렀을 뿐이라는 말이다.

(7) 得(득): 동사 뒤에 쓰여서 동작의 완료를 나타낸다. 〈次韻王滁州見寄〉(1242) 주 (11) 참조.

(8) 玉堂(옥당): 옥으로 장식한 전당. 翰林院의 별칭이다. 소식은 潁州知州로 부임하기 전에 翰林學士承旨로 재임했다.

(9) 却(각): 다시.

(10) 淮(회): 淮河. 영주의 남쪽에 있는 강. 여기서는 영주를 가리킨다.

(11) 弄舟人(농주인): 배를 가지고 노는 사람. 白居易의 시 〈自餘杭歸宿淮口作〉에 "밝은 달빛 아래로 배를 몰고 가, 밤중에 맑은 회하 북쪽에 댄다(舟行明月下, 夜泊淸淮北)"라는 구절이 있다.

(12) 湖上齋(호상재): 호수 위의 집. 호수 위에 떠 있는 배를 가리킨다.

(13) 搖碧(요벽): 蒼波 속에서 흔들리다. 李綱의 시 〈張南仲置酒心淵堂値雨〉에 "구름이 너무 깊어 고산사가 안 보이고, 바람이 급해 창파에 흔들리는 집을 타기 어렵네(雲深不見孤山寺, 風急難乘搖碧齋)"라는 구절이 있다.

(14) 甑有塵(증유진): 시루에 먼지가 끼어 있다. 음식을 못 만들어 먹을 정도로 가난한 것을 가리킨다.

(15) 爲(위): ~로 인하여.

(16) 報(보): 報應하다. 보복하다.

(17) 殺風景(살풍경): 메마르고 스산한 풍경. 양주의 명물인 작약꽃 약 10만 가지를 모아 놓고 감상하는 전시회인 萬花會를 폐지한 뒤의 양주 풍경을 가리킨다. 소식의 《東坡志林》에 "양주의 작약은 천하의 으뜸이다. 채번경이 태수일 때 처음으로 만화회를 개최했는데 꽃 10여 만 가지를 사용했기 때문에 여러 곳의 화원을 황폐하게 했을 뿐만 아니라 아전들이 이 일을 기화로 간악한 짓을 했기 때문에 백성들이 매우 힘들어했다. 내가 양주에 막 도착했을 때 백성들에게 고통스러운 일이 무엇이냐고 물었더니 이것을 첫 번째로 치는지라 마침내 이것을 폐지했다(揚州芍藥爲天下冠. 蔡繁卿爲守, 始作萬花

會, 用花十餘萬枝, 旣殘諸園, 又吏因緣爲姦, 民大病之. 余始至, 問民疾苦, 以此爲首, 遂罷之)"라고 했고, 《墨莊漫錄》에 "원우 7년(1092)에 동파가 양주지주로 부임했더니 마침 꽃이 피는 계절이라 아전들이 옛날의 관례를 아뢰었다. 공이 상황을 판단하여 그것을 폐지하자 사람들이 다들 북을 치고 춤을 추며 기뻐하는지라 왕정국에게 편지를 써서 '만화회는 옛날 문서를 살펴보니 꽃 千萬('十萬'의 착오) 송이를 사용하는데 아전들이 이 일을 기화로 간악한 짓을 하여 양주의 큰 해악이 되므로 이미 폐지해 버렸습니다. 비록 살풍경이 되기는 했지만 악업을 짓는 일은 면하게 되었습니다' 하고 알려 주었다(元祐七年, 東坡來知揚州, 正遇花時, 吏白舊例. 公判罷之, 人皆鼓舞欣悅, 作書報王定國云: '花會檢舊案, 用花千萬朶, 吏緣爲姦, 乃揚州大害, 已罷之矣. 雖殺風景, 免造業也.')"라고 했다. 그리고 이 시에 대한 소식의 자주에 "보내온 시에 '작약꽃 핀 봄'이라는 구절이 있었다. 양주에서는 최근 몇 년 동안 해마다 이 전시회를 개최해 왔거니와 꽃 10여 만 가지를 사용하는데 아전들이 이 일을 기화로 간악한 짓을 하여 백성들이 극도로 힘들어하는지라 이 전시회를 폐지했다(來詩有'芍藥春'之句. 揚州近歲, 率爲此會, 用花十萬餘枝, 吏緣爲奸, 民極病之, 故罷此會)"라고 했다.

(18) 連江(연강): 강을 가득 메우다. 강에 遍在하다.

(19) 夢雨(몽우): 자욱하게 내리는 보슬비. '蒙雨'와 같다. 이 연은 자신이 만화회를 폐지해 버린 일에 대한 인과응보로 아름다운 봄빛을 느끼지 못하게 되었다고 우스갯소리를 한 것이다.

1262. 送陳伯修[1]察院[2]赴闕

대궐로 들어가는 진백수 찰원을 전송하며

裕陵固天縱,[3][4]	유릉은 본래 천부적 재주를 지니신 분
筆有雲漢姿.[5]	문장에 은하수의 자태를 갖추셨네.
嘗重連山象,[6][7]	일찍이 《연산》의 괘상을 중시하고
不數秋風辭.[8]	한 무제의 〈추풍사〉는 치지도 않으셨네.
龍騰與虎變,[9][10]	이는 용이 날아오르고 호랑이가 변하는 것인데
貍豹復何施.[11]	살쾡이와 표범이 무엇을 더 보태리?
我窮眞有數,[12]	내가 궁지에 빠진 것은 정말 천수였지만
文字乃見知.[13][14]	내 글은 오히려 인정받았네.
聞君射策日,[15]	듣자니 그대는 과거 시험 치던 날
妙語發疇咨.[16][17]	묘한 말이 급제를 불러왔다 하였네.
一日喧萬口,[18]	하루아침에 만인의 입에 떠들썩하여
驚倒同舍兒.[19]	동료들을 깜짝 놀라 쓰러지게 하였네.
豈知二十年,	그런데 어찌 알았으리 스무 해가 지나도록
道路猶遲遲.[20][21]	발걸음이 아직도 지지부진할 줄을?
苦言如藥石,[22]	쓴소리는 약물이나 침석과 같아
瞑眩終見思.[23][24]	눈을 침침하게 했지만 마침내 배려받았네.
屈伸反覆手,[25][26]	구부러졌다 펴졌다 하는 건 손바닥 뒤집기인데

獨於君可疑.	그대에게 있어서만은 의아해할 만했네.
四門方穆穆,[27][28]	명당 사방 문에 지금 한창 화기 넘치니
行矣及此時.[29]	때를 놓치지 말고 이럴 때에 가시게.

[해설]

재능이 출중하여 신종 황제의 인정을 받았음에도 불구하고 정적의 참소로 오랫동안 조정에서 쫓겨나 있다가 마침내 다시 조정으로 들어가게 된 진사석을 전송하면서 지은 것이다.

[주석]

(1) 伯修(백수): 陳師錫의 字. 《송사·진사석전》에 "진사석은 자가 백수이며 건주 건양(지금의 복건성 건양) 사람이다.……신종이 그의 재능을 알고 정시에 응시했을 때……3등으로 발탁했다. 소경군(지금의 절강성 湖州) 장서기로 임명되었을 때 군수인 소식이 그의 재능을 중시하여 그에 의탁하여 정사를 돌보았다. 소식이 죄인으로 몰려 어사대 감옥으로 붙잡혀 갈 때 친척과 친구들이 대부분 겁이 나서 소식을 만나려 하지 않고 피했는데 진사석만은 홀로 나와 그를 전송하고 또 그의 가족을 위안했다. 임안현을 다스리고 감찰어사가 되었다(陳師錫, 字伯修, 建州建陽人.……神宗知其材, 及廷試,……擢爲第三. 調昭慶軍掌書記, 郡守蘇軾器之, 倚以爲政. 軾得罪, 捕詣臺獄, 親朋多畏避不相見, 師錫獨出餞之, 又安輯其家. 知臨安縣, 爲監察御史)"라고 했다. 《續資治通鑑長編》에 "원우 7년(1092) 6월에 좌봉의랑 진사석이 교서랑이 되었다(元祐七年六月, 左奉議郎陳師錫爲校書郎)"라고 했으니 이 시는 이때 지었을 것으로 보인다.

(2) 察院(찰원): 監察御史의 관청. 여기서는 감찰어사를 가리킨다.

(3) 裕陵(유릉): 北宋 神宗에 대한 敬稱. 그의 陵墓인 永裕陵에서 비롯되었다.

(4) 天縱(천종): 하늘이 그렇게 되게 하다. 천부적이다. 주로 제왕의 미덕을 칭송하는 말로 쓰인다.

(5) 雲漢(운한): 은하수. 제왕의 덕을 가리킨다. 《詩經·大雅·棫樸》에 "훤히 밝은 저 은하수, 하늘에 무늬를 이루네(倬彼雲漢, 爲章于天)"라는 구절이 있는데 이에 대한 鄭玄의 箋에 "은하수가 하늘에서 무늬를 이루는 것은 비유하자면 천자가 천하에 법도가 되는 것과 같다(雲漢之在天, 其爲文章, 譬猶天子爲法度于天下)"라고 했다.

(6) 連山(연산): 세 종류의 《易》 가운데 하나이다. 《周易》을 가리키는 것으로 보인다. 洪邁의 《容齋續筆·三易之名》에 "《삼역》의 이름은 첫 번째가 《연산》이고 두 번째가 《귀장》이고 세 번째가 《주역》으로 모두 두 글자로써 의미를 이루고 있다. 오늘날 사람들이 《주역》을 《역》이라고만 하는 것은 잘못이다. 하나라 때에는 《연산》이라고 하고……, 상나라 때에는 《귀장》이라고 하고……, 주나라 때에는 《주역》이라고 했다(《三易》之名, 一曰《連山》, 二曰《歸藏》, 三曰《周易》, 皆以兩字爲義. 今人但稱《周易》曰《易》, 非也. 夏曰《連山》……, 商曰《歸藏》……, 周曰《周易》)"라고 했다. 《連山》과 《歸藏》은 망실되었다.

(7) 象(상): 卦象. 易卦에서 길흉을 나타내는 象.

(8) 秋風辭(추풍사): 한나라 무제의 시. 감상적인 시를 가리킨다. 이 시의 서문에 "천자께서 하동에 행차하시어 토지신 후토에게 제사 지내고, 서울을 돌아보며 강 위에서 기뻐하셨다. 여러 신하와 함께 연회를 벌일 때 천자께서는 기쁨이 극에 달해 스스로 〈추풍사〉를 지으셨다(上行幸河東, 祠后土, 顧視帝京, 欣然中流. 與羣臣飮燕, 上歡甚, 乃自作〈秋風辭〉)"라고 했고, 이 시의 전반부에 "가을바람이 불고 흰 구름이 나는데, 초목은 누렇게 떨어지고 기러기는 남쪽으로 돌아간다. 난초에는 꽃이 피고 국화는 향기로워, 고운 임이 그리워 잊을 수 없다(秋風起兮白雲飛, 草木黃落兮雁南歸. 蘭有秀兮菊有芳, 懷佳人兮不能忘)"라고 했다. 이 연은 신종이 옛날 전적을 중시하고 감상적인 詩賦는 경시했다는 뜻인 것으로 보인다. 馮應榴의 《蘇軾詩集合注》에는 "제3~4구는 신종이 경전의 의미에 대한 지식으로 선비를 선발하여 관리로 삼고 시부 창작 능력으로 선발하는 제도를 폐지한 것을 말한다(三四兩句言神宗以經義取士, 罷詩賦也)"라고 했다.

(9) 龍騰(용등): 용이 飛騰하다. 제왕이 떨치고 일어나는 것을 가리킨다.

(10) 虎變(호변): 호랑이의 털빛이 상황에 맞게 적절히 변화한다는 뜻으로, 덕이 日新하는 것을 가리킨다.

(11) 施(시): 시행하다.

(12) 數(수): 미리 정해져 있어서 사람의 힘으로 어떻게 할 수 없는 천명. 天數. 運數.

(13) 乃(내): 오히려.

(14) 見知(견지): 인정받다. 소식이 신종 황제에게 인정받은 것을 가리킨다. 이에 관하여 다음과 같은 일화가 있다. 신종이 세상을 떠나고 어린 철종이 제위에 올랐을 때 신종의 어머니요 철종의 할머니로 섭정을 맡고 있던 宣仁太后가 소식에게 물었다. "경은 작년에 무슨 관직을 맡고 있었소?" "여주단련부사입니다." "지금은 무슨 관직에 있소?" "지금은 외람되게도 한림학사의 자리를 차지하고 있습니다." "어떻게 갑자기 여기까지 올 수 있었소?" "태황태후와 황제 폐하의 은총을 입었기 때문입니다." "아니오." "그렇다면 대신들의 천거가 있었기 때문입니까?" "그것도 아니오. 그것은 바로 先帝(신종)의 뜻이오. 선제께서는 경의 글을 읽으실 때마다 '기이한 재주로다! 기이한 재주로다!'라고 하셨다오. 그런데 불행하게도 경을 중용해 보지도 못한 채 하늘나라로 가셨다오." 소식이 소리 죽여 울고 선인태후와 철종도 눈물을 흘렸다. 그리고 옆에 있던 사람들도 모두 울었다.(《송사·소식전》 참조) 이 연은 신하를 총애한 신종의 성덕을 칭송한 것이다.

(15) 射策(사책): 한나라 때의 관리 선발 방식의 하나. 나중에는 널리 科擧에 응시하는 것을 가리키게 되었다.

(16) 發(발): 誘發하다. 초래하다.

(17) 疇咨(주자): 《書經·虞書·堯典》에 "임금님께서 '누가 때맞추어 등용할 만한가?'라고 하셨다(帝曰: '疇咨若時登庸?')"라고 한 데서 비롯되어 '疇咨'는 나중에 인재를 찾는다는 뜻이 되었다. 施元之의 《施注蘇詩》에 "3등으로 발탁되었기 때문에 '듣자니 그대는 과거 시험 치던 날, 묘한 말이 급제를 불러왔다 하였네'라고 한 것이다(擢爲第三人, 故云: '聞君射策日, 妙語發疇咨.')"라고 했다.

(18) 喧萬口(훤만구): 만인의 입에 떠들썩하다. 韓愈의 시 〈寄崔二十六立之〉에 "멋진 구절이 뭇 입에 떠들

썩하였으니, 시험관인들 어찌 감히 흠잡을 수 있었으리!(佳句喧衆口, 考官敢瑕疵!)"라는 구절이 있다.

(19) 同舍兒(동사아): 동료.

(20) 道路(도로): 길을 가다. 劉弇의 〈上韓范二招討書〉에 "도적이 岐로 가려면 걸어가는 노고가 따르기 때문에 雍으로 쉽게 가는 편이 낫습니다(賊之詣岐, 有道路之勞, 不若詣雍之易也)"라는 말이 있다.

(21) 遲遲(지지): 걸음이 느린 모양. 《詩經·邶風·谷風》에 "발걸음이 안 떨어져 느릿느릿 가는 것은, 마음이 서운하기 때문이지요(行道遲遲, 中心有違)"라는 구절이 있다.

(22) 藥石(약석): 약초와 針石. 약물 요법과 針灸 요법.

(23) 瞑眩(명현): 약을 먹고 난 뒤에 머리가 어지럽고 눈이 침침해지는 증상을 말한다. 《書經·商書·說命上》에 "만약 약을 먹은 뒤에 눈이 침침해질 정도로 약이 독하지 않다면 병이 낫지 않을 것이오(若藥弗瞑眩, 厥疾弗瘳)"라는 말이 있다.

(24) 見思(견사): 배려를 받다. 시원지의 《시주소시》에 "진백수는 간언한 일로 인하여 쫓겨났는데 원우(1086-1093) 연간에 이르러 정령이 일신됨으로써 옛날에 의견이 일치하지 않았던 사람들을 모두 불러서 중용했다. 그렇기 때문에 '쓴소리는 약물이나 침석과 같아, 눈을 침침하게 했지만 마침내 배려받았네'라고 한 것이다(伯修以言事被斥, 至元祐間, 政令一新, 向之不合者, 率皆召用. 故云: '苦言如藥石, 瞑眩終見思.')"라고 했다. 이 연은 진사석의 간언이 처음에는 신종의 심기를 건드렸지만 신종이 마침내 그것이 병을 고치는 약석이었음을 깨닫고 그를 다시 불러들였다는 말이다.

(25) 屈伸(굴신): 구부러졌다 펴졌다 하다. 구부러질 때가 있는가 하면 펴질 때도 있다는 말이다. 王十朋의 《百家註分類東坡先生詩》에 "천하의 이치란 구부러질 때가 있으면 펴질 때도 있는 법인데 진백수는 오랫동안 구부러진 채 펴지지 않는 점이 의아해할 만한 점이었다는 말이다(言雖天下之理, 有屈則有信, 伯修久屈而不信, 爲可疑者)"라고 했다.

(26) 反覆手(반복수): 손을 손바닥이 위로 가게 뒤집었다 아래로 가게 뒤집었다 하다. 아주 용이하다는 말이다.

(27) 四門(사문): 明堂 사방에 있는 문. 조정을 가리킨다. 《書經·虞書·舜典》에 "순에게 명당 사방의 문에서 빈객을 영접하게 했더니 사방 문의 빈객들이 매우 온화해졌다(賓于四門, 四門穆穆)"라고 했다.

(28) 穆穆(목목): 용모나 말씨가 대우 온화한 모양.

(29) 行(행): 가다. 행하다. 조정으로 들어가는 것과 정치적 이상을 실행하는 것을 동시에 가리킨다. 《論語·述而》에 "자신을 써 주면 자신의 이상을 실행하고 자신을 버리면 자신의 이상을 감추어 둔다(用之則行, 舍之則藏)"라는 말이 있다.

1263. 送張嘉父[(1)]長官[(2)]

장가보 장관을 전송하며

都城昔傾蓋,[(3)]	도성에서 옛날에 수레 덮개 맞붙였나니
駿馬初服輈.[(4)]	준마가 처음에는 수레를 끌고 있었네.
再見江湖間,[(5)]	강호에서 두 번째로 만났을 때는
秋鷹已離韝.[(6)]	가을 매가 이미 활팔찌를 떠난 모습이었네.
於今三會合,	지금에 이르러 세 번째로 만났는데
每進不少留.	조금도 안 멈추고 매번 진보하였네.
豫章旣可識,[(7)]	예장인 줄 이미 알아볼 수 있었거니와
瑚璉誰當收.[(8)]	호련 같은 이 사람을 누가 거둬야 했나?
微官有民社,[(9)]	미관말직이 백성과 사직을 맡고 있나니
妙割無雞牛.[(10)]	짐승 잘 잡는 사람에게는 닭과 소의 구분이 없다네.
歸來我益敬,	돌아온 뒤 내가 더욱 존경하나니
器博用自周.[(11)]	그릇이 커서 절로 두루 쓰이기 때문이네.
百年子初筵,[(12)(13)]	백 년짜리 연회를 그대는 막 시작하고
我已迫旅酬.[(14)]	나는 이미 자리를 파할 때가 다 되었네.
但當寄苦語,	다만 한마디 쓴소리를 해야겠나니
高節貫白頭.	백발까지 높은 절개로 일관하기를.

[해설]

장대형이라는 아끼는 후배를 전송하면서 지은 것이다. 그의 능력을 칭송하고, 능력이 있으면서도 중용되지 못하는 그를 위로했다.

[주석]

(1) 嘉父(가보): 張大亨의 字. 施元之《施注蘇詩》의〈過泗上喜見張嘉父二首〉(0621)에 대한 주석에 "장가보는 이름이 대형이고 오흥(지금의 절강성 湖州) 사람이다. 원풍 8년(1085)의 과거에 급제하여 춘추학을 연구했다……건중정국(1101) 초에 남해에서 돌아와 맨 먼저 전제명에게 편지를 보내 장가보가 어디에 있는지 물었다(張嘉父, 名大亨, 吳興人. 登元豐八年第, 治春秋學……建中靖國初, 還自南海, 首以書與錢濟明, 問嘉父今安在)"라고 한 것을 보면 소식이 매우 소중하게 여긴 후배였음을 알 수 있다.

(2) 長官(장관): 縣令에 대한 존칭.

(3) 傾蓋(경개): 수레용 日傘을 기울이다. 수레를 바짝 붙이고 잠시 이야기를 나눈다는 뜻으로, 처음 만나 교유하는 것을 가리킨다.〈九日袁公濟有詩, 次其韻〉(1153) 주 (9) 참조.

(4) 服輈(복주): 수레를 끌다.

(5) 再見(재견): 두 번째로 보다. 泗州에서 만난 것을 가리킨다.

(6) 韝(구): 활팔찌. 활을 쏠 때 활을 쥐는 손의 소매를 걷어 올려서 매는 가죽띠. 杜甫의 시〈去矣行〉에 "그대는 보지 못했는가 활팔찌 위의 매가, 일단 배가 불러지면 날아가 버리는 걸?(君不見韝上鷹, 一飽卽飛掣?)"이라는 구절이 있다.

(7) 豫章(예장): 나무 이름.《淮南子·修務訓》에 "예장이 났다는 사실은 7년 뒤에나 알 수 있다(豫章之生也, 七年而後知)"라고 했고, 王十朋의《百家註分類東坡先生詩》에 "예장은 단단한 나무라 가장 어렵게 자란다. 그 나무는 날 때 풀과 명아주 틈에 섞여 있어서 식별하기가 쉽지 않다(豫章, 堅勁之木, 最難長. 其木生之時, 雜在草萊, 未易辨識)"라고 했다.

(8) 瑚璉(호련): 종묘에서 黍稷을 담던 祭器. 훌륭한 인재를 가리킨다.〈送程之邵簽判赴闕〉(1162) 주 (17) 참조. 이 연은 장대형 같은 인재를 중용할 줄 모르고 내버려 둔 조정의 인사권자를 비판한 것이다.

(9) 民社(민사): 백성과 사직.

(10) 妙割(묘할): 소나 닭 따위를 잘 잡는 것을 가리킨다.《論語·陽貨》에 "닭을 잡는 데 어째서 소 잡는 칼을 쓰느냐?(割鷄焉用牛刀?)"라는 말이 있다. 이 연은 장대형이 미관말직이면서도 고관대작 못지않게 백성을 생각하고 사직을 걱정한다는 말이다.

(11) 用自周(용자주): 쓰임새가 절로 두루 미치다.

(12) 百年(백년): 한평생을 가리킨다.

(13) 初筵(초연): 막 연회석에 들다. 일이 막 시작되는 것을 가리킨다.《詩經·小雅·賓之初筵》에 "손님이 막 연회석에 들어오시니, 왼쪽과 오른쪽 모두 질서가 정연하네(賓之初筵, 左右秩秩)"라는 구절이 있다.

(14) 旅酬(여수): 여러 사람이 술을 주고받다. 제사가 끝난 뒤에 참석자들이 함께 연회를 벌이며 서로 술을 권하는 것을 가리킨다. 이 연은 장대형은 인생이 막 시작되려고 하고 자신은 인생이 끝나 간다는 말이다.

1264. 軾在潁州[1], 與趙德麟[2]同治西湖[3], 未成, 改揚州[4]. 三月十六日, 湖成, 德麟有詩見懷[5], 次其韻

나는 영주에 있을 때 조덕린과 함께 서호를 보수했는데 일이 끝나기 전에 양주지주로 바뀌었다. 3월 16일에 호수의 보수가 끝나 조덕린이 나를 그리워하는 시를 지었기에 그 시에 차운한다

太山秋毫兩無窮,[6][7] 태산과 추호는 둘 다 무궁한 것이고
鉅細本出相形中.[8] 큰 것과 작은 것은 본래 비교에서 나왔네.
大千起滅一塵裏,[9][10] 대천세계가 먼지 한 톨 속에서 생겼다 없어졌다 하나니
未覺杭潁誰雌雄.[11][12] 항주 서호와 영주 서호 중에서 어느 게 나은지 모르겠네.
我在錢塘拓湖淥,[13] 나는 전당에 있을 때 호수를 쳐서 맑게 했나니
大隄士女爭昌丰.[14][15][16] 큰 둑에서 여인들이 고운 자태를 다투었네.
六橋橫絶天漢上,[17][18] 여섯 개의 다리가 은하수 위를 가로질러
北山始與南屛通.[19][20] 북쪽 산이 비로소 남병산과 통했네.
忽驚二十五萬丈,[21] 이십오만 장이나 되어 깜짝 놀랐었는데
老葑席卷蒼雲空.[22][23][24] 구름에 덮인 하늘에서 늙은 줄풀을 말아 버렸네.
朅來潁尾弄秋色,[25][26][27] 영하의 꼬리에 가서 가을빛을 구경했나니
一水縈帶昭靈宮.[28] 한 줄기 강이 소령후의 사당을 감돌았네.
坐思吳越不可到,[29][30] 오월 땅의 서호가 그리워도 갈 수 없으매
借君月斧修曈曨.[31][32] 그대의 도끼를 빌려 어슴푸레한 달을 수선했네.
二十四橋亦何有,[33] 이십사교 다리에 또 무엇이 있다고
換此十頃玻璃風.[34] 십 경짜리 유리 위의 이 풍경과 바꾸었나?
雷塘水乾禾黍滿,[35] 물이 마른 뇌당에 벼와 기장이 가득한데

寶釵耕出餘鸞龍.[36][37]	땅을 갈면 나오는 보석 비녀에 난새와 용이 남아 있네.
明年詩客來弔古,[38][39]	내년에 시인이 와서 옛날 일을 회상하며
伴我霜夜號秋蟲.[40]	나와 짝해 서리 내리는 밤에 가을벌레 소리를 내리.

[해설]

영주에 있을 때 조영치와 함께 서호를 준설하다가 공사가 끝나지 않은 상태에서 양주지주로 옮겼는데 준설 공사가 끝난 뒤에 조영치가 시를 지어 보냈으므로 그 시에 차운한 것이다.

[주석]

(1) 潁州(영주): 지금의 안휘성 阜陽.
(2) 德麟(덕린): 趙令畤의 字. 〈洞庭春色幷引〉(1244) 주 (5) 참조.
(3) 西湖(서호): 영주 서호를 가리킨다.
(4) 揚州(양주): 지금의 강소성 양주.
(5) 見懷(견회): 나를 그리다. 〈次韻錢越州見寄〉(1099) 주 (2) 참조.
(6) 太山(태산): 泰山. 산동성 남부에 있는 큰 산으로 五嶽 가운데 동악이다.
(7) 秋毫(추호): 가을철에 털갈이하여 새로 돋아난 짐승의 가느다란 털. 《莊子·齊物論》에 "천하에서 추호의 끝보다 큰 것이 없고 태산은 작은 셈이며, 일찍 죽은 아이보다 장수한 사람이 없고 팽조는 요절한 셈이다(天下莫大於秋毫之末, 而太山爲小; 莫壽於殤子, 而彭祖爲夭)"라고 했다.
(8) 相形(상형): 서로 비교하다. '相刑'과 같다.
(9) 大千(대천): 大千世界. 광대무변한 세계를 가리킨다.
(10) 起滅(기멸): 생겨나고 없어지다.
(11) 杭潁(항영): 항주(지금의 절강성 항주)와 영주. 항주 서호와 영주 서호를 가리킨다.
(12) 雌雄(자웅): 암컷과 수컷. 우열을 가리킨다. 소식의 자주에 "보내온 시에 '항주와 자웅을 겨룬다'고 했다(來詩云: '與杭爭雄.')"라고 했다.
(13) 錢塘(전당): 항주의 屬縣으로 항주의 관청 소재지였기 때문에 항주를 가리킨다.
(14) 大隄(대제): 소식이 항주지주로 재임할 때 서호를 준설하여 생긴 퇴적물을 쌓아서 생긴 제방인 蘇堤(일명 蘇公堤)를 가리킨다. 樂府 〈襄陽樂〉에 "아침에 양양성을 떠나, 저녁에 큰 둑에 이르러서 묵노라니, 큰 둑에서 여인들이, 꽃과 같이 고와서 사내 눈을 놀라게 하네(朝發襄陽城, 暮至大堤宿. 大堤諸女兒, 花豔驚郎目)"라는 구절이 있다.
(15) 士女(사녀): 양갓집 여자. '仕女'와 같다.
(16) 昌丰(창봉): 아름다운 자태.
(17) 六橋(육교): 소식이 항주 서호를 준설할 때 제방 중간중간에 만들어 놓은 여섯 개의 다리. 여섯 개의

다리가 있는 소공제를 가리킨다. 《西湖遊覽志·蘇公堤》에 "소자첨이 군수로 있을 때 호수를 준설하고 쌓은 것이기 때문에 사람들이 소공제라고 명명했다. 제방을 끼고 양쪽에 꽃과 버드나무를 심고 중간 중간에 여섯 개의 다리를 만들었는데 다리마다 그것을 덮는 정자가 있었다(蘇子瞻守郡, 濬湖而築之, 人因名蘇公堤. 夾植花柳, 中爲六橋, 橋各有亭覆之)"라고 했다.

(18) 天漢(천한): 은하수. 항주 서호를 가리킨다.

(19) 北山(북산): 서호 북쪽에 있는 산.

(20) 南屏(남병): 남병산. 서호 남쪽에 있는 산. 이 연은 중간중간에 다리가 여섯 개나 있을 정도로 기다란 제방인 소공제가 서호의 남쪽과 북쪽을 연결하여 백성들의 통행을 편하게 해 주었다는 말이다.

(21) 二十五萬丈(이십오만장): 250만 자. 소식이 준설하기 전에 항주 서호를 뒤덮고 있던 줄풀 띠의 길이를 가리킨다. 소식이 항주 서호를 준설하기 위해 올린 상소문 〈杭州乞度牒開西湖狀〉에 "국초 이래로 점점 내버려 두고 손질하지 않았기 때문에 물이 마르고 풀이 자라 차츰 줄풀 밭으로 변해 갔습니다. 희령(1068-1077) 연간에 제가 이 고을 통판으로 재임할 때에는 호수 가운데 줄풀에 뒤덮인 것이 대략 10분의 2~3 정도였을 뿐인데 지금까지 겨우 16~7년 지나는 사이에 마침내 절반이 막혀 버렸습니다. 노인네들이 다들 말하기를 최근 10년 동안에 물이 얕아지고 줄풀이 마구 자라 마치 구름이 하늘을 뒤덮은 것 같으니 이제 금방 호수에 가득 차서 다시 20년이 지나면 서호가 없어질 것이라고 합니다……이리하여 이미 담당관을 파견하여 줄풀 밭으로 변한 호수의 면적을 측량해 보게 했더니 총 25만여 장이라 인부 20여 만 명의 노동력을 써야 할 것으로 추산됩니다(自國初以來, 稍廢不治, 水涸草生, 漸成葑田. 熙寧中, 臣通判本州, 則湖之葑合, 蓋十二三耳, 至今纔十六七年之間, 遂堙塞其半. 父老皆言十年以來, 水淺葑橫, 如雲翳空, 倏忽便滿, 更二十年, 無西湖矣……輒已差官打量湖上葑田, 計二十五萬餘丈, 度用夫二十餘萬功)"라고 했다.

(22) 葑(봉): 볏과에 속하는 여러해살이 풀인 줄풀의 뿌리. 줄풀을 가리킨다.

(23) 席卷(석권): 돗자리처럼 돌돌 말다.

(24) 蒼雲空(창운공): 푸른 구름에 덮인 하늘. 줄풀에 덮인 서호를 가리킨다.

(25) 朅來(걸래): 왕래하다. 가는 것을 가리키는 경우도 있고 오는 것을 가리키는 경우도 있는데 여기서는 가는 것을 가리킨다.

(26) 潁尾(영미): 潁河의 하류. 영주를 가리킨다.

(27) 秋色(추색): 가을의 景色.

(28) 昭靈宮(소령궁): 昭靈侯에 추봉된 張龍公의 궁전이라는 뜻으로 장룡공의 사당을 가리킨다. 〈禱雨張龍公, 旣應, 劉景文有詩, 次韻〉(1225) 주 (15)(16) 참조.

(29) 坐(좌): ~에 기인하다. ~에서 비롯되다.

(30) 吳越(오월): 五代十國 시기의 십국 가운데 하나. 그 나라의 도성인 杭州를 가리킨다.

(31) 月斧(월부): 달을 보수하는 데 쓰는 도끼. 鄭仁本의 사촌 동생이 王秀才와 함께 嵩山에 놀러 갔다가 길을 잃었는데 어떤 사람이 보퉁이를 베고 누워 있는 것을 보고 어디서 온 사람이냐고 물었더니 웃으면서 "달이 七寶를 모아서 만들어졌다는 사실을 아시오? 그래서 8만 2천 戶가 늘 그것을 보수하고

있는데 나도 그중의 한 사람이오"라고 하고는 보퉁이를 열어서 보여 주는데 도끼 몇 자루와 옥가루로 지은 밥 두 덩이가 들어 있었다. 그 사람이 그것을 두 사람에게 나누어 주면서 "이것을 먹으면 비록 장수는 못할지 몰라도 평생 병은 안 날 것이오"라고 했다.(《酉陽雜俎·天咫》 참조)

(32) 曈曨(동롱): 달이 막 뜨는 모양. 맑지 않고 침침한 모양. 물이 맑지 않은 영주 서호를 가리킨다. 이 연은 항주 서호를 볼 수 없기 때문에 조영치에게 영주 서호를 준설하게 했다는 말이다.

(33) 二十四橋(이십사교): 양주 瘦西湖에 놓여 있는 다리.

(34) 十頃玻璃風(십경파리풍): 넓이가 10경인 유리 위의 풍경. 영주 서호의 수면에 비친 풍경을 가리킨다. 趙令畤의 《侯鯖錄》에 "구양공이 유양(지금의 강소성 양주)에서 여음(영주, 지금의 안휘성 阜陽)의 태수로 옮긴 뒤에 〈西湖戲作示同遊者〉를 지어 '초록 마름 붉은 연에 그림배 뜨니, 이 사또가 어찌 더 양주를 추억하리? 이십사교 다리 위의 달빛을 모두, 서호에 비친 십 경짜리 가을빛과 바꾸었네'라고 했는데, 동파가 또 영주에서 유양으로 옮겨 가서는 시를 지어 나에게 부쳐 말하기를 '이십사교 다리에 또 무엇이 있다고, 십 경짜리 유리 위의 이 풍경과 바꾸었나?'라고 했으니 이것은 구양공의 시구를 사용한 것이다(歐陽公自維揚移守汝陰, 作西湖詩云: '綠芰紅蓮畫舸浮, 使君寧復憶揚州? 都將二十四橋月, 換得西湖十頃秋.' 東坡復自潁移維揚, 作詩寄予曰: '二十四橋亦何有, 換此十頃玻璃風.' 使歐公詩也)"라고 했다.

(35) 雷塘(뇌당): 양주 북부에 있는 못으로 雷陂라고도 한다. 당나라 무덕 5년(622)에 隋나라 煬帝를 이곳으로 이장했다. 수나라 양제는 대업 12년(616) 7월에 洛陽에서 양주로 옮겨 가 황음무도한 생활을 하다가 2년 뒤 신하들에게 시해당했다.(《隋書·煬帝紀》 및 《隋書·宇文化及傳》 참조)

(36) 寶釵(보차): 금은보화로 만든 비녀. 수나라 궁녀들의 비녀였을 것으로 보인다.

(37) 鸞龍(난룡): 난새와 용. 비녀에 새겨진 무늬를 가리킨다.

(38) 詩客(시객): 시인. 조영치를 가리킨다. 소식의 자주에 "조덕린이 양주에 와서 기거하기로 나와 약속했거니와 양주통판 자리를 요구하려는 마음도 있었다(德麟見約, 來揚寄居, 亦有意求揚倅)"라고 했다.

(39) 弔古(조고): 옛날 일을 생각하며 감상에 빠지다.

(40) 號秋蟲(호추충): 가을벌레가 소리 내어 울다. 가을벌레가 우는 것처럼 시를 읊조리는 것을 가리킨다.

1265. 次韻德麟[(1)]西湖[(2)]新成見懷[(3)]絶句

서호 준설 공사가 막 끝난 뒤 나를 그리며 지은 조덕린의 절구에 차운하여

壺中春色飮中仙,[(4)(5)]	병 속의 동정춘색으로 취중의 신선이었는데
騎鶴東來獨惘然.[(6)(7)(8)]	학을 타고 동쪽으로 와서 홀로 실의에 젖어 있네.
猶有趙陳同李郭,[(9)(10)]	그래도 거기는 이씨와 곽씨 같은 조씨와 진씨가 있으니
不妨同泛過湖船.	호수를 지나는 배를 함께 띄워도 괜찮겠네.

[해설]

소식이 영주에 있을 때 추진하던 영주 서호 준설 공사가 끝난 뒤 영주에 남아 있는 조영치가 양주에 가 있는 소식을 생각하며 지은 절구에 차운한 것이다.

[주석]

(1) 德麟(덕린): 趙令畤의 字. 〈洞庭春色并引〉(1244) 주 (5) 참조.

(2) 西湖(서호): 潁州(지금의 안휘성 阜陽) 西湖를 가리킨다.

(3) 見懷(견회): 나를 그리다. 〈次韻錢越州見寄〉(1099) 주 (2) 참조.

(4) 壺中春色(호중춘색): 병 속의 봄빛. 소식의 자주에 "동정춘색을 말한다(謂洞庭春色也)"라고 했는데 소식의 시 〈洞庭春色并引〉(1244)에 "안정군왕이 황감으로 술을 빚어 동정춘색이라고 했는데 색깔·향기·맛 등 세 가지가 다 절묘했다. 그것을 그의 조카 조덕린에게 보내 주었는데 조덕린이 그것을 나에게 마시게 해 주었다(安定郡王, 以黃甘釀酒, 謂之洞庭春色, 色香味三絶. 以餉其猶子德麟, 德麟以飮余)"라고 했다.

(5) 飮中仙(음중선): 술에 취해 근심이 없어진 사람을 가리킨다. 杜甫에게 〈飮中八仙歌〉라는 시가 있다.

(6) 騎鶴(기학): 신선이 되어서 날아다니는 것을 가리킨다. 여러 사람이 각자 자신의 소원을 이야기하고 있었다. 첫 번째 사람은 揚州刺史가 되고 싶다고 했다. 두 번째 사람은 돈을 많이 벌고 싶다고 했다. 세 번째 사람은 학을 타고 하늘로 올라가고 싶다고 했다. 다 듣고 난 마지막 사람이 자기는 허리에 돈 십만 꿰미를 차고 학을 타고 양주의 하늘로 올라가고 싶다고 했다.(《殷芸小說》 참조)

(7) 東來(동래): 동쪽으로 오다. 영주에서 양주(지금의 강소성 양주)로 온 것을 가리킨다.

(8) 惘然(망연): 실의에 젖어 있는 모양.

(9) 趙陳(조진): 조영치와 陳師道를 가리킨다.

(10) 李郭(이곽): 李膺과 郭太를 가리킨다. 곽태가 洛陽에 가서 노닐다가 河南尹 이응을 만났다. 이응이 곽태를 매우 중시하여 마침내 서로 친한 사이가 되었다. 나중에 이응이 고향으로 돌아갈 때 수많은 사람이 바라보는 가운데 곽태가 이응과 한 배를 타고 강을 건넜다. 사람들이 그들을 바라보며 신선이라고 여겼다.(《後漢書·郭太傳》 참조)

1266. 再次韻德麟[1]新開西湖[2]

새로 준설한 서호를 읊은 조덕린의 시에 다시 차운하여

使君不用山鞠窮,[3][4]	태수에겐 궁궁이가 필요하지 않았나니
飢民自逃泥水中.[5]	굶주린 백성이 스스로 진흙탕 속으로 들어갔네.
欲將百瀆起凶歲,[6][7][8]	온갖 하천을 가지고 흉년을 극복하여
免使甔石愁揚雄.[9][10]	적은 양식으로 양웅을 근심하지 않게 하려 했네.
西湖雖小亦西子,[11]	영주 서호는 작지만 이 역시 월 서시라
縈流作態淸而丰.	감돌아 흐르는 자태가 맑고 풍만하였네.
千夫餘力起三閘,[12]	인부 천 명의 여력으로 갑문을 세 개 세우고
焦陂下與長淮通.[13]	초피가 아래로 긴 회하와 통하게 했네.
十年憔悴塵土窟,[14]	십 년 동안 초췌한 진흙 밭이었는데
淸瀾一洗啼痕空.[15]	맑은 물결이 눈물 자국을 말끔히 씻어 냈네.
王孫本自有仙骨,[16][17][18]	왕손은 본래 선골을 지니고 있어
平生宿衛明光宮.[19][20]	평생 동안 명광궁을 숙위할 사람이네.
一行作吏人不識,[21]	그런데 한번 관리가 되자 사람들이 몰라보니
正似雲月初朦朧.[22]	구름에 가린 달이 처음 보면 흐릿한 것과 똑같네.
時臨此水照冰雪,[23]	때때로 이 물에 임해 빙설을 비출 텐데
莫遣白髮生秋風.[24]	백발에 가을바람이 일게 하지는 마시게.
定須却致兩黃鵠,[25][26][27]	반드시 노랑 고니 두 마리를 다시 오게 하여

新與上帝開濯龍.[28][29]　　새로이 임금님께 탁룡지를 파 드려야 하리.
湖成君歸侍帝側,　　호수 공사 끝났으니 돌아가 황제 곁에서 모실 터
燈花已綴釵頭蟲.[30][31][32]　　불똥이 틀림없이 비녀 끝에 붙어 벌레가 되리.

[해설]

〈나는 영주에 있을 때 조덕린과 함께 서호를 보수했는데 일이 끝나기 전에 양주지주로 바뀌었다. 3월 16일에 호수의 보수가 끝나 조덕린이 나를 그리워하는 시를 지었기에 그 시에 차운한다(軾在潁州, 與趙德麟同治西湖, 未成, 改揚州. 三月十六日, 湖成, 德麟有詩見懷, 次其韻)〉(1264)의 원운에 다시 차운한 것이다. 조영치에게 조정으로 들어가 영주 서호를 준설한 경험을 바탕으로 황제를 위해 탁룡지를 파 드리고 가까이에서 황제를 잘 보필하라고 충고했다.

[주석]

(1) 德麟(덕린): 趙令畤의 字. 〈洞庭春色并引〉(1244) 주 (5) 참조.
(2) 西湖(서호): 潁州(지금의 안휘성 阜陽) 西湖를 가리킨다.
(3) 使君(사군): 태수에 대한 존칭. 揚州(지금의 강소성 양주)知州인 소식 자신을 가리킨다.
(4) 山鞠窮(산국궁): 궁궁이. 한기와 습기를 막아 주는 약이다. 《本草》에 "궁궁이는 일명 산국궁이라고도 한다. 이 약은 위로 올라가서 머리의 병을 전문적으로 치료하며 아울러 습기도 막아 준다. 관중에서 나는 것은 서궁이고 사천에서 나는 것은 천궁이다(芎藭, 一名山鞠窮. 此藥行上, 專治頭腦之疾, 兼禦濕氣. 出關中者爲西芎, 出四川者爲川芎)"라고 했다. 〈次韻袁公濟謝芎椒〉(1141) 주 (2)(7) 참조.
(5) 泥水(이수): 영주 서호의 진흙탕 물을 가리킨다. 이 연은 영주 백성들이 굶주림에서 벗어나기 위해 호수 속으로 들어가 벼와 유사한 줄풀의 열매, 즉 菰米를 땄기 때문에 태수가 한기와 습기를 막아 주는 궁궁이를 먹고 호수 속으로 들어가 준설 작업을 할 필요가 없을 정도였다고 우스갯소리를 한 것이다.
(6) 將(장): ~을 가지고.
(7) 百瀆(백독): 온갖 하천. 이 구절은 하천들을 잘 정비함으로써 흉년을 잘 넘기려고 했다는 말이다. 王十朋의 《百家註分類東坡先生詩》에 인용된 소식의 자주에는 "작년에 영주에 재해의 상처가 있어 내가 황하의 인부 만 명을 줄여 영주의 하천을 준설하게 해 달라고 주청했더니 들어주셨다. 여력으로 갑문을 세 개 만들고 초피의 물을 소통하게 하고 서호를 준설했다(去歲潁州災傷, 予奏乞罷黃河夫萬人開本州溝, 從之. 以餘力作三閘, 通焦陂水, 浚西湖)"라고 했고, 施元之의 《施注蘇詩》에 인용된 소식의 자주에는 "나는 영주 사람들이 몹시 굶주리는 일로 인하여 황하의 인부 만 명을 영주로 보내 경내의 하천을 보수하게 해 달라고 주청했더니 윤허한다는 조서가 내려왔다. 이리하여 여력을 가지고 이 호수를 준설했다(予以潁人苦饑, 奏乞留黃河夫萬人, 修境內溝洫, 詔許之. 因以餘力, 浚治此

湖)”라고 했다.

(8) 起凶歲(기흉세): 흉년을 딛고 일어나다.

(9) 甔石(담석): 1甔 또는 한 섬. 소량의 양식을 가리킨다. ‘甔’은 한 섬들이 정도 되는 큰 항아리이다.

(10) 揚雄(양웅): 한나라 때의 학자. 가난한 영주 백성을 가리킨다. 《한서·양웅전》에 “집에 한 항아리 정도의 저축된 양식도 없었지만 마음이 차분했다(家無甔石之儲, 晏如也)”라고 했다.

(11) 西子(서자): 춘추 시대 월나라의 미인 西施를 가리킨다. 소식은 〈飮湖上初晴後雨二首〉(0259) 其二에서 “서호를 월서시에 비유한다면, 옅은 화장 짙은 분 아무래도 어울리는 것과 같네(若把西湖比西子, 淡粧濃抹總相宜)”라고 하여 杭州(지금의 절강성 항주) 西湖를 서시에 비유한 적이 있는데 여기서는 영주 서호를 서시에 비유한 것이다.

(12) 閘(갑): 갑문. 수위가 적정 수준을 유지하도록 물의 양을 조절하는 데 쓰는 수문. 주 (7) 참조.

(13) 焦陂(초피): 안휘성 부양에 있는 못.(魏嵩山 主編, 《中國歷史地名大辭典》, 廣東敎育出版社, 1995년 제1판, 1123쪽 참조)

(14) 窟(굴): 사람이나 물건이 많이 모여 있는 곳.

(15) 啼痕(제흔): 눈물 자국. 물이 빠진 뒤의 진흙 웅덩이와 물기가 약간 남아 있는 그 주변 모습을 가리키는 것으로 보인다. 이 연은 호수에 물이 차서 진흙 웅덩이가 물속에 잠겨 버렸다는 말이다.

(16) 王孫(왕손): 조영치를 가리킨다. 그는 송나라 태조 趙匡胤의 차남 趙德昭의 玄孫이다. 〈獨酌試藥玉滑盞, 有懷諸君子. 明日望夜, 月庭佳景不可失, 作詩招之〉(1216) 주 (14) 참조.

(17) 本自(본자): 본래.

(18) 仙骨(선골): 신선의 기질. 비범한 자질을 가리킨다.

(19) 宿衛(숙위): 숙직하며 지키다.

(20) 明光(명광): 도교에서 말하는, 밤낮없이 늘 훤하게 밝은 구릉. 선경을 가리킨다. 한나라 무제가 세운 궁전의 이름이기도 한바, 여기서는 선경과 황궁을 동시에 가리키는 중의적 표현인 것으로 보인다. 이 연은 조영치가 황제의 후손이기 때문에 평생 황궁에서 황제를 보필할 사람이라는 뜻과 선골을 지니고 있기 때문에 선경에서 살 사람이라는 뜻을 동시에 지니고 있는 것으로 보인다.

(21) 一行作吏(일행작리): 한번 관리가 되는 과정을 거치다. 嵇康의 〈與山巨源絶交書〉에 “산천에서 노닐며 물고기와 새를 보면 마음속으로 매우 즐거워할 테지만 한번 관리가 되고 나면 이런 일들이 폐기될 것입니다(游山澤, 觀魚鳥, 心甚樂之, 一行作吏, 此事便廢)”라는 말이 있다.

(22) 朦朧(몽롱): 흐릿한 모양. 이 연은 사람들이 처음에는 황족이면서 동시에 선골을 지니고 있는 조영치를 잘 못 알아볼 것이라는 말이다.

(23) 冰雪(빙설): 희고 매끈한 조영치의 얼굴을 가리킨다.

(24) 白髮生秋風(백발생추풍): 백발에 가을바람이 생기다. 白居易의 시 〈初貶官過望秦嶺〉에 “망진령 위에서 고개 돌리고 서 있으니, 흰 수염에 끝없이 가을바람이 분다(望秦嶺上回頭立, 無限秋風吹白鬚)”라는 구절이 있다. 이 연은 조영치에게 늙을 때까지 계속 영주에 머물지 말고 곧 조정으로 들어가라고 충고한 것이다.

(25) 定須(정수): 반드시 ~해야 하다.

(26) 却(각): 다시.

(27) 兩黃鵠(양황곡): 노랑 고니 두 마리. 못을 파라고 권유하는 神力의 소유자를 가리킨다. 汝南 고을에 鴻隙陂라는 큰 못이 있어서 고을 사람들의 생활이 풍요로웠는데 漢나라 때 翟方進이 못을 헐어서 물을 흘려보내 버렸다. 그 뒤로 날이 자주 가물어 고을 사람들이 적방진을 원망했는데 이때 아이들 사이에 "누가 못을 헐었나? 적자위(적방진)라네. 우리한테 콩밥과 토란국을 먹게 하네. 세상의 모든 일은 돌고 도는 것, 홍극피도 당연히 다시 파야 한다네. 이런 말을 누가 했나? 노랑 고니 두 마리네(壞陂誰? 翟子威. 飯我豆食羹芋魁. 反乎覆, 陂當復. 誰言者? 兩黃鵠)"라는 동요가 유행했다.(《한서·적방진전》 참조)

(28) 上帝(상제): 황제를 가리킨다.

(29) 濯龍(탁룡): 濯龍池. 하남성 洛陽 동북쪽의, 漢·魏 시기의 古城 안에 있는 못.(위숭산 주편, 《중국역사지명대사전》, 1293쪽 참조) 황제 및 황족을 위한 못을 가리킨다.

(30) 燈花(등화): 등불의 심지 끝에 맺힌 꽃 모양의 불기운. 빨간 불똥을 꽃에 비유한 것이다.

(31) 已(이): 반드시. 틀림없이. 《漢書·灌夫傳》에 "관부는 문장이나 학문을 좋아하지 않고 의협적인 일을 좋아하여 한번 승낙한 일은 반드시 그렇게 했다(夫不喜文學, 好任俠, 已然諾)"라고 했는데 이에 대한 顔師古의 주에 "'已'는 '반드시'라는 뜻이다. 다른 사람에게 하겠다고 한마디 허락하고 나면 반드시 신의를 지켰다는 말이다('已', 必也. 謂一言許人, 必信之也)"라고 했다.

(32) 釵頭蟲(차두충): 비녀 끝의 벌레. 비녀로 심지를 정돈할 때 비녀 끝에 달라붙는 불똥을 가리킨다. 韓愈의 시 〈詠燈花同侯十一〉에 "노란 불꽃 안에서 금 좁쌀을 밀어냈더니, 비녀 끝에 옥 벌레가 붙어 있구나. 게다가 수고롭게 기쁜 일을 가지고, 이렇게 와서 주인에게 알리는구나(黃裏排金粟, 釵頭綴玉蟲. 更煩將喜事, 來報主人公)"라는 구절이 있다. 이 연은 조영치가 곧 조정으로 돌아가서 촛불에 등화가 생기도록 밤늦게까지 황제를 모실 것이라는 말이다.

1267. 到官病倦, 未嘗會客, 毛正仲[1]惠茶[2], 乃以[3]端午小集石塔[4], 戲作一詩爲謝[5]

관아에 도착하니 몸이 병들고 피곤하여 손님들을 모아 연회를 벌인 적이 없었는데 모정중이 차를 주는지라 단옷날에 석탑사에서 작은 모임을 열고 장난삼아 시 한 수를 지어서 감사한다

我生亦何須, 　나의 삶에 또 무엇이 필요하리오
一飽萬想滅. 　일단 배만 부르면 오만 생각이 사라지는데?
胡爲設方丈,[6][7] 　무엇 하러 사방으로 열 자나 되는 상을 차려
養此膚寸舌.[8] 　세 치짜리 이 혀를 보양하리오?
爾來又衰病,[9] 　근래엔 또 쇠약해지고 병이 들어서
過午食輒噎.[10] 　오시가 지나서 먹으면 매번 목에 걸리네.
謬爲淮海帥,[11][12] 　과분하게 회해 땅의 우두머리가 되었건만
每愧廚傳缺.[13] 　매번 좋은 음식과 숙소가 없어 부끄럽네.
爨無欲淸人,[14][15] 　밥 지을 때 시원한 걸 원하는 사람이 없고
奉使免內熱.[16][17] 　사명을 받들고 있지만 속에서 열나는 걸 면했네.
空煩赤泥印,[18] 　그런데 공연히 번거롭게 붉은 인주로 도장을 찍어
遠致紫玉玦.[19] 　보라색 옥결을 멀리 보냈네.
爲君伐羔豚, 　차를 보낸 그대 덕분에 새끼 양과 돼지를 잡아
歌舞菰黍節.[20] 　단오절에 맞추어 노래하고 춤추었네.
禪窗麗午景,[21] 　선방의 창문에 한낮의 햇살이 고운데
蜀井出冰雪.[22][23] 　촉정에서 얼음과 눈이 나왔네.
坐客皆可人,[24] 　좌객들은 모두 다 훌륭한 사람

鼎器手自潔.(25)	솥과 다기를 자신이 손수 깨끗이 씻었네.
金釵候湯眼,(26)(27)	금비녀 꽂은 사람이 찻물 끓길 기다리는데
魚蟹亦應訣.(28)(29)	물고기 눈과 게 눈을 역시 가결에 맞춰 가늠했네.
遂令色香味,	그리하여 마침내 색깔과 향기와 맛
一日備三絶.(30)	삼절이 하루에 다 갖추어지게 했네.
報君不虛受,(31)	헛되이 받은 게 아니라고 그대에게 알리니
知我非輕啜.	내가 허투루 마시지 않는 줄을 아시길.

[해설]

모점이라는 사람이 차를 보내 주자 단옷날 몇몇 사람을 석탑사로 불러서 연회를 열고 그 차를 마신 뒤 그때의 감회를 읊어 모점에게 보냄으로써 감사하는 마음을 전한 것이다.

[주석]

(1) 正仲(정중): 毛漸의 字. 《송사·모점전》에 "모점은 자가 정중으로 구주 강산(지금의 절강성 강산) 사람이다(毛漸, 字正仲, 衢州江山人也)"라고 했고, 馮應榴의 《蘇軾詩集合注》에 "모점이 兩浙路轉運副使를 맡은 일이 《續資治通鑑長編》 원우 7년(1092) 6월 조에 보이므로 차는 틀림없이 절중 지방에서 부쳤을 것이다(毛漸任兩浙運副, 見於《續通鑑長編》元祐七年六月, 則惠茶必是浙中所寄也)"라고 했다.

(2) 惠茶(혜차): 차를 惠施하다. 차를 베풀다.

(3) 以(이): ~에.

(4) 石塔(석탑): 석탑사. 揚州 서북쪽의 甘泉山에 있는 절. 安國寺·木蘭院이라고도 했다.(魏嵩山 主編, 《中國歷史地名大辭典》, 廣東教育出版社, 1995년 제1판, 242쪽 참조)

(5) 爲謝(위사): 謝禮로 삼다. 사례를 하다.

(6) 胡爲(호위): 무엇 때문에.

(7) 方丈(방장): 사방 1장(10자). 넓은 밥상을 가리킨다. 《孟子·盡心下》에 "음식이 눈앞에 사방 열 자 진설되는 것과 시첩이 수백 명이나 되는 것은 내가 뜻을 이루어도 하지 않는다(食前方丈, 侍妾數百人, 我得志, 弗爲也)"라는 말이 있다.

(8) 膚寸(부촌): 아주 짧은 것을 가리킨다. 옛날 도량형으로 손가락 한 개의 너비를 '寸'이라고 하고 손가락 네 개의 너비를 '膚' 또는 '扶'라고 했다.

(9) 爾來(이래): 근래.

(10) 過午食(과오식): 오시(오전 11시부터 오후 1시까지)가 지나서 식사하다. 불교의 계율 가운데 하나로 '過午不食'이 있으니 이는 효율적인 수행을 위해 필요한 일이라고 한다. 兪正燮의 《癸巳存稿·午食》

에 "옛날에는 저녁밥을 먹지 못하는 것을 병으로 여겼는데 송나라 사람들은 '밤에 누워 잘 때 머리에 이불을 덮지 않고, 저녁밥을 몇 입 적게 먹는 것'을 장수의 비결이라고 했고, '묘시(오전 5~7시) 이전에는 술을 조금 마시고, 신시(오후 3~5시) 이후에는 밥을 먹지 않는 것'을 瘴氣 예방 비결이라고 했는데 常道가 아닌 것 같지만 불교를 공부하는 사람들은 오시가 지나면 식사를 하지 않는바, 부처님이 제정하신 것이라고 한다(古以不能夕食爲病, 宋人言長年訣: '夜臥不覆首, 晩飯少數口.' 避瘴者訣: '稍飮卯前酒, 莫喫申後飯.' 似非常行之道, 學佛者則過午不食, 謂是佛所制)"라고 했다. 이 연은 몸이 쇠약해지고 병이 든 나머지 소화 기능이 약해져서 음식을 잘 못 먹는 것을 저절로 불교적 수행이 이루어지는 것이라고 우스갯소리를 한 것이다.

(11) 謬(유): 오류를 범하다. 자신의 일이기 때문에 겸손하게 한 말이다.

(12) 淮海帥(회해수): 揚州知州를 가리킨다.

(13) 廚傳(주전): 옛날에 使者들에게 음식과 숙소를 제공하던 일을 가리킨다. 《漢書·宣帝紀》에 "관리는 법을 공평하게 집행하도록 힘써야 하는데 어떤 사람은 백성들에게 마음대로 요역을 시키고 음식과 숙소를 그럴듯하게 제공하여 지나칠 정도로 사자들의 비위를 맞추는바, 이는 직권을 남용하고 법을 어겨서 명예를 얻는 것이다(吏務平法, 或擅興繇役, 飾廚傳, 稱過使客, 越職踰法, 以取名譽)"라고 했는데 이에 대한 顔師古의 주에 韋昭의 말을 인용하여 "'廚'는 음식을 말하고 '傳'은 숙소를 말한다('廚'謂飮食, '傳'謂傳舍)"라고 했다.

(14) 爨(찬): 밥을 짓다. 《莊子·人間世》에 "저는 식사할 때 늘 거칠고 안 좋은 것을 먹어 요리하는 시간이 얼마 안 걸리기 때문에 밥을 지을 때 시원한 것을 바라는 요리사가 없습니다. 이제 저는 아침에 명을 받고 저녁에 얼음물을 마시니 아마도 일을 잘 수행할 수 있을까 하는 걱정으로 속에서 열이 나는 것 같습니다(吾食也執粗而不臧, 爨無欲淸之人. 今吾朝受命而夕飮冰, 我其內熱與)"라는 말이 있다.

(15) 欲淸(욕청): 청량한 것을 원하다. 이 구절은 좋은 음식을 많이 만들 일이 없기 때문에 더워서 고생하는 사람이 없다는 말이다.

(16) 奉使(봉사): 사명을 받들다.

(17) 免內熱(면내열): 속에서 열이 나는 것을 면하다. 이 구절은 음식을 많이 먹을 일이 없어서 음식을 소화하느라 발생하는 消化熱이 적기 때문에 사명을 잘 수행하기 위해 걱정하느라 생기는 열이 많이 감쇄된다는 뜻인 것으로 보인다. 주 (14) 참조.

(18) 赤泥印(적니인): 붉은색 인주로 찍은 도장. 차를 포장한 뒤에 찍는 도장을 가리킨다.

(19) 玉玦(옥결): 한쪽이 트인 고리 모양의 패옥. '紫玉玦'은 떡차를 가리킨다. 이 연은 자신은 속에서 열이 안 나기 때문에 열을 식혀 주는 기능이 있는 차를 마실 필요도 없는데 모점이 공연히 차를 보냈다고 우스갯소리를 한 것이다.

(20) 菰黍(고서): 줄풀로 싼 찹쌀밥. 쭝즈(粽子)를 가리킨다. 《續齊諧記》에 "굴원이 5월 5일에 멱라강에 자기 몸을 던져서 죽자 초나라 사람들이 그를 애도하여 해마다 이날이 되면 대통에 쌀밥을 담아 물에 던져서 제사를 지냈다. 한나라 건무(25-55) 연간에 장사 사람 구회가 자칭 삼려대부(굴원)라는 사람을 만났더니 그가 구회에게 '나에게 제사를 참 잘 지내 주고 있는데 늘 교룡이 훔쳐 먹어서 괴롭습니다.

줄풀의 잎으로 싸고 색실로 묶어 주면 좋겠습니다. 이 두 가지는 교룡이 두려워하는 것입니다'라고 했다(屈原五月五日自投汨羅而死, 楚人哀之, 每至此日, 以竹筒貯米, 投水祭之. 漢建武年, 長沙歐回見人自稱三閭大夫, 謂回曰: '見祭甚善, 常苦蛟龍所竊. 可以菰葉塞上, 以采絲約縛之. 二物蛟龍所畏.')"라는 말이 있다. '菰黍節'은 단오절을 가리킨다.

(21) 禪窗(선창): 禪房의 창. 석탑사의 창을 가리킨다.

(22) 蜀井(촉정): 양주 북쪽의 蜀岡에 있는 우물. 이 우물은 소식이 〈歸宜興, 留題竹西寺三首〉(0885) 其一에서 "촉강의 새 우물물을 실컷 퍼마셔, 고향 맛을 지니고 강동으로 건너가리(剩覓蜀岡新井水, 要攜鄉味過江東)"라고 한 바와 같이, 소식의 고향에 있는 蜀江과 수맥이 통한다고 한다. 2007년 8월 18일의 현장 답사에 의하면 竹西公園 경내의 竹西精舍 뒤에 竹西亭이 있고 죽서정 뒤에 촉정이 있었는데, 촉정 앞에 '회해(秦觀)의 후예 진자경 씀(淮海後裔秦子卿題)'이라는 낙관과 더불어 커다란 글씨로 '蜀井'이라고 쓴 하얀 표지석이 세워져 있었다. 그리고 촉정에 대한 안내문에 촉정이 竹西八景 가운데 하나라는 설명과 물맛이 蜀江의 물맛과 같기 때문에 '촉정'이라고 한다는 설명이 있었다. 그 안내문에는 또 촉정이 蜀江과 수맥이 통하는지라 한 스님이 蜀江에서 바리때를 씻다가 놓치는 바람에 그만 강 속으로 흘러들어 갔는데 그것이 나중에 죽서사의 우물에서 발견되었기 때문에 還鉢井이라고도 한다는 속설도 소개되어 있었다.

(23) 冰雪(빙설): 시원한 촉정 물을 가리킨다.

(24) 可人(가인): 재주와 덕망이 높은 사람.

(25) 鼎器(정기): 차를 끓여 마시는 데 쓰는 솥과 茶器를 가리킨다.

(26) 金釵(금차): 금비녀를 꽂은 여인을 가리킨다.

(27) 湯眼(탕안): 찻물이 끓을 때 끓는 정도에 따라 다른 모양을 띠는 공기 방울을 가리킨다.

(28) 魚蟹(어해): 魚眼과 蟹眼. 찻물이 조금 끓었을 때 생기는 게 눈 모양의 공기 방울을 해안이라고 하고 그보다 조금 더 끓었을 때 생기는 물고기 눈 모양의 공기 방울을 어안이라고 한다. 소식의 시 〈試院煎茶〉(0214)에 "게 눈 상태를 지나고 물고기 눈이 생겼다(蟹眼已過魚眼生)"라는 구절이 있다.

(29) 應訣(응결): 祕訣을 노래 형식으로 만든 것 즉 歌訣에 따르다. 가결을 흥얼거리며 찻물이 끓는 정도를 가늠한다는 말이다. 탕약 조제 비결을 노래 형식으로 만든 '湯頭歌訣'이 있는 것을 보면 찻물이 끓는 정도를 가늠하기 쉽게 하기 위해 만든 가결도 있었을 법하다.

(30) 三絶(삼절): 色·香·味 세 가지가 다 절묘한 것을 가리킨다. 이 연은 色·香·味가 다 갖추어지기란 쉬운 일이 아닌데 금비녀 꽂은 여인들이 정성껏 끓인 덕분에 이 세 가지가 다 절묘해졌다는 말이다.

(31) 虛受(허수): 헛되이 받다. '虛授'로 된 판본도 있는바, 의미가 더 잘 통한다. 이 연은 제11~12구에서 차를 공연히 보냈다고 한 것은 우스갯소리일 뿐이고 사실은 자신에게 차가 매우 요긴하다며 사의를 표한 것이다.

1268. 雙石幷敍

한 쌍의 돌을 읊은 시와 그 서문

至揚州[1], 獲二石. 其一, 綠色, 岡巒[2]迤邐[3], 有穴達於背; 其一, 正白可鑑. 漬以[4]盆水, 置几案間. 忽憶在潁州[5]日, 夢人請住一官府, 榜[6]日仇池[7], 覺而誦杜子美詩[8]曰: "萬古仇池穴, 潛通小有天[9]" 乃戱作小詩, 爲僚友一笑.(양주에 와서 돌 두 개를 얻었다. 그 가운데 하나는 초록색인데 산봉우리가 구불구불 길게 뻗어 있고 동굴이 뒤편까지 이어져 있으며, 하나는 순백색인데 거울로 삼을 만하기에 대야의 물에 담가서 탁자 사이에 두었다. 문득 영주에 있을 때 꿈에 어떤 사람이 '구지'라는 편액이 붙은 관아에서 묵게 했는데 깨어나서 "만고를 이어 온 구지산의 동혈이, 땅속으로 가만히 소유천과 통한다"라는 두자미의 시를 낭송한 일이 생각났다. 이에 장난삼아 짧은 시를 지어 동료들의 한바탕 웃음거리로 삼는다.)

夢時良是覺時非,[10]	꿈에서는 정말로 구지산이었는데 꿈에서 깨어나니 아니었기에
汲水埋盆故自癡.[11][12][13]	물을 길어 대야에 담가 놨으니 참으로 스스로 어린애같이 굴었도다.
但見玉峰橫太白,[14][15]	옥 같은 봉우리가 태백산 앞에 가로놓인 것만 보면
便從鳥道絶峨眉.[16][17]	새나 다니는 험한 길 따라 아미산을 넘어간다.
秋風與作烟雲意,[18]	가을바람 불면 안개와 구름의 기운이 일게 하고
曉日令涵草木姿.	아침 해 뜨면 초목의 자태가 잠기게 하겠다.
一點空明是何處,[19]	환히 밝은 점 하나는 어느 곳일까?
老人眞欲住仇池.[20]	이 노인은 참으로 구지산에서 살고 싶다.

[해설]

양주에서 기이하게 생긴 돌을 두 개 얻은 뒤 대야에 물을 받아 그것을 담가서 탁자 사이에 두고 감상하다가 문득 고향이 그리워지기도 하고 선경으로 통한다는 구지산에 대한 동경심이 생기기도 하여 상상의 날개를 펼쳐 본 것이다.

[주석]

(1) 揚州(양주): 지금의 강소성 양주.

(2) 岡巒(강만): 길게 뻗은 산봉우리.

(3) 迤邐(이리): 구불구불 길게 이어진 모양.

(4) 以(이): ~에.

(5) 潁州(영주): 지금의 안휘성 阜陽.

(6) 榜(방): 扁額.

(7) 仇池(구지): 지금의 감숙성 西和縣 남쪽의 구지산 위에 있는 못. 넓이가 100頃 정도 되기 때문에 百頃池라고도 한다. 여기서는 구지산을 가리킨다. 《道藏·益州洞庭玄中記》에 "곤륜산은 위로 구천과 통하고 아래로 구주와 통하여 온갖 신령이 여기에 산다. 그 길을 알려면 100경 되는 구지에서 서남쪽으로 32리를 나가면 산이 보이는데 하나는 천축산이라고 하고 하나는 구지산이라고 한다.……구지천축궁은 12복지의 머리이고 태백두양궁은 12복지의 심장이며 왕옥산은 12복지의 발이다(崑崙山者, 上通九天, 下通九州, 萬靈所都. 欲知其道, 從仇池百頃, 西南出三十二里, 見山, 一名天竺, 一名仇池.……仇池天竺宮者, 十二福地之頭, 太白杜陽宮者, 十二福地之心, 王屋山者, 十二福地之足)"라고 하고, 《杜詩詳註》에 "옛날 주석에 '세상에 구지산의 동혈에서 신령스러운 물고기가 나오는데 그것을 먹으면 신선이 된다고 전해 온다'라고 했다(舊註: '世傳仇池穴出神魚, 食之者仙.')"라고 한 바와 같이 구지산은 仙境으로 통하는 인접 지역 또는 선경을 가리킨다.

(8) 子美詩(자미시): 杜甫의 시 〈秦州雜詩二十首〉 其十四를 가리킨다.

(9) 小有天(소유천): 도가에서 말하는 선경의 이름. 하남성 濟源縣 서쪽의 王屋山에 있다.

(10) 夢(몽): 영주에서 꾼 꿈을 가리킨다.

(11) 埋盆(매분): 대야의 물에 담그다. 韓愈는 〈盆池五首〉 其一에서 "늙은이가 참으로 어린아이 같아서, 물을 길고 대야를 묻어 작은 못을 만들었다(老翁眞個似童兒, 汲水埋盆作小池)"라고 한바, 이 '埋盆'은 대야를 땅에 묻은 것이지만, 소식의 '埋盆'은 詩序에서 말한 '漬以盆水'를 가리킨다. 이 경우 '埋'는 감춘다는 뜻이다.

(12) 故(고): 본래. 참으로. '固'로 된 판본도 있다.

(13) 自癡(자치): 자신을 어린아이로 만들다. 스스로 어린아이처럼 어리석게 군다는 뜻이다.

(14) 玉峰(옥봉): 옥 같은 산봉우리.

(15) 太白(태백): 태백산. 섬서성과 사천성 사이에 있는 산. 李白의 시 〈蜀道難〉에 "서쪽으로 태백산에 이르면 새나 다니는 길이 있는데, 그 길을 통해 아미산 꼭대기를 가로지를 수 있네(西當太白有鳥道, 可以橫絶峨眉巓)"라고 했다. '玉峰橫太白'은 녹색 돌에 나 있는 흰색 산봉우리와 태백산이 나란히 솟아 있는 모양의 무늬, 또는 옥 산봉우리 모양의 흰색 돌과 태백산 모양의 녹색 돌이 대야에 나란히 놓여 있는 모양을 가리키는 것으로 보인다.

(16) 便(변): ~하면 곧.

(17) 峨眉(아미): 아미산. 소식의 고향인 眉山 서남쪽에 있는 산. 이 연은 '玉峰'과 '太白'이 앞뒤에 나란히

서 있는 모양을 보면 곧 고향 산천이 그리워진다는 말인 것으로 보인다.

(18) 與(여): ~에게 ~하게 하다. 이 연은 돌 두 개가 대야의 물에 담겨 있는 모습을 보니 가을이면 안개와 구름이 피어오르고 해가 뜨면 산에 있는 초목이 물에 비칠 것 같다는 뜻으로, 이를 통해 구지산이 연상되었다는 말이다.

(19) 一點空明(일점공명): 환히 밝은 점 하나. 동혈의 끝 지점인 녹색 산 뒤편의 작은 구멍으로, 거울 역할을 하는 흰색 돌에 비친 모습을 가리키는 것으로 보인다. 이것은 두보의 시에서 구지산과 통한다고 한 소유천에 해당하는 셈이다.

(20) 老人(노인): 소식 자신을 가리킨다.

1269. 和陶[1]〈飮酒二十首〉幷敍

도연명의 〈음주 20수〉에 화답한 시와 그 서문

吾飮酒至少, 常以把盞爲樂. 往往頹然[2]坐睡, 人見其醉, 而吾中了然, 蓋莫能名其爲醉爲醒也. 在揚州[3]時, 飮酒過午輒罷, 客去, 解衣盤礴[4], 終日歡不足而適有餘. 因和淵明〈飮酒二十首〉, 庶以仿佛其不可名者, 示舍弟子由[5]·晁无咎[6]學士.(나는 주량이 아주 적지만 항상 술잔 잡는 것을 낙으로 삼는다. 앉은 채로 조용히 조는 경우가 왕왕 있는데 그러면 사람들이 내가 취한 줄로 알지만 나는 정신이 말짱하니 아마도 그것이 취한 상태인지 깨어 있는 상태인지 말할 수 없을 것이다. 양주에 있을 때에는 술을 마시다가 오시가 지나면 곧 술자리를 끝내는데 손님들이 가고 난 뒤에 옷을 벗은 채 두 다리를 쭉 뻗고 앉아 있으면 내내 기쁨은 부족하지만 한적한 기분은 넘친다. 이에 도연명의 시 〈음주 20수〉에 화답하여 무어라고 말할 수 없을 것 같은 바를 내 동생 자유와 조무구 학사에게 보여 주고자 한다.)

其一

我不如陶生,	나는 도연명 선생과 같지 못해서
世事纏綿之.[7]	세속적인 일들이 나를 칭칭 감는다.
云何得一適,[8]	어떻게 한적한 날을 한 번 만나서
亦有如生時.	나도 선생과 같아질 때가 있을까?
寸田無荊棘,[9][10]	한 치짜리 마음 밭에 가시나무가 없다면
佳處正在茲.	멋있는 곳이 바로 여기에 있다.
縱心與事往,[11][12]	마음이 일의 추이를 따라가게 놓아두면
所遇無復疑.[13]	맞닥뜨리는 일에 대해 더 이상 의구심이 없어진다.
偶得酒中趣,[14]	우연히 취중의 흥취를 터득하여
空杯亦常持.	빈 잔이라도 항상 손에 잡는다.

[해설]

사신행(査愼行)의 《소시보주(蘇詩補註)》에 "선생의 화도시는 양주의 관사에서 시작되었고 그 뒤 영남 지방에서 도연명의 모든 시에 다 화답했다(先生和陶詩, 始於揚州官舍, 後在嶺南, 盡和陶詩)"라고 했거니와, 소식은 양주지주로 재임할 때 처음으로 도연명의 시 〈음주 20수(飮酒二十首)〉에 화답했고 그 뒤 혜주(惠州)에 유배되어 있을 때 마침내 도연명의 모든 시에 화답하기로 작정했다. 그는 담주(儋州)에 유배되어 있던 소성 4년(1097) 12월에 그동안 써 둔 화도시 109수를 모아 뇌주(雷州)에서 유배 생활 중이던 동생 소철에게 보내 서문을 써 달라고 부탁했다. 그리고 그 뒤로도 계속 화도시를 지어서 세상을 떠나기 1년 전인 원부 3년(1100)까지 총 124수의 화도시를 지었다. 소철의 〈화도시 서문(追和陶淵明詩引)〉에 인용된 바에 의하면 소식은 동생에게 보낸 편지에서 자신이 화도시를 지은 이유를 설명하여 "나는 시인들 중에 특별히 좋아하는 사람이 없는데 유독 도연명의 시만은 좋아한다(吾於詩人, 無所甚好, 獨好淵明之詩)"라고 했으니 그가 도연명 시를 얼마나 좋아했는지 짐작할 수 있다.

[주석]

(1) 陶(도): 陶淵明을 가리킨다.
(2) 頹然(퇴연): 조용한 모양. 적막한 모양.
(3) 揚州(양주): 지금의 강소성 양주.
(4) 盤礴(반박): 두 다리를 쭉 뻗고 앉다.
(5) 子由(자유): 소식의 동생 蘇轍의 字.
(6) 无咎(무구): 蘇門四學士 가운데 한 사람인 晁補之의 字. 당시에 그는 揚州通判으로 재임 중이었다.
(7) 纏綿(전면): 얽히고설켜서 떨어지지 않다.
(8) 云何(운하): 어떻게.
(9) 寸田(촌전): 한 치짜리 밭. 心田, 즉 마음을 가리킨다. 밭에서 온갖 곡식이 싹트는 것처럼 마음에서 여러 가지 선악이 싹트기 때문에 마음을 밭에 비유한 것이다.
(10) 荊棘(형극): 가시나무. 세상사로 인한 번뇌를 가리킨다.
(11) 縱心(종심): 마음이 가는 대로 내버려 두다. 도연명의 시 〈庚子歲五月中從都還阻風於規林二首〉 其二에 "한창 좋은 나이가 얼마나 됐나? 마음대로 살 일이지 더 이상 무엇을 의심하리?(當年詎有幾, 縱心復何疑?)"라는 구절이 있다.
(12) 與(여): 따르다. 이 구절은 마음이 일의 추이를 따라가도록 내버려 둔다는 말이다.
(13) 疑(의): 일이 왜 이렇게 안 풀릴까 하는 의구심을 가리킨다.
(14) 酒中趣(주중취): 취중의 흥취. 술에 취한 뒤의, 마음속에 번뇌가 없고 일이 왜 이렇게 잘 안 될까 하는 의구심이 없는 기분을 가리킨다.

其二

二豪詆醉客,(1)(2)	두 호족 인사가 취객을 꾸짖으매
氣湧胸中山.	기가 올라 가슴속의 산을 이루었는데
漼然似冰釋,(3)(4)	사르르 얼음 녹듯 사라졌으니
亦復在一言.(5)	그건 역시 한마디의 말에 달려 있었도다.
嗇氣實其腹,(6)	기를 잘 절제하고 배를 채우라
云當享長年.(7)	그러면 틀림없이 장수를 누리리라.
少飮得徑醉,(8)	나는 조금만 마시면 바로 취할 수 있나니
此秘君勿傳.(9)(10)	이 비밀을 남에게 전하지 마라.

[주석]

(1) 二豪(이호): 술을 멀리하고 예법을 중시하는 귀공자와 고위 사대부를 가리킨다. 劉伶의 〈酒德頌〉에 "귀공자와 고위 사대부가 나에 관한 소문을 듣고는 나의 행위에 대하여 비판하다가 소매를 떨치고 옷깃을 여미면서 눈을 부릅뜬 채 이를 갈며 예법을 설파하여 시비를 가리는 소리가 벌떼처럼 일어났다……두 호족 인사가 내 옆에서 나를 모시고 있는 모습이 꼭 나나니벌이 배추벌레와 함께 있는 것 같았다(有貴介公子·縉紳處士, 聞吾風聲, 議其所以, 乃奮袂攘衿, 怒目切齒, 陳說禮法, 是非蜂起……二豪侍側焉, 如蜾蠃之與螟蛉)"라고 했다. 소식의 건강을 걱정하여 제발 술을 많이 마시지 말라고 충고한 蘇轍과 晁補之를 가리키는 해학적인 표현인 것으로 보인다.

(2) 醉客(취객): 술잔을 손에서 놓지 않는 소식 자신을 〈주덕송〉의 주인공인 유영에 빗댄 것으로 보인다.

(3) 漼然(최연): 풀려서 없어지는 모양.

(4) 冰釋(빙석): 얼음이 녹다. 《老子》에 "얼음이 녹으려고 하는 것처럼 풀어지도다(渙兮若冰之將釋)"라고 했다.

(5) 一言(일언): 《노자》에 "성인의 통치 원칙은 백성의 마음을 비우고 그들의 배를 채우는 것이다(聖人之治, 虛其心, 實其腹)"라는 말이 있는바, 이 중의 '虛其心, 實其腹'을 가리킨다. 소식은 마음속의 욕망과 번뇌를 없애고 먹을거리를 풍족하게 해 준다는 뜻의 이 말을 변형하여 '嗇氣實其腹'이라는 시구를 만든 것이다.

(6) 嗇氣(색기): 火氣 또는 憤氣를 줄이다.

(7) 云(운): 이와 같다.

(8) 得(득): ~할 수 있다.

(9) 秘(비): 비밀. 서문에서 말한, 얼큰하게 취하여 다른 사람들이 보기에는 취한 것 같지만 마신 술이 적기 때문에 정신이 말짱하다는 사실을 가리키는 것으로 보인다. 이 연은 소철과 조보지가 소식의 건강

을 걱정하기 때문에 그들에게는 살짝 말해 주지만 다른 사람이 다 알면 더 마시라고 강권할까 봐 두려우니 다른 사람에게는 비밀르 해 달라고 당부한 해학적인 표현인 것으로 보인다.

(10) 君(군): 소철과 조보지를 가리키는 것으로 보인다.

其三

道喪士失己,[1]	대도가 없어지매 선비가 자신을 잃어
出語輒不情.[2]	말만 하면 정리에 맞지 않았네.
江左風流人,[3][4]	풍류가 넘치던 강동 사람들
醉中亦求名.	취중에도 명예를 추구하였네.
淵明獨清眞,	오로지 도연명만 깨끗하고 진실하여
談笑得此生.[5]	웃고 이야기하며 참된 삶을 살았네.
身如受風竹,	몸이 마치 바람 맞은 큰 대나무가
掩冉衆葉驚.[6][7]	휘청하자 뭇 잎들이 놀라는 것 같았네.
俯仰各有態,[8]	고개를 숙이나 고개를 드나 각기 자태가 있고
得酒詩自成.	술을 만나면 시가 절로 이루어졌네.

[주석]

(1) 道喪(도상): 大道가 상실되다. 도연명의 〈飮酒二十首〉 其三에 "대도가 없어진 지 천년이 다 되어 가, 사람마다 마음을 쓰는 데 인색하다(道喪向千載, 人人惜其情)"라는 구절이 있다.

(2) 不情(부정): 情理에 맞지 않다. 인정에 어긋나다.

(3) 江左(강좌): 江東. 長江이 안휘성 蕪湖로부터 강소성 南京 사이의 구간에서 동북북 방향으로 흐르기 때문에 그 이하의 강남 지역을 강동 또는 강좌라고 한다. 남경을 도읍으로 삼은 東晉을 가리키기도 한다.

(4) 風流人(풍류인): 세속적인 일에 연연하지 않고 초연하게 산 사람들, 즉 동진을 비롯하여 남경을 도읍으로 삼은 六朝의 명사들을 가리킨다. 《南史·王儉傳》에 "왕검이 늘 사람들에게 말하기를 '강동의 풍류스러운 재상으로는 사안이 있을 뿐이다'라고 했다(儉常謂人曰: '江左風流宰相, 唯有謝安.')"라는 말이 있고, 《晉書·謝混傳》에 "劉裕도 탄식하여 말하기를 '내가 매우 한탄스럽게 생각하나니 후생들로 하여금 그 풍류를 볼 수 없게 했도다!'라고 했다(裕亦歎曰: '吾甚恨之, 使後生不得見其風流!')"라는 말이 있다.

(5) 此生(차생): 이 삶. 外物의 구속에서 벗어난 도연명식의 참된 삶을 가리킨다. 도연명의 시 〈飮酒二十首〉 其七에 "동쪽 창문 밑에서 휘파람 불며 으쓱하니, 잠시 또 이 참된 삶을 얻은 것이다(嘯傲東軒下, 聊復得此生)"라는 구절이 있다.

(6) 掩冉(엄염): 쓰러지다.

(7) 衆葉(중엽): 각종 초목의 잎. 이 연은 도연명의 고고한 자태와 비교하면 초라하기 짝이 없었던 강동 명사들의 모습을, 대나무가 한 번 휘청하면 각종 초목의 잎이 심하게 흔들리는 현상에 빗댄 것으로 보인다.

(8) 俯仰(부앙): 고개를 숙이는 것과 고개를 드는 것. 도연명이 술에 취해 몸을 휘청이는 모습과 웃고 이야기하며 참된 삶을 사는 모습을 가리키는 것으로 보인다. 이 연은 도연명은 이렇게 하나 저렇게 하나 다 淸眞한 자태가 있었다는 말인 것으로 보인다.

其四

蠢蠕食葉蟲,[(1)]	꿈틀대며 이파리를 먹는 벌레는
仰空慕高飛.	하늘을 바라보며 높이 나는 걸 흠모하지만
一朝傅兩翅,[(2)]	하루아침에 갑자기 두 날개가 생기면
乃得黏網悲.[(3)]	오히려 거미줄에 붙는 슬픔을 맞는다.
啁啾同巢雀,[(4)(5)]	짹짹거리며 같은 둥지에서 살던 참새가
沮澤疑可依.[(6)(7)]	습지를 의탁할 만한 곳이라 생각하고
赴水生兩殼,[(8)]	물로 가면 두 개의 껍데기가 생긴 채
遭閉何時歸.[(9)]	물속에 갇히고 마니 언제나 돌아갈까?
二蟲竟誰是,[(10)]	이 두 버러지 가운데 도대체 어느 게 옳을까?
一笑百念衰.	한바탕 웃고 나니 온갖 상념이 사라진다.
幸此未化間,[(11)]	바라나니 아직까지 화하지 않았을 때
有酒君莫違.	술 있으면 그대여 피하지 말길.

[주석]

(1) 蠢蠕(준연): 벌레가 움직이는 모양.

(2) 傅(부): 첨가하다. 달다.

(3) 乃(내): 오히려.

(4) 啁啾(조추): 새가 우는 소리.
(5) 同巢雀(동소작): 싫증이 나도록 오랫동안 같은 둥지에서 살아 사는 곳을 한번 옮겨 보고 싶어진 참새를 가리킨다. '厭巢雀'으로 된 판본도 있다.
(6) 沮澤(저택): 낮고 물기가 많은 땅. 습지.
(7) 疑(의): 추측하다. 짐작하다.
(8) 殼(각): 조개껍데기. 《禮記·月令》에 "늦가을인 9월에는……기러기가 와서 손님처럼 머물고 참새가 바다로 들어가 대합조개가 된다(季秋之月……鴻鴈來賓, 爵入大水爲蛤)"라고 했다.
(9) 遭閉(조폐): 유폐당하다. 갇히다.
(10) 二蟲(이충): 이파리를 먹는 벌레와, 같은 둥지에서 살아온 참새를 가리킨다. 소식의 시 〈二蟲〉(0736)에서는 소금쟁이와 메추라기를 '二蟲'이라고 했다. 이 구절은 욕심을 부리기 때문에 벌레와 참새가 둘 다 옳지 않다는 말이다.
(11) 化(화): 변화하다. 죽는 것을 가리킨다. 《莊子·大宗師》에 "얼마 뒤에 자래가 병이 나서 숨을 헐떡거리며 죽으려고 하자 그의 처자가 둘러서서 울었다. 자리가 가서 문병하며 '어이! 비키시오! 화하는 것을 슬퍼하지 마시오'라고 했다(俄而子來有病, 喘喘然將死, 其妻子環而泣之. 子犁往問之, 曰: '叱! 避! 無怛化.')"라고 하여 죽는 것을 화한다고 했고, 소식도 임종하기 전에 아들들을 불러 놓고 "내 평생에 악한 일을 한 것이 없으니 죽어도 지옥에 떨어지지 않을 것임에 틀림없다. 부디 통곡하면서 화하는 것을 슬퍼하지 마라(吾生無惡, 死必不墜. 愼無哭泣以怛化)"라고 하여(蘇轍, 〈亡兄子瞻端明墓誌銘〉 참조) 죽는 것을 화하는 것이라고 했다. 이 연은 세속적인 욕심을 버리고 술이나 실컷 마시면서 초연하게 사는 것이 좋다는 말이다.

其五

小舟眞一葉,	조그만 배 한 척 정말 나뭇잎인데
下有暗浪喧.(1)	그 아래에 은은한 파도가 철썩였네.
夜棹醉中發,(2)	취중에 밤배를 저어 가느라
不知枕几偏.(3)	목침이 비뚤어진 줄도 몰랐네.
天明問前路,(4)	날 밝을 무렵에 앞길을 물어보니
已度千重山.	천첩 산을 이미 지나왔다고 했네.
嗟我亦何爲,	아아 나는 또 무엇 때문에
此道常往還.(5)(6)	이 길을 언제나 왔다 갔다 했는가?
未來寧早計,(7)	차라리 미래나 일찌감치 헤아려 볼 것이지

旣往復何言.	이미 지나간 일을 어찌 또 얘기하리?

[주석]

(1) 暗浪(암랑): 눈에 보이지 않는 풍랑.
(2) 夜棹(야도): 밤에 젓는 노. 밤배를 가리킨다.
(3) 枕几(침궤): 베개용 案席. 목침을 가리키는 것으로 보인다.
(4) 前路(전로): 도연명의 〈歸去來辭〉에 "길 가는 사람에게 앞길을 물으며, 새벽빛이 희미한 걸 한탄하리라(問征夫以前路, 恨晨光之熹微)"라는 구절이 있다.
(5) 此道(차도): 도중에 역풍을 만나 뒷걸음치기도 하는 일엽편주를 타고 밤길을 가는 것과 같았던 자신의 인생행로를 가리키는 것으로 보인다.
(6) 往還(왕환): 왕복하다. 배가 순풍을 만나 앞으로 나아가기도 하고 역풍을 만나 뒤로 물러나기도 하는 것처럼, 때로는 황제의 인정을 받아 전진하기도 하고 때로는 정적의 모함을 받아 후퇴하기도 한 자신의 관직 생활을 가리키는 것으로 보인다.
(7) 未來(미래): 아직 닥쳐오지 않은 일. 장차 전원으로 돌아가 은거할 일을 가리킨다. 도연명의 〈귀거래사〉에 "이미 지나간 일은 되돌릴 수 없음을 깨닫고, 장차 닥쳐올 일은 좇을 만한 줄 알겠다(悟已往之不諫, 知來者之可追)"라고 했다.

其六

百年六十化,(1)(2)	백 년 동안 생각이 예순 번 바뀌나니
念念竟非是.(3)	옳던 것이 한순간에 결국 옳지 않은 것이 된다.
是身如虛空,	우리 몸은 허공 같아 아무것도 없거늘
誰受譽與毀.	칭찬과 비방을 누가 받으리?
得酒未擧杯,	술을 만나면 미처 잔을 들기도 전에
喪我固忘爾.	나를 잊을 뿐 아니라 진실로 너도 잊는다.
倒牀自甘寢,	침대에 쓰러지면 저절로 단잠에 빠지나니
不擇菅與綺.(4)	골풀 자리든 비단 자리든 가리지 않고 잘 잔다.

[주석]

(1) 百年(백년): 사람의 한평생을 가리킨다.

(2) 化(화): 변화하다. 바뀌다. 《莊子·則陽》에 "거백옥은 나이가 60세가 되기까지 60번 생각이 바뀌었으니 처음에 옳다고 여겼던 일에 대해 결국은 그것이 틀렸다고 생각을 굽히지 않은 적이 없었다(蘧伯玉行年六十而六十化, 未嘗不始於是之而卒詘之以非也)"라고 했다.
(3) 念念(염념): 지극히 짧은 시간. 찰나. 순간. 《維摩詰經·方便品》에 "이 몸은 번개와 같아 한순간에 사라진다(是身如電, 念念不住)"라는 말이 있고, 소식의 시 〈龜山辯才師〉(0855)에 "짧디짧은 이승이란 구름 모양이 바뀌는 것, 지금 잘 계시는지 회하에게 말 전하네(此生念念浮雲改, 寄語長淮今好在)"라는 구절이 있다. 이 연은 고정 관념에 사로잡히거나 어느 한 가지 생각에 집착하지 말고 상황에 잘 적응하며 초연하게 사는 것이 좋다는 말이다.
(4) 菅(관): 골풀. 골풀로 짠 돗자리를 가리킨다.

其七

頃者大雪年,	큰 눈이 내리던 근래의 어느 해에
海派翻玉英.(1)(2)	바닷물에 백옥 꽃이 춤추며 흩날렸네.
有士常痛飮,(3)	언제나 통음하는 선비가 있었는데
飢寒見眞情.	춥고 배고프지만 참된 정이 엿보였네.
牀頭有敗榼,(4)	침대맡에 다 망가진 술통이 있어
孤坐時一傾.	혼자 앉아 때때로 한 번씩 기울였다네.
未能平體粟,(5)	추워서 생긴 소름을 가라앉히지는 못하지만
且復澆腸鳴.	잠시 또 꼬르륵거리는 창자에 부었다네.
脫衣裹凍酒,	옷을 벗어 얼어붙은 술을 싸나니
每醉念此生.(6)	취하기만 하면 매번 이 선비가 생각나네.

[주석]

(1) 海派(해파): 바닷물의 갈래. '海波'로 된 판본도 있는바 의미가 더 잘 통한다.
(2) 玉英(옥영): 옥의 꽃. 눈송이를 가리킨다.
(3) 士(사): 남자의 미칭. 소식이 근래에 만난 어떤 사람을 가리킨다.
(4) 敗榼(패합): 망가진 술통. 이하의 네 구절은 소식이 그 사람에게 들은 이야기인 것으로 보인다.
(5) 體粟(체속): 추위나 무서움으로 피부에 좁쌀처럼 생기는 소름. 이 구절은 몸이 따뜻해질 정도로 충분히 마시지는 못했다는 말이다.

(6) 此生(차생): 이 선생. 이 선비. 제3구의 '士'를 가리킨다. 술동이가 얼지 않게 하기 위해 옷가지로 술동이를 싸다가 이 사람이 생각나 그의 안빈낙도하는 초연한 삶을 칭송함으로써 간접적으로 자신의 인생관을 피력한 것이다.

其八

我坐華堂上,	나는 화려한 전당에 앉아 있으면서도
不改麋鹿姿.(1)	사슴의 자태를 바꾸지 못해
時來蜀岡頭,(2)	때때로 촉강의 꼭대기로 와
喜見霜松枝.	서리 맞은 소나무 가지를 흔연히 바라본다.
心知百尺底,	마음속으로 아나니 저 나무 백 자 밑에
已結千歲奇.(3)	천년 묵은 기이한 게 이미 엉겨 있을 텐데
煌煌淩霄花,(4)(5)	화사하게 빛나는 능소화 꽃은
纏繞復何爲.(6)	또 무엇을 위하여 칭칭 감고 있을까?
擧觴酹其根,	잔을 들어 그 뿌리에 술을 붓나니
無事莫相羈.(7)(8)	일없이 소나무를 칭칭 감지 말아라.

[주석]

(1) 麋鹿姿(미록자): 순록과 사슴의 자태. 山野에 은거하는 사람의 자태를 가리킨다.

(2) 蜀岡(촉강): 揚州 서북쪽의 瘦西湖 북쪽에 있는 언덕. 지맥이 촉지방과 통하기 때문에 이런 이름이 생겼다. 〈到官病倦, 未嘗會客, 毛正仲惠茶, 乃以端午小集石塔, 戲作一詩爲謝〉(1267) 주 (22) 참조.

(3) 千歲奇(천세기): 천년 묵은 茯苓을 가리킨다. 《史記·龜策傳》에 "복령은 천년 묵은 소나무의 뿌리인데, 그것을 먹으면 장생불사한다(伏靈者, 千歲松根也, 食之不死)"라고 했다.

(4) 煌煌(황황): 빛나는 모양.

(5) 淩霄花(능소화): 능소화과의 낙엽 활엽 덩굴나무. 높이가 10m 정도 되며 여름에 깔때기 모양의 누르스름한 꽃이 핀다.

(6) 纏繞(전요): 얽히다.

(7) 無事(무사): 일이 없다. 중요한 일을 하지 않는다는 말이다.

(8) 相羈(상기): 능소화가 소나무를 칭칭 감고 올라가는 것을 가리킨다. 이 연은 꽃만 아름다울 뿐 뿌리에 유용한 물건을 만들지 못하는 능소화에게, 뿌리에 복령처럼 유용한 물건을 만드는 소나무를 못 살게

굴지 말기를 빈다는 말로, 소인배들에게 巧言令色으로 유능하고 올바른 사람을 해치지 말라고 당부한 것이다.

其九

芙蓉在秋水,	가을철의 연못 물에 서 있는 연꽃
時節自闔開.[1]	때가 되면 스스로 피었다 지네.
淸風亦何意,	시원한 바람은 또 무슨 맘으로
入我芝蘭懷.[2]	지초 난초 향내가 밴 내 품에 드나?
一隨采折去,[3]	연꽃은 사람이 한 번 꺾어 가게 놓아두면
永與江湖乖.	영원히 강호와 멀어져 버리네.
斷絲不復續,[4]	끊어진 연실은 다시 붙지 않나니
斗水何足栖.[5]	한 구기의 물이 어찌 살기에 충분하리?
不如玉井蓮,[6]	옥정의 연꽃이 천지의 진흙 속에
結根天池泥.[7]	뿌리를 내리는 것만 못하리.
感此每自慰,	이에 느낌이 일어 매번 내가 하는 일이
吾事幸不諧.[8]	세상과 안 어울리는 걸 다행이라고 자위했네.
醉中有歸路,[9]	취중의 세계에 내가 돌아갈 길이 있나니
了了初不迷.[10]	또렷또렷하여 이젠 미혹되지 않게 됐네.
乘流且復逝,	흘러가는 물을 따라 잠시 또 흘러가다
抵曲吾當回.[11]	물굽이에 다다르면 나도 돌아가야겠네.

[주석]

(1) 闔開(합개): 닫히고 열리다. 꽃이 피고 지는 것을 가리킨다.

(2) 芝蘭(지란): 향초인 지초와 난초. 여기서는 연꽃의 향기를 가리킨다. 이 연은 연못가에서 연꽃을 보고 있노라니 이미 향기가 배어 있는 자신의 품으로 또 청풍이 분다는 말이다.

(3) 隨(수): ~하게 놓아두다.

(4) 絲(사): 연실. 연의 줄기 속에 들어 있는 실처럼 가늘고 하얀 물질.

(5) 斗水(두수): 한 구기의 물. 꽃병 속에 들어 있는 얼마 안 되는 물을 가리킨다.

(6) 玉井(옥정): 華山의 蓮花峰에 있는 우물. 《山海經》에 "태화산이 완성되자 사방의 높이가 5천 길이고 너비가 10리였다(太華山削成, 而四方高五千仞, 廣十里)"라고 했고, 《華山記》에 "산꼭대기에 못이 있는데 천 잎짜리 연꽃이 난다(山頂有池, 生千葉蓮花)"라고 했다.

(7) 天池(천지): 산꼭대기에 있는 못. 사람들이 연꽃을 꺾으러 가기 힘든 곳을 가리킨다. 이상의 여섯 구절은 사람에게 꺾여서 부귀한 집안의 화려한 꽃병에 꽂혀 있는 연꽃보다 살아서 진흙 속에 서 있는 연꽃이 더 낫다는 말이다.

(8) 不諧(불해): 서로 어울리지 못하다.

(9) 醉中(취중): 술에 거나하게 취한 상태, 즉 醉鄕을 가리킨다.

(10) 了了(요료): 분명한 모양. 이상의 네 구절은 옛날에는 자신이 세상과 어울리지 않는 것을 오히려 다행이라고 자위하는 수준이었지만 이제는 진정으로 세속적인 일에 미혹되지 않게 되었다는 말이다.

(11) 曲(곡): 강이 굽이진 곳. 이 연은 물에 떠서 흘러가다가 강이 굽이진 곳에 이르면 자신도 물을 따라 돌아가겠다는 말로, 하늘의 뜻에 순응하겠다는 뜻이다.

其十

籃輿兀醉守,(1)(2)	몽롱하게 취한 태수 가마 타고 가는데
路轉古城隅.	오랜 성곽 모퉁이에서 길이 빙 돈다.
酒力如過雨,	술기운은 지나가는 비와 같아서
清風消半途.	시원한 바람 불자 도중에 사라진다.
前山正可數,(3)	앞에 있는 산이 한창 헤아려 볼 만하니
後騎且勿驅.	뒤에 있는 말들을 잠시 몰지 말렸다.
我緣在東南,(4)	나는 인연이 동남쪽 고을에 있으니
往寄白髮餘.(5)	거기로 가서 백발 성성한 여생을 맡기련다.
遙知萬松嶺,(6)	멀리서도 아나니 만송령 밑에
下有三畝居.	은거하기 알맞은 삼 묘짜리 집이 있다.

[주석]

(1) 籃輿(남여): 가마.

(2) 兀醉守(올취수): 몽롱하게 취한 태수. 소식 자신을 가리킨다. 劉伶의 〈酒德頌〉에 "몽롱하게 취했다가 번쩍 깼다(兀然而醉, 豁爾而醒)"라는 말이 있다.

(3) 可數(가수): 맑고 깨끗하여 하나하나 뜯어보며 찬찬히 구경할 만하다는 말이다. 이 연은 자신을 수행하는 의장 행렬을 잠시 세워 놓고 산천을 구경하겠다는 말이다.

(4) 東南(동남): 중국의 동남쪽 지역인 長江 하류 일대를 가리킨다. 소식은 杭州通判으로 재임할 때 지은 시 〈六月二十七日望湖樓醉書五絶〉(0198) 其五에서 "내 본시 집 없거늘 더 이상 어디로 가나, 고향에는 이리 좋은 호수와 산도 없는데?(我本無家更安往, 故鄕無此好湖山?)"라고 하여 절강성 항주에서 은거하고 싶은 심경을 토로한 적도 있고, 강소성 鎭江의 蒜山에서 은거하기로 마음을 정한 적도 있으며(〈蒜山松林中可卜居, 余欲僦其地, 地屬金山, 故作詩與金山元長老〉(0841) 참조), 강소성 宜興에서 잠시 은거한 적도 있다.

(5) 白髮餘(백발여): 백발이 생긴 뒤. 만년을 가리킨다.

(6) 萬松嶺(만송령): 항주 西湖 동남쪽에 있는 산. 〈次韻楊公濟奉議梅花十首〉(1167) 주 (15) 참조. 이 연은 동남 지방 중에서도 항주에 특히 정이 많이 끌렸다는 말인 것으로 보인다.

其十一

民勞吏無德,	백성이 힘든 건 관리가 덕이 없는 것이고
歲美天有道.(1)	풍년이 드는 건 하늘에 도가 있는 것이다.
暑雨避麥秋,(2)(3)	여름비가 보릿가을을 피해 내렸고
溫風送蠶老.(4)	따스한 바람 속에 고치 트는 시기를 보냈네.
三咽初有聞,(5)	음식을 세 번 삼켜야 비로소 귀에 소리가 들리나니
一溉未濡槁.(6)	한 번 물을 댄다고 해갈되는 게 아니다.
詔書寬積欠,(7)	조서를 내려 쌓인 빚을 감면하여 주시매
父老顏色好.	동네 어르신들의 안색이 좋아졌다.
再拜賀吾君,	두 번 절하고 임금님께 경하하나니
獲此不貪寶.(8)	재물을 탐하지 않는 이 보배를 얻으셨도다.
頹然笑阮籍,(9)(10)	곤드레가 되어 권고문을 쓴 완적의 일에 웃음 지으며
醉几書謝表.(11)	취해서 책상에 기대 있다가 사표를 쓴다.

[주석]

(1) 歲美(세미): 한 해의 농사가 잘되다. 풍년이 드는 것을 가리킨다. 이 연은 백성이 고통을 당하는 것은 관리가 선정을 베풀지 못해서 그런 것이지만 풍년이 드는 것은 하늘이 도와주었기 때문이라는 말이다.

(2) 暑雨(서우): 여름에 내리는 큰비.

(3) 麥秋(맥추): 보리를 수확하는 시기. 보릿가을. 일반적으로 음력 4~5월을 가리킨다.

(4) 蠶老(잠로): 누에의 노년. 누에가 늙어서 고치를 트는 시기를 가리킨다.

(5) 三咽(삼열): 세 번 삼키다. 《孟子·滕文公下》에 "광장이 말하기를 '진중자가 어찌 진실하고 청렴한 사람이 아니겠습니까? 오릉에 살 때 3일 동안 먹지 못해 귀에 들리는 것이 없고 눈에 보이는 것이 없었습니다. 우물가에 자두가 있었는데 굼벵이가 파먹은 것이 태반이었습니다. 기어가서 손에 들고 먹는데 세 번을 삼킨 뒤에야 귀에 들리는 것이 있고 눈에 보이는 것이 있었습니다'라고 했다(匡章曰: '陳仲子豈不誠廉士哉? 居於陵, 三日不食, 耳無聞, 目無見也. 井上有李, 螬食實者過半矣. 匍匐往, 將食之, 三咽, 然後耳有聞, 目有見.')"라는 말이 있다.

(6) 濡槁(유고): 마른 땅을 적시다. 이 연은 한 번 논에 물을 댄다고 해서 금방 해갈되는 것이 아닌 것처럼 백성들이 살기 좋아지려면 한 번 흉년에서 벗어나는 것만으로는 안 되고 여러 해 반복해서 흉년이 안 들어야 된다는 뜻인 것으로 보인다.

(7) 積欠(적흠): 누적된 빚. 소식은 揚州知州로 부임한 뒤 조정에 올린 〈論積欠六事幷乞檢會應詔四事一處行下狀〉이라는 제목의 상소문에서 "원우 7년(1092) 5월 16일 용도각학사조봉랑지양주 소식이 아룁니다.……저는 근래에 항주지주를 역임하고 또 영주지주를 역임했으며 지금은 양주지주로 재임 중이라 양절로·경서로·회남로 등 세 로의 백성들을 제 눈으로 직접 보았는데 다들 누적된 빚에 짓눌리고 있기 때문에 날마다 궁핍해져 죽는 사람이 태반이었습니다.……저는 영주에서 양주로 옮겨 갈 때 배가 호주·수주·초주·사주 등의 고을을 지나갔는데 가는 곳마다 삼과 보리가 구름과 같았습니다. 저는 매번 부하들을 물리치고 직접 촌락으로 들어가 노인들에게 물어보았는데 다들 근심스러운 낯빛으로 말하기를 '풍년이 흉년보다 못합니다. 하늘의 재앙이 횡행할 때에는 백성들이 비록 먹을거리가 부족하기는 해도 입는 것과 먹는 것을 줄이면 그래도 살 수 있습니다. 그런데 풍년이 들어 빚을 갚으라고 독촉하며 대문 앞에 아전들이 서 있고 칼과 몽둥이가 몸에 가해지면 백성들이 죽고 싶지만 죽을 수도 없습니다'라고 했습니다(元祐七年五月十六日, 龍圖閣學士左朝奉郎知揚州蘇軾狀奏.……臣頃知杭州, 又知潁州, 今知揚州, 親見兩浙·京西·淮南三路之民, 皆爲積欠所壓, 日就窮蹙, 死亡過半.……臣自潁移揚, 舟過濠·壽·楚·泗等州, 所至麻麥如雲. 臣每屛去吏卒, 親入村落, 訪問父老, 皆有憂色, 云: '豐年不如凶年. 天災流行, 民雖乏食, 縮衣節口, 猶可以生. 若豐年舉催積欠, 胥徒在門, 枷棒在身, 則人戶求死不得.')"라며 백성들에게 세금을 감면해 줄 것을 주청했다. 이 상소문에 관하여 査愼行의 《蘇詩補註》에 "《송사》에 원우 7년(1092)에 누적된 빚을 감면해 주라는 조서가 있었다는 기록이 있다(《宋史》: 元祐七年, 有詔寬免積欠)"라고 했고, 王文誥의 《蘇軾詩集》에 "공은 항주에 있을 때 누적된 빚에 대하여 여러 차례 상소문을 올렸으나 모두 유지에게 거절당했는데, 이 시를 지을 당시에는 유지가 이미 물러나고 여대방과 소송이 재상이 되었기 때문에 윤허한다는 공문이 내려왔던 것이다(公在杭, 屢奏積欠, 並爲劉摯所格. 時摯已罷去, 呂大防·蘇頌爲相, 故行下也)"라고 했으며, 施元之의 《施注蘇詩》에 "이 시에서 서술한 것은 아마도 주청한 바를 윤허받았기 때문에 한 말일 것이다(此詩所述, 蓋是得請故也)"라고 했다.

(8) 不貪寶(불탐보): 재물을 탐하지 않는 덕을 보배에 비유한 것이다. 춘추 시대 宋나라의 어떤 사람이 옥을 주워서 子罕에게 바쳤더니 자한이 받지 않았다. 옥을 바친 사람이 "옥장이에게 보여 주었더니 보배라고 하기에 바치는 것입니다"라고 했다. 그러자 자한이 "나는 재물을 탐하지 않는 것을 보배로 여긴다오"라고 했다.(《左傳·襄公十五年》 참조) 세금 많이 걷기를 고집하지 않고 감면해 주기로 결정한 재상 여대방과 소송을 가리키는 것으로 보인다.

(9) 頹然(퇴연): 힘없이 쓰러지는 모양. 술에 몹시 취해 몸을 못 가누는 것을 가리킨다.

(10) 阮籍(완적): 魏晉 시기의 시인. 竹林七賢의 한 사람이었다. 《진서·완적전》에 "마침 문제가 구석을 사양하는지라 공경들이 받아들이도록 권고하려고 완적에게 권고문을 짓게 했는데 완적이 술에 빠져 짓기를 잊어버렸다. 공경들이 문제의 저택으로 갈 때가 되어 심부름꾼에게 완적이 쓴 글을 가져오게 했더니 완적이 술에 취해 한창 책상에 기대어 자고 있었다. 심부름꾼이 완적에게 상황을 알리자 완적이 곧 책상에서 쓰고 다른 사람에게 새로 베껴 쓰게 했는데 고칠 데가 없었다(會帝讓九錫, 公卿將勸進, 使籍爲其辭, 籍沈醉忘作. 臨詣府, 使取之, 見籍方據案醉眠. 使者以告, 籍便書案, 使寫之, 無所改竄)"라고 했다.

(11) 謝表(사표): 임금에게 감사 드리는 상소문. 황제가 세금 감면을 윤허해 준 일에 감사하는 상소문을 가리킨다. 이 연은 자신의 상소가 윤허되어 기쁜 나머지 술을 마시다가 술이 깰 때까지 기다리지 않고 얼른 감사의 상소문을 썼다는 뜻인 것으로 보인다.

其十二

我夢入小學,	나는 꿈에 소학에 들어갔나니
自謂總角時.(1)(2)	스스로 머리 묶은 어린 시절인 줄 알았다.
不記有白髮,(3)	머리가 허연 줄을 기억하지 못하고
猶誦論語辭.(4)	옛날처럼 《논어》의 말씀을 낭송했다.
人間本兒戲,(5)(6)	이 세상에 사는 건 본래 아이들 장난이라
顚倒畧似茲.(7)(8)	사실이 뒤바뀌는 게 이와 꼭 같다.
惟有醉時眞,(9)	오직 취했을 때만 진실하게 되나니
空洞了無疑.(10)(11)	머리가 텅텅 비어 회의가 전혀 없다.
墜車終無傷,	그리하여 수레에서 떨어져도 끝내 안 다치나니
莊叟不吾欺.(12)	장씨 노인이 나를 속이지 않았도다.
呼兒具紙筆,(13)	아이 불러 종이와 붓을 갖추어 오게 하여

醉語輒錄之.[14][15] 취중의 말이 나올 때마다 바로바로 적어 둔다.

[주석]

(1) 謂(위): 여기다.
(2) 總角(총각): 짐승의 뿔처럼 두 갈래로 묶어서 위로 올린 아이들의 머리. 미성년 시기를 가리킨다.
(3) 不記(불기): 기억하지 못하다.
(4) 論語(논어): 四書의 하나로 孔子와 그 제자들의 언행을 기록한 책이다.
(5) 人間(인간): 이 세상. 속세. 여기서는 이 세상에 사는 것을 가리킨다.
(6) 兒戲(아희): 아이들이 각자 엄마·아빠 또는 아들딸의 역할을 맡아서 하는 소꿉놀이를 가리킨다.
(7) 畧似(약사): 완전히 같다.
(8) 玆(자): 이것. 백발노인인 자신이 꿈속에서 머리 묶은 소년으로 바뀐 것을 가리킨다.
(9) 眞(진): 가식이나 타산이 없는 천진난만한 상태를 가리킨다.
(10) 空洞(공동): 텅 비다.
(11) 了無(요무): 전혀 없다. 이 구절은 세상사를 어떻게 처리하는 것이 좋을지 회의하지 않는다는 말, 즉 아무 생각이 없다는 말이다.
(12) 莊叟(장수): 莊子를 가리킨다. 《莊子·達生》에 "술에 취한 사람이 수레에서 떨어질 경우 비록 빨리 달리다가 떨어져도 죽지 않는다(夫醉者之墜車, 雖疾不死)"라고 했다.
(13) 兒(아): 일하는 아이를 가리킨다. 杜甫의 시 〈同元使君春陵行〉에 "아이 불러 종이와 붓을 갖추어 오게 하여, 처마 밑의 책상에 기대앉아서, 시를 지어 속마음을 신음하듯 토하니, 먹은 묽고 글자는 비뚜름하다(呼兒具紙筆, 隱几臨軒楹. 作詩呻吟內, 黑澹字欹傾)"라는 구절이 있다.
(14) 醉語(취어): 취중에 한, 가식이 없는 말.
(15) 輒(첩): 바로.

其十三

醉中雖可樂, 술에 취했을 때는 비록 즐겁다 해도
猶是生滅境.[1] 아직은 생멸의 경지 안이네.
云何得此身,[2][3] 어떻게 하면 이 몸이
不醉亦不醒. 취하지도 않고 깨지도 않는 경지에 이를까?
癡如景升牛,[4] 멍청하기가 유경승의 소와 같아도
莫保尻與領. 엉덩이와 목을 보전하지 못했고

黠如東郭㕙,(5)(6) 영리하기가 동곽의 토끼 같아도
束縛作毛穎.(7) 털이 묶여 모영이 되고 말았네.
乃知嵇叔夜,(8) 그래서 알겠나니 혜숙야가 살해당한 것은
非坐虎文炳.(9)(10) 호랑이의 선명한 문채 때문이 아니었네.

[주석]

(1) 生滅(생멸): 우주 만물이 생기고 없어지는 현상.

(2) 云何(운하): 어찌. 어떻게.

(3) 得(득): 이르다. 이 연은 굳이 술에 취할 필요도 없고 따라서 깰 일도 없는 초연한 경지, 즉 생몰이 없는 경지에는 이르기가 어렵다는 말이다.

(4) 景升(경승): 劉表의 字. 《晉書·桓溫傳》에 "환온이 정색을 하며 사방에 있는 사람들에게 '유경승에게 천 근이나 나가는 큰 소가 있었는데 꼴과 콩은 보통 소보다 열 배나 많이 먹으면서 무거운 짐을 싣고 먼 길을 가는 데에는 여윈 암소 한 마리만도 못한지라 위나라 무제가 형주에 입성한 뒤에는 잡아서 그 고기를 군사들에게 먹였다는 말을 많이 들었소'라고 했다(溫作色謂四座曰: '頗聞劉景升有千斤大牛, 啖芻豆十倍於常牛, 負重致遠, 曾不若一羸牸, 魏武入荊州, 以享軍士.')"라는 기록이 있다.

(5) 黠(힐): 영리하다. 교활하다.

(6) 東郭㕙(동곽준): 동쪽 성곽 밖에 사는 토끼. 영리한 토끼를 가리킨다.

(7) 毛穎(모영): 韓愈의 우언문 〈毛穎傳〉에서 붓을 의인화한 허구적 인물. 붓을 가리킨다.

(8) 叔夜(숙야): 竹林七賢의 한 사람인 嵇康의 字. 삼국 시대 魏나라 사람으로 曹操의 증손녀인 長樂亭主와 결혼하고 郎中·中散大夫 등을 역임했으나 司馬氏가 정권을 장악한 뒤로는 관직을 고사하고 은거했다. 죽림칠현의 한 사람인 山濤가 먼저 마음을 바꾸어 選曹郎이라는 관직을 맡았다가 大將軍從事中郎이라는 관직으로 승진할 때 혜강을 자신의 후임자로 추천했으나 혜강은 〈與山巨源絶交書〉를 써서 자신의 결연한 의지를 밝히고 이를 거절했다. 40세 때 大將軍 司馬昭에게 처형당했다.(《진서·혜강전》 및 《世說新語·任誕》 참조)

(9) 坐(좌): ~에 기인하다. ~에서 비롯되다.

(10) 虎文炳(호문병): 호랑이 털의 문채가 선명하게 빛나다. 《易經·革卦》의 象辭에 "대인은 호랑이처럼 변하나니 그 문채가 선명하게 빛난다(大人虎變, 其文炳也)"라고 했으니, 대인은 호랑이가 1년에 두 번 털갈이를 할 때마다 털 색깔이 선명하게 변하는 것처럼 면모가 늘 새로워진다는 말이다. 이 연은 혜강이 日新하는 그의 탁월한 면이 너무 위협적이었기 때문에 죽임을 당했다지만 그것이 근본적인 요인은 아니라는 말로, 생멸의 경지에서 벗어나지 못하는 한 누구나 죽음을 면할 수 없다는 뜻이다. 그리고 이 연에는 혜강이 술을 좋아했지만 술에 취하는 것만으로는 생멸의 경지에서 벗어나지 못한다는 뜻도 내포되어 있다.

其十四

我家小馮君,[(1)] 우리 집 소풍군은
天性頗醇至.[(2)] 천성이 매우 순박하네.
淸坐不飮酒, 술도 마시지 않고 가만히 앉아 있지만
而能容我醉. 내가 취하는 것을 받아들일 줄 아네.
歸休要相依,[(3)] 돌아가 쉬며 서로 의지해야 할 텐데
謝病當以次.[(4)] 병을 빙자하는 것도 차례대로 해야 하리.
豈知山林士, 일반인이 어찌 알리 산림 속의 사람에겐
骯髒乃爾貴.[(5)(6)] 꼿꼿한 것이 바로 이리 귀중한 것인 줄을?
乞身當念早,[(7)(8)] 내 몸을 돌려 달라 빌 생각을 얼른 해야 하리
過是恐少味. 이때가 지나면 아마 맛이 못해질 것이니.

[주석]

(1) 小馮君(소풍군): 원래 馮野王의 동생 馮立을 가리키는 말로 남의 동생을 가리키는 경우가 많은데 여기서는 소식 자신의 동생인 소철을 가리킨다. 〈次韻答錢穆父, 穆父以僕得汝陰, 用杭越酬唱韻作詩見寄〉(1212) 주 (6) 참조.
(2) 醇至(순지): 지극히 순박하다.
(3) 歸休(귀휴): 관직에서 물러나 고향으로 돌아가는 것을 가리킨다.
(4) 謝病(사병): 병을 빙자하다. 병을 핑계로 관직에서 물러나는 것을 가리킨다. 이 연은 자기가 먼저 사직하고 돌아가 있을 테니 동생도 뒤이어서 사직하고 돌아오라는 말이다.
(5) 骯髒(항장): 꼿꼿하다. 일반인들이 귀중하게 여기는 세속적 가치를 추구하기 위해 다른 사람과 적당히 타협해 가며 두루뭉술하게 살지 못하고 융통성 없이 꼬장꼬장하게 사는 것을 가리킨다.
(6) 爾(이): 이와 같이.
(7) 乞身(걸신): 임금에게 맡겼던 자기 몸을 돌려달라고 빈다는 뜻으로, 사직을 주청하는 것을 가리킨다.
(8) 念早(염조): 생각하는 것이 이르다. 일찍 생각하다.

其十五

去鄕三十年,[(1)] 고향을 떠나온 지 어언 삼십 년

風雨荒舊宅.	비바람에 옛집이 황폐해져 있겠네.
惟存一束書,(2)	오로지 책 한 묶음만 남아 있을 뿐
寄食無定迹.(3)	정처 없이 떠돌며 타향에서 기식하네.
每用愧淵明,(4)	매번 이 때문에 도연명에게 부끄럽나니
尙取禾三百.(5)	아직도 곡식을 삼백씩이나 받고 있네.
頎然六男子,(6)	훤칠한 우리 집안 아들 여섯이
粗可傳淸白.	웬만큼 청렴결백하다 전해질 만하네.
於吾豈不多,	이게 어찌 우리한테 많은 것이 아니리?
何事復歎息.	그렇거늘 무슨 일로 더 이상 탄식하리?

[주석]

(1) 三十年(삼십년): 개략적인 햇수를 말한 것이다. 소식은 가우 원년(1056) 3월에 開封府試에 응시하기 위해 처음으로 고향을 떠났다가 모친의 삼년상과 부친의 삼년상을 치르기 위해 두 번 고향으로 돌아갔고 희령 원년(1068) 12월에 영원히 고향을 떠났다. 처음 떠난 때로부터 당시(1092년 7월)까지는 36년 4개월 정도 지났고 영원히 떠난 때로부터 당시까지는 23년 7개월 정도 지났다.

(2) 一束書(일속서): 고향을 떠날 때 자신이 가지고 온 책을 가리킨다. 〈與趙·陳同過歐陽叔弼新治小齋, 戲作〉(1221) 주 (8) 참조.

(3) 寄食(기식): 남의 집에 얹혀서 얻어먹고 지내다. 관직을 따라 여기저기 떠돌아다니며 지내는 것을 가리킨다.

(4) 用(용): 이로 인하여.

(5) 禾三百(화삼백): '많은 곡식'이라는 뜻으로, 지나치게 많은 자신의 봉록을 가리킨다. 《詩經·魏風·伐檀》에 "씨도 뿌리지 않고 거두지도 않으면서, 어찌 곡식을 삼백 호의 조세로 가져가는가?……씨도 뿌리지 않고 거두지도 않으면서, 어찌 곡식을 삼백억 다발 가져가는가?……씨도 뿌리지 않고 거두지도 않으면서, 어찌 곡식을 삼백 창고 가져가는가?……(不稼不穡, 胡取禾三百廛兮?……不稼不穡, 胡取禾三百億兮?……不稼不穡, 胡取禾三百囷兮?……)"라는 구절이 있다. 이 연은 도연명처럼 귀향을 결행하지 못하는 자신을 탓한 것이다.

(6) 六男子(육남자): 여섯 명의 아들. 蘇邁·蘇迨·蘇過 등 소식의 아들 세 명과 蘇遲·蘇适·蘇遠 등 蘇轍의 아들 세 명을 가리킨다.

其十六

嘵嘵六男子,[1][2] 왁자지껄 책을 읽는 아들 여섯 명
絃誦各一經.[3] 각자가 경전을 한 권씩 송독하네.
復生五丈夫,[4] 이들이 또 아들을 다섯 명씩 낳으면
戢戢丁欲成.[5][6] 와글와글 장정이 되어 가리라.
歸田了門戶,[7][8] 귀향하면 이들이 집안일을 맡아 하고
與國充踐更.[9] 나라에 노역도 제공하리라.
普兒初學語,[10] 보아는 막 말을 배우기 시작하는데
玉骨開天庭.[11] 옥 같은 뼈대에 미간이 트여 있네.
淮老如鶴雛,[12] 회로는 학 새끼가 껍질을 깨고 나와
破殼已長鳴.[13][14] 이미 길게 소리 내어 운 것 같았네.
擧酒屬千里,[15] 술잔을 들어서 천 리 밖에 권하며
一歡愧凡情.[16][17] 한바탕 기뻐하다 보니 범인의 심정이라 부끄럽네.

[주석]

(1) 嘵嘵(효효): 시비를 가리느라 논쟁을 벌이는 소리. 여기서는 여러 사람이 동시에 책을 읽는 소리를 가리킨다.

(2) 六男子(육남자): 其十五 주 (6) 참조.

(3) 絃誦(현송): 《詩經》을 전수하거나 학습할 때 현악기의 반주에 맞추어 노래하는 것을 '絃歌'라고 하고, 악기의 반주 없이 낭독하는 것을 '誦'이라고 했으며, 이 두 가지를 합쳐서 '絃誦'이라고 했다. 나중에는 학문을 전수하는 일 또는 책을 誦讀하는 일을 가리키는 범칭이 되었다.

(4) 五丈夫(오장부): 五丈夫子. 많은 아들을 가리킨다. 《史記·仲尼弟子傳》에 "상구가 나이가 많을 때까지 아들이 없자 그의 모친이 그에게 다른 아내를 얻어 주었다. 공자가 그를 제나라로 보내려고 하자 상구의 모친이 보내지 말아 달라고 부탁했다. 공자가 말했다. '걱정 마시오. 상구는 마흔 살이 지난 뒤에 아들 다섯 명이 있을 것이오.' 얼마 지나자 과연 그렇게 되었다(商瞿年長無子, 其母爲取室. 孔子使之齊, 瞿母請之. 孔子曰: '無憂. 瞿年四十後當有五丈夫子.' 已而果然)"라는 말이 있다.

(5) 戢戢(집집): 많이 모여 있는 모양.

(6) 丁(정): 壯丁.

(7) 了(요): 감당해 내다.

(8) 門戶(문호): 집안. 이 연은 후손들이 집안일과 나랏일을 다 충실하게 잘할 것이라는 말이다.

(9) 踐更(천경): 옛날 徭役의 일종.

(10) 普兒(보아): 소식의 손자. 査愼行의 《蘇詩補註》에 "보아와 회로는 선생의 두 손자 이름이다(普兒·淮老, 先生二孫名)"라고 했다.

(11) 天庭(천정): 이마의 중앙. 미간. 관상학에서는 천정이 불룩하면 官運이 있다고 한다. 이 연은 보아가 관운을 타고났기 때문에 장차 벼슬길이 트일 것이라는 말이다.

(12) 淮老(회로): 소식의 손자. 주 (10) 참조.

(13) 破殼(파각): 껍질을 깨다. 조류의 부화를 가리킨다.

(14) 長鳴(장명): 길게 울다. 《詩經·小雅·鶴鳴》에 : "학이 높은 언덕에서 우니, 그 소리가 온 들판에 들리네.……학이 높은 언덕에서 우니, 그 소리가 하늘까지 들리네.……(鶴鳴于九皐, 聲聞于野.……鶴鳴于九皐, 聲聞于天.……)"라고 했는데 이에 대한 鄭玄의 箋에 "선왕에게 현인 가운데 벼슬하지 않은 사람을 찾으라고 가르친 것이다(教宣王求賢人之未仕者)"라고 했다. 이 연은 회로가 장차 임금의 부름을 받게 될 것이라는 말이다.

(15) 千里(천리): 천 리 밖. 동생 소철을 가리킨다.

(16) 一歡(일환): 자손의 번창을 기뻐하는 것을 가리킨다.

(17) 凡情(범정): 凡人의 심정. 손자들의 관직 생활이 순탄할 것을 생각하며 기뻐하는 자신의 세속적인 마음을 가리킨다. 이 연은 자신이 관직 생활에서 그토록 고통을 당했을 뿐만 아니라 관직 생활로 인해 지금도 형제가 함께 살지 못하고 천 리나 떨어져 사는데 그러면서도 손자들의 관운이 트일 것을 기대하며 기뻐하는 자신의 범속한 심정이 동생이나 다른 사람들 보기에 부끄럽다는 말이다.

其十七

淮海雖故楚,(1)	회해는 그 옛날 초나라 땅이지만
無復輕揚風.(2)	더 이상 경박한 풍속이 없다.
齋廚聖賢雜,(3)	주방에 성인과 현인이 섞여 있어
無事時一中.(4)	일 없으면 때때로 한 번씩 취해 본다.
誰言大道遠,	대도가 멀리 있다 누가 말했나
正賴三杯通.(5)(6)	석 잔만 마시면 통하는 것을?
使君不夕坐,(7)(8)	사또는 저녁에 집무를 보지 않고
衙門散刀弓.(9)	관아에는 칼과 활이 흩어져 있다.

[주석]

(1) 淮海(회해): 淮河와 바다 사이에 있는 고을인 揚州를 가리킨다. 양주는 전국 시대 초나라의 영토였다. 〈上巳日, 與二子迨·過遊塗山·荊山, 記所見〉(1257) 주 (20) 참조.

(2) 輕揚風(경양풍): 경박한 풍속. 李匡乂의 《資暇集》에 "양주는 풍속이 경박하기 때문에 그런 고을 이름이 생겼다(揚州者, 以其風俗輕揚, 故號其州)"라고 했다.

(3) 聖賢(성현): 성인과 현인. 청주와 탁주를 가리킨다. 〈次韻答黃安中兼簡林子中〉(1186) 주 (10) 참조.

(4) 中(중): 취하다.

(5) 正(정): 오직. 단지.

(6) 賴三杯通(뇌삼배통): 석 잔에 힘입으면 통하다. 李白의 시 〈月下獨酌四首〉 其二에 "석 잔을 마시면 대도와 통하고, 한 말을 마시면 자연과 합치한다(三杯通大道, 一斗合自然)"라는 구절이 있다.

(7) 使君(사군): 태수에 대한 존칭. 양주지주인 소식 자신을 가리킨다.

(8) 坐(좌): 자리에 앉아서 집무하는 것을 가리킨다.

(9) 散刀弓(산도궁): 긴급한 상황에 대비하여 무기를 잘 손질해 놓지 않고 아무렇게나 방치해 두고 있다는 말이다. 이 연은 양주에는 태수가 할 일이 많지도 않고, 풍속이 순박하여 삼엄한 경계도 필요하지 않다는 말이다.

其十八

何人築東臺,	그 누가 동쪽 누대를 지어 놓았나?
一郡坐可得.(1)	온 고을을 앉아서 다 볼 수 있네.
亭亭古浮圖,(2)(3)	우뚝하게 솟아 있는 오래된 불탑
獨立表衆惑.(4)	홀로 서서 사람들의 번뇌를 보여 준다.
蕪城閱興廢,(5)(6)	무성은 흥망을 지켜보았을 테고
雷塘幾開塞.(7)(8)	뇌당은 몇 번이나 막혔다가 트였을까?
明年起華堂,	내년에는 아름다운 전당을 지어 놓고
置酒弔亡國.	술자리를 마련하여 망한 나라 애도하리.
無令竹西路,(9)	죽서로로 하여금
歌吹久寂默.(10)	풍악이 오래도록 적막하게 하지 않으리.

[주석]

(1) 一郡(일군): 온 고을. 揚州 고을 전체를 가리킨다.

(2) 亭亭(정정): 높이 솟은 모양. 곧게 선 모양.

(3) 浮圖(부도): 梵語 Buddha의 음역으로 佛塔을 가리킨다.

(4) 惑(혹): 번뇌. 王巾의 〈頭陀寺碑文〉에 "자기 몸을 잘 보존하려고 애쓰면 번뇌가 생기고 불교의 이치가 이를 극복하면 번뇌가 없어진다(存軀者惑, 理勝則惑亡)"라고 했다. 이 연은 불탑을 보니 사람들이 번뇌가 너무 많은 나머지 그것에서 벗어나기 위해 절을 세우고 불탑을 지었다는 사실을 말해 주는 것 같다는 말이다.

(5) 蕪城(무성): 양주 서북쪽에 있던 성.(魏嵩山 主編, 《中國歷史地名大辭典》, 廣東教育出版社, 1995년 제1판, 497쪽 참조) 鮑照에게 〈蕪城賦〉가 있다.

(6) 興廢(흥폐): 양주를 차지했던 옛날 왕조의 흥망을 가리킨다.

(7) 雷塘(뇌당): 양주 북부에 있는 못. 〈軾在潁州, 與趙德麟同治西湖, 未成, 改揚州.……〉(1264) 주 (35) 참조.

(8) 開塞(개색): 뚫리고 막히다. 못이 막혔다가 준설되었다가 하는 것을 가리킨다.

(9) 竹西路(죽서로): 양주 동북쪽 변두리의 竹西寺 앞에 있는 길. 杜牧의 시 〈題揚州禪智寺〉에 "그 누가 알리오 적막한 이 죽서로를, 노래하고 피리 부는 저곳이 양주라네(誰知竹西路, 歌吹是揚州)"라는 구절이 있다.

(10) 歌吹(가취): 노래를 부르고 악기를 불다. 풍악을 울리는 것을 가리킨다. 포조의 〈무성부〉에 "옛날 전성시대에는 수레가 많아 굴대가 서로 부딪칠 정도였고 사람이 많아 어깨를 서로 맞댈 정도였으며, 집들이 온 땅에 가득했고 노랫소리와 악기 소리가 하늘에 비등했다(當昔全盛之時, 車掛轊, 人駕肩, 廛閈撲地, 歌吹沸天)"라고 했다. 이상의 네 구절은 인생은 번뇌로 가득하고 무상하기 짝이 없는 것인 줄 잘 아는 만큼 더 이상 그것에 연연하지 않고 오랫동안 적막했던 죽서로 일대에도 풍악이 울려 퍼질 정도로 술이나 마음껏 마시면서 즐기는 것이 더 가치 있는 일일 것이라는 말이다.

其十九

晁子天麒麟,[1]	조 선생은 하늘에서 내려온 기린
結交未及仕.	서로 알게 된 것은 출사하기 전이었네.
高才固難及,	그의 높은 재주는 워낙 따라가기 어렵지만
雅志或類己.	고아한 뜻은 어쩌면 나 자신과 비슷할 것 같네.
各懷伯業能,[2]	원백업의 능력을 각자가 품고 있고
共有丘明恥.[3]	좌구명이 수치스럽게 여긴 마음을 함께 지녔네.

歌呼時就君,(4)	노래하며 때때로 그대를 찾아가면
指我醉鄉里.(5)	그대는 나에게 취향을 가리켰네.
吳公門下客,(6)	오공의 문하에 있었던 사람 중에
賈誼獨見紀.(7)(8)	오로지 가의만이 기록이 남아 있네.
請作鵩鳥賦,(9)	청컨대 〈복조부〉를 지으시게나
我亦得坎止.	나도 구덩이를 만나면 멈출 것이니.
行樂當及時,	즐길 수 있을 때 즐겨야 하네
綠髮不可恃.(10)	검푸른 머리는 믿을 것이 못 되니.

[주석]

(1) 晁子(조자): 蘇門四學士 가운데 한 사람인 晁補之를 가리킨다. 그는 당시 揚州通判으로 재임 중이었다.

(2) 伯業能(백업능): 백업의 능력. 나이가 들어서도 배우기를 게을리하지 않는 능력을 가리킨다. 백업은 後漢 사람 袁遺의 字인바, 《漢末英雄記》에 "원유는 자가 백업인데 양주자사가 되었다.……태조가 칭찬하여 '나이가 들어서도 부지런히 배울 줄 아는 사람은 오로지 나와 원백업뿐이다'라고 했다(袁遺字伯業, 爲揚州刺史.……太祖稱: '長大而能勤學者, 惟吾與袁伯業耳.')"라는 말이 있다.

(3) 丘明恥(구명치): 左丘明이 수치로 여긴 것. 표리부동한 행동을 수치스럽게 생각하는 마음을 가리킨다. 《論語·公冶長》에 "공자께서 말씀하시기를 '그럴듯하게 꾸민 달콤한 말과 부드러운 듯이 꾸민 반질한 얼굴과 아첨의 소지가 있는 지나친 공손은 좌구명이 그것을 부끄럽게 여기거니와 나도 그것을 부끄럽게 여긴다. 원한을 감추고 그 사람을 친구로 삼는 것은 좌구명이 그것을 부끄럽게 여기거니와 나도 그것을 부끄럽게 여긴다'라고 하셨다(子曰: '巧言·令色·足恭, 左丘明恥之, 丘亦恥之; 匿怨而友其人, 左丘明恥之, 丘亦恥之.')"라는 말이 있다. 이 연은 조보지와 자신이 다 집권자에게 아첨할 줄 몰라서 지방관으로 쫓겨나 있다는 말이다.

(4) 歌呼(가호): 노래하고 소리치다. 노래하다.

(5) 醉鄉里(취향리): 醉鄉. 술에 거나하게 취하여 느끼는 즐거운 경지. 이 구절은 조보지가 소식에게 함께 술을 마시자고 제의했다는 말이다.

(6) 吳公(오공): 한나라 문제에게 賈誼를 천거한 사람. 가의는 洛陽 사람으로 열여덟 살 때 詩書에 능한 것으로 소문났다. 吳公이 河南太守로 재임할 때 가의를 불러 자기 문하에 두고 극도로 총애했는데, 나중에 문제가 오공을 불러들여 廷尉로 삼았을 때 오공이 가의를 천거하는지라 문제가 가의를 불러 博士로 삼았다. 가의가 長沙王太傅로 폄적되어 있을 때 부엉이 비슷한 새인 鵩鳥가 집으로 날아들자 자신이 오래 못 살 것 같은 불길한 예감이 드는지라 〈鵩鳥賦〉를 지어서 자위했는데 이 〈복조부〉에 "흐르는 물을 타면 흘러가고 구덩이를 만나면 흐르기를 멈추며, 몸을 천명에 맡겨 사사로이 대하

지 않는다(乘流則逝兮, 得坎則止, 縱軀委命兮, 不私與己)"라는 말이 있다.(《史記·賈生傳》 참조)

(7) 賈誼(가의): 주 (6) 참조. 이 연은 소식 자신의 문하생 중에서 조보지만이 곤경에 처해서도 의연하게 지낸 가의처럼 후세에 기록이 전할지도 모른다고 우스갯소리를 한 것이다.

(8) 見紀(견기): 기록되다.

(9) 鵩鳥賦(복조부): 가의가 지은 부. 주 (6) 참조. 이 구절은 조보지에게 순리대로 살며 만사에 초연해질 것을 당부한 것이다.

(10) 綠髮(녹발): 젊은 사람의 검푸른 머리. 젊은 시절을 가리킨다.

其二十

蓋公偶談道,(1)	개공이 우연히 도를 얘기했는데
齊相獨識眞.(2)(3)	제나라 승상만이 그것이 참된 줄 알았나니
頹然不事事,(4)(5)	술에 취해 쓰러져 업무를 보지 않고
客至先飮醇.(6)	손님이 오면 먼저 술을 먹였네.
當時劉項罷,(7)	당시는 유씨와 항씨의 싸움이 막 끝난 때라
四海瘡痍新.	사해의 상처가 새로 생긴 듯 아직 쓰라렸는데
三杯洗戰國,(8)(9)	석 잔이면 전국 시대의 고통이 씻어지고
一斗消强秦.	한 말이면 강한 진나라 때의 고통이 사라졌네.
寂寞千載後,	그 뒤로 적막하게 천 년이 지난 뒤에
陽公嗣前塵.(10)(11)	양공이 앞사람의 자취를 이어
醉臥客懷中,	술에 취해 손님의 품에 드러누워 버렸으니
言笑徒多勤.(12)(13)(14)	간언도 조소도 헛수고일 뿐이었네.
我時閱舊史,	나는 때때로 옛날 역사를 훑어보는데
獨與三人親.(15)	오로지 이 세 사람과 친할 뿐이고
未暇餐脫粟,(16)	껍질만 겨우 벗긴 쌀밥을 먹으면서
苦心學平津.(17)	고심하며 평진후를 배울 겨를이 없네.
草書亦何用,	초서인들 또 무슨 소용이 있겠는가?
醉墨淋衣巾.(18)(19)	술에 취해 먹으로 옷과 두건을 적시며
一揮三十幅,(20)	일필휘지로 휘갈겨 서른 폭을 써

持去聽坐人.(21)　　　좌객들에게 마음대로 가져가게 하려네.

[주석]

(1) 蓋公(개공): 前漢의 개국 공신. 曹參(?-기원전 190)이 제후국인 齊나라의 승상으로 재임할 때 膠西 지방의 개공이 黃老의 설을 잘 안다는 소문을 듣고 그를 만나 보았더니 개공이 나라를 다스리는 데에는 淸靜을 귀하게 여겨 가만히 두면 백성의 생활이 저절로 안정된다고 했다. 나중에 조참이 한나라 승상이 되었을 때 일은 하지 않고 날마다 밤낮없이 술만 마시는지라 卿大夫 이하의 여러 관리와 빈객이 충고하려고 했지만 그들이 찾아오기만 하면 조참이 매번 술을 먹여서 말할 틈을 주지 않았다.(《史記·曹相國世家》 참조)

(2) 齊相(제상): 제나라 승상. 조참을 가리킨다. 주 (1) 참조.

(3) 識眞(식진): 참된 줄을 알다.

(4) 頹然(퇴연): 힘없이 쓰러지는 모양. 술에 몹시 취해 몸을 가누지 못하는 것을 가리킨다.

(5) 事事(사사): 일을 하다. 업무를 보다.

(6) 飮醇(음순): 좋은 술을 먹이다. 이 연은 조참이 열심히 일하라는 다른 사람의 충고도 듣지 않고 개공의 말에 따라 淸靜, 즉 無爲之治를 실천했다는 말이다.

(7) 劉項(유항): 秦나라가 멸망한 뒤 천하를 다툰 劉邦과 項羽를 가리킨다.

(8) 三杯(삼배): 술을 석 잔 마시는 것을 가리킨다. 李白의 시 〈月下獨酌四首〉 其二에 "석 잔을 마시면 대도와 통하고, 한 말을 마시면 자연과 합치한다(三杯通大道, 一斗合自然)"라는 구절이 있다.

(9) 戰國(전국): 전국 시대. 周나라 말기의 秦·楚·燕·齊·趙·韓·魏 등 여러 나라가 각축전을 벌이던 시대. 이 연은 조참이 술이나 마시며 무위지치를 베풀고 있노라면 그 덕분에 백성들이 전국 시대나 진나라 때의 백성들이 당했던 고통을 안 받게 되었다는 말이다.

(10) 陽公(양공): 당나라 사람 陽城을 가리킨다. 그는 매우 박학다식하여 고을 사람들이 다들 그를 추앙하고 사사했다. 그 고을 觀察使 李泌이 그에 관한 소문을 듣고 친히 찾아가서 이야기를 나누어 보고는 매우 흐뭇해했다. 이필은 재상이 되었을 때 양성을 著作郞으로 천거했다. 양성은 그 뒤 얼마 안 지나서 다시 諫議大夫가 되었다. 양성이 처음 도성으로 들어갔을 때 많은 사람이 그가 매우 엄정하게 직무를 수행할 것이라고 생각하고 두려워했다. 그러나 양성은 날마다 밤낮없이 술만 마셨다. 사람들이 그의 명성을 의심하기 시작했다. 어떤 사람이 그가 왜 그러는지 물어보기 위해 그의 집으로 찾아갔다. 양성이 그에게 억지로 술을 먹이려고 하자 그가 극구 사양했다. 그러다가 양성이 혼자 술을 마시는 것을 보고는 할 수 없이 함께 술을 마시고 대취하여 손님이 자리에 쓰러지기도 하고 양성이 손님 품에 드러누워서 자기도 하는 바람에 끝내 물어보지 못했다.(《舊唐書·陽城傳》 참조)

(11) 前塵(전진): 앞사람이 지나가며 일으킨 먼지. 일을 하지 않고 술이나 마신 조참의 행적을 가리킨다.

(12) 言笑(언소): 諫言과 嘲笑.

(13) 徒(도): 한갓. 단지.

(14) 多勤(다근): 필요 이상으로 많은 노고. 안 해도 될 수고.

(15) 三人(삼인): 무위지치를 주장하거나 실천한 개공·조참·양성을 가리킨다.

(16) 脫粟(탈속): 겨우 껍질만 벗긴 거친 쌀.

(17) 平津(평진): 平津侯에 봉해진 公孫弘처럼 淸貧한 사람을 가리킨다. 《사기·평진후전》에 "한 가지 고기와 겨우 껍질만 벗긴 거친 쌀로 지은 밥만 먹었다. 친구나 잘 지내는 손님이 옷이나 음식을 주기를 바라면 공손홍은 자기 봉록을 전부 그들에게 주어 버려 집에 남은 것이 없었다. 선비들도 이로 인하여 그를 어질다고 여겼다(食一肉脫粟之飯. 故人所善賓客, 仰衣食, 弘奉祿皆以給之, 家無所餘. 士亦以此賢之)"라고 했다. 이상의 네 구절은 공손홍처럼 德政을 베푸는 것도 좋지만 개공·조참·양성처럼 무위지치를 베푸는 것이 더 좋다는 말이다.

(18) 醉墨(취묵): 취한 상태에서 먹물로 쓰는 글씨.

(19) 淋衣巾(임의건): 옷과 두건을 적시다. 韓愈의 시 〈醉後〉에 "몸에 걸친 옷에 뚝뚝 떨어져 있고, 붓 아래의 글자가 뒤집어졌다(淋漓身上衣, 顚倒筆下字)"라는 구절이 있다. 이 연은 초서는 해서나 행서 등의 다른 서체에 비해 쓰기가 비교적 자유롭지만 그래도 그 나름대로 쓰는 규율이 있기 때문에 술에 취해서 아무런 人爲的 제약 없이 붓 가는 대로 쓰는 것만큼 자유롭지는 않다는 뜻으로, 서예에 있어서도 無爲가 소중함을 강조한 것이다.

(20) 三十幅(삼십폭): 南朝時代의 梁나라 사람 蕭子雲은 초서와 예서를 잘 써서 百濟에까지 이름이 났다. 소자운이 東陽 태수로 나가게 되었을 때 백제에서 양나라의 도성 建鄴(지금의 강소성 南京)으로 사신을 보내 글씨를 구해 오게 했다. 백제 사신의 요구를 받은 소자운은 3일 동안 배를 세워 놓은 채 30폭을 써 주고 수백만 전을 받았다.(《남사·소자운전》 참조) 여기서는 많은 작품을 가리킨다.

(21) 聽坐人(청좌인): 좌객들에게 맡겨서 기분 내키는 대로 가져가게 하는 것을 가리킨다.

1270. 次韻范淳甫[1]送秦少章[2]

진소장을 전송하며 지은 범순보의 시에 차운하여

宿緣在江海,[3][4]	전생의 인연이 강과 바다에 있거늘
世網如予何.[5]	세속의 그물이 나를 어찌하리오?
西來庾公塵,[6]	서쪽에서 날아오는 유공의 먼지가
已濯長淮波.	이미 긴 회하의 물결에 다 씻겼네.
十年淮海人,[7]	십 년 만에 회하와 바다 사이 사람들이
初見一麥禾.[8]	처음으로 한 톨의 보리와 벼를 봤지만
但欣爭訟少,	쟁송이 적어진 걸 기뻐할 따름이지
未覺舟車多.	배와 수레가 많아진 줄은 느끼지 못하겠네.
秦郎忽過我,	진 군이 갑자기 나에게 들러
賦詩如卷阿.[9]	〈굽은 언덕〉과 같은 시를 읊어 줬는데
句法本黃子,[10]	구법이 황 선생을 본보기로 삼았고
二豪與揩磨.[11][12]	두 호걸과 더불어 연마하였네.
嗟我久離群,	아아 나는 오랫동안 친구들과 떨어져 있다
逝將老西河.[13][14]	앞으로 서하에서 늙으려고 하나니
後生多名士,	후생들 가운데에 명사가 참 많은데
欲薦空悲歌.	천거하려 하면서 괜히 슬피 노래하네.
小范眞可人,[15][16]	범 군은 참으로 훌륭한 사람이라

獨肯勤收羅.(17) 홀로 기꺼이 인재를 초치하려 힘쓰나니
瘦馬識騄耳,(18) 여윈 말들 중에서 녹이를 알아보고
枯桐得雲和.(19)(20) 마른 오동나무에서 금슬을 얻었으며
近聞館李生,(21)(22) 근래에는 이 군을 묵게 한다 들었나니
病鶴借一柯.(23) 병든 학에게 나뭇가지 하나를 빌려준 셈이네.
贈行苦說我,(24)(25) 떠나올 때 지어 준 시에 나에게 간곡히 말하여
妙語慰蹉跎.(26)(27) 오묘한 말로 좌절한 나를 위로해 주었는데
西羌已解仇,(28)(29) 서쪽의 강족들이 내부의 원한을 이미 풀어
烽火連朝那.(30) 봉화가 조나까지 이어졌지만
坐籌付公等,(31)(32) 장막 안에 앉아 전략을 짜는 일은 공들에게 부탁하고
吾將寄潛沱.(33) 나는 장차 잠수와 타수에 몸을 맡기려네.

[해설]

진관의 동생 진적(또는 진구)이 소식을 찾아 개봉에서 양주로 올 때 범조우가 지어 준 시에 차운한 것으로, 범조우가 적극적으로 인재를 찾아 추천하거나 도와주는 일을 칭송하고 전원으로 돌아가 은거하고자 하는 자신의 의지를 토로했다. 범조우의 원시 제목 〈인화로 부임해 가는 진주부를 전송하며(送秦主簿赴仁和)〉를 보면 진적(또는 진구)은 당시 항주(杭州)의 속현인 인화현으로 부임해 가는 길에 소식에게 들른 것으로 보인다.

[주석]

(1) 淳甫(순보): 范祖禹(1041-1098)의 字. 成都 華陽 사람으로 어릴 때 아버지를 여의고 종조부인 范鎮(1008-1089) 밑에서 자랐으며 나중에 司馬光을 도와 《資治通鑑》을 편찬했다. 宣仁太后가 승하하고 哲宗이 친정을 실시할 때 다른 사람이 하기 어려운 충직한 말을 많이 했다. 그는 황제 앞에서 경서를 강론할 때 말을 간략하면서도 합당하고 명백하게 했으며 장황한 말을 하지 않아 소식이 講官 중의 제1인자라고 불렀다. 소식은 범씨들과 더불어 같은 촉지방 출신인데 범진이 소식 형제를 매우 좋아했기 때문에 소식과 범조우의 우의도 아주 돈독했다. 원우(1086-1093) 연간에 의기투합하여 함께 조정에서 일하다가 나중에는 또 함께 남방으로 유배 갔는데 범조우가 유배지에서 죽자 소식은 해남도에서 그 소식을 듣고 극도로 슬픔에 빠져 몇 차례나 편지를 써서 그의 아들들을 위로했다. 〈答范淳甫〉(0553)에 대한 施元之 註 참조.

(2) 少章(소장): 秦觀의 동생 秦覿(또는 秦覯)의 字. 〈次韻秦少章和錢蒙仲〉(1090) 주 (1) 참조.

(3) 宿緣(숙연): 前生의 인연.

(4) 江海(강해): 은거지를 가리킨다.

(5) 世網(세망): 세상의 그물. 예의·윤리·도덕·법률 등 사회생활에 필요한 각종 구속을 가리킨다.

(6) 庾公塵(유공진): 庾亮이 일으킨 먼지라는 뜻으로 권세를 가리킨다. 유량은 외지로 나가 있을 때에도 조정의 권세를 쥐고 있었기 때문에 권세를 좇는 사람들이 다들 그에게 귀의했다. 그러나 王導는 심기가 편할 수 없었는데 한번은 서풍이 불어 먼지가 일어나자 부채로 먼지를 막으면서 "유량의 먼지가 사람을 다 더럽히는구나!"라고 했다.(《晉書·王導傳》 참조)

(7) 淮海(회해): 淮河와 바다 사이. 여기서는 揚州를 가리킨다. 《書經·夏書·禹貢》에 "회하와 바다 사이가 양주이다(淮海惟揚州)"라고 했다.

(8) 一麥禾(일맥화): 아주 적은 곡식을 가리킨다. 晁補之의 시 〈飮酒二十首同蘇翰林先生次韻追和陶淵明〉 其十八에 "십 년 만에 한 톨의 보리와 벼를 얻었지만, 이만큼 되는 해도 만나기가 어렵네(十年一麥禾, 此歲亦難得)"라는 구절이 있다. 이 연은 양주 사람들이 풍년을 만났다는 뜻이 아니라 오랜 흉년에서 벗어났다는 뜻인 것으로 보인다.

(9) 卷阿(권아): 《詩經·大雅》의 편명. 毛詩序에 "〈굽은 언덕〉은 소강공이 성왕을 훈계한 것으로 현인을 구하고 좋은 사람을 쓰라는 말이다(〈卷阿〉, 召康公戒成王也. 言求賢用吉士也)"라고 했는데, 王十朋의 《百家註分類東坡先生詩》에 "이것은 틀림없이 진씨의 시에서 선생에게 현인을 천거할 것을 권고했다는 뜻일 것이다. 그렇기 때문에 아래 구절에 천거와 발탁을 뜻하는 말을 많이 한 것이다(此必秦之詩中勸先生薦賢, 故下句多言薦拔之意也)"라고 했다.

(10) 黃子(황자): 黃庭堅을 가리킨다. 소식의 자주에 "황노직을 말한다(謂魯直也)"라고 했다.

(11) 二豪(이호): 소식의 자주에 "그의 형 진소유(진관)와 장문잠(張耒)이다(其兄少游與張文潛)"라고 했다.

(12) 揩磨(개마): 문지르고 갈다. 연마하다.

(13) 逝(서): 發語辭. 謝靈運의 시 〈遊南亭〉에 "장차 가을 물이 불어나길 기다려, 전원으로 돌아가 옛 언덕에 누우리라(逝將候秋水, 息景偃舊崖)"라는 구절이 있다.

(14) 西河(서하): 은거지를 가리킨다. 《禮記·檀弓上》에 "물러나 서하 가에서 늙는다(退而老於西河之上)"라는 말이 있는데 이에 대한 鄭玄의 주에 "서하는 용문과 화음 사이의 땅이다(西河, 龍門至華陰之地)"라고 했다.

(15) 小范(소범): 범조우에 대한 애칭이다.

(16) 可人(가인): 재주와 덕망이 높은 사람.

(17) 收羅(수라): 그물 안으로 거두어들이다. 인재를 초치하는 것을 가리킨다.

(18) 騄耳(녹이): 名馬의 이름. 周나라 穆王의 八駿馬 가운데 하나였다. 뛰어난 인재를 가리킨다.

(19) 枯桐(고동): 마른 오동나무. 琴瑟을 만드는 데 쓰는 좋은 재료이다.

(20) 雲和(운화): 운화산. 옛날에 금슬이 많이 생산된 것으로 이름난 산. 나중에 금슬이나 비파 등의 악기를 가리키는 말이 되었다.

(21) 館(관): 묵게 하다.

(22) 李生(이생): 蘇門六君子 가운데 한 사람인 李廌(1059-1109)를 가리킨다. 소식의 자주에 "방숙 이치를 말한다(李廌方叔)"라고 했다.

(23) 病鶴(병학): 이치를 가리킨다.

(24) 贈行(증행): 길 떠나는 사람에게 주는 선물. 진적(또는 진구)이 개봉을 떠나 양주로 올 때 범조우가 지어 준 시를 가리킨다.

(25) 苦(고): 極力. 힘껏.

(26) 妙語(묘어): 馮應榴의《蘇軾詩集合注》에 "《續資治通鑑長編》에 원우 7년(1092) 4월에 범조우가 소식의 문장이 천하의 으뜸이라고 추천했다는 기록이 있다. 선생의 시는 암암리에 이것을 가리킨다(《續通鑑長編》: 元祐七年四月, 范祖禹薦蘇軾文章爲天下第一. 先生詩, 暗指此也)"라고 했고, 畢沅의《續資治通鑑·宋紀八十二·元祐七年》에 "가을철인 7월……계사일에《신종정사》를 편찬하라는 조칙을 내리고 한림시독학사를 복원하여 범조우에게 그 일을 맡게 했다.……계묘일에 용도각학사양주지주 소식을 병부상서로 삼았다(秋七月……癸巳, 詔修《神宗正史》, 復翰林侍讀學士, 以范祖禹爲之.……癸卯, 以龍圖閣學士知揚州蘇軾爲兵部尙書)"라고 한 것을 보면, 범조우가 소식을 병부상서로 천거했음을 알 수 있다.

(27) 蹉跎(차타): 실족하다. 좌절하다.

(28) 西羌(서강): 前漢 때 중국의 서부에 거주하던 여러 羌族 부락을 통칭하는 말이다.

(29) 解仇(해구): 원한을 풀다. 내부적 원한을 풀고 동맹을 맺어 중국을 공격하는 것을 가리킨다. 後漢 장화 2년(88)에 護羌校尉 張紆가 燒當種羌·迷吾 등을 죽이자 여러 강족이 크게 노하여 원수를 갚으려고 모의했다. 公卿들이 의논하여 鄧訓을 장우의 후임으로 천거하자 강족들이 더욱 격분하여 강족들 사이의 내부적 원한을 풀고 4만여 명이 한데 모여 황하가 얼어붙으면 황하를 건너 등훈을 공격하기로 맹약했다.(《후한서·등훈전》 참조)

(30) 朝那(조나): 감숙성 平涼 서북쪽에 있던 한나라 때의 縣. 풍응류의《소식시집합주》에 "《續資治通鑑長編》에 원우 7년(1092) 10월에 서쪽의 도적들이 환주를 포위하고 공격했다는 기록이 있다(《續通鑑長編》: 元祐七年十月, 西賊攻圍環州)"라고 한 바와 같이 당시에는 서하가 자주 북송을 침공했다. 이 연은 이 시를 짓기 직전에 西夏가 송나라를 공격한 일을 가리키는 것으로 보인다.

(31) 坐籌(좌주): 장막 안에 앉아서 전략을 짜다.

(32) 公等(공등): 그대들.

(33) 潛沱(잠타): 潛水와 沱水.《書經·夏書·禹貢》에 "화산의 남쪽에서 흑수에 이르는 지역이 양주이다. 민산과 파산 일대를 농사지을 수 있게 하고 타수와 잠수의 물길을 잘 인도했다(華陽黑水惟梁州. 岷嶓既藝, 沱潛既道)"라고 했는데, 이에 대한 孔安國의 傳에 "타수와 잠수는 이 고을에서 발원하여 형주로 들어간다(沱潛發源此州, 入荊州)"라고 했다. 이 연은 국사는 범조우·진적(또는 진구) 등에게 맡기고 자신은 은거하고 싶다는 말이다.

1271. 聞林夫(1)當徙靈隱寺(2)寓居(3), 戲作靈隱前(4)一首

당임부가 당장 영은사로 옮겨서 우거할 것이라고 하는 말을 듣고 장난삼아 '영은산의 앞'으로 시작하는 시를 한 수 짓는다

靈隱前,	영은산의 앞
天竺後,(5)	천축산의 뒤
兩澗春淙一靈鷲.(6)	두 골짝의 봄 물 사이에 영취사란 절이 하나 있었네.
不知水從何處來,	물이 어디서 오는지 알 수 없는데
跳波赴壑如奔雷.	펄쩍 뛰는 파도가 우레처럼 골짜기로 들어갔네.
無情有意兩莫測,	정이 없는지 있는지는 둘 다 알기 어렵지만
肯向冷泉亭下相縈回.(7)	기꺼이 냉천정 아래로 가서 서로 안고 돌았네.
我在錢塘六百日,(8)	나는 육백 일 동안 전당에 있으면서
山中暫來不暖席.	산속에 잠시 온지라 자리가 데워지지 않았네.
今君欲作靈隱居,	그런데 이제 그대는 영은사에 우거하며
葛衣草履隨僧蔬.(9)	칡베 옷에 짚신 신고 스님을 따라 채소를 심으려 하네.
能與冷泉作主一百日,(10)	백 일 동안 냉천에게 주인이 되어 줄 수 있다면
不用二十四考書中書.(11)	이십사 년의 고과 성적을 중서성에 쓸 필요가 없네.

[해설]

당경이 곧 항주에 있는 영은사에 우거할 것이라는 소문을 듣고 자신이 옛날에 본 그 일대의 아름다운 풍광을 회상하며 그곳에 우거하게 된 당경을 부러워한 것이다.

[주석]

(1) 林夫(임부): 唐坰의 字. 〈遊寶雲寺, 得唐彦猷爲杭州日送客舟中手書一絶句云……〉(1170) 주 (6) 참조.

(2) 靈隱寺(영은사): 절강성 杭州 西湖 서북쪽의 영은산 기슭에 있는 절.

(3) 寓居(우거): 남의 집이나 타향에서 임시로 거주하다.

(4) 靈隱前(영은전): "靈隱前"으로 시작하는 이 시를 가리킨다.

(5) 天竺(천축): 천축산. 항주 서호의 서쪽에 있는 산. 이 산에 상천축사·중천축사·하천축사라는 절이 있다.

(6) 靈鷲(영취): 영취사. 영은사 옆에 있던 절. 《釋氏稽古略》에 "서천축에서 온 혜리법사가 동진 함화(326-334) 연간에 항주로 가서 산의 바위가 아름다운 것을 보았다.……법사가 그곳에 절 두 개를 세웠으니 먼저 세운 것이 영취사이고 나중에 세운 것이 영은사이다(西天竺惠理法師, 於晉咸和中至杭州, 見山巖秀麗.……師卽其地建兩刹, 先靈鷲, 後靈隱)"라고 했다.

(7) 冷泉亭(냉천정): 항주 서북쪽의 飛來峰 밑에 있는 정자. 이 연은 情意가 있을 리 없는 계곡물이 서로 어우러져 빙글빙글 도는 모습이 꼭 서로 정을 나누는 것 같다는 말이다.

(8) 錢塘(전당): 지금의 절강성 항주. 白居易의 시 〈留題天竺靈隱兩寺〉에 "이 고을에 거주한 육백 일 동안, 열두 번이나 산에 들어갔었네(在郡六百日, 入山十二回)"라는 구절이 있는데, 소식은 원우 4년(1089) 7월부터 원우 6년(1091) 2월까지 약 600일 동안 杭州知州로 재임했다.

(9) 蔬(소): 채소를 심다.

(10) 冷泉(냉천): 비래봉을 감싸고 흐르는 계곡.

(11) 中書(중서): 일반 행정을 심의하던 중앙 관서인 中書省을 가리킨다. 《舊唐書·郭子儀傳》에 "천하의 안위가 그의 몸에 달린 것이 거의 20년이나 되었고, 그가 중서령으로서의 근무 성적을 考課받은 것이 24년이었다(天下以其身爲安危者殆二十年, 校中書令考二十有四)"라고 했다. 이 연은 100일만 당경처럼 영은사 일대에서 은거할 수 있다면 곽자의가 24년 동안 재임한 중서령 같은 고위 관직은 필요가 없다는 말이다.

1272. 次韻蘇伯固[1]遊蜀岡[2], 送李孝博[3]奉使嶺表[4]

촉강에서 노닌 감회를 읊은 소백고의 시에 차운하여 사명을 받들고 영남 지방으로 가는 이효박을 전송한다

新苗未沒鶴,[5][6]	햇벼는 아직까지 학을 가리지 못하고
老葉方翳蟬.	쇤 나뭇잎은 지금 한창 매미를 감추고 있네.
綠渠浸痲水,[7]	파란색 도랑에는 삼을 담근 물이 있고
白板燒松烟.[8][9]	하얀색 판자에는 소나무 태우는 연기가 피네.
笑窺有紅頰,[10]	웃으면서 엿보는 홍안 소년이 있고
醉臥皆華顚.[11]	취해 누운 사람은 모두 백발노인이네.
家家機杼鳴,	집집마다 찰칵찰칵 베틀 소리 울리고
樹樹梨棗懸.	나무마다 배와 대추가 매달려 있네.
野無佩犢子,[12]	들판에는 송아지 찬 사람이 없고
府有騎鶴仙.[13]	관아에는 학을 탄 신선이 있네.
觀風嶠南使,[14][15]	풍속을 살피는 영남 지방 사자는
出相山東賢.[16]	재상을 배출한 산동 땅의 현인이네.
渡江弔佷石,[17]	장강을 건너가서 흔석을 애도하고
過嶺酌貪泉.[18]	대유령을 넘어가서 탐천을 퍼 마시겠네.
與君步徙倚,[19][20]	그대와 함께 어슬렁어슬렁 걸어 다니며
望彼修連娟.[21]	기다랗게 이어진 저 고운 산을 바라보네.
願及南枝謝,[22]	남쪽 가지의 매화가 시들어 떨어질 때

早隨北雁翩.(23) 일찌감치 북으로 날아오는 기러기를 따라오길.
歸來春酒熟,(24) 그대가 돌아오면 봄 술이 익을 테니
共看山櫻然.(25) 산앵도가 빨갛게 타는 모습 함께 보세.

[해설]

광동제점형옥에 임명되어 영남 지방으로 갈 예정인 이효박을 전송하기 위해 이효박·소견 등과 함께 촉강에서 노닐 때 소견이 먼저 지은 시에 차운하여 이효박에 대한 석별의 정을 토로한 것이다.

[주석]

(1) 伯固(백고): 蘇堅의 字. 〈次韻蘇伯固主簿重九〉(1154) 주 (1) 참조.
(2) 蜀岡(촉강): 揚州 서북쪽의 瘦西湖 북쪽에 있는 언덕. 〈到官病倦, 未嘗會客, 毛正仲惠茶, 乃以端午小集石塔, 戲作一詩爲謝〉(1267) 주 (22) 참조.
(3) 孝博(효박): 查愼行의 《蘇詩補註》에 "이효박은 자가 숙승이다. 당시 산양태수로 재임하다가 치적이 우수하여 광동제점형옥에 임명되었다(李孝博, 字叔升. 時自山陽守, 以治行高第, 卽拜廣東提點刑獄)"라고 했다.
(4) 嶺表(영표): 大庾嶺의 바깥. 흔히 嶺南이라고 하며 嶺外라고도 하는바, 지금의 광동·광서 지역을 가리킨다.
(5) 新苗(신묘): 벼를 이모작하는 지역에서 두 번째로 심은 벼의 새싹을 가리키는 것으로 보인다.
(6) 沒鶴(몰학): 학이 가려서 보이지 않게 하는 것을 가리킨다.
(7) 浸麻水(침마수): 삼 줄기를 담가 놓은 물.
(8) 白板(백판): 아무런 칠도 하지 않은 흰색 그대로의 나무판자를 엮어서 만든 소박한 대문을 가리킨다.
(9) 燒松烟(소송연): 소나무 땔감을 태워서 밥을 짓는 연기를 가리킨다.
(10) 紅頰(홍협): 붉은 뺨. 홍안 소년을 가리킨다.
(11) 華顚(화전): 흰머리. 백발노인을 가리킨다. 이 연은 홍안 소년들이 평소에 보기 힘든 태수 일행의 연회를 엿보며 키득거리고 모처럼 흉년에서 벗어난 그 고을 노인들이 거나하게 취해 있는 평화로운 정경을 묘사한 것인 듯하다.
(12) 佩犢子(패독자): 송아지를 찬 사람. 농사는 짓지 않고 칼을 차고 다니며 남의 물건을 빼앗는 불량배를 가리킨다. 한나라 사람 龔遂는 渤海 태수로 부임하여 백성들이 칼을 차고 다니는 것을 보고 "어찌하여 소와 송아지를 차고 다니는가?"라고 하며 큰 칼을 팔아 소를 사고 작은 칼을 팔아 송아지를 사서 농사를 짓게 했다.(《한서·공수전》 참조)
(13) 騎鶴仙(기학선): 揚州知州로 재임하면서 신선처럼 지내는 소식 자신을 가리킨다. 여러 사람이 각자

자신의 소원을 이야기하고 있었다. 첫 번째 사람은 揚州刺史가 되고 싶다고 하고, 두 번째 사람은 돈을 많이 벌고 싶다고 하고, 세 번째 사람은 학을 타고 하늘로 올라가고 싶다고 했다. 다 듣고 난 마지막 사람이 자기는 허리에 돈 십만 꿰미를 차고 학을 타고 양주의 하늘로 올라가고 싶다고 했다. 얻기 힘든 여러 가지를 한꺼번에 얻겠다고 욕심을 부린 것이었다.(《殷芸小說》 참조) 이 연은 백성들은 열심히 농사를 짓고 자신은 신선처럼 유유자적한다는 말이다.

(14) 觀風(관풍): 풍속을 살피다.

(15) 嶠南使(교남사): 영남 지방으로 나가는 사자. 廣東提點刑獄으로 나가는 이효박을 가리킨다.

(16) 出相山東賢(출상산동현): 재상을 배출한 산동 지방의 현인. 이효박을 가리킨다. 王十朋의 《百家註分類東坡先生詩》에 "이효박이 산동 사람이고 또 재상 집안의 아들이기 때문에 '재상을 배출한 산동 지방의 현인'이라고 한 것이다(李孝博, 山東人, 而又相家子. 故云: '出相山東賢.')"라고 했다.

(17) 很石(흔석): 강소성 鎭江의 甘露寺 안에 있는 바위. '狠石'이라고도 한다. 〈甘露寺〉(0177)에 대한 소식의 자주에 "절에는 양처럼 생긴 바위가 하나 있는데 전하는 바에 의하면 흔석이라고 하는 이 바위는 공명 제갈량이 그 위에 앉아서 손중모(孫權)와 함께 조공(曹操)에 관해 논의하던 곳이라고 한다(寺有石如羊, 相傳謂之狠石, 云: 諸葛亮孔明坐其上, 與孫仲謀論曹公也)"라고 했다. 〈甘露寺〉(0177) 주 (7) 참조. 2007년 8월 17일에 감로사를 답사해 본 바에 의하면 아직도 엎드린 양처럼 생긴 '흔석'이 두 개 남아 있었는데 그 가운데 하나는 머리 부분이 떨어져 나갔지만 하나는 비교적 온전하게 보존되어 있었다.

(18) 貪泉(탐천): 광동성 廣州市 白雲區 慶隆中路 廣州鐵路職業技術學院 서남쪽에 있는 珠江의 지류 流溪河 가에 있던 샘. 이 샘의 물을 마시면 탐관오리가 된다는 속설이 있었는데 東晉 때 광주태수로 부임해 가던 吳隱之가 속설을 무시하고 "옛사람이 말하기를 이 샘의 물은, 한 번 마시면 일확천금을 꿈꾼다고 했는데, 백이와 숙제라면 이 물을 마시게 해도, 끝끝내 마음을 바꾸지 않으리라(古人云此水, 一歃懷千金. 試使夷齊飮, 終當不易心)" 하고 읊으며 그 물을 마셨지만 끝내 탐관오리가 되지 않았다는 일화로 유명하다. 2009년 2월 21일에 답사해 본 바에 의하면 샘은 없어지고 이 시가 새겨진 遺趾碑 하나만 있었다.

(19) 君(군): 이효박을 가리킨다.

(20) 徙倚(사의): 배회하다.

(21) 修連娟(수련연): 길게 이어진 아름다운 것. 원래 가늘고 긴 눈썹을 가리키는 말인데 여기서는 멀리 보이는 기다란 산을 가리키는 말로 쓰였다.

(22) 南枝(남지): 남쪽 가지에 핀 매화를 가리킨다. 왕십붕의 《백가주분류동파선생시》에 "남쪽 가지의 매화이다(南枝梅也)"라고 했다. 소식이 惠州(지금의 광동성 혜주)에서 유배 생활을 할 때 지은 시 〈十一月二十六日, 松風亭下, 梅花盛開〉(1400)의 제목을 보면 알 수 있는 바와 같이 大庾嶺 남쪽에는 매화가 아주 일찍 피고 일찍 진다.

(23) 北雁(북안): 남방에서 겨울을 지내고 봄을 맞아 다시 북쪽으로 돌아가는 기러기. 이 연은 영남 지방에 오래 머물지 말고 내년 봄에 바로 돌아오기를 바란다는 말이다.

(24) 春酒(춘주): 겨울에 담가 봄에 익는 술을 가리키기도 하고 봄에 담가 가을이나 겨울에 익는 술을 가리키기도 하는데, 여기서는 전자를 가리킨다.

(25) 山櫻然(산앵연): 산앵도가 불타다. 새빨간 산앵도 꽃이 피는 것을 가리킨다. 이 연은 산앵도 꽃이 피어 있는 산에 가서 술을 마시자는 말이면서 동시에 술에 취한 서로의 얼굴을 보자는 의미 또는 입술을 빨갛게 화장한 미인이 따라 주는 술을 마시자는 의미도 내포하고 있는 것으로 보인다.

1273. 送晁美叔[1]發運右司[2]年兄[3]赴闕

발운사인 우사낭중 조미숙 형이 대궐로 들어가는 것을 전송하며

我年二十無朋儔,[4]	나는 스무 살일 때 친구가 없었나니
當時四海一子由.[5]	그 당시에 천지에 자유 하나뿐이었는데
君來扣門如有求,	그대가 무엇을 찾듯 와서 문을 두드렸나니
頎然鶴骨淸而修.	훤칠한 학의 뼈대가 말쑥하고 길쭉했네.
醉翁遣我從子遊,[6]	그대는 "취옹께서 나에게 그대와 교유하라 하셨나니
翁如退之蹈軻丘.[7][8][9]	취옹께서는 한퇴지처럼 공맹의 뒤를 바짝 따랐건만
尙欲放子出一頭,[10][11]	오히려 그대에게 자리를 좀 내주려 하셨네" 하지만
酒醒夢斷四十秋.[12]	나는 사십 년 동안 술에 취했다 깨고 꿈꾸다가 깨었네.
病鶴不病骨愈虯,[13][14]	병든 학은 병들지 않아 뼈대가 교룡보다 튼튼하고
惟有我顔老可羞.	내 얼굴만 늙어서 부끄러워할 만하네.
醉翁賓客散九州,[15]	취옹의 문객들이 구주로 흩어졌으니
幾人白髮還相收.[16]	몇 명이나 흰머리로 다시 서로를 거두어 줄까?
我如懷祖拙自謀,[17][18]	나는 왕회조 같아 자신의 일을 도모할 줄 모르는데
正作尙書已過優.[19][20][21]	뜻밖에도 상서가 되니 너무 지나친 우대네.
君求會稽實良籌,[22]	그대가 회계를 요구한 건 참으로 좋은 계책
往看萬壑爭交流.[23]	만 계곡이 예서 제서 앞다투어 흐르는 걸 가서 보길.

[해설]

같은 시기에 진사시험에 급제한 친구 조단언이 발운사의 임무를 마치고 조정으로 돌아가는 것을 전송하면서 지은 것이다.

[주석]

(1) 美叔(미숙): 소식의 과거급제 동기인 晁端彦의 字.

(2) 發運右司(발운우사): 發運使 직책을 맡은 右司郎中. 발운사는 수로를 이용하여 쌀·차·소금 등의 운송을 담당하던 관리이다. 馮應榴의 《蘇軾詩集合注》에 "조미숙은 원우 5년(1090) 5월에 우사낭중으로서 江南路·淮南路·荊湖路·兩浙路 등지의 발운사가 되었으니 이 사실은 《續資治通鑑長編》에 보인다. 아마도 이때에 이르러 비로소 조정으로 돌아간 것 같다(晁美叔於元祐五年五月, 以右司郎中爲江·淮·荊·浙等路發運使, 見《長編》. 蓋至是始還朝也)"라고 했다.

(3) 年兄(연형): 과거급제 동기에 대한 존칭.

(4) 年二十無朋儔(연이십무붕주): 나이가 스무 살이 되도록 친구가 없다. 소식은 開封府試에 응시하기 위해 스무 살 되던 해인 지화 2년(1055)에 고향을 떠났기 때문에 그 이전에는 평생 동안 고락을 함께 할 친구가 없었다고 한 것으로 보인다.

(5) 子由(자유): 소식의 동생 蘇轍의 字.

(6) 醉翁(취옹): 歐陽修의 自號.

(7) 退之(퇴지): 韓愈의 字.

(8) 蹈(도): 밟다. 실천하다.

(9) 軻丘(가구): 孟軻와 孔丘. 각각 맹자와 공자의 본명이다. 韓愈의 시 〈贈張籍〉에 "우리는 공자와 맹자를 따르느라, 작위도 일찍이 받지 않았네(我身蹈丘軻, 爵位不早綰)"라는 구절이 있다. 소식의 〈六一居士集敍〉에 "500여 년 뒤에 한유가 나타나자 학자들이 한유를 맹자와 짝짓는데 그럴듯한 일이다. ……구양 선생은 오늘날의 한유이시다(五百餘年而後得韓愈, 學者以韓愈配孟子, 蓋庶幾焉.……歐陽子, 今之韓愈也)"라고 한 바와 같이, 소식은 구양수가 한유와 마찬가지로 공자와 맹자의 뒤를 바짝 좇는 대유학자라고 생각했다.

(10) 子(자): 이인칭 대명사. 조단언의 관점에서 소식을 지칭한 것이다.

(11) 一頭(일두): 一頭地. 한 발짝. 약간의 여지. 소식의 자주에 "가우(1056-1063) 초에 나는 자유와 함께 興國寺 浴室院에 우거했는데 조미숙이 나를 찾아와서 '나는 구양공의 문하에서 노닌 지 오래되었는데 구양공께서 나한테 여기에 와서 그대와 교유하라고 하시면서 그대가 반드시 세상에 이름을 떨칠 것이므로 늙은이가 자리를 좀 내주어야 한다고 하셨다오' 하고 말했다(嘉祐初, 軾與子由寓興國浴室, 美叔忽見訪. 云: '吾從歐陽公遊久矣, 公令我來, 與子定交, 謂子必名世, 老夫須放他出一頭地.')"라고 했다.

(12) 四十秋(사십추): 40년. 소식이 구양수를 만나 극도의 칭송을 들은 가우 2년(1057)부터 이 시를 지을

당시(1092)까지의 약 40년을 가리킨다. 이상의 네 구절은 한유와 마찬가지로 공자와 맹자에 버금갈 만큼 위대한 유학자인 구양수가 소식을 그토록 치켜세웠는데도 불구하고 소식은 40년 동안 꿈을 이루지 못한 채 실의에 젖어서 지냈다는 말인 것으로 보인다.

(13) 病鶴(병학): 병든 학. 제3구에서 말한 바와 같이 소식이 조단언을 '鶴骨'이라고 치켜세우자 조단언이 자신을 '病鶴'이라고 부른 것으로 보인다.

(14) 虯(규): 교룡. 교룡처럼 건장하다는 뜻이다.

(15) 九州(구주): 옛날에 중국이 아홉 개의 주로 나누어져 있었기 때문에 중국 전역을 가리킨다.

(16) 相收(상수): 서로를 거두어 주다. 서로 상대방을 수용하고 보살펴 주는 것을 가리킨다. 《莊子·山木》에 "대체로 이익 때문에 만난 자는 궁핍·재앙·환란·피해에 쫓길 때 서로를 버리고, 하늘의 뜻에 따라 맺어진 자는 궁핍·재앙·환란·피해에 쫓길 때 서로를 거두어 줍니다.……저 까닭 없이 만난 자는 까닭 없이 헤어집니다(夫以利合者, 迫窮禍患害相棄也; 以天屬者, 迫窮禍患害相收也.……彼無故以合者, 則無故以離)"라는 말이 있다.

(17) 懷祖(회조): 東晉 사람 王述의 字. 《晉書·王羲之傳》에 "표기장군 왕술(303-368)은 젊을 때부터 명성이 있어 당시 왕희지(303-361)와 이름을 나란히 했는데 왕희지가 그를 매우 업신여겼기 때문에 서로 감정이 아주 안 좋았다. 왕술은 이전에 회계를 다스렸는데 모친상을 당하여 그 고을 안에서 삼년상을 치르게 되는 바람에 왕희지가 왕술의 일을 대신하게 되었다. 그때 왕희지는 오로지 한 번만 조문을 하고 끝내 다시는 조문하러 가지 않았다. 왕술은 뿔피리 소리가 들릴 때마다 왕희지가 틀림없이 자기를 찾아올 것이라며 물을 뿌려 마당을 쓸어 놓고 그를 기다렸다. 이렇게 한 것이 몇 년이 지났지만 왕희지가 끝내 거들떠보지 않는지라 왕술이 심히 한스럽게 생각했다. 나중에 왕술이 양주자사가 되었을 때 임지로 가기 전에 고을 안을 두루 돌아다녔으나 왕희지에게는 들르지 않았다. 그러다가 출발할 때 한 번 작별 인사를 하고 떠났다. 이에 앞서 왕희지가 손님들과 친구들에게 늘 '회조는 상서가 될 사람이고, 늙어서는 복야 자리를 얻을 수 있을 것이오. 그런데 도리어 회계로 보내 달라고 주청한 것은 스스로 멀리 둘러간 것이오'라고 했다(時驃騎將軍王述少有名譽, 與羲之齊名, 而羲之甚輕之, 由是情好不協. 述先爲會稽, 以母喪居郡境, 羲之代述. 止一吊, 遂不重詣. 述每聞角聲, 謂羲之當候已, 輒灑掃而待之. 如此者累年, 而羲之竟不顧, 述深以爲恨. 及述爲揚州刺史, 將就徵, 周行郡界, 而不過羲之. 臨發, 一別而去. 先是, 羲之常謂賓友曰: '懷祖正當作尙書耳, 投老可得僕射. 更求會稽, 便自邈然.')"라는 기록이 있다.

(18) 拙自謀(졸자모): 자신의 일을 도모하는 데 서툴다. 나중에 상서와 복야가 될 사람인 왕술이 회계로 내보내 달라고 주청한 일을 가리키는 것으로 보인다.

(19) 正(정): 공교롭게. 뜻밖에.

(20) 尙書(상서): 관직 이름. 여기서는 소식이 곧 부임할 예정인 병부상서를 가리킨다. 王文誥의 《蘇軾詩集》에 "공이 이 일을 인용한 것을 보면 아마도 이미 조정으로 소환한다는 소문을 들었던 것 같다(公引此事, 蓋已聞召還之耗矣)"라고 했다.

(21) 已(이): 너무.

(22) 會稽(회계): 지금의 절강성 紹興. 소식의 자주에 "조미숙은 월주지주로 보내 달라고 주청해 놓은 상태였다(美叔方乞越)"라고 했다.

(23) 交流(교류): 종횡으로 交錯하여 흐르다.

1274. 太夫人[1]以无咎[2]生日置酒留余, 夜歸, 書小詩賀上

대부인께서 조무구의 생일에 술을 차려 놓고 나를 붙잡는지라 밤에야 돌아갔는데 이때 짧은 시를 써서 축하드렸다

壽樽餘瀝到朋簪,[3][4]	축수의 술동이에 남은 술이 친구들 앞에 이르렀나니
要與郞君語夜深.[5]	낭군과 밤 깊도록 얘기하길 원하시네요.
敢問阿婆開後閣,[6][7]	감히 여쭈어보나니 대부인께선 뒷문을 열어
井中車轄任浮沉.[8][9]	우물 속의 비녀장이 떠다니게 두시겠어요?

[해설]

조보지의 생일을 맞아 그의 어머니가 그의 친구들에게 연회를 벌여 주며 밤늦게까지 놀다 가게 했는데 이때 지어서 축하의 뜻을 전한 시이다.

[주석]

(1) 太夫人(태부인): 관직에 있는 사람의 어머니에 대한 존칭. 査愼行의 《蘇詩補註》에 "태부인은 조무구의 어머니를 말한다(太夫人, 謂晁无咎之母也)"라고 했다.

(2) 无咎(무구): 蘇門四學士 가운데 한 사람인 晁補之의 字. 당시에 그는 揚州通判으로 재임 중이었다.

(3) 壽樽(수준): 장수를 비는 의미에서 마시는 술을 가리킨다.

(4) 朋簪(붕잠): 친구를 가리킨다. 《易經·豫卦》에 "의심하지 않으면 친구가 빠르게 모여든다(勿疑, 朋盍簪)"라고 했는데 이에 대한 孔穎達의 疏에 "친구들이 모여서 빠르게 오는 것이다(群朋合聚而疾來也)"라고 했다. 이 연은 조보지의 어머니가 참석자들에게 남은 술을 다 마실 때까지 실컷 놀다 가라고 했다는 말이다.

(5) 郞君(낭군): 귀한 집 자제에 대한 존칭.

(6) 阿婆(아파): 나이 든 부인에 대한 경칭. 조보지의 어머니를 가리킨다.

(7) 後閣(후각): 뒷문. 한나라 사람 陳遵은 손님과 함께 술 마시는 것을 너무나 좋아하여 큰 연회가 있을 때면 매번 손님이 다 들어오고 난 뒤에 대문을 잠가 버릴 뿐만 아니라 손님들에게서 수레의 비녀장을 빼앗아 우물 속에 던져 버리기 때문에 설사 급한 일이 있어도 돌아갈 수가 없게 했다. 한번은 관할 지역의 刺史 한 사람이 공무 때문에 진준을 찾아갔는데 마침 진준이 대취하여 그를 붙잡는지라 尙書와 만나기로 약속이 되어 있는 그가 발을 동동 구르다가 진준의 어머니에게 가서 사정을 설명하자 그의 어머니가 뒷문을 열어 주며 나가게 했다.(《한서·진준전》 참조)

(8) 車轄(거할): 수레의 비녀장. 이 연은 그만 귀가하고 싶은 생각이 간절했지만 조보지의 어머니가 간곡하게 붙잡는 바람에 그럴 수 없었다는 말이다.

(9) 浮沉(부침): 떴다가 가라앉았다가 하다.

1275. 石塔寺[1]幷引

석탑사를 읊은 시와 그 서문

世傳王播[2]飯後鐘詩[3], 蓋揚州石塔寺事也. 相傳如此, 戲作此詩.(세상에 식사가 끝난 뒤에 종 친 일을 읊은 왕파의 시는 양주 석탑사에서 있었던 일일 것이라고 전해 온다. 전해 오는 바가 이렇기에 장난삼아 이 시를 짓는다.)

饑眼眩東西,	굶주린 눈은 동서를 분간하지 못하고
詩腸忘早晏.[4]	시 짓는 창자는 아침저녁의 식사 때를 잊었나니
雖知燈是火,[5]	등불이 곧 불인 줄을 알았다고 할지라도
不悟鐘非飯.[6]	종 칠 때가 밥때가 아닌 줄은 몰랐네.
山僧異漂母,[7]	빨래하는 아주머니와 다른 산승들에게
但可供一莞.[8]	웃음이나 한 번 안겨 줄 수 있을 뿐이었는데
何爲二十年,	그는 무엇 때문에 이십 년 동안
記憶作此訕.[9]	기억하고 있다가 이 비방을 하였나?
齋廚養若人,[10]	주방에서 이 사람을 먹여 살려서
無益祇貽患.	아무런 보탬도 없이 우환만 안겨 줬나니
乃知飯後鐘,	그래서 알겠네 식사 뒤에 종 친 것은
闍黎蓋具眼.[11][12]	스님들에게 안목이 있었기 때문임을.

[해설]

양주 석탑사에서 있었던 일이라는 당나라 사람 왕파의 일화를 해학적인 필치로 묘사한 것이다.

[주석]

(1) 石塔寺(석탑사): 揚州 서북쪽의 甘泉山에 있는 절. 安國寺·木蘭院이라고도 했다.(魏嵩山 主編, 《中國歷史地名大辭典》, 廣東教育出版社, 1995년 제1판, 242쪽 참조)

(2) 王播(왕파): 中唐 때의 幷州 太原 사람으로 宰相을 역임했는데, 권세 있는 사람들과 교유하기를 좋아하고 백성을 많이 착취했다.

(3) 飯後鐘詩(반후종시): 왕파의 시 〈題木蘭院二首〉를 가리킨다. 왕파는 어릴 때 집안이 가난하여 양주에 있는 惠照寺 木蘭院에서 지냈는데 오래 지나자 스님들이 그를 미워하게 되어 미리 식사를 끝내고 난 뒤에 식사 시간을 알리는 종을 쳤다. 이 일에 원한을 품고 있던 왕파가 나중에 고위 관직에 올라 江都(지금의 강소성 양주)를 鎮守하게 되었다. 이때 자신이 옛날에 노닐던 곳을 찾아가 보았더니 자신이 써 놓은 시가 비단에 싸여 있었다. 그것을 보고 "법당에 오르자마자 각자 동서로 흩어졌나니, 스님들이 밥 다 먹고 종친 것이 부끄러웠네. 이십 년 동안 먼지가 자욱이 앉았다가, 이제야 푸른 비단에 싸일 수 있게 됐네(上堂才了各西東, 慚愧闍黎飯後鐘. 二十年來塵撲面, 而今始得碧紗籠)"라는 시를 지었다.(王定保, 《唐摭言》 참조)

(4) 早晏(조안): 이른 시간과 늦은 시간. 아침저녁의 식사 시간을 가리킨다. 이 연은 왕파가 시 짓기에 정신이 팔려 식사를 못하는 바람에 눈이 방향 감각을 잃을 정도로 기력이 없었다는 말이다.

(5) 燈是火(등시화): 남송 이종 순우 12년(1252) 또는 소정(1228-1233) 연간에 釋普濟가 편집한 《五燈會元·建隆慶禪師法嗣》에 "일찌감치 등불이 불이란 걸 알았다면, 밥이 다 익는 데에 얼마나 걸렸을까?(早知燈是火, 飯熟幾多時?)"라는 말이 있다. 절에서 등불을 켜 놓고 책 읽기에 몰두하느라 아침이 된 줄도 모르던 사람이 아궁이의 불씨가 꺼져 버린 사실을 알고 당황한 나머지 등불에서 불을 붙이면 된다는 사실을 생각하지 못하고 황급히 산 밑에 있는 마을에 가서 불씨를 얻어 와서 밥을 짓느라 시간이 오래 걸렸다는 말이다. 또 청나라 동치(1862-1874) 연간에 편찬된 《宜黃縣志》에 다음과 같은 일화가 수록되어 있다. 王安石이 13세 때 강서성 撫州市 宜黃縣의 仙洞寺로 가서 杜子野라는 은자에게 수학할 때 자기가 밥 지을 당번이라는 사실도 잊고 책 읽기에 정신이 팔려 있다가 뒤늦게 알고 밥을 지으려 했으나 불씨가 꺼진 것을 보고 황급히 마을로 가서 불을 붙여 왔더니 두자야가 "책상 위에 있는 등에서 불을 붙이면 되지 않았겠느냐?"라고 했다. 그러고는 왕안석에게 벌로 시를 한 수 지으라고 했다. 왕안석이 즉시 "열심히 책을 읽다 보니 날이 이미 밝아서, 해가 높이 떴건만 배고픔을 잊었네. 일찌감치 등이 바로 불이란 걸 알았다면, 밥이 다 익는 데에 얼마나 걸렸을까?(苦讀天已曉, 日高竟忘飢. 早知燈是火, 飯熟幾多時)" 하고 읊었다.(《百度百科·仙洞寺》 참조)

(6) 鐘非飯(종비반): 종 치는 때가 바로 밥 먹을 때인 것이 아니라는 말이다.

(7) 漂母(표모): 빨래하는 아주머니. 보답을 바라지 않는 사람을 가리킨다. 韓信이 개울에서 낚시를 하고 있을 때 빨래하는 아주머니 한 명이 한신의 굶주린 모습을 보고 그에게 밥을 주었다. 한신이 나중에 꼭 크게 보답하겠다고 하자 그 아주머니가 화를 내며 "대장부가 밥을 먹지 못하는 게 안쓰러워서 밥을 준 것이지 내가 어찌 보답을 바라겠는가?"라고 했다.(《史記·淮陰侯韓信傳》 참조)

(8) 供一莞(공일완): 한 번의 웃음을 제공하다. 왕파가 식사 시간이 지난 뒤에 와서 당황하는 모습을 보

여 줌으로써 스님들에게 한바탕의 웃음을 안겨 주는 것을 가리킨다.

(9) 此訕(차산): 이 비방. 스님들이 옛날에 자신을 골린 일을 원망한 왕파의 시 〈題木蘭院二首〉를 가리킨다. 이상의 네 구절은 왕파가 밥값으로 할 수 있는 일이라고는 스님들에게 한바탕의 웃음을 안겨 주는 일뿐이었는데 끝내 스님들이 웃은 일을 받아들이지 못하고 20년 동안이나 그 사실을 기억하고 있다가 20년이 지난 뒤에 스님들을 원망하는 시를 지은 것이 옳지 않은 일이었다는 말이다.

(10) 若人(약인): 이 사람. 왕파를 가리킨다.

(11) 闍黎(사리): 고승 또는 스님을 가리키는 梵語 Ācārya의 음역인 阿闍黎의 준말.

(12) 具眼(구안): 안목을 갖추다.

1276. 王文玉(1)挽詞(2)

왕문옥을 애도하는 만사

才名誰似廣文寒,(3) 재주와 명성이 있는데도 누가 광문선생처럼 빈한했나?
月斧雲斤琢肺肝.(4)(5) 달과 구름을 다듬는 도끼로 허파와 간을 다듬었네.
玄晏一生都臥病,(6) 현안선생은 평생 병석에 누워 있었고
子雲三世不遷官.(7)(8)(9) 양자운은 삼세토록 관직이 오르지 않았네.
幽蘭空覺香風在,(10)(11) 그윽한 곳의 난초로 향풍이 있음을 느낄 뿐이나
宿草何曾淚葉乾.(12)(13) 묵은 풀이라고 어찌 눈물 젖은 잎이 마른 적 있으리?
猶喜諸郎有曹志,(14)(15) 그래도 도련님들 중에 조지가 있어
文章還復富波瀾.(16) 문장에 또 파란이 풍부하니 기쁘네.

[해설]

왕문옥이라는 사람의 죽음을 애도한 만가로, 청빈한 생활을 감수한 왕문옥의 고상한 인품을 칭송했다.

[주석]

(1) 王文玉(왕문옥): 구체적인 행적이 알려져 있지 않다. 王文誥의 《蘇軾詩集》에 "이 사람은 왕유안의 부친이다(此王幼安之父也)"라고 했다. 蘇頌(1020-1101)에게 〈送洞霄宮王文玉學士歸吳〉라는 제목의 시가 있는데 이 시 속의 왕문옥과 소식 시 속의 왕문옥이 같은 사람인 것으로 보인다.

(2) 挽詞(만사): 죽은 사람을 애도하는 글.

(3) 廣文(광문): 廣文館博士를 역임한 鄭虔을 가리킨다. 杜甫의 시 〈醉時歌〉에 "즐비한 대저택엔 쌀밥과 고기가 남아도는데, 광문선생은 밥조차 부족하구나(甲第紛紛厭粱肉, 廣文先生飯不足)"라는 구절이 있는데, 이 시에는 "광문관박사 정건에게 드린다(贈廣文館博士鄭虔)"라는 原註가 붙어 있다. 그리고 두보의 시 〈戲簡鄭廣文虔兼呈蘇司業〉에 "서른 해 동안 재주와 명성이 있었건만, 좌객들이 추운데도 담요가 없네(才名三十年, 坐客寒無氈)"라는 구절이 있다. 〈過密州次韻趙明叔·喬禹功〉(0910) 주 (5) 참조.

(4) 月斧雲斤(월부운근): 달과 구름을 보수하는 도끼. 〈軾在潁州, 與趙德麟同治西湖, 未成, 改揚州. ……〉(1264) 주 (31) 참조.

(5) 琢肺肝(탁폐간): 폐와 간을 다듬다. 韓愈의 시 〈贈崔立之評事〉에 "그대여 재주를 감추고 부르기를 기다려야지, 시구를 다듬느라 마음을 근심스럽게 할 필요 없네(勸君韜養待徵招, 不用雕琢愁肝腎)"라는 구절이 있다. 이 구절은 왕문옥이 시구를 다듬는 데에나 힘을 써서 평생 빈한하게 살았다는 말이다.

(6) 玄晏(현안): 晉나라 사람 皇甫謐의 自號. 세상에 나가지 않고 은거하는 그에게 武帝가 여러 차례 出仕를 권하자 그가 상소문을 올려서 "저는 병들고 쇠약하여 도 닦는 재미에 심취해 있으며 병 때문에 관직을 그만두고 산림 속에서 머리카락을 풀어헤친 채 인륜의 구속을 받지 않고 새나 짐승과 무리를 지어 지냅니다.……그런데 소인은 좋은 점도 없고 금방 재앙이나 불러올 것이며 오랫동안 병을 앓아 몸이 반쯤 말을 듣지 않는 데다 오른발이 너무 작아진 지 이미 19년이나 되었습니다(臣以尫弊, 迷於道趣, 因疾抽簪, 散發林皐, 人綱不閑, 鳥獸爲群.……而小人無良, 致災速禍, 久嬰篤疾, 軀半不仁, 右脚偏小, 十有九載)"라고 했다.(《진서·황보밀전》 참조)

(7) 子雲(자운): 漢나라 사람 揚雄의 字. 그는 40여 세에 고향인 蜀지방을 떠나 도성으로 가서 1년 남짓 지난 뒤에 〈羽獵賦〉를 바치고 王莽·劉歆·董賢과 대등한 지위에 올랐으나 成帝·哀帝·平帝 등 세 임금을 거치는 동안 관직이 오르지 않았다.(《한서·양웅전》 참조)

(8) 三世(삼세): 한나라 성제·애제·평제 등 세 임금이 다스린 시기를 가리킨다.

(9) 遷官(천관): 승진하는 것 또는 좌천하는 것을 가리키는데 여기서는 승진하는 것을 가리킨다. 이 연은 왕문옥이 황보밀처럼 관직에 뜻이 없고 양웅처럼 승진에 연연하지 않았다는 말이다.

(10) 幽蘭(유란): 그윽한 곳에 나 있어 눈에 잘 안 뜨이는 난초.

(11) 香風(향풍): 향기를 머금은 바람.

(12) 宿草(숙초): 해묵은 풀. 작년에 난 무덤 위의 풀을 가리킨다. 《禮記·檀弓上》에 "친구의 무덤에 묵은 풀이 있으면 곡을 하지 않는다(朋友之墓有宿草而不哭焉)"라고 했으니 친구가 죽은 지 1년이 지나면 조문을 하지 않는다는 말이다.

(13) 淚葉(누엽): 눈물이 떨어진 왕문옥 무덤 위의 풀잎을 가리킨다. 이 연은 왕문옥이 죽은 지 1년이 지나 그의 遺香만 남아 있고 사람은 보이지 않지만 아직도 무덤을 찾아와서 애도하는 사람이 끊이지 않는다는 말이다.

(14) 諸郎(제랑): 왕문옥의 아들들을 가리킨다.

(15) 曹志(조지): 曹植의 庶子. 《三國志·魏志·曹植傳》에 "작은아들 조지가 집안을 보전할 사람이라고 생각하고 그를 후계자로 세우려고 했다(以小子志, 保家之主也, 欲立之)"라고 했는데 이에 대한 裴松之의 주에 "《지별전》에 '조지는 자가 윤공이며 학문을 좋아하고 재주와 덕행이 있었다'라는 기록이 있다(《志別傳》: '志字允恭, 好學有才行.')"라고 했다. 왕문옥의 아들로 소식에게 만사를 지어 달라고 부탁한 왕유안을 가리키는 것으로 보인다. 주 (1) 참조.

(16) 波瀾(파란): 문장의 약동적인 기세를 가리킨다. 두보의 시 〈追酬故高蜀州人日見寄〉에 "문장 짓기는 조식이라 드넓은 파란이 일고, 단약 먹기는 유안이라 덕업이 우뚝하네(文章曹植波瀾闊, 服食劉安德業尊)"라는 구절이 있다. 이 연은 왕문옥 부자를 조식 부자에 빗댐으로써 그들의 문재를 칭송한 것이다.

1277. 山光寺[(1)]送客回, 次芝上人[(2)]韻

산광사에서 손님을 전송하고 돌아오다가 지상인의 시에 차운하여

鬧裏淸遊借隙光,[(3)]	문틈을 지나는 시간을 빌려 부산 속에 청아하게 놀았더니
醉時眞境發天藏.[(4)]	취했을 때 참된 경지가 내 몸에서 생겼네.
夢回拾得吹來句,[(5)]	꿈길에서 돌아와 날아온 시구를 주웠나니
十里南風草木香.	십 리 밖에서 불어온 남풍으로 초목이 향기를 풍긴다 했네.

[해설]

양주에 있는 산광사에서 어느 손님을 전송하고 돌아올 때 지상인이 지은 시의 운자에 차운한 것이다.

[주석]

(1) 山光寺(산광사): 강소성 揚州 동북쪽의 灣頭鎭에 있는 절.(魏嵩山 主編, 《中國歷史地名大辭典》, 廣東敎育出版社, 1995년 제1판, 69쪽 참조)

(2) 芝上人(지상인): 담수스님에 대한 존칭. 査愼行의 《蘇詩補註》에 "지상인은 이름을 담수라고 한다(芝上人, 名曇秀)"라고 했다.

(3) 隙光(극광): 문틈을 지나가는 빛. 아주 짧은 시간을 가리킨다.

(4) 天藏(천장): 천연의 저장소. 사람의 몸을 가리킨다.

(5) 吹來句(취래구): 바람에 날아온 시구. 담수의 원시를 가리킨다. 소식의 〈書曇秀詩〉에 "나는 광릉(양주)에 있을 때 조무구·담수 도인과 함께 배를 타고 가서 산광사에서 손님을 전송했다. 손님이 떠난

뒤에 나는 술에 취해 배 안에 누워 있었는데 담수가 시를 지어 '일엽편주로 흥에 겨워 산광사에 이르니, 물가에 있는 오래된 절에 빼어난 기상이 서려 있네. 고맙게도 남풍이 내 마음을 알고 불어, 초목으로 아름다운 향기를 짓네'라고 했다. 내가 화답하여 '……'라고 했다. 내가 옛날에 구양문충공(歐陽修)께 '……'라고 한 문여가(文同)의 시를 읊어 드렸더니 공께서 '이것은 문여가의 시가 아니라 세간에 원래 이런 구절이 있었는데 문여가가 주운 것일 뿐이다'라고 하셨다(予在廣陵, 與晁无咎·曇秀道人同舟, 送客山光寺. 客去, 予醉臥舟中, 曇秀作詩云: '扁舟乘興到山光, 古寺臨流勝氣藏. 慚愧南風知我意, 吹將草木作天香.' 予和云: '……' 予昔對歐陽文忠公誦文與可詩云: '……' 公云: '此非與可詩, 世間原有此句, 與可拾得耳.')"라고 했다.

1278. 送芝上人[1]遊廬山[2]

여산으로 유람 가는 지상인을 전송하며

二年閱三州,[3]	두 해 동안 세 고을을 구경했으니
我老不自惜.	내가 늙는 것이야 애석해할 것 없네.
團團如磨牛,[4]	빙글빙글 연자매를 돌리는 소와 같이
步步踏陳迹.	걸음마다 지난날의 자취를 되밟았네.
豈知世外人,	어떻게 알았으리 속세 밖의 사람이
長與魚鳥逸.	항상 물고기나 새와 함께 표일하게 지내는 줄을?
老芝如雲月,[5]	지상인은 구름 속의 달과 같아서
炯炯時一出.[6]	반짝반짝 때때로 한 번씩 나오시네.
比年三見之,[7]	요 몇 년 동안에 세 번 봤는데
常若有所適.[8]	언제나 갈 데가 있는 듯했네.
逝將走廬阜,[9][10]	이제 가서 여산을 돌아다니려 하는데
計闊道逾密.	계획이 엉성하여 도에 더욱 가깝네.
吾生如寄耳,[11]	우리 인생은 기숙 생활 같을 뿐이니
出處誰能必.[12][13]	나갈지 머물지 누가 단언할 수 있으리?
江南千萬峰,[14]	강남 땅엔 봉우리가 천 개 만 개 있으니
何處訪子室.	어디에서 그대의 방을 찾으리?

[해설]

지상인이 여산으로 유람을 떠날 때 지은 것으로, 세속적인 일에 얽매여 틀에 박힌 생활을 해 온 자신의 과거를 돌아보며 지상인의 초연하고 탈속적인 처세 태도를 칭송했다.

[주석]

(1) 芝上人(지상인): 담수스님에 대한 존칭. 〈山光寺送客回, 次芝上人韻〉(1277) 주 (2) 참조.
(2) 廬山(여산): 강서성 九江 남쪽에 있는 산.
(3) 三州(삼주): 세 고을. 杭州·潁州·揚州를 가리킨다. 소식은 원우 6년(1091)부터 원우 7년(1092) 사이에 이 세 고을의 지주를 지냈다.
(4) 磨牛(마우): 연자매를 돌리는 소.
(5) 老芝(노지): 지상인에 대한 경칭.
(6) 炯炯(형형): 빛나는 모양.
(7) 比年(비년): 近年.
(8) 所適(소적): 가는 곳.
(9) 逝(서): 가다.
(10) 廬阜(여부): 여산.
(11) 寄(기): 寄宿. 남의 집이나 학교·회사 따위에 딸린 숙사에서 기거하는 것을 가리킨다.
(12) 出處(출처): 벼슬길에 나가는 것과 벼슬에 뜻을 두지 않고 고향에 머물러 사는 것.
(13) 必(필): 반드시 그렇게 될 것이라고 말하다. 이 연은 자신이 관직에서 물러나지 않는다고 단언할 수 없다는 말이다.
(14) 江南(강남): 長江의 남쪽 지역. 여산을 가리킨다. 이 연은 자신이 여산으로 지상인을 찾아가고 싶을 테지만 그가 있는 곳을 찾기 힘들 것이라는 말이다.

1279. 送程德林[1]赴眞州[2]

진주로 부임해 가는 정덕림을 전송하며

君爲縣令元豐中,[3]	그대가 현령이던 원풍 연간에
吏貪功利以病農.[4]	관리들이 공리를 탐해 농민들을 힘들게 했나니
君欲言之路無從,	그대는 말하고 싶었지만 따를 길이 없어서
移書諫臣以自通,[5][6]	간관에게 문서를 보내 자기 뜻을 전했는데
元豐天子爲改容.[7]	원풍 천자가 이로 인해 얼굴빛을 바꾸었네.
我時匹馬江西東,[8]	나는 당시 필마로 장강의 동서를 떠돌았는데
問之逆旅言頗同.[9]	여관에서 물었더니 이구동성으로 말하기를
老人愛君如劉寵,[10]	노인들이 그대를 유총처럼 사랑하고
小兒敬君如魯恭.[11]	아이들이 그대를 노공처럼 존경한다 했네.
爾來明目達四聰,[12][13]	그 뒤로 임금님의 눈과 귀가 밝아져서
收拾駬駿冀北空.[14][15]	준마를 불러들인지라 기주 북쪽에 말이 없었는데
君爲赤令有古風,[16][17]	그대는 적현 현령으로 고인의 풍도를 지녀
政聲直入明光宮.[18][19]	정치적 명성이 곧장 명광궁으로 들어갔네.
天廐如海養羣龍,[20][21]	바다 같은 황실 마구간에서 용들을 기르는지라
幷收其子豈不公,[22]	그 아들까지 거두었으니 어찌 공평하지 않으리?
白沙何必煩此翁.[23][24]	그렇거늘 백사로 어찌 이 노인을 번거롭게 할 것 있나?

[해설]

진주지주로 부임해 갈 과거급제 동기 정균을 전송하여 지은 것으로, 유덕하고 유능한 그가 지방관으로 나가게 된 것을 위로했다.

[주석]

(1) 德林(덕림): 소식의 과거급제 동기인 程筠의 字. 查愼行의 《蘇詩補註》에 "정덕림은 이름이 균으로 선생과 과거급제 동기였다(程德林, 名筠, 與先生同年)"라고 했다.

(2) 眞州(진주): 지금의 강소성 儀徵.

(3) 元豐(원풍): 북송 신종의 연호. 1078-1085. 신법이 한창 시행되던 시기였다.

(4) 功利(공리): 공명과 利祿. 이 구절은 각 지방의 관리들이 신법의 실행에 힘써 조정으로부터 능력을 인정을 받으려고 농민들에게 못살게 굴었다는 말이다.

(5) 移書(이서): 문서를 이송하다.

(6) 諫臣(간신): 임금에게 옳은 말로 간하는 신하. 諫官 蹇序辰을 가리킨다. 소식의 자주에 "간관은 건수지(건서진)이다(諫臣, 蹇受之也)"라고 했다.

(7) 元豐天子(원풍천자): 신종을 가리킨다.

(8) 江西東(강서동): 長江의 서쪽과 동쪽. 안휘성 蕪湖로부터 강소성 南京까지의 구간에서 장강이 북북동 방향으로 흐르기 때문에 이 이하의 장강 이남 지역을 강동이라고 하고 장강 이북 지역을 강서라고 한다. 소식은 원풍 연간에 徐州知州와 湖州知州를 역임하고 黃州에서 유배 생활을 하다가 다시 汝州로 유배지를 옮겨 갔는데 그 사이에 이 일대의 여러 지역을 돌아다녔다.

(9) 逆旅(역려): 여관. 객사.

(10) 劉寵(유총): 後漢 사람으로, 會稽太守로 재임할 때 백성들에게 선정을 베풀어 노인들의 추앙을 받았다. 〈送張嘉州〉(1151) 주 (15) 참조.

(11) 魯恭(노공): 後漢 사람으로 어질기로 소문났다. 그는 中牟縣令으로 재임할 때 백성들을 형벌로 다스리지 않고 덕으로 다스려 백성들이 그를 매우 존경했다. 건초 7년(82)에 전국에 메뚜기가 날아와 농작물을 갉아먹었는데 그 메뚜기들이 중모현에는 들어가지 않았다. 河南尹 袁安이 소문을 듣고 肥親을 보내 사실인지 확인해 보게 했다. 노공이 비친을 데리고 들판으로 나가 함께 뽕나무 밑에 앉았더니 꿩 한 마리가 날아와서 뽕나무 밑에 머물고 그 옆에 아이가 하나 있었다. 비친이 아이에게 "왜 그 꿩을 잡지 않는 것이냐?" 하고 물었더니 아이가 "꿩이 새끼를 거느리고 있어서요" 하고 대답했다. 비친이 노공에게 "그대의 政績을 살펴보기 위해서 왔는데, 해충이 경내로 들어오지 않으니 첫 번째 기이한 일이요, 德化가 鳥獸에게까지 미쳤으니 두 번째 기이한 일이요, 아이도 자애로운 마음을 지니고 있으니 세 번째 기이한 일입니다. 오래 있어 봐야 번거롭게만 해 드릴 것 같습니다" 하고는 돌아갔다.(《후한서·노공전》 참조)

(12) 爾來(이래): 그때 이래.

(13) 四聰(사총): 사방의 소리를 들을 수 있는 뛰어난 청력. 《書經·虞書·舜典》에 "사방을 살펴보는 눈을 밝게 하시고 사방의 소리를 듣는 귀를 밝게 하셨다(明四目, 達四聰)"라는 말이 있다.

(14) 駔駿(장준): 준마.

(15) 冀北(기북): 冀州의 북쪽. 옛날에 준마가 많이 났던 지역이다. 韓愈의 〈送溫處士赴河陽軍序〉에 "백락이 한 번 기주 북쪽을 지나가자 마침내 말의 무리가 없어졌다(伯樂一過冀北, 而馬群遂空)"라고 했다. 이 연은 천자가 훌륭한 인재를 빠짐없이 다 등용했다는 말이다.

(16) 赤令(적령): 도성에서 다스리는 현인 赤縣의 현령.

(17) 古風(고풍): 고인의 風度.

(18) 政聲(정성): 선정을 베푼다는 명성.

(19) 明光宮(명광궁): 한나라 때의 궁전 이름. 여기서는 송나라의 궁전을 가리킨다.

(20) 天廐(천구): 황실 마구간.

(21) 龍(용): 준마를 가리킨다. 《周禮·夏官司馬下》에 "말이 여덟 자 이상이면 용이라고 한다(馬八尺以上爲龍)"라고 했다.

(22) 其子(기자): 정균의 아들 鄭祁를 가리킨다. 소식의 자주에 "정씨의 아들 정기는 제책에 급제했는데 문장과 품행이 당시 사람들의 칭송을 받았다(君之子祁擧制策, 文學行義, 爲時所稱)"라고 했다.

(23) 白沙(백사): 白沙鎭. 진주 관아 소재지로 진주를 가리킨다.

(24) 此翁(차옹): 이 늙은이. 정균을 가리킨다. 이 구절은 정균을 위로한 말로, 정균을 바로 중용하면 될 일이지 중용하기 전에 먼저 진주지주로 내보낼 필요가 뭐 있느냐는 뜻이다.

1280. 古別離[(1)]送蘇伯固[(2)]

〈고별리〉의 정조로 소백고를 전송하며

三度別君來,[(3)]	세 번째로 맞이한 그대와의 헤어짐
此別眞遲暮.[(4)]	이번에는 참으로 늘그막에 맞았구려.
白盡老髭鬚,	노쇠한 수염이 모조리 하얘진 채
明日淮南去.[(5)]	내일이면 회남에서 떠나는구려.
酒罷月隨人,[(6)]	술자리가 끝나면 달이 사람을 따라가고
淚溼花如霧.[(7)]	눈물로 눈이 축축해서 꽃이 안개 같겠구려.
後夜逐君還,[(8)]	늦은 밤에 그대를 따라갔다 돌아와서
夢繞湖邊路.[(9)]	꿈속에 호숫가의 길을 맴돌겠구려.

[해설]

이것은 '석별의 정을 호소하며(訴別)'라는 제목이 붙어 있는 〈생사자(生查子)〉 사(詞)로 분류되기도 하는데, 병부상서에 임명되어 곧 개봉으로 들어가기로 되어 있을 때 양주로 자신을 찾아와 함께 지낸 친구 소견과의 석별의 정을 노래한 것이다.

[주석]

(1) 古別離(고별리): 樂府 雜曲歌辭의 曲名. 남녀간의 석별의 정을 노래한 것이 많다. 여기서는 〈古別離〉와 같은 情調를 가리킨다.

(2) 伯固(백고): 蘇堅의 字. 〈次韻蘇伯固主簿重九〉(1154) 주 (1) 참조.

(3) 來(내): 의미 없는 조사이다. 李商隱의 시 〈臨發崇讓宅紫薇〉에 "나무를 뒤덮은 농염한 자태를 혼자서 보노라니, 가을 뜰에 티끌인 양 저녁 비가 내린다(一樹濃姿獨看來, 秋庭暮雨類輕埃)"라는 구절이 있다.

(4) 遲暮(지모): 晩年. 늘그막.

(5) 淮南(회남): 淮河의 남쪽이라는 뜻으로 揚州를 가리킨다. 떠나는 사람이 내일 당장 떠나는 소견을 가리키는지 곧 떠날 예정인 소식 자신을 가리키는지 그렇지 않으면 둘 다를 가리키는지는 확실하지 않다.

(6) 月隨人(월수인): 소견이 돌아가면 달이 그 뒤를 따라가며 비추어 줄 것이라는 말이다.

(7) 花如霧(화여무): 꽃이 안개에 덮인 것처럼 침침하게 보인다는 뜻이다. 杜甫의 시 〈小寒食舟中作〉에 "봄물이 불어서 배를 탄 게 하늘에 앉아 있는 것 같고, 나이가 많아서 꽃을 보는 게 안개 속에 보는 것 같다(春水船如天上坐, 老年花似霧中看)"라고 했다.

(8) 後夜(후야): 밤의 후반부.

(9) 湖(호): 자신들이 송별연을 벌이고 있는 양주의 어느 호수를 가리킬 수도 있고, 소식이 소견의 도움을 받아 준설한 항주 서호를 가리킬 수도 있다.

1281. 谷林堂[1]

곡림당

深谷下窈窕,[2]	깊숙한 계곡물은 움푹한 곳으로 내려가고
高林合扶疎.[3]	높은 숲엔 무성한 가지가 서로 엉겨 붙었다.
美哉新堂成,	아름다운 새 전당이 완성된 것이
及此秋風初.	가을바람 처음 부는 이때에 맞춰졌도다.
我來適過雨,	내가 오자 때마침 비가 지나가
物至如娛予.[4]	만물이 절정을 맞아 나를 즐겁게 해 주는 듯하다.
穉竹眞可人,[5][6]	어린 대나무는 참으로 사람을 흐뭇하게 하나니
霜節已專車.[7][8]	서리 맞은 마디가 벌써 수레를 가득 채우겠고
老槐苦無賴,[9]	늙어 빠진 홰나무는 몹시 주책스럽나니
風花欲塡渠.	바람에 날리는 꽃잎이 도랑을 메우려 한다.
山鴉爭呼號,	산속의 까마귀는 다투어 울어 대고
溪蟬獨淸虛.[10]	개울가의 매미는 홀로 해맑게 운다.
寄懷勞生外,[11]	힘든 인생 저 너머에 내 마음을 주나니
得句幽夢餘.	아련한 꿈을 꾼 뒤에 멋진 시구를 얻으리.
古今正自同,	옛날이나 지금이나 정말 본래 같은 것
歲月何必書.[12]	날짜를 어찌 꼭 써야만 하리?

[해설]

양주에 곡림당이라는 전당이 지어졌을 때 그곳으로 찾아가서 그 주변의 아름다운 풍광을 둘러보고 난 뒤 그 감회를 노래한 것이다. 낙성식이 거행된 자리에서 소식은 이 전당의 이름을 '곡림'으로 짓고 이 시 첫 연에서 그것을 암시한 것으로 보인다.

[주석]

(1) 谷林堂(곡림당): 양주에 있는 전당의 이름. 《輿地紀勝·揚州》에 "곡림당은 대명사에 있다. 원우(1086-1093) 연간에 지었다(谷林堂, 在大明寺. 元祐中建)"라고 했다. 馮應榴의 《蘇軾詩集合注》에 "《명승지》에는 또 '송나라 소식의 시에 "깊숙한 계곡물은 움푹한 곳으로 내려가고, 높은 숲엔 무성한 가지가 서로 엉겨 붙었다"라는 구절도 있기 때문에 이것을 취하여 이름으로 삼았다'라고 했는데, 지금 생각해 보건대 선생의 시제에 이미 곡림당이라고 했는데 어떻게 시가 완성되자마자 바로 그것으로 전당에 이름을 붙였겠는가?(《名勝志》又云: '宋蘇軾詩有"深谷下窈窕, 高林合扶疎."之句, 因取爲名.' 今按先生詩題已云谷林堂, 豈詩成卽以名堂耶?)"라고 했다. 소식은 杭州 吉祥寺 스님의 부탁으로 누각의 이름을 지어 줄 때도 〈吉祥寺僧求閣名〉(0190)이라는 시를 지어 "스님이 가만히 앉아 공을 보는 누각이여, 색을 보고 공을 보니 색이 바로 공이로다(上人宴坐觀空閣, 觀色觀空色卽空)"라고 하여 시를 통해 '觀空閣'이라는 누각의 이름을 암시했는데 이 시도 첫 연에 '谷' 자와 '林' 자를 넣어서 전당의 이름을 암시했다. '谷林堂'이라는 시제는 시를 짓고 난 뒤 나중에 붙였을 것이다. 그러므로 소식의 시구를 취하여 이름으로 삼았다는 《명승지》의 설명에 문제가 없다.

(2) 窈窕(요조): 깊고 그윽한 모양.

(3) 扶疎(부소): 나뭇가지가 무성한 모양.

(4) 物至(물지): 만물이 절정에 이르다.

(5) 穉竹(치죽): 어린 대나무. 옛날에 본 어린 대나무, 즉 그해에 돋아난 대나무를 가리킨다.

(6) 可人(가인): 마음에 들다.

(7) 霜節(상절): 서리 맞은 대나무 마디. 표면에 서리처럼 하얀 가루가 묻어 있는 대나무 마디를 가리킨다.

(8) 專車(전거): 수레를 독차지하다. 수레를 가득 채우다. 이 연은 어린 대나무가 굵직하게 자라서 이미 백발이라도 된 것처럼 마디가 하얀 가루에 덮여 있다는 말이다.

(9) 無賴(무뢰): 무뢰하다. 싫어하는 것 같지만 사실은 좋아하는 감정을 표현하는 반어적 표현이다. 杜甫의 시 〈奉陪鄭駙馬韋曲〉에 "위곡엔 꽃이 무뢰하게 많이 피어서, 집집마다 사람을 괴로워 죽게 한다(韋曲花無賴, 家家惱殺人)"라는 구절이 있다. 이 연은 늙은 홰나무인 주제에 꽃을 많이 피웠다는 말이다.

(10) 淸虛(청허): 맑고 담박하다.

(11) 勞生(노생): 수고로운 삶. 세속적인 삶을 가리킨다. 이 구절은 속세를 떠나 곡림당처럼 아름다운 대자연 속에서 사고 싶다는 말이다.

(12) 歲月(세월): 年月. 날짜. 곡림당 낙성식을 거행한 날짜, 즉 자신이 찾아가서 주변 경관을 살펴보고 이 시를 지은 날짜를 가리킨다. 《碧溪詩話》에는 "소동파의 〈곡림당〉에 '옛날이나 지금이나 정말 본래 같은 것, 날짜를 어찌 꼭 써야만 하리?'라고 했고, 〈與正輔遊香積寺〉(1441)에는 또 '그윽한 곳을 찾는 일 아마 또 하기 힘들 것 같아, 판자에다 적어서 날짜를 기록한다'라고 했다. 아는 사람의 관점에서 보면 유희적인 작품으로 큰 자재를 얻은 것이지만 식견이 얕은 사람은 문자에 집착하여 앞뒤가 서로 호응하지 않는다고 의아해할 것이다(東坡〈谷林堂〉云: '古今正自同, 歲月何必書.' 〈游香積寺〉又云: '尋幽恐不繼, 書版記歲月.' 自知者觀之, 則爲游戲篇章, 得大自在; 俗士拘泥, 疑前後不相應也)"라고 하여 이 구절을 자신이 찾아간 날짜를 기록할 필요가 없다는 뜻으로 보았는데, 王文誥의 《蘇軾詩集》에는 "이것은 새로 지은 전당인데 시에서 이 시만 쓰고 더 이상 記文을 짓지 않는다고 말한 것이다. 그렇기 때문에 '날짜를 어찌 꼭 써야만 하리?'라고 한 것이다. 그윽한 곳을 찾아 우연히 이른 것과 상황이 현격하게 다르므로 같이 논할 수가 없다. 《공계시화》에서 말한 '큰 자재를 얻었다'라는 말은 다 틀렸다(此新堂也, 詩言但題此詩, 不更作記, 故云'歲月何必書'也. 與尋幽偶至, 情事懸殊, 不可以等論也. 《詩話》所謂得大自在者, 並謬)"라고 하여 이 구절을 곡림당에 관한 記文을 쓸 필요가 없다는 뜻으로 보았다. 이 연은 자신이 시에서 묘사해 놓은 바와 같은 곡림당 주변의 풍광은 그날만 그렇게 아름다운 것이 아니라 과거와 현재는 물론 미래에도 마찬가지로 아름다울 것이기 때문에 굳이 시의 제목이나 서문에 특정 날짜에 있었던 일이라고 밝혀 놓을 필요가 없다는 말인 것으로 보인다. 주위 사람으로부터 곡림당에 대한 기문을 한 편 지으라는 권유를 받았는데 기문 짓기를 사절한 것이라면 따로 기문을 지어서 낙성한 날짜를 비롯한 저간의 사정을 구체적으로 기록하지 않는 것에 대해 해명한 것이라고 볼 수도 있다.

1282. 予少年頗知種松[1], 手植數萬株, 皆中梁柱[2]矣. 都梁山[3]中見杜輿[4]秀才[5], 求學其法, 戲贈二首

나는 젊을 때 소나무 심는 법을 잘 알아 손수 수만 그루를 심었는데 모두 동량재가 되었다. 도량산에서 두여 수재를 만났더니 그 방법을 배우고자 하는지라 장난삼아 지어 준다

其一

露宿泥行草棘中,[6]	수풀에서 노숙하고 진흙 속을 다니며
十年春雨養髥龍.[7]	십 년 동안 봄비로 수염 난 용을 길렀는데
如今尺五城南杜,[8]	이제 하늘에서 한 자 반 떨어진 성 남쪽의 두씨가
欲問東坡學種松.	동파에게 물어서 소나무 심기를 배우려 하네.

其二

君方掃雪收松子,[9]	그대가 한창 눈을 쓸고 솔방울을 딸 때면
我已開榛得茯苓.[10]	나는 이미 덤불을 헤치고 복령을 찾아낼 것이네.
爲問何如揷楊柳,[11][12]	묻노니 버드나무를 심는 것이 어떤가?
明年飛絮作浮萍.[13]	내년이면 버들개지 날아 부평초가 될 것이네.

[해설]

병부상서로 임명되어 개봉으로 들어가는 도중 우이현에 이르렀을 때 두여가 소나무 심는 방법을 가르쳐 달라고 하자 소나무를 심고 기르는 일의 어려움을 해학적으로 노래한 것이다.

[주석]

(1) 知種松(지종송): 소식은 〈種松法〉이라는 글을 지어 소나무를 효율적으로 심는 법을 기록해 놓았을 정도로 소나무 심는 방법을 잘 알았다.

(2) 中梁柱(중양주): 들보와 기둥이 되기에 이르다. 동량재가 되었다는 말이다.

(3) 都梁山(도량산): 강소성 盱眙縣 남쪽에 있는 산. 소식의 시 〈泗州南山監倉蕭淵東軒二首〉(0857)의 자주에 "남산은 이름을 도량산이라고 하나니 산에서 도량향이 나기 때문이다(南山名都梁山, 山出都梁香故也)"라고 했는데, 도량산에 대해서는 《太平寰宇記·泗州》에 "우이현은 회하의 남쪽으로 사주에서 5리 떨어져 있다.……도량산은 우이현에서 남쪽으로 16리 되는 곳에 있다(盱眙縣, 淮河南, 去州五里.……都梁山在縣南一十六里)"라고 설명되어 있고, 도량향에 대해서는 李時珍의 《本草綱目·澤蘭》에 "《석명》에 도홍경의 말을 인용하여 '못가에 나기 때문에 택란이라고 하며 도량향이라고도 부른다'라고 했다(《釋名》引陶弘景曰: '生於澤旁, 故名澤蘭, 亦名都梁香.')"라는 설명이 있다.

(4) 杜輿(두여): 우이 사람으로 字가 子師였다.

(5) 秀才(수재): 재주가 뛰어난 사람. 과거에 응시할 사람.

(6) 露宿(노숙): 집에서 멀리 떨어진 곳에 가서 여러 날 동안 소나무를 심느라 밤에도 집으로 돌아가지 않고 한뎃잠을 잔 일을 가리키는 것으로 보인다.

(7) 髥龍(염룡): 수염 같은 잎과 용 같은 줄기를 가진 소나무를 가리킨다.

(8) 尺五城南杜(척오성남두): 하늘에서 한 자 다섯 치밖에 안 떨어진 성 남쪽의 두씨. 《辛氏三秦記》에 "성 남쪽의 위씨와 두씨는 하늘에서 한 자 다섯 치 떨어져 있다(城南韋杜, 去天尺五)"라고 한바, 위씨와 두씨의 지체가 매우 높음을 뜻한다. 여기서는 두여가 존귀한 집안의 자손이라는 말이다.

(9) 松子(송자): 소나무의 씨. 솔방울을 가리킨다.

(10) 茯苓(복령): 구멍장이버섯과의 버섯. 공 모양 또는 타원형의 덩이로 땅속에서 소나무 따위의 뿌리에 기생한다. 이 연은 두여가 심은 소나무가 잘 자라서 솔방울을 수확할 때가 되면 자신이 옛날에 심은 소나무에는 이미 복령이 생겨 있을 것이라는 뜻으로, 소나무를 심어서 잘 키우려면 시간이 아주 많이 걸린다는 뜻이다.

(11) 爲問(위문): 물어보다.

(12) 揷(삽): 꺾꽂이하다. 식물의 가지·줄기·잎 따위를 자르거나 꺾어 흙 속에 꽂아서 뿌리내리게 하는 것, 즉 揷木하는 것을 가리킨다.

(13) 浮萍(부평): 부평초. 소식의 사 〈水龍吟〉(似花還似非花)에 "새벽 되어 한바탕 비가 지나면, 떨어진 꽃의 자취 어디서 찾아내리? 연못에 가득하게 부평되어 흩어지리(曉來雨過, 遺蹤何在, 一池萍碎)"라고 했는데 이에 대한 소식의 자주에 "버들개지가 물에 떨어져서 부평초가 된다는 것은 시험해 본 결과 정말 그랬다(楊花落水爲萍, 驗之信然)"라고 했다. 버들개지 속의 씨에서 막 나온 싹이 물 위에 떠다니는 것을 보고 버들개지가 부평초로 변한 것으로 착각한 것인 듯하다. 이 연은 더디게 자라는 소나무를 심는 대신 빨리 자라는 버드나무를 심는 것이 어떠냐고 우스갯소리를 한 것이다.

1283. 行宿(1)·泗(2)間, 見徐州(3)張天驥(4), 次舊韻(5)

숙주와 사주 사이를 지나갈 때 서주의 장천기를 만나 옛날 시에 차운한다

二年三躡過淮舟,(6)(7) 두 해에 세 번 회하를 건너는 배를 탔나니
款段還逢馬少游.(8)(9) 느릿한 말을 모는 마소유를 또 만났네.
無事不妨長好飮,(10) 그대는 일이 없으니 늘 술을 좋아해도 무방했고
著書自要見窮愁.(11) 나는 글을 지어 스스로 궁수를 드러내려 했네.
孤松早偃原非病,(12) 외솔이 일찍 눕는 것은 원래 병든 것이 아니요
倦鳥雖還豈是休.(13) 지친 새야 돌아간들 그게 어찌 쉬는 것이리?
更欲河邊幾來往,(14) 또다시 강가에서 몇 번 왕래하고 싶지만
祇今霜雪已蒙頭.(15) 다만 이제 눈서리가 이미 머리를 뒤덮었네.

[해설]

병부상서에 임명되어 양주에서 개봉으로 들어가는 도중 숙주·사주 일대를 지나갈 때 서주의 은자 장천기를 만나 자신이 이전에 지은 시 〈팽성으로 돌아가는 장산인을 전송한 시에 차운하여(次韻送張山人歸彭城)〉(1126)에 차운한 것이다.

[주석]

(1) 宿(숙): 지금의 안휘성 숙주.
(2) 泗(사): 지금의 강소성 盱眙.

(3) 徐州(서주): 지금의 강소성 서주.

(4) 張天驥(장천기): 徐州 雲龍山의 은자로 字가 聖塗, 호가 雲龍山人이었다. 〈次韻送張山人歸彭城〉(1126) 주 (1) 참조.

(5) 舊韻(구운): 〈次韻送張山人歸彭城〉(1126)의 운자를 가리킨다.

(6) 躡(섭): 오르다. 타다.

(7) 過淮舟(과회주): 회하를 건너는 배. 소식은 杭州知州로 재임하다가 翰林學士承旨에 임명되어 開封으로 들어간 원우 6년(1091) 4월, 潁州知州로 재임하다가 揚州知州로 옮겨 간 원우 7년(1092) 3월, 그리고 양주지주로 재임하다가 병부상서에 임명되어 개봉으로 들어간 원우 7년(1092) 9월에 회하를 건넜다.

(8) 款段(관단): 느릿느릿 걷는 말.

(9) 馬少游(마소유): 後漢 사람 馬援의 사촌동생. 마원이 交趾 지방의 반란을 진압한 공으로 新息侯에 봉해져 식읍 3천 호를 하사받고 나서 관원들에게 잔치를 베풀면서, "나의 사촌 동생 마소유는 내가 비분강개하여 큰 뜻을 품고 있는 것을 평소에 늘 안타깝게 생각하여 '선비가 한세상 사는 데 입을 옷과 먹을 음식이 충분하고 날렵한 마차를 타고 느릿느릿 걷는 말을 몰며 고을의 관리가 되어 선영을 지키면서 마을에서 좋은 사람이라는 소리를 들으면 그것으로 충분합니다. 차고 넘치기를 추구하기에 이르면 자신을 힘들게 할 뿐입니다'라고 했었답니다.……"라고 옛날 일을 회상했다.(《후한서·마원전》 참조) 여기서는 장천기를 가리킨다.

(10) 好飮(호음): 술 마시기를 좋아하다. 《史記·張儀傳》에 "진진이 '공은 어째서 술 마시기를 좋아하오?'라고 하자 서수가 '일이 없어서요'라고 했다(陳軫曰: '公何好飮也?' 犀首曰: '無事也.')"라는 기록이 있다.

(11) 窮愁(궁수): 곤궁으로 인하여 생기는 근심. 《史記·平原君虞卿傳》에 "태사공이 말한다. '……그러나 우경도 곤궁으로 인한 근심이 없었다면 책을 지어서 후세에 자신을 드러내지 못했을 것이다.'(太史公曰: '……然虞卿非窮愁, 亦不能著書以自見於後世云.')"라고 했다.

(12) 孤松(고송): 외로운 소나무. 《酉陽雜俎》에 "세상에 전하는 말에 의하면 소나무는 천 년이 지나야 비로소 수레 덮개처럼 평평한 꼭대기가 비스듬히 눕는다고 하는데 몇 년만 지나면 비스듬히 눕는 것도 있으니 뿌리 밑에 돌이 있기만 하면 비스듬히 눕는다(世傳松千歲方傾平偃蓋, 然有數年輒偃, 但於根下遇石, 則偃耳)"라고 했다. 이 구절은 장천기가 은거하는 것이 바르지 않은 사회적 환경 때문일 것이라는 말이다.

(13) 倦鳥(권조): 날기에 지치다. 陶淵明의 〈歸去來辭〉에 "새도 날기에 지치면 돌아올 줄 안다(鳥倦飛而知還)"라는 구절이 있다. 이 구절은 소식 자신이 지방관으로 떠도는 생활을 마감하고 조정으로 돌아가는 것이 결코 휴식을 얻는 것이 아니라는 말이다.

(14) 來往(내왕): 왕래하다. 장천기와 교유하는 것을 가리킨다.

(15) 霜雪(상설): 눈과 서리. 백발을 가리킨다.

1284. 次韻劉景文(1)贈付羲(2)秀才(3)

부희 수재에게 지어 준 유경문의 시에 차운하여

幼眇文章宜和寡,(4) 오묘한 문장이라 화답하는 사람이 의당 적고
崢嶸肝肺亦交難.(5)(6) 비범한 생각이라 사귀는 것도 역시 어렵겠네.
未能飛瓦彈淸角,(7)(8) 기와를 날리며 맑은 각음을 울리지 못했거늘
肯便投泥戲潑寒.(9)(10) 어찌 진흙을 던지며 발한호희를 하리?
忽見秋風吹洛水,(11) 갑자기 추풍이 낙수에 부는 모습이 보이매
遙知霜葉滿長安.(12) 멀리서도 알겠네 단풍잎이 장안에 가득한 줄을.
詩成送與劉夫子,(13)(14) 시가 다 지어지면 유 선생에게나 보내고
莫遣孫郎帳下看.(15) 손랑의 막하에게는 보여 주지 말기를.

[해설]

유계손이 부희에게 지어 준 시를 소식에게 보여 주자 그것에 차운하여 지은 것으로, 부희의 뛰어난 글솜씨와 비범한 생각을 칭송하고 과거시험 준비에 열중하고 있는 그의 모습을 묘사했다. 당시 부희는 과거시험에 응시하기 위해 개봉으로 들어가 있었고 소식은 아직 개봉으로 들어가는 중이었던 것으로 보인다.

[주석]

(1) 景文(경문): 劉季孫의 字. 〈喜劉景文至〉(1224) 주 (1) 참조.

(2) 付羲(부희): 구체적인 행적이 알려져 있지 않다.

(3) 秀才(수재): 재주가 뛰어난 사람. 과거에 응시할 사람.

(4) 幼眇(유묘): 오묘하다. 이 구절은 부희의 시문이 심오한 내용을 담고 있다는 말이다.

(5) 崢嶸(쟁영): 높이 솟은 모양. 비범한 모양.

(6) 肝肺(간폐): 간과 허파. 마음을 가리킨다. 이 구절은 부희의 생각이 고고하다는 말이다.

(7) 飛瓦(비와): 기와를 날리다. 음악이 천지를 진동하는 것을 가리킨다. 《史記·樂書》에 "평공이 크게 기뻐하며 일어나 사광에게 장수를 비는 술잔을 주고 자리로 돌아와서 '음악은 이것보다 더 비장한 것이 없소?' 하고 물었다. 사광이 '있습니다. 옛날에 黃帝께서는 그것으로 귀신을 대거 모았는데 지금 임금님께서는 도덕과 신의가 깊지 않아서 그것을 듣기에 부족한데 만약 들으신다면 나라가 패망할 것입니다'라고 했다. 평공이 '과인은 늙어서 좋아하는 것이 음악이니 마저 듣고 싶소'라고 했다. 사광이 부득이하여 거문고를 끌어당겨 연주했다. 한 번 연주하자 서북쪽에서 흰 구름이 일어나고 두 번 연주하자 거센 바람이 불어오고 비가 따라왔으며 낭하의 기와를 날리는지라 좌우에 있던 사람들이 다들 달아났다(平公大喜, 起而爲師曠壽, 反坐, 問曰: '音無此最悲乎?' 師曠曰: '有. 昔者黃帝以大合鬼神, 今君德義薄, 不足以聽之, 聽之將敗.' 平公曰: '寡人老矣, 所好者音也, 願遂聞之.' 師曠不得已, 援琴而鼓之. 一奏之, 有白雲從西北起; 再奏之, 大風至而雨隨之, 飛廊瓦, 左右皆奔走)"라고 했다.

(8) 淸角(청각): 맑은 角音. 《韓非子·十過》에 "평공이 술잔을 들고 일어나 사광에게 축수하고 돌아와서 묻기를 '음악은 맑은 치음보다 더 슬픈 것이 없소?'라고 하자 사광이 '맑은 각음에는 못 미칩니다'라고 했다(平公提觴而起, 爲師曠壽, 反而問曰: '音莫悲於淸徵乎?' 師曠曰: '不如淸角.')"라는 말이 있다. 이 구절은 부희가 과거에 급제하여 황제를 위해 봉사하지 못한다는 뜻인 것으로 보인다.

(9) 肯(긍): 어찌 ~하겠는가.

(10) 潑寒(발한): 潑寒胡戲를 가리킨다. 《舊唐書·張說傳》에 "측천무후 말년부터 늦겨울에 발한호희를 거행하여 중종도 누각에 행차하여 그것을 본 적이 있었다. 이때에 이르러 외국 오랑캐가 조공을 바친 일을 계기로 또 이 놀이를 거행하는지라 장열이 상소문을 올려서 간했다. '……게다가 발한호희는 전적에 기록되어 있다는 말을 못 들었는데 벌거벗은 채로 펄쩍펄쩍 뛰어다니니 어떻게 성덕을 볼 수 있겠습니까? 그리고 물을 뿌리고 진흙을 던지니 매우 꼴불견입니다.……' 이로부터 이 놀이가 없어졌다(自則天末年, 季冬爲潑寒胡戲, 中宗嘗御樓以觀之. 至是, 因蕃夷入朝, 又作此戲, 說上疏諫曰: '……且潑寒胡未聞典故, 裸體跳足, 盛德何觀; 揮水投泥, 失容斯甚.……' 自是此戲乃絶)"라고 했다. 이 연은 부희가 천박한 놀이를 즐기며 마음대로 속인들과 어울려 놀지 못한다는 뜻인 것으로 보인다.

(11) 洛水(낙수): 洛河. 하남성 洛陽을 지나가는 강. 여기서는 開封 부근에 있는 어느 강을 가리키는 바 汴河일 가능성이 크다. 賈島의 시 〈憶江上吳處士〉에 "위수에서 가을바람이 생기고, 장안에 낙엽이 가득합니다(秋風生渭水, 落葉滿長安)"라는 구절이 있다. 가도는 나귀를 타고 길을 가다가 '落葉滿長安'이라는 구절이 떠올라 이것에 어울리는 對句를 찾아내는 데 정신이 팔려 앞에 京兆尹 劉棲楚의 행차가 오는 것을 모르고 불경죄를 짓는 바람에 붙잡혀 가서 하룻밤 억류되어 있다가 그다음 날 아침에 풀려났다.(王定保, 《唐摭言》 참조)

(12) 長安(장안): 지금의 섬서성 西安. 송나라의 도성 개봉을 가리킨다. 이 연은 개봉 부근의 강에 가을바람이 부는 모습을 보니 가도가 그랬던 것처럼 부희가 도성에 낙엽이 가득한 풍경을 보며 시 짓기에 몰두해 있는 모습이 상상된다는 뜻인 것으로 보인다.

(13) 詩(시): 유계손의 시에 화답하는 부희의 시를 가리킨다.

(14) 夫子(부자): 남자에 대한 경칭. '劉夫子'는 유표에 비유된 유계손을 가리킨다.

(15) 郎(랑): 남자에 대한 경칭. '孫郎'은 삼국 시대 오나라의 孫策을 가리킨다. 《三國志·吳志·張昭傳》에 "장소는 자가 자포로 팽성 사람이다(張昭, 字子布, 彭城人也)"라고 했는데 이에 대한 裴松之의 주에 《典略》을 인용하여 "옛날에 들은 바에 의하면 유형주(劉表)가 스스로 편지를 써서 손백부(孫策)에게 주려고 예정평(禰衡)에게 미리 보여 주었더니 예정평이 비웃으며 말했다. '이렇게 하는 것은 손책 막하 사람에게 읽어 보게 하려는 것인가? 장자포(장소)에게 보게 하려는 것인가?'(余曩聞劉荊州自作書, 欲與孫伯符, 以示禰正平, 正平蚩之, 言: '如是爲欲使孫策帳下兒讀之邪? 將使張子布見乎?')"라고 했다. 이 연은 제1구에 호응하여 시가 완성되면 알아보지도 못하는 사람들에게는 보여 주지 말고 유계손에게만 보여 주라는 뜻이다.

1285. 在彭城[1]日, 與定國[2]爲九日[3]黃樓[4]之會. 今復以是日, 相遇於宋[5]. 凡十五年, 憂樂出處[6], 有不可勝言者. 而定國學道有得, 百念灰冷, 而顔益壯, 顧予衰病, 心形俱悴, 感之作詩

팽성에 있을 때 왕정국과 함께 중양절날 황루에서 연회를 벌였는데 지금 또 이날에 송주에서 만났다. 총 15년 동안 근심스러웠던 일과 즐거웠던 일, 지방으로 나간 일과 조정에 남아 있은 일이 이루 다 말할 수 없을 지경이다. 왕정국은 도를 배움에 터득한 바가 있어 온갖 생각이 재처럼 식고 안색이 더욱 건장해졌는데 노쇠하고 병든 나 자신을 돌아보니 마음과 몸이 다 초췌해졌기에 느낀 바가 있어서 시를 짓는다

菊盞萸囊自古傳,[7]	국화주 마시고 수유 주머니 찬 일 옛날부터 전해 오나
長房寧復是臞仙.[8][9]	비장방이야 어찌 더 이상 신선이었으리?
應從漢武橫汾日,[10][11]	그러니 한 무제가 분하를 횡단하던 때로부터
數到劉公戲馬年.[12][13]	유공이 희마대에서 놀던 때까지를 꼽아야 하리.
對玉山人今老矣,[14]	옥산 같은 사람을 대하니 내가 늙어 버렸고
見恒河性故依然.[15][16]	갠지스강 같은 심성을 보니 내가 옛날 그대로네.
王郎九日詩千首,[17]	왕 선생은 중양절 시가 천 수나 될 터인데
今賦黃樓第二篇.[18]	이제야 황루를 읊은 두 번째 시를 짓네.

[해설]

병부상서에 임명되어 양주에서 개봉으로 들어가는 도중이던 원우 7년(1092) 중양절에 송주에서 친구 왕공을 만나 옛날에 서주의 황루에서 함께 중양절을 쇠던 일을 추억하며 금석지감을 노래한 것이다.

[주석]

(1) 彭城(팽성): 지금의 강소성 徐州.

(2) 定國(정국): 王鞏의 字. 〈書王定國所藏王晉卿畫著色山二首〉(1085) 주 (1) 참조.

(3) 九日(구일): 9월 9일, 즉 중양절을 가리킨다.

(4) 黃樓(황루): 소식이 서주지주로 재임 중이던 희령 10년(1077) 가을에 서주를 수몰의 위기에서 구한 뒤에 지은 누각.

(5) 宋(송): 宋州. 지금의 하남성 商丘.

(6) 出處(출처): 지방으로 나가는 것과 조정에 남아 있는 것을 가리킨다.

(7) 菊盞萸囊(국잔유낭): 국화주를 담은 술잔과 수유를 넣은 주머니. 汝南 사람 桓景이 費長房에게 가서 수학한 지 몇 년이 지났을 때 비장방이 환경에게 "9월 9일에 너희 집에 재앙이 있을 것이다. 빨리 가서 가족들에게 붉은 주머니에 수유를 넣어서 팔에 차고 높은 곳에 올라가서 국화주를 마시게 하면 이 재앙을 면할 수 있을 것이다"라고 했다. 환경이 시키는 대로 가족을 이끌고 산에 올라갔다가 저녁에 돌아오니 닭·개·소·양이 동시에 다 죽어 있었다.(《續齊諧記·九日登高》 참조)

(8) 長房(장방): 後漢 때의 여남 사람 비장방을 가리킨다. 그는 壺公에게 도를 배웠으나 득도하지 못했으며 여러 가지 병을 다 치료할 줄 알고 온갖 귀신을 다 쫓아낼 줄 알았다.(《후한서·비장방전》 참조)

(9) 臞仙(구선): 여윈 신선. 신선을 가리킨다. 《漢書·司馬相如傳》에 "사마상여는 신선들이 산천에 사는데 모습이 매우 수척하다고 여겼다(相如以爲列仙之儒居山澤間, 形容甚臞)"라는 말이 있다.

(10) 漢武(한무): 한나라 무제. 그의 〈秋風辭幷序〉에 "황상께서 하동 지방으로 행차하셔서 토지신에게 제사 지내고 서울을 돌아보며 강 위에서 기뻐하셨다. 여러 신하와 함께 연회를 벌이셨는데, 황상께서 기쁨이 극에 달한지라 이에 친히 〈추풍사〉를 지어 이렇게 말씀하셨다. '……누선을 띄워서 분하를 건너는데, 강을 가로지르니 흰 물결이 날린다……'(上行幸河東, 祠后土. 顧視帝京, 欣然中流. 與羣臣飮燕, 上歡甚, 乃自作〈秋風辭〉曰: '……泛樓船兮濟汾河, 橫中流兮揚素波…….')"라고 했다. 소식 시의 문맥에 의하면 소식은 한나라 무제가 분하에서 노닌 것이 중양절날이었다고 생각한 것으로 보이는데, 李白의 시 〈九日登巴陵, 置酒望洞庭水軍〉에 "옛날에 황제가 노닐었다 전하나니, 누선이 장엄하게 분하를 가로질렀다네(憶昔傳游豫, 樓船壯橫汾)"라고 한 것을 보면 이백도 한나라 무제가 분하에서 연회를 벌인 것이 중양절날이었다고 생각한 것으로 보인다.

(11) 汾(분): 汾河. 산서성에서 발원하여 黃河로 들어가는 강. 한나라 무제가 배를 띄우고 연회를 벌인 곳이다. 주 (10) 참조. 王文誥의 《蘇軾詩集》에 "이것은 왕정국이 팽성에 있을 때 안장도(顔復)와 함께 사수를 유람하며 피리를 불고 술을 마신 뒤 달빛을 타고 돌아온 일을 가리킨다(此指定國在彭城日, 與顔長道游泗水, 吹笛飮酒, 乘月而歸也)"라고 한바, 이에 의하면 15년 전에 왕공이 사수에서 노닌 일을 한나라 무제가 분하에서 노닌 일에 빗댄 것이다. 왕공이 사수에서 노닌 일은 소식의 시 〈百步洪二首幷敍〉(0588)에 상세하게 서술되어 있다.

(12) 劉公(유공): 남조 시대 宋나라 武帝 劉裕를 가리킨다. 《南齊書·禮志上》에 "송나라 무제가 송공이었을 때 팽성에 있으면서 9월 9일에 항우의 희마대로 나갔는데 이 일이 오늘날까지 이어져 내려와 관례가 되었다(宋武爲宋公, 在彭城, 九日出項羽戲馬臺, 至今相承, 以爲舊准)"라고 했다.

(13) 戲馬(희마): 戲馬臺. 유유가 중양절을 맞아 연회를 벌인 곳으로 유명하다. 《元和郡縣圖志·彭城》에 "희마대는 현에서 동남쪽으로 2리 되는 곳에 있는바, 항우가 축조하여 말을 달리며 즐기던 곳이다(戲

馬臺在縣東南二里. 項羽所造, 戲馬於此)"라고 했다. 왕문고의 《소식시집》에 "이것은 팽성에서 있었던 자신의 일을 말한다(此自道彭城事)"라고 한바, 이에 의하면 15년 전에 자신이 서주에서 왕공에게 연회를 베푼 일을 유유가 중양절날 희마대에서 연회를 베푼 일에 빗댄 것이다.

(14) 玉山(옥산): 옥으로 이루어진 산. 피부가 말쑥하고 풍채가 빼어난 왕공을 가리킨다.

(15) 恒河(항하): 갠지스강. 인도 북부를 흐르는, 힌두교에서 숭배 대상으로 여기는 강으로 유역에 사원이 많다.

(16) 依然(의연): 변함없다. 이 구절은 갠지스강처럼 毅然한 왕공의 심성을 보니 옛날부터 변함없이 아등바등하고 있는 자신의 속물 근성이 너무 하찮게 느껴진다는 말이다. 소식의 사 〈臨江仙〉(夜飮東坡醒復醉)에 "이 몸이 내 것 아님을 항상 한탄하거니와, 아등바등하는 생활 언제 벗어나려나?(長恨此身非我有, 何時忘却營營?)"라고 한 것처럼 그는 옛날부터 아등바등하는 생활에서 벗어나려고 애썼지만 아직도 뜻대로 되지 않는다고 여겨져서 이런 말을 한 것으로 보인다.

(17) 王郎(왕랑): 왕공을 가리킨다.

(18) 黃樓第二篇(황루제이편): 옛날에 황루에서 자신과 함께 중양절을 쇠며 지은 시에 이어서 이번에 또 자신과 함께 중양절을 쇠며 짓는 시를 가리킨다. 이 연은 왕공이 중양절을 맞아서 지은 시는 아주 많겠지만 자신과 함께 황루에서 중양절을 쇤 일을 추억하며 짓는 것은 15년 만에 처음이라는 말이다.

1286. 九日[1]次定國[2]韻

9월 9일에 왕정국의 시에 차운하여

朝菌無晦朔,[3]	조균에겐 초하루와 그믐이 없고
蟪蛄疑春秋.[4]	씽씽매미는 봄가을이 있다는 걸 의심하나니
南柯已一世,[5]	남쪽 가지 밑에서는 이미 한 세대가 지났는데
我眠未轉頭.[6]	내가 잔 건 아직까지 잠깐도 안 지났네.
仙人視吾曹,	신선이 우리 인간을 내려다보면
何異蜂蟻稠.	벌과 개미가 우글대는 것과 어찌 다르리?
不知蠻觸氏,[7]	이와 같이 우리는 만씨와 촉씨에게
自有兩國憂.[8]	본래 두 나라 나름의 근심이 있는 줄 모르네.
我觀去來今,[9]	내가 과거 현재와 미래를 살펴보니
未始一念留.[10][11]	세상이 한순간도 멈춘 적이 없었거늘
奔馳竟何得,	힘을 다해 달려가서 끝내 무얼 얻으리?
而起無窮羞.[12]	끝없는 치욕만 야기할 따름이네.
王郎誤涉世,[13]	왕랑은 세상을 잘못 살아왔나니
屢獻久不酬.[14]	누차 충언을 바쳤지만 오래 보상을 못 받고
黃金散行樂,	행락에 황금을 다 뿌려 버려
淸詩出窮愁.[15]	궁수에서 맑은 시가 솟아 나왔네.
俯仰四十年,[16][17]	눈 깜빡할 사이에 사십 년이 지나가

始知此生浮.　비로소 이 삶이 덧없는 줄 알고는
軒裳陳道路,[18]　수레와 옷을 도로에 늘어놓아서
往往兒童收.　이따금 아동들이 거두어 갔고
封侯起大第,[19]　큰 벼슬을 얻어서 대저택을 지은 이들
或是君家騶.[20]　어떤 이는 그대 집의 말 먹이던 사람이네.
似聞負販人,[21]　짊어지고 다니며 물건 파는 사람 중에
中有第一流.[22]　최일류가 있다고 들은 것만 같나니
炯然徑寸珠,　직경이 한 치 되는 반짝이는 진주를
藏此百結裘.[23]　백 번 기운 이 갖옷에 간직해 뒀네.
意行無車馬,[24]　거마도 타지 않고 마음대로 다녀서
倏忽略九州.[25][26][27]　순식간에 구주를 다 돌았는데
邂逅獨見之,[28]　뜻하지 않게 내가 홀로 그대를 만난 것은
天與非人謀.[29]　하늘이 준 복이지 사람이 꾀한 게 아니네.
笑我方醉夢,　우습게도 내가 한창 취중에 단꿈 꿀 땐
衣冠戲沐猴.[30]　옷 입히고 모자 씌워 희롱하는 원숭이였고
力盡病騏驥,[31]　이젠 힘이 다 빠진 병든 준마요
伎窮老伶優.[32]　재주가 다해 버린 늙은 배우네.
北山有雲根,[33][34]　북쪽 산의 구름이 생기는 곳에
寸田自可耰.[35][36]　한 뙈기의 밭이 본래 곰방메질 할 만하니
會當無何鄉,[37][38][39]　반드시 아무것도 없는 곳에서
同作逍遙遊.[40]　그대와 함께 자유로이 거닐며 놀리.
歸來城郭是,[41]　그러다가 돌아오면 성곽은 여전한데
空有纍纍丘.[42]　언덕만 겹겹이 쌓여 있으리.

[해설]

양주에서 개봉으로 들어가는 도중이던 원우 7년(1092) 중양절에 왕공과 함께 놀다가 그의 시에 차운한 것으로, 인생이 부질없다는 논리로써 왕공의 불우한 삶을 위로함과 동시에 자신의 세속적인 일에 대한 싫증과 은거 생활에 대한 염원을 토로했다.

[주석]

(1) 九日(구일): 9월 9일, 즉 중양절을 가리킨다.

(2) 定國(정국): 王鞏의 字. 〈書王定國所藏王晉卿畫著色山二首〉(1085) 주 (1) 참조.

(3) 朝菌(조균): 아침에 났다가 저녁에 죽는 버섯. 《莊子·逍遙遊》에 "조균은 그믐과 초하루가 있는 줄을 모르고 씽씽매미는 봄과 가을이 있는 줄을 모르니 이것은 짧은 수명이다(朝菌不知晦朔, 蟪蛄不知春秋, 此小年也)"라고 했다.

(4) 蟪蛄(혜고): 씽씽매미. 늦여름에 아침부터 저녁까지 쉬지 않고 운다.

(5) 南柯(남가): 淳于棼은 술에 취해 남쪽으로 뻗은 홰나무 가지 밑에서 잠이 들었는데 꿈속에서 槐安國의 부마로 南柯太守가 되어 20년 동안 영화를 누렸다.(李公佐, 《南柯太守傳》 참조)

(6) 轉頭(전두): 고개를 한 번 돌리는 짧은 시간을 가리킨다.

(7) 蠻觸氏(만촉씨): 《莊子·則陽》에 "달팽이의 왼쪽 뿔에 나라를 가진 자를 촉씨라고 하고, 달팽이의 오른쪽 뿔에 나라를 가진 자를 만씨라고 했는데 때때로 땅을 차지하려고 서로 싸워서 널브러진 시체가 수만 명이고 패배하여 달아나는 자를 쫓아갔다가 15일 만에 돌아오곤 합니다(有國於蝸之左角者曰觸氏, 有國於蝸之右角者曰蠻氏, 時相與爭地而戰, 伏尸數萬, 逐北旬有五日而後反)"라고 했다.

(8) 兩國憂(양국우): 촉씨의 나라와 만씨의 나라가 각자 나름대로 자기 나라를 걱정하는 마음. 이상의 네 구절은 인간이 보기에 촉씨와 만씨가 악착같이 다투는 것이 아무 가치도 없는 짓인 것처럼 신선이 보기에는 인간이 살아가는 모습도 이와 다르지 않다는 말이다.

(9) 去來今(거래금): 과거·미래·현재.

(10) 未始(미시): ~한 적이 없다.

(11) 一念(일념): 한 번 생각하다. 불교에서 생각이 한 번 스쳐 가는 지극히 짧은 시간을 가리킨다. 이 연은 소식 자신이 〈赤壁賦〉에서 "물이 이처럼 밤낮없이 흐르지만 한 번도 가 버린 적이 없고, 달이 저처럼 찼다가 기울지만 끝내 없어지거나 자라지 않았다오. 변한다는 관점에서 볼라치면 천지는 한순간도 변하지 않을 수 없지만, 변하지 않는다는 관점에서 볼라치면 만물과 내가 모두 끝이 없다오. 그렇거늘 또 무엇을 부러워하리오?(逝者如斯, 而未嘗往也, 盈虛者如彼, 而卒莫消長也. 蓋將自其變者而觀之, 則天地曾不能以一瞬; 自其不變者而觀之, 則物與我皆無盡也. 而又何羨乎?)"라고 한 것처럼 세상이 한순간도 멈추지 않고 늘 변한다는 말이다.

(12) 羞(수): 수치스러운 일. 치욕. 이 연은 자연의 변화에 순응하여 초연하게 살아야지 너무 아등바등 살 필요가 없다는 말이다.

(13) 涉世(섭세): 세상일을 겪다. 세상을 살아가다.

(14) 獻(헌): 바치다. 조정에 忠言을 바치는 것을 말한다.

(15) 窮愁(궁수): 곤궁으로 인하여 생기는 근심.

(16) 俯仰(부앙): 고개를 한 번 숙였다 드는 짧은 시간.

(17) 四十年(사십년): 왕공이 세상을 산 햇수를 가리킨다.

(18) 軒裳(헌상): 수레와 옷. 이 연은 왕공이 천하를 주유하기 위해 집을 나설 때, 필요한 사람은 거저 가

져가라며 자신이 쓰던 官吏用 수레와 옷을 길거리에 내놓았다는 말인 것으로 보인다.

(19) 封侯(봉후): 제후에 봉해지다. 고위 관직에 오르는 것을 가리킨다.

(20) 騶(추): 車馬를 관리하던 官吏. 왕공의 조부로 재상을 지낸 王旦의 수행원을 가리키는 것으로 보인다.

(21) 負販人(부판인): 물건을 지고 다니며 판매하는 사람. 행상.

(22) 第一流(제일류): 일등. 最一流. 가장 뛰어난 인물을 가리킨다.

(23) 百結裘(백결구): 백 번 기운 갖옷. 누더기 옷을 가리킨다. 이상의 네 구절은 왕공이 흙 속에 묻힌 진주처럼 초라한 행색이지만 내면에 훌륭한 인품과 재능을 갖추고 있다는 말이다.

(24) 意行(의행): 마음 내키는 대로 다니다.

(25) 倏忽(숙홀): 눈 깜빡할 사이.

(26) 畧(약): 순시하다. 돌아다니다.

(27) 九州(구주): 옛날에 중국이 아홉 개의 주로 나누어져 있었기 때문에 중국 전역을 가리킨다.

(28) 邂逅(해후): 뜻하지 않게 다시 만나다.

(29) 人謀(인모): 사람이 도모하여 이루어진 일. 歐陽修의 시 〈哭聖兪〉에 "이 모임은 천행이지 사람이 꾀한 게 아니다(此會天幸非人謀)"라는 구절이 있다.

(30) 沐猴(목후): 원숭이. 《漢書·項籍傳》에 "초나라 사람은 원숭이에게 갓을 씌운 것과 같다(楚人沐猴而冠)"라고 했고, 《本草綱目·獼猴》에 "원숭이는 즐겨 목욕을 하듯이 얼굴을 닦기 때문에 '沐'이라고 했는데 후세 사람들이 '沐'을 '母'로 잘못 쓰고 또 '母'를 '獼'로 잘못 썼으니 갈수록 잘못되었다(猴好拭面如沐, 故謂之沐, 而後人訛'沐'爲'母', 又訛'母'爲'獼', 愈訛愈失矣)"라고 했다.

(31) 騏驥(기기): 천리마. 준마.

(32) 伶優(영우): 악공과 배우. 배우를 가리킨다.

(33) 北山(북산): 孔稚珪의 〈北山移文〉에서 비롯되어 은거지를 가리킨다.

(34) 雲根(운근): 구름이 생겨나는 깊은 산속을 가리킨다.

(35) 寸田(촌전): 일반적으로 도교에서 말하는 三丹田 또는 心田을 가리키지만 여기서는 아주 작은 밭을 가리킨다.

(36) 耰(우): 곰방메질 하다. 곰방메로 흙을 부수어서 씨앗을 덮는다는 뜻으로, 농사짓는 것을 가리킨다.

(37) 會(회): 반드시. 틀림없이.

(38) 當(당): 당하다. 처하다.

(39) 無何鄉(무하향): 《莊子·逍遙遊》에 "지금 선생은 큰 나무를 가지고 있으면서 그것이 쓸모가 없다고 걱정하는데 왜 그것을 아무것도 없는 고장의 드넓은 들판에 심어 놓고 그 옆에서 하는 일 없이 배회하거나 그 밑에서 자유로이 거닐다가 누워 자지 않습니까?(今子有大樹, 患其无用. 何不樹之於无何有之鄕, 廣莫之野, 彷徨乎无爲其側, 逍遙乎寢臥其下?)"라는 말이 있다.

(40) 逍遙遊(소요유): 자유로이 이리저리 거닐며 노는 일.

(41) 是(시): 의구하다. 변함없다. 李清照의 사 〈武陵春〉에 "자연은 그대로인데 사람은 만사가 잘못되어, 무어라고 말하자니 눈물이 먼저 흐른다(物是人非事事休. 欲語淚先流)"라는 구절이 있다.

(42) 纍纍丘(누누구): 겹겹의 언덕. 수많은 무덤을 가리킨다. 丁令威는 본래 遼東 사람인데 靈虛山에서 도를 닦아 학이 되었다. 학이 된 그가 고향으로 돌아가 성문 앞의 망주석에 앉아 있었더니 마침 소년들이 지나가다가 보고 활을 들어 쏘려고 했다. 그는 얼른 날아올라 공중에서 배회하며 "이 새는 이 새는 정영위라네. 집 떠난 지 천 년 만에 이제 돌아왔다네. 성곽은 의구한데 사람은 옛사람이 아니나니, 신선술을 왜 안 배워 무덤이 저리 많은가?(有鳥有鳥丁令威, 去家千年今始歸. 城郭如故人民非, 何不學仙冢纍纍?)" 하고 노래하다가 마침내 하늘 높이 올라가 버렸다.(陶淵明, 《搜神後記》 참조)

卷36

古今體詩六十五首

고체시 및 근체시 65수

권36에는 용도각학사수병부상서차충남교노부사(龍圖閣學士守兵部尙書差充南郊鹵簿使)에 임명되어 도성으로 들어간 원우 7년(1092) 9월부터 단명전학사겸한림시독학사충하북서로안무사겸마보군도총관지정주군주사(端明殿學士兼翰林侍讀學士充河北西路安撫使兼馬步軍都總管知定州軍州事)에 임명되어 예부상서(禮部尙書)에서 물러난 원우 8년(1093) 8월까지의 시 65수가 수록되어 있다.

1287. 召還至都門先寄子由[1]

조정으로 소환되어 도성 문에 이르렀을 때 먼저 자유에게 부친다

老身倦馬河堤永,	늙은 몸이 지친 말 타고 긴 강둑을 지나며
踏盡黃楡綠槐影.[2]	왕느릅나무와 푸른 홰나무의 그림자를 다 밟네.
荒雞號月未三更,[3]	황당한 닭이 달빛에 울었지만 삼경이 덜 됐을 때
客夢還家時一頃.[4]	나그네는 꿈에 잠시 집으로 돌아갔다 왔네.
歸老江湖無歲月,	강호로 돌아가 늙기에도 남은 시간이 없는데
未塡溝壑猶朝請.[5][6]	골짜기를 메우기 전에 임금님을 또 뵙네.
黃門殿中奏事罷,[7][8]	황문시랑이 대궐에서 임금님께 사정을 아뢰어
詔許來迎先出省.[9]	어명이 윤허하자 마중하러 문하성에서 먼저 나왔네.
已飛靑蓋在河梁,[10][11]	이미 푸른 일산이 날아와 다리 위에 있으니
定餉黃封兼賜茗.[12][13]	틀림없이 황봉주와 차를 하사하셨겠네.
遠來無物可相贈,	멀리서 와 드릴 만한 게 아무것도 없으니
一味豐年說淮潁.[14][15]	회하와 영주에 내내 풍년 들었다 말하려네.

[해설]

병부상서로 부임하기 위해 개봉(지금의 하남성 開封) 성문까지 갔을 때 동생 소철이 마중을 나오고 있다는 사실을 알고 그에게 부친 것이다.

[주석]

(1) 子由(자유): 소식의 동생 蘇轍의 字.

(2) 黃楡(황유): 왕느릅나무. 이 연은 도성 문 부근에서의 자신의 행색을 묘사한 것이다.

(3) 荒雞(황계): 황당한 닭. 삼경이 되기 전에 앞당겨 우는 닭을 가리킨다.

(4) 一頃(일경): 아주 짧은 시간. 강남 사람인 陳季卿이 진사과에 급제하여 10년 동안 고향에 한 번 못 가고 長安(지금의 섬서성 西安)에 머물렀다. 하루는 青龍寺로 스님을 찾아갔다가 못 만났는데 벽에 〈寰瀛圖〉가 붙어 있는 것을 보고 고향으로 돌아가고 싶다고 탄식했다. 終南山에서 온 노인이 보고 "그게 뭐 어렵겠소?"라고 하며 대나무 잎을 하나 따서 그림 속의 渭水에 놓고 진계경에게 "이것을 응시하면 뜻대로 될 것이오"라고 했다. 진계경이 그것을 응시하자 위수에 커다란 배가 한 척 나타났다. 진계경이 배에 올라타자 배가 빠른 속도로 달려 10일 만에 고향 집에 도착했다. 2~3일 머물다가 청룡사로 돌아오니 종남산 노인은 그대로 앉아 있고 스님은 아직 돌아오지 않았다. 진계경이 "꿈이었나 보구나!"라고 했다.(李玫, 《異聞實錄·竹葉舟》 참조) 이 연은 지난날 자신이 잠깐 조는 사이에도 고향에 다녀오는 꿈을 꿀 정도로 심한 향수에 젖어 있었다는 말이다.

(5) 塡溝壑(전구학): 골짜기를 메우다. 죽는 것을 가리킨다. 《孟子·滕文公下》에 "지사는 시체가 도랑에 버려질 각오를 잊지 않고 용사는 자기 목을 잃을 각오를 잊지 않는다(志士不忘在溝壑, 勇士不忘喪其元)"라는 말이 있다.

(6) 朝請(조청): 제후가 봄에 천자를 뵙는 것을 '朝'라고 하고 가을에 뵙는 것을 '請'이라고 했다. 천자를 뵙는 것을 가리킨다.

(7) 黃門(황문): 門下省을 가리킨다. 당나라 현종 개원 원년(713)에 문하성을 황문성으로 바꾸었다가 개원 5년(717)에 다시 황문성에서 문하성으로 바꾸었다.(《舊唐書·玄宗本紀》 참조) 송나라 때에는 황문성이라는 명칭이 없었지만 옛날 관습에 따라 황문성이라고 한 것이다. 소철은 당시 副宰相에 해당하는 관직인 門下侍郞으로 재임 중이었다.

(8) 奏事(주사): 사정을 아뢰다.

(9) 省(성): 문하성을 가리킨다.

(10) 青蓋(청개): 재상급 관리들이 쓰던 푸른색의 수레용 日傘. 여기서는 소철의 수레를 가리킨다.

(11) 河梁(하량): 강 위에 놓인 다리.

(12) 定(정): 틀림없이.

(13) 黃封(황봉): 황봉주. 주둥이를 노란색 천이나 노란색 종이로 봉한 술. 관청에서 빚은 고급술을 가리킨다. 이 구절은 황제가 자신의 귀경을 크게 환영할 것이라는 말이다.

(14) 一味(일미): 한가지로. 내내.

(15) 淮潁(회영): 淮河 일대와 영주. 자신이 최근에 재임한 양주와 영주를 가리킨다. 이 구절은 백성이 풍년을 맞았다는 사실이 황제에게 큰 선물이 될 것이라는 말이다.

1288. 次韻定國[1]見寄[2]

왕정국이 부쳐 온 시에 차운하여

還朝如夢中, 조정으로 돌아오니 꿈속 같은데
雙闕眩金碧.[3] 궁문 앞의 두 누대에 황금빛과 푸른빛이 어질했네.
復穿鵷鷺行,[4] 원추새와 해오라기의 행렬을 다시 뚫고
强寄麋鹿迹.[5] 사슴의 발자취를 억지로 남긴다.
勞生苦晝短,[6] 힘겨운 생활이라 짧은 낮도 괴롭더니
展轉不能夕.[7] 이리 뒤척 저리 뒤척 밤도 보내지 못하겠네.
默坐數更鼓,[8] 말없이 앉아서 경고를 세노라니
流水夜自逆.[9] 흐르는 물이 밤에 저절로 역류하네.
故人爲我謀,[10] 친구가 나를 위해 일을 도모해 주나
此志何由畢.[11][12] 이 뜻이 어떻게 이루어질 수 있으리오?
越吟知聽否,[13] 월주로 보내 달라는 내 노래를 들어줄지 어떨지 아나니
誰念病莊舃.[14] 누가 이 병든 장석을 생각하리오?

[해설]

병부상서에 임명되어 조정으로 들어간 지 얼마 안 된 때인 원우 7년(1092) 11월에 지은 것이다. 조정으로 들어가자마자 다시 지방관으로 내보내 달라고 주청함으로써 정쟁에 대한 싫증을 강력하게 드러냈다.

[주석]

(1) 定國(정국): 王鞏의 字. 〈書王定國所藏王晉卿畫著色山二首〉(1085) 주 (1) 참조.

(2) 見寄(견기): 나에게 부치다. 〈次韻錢越州見寄〉(1099) 주 (2) 참조.

(3) 雙闕(쌍궐): 궁전·사당·능묘 등의 출입문 양쪽에 하나씩 세우는 두 채의 높은 누대.

(4) 鵷鷺行(원로항): 원추새와 해오라기의 행렬. 원추새와 해오라기는 질서 정연하게 날아가기 때문에 조정 관리들의 행렬을 가리킨다.

(5) 麋鹿(미록): 순록과 사슴. 산야에 은거하기에나 적합한 사람을 가리킨다. 이 구절은 자신이 잠시 조정에 머문다는 말이다.

(6) 勞生(노생): 힘든 삶. 항상 정적들과 싸워야 하는 조정에서의 관직 생활을 가리킨다.

(7) 展轉(전전): 이리저리 뒤척이며 잠을 이루지 못하다. 輾轉反側하다. 曹丕의 〈雜詩〉에 "이리 뒤척 저리 뒤척 잠을 이루지 못해, 옷을 걸치고 일어나 이리저리 방황하네(展轉不能寐, 披衣起彷徨)"라는 구절이 있다.

(8) 更鼓(경고): 초경·이경·삼경·사경·오경에 맞추어 관아에서 치던 북. 그 소리를 가리킨다.

(9) 自逆(자역): 스스로 역류하다. 王十朋의 《百家註分類東坡先生詩》에 "도가에서 말하기를 '황하의 물이 역류하니 이것이 운반하는 방법이다'라고 했다(道家曰: '黃河水逆流, 此搬運之法也.')"라고 했고, 張志烈·馬德富·周裕鍇의 《蘇軾全集校注》에는 "《抱朴子內篇·釋滯》에 '기를 잘 운용하는 사람은 입으로 물을 불면 물이 몇 발짝 역류한다(善用炁者, 噓水, 水爲之逆流數步)'라고 한바, 이 구절은 자신이 밤에 양생술을 실시하여 기를 토하고 빨아들이는 것을 말한다(句謂己夜間爲衛生之術, 吐納運氣也)"라고 했다. 밀물에 의해 강물이 역류하는 현상은 錢塘潮처럼 강이 바다로 들어가기 직전의 지점에서는 일어날 수 있지만 바다에서 500km 이상 떨어진 開封에서는 홍수철도 아닌 평상시에 그런 일이 일어날 수 없으며, 도가적 수양이 높은 사람이 입으로 불어서 인위적으로 물을 몇 발짝 역류시키는 것이라면 '自逆'이라고 할 수 없다. 이 연은 번민 때문에 잠을 이루지 못하고 뒤척이자니 목으로 胃酸이 역류하는지라 그 현상을 해학적으로 표현한 것일 가능성이 크다.

(10) 故人(고인): 친구. 왕공을 가리킨다.

(11) 此志(차지): 지방관으로 나가려는 소식의 뜻을 가리킨다.

(12) 何由(하유): 어떻게 ~할 수 있는가.

(13) 越吟(월음): 월나라의 노래. 월주로 내보내 달라고 주청한 소식 자신의 말을 가리킨다. 소식의 자주에 "당시에 막 월주(지금의 절강성 紹興)로 내보내 달라고 주청한 상태였다(時方請越)"라고 했다. 자신이 월주로 내보내 달라고 주청한 일을 장석이 월나라를 잊지 못해 병중에 월나라 노래를 부른 일에 빗댐으로써 해학적인 맛을 더한 것이다.

(14) 莊舃(장석): 전국 시대의 초나라 대신. 조정에서 관직 생활을 하며 향수에 빠져 있는 소식 자신을 가리킨다. 원래 월나라 사람인 장석은 초나라로 들어가 執珪라는 관직에 올랐는데 어느 날 병이 들었다. 초나라 임금이 "장석은 월나라의 빈천한 사람으로 초나라에서 집규가 되어 부귀해졌는데 아직도 월나라를 그리워할까 그리워하지 않을까?" 하고 물었더니 근신이 "대체로 사람이 옛날을 그리워하는

것은 병이 났을 때입니다. 그가 만약 월나라를 그리워한다면 월나라 노래를 부를 것이고 월나라를 그리워하지 않는다면 초나라 노래를 부를 것입니다(凡人之思故, 在其病也. 彼思越則越聲, 不思越則楚聲)"라고 했다. 초나라 임금이 사람을 보내 들어 보게 했더니 장석이 월나라 노래를 불렀다.(《史記·張儀傳》 참조) 이상의 네 구절은 소식이 월주지주로 나가고 싶어 하는 것을 보고 왕공은 그를 도와주려고 애쓰지만 힘이 없고 조정에서는 아무도 자신의 소원을 들어주는 사람이 없을 것 같다고 안타까워한 것이다.

1289. 次韻蔣穎叔(1)·錢穆父(2)從駕(3)景靈宮(4)二首

장영숙과 전목보가 어가를 따라 경령궁으로 간 일을 읊은 시에 차운하여

其一

歸來病鶴記城闉,(5)(6)	돌아온 병든 학이 성문을 기억하거니와
舊踏松枝雨露新.(7)	옛날에 본 솔가지에 비와 이슬이 새롭네.
半白不羞垂領髮,	반백이 된 채 목에 드리운 머리를 부끄러워하지 않고
軟紅猶戀屬車塵.(8)(9)	아직 수행원 수레 뒤의 연홍색 먼지를 좋아하네.
雨收九陌豐登後,(10)(11)	비가 그치고 아홉 갈래 길에 풍년이 든 뒤요
日麗三元下降辰.(12)	해가 빛나고 삼원이 내려올 때네.
麤識君王爲民意,	백성 위하는 임금님 마음 어느 정도 아나니
不才何以助精禋.(13)(14)	못난이가 어떻게 정성스러운 제사에 도움을 주리?

其二

與君并直記初元,(15)(16)	그대와 함께 당직하던 원우 초기가 기억나는데
白首還同入禁門.(17)	흰머리로 또 함께 금문에 들어왔네.
玉殿齊班容小語,(18)(19)	옥 같은 전당에서 반열을 나란히 하고 나직하게 소곤소곤 얘기할 수 있었나니
霜廷稽首泫微溫.(20)(21)(22)	서리 내린 궁정에서 머리를 조아릴 때

	날씨가 좀 따뜻해져 바닥에 물기가 축축했네.
病貪賜茗浮銅葉,[(23)(24)]	병이 나서 임금님이 하사하신 찻잎이
	동엽잔에 뜨는 것을 몹시 바라고
老怯香泉灩寶樽.[(25)]	몸이 늙어 향긋한 물이 보배로운 술잔에
	가득 차서 넘실대는 건 무서워하네.
回首鵷行有人傑,[(26)(27)]	원추새 행렬을 돌아보자 그 가운데에 인걸이 있으니
坐知羌虜是游魂.[(28)(29)]	오랑캐가 자신들이 떠도는 혼인 줄 알겠네.

[해설]

소식은 철종 황제가 하늘에 제사를 지내기 위해 경령궁으로 행차할 때 장지기·전협과 함께 어가를 수행했는데 이때 장지기와 전협이 지은 시에 차운한 것이다. 제1수는 장지기의 시에 차운한 것이고 제2수는 전협의 시에 차운한 것이다.

[주석]

(1) 穎叔(영숙): 진사급제 동기인 蔣之奇의 字. 常州 宜興(지금의 강소성 의흥) 사람으로 소식을 위해 자기 고향인 의흥에다 은거할 땅을 물색해 주었다.

(2) 穆父(목보): 錢勰의 字. 《續資治通鑑長編》에 "원우 7년(1092) 5월에 전협이 권호부상서가 되었고 6월에 장지기가 호부시랑이 되었다(元祐七年五月, 錢勰權戶部尙書, 六月蔣之奇爲戶部侍郞)"라고 했다.

(3) 從駕(종가): 어가를 따르다. 신하가 출행하는 황제를 수행하는 것을 가리킨다.

(4) 景靈宮(경령궁): 북송 태조 이하 여러 황제의 초상화를 모신 궁전으로, 대중상부 5년(1012) 11월에 지었다.

(5) 病鶴(병학): 소식 자신을 가리킨다. 소식은 원우 6년(1091) 윤8월에 潁州知州로 나갔다가 1년 만에 조정으로 돌아왔다. 王十朋의 《百家註分類東坡先生詩》에 "원우 7년(1092) 임신년에 천자가 남쪽 교외에서 하늘에 제사를 지냈는데 선생이 노부사(황제가 출행할 때 수행하는 관리)가 되었다(元祐七年壬申, 是歲南郊, 先生爲鹵簿使)"라고 했다.

(6) 城闉(성인): 성안에 만든 重門. 성문 주변의 모습을 가리킨다.

(7) 踏(답): 직접 가서 보다.

(8) 軟紅(연홍): 연홍색 먼지. 번화하고 흥청거리는 도성을 가리킨다. 소식의 자주에 "선배들의 우스갯소리에 '서호의 풍월이 조정의 연홍색 먼지와 궁중의 향기로운 흙만 못하다'라는 말이 있다(前輩戲語, 有'西湖風月不如東華軟紅香土.')"라고 했다.

(9) 屬車(속거): 부속 수레. 황제의 수행원들이 타는 수레. 이 연은 자신이 다 늙은 처지에 아직도 은퇴하

지 못하고 황제가 행차할 때 수행하고 있다는 말이다.
(10) 九陌(구맥): 논밭 사이에 나 있는 여러 갈래의 길.
(11) 豐登(풍등): 풍년이 들다.
(12) 三元(삼원): 도가에서 말하는 세 神, 즉 天官·地官·水官을 가리킨다. 천관은 복을 내려 주고 지관은 죄를 사면해 주고 수관은 재액을 없애 주는 것으로 알려져 있다.
(13) 不才(부재): 재주가 없는 사람. 자신을 가리키는 겸칭이다.
(14) 精禋(정인): 정성껏 지내는 제사.
(15) 君(군): 전협을 가리킨다.
(16) 初元(초원): 元祐 초기. 查愼行의 《蘇詩補註》에 "황산곡(黃庭堅)의 시 〈和穆父猩猩毛筆〉에 '당시에 소공과 전공은 함께 자미각에서 당직했다'라는 자주가 있다(黃山谷〈和穆父猩猩毛筆〉詩, 自註云: '時蘇·錢二公, 具直紫微閣.')"라고 했다. 그리고 《송사·전협전》에 "원우(1086-1093) 초에 급사중으로 옮겼다가 용도각대제로서 개봉부지부가 되었다(元祐初, 遷給事中, 以龍圖閣待制知開封府)"라고 했고, 《송사·소식전》에 "원우 원년에……중서사인으로 옮겼고……얼마 안 있다가 한림학사에 임명되었다(元祐元年……遷中書舍人.……尋除翰林學士)"라고 했다.
(17) 禁門(금문): 宮門. 궁전을 가리킨다.
(18) 玉殿(옥전): 궁전의 미칭. 조정을 가리킨다.
(19) 齊班(제반): 반열을 나란히 하다. 나란히 서다.
(20) 稽首(계수): 머리가 땅에 닿도록 몸을 굽혀 절하다.
(21) 泫(현): 물이 줄줄 흐르다.
(22) 微溫(미온): 날씨가 약간 따뜻해진 것을 가리킨다. 소식의 자주에 "마침 전목보와 함께 뜰에 나란히 엎드려 임금님을 뵙고 있었는데 땅에 온통 물기가 흐르는지라 서로 나직한 소리로 이야기했다(適與穆父幷拜庭中, 地皆流濕, 相與小語道之)"라고 했다.
(23) 賜茗(사명): 황제가 하사한 차.
(24) 銅葉(동엽): 나뭇잎처럼 얇은 구리 조각. 찻잔을 가리킨다. 程大昌의 《演繁露》에 "어전에서 차를 하사받으면 다들 건잔(지금의 복건성 南平市 建陽에서 나는 찻잔)을 쓰지 않고 大湯甓을 쓴다. 모양이 銅葉湯甓과 같다. 동엽은 갈색이다(御前賜茶, 皆不用建盞, 用大湯甓. 其製像銅葉湯甓耳. 銅葉, 褐色也)"라고 했다.
(25) 香泉(향천): 향내 나는 샘물. 맛있는 술을 가리킨다. 이 연은 술은 마시기 싫고 차를 마시고 싶다는 말이다.
(26) 鵷行(원항): 원추새의 행렬. 원추새는 질서 정연하게 날아가기 때문에 조정 관리들의 행렬을 가리킨다.
(27) 人傑(인걸): 장지기를 가리킨다.
(28) 坐(좌): ~하기에 이르다.
(29) 游魂(유혼): 깜짝 놀란 나머지 몸에서 빠져나가 떠돌아다니는 혼. 곧 소멸될 사람을 가리킨다. 杜甫의 시 〈喜聞官軍已臨賊境二十韻〉에 "오늘 내가 하늘의 뜻을 살펴봤더니, 너희에게 떠도는 혼을 잠시

빌려 주셨네(今日看天意, 游魂貸爾曹)"라는 구절이 있다. 査愼行의《蘇詩補註》에는 "장영숙이 새로 희하(지금의 감숙성 臨洮 일대)의 知州에 임명되었기 때문에 결구에서 이렇게 말한 것이다(穎叔新除熙河帥, 故結句云然)"라고 했는데, 王文誥의《蘇軾詩集》에는 "공이 스스로 말하기를 '이 시에 화답할 때는 장영숙이 아직 臨洮의 지주로 나가라는 어명을 받지 않았는데 이것이 마침내 詩讖이 되었다'라고 했다.……또 이 시는 전목보의 시운에 화답한 것이기 때문에 결구가 장영숙을 가리킨다(公自云: '和此詩, 穎叔未有帥洮之命, 遂成吟讖.'……又此詩和穆父韻, 故結句指穎叔也)"라고 했다.《續資治通鑑長編》에 "원우 7년(1092) 10월 을해일에 호부시랑보문각대제 장지기가 희주(지금의 감숙성 임조 일대)지주가 되었다(元祐七年十月乙亥, 戶部侍郎寶文閣待制蔣之奇知熙州)"라고 했는데, 소식이 〈跋再送蔣穎叔詩後〉에서 "장영숙이 아직 임조의 지주로 나가라는 어명을 받지 않았을 때 전목보와 장영숙이 함께 어가를 수행한 감회를 읊은 시를 지었기에 내가 그것에 화답한바, 이 시에 '떠도는 혼'이라는 구절이 있는데 이것이 마침내 시참이 되었다(穎叔未有帥洮之命, 作扈駕詩, 軾和之, 有'游魂'之句, 遂成吟讖)"라고 한 것을 보면 이 시를 지을 때에는 아직 그런 어명이 없었음에 틀림없다. 이 연은 조정의 관리들 중에 장지기 같은 인걸이 있기 때문에 오랑캐가 곧 소멸될 것임을 알겠다는 말이다. 장지기가 평소에 국토 방위에 관심을 많이 보였거나 그런 방면의 능력이 탁월했기 때문에 소식이 그 점을 칭송하여 한 말인 것으로 보인다. 어쩌면 소식의 이 시가 조정에서 장지기를 희주지주로 내보내기로 결정하는 데에 결정적인 역할을 했을지도 모른다.

1290. 憶江南[(1)]寄純如[(2)]五首

강남을 추억하여 순여에게 부친다

其一

楚水別來十載,[(3)(4)] 초지방 강은 떠나온 지 십 년이 됐고
蜀山望斷千重.[(5)(6)] 촉지방 산은 바라보니 천 겹이나 되는데
畢竟擬爲傖父,[(7)(8)] 나는 필경 촌사람이 되려고 하니
憑君說與吳儂.[(9)(10)(11)] 그대여 오지방 사람들에게 말해 주게나.

其二

湖目也堪供眼,[(12)(13)] 호수의 눈이 사람 눈에 이바지할 줄도 알고
木奴自足爲生.[(14)] 나무 노예가 생계 도모를 자족케 하기도 하나니
若話三吳勝事,[(15)] 삼오 땅의 멋진 일을 얘기하자면
不惟千里蓴羹.[(16)(17)] 천 리 밖의 순챗국만 있는 것이 아니라네.

其三

人在畫屛中住,[(18)] 사람들은 그림 병풍 안에서 살고
客依明月邊遊.[(19)] 유람객은 밝은 달 주변에서 노는데

未卜柴桑舊宅,[20][21]	시상의 옛날 집을 고르지 못했으니
須乘五湖扁舟.[22]	오호의 조각배를 타야 되겠네.

其四

生計曾無聚沫,[23]	생계유지에 거품 같은 미끼도 가진 적 없고
孤踪謾有淸風.[24][25]	외로운 발자취에 맑은 바람만 있었나니
治産猶嫌范蠡,[26]	범려가 재산을 불린 걸 오히려 싫어하고
攜孥頗笑梁鴻.[27]	양홍이 처자를 데리고 다닌 걸 몹시 웃었네.

其五

弱累已償俗盡,[28]	애들에게 진 빚 다 갚아 세속의 일 끝났으니
老身將伴僧居.[29]	늙은 이 몸 스님과 벗하며 살려는데
未許季鷹高潔,[30]	내겐 계응의 고결함이 허락되지 않아서
秋風直爲鱸魚.[31]	추풍에 오로지 농어만 찾네.

[해설]

오지방에 대한 추억과 그리움을 노래하여 순여라는 사람에게 부쳐 보낸 것이다.

[주석]

(1) 江南(강남): 長江 이남 지역. 자신이 최근에 知州로 재임했던 揚州를 가리키는 것으로 보인다. 양주는 장강의 北岸에 있지만 자연환경이 강남 지역과 유사하기 때문에 강남이라고 부르기도 한바, 일례로 杜牧은 양주에 있는 친구에게 보낸 시 〈寄揚州韓綽判官〉에서 "청산은 보일락 말락 하고 강물은 아득한데, 가을 다 간 강남 땅에 풀이 시들지 않았으리(青山隱隱水迢迢, 秋盡江南草未凋)"라고 했다.

(2) 純如(순여): 구체적인 행적이 알려져 있지 않다. 시의 내용으로 볼 때 매우 초연하고 고답적인 가치관을 지닌 양주의 한 젊은 스님이었을 가능성이 있다.

(3) 楚水(초수): 옛날 초나라 땅에 있는 강·호수·못 등의 통칭. 黃州(지금의 호북성 黃岡市 黃州區)에 있는 長江을 가리키는 것으로 보인다.

(4) 十載(십재): 10년. 소식이 황주를 떠난 원풍 7년(1084)부터 이 시를 지은 원우 7년(1092)까지의 약 10년을 가리킨다. 이 구절은 자신이 옛날에 은거하고 싶어 했던 황주 일대는 이제 떠나온 지 너무 오래되어서 다시 찾아가 은거할 마음이 그다지 간절하지 않다는 뜻인 것으로 보인다.

(5) 蜀山(촉산): 소식의 고향인 사천 지방의 산을 가리킨다.

(6) 望斷(망단): 시력이 미치지 않는 데까지 한없이 바라보다. 이 구절은 고향은 너무 멀어서 돌아가기 어렵다는 뜻이다.

(7) 擬(의): ~하려고 하다.

(8) 傖父(창부): 천한 사람. 촌뜨기. 晉나라 및 남북조 시대에 남방 사람이 북방 사람을 멸시하여 일컫던 말이다.

(9) 憑(빙): 부탁하다. 청하다.

(10) 君(군): 순여를 가리킨다.

(11) 吳儂(오농): 오지방 사람. 이 연은 오지방도 자신이 은거하고 싶은 고장 중의 하나라는 사실을 오지방 사람들에게 좀 알려 달라는 말이다.

(12) 湖目(호목): 연꽃의 열매, 즉 연밥의 별칭.

(13) 供眼(공안): 눈에 이바지하다. 볼거리를 제공하다.

(14) 木奴(목노): 감귤나무를 가리킨다. 裴松之의 《三國志註》에 인용된 晉나라 習鑿齒의 《襄陽記》에 의하면 삼국 시대에 丹陽太守를 지낸 오나라 사람 李衡은 家産을 좀 마련하려고 했으나 아내가 말을 듣지 않아 나중에 몰래 사람을 보내 武陵 龍陽의 泛洲에 집을 짓고 감귤나무 천 그루를 심게 하고는 죽기 전에 아들에게 "네 어머니가 내가 가산을 좀 마련하는 것을 싫어하여 이처럼 가난하게 되었다. 그러나 우리 고을에 나무 노비 천 명이 있는데 너에게 옷과 음식을 달라고 하지도 않고 해마다 비단을 한 필씩 바칠 것이니 이것만 해도 쓰기에 모자람이 없을 것이다"라고 했다고 한다. 이 연은 오지방에는 연도 많고 감귤나무도 많아 풍광도 수려하고 물산도 풍부하다는 말이다.

(15) 三吳(삼오): 오지방의 세 고을. 시대에 따라 가리키는 바가 달라 晉나라 때에는 吳興·吳郡·會稽를 가리켰고, 唐나라 때에는 吳興·吳郡·丹陽을 가리켰으며, 宋나라 때에는 蘇州·常州·湖州를 가리켰다. 長江 하류 지역을 두루 가리키기도 하는바, 여기서는 제목에서 말한 강남을 가리킨다.

(16) 不惟(불유): 비단 ~만이 아니다. 다른 것도 많이 있다는 말이다.

(17) 蓴羹(순갱): 晉나라 때 吳郡(지금의 강소성 소주) 사람 張翰은 당시 실권자이던 齊王 司馬冏의 大司馬東曹掾을 지내고 있다가 어느 날 가을바람이 살랑살랑 불자 불현듯 고향에서 먹던 蓴菜국과 농어회가 그리워져서 "사람이 살아감에 있어서는 마음에 맞는 일을 귀하게 여기는 법이거늘 어찌 벼슬을 따라 수천 리 밖에 매여 있을 수 있으리오?"라고 하고는 즉시 고향으로 돌아가 버렸다.(《晉書·張翰傳》 참조)

(18) 畫屛(화병): 그림 병풍. 그림처럼 아름다운 강남 지방의 풍경을 가리킨다.

(19) 依明月邊遊(의명월변유): 밝은 달 주변에 몸을 맡기고 놀다. 밝은 달이 잠겨 있는 물 위에서 노는 것을 가리킨다.

(20) 卜(복): 살 곳을 선정하다.

(21) 柴桑(시상): 陶淵明의 고향 마을. 은거지를 가리킨다.

(22) 五湖(오호): 太湖를 가리킨다. 춘추 시대 越나라의 대부 范蠡는 미인 西施를 吳王 夫差에게 바쳐 그를 미혹하게 하는 미인계를 씀으로써 월왕 勾踐으로 하여금 會稽之恥를 설욕하게 한 후 서시를 데리고 오호에 배를 띄워 어딘가로 사라졌다.(《國語·越語》 참조) 그는 배를 타고 齊나라로 가서 성명을 바꿔 鴟夷子皮라 하며 바닷가에서 열심히 농사를 지어 얼마 후에 큰 부자가 되었다.(《史記·越王句踐世家》 참조) 〈次韻送張山人歸彭城〉(1126) 주 (12)(13) 참조. 이 구절은 태호가 있는 강남 지방에서 뱃놀이를 즐기며 살고 싶다는 뜻인 것으로 보인다.

(23) 聚沫(취말): 한데 모여 있는 거품. 보잘것없는 생계유지 수단을 가리킨다. 《列子·湯問》에 "물고기는 저의 낚시 미끼를 보면 물속에 잠겨 있는 티끌이나 한데 모여 있는 거품과 같이 의심 없이 삼켜 버립니다(魚見臣之鈎餌, 猶沈埃聚沫, 呑之不疑)"라는 말이 있다.

(24) 孤踪(고종): 외로운 발자취. 其四는 순여의 행적과 인품을 묘사한 것으로 보이는바, '孤踪'은 처자도 없이 혼자 살아온 순여의 인생 역정을 가리키는 것으로 보인다.

(25) 謾(만): 한갓. 겨우.

(26) 范蠡(범려): 주 (22) 참조. 이 구절은 순여가 범려처럼 재산을 모으려고 애쓰지 않는다는 뜻인 것으로 보인다.

(27) 梁鴻(양홍): 東漢 때의 扶風(지금의 섬서성 부풍) 사람. 아내 孟光을 데리고 霸陵山으로 들어가 스스로 농사짓고 길쌈하여 衣食을 자급자족하면서 《시경》과 《서경》을 읊조리거나 거문고를 타며 즐겼다. 그 뒤 처자를 데리고 齊魯(지금의 山東) 지방으로 가서 살다가 다시 吳지방에 가서 皐伯通이라는 대가의 행랑채에서 지내며 남의 집 방아를 찧어 주었는데 양홍이 저녁마다 일을 마치고 돌아가면 그의 아내가 밥상을 눈썹까지 올라가도록 높이 받쳐 들고 들어가는지라 고백통이 그가 보통 사람이 아닌 줄 알고 극진히 예우했다. 양홍이 죽었을 때 그가 생전에 고백통에게 부탁한 대로 그를 그곳에 장사 지내고 처자만 부풍으로 돌아갔다.(《東觀漢記·梁鴻傳》 참조) 이 구절은 순여는 처자가 없기 때문에 양홍처럼 처자의 생계를 위해 제로 지방으로 갔다가 오지방으로 갔다가 할 필요가 없다는 뜻인 것으로 보인다.

(28) 弱累(약루): 자녀에게 진 빚. 자녀를 기르고 교육시키고 결혼시켜야 하는 부모로서의 의무를 가리킨다.

(29) 僧(승): 순여를 가리킬 가능성이 있다.

(30) 季鷹(계응): 장한의 字. 주 (17) 참조.

(31) 爲(위): 추구하다. 이 연은 자신이 장한과 달리 사직을 단행하지는 못하고 전원으로 돌아가고 싶은 염원만 간절하다는 말이다.

1291. 軾近以月石硯屛[1]獻子功[2]中書公[3], 復以涵星硯[4]獻純父[5]侍講[6], 子功有詩, 純父未也, 復以月石風林屛[7]贈之, 謹和子功詩, 幷求純父數句

나는 근래에 월석연병을 중서시랑 범자공에게 드리고 또 함성연을 시강 범순보에게 드렸는데 범자공은 시를 지었고 범순보는 아직 짓지 않은지라 다시 월석풍림병을 그에게 준 뒤 삼가 범자공의 시에 화답하고 아울러 범순보에게 몇 구절 지어 달라고 청한다

紫潭出玄雲,[8][9]	보라색 못에서 검은 구름이 피어
翳我潭中星.[10]	나의 못 안에 있는 별을 가려 버리고
獨有潭上月,[11]	오로지 못가의 달만 거꾸로
倒掛紫翠屛.[12]	보라색과 비취색의 연병에 걸려 있네.
我老不看書,	나는 이제 늙어서 책을 안 보고
默坐養此昏花睛.[13]	말없이 앉아 침침한 이 눈을 돌보는데
時時一開眼,	때때로 한 번씩 두 눈을 뜨고
見此雲月眼自明.	이 구름과 달을 보면 눈이 절로 밝아지네.
久知世界一泡影,[14]	옛날부터 이 세계가 거품이나 그림자인 줄 알았거니
大小眞僞何足評.	대소와 진위를 평가할 가치가 어디 있나?
笑彼三子歐梅蘇,[15]	우습게도 구양씨와 매씨 소씨 세 분이
無事自作雪羽爭.[16]	일이 없어 눈과 깃털의 흰빛을 두고 스스로 다투었네.
故將屛硯送兩范,[17]	일부러 연병과 벼루를 두 범씨에게 보낸 것은
要使珠璧棲窗欞.[18][19]	진주와 벽옥이 창가에 머물게 하려는 것
大范忽長謠,[20]	큰 범씨가 갑자기 길게 노래 부르자
語出月脇令人驚.[21]	그 말이 달의 옆구리에서 나와 사람을 놀라게 했으니
小范當繼之,[22]	작은 범씨도 틀림없이 그 뒤를 이어

說破星心如雞鳴.(23)(24)	닭이 우는 것처럼 별의 마음을 말하리.
床頭復一月,	침대맡에 또 하나의 달이 떠 있고
下有風林橫.(25)	그 밑에 바람 맞은 숲이 가로로 뻗어 있기에
急送小范家,	얼른 작은 범씨의 집으로 보내
護此涵星泓.(26)	내가 준 이 함성연을 지키게 하고
願從少陵博一句,(27)(28)	두소릉에게 시 한 구절 얻길 바라네
山木盡與洪濤傾.(29)	산 위의 나무가 거센 바람에 쓰러졌다는 시구를.

[해설]

범백록에게 월석연병이라는 연병을 주고 범조우에게 함성연이라는 벼루를 주었는데 범백록은 시를 지어 보내고 범조우는 시를 짓지 않은지라 범조우에게 다시 월석풍림병이라는 연병을 주며 시를 한 수 지어 달라고 부탁한 것이다.

[주석]

(1) 月石硯屛(월석연병): 硯屛 이름. 연병은 바람이나 먼지를 막고 먹물이 튀는 것을 방지하기 위하여 벼루 주위에 치는 작은 병풍이다.

(2) 子功(자공): 范鎭(1008-1089)의 조카 范百祿(1022-1086)의 字. 범진의 형 范鍇의 아들이다.

(3) 中書公(중서공): 중서시랑을 가리킨다. 《東都事畧》에 "범백록은 제과에 급제하여 원우(1086-1093) 연간에 개봉부지부를 역임하고 한림원으로 불려 들어갔으며 중서시랑에 임명되었다(范百祿, 中制科, 元祐中知開封府, 召入翰林, 拜中書侍郎)"라고 했다.

(4) 涵星硯(함성연): 벼루 이름. 소식의 함성연에 대하여 張世南의 《遊宦紀聞》에 "端溪石으로 硯池에 눈 모양(별 모양)의 무늬가 있기 때문에 이런 이름을 얻었다(端石, 以石眼在池得名)"라고 했다.

(5) 純父(순보): 범진의 종손자 范祖禹(1041-1098)의 字.

(6) 侍講(시강): 관직 이름. 《동도사략》에 "범조우는 자를 몽득이라고도 한다. 어릴 때 아버지를 여의어 종조부인 범진이 자기 아들처럼 길러 주었다. 철종이 즉위한 뒤 우정언으로 발탁하고 한림학사에 임명했다. 숙부인 범백록이 중서성에 있었기 때문에 시강학사로 옮겼다(祖禹, 一字夢得. 幼孤, 叔祖鎭撫育如己子. 哲宗立, 擢右正言, 拜翰林學士. 以叔百祿在中書, 改侍講學士)"라고 했다.

(7) 月石風林屛(월석풍림병): 연병 이름.

(8) 紫潭(자담): 보라색을 띤 벼루를 가리킨다.

(9) 玄雲(현운): 검은 구름. 벼루의 먹을 가는 곳인 硯堂에서 갈려서 먹물을 저장하는 곳인 硯池로 번져 나가는 먹물을 가리킨다. 蔡琰의 〈悲憤詩〉에 "검은 구름이 모여들어 달과 별을 가린다(玄雲合兮翳

月星)"라는 구절이 있다.

(10) 潭中星(담중성): 함성연의 연지에 나 있는 별 모양의 무늬를 가리킨다. 주 (4) 참조.

(11) 潭上月(담상월): 못가의 달. 함성연 가에 쳐 놓은 월석연병의 무늬를 가리킨다.

(12) 紫翠屛(자취병): 보라색과 비취색이 섞인 연병. 월석연병을 가리킨다. 이상의 네 구절은 함성연의 연당에서 먹물을 갈아 연지에 넣으니 연지에 있던 별 모양의 무늬가 가려지고 거기에 달무늬가 있는 월석연병이 비쳐 있다는 말이다.

(13) 昏花(혼화): 흐릿하다.

(14) 泡影(포영): 거품과 그림자. 허망한 존재를 가리킨다. 《金剛經·應化非眞分》에 "이 세상에 존재하는 삼라만상은, 꿈 같고 환상 같고 거품 같고 그림자 같다(一切有爲法, 如夢幻泡影)"라고 했다.

(15) 歐梅蘇(구소매): 歐陽修·梅堯臣·蘇舜欽을 가리킨다.

(16) 雪羽爭(설우쟁): 의미 없는 논쟁을 가리킨다. "하얀 깃털의 흰색은 백설의 흰색과 같고 백설의 흰색은 백옥의 흰색과 같은가?(白羽之白也, 猶白雪之白; 白雪之白, 猶白玉之白與?)"라고 한 《孟子·告子上》의 표현을 빌려 각자 어떻게 바위 위에 달이 있는지에 대하여 말한 구양수·매요신·소순흠의 논쟁을 가리킨다. 소식의 자주에 "이 일은 세 사람의 시집에 보인다(事見三人詩集)"라고 했는데, 王十朋의 《百家註分類東坡先生詩》에 "구양영숙(구양수)과 소자미(소순흠)에게 다 〈月石硯屛〉 시가 있다. 매성유(매요신)의 〈讀月石屛詩〉에 '내가 두 사람이 시를 지어 달과 바위를 논한 것을 보았거니와 달은 하늘 위에 있고 바위는 산 밑에 있는데 어떻게 바위에 달의 자취가 있을 수 있는가?……'라고 했다(歐陽永叔·蘇子美皆有〈月石硯屛〉詩. 梅聖兪〈讀月石屛詩〉云: '余觀二人作詩論月石, 月在天上, 石在山下, 安得石上有月蹟?……')"라는 주석이 있다. 이상의 네 구절은 함성연과 월석연병의 별·달·돌의 진위를 논하는 것이 무의미한 일이라는 말인 것으로 보인다.

(17) 將(장): ~을.

(18) 珠璧(주벽): 진주와 벽옥. 함성연에 있는 별 모양의 무늬와 월석연병에 있는 달 모양의 무늬를 가리킨다. 《漢書·律曆志》에 "해와 달은 붙여 놓은 벽옥과 같고, 오성은 이어 놓은 진주와 같다(日月如合璧, 五星如連珠)"라는 말이 있다.

(19) 窗欞(창령): 창살에 새겨진 격자 모양의 무늬. 두 범씨의 창을 가리킨다.

(20) 大范(대범): 범백록을 가리킨다.

(21) 月脇(월협): 달의 옆구리. 기이하고 심오한 경지를 가리킨다. 皇甫湜의 〈唐故著作佐郎顧況集序〉에 "왕왕 하늘의 한가운데를 뚫고 달의 옆구리에서 나온 것 같거니와 사람을 놀라게 하는 이 예상 밖의 말은 보통 사람이 이를 수 있는 바가 아니다(往往若穿天心, 出月脇, 意外驚人語, 非尋常所能及)"라는 말이 있는데, 월석연병에 달무늬가 있기 때문에 이 표현을 차용한 것이다.

(22) 小范(소범): 범조우를 가리킨다.

(23) 說破(설파): 은밀한 뜻이나 일을 말로 표현해 내다.

(24) 星心(성심): 孟郊의 시 〈曉鶴〉에 "외로운 달의 입을 연 것만 같고, 밝은 별의 마음을 말하는 것만 같다(如開孤月口, 似說明星心)"라는 구절이 있는데, 함성연에 별 무늬가 있기 때문에 이 표현을 차용

한 것이다.

(25) 風林(풍림): 바람 맞은 숲. 이 연은 자신에게 아직도 달 모양과 숲 모양이 있는 월석풍림병이 있다는 말이다.

(26) 涵星泓(함성홍): 함성연을 가리킨다.

(27) 少陵(소릉): 杜甫가 자칭 少陵野老라고 했기 때문에 세상에서 그를 두소릉이라고 불렀다. 여기서는 범조우를 가리킨다.

(28) 博(박): 획득하다. 얻다.

(29) 洪濤(홍도): 거대한 파도. 거대한 파도를 일으키는 강풍을 가리킨다. 두보의 시 〈戲題王宰畫山水圖歌〉에 "뱃사공과 어부는 포구로 들어가고, 산 위의 나무는 모두 큰 파도를 일으키는 바람에 짓눌렸다(舟人漁子入浦溆, 山木盡亞洪濤風)"라는 구절이 있는데, 월석풍림병의 '風林'으로 인하여 이 시구를 차용한 것이다. 나중에 범조우가 보낸 시 〈子瞻尙書惠涵星硯·月石風林屛, 作歌以送之, 賦十二韻以謝〉에 "거센 바람이 만 그루의 나무를 휘마는 소리 들리는 듯한데, 곧게 서서 꺾이지 않고 바람과 천둥에 맞서네(似聞洪濤卷萬木, 直干不折當風霆)"라고 했다.

1292. 次韻范純父[1]涵星硯[2]·月石風林屛[3]詩

함성연과 월석풍림병을 읊은 범순보의 시에 차운하여

月次於房歷三星,[4][5][6] 달이 방수에 이르렀다 삼성을 지나갈 때
斗牛不神箕獨靈. 두수와 우수는 신통치 않고 기수만 찬란한데
簸搖桑楡盡西靡,[7][8] 뽕나무 느릅나무에 일렁이며 해가 다 기울었을 때
影落蘇子硯與屛.[9][10] 그 그림자가 소 선생이 준 벼루와 연병에 떨어졌으리.
天工與我兩厭事,[11] 하느님과 내가 둘 다 일을 싫어하거늘
孰居無事爲此形.[12] 누가 일 없는 경지에서 이 모양을 만들었을까?
與君持槖侍帷幄,[13][14] 그대와 함께 책 자루 들고 휘장 밑에서 모시매
同到溫室觀堯蓂.[15][16] 그대와 함께 온실전으로 가서 명협을 보네.
自憐太史牛馬走,[17][18] 태사공의 마부는 스스로를 연민하여
伎等卜祝均倡伶.[19][20] 점쟁이와도 같고 악공과도 같다고 여겼거니와
欲留衣冠掛神武,[21] 신무문에 걸어 의관을 남겨 두고는
便擊雲水歸南溟.[22] 구름과 물을 쳐서 남쪽 바다로 돌아가고 싶네.
陶泓不稱管城沐,[23][24] 질그릇 못은 관성자가 머리 감기에 부적합하고
醉石可助平泉醒.[25][26] 취석은 평천장에서의 술 깨우기를 도울 수 있겠기에
故持二物與夫子,[27] 이 두 가지 물건을 선생에게 갖다드려
欲使妙質留天庭.[28] 절묘한 그 자질이 조정에 남게 하고 싶네.
但令滋液到枯槁,[29] 오로지 먹물이 마르게 할 뿐

勿遣光景生晦冥.[30][31]	풍광이 흐려지게 하지는 말 일
上書掛名豈待我,[32][33]	상소문에 이름을 걸 뿐이니 어찌 내가 필요하리?
獨立自可當雷霆.[34]	혼자 서서 스스로 천둥 벼락을 감당할 수 있을 것이네.
我時醉眠風林下,[35]	나는 때때로 술에 취해 바람 부는 숲에서 잠잤는데
夜與漁火同青熒.[36]	밤이면 고깃배 불과 같이 푸른빛이 희미했나니
撫物懷人應獨歎.[37]	물건을 쓰다듬고 사람을 그리며 응당 홀로 탄식할 거라
作詩寄子誰當聽.[38][39]	시를 지어 그대에게 보내나니 누구에게 들려주어야 하리?

[해설]

범조우에게 함성연이라는 벼루를 하나 주었지만 그가 반응을 보이지 않아 다시 월석풍림병이라는 연병을 하나 보냈더니 범조우가 마침내 시를 지어 보냈으므로 그 시에 차운하여 지은 것이다.

[주석]

(1) 純父(순보): 范鎭의 종손자 范祖禹(1041-1098)의 字.

(2) 涵星硯(함성연): 벼루 이름. 〈軾近以月石硯屛獻子功中書公, 復以涵星硯獻純父侍講……〉(1291) 주 (4) 참조.

(3) 月石風林屛(월석풍림병): 硯屛 이름.

(4) 次(차): 이르다.

(5) 房(방): 房宿. 이십팔수의 하나.

(6) 三星(삼성): 세 개의 별자리. 다음 구절에서 말한 斗宿·牛宿·箕宿를 가리킨다. 이 연은 함성연 주위에 월석풍림병이 쳐져 있는 모습을 묘사한 것인 듯하다.

(7) 簸搖(파요): 흔들리다. 나뭇가지가 흔들림에 따라 거기에 비친 햇빛이 흔들리는 것처럼 보이는 것을 말한다.

(8) 桑榆(상유): 뽕나무와 느릅나무. 저녁 무렵에 해가 뽕나무와 느릅나무의 끝에 비치기 때문에 日暮 또는 만년을 가리키기도 한다.

(9) 蘇子(소자): 소식 자신을 가리킨다. 〈赤壁賦〉에서 "소자가 말하노니 손님도 저 물과 달을 아시오? ……(蘇子曰: 客亦知夫水與月乎?……)"라고 한 바와 같이, 소식은 자주 자신에게 '蘇子'라는 해학적인 호칭을 썼거니와, 범조우의 원시 〈子瞻尙書惠涵星硯·月石風林屛, 作歌以送之, 賦十二韻以謝〉에 "소공이 나에게 이 두 가지 보물을 주어, 앉으나 누우나 구름 병풍을 보게 했다(蘇公贈我此二寶, 使我坐臥瞻雲屛)"라고 했기 대문에 여기서도 원시 중의 '蘇公'을 받아서 자신을 '蘇子'라고 칭함으로

써 해학미를 더한 것이다.

(10) 硯與屛(연여병): 벼루와 연병. 이 연은 저녁때가 되어 해의 고도가 낮아짐에 따라 아주 길어진 나무 그림자가 시를 쓰고 있는 벼루와 그림자에 비쳤겠다는 말이다.

(11) 天工(천공): 하느님의 솜씨. 여기서는 '天公'을 가리킨다.

(12) 無事(무사): 일이 없는 상태. 《莊子·天運》에 "누가 일 없는 상태에 머물면서 이것을 밀어서 운행하게 하는가?(孰居无事而推行是?)"라고 했다. 이 연은 함성연과 월석풍림병에 있는 달·별·바위·숲 등의 형상이 마치 어느 솜씨 좋은 기술자가 많은 시간을 들여 정성껏 만든 것처럼 지극히 절묘하다는 말이다.

(13) 橐(탁): 자루. 책을 넣는 자루를 가리킨다.

(14) 侍帷幄(시유악): 휘장 밑에서 모시다. 천자를 모시는 것을 가리킨다. 천자의 거처에는 반드시 휘장을 쳐 놓아야 하기 때문에 '帷幄'은 천자를 가리킨다. 소식은 당시 守兵部尙書兼侍讀으로 재임했다.

(15) 溫室(온실): 溫室殿. 한나라 때 未央宮에 있던 궁전으로 여기에 황실의 책을 보관했다.

(16) 堯蓂(요명): 蓂莢. 달력풀. 책력풀. 요임금 궁전의 계단 앞에 났다고 전해 오는 상서로운 풀. 초하루부터 보름까지 하루에 한 잎씩 났다가, 열엿새부터 그믐까지 하루에 한 잎씩 떨어졌는데, 29일밖에 없는 작은달에는 마지막 한 잎이 시들기만 하고 떨어지지 않았기 때문에 이 풀을 보면 날짜를 알 수 있었다고 한다. 《抱朴子·對俗》에 "요임금은 명협을 보고 날짜를 알았다(唐堯觀蓂莢以知月)"라는 말이 있다. 이 구절은 달력을 보며 황제를 위한 강의의 일정을 점검했다는 뜻인 것으로 보인다.

(17) 太史(태사): 太史公. 司馬遷의 아버지 司馬談을 가리킨다.

(18) 牛馬走(우마주): 소나 말을 관리하는 마부. 사마천이 자기 자신을 가리킨 말이다. 司馬遷의 〈報任少卿書〉에 "태사공(사마담)의 마부인 사마천이 재배하고 아룁니다(太史公牛馬走, 司馬遷再拜言)"라고 했다.

(19) 卜祝(복축): 점치는 일이나 祭禮를 담당하는 사람. 사마천의 〈報任少卿書〉에 "제 선조는 功臣의 符節을 받거나 붉은 글씨로 이름이 새겨질 만한 큰 공적을 세우지 못하고 다만 문장이나 역사 그리고 천문이나 역법을 맡아본바, 점이나 제례를 담당하는 부류에 가깝습니다. 본래 주상께서 희롱의 대상으로 삼는 바였고 악공이나 배우처럼 기른 바였으며 세상 사람들이 경시하는 바였습니다(僕之先, 非有剖符丹書之功, 文史星曆, 近乎卜祝之間. 固主上所戲弄, 倡優所畜, 流俗之所輕也)"라고 했다.

(20) 倡伶(창령): 樂工.

(21) 神武(신무): 神武門. 남조 때 建康(지금의 강소성 南京)에 있던 황궁의 西門. 남조 시대의 梁나라 사람 陶弘景은 자신의 官帽와 官服을 벗어서 신무문에 걸어 놓은 뒤 사직상소를 올리고 관직에서 물러났다.(《南史·陶弘景傳》 참조)

(22) 南溟(남명): 남쪽 바다. 《莊子·逍遙遊》에 "《齊諧》의 기록에 '대붕이 남쪽 바다로 옮겨 갈 때에는 물을 쳐서 3천 리나 튀어 오르게 하며 회오리바람을 타고 9만 리나 올라가 6개월 동안 날아간 뒤에 쉰다'라고 했다(《諧》之言曰: '鵬之徙於南冥也, 水擊三千里, 摶扶搖而上者九萬里, 去以六月息者也.')"라는 말이 있다. 이상의 네 구절은 자신이 사마천처럼 한미한 집안 출신으로 관계에 진출하여 황제를 위해 봉사하는 삶을 살았을 뿐 자신이 원하는 삶을 살지 못했으니 이제 관직을 버리고 전원으로 돌

아가 자신의 뜻을 마음껏 펼쳐 보고 싶다는 말이다.

(23) 陶泓(도홍): 질그릇 못. 일반적으로 벼루의 움푹한 부분, 즉 硯池를 가리키는데 여기서는 벼루를 가리킨다.

(24) 管城(관성): 管城子. 붓을 가리킨다. 韓愈의 〈毛穎傳〉에 秦나라 황제가 붓을 의인화한 毛穎을 管城子에 봉하여 管城을 다스리게 했다는 이야기가 있다. 이 구절은 함성연이 큰 붓으로 큰 글씨를 주로 쓰는 자신이 사용하기에는 적합하지 않고 범조우가 잔글씨로 상소문을 쓰기에나 적합하다는 말이다.

(25) 醉石(취석): 陶淵明의 고향 栗里의 廬山 기슭에 있는 계곡 안의 너럭바위. 도연명이 여기서 술에 취해 누워 자곤 했기 때문에 취석이라는 이름이 생겼다.(陳舜兪, 《廬山記·敍南山》 참조) 여기서는 도연명이 술을 마신 뒤에 드러누워서 술을 깨운 곳이라는 뜻으로 쓰여, 취석처럼 평평한 돌로 이루어진 월석풍림병을 가리킨다.

(26) 平泉醒(평천성): 平泉莊에서의 술 깨우기. 하남성 洛陽 남쪽에 있던 李德裕의 별장 평천장에 醒酒石이라는 바위가 있었는데 이덕유는 술에 취할 때마다 거기에 걸터앉아 술을 깨우곤 했다.(《舊五代史·李敬義傳》 참조) 이 구절은 월석풍림병이 범조우에게 유용할 것이라는 말이다.

(27) 夫子(부자): 선생. 범조우를 가리킨다.

(28) 天庭(천정): 天帝의 궁정. 천자의 조정을 가리킨다. 이 연은 함성연과 월석풍림병을 조정에 있는 범조우의 사무실에 두고 쓰라는 말이다.

(29) 滋液(자액): 즙. 먹물을 가리킨다.

(30) 光景(광경): 풍광. 경물. 월석연병 위의 풍광을 가리킨다.

(31) 晦冥(회명): 어둠. 침침한 기운. 이 연은 함성연의 먹물이 다 없어지도록 열심히 글씨를 쓰되 먹물이 튀어서 월석풍림병을 더럽히지 않도록 조심하라는 말이다.

(32) 上書(상서): 신하가 임금에게 글을 올리다.

(33) 掛名(괘명): 이름을 걸다. 일은 하지 않고 이름만 올리는 것을 가리킨다. 晁說之의 《晁氏客語》에 "범순보는 원우(1086-1093) 말에 소동파와 함께 여러 차례 상소문을 올려서 정사를 논했는데 한번은 각자 상소문을 한 편씩 써서 올리기로 약속했다. 소동파가 범순보를 찾아가서 그가 지어 놓은 것을 보자고 하여 먼저 보았는데 다 읽은 뒤에 마침내 그 끄트머리에 자기 이름을 쓰고는 '나는 더 이상 스스로 상소문을 쓰지 않겠네'라고 했다. 범순보가 재삼 보여 달라고 했으나 끝내 꺼내어 보여 주려고 하지 않고 '공의 것을 대체할 수가 없네'라고 했다. 소동파는 별도로 시를 한 수 지어 月石硯屛을 읊은 범순보의 시에 화답하여 말하기를 '상소문에 이름을 걸 뿐이니 어찌 내가 필요하리? 혼자 서서 스스로 천둥 벼락을 감당할 수 있을 것이네'라고 했으니 아마도 실제로 있었던 일을 기록했을 것이다(純父元祐末, 與東坡數上疏論事, 嘗約各草一疏上之. 東坡訪純父, 求所作疏先觀, 讀盡, 遂書名於末, 云: '某不復自爲疏矣.' 純父再三求觀, 竟不肯出, 云: '無以易公者.' 東坡別作一條, 和純父月硏詩云: '上書掛名豈待我, 獨立自可當雷霆.' 蓋記實也)"라고 했다.

(34) 雷霆(뇌정): 천둥과 벼락. 황제가 거슬리는 상소문을 보고 격노하는 소리를 가리킨다.

(35) 風林(풍림): 월석풍림병의 무늬를 가리킨다.

(36) 靑熒(청형): 어슴푸레하게 빛나다. 월석풍림병이 주위의 빛을 받아 반사한 것을 가리킨다.

(37) 物(물): 함성연과 월석풍림병을 가리킨다. 이 구절은 범조우가 소식이 준 벼루와 연병을 쓰다듬으며 소식을 생각할 것이라는 말이다.

(38) 詩(시): 소식의 이 시를 가리킨다.

(39) 子(자): 그대. 범조우를 가리킨다. 이 구절은 자신의 이 시를 꼭 보아야 할 사람은 범조우뿐이라는 뜻으로, 소식이 그리울 때 범조우가 이 시를 한 번씩 읊조리면 도움이 되겠지만 다른 사람은 별로 읊조릴 가치가 없을 것이라는 말인 듯하다.

1293. 次韻錢穆父[1]會飮[2]

함께 술 마신 일을 노래한 전목보의 시에 차운하여

彈冠恨不早,[3]	관을 턴 게 이르지 않다 한탄했는데
掛冠常苦遲.[4]	관을 거는 게 더디다고 항상 괴로워하네.
盛服每假寐,[5][6]	의관을 갖춘 채로 매번 앉아서 졸았고
角闕時伏思.[7]	궁문 앞에서 때때로 엎드려 생각했네.
東門未祖道,[8]	소광과 소추처럼 동문에서 송별연을 벌이지 못하고
西山空拄頤.[9]	왕휘지처럼 서산에서 턱이나 고이고 있네.
逝將江海去,[10]	맹세코 강이나 바다로 가서
安此麋鹿姿.[11]	사슴 같은 이 몸을 편안케 하리.
要當謀三徑,[12]	세 갈래 오솔길을 닦아야만 하거늘
何暇擇一枝.[13]	어느 겨를에 가지를 하나 고르리?
與君幾合散,	그대와 몇 번이나 만나고 헤어졌나?
得酒忘醇醨.[14]	술을 얻으면 진한지 묽은지 따지기를 잊었네.
君談似落屑,[15]	그대가 얘기하는 건 톱밥이 떨어지는 것 같고
我飮如弈棋.[16]	내가 술을 마시는 건 바둑을 두는 것 같네.
居官不任事,[17]	나는 관직에 있지만 하는 일이 없나니
造物眞見私.[18][19]	조물주가 참으로 나를 편애하시네.
主人獨賢勞,[20][21]	주인은 혼자서 고생하나니

金穀方流馳.[22][23] 황금과 곡식이 한창 왔다 갔다 하네.
行人亦結束,[24][25] 길 떠날 사람도 짐을 싸고 있나니
杕杜乃歸期.[26] 이기는 날이 바로 돌아오는 날이겠네.
公卿雖少安, 공경들이 비록 조금 편안하다 할지라도
河流正東釃.[27] 황하가 한창 동쪽으로 흐르고 있네.
我得會稽去,[28] 나는 회계 고을을 얻어서 떠나나니
方回良不癡.[29] 희방회는 참으로 어리석지 않았네.

[해설]

전협·장지기 등과 함께 술을 마실 때 전협이 지은 시에 차운한 것이다. 관직 생활, 특히 조정에서의 관직 생활에 대한 염증이 진하게 드러나 있다.

[주석]

(1) 穆父(목보): 錢勰의 字.
(2) 會飮(회음): 여러 사람이 함께 술을 마시는 일.
(3) 彈冠(탄관): 관을 털다. 관에 앉은 먼지를 털고 의관을 정제한다는 뜻으로, 관직에 나아가는 것을 가리킨다. 顔之推의 시 〈古意〉에 "열다섯 살에 《시경》과 《서경》을 좋아하고, 스무 살에 관을 털고 벼슬길에 나아갔네(十五好詩書, 二十彈冠仕)"라는 구절이 있다.
(4) 掛冠(괘관): 관리가 官帽를 벗어서 성문에 건다는 뜻으로, 벼슬에서 물러나는 것을 가리킨다. 〈次京師韻送表弟程懿叔赴夔州運判〉(1143) 주 (16) 참조.
(5) 盛服(성복): 옷을 격식에 맞게 잘 차려입다. 盛裝하다.
(6) 假寐(가매): 의관을 갖춘 채로 졸다. 《左傳·宣公二年》에 "옷을 차려입고 조회하러 가려다가 시간이 아직 이른지라 의관을 갖춘 채로 앉아서 졸았다(盛服將朝, 尙早, 坐而假寐)"라고 했다. 이 구절은 필요 이상으로 서둘러 入朝 준비를 했다는 말이다.
(7) 角闕(각궐): 宮門 앞 양쪽에 지어 놓은 각이 진 높은 누대. 궁문 앞을 가리킨다. 《釋名·釋宮室》에 "높은 누대가 궁문 양쪽에 있고 가운데는 텅 비어서 길이 된다.……신하들이 들어가서 업무를 보고하려고 할 때 여기서 다시 생각해 본다(闕在門兩旁, 中央闕然爲道也.……臣將入請事, 於此復重思之也)"라고 했다. 이 구절은 궁문 앞에 이르러 황제에게 아뢸 말씀을 다시 한번 머릿속으로 정리해 보았다는 말이다.
(8) 祖道(조도): 길 떠나기 전에 路神에게 祭祀하다. 송별연을 벌이다. 한나라 때의 유명한 청백리였던 疏廣과 그의 조카 疏受는 나이가 많아 벼슬을 그만두고 고향인 東海郡으로 돌아갈 때 東都門 바깥

에서 송별연을 벌였는데 참석한 사람들의 수레가 수백 대에 달했다.(《한서·소광전》 참조) 이 구절은 자신이 아직 사직하지 못했다는 말이다.

(9) 拄頤(주이): 턱을 받치다. 王徽之가 車騎將軍 桓沖의 騎兵參軍으로 있을 때 환충이 "그대가 내 막부에 있은 지 오래되었으니 이제 나를 도와 일을 좀 해 주어야지"라고 했다. 왕휘지가 대답을 하지 않고 손바닥으로 턱을 고인 채 "서산에 아침이 되니 상쾌한 기운이 생기네요"라고 했다.(《진서·왕휘지전》 참조)

(10) 逝(서): 맹세하다. '誓'와 같다. 發語辭로 보기도 한다. 《詩經·魏風·碩鼠》에 "맹세코 너를 떠나, 저 낙원에 가리라(逝將去女, 適彼樂土)"라는 구절이 있다.

(11) 麋鹿姿(미록자): 순록과 사슴의 자태. 山野에 은거하는 사람의 자태를 가리킨다.

(12) 三徑(삼경): 세 갈래의 오솔길. 은자의 정원을 가리킨다. 《三輔決錄》에 "한나라 때 두릉의 원경 장후는 연주태수가 되었는데 왕망이 섭정하게 되자 병을 빙자하여 관직을 그만두고 고향 집에 틀어박혀 문밖으로 나가지 않았다. 그는 집 안에 있는 대밭 아래에 오솔길 세 개를 냈는데 양중과 구중만이 그를 따라다니며 놀았다. 양중과 구중은 모두 청렴결백하고 공명을 멀리하는 사람들이었다(漢杜陵蔣詡元卿爲兗州太守, 王莽居攝, 以病免官, 居鄕里, 臥不出戶. 於舍中竹下開三徑, 惟羊仲·求仲從之遊. 二仲皆挫廉逃名之士)"라는 말이 있고, 陶淵明의 〈歸去來辭〉에 "세 갈래 오솔길이 황폐해져 가는데, 소나무와 대나무는 아직도 있네(三徑就荒, 松竹猶存)"라는 구절이 있다.

(13) 擇一枝(택일지): 나뭇가지 하나를 선택하다. 하나의 은거지를 선택하는 것을 가리킨다. 《莊子·逍遙遊》에 "뱁새가 깊은 숲속에 둥지를 틀어도 나뭇가지 하나에 불과하다(鷦鷯巢於深林, 不過一枝)"라고 했다.

(14) 醇醨(순리): 진한 술과 싱거운 술.

(15) 落屑(낙설): 떨어지는 톱밥. 《晉書·胡毋輔之傳》에 "왕징이 한번은 어떤 사람에게 편지를 보내 '호무언국(호무보지)은 훌륭한 말을 토해 내는 것이 톱밥과 같아서 줄줄 끊임없이 나오니 참으로 후진들의 영수입니다'라고 했다(澄嘗與人書曰: '彦國吐佳言如鋸木屑, 霏霏不絶, 誠爲後進領袖也.')"라는 말이 있다.

(16) 弈棋(혁기): 바둑. 소식의 자주에 "세상에 '시를 짓는 것은 바둑을 두는 것과 같고, 바둑을 두는 것은 술을 마시는 것과 같은데 술을 마시는 것은 크게 경계할 일이다'라는 말이 있는데 나는 바둑 두는 일과 술 마시는 일을 둘 다 할 줄 모른다(世有'作詩如奕棋, 奕棋如飮酒, 飮酒乃大戒'之語. 僕於棋酒二事, 俱不能也)"라고 했다. 이 구절은 자신이 술을 잘 못 마신다는 말이다.

(17) 居官(거관): 관직에 앉다.

(18) 見(견): 동사 앞에 쓰여서 목적어에 충당되는 일인칭 대명사의 역할을 한다. 〈次韻錢越州見寄〉(1099) 주 (2) 참조.

(19) 私(사): 편애하다. 사사로이 대하다.

(20) 主人(주인): 전협을 가리킨다.

(21) 賢勞(현로): 노고하다. 고생하다. 《孟子·萬章上》에 "이 일들 중에서 임금님의 일이 아닌 것이 없는데

나만 홀로 고생하는구나(此莫非王事, 我獨賢勞也)"라는 말이 있다.

(22) 金穀(금곡): 황금과 곡식. 나라의 財政을 가리킨다.

(23) 流馳(유치): 흐르고 달리다. 배에 실어서 운반하는 것과 수레에 실어서 운반하는 것을 가리킨다. 施元之의 《施注蘇詩》에 "선생은 병부를 맡았는데 이것은 한직이고 목보는 호부를 맡았는데 이것은 요직이기 때문에 '나는 관직에 있지만 하는 일이 없나니, 조물주가 참으로 나를 편애하시네. 주인은 혼자서 고생하나니, 황금과 곡식이 한창 왔다 갔다 하네'라고 한 것이다(先生任兵部爲閑曹, 穆父任戶部爲劇部, 故云: '居官不任事, 造物眞見私. 主人獨賢勞, 金穀方流馳.')"라고 했다.

(24) 行人(행인): 함께 있던 蔣之奇를 가리킨다. 그는 곧 熙州(지금의 감숙성 臨洮 일대)知州로 나갈 예정이었다. 《續資治通鑑長編》에 "원우 7년(1092) 10월 을해일에 호부시랑보문각대제 장지기가 희주지주가 되었다(元祐七年十月乙亥, 戶部侍郎寶文閣待制蔣之奇知熙州)"라고 했는데 당시에는 아직까지 출발하지 않았던 것으로 보인다.

(25) 結束(결속): 짐을 묶다. 행장을 꾸리다.

(26) 杕杜(체두): 《詩經·小雅》의 편명. 毛詩序에 "전쟁에서 돌아온 사람을 위로한 것이다(勞還役也)"라고 했기 때문에 '杕杜'는 전쟁에서 이기고 돌아오는 것을 가리키는바, 여기서는 장지기가 변방 고을인 희주에서 적을 물리치는 것을 가리킨다.

(27) 東釃(동리): 동쪽으로 물길을 트다. 북북동쪽으로 흐르는 황하 하류의 물길을 북동쪽으로 터 주는 것을 가리킨다. 王十朋의 《百家註分類東坡先生詩》에 "원우(1086-1093) 초에 황하의 둑이 자주 터졌는바 황하는 북쪽으로 흘러야 하는데 이제 동쪽으로 물길을 텄다고 했으니 이는 바로 황하가 우환 거리가 될 것임을 말한 것이다. 그 뒤 경진년(1100)에 선생이 〈庚辰歲人日作, 時聞黃河已復北流, 老臣舊數論此, 今斯言乃驗, 二首〉(1549)라는 시를 지었으니 황하는 동쪽으로 흘러서는 안 되는 것이었다(元祐初, 黃河多決, 河當北流, 今云東釃, 正言河之爲患也. 此後庚辰年, 先生有聞黃河已復北流詩, 則河不可東也)"라고 했고, 査愼行의 《蘇詩補註》에 "당시 문노공과 여승상이 황하의 물길을 돌리자고 힘써 주장했기 때문에 '공경들이 비록 조금 편안하다 할지라도, 황하가 한창 동쪽으로 흐르고 있네'라고 한 것이다(時文潞公·呂丞相力主回河之議, 故云: '公卿雖少安, 河流正東釃.'也)"라고 했다. 이 연은 황하가 동쪽으로 흐르고 있기 때문에 머지않아 다시 우환이 생길 것이라는 말이다.

(28) 會稽(회계): 지금의 절강성 紹興. 소식은 당시 越州知州로 내보내 달라는 상소문을 올려놓은 상태였다.

(29) 方回(방회): 晉나라 사람 郗愔의 字. 그는 會稽內史로 나갔다가 늙어서 사퇴하고 회계에서 살았다. (《진서·희음전》 참조)

1294. 次韻穆父[1]尙書[2]侍祠郊丘[3], 瞻望天光, 退而相慶, 引滿[4]醉吟

교외의 제단에서 천지신명에게 제사 지내는 임금님을 모실 때 하늘빛을 바라보고 물러나 경하한 후 술잔에 가득 따라 마시고 취한 채 읊은 전목보 상서의 시에 차운하여

千章杞梓蔭雲天,[5][6][7]	소태나무 가래나무 천 그루가 구름 뜬 하늘을 가리니
樗散誰收老鄭虔.[8][9]	쓸모없는 가죽나무인 늙은 정건을 누가 거두리?
喜氣到君浮白裏,[10]	기쁨은 그대의 큰 술잔에 이르고
豐年及我掛冠前.[11]	풍년은 내가 관모를 걸기 전에 들었네.
令嚴鐘鼓三更月,[12][13]	엄한 명령에 삼경의 달 아래 종과 북을 울리자
野宿貔貅萬竈烟.[14][15]	들에서 자던 비휴가 만 아궁이에서 연기를 피웠네.
太息何人知帝力,[16]	너무나 편안하거늘 임금의 힘을 누가 알리?
歸來金帛看頳肩.[17][18]	돌아가서 금과 비단으로 붉게 변한 어깨를 보리.

[해설]

황제가 교외로 나가 천지신명에게 제사를 지낼 때 황제를 모시고 간 전협의 시에 차운한 것이다.

[주석]

(1) 穆父(목보): 錢勰의 字.
(2) 尙書(상서): 戶部尙書를 가리킨다.
(3) 郊丘(교구): 황제가 교외에서 천지신명에게 제사를 지내던 곳.

(4) 引滿(인만): 가득 찬 술잔을 당기다.

(5) 千章(천장): 천 그루의 큰 재목.

(6) 杞梓(기재): 소태나무와 가래나무. 훌륭한 재목이라는 뜻으로 훌륭한 인재를 가리킨다.

(7) 雲天(운천): 구름이 떠 있는 높은 하늘. 조정을 가리킨다.

(8) 樗散(저산): 가죽나무가 쓸모없다. 重用되지 못하는 것을 가리킨다. 《莊子·逍遙遊》에 "혜자가 장자에게 말하기를 '저에게 커다란 나무가 있는데 사람들이 가죽나무라고 합니다. 그것의 큰 줄기는 울퉁불퉁해서 먹줄을 칠 수가 없고 그것의 작은 가지는 돌돌 말리고 굽어서 자를 댈 수 없습니다. 길가에 서 있어도 목수들이 거들떠보지 않습니다.……'라고 했다(惠子謂莊子曰: '吾有大樹, 人謂之樗. 其大本擁腫而不中繩墨, 其小枝卷曲而不中規矩. 立之塗, 匠者不顧.……')"라는 말이 있고, 《莊子·人間世》에 "장석이 제나라로 가다가 곡원에 이르러 토지신의 사당에 있는 상수리나무를 보았다. 그 크기가 소 수천 마리를 뒤덮을 만하고, 둘레를 재어 보니 백 아름이나 되었다.……장석이 말하기를 '그만두어라. 말하지 마라. 쓸모없는 나무다.……이것은 재목이 못 되는 나무라 쓸 만한 데가 없기 때문에 이처럼 오래 사는 것이다(匠石之齊, 至於曲轅, 見櫟社樹. 其大蔽數千牛, 絜之百圍,……曰: '已矣. 勿言之矣! 散木也.……是不材之木也, 無所可用, 故能若是之壽.')"라는 말이 있다.

(9) 鄭虔(정건): 당나라 때의 淸貧한 문인. 조정에 중용되지 못한 소식 자신을 가리킨다. 〈王文玉挽詞〉(1276) 주 (3) 참조. 이 연은 조정에 훌륭한 인재가 아주 많기 때문에 자신처럼 쓸모없는 사람은 필요하지 않다는 말이다.

(10) 浮白(부백): 원래 커다란 벌주 잔인 大白을 띄운다는 뜻인데 여기서는 커다란 술잔을 가리킨다.

(11) 掛冠(괘관): 관리가 官帽를 벗어서 성문에 건다는 뜻으로, 벼슬에서 물러나는 것을 가리킨다. 〈次京師韻送表弟程懿叔赴夔州運判〉(1143) 주 (16) 참조.

(12) 令嚴(영엄): 명령이 엄하다. 杜甫의 시 〈後出塞五首〉 其二에 "중천에 휘영청 밝은 달이 떠 있고, 명령이 삼엄하여 밤이 더욱 적막하다(中天懸明月, 令嚴夜寂寥)"라는 구절이 있다.

(13) 鐘鼓(종고): 초경·이경·삼경·사경·오경 등의 밤 시간을 알리는 종과 북.

(14) 貔貅(비휴): 호랑이와 비슷하다고도 하고 곰과 비슷하다고도 하는 전설상의 맹수. 천자를 호위하는 용맹스러운 의장대를 가리킨다.

(15) 萬竈烟(만조연): 여기저기에서 밥 짓는 연기를 피우는 것을 가리킨다.

(16) 帝力(제력): 임금의 힘. 상고 시대의 태평가인 〈擊壤歌〉에 "해가 뜨면 일하고, 해가 지면 휴식하고, 우물 파서 물 마시고, 밭 갈아서 밥 먹으니, 임금님이 나에게 무슨 의미 있으리?(日出而作, 日入而息. 鑿井而飮, 耕田而食, 帝力於我何有哉?)"라고 했다.

(17) 金帛(금백): 황금과 비단. 황제의 하사품을 가리킨다.

(18) 赬肩(정견): 짐을 지거나 멤으로써 붉어진 어깨.

1295. 郊祀[1]慶成[2]詩
교사가 끝난 일을 읊은 시

帝出乘昌運,	임금님이 나오셔서 창성한 운을 타자
天心予太平.	하늘이 태평을 내려 주셨다.
文章三代繼,[3][4]	삼대의 뒤를 이은 문물제도요
制作七年成.[5][6]	예악의 제정은 칠 년 만에 완성됐다.
大祀乾坤合,[7]	천지를 합동으로 성대하게 제사하니
剛辰日月明.[8]	강일을 맞아서 해와 달이 밝았다.
泰壇朝埽地,[9]	아침에 제천하는 제단 바닥을 쓸었나니
魄寶夜垂精.[10][11]	밤중에 천제성이 정기를 드리웠다.
仰御圓蒼蓋,[12][13]	둥글고 푸른 덮개를 우러러보고
環觀海岳城.[14]	바다와 산의 성을 둘러보았다.
北流呑朔易,[15][16]	황하가 북쪽으로 흘러 북방의 역수를 삼키고
西極落欃槍.[17]	하늘 서쪽 끝에서 혜성이 졌다.
升燎靈光答,[18]	머리를 올리고 기름을 태우자 신령스러운 빛이 답하매
回鑾瑞霧迎.[19]	난가를 돌리니 상서로운 안개가 맞이한다.
需雲遍枯槁,[20]	구름이 올라가 마른 초목에 골고루 덮였으니
解雨達勾萌.[21][22]	비가 온갖 새싹에 다 미치겠다.
可頌非天德,[23]	칭송할 수 있다면 하늘의 덕이 아니요

因箴亦下情.(24)(25) 간언에 따르시니 역시 낮은 자세로다.
民言知有酌,(26) 백성의 말을 귀담아듣는 줄 알겠나니
帝謂本無聲.(27) 천제가 근본 큰소리를 내지 말라 하셨도다.
富國由崇儉, 부국은 검소를 숭상하는 데서 비롯되고
祈年在好生.(28)(29) 풍년의 기원은 생명을 애호하는 데 달려 있다.
無心斯格物,(30)(31)(32) 고정 관념이 없으면 사물의 이치가 궁구되고
克己自銷兵.(33) 자기 자신을 극복하면 전쟁이 절로 없어진다.
化國安新政,(34) 교화된 나라 사람들이 새 정치를 편안히 여기니
孤臣返舊耕.(35) 외로운 신하는 옛날에 밭 갈던 곳으로 돌아가련다.
還將淸廟什,(36)(37) 돌아가서 종묘 제례에 쓰는 노래를
留與野人賡.(38)(39) 야인들에게 남겨 주어 화답하게 하련다.

[해설]

교외에서 천지신명에게 제사를 지내고 난 뒤의 감회를 노래한 시이다.

[주석]

(1) 郊祀(교사): 교외에서 천지신명에게 지내는 제사.
(2) 慶成(경성): 황제의 祭禮가 끝나는 것을 가리킨다.
(3) 文章(문장): 文物과 典章. 문물제도.
(4) 三代(삼대): 夏·商·周를 가리킨다.
(5) 制作(제작): 制禮作樂하다. 예법을 제정하고 음악을 제작하다.
(6) 七年(칠년): 북송 철종이 즉위한 원우 원년(1086) 이후의 7년을 가리킨다.
(7) 大祀(대사): 성대한 제사. 황제가 종묘에서 지내거나 천지에 지내는 제사를 가리킨다.
(8) 剛辰(강진): 剛日. 옛날 사람들은 甲日·丙日·戊日·庚日·壬日을 강일이라고 하고 乙日·丁日·己日·申日·癸日을 柔日이라고 했는데, 《續資治通鑑長編》에 "원우 7년(1092) 11월 계사일에 동지를 맞아 환구에서 하늘과 땅에 합동으로 제사했다(元祐七年十一月癸巳, 冬至合祭天地於圜丘)"라고 했다. 소식은 강일에 제사를 지냈다고 하고 《속자치통감장편》에는 유일(계사일)에 제사를 지냈다고 하여 말이 서로 다른데, 현장에서 시를 읊은 소식이 잘못 말했을 리가 없으므로 《속자치통감장편》의 기록에 착오가 있을 가능성이 크다.
(9) 泰壇(태단): 祭天하는 제단. 도성의 남쪽 교외에 있었다.

(10) 魄寶(백보): 별 이름. 天帝星. 北極 五星 가운데 가장 높은 것이다.

(11) 垂精(수정): 정기를 드리우다. 빛을 발산하는 것을 가리킨다.

(12) 御(어): 향하다. 보다.

(13) 圓蒼蓋(원창개): 둥글고 푸른 덮개. 하늘을 가리킨다.

(14) 海岳城(해악성): 바다와 산이라는 성. 바다와 산이 성곽처럼 에워싸고 있어 매우 견고한 송나라 영토를 가리킨다. 이 연은 하늘과 땅을 合祀하느라 위로 하늘을 우러러보고 아래로 대지를 둘러보았다는 말이다.

(15) 北流(북류): 黃河가 북쪽으로 흐르는 것을 가리킨다. 王十朋의 《百家註分類東坡先生詩》에 "황하가 북쪽으로 순류한다는 말이다(言黃河順流於北也)"라고 했다. 황하의 하류가 북북동쪽으로 흐르는 것을 북류라고 하고 북동쪽으로 흐르는 것을 동류라고 했는데 당시에는 황하가 동류했으므로 이 구절의 '北流'는 황하가 북북동쪽으로 흐르는 것을 가리키는 것이 아니라 북동쪽으로 흐르는 것을 가리킨다. 〈次韻錢穆父會飮〉(1293) 주 (27) 참조.

(16) 朔易(삭역): 북방의 易水.

(17) 欃槍(참창): 彗星의 별명. 사악한 세력을 가리킨다. 왕십붕의 《백가주분류동파선생시》에 "서하가 잠잠해졌다는 말이다(言西夏寧靜也)"라고 했다.

(18) 升燎(승료): 郊祀를 지낼 때 희생의 머리를 올리고 창자에 들어 있는 기름을 꺼내어 태우는 것을 말한다. 《禮記·郊特牲》에 "희생의 창자에 있는 기름을 꺼내어 태우고 희생의 머리를 올려 제사를 지내는 것은 양의 신령에게 보답하는 것이다(取膟膋燔燎升首, 報陽也)"라고 했다.

(19) 回鑾(회란): 황제의 수레인 鑾駕를 돌리다. 황제가 황궁으로 돌아가는 것을 가리킨다.

(20) 需雲(수운): 구름이 하늘로 올라가는 것을 가리킨다. 《易經·需卦》의 象辭에 "구름이 하늘로 올라가 곧 비가 올 것이니 기다리면 된다. 군자는 먹고 마시며 편안한 마음으로 즐긴다(雲上於天, 需. 君子以飮食宴樂)"라고 했다.

(21) 解雨(해우): 비가 내리는 것을 가리킨다. 《易經·解卦》의 彖辭에 "천지가 풀린 뒤에 뇌우가 생기고, 뇌우가 생긴 뒤에 온갖 과일과 초목이 다 껍질이 벗겨지고 새싹이 난다(天地解而雷雨作, 雷雨作而百果·草木皆甲坼)"라고 했다.

(22) 勾萌(구맹): 싹이 나다. 싹이 꼬부랑하게 나는 것을 '勾'라고 하고 곧게 나는 것을 '萌'이라고 한다.

(23) 天德(천덕): 하늘의 덕. 이 구절은 천자의 덕이 말로 표현할 수 없을 정도로 높다는 말이다.

(24) 箴(잠): 충고하는 말. 간언.

(25) 下情(하정): 아랫사람의 마음. 낮은 자세를 취하는 겸손한 마음을 가리킨다.

(26) 酌(작): 받아들이다. 《禮記·坊記》에 "공자가 말하기를 '윗사람이 백성의 말을 받아들이면 아랫사람이 윗사람의 施惠를 하늘이 내려 준 것으로 여길 것이고, 윗사람이 백성의 말을 받아들이지 않으면 그러지 않을 것인데, 아랫사람이 윗사람의 시혜를 하늘이 내려 준 것으로 여기지 않으면 난동이 일어난다……'라고 했다(子云: '上酌民言, 則下天上施; 上不酌民言, 則犯也, 下不天上施, 則亂也……')"라는 말이 있다.

(27) 無聲(무성): 큰소리를 내지 않다. 야단치지 않는 것을 가리킨다. 《詩經·大雅·皇矣》에 "천제가 문왕께 이르시기를, '나는 속으로 밝은 덕을 중시하나니, 큰소리 내지 말고 엄한 표정 짓지 말고, 회초리와 채찍을 손에 들지도 말고, 자신도 모르는 사이에, 천제의 법도를 따르라' 했네(帝謂文王: '予懷明德, 不大聲以色, 不長夏以革. 不識不知, 順帝之則.')"라는 구절이 있다.

(28) 祈年(기년): 풍년을 기원하다.

(29) 好生(호생): 생명을 애호하다. 생명을 중시하고 함부로 살육하지 않는 것을 가리킨다.

(30) 無心(무심): 고정 관념이나 편견이 없는 것을 가리킨다.

(31) 斯(사): ~하면 곧.

(32) 格物(격물): 사물의 이치를 끝까지 파헤치다.

(33) 克己(극기): 자신의 감정이나 욕망·충동 따위를 이성적 의지로 눌러서 극복하는 것을 가리킨다.

(34) 化國(화국): 교화가 시행된 나라.

(35) 孤臣(고신): 외로운 신하. 소식 자신을 가리킨다.

(36) 將(장): ~을.

(37) 淸廟什(청묘습): 종묘에서 제사를 지낼 때 부르던 노래. 《詩經·周頌》의 淸廟之什에 〈淸廟〉를 비롯한 10편의 시가 수록되어 있는데 모두 종묘에서 선조에게 제사를 지낼 때 불렀던 노래이다.

(38) 野人(야인): 시골 사람.

(39) 賡(갱): 화답하다.

1296. 次韻王仲至[1]喜雪[2]御筵[3]

임금님의 연회에서 눈이 내린 것을 기뻐한 왕중지의 시에 차운하여

三軍喜氣鑠飛花,[4][5] 삼군의 기쁨이 나는 꽃을 녹여 버린 것인지
睡起空驚月在沙.[6] 자고 일어나니 달이 모래밭을 비춰서 놀랄 뿐이었네.
未集驊騮金騕褭,[7][8] 화류와 금요뇨가 모이기 전에
故殘鵷鷺玉橫斜.[9][10] 일부러 지작관에 남겨 백옥이 비슷이 뻗게 했네.
偶還仗內身如寄,[11] 어쩌다 의장대로 돌아왔지만 잠시 몸을 맡긴 것 같아
尚憶江南酒可賒.[12][13] 아직도 외상 술 먹을 수 있던 강남이 생각나네.
宣勸不多心自醉,[14][15] 술 권하신 건 많지 않지만 내 마음이 스스로 취해
强扶衰白拜君嘉.[16][17][18] 노쇠한 몸을 애써 버티며 임금님의 하사품을 절하고 받네.

[해설]

서설이 내리는 것을 보고 황제가 연회를 베풀어 주었을 때 왕흠신이 지은 시에 차운하여 지은 것이다.

[주석]

(1) 仲至(중지): 王欽臣의 字.
(2) 喜雪(희설): 눈이 내리는 것을 보고 기뻐하다.
(3) 御筵(어연): 임금이 베푼 연회석.

(4) 三軍(삼군): 1만 2,500명이 1군인데 규모가 큰 제후국은 3군을 보유할 수 있었다. 널리 군대를 가리킨다. 《摭言》에 "땅딸보 이씨(李紳)가 양주를 鎭守할 때 장효표에게 봄눈을 읊은 시를 지어 보라고 하자 '붉은 문에 새벽까지 한 자도 채 안 쌓였나니, 모두 삼군의 기쁨이 녹여 버린 것이네'라고 했다(短李鎭揚州, 請章孝標賦春雪詩, 云: '朱門到曉難盈尺, 盡是三軍喜氣消.')"라는 말이 있다.

(5) 飛花(비화): 나는 꽃. 눈을 가리킨다.

(6) 月在沙(월재사): 달빛이 모래밭에 있다. 이 연은 자고 일어나서 보니 눈이 많이 녹아 버리고 별로 쌓여 있지 않아서 의아했다는 말이다.

(7) 驊騮(화류): 주나라 穆王의 八駿馬 가운데 하나. 황제의 어가를 끌 말을 가리킨다.

(8) 金騕褭(금요뇨): 준마의 이름. 이 구절은 황제를 태우고 연회장으로 갈 어가가 아직 도착하지 않았다는 뜻인 것으로 보인다.

(9) 鳷鵲(지작): 鳷鵲觀. 한나라 때의 道觀 이름. 司馬相如의 〈上林賦〉에 "지작관을 지나서 노한관을 바라본다(過鳷鵲, 望露寒)"라는 구절이 있는데 李善의 주에 "무제 건원(기원전 140-135) 연간에 지었으며 운양현의 감천궁 밖에 있다(武帝建元中作, 在雲陽甘泉宮外)"라고 했고, 杜甫의 시 〈宣政殿退朝晚出左掖〉에 "봉래궁 부근의 구름은 항상 오색을 띠고 있고, 지작관의 잔설도 오래 남아 있구나(雲近蓬萊常五色, 雪殘鳷鵲亦多時)"라는 구절이 있다. 이 구절은 자신들이 어연을 벌일 장소를 향해 출발하려 할 때 그 건물의 지붕에 눈이 아직 조금 남아 있었다는 말이다.

(10) 玉(옥): 백옥. 눈을 가리킨다.

(11) 仗(장): 황제의 儀仗隊를 가리킨다. 이 구절은 자신이 지방에서 조정으로 돌아온 것이 일시적인 일이라는 말이다.

(12) 江南(강남): 자신이 최근에 知州로 재임한 揚州를 가리킬 가능성도 있지만, 당시 越州(지금의 절강성 紹興)로 내보내 달라고 주청해 놓은 상태였기 때문에 월주와 인접한 고을로 자신이 오래전에 通判과 知州로 재임한 적이 있는 杭州를 가리킬 가능성이 더 커 보인다. 〈憶江南寄純如五首〉(1290) 주 (1) 참조.

(13) 賒(여): 외상으로 사다.

(14) 宣勸(선권): 독촉하고 권하다. 황제가 술을 하사하며 마시라고 권하는 것을 가리킨다.

(15) 心自醉(심자취): 後漢 靈帝는 학예를 매우 좋아하여 늘 劉寬을 불러서 경전을 강론하게 했다. 한번은 유관이 술에 취해 엎드려 있었더니 영제가 "太尉는 술에 취했소?" 하고 물었다. 유관이 "제가 어찌 감히 취하겠습니까? 책임이 막중하다 보니 근심 때문에 취한 것처럼 보이는 것입니다"라고 했다.(《후한서·유관전》 참조)

(16) 衰白(쇠백): 몸이 노쇠하고 머리가 희다. 노쇠하고 머리가 다 센 자신을 가리킨다.

(17) 拜(배): 절하고 받다. 공경하는 마음으로 공손히 받는 것을 가리킨다.

(18) 嘉(가): 칭송. 하사품이나 선물을 가리킨다.

1297. 次韻奉和錢穆父[(1)]·蔣穎叔[(2)]·王仲至[(3)]詩四首

전목보·장영숙·왕중지의 시에 차운하여 삼가 화답한다

1297-1. 見和[(4)]西湖[(5)]月下聽琴

서호의 달빛 아래에서 거문고 소리 들은 것을 읊은 나의 시에 화답한 시

謖謖松下風,[(6)]	쇄아쇄아 불어 대는 소나무 밑의 바람
靄靄隴上雲.[(7)]	뭉게뭉게 피어나는 높은 언덕 위의 구름
聊將竊比我,[(8)(9)(10)(11)]	가만히 나와 잠시 짝지어 보나
不堪持寄君.[(12)]	집어서 임금님께 보내 드릴 수는 없네.
半生寓軒冕,[(13)]	반평생 초헌과 면류관에 몸 맡긴 채
一笑當琴樽.[(14)]	한바탕 웃으며 거문고와 술잔을 마주했나니
良辰飮文字,[(15)]	좋은 때에 술 마시며 문자 놀음을 하고
晤語無由醺.	만나서 얘기 나누느라 취할 수가 없었네.
我有鳳鳴枝,[(16)]	나에게 봉황이 우는 나뭇가지가 있나니
背作蛇蚹紋.[(17)]	뒷면에 뱀 배 비늘 무늬를 새겨 놨는데
月明委靜照,[(18)]	달이 밝아 드리운 빛이 고요하게 그걸 비추면
心淸得奇聞.[(19)]	마음이 맑아져 기이한 소리를 들을 수 있네.
當呼玉澗手,[(20)]	옥간도인을 불러서
一洗羯鼓昏.[(21)]	갈고의 혼탁한 소리를 단번에 씻어 내야 되겠나니

請歌南風曲,(22)	청컨대 〈남풍〉의 노래도 불러 주고
猶作虞書渾.(23)(24)	〈우서〉의 혼후함을 지닌 곡조도 연주해 주길.

[해설]

전협·장지기·왕흠신이 영주에서 지은 자신의 시 〈9월 15일에 서호에서 달을 보며 거문고 연주를 듣고 지어서 좌객에게 보인다(九月十五日, 觀月聽琴西湖示坐客)〉(1199)에 화답하자 다시 그 시에 차운하여 지은 것이다.

[주석]

(1) 穆父(목보): 錢勰의 字.
(2) 穎叔(영숙): 蔣之奇의 字.
(3) 仲至(중지): 王欽臣의 字.
(4) 見和(견화): 나에게 화답하다. 〈次韻錢越州見寄〉(1099) 주 (2) 참조.
(5) 西湖(서호): 潁州(지금의 안휘성 阜陽) 서호를 가리킨다.
(6) 謖謖(속속): 바람이 가볍게 부는 소리.
(7) 靄靄(애애): 구름이나 안개가 짙게 낀 모양.
(8) 聊(요): 아쉬운 대로. 잠시.
(9) 將(장): ~을. 뒤에 목적어로서 '風'과 '雲'을 가리키는 말이 생략되어 있다.
(10) 竊(절): 남모르게. 암암리에.
(11) 比(비): 가까이하다. 짝짓다.
(12) 寄君(기군): 陶弘景의 시 〈詔問山中何所有賦詩以答〉에 "산속에 무엇이 있느냐고요? 봉우리에 흰 구름이 많이 있지요. 오로지 스스로 즐길 수가 있을 뿐, 가져다 임금님께 드릴 수가 없네요(山中何所有, 嶺上多白雲. 只可自怡悅, 不堪持贈君)"라고 했다.
(13) 軒冕(헌면): 초헌과 면류관. 大夫 이상의 고관이 타던 수레와 관. 관직과 봉록을 가리킨다.
(14) 琴樽(금준): 거문고와 술동이.
(15) 飮文字(음문자): 술을 마시면서 문자 놀음을 하다. 술을 마시면서 시문을 짓는 것을 말한다. 韓愈의 시 〈醉贈張秘書〉에 "문자 놀음 하면서 술 마실 줄 모르고, 붉은색 치마에 취할 줄 알 뿐이네(不解文字飮, 惟能醉紅裙)"라는 구절이 있다.
(16) 鳳鳴枝(봉명지): 봉황이 앉아서 우는 나뭇가지. 오동나무를 가리키는바, 여기서는 오동나무로 만든 거문고를 가리킨다.
(17) 蛇蚹(사부): 뱀의 배에 나 있는 비늘.
(18) 委(위): 떨어지다. 드리워지다. 杜甫의 시 〈月圓〉에 "물결에 드리우니 금빛이 일렁이고, 비단 자리 비

추니 비단 무늬가 더 곱다(委波金不定, 照席綺逾依)"라는 구절이 있다.

(19) 奇聞(기문): 기이한 소리. 아름다운 거문고 소리를 가리킨다. 두보의 시 〈大雲寺贊公房四首〉 其三에 "등불이 잠 못 드는 나를 비추니, 마음이 맑아서 오묘한 향이 난다(燈影照無睡, 心清聞妙香)"라는 구절이 있는데 소식은 여기에서 '聞' 자를 차용하되 다른 뜻으로 썼다.

(20) 玉澗手(옥간수): 玉澗道人의 솜씨. 紀昀의 《蘇文忠公詩集》에 "'手' 자는 '子' 자의 오류인 것 같다('手'字疑'子'字之訛)"라고 했거니와 타당성이 매우 크다. 소식의 자주에 "집에 뇌금이 있는데 매우 기이하고 예스럽다. 옥간도인 최한이 우아한 소리를 내는 데 절묘한 재주가 있으니 불러서 연주하게 해야겠다(家有雷琴甚奇古. 玉澗道人崔閑, 妙於雅聲, 當呼使彈)"라고 했다.

(21) 羯鼓(갈고): 타악기의 일종. 크기와 모양이 장구와 비슷하나, 양면을 말가죽으로 메워 臺 위에 올려놓고 두 개의 채로 친다.

(22) 南風(남풍): 순임금이 지은 시. 《孔子家語·辨樂解》에 "옛날에 순임금이 오현금을 연주하며 〈남풍〉이라는 시를 지어 '남풍의 훈훈함이여! 우리 백성의 화를 풀어 줄 수 있겠네. 남풍의 시의적절함이여! 우리 백성의 재산을 불려 줄 수 있겠네'라고 했다(昔者, 舜彈五弦之琴, 造〈南風〉之詩, 其詩曰: '南風之薰兮, 可以解吾民之慍兮. 南風之時兮, 可以阜吾民之財兮.')"라는 말이 있다.

(23) 作(작): 연주하다.

(24) 虞書(우서): 《書經》의 篇名. 요임금과 순임금의 사적을 기록한 것이다. 《法言·問神》에 "〈우서〉와 〈하서〉는 혼후하다(虞夏之書渾渾爾)"라고 했다. 이 연은 옥간도인에게 백성을 사랑하는 노래도 불러 주고 임금을 칭송하는 혼후한 곡조도 연주해 달라고 청하겠다는 말이다. 전협·장지기·왕흠신 등에게 백성을 사랑하는 노래도 불러 주고 임금을 칭송하는 혼후한 글도 지어 주기를 청한다는 뜻으로 볼 수도 있다.

1297-2. 見和仇池(1)

구지를 읊은 나의 시에 화답한 시

上窮非想亦非非,(2)	위로는 비상비비상천을 한껏 추구하면서
下與風輪共一癡.(3)(4)(5)	아래로는 풍륜에서 함께 어리석은 생각에 한 번 빠졌네.
翠羽若知牛有角,(6)(7)	깃털 푸른 공작이 어찌 소에게 뿔 있는 줄 알았으리?
空瓶何必井之眉.(8)	빈 병처럼 어찌 우물가에 서 있을 필요가 있었으리?
還朝暫接鵷鸞翼,(9)	조정으로 돌아와 잠시 원추새와 난새의 날개에 닿았지만

謝病行收麋鹿姿.(10)(11)	병을 핑계로 이제 곧 사슴의 자태를 거두리.
記取和詩三益友,(12)(13)	화시를 지은 유익한 세 친구를 기억할 것이니
他年弭節過仇池.(14)(15)	훗날에 수레 세우고 구지를 찾아 주길.

[해설]

전협·장지기·왕흠신이 양주에서 지은 자신의 시 〈한 쌍의 돌을 읊은 시와 그 서문(雙石幷敍)〉(1268)에 화답하자 그 시에 차운하여 지은 것이다.

[주석]

(1) 仇池(구지): 지금의 감숙성 西和縣 남쪽의 구지산 위에 있는 못. 〈雙石幷敍〉(1268) 주 (7) 참조.

(2) 非想亦非非(비상역비비): 非想非非想天, 즉 非想非非想處를 가리킨다. 불교에서 말하는 四空處의 하나. 三界의 여러 하늘 가운데 가장 높은 하늘로, 여기에 태어나는 사람은 번뇌를 떠났으므로 非想이라 하지만, 완전히 떠나지는 못했으므로 非非想이라고도 한다. 《婆娑論》에 "무색계에는 네 개의 하늘이 있으니 첫 번째 것은 공허천이라고 하고 두 번째 것은 식처천이라고 하고 세 번째 것은 무소유처천이라고 하고 네 번째 것은 비상비비상처천이라고 한다(無色界中有四天: 一名空處天, 二名識處天, 三名無所有處天, 四名非想非非想處天)"라고 했다. 이 구절은 자신이 가장 높은 이상을 한껏 품었었다는 말이다.

(3) 與(여): ~에서.

(4) 風輪(풍륜): 金輪·水輪과 더불어 불교에서 이 세상을 받치고 있다고 여기는 세 개의 바퀴 가운데 하나로 가장 낮은 곳에 위치한다.

(5) 癡(치): 癡想하다. 실현하기 어려운 어리석은 생각, 즉 幻想 또는 터무니없는 상상을 하는 것을 가리킨다. 王十朋의 《百家註分類東坡先生詩》에 "'함께 어리석은 생각에 한 번 빠졌네'는 위에 있는 하늘과 아래에 있는 땅이 다 그렇다는 말로, 불교에서 말하는 세계는 한 번의 환상으로 이루어질 것이다('共一癡', 言上天下地皆然, 蓋佛氏謂之界者, 一癡想所成也)"라고 했다. 이 구절은 자신이 현실 속에서 다른 속인들과 함께 어리석은 환상에 빠졌었다는 말이다.

(6) 翠羽(취우): 비취색 깃털. 공작을 가리킨다. 杜甫의 시 〈赤霄行〉에 "공작은 소에게 뿔이 있는 줄 모르고, 목이 말라 찬 샘에서 물 먹다 뿔에 받히네(孔雀未知牛有角, 渴飮寒泉逢觝觸)"라는 구절이 있다.

(7) 若(약): 어떻게. 어찌.

(8) 井之眉(정지미): 우물가. 위험한 곳을 가리킨다. '眉'는 '湄'와 같다. 《漢書·陳遵傳》에 "이보다 먼저 황문랑 양웅이 〈주잠〉을 지어 성제를 풍간했는데 그 글에 한 술꾼이 예법을 잘 지키는 선비를 물건에 빗대어 비난하기를 '당신은 병과 같소이다. 병이 우물가에 놓여 있는 것을 보면 높은 곳에 자리하고 깊은 곳에 임해 있어 움직이면 항상 위험이 뒤따르지요……'라고 했다(先是, 黃門郎揚雄作〈酒

箴〉以諷諫成帝, 其文爲酒客難法度士, 譬之於物, 曰: '子猶甁矣. 觀甁之居, 居井之眉, 處高臨深, 動常近危.……')"라는 말이 있다. 이 연은 제2구의 '癡'를 부연한 것으로 자신이 위험한 짓을 했었다는 말이다.

(9) 鵷鸞(원란): 원추새와 난새. 둘 다 봉황의 일종으로 조정의 관리를 가리킨다.

(10) 行(행): 장차.

(11) 麋鹿姿(미록자): 순록과 사슴의 자태. 山野에 은거하는 사람의 자태를 가리킨다.

(12) 和詩(화시): 다른 사람의 시어 화답하다.

(13) 三益友(삼익우): 유익한 세 친구. 제목에서 말한 전협·장지기·왕흠신을 가리킨다. 《論語·季氏》에 "유익한 친구도 셋이 있고 해로운 친구도 셋이 있다(益者三友, 損者三友)"라는 말이 있다.

(14) 弭節(미절): 수레를 세우다.

(15) 仇池(구지): 자신이 나중에 은거할 곳을 가리킨다.

1297-3. 玉津園[(1)]

옥진원

承平苑囿雜耕桑,[(2)(3)]	태평성대의 원림에서 경작하고 양잠했으니
六聖勤民計慮長.[(4)]	백성을 위해 애쓴 여섯 성군의 배려가 깊었네.
碧水東流還舊派,[(5)]	푸른 물은 동쪽으로 흐르다 옛 물길로 돌아가고
紫壇南峙表連岡.[(6)(7)]	브라색 제단은 남쪽에 솟고 긴 산이 그 밖에 늘어서 있네.
不逢遲日鶯花亂,[(8)]	긴 날의 요란한 꾀꼬리 소리와 꽃을 만나지 않으면
空想疎林雪月光.[(9)]	성긴 숲의 눈빛과 달빛만 상상하네.
千畝何時躬帝耤,[(10)(11)(12)]	천 마지기 적전을 언제쯤 궁경하실까?
斜陽寂歷鎖雲莊.[(13)]	석양 아래 적막한 구름 속 장원이 잠겨 있네.

[해설]

전협·장지기·왕흠신이 북송의 황실 정원인 옥진원을 읊은 시에 화답한 것이다.

[주석]

(1) 玉津園(옥진원): 開封城 남쪽에 있던 황제용 園林. 《文獻通考》에 "송나라 때에는 네 개의 황실 원림이 있었으니 동쪽에 있는 것이 의춘원이고 남쪽에 있는 것이 옥진원이고 서쪽에 있는 것이 경림원이고 북쪽에 있는 것이 서승원이다(宋四園苑: 東曰宜春, 南曰玉津, 西曰瓊林, 北曰瑞勝)"라고 했다.

(2) 苑囿(원유): 황제의 오락을 위해 禽獸를 기르던 원림.

(3) 耕桑(경상): 경작과 양잠.

(4) 六聖(육성): 여섯 명의 성군. 송나라 개국 이래의 先皇인 太祖·太宗·眞宗·仁宗·英宗·神宗을 가리킨다.

(5) 派(파): 하천의 支流. 소식의 자주에 "옥진원에서 채하의 상류가 나누어졌다가 하류에서 다시 합류한다(玉津分蔡河上流, 復合於下)"라고 했다.

(6) 紫壇(자단): 황제가 제사 지낼 때 사용하던 보라색 祭壇.

(7) 表(표): 겉으로 삼다. 이 구절은 우뚝 솟은 보라색 제단 뒤로 나지막한 산이 길에 뻗어 있다는 말이다.

(8) 遲日(지일): 겨울에 비해 많이 길어져서 더디게 가는 날. 봄날을 가리킨다.

(9) 空(공): 단지. 이 연은 옥진원 일대에는 봄철의 요란한 꾀꼬리 소리와 흐드러진 꽃 그리고 겨울철의 눈빛과 달빛이 특히 아름답다는 말이다.

(10) 畝(묘): 송나라 때에는 1尺이 30.72㎝, 사방 5尺이 1步, 240步가 1畝였으므로 1畝는 약 566㎡이다. 이것을 현대 한국의 넓이 단위로 환산하면 약 172坪으로 대략 한 마지기에 해당한다.

(11) 躬(궁): 躬行하다. 躬耕하는 것을 가리킨다.

(12) 帝藉(제적): 황제가 친히 농사짓던 땅. 藉田. 《禮記·祭儀》에 "옛날에는 천자가 천 묘를 친히 농사지었다(昔者天子爲藉千畝)"라고 했다.

(13) 雲莊(운장): 구름 속의 莊園.

1297-4. 藉田[(1)]

적전

竊脂方紀瑞,[(2)(3)]	콩새는 바야흐로 상서로움을 기록하는데
布穀未催耕.[(4)]	뻐꾸기는 아직 밭갈이를 재촉하지 않는다.
魚沫依蘋渚,[(5)(6)]	물고기 거품은 네가래 뜬 물가에 모여 있고
蝸涎上綵楹.[(7)]	달팽이 침은 알록달록한 기둥을 타고 올라간다.
江湖來夢寐,	강호는 꿈에도 나타날 정도건만

簑笠負平生.(8)	도롱이와 삿갓을 평생 등지고 살았다.
琴裏思歸曲,(9)	거문고 소리 속의 고향 그리는 노래를
因君一再行.(10)(11)	그대의 한두 곡조에 의지하여 듣는다.

[해설]

전협·장지기·왕흠신이 황제가 친히 경작하는 땅인 적전을 읊은 시에 화답한 것이다.

[주석]

(1) 藉田(적전): 농민의 힘을 빌려 임금이 친히 경작하던 땅. '耤田'·'籍田'과 같다.

(2) 竊脂(절지): 桑扈. 콩새. 《爾雅·釋鳥》에 "상호는 절지이다(桑扈, 竊脂)"라고 했고, 《표준국어대사전》에 '상호'가 '콩새'와 동의어라고 했다.

(3) 紀瑞(기서): 《左傳·昭公十七年》에 "담자가 말하기를 '우리 고조 소호지가 즉위할 때 마침 봉황새가 내려왔기 때문에 새로써 만사를 기록한바, 여러 부서를 두고 새의 이름으로 각 부서 장관의 관명을 지었습니다.……九扈氏는 아홉 명의 司農으로 백성들이 농사를 그르치는 일이 없도록 지도하던 사람이었습니다'라고 했다(郯子曰: '我高祖少皞摯之立也, 鳳鳥適至, 故紀於鳥, 爲鳥師而鳥名.……九扈爲九農正, 扈民無淫者也.')"라고 했는데 이에 대한 杜預의 주에 "'扈'는 아홉 가지가 있는데 '상호'는 콩새이다('扈'有九種. '桑扈', 竊脂也)"라고 했다. 이 구절은 바야흐로 콩새가 한창 우는 계절이 되었다는 말이다. 그리고 '桑扈'가 농사를 잘 짓도록 지도하는 관리인 九扈氏의 하나였기 때문에 콩새(즉 상호)가 우는 소리를 듣고 상서로움을 기록한다고 했다.

(4) 布穀(포곡): 뻐꾸기. '뻐꾹'이라는 울음소리를 형용하면서 동시에 '곡식을 뿌려라'라는 의미, 즉 播種을 독려하는 의미도 지니고 있다. 이 구절은 아직 뻐꾸기가 울 때는 되지 않았다는 말이다.

(5) 魚沫(어말): 물고기의 아가미에서 나오는 거품.

(6) 依(의): 많이 모여 있는 모양. 周密의 시 〈夜歸〉에 "밤 깊어 돌아가는 나그네 지팡이에 의지해 걸어가는데, 찬 인광이 나는 수많은 반디가 밭두둑에 모여 있다(夜深歸客倚筇行, 冷燐依螢聚土塍)"라는 구절이 있다.

(7) 蝸涎(와연): 달팽이가 지나갈 때 분비되는 점액. 이 구절은 달팽이가 기둥을 타고 올라가자 기둥에 끈적끈적한 자국이 남는다는 말이다.

(8) 簑笠(사립): 도롱이와 삿갓. 전원생활에 필요한 도구를 가리킨다. '蓑笠'과 같다.

(9) 思歸曲(사귀곡): 고향으로 돌아가고 싶은 생각을 읊은 노래.

(10) 因(인): 의지하다.

(11) 行(행): 樂曲. 곡조. 《史記·司馬相如傳》에 "술이 거나해지자 임공령이 앞으로 나가 거문고를 타면서 '듣자니 사마장경(사마상여)께서는 거문고를 좋아한다고 하던데 이것으로 자신을 좀 즐겁게 하시지

요'라고 했다. 사마상여가 조금 사양하다가 한두 곡을 연주했다(酒酣, 臨邛令前奏琴曰: '竊聞長卿好之, 願以自娛.' 相如辭謝, 爲鼓一再行)"라는 말이 있는데 이에 대한 司馬貞의 索隱에 "'行'은 곡조다. 여기서 '鼓一再行'이라고 한 것은 한두 곡조를 말한다('行'者, 曲也. 此言'鼓一再行', 謂一兩曲)"라고 했다.

1298. 頃年楊康功(1)使高麗, 還, 奏乞立海神廟(2)於板橋(3). 僕嫌其地湫隘, 移書(4)使遷之文登(5), 因古廟(6)而新之, 楊竟不從. 不知定國(7)何從見此書, 作詩稱道不已. 僕不能記其云何也, 次韻答之

근년에 양강공이 고려에 사신으로 나갔다가 돌아와서 판교진에 해신묘를 세워 줄 것을 주청했다. 나는 그 지역이 낮고 좁은 것이 싫어 공문을 보내 그것을 문등으로 옮기고 옛날 사당을 바탕으로 삼아 그것을 새롭게 하라고 했는데 양씨가 끝내 따르지 않았다. 왕정국이 어디서 이 공문을 보았는지 모르지만 시를 지어서 칭송해 마지않았다. 나는 그 공문에서 무엇이라고 했는지 기억할 수 없어서 차운하여 화답한다

退之仙人也,(8)	한퇴지는 신선으로
游戲於斯文.(9)	이 문화에서 노닐었는데
談笑出奇偉,(10)	담소할 때 기이하고 위대한 면을 드러내
鼓舞南海神.(11)	남해의 신을 한껏 치켜세웠네.
頃者三韓使,(12)	근래에 삼한 땅에 갔다 온 한 사신이
幾爲蛟鱷呑.(13)(14)	교룡과 악어에게 잡아먹힐 뻔하여
歸來築祠宇,	돌아온 뒤 그곳에 사당을 지어
要使百賈奔.(15)	온갖 장사꾼들이 쫓아다니게 하려 했네.
我欲遷其廟,	나는 그 사당을 딴 데로 옮겨
下數浮空羣.(16)	아래로 허공에 뜬 무리를 세고 싶어
移書竟不從,	공문을 보냈건만 끝내 따르지 않았으니
信非磊落人.(17)	참으로 너그럽고 대범한 사람이 아니었네.
公胡爲拳拳,(18)(19)	공은 무엇 때문에 정성스럽게
繫此空中雲.(20)	이 공중의 구름을 묶어 놨는가?
作詩頌其美,(21)	시를 지어 그것이 아름답다 칭송하니
何異刻劍痕.(22)	칼 빠진 자리를 새긴 것과 다를 것이 무엇인가?

我今已括囊,[23]	나는 지금 주머니를 이미 묶어 놨나니
象在六四坤.[24]	곤괘의 육사 효에 그 까닭을 말한 상사가 있네.

[해설]

소식이 등주(登州, 지금의 산동성 蓬萊)의 지주로 재임할 때 양경략이 고려에 사신으로 나갔다가 돌아와 판교에 해신묘를 세워 달라고 주청했는데 소식이 공문을 보내 문등에 지으라고 했다. 그때 양경략이 끝내 소식의 말을 듣지 않았는데 왕공이 그때 그 공문을 보고 그것을 칭송하는 시를 짓자 그 시에 차운한 것이다.

[주석]

(1) 康功(강공): 楊景略의 字.
(2) 海神廟(해신묘): 바다의 신을 모시는 사당.
(3) 板橋(판교): 板橋鎭. 지금의 산동성 膠州.
(4) 移書(이서): 공문을 보내다.
(5) 文登(문등): 지금의 산동성 문등. 登州의 屬縣으로 등주를 가리킨다. 〈始於文登海上, 得白石數升, 如芡實, 可作枕. 聞梅丈嗜石, 故以遺其子子明學士, 子明有詩, 次韻〉(1098) 주 (1) 참조.
(6) 古廟(고묘): 오래된 사당. 등주에 있던 東海神의 사당 光德王廟를 가리키는 것으로 보인다. 〈登州海市幷敍〉(0917) 참조.
(7) 定國(정국): 王鞏의 字. 〈書王定國所藏王晉卿畫著色山二首〉(1085) 주 (1) 참조.
(8) 退之(퇴지): 당나라 시인 韓愈의 字.
(9) 斯文(사문): 이 문화. 유교적 禮樂과 制度를 가리킨다.
(10) 奇偉(기위): 기이하고 위대하다.
(11) 南海神(남해신): 한유의 〈南海神廟碑〉에 "바다는 하늘과 땅 사이에서 가장 거대한 것이라 삼대의 성왕으로부터 시작하여 제사를 지내며 섬기지 않은 분이 없었다. 옛날 기록을 살펴보면 남해의 신이 지위가 가장 높아서 북해·동해·서해의 신 및 하백의 위에 있는데 축융이라고 부른다(海於天地間爲物最鉅, 自三代聖王, 莫不祀事. 考於傳記, 而南海神次最貴, 在北東西三神·河伯之上, 號爲祝融)"라고 했다.
(12) 三韓(삼한): 馬韓·辰韓·弁韓. '三韓使'는 고려에 사신으로 갔다 온 양경략을 가리킨다.
(13) 幾(기): 거의.
(14) 蛟鱷呑(교악탄): 교룡과 악어가 삼키다.
(15) 百賈(백고): 많은 장사꾼. 소식의 자주에 "판교는 장사꾼들이 모이는 곳이다(板橋, 商賈所聚)"라고 했다. 이 연은 판교에 해신묘를 지어 판교에 상업이 흥하게 하려고 했다는 말이다.

(16) 浮空羣(부공군): 소식의 자주에 "등주의 신기루를 말한다(謂登州海市)"라고 했는데, 《夢溪筆談·異事》에 "등주 앞바다에 때때로 궁실 같기도 하고, 누대 같기도 하고, 성곽 같기도 하고, 사람 같기도 하고, 거마 같기도 하고, 의관을 갖춘 고관이 일산 달린 수레를 탄 모습 같기도 한 구름이 역력히 보이는바, 이것을 신기루라고 한다. 어떤 사람은 교룡과 이무기의 기운이 만드는 것이라고 하는데 아마도 그렇지는 않은 것 같다(登州海中, 時有雲氣, 如宮室·臺觀·城堞·人物·車馬·冠蓋, 歷歷可見, 謂之海市. 或曰蛟蜃之氣所爲, 疑不然也)"라고 했고, 《齊乘》에 "등주의 북쪽 바다에 사문도·타기도·견우도·대죽도·소죽도 등 다섯 개의 섬이 있는데 신기루는 항상 이 다섯 개의 섬 위에 나타났다가 사라진다(登州北海中, 有沙門·鼉磯·牽牛·大竹·小竹五島, 海市現滅, 常在五島之上)"라고 했다. 이 연은 자신이 등주에 해신묘를 지어 사당에서 신기루를 내려다볼 수 있기를 원했다는 말이다.

(17) 磊落(뇌락): 마음이 너그럽고 대범하다.

(18) 公(공): 왕공을 가리킨다.

(19) 拳拳(권권): 간절한 모양. 정성을 다하는 모양.

(20) 空中雲(공중운): 금방 지나가 버리는 존재라는 뜻으로, 제목에서 말한 공문의 내용을 가리킨다. 이 연은 자신의 뇌리에서 이미 사라진 지 오래인 공문의 내용을 시로 읊음으로써 괜히 그것이 오랫동안 기억에 남게 했다고 우스갯소리를 한 것이다.

(21) 其美(기미): 공문의 훌륭함을 가리킨다.

(22) 刻劍痕(각검흔): 검이 물에 빠진 자리를 새기다. 어떤 초나라 사람이 배를 타고 가다가 검을 물에 빠뜨렸다. 얼른 뱃전에 칼이 빠진 자리를 새겨서 표시해 두었다가 배가 목적지에 도달한 뒤에 물속으로 들어가 찾아보았으나 검이 없었다.(《呂氏春秋·察今》 참조) 이 연은 왕공이 시를 지어 공문의 훌륭함을 노래한 것이 의미 없는 일이라는 말이다.

(23) 括囊(괄낭): 주머니를 묶다. 《易經·坤卦》의 爻辭에 "주머니를 묶으면 책망받을 일도 없고 칭찬 들을 일도 없다(括囊, 無咎, 無譽)"라고 했는데, 象辭에 "주머니를 묶으면 책망받을 일이 없다는 것은 조심하면 해를 당하지 않는다는 말이다(括囊无咎, 愼不害也)"라고 했고, 孔穎達의 疏에 "이것으로 마음속에 지식을 감추어 두는 것을 비유한 것이다. 자기 지식을 감추어 두고 쓰지 않기 때문에 주머니를 묶는다고 했다(以譬心藏知也. 閉其知而不用, 故曰括囊)"라고 했다. 이 구절은 양경략이 자신의 제안을 무시하고 끝내 판교에 해신묘를 지은 일에 대해서 더 이상 말을 하지 않게 되었다는 뜻이다.

(24) 象(상): 象辭를 가리킨다. 《역경》의 의미를 알기 쉽게 설명한 책인 十翼 중의 하나로, 卦象과 爻象을 해석한 것이다. 이 구절은 '其象辭在坤卦六四爻'를 축약하고 도치한 것으로, 자신이 말을 하지 않는 이유를 설명한 것이다. 주 (23) 참조.

1299. 沐浴啓聖僧舍[1], 與趙德麟[2]邂逅

계성원에서 목욕하다 우연히 조덕린을 만나

南山北闕兩非眞,[3][4]	남산 은거 북궐 벼슬 둘 다 진정이 아니거니
東潁西湖迹已陳.[5][6]	영주 서호의 우리 자취가 이미 다 낡았겠네.
季子來歸初可喜,[7]	계자가 돌아와서 처음으로 기뻐할 만한데
老聃新沐定非人.[8][9]	머리를 막 감은 노자처럼 사람이 아닌 것 같았겠네.
酒淸不醉休休暖,[10]	안 취할 만큼 맑은 술 마셔 온몸이 나른하고 따뜻한 채
睡穩如禪息息勻.[11]	호흡도 고르게 선정에 든 듯 평온하게 잠잤네.
自笑塵勞餘一念,[12][13]	홍진 속에서 고생하다 잠시 짬 내는 게 우습나니
明年同泛越溪春.[14]	내년 봄엔 월주의 강에 함께 배를 띄우세.

[해설]

개봉에 있는 계성원이라는 절에 목욕하러 갔다가 영주에서 함께 지낸 조덕린을 만나서 그 반가움을 노래한 것이다.

[주석]

(1) 啓聖僧舍(계성승사): 開封(지금의 하남성 개봉)에 있던 절인 啓聖院. 《汴京遺迹志》에 "계성원은 대량문 안의 길 북쪽에 있는데 태평흥국 6년(981)에 짓기 시작하여 옹희 2년(985)에 낙성하여 이름을 하사했다(啓聖院在大梁門內街北, 太平興國六年建, 雍熙二年成, 賜名)"라고 했다.

(2) 德麟(덕린): 趙令時의 字. 그는 원우 6년(1091)에 承議郎으로서 潁州(지금의 안휘성 阜陽)簽判의 직책을 맡아 潁州知州인 소식과 교유했는데 소식이 景貺이라는 그의 字를 德麟으로 고쳐 줄 정도로 절친한 사이가 되었다.(소식, 〈趙德麟字說〉 참조)

(3) 北闕(북궐): 황궁 북문 앞의 양쪽에 지어 놓은 높은 누대. 신하들이 황제를 朝見하기 위해 기다리거나 상소문을 올리던 곳이다. 조정을 가리킨다. 孟浩然의 시 〈歲暮歸南山〉에 "황궁 북문 누대에서 상소문 올리는 일 그만두고, 남쪽 산에 있는 헌 집으로 돌아왔도다. 재주가 없어서 임금님이 버리시고, 병치레가 많아서 벗들과도 소원하다(北闕休上書, 南山歸敝廬. 不才明主棄, 多病故人疏)"라고 했다. 이 구절은 조정에서 관직 생활을 하고 싶다는 말도 진정이 아니고 남산에서 은거 생활을 하고 싶다는 말도 진정이 아니라는 뜻인 것으로 보인다. 당시 소식은 관직에서 물러나 은거하고 싶은 마음이 많았지만 섭정으로서 소식을 극도로 총애하던 宣仁太后가 자기 옆에 있어 주기를 간절히 바랐기 때문에 관직에서 물러나기를 고집할 수 없었다.

(4) 眞(진): 眞情. 진정으로 바라는 마음.

(5) 東潁(동영): 동쪽에 있는 潁河. 潁州를 가리킨다. 《史記·蘇秦列傳》에 "동쪽에는 회하와 영하가 있습니다(東有淮·潁)"라고 했다.

(6) 西湖(서호): 영주 서호를 가리킨다.

(7) 季子(계자): 차남. 춘추 시대 魯나라 桓公의 차남 季友를 가리킨다. 《春秋·閔公元年》에 "가을철인 8월에 민공이 제나라 제후 桓公과 낙고에서 동맹을 맺었다. 계자가 돌아왔다(秋八月, 公及齊侯盟于落姑. 季子來歸)"라고 했는데 《춘추좌전》에 "가을철인 8월에 민공이 제나라 제후 환공과 낙고에서 동맹을 맺고 제나라가 계우의 귀국을 도와줄 것을 요청했다.……'계자가 돌아왔다'라고 한 것은 그것을 기뻐한 것이다(秋八月, 公及齊侯盟于落姑, 請復季友也.……'季子來歸', 嘉之也)"라고 했다. 여기서는 지방으로 나갔다가 조정으로 돌아온 조영치를 가리킨다. 그는 송나라의 태조 趙匡胤의 후손이었다. 〈獨酌試藥玉滑盞, 有懷諸君子. 明日望夜, 月庭佳景不可失, 作詩招之〉(1216) 주 (14) 참조.

(8) 老聃(노담): 老子. 《莊子·田子方》에 "공자가 노담을 만나러 갔더니 노담이 갓 목욕을 하고 한창 머리를 풀어헤친 채 말리고 있었는데 꼼짝도 하지 않는 것이 꼭 사람이 아닌 것 같았다. 공자는 물러나 기다리다가 잠시 뒤에 만나서 '제가 눈이 어지러워진 것일까요? 아니면 정말로 그랬던 것일까요? 조금 전에 선생의 형체는 마른 나무처럼 뻣뻣하여 마치 외물을 잊고 사람들을 떠나 혼자만의 세계에서 있는 것 같았습니다'라고 했다(孔子見老聃, 老聃新沐, 方將被髮而乾, 慹然似非人. 孔子便而待之, 少焉見, 曰: '丘也眩與? 其信然與? 向者先生形體掘若槁木, 似遺物離人而立於獨也.')"라는 말이 있다. 이 구절은 머리를 풀어헤치고 있어서 조영치가 누구인지 얼른 알아보기 힘든 상태였을 자신의 모습을 막 머리 감은 노자에 빗댐으로써 해학미를 더한 것이다. 그리고 이 연은 조영치가 도성으로 돌아와서 소식 자신은 매우 기쁘지만, 자신이 너무 냉담해져 버렸기 때문에 조영치에게는 별로 친근한 느낌이 들지 않을 것이라는 말이다.

(9) 定(정): 틀림없이.

(10) 休休(휴휴): 편안하고 한가로운 모양.

(11) 息息(식식): 호흡하다. 이 연은 목욕하고 난 뒤에 술을 조금 마신 자신의 모습을 묘사한 것인 듯하다.

(12) 餘(여): 남기다.

(13) 一念(일념): 한 번 생각하다. 불교에서 생각이 한 번 스쳐 가는 지극히 짧은 시간을 가리킨다.

(14) 越(월): 춘추 시대의 월나라 영토였던 越州(지금의 절강성 紹興)를 가리킨다. 이 연은 속세에서 늘 고생하다가 가끔 한 번씩 짧은 시간을 내어 목욕을 즐길 뿐인 현실이 안타까우니 내년 봄에는 월주에서 실컷 한 번 놀자는 말이다. 소식은 당시 월주지주로 내보내 달라는 상소문을 올려놓은 상태였다.

1300. 余舊在錢塘(1), 同蘇伯固(2)開西湖(3), 今方請越(4), 戲謂伯固: "可復來開鏡湖(5)耶?" 伯固有詩, 因次韻

나는 옛날에 전당에서 소백고와 함께 서호를 준설했는데 지금 막 월주로 내보내 달라고 주청해 놓은 상태라 장난삼아 소백고에게 "다시 와서 경호를 준설할 수 있겠소?"라고 했더니 소백고가 시를 지었기에 그것에 차운한다

已分江湖送此生,	이미 강호에서 사는 걸 분수로 여기게 되었나니
會稽行復得岑成.(6)(7)(8)	회계 땅이 곧 다시 잠질과 성진을 얻으리.
鏡湖席捲八百里,(9)(10)	그대가 경호 팔백 리에 기세를 떨칠 테니
坐嘯因君又得名.	나는 앉아서 휘파람 불며 그대 덕분에 또 이름을 얻으리.

[해설]

월주지주로 내보내 달라고 주청해 놓은 상태에서 소견에게 함께 월주로 가자고 제의하자 소견이 자신의 생각을 밝히는 시를 지었으므로 그 시에 차운한 것이다.

[주석]

(1) 錢塘(전당): 지금의 절강성 杭州.
(2) 伯固(백고): 蘇堅의 字. 〈次韻蘇伯固主簿重九〉(1154) 주 (1) 참조.
(3) 西湖(서호): 항주 서호를 가리킨다.
(4) 越(월): 월주. 지금의 절강성 紹興.
(5) 鏡湖(경호): 소흥에 있는 호수. 鑑湖라고도 한다.
(6) 會稽(회계): 월주.
(7) 行(행): 장차. 곧.
(8) 岑成(잠성): 岑晊과 成瑨을 가리킨다. 후한 때 사람 성진은 南陽太守로 재임할 때 功曹 岑晊에게 공

무 처리를 일임하고 자신은 앉아서 휘파람이나 불었다. 이 때문에 "남양태수는 잠공효(잠질)라, 홍농 사람 성진은 앉아서 휘파람만 불고 있네(南陽太守岑公孝, 弘農成瑨但坐嘯)"라는 노래가 있었다.(《後漢書·黨錮傳》 참조) 이 연은 자신과 소견이 함께 월주로 가게 되면 성진이 잠질에게 공무를 일임하고 자신은 유유자적한 것처럼 될 것이라는 말이다.

(9) 席捲(석권): 석권하다. 기세를 떨치다.

(10) 八百里(팔백리): 경호의 둘레를 가리킨다. 王十朋의 〈會稽風俗賦〉에 "외떨어져 있으면서 아주 이익을 많이 주는 것으로는 감호만 한 것이 없다. 둘레가 800리에 달하며 9,000경의 비옥한 논에 물을 댈 수 있다(境絶利博, 莫如鑑湖. 有八百里之回環, 灌九千頃之膏腴)"라고 했다.

1301. 僕所藏仇池石[1], 希代之寶也. 王晉卿[2]以小詩借觀, 意在於奪. 僕不敢不借, 然以此詩先之

내가 소장하고 있는 구지석은 희대의 보물이다. 왕진경이 짤막한 시를 지어 주고는 빌려 가서 보려고 하는데 의도가 빼앗으려는 데에 있었다. 내가 감히 안 빌려줄 수는 없지만 이 시를 가지고 선수를 쳐 본다

海石來珠浦,[3][4]	주포에서 온 해석은
秀色如蛾綠.[5]	빼어난 그 색깔이 아록 같은데
坡陀尺寸間,[6][7]	한 자 한 치 안에 험준한 봉우리가 솟아 있고
宛轉陵巒足.[8][9]	구릉과 산의 기슭이 구불구불 이어져 있네.
連娟二華頂,[10][11]	굽이지고 가느다란 두 화산의 꼭대기에
空洞三茅腹.[12]	텅텅 빈 삼모산의 산복이 있어
初疑仇池化,	처음에는 구지산이 화한 건가 의아해했고
又恐瀛州蹙.[13][14]	또 영주가 축소된 건가 싶기도 했네.
殷勤嶠南使,[15]	속정이 참 깊은 영남 사자가
饋餉揚州牧.[16]	이 양주지주에게 선물로 주었기에
得之喜無寐,	이걸 받고 기뻐서 잠도 자지 못했으니
與汝交不瀆.[17]	그대를 함부로 대할 수가 없었네.
盛以高麗盆,	고려에서 보내 준 대야에 담고
藉以文登玉.[18]	등주에서 난 옥을 그 밑에 깔았더니
幽光先五夜,[19][20]	희미한 빛이 오경이 되기 전에 비치고
冷氣壓三伏.[21][22]	서늘한 기운이 삼복 더위를 눌렀네.
老人生如寄,	사는 것이 기숙 같은 이 늙은이는

茅舍久未卜.	은거할 초가집도 오랫동안 못 정했는데
一夫幸可致,[23]	나 혼자서 다행히도 가져올 수 있었기에
千里常相逐.[24]	천 리 밖에서 언제나 서로 쫓아다니네.
風流貴公子,[25]	풍류가 넘치는 귀공자께선
竄謫武當谷.[26][27]	무당산 계곡으로 유배 갔으니
見山應已厭,	산을 보는 것이 이미 싫증 났을 터인데
何事奪所欲.	무슨 일로 자기가 원하는 걸 뺏으려 하나?
欲留嗟趙弱,	내게 남겨 두자니 아아 조나라가 약소한지라
寧許負秦曲.[28]	차라리 허락하여 진나라에 잘못을 떠넘기나니
傳觀愼勿許,[29]	돌려 가며 보는 것은 제발 허락하지 말고
間道歸應速.	샛길로 얼른 돌아가게 해야만 하네.

[해설]

외사촌 동생 정지원이 구지석을 주어서 그것을 애지중지하고 있었는데 왕선이 그것을 빌려 가서 보고는 안 돌려줄 것 같기에 자신의 난처한 심경을 읊어 선수를 침으로써 왕선의 마음을 돌려 보려고 한 것이다.

[주석]

(1) 仇池石(구지석): 소식이 揚州(지금의 강소성 양주)에서 얻은 두 개의 돌을 가리킨다. 소식의 시 〈雙石幷敍〉(1268) 참조.

(2) 晉卿(진경): 王詵의 字. 〈和王晉卿送梅花次韻〉(1081) 주 (1) 참조.

(3) 海石(해석): 馮應榴의 《蘇軾詩集合注》에 "하작이 말하기를 '육방옹(陸游)의 《검남집》에……"해석은 영석이다"라고 풀이했다'라고 했다(何焯曰: '陸放翁《劍南集》……云: "海石, 英石也."')"라는 주석이 있는데, '英石'에 대하여 《漢語大詞典》에 '광동성 英德縣의 산골짜기에서 나는 돌'이라고 설명해 놓았다. 그러나 소식의 자주에 '옥 부스러기와 같은 등주의 해석(登州海石如碎玉者)'이라고 한 것을 보면 '海石'은 바닷가의 돌을 가리키는 것으로 보인다. 여기서는 구지석을 가리킨다. 주 (18) 참조.

(4) 珠浦(주포): 지명. '珠宮'으로 되어 있는 판본도 있다. 그러나 소식의 자주에 "내가 양주에 있을 때 정덕유(程之元)가 영남에서 사직하고 돌아와 이 돌을 나에게 주었다(僕在揚州, 程德孺自嶺南解官還, 以此石見遺)"라고 했는데, 王文誥의 《蘇軾詩集》에 "주강과 주포는 모두 영남 지방에 있으니 공의 자주로써 증명할 수 있다. 참으로 '珠浦'임에 의심의 여지가 없다(珠江·珠浦, 幷在嶺南, 以公自註證

之. 信'珠浦'無疑也)"라고 했다.

(5) 蛾綠(아록): 옛날 여자들이 눈썹을 그릴 때 쓰던 청흑색 안료.

(6) 坡陀(파타): 평탄하지 않다. 험준하다.

(7) 尺寸(척촌): 한 자나 한 치쯤 되는 아주 짧은 길이.

(8) 宛轉(완전): 구불구불 이어져 있는 모양.

(9) 陵巒(능만): 구릉과 산봉우리.

(10) 連娟(연연): 굽이지고 가늘다.

(11) 二華(이화): 太華山과 少華山. 서악 화산 옆에 화산보다 조금 낮은 少華山이 있기 때문에 그것과 구별하기 위하여 화산을 태화산이라고 부른다. 여기서는 두 개의 구지석을 가리킨다.

(12) 三茅(삼모): 삼모산. 모산 또는 句曲山이라고도 한다. 강소성 句容縣 동남쪽에 있는 산으로 茅君 3형제가 이 산에서 득도했다는 전설이 있다. 王十朋의 《百家註分類東坡先生詩》에 "삼모산은 일명 구곡산으로 그 산 중턱의 텅 빈 곳에 별도로 천지와 일월이 있어 《진고》에 기재되어 있기 때문에 '三茅腹'이라고 한 것이다(三茅, 一名句曲山, 其腹中空虛, 別有天地日月載在《眞誥》, 故言'腹'也)"라고 했다.

(13) 瀛州(영주): 전설상의 仙山인 三神山 가운데 하나.

(14) 蹙(축): 축소하다.

(15) 嶠南(교남): 大庾嶺 이남 지역. 嶺南. '嶠南使'는 소식의 외사촌 동생 정지원을 가리킨다.

(16) 揚州牧(양주목): 양주지주인 소식 자신을 가리킨다.

(17) 交不瀆(교불독): 교제하되 거만하게 굴지 않다. 《易經·繫辭傳下》에 "군자는 윗사람과 교제해도 아첨하지 않고 아랫사람과 교제해도 거만하게 굴지 않는다(君子上交不諂, 下交不瀆)"라고 했다.

(18) 文登(문등): 지금의 산동성 문등. 소식이 知州를 역임한 登州(지금의 산동성 봉래)의 屬縣이었는데 당나라 무덕 4년(621)에 이곳에 등주 관청을 설치했기 때문에 그 뒤 등주를 가리키는 말로 쓰였지만 송나라 때는 봉래로 관청을 옮겼으므로 여기서 말하는 문등은 내륙 지방인 문등을 가리키는 것이 아니라 바닷가 고을로서 당시의 등주 관청 소재지였던 봉래를 가리킨다. 소식의 자주에 "나는 고려에서 보내 준 커다란 구리 대야에 그것을 담고 또 등주의 바닷가에서 나는 옥부스러기 같은 돌을 산기슭에 깔아 놓았다(僕以高麗所餉大銅盆貯之, 又以登州海石如碎玉者, 附其足)"라고 했다.

(19) 幽光(유광): 희미한 빛. 구지석이 내는 빛을 가리킨다.

(20) 五夜(오야): 五更. 새벽 세 시에서 다섯 시 사이.

(21) 冷氣(냉기): 구지석의 서늘한 기운을 가리킨다.

(22) 三伏(삼복): 1년 중에서 가장 무더운 시기인 초복·중복·말복.

(23) 一夫(일부): 한 남자. 소식 자신을 가리킨다.

(24) 相逐(상축): 구지석이 양주에서 開封(지금의 하남성 개봉)으로 자신을 따라오고 자신이 구지석을 애지중지한다는 말이다.

(25) 貴公子(귀공자): 왕선을 가리킨다.

(26) 竄謫(찬적): 유배되다.

(27) 武當(무당): 무당산. 均州(지금의 호북성 十堰)에 있는 산으로, 왕선이 유배 가 있던 균주를 가리킨다.

(28) 負秦曲(부진곡): 진나라에 잘못에 대한 책임을 지우다. 전국 시대에 趙나라 惠文王이 和氏璧을 가지고 있었는데 秦나라 昭王이 진나라 城 열다섯 개를 줄 테니 화씨벽을 자기한테 달라고 했다. 혜문왕이 대신들과 어떻게 할지 의논했다. 이때 藺相如가 "진나라가 성을 주겠다며 화씨벽을 달라고 하는데 조나라가 허락하지 않으면 잘못이 조나라에 있게 되고, 조나라가 화씨벽을 주었는데 진나라가 조나라에 성을 주지 않으면 잘못이 진나라에 있게 됩니다. 두 가지 방책을 비교해 보면 차라리 허락해서 진나라에 잘못에 대한 책임을 지우는 편이 낫겠습니다(秦以城求璧而趙不許, 曲在趙; 趙予璧而秦不予趙城, 曲在秦. 均之二策, 寧許以負秦曲)"라고 했다. 이리하여 인상여는 화씨벽을 가지고 진나라에 들어가 진나라 소왕에게 그것을 주었다가 절묘한 계책으로 되돌려받아서 종자에게 얼른 들고 샛길을 통해 조나라로 돌아가라고 했다.(《史記·廉頗藺相如傳》 참조) 이 연은 할 수 없이 왕선에게 구지석을 주지만 자신에게 구지석을 달라고 하는 것은 왕선이 잘못하는 것이라는 농담 형식의 진담이다.

(29) 傳觀(전관): 이 사람 저 사람이 서로 전달해 가면서 보다. 이 구절은 자칫 잘못하면 구지석이 깨질 수도 있으니 왕선 혼자만 보고 다른 사람에게는 보여 주지 말라는 말이다.

1302. 次天字韻答岑巖起[1]

'天' 자 운에 차운하여 잠암기의 시에 화답한다

一聲淸蹕霧開天,[2]	벽제 소리 우렁차고 안개가 걷힌 하늘
百辟心莊豈貌虔.[3][4]	백관은 진심으로 공경하나니 어찌 용모만 경건하리?
回顧驚君珠玉側,[5]	돌아보면 그대에게 놀랐나니 주옥이 내 옆에 있었는데
同升愧我秕糠前.[6]	함께 오를 때 나에게 부끄럽나니 쭉정이가 앞에 있네.
徘徊月色留壇影,[7]	배회하는 달빛은 제단 그림자를 남기고
縹緲松香泛蠟烟.[8][9]	아련한 솔향기는 밀랍 연기 속에 떠 있네.
莫歎郎潛生白髮,[10]	낭관에 머문 채 백발이 났다 탄식하지 마시오
聖朝求舊鄙鳶肩.[11][12][13]	성명한 조정은 옛것을 찾고 솔개 어깨를 천시한다오.

[해설]

소식은 〈교외의 제단에서 천지신명에게 제사 지내는 임금님을 모실 때 하늘빛을 바라보고 물러나 경하한 후 술잔에 가득 따라 마시고 취한 채 읊은 전목보 상서의 시에 차운하여(次韻穆父尙書侍祠郊丘, 瞻望天光, 退而相慶, 引滿醉吟)〉(1294)라는 시를 지은 적이 있거니와 여러 가지 정황으로 미루어 보건대 이때 여러 사람이 함께 같은 운자로 시를 지었던 것으로 보인다. 소식의 이 시는 잠상구가 그때 지은 시에 화답한 것일 가능성이 크다.

[주석]

(1) 巖起(암기): 岑象求의 字. 施元之의 《施注蘇詩》에 "잠암기는 이름이 상구이며 재주(지금의 사천성 三台) 사람이다. 원우 4년(1089)에 郎官이 되어서 관리들의 실적을 고과했다(岑巖起, 名象求, 梓州人. 元祐四年, 爲郎考功)"라고 했고, 馮應榴의 《蘇軾詩集合注》에 "《續資治通鑑長編》에 '원우 7년(1092) 6월에 호부낭중이 되었다'라는 기록이 있다(《續通鑑長編》: '元祐七年六月, 爲戶部郎中.')"라고 했다. 그리고 查愼行의 《蘇詩補註》에 "잠상구는 나중에 원우 당적에 올랐다(岑象求, 後入元祐黨籍)"라고 했다.

(2) 淸蹕(청필): 황제가 행차할 때 길을 청소하고 일반인의 통행을 금지하던 일. 辟除.

(3) 百辟(백벽): 諸侯. 百官.

(4) 心莊(심장): 마음속으로 공경하다. 이 구절은 여러 관리가 겉으로만 경건한 척하는 것이 아니라 마음속으로도 정말 황제를 공경한다는 말이다.

(5) 珠玉(주옥): 《世說新語·容止》에 "표기장군 왕무자는 위개의 외삼촌으로 용모가 빼어나고 생각이 명석하며 풍채가 있었는데 위개만 보면 감탄하며 말하기를 '주옥이 옆에 있으니 내 꼴이 누추함을 느낀다'라고 했다(驃騎王武子是衛玠之舅, 俊爽有風姿, 見玠輒嘆曰: '珠玉在側, 覺我形穢')"라는 말이 있다. 이 구절은 옛날에는 자기 옆에 있는 잠상구가 주옥처럼 빛나는 존재였다는 뜻인 것으로 보인다.

(6) 粃糠(비강): 쭉정이와 겨. 보잘것없는 존재라는 뜻으로 소식 자신을 겸칭한 것이다. 王文度(王坦之)는 나이가 어리지만 직위가 높고 范榮期는 직위가 낮지만 나이가 많았는데 둘이 함께 簡文帝의 초청을 받았다. 서로 앞서 가라고 한참 동안 양보하다가 마침내 범영기가 앞서 갔다. 그때 왕문도가 "키로 쌀을 까부르면 쭉정이와 겨가 먼저 날아가지요"라고 했다. 그러자 범영기가 "조리로 쌀을 일면 모래와 돌이 뒤에 남지요"라고 했다.(《世說新語·排調》 참조) 이 구절은 지금은 자신의 관직이 잠상구보다 높아서 계단을 오를 때 자신이 앞에 간다는 뜻인 것으로 보인다.

(7) 徘徊(배회): 천천히 움직이는 모양. 李白의 시 〈月下獨酌〉에 "내가 노래하니 달이 배회한다(我歌月徘徊)"라는 구절이 있고, 소식의 〈赤壁賦〉에 "이윽고 동산 위에 달이 떠올라 북두칠성과 견우성 사이에서 배회한다(少焉, 月出於東山之上, 徘徊於斗牛之間)"라는 구절이 있다.

(8) 縹緲(표묘): 멀어서 분명하지 않은 모양. 아득한 모양.

(9) 松香(송향): 솔향기. 관솔이 탈 때 나는 소나무 향기를 가리킨다. 옛날에는 제야나 제삿날에 깻묵 등의 연료를 동이에 담아 태우는 방식으로 어둠을 밝혔는데 이러한 횃불을 '籸盆'이라고 했다. 소식의 자주에 "근래에 법도를 제정하여 서까래처럼 큰 초와 관솔불로 籸盆을 대체하도록 했다(近制, 以椽燭·松明易籸盆)"라고 한 것을 보면, 얼마 전부터 조명 수단을 籸盆에서 큰 초와 관솔불로 바꾸었음을 알 수 있다.

(10) 郎潛(낭잠): 관직이 오르지 않고 郎官에 머물러 있는 것을 가리킨다. 張衡의 〈思玄賦〉에 "會稽都尉는 눈썹이 세도록 낭관에 머물렀도다(尉尨眉而郎潛兮)"라는 구절이 있는데 李善의 주에 인용된 《漢武故事》에 다음과 같은 顔駟의 일화가 소개되어 있다. 한나라 무제가 郎官들의 官署에 들렀다가 눈썹과 머리가 허연 안사를 보고 물었다. "노인은 언제 낭관이 되었소?" 그러자 안사가 "저는 문제 때

낭관이 되었습니다. 문제께서는 문인을 좋아하셨는데 저는 무인이었고, 경제께서는 잘생긴 사람을 좋아하셨는데 저는 추남이었습니다. 그리고 폐하께서는 젊은 사람을 좋아하시는데 저는 이미 늙어 버렸습니다. 그래서 삼대 동안 때를 만나지 못하고 낭관의 관서에서 늙었습니다"라고 했다. 무제가 그 말을 듣고 느낀 바가 있어서 그를 회계도위로 발탁했다.

(11) 聖朝(성조): 聖明한 조정. 자신이 모시는 황제의 조정을 가리킨다.

(12) 求舊(구구): 옛것을 추구하다. 老臣을 등용하는 것을 가리킨다.

(13) 鳶肩(연견): 솔개처럼 두 어깨가 올라간 모습이라는 뜻으로, 젊을 때 요직에 오른 사람을 가리킨다.

1303. 次韻蔣穎叔(1)二首

장영숙의 시에 차운하여

1303-1. 扈從(2)景靈宮(3)

경령궁으로 호종하고

道人幽夢曉初還,(4)(5)	도인이 새벽에 막 꿈길에서 돌아오니
已覺笙簫下月壇.(6)(7)	생황 소리 퉁소 소리가 이미 월단에서 내려왔네.
風伯前驅淸宿霧,(8)(9)	풍백이 앞장서서 밤안개를 청소하자
祝融驂乘破朝寒.(10)(11)	축융이 동승하여 아침 추위를 물리쳤네.
英姿連璧從多士,(12)	빼어난 자태는 쌍옥이라 많은 사람을 따르게 하고
妙句鏘金和八鑾.(13)(14)	멋진 구절은 쇠를 울려 여덟 개의 방울에 화답했네.
已向詞臣得頗牧,(15)(16)	이미 문신들 중에서 염파와 이목을 얻었으니
路人莫作老儒看.	길 가는 사람들이여 늙은 유생으로 보지 말길.

[해설]

진사 급제 동기 장지기가 경령궁으로 황제를 수행한 뒤에 지은 시에 차운한 것이다.

[주석]

(1) 穎叔(영숙): 蔣之奇의 字.

(2) 扈從(호종): 황제를 수행하다.

(3) 景靈宮(경령궁): 북송 太祖 이하 여러 황제의 초상화를 모신 궁전으로 대중상부 5년(1012) 11월에 지었다. 〈次韻蔣穎叔·錢穆父從駕景靈宮二首〉(1289) 주 (4) 참조. 《續資治通鑑長編》에 "원우 7년(1092) 11월 갑진일에 경령궁과 만수관으로 가서 교사를 지내셨다(元祐七年十一月, 甲辰, 詣景靈宮·萬壽觀恭謝)"라고 했다.

(4) 道人(도인): 도사나 스님처럼 道行이 높은 사람. 경령궁 관리인을 가리킨다.

(5) 幽夢(유몽): 아련한 꿈.

(6) 笙簫(생소): 생황과 퉁소. 관악기를 가리킨다.

(7) 月壇(월단): 달에게 제사를 지내는 제단.

(8) 風伯(풍백): 바람을 주관하는 신. 風神. 《楚辭·遠遊》에 "풍백이 나를 위해 선구가 되어 주도다(風伯爲余先驅兮)"라는 구절이 있다.

(9) 宿霧(숙무): 밤안개.

(10) 祝融(축융): 南海의 신. 〈頃年楊康功使高麗, 還, 奏乞立海神廟於板橋.……〉(1298) 주 (11) 참조. 《左傳·昭公二十九年》에 "불을 주관하는 신은 축융이라고 합니다(火正曰祝融)"라는 말이 있다.

(11) 驂乘(참승): 함께 타다. 이 연은 바람이 불어서 안개가 걷히고 해가 떠서 대기가 따뜻해졌다는 말이다.

(12) 連璧(연벽): 두 개가 나란히 이어져 있는 고리 모양의 옥. 이 구절은 장지기의 용모가 매우 준수하다는 말이다.

(13) 鏘金(장금): 금속을 울리는 낭랑한 소리를 내다. 시구가 매우 듣기 좋은 것을 가리킨다.

(14) 八鑾(팔란): 말의 입 양쪽에 다는 방울. 하나의 수레를 끄는 네 마리의 말이 각각 두 개씩 달아서 총 여덟 개가 되기 때문에 '八鑾'이라고 한다. 이 구절은 장지기의 시가 매우 낭랑하여 천자의 수레를 끄는 말들의 방울 소리와 조화를 잘 이룬다는 말이다.

(15) 向(향): ~에서. ~로부터.

(16) 頗牧(파목): 전국 시대의 趙나라 명장 廉頗와 李牧. 명장을 가리킨다. 《속자치통감장편》에 "원우 7년(1092) 10월 을해일에 호부시랑 보문각대제 장지기가 희주(지금의 감숙성 臨洮 일대)지주에 임명되었다(元祐七年十月, 乙亥, 戶部侍郎寶文閣待制蔣之奇知熙州)"라고 했고, 소식의 자주에 "당시 장영숙이 새로 희하(지금의 감숙성 臨洮 일대)의 지주에 임명되었다(時穎叔新除熙河帥)"라고 했다. 이 구절은 문신들 틈에서 장지기처럼 문무를 겸비한 사람을 찾아냈다는 말이다.

1303-2. 凝祥池[1]

응상지

似知金馬客,[2]	금마문의 나그네가
時夢碧雞坊.[3]	때때로 벽계방을 꿈꾸는 줄 아는 듯
冰雪消殘臘,[4]	얼음과 눈이 쇠잔해 가는 섣달에 녹아
烟波寫故鄉.[5]	안개에 덮인 그 물결이 내 고향을 빚어낸다.
鳴鸞自容與,[6]	말방울을 울리며 혼자 배회하기도 하고
立馬久回翔.[7]	말을 세워 놓고 오랫동안 빙빙 돌기도 하나니
乞與三韓使,[8][9]	그대의 시를 삼한에서 온 사신에게 준다면
新圖到樂浪.[10]	새로 그려 낙랑으로 가져가겠다.

[해설]

개봉성 남쪽에 있는 연못 응상지를 그럴듯하게 잘 묘사한 급제 동기 장지기의 시에 차운한 것이다.

[주석]

(1) 凝祥池(응상지): 開封城 남쪽에 있던 연못. 《續資治通鑑長編》에 "원우 7년(1092) 11월 을사일에 응상지·중태을궁·집희관·대상국사에 행차하셨다(元祐七年十一月, 乙巳, 幸凝祥池·中太乙宮·集禧觀·大相國寺)"라고 했다.

(2) 金馬客(금마객): 漢나라 때 學士들이 金馬門에서 어명을 기다린 일에서 비롯되어 翰林學士를 가리키는바, 여기서는 소식 자신을 가리킨다.

(3) 碧雞坊(벽계방): 成都에 있던 행정 구역의 이름. 소식의 고향을 가리킨다. 杜甫의 시 〈西郊〉에 "때때로 벽계방에 나가 보고는, 서쪽 교외에 있는 내 초당을 향해 간다(時出碧雞坊, 西郊向草堂)"라는 구절이 있다.

(4) 殘臘(잔랍): 쇠잔해 가는 섣달. 연말을 가리킨다.

(5) 寫(사): 鑄造하다. 이 연은 빙설이 녹은 응상지의 모습이 자기 고향과 흡사하다는 말이다.

(6) 容與(용여): 배회하다. 서성이다.

(7) 回翔(회상): 빙빙 돌며 날다. 주위를 맴돌며 구경하는 것을 가리킨다.

(8) 乞與(기여): 주다.

(9) 三韓使(삼한사): 고려에서 온 사신을 가리킨다. 소식의 자주에 “당시 고려 사신들은 도성에 있으면서 경치가 빼어난 곳에 갈 때마다 그림으로 그려서 돌아갔다(時高麗使在都下, 每至勝境, 輒圖畫以歸)” 라고 했다. 소식은 〈論高麗買書利害箚子三首〉 其一에서도 “지금 고려 사신들은 가는 곳마다 그곳 산천의 빼어난 형세를 그리고 허실을 측량하는데 이런 행위 속에 어찌 더 이상 선의가 깃들어 있겠습니까?(今使者所至, 圖畫山川形勝, 窺測虛實, 豈復有善意哉?)”라고 하여, 고려 사신들이 송나라 산천을 그려 감으로써 중요한 군사 기밀이 거란으로 누출될 우려가 있다는 등의 이유로 入貢을 위한 고려 사신의 입국을 극력 반대했다. 이런 기록들을 통하여 고려 사신들이 송나라의 명승을 즐겨 그렸음을 알 수 있다.

(10) 樂浪(낙랑): 漢四郡의 하나. 고려를 가리킨다. 이 연은 고려 사신들이 응상지를 잘 묘사한 장지기의 시를 보면 얼른 와서 그것을 그려 가겠다는 말이다.

1304. 和叔盎[1]畫馬

조숙앙의 말 그림을 읊은 시에 화답하여

天驥德力備,[2][3]	천마는 덕과 힘을 겸비한지라
馬外龍麟中.[4]	말들 틈에 있지 않고 용린들 틈에 있지만
皇天不遣言,[5]	하늘이 말을 하게 하지 않으매
兀與圖畫同.[6]	외로이 서 있는 게 그림과 같네.
駑駘飽官粟,[7]	둔마는 관청 곡식을 배부르게 먹고도
未受一洗空.[8][9]	다른 말들을 깨끗이 쓸어 내지는 못하지만
十駕均一至,[10]	멍에를 열 번 메면 마찬가지로 이를 수 있거늘
何事籋雲風.[11]	무엇 하러 구름과 바람을 밟고 달리리?

[해설]

조숙앙의 말 그림에 쓰여 있는 제화시를 보고 그것에 화답하여 지은 것으로, 둔마의 가치를 역설했다.

[주석]

(1) 叔盎(숙앙): 북송 때의 화가. 《畫繼》에 "조숙앙은 자가 백충으로 말을 잘 그렸다(趙叔盎, 字伯充, 善畫馬)"라고 했다.

(2) 天驥(천기): 天馬. 준마.

(3) 德力(덕력): 덕과 힘. 《論語·憲問》에 "공자께서 '천리마는 하루에 천 리를 달릴 수 있는 그의 힘을 칭송하는 것이 아니라 길이 들어서 사람의 지시에 잘 따르는 그의 유순한 덕성을 칭송하는 것이다'라고 하셨다(子曰: '驥不稱其力, 稱其德也.')"라는 말이 있다.

(4) 龍麟(용린): 준마의 이름. 준마를 가리킨다. 《周禮·夏官司馬下》에 "말이 여덟 자 이상이면 용이라고 한다(馬八尺以上爲龍)"라고 했다. 이 연은 천마가 보통의 말과 같지 않고 준마와 같다는 말이다.

(5) 皇天(황천): 하늘. 하느님. 元稹의 시 〈望雲騅馬歌〉에 "어두운 안색 슬픈 소리로 하늘을 우러러 하소연하는데, 하늘이 말을 못하게 해 그대가 알지 못하네(色沮聲悲仰天訴, 天不遣言君未識)"라는 구절이 있다.

(6) 兀(올): 홀로 서 있는 모양. 이 연은 원진의 시에 묘사되어 있는 바와 같이 실제 명마도 때로는 그림 속의 말처럼 말로써 자신의 심정을 표현할 줄 모르는 채 슬픔에 젖는다는 말이다.

(7) 駑駘(노태): 둔마.

(8) 受(수): 얻다. 이루다.

(9) 一洗空(일세공): 깨끗이 쓸어 버린 상태. 杜甫의 시 〈丹青引贈曹將軍霸〉에 "순식간에 구중궁궐에 진짜 용이 나타나, 만고의 보통 말을 한꺼번에 싹 쓸어 냈다(須臾九重眞龍出, 一洗萬古凡馬空)"라고 했다. 이 연은 둔마가 곡식을 많이 축내고도 준마처럼 잘 달리지는 못한다는 말이다.

(10) 十駕(십가): 열 번 멍에를 데다. 매일 한 번씩 10일에 걸쳐 멍에를 멘다는 뜻으로, 10일 동안 수레를 끄는 것을 가리킨다. 《荀子·修身》에 "천리마는 하루에 천 리를 달리지만 둔마도 멍에를 열 번 메면 이를 수 있다(夫驥一日而千里, 駑馬十駕, 則亦及之矣)"라고 했다.

(11) 躡雲風(섭운풍): 구름과 바람을 밟다. 엄청나게 빨리 달리는 것을 가리킨다. 이 연은 타고난 재능이 부족하더라도 열심히 노력하면 따라잡을 수 있다는 말이다.

1305. 王晉卿[1]示詩, 欲奪海石[2], 錢穆父[3]·王仲至[4]·蔣穎叔[5]皆次韻. 穆·至二公以爲不可許, 獨穎叔不然. 今日穎叔見訪[6], 親睹此石之妙, 遂悔前語. 僕以爲: '晉卿豈可終閉不予者[7]? 若能以韓幹[8]二散馬[9]易之者[10], 蓋可許也.' 復次前韻[11]

왕진경이 시를 보여 주고 해석을 빼앗으려고 했을 때 전목보·왕중지·장영숙이 다 그 시에 차운했다. 전목보와 왕중지 두 사람은 허락해서는 안 된다고 생각했는데 유독 장영숙만은 그러지 않았다. 오늘 장영숙이 나를 찾아와서 이 돌의 오묘함을 직접 보고는 마침내 이전에 한 말을 후회했다. 나는 '왕진경이 어찌 끝내 감추어 두고 안 줄 수 있으랴? 그리고 만약 말 두 마리를 그린 한간의 그림으로 그것을 대체할 수 있다면 그것도 허락할 만할 것 같다'라고 생각하고 다시 이전의 시에 차운한다

相如有家山,[12][13]　사마상여에게는 고향의 산이 있었는데
縹緲在眉綠.[14][15]　그것이 희미하게 탁문군의 파란 눈썹에 있었나니
誰云千里遠,　천 리가 멀다고 누가 말했나
寄此一顰足.[16]　이 한 번의 찡그림에 맡기면 충분한데?
平生錦繡腸,[17]　평소에 늘 금수가 내장에 꽉 찼건만
早歲藜莧腹.[18]　젊을 때는 명아주와 비름으로 배 채웠고
從教四壁空,[19][20]　사방의 벽은 텅 비게 놓아뒀지만
未遣兩峰蹙.[21]　두 봉우리를 찡그리게 하진 않았네.
吾今況衰病,　게다가 나는 지금 노쇠하고 병들었지만
義不忘樵牧.　마음속에 나무하고 소 먹이던 일 못 잊나니
逝將仇池石,[22][23]　맹세코 이 귀한 구지석을 가지고
歸泝岷山瀆.[24]　민산의 도랑을 거슬러 돌아갈 것이네.
守子不貪寶,[25]　재물을 탐하지 않는 그대의 보배를 잘 지켜
完我無瑕玉.[26]　티 없는 나의 옥을 온전하게 해 줄 일
故人詩相戒,[27]　친구들이 시로써 번갈아 경계하여

妙語予所伏.[28] 묘한 말이 탄복할 정도였는데
一篇獨異論,[29] 한 편만 유독 이와 다른 말을 했나니
三占從兩卜.[30] 세 사람이 점치면 두 사람을 따라야 하네.
君家畫可數,[31] 그대 집의 그림은 손에 꼽을 만한 것
天驥紛相逐.[32] 천리마가 분분히 서로 좇아다니는데
風騣掠原野,[33] 휘날리는 갈기가 들판을 빗질하고
電尾捎澗谷.[34] 번갯불 같은 꼬리가 계곡을 스치나니
君如許相易,[35] 그대가 서로 바꾸는 걸 허락한다면
是亦我所欲. 이것도 역시 내가 바라는 바네.
今朝安西守,[36] 오늘 아침에 안서 땅의 태수가 와서
來聽陽關曲.[37] 우리가 불러 주는 〈양관곡〉을 들었나니
勸我留此峰,[38] 나에게 이 봉우리를 남겨 두라 권하며
他日來不速.[39] 부르지 않아도 언젠가 올 것이라고 했네.

[해설]

소식이 애지중지하는 구지석을 왕선이 빼앗으려고 하자 왕선에게 그가 소장하고 있는 한간의 〈목마도〉와 교환하자는 조건을 제시함으로써 왕선을 난처하게 한 시이다.

[주석]

(1) 晉卿(진경): 王詵의 字. 〈和王晉卿送梅花次韻〉(1081) 주 (1) 참조.
(2) 海石(해석): 仇池石을 가리킨다. 〈僕所藏仇池石, 希代之寶也. 王晉卿以小詩借觀, 意在於奪. 僕不敢不借, 然以此詩先之〉(1301) 주 (3) 참조. 王文誥의 《蘇軾詩集》에 "여기서는 '구지석'이라고 하지 않고 '해석'이라고 했으며 또 대야의 물을 바다라고 여겼다(此不云'仇池石', 而云'海石'者, 又以盆水爲海也)"라고 했다.
(3) 穆父(목보): 錢勰의 字.
(4) 仲至(중지): 王欽臣의 字.
(5) 穎叔(영숙): 蔣之奇의 字.
(6) 見訪(견방): 나를 방문하다. 〈次韻錢越州見寄〉(1099) 주 (2) 참조.
(7) 者(자): 의문의 어기를 표시하는 조사.
(8) 韓幹(한간): 唐나라 때의 유명한 화가. 《歷代名畫記》에 "한간은 대량 사람이다. 상서우승 왕유가 그

의 그림을 보고 마침내 그를 추천하여 벼슬이 태부시승에 이르렀다. 사람과 동물의 모습을 잘 묘사했으며 특히 말을 잘 그렸다(韓幹, 大梁人. 王右丞維見其畫, 遂推獎之, 官至太府寺丞. 善寫貌人物, 尤工鞍馬)"라고 했다. 〈次韻子由書李伯時所藏韓幹馬〉(0998) 주 (3) 참조.

(9) 散馬(산마): 전쟁에 동원하지 않고 산야에서 방목하는 말. '二散馬'는 왕선이 소장하고 있던 한간의 〈牧馬圖〉를 가리킨다. 소식은 이 그림에 제화시를 써 준 적이 있다. 〈書韓幹牧馬圖〉(0472) 주 (1) 및 〈해설〉 참조.

(10) 者(자): 가정이나 조건의 어기를 표시하는 조사.

(11) 前韻(전운): 〈僕所藏仇池石, 希代之寶也. 王晉卿以小詩借觀, 意在於奪. 僕不敢不借, 然以此詩先之〉(1301)의 운자를 가리킨다.

(12) 相如(상여): 蜀郡 成都 사람으로 한나라 때의 유명한 辭賦家였던 司馬相如를 가리킨다.

(13) 家山(가산): 고향에 있는 산.

(14) 縹緲(표묘): 높거나 멀어서 분명하지 않은 모양.

(15) 眉綠(미록): 눈썹처럼 파르스름하게 보이는 먼 산을 가리킨다. 《西京雜記》에 "사마상여가 막 탁문군과 함께 성도로 돌아왔을 때……탁문군은 너무나 아름다워서 눈썹 색깔이 꼭 멀리 있는 산을 바라보는 것 같았다(司馬相如初與卓文君還成都……文君姣好, 眉色如望遠山)"라고 했다.

(16) 一顰(일빈): 한 번 찡그리는 일. 이상의 네 구절은 탁문군이 눈썹을 한 번 찡그리면 그것이 천 리 밖에 있는 고향의 산과 같았다는 말이다.

(17) 錦繡腸(금수장): 금수가 가득한 창자. 시문을 잘 짓는 재주를 가리킨다. 李白의 〈冬日於龍門送從弟京兆參軍令問之淮南覲省序〉에 "형은 심장과 간 등의 오장이 다 금수로 채워져 있습니까? 그렇지 않다면 어째서 입만 열면 글이 되고 붓을 휘둘렀다 하면 안개가 흩어집니까?(兄心肝五藏, 皆錦繡耶? 不然, 何開口成文, 揮翰霧散?)"라는 말이 있다.

(18) 藜莧(여현): 명아주와 비름. 하찮은 음식을 가리킨다.

(19) 從教(종교): ~하게 놓아두다.

(20) 四壁空(사벽공): 사방의 벽이 텅 비다. 집안이 극도로 가난하여 아무것도 없는 것을 가리킨다. 《史記·司馬相如傳》에 "탁문군이 야음을 틈타 사마상여에게로 도망간지라 사마상여가 이에 탁문군과 함께 급히 성도로 돌아갔는데 집에 아무것도 없고 단지 사방의 벽만 서 있었다(文君夜亡奔相如, 相如乃與馳歸成都, 家居徒四壁立)"라는 말이 있고, 杜甫의 시 〈百憂集行〉에 "대문에 들어서면 여전히 네 벽이 비어 있고, 나를 보는 늙은 아내는 안색이 나와 같네(入門依舊四壁空, 老妻睹我顏色同)"라는 구절이 있다.

(21) 兩峰蹙(양봉축): 두 봉우리를 찡그리다. 탁문군이 근심으로 두 눈썹을 찡그리는 것을 가리킨다. 이상의 여덟 구절은 사마상여와 탁문군의 일을 서술한 것이다.

(22) 逝(서): 맹세하다. '誓'와 같다. 發語辭로 보기도 한다. 《詩經·魏風·碩鼠》에 "맹세코 너를 떠나, 저 낙원에 가리라(逝將去女, 適彼樂土)"라는 구절이 있다.

(23) 將(장): 가지다. 지니다.

(24) 岷山瀆(민산독): 민산에서 발원한 도랑이라는 뜻으로 岷江을 가리킨다.

(25) 不貪寶(불탐보): 재물을 탐하지 않는 덕을 보배에 비유한 것이다. 춘추 시대 宋나라의 어떤 사람이 옥을 주워서 子罕에게 바쳤더니 자한이 받지 않았다. 옥을 바친 사람이 "옥장이에게 보여 주었더니 보배라고 하기에 바치는 것입니다"라고 했다. 그러자 자한이 "나는 재물을 탐하지 않는 것을 보배로 여긴다오"라고 했다.(《左傳·襄公十五年》 참조) 이 구절은 왕선이 남의 물건을 탐내지 않을 것이라고 치켜세운 것이다.

(26) 無瑕玉(무하옥): 티가 없는 옥. 구지석을 가리킨다.

(27) 故人(고인): 전협과 왕흠신을 가리킨다.

(28) 伏(복): 감복하다. 탄복하다. '服'과 같다.

(29) 一篇(일편): 장지기의 시를 가리킨다.

(30) 三占(삼점): 세 사람이 점을 치다. 《書經·周書·洪範》에 "세 사람이 점쳤다면 두 사람의 말을 따르십시오(三人占, 則從二人之言)"라는 말이 있다.

(31) 可數(가수): 손꼽을 만하다. 이 구절은 왕선이 소장하고 있는 그림이 귀하고 값지다는 말이다.

(32) 天驥(천기): 天馬. 준마.

(33) 風騣(풍종): 바람 받은 갈기. 말이 빨리 달려서 바람에 휘날리는 갈기를 가리킨다.

(34) 電尾(전미): 번갯불. 짐승의 꼬리처럼 생겼기 때문에 그렇게 불렀다. 여기서는 모양이 번갯불처럼 생긴 데다 빠르기도 한 말의 꼬리를 가리킨다.

(35) 如(여): ~한다면.

(36) 安西守(안서수): 안서 태수. 熙州(지금의 감숙성 臨洮 일대)지주로 부임해 갈 예정이었던 장지기를 가리킨다. 송나라 때의 희주가 당나라 때에는 安西都護府에 속했기 때문에 이렇게 부른 것이다. 〈次韻錢穆父會飮〉(1293) 주 (24) 및 〈扈從景靈宮〉(1303-1) 주 (16) 참조.

(37) 陽關曲(양관곡): 송별가의 대명사라고 할 수 있는 王維의 시 〈送元二使安西〉를 가리킨다. 이 시에 "권하노니 그대여 술을 한 잔 더 비우게, 서쪽으로 양관을 나가면 친구가 없을 테니(勸君更盡一杯酒, 西出陽關無故人)"라는 구절이 있다.

(38) 此峰(차봉): 구지석을 가리킨다.

(39) 速(속): 부르다. 초청하다. 《易經·需卦》의 爻辭에 "불청객 세 명이 올 텐데 그들을 공경하면 마침내 길할 것이다(有不速之客三人來, 敬之終吉)"라는 말이 있다. 이 연은 장지기가 이전에 자신이 한 말을 번복하여 구지석을 빼앗기지 말라고 충고했기 때문에 언젠가 돌아와서 구지석을 다시 보여 달라고 할 것이라는 뜻이다.

1306. 軾欲以石易畫[1], 晉卿[2]難之. 穆父[3]欲兼取二物, 穎叔[4]欲焚畫碎石, 乃復次前韻, 幷解二詩[5]之意

내가 돌을 그림과 바꾸려고 하자 왕진경이 난처해했다. 그러자 전목보는 두 가지 물건을 다 자기가 가지려고 하고 장영숙은 그림을 불태우고 돌을 부수어 버리려고 하는지라 이에 다시 이전의 시에 차운하고 아울러 두 시의 의미를 해명한다

春冰無眞堅,	봄철의 얼음은 정말 단단한 것이 없고
霜葉失故綠.	서리 맞은 나뭇잎은 예전의 초록빛을 잃네.
鷃疑鵬萬里,	메추리는 대붕이 만 리를 난다는 걸 믿지 않고
蚿笑夔一足.[6][7]	노래기는 기가 발을 하나 가진 걸 보고 웃네.
二豪爭攘袂,[8]	두 호걸이 다투어 소매를 걷는지라
先生一捧腹.[9]	선생이 한바탕 배를 잡고 웃었네.
明鏡旣無臺,[10]	저승의 명경대에 받침대가 없거니와
淨甁何用蹙.[11][12]	정병인들 찰 필요가 어디 있으리?
盆山不可隱,[13]	대야에 담긴 산엔 은거를 할 수 없고
畫馬無由牧.[14]	그림 속에 있는 말은 먹일 수가 없다네.
聊將置庭宇,[15]	잠시 동안 마당에 놓아두면 될 일이지
何必棄溝瀆.	어찌 꼭 도랑에 버려야 하리?
焚寶眞愛寶,	보배를 태우는 건 참으로 보배를 아끼는 것이고
碎玉未忘玉.[16]	옥을 부숴 버리는 건 옥을 못 잊는 것이네.
久知公子賢,[17]	옛날부터 공자가 현명한 줄 알았나니
出語耆年伏.[18][19]	말을 한 번 했다 하면 이 노인이 감복했네.
欲觀轉物妙,[20][21]	두 물건을 바꾸는 묘미를 즐기려고

故以求馬卜.(22)	말을 달라 함으로써 마음을 점쳐 봤네.
維摩既復舍,(23)	유마힐이 이미 다시 천녀들을 버린지라
天女還相逐.(24)	천녀들이 또 마왕을 쫓아갔는데
授之無盡燈,(25)	그들에게 무진등이 주어졌으니
照此久幽谷.	오랫동안 어둑했던 이 계곡을 비출 터
定心無一物,(26)	선정에 든 마음에는 외물이 하나도 없으니
法樂勝五欲.(27)(28)	법락이 오욕을 극복하겠네.
三峨吾鄉里,(29)	아미산 세 봉우리가 나의 고향에 있고
萬馬君部曲.(30)	말 만 마리가 그대의 군대 안에 있으니
臥雲行歸休,(31)(32)	나는 곧 돌아가서 구름 위에 누워 쉬고
破賊見神速.(33)(34)	그대는 신들린 듯 도적 무찌르는 것을 보게.

[해설]

왕선이 소식의 구지석을 빼앗으려고 하자 소식이 빼앗기지 않기 위해 왕선이 소장하고 있는 한간의 〈목마도(牧馬圖)〉와 바꾸자고 했다. 왕선이 난처해하는 것을 보고 전협은 두 가지를 다 자기에게 주면 되겠다고 우스갯소리를 하고 장지기는 둘 다 없애 버리면 되겠다고 우스갯소리를 했다. 이 시는 이들의 말에 대한 자신의 생각을 밝힌 것으로 자신이 이전의 시 두 수에서 구지석에 대해 강한 집착을 보였던 것과 달리 이제 외물에 대한 집착에서 벗어나 초연한 마음을 갖게 되었음을 밝히고 그 이유가 무엇인지 설명했다. 제1~2구에서는 상황에 따라 바뀌는 것이 자연의 이치라는 논리로 자신의 마음이 바뀐 이유를 설명했고, 제3~4구에서는 자신이 겪어 보지 않은 일은 이해하기 어려운 것이 자연의 이치라는 논리로 구지석을 가져 보지 않은 사람들은 자신이 그동안 그토록 구지석에 집착한 이유를 이해하지 못할 것이라고 설명했다. 그리고 끝부분에서 외물에 대한 욕심을 극복하고 초연한 마음으로 고향에 돌아가기를 원하는 당시의 심경을 토로했다.

[주석]

(1) 以石易畫(이석역화): 돌을 그림과 바꾸다. 소식이 소장하고 있는 仇池石을 王詵이 소장하고 있는 韓幹의 〈牧馬圖〉와 교환하는 것을 가리킨다.

(2) 晉卿(진경): 王詵의 字. 〈和王晉卿送梅花次韻〉(1081) 주 (1) 참조.

(3) 穆父(목보): 錢勰의 字.

(4) 穎叔(영숙): 蔣之奇의 字.

(5) 二詩(이시): 소식 자신이 같은 운자로 지은 시 〈僕所藏仇池石, 希代之寶也. 王晉卿以小詩借觀, 意在於奪, 僕不敢不借, 然以此詩先之〉(1301)와 〈王晉卿示詩, 欲奪海石, 錢穆父·王仲至·蔣穎叔皆次韻.……〉(1305)을 가리킨다.

(6) 蚿(현): 노래기. 몸은 원통형으로 길쭉하고 등은 붉은 갈색인데 한 마디에 두 쌍의 짧은 발이 있을 정도로 발이 많은 절지동물이다.

(7) 夔(기): 발이 하나 달렸다는 상상 속의 동물.

(8) 二豪(이호): 두 호걸. 劉伶의 〈酒德頌〉에 "지체 높은 공자와 긴 띠에 홀을 꽂은 처사가 나의 명성을 듣고 그 까닭이 무엇인지 논쟁을 벌였다. 이에 소매를 떨치고 옷깃을 여미고 눈을 부릅뜨고 이를 갈며 예법이 무엇인지 주저리주저리 얘기하여 옳고 그름을 따지는 말다툼이 분분하게 일어났다.……두 호걸이 그 옆에서 모시고 있는 것이 마치 나나니벌이 배추벌레와 함께 있는 것 같았다(有貴介公子·縉紳處士, 聞吾風聲議其所以. 乃奮袂攘衿, 怒目切齒, 陳說禮法, 是非鋒起.……二豪侍側焉, 如蜾蠃之與螟蛉)"라고 한바, 二豪는 貴介公子와 縉紳處士를 가리킨다. 소식 시의 二豪는 王文誥의 《蘇軾詩集》에 "전목보와 장영숙을 말한다(謂穆父·穎叔也)"라고 한 바와 같이 전협과 장지기를 가리킨다.

(9) 先生(선생): 유령의 〈주덕송〉에 "한 대인 선생이 있어 천지개벽 이래의 긴 세월을 하루아침으로 여기고 백만 년을 순간으로 여기며, 해와 달을 문으로 여기고 팔방의 끝을 자기 집 정원과 집 앞의 네거리로 여긴다(有大人先生, 以天地爲一朝, 萬期爲須臾, 日月爲扃牖, 八荒爲庭衢)"라고 했다. 왕문고의 《소식시집》에 "선생 자신을 말한다(先生自謂也)"라고 했다.

(10) 明鏡(명경): 明鏡臺. 저승의 입구에 있어서 지나가는 사람의 생전의 행실을 그대로 비춘다고 하는 거울. 명칭에 '臺'라고 했지만 사실상 명경대에는 '臺'가 없다. 《六祖大師法寶壇經·行由品第》에 "신수가 남쪽 행랑의 벽에 '몸은 보리수요, 마음은 명경대니, 때때로 부지런히 갈고닦아서, 먼지가 앉지 않게 해야 한다네'라는 게송을 써 놓았더니, 혜능이 게송을 써서 '보리에는 나무가 본래 없었거니와, 명경대에도 역시 받침대가 없었네. 본래부터 한 가지 물건도 없었거늘, 어디서 먼지를 일으키리오?'라고 했다(神秀書偈於南廊壁間, 曰: '身是菩提樹, 心如明鏡臺. 時時勤拂拭, 勿使惹塵埃.' 慧能偈曰: '菩提本無樹, 明鏡亦非臺. 本來無一物, 何處惹塵埃?')"라는 말이 있다. 이 구절은 관념적으로 존재할 뿐 실체가 없는 명경대에 집착하는 것이 부질없는 짓인 것처럼, 자신이 실물이 아닌 구지석에 집착하는 것과 왕선이 〈목마도〉에 집착하는 것이 다 부질없는 짓이라는 뜻인 것으로 보인다.

(11) 淨瓶(정병): 승려들이 차고 다니는 길쭉한 물병. 본래 인도에서 승려가 여행할 때 들고 다니던 물병이었는데 나중에는 공양의 도구로 쓰이게 되었다.

(12) 蹵(축): 발로 차다. 소식의 자주에 "옛날에는 '蹴' 자와 '蹵' 자가 통용되었다(古'蹴'·'蹵'通)"라고 했다. 百丈禪師가 어느 날 밤에 靈祐禪師를 불러서 당부했다. "나의 중생 교화 인연이 이 潙山에 있으니 네가 그곳에 머물면서 나의 宗風을 이어 널리 후학을 濟度해야 한다." 華林覺禪師가 이 말을 듣고 "제가 맨 윗자리에 있는데 영우선사가 어떻게 住持를 맡을 수 있습니까?"라고 했다. 그러자 백장선사가 "중생을 향해 파격적인 말을 한마디 할 수 있다면 당연히 주지를 맡게 할 수 있다"라고 하고는 즉시 정병을 가리키며 "이것을 정병이라고 부를 수 없다면 무엇이라고 부르겠느냐?" 하고 물었다. 화림각선사가 "나무토막이라고 부를 수는 없겠지요"라고 했다. 백장선사가 탐탁하게 여기지 않고 영우선사에게 물었더니 영우선사가 정병을 발로 차서 넘어뜨려 버렸다. 백장선사가 웃으면서 "맨 윗자리에 있는 사람이 산골 촌놈에게 졌다"라고 했다.(《傳燈錄·潭州潙山靈祐禪師》 참조) 백장선사가, 나무로 만든 정병을 '나무토막'이 아닌 다른 말로 부르려고 시도한 화림각선사보다 공양의 도구로 쓰이기도 하는 정병을 발로 차 버린 영우선사가 더 높은 경지에 이르렀다고 본 것이다. 그러나 소식의 이 구절은 정병을 발로 차는 것도 아직 집착이 남아 있다는 뜻이기 때문에 아예 발로 찰 필요조차 없을 정도로 완전히 집착을 끊어야 한다는 말인 것으로 보인다.

(13) 盆山(분산): 대야에 담아 놓은 산. 구지석을 가리킨다.

(14) 畫馬(화마): 〈牧馬圖〉 속의 말을 가리킨다.

(15) 將(장): ~을. 뒤에 목적어로서 구지석을 가리키는 말이 생략되어 있다. 이 연은 '淨瓶何用蹵'의 관점에서 장지기가 구지석을 부수어서 도랑에 내다 버리라고 한 말을 반박한 것인 듯하다.

(16) 未忘玉(미망옥): 옥에 미련을 갖는다는 말이다. 이 연은 장지기의 말대로 〈목마도〉를 불태워 버리는 것이나 구지석을 부수어 버리는 것도 아직까지 그것들에 대한 집착을 완전히 끊어 버리지 못했다는 반증이기 때문에 좋은 방법이 아니라는 말이다. 王文誥의 《蘇軾詩集》에 "이 시는 두 단락으로 나누어져 있는바, 이상은 전목보와 장영숙에게 화답한 것이다(此詩分二截. 以上答穆父·穎叔)"라고 했다.

(17) 公子(공자): 왕선을 가리킨다.

(18) 耆年(기년): 노인. 소식 자신을 가리킨다.

(19) 伏(복): 감복하다. 탄복하다. '服'과 같다.

(20) 觀(관): 감상하다. 즐기다.

(21) 轉物(전물): 물건을 교역하다.

(22) 求馬(구마): 말을 찾다. 말 그림을 요구하는 것을 가리킨다. 《莊子·田子方》에 "그것들은 이미 지나간 것인데 너는 그것을 추구하면서 현재 존재하는 것으로 생각하고 있으니 이는 아무것도 없는 텅 빈 시장에서 말을 찾는 것이다(彼已盡矣, 而女求之以爲有, 是求馬於唐肆也)"라고 했다. 이 연은 왕선에게 한간의 〈牧馬圖〉를 달라고 하면 그가 어떻게 할 것인지 예측해 본다는 말이다.

(23) 維摩(유마): 維摩詰. 인도 비사리국의 長者인 그는 석가모니의 在家 제자로서 俗家에서 보살 行業을 닦았다. 이 구절에는 유마힐이 천녀를 버린 것처럼 자신과 왕선도 구지석과 〈목마도〉에 대한 집착을 버리는 것이 좋겠다는 의미도 담겨 있는 것으로 보인다.

(24) 天女(천녀): 불교에서 하늘을 날아다니며 下界 사람과 왕래한다고 하는 여자 仙人. 유마힐이 천녀들에게 "法樂을 가지고 자신들을 즐겁게 하고 더 이상 五慾을 즐기지 마라"라고 하자 천녀가 "법락이

무엇입니까?" 하고 물었다. 그러자 "항상 부처님 믿기를 즐기고, 불법 듣기를 즐기고, 중생 공양하기를 즐기고, 오욕에서 벗어나기를 즐겨라"라고 했다. 魔王 波旬이 "거사께서는 이 천녀들을 버리소서. 가지고 계신 모든 것을 다른 사람에게 베푸는 것이 바로 보살입니다"라고 했다. 그러자 유마힐이 "내가 이미 버렸으니 그대는 곧 데리고 가서 일체의 중생들이 불법을 듣고자 하는 소원을 다 이루게 해라"라고 했다. 이에 천녀들이 유마힐에게 "우리는 어떻게 마왕의 궁전에 머물러야 합니까?" 하고 물으니 유마힐이 "無盡燈이라는 이름의 法門이 있으니 너희들이 꼭 배워야 한다. 무진등이란 비유하자면 한 개의 등이 백 개, 천 개의 등에 불을 붙여 어두운 곳을 다 밝혀서는 밝음이 끝내 없어지지 않는 것과 같다"라고 했다.(《維摩詰經·菩薩品》 참조)

(25) 無盡燈(무진등): 하나의 등불로 수없이 많은 등잔에 불을 붙이는 것처럼 佛法으로 수많은 중생을 인도하는 것을 비유하는 말이다. 부처의 가르침이 잇따라 전파되어 다함이 없음을 의미한다.

(26) 定心(정심): 禪定에 든 마음. 참선으로 의식을 통일하여 한곳에 집중된 마음을 가리킨다.

(27) 法樂(법락): 부처님의 가르침을 믿고 받드는 즐거움.

(28) 五欲(오욕): 五慾. 불교에서 말하는 財慾·色慾·食慾·名譽慾·睡眠慾 등의 다섯 가지 욕망. 이상의 여섯 구절은 천녀가 비추어 주는 무진등에 힘입어 외물에 대한 집착에서 자유로워지자는 말이다.

(29) 三峨(삼아): 峨眉山의 세 봉우리인 대아·중아·소아. 아미산을 가리킨다. 王十朋의 《百家註分類東坡先生詩》에 "'아미산 세 봉우리가 나의 고향에 있다'는 진짜 산을 말하고, '말 만 마리가 그대의 군대 안에 있다'는 진짜 말을 말한다. 나에게는 진짜 산이 있어서 장차 그곳의 구름 위에 누우려고 하고, 왕씨에게는 진짜 말이 있어서 그것으로 도적을 무찌르려고 한다. 이처럼 가짜 산은 좋아할 필요가 없고 그림 속의 말은 취할 필요가 없다('三峨吾鄕里', 言眞山; '萬馬君部曲', 言眞馬. 我有眞山, 則將臥雲; 王有眞馬, 則用破賊. 如此假山不必愛, 畫馬不必取也)"라고 했다.

(30) 部曲(부곡): 옛날 군대의 편제 단위. 군대를 가리킨다.

(31) 行(행): 장차. 곧.

(32) 歸休(귀휴): 관직을 그만두고 고향으로 돌아가서 쉬다.

(33) 破賊(파적): 도적을 무찌르다. 소식의 자주에 "왕진경은 장군의 후예라 늘 이런 마음을 지니고 있었다(晉卿將種, 常有此志)"라고 했다.

(34) 神速(신속): 신들린 듯이 빠르다.

1307. 程德孺[1]惠[2]海中柏石[3], 兼辱[4]佳篇, 輒復和謝

정덕유가 바닷속의 백석을 주고 아울러 멋진 시도 지어 주기에 즉시 또 화답하여 감사한다

嵐薰瘴染却敷腴,[5][6][7]	남기에 찌들고 장기에 물들어도 오히려 환한 안색으로
笑飮貪泉獨繼吳.[8]	웃으며 탐천을 마시고 혼자 오씨의 뒤를 이었네.
未欲連車收薏苡,[9]	줄지은 수레로 율무를 가져오려 하지 않았거늘
肯敎沉網取珊瑚.[10][11][12]	철망을 내려 산호를 따게 했으리?
不知庾嶺三年別,[13]	대유령께에서 세 해 동안 헤어져 지내면서
收得曹溪一滴無.[14][15]	조계 물 한 방울을 얻었는지 모르지만
但指庭前雙柏石,[16]	뜰 앞에 있는 한 쌍의 백석을 가리키며
要予臨老識方壺.[17]	나한테 늘그막에 방장산을 좀 알라고 할 뿐이네.

[해설]

영남 지방에서 근무하고 돌아온 외사촌 동생 정지원이 백석을 주면서 함께 지어 준 시에 화답한 것으로, 정지원의 청렴결백을 해학적인 필치로 노래했다.

[주석]

(1) 德孺(덕유): 소식의 외사촌 동생 程之元의 字. 〈僕所藏仇池石, 希代之寶也. 王晉卿以小詩借觀, 意在於奪. 僕不敢不借, 然以此詩先之〉(1301) 주 (4) 참조.

(2) 惠(혜): 은혜를 베풀다. 하사하다.

(3) 柏石(백석): 바다에서 나는 돌의 일종. 측백나무처럼 생긴 돌인 것으로 보인다.

(4) 辱(욕): 받다. 황송하게도 받는다는 뜻의 겸사이다.

(5) 嵐(남): 嵐氣. 이내. 산림에 덮여 있는 푸르스름하고 흐릿한 안개 기운.

(6) 瘴(장): 瘴氣. 瘴毒. 축축하고 더운 땅에서 생기는 독한 기운.

(7) 敷腴(부유): 안색이 환하게 밝은 모양.

(8) 貪泉(탐천): 광동성 廣州 북쪽의 石門 동쪽에 있던 샘. 이 샘의 물을 마시면 탐관오리가 된다는 속설이 있었는데 東晉 때의 청백리 吳隱之가 융안(397-401) 연간에 광주태수로 부임해 가는 도중 석문에 이르러 조금도 개의치 않고 "옛사람이 말하기를 이 샘의 물은, 한 번 마시면 일확천금을 꿈꾼다고 했는데, 백이와 숙제라면 이 물을 마시게 해도, 끝끝내 마음을 바꾸지 않으리라(古人云此水, 一歃懷千金. 試使夷齊飮, 終當不易心)" 하고 읊고는 샘물을 실컷 퍼마셨다. 그러나 그는 광주태수로 재임하는 동안 이전보다 더욱 청렴결백하게 살았다고 한다.(《晉書·吳隱之傳》 참조)

(9) 薏苡(의이): 율무. 후한 때의 伏波將軍 馬援은 交趾에 있을 때 율무를 먹음으로써 몸을 가볍게 하고 욕심을 없애 瘴氣를 이겨 냈다. 그 때문에 교지에서 돌아올 때 율무 열매를 수레에 싣고 왔는데 사람들이 그가 남방의 진귀한 물건을 싣고 온 줄 알았다.(《후한서·마원전》 참조)

(10) 肯(긍): 어찌.

(11) 教(교): ~로 하여금 ~하게 하다. 뒤에 목적어가 생략되어 있다.

(12) 沉綱(침망): 철망을 물속에 넣다. 산호를 캐는 것을 가리킨다. 《新唐書·西域傳下》에 "불름은 옛날의 대진으로 서해 가에 있기 때문에 해서국이라고도 한다.……바다 안에 산호섬이 있는데 바닷가 사람들이 큰 배를 타고 물 밑으로 철망을 떨어뜨린다.……철망으로 산호의 뿌리를 뽑은 뒤 그 철망을 배에 매어서 끌어내는데 때를 놓쳐 제때에 거두지 않으면 부패한다(拂菻, 古大秦也, 居西海上, 一曰海西國.……海中有珊瑚洲, 海人乘大舶, 墮鐵網水底.……鐵發其根, 繫網舶上, 絞而出之, 失時不取卽腐)"라고 했다. 이 연은 정지원이 영남 지방에서 돌아올 때 산호는커녕 율무조차도 가져오지 않았다는 말이다.

(13) 庾嶺(유령): 대유령. 강서성과 광동성 사이에 있는 큰 산맥. 한나라 무제 때 유씨 성을 가진 장군이 여기에 성을 쌓았기 때문에 이런 이름이 생겼다고 한다. 여기서는 대유령 일대라는 뜻으로 대유령 이남, 즉 영남 지방을 가리킨다.

(14) 曹溪(조계): 광동성 韶關市 曲江區 동남쪽의 雙峰山 기슭에 있는 계곡. 중국 南宗 불교의 발원지로 양나라 천감 3년(504)에 무제에게 寶林寺라는 初名을 하사받았다는 南華寺가 이 계곡 가에 있다. 이곳은 禪宗 六祖인 慧能이 선종의 頓悟를 얻은 곳이기 때문에 '曹溪'로써 혜능을 가리키기도 한다. 그리고 '曹溪一滴' 또는 '一滴曹溪水'는 돈오의 원천을 가리키는바, 《釋氏通鑑·韶國師》에 "또 묻기를 '조계의 물 한 방울이란 대체 무엇입니까?'라고 하자 法眼禪師가 '조계의 물 한 방울이다'라고 했다. 德韶國師가 듣고 커다란 깨달음을 얻어 평생토록 품어 온 의문이 얼음 녹듯이 사라졌다(又有問: '如何是曹溪一滴水?' 眼曰: '是曹溪一滴水.' 韶聞乃大悟, 平生疑滯, 渙若冰釋)"라는 말이 있다. 이 연은 정지원이 조계 근처에 있는 동안 선종의 돈오를 좀 얻었는지 모르겠다는 말이다.

(15) 無(무): 의문의 어기를 표시하는 부사. '否'·'不'·'未'처럼 여부 또는 가부를 물을 때 쓴다.

(16) 庭前雙柏石(정전쌍백석): 소식이 정지원에게 얻어서 자기 정원에 놓아둔 두 개의 백석을 가리킨다. 《傳燈錄》에 "조주의 종심선사는 대개 스님들이 자기 방으로 들어오면 단지 뜰 앞의 측백나무를 가리키며 '뜰 앞의 측백나무여!'라고 말할 뿐이었다(趙州從諗禪師, 凡有僧入室, 但指庭前柏樹云: '庭前柏樹子!')"라는 말이 있다.

(17) 方壺(방호): 三神山의 하나인 方丈山의 다른 이름. 속세에서 멀리 떨어져 있는 곳을 가리킨다. 이상의 네 구절은 정지원이 영남 지방에서 돌아올 때 값비싼 물건을 하나도 가져오지 않고 백석이나 들고 온 일을 해명하기 위해 종심선사처럼 굴었다고 우스갯소리를 한 것이다.

1308. 次秦少游(1)韻贈姚安世(2)

진소유의 시에 차운하여 요안세에게 준다

帝城如海欲尋難,	도성은 바다와 같아 찾으려 해도 찾기 어렵거니와
肯捨漁舟到杏壇.(3)	어찌 고깃배를 버리고 행단에 오려 하리?
剝啄扣君容膝戶,(4)(5)	무릎이 겨우 들어갈 만한 그대 집의 문을 똑똑 두드리면
巍峨笑我切雲冠.(6)(7)	우뚝하게 높은 내 절운관을 보고 웃으리.
問羊獨怪初平在,(8)	양에 대해 물으며 황초평이 있음을 홀로 괴이해하노라면
牧豕應同德曜看.(9)	돼지를 먹이다가 맹덕요와 함께 나를 쳐다보리.
肯把參同較同異,(10)	즐겁게 《참동계》를 들고 이동을 따져 가며
小窗相對爲研丹.(11)	작은 창 밑에 마주 앉아 단사를 갈리.

[해설]

진관의 시에 차운하여 요단원에게 지어 준 것으로, 자기가 요단원을 찾아가서 보게 될 요단원의 도가적 삶을 상상하여 노래했다.

[주석]

(1) 少游(소유): 蘇門四學士의 한 사람인 秦觀의 字.

(2) 姚安世(요안세): 查愼行의 《蘇詩補註》에 "요안세는 아마도 요단원인 것 같다(姚安世疑卽姚丹元)"라고 했다. 〈次丹元姚先生韻二首〉(1309) 주 (1) 참조.

(3) 杏壇(행단): 살구나무가 있는 언덕. 《莊子·漁父》에 "공자가 치유라는 숲에서 노닐다가 살구나무 언덕 위에 앉아서 쉬었다. 제자들은 책을 읽고 공자는 거문고를 타면서 노래를 불렀는데 곡조를 절반 좀 안 되게 탔을 때 한 어부가 배에서 내려 다가왔다(孔子遊於緇帷之林, 休坐乎杏壇之上. 弟子讀書, 孔子絃歌鼓琴, 奏曲未半, 有漁父者, 下船而來)"라고 했다. 이 일에서 비롯되어 孔子가 제자들과 함께 학문을 강론하던 곳을 가리킨다. 이 연은 도인인 요단원이 세속적인 사람인 소식과 진관이 함께 있는 곳으로 찾아오려고 할 리가 없다는 말인 것으로 보인다.

(4) 剝啄(박탁): 문을 두드리는 소리.

(5) 容膝(용슬): 두 무릎이 간신히 들어갈 만한 좁은 집. 아주 좁고 낮은 집을 가리킨다.

(6) 巍峨(위아): 높고 큰 모양.

(7) 切雲冠(절운관): 구름에 닿을 정도로 높은 모자. 모자 이름이기도 하다. '容膝戶'와 대비시킴으로써 해학적인 맛을 더한다.

(8) 初平(초평): 東晉 사람 皇初平. 그는 열다섯 살 때 양을 먹이러 갔다가 도사를 따라 金華山으로 들어갔다. 40여 년이 지난 뒤에 그의 형 皇初起가 그를 찾아가 양이 어디에 있느냐고 묻자 황초평이 흰 돌의 무리를 가리켰다. 형이 의아해하는 것을 보고 황초평이 "양들아, 일어나라!"라고 하자 흰 돌들이 수만 마리의 양으로 변했다.(葛洪, 《神仙傳》 참조) 여기서는 요단원을 가리킨다.

(9) 德曜(덕요): 後漢 사람 梁鴻의 아내 孟光의 字. 양홍은 집안이 매우 가난했지만 절개를 굽히지 않았다. 그는 太學에서 수학할 때 여러 가지 책을 두루 보아 모르는 것이 없을 정도였지만 학업이 끝난 뒤에 上林苑에서 돼지를 먹이며 살았다. 한번은 실화하여 불길이 남의 집까지 번졌다. 양홍이 주인에게 손실이 얼마나 되는지 물어서 자기 돼지를 주고 변상하려 했지만 욕심 많은 주인이 만족하지 않았다. 이에 양홍이 그 집을 위해 일을 해 주기로 했다. 나중에 이웃집 노인이 양홍이 예사 사람이 아닌 줄 알고 주인을 나무라며 양홍을 칭송했다. 그러자 주인이 양홍의 돼지를 모두 돌려주었다. 같은 고을에 孟光이라는, 힘은 장사지만 외모가 아주 못생긴 여자가 있었다. 그녀가 서른 살이 되도록 시집갈 생각을 하지 않는지라 부모가 까닭을 물었더니 양홍 같은 사람이 아니면 결혼하지 않을 것이라고 했다. 그 소문을 들은 양홍이 그녀를 아내로 맞아들이고 덕요라는 자를 지어 주었다.(《후한서·양홍전》 참조) 여기서는 요단원의 아내를 가리킨다.

(10) 參同(참동): 參同契. 《神仙傳》에 "魏伯陽이 《참동계》와 《오행상류》를 지었으니 모두 세 권이다. 그의 설은 《주역》을 풀이한 것 같지만 사실은 여섯 개의 爻로 이루어진 卦가 나타내는 형상을 빌려서 鍊丹의 의미를 논한 것이다(伯陽作《參同契》·《五行相類》, 凡三卷. 其說似解《周易》, 其實假借爻象, 以論作丹之意)"라고 했다.

(11) 研丹(연단): 丹砂를 갈다. 이 연은 요단원이 《참동계》에 적혀 있는 연단법을 따져 가며 단사를 갈고 있을 것이라는 말이다.

1309. 次丹元姚先生[1]韻二首

요단원 선생의 시에 차운하여

其一

浮生知幾何,	뜨구름 같은 인생 얼마인지 아는가?
僅熟一釜羹.[2]	겨우 국 한 솥 끓이는 짧은 시간이라네.
那於俯仰間,[3]	어찌 고개를 숙였다 드는 이 짧은 시간 동안
用此委曲情.[4][5]	이 세세한 일들에 다 마음을 쓰리?
自憐無他腸,[6]	나는 스스로 좋아하네 내게 딴마음이 없는 덕에
偶亦得此生.[7]	어쩌다 보니 또 이 삶의 의미를 알게 된 걸.
懸知當去客,[8][9]	사람이란 떠나야 할 나그네지만
中有不亡存.[10]	사람에겐 없어지지 않는 것도 있을 줄 아네.
但恐宿緣重,[11]	다만 하나 두려운 건 전생의 인연이 깊어서
每爲習氣昏.[12]	늘 습기로 어리석어지는 것이네.
似聞梅子眞,[13]	매자진이 근래에
近在吳市門.	오현 시장의 문에 있다고 들은 듯하네.
未能肩拍洪,[14]	어깨로 홍애를 칠 수는 없을 테니
但欲目擊溫.[15]	눈으로 온백설자 보기를 바랄 뿐이네.
不敢叩門呼,[16]	감히 문을 두드리며 부르지 못하는 건

恐作踰垣奔.	담을 넘어 달아날까 두렵기 때문이네.
且令紹介先,[17]	일단 말 전하는 사람을 먼저 보낸 뒤
徐以方便論.[18]	천천히 방편을 강구하려네.

其二

不學劉更生,[19]	유갱생을 본받아
黃金鑄上方.[20]	상방에서 황금을 주조하지도 않고
不學房次律,[21]	방차율을 본받아
身事問潁陽.[22]	일신의 일을 영양의 은자에게 묻지도 않네.
王烈亦何人,[23]	왕렬은 또 어떤 사람이기에
叔夜未可量.[24]	혜숙야도 그 사람을 헤아리지 못하여
獨見神山開,[25]	혼자서 신선의 산이 쪼개지는 것을 보고
遽餐石髓香.[26]	향긋한 종유석을 얼른 먹었나?
至道尙聽瑩,[27][28]	지극한 도는 아직 들어도 의아하겠지만
麤才終蹶張.[29][30]	못난이가 마침내 쇠뇌를 밟고 당길 것이라 하니
先生喜而笑,	선생이 기뻐하며 웃음을 띠고
幅巾登我堂.[31]	복건을 쓴 채 우리 대청에 오르셨기에
苦誓指黃壤,[32][33]	나는 흙을 가리키며 굳게 맹세하고는
要言刻靑琅.[34][35]	청낭간에 지극한 이치를 새겨 놓았네.
蓬萊在何許,[36]	봉래산이 어디 있나?
弱水空相望.[37]	부질없이 약수만 바라보나니
且當從嵇阮,[38][39]	혜씨와 완씨를 따라야만 하는데
聊復數山王.[40][41]	아쉬운 대로 또 산씨와 왕씨나 비판하네.
達人友四海,[42]	통달한 사람은 사해를 벗으로 삼고
曲士守一疆.[43]	시골 선비는 한 지역을 고수하나니
愼勿使形諜,[44]	부디 시골 선비의 형체가 드러나게 하여
兒童驚夜光.[45]	아이들이 야광주에 놀라게 하지 말 일이네.

[해설]

소식이 〈진소유의 시에 차운하여 요안세에게 준다(次秦少游韻贈姚安世)〉(1308)라는 시를 보내 요단원을 찾아갈 뜻을 비치자 요단원이 사절한다는 내용의 시를 보냈다가 소식이 이 시 제1수를 보내 그를 찾아가려고 하는 이유를 더욱 절실하게 설명하자 요단원이 다시 시를 보내 자신이 소식을 찾아가겠다고 한 것으로 보인다. 이 시 제2수는 요단원과 만나 고담(高談)을 나눈 뒤 요단원의 두 번째 시에 차운하여 그 감회를 서술한 것인 듯하다.

[주석]

(1) 丹元姚先生(단원요선생): 道人 요단원을 가리킨다. 王文誥의 《蘇軾詩集》에 "당나라·송나라 때에는 모든 도인을 다 선생이라고 불렀는데 때로는 성을 붙여서 모 선생이라고도 했고 또 늙은 사람인 경우에는 노선생이라고도 했다(唐宋之時, 凡道人皆稱先生, 或帶姓稱某先生, 又以其老者爲老先生)"라고 했다. 〈次秦少游韻贈姚安世〉(1308) 주 (2) 참조.

(2) 一釜羹(일부갱): 한 솥의 국. 공명심이 많은 선비 盧生이 邯鄲의 여관에서 도사 呂翁을 만나 그가 주는 베개를 베고 금세 잠이 들어 꿈에 온갖 부귀영화를 다 누리다가 깨어났더니 아직까지 주인이 짓고 있던 기장밥이 다 익지 않았더라는 이야기가 있다.(沈旣濟, 〈枕中記〉 참조)

(3) 俯仰間(부앙간): 고개를 한 번 숙였다 드는 짧은 시간. 눈 깜짝할 사이. 순식간.

(4) 用情(용정): 정을 주다. 마음을 쓰다. 관심을 갖다.

(5) 委曲(위곡): 은근하고 용의주도하다. 자상하다. 세세하다.

(6) 他腸(타장): 다른 속내. 딴마음. 세속적 가치를 중시하는 마음을 가리킨다.

(7) 得此生(득차생): 이 인생을 알다. 인생의 참된 의미를 터득하여 세속적인 가치를 추구하는 것이 부질없음을 깨닫는 것을 가리킨다. 陶淵明의 시 〈飮酒二十首〉 其七에 "동쪽 창문 밑에서 휘파람 불며 우쭐하니, 잠시나마 또 이 삶의 의미를 알겠도다(嘯傲東軒下, 聊復得此生)"라는 구절이 있다.

(8) 懸知(현지): 미루어 알다. 추측하다.

(9) 當去客(당거객): 떠나야 할 나그네. 도연명의 〈雜詩十二首〉 其七에 "내 집은 여관이요, 나는 떠나야 할 나그네 같네(家爲逆旅舍, 我如當去客)"라는 구절이 있다.

(10) 亡(망): 잃다. 없어지다. 《莊子·田子方》에 "비록 옛날의 나를 잃는다고 할지라도 나에게는 없어지지 않는 것이 남아 있다(雖忘乎故吾, 吾有不忘者存)"라고 했다. 이 연은 사람이란 금방 죽어서 육신이 없어지지만 살아 있는 동안에 형성된 그의 습성은 없어지지 않고 來生으로 이어져서 습기가 된다는 말이다.

(11) 宿緣(숙연): 전생에 지어 놓은 인연.

(12) 習氣(습기): 전생부터 이어져 온 습성. 이 연은 자신이 금생에서 어리석음의 요인이 되는 인연을 지음으로써 그것이 습기가 되어 내생에도 늘 우매하게 살까 봐 두렵다는 뜻으로, 그렇게 되지 않기 위해

요단원처럼 달관한 사람을 만나 가르침을 받고 싶다는 말이다.

(13) 子眞(자진): 한나라 사람 梅福의 字. 九江 사람으로 南昌尉를 역임했으며 王莽이 정권을 전횡하자 처자를 버리고 구강을 떠났는데 나중에 신선이 되었다고 전해 온다. 어떤 사람이 會稽郡에서 그를 보았는데 성명을 바꾸고 吳縣의 시장에서 문지기 노릇을 하고 있었다고 한다.(《한서·매복전》 참조) 여기서는 요단원을 가리킨다.

(14) 洪(홍): 洪涯를 가리킨다. 홍애는 黃帝의 신하인 伶倫의, 신선이 된 뒤의 이름이다. 郭璞의 〈游仙詩七首〉 其三에 "왼손으로 浮丘伯의 소매를 잡고, 오른손으로 홍애의 어깨를 친다(左挹浮丘袖, 右拍洪涯肩)"라는 구절이 있다. 여기서는 요단원을 가리킨다.

(15) 溫(온): 溫伯雪子를 가리킨다. 온백설자가 齊나라로 가는 길에 魯나라에 묵었는데 노나라 사람 중에 만나기를 청하는 사람(孔子)이 있었지만 만나 주지 않았다. 돌아오는 길에 또 만나자고 하여 만나 주었다. 공자가 온백설자를 만나서 아무 말도 하지 않자 子路가 오랫동안 만나고 싶어 하셨으면서 왜 아무 말도 하시지 않았느냐고 물었다. 그러자 공자가 "그와 같은 사람은 눈으로 보기만 해도 도가 있는 사람이라 역시 말을 들을 필요가 없다(若夫人者, 目擊而道存矣, 亦不可以容聲矣)"라고 했다.(《장자·전자방》 참조) 여기서는 요단원을 가리킨다. 이 연은 자신이 요단원을 직접 만나서 가까이 지내는 것까지는 바랄 수 없기 때문에 멀찌감치서 그를 바라보기라도 하고 싶다는 말이다.

(16) 叩門(고문): 문을 두드리다. 자신이 직접 요단원을 찾아가는 것을 가리킨다. 이 연은 자신이 직접 요단원을 찾아가면 그가 피해 버릴 가능성이 크다는 말이다.

(17) 紹介(소개): 말 전하는 사람을 잇다. 소개하다. 손님과 주인의 사이에서 말을 전하는 사람을 '介'라고 했는데 '介'가 여러 명 있어서 서로 이어 가며 말을 전했기 때문에 '紹介'라고 했다. 이 연은 먼저 이 시로써 자신을 소개한 다음 천천히 편리한 방법을 찾아 그를 만나겠다는 말이다.

(18) 方便(방편): 경우에 따라 편하고 쉽게 이용하는 수단과 방법.

(19) 更生(갱생): 한나라 사람 劉向의 原名. 그는 자기 집에 있던 《枕中鴻寶苑秘書》를 어릴 때부터 즐겨 읽었는데 이 책에 황금을 만드는 비결이 적혀 있어 기이하다고 생각하고 宣帝에게 바쳤다. 선제가 그에게 尙方의 황금 주조 업무를 주관하게 했으나 많은 비용을 들이고도 효험을 보지 못했다. 이 때문에 그는 관직이 강등되어 하급 관리들 틈에서 일하게 되었는데 하급 관리들이 그가 가짜 황금을 만든다며 사형에 처해야 한다고 탄핵했다.(《한서·유향전》 참조)

(20) 上方(상방): 궁중에서 사용할 의복·칼·기물 등을 만들고 관리하던 관서. '尙方'과 같다.

(21) 次律(차율): 당나라 사람 房琯의 字.

(22) 潁陽(영양): 하남성 登封에 있는 潁河의 북쪽. 그곳에서 은거한 刑和璞을 가리킨다. 당나라 현종 때의 方士인 형화박은 영양의 石堂山에 은거하며 《潁陽書》를 지었다. 그는 사람의 운명을 잘 점쳤는데 한번은 방관이 자신의 운명을 한번 점쳐 보라고 했더니 "선생은 동남쪽에서 와서 서북쪽에서 멈출 것입니다. 숨을 거두는 곳은 여관도 아니고 절도 아니며, 길바닥도 아니고 관아도 아닐 것입니다. 생선 요리를 먹다가 병이 나서 죽으면 龜玆에서 나는 널빤지로 만든 관에 들어갈 것입니다"라고 했다. 그 뒤에 방관은 漢州刺史의 임기를 마치고 돌아가는 길에 閬州의 紫極宮에서 묵었는데 마침 목공들

이 일을 하고 있었다. 그 나무의 결이 예사롭지 않은 것을 보고 방관이 자극궁의 도사에게 무슨 나무냐고 물었더니 도사가 몇 달 전에 상인들이 구자에서 난 널빤지를 자극궁에 희사한 것이라고 했다. 이윽고 그 고을 태수가 생선회를 차려 놓고 방관을 초대하자 형화박에게 들은 것을 다 이야기하고 태수에게 자기가 죽거든 구자에서 난 널빤지로 관을 짜 달라고 부탁했다. 그는 그날 밤에 회를 잘못 먹고 탈이 나서 죽었다.(段成式,《酉陽雜俎》참조) 이상의 네 구절은 소식 자신이 도교 철학에 관심이 많기는 하지만 鍊金術이나 方術에는 별로 관심이 없다는 말인 것으로 보인다.

(23) 王烈(왕렬): 신선의 이름. 그는 늘 黃精을 먹어 338세일 때에도 얼굴이 젊은 사람과 같았다. 그는 嵇康과 함께 산에 들어가 놀기도 하고 약초를 캐기도 했는데 한번은 왕렬이 혼자 太行山에 들어갔다가 산이 갈라지는 소리를 듣고 달려가 보았더니 산이 수천 자나 갈라졌는데 갈라진 자리에서 푸른 진흙이 骨髓처럼 흘러나왔다. 그것을 손에 받아 환약처럼 동글동글하게 뭉쳤더니 금방 뜨거운 밀랍 속에 던져 넣은 것 같은 돌이 되었다. 먹어 보았더니 쌀과 같은 맛이 났다. 왕렬이 복숭아만 한 크기로 몇 덩이 뭉쳐서 친구 嵇康에게 갖다 주었는데 혜강이 기뻐하며 그것을 받자 곧 靑石으로 변해 버렸다. 혜강이 왕렬과 함께 그 산으로 가 보았더니 갈라졌던 산이 다시 원래대로 붙어 있었다.(葛洪,《神仙傳·王烈》참조)

(24) 叔夜(숙야): 삼국 시대 魏나라 사람으로 竹林七賢의 한 사람이었던 혜강의 字. 젊은 시절에 왕렬과 친하게 지냈다. 주 (23) 참조. 이 구절은 늘 왕렬과 함께 놀던 혜강이 그날은 왕렬과 함께 태항산에 가지 않은 것을 가리키는 것으로 보인다.

(25) 神山(신산): 신선들이 사는 산. 《仙苑編珠》에 "《선경》에 이르기를 '신선들이 사는 산은 500년마다 한 번씩 쪼개지는바 그 안에 골수가 있는데 이것을 복용하면 천지가 다할 때까지 산다'라고 했다(《仙經》云: '神山五百歲輒一開, 其中有髓, 得服, 與天地齊畢.')"라는 말이 있다.

(26) 石髓(석수): 鐘乳石. 이상의 네 구절은 요단원을 혜강보다 훨씬 높은 경지에 이른 왕렬에 비유함으로써 요단원의 得道 수준을 칭송한 것인 듯하다.

(27) 至道(지도): 지극한 도. 지극히 精深하고 微妙한 도. 《莊子·在宥》에 "지극한 도의 정수는 깊숙하고 아득하며, 지극한 도의 극치는 어둑하고 고요하오(至道之精, 窈窈冥冥; 至道之極, 昏昏默默)"라는 말이 있다. 여기서는 요단원이 이 시 其一을 받고 소식에게 답장 형식으로 보낸 시에서 말한 도교적 이치를 가리키는 것으로 보인다.

(28) 瑩(형): 의혹하다. 의혹에 싸이다. '熒'과 같다. 《莊子·齊物論》에 "장오자가 말하기를 '이것은 황제도 듣고 의혹했던 일이거늘 공구(孔子)가 그것을 어찌 알 수 있겠는가!'라고 했다(長梧子曰: '是黃帝之所聽熒也, 而丘也何足以知之!')"라는 말이 있다.

(29) 麤才(추재): 재주가 변변치 못한 사람. 도교적 이치에 대하여 식견이 얕은 소식 자신을 가리키는 것으로 보인다.

(30) 蹶張(궐장): 발로 쇠뇌를 밟고 당기다. 건장하고 힘이 센 것을 가리킨다. 이 연은 자신이 당장은 지극한 이치를 들어도 잘 모르겠지만 열심히 노력하면 마침내 높은 수준에 이르게 될 것이라는 말인 것으로 보인다.

(31) 幅巾(폭건): 全幅의 천으로 만든 두건. 복건.

(32) 苦誓(고서): 간절하게 맹세하다.

(33) 黃壤(황양): 누런 흙. 황천을 가리킨다.

(34) 要言(요언): 지극한 이치. 精妙한 말.

(35) 青琅(청랑): 옥의 일종인 青琅玕의 약칭으로 대나무를 가리킨다. 이 연은 소식이 요단원이 말한 도교적 이치를 죽을 때까지 잊지 않겠다고 맹세하며 잘 기록해 두었다는 말인 것으로 보인다.

(36) 蓬萊(봉래): 三神山의 하나인 蓬萊山을 가리킨다.

(37) 弱水(약수): 물이 충분히 깊지 않아서 배가 다니지 못한다는 전설상의 바다. 《續仙傳·謝自然》에 "도사가 웃으면서 말하기를 '봉래산은 약수 건너편으로 여기서 30만 리 떨어져 있는데 배가 다닐 수 있는 곳이 아니기 때문에 날아다니는 신선이 아니면 이를 수 없습니다'라고 했다(道士笑曰: '蓬萊隔弱水, 此去三十萬里, 非舟楫可行, 非飛仙莫到.')"라는 말이 있다.

(38) 且當(차당): ~해야 하다.

(39) 嵇阮(혜완): 竹林七賢 중의 嵇康과 阮籍을 가리킨다. 혜강은 山濤가 選曹郎이라는 관직에서 大將軍從事中郎이라는 관직으로 승진할 때 그를 자신의 후임자로 천거하자 〈與山巨源絶交書〉라는 제목의 편지를 써서 그와의 절교를 선언했고, 완적은 친구들과 함께 대밭에서 술을 마시고 있을 때 王戎이 찾아오자 "속물이 또 와서 남의 기분을 잡치는군(俗物已復來敗人意)"이라고 했다.(《世說新語·排調》 참조)

(40) 數(수): 꼬치꼬치 따지며 나무라다. 비판하다.

(41) 山王(산왕): 죽림칠현 가운데 나중에 변심하여 관직을 추구한 산도와 왕융을 가리킨다. 《南史·顏延之傳》에 "안연지가 매우 원망하고 분개한 나머지 〈오군영〉을 지어 죽림칠현에 대하여 서술했는데 산도와 왕융은 귀하고 두드러진 신분이 되었기 때문에 배제당했다(延之甚怨憤, 乃作〈五君詠〉, 以述竹林七賢, 山濤·王戎以貴顯被黜)"라고 했다. 이 연은 자신이 혜강과 완적의 수준에 이르러야 하는데 그러지는 못하고 아쉬운 대로 산도와 왕융보다는 좀 낫다고 생각한다는 말인 것으로 보인다.

(42) 達人(달인): 사리에 통달한 사람.

(43) 曲士(곡사): 鄕曲之士. 시골 선비. 안목이 좁은 선비를 가리킨다. 《莊子·秋水》에 "시골 선비에게 도에 관해 이야기할 수 없는 것은 名教에 얽매여 있기 때문이오(曲士不可以語於道者, 束於教也)"라는 말이 있다.

(44) 形諜(형첩): 형체가 드러나다. 列子가 齊나라로 가다가 도중에 되돌아오는 것을 보고 伯昏瞀人이라는 현자가 왜 되돌아오느냐고 물었더니 자기가 놀랐기 때문이라고 했다. 무엇에 놀랐느냐고 묻자 음식점에서 자신에게 먼저 음식을 준 것에 놀랐다고 했다. 그러면서 그것은 자신의 내면이 어떤지와 무관하게 자신의 형체가 드러나서 빛을 발함으로써 다른 사람을 위압했기 때문이라고 했다.(《莊子·列禦寇》 참조)

(45) 驚夜光(경야광): 夜光珠에 놀라다. 韓愈의 시 〈此日足可惜贈張籍〉에 "아이들은 번개와 우레를 두려워하고, 물고기와 자라는 야광주에 놀라지(兒童畏雷電, 魚鱉驚夜光)"라는 구절이 있다. 이 연은 편협

한 모습이 겉으로 드러나게 하여 주위 사람들을 놀라게 하지 말라고 자신에게 당부한 말인 것으로 보인다.

1310. 次韻秦少游[1]·王仲至[2]元日立春[3]三首

진소유와 왕중지가 설날 겸 입춘일에 지은 시에 차운하여

其一

省事天公厭兩回,[4][5]	하느님이 두 번 하기 싫어 일을 줄이셨나니
新年春日併相催.[6]	신년과 입춘이 한꺼번에 들게 다그치신 것이네.
殷勤更下山陰雪,[7][8]	은근한 정으로 또 산음의 눈을 내리시어
要與梅花作伴來.[9]	매화와 짝을 지어 주려 하시네.

其二

己卯嘉辰壽阿同,[10][11]	기묘일 좋은 날에 아동에게 축수하며
願渠無過亦無功.[12]	그에게 과오도 없고 공도 없길 바라네.
明年春日江湖上,	내년의 입춘에 강호 가에서
回首觚稜一夢中.[13]	궁궐을 돌아보면 꿈속 같겠네.

其三

詞鋒雖作楚騷寒,[14][15]	예리한 글솜씨가 〈이소〉의 찬바람을 일으키지만
德意還同漢詔寬.[16][17]	후덕한 성지가 여전히 관대한 한나라 조서 같네.

好遣秦郎供帖子,[18][19]	진랑에게 첩자사를 바치게 하여
盡驅春色入毫端.[20]	봄빛을 죄다 몰아 붓끝에 넣기 좋았네.

[해설]

설날과 입춘이 동시에 든 원우 8년(1093) 1월 1일에 진관과 왕흠신의 시에 차운하여 지은 것이다. 소철도 그 자리에 있었을 것으로 보이는바, 진관과 왕흠신이 먼저 시를 짓자 소식이 그에 화답했고 소철은 소식보다 뒤에 지었을 것으로 보인다.

[주석]

(1) 少游(소유): 蘇門四學士의 한 사람인 秦觀의 字.
(2) 仲至(중지): 王欽臣의 字.
(3) 立春(입춘): 24절기의 하나로 양력 2월 4일경에 든다. 그러나 설날은 양력 날짜가 일정하지 않아 입춘보다 이른 해도 있고 늦은 해도 있는데 이 시를 보면 원우 8년(1093)에는 설날과 입춘이 같은 날이었음을 알 수 있다.
(4) 省事(생사): 일을 줄이다.
(5) 兩回(양회): 입춘과 설이 다른 날 들게 하는 것을 가리킨다.
(6) 春日(춘일): 입춘을 가리킨다.
(7) 殷勤(은근): 겉으로 드러나지는 않지만 속정이 깊고 간절하다. '慇懃'과 같다.
(8) 山陰(산음): 지금의 절강성 紹興. 東晉 사람 王徽之는 남의 눈치를 보지 않고 자기 기분대로 사는 사람이었다. 일찍이 산음에 살 때 눈이 막 개어 휘영청 밝은 달빛 아래 사방이 은빛 천지를 이룬 가운데 혼자 시를 읊조리다가 문득 剡縣(지금의 절강성 嵊縣 서남쪽 曹娥江 북쪽)에 사는 친구 戴逵가 보고 싶어져서 밤새도록 배를 저어 문 앞까지 갔다가 그냥 돌아왔다. 왜 그랬느냐는 사람들의 물음에 그는 "기분이 내켜서 갔는데 문 앞에 도착하니 기분이 식어 버려서 굳이 만날 필요가 없었소"라고 대답했다.(《진서·왕휘지전》 참조)
(9) 來(내): 의미 없는 조사. 陶淵明의 〈歸去來辭〉에 "돌아가자꾸나, 전원이 황폐해지려는데 어찌 아니 돌아가리?(歸去來兮, 田園將蕪胡不歸?)"라고 했다. 남송 시인 盧梅坡의 시 〈雪梅二首〉 其二에 "매화가 있어도 눈이 없으면 운치가 없고, 눈이 있어도 시가 없으면 속된 느낌을 준다. 저물녘에 시가 완성되고 하늘에서 눈도 오니, 매화와 더불어 온전한 봄빛을 이루었다(有梅無雪不精神, 有雪無詩俗了人. 日暮詩成天又雪, 與梅幷作十分春)"라고 한 것처럼 일반적으로 매화와 눈이 한데 어우러진 것이 가장 운치 있는 풍경이라고 여겨지는데, 이 연은 그날의 날씨가 설중매의 운치를 자아내고 있었다는 말이다.
(10) 己卯(기묘): 기묘일. 원우 8년(1093) 1월 1일을 가리킨다.

(11) 阿同(아동): 字가 同叔인 蘇轍에 대한 애칭이다. 소식의 자주에 “자유는 자를 동숙이라고도 하는데 설날이 기묘일이라 그가 태어난 해(서기 1039년 기묘년)의 간지와 같다(子由, 一字同叔. 元日己卯, 渠本命也)”라고 했다.

(12) 渠(거): 소철을 가리키는 삼인칭 대명사이다. 이 연은 왕흠신이 기묘년에 태어난 소철을 위해 장수를 축원한 것인 듯하다. 제목에서 진관과 왕흠신의 시에 차운했다고 했는데 진관에 대해서는 其三에서 언급했지만 왕흠신에 관해서는 따로 언급한 것이 없기 때문에 그럴 가능성이 크다. 과오가 없음은 물론 공도 없기를 바란다고 한 것은 공이 있을 경우에도 시기를 받아 장수하는 데 방해가 된다고 생각했기 때문일 것이다.

(13) 觚稜(고릉): 궁궐 모서리에 있는, 모가 난 기와지붕. 궁궐을 가리킨다. 이 연은 자신이 곧 은거하면서 조정의 일을 회상할 것이라는 말이다.

(14) 詞鋒(사봉): 예리한 글솜씨. 筆鋒.

(15) 楚騷(초소): 초나라 사람 屈原이 지은 〈離騷〉.

(16) 德意(덕의): 진관의 帖子詞에 묘사되어 있는 황제의 후덕한 聖旨를 가리킨다.

(17) 漢詔寬(한조관): 한나라 조서의 관대함. 《資治通鑑·漢紀》에 “한나라 때의 제도에 의하면 항상 입춘일에 관대한 조서를 내렸다(按漢制, 常以立春, 下寬大詔書)”라고 했다.

(18) 秦郎(진랑): 진관을 가리킨다. 王文誥의 《蘇軾詩集》에 “당시 재상 여대방이 이미 진소유를 천거하려는 마음을 가지고 있었기 때문에 이런 말을 한 것이다(時首相呂大防已有薦少游意, 故有此語)”라고 했다.

(19) 帖子(첩자): 帖子詞. 송나라 때에는 立春·春分·立夏·夏至·立秋·秋分·立冬·冬至 등의 여덟 절기에 황제가 궁중에서 근신들에게 연회를 베풀어 주었는데 이때 한림원에 속하는 신하들이 바치던 시를 첩자사 또는 첩자라고 했다. 첩자사는 대개 오언절구 또는 칠언절구 형식으로 지어서 전각의 벽에 붙여 놓았다. 소식의 자주에 “입춘일에 한림학사가 시 형식의 첩자사를 바쳤다(立春日, 翰林學士供詩帖子)”라고 했다.

(20) 毫端(호단): 가느다란 털의 끝. 붓끝, 즉 글을 써 내려가는 기세를 가리킨다.

1311. 次韻王晉卿[1]奉詔押[2]高麗[3]宴射[4]

조서를 받들어 연회 중의 활쏘기에서 고려 사신을 모신 왕진경의 시에 차운하여

北苑傳呼陛楯郎,[5][6][7]	북원에서 폐순랑이 큰 소리로 외쳤으니
東夷初識令君香.[8][9]	동이들이 처음으로 순령군의 향을 알게 됐겠네.
天山自可三箭取,[10]	천산이야 본래 화살 세 대로 취할 수 있는 것이고
海國何勞一葦杭.[11][12]	해국이야 어찌 갈댓잎으로 건너는 수고인들 할 게 있으리?
宣勸不辭金盌側,[13]	황제께서 하사하며 권하시매 금 술잔 기울이길 불사하여
醉歸爭看玉鞭長.[14]	취한 채 돌아가며 다투어 기다란 옥 채찍을 보았겠네.
錦囊詩草勤收拾,[15]	비단 주머니에 담긴 시의 초고를 잘 갈무리해
莫遣雞林得夜光.[16][17]	계림 사람이 야광주를 얻게 하지 마시길.

[해설]

고려에서 온 신년 축하 사신을 위해 베풀어 준 연회의 일환으로 활쏘기를 할 때 접반사 역할을 맡은 왕선의 시에 차운한 것이다.

[주석]

(1) 晉卿(진경): 王詵의 字. 〈和王晉卿送梅花次韻〉(1081) 주 (1) 참조.

(2) 押(압): 보좌하다. 接伴하다. 고려 사신의 接伴使 역할을 수행한 것을 가리킨다.

(3) 高麗(고려): 고려에서 온 사신을 가리킨다.

(4) 宴射(연사): 연회를 벌이는 도중에 실시하는 활쏘기. 《東京夢華錄·元旦朝會》에 "요나라 사신들은 도정역에 주재하고, 하나라 사신들은 도정서역에 주재하고, 고려 사신들은 양문 밖의 안주항에 있는 동문관에 주재했다.……오직 요나라와 고려 사신들만 관사에 가서 연회를 베풀었다. 요나라 사신들은 황제를 알현하는 일이 끝나면 다음날 대상국사에 가서 분향했다. 그리고 그다음 날 남어원에 가서 활을 쏘았는데 조정에서 활 잘 쏘는 무관을 선발하여 그들과 함께 활을 쏘게 하고 거기로 가서 연회도 베풀었다(其大遼使人在都亭驛, 夏國在都亭西驛, 高麗在梁門外安州巷同文館.……唯大遼·高麗, 就館賜宴. 大遼使人朝見訖, 翌日詣大相國寺燒香. 次日詣南御苑射弓, 朝廷選能射武臣伴射, 就彼賜宴)"라고 했다.

(5) 北苑(북원): 황궁의 북쪽에 있는 황실 동산.

(6) 傳呼(전호): 소리를 전하여 외친다는 뜻으로, 큰 소리로 외치는 것을 가리킨다.

(7) 陛楯郎(폐순랑): 계단 옆에서 방패를 들고 황제를 호위하던 신하. 활쏘기에 동참한 무사들을 가리킨다. 이 구절은 활쏘기 장면을 묘사한 것이다.

(8) 東夷(동이): 고려를 가리킨다.

(9) 令君(영군): 曹操의 책사였던 荀彧은 尙書令을 역임했기 때문에 荀令君이라고 불렸는데 《襄陽記》에 "순령군이 남의 집에 가면 앉았던 자리에 3일 동안 향내가 났다(荀令君至人家, 坐處三日香)"라는 말이 있다. 이 구절은 고려 사신들이 이처럼 고급스러운 향을 처음 보았을 것이라는 말이다.

(10) 天山(천산): 지금의 몽고인민공화국에 있는 杭愛山.(魏嵩山 主編, 《中國歷史地名大辭典》, 廣東教育出版社, 1995년 제1판, 109쪽 참조) 당나라 군사가 천산에서 九姓突厥 군사 10여 만 명을 맞아 싸웠는데 薛仁貴 장군이 그 가운데 가장 용맹스러운 군사 수십 명과 대적하던 도중에 화살 세 대를 쏘아 구성돌궐 용사 세 명을 죽였다. 그러자 나머지 군사들이 일시에 말에서 내려 항복했다. 군사들이 "장군이 화살 세 대로 천산을 평정하여, 전사들이 길게 노래하며 관문을 들어가네(將軍三箭定天山, 戰士長歌入漢關)" 하고 노래했다.(《구당서·설인귀전》 참조)

(11) 海國(해국): 국토의 전체 또는 대부분이 바다로 둘러싸여 있는 나라. 고려를 가리킨다.

(12) 一葦杭(일위항): 갈댓잎처럼 작은 배로 건너는 것을 가리킨다. 《詩經·衛風·河廣》에 "그 누가 황하가 넓다고 했나? 갈댓잎 하나로 건널 수 있는 것을(誰謂河廣, 一葦杭之)"이라는 구절이 있다. 이 연은 西夏·요나라·고려를 모두 대수롭지 않은 나라로 여긴 것이다.

(13) 宣勸(선권): 독촉하고 권하다. 황제가 술을 하사하며 마시라고 권하는 것을 가리킨다.

(14) 玉鞭(옥편): 손잡이를 옥으로 장식한 채찍. 이 연은 고려 사신들이 송나라 황제의 후의와 송나라의 선진 문물에 감격했을 것이라는 말이다.

(15) 詩草(시초): 시의 초고. 당나라 시인 李賀는 날마다 王參元·楊敬之 등과 함께 밖에 나가 놀았는데 그 때마다 낡은 비단 주머니를 하나 메고 다니다가 좋은 시구가 떠오르면 얼른 써서 그 주머니에 담아 두었다. 그리고 저녁에 집으로 돌아간 뒤에 꺼내어 시를 완성하고는 다시는 쳐다보지 않았다. 왕참원·양경지 등이 자주 와서 그것을 베껴 갔다.(李商隱, 〈李長吉小傳〉 참조)

(16) 雞林(계림): 신라의 다른 이름. 숲속에서 이상한 닭 울음소리가 들리기에 가 보니, 나뭇가지에 금빛의

궤가 걸려 있고 그 아래에서 흰 닭이 울었는데 그 궤 속에 신라 때 경주 김씨의 시조가 된 김알지가 있었다는 설화에서 유래한다. 여기서는 고려 사신을 가리킨다.

(17) 夜光(야광): 夜光珠. 이 연은 왕선에게 시의 초고를 정성껏 잘 갈무리함으로써 고려 사신들에게 유출되지 않게 하라고 당부한 말이다.

1312. 上元侍飮[1]樓上三首呈同列[2]

정월 대보름날 누각 위에서 임금님을 모시고 술 마시며 세 수를 지어 동료들에게 드린다

其一

澹月疎星遶建章,[3]	해맑은 달 성긴 별이 건장궁을 에워쌀 제
仙風吹下御爐香.[4][5][6]	선계의 바람이 향로의 향을 날려 내려보내네.
侍臣鵠立通明殿,[7][8]	근신들이 고니처럼 통명전에 서 있는 모습
一朶紅雲捧玉皇.[9][10]	붉은 구름 한 송이가 옥황상제를 받든 모습이네.

其二

薄雪初消野未耕,[11]	자국눈이 갓 녹고 들판을 갈지 않은 이때
賣薪買酒看升平.	나무 팔아 술을 사는 태평성대의 모습을 봤네.
吾君勤儉倡優拙,[12]	임금님이 근검하여 예인이 서툴게 놔두시니
自是豐年有笑聲.	이제부터 풍년 들어 웃음소리 나겠네.

其三

老病行穿萬馬羣,[13]	늙고 병든 채 만 마리 말의 무리를 뚫고 가면
九衢人散月紛紛.[14][15]	한길에 사람들 흩어지고 달빛이 휘영청하겠네.

歸來一盞殘燈在, 돌아가면 등불 하나 꺼져 갈 텐데
猶有傳柑遺細君.[16][17] 그래도 아내에게 줄 감귤이 있네.

[해설]

이 시의 제1수와 제2수에 차운한 소철 시의 제목이 〈정월 대보름에 임금님을 모시고 관등놀이를 한 일을 노래한 자첨의 시에 차운하여(次韻子瞻上元扈從觀燈二首)〉인 것을 보면 정월 대보름을 맞아 먼저 황제를 모시고 관등놀이를 한 후 이어서 다 함께 연회를 벌인 감회를 노래한 것임을 알 수 있다. 제1수에서는 연회 장면을 묘사했고, 제2수에서는 태평성대의 도래를 꿈꾸었으며, 제3수에서는 연회가 끝나고 돌아가는 장면을 상상했다.

[주석]

(1) 上元侍飮(상원시음): 정월 대보름을 맞아 신하들이 황제를 모시고 술을 마시는 것을 가리킨다.
(2) 同列(동렬): 같은 반열. 동료를 가리킨다.
(3) 建章(건장): 건장궁. 한나라 때의 궁전 이름. 널리 궁전을 가리킨다.
(4) 仙風(선풍): 선계에서 부는 바람. 황제를 옥황상제에 비유했기 때문에 어좌 쪽에서 부는 바람을 선풍이라고 한 것이다.
(5) 吹下(취하): 날려서 내려보내다. 어좌가 신하들이 있는 곳보다 조금 높은 곳에 있었기 때문에 향내가 어좌 옆의 향로에서 신하들이 있는 곳으로 전해 오는 것을 내려보낸다고 한 것이다.
(6) 御爐(어로): 황제용 향로.
(7) 鵠立(곡립): 고니처럼 서다. 목을 빼고 꼿꼿하게 서 있는 것을 가리킨다.
(8) 通明殿(통명전): 옥황상제가 거처한다는 전설상의 궁전. 황제를 옥황상제에 비유했기 때문에 이렇게 부른 것으로, 제목에서 말한 누각을 가리킨다.
(9) 紅雲(홍운): 붉은 구름. 王十朋의 《百家註分類東坡先生詩》에 "《익성전》에 의하면 옥황상제가 앉아 있는 곳에는 항상 붉은 구름이 에워싸고 있어서 신선이라고 할지라도 그 얼굴을 볼 수 없다고 한다(《翼聖傳》載: 玉帝坐處, 常有紅雲擁之, 雖眞仙亦不得見其面也)"라고 했다.
(10) 玉皇(옥황): 철종 황제를 가리킨다. 이 연은 신하들이 붉은 도포를 입고 철종 황제 앞에 서 있는 모습을 붉은 구름이 옥황상제를 에워싸고 있는 모습에 비유한 것이다.
(11) 薄雪(박설): 겨우 발자국이 날 만큼 적게 내린 눈. 자국눈.
(12) 倡優(창우): 《史記·范雎傳》에 "소왕이 말하기를 '듣자니 초나라의 철검은 날카롭고 예인은 서투르다고 하오. 철검이 날카롭다면 그것은 병사가 용맹스럽다는 뜻이고 예인이 서투르다면 그것은 임금의 사려가 깊다는 뜻이오. 깊은 사려로 용감한 병사를 부린다니 초나라가 진나라를 도모할까 두렵소'라고 했다(昭王曰: '吾聞楚之鐵劍利而倡優拙. 夫鐵劍利則士勇, 倡優拙則思慮遠. 夫以遠思慮而御勇

士, 吾恐楚之圖秦也.')"라는 말이 있다. 이 구절은 임금이 매우 검소하다는 말이다.

(13) 萬馬羣(만마군): 말을 탄 많은 사람을 가리킨다. 이 구절은 자신이 지나가면 말을 탄 사람들이 뒤로 물러서서 길을 내주는 장면을 상상한 것이다.

(14) 九衢(구구): 아홉 번 교차하는 도로. 대로를 가리킨다.

(15) 紛紛(분분): 많은 모양.

(16) 傳柑(전감): 전해 준 감귤. 소식의 자주에 "누각 위에서 임금님을 모시고 술을 마시면 황족들이 다투어 근신들에게 황감을 주었는데 이것을 전감이라고 했다. 그것을 집으로 가지고 가게 놓아두는 것이 아마도 관례였던 것 같다(侍飮樓上, 則貴戚爭以黃柑遺近臣, 謂之傳柑. 聽携以歸, 蓋故事也)"라고 했다.

(17) 細君(세군): 제후의 아내를 일컫던 말인데 나중에는 아내의 통칭이 되었다. 이 연은 정월 대보름날 밤에 자기만 늦게까지 놀다가 집에 들어가기가 미안했는데 아내에게 줄 귀한 감귤을 가지고 있어서 다행이라는 말이다.

1313. 戲答王都尉[1]傳柑[2]

감귤을 전해 준 일을 노래한 왕도위의 시에 장난으로 화답하여

侍史傳柑玉座傍,[3][4]	시사가 옥좌 옆에서 감귤을 전해 주나니
人間草木盡天漿.[5][6]	이 세상의 초목이 천상 음료의 맛을 다 냈네.
寄與維摩三十顆,[7][8]	유마힐에게 이걸 서른 개 주면 그에게 있어서도
不知薝蔔是餘香.[9]	치자꽃 향이 여타의 향이 될지도 모르겠네.

[해설]

시사가 감귤을 준 일을 읊은 왕선의 시에 화답한 것으로, 감귤의 향기를 극구 찬양했다.

[주석]

(1) 王都尉(왕도위): 駙馬都尉였던 王詵을 가리킨다. 그는 英宗 황제의 사위였다.

(2) 傳柑(전감): 감귤을 전해 준 일. 〈上元侍飮樓上三首呈同列〉(1312) 주 (16) 참조.

(3) 侍史(시사): 좌우에서 모시며 필요한 문서를 처리하는 사람.

(4) 玉座(옥좌): 임금의 자리. 御座.

(5) 人間草木(인간초목): 이 세상에 있는 초목의 열매인 감귤을 가리킨다.

(6) 天漿(천장): 천상 세계의 음료. 《酉陽雜俎》에 "석류 중에서 단 것을 천장이라고 한다(石榴甛者, 謂之天漿)"라는 말이 있다.

(7) 維摩(유마): 維摩詰. 인도 비사리국의 長者인 그는 석가모니의 在家 제자로서 俗家에서 보살 行業을 닦았다. 《維摩詰經·觀衆生品》에 "사람이 치자나무 숲에 들어가면 치자꽃 향기만 맡고 여타의 향기는 맡지 못하는 것과 같다(如人入瞻蔔林, 惟齅瞻蔔, 不齅餘香)"라고 했다.

(8) 三十顆(삼십과): 서른 개. 소식의 자주에 "경미한 것을 들어서 중대한 것을 밝힐 수 있거니와 유마힐도 서른 개만 있으면 된다(擧輕明重, 維摩猶三十枚)"라고 했다.

(9) 薝蔔(담복): 치자꽃. 이 연은 감귤의 향기를 극구 찬양한 것으로, 치자 숲에 들어가면 치자꽃 향기밖에 안 난다고 한 유마힐도 감귤 서른 개의 향기를 맡아 보면 그것이 치자 숲의 향기보다 더 진하다고 여길 것이라는 말이다. 감귤의 향기가 매우 진하기 때문에 한 개의 향기는 치자 숲의 향기에 못 미치겠지만 서른 개의 향기가 모이면 치자 숲의 향기보다 더 진해진다는 사실을 통하여 작은 것이 모이면 큰 힘을 발휘하는 것이 자연의 이치임을 알 수 있다는 뜻인 것으로 보인다.

1314. 送蔣穎叔[(1)]帥熙河[(2)]

희하 땅의 지주로 나가는 장영숙을 전송하며

穎叔出使臨洮, 軾與穆父[(3)]·仲至[(4)]同餞之, 各賦詩一篇, 以'今我來思[(5)]'爲韻, 致遄歸之意, 軾得'我'字.(장영숙이 사명을 띠고 임조로 나가게 되어 나와 전목보·왕중지가 함께 전송한바, 각자 시를 한 편씩 짓되 '今'·'我'·'來'·'思'를 운자로 삼아 빨리 돌아오기를 비는 마음을 표현하기로 했는데 나는 '我' 자를 배정받았다.)

西方猶宿師,[(6)]	서쪽 변방에 아직도 군사를 주둔시키건만
論將不及我.	파견할 장수를 논의할 적에 나는 언급하지 않네
苟無深入計,	적진으로 깊숙이 쳐들어갈 계획이 없다면
緩帶我亦可.[(7)]	허리띠 느슨하게 매는 일은 나도 할 수 있는데.
承明正須君,[(8)]	승명려에서 한창 그대를 필요로 하는 것은
文字粲藻火.[(9)]	문장이 수초 무늬와 불꽃보다 아름답기 때문일 터
自薦雖云數,[(10)]	자신을 여러 번 천거했다 할지라도
留行終不果.[(11)(12)]	조정에서 말려 지금까지 끝내 이루지 못했는데
正坐喜論兵,[(13)]	전쟁 논하기를 좋아하는 바로 그 점 때문에
臨老付邊鎖.[(14)]	늘그막에 변방 요충지를 그대에게 맡겼네.
新詩出談笑,	그대는 담소하는 사이에 새로운 시가 나오니
僚友困掀簸.[(15)]	동료들이 화답하느라 부산하게 고생하는데
我欲歌杕杜,[(16)]	내가 〈체두〉를 노래하려 하는 이때에
楊柳方婀娜.[(17)]	버들가지가 한창 간들거리고 있네.
邊風事首虜,[(18)]	변방의 풍속이란 적의 목 베기를 일삼는 건데
所得蓋幺麽.[(19)]	그렇게 해선 얻는 것이 적을 것이니
願爲魯連書,[(20)]	노중련이 썼던 것과 같은 편지를 써서

一射聊城笴.[21] 요성으로 화살을 하나 쏘기를 바라나니
陰功在不殺,[22] 보이지 않는 공은 사람을 안 죽이는 데 있는 법
結草酬魏顆.[23] 부친이 풀을 엮어 위과에게 보답할 것이네.

[해설]

과거급제 동기 장지기가 서북쪽 변방인 희주의 지주로 부임해 가게 되었을 때 그를 전송하는 자리에서 지은 것으로, 문무를 겸비한 그의 능력을 칭송하고 덕으로 적을 교화하여 순순히 귀순하게 한 후 무사히 돌아올 것을 축원했다.

[주석]

(1) 穎叔(영숙): 蔣之奇의 字.
(2) 熙河(희하): 熙河路의 관청 소재지인 熙州(지금의 감숙성 臨洮 일대)를 가리킨다. 〈次韻蔣穎叔·錢穆父從駕景靈宮二首〉(1289) 주 (29) 참조.
(3) 穆父(목보): 錢勰의 字.
(4) 仲至(중지): 王欽臣의 字.
(5) 今我來思(금아래사): 이제 내가 집으로 돌아오다. 전쟁터에서 돌아온 장수를 위로한 시인 《詩經·小雅·出車》의 한 구절인데 이 구절의 각 글자를 운자로 삼은 것이다.
(6) 宿師(숙사): 군사를 주둔시키다. 이 연은 서쪽 변방의 수비에 누가 적임자인지를 논의하는 자리에서 소식 자신은 아예 논의의 대상에 끼지도 못했다고 함으로써 그 적임자로 선발된 장지기의 능력을 칭송한 것이다.
(7) 緩帶(완대): 허리띠를 느슨하게 하다. 긴장하지 않고 느긋하게 지내는 것을 가리킨다. 《晉書·羊祜傳》에 "군대에 있을 때 늘 가벼운 갖옷을 입고 허리띠를 느슨하게 매었으며 몸에 갑옷을 입지 않았다(在軍常輕裘緩帶, 身不被甲)"라고 했다.
(8) 承明(승명): 承明廬. 侍臣들이 숙직하던 곳으로 여기서는 조정을 가리킨다.
(9) 藻火(조화): 옛날 관리들의 옷에 수놓았던, 藻類 식물과 불꽃 모양의 무늬. 아름다운 문채를 가리킨다.
(10) 自薦(자천): 장지기가 자신을 변새 지방인 희주로 내보내 달라고 자청한 일을 가리킨다.
(11) 留行(유행): 떠나는 것을 만류하다.
(12) 不果(불과): 성과를 내지 못하다. 이루지 못하다.
(13) 坐(좌): ~에 기인하다. ~에서 비롯되다.
(14) 邊鎖(변쇄): 변방의 요충지. 이상의 여섯 구절은 장지기가 젊은 시절에 여러 차례 자신을 변방으로 내보내 달라고 주청했음에도 불구하고 조정에서 문장력이 뛰어난 그를 필요로 하여 차일피일 미루어

오다가 노경에 접어든 지금에야 내보내게 되었다는 말이다.

(15) 掀簸(흔파): 키질하다. 키질을 하는 것처럼 부산하게 구는 것을 가리킨다.

(16) 杕杜(체두): 《詩經·小雅》의 篇名. 전쟁터에서 돌아온 사람을 위로한 시이다.

(17) 婀娜(아나): 부드럽고 아리따운 모양. 이 구절은 떠나가는 사람에게 걸어 주는 관습이 있는 버들가지가 하늘거려서 이별의 분위기를 돋우고 있다는 말이다.

(18) 首虜(수로): 적의 목을 베다.

(19) 幺麼(요마): 미미하다.

(20) 魯連書(노련서): 魯仲連의 편지. 적을 설득하여 항복하게 하는 편지를 가리킨다. 전국 시대에 燕나라 장군이 聊城을 점령하고 있을 때 제나라 장군 田單이 1년 넘게 요성을 공격했지만 함락되지 않았다. 이에 노중련이 화살에 편지를 묶어 성안으로 쏘아서 연나라 장군에게 보냈다. 노중련은 이 장문의 편지에서 연나라 장군을 설득하여 그로 하여금 자살하게 했다. 전단은 요성이 혼란에 빠진 틈을 타서 그것을 함락했다. 나중에 전단이 노중련에게 작위를 주려고 했으나 노중련은 이미 바닷가로 도망가 은거하면서 "나는 부귀하게 살면서 남에게 허리를 굽히느니 차라리 빈천하지만 세상을 업신여기며 마음대로 살겠다(吾與富貴而詘於人, 寧貧賤而輕世肆志焉)"라고 했다.(《사기·노중련전》 참조)

(21) 聊城笴(요성가): 요성(지금의 산동성 요성)으로 보내는 화살.

(22) 陰功(음공): 남몰래 쌓는 공.

(23) 魏顆(위과): 춘추 시대의 晉나라 대부. 위과의 부친은 위과에게 자신의 첩을 순장해 달라고 했는데 위과는 정신이 혼미할 때 한 부친의 유언을 따르지 않고 서모를 개가하게 했다. 그 뒤 위과가 輔氏(지금의 섬서성 大荔)에서 秦나라 장군 杜回와 맞붙어 싸웠는데 이때 한 노인이 두회의 앞길에 풀을 얽어매 놓음으로써 두회의 말이 걸려 넘어지게 했다. 이로 인하여 위과가 두회에게 승리할 수 있었으니 그 노인은 바로 서모의 부친이었다. 그는 그렇게 하여 자기 딸을 살려 준 은혜를 갚은 것이었다.(《左傳·宣公十五年》 참조) 이상의 여섯 구절은 사람을 죽이지 않으면 결초보은과 같은 보답이 있을 것이니 덕으로 적을 잘 교화하여 귀순하게 하라고 당부한 것이다.

1315. 再送二首
다시 전송하며

其一

使君九萬擊鵬鯤,(1)(2)	태수는 구만리나 날아오르고 물을 삼천 리나 치는 대붕
肯爲陽關一斷魂.(3)(4)	어찌 〈양관곡〉 때문에 넋을 잃으리?
不用寬心九千里,(5)(6)	구천 리 밖으로 나가는 일을 위로할 필요 없을 텐데
安西都護國西門.(7)	게다가 안서도호부는 우리나라 서쪽 문이네.

其二

餘刃西屠橫海鯤,(8)(9)	드는 칼로 서쪽에서 적을 도륙할 바다를 누비는 곤이니
應余詩讖是游魂.(10)(11)	오랑캐가 떠도는 혼이라 한 내 시참에 부응하리.
歸來趁別陶弘景,(12)(13)	돌아오면 쫓아와서 도홍경과 작별하게
看掛衣冠神武門.(14)	신무문에 의관을 걸어 놓은 걸 볼 것이니.

[해설]

희주지주로 부임해 갈 친구 장지기를 전송하는 자리에서 앞의 시에 이어 다시 두 수를 더 지은 것이다.

[주석]

(1) 使君(사군): 태수에 대한 존칭. 熙州(지금의 감숙성 臨洮 일대)知州 蔣之奇를 가리킨다.

(2) 鵬鯤(붕곤): 대붕과 곤. 웅대한 기상과 뛰어난 재주를 지닌 인재를 가리킨다. 《莊子·逍遙遊》에 "북쪽 바다에 물고기가 있으니 그 이름이 곤이다. 곤의 크기는 몇천 리나 되는지 모른다. 곤이 변하여 새가 되면 그 이름을 대붕이라고 한다.……《齊諧》의 말에 '대붕이 남쪽 바다로 옮겨 갈 때에는 물을 쳐서 3천 리나 튀어 오르게 하며 회오리바람을 타고 9만 리나 올라가 6개월 동안 날아간 뒤에 쉰다'라고 했다(北冥有魚, 其名爲鯤. 鯤之大, 不知其幾千里也. 化而爲鳥, 其名爲鵬.……《諧》之言曰: '鵬之徙於南冥也, 水擊三千里, 摶扶搖而上者九萬里, 去以六月息者也.')"라는 말이 있다.

(3) 肯(긍): 어찌.

(4) 陽關(양관): 감숙성 燉煌의 서남쪽에 있던 관문. 여기서는 사명을 띠고 安西都護府로 가는 친구 元二를 전송하며 지은 王維의 시 〈送元二使安西〉를 가리킨다. "서쪽으로 양관을 나가면 친구가 없다네(西出陽關無故人)"라는 구절이 있기 때문에 일명 〈陽關曲〉이라고도 하는 이 시는 중국 역대 이별가 중에서 가장 대표적인 작품으로 꼽힌다.

(5) 寬心(관심): 마음을 넓게 하다. 근심과 번민을 풀어 주다.

(6) 九千里(구천리): 長安에서 安西都護府까지의 거리인 9,900리를 가리킨다. 白居易의 시 〈西涼伎〉에 "태평할 땐 안서가 만 리 밖 국경이었는데, 오늘날은 봉상에서 변경을 방위하네(平時安西萬里疆, 今日邊防在鳳翔)"라는 구절이 있는데 이에 대한 백거이의 자주에 "태평하던 시기에 개원문(長安城의 서쪽에 있던 문) 밖에 이정표를 세우고 '안서까지 9,900리'라고 써 놓았으니 이는 수자리하러 가는 사람들에게 만 리 길이라고 여기지 않게 하려는 것이었다(平時開遠門外立堠, 云: '去安西九千九百里', 以示戍人, 不爲萬里行)"라고 했다. 여기서는 開封(지금의 하남성 개봉)에서 희주까지의 거리를 가리킨다. 이 구절은 단번에 9만 리를 날아오르는 대붕과 같은 사람인 장지기에게는 9,000리가 아주 가까운 거리일 것이기 때문에 그곳으로 나가는 것을 두고 자신의 걱정스러운 마음을 달래고 말고 할 것도 없을 것이라는 말인 듯하다.

(7) 安西都護(안서도호): 안서도호부. 당나라 때 지금의 신강위구르자치구 일대에 설치했던 지방 관아. 여기서는 희주를 가리킨다. 이 구절은 나라의 서쪽 문에 해당하는 안서도호부에 비견할 만한 지역인 희주는 조정에서 중요하게 여기고 철통같이 방어하는 요충지이기 때문에 더욱이나 신변의 안위를 걱정할 필요가 없다고 위로한 말인 것으로 보인다.

(8) 餘刃(여인): 뼈마디 사이에서 움직이기 때문에 여유가 있는 칼날. 얇고 날카로운 칼날을 가리킨다. 《莊子·養生主》에 "소의 뼈마디 사이에는 틈이 있고 칼날은 두께가 없는데 두께가 없는 칼을 틈이 있는 뼈마디 사이에 넣으니 넓디넓어서 칼날을 놀리는 데에 반드시 여유 공간이 있을 것입니다(彼節者有間, 而刀刃者無厚, 以無厚入有間, 恢恢乎, 其於遊刃, 必有餘地矣)"라는 말이 있다.

(9) 橫海(횡해): 바다에서 횡행하다. 종횡무진으로 적을 무찌르는 것을 가리킨다. 李白의 시 〈答王十二寒夜獨酌有懷〉에 "그대는 못하네 가서한을 배워 밤에 칼 차고 청해를 누비며, 서쪽에서 석보성 적을 죽이고 자주 도포 입는 일을(君不能學哥舒橫行青海夜帶刀, 西屠石堡取紫袍)"이라는 구절이 있다.

(10) 詩讖(시참): 시로 한 예언. 시에서 한 말이 뒷날의 일과 일치하는 것을 가리킨다. 소식은 〈次韻蔣穎叔·錢穆父從駕景靈宮二首〉(1289)에서 "오랑캐가 자신들이 떠도는 혼인 줄 알겠네(坐知羌虜是游魂)"라고 했으니 장지기가 희주지주로 임명되기 전에 이미 그가 오랑캐를 소탕하러 나갈 것임을 예언한 셈이 되었다.

(11) 游魂(유혼): 깜짝 놀란 나머지 몸에서 나가 떠돌아다니는 혼. 곧 소멸될 사람을 가리킨다. 〈次韻蔣穎叔·錢穆父從駕景靈宮二首〉(1289) 주 (29) 참조.

(12) 趁(진): 뒤좇다.

(13) 陶弘景(도홍경): 남조 시대의 梁나라 사람. 소식 자신을 가리킨다.

(14) 神武門(신무문): 남조 시대에 建康(지금의 강소성 南京)에 있던 황궁의 西門. 도홍경은 자신의 官帽와 官服을 벗어서 신무문에 걸어 놓은 뒤 사직 상소를 올리고 관직에서 물러났다.(《南史·陶弘景傳》 참조) 이 연은 장지기가 돌아올 때쯤이면 자신이 이미 사직하고 없을 것이므로 자신이 있는 전원으로 쫓아와서 작별 인사를 하라는 말이다.

1316. 次韻穎叔[1]觀燈

관등놀이를 읊은 장영숙의 시에 차운하여

安西老守是禪僧,[2][3]	안서 땅의 늙은 태수는 선승이시니
到處應然無盡燈.[4]	가는 곳마다 틀림없이 무진등을 밝히리.
永夜出游從萬騎,[5]	긴 밤에 나가 놀며 기병 만 명을 자유로이 두면
諸羌入看擁千層.[6]	강족들이 들어와 보느라 천 겹으로 에워싸리.
便因行樂令投甲,[7]	그렇게 되면 행락으로 갑옷을 버리게 할 것이니
不用防秋更打冰.[8][9]	가을 침략 막느라 더 이상 얼음을 깰 필요 없으리.
振旅歸來還侍宴,[10][11]	부대를 정돈해 돌아와 다시 임금님 모시고 술 마시면
十分宣勸恐難勝.[12]	잔뜩 술을 권하셔서 견디기 어려우리.

[해설]

장지기가 희주지주로 나간 뒤의 생활과 무사히 임무를 마치고 돌아온 뒤의 일을 상상하는 방식으로 그의 무운을 빌어 준 시이다.

[주석]

(1) 穎叔(영숙): 蔣之奇의 字.
(2) 安西(안서): 安西都護府. 熙州(지금의 감숙성 臨洮 일대)를 가리킨다.
(3) 禪僧(선승): 참선하는 승려.

(4) 然無盡燈(연무진등): 무진등을 태우다. 하나의 등불로 수없이 많은 등잔에 불을 옮겨 붙이는 것처럼 부처님의 가르침이 무궁무진하게 전파되어 수많은 중생을 제도하는 것을 가리킨다. 이 연은 장지기가 희주 일대의 오랑캐들을 잘 교화할 것이라는 말이다.

(5) 從(종): 마음대로 하게 놓아두다. '縱'과 같다.

(6) 諸羌(제강): 중국의 서부에 거주하는 여러 파의 강족들. 이 연은 장지기가 성 밖으로 나가 놀며 군사들이 마음대로 행동하게 놓아두면 그 부근에 있는 강족들이 중국 국경 안으로 들어와서 부러워하는 시선으로 구경할 것이라는 말이다.

(7) 投甲(투갑): 갑옷을 버리다. 투항하는 것을 가리킨다. 韓愈의 〈平淮西碑〉에 "채주의 병사들은 갑옷을 버리고 환호하며 춤추고, 채주의 부녀들은 문에서 맞이하여 웃으며 이야기했다(蔡之卒夫, 投甲呼舞; 蔡之婦女, 迎門笑語)"라는 말이 있다.

(8) 防秋(방추): 가을 침략을 방어하다. '가을 침략'이란 서북쪽의 유목 민족들이 가을철을 맞아 중국 내륙으로 침공해 들어오는 것을 가리킨다.

(9) 打冰(타빙): 적이 강을 건너오지 못하도록 얼음을 깨부수어 버리는 것을 가리킨다.

(10) 振旅(진려): 부대를 정돈하다.

(11) 侍宴(시연): 황제를 모시고 연회를 벌이다.

(12) 宣勸(선권): 독촉하고 권하다. 황제가 술을 하사하며 마시라고 권하는 것을 가리킨다.

1317. 次韻錢穆父(1)·王仲至(2)同賞田曹(3)梅花

전목보와 왕중지가 함께 전조의 매화를 감상한 시에 차운하여

寒廳不知春,(4)	썰렁한 관청은 봄을 모르고
獨立耿玉雪.(5)	홀로 서서 옥 같은 눈에 빛나네.
閉門愁永夜,	문을 닫고 있으니 긴 밤이 걱정되어
置酒及明發.(6)	술상을 차려 놓고 여명까지 마셨네.
忽驚庭戶曉,(7)	뜰에 새벽이 왔다고 갑자기 놀랐나니
未受烟雨沒.(8)	매화가 안개비에 잠겨 버리지 않아서 그랬네.
浮光風宛轉,(9)(10)	바람이 산들 불어 하얀빛을 띄우고
照影水方折.(11)(12)	물이 직각으로 꺾인 곳에 백옥 같은 모습이 비쳐 있네.
鬢霜未易掃,(13)	살쩍에 내린 서리는 쓸어 내기가 쉽지 않고
眉斧眞自伐.(14)	눈썹 도끼는 참으로 자신을 해칠 것이네.
惟當此花前,	그러니 이 꽃 앞에서 술에 취한 채
醉臥黃昏月.(15)	어스레한 달 아래에 누워 있어야만 되겠네.

[해설]

전협과 왕흠신이 같은 운자로 전조라는 관청 앞에 피어 있는 매화의 아름다움을 노래한 시를 짓자 그것에 차운한 것이다.

[주석]

(1) 穆父(목보): 錢勰의 字.

(2) 仲至(중지): 王欽臣의 字.

(3) 田曹(전조): 농사를 관장하던 관청.

(4) 寒廳(한청): 썰렁한 관청. 전조를 가리킨다.

(5) 玉雪(옥설): 백옥 같은 눈. 하얀 매화를 가리킨다.

(6) 明發(명발): 밝은 기운이 막 생기는 때. 여명.

(7) 庭戶(정호): 정원. 뜰.

(8) 受(수): 만나다. 당하다. 이 연은 안개비가 내리고 있는데도 불구하고 매화가 주위를 환하게 비추어 준 덕분에 날이 더 일찍 샌 것 같았다는 말이다.

(9) 浮光(부광): 빛을 띄우다. 환하게 빛나는 매화가 허공에서 하늘거리는 것을 가리킨다. 소식의 시 〈海棠〉(0783)에 "동풍이 한들한들 숭고한 빛을 띄우는데, 향긋한 안개 자욱한 밤에 달이 낭하를 돌아간다(東風嫋嫋泛崇光, 香霧空濛月轉廊)"라는 구절이 있다.

(10) 宛轉(완전): 온화하고 부드럽다.

(11) 照影(조영): 모습을 비추다. 거울처럼 맑은 물에 백옥처럼 새하얀 매화의 모습이 비쳐 있는 것을 가리킨다.

(12) 方折(방절): 직각으로 꺾이다. 《淮南子·墬形》에 "물 가운데 둥그렇게 꺾이는 곳에는 진주가 있고, 직각으로 꺾이는 곳에는 옥이 있다(水圓折者有珠, 方折者有玉)"라고 했다. 이 연은 공중에는 실제 매화가 하늘거리고 물에는 백옥 같은 매화가 비쳐 있다는 말이다.

(13) 鬢霜(빈상): 살쩍에 내린 서리. 흰머리를 가리킨다.

(14) 眉斧(미부): 눈썹이라는 도끼. 아름다운 눈썹을 지닌 미인을 가리킨다. 枚乘의 〈七發〉에 "하얀 이와 나방이 촉수 모양의 눈썹을 가진 미인은 생명을 해치는 도끼라고 합니다(皓齒蛾眉, 命曰伐性之斧)"라는 말이 있다. 이 구절은 술자리에서 미인을 가까이하면 몸을 해칠 것이라는 말이다.

(15) 黃昏(황혼): 노랗고 어스레하다. 林逋의 시 〈山園小梅〉에 "맑고 얕은 물에 성긴 모습이 비스듬히 뻗어 있고, 어스레한 달빛 아래에 은은한 향기가 풍겨 온다(疏影橫斜水淸淺, 暗香浮動月黃昏)"라는 구절이 있다.

1318. 送襄陽[1]從事[2]李友諒[3]歸錢塘[4]

전당으로 돌아가는 양양종사 이우량을 전송하며

居杭積五歲,[5]	항주에서 산 것이 합쳐서 다섯 해라
自意本杭人.	본래 항주 사람이라고 스스로 생각하나니
故山歸無家,[6]	고향은 돌아가도 집이 없기에
欲卜西湖鄰.[7][8]	서호의 인근에서 살고자 하네.
良田不難買,	옥토야 사기가 어렵지 않겠지만
靜士誰當親.[9]	조용히 사는 사람들 중에 누구와 친하게 지내야 할까?
髯張既超然,[10][11]	텁석부리 장씨가 초연한데다
老潛亦絕倫.[12][13]	늙은 도잠도 역시 남다른 데가 있네.
李子冰玉姿,[14]	그리고 또 이 선생은 빙옥 같은 자태에
文行兩清淳.	문장과 행실이 둘 다 맑고 순박하니
歸從三人游,	돌아가 이 세 사람을 따라다니며 놀면
便足了此身.[15][16]	이 한평생 마치기에 충분하겠네.
公隄不改昨,[17]	소공제는 옛날 모습 안 바꾸었을 테고
姥嶺行開新.[18][19][20]	모령에는 새 길이 열릴 것이니
幽夢隨子去,[21]	아련한 꿈속에서 선생을 따라가면
松花落衣巾.	송홧가루가 옷과 두건에 떨어지겠네.

[해설]

자기 고향으로 돌아가는 항주 사람 이우량을 전송하면서 소식 자신이 오래 머문 항주에 대한 감회를 노래한 것이다.

[주석]

(1) 襄陽(양양): 지금의 호북성 양양.

(2) 從事(종사): 관직 이름. 한나라 이후 三公이나 州郡의 장관들이 자체적으로 임용하던 보좌관이다.

(3) 友諒(우량): 施元之의 《施注蘇詩》에 "이우량은 자가 숙익이고 전당 사람이다(李友諒, 字叔益, 錢塘人)"라고 했는데, 趙令畤의 《侯鯖錄》에는 "양양에 있을 때의 동료인 중익 이우량(在襄陽日, 同官李友諒仲益)"이라고 하여 그의 자가 仲益이라고 했다.

(4) 錢塘(전당): 지금의 절강성 杭州.

(5) 五歲(오세): 5년. 소식은 희령 4년(1071) 11월부터 희령 7년(1074) 8월까지 杭州通判으로 재임하고, 원우 4년(1089) 7월부터 원우 6년(1091) 2월까지 杭州知州로 재임하여 약 5년 동안 항주에 거주했다.

(6) 故山(고산): 고향의 산. 고향을 가리킨다. 소식이 항주통판으로 재임할 때 지은 시 〈六月二十七日望湖樓醉書五絶〉(0198) 其五에 "내 본시 집 없거늘 더 이상 어디로 가나? 고향에는 이리 좋은 호수와 산도 없는데(我本無家更安往, 故鄕無此好湖山)"라는 구절이 있다.

(7) 卜(복): 살 곳을 정하다.

(8) 西湖(서호): 항주 서호를 가리킨다.

(9) 靜士(정사): 조용하게 사는 선비. 은자를 가리킨다.

(10) 髯張(염장): 수염 많은 장씨. 소식이 항주지주로 재임 중이던 원우 6년(1091) 2월 항주 일대에 새 운하를 건설하기로 하고 葉溫叟·侯臨·張弼 등과 함께 현장을 시찰한 뒤에 지은 시 〈與葉淳老·侯敦夫·張秉道同相視新河, 秉道有詩, 次韻二首〉(1177) 其二에 "텁석부리 장씨는 나의 버선 끈을 매 주는 사람(髯張乃我結襪生)"이라고 하고, 그가 항주지주의 임기를 마치고 開封으로 들어가는 도중이던 원우 6년(1091) 4월에 潤州(지금의 강소성 鎭江)까지 따라와서 자신을 전송하고 돌아간 장필에게 지어 준 사 〈臨江仙——辛未離杭至潤, 別張弼秉道——〉에 "텁석부리 장씨에게 돌아가는 게 좋다고 권합니다(我勸髯張歸去好)"라고 했으므로 항주 사람인 장필을 가리킬 가능성이 매우 크다.

(11) 超然(초연): 초연하다. 세속적인 일에 얽매이지 않고 의연하다.

(12) 老潛(노잠): 道潛을 가리킨다. 그는 절강성 於潛 출신의 스님으로 字가 參寥이다. 어릴 때 출가하여 불경을 두루 읽었을 뿐만 아니라 시문에도 능하여 소식과 함께 지내면서 자주 시를 주고받았다. 원래 이름이 曇潛이었는데 소식이 도잠으로 고쳐 주었다. 그는 소식을 매우 좋아하여 소식이 徐州에 있을 때 그를 방문했고, 소식이 湖州에 있을 때 松江에서 만났으며, 소식이 黃州에 유배 가 있을 때 2천 리 길을 멀다 하지 않고 찾아갔다가 1년 동안 머문 뒤 소식이 汝州로 유배지를 옮겨 갈 때 함께 廬山을 유람했고, 소식이 항주지주로 재임할 때도 시문을 주고받았다. 〈次韻僧潛見贈〉(0578) 주 (1) 참조.

(13) 絶倫(절륜): 보통 사람을 능가하다. 인품·가치관·사고방식 등이 보통 사람보다 훨씬 고상한 것을 가리킨다.

(14) 李子(이자): 이 선생. 이우량을 가리킨다.

(15) 便(변): ~하면 곧.

(16) 身(신): 한평생.

(17) 公隄(공제): 소식이 항주지주로 재임하면서 서호를 준설할 때 생긴 진흙을 호수 서쪽에 한 줄로 쌓음으로써 제방이 하나 생겼는데 소식의 뒤를 이어 항주지주로 부임한 林希가 이 제방에 蘇公隄라는 이름을 붙여 주었다. 王十朋의 《百家註分類東坡先生詩》에 "'공제'는 바로 선생이 쌓은 것인바 항주 사람들이 소공제라고 했다('公隄'乃先生所築, 杭人謂之蘇公堤也)"라고 했다.

(18) 姥嶺(모령): 天姥山. 왕십붕의 《백가주분류동파선생시》에 "모령은 천모산이다(姥嶺, 天姥山也)"라고 했다. 천모산은 절강성 紹興市 新昌縣 동남쪽에 있는 산으로 남쪽의 天台山과 마주보고 있는데 李白의 시 〈夢遊天姥吟留別〉에 "천모산은 하늘에 닿을 만큼 하늘을 향해 솟았는데, 산세가 오악을 넘어서고 적성산을 가리네(天姥連天向天橫, 勢拔五岳掩赤城)"라고 한 바와 같이 높고 기암절벽이 많아 예로부터 신선들이 많이 사는 것으로 알려져 있다.

(19) 行(행): 장차. 곧.

(20) 開新(개신): 새로운 길을 내는 것을 가리킨다. 査愼行의 《蘇詩補註》에 "《함순임안지》에 '용산에 모령이 있다'라고 했고, 《장공외기》에 '공이 항주에 있을 때 석문하를 뚫을 것을 조정에 주청하여 이미 윤허를 받았는데 후임자인 임자중(林希)이 이 일을 대신했다. 아첨하는 사람들이 지금 당장 용산의 모령을 뚫자고 했지만 그것은 태수 신분으로서는 참으로 월권행위이기 때문에 그 논의를 잠재웠다'라고 했다. 지금 시에서 말한 뜻은 만약 다시 항주에 갈 수 있다면 당연히 다시 이 고개를 뚫을 것이라는 말이다(《咸淳臨安志》: '龍山有姥嶺.' 《長公外紀》云: '公在杭州, 請開石門河, 已得請, 而林子中爲代. 諛者言今鑿龍山姥嶺, 正犯太守身, 故寢其議.' 今詩中意謂若得再至杭, 當復開此嶺也)"라고 했다.

(21) 隨子去(수자거): 이우량을 따라 모령으로 유람 가는 것을 가리킨다.

1319. 次韻吳傳正[1]〈枯木歌〉

오전정의 〈고목가〉에 차운하여

天公水墨自奇絶,[2][3][4]　하느님의 수묵화는 본래 지극히 기이하여
瘦竹枯松寫殘月.[5]　여윈 대와 마른 솔에 새벽달을 그려 놨네.
夢回疎影在東窗,　꿈길에서 돌아오자 앙상한 그림자가 동창에 비치나니
驚怪霜枝連夜發.[6]　서리 맞은 가지가 밤새도록 싹을 틔운 게 놀랍네.
生成變壞一彈指,[7]　나고 자라고 변하고 죽는 게 순식간이라
乃知造物初無物.[8]　만물을 창조한 애당초엔 아무것도 없었음을 알겠네.
古來畫師非俗士,　예로부터 화가는 범속한 사람이 아닌지라
妙想實與詩同出.　오묘한 생각이 실로 시와 마찬가지로 나왔네.
龍眠居士本詩人,[9]　그러기에 용면거사는 본래 시인인 데다
能使龍池飛霹靂.[10]　용지에 벼락이 날게 할 줄도 아네.
君雖不作丹青手,[11][12]　그대는 비록 화가가 아닐지라도
詩眼亦自工識拔.[13]　시를 보는 안목이 역시 스스로 높아 잘 알아보네.
龍眠胸中有千駟,[14]　용면거사 가슴속엔 말 사천 마리가 있는데
不獨畫肉兼畫骨.[15]　겉만 그리지 않고 뼈도 함께 그리네.
但當與作少陵詩,[16][17]　그러니 그에게 두소릉의 시를 주어 주기만 하면
或自與君拈禿筆.[18][19]　그가 스스로 그대를 위해 몽당붓을 잡을 것이네.
東南山水相招呼,　동남쪽의 산수가 번갈아 나를 부르니

萬象入我摩尼珠.[20]　　삼라만상이 나의 여의주로 들어오리.
盡將書畫散朋友,[21]　　글과 그림을 모두 다 벗들에게 뿌리리
獨與長鋏歸來乎.[22]　　나 혼자 장검과 함께 동남쪽 산수로 돌아가서.

[해설]

오안시가 지은 〈고목가〉에 차운한 것으로 그의 시재를 극구 칭송하고, 전원으로 돌아가 마음대로 산수를 즐기고 싶은 자신의 심경을 토로했다.

[주석]

(1) 傳正(전정): 당시 秘書少監으로 재임 중이던 吳安詩의 字. 施元之의 《施注蘇詩》에 "오전정은 이름이 안시이며, 부친 오충이 신종의 재상을 지냈다(吳傳正, 名安詩, 父充相神宗)"라고 했고, 《續資治通鑑長編》에 "원우 7년(1092) 12월에 오안시가 비서소감이 되었다(元祐七年十二月, 吳安詩爲秘書少監)"라고 했다.

(2) 天公水墨(천공수묵): 하느님의 수묵화. 조물주가 빚어낸, 수묵화처럼 아름다운 대자연을 가리킨다.

(3) 自(자): 본래.

(4) 奇絶(기절): 극도로 기이하다.

(5) 殘月(잔월): 거의 다 지고 조금 남은 달. 새벽달.

(6) 驚怪(경괴): 놀라워하고 괴이해하다.

(7) 彈指(탄지): 손가락을 한 번 튕기는 짧은 시간을 가리킨다.

(8) 初無物(초무물): 처음에 아무것도 없다. 郭象의 〈莊子序〉에 "저 장자라는 사람은 근본을 알았다고 할 수 있다……위로 만물을 창조할 때에는 아무것도 없었음을 알았고 아래로 만물이 저절로 만들어졌음을 알았다(夫莊子者, 可謂知本矣……上知造物無物, 下知有物之自造也)"라고 했고, 소식의 시 〈墨花幷敍〉(0890)에 "만물을 창조할 땐 본래 만물이 없었다(造物本無物)"라는 구절이 있다. 이 연은 조물주가 그림을 그리듯 빠르게 만물을 창조하는 능력을 지니고 있기 때문에 본래 아무것도 없는 상태에서 이토록 많은 삼라만상을 창조하기까지 별로 많은 시간이 걸리지 않았음을 알 수 있다는 말이다.

(9) 龍眠居士(용면거사): 북송 때의 유명한 화가 李公麟의 호. 소식은 영남 지방에서의 유배 생활을 마치고 북쪽으로 돌아가는 도중 강소성 鎭江의 金山寺에 이공린이 그린 자신의 초상화가 걸려 있는 것을 보고 〈自題金山畫像〉(1824)이라는 題畫詩를 지었다.

(10) 龍池(용지): 長安(지금의 섬서성 西安)의 興慶宮 안에 있는 연못. 杜甫의 시 〈韋諷錄事宅觀曹將軍畫馬圖歌〉에 "일찍이 선제의 조야백을 그렸더니, 용지에 열흘 동안 벼락이 날았었네(曾貌先帝照夜白, 龍池十日飛霹靂)"라는 구절이 있다. 이 연은 이공린이 시도 잘 짓고 그림도 잘 그렸다는 말이다.

(11) 君(군): 오안시를 가리킨다.

(12) 丹青手(단청수): 화가.

(13) 識拔(식발): 알아보고 선발하다. 감별하다.

(14) 駟(사): 말 네 마리. 수레 한 대를 끄는 데 사용되는 말의 수.

(15) 肉(육): 살. 겉모양을 가리킨다. 두보의 시 〈丹青引〉에 "한간은 살만 그리고 뼈는 그리지 않아, 화류마의 기상이 시들게 했네(幹惟畫肉不畫骨, 忍使驊騮氣凋喪)"라는 구절이 있다.

(16) 與(여): ~에게.

(17) 少陵詩(소릉시): 두보의 시처럼 훌륭한 시라는 뜻으로, 오안시의 시를 가리킨다.

(18) 與(여): ~을 위하여.

(19) 禿筆(독필): 털끝이 거의 다 닳아 버린 붓. 몽당붓. 두보의 시 〈題壁上韋偃畫馬歌〉에 "장난삼아 몽당붓 잡고 천리마를 그리니, 동쪽 벽에 갑자기 기린이 나타났네(戲拈禿筆掃驊騮, 欻見騏驎出東壁)"라는 구절이 있다. 이 연은 오안시가 이공린에게 〈고목가〉처럼 훌륭한 시를 지어 보내면 이공린이 그 시의 내용을 멋진 그림으로 바꾸어 줄 수 있을 정도로 오안시의 시가 훌륭하다고 칭송한 것이다.

(20) 摩尼珠(마니주): '如意寶珠'의 별칭. 여의주. 이 구절은 삼라만상이 자신의 여의주에 다 비친다는 뜻으로 동남 지방의 산수를 마음대로 돌아다니며 두루 다 구경할 것이라는 말이다.

(21) 將(장): ~을.

(22) 長鋏(장협): 長劍. 전국 시대의 전략가 馮諼이 孟嘗君의 식객으로 있을 때 "장검아 돌아가자꾸나! 식사에 생선도 없으니(長鋏歸來乎! 食無魚)"라고 했다.(《戰國策·齊策四》 참조) 이 연은 동남 지방의 아름다운 산수를 자신은 직접 찾아가서 감상하고, 그럴 상황이 못 되는 친구들에게는 그것을 시문이나 그림으로 묘사해서 나누어 주겠다는 말인 것으로 보인다.

1320. 送黃師是[1]赴兩浙憲[2]

양절로제점형옥으로 부임해 가는 황사시를 전송하며

世久無此士, 　세상에 오랫동안 이런 선비 없었나니
我晚得王孫.[3] 　내가 늘그막에야 이 왕손을 만났네.
寧非叔度家,[4] 　황숙도의 집안이 어찌 아니리?
豈出次公門.[5][6] 　아마도 황차공의 가문에서 나왔으리.
白首沉下吏,[7] 　그런데도 백발토록 하급 관리로 머문다고
綠衣有公言.[8][9] 　녹색 옷 입은 사람이 공언한 바 있었네.
哀哉吳越人,[10] 　슬프도다 오나라와 월나라 땅 사람들은
久爲江湖呑. 　오랫동안 강호의 물에 삼켜졌었네.
官自倒帑廩,[11] 　관청에서 스스로 창고를 열었지만
飽不及黎元.[12] 　백성들이 배부르게 먹을 수는 없었네.
近聞海上港, 　근래에 듣자니 바닷가의 하구에
漸出水底村.[13] 　조금씩 물 밑 마을이 드러난다고 하네.
願君五袴手,[14] 　그대는 바지를 다섯 개씩 갖게 하는 솜씨로
招此半菽魂.[15] 　콩밥 먹는 이 영혼들을 불러들이기 바라네.
一見刺史天,[16] 　그들이 자사의 하늘을 한 번 보면
稍忘獄吏尊.[17] 　옥리의 존엄함을 잠시 잊을 것이네.
會稽入吾手,[18] 　회계가 내 손 안에 들어올 텐데

鏡湖小於盆.[19]	그곳의 경호는 동이보다 더 작네.
比我東來時,[20][21]	그러니 내가 동쪽에 도착할 때쯤이면
無復瘡痍存.[22]	더 이상 상처가 남아 있지 않겠네.

[해설]

소철의 사돈인 황식이 양절로제점형옥으로 부임해 가게 되었을 때 송별연을 벌여 주면서 지은 것으로, 그의 인품과 능력을 칭송한 후 선정을 베풀어 줄 것을 당부했다.

[주석]

(1) 師是(사시): 章惇의 생질로 소철의 사돈이 된 黃寔의 字. 《송사·황식전》에 "소철은 진주에 있을 때 황식과 교유했는데 이로 인하여 혼인을 맺었으며 황식은 그 뒤에 소식과도 친하게 지냈다. 소성(1094-1097) 연간의 당화가 일어났을 때 황식은 장돈의 생질이라 재앙을 면했지만 그래도 오랫동안 조정에 남아 있을 수는 없었다(蘇轍在陳與寔游, 因結昏, 其後又與軾友善. 紹聖黨禍起, 寔以章惇甥, 故獲免. 然亦不得久於朝著焉)"라고 했고, 施元之의《施注蘇詩》에 "황사시는 이름이 식이고 진주 사람이다. 신종 때 진사시험에 급제하여……재주로·양절로의 提點刑獄과 경동로·하북로의 轉運使를 역임했다. 황사시는 장자후(장돈)의 생질인데 소자유(소철)가 진주에서 관직 생활을 했기 때문에 그의 두 딸이 다 소자유의 며느리가 되었다(黃師是, 名寔, 陳州人. 神宗時登進士第,……提點梓州路·兩浙刑獄, 京東·河北轉運. 師是爲章子厚之甥, 子由官陳, 由是二女皆爲子由婦)"라고 했다. 〈泗州除夜雪中黃師是送酥酒二首〉(0859) 주 (2) 참조.

(2) 兩浙憲(양절헌): 兩浙路提點刑獄을 가리킨다.

(3) 王孫(왕손): 다른 사람에 대한 존칭. 황식을 가리킨다.

(4) 叔度(숙도): 後漢 사람 黃憲의 字. 《후한서·황식전》에 "황헌의 담론과 풍도에 대해서는 전하는 바가 없지만 선비들 가운데 그를 한 번 본 사람은 다들 그의 깊고 원대한 생각과 흠결 없는 인품에 탄복했다(憲言論風旨, 無所傳聞, 然士君子見之者, 靡不服深遠, 去玼吝)"라고 했다.

(5) 豈(기): 아마.

(6) 次公(차공): 前漢 사람 黃霸의 字. 《한서·황패전》에 "황패는 위인이 사물을 똑똑히 잘 관찰하고 생각이 민첩하며, 법조문을 익히 알고 있으면서도 다른 사람들에게 온화하고 선량하며 겸양의 덕이 있고, 그들의 사정을 잘 이해하여 대중을 잘 통솔했다. 태수의 보좌관이 되었을 때 일 처리를 법에 의거하여 하고 민심에 부합하게 하여 태수가 그를 매우 신임하고 아전들과 백성들이 그를 경애했다(霸爲人明察內敏, 又習文法, 然溫良有讓, 足知, 善御衆. 爲丞, 處議當於法, 合人心, 太守甚任之, 吏民愛敬焉)"라고 했다.

(7) 沉下吏(침하리): 하급 관리로 침체해 있다. 관직이 오르지 않고 하급 관직에 머물러 있는 것을 가리

킨다. 〈次天字韻答岑巖起〉(1302) 주 (10) 참조.

(8) 綠衣(녹의): 《詩經·邶風》의 篇名. 이 시에서 비롯되어 첩을 가리키는데, 여기서는 소식의 侍妾 朝雲을 가리킨다. 王十朋의 《百家註分類東坡先生詩》에 "당시에 이 구절을 이해하지 못하는 사람이 있어 선생에게 물었더니 선생이 '우리 집의 조운은 황사시를 볼 때마다 그의 관직이 바뀌지 않는 것을 괴이하게 여겼다오'라고 했다. 그런 뒤에야 '綠衣'가 조운을 가리킨다는 사실을 알게 되었다(當時人有未解此句, 問之先生, 先生曰: '吾家朝雲每見師是, 怪其官職不遷耳.' 然後知'綠衣'指朝雲)"라고 했다.

(9) 公言(공언): 공언. 여러 사람 앞에서 공개적으로 하는 말.

(10) 吳越(오월): 춘추 시대의 오나라와 월나라. 蘇州를 중심으로 한 강소성 일대와 杭州를 중심으로 한 절강성 일대, 즉 황식이 부임해 갈 兩浙路를 가리킨다.

(11) 倒帑廩(도탕름): 금은보화를 보관하는 창고와 곡식을 보관하는 창고를 기울이다. 창고에 보관되어 있는 물건을 방출하는 것을 가리킨다.

(12) 黎元(여원): 백성.

(13) 水底村(수저촌): 물 밑의 마을. 물에 잠긴 마을을 가리킨다.

(14) 五袴手(오고수): 백성들이 바지를 다섯 개 가질 수 있도록 해 주는 솜씨. 유능한 태수를 칭송하는 말이다. 後漢 사람 廉范이 蜀郡 태수로 부임했을 때 물산은 풍부하고 가옥은 좁은 成都 지방에 화재를 방지하기 위해 밤에 불을 켜지 못하게 하는 법령이 있어 백성들이 불편해했다. 염범이 이 법령을 없애자 백성들이 밤에 안심하고 일할 수 있게 되었다. 이에 백성들이 염범을 칭송하여 "염숙도님께서는, 왜 이리 늦게 오셨나? 불 켜는 것 안 금하여, 백성들이 편히 일해, 평생 저고리 없었는데 이제 바지가 다섯 개네(廉叔度, 來何暮? 不禁火, 民安作, 平生無襦今五袴)" 하고 노래했다.(《후한서·염범전》 참조)

(15) 半菽(반숙): 콩이 반쯤 섞인 밥. 조악한 음식을 가리킨다. 이 연은 백성들이 자기 고향에서 잘살 수 있게 해 줌으로써 살길을 찾아 객지를 떠도는 일이 없게 해 주라고 당부한 것이다.

(16) 刺史(자사): 원래 조정에서 각 지방에 파견한 監察官이었으나 나중에는 州郡의 長官을 가리키게 되었다. 前漢 무제 때 전국을 13州로 나누고 각 주에 자사를 한 명씩 두어 지방 행정을 감찰하게 했는데 성제 때 이것을 州牧으로 개칭했다가 애제 때 다시 자사라고 불렀다. 後漢 사람 蘇章이 冀州刺史로 재임할 때 그의 친구 한 사람이 淸河 태수가 되었다. 소장이 관할 지역을 순시하다가 그 친구의 죄과를 발견했다. 소장이 연회를 벌여 그 태수를 초청해 놓고 그 친구와 교유하는 즐거움과 우의를 토로했다. 그러자 그 친구가 "다른 사람들은 다 하나의 하늘을 가지고 있는데 나만 유독 두 개의 하늘을 가지고 있네(人皆有一天, 我獨有二天)"라고 했다. 소장이 그 말을 듣고 "오늘 밤에 내가 친구와 술을 마시는 것은 개인적으로 은정을 베푸는 것이고 내일은 기주자사로서 의법 조치할 것인바, 이는 공적으로 법을 집행하는 것이네"라고 했다. 그러고는 법에 따라 친구의 죄를 다스렸다.(《후한서·소장전》 참조) 소장의 친구가 말한 두 개의 하늘 가운데 하나는 자신을 비호해 줄 기주자사 소장을 가리킨다.

(17) 獄吏尊(옥리존): 옥리의 존엄함. 한나라의 개국 공신으로 絳侯에 봉해진 周勃이 반역을 꾀했다는 죄

목으로 감옥에 갇혔을 때 옥리가 하라는 대로 하여 마침내 풀려났다. 주발은 감옥에서 풀려난 뒤에 "내가 백만 대군을 거느렸었지만 옥리의 존엄함을 어찌 알았겠는가?"라고 했다.(《史記·絳侯周勃世家》 참조) 이 연은 양절로의 죄수들을 따뜻하게 대해 줌으로써 옥리에 대한 두려움을 좀 덜어 주기를 당부한 해학적인 표현이다.

(18) 會稽(회계): 越州(지금의 절강성 紹興)를 가리킨다. 당시 소식은 월주지주로 내보내 달라는 상소문을 올려놓은 상태였다.

(19) 鏡湖(경호): 소흥에 있는 호수. 당나라 이후로 점점 막히기 시작하여 남송 때에 이르러서는 대부분이 전답으로 변했다.(魏嵩山 主編, 《中國歷史地名大辭典》, 廣東教育出版社, 1995년 제1판, 1277쪽 참조)

(20) 比(비): 이르다.

(21) 東來(동래): 소식이 회계로 부임하는 것을 가리킨다.

(22) 瘡痍(창이): 상처. 수해의 흔적과 백성들의 질고를 동시에 가리킨다. 이상의 네 구절은 자기가 다스리게 될 회계에 위치한 경호는 옛날부터 점점 작아져 오기도 했고, 治水의 임무를 겸하기도 하는 그 지역 제점형옥 황식의 노력으로 홍수가 없어지기도 해서 다시는 수해가 없는 살기 좋은 고을이 될 것이라는 뜻으로, 황식의 능력을 칭송하기도 하고 그에게 선정을 당부하기도 한 것이다.

1321. 送范中濟[(1)]經畧侍郞[(2)], 分韻[(3)]賦詩, 以'元戎十乘以先啓行[(4)]'爲韻, 軾得'先'字, 且贈以魚枕杯[(5)]四, 馬箠一

경략시랑 범중제를 전송할 때 운자를 나누어 시를 짓되 '元'·'戎'·'十'·'乘'·'以'·'先'·'啓'·'行'을 운자로 삼기로 했는데 나는 '先' 자를 배정받아 시를 지어 주고 또 물고기 머리뼈 술잔 네 개와 말채찍 하나도 주었다

梁李久樂禍,[(6)(7)]	양씨와 이씨는 오랫동안 재앙 일으키기를 좋아하여
自焚豈非天.	그로 인해 자신을 태웠으니 어찌 천벌이 아니리?
兩鼠鬪穴中,	쥐 두 마리가 쥐구멍에서 서로 싸우다
一勝亦偶然.	하나가 이기는 건 역시 어쩌다 그런 것이네.
謀初要百慮,[(8)]	일의 시초를 살필 때는 백 번 생각해야 하고
善後乃萬全.[(9)]	마무리까지 잘해야 완전무결해진다네.
廟堂選世將,[(10)]	조정에서 대를 이은 장수를 골랐나니
范氏眞多賢.	범씨 집안엔 참으로 현인이 많네.
仁風被宿麥,[(11)(12)]	인덕의 바람이 보리를 덮어
綠浪搖秦川.[(13)(14)]	녹색의 물결이 진지방 들판을 흔들리.
號令聳毛羽,[(15)]	그대의 호령에 새가 높이 솟구쳤다
先聲落虛弦.[(16)]	화살 소리가 나기도 전에 빈 시위에 떨어지리.
我家天一方,	우리 집은 하늘 한쪽 끝에 있는데
去路城西偏.	가는 길이 성 서쪽으로 치우쳐 있네.
投竿困障日,[(17)(18)]	낚싯대를 던지며 구름이 해를 가리는 걸 괴로워하리
賣劍行歸田.[(19)(20)]	검을 팔아 이제 곧 전원으로 돌아갈 테니.
贈君荊魚杯,[(21)]	그대에게 형주 땅의 물고기 머리뼈 술잔을 주고

副以蜀馬鞭.[(22)(23)] 촉 땅에서 난 말채찍도 함께 주려네.
一醉可以起,[(24)] 일단 취기가 오르면 일어나 가도 좋으니
毋令祖生先.[(25)] 조씨가 선수치게 하지 마시게.

[해설]

경주지주로 부임해 갈 예정인 범자기를 전송하는 자리에서 지은 것으로 그의 인품과 능력을 한껏 칭송했다.

[주석]

(1) 中濟(중제): 范子奇의 字. 施元之의《施注蘇詩》에 "중제는 이름이 자기이다. 5세조 범인서가 촉나라에서 재상을 지냈기 때문에 성도에 장사 지냈다. 조부 범옹은 자가 백순인데 처음으로 하남에 정착했다(中濟, 名子奇. 五世祖仁恕, 相蜀, 因葬成都. 祖雍字伯純, 始家河南)"라고 했다.

(2) 經畧侍郎(경략시랑): 侍郎은 中書省·門下省·尙書省 소속 각 部의 副長官을 가리키고, 經畧은 변방 지역의 군사에 관한 업무를 관장하던 관아로 經畧安撫使 한 명을 두었는데, 범자기는 당시 權戶部侍郎으로 재임하다가 원우 8년(1093) 2월 慶州(지금의 감숙성 慶陽)知州에 임명되어 西夏와 대치하게 되었다.(施元之,《施注蘇詩》 참조)

(3) 分韻(분운): 여러 사람이 韻字를 나누어서 시를 짓다.

(4) 元戎十乘以先啓行(원융십승이선계행): 큰 戰車 열 대로 먼저 길을 열다. 周나라 宣王의 북방 정벌을 노래한 시인《詩經·小雅·六月》 중의 두 구절인데 이 두 구절의 각 글자를 운자로 삼은 것이다.

(5) 魚枕杯(어침배): 물고기의 머리뼈로 만든 술잔. '魚魫杯'와 같다.

(6) 梁李(양리): 양씨와 이씨. 西夏國의 두 종족을 가리킨다. 당나라 때 서하국 국왕에게 李氏 성을 하사했는데 송나라 때에는 국왕에게는 趙氏 성을 하사하고 나머지는 그대로 이씨 성을 유지하게 했다. 그리고 梁氏는 서하 국왕의 妻族이었는데 마침내 권력을 전횡하여 국왕을 죽이고 새 국왕을 옹립하는 재앙을 일으키기에 이르렀다.(王十朋,《百家註分類東坡先生詩》 참조)

(7) 樂禍(낙화): 재앙을 즐기다. 남에게 즐겨 재앙을 가하는 것을 가리킨다.

(8) 謀初(모초): 일의 시초를 자세하게 살피다.

(9) 善後(선후): 뒤를 훌륭하게 하다. 이 구절은 범자기가 변방 수비에 있어서 유종의 미를 거둘 것을 기대하고 또 당부한다는 말이다.

(10) 世將(세장): 여러 세대에 걸쳐 이어져 온 장수.

(11) 仁風(인풍): 仁德이 멀리까지 미치는 것을 바람이 부는 것에 비유한 것이다.

(12) 宿麥(숙맥): 가을에 심어서 이듬해 여름에 수확하는 보통의 보리를 가리킨다. 이른 봄에 심어서 여름에 수확하는 봄보리와 구별하여 가을보리라고도 한다.

(13) 綠浪(녹랑): 파란 보리가 바람에 흔들리는 모양을 파도 치는 것에 비유한 것이다.

(14) 秦川(진천): '川'은 강을 가리키기도 하고 들판을 가리키기도 하기 때문에 파도가 물결치는 진지방의 강을 가리키면서 동시에 '宿麥'이 서 있는 진지방의 보리밭을 가리키기도 한다. 이 연은 범자기의 선정에 힘입어 경주 고을에 풍년이 들 것이라는 말이다.

(15) 毛羽(모우): 새의 깃털. 새를 가리킨다.

(16) 虛弦(허현): 화살을 메기지 않은 빈 시위. 전국 시대 사람 更羸가 魏王과 함께 높은 누대에 앉아 있을 때 새가 날아오는 것을 보고 자기는 화살을 쏘지 않고 새를 잡을 수 있다고 했다. 가까이 다가왔을 때 경리가 활시위를 한 번 튕기자 기러기 한 마리가 땅으로 떨어졌다. 위왕이 어떻게 해서 그것이 가능하냐고 묻자 그 기러기가 병들었기 때문이라고 했다. 어떻게 그 기러기가 병든 줄 알았느냐고 묻자 천천히 나는 것을 보고 상처를 입은 줄 알았고 슬프게 우는 것을 보고 무리를 잃은 줄 알았다고 했다.(《戰國策·楚策四》 참조) 이 연은 범자기의 활 솜씨를 칭송한 것이다.

(17) 投竿(투간): 장대를 던지다. 낚시질하는 것을 가리킨다.

(18) 障日(장일): 간신들이 임금의 눈을 가리는 것을 가리킨다.

(19) 賣劍(매검): 한나라 사람 龔遂가 渤海 태수로 부임하여 백성들이 칼을 차고 다니는 것을 보고 "어찌하여 소와 송아지를 차고 다니는가?"라고 하며 큰 칼을 팔아 소를 사고 작은 칼을 팔아 송아지를 사서 농사를 짓게 했다.(《한서·공수전》 참조)

(20) 行(행): 장차. 곧.

(21) 荊魚杯(형어배): 荊州(지금의 호북성 형주)에서 나는 물고기의 머리뼈로 만든 술잔. 왕십붕의 《백가주분류동파선생시》에 "형주에서 물고기 머리뼈가 나는데 이것으로 술잔을 만들 수 있다(荊州出魚枕, 可爲杯)"라고 했다.

(22) 副(부): 부차적인 것으로 삼다.

(23) 以(이): 동작의 대상을 표시하는 전치사. 직접목적어를 표시한다. 이 연은 형주에서 난 물고기 머리뼈로 만든 술잔을 선물로 주면서 촉지방에서 난 말채찍도 곁들여서 준다는 말이다.

(24) 起(기): 자리에서 일어나 길을 떠나는 것을 가리킨다. 韓愈의 시 〈送石處士赴河陽幕〉에 "가시게나 가시게나 일이 한창 급하니, 술 한 순배 돌고 나면 일어나셔도 되네(去去事方急, 酒行可以起)"라는 구절이 있다.

(25) 祖生(조생): 祖逖을 가리킨다. 《世說新語·賞譽》에 "유곤이 조거기(조적)를 통달한 사람이라고 칭찬하며 '어릴 때 왕돈에게 찬탄을 들었다'라고 했다(劉琨稱祖車騎爲朗詣, 曰: '少爲王敦所嘆.')"라는 말이 있는데 이에 대한 劉孝標의 주에 《晉陽秋》를 인용하여 "유곤의 〈與親舊書〉에 '내가 창을 베고 누워서 새벽이 되기를 기다리는 것은 반역자의 목을 베어 효수하려는 것인데 언제나 조생이 나보다 먼저 말에 채찍을 가할까 그것이 두려울 뿐이네' 했다(劉琨〈與親舊書〉曰: '吾枕戈待旦, 志梟逆虜, 常恐祖生先吾著鞭耳.')"라고 했다. 이 연은 너무 오래 지체하지 말고 취기가 오르면 바로 일어나 경주로 가서 전공을 세우는 것이 좋겠다는 해학적인 표현이다.

1322. 書晁說之(1)〈考牧圖〉(2)後

조열지의 〈고목도〉 뒤에 쓴 시

我昔在田間,	내가 옛날에 시골에 있을 때에는
但知羊與牛.	오로지 양과 소만 알 뿐이었네.
川平牛背穩,	냇가의 풀밭은 평평하고 소의 등은 든든하여
如駕百斛舟.(3)	백 섬짜리 큰 배를 탄 것만 같았나니
舟行無人岸自移,	사공 없이 배가 가자 둑이 절로 옮겨 가고
我臥讀書牛不知.	내가 등에 누워 책 읽는 줄을 소는 알지 못했네.
前有百尾羊,	그리고 또 앞에 양이 백 마리 있어
聽我鞭聲如鼓鼙.(4)	북을 치듯 우렁찬 내 채찍 소리를 들었지만
我鞭不妄發,	내 채찍이 함부로 가해진 건 아니고
視其後者而鞭之.	뒤처진 놈을 보고 채찍질을 가했다네.
澤中草木長,	못에는 초목이 길게 자라 있지만
草長病牛羊.	풀이 길면 소와 양을 병들게 하고
尋山跨坑谷,(5)	산을 찾아 들어가 계곡을 넘어 다니며
騰趠筋骨强.(6)(7)	펄펄 뛰어다녀야 근골이 강해진다네.
烟簑雨笠長林下,(8)	긴 숲에서 안개와 비에 도롱이 입고 삿갓 썼는데
老去而今空見畫.(9)(10)	늙어 가며 지금은 그림이나 볼 뿐이니
世間馬耳射東風,(11)	세상일은 마이동풍 아무 관심도 없고

悔不長作多牛翁.(12) 길이길이 소 많은 늙은이 안 된 것을 뉘우치네.

[해설]

조열지의 〈고목도〉는 《시경·소아·양이 없다니(無羊)》를 소재로 주나라 때의 목축 장면을 그린 것인데, 소식은 원우 8년(1093)에 개봉(開封)에서 이 그림을 보고 자신의 어린 시절을 회상했다. 어린 시절에 시골에서 전문가처럼 능숙하게 소와 양을 먹이던 일을 노래하고 지금의 생활과 대비하면서 그때를 그리워했다.

[주석]

(1) 晁說之(조열지): 북송 때의 화가로 字가 以道이다.
(2) 考牧圖(고목도): 목축하는 장면을 그린 조열지의 그림. '考牧'은 가축 기르는 일을 성취한다는 뜻이다.
(3) 百斛舟(백곡주): 곡식 100섬을 실을 수 있는 큰 배. 이 연은 커다란 소가 등에 자신을 태운 채 풀을 뜯어 먹으면서 천천히 냇가의 풀밭을 지나가는 모습을 묘사한 것이다.
(4) 鼓鼙(고비): 큰북과 작은북.
(5) 跨(과): 건너다.
(6) 騰趠(등탁): 뛰어오르다.
(7) 筋骨(근골): 근육과 뼈대. 체력을 가리킨다. 이상의 네 구절은 소와 양이 튼튼해지게 하려면 풀이 무성한 소택지보다 풀이 많지 않은 산골짜기에서 먹이는 것이 좋다는 말이다.
(8) 烟蓑雨笠(연사우립): 안개가 끼면 도롱이를 입고 비가 오면 삿갓을 쓰다.
(9) 而今(이금): 지금.
(10) 空(공): 단지. 오직.
(11) 馬耳射東風(마이사동풍): 말의 귀에 동풍이 불다. 마이동풍이라는 말이다. 李白의 시 〈答王十二寒夜獨酌有懷〉에 "사람들이 이걸 듣고 다들 고개 저으니, 동풍이 말의 귀에 부는 것 같네(世人聞此皆掉頭, 有如東風射馬耳)"라는 구절이 있다.
(12) 多牛翁(다우옹): 소를 많이 가진 늙은이. 벼슬길에 나아가지 않고 시골에서 소를 기르며 은거하는 사람을 가리킨다.

1323. 呂與叔[(1)]學士[(2)]挽詞[(3)]

여여숙 학사를 애도하는 만사

言中謀猷行中經,[(4)(5)(6)]	말이 생각에 부합하고 행동이 경전에 부합했나니
關西人物數淸英.[(7)(8)]	관서 지방 인물 중에서 맑고 영특함으로 손꼽혔네.
欲過叔度留終日,[(9)]	황숙도 집에 들러서 종일 머물고 싶었고
未識魯山空此生.[(10)]	원노산을 모르면 이 한평생을 헛산 거라네.
議論凋零三益友,[(11)(12)(13)]	유익한 세 벗은 의론이 시들었고
功名分付二難兄.[(14)]	공명은 훌륭한 두 형에게 나눠 줬네.
老來尙有憂時歎,[(15)]	늙어서도 아직까지 시절을 걱정해 탄식했나니
此涕無從何處傾.[(16)]	까닭 모를 이 눈물을 어디에다 쏟을까?

[해설]

정호·정이를 위시한 낙파 인사들은 이른바 낙촉당쟁으로 인하여 학문적으로뿐만 아니라 정치적으로도 촉파(蜀派)의 영수인 소식을 극도로 적대시했다. 이 시는 정문사선생에 속할 정도로 정호·정이의 대표적 문인 가운데 한 사람인 여대림이 죽었을 때 그의 영전에 바친 만사이다.

[주석]

(1) 與叔(여숙): 呂大臨(1040-1092)의 字. 처음 張載에게 수학하다가 장재가 죽은 뒤 程顥·程頤에게 수학하여 謝良佐(1050-1103)·游酢(1053-1123)·楊時(1053-1135)와 더불어 程門四先生으로 불렸다.

(2) 學士(학사): 문학과 학문으로 황제를 모시던 관직인 翰林院承旨·侍讀·侍講·直學士·待制 등의 총칭. 施元之의 《施注蘇詩》에 "원우(1086-1093) 연간에……태학박사에 임명되었다가 비서성정자로 옮겼다. 한림학사 범순보(范祖禹)가 권강(즉 侍講)으로 충원해 줄 것을 주청했으나 임용되기 전에 죽었다(元祐間,……除太學博士, 遷祕書省正字. 范內翰淳甫乞以備勸講, 未及用而卒)"라고 했다.

(3) 挽詞(만사): 죽은 사람을 애도하는 글.

(4) 中(중): 부합하다. 《論語·微子》에 "말이 윤리에 맞고 행동이 다른 사람들의 생각에 부합한다(言中倫, 行中慮)"라는 말이 있다.

(5) 謀猷(모유): 謀略. 머릿속으로 꾀하고 있는 일. '言中謀猷'는 말이 생각과 일치한다는 뜻이다.

(6) 經(경): 유가 경전을 가리킨다.

(7) 關西(관서): 函谷關 以西 지역. 여대림은 관서 지방에 해당하는 京兆 藍田(지금의 섬서성 남전) 사람이었다.

(8) 淸英(청영): 淸正하고 영특하다.

(9) 叔度(숙도): 後漢 사람 黃憲의 字. 郭林宗이 汝南에서 袁閬을 찾아갔다가는 금방 나와 버리고 황헌을 찾아갔다가는 한 이틀 꼬박 머물렀다. 사람들이 그 까닭을 묻자 그는 "황숙도는 만 경이나 되는 호수와 같아서 물을 맑게 하려고 해도 맑게 할 수 없고 뒤흔들어도 혼탁하게 할 수 없습니다. 그의 도량은 깊고 넓어서 헤아리기 어렵습니다"라고 했다.(《世說新語·德行》 참조) 여기서는 여대림을 가리킨다.

(10) 魯山(노산): 지금의 하남성 노산. 魯山縣令을 역임한 당나라 사람 元德秀를 가리킨다. 《구당서·원덕수전》에 "원덕수는 하남 사람이다……사대부들이 그의 행실을 고상하게 여겨 이름을 부르지 않고 원노산이라고 불렀다(元德秀者, 河南人.……士大夫高其行, 不名, 謂之元魯山)"라고 했다. 여기서는 여대림을 가리킨다.

(11) 議論(의론): 유교 철학에 대한 학술적 논의를 가리킨다.

(12) 凋零(조령): 영락하다.

(13) 三益友(삼익우): 세 사람의 유익한 벗. 이 구절은 여대림이 죽은 뒤로 정문사선생 가운데 나머지 세 사람의 학술적 논의가 시들해졌다는 말인 것으로 보인다.

(14) 二難兄(이난형): 두 명의 뛰어난 형. 여대림의 형 呂大忠(1026-1096)·呂大防(1027-1097)·呂大鈞(1029-1080) 중에서 여대림이 죽을 당시에 아직 생존해 있던 여대충과 여대방을 가리킨다. 이 구절은 남아 있는 두 형이 자신들의 정치적 포부를 대신 실현해 줄 것을 기대했다는 뜻이다.

(15) 憂時歎(우시탄): 시절을 걱정하는 탄식.

(16) 無從(무종): 나올 데가 없다. 賻儀가 없다. 《禮記·檀弓上》에 "공자가 위나라로 가다가 옛날에 묵었던 집의 주인이 상을 당한 것을 보고 들어가 슬프게 곡했다. 그리고 밖으로 나와 자공에게 곁마를 풀어서 부의로 주라고 했다. 자공이 '문인의 상에도 곁마를 풀어서 부의로 주지 않으셨는데 옛날에 묵었던 집의 주인에게 곁마를 풀어서 부의로 주시는 것은 지나치게 정중한 것이 아닙니까?'라고 하자 공자가 '내가 아까 들어가 곡을 할 때 슬픈 광경을 보자마자 눈물이 나왔다. 나는 눈물에 뒤따르는 것

이 없는 것을 싫어한다. 얘야! 가서 내 말대로 해라'라고 했다(孔子之衛, 遇舊館人之喪, 入而哭之, 哀. 出, 使子貢說驂而賻之. 子貢曰: '於門人之喪未有所說驂, 說驂於舊館, 無乃已重乎?' 夫子曰: '予鄕者入而哭之, 遇於一哀而出涕. 予惡夫涕之無從也. 小子行之.')"라는 말이 있는바, 이 경우의 '無從'은 '(눈물에) 뒤따르는 것(즉 자신의 마음을 표시하는 부의)이 없다'는 뜻이다. 소식의 이 구절은 자신이 洛蜀黨爭으로 인하여 정호·정이의 문하생인 洛派 인사들에게 정치적 핍박을 많이 받았기 때문에 여대림에게도 애틋한 감정이 없을 텐데 어디서 나오는 것인지 주체할 수 없을 만큼 많은 눈물이 자꾸 나오는 불가사의한 일을, 공자의 말을 빌려 해학적으로 표현한 것일 가능성이 크다.

1324. 丹元子[1]示詩, 飄飄然[2]有謫仙[3]風氣, 吳傳正[4]繼作, 復次其韻

단원자가 시를 보여 주었는데 청신하고 표일하여 적선의 기풍이 있고 오전정이 그 뒤를 이어 지었기에 다시 그것에 차운한다

飛仙亦偶然,	날아다니는 신선도 역시 어쩌다 그리되는 것
脫命瞬息中.[5][6]	눈 깜짝할 사이에 속세에서 벗어나 영생하지만
惟詩不可擬,	오로지 시만은 본뜰 수가 없나니
如寫天日容.[7]	하늘과 해의 모습을 그리는 것처럼 어렵네.
夢中哦七言,[8]	꿈속에서 신선이 칠언시를 읊조렸고
玉丹已入懷.[9]	백옥단이 이미 품속으로 들어왔는데
一語遭綽虐,[10][11]	말 한마디로 점잔을 가장한 화난 표정에 부닥쳐
失身墮蓬萊.[12][13]	더 못 있고 봉래산에서 떨어지고 말았네.
蓬萊至今空,	봉래산이 그 뒤로 지금까지 비어 있는 건
護短不養才.[14]	단점이나 비호하고 재주를 안 기른 탓
上界足官府,[15]	상계에는 신선들이 관청을 메우고 있으니
謫仙應退休.	적선은 물러나서 쉬어야 했을 것이네.
可憐吳與蘇,[16]	가련한 나 소씨와 그대 오씨는
骯髒雪滿頭.[17][18]	꼬장꼬장한 자세로 눈이 머리에 가득하니
雪滿頭,	눈이 머리에 가득하니
終當却與丹元子,	마침내 차라리 단원자와 더불어
笑指東海乘桴浮.[19]	웃음 띠고 동해 가리키며 뗏목 타고 떠가야겠네.

[해설]

요안세가 이백의 시처럼 청신하고 표일한 시를 짓자 그것에 차운한 것으로, 한유의 시 〈꿈(記夢)〉에 나타난 그의 신선관(神仙觀)에 근거하여 어질고 성스러운 인품을 지닌 진정한 신선이 별로 없다는 사실을 지적하고 요안세야말로 진정한 신선일 뿐만 아니라 이백처럼 시도 잘 짓는다고 칭송했다.

[주석]

(1) 丹元子(단원자): 姚安世의 호. 〈次丹元姚先生韻二首〉(1309) 주 (1) 참조.
(2) 飄飄然(표표연): 淸新하고 飄逸한 모양.
(3) 謫仙(적선): 하늘나라에서 유배 온 신선이라는 뜻으로 李白을 가리킨다.
(4) 傳正(전정): 吳安詩의 字.
(5) 脫命(탈명): 여의치 않은 상황에서 벗어나 생명을 얻다.
(6) 瞬息(순식): 눈을 한 번 깜짝하거나 숨을 한 번 쉬는 아주 짧은 시간. 이 연은 신선이 장기간에 걸친 힘든 수행을 통해 어렵사리 되는 것이 아니라 어느 순간에 요행히 되는 것이라는 말이다.
(7) 天日(천일): 하늘과 해. 일반적으로 해를 가리킨다.
(8) 哦(아): 읊다.
(9) 玉丹(옥단): 백옥단. 丹藥의 일종. 韓愈의 시 〈記夢〉에 "건장하고 젊지 않은 이가 칠언시를 읊었는데, 여섯 글자는 평범한 말이고 한 글자는 난삽했네. 나는 손가락으로 백옥단을 집어서, 걸어가면서 씹고 걸어가며 따져 봤네. 말하기 전에 둘째 구절을 잘라 버리자, 붉으락푸르락 불쾌한 얼굴로 돌아보았네. 그래서 알았네 신선들이 어질거나 성스럽지 않고, 단점을 덮고 어리석음을 고수하며 존경받기를 바라는 줄을. 나는 인간 세상에서 굽히며 살 줄 알거늘, 어찌 너희를 따라 신선의 산에서 살 수 있으리?(壯非少者哦七言, 六字常語一字難. 我以指撮白玉丹, 行且咀噍行詰盤. 口前截斷第二句, 綽虐顧我顔不歡. 乃知仙人未賢聖, 護短憑愚邀我敬. 我能屈曲自世間, 安能從汝巢神山?)"라고 했다.
(10) 一語(일어): 한유가 꿈속에서 도사에게 한 비판적인 말을 가리킨다.
(11) 綽虐(작학): 너그러움과 사나움. 너그러운 표정과 사나운 표정이 교차한다는 뜻으로, 화를 참으며 너그러운 척하려고 하는데도 불구하고 자신도 모르게 자꾸 화가 치미는 모습을 가리키는 것으로 보인다.
(12) 失身(실신): 육신을 잃다. 존재하지 못하는 것을 가리킨다. "임금이 치밀하지 않으면 신하를 잃고 신하가 치밀하지 않으면 육신을 잃는다(君不密, 則失臣; 臣不密, 則失身)"라는 말이 있다.
(13) 蓬萊(봉래): 봉래산. 중국의 동쪽 바다 안에 있다는 三神山의 하나. 이상의 네 구절은 뒤에서 말한, 봉래산에 진정한 신선이 별로 없는 이유를 설명하기 위하여 한유의 꿈을 증거로 제시한 것인 듯하다.
(14) 護短(호단): 단점을 비호하다. 결점이나 잘못을 옹호하는 것을 뜻한다.
(15) 上界(상계): 천상 세계. 도교에서 말하는 신선의 거처를 가리킨다. 한유의 시 〈奉酬盧給事雲夫四兄

曲江荷花行見寄, 幷呈上錢七兄閣老張十八助教〉에 "상계에는 신선들이 관청에 가득하니, 어찌 벼슬 없는 신선들이 봉황을 몰고 다니며 종일 서로 함께하는 것과 같으리?(上界眞人足官府, 豈如散仙鞭笞鸞鳳終日相追陪?)"라는 구절이 있다. 이 연은 천상에는 관직이나 좋아하는 사이비 신선들이 너무 많기 때문에 이백이 그들과 함께 천상에서 사는 것보다 차라리 지상으로 유배 와서 시를 지으며 표일하게 살려고 한 것이 당연한 일이었다는 말이다.

(16) 吳與蘇(오여소): 오안시와 소식을 가리킨다.

(17) 骯髒(항장): 곧고 꼿꼿한 모양.

(18) 雪(설): 백발을 가리킨다.

(19) 桴(부): 뗏목. 《論語·公冶長》에 "공자가 말하기를 '도가 행해지지 않아서 뗏목을 타고 바다로 나간다면 나를 따라갈 사람은 아마 유(子路)이리라!'라고 했다(子曰: '道不行, 乘桴浮於海, 從我者其由與!')"라는 말이 있다. 마지막 다섯 구절은 오안시와 자신이 둘 다 세속적인 삶을 원만하게 살지 못하니 차라리 요안세와 함께 은거하는 것이 좋겠다는 뜻으로, 동해 안에 있는 삼신산을 찾아가고 싶다는 의미도 내포하고 있다.

1325. 次韻王定國(1)書丹元子(2)寧極齋(3)

단원자의 영극재에 쓴 왕정국의 시에 차운하여

仙人與吾輩,(4)	신선이 우리와 마찬가지로
寓迹同一塵.	한 톨의 먼지 같은 자취를 남기고 있다.
何曾五漿饋,(5)	어찌 주막 다섯 집에서 음식을 먼저 준 적 있으리?
但有爭席人.	단지 자리를 다투는 사람들만 있었다.
寧極無常居,(6)	본성을 편안하게 해 주는 곳은 정해져 있지 않나니
此齋自隨身.	이 서재가 스스로 몸을 따라다닌다.
人那識郗鑑,(7)	사람들이 어떻게 치감을 알아보리?
天不留封倫.(8)	하늘이 봉륜을 붙잡아 두지 않았다.
誤落世網中,(9)	잘못하여 세상의 그물에 떨어졌더니
俗物愁我神.(10)	속물들이 내 마음을 근심스럽게 했다.
先生忽扣戶,(11)	그런데 선생이 갑자기 문을 두드리며
夜呼祁孔賓.(12)	밤중에 기공빈인 양 나를 불렀다.
便欲隨子去,(13)	그대를 따라서 떠나가고 싶지만
著書未絕麟.(14)(15)	글쓰기가 아직까지 끝나지 않았다.
願掛神虎冠,(16)	신호문에 의관을 걸어 놓고 떠나가
往卜飲馬鄰.(17)	음마교 인근에 집을 구하고 싶다.
王郎濯紈綺,(18)(19)	그리고 왕랑은 비단 기운을 씻고

意與陋巷親.	누추한 골목과 친해지려고 한다.
南游苦不早,[20]	남쪽으로 가는 것이 참으로 늦었지만
倘及蓴鱸新.[21][22]	순챗국과 농어회가 신선할 때에 댈지도 모르겠다.

[해설]

친구 왕공이 도인 요안세의 서재인 영극재에 시를 써 주자 그 시에 차운한 것이다.

[주석]

(1) 定國(정국): 王鞏의 字. 〈書王定國所藏王晉卿畫著色山二首〉(1085) 주 (1) 참조.

(2) 丹元子(단원자): 姚安世의 호. 〈次丹元姚先生韻二首〉(1309) 주 (1) 참조.

(3) 寧極齋(영극재): 강소성 蘇州에 있던 요안세의 서재. 《姑蘇志》에 "영극재는 음마교에 있는바, 우리 고을 사람인 도사 요안세가 살던 곳이다(寧極齋在飮馬橋, 郡人方士姚安世所居)"라고 했는데, 그 이름이 《莊子·繕性》의 "시운이 맞지 않아 천하에서 크게 곤궁해지면 뿌리를 깊게 하고 지극한 본성을 편안히 한 채 때를 기다릴 것이니 이것이 몸을 보존하는 도이다(不當時命而大窮乎天下, 則深根寧極而待, 此存身之道也)"라는 말에서 유래했다.

(4) 與(여): ~와 같다. 이 연은 요안세의 존재가 보통 사람들과 마찬가지로 남의 눈에 잘 안 뜨인다는 말이다.

(5) 漿(장): 음료를 파는 가게. 주막. 列子가 齊나라로 가다가 도중에 되돌아오는 것을 보고 伯昏瞀人이라는 현자가 왜 되돌아오느냐고 물었더니 자기가 놀랐기 때문이라고 했다. 무엇에 놀랐느냐고 묻자 자기가 열 집의 주막에서 식사를 했는데 그 가운데 다섯 집에서 자신에게 돈을 내기 전에 먼저 음식을 준 것에 놀랐다고 했다. 그러면서 그것은 자신의 내면이 어떤지와 무관하게 자신의 형체가 드러나서 빛을 발함으로써 다른 사람을 위압했기 때문이라고 했다.(《莊子·列禦寇》 참조) 이 연은 요안세가 다른 사람에게 우대를 받은 적이 없다는 말이다.

(6) 常居(상거): 일상적으로 거처하는 고정된 장소. 소식의 詞 〈定風波〉(誰羨人間琢玉郞)에 "왕정국의 가기는 이름을 유노라고 하고 성이 우문씨인데 미목이 수려하고 응대를 잘하는바, 집안이 대대로 경사에 살았다. 왕정국이 남쪽으로 좌천되었다가 돌아왔을 때 내가 유노에게 '광남의 풍토는 틀림없이 안 좋았겠지?' 하고 물었더니 유노가 '이 마음 편안한 곳이면 그곳이 바로 제 고향이지요'라고 대답하므로 그녀를 위하여 이 사를 짓는다(王定國歌兒曰柔奴, 姓宇文氏, 眉目娟麗, 善應對, 家世住京師. 定國南遷歸, 余問柔: '廣南風土應是不好?' 柔對曰: '此心安處便是吾鄉.' 因爲綴詞云)"라는 서문이 붙어 있다. 이 연은 지극한 본성을 편안하게 해 주는 곳이란 따로 정해져 있는 것이 아니고 마음 먹기에 따라서는 어디나 다 영극재가 될 수 있다는 뜻으로, 소식이 요안세의 말을 받아들여 자신의 말로 삼은 것으로 보인다.

(7) 郗鑑(치감): 晉나라 때 사람으로 관직이 太尉에 이르렀다. 武威 사람 段晳이 천보 5년(746)에 魏郡에 있는 한 여관에서 孟期思라는 도인을 만나 그를 따라 恒山에 들어갔다가 문밖으로 나가는 일이 거의 없이 날마다 도만 닦고 있는 한 늙은 도인을 보았다. 단략이 맹기사에게 그 늙은 도인이 누구냐고 묻자 맹기사가 《晉書·郗鑑傳》을 주면서 읽어 보라고 했다. 그러면서 "노선생이 누구인지 알고 싶은가? 바로 郗太尉라네"라고 했다.(施元之의 《施注蘇詩》에 인용된 《唐紀聞》 참조) 이 구절은 요안세가 남의 눈에 뜨이지 않고 묵묵히 수도에만 정진하기를 좋아하기 때문에 사람들이 그를 잘 못 알아본다는 말이다.

(8) 封倫(봉륜): 당나라 때 재상을 지낸 사람으로 德彝라는 字가 더 잘 알려져 있었다. 魏徵이 태종에게 仁義로 천하를 다스리라고 충고하자 봉륜이 반론을 펼쳤는데 태종이 위징의 충고를 받아들였다. 그리하여 즉위한 지 4년 만에 천하가 아주 잘 다스려져 오랑캐의 君長들이 당나라 복식을 하고 칼을 찬 채 밤에 황궁을 지켰으며, 국토가 동쪽으로는 바닷가까지 이르고 남쪽으로는 五嶺 너머까지 이르렀다. 이에 황제가 신하들에게 "이것은 위징이 나에게 仁義를 실행하라고 충고하여 그것이 효과를 나타낸 것이오. 이것을 봉덕이에게 보여 줄 수 없는 것이 애석하오"라고 했다.(《신당서·위징전》 참조) 〈閻立本〈職貢圖〉〉(1241) 주 (18) 참조. 이 구절은 봉륜처럼 자신을 드러내기를 좋아하면 하늘이 그 사실을 간파하고 그를 이 세상에 머무르게 하지 않는다는 말인 것으로 보인다.

(9) 世網(세망): 법률·예교 등의 사회적 구속을 가리킨다.

(10) 俗物(속물): 속된 사람들을 가리킨다.

(11) 先生(선생): 도인에 대한 경칭. 〈次丹元姚先生韻二首〉(1309) 주 (1) 참조.

(12) 孔賓(공빈): 晉나라 사람 祁嘉의 字. 기가가 스무 살 남짓 되던 해의 어느 날 밤에 창문에서 이 세상에서 살아가면 얻는 것은 털끝만큼도 안 되고 잃는 것은 산더미처럼 클 것이라며 은거하라고 하는 소리가 들리는지라 이튿날 아침에 바로 집을 떠났다.(《진서·기가전》 참조) 이 연은 요안세가 소식에게 은거를 독려했다는 말이다.

(13) 便(변): 비록 ~라고 할지라도.

(14) 著書(저서): 글을 쓰다.

(15) 絶麟(절린): 쓰기를 그만두다. 《春秋·哀公十四年》에 "애공 14년 봄에 서쪽으로 나가 사냥을 하다가 기린을 잡았다(十有四年春, 西狩獲麟)"라고 했는데 이에 대한 杜預의 주에 "기린은 어진 짐승이므로 성왕이 나타날 상서로운 조짐이다. 당시에 성명한 임금이 없어 나타났다가 잡혔다. 중니(孔子)는 주나라의 도가 흥성하지 않아 상심하고 있던 터라 상서로운 조짐에 반응이 없다는 사실에 느낀 바가 있어서 《노춘추》에 의거하여 중흥의 교화를 실시하다가 '기린을 잡았다'라는 구절에서 붓을 놓았다(麟者仁獸, 聖王之嘉瑞也. 時無明王, 出而遇獲. 仲尼傷周道之不興, 感嘉瑞之無應. 故因《魯春秋》而脩中興之敎, 絶筆於'獲麟'之一句)"라는 말이 있다. 이 구절은 자신이 아직까지 공문서를 작성하는 관리의 所任에서 벗어나지 못했다는 뜻인 것으로 보인다.

(16) 神虎(신호): 신호문. 唐나라 高祖 李淵에 의해 太祖로 추존된 그의 조부 李虎의 이름자를 피하기 위해 신무문으로 개칭되었다. 신호문은 남조 때 建康(지금의 강소성 南京)에 있던 황궁의 西門이었는

데 남조 시대에 梁나라 사람 陶弘景은 자신의 官帽와 官服을 벗어서 여기에 걸어 놓은 뒤 사직상소를 올리고 관직에서 물러났다.(《南史·陶弘景傳》 참조)

(17) 飮馬(음마): 음마교. 《吳中人物志·逸民》에 "요안세는 우리 고을의 음마교에 집이 있다(姚安世, 家郡中飮馬橋)"라고 했으므로 요안세의 집이 吳中(지금의 강소성 蘇州)에 있었음을 알 수 있다.

(18) 郞(랑): 남자에 대한 경칭. '王郞'은 王鞏을 가리킨다.

(19) 紈綺(환기): 흰 비단과 무늬 있는 비단. 귀한 집 자제의 옷을 가리킨다. 이 연은 왕공이 요안세와 가까이 지내려고 한다는 말이다.

(20) 南游(남유): 왕공과 소식이 요안세의 집이 있는 남방으로 가는 것을 가리킨다. 당시 소식은 소주에서 멀지 않은 越州(지금의 절강성 紹興)의 知州로 내보내 달라고 주청해 놓은 상태였다.

(21) 倘(당): 혹시. 어쩌면.

(22) 蓴鱸(순로): 순챗국과 농어회. 晉나라 때 吳郡(지금의 강소성 소주) 사람 張翰은 당시 실권자이던 齊王 司馬冏의 大司馬東曹掾을 지내고 있다가 어느 날 가을바람이 살랑살랑 불자 불현듯 고향에서 먹던 蓴菜국과 농어회가 그리워져서 "사람이 살아감에 있어서는 마음에 맞는 일을 귀하게 여기는 법이거늘 어찌 벼슬을 따라 수천 리 밖에 매여 있을 수 있으리오?"라고 하고는 즉시 고향으로 돌아가 버렸다.(《晉書·張翰傳》 참조) 이 연은 자신들이 남방으로 가는 것이 너무 늦기는 하지만 그래도 순챗국과 농어회가 막 나오기 시작할 계절이라서 좋은 점도 있다는 말이다.

1326. 王仲至[(1)]侍郞[(2)]見惠[(3)]稺栝[(4)], 種之禮曹[(5)]北垣下, 今百餘日矣, 蔚然有生意, 喜而作詩

왕중지 시랑이 노송나무 묘목을 보냈기에 예부 북쪽 담장 밑에 심었는데 이제 백여 일이 지나 울창하게 생기를 띠는지라 기쁜 마음으로 시를 짓는다

翠栝東南美,	비췻빛 노송나무는 동남쪽의 미물인데
近生神岳陰.[(6)]	근래에 신령스러운 산의 북쪽에서 났네.
惜哉不可致,	애석하게도 그것을 옮겨 올 수 없었나니
霜根絡雲岑.[(7)]	서리 맞은 뿌리가 구름 속 봉우리에 얽혀 있었기 때문이네.
仙風振高標,	그러다가 선계의 바람이 높다란 우듬지를 흔들어
香實隕平林.	향긋한 열매가 평지의 숲에 떨어졌네.
偶隨樗櫟生,[(8)]	우연히 가죽나무와 상수리나무 옆에 났기에
不爲樵牧侵.	초동과 목동의 침범을 안 받았네.
忽驚黃茅嶺,[(9)]	노랗게 시든 띠가 가득한 산에
稍出青玉針.[(10)]	청옥 침이 살짝 나옴에 문득 놀랐네.
好事雖力取,	호사가가 힘써 그것을 가져왔건만
王城少知音.[(11)(12)]	왕성에는 진가를 알아주는 사람이 없었네.
豈無換鵝手,[(13)]	그대에게 어찌 거위와 바꿀 솜씨가 없었으랴만
但知覓來禽.[(14)]	그 사람은 '청리내금' 서첩을 찾을 줄만 알았네.
高懷獨夫子,[(15)]	선생은 유독 고상한 생각을 지닌지라
一見捐槖金.[(16)]	한 번 보고 한 자루의 돈을 주었네.
得之喜不寐,	그것을 얻고 기뻐서 잠을 이루지 못했는데

贈我意殊深.	그것을 나에게 주었으니 마음이 유난히 깊네.
公堂開後閣,[17][18]	관청에서 뒷방의 문을 열고 내다보면
凡木愧華簪.[19]	보통 나무들은 화려한 비녀를 꽂은 이에게 부끄러우리.
栽培一寸根,	뿌리가 한 치인 이 나무를 길러서
寄子百年心.	백 년토록 변치 말자는 그대 마음을 깃들이리.
常恐樊籠中,[20]	언제나 두려워했네 새장 안에 갇혀서
摧我鸞鶴襟.[21]	나의 난새와 학의 흉금이 꺾이는 것을.
誰知積雨後,	그런데 누가 알았으리 오랜 비가 내린 뒤에
寒芒曉森森.[22][23]	싸늘한 까끄라기가 새벽에 무성하게 돋아날 줄을?
恨我迫歸老,	그렇지만 돌아가 만년을 보낼 때가 다가와
不見汝十尋.[24]	열 길짜리 네 모습을 못 보는 게 한스럽네.
蒼皮護玉骨,	검푸른 껍질이 옥 뼈대를 감싼 채
旦暮視古今.[25]	조석으로 옛날과 지금을 보리.
何人風雨夜,	그 누가 비 내리고 바람 부는 날 밤에
臥聽飢龍吟.[26]	누워서 굶주린 용의 신음을 들으리?

[해설]

왕흠신에게 그가 어렵사리 구한 노송나무 묘목을 받아서 심은 지 100여 일 되었을 때 그것이 무성하게 자란 모습을 본 감회를 노래한 것이다. 〈나는 젊을 때 소나무 심는 법을 잘 알아 손수 수만 그루를 심었는데 모두 동량재가 되었다. 도량산에서 두여 수재를 만났더니 그 방법을 배우고자 하는지라 장난삼아 지어 준다(予少年頗知種松, 手植數萬株, 皆中梁柱矣. 都梁山中見杜輿秀才, 求學其法, 戲贈二首)〉(1282)라는 시제를 통하여 알 수 있는 바와 같이 소식은 소나무를 아주 잘 심었기 때문에 왕흠신이 그토록 귀한 노송나무 묘목을 소식에게 주었을 것으로 보인다.

[주석]

(1) 仲至(중지): 王欽臣의 字.

(2) 侍郎(시랑): 中書省·門下省·尙書省 소속 각 部의 副長官. 왕흠신은 당시 工部侍郎이었다.

(3) 見惠(견혜): 나에게 은혜를 베풀다. 나에게 주다. 〈次韻錢越州見寄〉(1099) 주 (2) 참조.

(4) 穉栝(치괄): 노송나무, 즉 편백나무의 묘목.

(5) 禮曹(예조): 禮部. 소식은 원우 7년(1092) 11월부터 禮部尙書로 재임 중이었다.

(6) 神岳(신악): 신령스러운 산. 《舊唐書·禮儀志四》에는 "무측천은……또 숭산이 낙수와 가깝기 때문에 숭산을 신악이라고 개칭했다(則天……又以嵩山與洛水接近, 因改嵩山爲神嶽)"라고 했고, 王十朋의 《百家註分類東坡先生詩》에는 "'신악'은 衡山을 가리킨다('神岳'指言衡山也)"라고 했다. 《書經·禹貢》에 "荊山과 衡山의 남쪽이 형주이다……그곳의 공물로는 새 깃털, 소 꼬리, 코끼리 이빨, 무소 가죽, 금은동 등 세 등급의 금속, 참죽나무, 산뽕나무, 노송나무, 측백나무, 거친 숫돌, 고운 숫돌, 돌살촉, 단사 등이 있었다(荊及衡陽惟荊州.……厥貢, 羽毛齒革, 惟金三品, 杶榦栝柏, 礪砥砮丹)"라는 말이 있으므로 '神岳'은 衡山을 가리킬 가능성이 없지 않지만 시의 문맥을 보면 洛陽 부근에 있는 숭산을 가리킬 가능성이 더 커 보인다.

(7) 霜根(상근): 겨울에도 시들지 않는 뿌리를 가리킨다.

(8) 樗櫟(저력): 가죽나무와 상수리나무. 그늘을 드리워서 풀이 자라는 것을 방해하기도 하고 땔감으로 쓰이기에도 적절하지 않은 나무를 가리킨다. 이 연은 노송나무 싹이 초동과 목동의 발에 짓밟히지 않았기 때문에 살아남을 수 있었다는 말이다.

(9) 黃茅嶺(황모령): 누런 띠에 덮여 있는 산.

(10) 靑玉針(청옥침): 노송나무의 싹을 가리킨다. 이 연은 노송나무 싹이 누런 띠를 뚫고 나오는 모습이 경이로웠다는 말이다.

(11) 王城(왕성): 都城을 두루 가리키지만 洛陽에 왕성공원이라는 공원이 있다는 사실을 통하여 알 수 있는 바와 같이 낙양의 다른 이름이기도 하다.

(12) 知音(지음): 잘 알아주는 사람.

(13) 換鵝手(환아수): 거위와 교환하는 솜씨. 거위를 매우 좋아한 王羲之는 山陰(지금의 절강성 紹興)에 멋진 거위를 키우는 도사가 있다는 소문을 듣고 찾아가서 그것을 사겠다고 했다. 그러자 그 도사는 왕희지가 《道德經》을 한 번 써 주면 거위를 그냥 주겠다고 하여 그렇게 했다.(《진서·왕희지전》 참조) 여기서는 빼어난 서예 솜씨를 가리킨다.

(14) 來禽(내금): 능금. '靑李來禽'으로 시작하기 때문에 '靑李來禽' 또는 '來禽'으로 불리는 왕희지의 書帖 〈與蜀郡守朱書〉를 가리킨다. 〈和王晉卿送梅花次韻〉(1081) 주 (4) 참조. 여기서는 이 왕희지 서첩의 眞本 또는 그에 못지않게 귀한 글씨를 가리킨다.

(15) 夫子(부자): 왕흠신을 가리킨다.

(16) 捐橐金(연탁금): 한 자루의 돈을 내놓다. 이상의 네 구절은 왕흠신도 글씨를 잘 쓰지만 호사가가 왕희지의 글씨처럼 아주 빼어난 글씨가 아니면 안 된다고 하는지라 글씨 대신 상당히 많은 돈을 주고 노송나무 묘목을 샀다는 말인 것으로 보인다.

(17) 公堂(공당): 관공서. 관청.

(18) 後閣(후각): 본채 뒤에 있는 작은방.

(19) 華簪(화잠): 화려한 비녀. 고관대작들이 관을 고정시키기 위해 꽂던 비녀로, 여기서는 예부의 관리들을 가리킨다.

(20) 樊籠(번롱): 울타리와 새장. 관직 생활로 인한 구속을 가리킨다.

(21) 鸞鶴(난학): 난새와 학. 구속을 받지 않고 자유로이 날아다니는 존재를 가리킨다.

(22) 寒芒(한망): 서늘한 느낌을 주는 까끄라기. 뾰족뾰족한 노송나무의 싹을 가리킨다.

(23) 森森(삼삼): 빽빽이 우거져서 무성한 모양. 이 연은 노송나무의 싹이 무성하게 돋아나는 것을 보니 잠시 더 머물며 그것이 자라는 모습을 보고 싶기도 하다는 말이다.

(24) 尋(심): 길. 길이를 셀 때 사용하는 단위 명사로 여덟 자(尺) 또는 열 자에 해당한다.

(25) 古今(고금): 크게 자란 노송나무의 관점에서 본 옛날과 지금. 이 연은 노송나무가 오랫동안 건재하여 그곳 사람들의 모습을 지켜볼 것이라는 말이다.

(26) 飢龍吟(기룡음): 굶주린 용의 신음 소리. 노송나무에 비바람이 치는 소리를 가리킨다. 이 연은 누가 자신의 뒤를 잇게 될지 궁금하다는 말이다.

1327. 次韻錢穆父[1]馬上寄蔣穎叔[2]二首

전목보가 말 위에서 장영숙에게 부친 시에 차운하여

其一

玉關不用一丸泥,[3][4]	옥문관을 지키는 데는 진흙 한 덩이도 필요 없나니
自有長城鳥鼠西.[5][6][7]	조서산 서쪽에 스스로 장성을 갖고 있기 때문이네.
剩與故人尋土物,[8][9]	친구를 위해 토산물을 잔뜩 찾아서
臘糟紅麴寄駝蹄.[10][11][12]	납조와 홍국과 낙타 발굽을 보냈네.

其二

多買黃封作洗泥,[13][14]	황봉주를 듬뿍 사서 잔치를 벌여
使君來自隴山西.[15][16]	농산 서쪽에서 온 태수를 위로하겠네.
高才得兔人人羨,	뛰어난 재주로 토끼를 잡으매 다들 부러워하며
爭欲尋踪覓舊蹄.[17]	다투어 발자국 따라가 옛날 올가미를 찾으려 하겠네.

[해설]

전협이 희주지주로 재임 중인 장지기에게 부치는 시를 짓자 그 시에 차운하여 장지기에게 보낸 것이다.

[주석]

(1) 穆父(목보): 錢勰의 字.

(2) 穎叔(영숙): 蔣之奇의 字. 당시 熙州(지금의 감숙성 臨洮 일대)知州로 재임 중이었다.

(3) 玉關(옥관): 玉門關. 감숙성 燉煌 서북쪽에 있던 관문. 지금은 그 遺趾만 남아 있다.

(4) 丸泥(환니): 공처럼 둥글게 뭉친 진흙 덩어리. 보잘것없는 병력을 가리킨다. 《後漢書·隗囂傳》에 "王元이 진흙 한 덩어리로 대왕을 위해 동쪽으로 가서 함곡관을 봉쇄하기를 청원했다(元請以一丸泥爲大王東封函谷關)"라고 했다.

(5) 自(자): 독자적으로. 자체적으로.

(6) 長城(장성): 장성과 맞먹는 방어 능력을 지닌 장지기를 가리킨다.

(7) 鳥鼠(조서): 조서산. 감숙성 渭源 서쪽에 있는 산으로 일명 靑雀山이라고도 한다.

(8) 與(여): ~을 위하여.

(9) 故人(고인): 소식·전협 등 개봉에 남아 있는 장지기의 친구들을 가리킨다.

(10) 臘糟(납조): 겨울에 빚은 술의 지게미. 음식을 절이는 데 사용한다.

(11) 紅麴(홍국): 붉은색을 띤 누룩의 일종.

(12) 駝蹄(타제): 낙타 발굽. 낙타의 발굽으로 만든 珍味를 가리킨다.

(13) 黃封(황봉): 황봉주. 관청에서 빚어 노란색 천이나 종이로 주둥이를 봉했기 때문에 이렇게 불렀는바, 고급술을 가리키기도 하고 더 나아가 보통의 술을 가리키기도 했다.

(14) 洗泥(세니): 먼지를 씻다. 旅塵을 씻어 준다는 뜻으로, 연회를 벌여 원정의 노고를 위로하는 것을 가리킨다.

(15) 使君(사군): 태수에 대한 존칭. 희주지주인 장지기를 가리킨다.

(16) 隴山(농산): 섬서성 중서부와 감숙성 동남부에 걸쳐 있는 산. 六盤山의 南端으로 隴頭·隴首·隴阪·隴坻 등의 다른 이름으로 부르기도 한다. 이 연은 장지기가 희주에서 돌아오면 開封에 있는 친구들이 그를 위해 환영회를 벌여 줄 것이라는 말이다.

(17) 蹄(제): 올가미. 《莊子·外物》에 "올가미는 토끼를 잡는 도구라 토끼를 잡고 나면 올가미를 잊는다(蹄者所以在兎, 得兎而忘蹄)"라는 말이 있다. 이 연은 장지기가 커다란 전공을 세울 것이라는 전제하에 그렇게 되면 다른 사람들도 그의 뒤를 따르고 싶어할 것이라는 뜻으로, 그의 무운을 빌어 준 것이다.

1328. 表弟[1]程德孺[2]生日

외사촌 동생 정덕유의 생일

仗下千官散紫庭,[3][4]	의장대가 떠나자 백관이 보라색 뜰에서 흩어지며
微聞偶語說蘇程.[5]	나직한 소리로 삼삼오오 소씨와 정씨를 얘기한다.
長身自昔傳甥舅,[6][7]	장신들이 예로부터 내외종 사이라 전하나니
壽骨遙知是弟兄.[8]	수골을 보고 멀리서도 우리가 형제인 줄 아네.
曾活萬人寧望報,[9]	일찍이 만 사람을 살렸지만 어찌 보답을 바랐으리?
祇求五畝却歸耕.[10]	오 묘를 구해 차라리 귀농하기만 바랐네.
四朝遺老凋零盡,[11][12]	네 임금 때의 늙은이들이 다들 쇠락했으니
鶴髮他年幾箇迎.[13][14]	학처럼 흰머리를 훗날 몇 명이나 맞아 줄까?

[해설]

함께 조정에서 관직 생활을 하고 있는 외사촌 동생 정지원의 생일을 맞은 감회를 노래한 것이다.

[주석]

(1) 表弟(표제): 고종사촌 동생, 외사촌 동생, 이종사촌 동생 등 성이 다른 사촌 동생. 여기서는 외사촌 동생을 가리킨다.

(2) 德孺(덕유): 소식의 외사촌 동생 程之元의 字. 〈僕所藏仇池石, 希代之寶也. 王晉卿以小詩借觀, 意

在於奪. 僕不敢不借, 然以此詩先之〉(1301) 주 (4) 참조.

(3) 仗下(장하): 의장대가 퇴장하다.

(4) 紫庭(자정): 보라색 뜰. 황궁의 뜰을 가리킨다.

(5) 微聞偶語(미문우어): 들릴 듯 말 듯한 낮은 목소리로 짝을 지어 수군거리는 것을 가리킨다.

(6) 長身(장신): 소식의 시 〈戱子由〉(0184)에 "완구선생은 키가 커서 언덕 같은데, 완구학사는 집이 작아 조각배 같네(宛丘先生長如丘, 宛丘學舍小如舟)"라며 蘇轍에게 우스갯소리를 한 것을 보면 소철이 매우 장신이었다는 사실을 알 수 있고, 소철의 시 〈次韻子瞻寄賀生日〉에 "우리는 형제가 본래 세 명이었는데, 품에 안고 있을 때 그중의 하나를 잃었네. 키가 크고 훤칠한 둘째 형과 셋째는, 늙도록 함께 사니 하늘이 정해 준 것이네(弟兄本三人, 懷抱喪其一. 頎然仲與叔, 耆老天所騭)"라고 했는데, '둘째 형과 셋째'는 바로 소식과 소철을 가리키므로 이들 두 사람이 다 장신이었음을 알 수 있다.

(7) 甥舅(생구): 원래 '생질과 외삼촌'이라는 뜻이지만 널리 外戚을 가리키기도 하는바, 여기서는 정지원의 고종사촌 형인 소식과 소식의 외사촌 동생인 정지원의 관계, 즉 內外從 관계를 가리킨다. 〈次京師韻送表弟程懿叔赴夔州運判〉(1143) 주 (6) 참조.

(8) 壽骨(수골): 귀 뒤의 頭骨. 소식의 자주에 "나와 정군은 모두 수골이 귀를 꿰뚫기 때문에 조정의 관리들 가운데 우리 두 사람을 가리키며 물어보지 않아도 내외종 사이임을 알 수 있다고 하는 사람이 많다(予與君皆壽骨貫耳, 班列中多指予二人, 不問而知其爲中表也)"라고 했다.

(9) 活萬人(활만인): 소식의 자주에 "정군은 초주에 있을 때, 그리고 나는 항주에 있을 때 둘 다 흉년을 만났는데 그때 수만 명을 살렸다(君在楚州, 予在杭州, 皆遇饑歲, 活數萬人)"라고 했다.

(10) 五畝(오묘): 5묘. 《孟子·梁惠王上》에 "5묘의 택지에 뽕나무를 심으면 쉰 살 된 노인이 비단옷을 입을 수 있습니다(五畝之宅, 樹之以桑, 五十者可以衣帛矣)"라고 했다.

(11) 四朝(사조): 인종·영종·신종·철종 등 소식이 섬긴 북송의 네 황제를 가리킨다.

(12) 遺老(유로): 先帝 때부터 살아온 늙은이.

(13) 鶴髮(학발): 학의 깃털처럼 하얀 머리. 백발 또는 백발노인을 가리킨다.

(14) 他年(타년): 훗날. 자신들이 사직하고 고향으로 돌아가는 때를 가리킨다.

1329. 七年九月, 自廣陵(1)召還, 復館於浴室(2)東堂. 八年六月, 乞會稽(3), 將去, 汶公(4)乞詩, 乃復用前韻(5)三首

원우 7년(1092) 9월에 광릉에서 조정으로 소환되어 다시 욕실원의 동당에 묵게 되었다. 원우 8년 6월에 회계로 내보내 달라고 주청하여 곧 떠나게 되었을 때 문공이 시를 지어 달라고 하는지라 이에 다시 이전의 운자를 써서 짓는다

其一

乞郡三章字半斜,(6)(7)	태수로 보내 달라는 상소문 세 편은 글자가 비뚜름해
廟堂傳笑眼昏花.	눈이 침침해졌다고 조정에서 돌아가며 웃었네.
上人問我遲留意,(8)	스님이 나에게 무슨 마음으로 미적거리는지 묻기에
待賜頭綱八餅茶.(9)(10)	첫물 떡차 여덟 덩이를 하사하시길 기다리는 거라 했네.

其二

夢繞吳山却月廊,(11)(12)	꿈속에 오산의 반달 같은 낭하를 맴돌자니
白梅盧橘覺猶香.(13)(14)	백양매와 비파가 아직도 향기를 뿜는 것 같네.
會稽且作須臾意,	회계로 가려는 건 잠시 하는 일시적 생각이고
從此歸田策最良.	여기서 전원으로 돌아가는 게 가장 좋은 계책이네.

其三

東南此去幾時歸,	"동남쪽으로 이제 떠나가면 언제쯤 돌아오시나요?"
倦鳥孤雲豈有期.(15)	"지친 새요 외로운 구름이니 어찌 기약이 있으리오?"

斷送一生消底物,(16)(17)(18) "한평생 보내는 데 무엇이 필요하리오?
三年光景六篇詩.(19)(20)(21) 삼 년에 걸쳐 지어 주신 시가 여섯 편 있네요."

[해설]

소식은 항주지주를 그만두고 개봉으로 돌아가 흥국사 욕실원의 동당에 머물 때 〈원우 6년(1091) 6월 항주에서 조정으로 소환되었을 때 혜문공이 나를 동당에 묵게 했는데 여기서 옛날 시집을 보고 여러 공의 시에 차운한다(元祐六年六月, 自杭州召還, 汶公館我於東堂, 閱舊詩卷, 次諸公韻三首)〉(1188)라는 제목의 시를 3수 지었는데, 원우 7년(1092) 9월 양주지주를 마치고 개봉으로 들어갔을 때 또 욕실원의 동당에 머물게 되었다. 이 시는 두 번째로 욕실원 동당에 머물고 있던 원우 8년(1093) 6월에 자신이 처음 욕실원 동당에서 지은 시에 차운한 것이다.

[주석]

(1) 廣陵(광릉): 지금의 강소성 揚州.
(2) 浴室(욕실): 開封(지금의 하남성 개봉)에 있던 절인 興國寺 浴室院을 가리킨다. 查愼行의 《蘇詩補註》에 "욕실원은 흥국사 안에 있다(浴室在興國寺中)"라고 했고, 《東京夢華錄》에 "욕실원은 개봉성 안의 세 번째 길인 첨수항에 있다(浴室院, 在開封城內第三條甛水巷)"라고 했다.
(3) 會稽(회계): 지금의 절강성 紹興. 《續資治通鑑長編》에 "원우 7년(1092) 11월과 원우 8년 6월에 소식은 월주(지금의 절강성 소흥)로 내보내 달라고 주청했으나 모두 윤허받지 못했다(元祐七年十一月·八年六月, 蘇軾乞越州, 皆不允)"라고 했다.
(4) 汶公(문공): 흥국사 욕실원의 慧汶스님을 가리킨다. 〈元祐六年六月, 自杭州召還, 汶公館我於東堂, 閱舊詩卷, 次諸公韻三首〉(1188) 주 (2) 참조.
(5) 前韻(전운): 〈元祐六年六月, 自杭州召還, 汶公館我於東堂, 閱舊詩卷, 次諸公韻三首〉(1188)의 운자를 가리킨다.
(6) 乞郡(걸군): 한 고을의 태수로 내보내 달라고 주청하는 것을 가리킨다.
(7) 三章(삼장): 세 편의 상소문. 당시 소식은 〈任兵部尚書乞外郡箚子〉·〈辭兩職并乞郡箚子〉·〈乞越州箚子〉 등 고을의 태수로 내보내 달라고 주청하는 상소문을 세 번 올렸다.
(8) 上人(상인): 智德을 갖춘 고승에 대한 존칭. 혜문스님을 가리킨다.
(9) 頭綱(두강): 경칩 이전 혹은 청명 이전에 만들어 임금께 진상한 첫물 차.
(10) 餠茶(병차): 떡차. 틀에 눌러 떡 모양으로 만들어서 굳힌 차. 소식의 자주에 "상서와 학사는 첫물 용차를 한 근에 해당하는 여덟 덩이 하사받는데, 금년에는 막 도착했으니 어느 때보다 늦었다(尙書·學

士得賜頭綱龍茶一斤八餅, 今年綱到最遲)"라고 했다. 이 구절은 월주지주로 내보내 달라는 자신의 주청이 윤허되지 않아서 떠나지 못하는 것을 두고 첫물 용차를 하사받기 위해서 그러는 것이라고 우스갯소리를 한 것이다.

(11) 吳山(오산): 杭州 서호 동남쪽에 있는 산. 〈坐上復借韻送岢嵐軍通判葉朝奉〉(1097) 주 (7) 참조.

(12) 却月廊(각월랑): 눈썹 모양의 일종인 却月眉처럼 생긴, 반달 모양의 廊下. 소식의 시 〈眉子石硯歌贈胡誾〉(0829)에 "그대는 보지 못했는가 성도 화가가 열 가지 눈썹을 그려 놨는데, 횡운미와 각월미가 신기함을 다툰 것을?(君不見成都畫手開十眉, 橫雲却月爭新奇?)"이라는 구절이 있다.

(13) 白梅(백매): 白楊梅, 즉 果皮가 흰색인 양매를 가리킨다. 양매는 크기와 모양이 산딸기와 비슷하고 맛이 새콤달콤한 球形의 과일이다. 소식의 자주에 "항주 범천사에는 반달처럼 생긴 낭하가 수백 간 있으며 절 안에 백양매와 비파가 많다(杭州梵天寺, 有月廊數百間, 寺中多白楊梅·盧橘)"라고 했다.

(14) 盧橘(노귤): 枇杷의 별명. 〈眞覺院有洛花, 花時不暇往, 四月十八日, 與劉景文同往賞枇杷〉(1127) 주 (7) 참조.

(15) 倦鳥孤雲(권조고운): 지친 새와 외로운 구름. 때가 저물어 원래의 자리로 돌아가야 할 존재를 가리키는 것으로 보인다. 陶淵明의 〈歸去來辭〉에 "새는 날다 지치면 돌아올 줄을 안다(鳥倦飛而知還)"라는 구절이 있고, 歐陽修의 〈醉翁亭記〉에 "구름이 돌아가서 바위틈이 어둑하다(雲歸而巖穴暝)"라는 구절이 있다. 이 연은 동남쪽 고을인 월주로 가면 언제쯤 다시 개봉으로 돌아오느냐는 혜문스님의 질문에, 이제 사직하고 고향으로 돌아가야 할 때이기 때문에 다시 개봉으로 돌아올 기약이 없다고 대답한 것인 듯하다.

(16) 斷送(단송): 세월을 보내다.

(17) 消(소): 쓰다. 필요로 하다.

(18) 底物(저물): 무슨 물건.

(19) 三年(삼년): 杭州知州를 그만두고 개봉으로 돌아가 흥국사 욕실원의 동당에 머문 원우 6년(1091) 6월부터 이 시를 지은 원우 8년(1093) 6월까지를 햇수로 말한 것이다.

(20) 光景(광경): 시간. 세월.

(21) 六篇詩(육편시): 제목에서 '前韻'이라고 한 시 3수와 그것에 차운한 이 시 3수를 가리킨다. 이 연은 소식이 다시 개봉으로 돌아오지 못할 것 같다며 미안해하자 혜문스님이 그동안 욕실원 동당을 읊어준 시 여섯 편을 음미하면서 여생을 보내면 될 것이니 걱정하지 말라고 응수한 것인 듯하다.

1330. 吳子野(1)將出家贈以(2)扇山(3)·枕屛(4)

오자야가 곧 출가하려고 하면서 산이 그려져 있는 부채와 머릿병풍을 나에게 주어서

峩峩扇中山,(5)	우뚝하게 솟아 있는 부채 위의 산
絶壁信天剖.	절벽이 정말 하느님이 쪼개 놓은 모습이네.
誰知大圓鏡,(6)	누가 알리 커다란 둥근 거울을?
衡霍入戶牖.(7)	형산과 곽산이 문과 창으로 들어오네.
得之老月師,(8)	늙은 월대사에게 이것을 얻었는데
畫者一醉叟.	그림을 그린 이는 취한 늙은이였네.
常疑若人胸,(9)	늘 의아해하거니와 이 사람의 가슴속엔
自有雲夢藪.(10)	본래부터 운몽택이 들어 있었을 것만 같네.
千巖在掌握,	천 개의 바위가 손바닥 안에 있는데
用舍彈指久.(11)(12)	쓸 건지 버릴 건지 순식간에 결정되네.
低昂不自知,(13)	부채는 자기 신세를 스스로 알지 못하지만
恨寄兒女手.	아녀자의 손에 들어가는 걸 한스럽게 여기리.
短屛雖曲折,	짧은 병풍은 구부러져 볼품없다 할지라도
高枕謝奔走.(14)	높은 베개로 편히 쉬며 뛰어다니는 걸 멀리하리.
出家非今日,	내가 오늘 출가하는 것은 아닐지라도
法水洗無垢.(15)	불법의 물로 씻었으니 마음에 때가 없으리.
浮游雲釋嶠,(16)(17)	구름이 높은 산에서 나가 떠다닐 적에

宴坐柳生肘.(18)	편안히 앉아 있으면 팔꿈치에 혹이 생기리.
忘懷紫翠間,(19)(20)	보랏빛과 비췻빛 사이에서 모든 것을 다 잊은 채
相與到白首.	서로 함께하면서 흰머리를 맞으리.

[해설]

오복고가 준 부채 위의 그림과 머리맡에 치는 병풍을 보면서 일어난 감회를 노래한 시이다.

[주석]

(1) 子野(자야): 吳復古의 字. 査愼行의 《蘇詩補註》에 "오자야는 이름이 복고이고 호가 마전산인이다. 거처를 원유암이라고 했는데 동파선생이 영남 지방으로 유배 가는 길에 그를 위해 〈원유암명〉을 지어 주었다(吳子野, 名復古, 號麻田山人. 所居名遠游菴, 先生南遷爲作〈遠游菴銘〉)"라고 했다

(2) 以(이): 동작의 대상을 표시하는 전치사. 직접목적어를 표시한다.

(3) 扇山(선산): 부채에 그려져 있는 산 그림. 그 부채를 가리킨다.

(4) 枕屛(침병): 머리맡에 치는 작은 병풍. 머릿병풍.

(5) 峩峩(아아): 높고 험준한 모양.

(6) 大圓鏡(대원경): 크고 둥근 거울.

(7) 衡霍(형곽): 일명 곽산이라고도 하는 형산을 가리킨다는 설도 있고, 형산과 곽산이라는 두 개의 산이라는 설도 있다. 《風俗通義·五嶽》에 "형산은 일명 곽산이라고도 한다(衡山一名霍)"라고 했고, 《爾雅·釋山》의 "곽산은 남악이다(霍山爲南嶽)"라는 설명에 대한 郭璞의 주에 "곽산은 바로 천주산으로 잠수가 흘러나오는 곳이다(卽天柱山, 潛水所出)"라고 했다. 이 연은 둥근 부채에 그려져 있는 산이 꼭 문과 창문 너머에 있는 산들이 둥근 거울에 비친 것과 같다는 말이다.

(8) 老月師(노월사): 늙은 월대사. 穎州(지금의 안휘성 阜陽)의 月長老를 가리킨다. 〈贈月長老〉(1211) 주 (1) 참조.

(9) 若人(약인): 이 사람. 부채 위의 그림을 그린 화가를 가리킨다. 문맥에 의하면 부채 위의 산을 그린 화가는 소식이 평소에 아는 사람으로 그림을 그릴 때 한 획씩 또박또박 그리는 사람이 아니라 成竹在胸說을 주장한 소식처럼 일필휘지로 자연스럽게 그리는 사람이었던 것 같다.

(10) 雲夢藪(운몽수): 雲夢澤. 洞庭湖를 중심으로 지금의 호남성과 호북성에 걸쳐 있던 커다란 늪. 이 연은 화가의 마음속에 각종 산수가 다 들어 있어서 그림의 대상을 선택하는 데 시간이 걸리지 않았을 것 같다는 말이다.

(11) 用舍(용사): 그림의 대상으로 사용하는 것과 사용하지 않고 버리는 것을 가리킨다.

(12) 彈指(탄지): 손가락을 한 번 튕기는 짧은 시간을 가리킨다.

(13) 低昻(저앙): 물 밑으로 가라앉았다 물 위로 떠올랐다 하다. 부채의 신세가 부침하는 것을 가리킨다.

班婕妤의 〈怨歌行〉에 "언제나 두렵기는 가을철이 다가와, 서늘한 바람이 무더위를 앗아 가면, 상자 속에 버려져, 사랑이 도중에 끊어질세라(常恐秋節至, 涼風奪炎熱. 棄捐篋笥中, 恩情中道絶)"라고 하고, 王昌齡의 〈長信秋詞〉 其三에 "잠시 둥근 부채를 들고 둘이 함께 배회한다(暫將團扇共徘徊)"라고 한 바와 같이, 부채는 기온이 내려가면 失寵하는 존재로 인식되는 경우가 많거니와, 이 연은 부채가 실총녀의 손에 들어가 동병상련의 대상이 되는 것보다 거기에 그려진 그림을 감상할 줄 아는 자신의 손에 들어오는 것을 다행으로 여길 것이라는 해학적인 표현인 것으로 보인다.

(14) 奔走(분주): 세속적인 일로 여기저기 쫓아다니는 것을 가리킨다. 이 연은 머리말에 병풍을 치고 누워 있으면 세속적인 욕심과 그에 따른 번민이 다 사라질 것이라는 말이다.

(15) 法水(법수): 佛法이라는 물. 번뇌의 때를 씻어 주는 물이라는 뜻으로 대개 '불법'을 가리키는데, 여기서는 오복고가 소식에게 준 부채와 머릿병풍을 가리키는 것으로 보인다.

(16) 浮游(부유): 떠다니다. 지향 없이 떠돌아다니는 것을 가리킨다.

(17) 雲釋嶠(운석교): 구름이 높은 산을 버리다. 구름이 낮에 산에서 높은 하늘로 나가 떠다니는 것을 가리킨다. 歐陽修의 〈醉翁亭記〉에 "해가 떠서 숲 위의 구름이 걷히고 구름이 돌아와 바위틈이 어둑해지는 등 밝아졌다 어두워졌다 하며 변화하는 것은 산속의 아침저녁 모습이다(若夫日出而林霏開, 雲歸而巖穴暝, 晦明變化者, 山間之朝暮也)"라고 한 바와 같이, 옛날 중국인들은 구름이 낮에는 산에서 나가고 밤에는 산으로 돌아오는 것으로 인식했다.

(18) 柳(유): 혹. '瘤'와 같다. 《莊子·至樂》에 "지리숙과 골개숙이 명백의 언덕과 곤륜산의 봉우리 같은 황제가 쉬던 곳을 구경하러 갔는데 잠깐 사이에 왼쪽 팔꿈치에 혹이 생겼다(支離叔與滑介叔, 觀於冥伯之丘·崑崙之虛, 黃帝之所休. 俄而柳生其左肘)"라고 했다. 이 연은 낮에 편안하게 앉아서 부채 위의 산을 바라보고 있노라면 팔꿈치에 굳은살이 생길 정도의 긴 시간이 잠깐으로 느껴질 만큼 시간 가는 줄을 모를 것이라는 말이다.

(19) 忘懷(망회): 어느 한곳에 마음이 쏠리어 일체의 다른 것을 잊어버리는 것을 가리킨다.

(20) 紫翠(자취): 울긋불긋한 부채 위의 산색을 가리킨다.

1331. 大行[1]太皇太后[2]高氏[3]挽詞[4]二首

대행 태황태후 고씨를 애도하는 만사

其一

至矣吾三后,[5]	훌륭하디훌륭하신 우리 세 황후
功高漢已還.[6]	한나라 이후로 공이 가장 높았는데
復推元祐冠,[7]	더구나 원우 시절의 그분을 으뜸으로 받드나니
蓋得永昭全.[8]	아마도 영소릉의 온전함을 얻었기 때문이리.
有作猶非聖,[9]	작위가 있었으니 아직 성인은 아니었지만
無私乃是天.[10]	사심이 없었으니 바로 하늘이었네.
侍臣談道要,[11]	근신들이 치국의 요체를 얘기하여
家法信家傳.[12][13]	가법이 참으로 집안에 잘 전해 왔네.

其二

却狄安諸夏,[14][15]	오랑캐를 물리치고 중원을 편안하게 했으니
先王社稷臣.[16][17]	선왕은 나라를 지킨 사직지신이었네.
固應祠百世,	참으로 백대 동안 제사 지내야 할 것이네
何止活千人.	천 사람을 살리는 데서 그치지 않았으니.

定策天知我,(18)(19)	정책을 정한 일은 하늘이 알 것이고
忘家帝念親.(20)(21)(22)	집안을 잊은 일은 황제가 생각하리.
萬方何以報,	만방의 백성들이 무엇으로 보답하리
得疾爲勤民.(23)(24)	병을 얻어 가면서 백성을 위해 애썼는데?

[해설]

원우 8년(1093) 9월 그토록 소식을 총애하던 태황태후 고씨가 세상을 떠났을 때 그녀의 영전에 바친 만사이다.

[주석]

(1) 大行(대행): 멀리 떠난다는 뜻으로, 막 세상을 떠나 아직 諡號를 정하지 않은 황제나 황후를 높여 부르던 말이다. 《後漢書·安帝紀》에 "효화 황제는 미덕이 높은 산처럼 우뚝하고 광택이 사해에 빛났는데 대행 황제께서는 천수가 길지 않았다(孝和皇帝, 懿德巍巍, 光於四海, 大行皇帝不永天年)"라고 했는데, 이에 대한 李賢의 주에 "위소가 "'대행"은 돌아오지 않는다는 말이다. 천자가 붕어하고 아직 시호가 없기 때문에 "대행"이라고 한 것이다'라고 말했다(韋昭曰: "'大行"者, 不反之辭也. 天子崩, 未有諡, 故稱"大行"也.')"라고 했다.

(2) 太皇太后(태황태후): 황제의 조모.

(3) 高氏(고씨): 북송 英宗의 황후요 神宗의 모친이요 哲宗의 조모인 高滔滔(1032-1093)를 가리킨다. 신종이 세상을 떠난 뒤 어린 손자 철종을 대신하여 수렴청정한 고씨가 신법파를 조정에서 몰아내고 司馬光을 비롯한 구법파 인사를 대거 중용했는데 특히 소식을 극도로 총애했다. 원우 8년(1093) 9월에 향년 62세로 세상을 떠나 宣仁聖烈皇后라는 시호를 받았다. 흔히 선인태후라고 한다.

(4) 挽詞(만사): 죽은 사람을 애도하는 글.

(5) 三后(삼후): 세 황후. 仁宗 때 수렴청정한 眞宗의 황후, 英宗 때 수렴청정한 인종의 황후, 철종 때 수렴 청정한 영종의 황후 등 세 황후를 가리킨다.

(6) 已還(이환): 以後.

(7) 元祐(원우): 철종의 연호(1086-1093). 선인태후가 수렴청정한 기간에 해당한다.

(8) 永昭(영소): 永昭陵. 북송 인종의 능묘로, 인종을 가리킨다. 소식의 자주에 "나는 일찍이 경연에서 인종 황제의 시호를 '명효'로 하자고 논하는 상소문을 올린 적이 있다. 만약 聖明하되 인자하지 않으셨다면 백성들이 두려워하되 경애하지 않았을 것이고, 인자하되 성명하지 않으셨다면 백성들이 경애하되 두려워하지 않았을 것이다. 이제 대행태황태후께서도 이 두 가지 미덕을 겸비하셨기 때문에 천하 사람이 다들 사모하는바, 인종 황제와 비슷하다(臣嘗於經筵, 論奏仁宗皇帝諡曰明孝. 若明而不仁, 則民畏而不愛; 仁而不明, 則民愛而不畏. 今大行太皇太后, 亦兼此二德, 故天下思慕, 庶幾於仁宗

也)"라고 했다.

(9) 作(작): 作爲. 나라를 부강하게 하고 백성을 편안하게 하기 위한 적극적 통치 행위를 가리킨다. 《莊子·知北遊》에 "성인은 천지의 미덕을 근원으로 삼고 만물의 이치에 통달했다. 이런 까닭으로 지인에게는 인위가 없고 위대한 성인은 작위를 하지 않나니 이는 천지의 이치에 달관했다는 말이다(聖人者, 原天地之美, 而達萬物之理. 是故至人無爲, 大聖不作, 觀於天地之謂也)"라고 했다.

(10) 無私(무사): 사심이 없다. 《禮記·孔子閑居》에 "하늘은 사심 없이 땅을 덮고, 땅은 사심 없이 만물을 기르고, 해와 달은 사심 없이 이 세상을 비춘다(天無私覆, 地無私載, 日月無私照)"라는 말이 있다. 이 연은 선인태후가 無爲之治를 이룬 것은 아니지만 사심 없이 나라를 잘 다스렸다는 말이다.

(11) 道要(도요): 나라를 다스리는 근본이 될 만한 중요한 일. 치국의 요체.

(12) 家法(가법): 집안의 법도. 송나라 황실의 법도를 가리킨다. 소식의 자주에 "재상 이하의 관리들이 경연에서 항상 선조 때부터 내려오는 가법 10여 가지를 上奏하여 언행록에 기재했다(宰相以下, 嘗於經筵論奏祖宗以來家法十餘事, 書於記註)"라고 했다.

(13) 家傳(가전): 집안에 대대로 전하다.

(14) 狄(적): 북방 오랑캐. 거란을 가리킨다.

(15) 諸夏(제하): 周나라 때 천자가 分封해 준 중원 지역의 여러 제후국. 중원 지역 또는 중국을 가리킨다.

(16) 先王(선왕): 선인태후의 증조부인 高瓊을 가리킨다. 王十朋의 《百家註分類東坡先生詩》에 "선왕은 초왕 고경이다. 경덕(1004-1007) 연간에 있었던 거란과의 전쟁 때 신하들이 다 오랑캐를 피하고 싶어 했는데 유독 구래공(寇準)만은 그렇게 하면 안 된다고 했다. 그리고 무신들 중에서는 오로지 초왕만이 구래공과 뜻이 같았다(先王, 楚王高瓊也. 景德契丹之役, 羣臣皆欲避狄, 獨萊公不可. 武臣中惟楚王與萊公意同)"라고 했고, 《東都事略》에 "고경은 연지방 사람이다……경덕 초에 거란이 쳐들어왔을 때 진종이 친히 나가 정벌했다. 황제에게 남쪽으로 돌아가기를 권하는 사람이 있었지만 고경은 거란의 군사들이 이미 늙었기 때문에 황제가 친히 나가서 군사를 살펴보며 전공을 이룰 것을 독려하는 것이 좋겠다고 했다. 이리하여 진종이 전주로 행차했다……도착한 뒤 북문의 성루에 올라가 황룡기를 펼치자 장졸들이 다들 만세를 불렀다. 이로 인해 장졸들의 사기가 백배한지라 거란이 마침내 퇴각했다(高瓊, 燕人……景德初, 契丹入寇, 眞宗親征. 有勸帝南還者, 瓊言契丹師衆已老, 宜親臨觀兵, 督其成功. 眞宗幸澶州……旣至, 登北門城樓, 張黃龍旂, 將士皆呼萬歲. 氣勢百倍, 契丹遂退)"라고 했다.

(17) 社稷臣(사직신): 社稷之臣. 나라의 안위와 존망을 걸머진 重臣.

(18) 定策(정책): 정책을 결정하다. 선인태후가 철종을 황태자로 삼은 일을 가리킨다. 《宋史·哲宗本紀一》에 "철종은……이름이 후로 신종의 여섯 번째 아들이다……원풍 8년(1085) 2월에 신종이 병석에 드러눕자 재상 왕규가 종묘사직을 위해 조기에 황태자를 세울 것을 건의하고 또 황태후(신종의 모친인 선인태후)가 수렴청정하게 할 것을 주청하자 신종이 고개를 끄덕였다. 원풍 8년 3월 초하루인 갑오일에 황태후가 복녕전에서 수렴청정했는데 왕규 등에게 조칙을 내려 '황자가 성격이 진중하고 학문이 빼어나며 황제가 약을 먹기 시작하고부터 손수 불교 서적을 써서 황제의 복을 빌었소'라고 하면서 그

것을 꺼내어 보여 주었는데 황자가 쓴 글자가 매우 단정하고 근엄한지라 왕규 등이 경하하고 마침내 어명을 받들어 황태자로 옹립했다.……무술일에 신종이 붕어하고 태자가 황제로 즉위했다.……경자일에 황태후를 존칭하여 태황태후라고 했다(哲宗……諱煦, 神宗第六子也.……八年二月, 神宗寢疾, 宰相王珪乞早建儲, 爲宗廟社稷計, 又奏請皇太后權同聽政, 神宗首肯. 三月甲午朔, 皇太后垂簾於福寧殿, 諭珪等曰: '皇子性莊重, 從學穎悟. 自皇帝服藥, 手寫佛書, 爲帝祈福.' 因出以示珪等, 所書字極端謹, 珪等稱賀, 遂奉制立爲皇太子.……戊戌, 神宗崩, 太子卽皇帝位……庚子, 尊皇太后曰太皇太后)"라는 기록이 있다.

(19) 天知我(천지아): 하늘이 자신을 알아주다. 하늘이 선인태후의 마음을 알아주는 것을 가리킨다.

(20) 忘家(망가): 집안을 잊다. 태황태후가 私家를 위해 행동하지 않은 것을 가리킨다.

(21) 帝(제): 철종 황제를 가리킨다.

(22) 親(친): 혈친. 철종의 혈친인 선인태후를 가리킨다.

(23) 爲(위): 행하다. 시행하다.

(24) 勤民(근민): 백성을 위해 힘쓰다.

1332. 贈王覯[1]

왕구에게

何人生得寧馨子,[2][3]　　그 누가 이렇게 멋진 아들을 낳았는가?
今夜初逢掣筆郎.[4]　　오늘 밤에 처음으로 철필랑을 만났다.
莫怪圍碁忘瓜葛,[5]　　바둑 둘 때 친밀한 관계를 잊는다고 탓할 정도요
已能作賦繼靈光.[6][7]　　이미 부를 잘 지어 〈노영광전부〉를 뒤이을 만하다.

[해설]

왕구의 표정과 풍모, 서예 솜씨, 바둑 두는 태도, 시문 창작 능력을 각각 같은 왕씨인 왕연·왕헌지·왕열·왕연수에 빗대는 해학적인 방법으로 칭송한 것이다.

[주석]

(1) 王覯(왕구): 구체적인 행적이 알려져 있지 않다. 다만 이 시의 제목이 〈贈王志仲幼子覯〉로 되어 있는 판본이 있으므로 王志仲의 막내아들임을 알 수 있다.

(2) 得(득): 동사 뒤에 쓰여서 동작의 완료를 나타낸다. 〈次韻王滁州見寄〉(1242) 주 (11) 참조.

(3) 寧馨(영형): 晉宋 시기의 속어로 '이러하다'라는 뜻이다. 《晉書·王衍傳》에 "왕연은 자가 이보인데 표정이 밝고 수려했으며, 풍모가 안온하고 고아했다. 어릴 때 산도에게 간 적이 있었는데 산도가 오랫동안 찬탄하다가 왕연이 떠난 뒤에 눈으로 빤히 바라보면서 '어느 노파가 이런 아들을 낳았는가?'라고 했다(衍, 字夷甫, 神情明秀, 風姿詳雅. 總角嘗造山濤, 濤嗟歎良久, 既去, 目而送之曰: '何物老嫗, 生寧馨兒?')"라는 기록이 있다.

(4) 掣筆郎(철필랑): 뒤에서 붓을 잡아당겨도 붓이 뽑히지 않을 만큼 붓을 잘 잡는 낭군이라는 뜻으로 王獻之를 가리키는데, 여기서는 姓이 같고 글씨를 잘 쓰는 왕구를 비유한다. 王羲之의 아들 王獻之는 7～8세 때 글씨를 배우기 시작했는데 왕희지가 뒤에서 몰래 그가 잡고 있는 붓을 잡아당겼지만 붓이 뽑히지 않았다. 그러자 왕희지가 "이 아이가 나중에 또 큰 명성을 얻겠구나" 하고 찬탄했다.(《진서·왕헌지전》 참조)

(5) 瓜葛(과갈): 오이 덩굴이나 칡덩굴처럼 복잡하게 얽힌 친밀한 관계를 가리킨다. 《世說新語·排調》에 "왕장예(王導의 아들 王悅)는 어릴 때부터 성격이 온화하고 착해서 승상(왕도)이 매우 총애했다. 함께 바둑을 둘 때 승상이 한 번 놓았던 바둑알을 들어서 다른 데로 옮기려고 하면 왕장예가 매번 왕도의 손가락을 누르며 그러지 못하게 했다. 승상이 웃으면서 '어찌 이럴 수가 있느냐? 우리 사이에는 오이 덩굴이나 칡덩굴의 관계가 있는 것 같은데'라고 했다(王長豫幼便和令, 丞相愛恣甚篤. 每共圍棋, 丞相欲擧行, 長豫按指不聽. 丞相笑曰: '詎得爾? 相與似有瓜葛.')"라는 일화가 있다. 이 구절은 왕구의 바둑 두는 태도가 왕열처럼 진지하다는 말이다.

(6) 賦(부): 운문적 요소와 산문적 요소가 결합된 중국 고전문학의 한 장르.

(7) 靈光(영광): 王延壽의 〈魯靈光殿賦〉를 가리킨다. 소식의 사 〈虞美人〉(歸心正似三春草)에 대한 傅幹의 주에 "후한 사람 왕일은 사부를 잘 지었는데 한번은 〈노영광전부〉를 지으려고 아들 왕연수에게 그 모습을 기록해 오라고 명했다. 왕연수가 아버지의 말씀을 받들어 그것을 운문으로 묘사하여 아버지께 보냈다. 아버지가 그것을 보고 '내가 더 보탤 것이 없다'라고 하고는 마침내 다시 짓지 않았다(後漢王逸工詞賦, 嘗欲作〈魯靈光殿賦〉, 命其子延壽錄其狀. 延壽因韻之, 以簡其父. 父曰: '吾無以加.' 遂不復作)"라고 했다.(傅幹, 《注坡詞》 참조)

부 록

작품 색인

* '시제목 / 작품번호' 식으로 표시하였다.

【ㄹ】

【ㅁ】

【ㅂ】

【ㅅ】

【ㅇ】

【ㅈ】

【ㅊ】

【ㅌ】

【ㅍ】

【ㅎ】

독회 참여자 명단

강민호 (서울대학교 중어중문학과 교수)
김보경 (서강대학교 중국문화학과 교수)
김수희 (중앙대학교 아시아문화학부 중국어문학전공 교수)
김지현 (서울대학교 중어중문학과 강사)
김진경 (서울대학교 중어중문학과 석사과정 졸업)
김하늬 (서울대학교 인문학연구원 선임연구원)
김해민 (서울대학교 중어중문학과 박사과정 수료)
김현녀 (서울대학교 중어중문학과 박사과정 수료)
김혜진 (중국 復旦大學 中文系 박사과정 수료)
류소진 (이화여자대학교 중어중문학과 교수)
박신순 (수원대학교 교양학부 CSL 교수)
박춘향 (이화여자대학교 중어중문학과 박사과정 재학)
서연주 (충남대학교 중어중문학과 교수)
윤한솔 (서울대학교 중어중문학과 박사과정 재학)
이다연 (서울대학교 중어중문학과 박사과정 수료)
이수정 (이화여자대학교 중어중문학과 강사)
임도현 (영남대학교 인문과학연구소 학술연구교수)
정세진 (성신여자대학교 중국어문·문화학과 교수)
조혜원 (서울대학교 중어중문학과 석사과정 재학)
황정수 (서울대학교 국어국문학과 박사과정 수료)

원저자 소개

소식(蘇軾, 1036-1101)은 미주(眉州) 미산(지금의 사천성 眉山) 사람으로 자(字)가 자첨(子瞻) 또는 화중(和仲)이고 호(號)가 동파거사(東坡居士)이다. 밀주(密州)·서주(徐州)·호주(湖州)·항주(杭州)·영주(潁州)·양주(揚州)·정주(定州) 등 여러 지방의 태수와 중서사인(中書舍人)·한림학사(翰林學士)·병부상서(兵部尙書)·예부상서(禮部尙書) 등의 중앙관직을 역임했다. 그는 다양한 재능을 두루 타고나 시·사(詞)·산문·서예·회화 등 각 방면에서 모두 빼어난 성취를 이루었다. 《동파칠집(東坡七集)》, 《동파악부(東坡樂府)》, 《동파지림(東坡志林)》, 《구지필기(仇池筆記)》, 《동파서전(東坡書傳)》, 《동파역전(東坡易傳)》 등의 많은 저서를 남겼다.

역주자 소개

류종목(柳種睦)은 서울대학교 중어중문학과를 졸업하고 동 대학원에서 문학박사 학위를 취득했다. 대구대학교 중어중문학과 교수와 서울대학교 중어중문학과 교수를 역임했으며 현재 서울대학교 명예교수이다. 주요 저서 및 역서로 《소식사연구(蘇軾詞硏究)》, 《당송사사(唐宋詞史)》, 《여산진면목(廬山眞面目)》, 《논어의 문법적 이해》, 《송시선(宋詩選)》, 《한국의 학술연구－인문사회과학편 제2집》, 《범성대시선(范成大詩選)》, 《팔방미인 소동파》, 《육유시선(陸游詩選)》, 《소동파시선》, 《소동파사선(蘇東坡詞選)》, 《소동파사(蘇東坡詞)》, 《당시삼백수(唐詩三百首)》 1·2, 《중국고전문학정선－시가》 1·2, 《정본완역소동파시집》 1·2·3·4, 《중국고전문학정선－시경 초사》, 《소동파산문선》, 《중국고전문학정선－사곡(詞曲)》, 《소동파 문학의 현장 속으로》 1·2, 《송사삼백수 천 줄 읽기》, 《유종원시선(柳宗元詩選)》, 《소식의 인생 역정과 사풍(詞風)》, 《한시 이야기》, 《소동파 전기 명시》, 《소동파 후기 명시》, 《유종원 산문선》 등이 있다.

소식의 친필 | 1159. 辯才老師退居龍井, 不復出入, 余往見之, 嘗出至風篁嶺. 左右驚曰: "遠公復過虎溪矣." 辯才笑曰: "杜子美不云乎: '與子成二老, 來往亦風流.'" 因作亭嶺上, 名曰過溪, 亦曰二老, 謹次辯才韻賦詩一首